郭沫若研究资料（上）

36

GUOMORUO YANJIUZILIAO

中国社会科学院
文学研究所 总纂

王训昭 卢正言
邵华 肖斌如 林明华 编

中国文学史资料全编

现代卷

知识产权出版社

内容提要

　　郭沫若，原名郭开贞，我国现代著名的文学家、诗人、剧作家、考古学家、古文字学家、历史学家。本书分生平与创作活动自述，生平活动评论文章选辑，文学创作评论文章选辑，著译分类书目，著译系年五个部分，全面收集了关于郭沫若的研究资料。

责任编辑：马　岳	责任校对：董志英
装帧设计：段维东	责任出版：卢运霞

图书在版编目（CIP）数据

　　郭沫若研究资料/王训昭等编．—北京：知识产权出版社，2009.10
　（中国文学史资料全编·现代卷）
　　ISBN 978-7-80247-789-6
　Ⅰ．郭… Ⅱ．王… Ⅲ．① 郭沫若（1892～1978）—人物研究　② 郭沫若—1892～1978—文学研究　Ⅳ．K825.6　I206.7
　　中国版本图书馆 CIP 数据核字（2009）第 178497 号

中国文学史资料全编·现代卷

郭沫若研究资料（上）

王训昭　卢正言　邵　华　肖斌如　林明华　编

出版发行：知识产权出版社

社　址：北京市海淀区马甸南村1号	邮　编：100088
网　址：http://www.ipph.cn	邮　箱：bjb@cnipr.com
发行电话：010-82000860 转 8101/8102	传　真：010-82005070/82000893
责编电话：010-82000860 转 8171	责编邮箱：mayue@cnipr.com
印　刷：北京市凯鑫印刷有限公司	经　销：新华书店及相关销售网点
开　本：720mm×960mm　1/16	印　张：102.25
版　次：2010年3月第一版	印　次：2010年3月第一次印刷
字　数：1553千字	定　价：216.00元（上、中、下）

ISBN 978-7-80247-789-6/K·036（2637）

出版权专有　侵权必究
如有印装质量问题，本社负责调换。

汇纂工作小组
名单

（按姓氏笔画排列）

王润贵　刘跃进　刘福春　严　平

张大明　杨　义　欧　剑　段红梅

编 辑 说 明

中国社会科学院文学研究所向来重视文学史料的系统整理与深入研究，建所50多年来，组织编纂了很多资料丛书，包括《古本戏曲丛刊》、《古本小说丛刊》、《中国现代文学史资料汇编》、《近代文学史料汇编》、《当代文学史料汇编》以及《文艺理论译丛》、《现代文艺理论译丛》、《古典文艺理论译丛》等。其中，介绍国外文艺理论的3套丛书，已经汇编为《文学研究所学术汇刊》9种30册，交由知识产权出版社出版。该书出版后，国内一些重要媒体刊发评介文章，给予充分肯定。为满足学术研究的需要，2007年初，中国社会科学院文学研究所与知识产权出版社商定继续合作，编辑出版《中国文学史资料全编》，将以往出版的史料著作汇为一编，统一装帧，集中出版。

这里推出的《中国文学史资料全编·现代卷》就是其中的一种。本卷主要以《中国现代文学史资料汇编》为基础而又有所扩展。《中国现代文学史资料汇编》的编纂工作启动于1979年，稍后列入国家第六个五年计划社科重点项目。该编分为《中国现代文学运动、论争、社团资料丛书》、《中国现代作家作品研究资料丛书》、《中国现代文学书刊资料丛书》即甲乙丙3种，总主编陈荒煤，副主编许觉民、马良春，编委有丁景唐、马良春、王景山、王瑶、方铭、许觉民、刘增杰、孙中田、孙玉石、沈承宽、芮和师、张大明、张晓翠、杨占陞、陈荒煤、唐弢、贾植芳、徐迺翔、常君实、鄂基瑞、薛绥之、魏绍昌，具体组织主要由徐迺翔、张大明负责。此项目计划出书约200种。至20世纪末，前后20多年间，这套书由数家出版社陆陆续续出版了80余种，还有数十种虽然已经编就，由于种种原因，迄今尚未出版。"现代卷"包括上述已经出版的图书和若干种当时已经编好而尚未出版的图书。

这项工作得到了中国社会科学院文学研究所和知识产权出版社的高度重视，为此成立了汇纂工作小组。杨义、刘跃进、严平、张大明、刘福春等具体负责学术协调工作，于2007年11月，向著作权人发出《征求〈中国文学史资料全编·现代卷〉版权的一封信》，很快得到了绝大多数编者的授权，使这项工作得以如期顺利开展。为此，我们向原书的编者表示由衷的谢意。为尽快将这套书推向社会，满足学界和社会的急需，除原版少量排印错误外，此次重印一律不作任何修改，保留原书原貌，待全部出齐，视市场情况出版修订本。为此，我们也诚挚地希望广大读者能给予充分谅解。

《中国文学史资料全编·现代卷》出版后，我们将尽快启动"古代卷"、"近代卷"和"当代卷"的编纂工作，希望能继续得到专家学者的大力支持和热心参与。

现代卷汇纂工作组

目 录

郭沫若研究资料（上）

在郭沫若同志追悼会上的悼词（节录）（邓小平）……………………1
郭沫若传略（肖斌如 邵华）…………………………………………4
郭沫若年谱简编（卢正言）……………………………………………12
郭沫若名号别名笔名录（卢正言）……………………………………97
谈诗歌创作（通讯三则）（郭沫若）………………………………106
论诗（通讯）（郭沫若）……………………………………………111
《少年维特之烦恼》序引（郭沫若）………………………………115
论国内的评坛及我对于创作上的态度（郭沫若）…………………122
《卷耳集》序（郭沫若）……………………………………………126
批评与梦（郭沫若）…………………………………………………128
中国文化之传统精神（郭沫若）……………………………………135
我们的文学新运动（郭沫若）………………………………………141
中华全国艺术协会宣言（郭沫若）…………………………………144
太戈儿来华的我见（郭沫若）………………………………………146
国家的与超国家的（郭沫若）………………………………………151
印象与表现（郭沫若）
　　——在上海美专自由讲座演讲……………………………………153
孤鸿（郭沫若）………………………………………………………160

《文艺论集》序（郭沫若）·················171
写在《三个叛逆的女性》后面（节录）（郭沫若）·········173
革命与文学（郭沫若）···················180
英雄树（麦克昂）····················188
《水平线下》原版序引（郭沫若）··············193
文艺战线上的封建余孽（杜荃）
　　——批评鲁迅的"我的态度气量和年纪"·········195
文学革命之回顾（郭沫若）·················202
郭沫若诗作谈（郭沫若谈　蒲风记）·············212
在国防的旗帜下（郭沫若）·················221
我的作诗的经过（郭沫若）·················224
民族的杰作（郭沫若）
　　——纪念鲁迅先生···················232
抗战与文化问题（郭沫若）·················234
"民族形式"商兑（郭沫若）·················238
我怎样写《棠棣之花》（郭沫若）··············250
写完五幕剧《屈原》之后（郭沫若）·············257
《虎符》写作缘起（节录）（郭沫若）············263
中国战时的文学与艺术（郭沫若）
　　——三十一年5月27日在中美文化协会演讲词······268
《高渐离》剧本写作的经过（郭沫若）············274
《孔雀胆》后记（郭沫若）·················278
献给现实的蟠桃（郭沫若）
　　——为《虎符》演出而写················286
《南冠草》日记（郭沫若）·················288
《凤凰》序（郭沫若）···················291
抗战八年的历史剧（郭沫若讲　殷野记）···········296
郭沫若讲历史剧
　　在上海市立戏剧学校演讲　周惜吾记录·········302
谈解放区文艺创作（郭沫若）················305
人民至上主义的文艺（郭沫若）···············307

《盲肠炎》题记（郭沫若）……311
斥反动文艺（郭沫若）……314
由《虎符》说到悲剧精神（郭沫若）……319
浪漫主义和现实主义（郭沫若）……324
《蔡文姬》序（郭沫若）……336
郭沫若同志答青年问……342
我怎样写《武则天》（郭沫若）……348
关于诗歌的民族化群众化问题（郭沫若）
　　——给《诗刊》的一封信……362
毛泽东同志谈《甲申三百年祭》……365
附：中央宣传部、总政治部通知……366
毛泽东同志给郭沫若同志的信……367
我要说的话（周恩来）……368
中国人民需要郭先生（王若飞）
　　——在重庆各党派领袖和文化界人士 欢宴文化战士郭沫若的
　　　盛会上的发言……373
为郭沫若先生创作廿五周年 纪念与五秩之庆致祝（邓颖超）……374
为祖国珍重！（茅盾）
　　——祝郭若沫先生五十生辰……375
我所认识的沫若先生（老舍）……377
为郭沫若氏祝五十诞辰（郁达夫）……380
奔放的感情　缜密的头脑（云彬）
　　——祝郭沫若先生五十大寿……382
郭沫若印象记（节录）（美蒂）……385
在日本的郭沫若会见记（愚公）
　　——他的生活、创作、家庭……387
郭先生与留东同学的文艺活动（林焕平）……391
我所认识的沫若先生（冶秋）……395
记创造社（节录）（陶晶孙）……400
郭沫若先生访问记（力扬）……402
郭沫若（节录）（赵景深）……406

化悲痛为力量（节录）（于立群）·················· 408
难忘的往事（于立群）························ 412
回忆父亲（节录）（郭庶英　郭平英）··············· 416
回忆旅居日本时的父亲（和生）··················· 424
这是党喇叭的精神（林林）
　　——忆郭沫若同志······················· 429
郭老与鲁迅著作的注释工作（林辰）················ 441
回忆沫若早年在日本的学习生活（节录）
　　（钱潮口述　盛巽昌整理）·················· 445
泰山木和诗碑（辛文芷）
　　——访郭沫若的日本故居和故友················ 453
秋日谈往（节录）（宗白华口述　邹士方　赵尊党整理）
　　——回忆同郭沫若、田汉青年时期的友谊············ 457
郭沫若是怎样走上文学道路的（王锦厚　伍加伦）·········· 459
光辉的一生　深切的怀念（节录）（王廷芳）
　　——在郭沫若研究学术讨论会上的发言············· 480

郭沫若研究资料（中）

试论郭沫若前期思想的发展（艾扬）················ 489
对郭沫若前期思想发展的一些理解（宋耀宗）
　　——读《沫若文集》札记··················· 510
郭沫若泛神论思想的发展过程（陈永志）·············· 526
试谈郭沫若世界观的转变（谷辅林）
　　——兼与楼栖同志商榷···················· 545
论郭沫若（沈从文）························ 553
诗人郭沫若（钱杏邨）······················ 559
给郭沫若的信（节录）（田汉）·················· 578
给郭沫若的信（节录）（宗白华）················· 579
郭沫若的诗（愚庵）······················· 581

郭君沫若的诗（朱湘）……………………………………………… 582
论郭沫若的诗（朱自清）…………………………………………… 588
论郭沫若的诗（蒲风）……………………………………………… 589
郭沫若的诗歌（穆木天）…………………………………………… 599
诗人，卓越的无产阶级文化战士（唐弢）………………………… 620
批评郭沫若的处女诗集《女神》（郑伯奇）……………………… 634
致读《女神》者（资平）…………………………………………… 641
女神之生日（郁达夫）……………………………………………… 644
"新诗坛上一颗炸弹"（素数）……………………………………… 646
《女神》之时代精神（闻一多）…………………………………… 650
《女神》之地方色彩（闻一多）…………………………………… 657
读了《女神》以后（谢康）………………………………………… 663
郭沫若和他的《女神》（周扬）…………………………………… 669
反抗的、自由的、创造的《女神》（臧克家）…………………… 676
评沫若《女神》以后的诗（洪为法）……………………………… 684
读《星空》后片断的回想（焦尹孚）……………………………… 693
读了郭沫若的《星空》以后（周开庆）…………………………… 696
《瓶》附记（郁达夫）……………………………………………… 700
论郭沫若的诗（节录）（楼栖）…………………………………… 701
今后的历史剧（顾仲彝）…………………………………………… 715
所谓历史剧（向培良）……………………………………………… 722
剧中有诗（陈瘦竹）
　　——《沫若剧作选》学习札记 ………………………………… 728
郭沫若、屈原和蔡文姬（徐迟）…………………………………… 737
读《屈原》剧本（孙伏园）………………………………………… 744
评《屈原》的剧作与演出（节录）（刘遽然）…………………… 746
从剧作《屈原》想起（周务耕）…………………………………… 749
谈《屈原》悲壮剧（柳涛）
　　——《屈原》——五幕史剧——郭沫若作 …………………… 752
郭沫若的《卓文君》（章克标）…………………………………… 764
卓文君（张继纯）…………………………………………………… 766

从《棠棣之花》谈到评历史剧（章嬰）·················769
《棠棣之花》（李长之）·················774
看戏短评（节录）（老舍）·················779
《虎符》（褚述初）
　　——郭沫若著重庆时事新报"青光"卅一年
　　三月廿五日起连载·················780
《虎符》中的典型和主题（柳涛）·················785
关于《孔雀胆》（翦伯赞）·················794
《孔雀胆》演出以后（徐飞）·················797
读《金凤剪玉衣》（金梓凡）
　　——原名《南冠草》，五幕史剧，郭沫若著，将由中央
　　青年剧社演出。·················802
《残春》的批评（成仿吾）·················805
读《反正前后》（田汉）·················810
郭沫若的《反正前后》（傅润华）·················814
评郭沫若的《创造十年》（杨凡）·················819
郭沫若的《黑猫》（冯乃超）·················826
郭沫若小品序（阿英）·················827
中国新文学大系·小说三集导言（节录）（郑伯奇）·················830
一切为了前线的胜利（邓牛顿）
　　——读郭老香港战斗时期的佚文·················831
介绍外国文学作品的目的（茅盾）·················838
读郭沫若的《卷耳集》以后（梦韶）·················841
评论文章目录索引·················849

郭沫若研究资料（下）

郭沫若著译分类书目（上海图书馆·1982年9月）·················965
一、总类·················971
二、著作部分·················992

三、翻译部分……………………………………………………1119
四、合著书书目（选录）………………………………………1152
五、增补书目……………………………………………………1168
郭沫若著译系年（上海图书馆编于1981年12月）……………1184

编后记……………………………………………………………1602

在郭沫若同志追悼会上的悼词（节录）

邓小平

郭沫若同志和我们永别了。

1978年6月12日十六时五十分，郭沫若同志的心脏停止了跳动，终年86岁。

我们怀着十分沉痛的心情，深切悼念这位为共产主义事业奋斗终生的坚贞不渝的革命家和卓越的无产阶级文化战士。

郭沫若同志是我国杰出的作家、诗人和戏剧家，又是马克思主义的历史学家和古文字学家。早在五四运动时期，他就以充满革命激情的诗歌创作，歌颂人民革命，歌颂社会主义和共产主义，开一代诗风，成为我国新诗歌运动的奠基者。他创作的历史剧，是教育人民、打击敌人的有力武器。他是我国运用马克思主义观点研究中国历史的开拓者。他创造性地把古文字学和古代史的研究结合起来，开辟了史学研究的新天地。他在哲学社会科学的许多领域，包括文学、艺术、哲学、历史学、考古学、金文、甲骨文研究，以及马克思主义理论著作和外国进步文艺的翻译介绍等方面，都有重要建树。他长期从事科学文化教育事业的组织领导工作，扶持和帮助了成千上万的科学、文化、教育工作者的成长，对发展我国科学文化教育事业作出了不可磨灭的贡献。他和鲁迅一样，是我国现代文化史上一位学识渊博、才华卓著的著名学者。他是继鲁迅之后，在中国共产党领导下，在毛泽东思想指引下，我国文化战线上又一面光辉的旗帜。

郭沫若同志是四川省乐山县人。早年就投身于反帝反封建的革命文化运动，曾建立著名文学团体"创造社"。1926年参加北伐战争，任国民革命军总政治部副主任。蒋介石叛变革命后，他满腔义忿，奋笔疾书讨蒋檄文《请看今日之蒋介石》，在人民群众中产生了巨大影响。1927年参加南昌起义，同年8月加入中国共产党。1928年旅居日本，从事中国古代史和古文字学的研究工作，并积极支持留日青年和国内文艺界的革命文化运动。抗日战争爆发后，郭沫若同志回到祖国，在敬爱的周总理的直接领导下，贯彻执行毛主席的革命路线，组织和团结国民党统治区的进步文化人士，从事抗日救亡运动。他这一时期写的许多历史剧和大量诗文，深刻揭露了国民党反动派的卖国投降政策，激励了革命人民的斗志。抗战胜利后，他不顾国民党反动派的政治迫害，勇敢地站在民主运动的前列，同蒋介石的法西斯独裁统治和发动内战的阴谋，进行针锋相对的斗争，有力地支援了人民解放战争。1949年8月，在全国文学艺术工作者代表大会上，被选为全国文联主席。中华人民共和国成立以来，郭沫若同志继续从事著述，同时，担负着繁重的国家事务、科学文化教育和国际交往等方面的领导工作，历任中央人民政府委员、政务院副总理兼文化教育委员会主任、中国科学院院长、中国科学院哲学社会科学部主任、历史研究所第一所所长、中国科学技术大学校长、中国文学艺术界联合会第二、三届主席，中国人民保卫世界和平委员会主席，中日友好协会名誉会长等职。在中国共产党第九、十、十一届代表大会上，当选为中央委员。在第一至第五届全国人民代表大会上，均被选为常务委员会副委员长。历任政协第一届全国委员会委员，四届常务委员，二、三、五届副主席。郭沫若同志不仅是革命的科学家和文学家，而且是革命的思想家、政治家和著名社会活动家。他在科学文化方面作出的贡献，在革命实践中立下的功绩，赢得了全中国人民和世界进步人士的尊敬。

郭沫若同志是中国共产党的优秀党员。他一生热爱党，热爱祖国，热爱人民，对党的事业忠心耿耿，对伟大领袖和导师毛主席、对敬爱的周总理怀有深厚的无产阶级感情。他的笔，始终与革命紧密相联；他的心，和人民息息相通。

郭沫若同志的一生，是革命的一生，战斗的一生。他是全国人民，特别是科学文化教育工作者和广大知识分子学习的榜样。

我们要学习他对党、对人民、对革命无限忠诚的高贵品质。他在几十年的革命斗争中，在重要的历史关头，都站在党的立场上，坚持无产阶级党性原则，全心全意地为中国人民和世界人民服务。他是马列主义、毛泽东思想的热情宣传者和忠诚捍卫者。

我们要学习他不断革命、始终站在时代前列的积极进取精神。不论在民主革命时期还是在社会主义革命和社会主义建设时期，他都保持着极大的革命热忱，斗志旺盛，充满活力，年愈老而志弥坚。他是永葆革命青春的先锋战士。

我们要学习他不畏艰难险阻、勇攀科学高峰的顽强毅力。他在学术研究和文艺创作中，勤于探索，勇于创新，敢于坚持真理，经常同恶劣环境和习惯势力作不调和的斗争，为我们树立了一个无产阶级学者和作家的崇高形象。

我们要学习他的民主学风。在学术研究领域里，他坚持实事求是的科学态度，一贯主张各抒己见，取长补短，共同提高，从不以势压人。他善于团结不同意见的同志，注意培养青年，奖掖后进。他是执行党的"百花齐放、百家争鸣"方针的模范。

（原载1978年6月19日《人民日报》）

郭沫若传略

肖斌如　邵　华

郭沫若于1892年11月16日（农历九月二十七日）出生在四川省乐山县（今乐山市）观峨乡沙湾镇。该镇坐落于峨嵋山东麓的大渡河西岸。郭家祖籍为福建省汀州府宁化县人，于乾隆年间迁入四川。父亲郭朝沛，字膏如，是个中等地主，兼营商业，且通医道。母亲杜邀贞，系咸丰朝进士杜塚璋之女，幼失双亲，靠自学能识字背诗，资质聪慧而通达。

郭沫若乳名文豹，学名开贞，号尚武。因排行第八，家中称为"八儿"。后各取家乡"沫水"（即大渡河）和"若水"（即雅河）之一字取名为"沫若"，并以此为号。他所用笔名甚多，通常的有麦克昂、杜衡、易坎人、鼎堂、高汝鸿等。

郭沫若在幼年时母亲就教他诵读唐诗，他在《我的学生时代》中曾指出："我的母亲事实上是我真正的蒙师。"1897年（6岁）起进家塾"绥山山馆"读书，由塾师廪生沈焕章教读儒家经典四书五经，以及《唐诗正义》《诗品》等。11岁时，家塾停止诗课，学做经义策论。13岁时在塾诗作有《村居即景》《早起》《茶溪》等旧体诗，初露才华。与此同时，还阅读了不少新学书刊，如《启蒙画报》《浙江潮》《经国美谭》《意大利建国三杰》《东亚舆地全国》等，开始受到清末资产阶级维新派和革命派宣传的影响。

1905年（清光绪三十一年）8月，清廷宣布于1906年起，废除科举，兴办学校。1906年初春（15岁），考入乐山县高等小学读书。次年夏天即以优等成绩毕业，升入嘉定府中学堂（现为乐山一中）。1908年秋（17岁）因患重症伤寒，并发中耳炎，以致终生两耳重听。病愈后，他不满校中腐败的封建教育方式，带头组织罢课，遂被当局开除。1910年2月经人介绍，插入成都高等学堂分设中学继续就读。1912年3月4日（阴历一月十六日），受父母之命，与张琼华结婚。同年中学毕业。次年春，进成都高等学校理科读书。在嘉定府中学和成都求学及养病期间，郭沫若继续阅读经史古籍，《春秋》《庄子》《楚辞》《史记》尤其为他所喜爱，并对他产生深刻的影响。同时还接触了各种新书刊，如《天演论》《国粹学报》《清议报》，特别是林纾的翻译小说引起他对外国文学的注目。1911年1月，他代表班级参加成都学界要求清廷早开国会的请愿运动，因拒绝复课又被开除，后经长兄郭开文的帮助，留校学习。6月，他又参加四川保路同志会成立大会。武昌起义后，四川革命党奋起响应，郭沫若也一度参加成都学生志愿军。他这一时期的诗文及后来的回忆《反正前后》《我的学生时代》等，反映了当时中国社会的黑暗状况，并抒发了他深厚的爱国热情和革命理想。

1913年6月，天津陆军军医学校在各省招官费生，郭沫若投考录取，于1913年11月抵天津参加复试，因不满该校状况，放弃入学，转赴北京长兄郭开文处。在长兄资助下，于12月28日离京，取道辽东，经朝鲜赴日本留学。1914年1月抵东京，经勤勉学习，于7月考入东京第一高等学校预备班医科，同学中有郁达夫等。9月升入冈山第六高等学校医科。在六高的三年间，开始接触并嗜读海涅、歌德、泰戈尔的作品和王阳明、斯宾诺莎的哲学著作，接受到欧洲泛神论思想的影响。1916年夏，他与东京圣路加医院护士安娜（佐藤富子）相识，同年12月他们在冈山结婚。此时，郭沫若开始翻译泰戈尔、海涅的诗，并试作新诗。

1918年8月由冈山第六高等学校毕业，免试升入在福冈的九州帝国大学医科。此时他与成仿吾、郁达夫、张资平等筹划出版一种同人杂志，来发表用白话写成的文学作品，结果未成。郭沫若在《创造十年》中称此为"创造社的受胎期"。1919年6月，为响应国内五四运动，他同福冈的中国留学生钱潮、陈君哲等组织爱国抗日团体"夏社"，收集日本报刊鼓吹侵略中国的言论，译成中文后油印投寄国内各校与报馆，进行反对日本侵略的政治宣传工作。这期间在爱国热情的激励下，郭沫若开始旺盛的新诗创作活动，1919年9月11日上海《时事新报·学灯》副刊第一次发表其诗《抱和儿浴博多湾中》，同时其诗《鹭鸶》的日译文也发表于《日华公论》，首次署具笔名"沫若"。这时，他爱读惠特曼的《草叶集》，深受其影响，"使我开了闸的作诗欲又受了一阵暴风般的煽动。我的《凤凰涅槃》、《晨安》、《地球，我的母亲》、《匪徒颂》等，便是在他的影响下写成的"。(《创造十年》) 1919年冬到1920年，郭沫若在《学灯》副刊连续发表诗和小说，是"诗的创作爆发期"。这些诗后来集成《女神》，于1921年8月由上海泰东图书局出版。诗集《女神》反映五四前后反帝反封建的时代精神，它以鲜明的艺术独创性和新颖的自由体形式开一代诗风，在我国新诗歌运动中显示其奠基作用与开拓的示范性。

1921年4月郭沫若曾离日归国筹划创办文艺杂志，此后往返于上海、京都间，6月下旬在东京与成仿吾、田汉、郁达夫、何畏、张资平等人议定出版《创造》季刊。9月，回帝国大学继续学医。在郭沫若等人的努力下，《创造》季刊第一期于1922年5月1日在上海出版。创造社的创作活动在中国现代新文学运动中产生了极为深广的影响。

1923年3月，在九州帝国大学医科毕业，取得医学士学位。4月1日他携家离日回国，投入新文学运动。他负责的《创造周报》和《创造日》相继发刊，使前期创造社达到了全盛时期。

1924年4月郭沫若再度赴日，5月下旬译完河上肇所著《社会组织与社会革命》，并于1925年在上海出版，对于马克思主义的基本理论有了系统的了解，促使他抛弃了早期的泛神论思想。35年后，他在《答青年问》中提到，译读此书使他从此"初步转向马克思主义方面来"。这一年他创作了历史小说和史剧《鹓雏》《王昭君》《玉函关》等，并出版了诗集《星空》。11月他从福冈回到上海后，决心投身革命，曾去宜兴、浏河、黄渡等地调查浙江督军卢永祥与江苏督军齐燮元之间的军阀战争情况，目睹农民在地主、土豪、军阀压迫下悲惨的生活，写了调查报告《到宜兴去》，指出中国社会存在"剧烈的阶级战争"，必须通过革命武力改变现状。在1925年"五卅"运动中，他积极从事实际活动，参加筹组"四川旅沪学界同志会"，当选为干部，负责宣传工作，并编辑会刊《长虹》，为该刊起草《五卅案宣言》，并到各处讲演，号召支援罢工斗争。6月中旬，为纪念"五卅"惨案中受伤者的姊弟之情，将作历史剧《聂嫈》，并将剧本交给筹款支援罢工的游艺会演出，票款捐助党领导的上海总工会。

1926年3月下旬，他经瞿秋白同志推荐，由林伯渠同志代表党组织安排广东大学（同年9月改为中山大学）聘任郭沫若为文学院院长。接着在广州带头组织"四川革命同志会"，任出版部委员长和会刊《鹃血》主编。9月在广州举行创造社出版部第一次理事会，郭沫若当选为理事会主席。在广州期间，他结识了毛泽东、周恩来同志等党的领导人。毛泽东同志向他介绍了广东和全国革命运动情况，并邀请他到农民运动讲习所作报告，并兼任该所教员。在党的领导下，他于同年7月投笔从戎，随国民革命军北伐，担任革命军政治部上校衔宣传科长兼行营秘书长。北伐军攻克武昌后，升任政治部中将副主任，不久在南昌兼任总政治部驻赣办事处主任。

1927年3月底，蒋介石的反革命面目逐渐暴露，郭沫若写了《请看今日之蒋介石》这一著名的讨蒋檄文，由武汉《中央日报》作为副刊出版，在"四·一二"反革命叛变前夕，向革命阵营发出了警报。"四·一二"事件后，任第二方面军党代表兼政治部主任，8月3日至九江，得悉"南昌起义"已爆发，于4日赶到南昌会见周恩来，参加起义队伍，被委任为革命委员会主席团成员、宣传委员会主席兼总政治部主任，随起义部队南下。8月17日在广昌，由周恩来、李一氓同志介绍加入中国共产党。

起义失败后，郭沫若受到蒋介石的通缉，在广东省普宁县农会干部的掩护下，取道香港秘密回到上海。经过北伐战争和南昌起义的严峻考验，郭沫若的革命信念更加坚定了，已从一个革命民主主义者发展为不屈的共产主义战士。同年12月初，突患斑疹伤寒住院治疗，延误了由党组织安排去苏联的机会。病愈后，在周恩来同志的关怀和安排下，于1928年2月24日以南昌大学教授吴诚的名义，乘船离沪去日本神户，开始了在日本的十年流亡生活。在这十年中，他一直受到日本当局的监视，没有行动自由，生活极其艰苦，但他毫不减弱革命热情与斗志，他一直关心着国内革命文化活动的发展，支持并参加中国留日学生的革命活动。1930年3月，郭沫若加入了中国左翼作家联盟，将他所译的《少年维特之烦恼》一书的全部版税，捐给左联作为基金。于1935年5月参加左联东京支部的活动，指导支部刊物《杂文》(后改名为《质文》)《东流》《诗歌》的出版。支持在早稻田大学留学的四川进步学生创办《留东新闻》周刊。1936年10月1日与鲁迅、茅盾等联名发表《文艺界同人为团结御侮与言论自由宣言》。

在日本期间，郭沫若除了撰写回忆录、文学评论、历史小说、杂文，翻译马克思主义经典著作和外国文学作品，进行文学创造外，更多的精力从事中国古代社会历史的研究。他在日本友人的帮助下，使用假名林守仁，利用"东洋文库"和"静嘉堂文库"所藏的中国古籍、甲骨文和金文资料，运用马克思主义的观点和方法，研究中国古代社会，论证了中国奴隶制社会的存在。他在甲骨文和两周金文研究方面成绩卓著，写出了具有突破意义的《中国古代社会研究》《甲骨文字研究》《卜辞通纂》《殷契粹编》《两周金文辞大系考释》《金文丛考》《古代铭刻汇考》等重要的中国历史考古学术著作。他为马克思主义历史学在中国的确立作出了不可磨灭的贡献，因而，获得了国内外学术界的高度评价。

1937年7月7日卢沟桥事变发生，中国抗日战争全面爆发。郭沫若决心弃家回国参加抗战。7月25日他离开千叶县市川市，在金祖同等人帮助下，搭乘加拿大邮轮"日本皇后号"回国，于27日到达上海，时年46岁。上海"八·一三"战争发生后，郭沫若在周恩来的直接领导下，负责上海文化界抗日救亡工作，担任上海各界组织的战时设计委员会副主任，兼为地下党报宣传抗日的《早报》主编副刊，同时倾力创办上海市文化界救亡协会的机关报《救亡报》，担任社长，开展抗日救亡宣传。11月21日上海沦陷后，郭沫若于月底到达香港，以假名"白圭"领得护照，原拟去南洋一带募捐抗日文化工作基金，后改变计划到广州。

1938年1月1日，集资复刊《救亡日报》，仍任社长。同月10日又到武汉，其间与于立群结婚。3月下旬，中华全国文艺界抗敌协会在汉口成立，郭沫若当选为理事。4月，根据党的需要，出任国民政府军事委员会政治部第三厅厅长，直至1940年11月第三厅撤销后，改任政治部文化工作委员会主任。在任期间，利用一切机会扩大抗日宣传。武汉沦陷后，带领第三厅工作人员和部分抗敌演剧队经长沙、桂林到重庆。郭沫若在抗战期间，团结文化界人士，扩大党的影响，实践党的号召，加强统一战线，为全民抗战运动作出了巨大的贡献。

郭沫若在进行繁重的政治、文化工作之际，紧密配合现实斗争需要，进行文学创作。特别是在"皖南事变"发生后，接连创作了《棠棣之花》《屈原》《虎符》《筑》《孔雀胆》《南冠草》六部历史剧。由中华剧艺社在重庆公演，引起极大的反响。《屈原》借古喻今，倾泻了"皖南事变"激起的人民对国民党反动派的憎恨，痛斥了他们假抗日、真反共、卖国投敌、残害忠良的罪恶行径。剧本演出获得极大效果，给国民党反动派以无情的打击。

除史剧创作外，郭沫若继续进行历史研究，写了《十批判书》《青铜时代》等重要史学论著。1944年3月为纪念李自成起义军推翻明王朝三百周年，写了《甲申三百年祭》，总结了农民起义军从胜利到失败的历史经验教训，受到党中央和毛泽东同志的重视，特列为"整风运动"学习的文件之一，印发全党学习。同年11月21日毛泽东同志在延安致函郭沫若说："你的史论，史剧有大益于中国人民，只嫌其少，不嫌其多，精神决不会白费的，希望继续努力。"

在抗战期间，他还写了大量杂文、随笔和诗歌小说。这些诗文分别编为《羽书集》《蜩螗集》《沸羹集》《潮汐集》《今昔蒲剑》等书，深刻揭露了日本法西斯的侵略本质、蒋介石集团的腐败无能，歌颂了中国共产党和中国人民的英勇斗争精神。

1945年3月底，郭沫若长期领导的文化工作委员会被国民党政府下令解散。他随即开始主持中苏文化协会研究委员会工作，担任群益出版社董事长。6月，应苏联科学院的邀请，赴苏参加苏联科学院二二〇周年庆祝大会。在苏联访问50天，写有《苏联纪行》。

1945年8月15日，日本宣布无条件投降，中国八年抗战取得胜利。接着，蒋介石撕毁国共两党在重庆签订的《双十协订》，发动反革命内战，镇压学生反内战运动，制造"二·一"昆明惨案。郭沫若为此发表《祭昆明四烈士文》《历史在大转变》等文章，怒斥国民党反动派。1946年2月10日，重庆各界庆祝"政治协商会议"成功群众大会上，郭沫若、李公朴等竟被国民党特务殴伤，造成震惊中外的"较场口事件"。同年5月8日他全家离开重庆，飞往上海。在上海为新中国的诞生而贡献自己的力量。在这段时间里，他撰写回忆录，以及政论、杂文和文艺评论。这些文章抨击了蒋介石的法西斯统治，宣传我党关于建设新中国的政治纲领和方针政策，在当时发挥了重要作用。特别是1946年7月发表长文《南京印象》，公布他作为第三方面的代表，6月间到南京参加促进国共和平谈判工作的经过，指出美蒋勾结发动内战的罪恶阴谋，使人民群众看清国民党反动派的凶恶面目。

1947年11月16日，由于白色恐怖严重，党组织派叶以群护送郭沫若秘密到达香港，负责领导中国学术工作者协会和中华全国文艺界协会香港分会。居港一年，发表了大量战斗文章和抗战回忆录。

1948年11月23日离开香港乘轮船北上，进入东北解放区转抵北京，受到党中央领导同志的热烈迎接。次年3月，担任全国文学艺术工作者代表大会筹委会主任，并被选为世界拥护和平大会中国代表团团长，赴布拉格出席大会。回国后，担任新政治协商会议筹备会常务委员会副主任。于7月2日担任中华全国文学艺术工作者代表大会主席团总主席，当选为全国文联主席。新中国成立后，被任命为政务院副总理兼文化教育委员会主任。11月，中国科学院宣告成立，郭沫若任院长，兼哲学社会科学部主任，历史研究所第一所所长，中国科学技术大学校长，全国文联第一、二、三届主席，中国人民保卫世界和平委员会主席，中日友好协会名誉会长等职。并任政协第一届全国委员会委员，第四届常务委员会委员，第二、三、五届副主席。在第一至第五届全国人民代表大会上，被选为常务委员会副委员长。在中国共产党第九、十、十一届代表大会上，均当选为中央委员。1951年曾荣获"加强国际和平"斯大林奖金。郭沫若在繁忙的政务工作和社会活动同时，继续从事著述和学术研究工作。他连续创作了《百花齐放》《新华颂》《骆驼集》《东风集》《长春集》《雄鸡集》等诗文集，编定出版历史论文集《奴隶制时代》，标点《盐铁论》，编辑《管子集校》。创作了历史剧《蔡文姬》《武则天》和电影文学剧本《郑成功》。同时长期担任《中国史稿》和《甲骨文合集》两书的主编。1973年出版了《出土文物二三事》。

1973年，"四人帮"以批林批孔为名，对他进行围攻，残酷迫害，虽然摧残了他的健康，但他仍然坚持斗争。因此，当粉碎"四人帮"之际，他立即挥毫作词，热情歌颂党和人民的伟大胜利。1978年春，他抱病参加全国科学大会，发表了著名讲演《科学的春天》。5月，在全国文联扩大会议上又作了书面发言《衷心的祝愿》，对文艺工作者提出殷切的希望，激励人们为我国科学文化事业的繁荣，为早日实现祖国的四个现代化努力奋斗。

　　1978年6月12日，为人民鞠躬尽瘁的郭沫若不幸在北京病逝，终年86岁。

　　郭沫若著述极为丰富，新中国成立以来曾出版了《沫若文集》17卷、《郭沫若选集》。粉碎"四人帮"以后，出版了《沫若诗词选》、《沫若剧作选》，重印了《女神》。他在四川求学时期所作的诗歌，集成《郭沫若少年诗稿》。解放战争时期他在香港发表的政论、杂文集成《迎接新中国》。粉碎"四人帮"以后，他写的诗文也已编为《东风第一枝》。10年浩劫期间，他于1969年在病中默默选译的英诗50首，也已根据遗稿，于1981年印出（书名《英诗译稿》），这是他一生大量译作中的最后一本。郭沫若逝世后，成立了郭沫若著作编辑出版委员会，由周扬同志任主任委员，编纂出版《郭沫若全集》。

　　郭沫若的一生是革命的一生、战斗的一生。他是全国人民、特别是科学文化教育工作者和广大知识分子学习的榜样。对郭沫若光辉的一生及其在学术上的成就，党和人民给予高度的评价。邓小平同志《在郭沫若同志追悼会上的悼词》中指出："郭沫若同志不仅是革命的科学家和文学家，而且是革命的思想家和著名的社会活动家。""他的笔，始终与革命紧密相联；他的心，和人民息息相通。""他和鲁迅一样，是我国现代文化史上一位学识渊博，才华卓著的著名学者，他是继鲁迅之后，在中国共产党领导下，在毛泽东思想指引下，我国文化战线上又一面光辉的旗帜。"

郭沫若年谱简编

卢正言

1892 年   1 岁

11月16日（农历九月二十七日），生于四川省嘉定府乐山县（今乐山市）观峨乡沙湾镇。地距乐山县城南 75 里，在峨嵋山东麓，大渡河西岸。有四兄三姐二妹一弟，排行第八，故称八儿。乳名文豹，号尚武，学名开贞。

祖籍福建省汀州府宁化县。曾祖父郭贤琳（字玉楼，曾祖母邱氏），祖父郭明德（字秀山，祖母王氏）。父亲郭朝沛（字膏如，1854 年 2 月 16 日—1939 年 7 月 5 日），母亲杜邀贞（1857 年 11 月 4 日—1932 年 3 月 25 日），外祖父杜塚璋。郭氏出生时，家为中等地主兼营商务。

1896 年   5 岁

母亲杜氏教诵唐宋诗。

1897 年   6 岁

春，进家塾"绥山馆"，塾师为沈焕章。从《三字经》发蒙，以后读司空图的《诗品》和《唐诗三百首》《千家诗》《诗经》《尚书》《易经》《周礼》《春秋》和《古文观止》等。

1899 年   8 岁

开始做试帖诗。

1900年　　　　　　　　　　　　　　　　　　　9岁
继续读家塾。开始学做对子，起初对两字，以后渐渐做到对五字、七字。又做五七言试帖诗。

1901年　　　　　　　　　　　　　　　　　　10岁
在家塾开始读《史鉴节要》《地球韵言》和当时上海编印的一些新式教科书，并开始学《算数备旨》。

夏，长兄郭开文授以《说文部首表》等。

1902年　　　　　　　　　　　　　　　　　　11岁
家塾废诗课，学做经义策论。读《三国演义》。

1903年　　　　　　　　　　　　　　　　　　12岁
在家塾阅读《启蒙画报》《新小说》《浙江潮》等书报。

1904年　　　　　　　　　　　　　　　　　　13岁
开始学习新学课本，如国文、地理、笔数、数学。学《御批通鉴》、《左氏春秋》《东莱博议》等。作《邨居即景》(五律)、《早起》(七绝)、《茶溪》(五绝)。这是郭氏最早的旧诗。

1905年　　　　　　　　　　　　　　　　　　14岁
春，长兄郭开文赴日本留学，有意携沫若同行，父母未允。行前，曾劝沫若日后学实业，说"实业可以富国强兵"。

夏，读《西厢记》《西湖佳话》《花月痕》等书。

秋，以优异成绩考入嘉定高等小学堂。

1906年　　　　　　　　　　　　　　　　　　15岁
年初，入嘉定高等小学堂读书，课程有：国文、历史、地理、乡土掌故、算术、音乐、体操、读经和讲经等，对"乡土掌故"和"读经和讲经"两门课颇有兴趣。

第一学期学期测验得第一名，遭同学中年长者所忌，发生撕榜风潮，此事对其形成叛逆性格影响甚深。第二学期分班考试，分入甲班即中学预备班。他对学校的腐败深为不满。因参预学潮，先后受记大过和退学处分。停学两周后，经家庭斡旋，得以复学。

1907年　　　　　　　　　　　　　　　　　　　　　　　　　16岁

年初，读《古文尚书疏证》和《史记》等。

6月5日，获乐山县高等小学堂中学预备科"优等生"毕业证书。

秋，升入嘉定府官立中学堂（即现在的乐山一中）。

嗜读林纾所译小说，如《迦茵小传》、《撒喀逊劫后英雄略》以及《经国美谭》、《天演论》、《国粹学报》和《清议报》等。受司各特的影响较深。

1908年　　　　　　　　　　　　　　　　　　　　　　　　　17岁

秋，患重症肠伤寒，并发中耳炎，导致日后的两耳重听。在家养病期间读了很多古书，尤喜读《庄子》。

1909年　　　　　　　　　　　　　　　　　　　　　　　　　18岁

10月，为要求学校向政府当局提出严惩打伤学生的肇事者而进行罢课。后被挂牌"斥退"（开除）。岁暮，获读《红楼梦》。

是年，曾做过一些诸子的抄录，把警粹的文句摘录在本子上，准备供日后做文章时参考。

1910年　　　　　　　　　　　　　　　　　　　　　　　　　19岁

2月，由嘉定至成都，插入四川官立高等分设中学堂丙班。课程有修身、经学、国文、外语、历史、地理、数学、物理、化学等。

1911年　　　　　　　　　　　　　　　　　　　　　　　　　20岁

年初，被推为代表参加要求"早开国会"的请愿活动，坚持罢课，因而又一次被学校宣布斥退。

夏，参加四川保路爱国运动。

辛亥革命爆发后，"分外地狂喜"，曾认为"中国便立地可以成为

'醒狮'"。

1912年　　　　　　　　　　　　　　　　　　　　　　　　21岁

夏历正月16日，迫于父母之命，与张琼华草率完婚。婚后5日坐船去成都。时分设中学被裁撤，原班级并入成都府中学。张琼华，乐山市苏溪场张沟人，于1980年6月24日病逝。

春节时，曾为乡人编了二三十副长联。

常做"感时愤俗"的律诗，或游仙、拟古。

在成都读书时，曾在课本、笔记本署用别号"汾易主人"、"竹君主人"、"定甫"等。第五学期的成绩是"最优等"。

岁暮，中学毕业，考入"成都高等学校"理科。

1913年　　　　　　　　　　　　　　　　　　　　　　　　22岁

春，入成都高等学校理科。

6月，天津陆军军医学校在各省招生，投考获取。

7月下旬，由成都回乐山，于8月3日乘船到达重庆。遇"二次革命"，折返成都，仍住成都高等学校，读古书。

9月中旬，从成都启程，经重庆、汉口等地，于11月6日抵天津。参加陆军军医学校复试后，因不满学校现状，不愿入学，旋赴北京长兄处。

在长兄资助下，12月28日离京，取道辽东，经朝鲜赴日本留学。

是年在成都时，读美国诗人朗费洛的英文诗作《箭与歌》，甚受启发。滞留天津期间，常往图书馆读古书，尤喜南北朝之骈体文。

1914年　　　　　　　　　　　　　　　　　　　　　　　　23岁

1月1—7日，滞留于朝鲜釜山。

1月上旬的最后两三天，抵日本东京，暂居郊区小石川大塚窪。不久，进神田日本语学校补习日文及自然科学。

春夏之交，曾应考东京高等工业学堂，未能录取。

7月，同时应考东京第一高等学校预科和千叶医校，后入东京一高预科第三部（医科）就读。修业为期一年，补习日语及基础数学、理化等，为进入高等学校本科做准备。

8月，入学前曾在房州海边住了不到1个月。时，开始领取每月33元的官费。

10月22日，迁居东京本乡区真砂町二五番地修园。在"一高"预科读书期间，与郁达夫、张资平同学。

获读泰戈尔的《新月集》。

1915年　　　　　　　　　　　　　　　　　　　　　　　　24岁

春，读英文课外读物，泰戈尔的《婴儿的世界》等诗篇。

5月7日，为抗议日本帝国主义强迫当时的中国政府接受卖国的"二十一条"而愤然回国。回国前，连吃饭的锅碗都卖了。在上海居留3天，得知袁世凯已屈服于日本，旋即返日。时，曾作《哀的美顿书》七律一首明志。

6月，迁居至东京本乡区追分町卅一番地富喜馆。

7月，在东京第一高等学校预备班结业，名列第三。旋迁居东京本乡区菊坂町九四番地中华学舍。

9月，入冈山第六高等学校（高中），与成仿吾等同学。初以一半以上时间读外语，因以文学名著为教材，得读泰戈尔、歌德、海涅等人作品。同时，对王阳明、斯宾诺莎的思想发生了兴趣。

本年译德国海涅诗《归乡集》第十六首，原见1920年3月30日致宗白华书，后收入《沫若译诗集》，这是郭沫若最早的译诗。

1916年　　　　　　　　　　　　　　　　　　　　　　　　25岁

暑假，曾去东京第一高等学校凭吊朱舜水墓。在东京京桥区与刚从教会学校毕业的、在教会办的圣路加医院当护士的安娜相识。

秋，在冈山图书馆获读泰戈尔的《曷檀伽里》《园丁集》等诗集。

下半年开始试作新诗。《辛夷集》中的《题辞》，是此时用英文写的无韵散文诗。

12月，在冈山与安娜结婚。安娜原名佐藤富子，日本仙台人，出身于士族之家。祖父曾担任击剑教师，父亲年青时是一名下级军官，后为基督教的牧师。安娜有弟妹共6人，她是最年长的一个。她和郭沫若的结合，没有征求过家族的同意。

1917年　　　　　　　　　　　　　　　　　　　　26岁

下半年，曾着手翻译《泰戈尔诗选集》，汉英对照，并加以解释。但因无处出版而作罢。曾拟作《庄周评论》，遭到长兄反对亦作罢。

12月12日，长子和生诞生于日本冈山。

是年，对俄国文学、北欧文学，特别是德国的歌德、席勒诸人的作品有较多接触。

1918年　　　　　　　　　　　　　　　　　　　　27岁

5月，为反对段祺瑞政府与日本外务省交换"中日共同防敌军事协定"的条约公文，参加罢课斗争。

8月，由冈山第六高等学校毕业，免试升入福冈九州帝国大学医科，住在博多湾海岸的一家狭小的当铺（质屋）的楼上，仅一丈见方。时，一家三口仅靠他的官费助学金聊以度日。

8月下旬的一天，在博多湾海岸散步时遇张资平，商量约集郁达夫、成仿吾出版同人白话文学杂志。

9月下旬，成仿吾来福冈与郭氏会晤，同意组织文学杂志。

暑假期间，曾着手翻译《海涅诗选集》，后因无处出版而作罢。

10月，创作第一篇小说《骷髅》，寄《东方杂志》，退稿后付之一炬。

1919年　　　　　　　　　　　　　　　　　　　　28岁

阴历除夕，迁居至临海的一家渔村小屋。

二三月间，写小说《牧羊哀话》，发表于1919年11月15日出版的《新中国》月刊一卷七期时，署名"沫若"，这是作者发表的第一篇小说。

6月，在五四运动高潮中，与九州帝国大学医科的留日同学夏禹鼎等组织了抗日的爱国团体"夏社"。主要活动是，将日本有关报刊上登载的鼓吹侵略中国的言论和资料，搜集起来，译成中文，"自己写蜡纸，自己油印，自己加封投寄"到国内各学校、报馆，进行反对日帝的政治宣传工作。这也是郭沫若最早的编译工作。

开始向《时事新报》副刊"学灯"投寄新诗。

9月11日，在"学灯"上发表《抱和儿浴博多湾中》、《鹭鸶》，署名"沫若"，这是他最早发表的新诗。

接近惠特曼之《草叶集》，深受其影响。本年下半年到翌年上半年，开始了"诗的创作爆发期"。《女神》中的主要诗篇，均写于此时。

10月10日，《黑潮》（上海太平洋学社创办）第一卷第二号上，发表时评《同文同种辨》（署名"郭开贞"）和专论《抵制日货之究竟》（署名"夏社"），这是郭沫若最早的政论文章。

同日，在《时事新报》"学灯"双十节增刊上，发表浮士德咒骂科学的独白的译文，题为《Faust钞译》，这是郭沫若最早发表的译文。

11月14日，《时事新报》副刊"学灯"发表《黎明》，这是郭沫若最早的儿童诗剧。

1920年　　　　　　　　　　　　　　　　29岁

年初，拟组织"医学同志会"，并拟发行《医海潮》杂志，后未成。不久，拟组织"歌德研究会"，亦未成。

1月6日，作《他》，发表于本年1月24日《时事新报·学灯》，这是郭沫若发表的第一篇散文。

1月18日，译李白诗《日出入行》（见《致宗白华书》），这是郭沫若的第一首古诗新译。

1月，《黑潮》第一卷第三号发表《箱崎吊古》（诗）时，首次署名"郭沫若"。该号《黑潮》还发表郭沫若致陆友白书，这是最早发表的郭沫若书信。

2月23日，《时事新报·学灯》发表《生命底文学》，这是郭沫若的第一篇文艺论文。

3月15日，次子博生在福冈诞生。

春，郁达夫、张资平、成仿吾在东京帝国大学"不忍池"畔寓所，曾相约开会酝酿成立一个反帝反封建的文学团体。成仿吾带来郭沫若的信及诗稿，表示有相同的愿望。因找不到出版处，出版杂志的计划只好暂停。

5月，与宗白华、田寿昌的通信集《三叶集》，由上海亚东图书局初版，内收郭沫若书信7篇。

7月中旬，拟回国到中学或小学当一名国文教员，曾由福冈跑到门司，后又折回福冈，想和一位朋友结伴同行。

7月19日，接到《时事新报》主笔张东荪的来信，劝译《浮士德》，并因此中止了回国的计划。

8月23日，为《革命哲学》（朱谦之著，上海泰东图书局1921年9月初版）作"序诗"，题为《宇宙革命底狂歌》。

8月，译就歌德《浮士德》第一部。在这以前，曾在《时事新报·学灯》刊载过其中片段。译稿后被老鼠咬毁。

9月23日，《聂母墓前》（《棠棣之花》第一幕第二场）脱稿，发表于本年《时事新报》"双十节增刊"，这是郭沫若的第一篇历史剧作。

9月30日，作《葬鸡》（诗），发表在本年10月16日《时事新报》副刊"学灯"时，署名"沫"。

12月20日，"学灯"发表的《我的散文诗》（共4章），这是郭沫若的第一篇散文诗。

1921年　　　　　　　　　　　　　　　　　　　　30岁

2月，拟转学京都的文科大学，因安娜的反对而作罢。

2—3月，读福楼拜、左拉、莫泊桑、易卜生、霍普特曼、高尔斯华绥等人的作品。

4月1日，偕成仿吾离日归国，筹划出版白话纯文学杂志。3日抵沪，寄居于上海德福里泰东图书局编辑部。

4月9—12日，与成仿吾同游西湖。返沪后，结识郑振铎、沈雁冰。郑曾三次邀请郭沫若加入文学研究会，均因故未成。

4—5月，加入学术组织"丙辰学社"。5月8日，丙辰学社的东京社友假东京帝国大学，欢迎新入社的郭开贞等，他因故未能出席此会。

5月26日，作《女神》的"序诗"。

5月30日，《学艺》杂志第三卷第一期发展《我国思想史上之澎湃城》，这是郭沫若研究先秦思想史的一个提纲。全文后未能完成。

创造社成立前夕，与郁达夫、何畏、徐祖正、刘恺元、陶晶孙曾试办过同人刊物《Green》（格林），共出了两期。

6月10日前后，去日本。在京都会见郑伯奇、穆木天和张凤举等人,又转至东京与郁达夫初步商定,杂志题名"创造"。出月刊还是出季刊,根据稿源情况再作决定。

6月中旬的一天下午,在东京第二改盛馆郁达夫的房间里,郁达夫、郭沫若、田汉、张资平、杨正宇、何畏、徐祖正等聚会,创造社正式成立。与会者还研究了出版《创造》季刊和《创造丛书》的计划。

6月30日,历史剧《苏武与李陵》的序幕在《学艺》杂志第三卷第二号上发表。该剧后因故未能完稿。

7月1日,与钱君胥(钱潮)合译之《茵梦潮》(德国斯笃姆著,郁达夫序),列为"创造社丛书世界名家小议",由上海泰东图书局出版。

7月初,返回上海。时,曾为王独清润改《新月集》译稿。

8月5日,剧典诗歌集《女神》由上海泰东图书局初版,这是郭沫若的第一部诗集。本书列为"创造社丛书第一种",收录了作者在五四前后的诗作,也收录了少量早期新诗,共分3辑。

8月24日,作《孤寂的儿》,发表于本月28日《时事新报·学灯》,这是郭沫若的第一首儿歌。

本月,曾与郑伯奇同游镇江、无锡,并拟在惠山译《少年维特之烦恼》,但因病和其他原因未能完成译书计划。不久,安庆法政学校聘郭沫若任该校英文教员,郭未允。

时,曾译安徒生的童话《没有画的画谱》,但因故没有译完,也没有出版。

9月1日,按西洋歌剧形式改编的《西厢》(元代王实甫原著),列入"名曲丛刊",由上海泰东图书局出版。

9月上旬,去福冈继续学业,补受基础科学的毕业实验。

本月,编《创造季刊》第一期。为穆木天修改《王尔德童话集》译稿。

1922年 31岁

4月10日,译作《少年维特之烦恼》(德国歌德原著,小说)列为"世界名家小说第三种",由上海泰东图书局出版。

四五月间,在上海美专发表演讲,题为《生活的艺术化》。

5月1日,《创造季刊》创刊(原定该年元旦出版,因故推迟),由上海泰东图书局出版发行。时，创造社同人有郭沫若、郁达夫、田汉、张资平、穆木天、成仿吾、郑伯奇等。

暑假返沪，与郁达夫同住民厚南里泰东图书局编辑所新址，编第二期《创造季刊》（8月20日出版），并将《诗经》40首译成白话文。与张闻天、朱自清时有过从。

8月5日，郁达夫在上海一品香旅社发起召开"《女神》纪念会"，纪念《女神》出版一周年。出席者除包括郭沫若在内的创造社同人外，还有文学研究会的沈雁冰、郑振铎、谢六逸、庐隐等人，会后还摄影留念。

暑假后回日本福冈继续学业。

9月18日，将1920年下半年写成的一部长篇小说的序幕草稿改作为短篇小说，在《创造季刊》第一卷第三期（本年12月出版）发表时，题为《未央》。

12月，在九州帝大学习期间，曾听了爱因斯坦所作的关于"相对论"的学术报告。

1923年　　　　　　　　　　　　　　　　　　　　32岁

1月22日，三子佛生生于福冈。

2月上旬出版的《创造季刊》第一卷第四期，发表郭沫若编的《雪莱年谱》。

3月，在福冈九州帝国大学医科毕业，取得了医学士学位。

4月1日，全家离日回国，居上海民厚里。

4月，主编之诗文合集《辛夷集》，列为"创造社辛夷小丛书第一种"，由上海泰东图书局出版。

5月2日，在上海大学演讲，题为《文艺之社会的使命》。

5月13日，《创造周报》创刊，上海泰东图书局发行，郭沫若、郁达夫、成仿吾等编辑。郭沫若写的《创世工程之第七日》，作为《创造周报》的发刊词在创刊号上发表。

5月15日，"丙辰学社"（后改名为"中华学艺社"）成立学艺丛书委员会，郭沫若被推选为委员。

6月22日，作《鹓雏》（后改名为《漆园吏游梁》。这是郭沫若的

第一篇历史小说。

7月3日,作《寄生树与细草》,发表于《创造周报》第十号。这是郭沫若的第一篇寓言。

7月21日,《创造日》出版,这是创造社为《中华新报》所编的文学副刊,主要由郁达夫、成仿吾、邓均吾3人负责编辑。刊名是郭沫若提议的,报头是郭沫若画的。

8月,《卷耳集》列为"创造社辛夷小丛书第二种",由上海泰东图书局初版。本书收《诗经·国风》的40首译诗,是我国第一部《诗经》今译的集子。

9—10月,为中华全国艺术协会作《宣言》。

10月,诗歌戏曲散文集《星空》,列为"创造社丛书第六种",由上海泰东图书局出版。

11月2日,《创造日》终刊,共出101期。终刊号上有郭沫若写的《创造日停刊布告》。

12月,标点《王阳明集》,后由上海泰东图书局出版。

本年(或1924年初),曾主持东方艺术研究会的文学科,并在该会兼课。该会于1924年改名为上海艺术大学。

1924年　　　　　　　　　　　　　　　　　　　　　　33岁

1月1日,任中华学艺社总事务所编辑科干事。

1月,译作《鲁拜集》(波斯莪默·伽亚谟原著,诗歌),列为"创造社辛夷小丛书第四种",由上海泰东图书局出版。

2月中旬,托郑伯奇将家眷送回日本福冈。

2月下旬,《创造季刊》出至第六期停刊。

3月16日,赴杭州参加中华学艺社第一届年会,并以《文学之社会性》为题发表演讲。

4月1日,由上海赴日本。在日本,仍居福冈箱崎海边。时,拟作小说《洁光》,后未成。

4月18日,作《致成仿吾书》。发表在《创造周报》第五十二号时,署名"爱牟"(该刊目录题为"通信一则　沫若")。

5月中旬,《创造周报》出至第五十二期终刊。

5月，开始翻译河上肇的《社会组织与社会革命》，至7月1日译成，共50天。

8月20日，《洪水》周刊创刊，主持人为周全平、敬隐渔、倪贻德等。上海泰东图书局发行，仅出一期即被查禁。该刊封面题字，是郭沫若用破笔蘸了墨水写好由日本福冈寄出的。

8月，武昌师大曾聘郭沫若任文科教授，因手续关系未成。不久又寄来聘书和旅费，名义是文科主任，因故郭沫若又未能应聘。

10月初，拟入九州大学研究生理学，并继续领取官费，未成。时，去佐贺县（在福冈和长崎之间）的山中进行著译活动，共住了1个月。

11月16日，携家眷从福冈回到上海，住在环龙路44号。时，拟翻译《资本论》，从东方图书馆借来了英译本，还订了一个5年译完的计划。但后来由于出版社不接受出版而未能着手。

在回国之前，上海孤军社讨论中国的经济路线问题，曾向郭沫若和杜国庠征文。结果，在所有应征者之中，只有郭沫若和杜国庠主张实行科学的社会主义。

12月1日，参加卢（浙江督军卢永祥）、齐（江苏督军齐燮元）之战的战祸调查工作。先后到宜兴、浏河、黄渡等地，接触了民众的悲惨生活，加深了对社会底层的认识。后回沪写了一篇未完成的调查报告《到宜兴去》。

1925年　　　　　　　　　　　　　　　　　　34岁

上年6月至本年3月，陆续写成《盲肠炎》《穷汉的穷谈》等文章，批判国家主义分子攻击共产主义的反动谬论。

春，长女淑瑀（小名淑子）诞生于上海。

4—5月，在大夏大学任讲师，讲《文学概论》，每周2小时。时，"想独自树立一个文艺论的基础"，写作"文艺的科学"，后未成。

5月30日，在上海南京路目睹"五卅"惨案，曾拟作一部表现"五卅"运动的三幕剧，未成。后于6月上旬写成二幕剧《聂嫈》，6月11日改作毕。时，上海美专曾在九亩地新舞台演出过两次，这是郭沫若剧作第一次被搬上舞台演出。

6月，参加四川旅沪学界同志会成立大会，并被选为职员。出席大会的还有漆树芬、曾琦、郭步陶等人。16日，作《四川旅沪学界同志会五卅案宣言》，发表于该年7月13日北京《晨报副刊》。曾参加该会会刊《长虹》（9月10日创刊，仅出二期）的编辑工作，并联系出版事务。

本月，中华学艺社创办学艺大学，郭沫若任文科主任并主持学艺图书馆的工作。郭沫若曾给该馆捐献中文图书计55册。

本月，译作《新时代》（俄国屠格涅夫原著，长篇小说）由上海商务印书馆出版。

7月30日，为《经济侵略下之中国》（漆树芬著，本书原名《资本帝国主义与中国》，又名《帝国主义铁蹄下的中国》）一书作序。该书由上海光华书局于当年10月出版。

9月1日，二幕剧《聂嫈》列为"创造社丛书"，由上海光华书局出版。

9月10日，参加编辑的《长虹》月刊（上海四川旅沪学界同志会会刊）创刊。

9月，《洪水》复刊第一号出版，上海光华书局发行。

11月，参加上海通信图书馆共进会，同时入会的有叶绍钧、郑振铎、徐调孚等20余人。

是月，编成《文艺论集》。该书收作者1920年至1925年间的四十一篇文艺论文。

12月27日，《文艺论集》列为"创造社丛书"，由上海光华书局出版。

1926年　　　　　　　　　　　　　　　　　　　　35岁

1月1日，与恽代英，张闻天、沈泽民、杨贤江、沈雁冰等人联名发起成立中国济难会（1929年12月改名为"中国革命互济会"），并公布由郭沫若等署名的"宣言"。该会总会设在上海。

1月17日，中国济难会上海市总会成立，郭沫若任文书股委员。

年初（或1925年底）的一天，瞿秋白、蒋光慈访问郭沫若。郭沫若详细地叙述了他和"孤军派"、"醒狮派"等国家主义者论争的有关问题。瞿秋白听后，认为郭沫若的看法是正确的，建议他早日将这些意见写成文章。

1月，《塔》列为"中华学艺社文艺丛书（1）"，由上海商务印书馆出版。

1月（或2月），在上海同文书院演讲，后将演讲内容改写成《革命与文学》。

2月，译作《约翰沁孤的戏曲集》（爱尔兰约翰沁孤原著）由上海商务印书馆出版。

2月底，接到广东大学的来信，欲聘郭沫若为该校文科学长（文学院长）。郭沫若立即去信表示接受聘请，并要求添聘郁达夫和王独清。

3月初，将历史剧《聂嫈》、《王昭君》、《卓文君》编成《三个叛逆的女性》，并作《写在〈三个叛逆的女性〉后面》。

3月10日左右，接到广东大学转来的聘书及旅费。

3月16日，《创造月刊》创刊。

3月18日，离开上海去广州担任广东大学（次年改名为中山大学）文科学长。同行的有郁达夫、王独清。

3月23日晨，抵广州，成仿吾在码头迎接。晚在林伯渠的书房里遇到了毛泽东同志，听了关于广东和全国形势的介绍。此后，在7月离开广州之前，郭沫若还会见过毛泽东三次：一是毛泽东来郭沫若的住所，邀请郭沫若到第六届全国农民运动讲习所做报告。二是毛泽东陪同去农讲所做报告。三是同去广东东山青年会演讲。

3月28日，搬进广东大学，正式就任该校文科学长。

3月30日，出席在广东大学操场举行的追悼北京"三·一八"殉难烈士大会。

3月，译作《雪莱诗选》由上海泰东图书局出版。

4月1日，创造社出版部在上海闸北三德里成立。同月，广州分部成立，社址是广州昌兴新街42号。不久，汕头也成立了创造社分社。时，创造社的主要成员郭沫若、成仿吾、郑伯奇、郁达夫、穆木天、王独清等都在广州。

4月3日，出席广东大学校务会议，被指定负责添设文科图书馆等事宜。

4月10日，小说集《落叶》列为"落叶丛书第一种"，由上海创造社出版部出版。

4月，《三个叛逆的女性》列为"创造社丛书"，由上海光华书局出版。

本月，以上海通信图书馆会员身份，向该馆捐书40种。

4—5月，在广东大学和应邀前来发表演讲的周恩来同志会面。不久，郭沫若应邀在周恩来住处商谈。

5月2日，与陈启修等共同发起组织四川革命同志会。是日，举行第一次筹备会。继后，又陆续开了3次筹备会，具体研究和安排有关筹备工作。

5月5日，广东全省学生联合会、广州学生联合会、香港学生联合会、中华全国总工会、广东全省农民协会、广东妇女解放协会、中国共产主义青年团广东区执行委员会等团体共同发起，在广东大学礼堂举行纪念马克思诞生108年大会，郭沫若应邀出席并演讲。晚上，又出席由中国第三次全国劳动代表大会和广东省第二次农民代表大会在番禺学宫故址的广州农民运动讲习所联合举行的马克思诞辰纪念大会，并在会上演讲。

5月10日，主持在广东大学风雨操场召开的欢迎工农代表大会，毕磊致欢迎词，刘少奇等发表演讲。

5月14日，四川革命同志会在广东大学举行成立大会。会上通过了四川革命同志会总章，选出郭沫若、陈启修等19人为执行委员，欧阳继修（阳翰笙）等7人为监察委员。

5月17日，四川革命同志会在广东大学召开执行委员和监察委员联席会议，讨论分工和会务等问题。会议决定设立了总务部、农民部、工人部、青年部、出版部，郭沫若被选为出版部委员长，会议决定由出版部编辑发行旬刊一种作为会刊（后定名为《鹃血》）。

5月中旬，家眷抵广州。

5月，应邀担任第六届广州农民运动讲习所教员，曾对学员讲授"革命文学"。

本月，译作《异端》（德国霍普特曼原著，戏剧）由上海商务印书馆出版，列为"新中学文库　世界文学名著"。

6月1日，由郭沫若主编的《鹃血》创刊号出版（共出版4期）。一、二期为旬刊，三、四期为半月刊。该刊曾发表了由郭沫若起草的《四川革命同志会成立大会宣言》，在四川革命同志会举行的欢送战友北伐大会上的演讲词，以及《革命势力的普及与集中》等文章。

6月19日，被广东省国民政府任命为中山大学筹备委员。

6月25日，为《一个台湾人告诉中国同胞书》（即《毋忘台湾》）一书作序。该书作者是台湾人明心（张秀哲）。《毋忘台湾》一书于1926年6月28日由广州丁卜图书馆出版。

6月，译作《争斗》（英国戈斯华士原著，戏剧）列为"世界文学名著"，由上海商务印书馆出版。

6—7月，曾向党组织提出入党要求。粤区区委派恽代英和郭沫若谈话，建议他去参军，到黄埔做宣传工作。这时正要北伐，组织政治部，遂决定他到邓演达处做宣传科长，在实际工作中锻炼一下。郭沫若很高兴。

时，国民革命军总政治部在广东大学举办北伐战时政治工作人员训练班（为期二周），周恩来、郭沫若、邓演达等曾在班里作过报告。郭沫若报告的题目是《国民革命与各阶级合作》，分两次讲完。第一次讲《国民革命与国民革命的意义》，第二次讲《各阶级合作》。

时，兼任黄埔陆军军官学校教官。

在广州期间，曾向广东大学校长建议，聘请鲁迅做该校教授。这个建议被接受了。在此期间，曾到中共广东区委主办的第一青年训育所讲《社会主义史》和《革命文学》。

7月8日，孙炳文为之饯行，并赠"戎马书生"徽号。

7月21日，离开广州随国民革命军北伐。初任政治部宣传科长，兼任行营总秘（后改名秘书长），军阶是上校。翻山越岭，日晒雨淋，时常奔走于激战的前线。

7月，《西洋美术史提要》列为"百科小丛书第118种"，由上海商务印书馆出版。

本月，上海创造社成立戏剧部。

8月24日，随军离开长沙，继续北进。时，专任政治部秘书长，军衔为少将。

9月1日，散文小说集《橄榄》列为"创造社丛书第三种"，由上海创造社出版部出版。

9月6日，上海创造社出版部被国民党淞沪警察厅查封。叶灵凤、周毓英、成绍宗、柯仲平四人被捕后，经济难会等营救后释放。该出版部于是月11日启封。

9月8日，任国民革命军总司令部政治部汉口办事处主任。

时，郭沫若曾组织查封了两家反动报馆，组织了新闻检查委员会和一些民众团体。曾因政治部的某些干部与旧势力有妥协倾向，愤而辞职，但未获准。

9月，在广州举行的创造社出版部第一次理事会上，当选为执委会总务委员和理事会主席。

10月10日，国民革命军攻克武昌。此后不久，升任中将衔的国民革命军总政治部副主任（主任是邓演达），并一度任代理主任。

时，曾兼任中央军事政治学校武昌演讲班政治教官。

11月8日，离开武汉抵九江，兼任国民革命军总政治部驻赣办事处主任。

11月中旬起，在南昌主持总政治部的工作。

12月29日，在南昌主持追悼北伐阵亡将士大会，并发表演说。

本年，加入中国国民党。

1927年　　　　　　　　　　　　　　　　　　　　　　36岁

2月下旬，列名由成仿吾发起、鲁迅等签名的《中国文学家对于英国智识阶级及一般民众宣言》。

2月底，出席朱德同志领导的南昌军官教育团成立大会。

3月14日，接到蒋介石委任为总司令行营政治部主任的委任状。郭沫若立即密电武汉的国民党中央，揭发了此事。

3月19日，由九江抵达安庆。

3月23日，蒋介石对郭沫若极力拉拢，当面任命他为总司令部行营政治部主任，要他和当时还是革命的武汉政府脱离关系，并以每月津贴三百大洋为诱饵。

是日，安庆发生"三·二三"惨案。事前，郭沫若得知国民党右派要生事，曾派人通知国民党左派省市党部作好应变准备。省市党部和革命团体负责人及参加国民党全省第一次代表大会的多数代表得以免遭伤害。郭沫若还将前来要求保护的省妇协工作人员安全转移到武汉。

本月，参加江西第一次全省农民代表大会，并作政治报告。

3月28日，离开安庆。

3月29日，到达九江。

3月30日，化名高浩然（原为国民革命军第三军的一个参谋）赴南昌。

3月31日，在南昌花园角4号朱德同志家中写成《请看今日之蒋介石》这一著名讨蒋檄文。该文写成后，即被印成小册子广为散发。有的传单题名《狗的跳舞——试看今日之蒋介石》。5月份出版的武汉《中央日报》副刊和武汉中央军事政治学校政治部出版的《革命生活》日刊亦予发表。北方的一些报刊也曾转载。

4月1日，诗集《瓶》列为"创造社丛书第七种"，由上海创造社出版部出版。是日，写《敬告革命战线上的武装同志》。

4月2日，国民党右派盗用中央监委名义在上海举行紧急会议，提出包括鲍罗廷、陈独秀、毛泽东、周恩来、郭沫若等在内的一百九十七人通缉名单交伪政府机关通令执行。该通缉令由南京国民政府以第一号令颁发，并于4月19日生效。

4月3日，革命军占领上海后，被任命为总政治部上海分部（一称东南分部）主任。时，郭沫若离开南昌，回到九江。因已公开反蒋，一时无法去沪。

4月5日，被委任为四川省临时政务委员会委员和常委。

4月6日，总政治部上海分部被蒋介石查封，时，郭沫若正离开九江去上海。

4月上旬，佐藤富子及子女四人在广州遭受迫害，党组织派黄埔军校总政治部主任孙炳文从事营救工作，分批启程前往上海。

4月14日，辗转来到上海。当晚在李一氓处见到了周恩来，向周恩来汇报了在蒋介石的直接指挥下，发生九江、安庆捣毁党部、工会，屠杀民众的事实。郭沫若主张到武汉方面去组织力量打倒蒋介石，这个意见得到了周恩来的赞同。

4月15日，离沪乘轮船去武汉。下旬，抵武汉。

4月21日，国民党第三次执监联席会议决定解除郭沫若的国民党中央执行委员的职务。

5月6日，蒋介石拍桌打凳，发誓要消灭郭沫若的一切文章。此后，郭沫若的很多著译都被国民党当局明令禁止。

5月7日，作《脱离蒋介石以后》，在武汉《中央日报》副刊上连载。

5月10日，国民党当局以"国民政府秘书处"名义，发出《通知军政长官请通缉趋附共产之郭沫若函》。

5月29日，国民党反动派搜查创造社出版部，逮捕职工数人。

6月29日，在中国济难总会及各省干事联席会上，当选为中国济难会全国总会干事会委员。

时，任第二方面军的党代表兼政治部主任。

7月1日，译作《法网》（英国高尔斯华绥原著，戏剧）列为"世界名著选"，由上海联合书店初版。译作《银匣》（英国高尔斯华绥原著，戏剧）列为"世界名著选"，由上海创造社出版部出版。

7月2日，以国民党第二方面军党代表身份，出席武昌召开的追悼第二期北伐阵亡将士大会，并被推选为主席团成员。

7月15日，任国民革命军第四集团第二方面军总指挥部政治部主任。

8月1日，南昌起义爆发。上午在原省政府召开的一次会议上，通过了组织中国国民党革命委员会的决定，推选周恩来、宋庆龄、郭沫若等二十五人为革命委员会委员。革命委员会下设党务、工农运动、宣传、财务等委员会及参谋团、秘书厅、总政治部、政治保卫处等机关。

8月2日，《南昌民国日报》公布了"八一革命宣言"、"八一革命宣传大纲"和"土地革命宣传大纲"，同时发布通缉蒋介石、汪精卫的命令。下午在庆祝大会上，宣布了革命委员会的成立。是日，中国国民党革命委员会发出命令，任命宣传委员会委员郭沫若为宣传委员会主席，在郭沫若未到任以前，由恽代英代理此职。任命郭沫若为总政治部主任，在郭沫若未到任以前，由章伯钧代理此职。此令由主席团宋庆龄、邓演达、谭平山、张发奎、贺龙、郭沫若、恽代英署名。此外，郭沫若还任革命委员会委员、革命委员会党务委员会委员。

8月3日，在九江时接到八一起义的消息，随即同张发奎商定解散了第四方面军政治部，但拒绝了张发奎拉他去日本的建议，毅然启程去南昌。

8月4日，和李一氓、梅龚彬、阳翰笙等人于晚间同抵南昌。途经涂家埠时，曾受到程潜、朱培德部散兵的殴打和抢劫。

8月5日，出席南昌起义进军广州誓师大会。会后部队在东郊出发离开南昌，朝着赣东南方向进军。

8月8日，国民党中央党部下令："凡列名南昌革命委员会委员之共产党员谭平山等开除本党党籍，并免职通缉拿办"，"其他共产党员列名本党执监及候补委员者，一律开除党籍并免职"。

下旬，在瑞金绵江边由周恩来、李一氓二位同志介绍参加中国共产党。❶

9月1日，随大军从瑞金出发，于9月6日到达福建长汀。大军于9月23日占领潮州，24日占领汕头。25日，起义军在潮州建立了人民革命政权（新政权名称有"农工商学兵联合政府"、"人民委员会"、"革命委员会"等多种说法）。郭沫若随总部驻在涵碧楼，并被任命为革命委员会外交委员会委员兼主席、汕头交涉员、汕头海关监督和《革命日报》总编辑。《革命日报》原为国民党右派的《岭东民国日报》，接管后为革命委员会机关报，仅出了3天（9月26日到28日）便停刊。

时，郭沫若曾着手筹办《红旗报》（日刊），并安排了专人负责，拨给一笔经费去组织出版。后因军事形势发展很快，此报未能出版。

9月25日，作《红军进入了汕头市》，发表在《岭东民国日报》上。

在汕头期间，曾在洪厝公园作过演讲。他经常深入前线，做宣传鼓动工作。

10月2日，随部队撤出潮汕，并参加在晋宁县流沙教堂召开的前委会

---

❶ 1.据吴奚如《郭沫若同志和党的关系》（见《新文学史料》1980年二期）："郭老是在1927年南昌八一起义后，在行军作战中经周恩来同志和李一氓同志介绍加入中国共产党的。"王廷芳《光辉的一生，深切的怀念》等文的提法类似。

2. 关于郭沫若同志入党的具体时间和地点，笔者曾函询郭沫若的入党介绍人之一的李一氓同志。承李一氓在原信上批注：关于入党地点，"在瑞金就是了。在瑞金住几天入党的"。我在信中问"是不是在瑞金锦江河畔的一所学校里？"李老在"锦江河畔"下划一横线，注曰"绵江非锦江"。

既然是在瑞金入党的，那么就需要弄清楚起义军在瑞金的具体时间。经查有关南昌起义资料，知道一般的说法，起义军是1927年8月25或26日入城的。入城后因发现会昌有钱大钧、黄绍竑的十八个团，曾临时改变进军计划，进攻会昌。战斗结束后再折回瑞金。据李一氓说，打会昌时，起义军的指挥机关仍留在瑞金。起义军是9月1日起陆续离开瑞金东向福建的。根据以上事实，我们认定郭沫若的入党时间为该年8月下旬。

议。这次会议传达了党的"八七"会议精神，从政治上、军事上总结了失败的经验教训，作出了领导人员离开战区、武装人员撤往海丰的决定。

10月3日中午，参加在流沙教堂召开的军事决策会议。会议决定武装人员尽可能收集整顿，向海陆丰后撤，非武装人员就地分散，分别向海港方向前去，再往香港、上海。此后，郭沫若在农会干部的护助之下，经盐酸寮（即咸寮）、神泉，从水晶宫出海，于本月下旬抵香港。

10月4日，在盐酸寮的草堆里，写成小说《一只手——献给新时代的小朋友》。

10月15日，与成仿吾合译之《德国诗选》，由上海创造社出版部出版。其中郭译部分，后全部移入《沫若译诗集》。

10月以后，冯乃超、李初梨、朱镜我、彭康等由日本相继回国，成立创造社文学部，继续出版《创造月刊》。创造社的活动进入后期阶段。

11月初，由香港到达上海，潜居于窦乐安路。

11月9日，郑伯奇、蒋光慈等受郭沫若委托，访问鲁迅，请求合作。鲁迅慨然允诺，主张不必另办刊物，可以恢复《创造周报》，作为共同园地，他将积极参加。

11月下旬，重译歌德的诗剧《浮士德》第一部。

12月3日，以"麦克昂"化名与鲁迅、蒋光慈、冯乃超等30多人，在上海《时事新报》刊登的《创造周报》复刊广告上共同列名，为特约撰述员。这个计划后来因其他创造社同人另有主张而没有实现。

12月12日，因患斑疹伤寒，住医院治疗，并因此错过船期，失掉去苏联的机会。

本年底（或下年初），谭平山等组织第三党，曾派章伯钧邀郭沫若参加，并请为第三党起草宣言，遭郭沫若拒绝。

1928年 37岁

1月1日，以"麦克昂"的化名与鲁迅等人联名发表《创造周报复活宣言》，载于《创造月刊》一卷八期。同期《创造月刊》还发表以"麦克昂"署名的《英雄树》，倡导无产阶级革命文学。

1月4日，病愈出院。

1月15日，诗集《恢复》完稿。

2月1日，译作《浮士德》第一部列为"世界名著选第八种"，由上海创造社出版部出版。

2月3日，编成《沫若诗集》。

2月4日，编成《水平线下》。

2月5日，编成《沫若译诗集》。

2月10日，诗集《前茅》列为"创造社丛书第二十二种"，由创造社出版部出版。

是日，周恩来等来到郭沫若住所，决定安排他先去日本，再设法去苏联。经过党中央瞿秋白等同志决定，保留郭沫若的党籍。周恩来提出在经济上给郭沫若一定资助，郭沫若考虑到党组织也有困难，谢绝了。❶

2月23日，晚间得到消息，寓所已由龙华卫戍司令部探悉，夜间要来拿人。是夜，避宿于日本人开的八代旅馆。

2月24日，乘日本邮船"卢山丸"离沪去日本。因安全关系，和家属分开乘船。在船上化名"吴诚"，假充南昌大学教授，往日本东京考察教育。

2月27日，抵日本神户。

3月初，从品川迁至市川。

3月15日，《流沙》半月刊创刊，由郭沫若定名，并题刊名。

3月25日，诗集《恢复》列为"创造社丛书第二十三种"，由创造社出版部出版。

4月20日，与成仿吾合著之《从文学革命到革命文学》列为"创造社丛书第二十四种"，由创造社出版部出版。

5月20日，《水平线下》列为"创造社丛书第二十六种"，由上海创造社出版部出版。

---

❶ 吴奚如《郭沫若同志和党的关系》："郭老去日本隐居，专心从事学术研究和著作，那是经过当年党中央决定、保留党籍，完成党给他的一项重大任务的。""当年，党中央为了爱护象郭老这样在社会上、在学术界有名望的党员，决定派他们到国外去隐居，专心从事学术研究……当年，合乎这个条件的党员，除了郭老外，还有钱亦石同志和董老等。"

又据吴奚如同志1981年6月13日给笔者的信："大革命失败后，1928年我在上海党中央军委系统工作，当时党中央总书记是瞿秋白，为保护象郭那样的知名党员，决定他们去日本或去苏联学习，以待时机回国，是中央的贤明决策。"

再从郭沫若的《离沪之前》来看，也可以了解当时郭老的去日本，是在周恩来同志的指示下安排的。

5月25日,《沫若译诗集》列为"创造社世界名著选第十种",由上海创造社出版部出版。内收郭沫若的早期译诗33首。

6月10日,《沫若诗集》列为"创造社丛书第二十一种",由上海创造社出版部出版。

6月15日,译作《查拉图司屈拉钞》(德国尼采原著)列为"世界名著选第十一种",由创造社出版部初版。本书包括原书第一部的二十二节和第二部的四节,其他各节没有译下去。

6月,《沫若诗全集》由上海现代书局出版。

3~7月,广泛地阅读科学的文艺论、哲学、经济、历史等书籍。

7月底开始,研究易经、尚书、诗经、甲骨文和殷周青铜器铭文等。

8月1日,被东京警视厅会同市川警察局无理拘留。由于安娜的营救,三天后获释。此后,几乎每天都受到宪兵和刑事的双重监视。不久,又迁居至市川的真间山麓附近(两年后迁至市川的须和田定居下来)。市川市,后于1981年4月和我国四川省乐山市结成姐妹城市。

8月18日,在《创造月刊》二卷一期发表《文艺战上的封建余孽——批评鲁迅的〈我的态度气量和年纪〉》,署名"杜荃"。

8月19日,《沫若创作集》列为"创造社丛书",由创造社出版部出版。

九十月,因研究甲骨文,由日本作家藤村成吉介绍去找东洋文库主任石田干之助,用的是假名"林守仁"。

10月28日,作《中国社会之历史的发展阶段》,发表于《思想》(月刊)第四期时,署名"杜顽庶"。

11月10日和25日,在《东方杂志》第二十五卷二十一、二十二号连载《周易的时代背景与精神生产》时,署名"杜衍"。

11月30日,译作《石炭王》(美国辛克莱原著,小说),由上海乐群书店出版,署名"坎人"译。

本年,《革命精神人类机巧自然》共12章,由上海开明书店发行。本书书脊题"人类机巧自然"。

1929年   **38岁**

1月10日,《创造月刊》停刊,共出2卷。第一卷出十二期,第二卷出六期。

2月7日，创造社出版部被查封，后虽以江南书店名义继续活动，但每月寄给郭沫若的一百元生活费从此断绝。郭沫若便在从事学术研究的同时，进行翻译和写回忆录，卖文为生。

4月，《我的幼年》由上海光华书局出版。

7月5日，译作《美术考古学发现史》（德国米海里斯原著，论著）由上海乐群书店出版。

7月30日，作《〈屠场〉译后》，发表时署名"易坎人"。

8月15日，《反正前后》由上海现代书局出版。本书不久被伪上海市教育局查禁，1931年上海现代书局改版题名《划时代的转变》发行。

8月30日，译作《屠场》（美国辛克莱原著，小说）由上海南强书局出版。

9月，国民党中央执行委员会以"藉文艺刊物而宣传共产"为名查禁《我的幼年》（上海光华版）。时，在"中央取缔反动文艺书籍一览"中，该书又以"普罗文艺"为名被查禁。

10月，与L.（李一氓）合译之《新俄诗选》，列为"新俄丛书"，由上海光华书局出版。该书后因国民党当局查禁，书名改题《我们的进行曲》，由上海大光书局出版。

本月，《塔》列为"沫若小说戏曲集第一辑"，由上海新兴书店出版。

11月1日，《落叶》列为"沫若小说戏曲集第二辑"，由上海新兴书店出版。

12月1日，《漂流三部曲》列为"沫若小说戏曲集第三辑"，由上海新兴书店出版。

12月15日，《山中杂记及其他》列为"沫若小说戏曲集第五、六、七辑"，由上海新兴书店出版。同日，《水平线下》列为"沫若小说戏曲集第八辑"，由上海新兴书店出版。

本年下半年，伪上海市教育局以"讥嘲当局，意存反动"为名，查禁《我的幼年》（上海光华版）。同时查禁的还有《反正前后》（上海现代版）。

1930年   **39岁**

1月15日，《女神及判逆的女性》列为"沫若小说戏曲集第九、十辑"，由上海新兴书店出版。

2月16日，致容庚信，署名"石沱生"。

3月2日，中国左翼作家联盟在上海中华艺术大学召开成立大会。郭沫若时在日本，未能出席成立大会，但列名为发起人之一。在筹备过程中，曾函钱杏邨表示支持，并将《少年维特之烦恼》一书的版税献给"左联"作为活动基金。

3月20日，《中国古代社会研究》由上海联合书店出版。

6月，译作《煤油》（美国辛克莱原著，长篇小说），由上海光华书局初版，署"易坎人"译。

9月19日，作《臣辰盉铭考释》，发表于1931年6月《燕京学报》第九期时，署名"郭鼎堂"。

9月，国民党长沙市党部所编《工作报告书》，列名查禁《一只手》。

10月，《后悔》（原名《水平线下》）、《沫若小说戏曲集》分别由上海光华书局出版。

11月25日，作《毛公鼎之年代》，发表在《东方杂志》第二十八卷十三号时，署名"鼎堂"。

11月，国民党《中央取缔反动文艺书籍一览》中，以"普罗文艺"为名，查禁《后悔》（为《水平线下》之改版，1930年10月光华书局出版）。同时查禁的还有光华书局出版的《孤鸿》，罪名是"鼓吹阶级斗争"。

1931年   40岁

1月，国民党《中央取缔反动文艺书籍一览》中，以"普罗文艺"为名，查禁《煤油》。

4月5日，散文小说集《今津纪游》由上海爱丽书店出版。

5月，《甲骨文字研究》分上下册由上海大东书局据著者手迹线装影印出版。是月14日，李一泯受郭沫若委托，向鲁迅赠送《甲骨文字研究》一部。

6月，《殷周青铜器铭文研究》分上下册由上海大东书局据著者手迹影印出版。《汤盘孔鼎之扬榷臣辰盉铭考释》由北平燕京大学出版，作者署名"郭鼎堂"。

8月5日，译作《战争与和平》（俄国托尔斯泰著，长篇小说）第一分册上，由上海文艺书局出版。该书第一分册下于1932年1月15日，第二、三分册于该年9月25日和1933年3月15日，由上海文艺书局分别出版。本书系参照英、德文译出全书的三分之一左右。抗日战争时期，高植参考此译本，从俄文原著将全书译出，并以郭沫若、高植二人名义出版。

　　9月，《文艺论集续集》由上海光华书局出版。

　　12月，《黑猫》由上海现代书局初版。译作《政治经济学批判》（德国马克思原著）由上海神州国光社初版。本书后曾被国民党当局查禁，书商又以"政治经济学会"名义出版，书名改题《经济学批判》。

　　是月，国际革命作家联盟机关刊物《世界革命文学》改名为《国际文学》，并邀请鲁迅、郭沫若、茅盾等为特约撰稿人。

　　本年，译就《德意志意识形态》（马克思、恩格斯合著）。因受国民党反动当局的检扣，本书未能及时出版。

1932年　　　　　　　　　　　　　　　　　　　　　　　　**41岁**

　　1月10日，《两周金文辞大系》由日本东京文求堂据著者手迹影印出版。

　　1月14日，伪上海市教育局发出训令（未编号），查禁《划时代的转变》（上海现代版）。

　　1月，四子志鸿诞生于市川市。

　　3月25日，母亲杜邀贞卒于沙湾。作《祭母文》，并撰印《先妣杜宜人事略》。

　　4月，李霖编著之《郭沫若评传》，由上海现代书局出版。

　　8月1日，《金文丛考》（线装四册）由日本东京文求堂据著者手迹影印出版。

　　8月，国民党《中央取缔反动文艺书籍一览》以"攻击本党"和"普罗文艺"为名，查禁《划时代的转变》（上海现代书局出版）。

　　9月20日，《创造十年》由上海现代书局出版。

　　9月，余文炳译、郭沫若校订的《迷娘》（德国歌德原著）由上海现代书局出版。

10月，国民党《中央取缔反动文艺书籍一览》以"诋毁本党"为名，查扣《反正前后》（创造社出版部出版）。

11月6日，《金文余释之余》由日本文求堂据著者手迹线装影印出版。

1933年　　　　　　　　　　　　　　　　　　　　42岁

2月，国民党中央宣传会以"欠妥"为名，查扣《创造十年》（上海现代书局版）。

3月，《我的幼年》为国民党当局查禁后，由上海光华书局改名为《幼年时代》出版。

时，曾拟作小说《紫薇花》，后未成。

4月，小说《一只手》由上海大光书店出版。这部小说最初在《创造月刊》上发表时署名"麦克昂"，现改署"郭沫若"。《孤鸿》由上海光华书局出版，该书为《文艺论集续集》的节选本。

时，拟作小说《江户川畔》，后未成。

5月10日，《卜辞通纂》（线装4册）由日本文求堂据著者手迹影印出版。

5月，国民党《中央取缔反动文艺书籍一览》以"普罗文艺"为名，查禁《一只手》（上海大光书局版）。

6月，国民党《中央取缔反动文艺书籍一览》以"普罗文艺"为名，查扣《沫若文选》（上海文艺书店版）。

7月21日，用日文写成《武昌城下》。后经作者译成中文，并加修改后，题名《北伐》出版。

8月26日，作《〈沫若自选集〉序》，内附《民国三年以来我自己的年表》。

9月，《沫若书信集》由上海泰东图书局出版。

12月10日，《古代铭刻汇考》（线装3册），由日本文求堂据著者手迹影印出版。

12月，《行路难》编入"东方文库续编"，由上海商务印书馆出版。

本年，伪西南出版物审查会一年来工作总报告《查禁反动刊物一览表》中，以"宣传共产"为名，查禁《划时代的转变》和《创造十年》(均上海现代版)；以"主张无产阶级专政"为名，查禁《后悔》（上海光华版）；以"鼓动阶级斗争"为名，查禁《孤鸿》（上海光华版）。

1934年　　　　　　　　　　　　　　　　　　43岁

1月，《沫若自选集》列为"自选集丛书"，由上海乐华图书公司出版。

本月，国民党《中央取缔反动文艺书籍一览》以"欠妥"为名，查扣《孤鸿》（上海光华书局版）；以"鼓吹阶级斗争"为名，查禁《石炭王》（上海现代书局版）和《屠场》（上海南强书局版）。

2月，国民党中宣会以"普罗文艺"为名，查扣《沫若自选集》（上海乐华图书公司版）。19日，国民党中宣会（一作：国民党上海特别市党部执委会）查禁25家书店出版的149种书籍。其中郭沫若的著译有《政治经济学批判》（上海神州国光社版）、《中国古代社会研究》（上海现代书局版）、《黑猫》（现代版）、《石炭王》（现代版）、《创造十年》（现代版）、《幼年时代》（上海光华书局版）、《文艺论集》（光华版）、《文艺论集续》（光华版）、《煤油》（光华版）、《美术考古发现史》（上海湖风书局版）、《屠场》（上海南强书局版），数量之多，仅次于鲁迅。

3月20日，国民党上海特别市执委会发布的《先后查禁有案之书目》中，列有《幼年时代》、《文艺论集续集》、《煤油》（以上光华版），《应禁止发售之书目》中，列有《政治经济学批判》（神州国光社版）、《石炭王》（现代版）和《屠场》（南强版）。

春，东京左联分盟秘密成立。郭沫若常以盟员身份参加其活动（包括下属东流社、质文社、新诗社的活动，出席编委座谈会，帮助出版《东流》、《杂文》（出至第三期时改名《质文》）、《新诗歌》等刊物和《文艺理论丛书》，并为之撰稿。

4月，国民党《中央取缔反动文艺书籍一览》以"鼓吹阶级斗争"为名，查扣《我们的进行曲》（即《新俄诗选》，上海光华书局版）。

5月20日，《古代铭刻汇考续编》由日本文求堂据著者手迹线装影印出版。

5月，国民党《中央取缔反动文艺书籍一览》以"普罗文艺理论"

为名，查扣郭沫若、郁达夫等著的《当代中国文艺论集》(上海乐华版)。

9月20日，《太白》创刊号刊有《本刊特约撰述》名单，内中署"谷人"者，即郭沫若。

10月，译作《生命之科学》(英国威尔士原著)第一册由上海商务印书馆出版，署名"石沱译"。

11月9日，作《历史和历史》，发表于本年12月5日《太白》一卷六期时，署名"谷人"。

11月，国民党中宣会以"普罗文艺"为名，查扣李霖编《郭沫若评传》(上海现代版)。

本年，某书店曾将被查禁的郭沫若所译《政治经济学批判》署名"李季译"出版。伪西南出版物审查会半年来工作总报告称，"已奉准查禁之刊物"中有《沫若自选集》(上海乐华版)，理由是"宣传共产主义"。

1935年　　　　　　　　　　　　　　　　　44岁

3月5日，《两周金文辞大系图录》(线装5册)由日本文求堂据著者手迹影印出版。

本日，与丰子恺、巴金等共200人以及太白社等15个机关，联名发表《推行手头字缘起》。

3月，译作《日本短篇小说集》(日本芥川龙之介等原著)列为"万有文库第二集第548种"，由上海商务印书馆出版，署名"高汝鸿选译"。

4月27日，在东京神田商科大学观看中国留日学生"中华同学新戏公演会"演出的《雷雨》，对该剧及演出极为称赞。

4月，国民党《中央取缔反动文艺书籍一览》以"普罗意识"为名，查扣《漂流三部曲》(上海新兴书局版)。

该月，《屈原》(论著)由上海开明书店出版。

7月，国民党《中央取缔反动文艺书籍一览》以"欠妥"为名，查扣《橄榄》(上海现代书局版)。

8月，《两周金文辞大系考释》(线装3册)由日本文求堂据著者手迹影印出版。

8—9月，鲁迅给东京杂文社同人信，表示要同郭沫若加强团结，一起战斗。郭沫若看了这封信后，曾表示愿意与鲁迅先生联系，但后来这个愿望未能实现。

9月，国民党《中央取缔反动文艺书籍一览》以"宣传普罗文艺"为名，查扣黄人影编《郭沫若论》（上海光华书局版）；以"欠妥"为名，查扣《沫若小说戏曲集》（上海光华版）。

10月5日，应邀在东京中华基督教青年会作演讲，题为《中日文化之交涉》（一名《中日文化的交流》）。

10月，国民党《中央取缔反动文艺书籍一览》以"欠妥"为名，查扣《沫若诗集》（上海现代版）。

11月，译作《生命之科学》第二册，由上海商务印书馆出版。

12月10日，为甦夫的诗集《红痣》作序。

12月，指导东京帝大中国留学生所组织的马克思主义研究小组，该小组常在郭沫若家中活动。"左联"东京分盟出版的《杂文》出至三期被日本警视厅无理勒令停刊后，由郭沫若改题为《质文》继续出版。

1936年　　　　　　　　　　　　　　　　　　45岁

1月18日，为《铁轮》（天虚著）作序。该书由上海新钟书店于1936年5月出版。

1月23日，为《雷雨》（曹禺原著）日译本作序，题为《关于曹禺的〈雷雨〉》。

春，获读《八一宣言》和季米特洛夫在第三国际第七次代表大会上的报告，表示完全拥护党的抗日统一战线政策。

3月21日，为周而复《夜行集》作序，该书1936年6月由上海文学丛报社出版。

3月，作《天亮黑一黑》，发表在1936年6月15日出版的《质文》月刊第五、六期合刊时，署名"安娜"。

4月4日，在市川寓所应诗人蒲风之约作了一次谈话，内容涉及郭沫若个人前期的一些诗作、古今中外一些著名诗人以及当时的中国诗歌运动。这次谈话后由蒲风记录整理、作者校阅，发表于本年8月16日出版的《现世界》（半月刊）创刊号，题为《郭沫若诗作谈》。

5月7日，长兄澄坞（原名开文）去世。

5月9日，《离沪之前》列为"创作丛刊"，由上海今代书店出版。

5月10日，由蔡元培、鲁迅、郭沫若等具名联合发表《我们对于推行新文字的意见》，发表于《中国语言月刊》创刊号。

5月25日，译作《艺术作品之真实性》（即马克思、恩格斯合著的《神圣家族》后半部），列为"文艺理论丛书一"，由东京质文社出版。

5月，《先秦天道观之进展》由上海商务印书馆出版，署名"郭鼎堂著"。

6月7日，中国文艺家协会在上海成立，选举茅盾、夏丏尊、王统照等九人为理事。郭沫若、茅盾、郁达夫等110位作家在该会宣言上署名。

7月1日，与蔡元培、柳亚子、鲁迅等140人联名发表《我们对于推行新文字的意见》。

7月13日，"左联"要求东京支部对"国防文学"这个口号发表意见。郭沫若表示"党决定，我就照办"，"愿做党的喇叭"。他还建议召开座谈会，亲自将讨论记录整理编成《现阶段的文学问题——国防文学集谈》，在《质文》上发表。

8月9日，《武昌城下》列为"文艺丛刊之一"，由上海晓明书店出版。

8月，国民党《中央取缔反动文艺书籍一览》以宣传"普罗文艺"为名，查扣《艺术作品之真实性》（东京质文社版）。

9月，译作《华伦斯太》（德国席勒原著，戏剧），收入"世界文库"，由上海生活书店出版。

10月2日，《新认识》杂志第二期发表《文艺界同人为团结御侮与言论自由宣言》。该宣言由鲁迅、郭沫若、茅盾、巴金、叶绍钧、洪深等21人联署。

10月10日，《质文》月刊第二卷第一期和11月10日出版的《质文》第二卷第二期，发表小说《克拉凡左的骑士》，此系1930年创作的长篇小说《同志爱》的一部分。收入《地下的笑声》、《沫若文集》时，改题《骑士》。收入《沫若代表作》时，题为《武汉时代》。此外，还有《武汉之五月》、《同志爱》等题名。余稿后在上海散失。

10月19日，在市川市听到鲁迅逝世的消息后，连夜赶写追悼文章，题为《民族的杰作——纪念鲁迅先生》。郭沫若还分别以本人和质文社同人名义题词哀挽。

10月，《豕蹄》列为"不二文学丛书"，由上海不二书店出版。

11月1日，出席东京留日学生在神田日华会馆举行的鲁迅逝世追悼会，并作题为《不灭的光辉》的演讲。

11月中旬，郁达夫受福建省主席陈仪委托，以购买印刷机为名，赴日向郭沫若转达关于国民党政府要郭沫若回国的意见。

11月17日，在留日学生各团体追悼鲁迅的大会上发表演讲。

11月，译作《隋唐燕乐调研究》（日本林谦三原著），由上海商务印书馆出版。

本年，在伦敦出版的《活的中国》（埃德加·斯诺编译）一书的第二部分，收有郭沫若的短篇小说《十字架》。

1937年　　　　　　　　　　　　　　　　　　　　46岁

3月，译作《人类展望》（英国韦尔斯原著）列为"开明青年丛书"，由上海开明书店出版。

4—5月，收到郁达夫从福州来的电报，说国民党政府对郭沫若将有"重用"，要郭沫若赶快回国。

5月29日，《殷契粹编》（附考释索引，线装5册）由日本文求堂书店据著者手迹影印出版。

6月，《北伐》列为《创作丛书》，由上海北雁出版社初版。该书又名《北伐途次》。

7月7日，抗日战争爆发。

7月15日，友人金祖同来访，商量回国的具体办法。

7月25日，在钱瘦铁、金祖同的协助下，只身由市川寓所经横滨到神户，乘加拿大公司的"日本皇后号"邮船回国。船上用的是Young Pat-ming（杨伯勉）的假名。

7月27日，回到上海，暂居沧州饭店。

7月30日，国民党南京中央社发出电讯，国民党中央执行委员会决定取消对郭沫若的通缉。

8月初，上海文化界救亡协会成立，郭沫若为该会负责人之一。

8月1日，迁居至上海高乃依路（今皋兰路）。

是日，瞻仰廖仲恺遗容。

8月2日，中国文艺家协会上海分会、上海市文化界救亡协会欢宴郭沫若。

8月4日，为上海戏剧电影界联合公演的三幕剧《保卫芦沟桥》（中国剧作者协会会员集体创作）说明书题词。

8月8日，上海文化界救亡协会、宪政协进会、文艺协会、剧作人协会四团体举行盛大欢迎会，欢迎郭沫若和沈钧儒、章乃器、李公朴等。郭沫若出席会议并致词。

8月9日，上海诗人协会会员林林、穆木天、任钧、许幸之、冼星海、艾青、柳倩、王亚平等集会，欢迎郭沫若回国抗日。

8月11日，出席观看为欢迎"七君子"出狱和郭沫若回国而演出的《保卫芦沟桥》专场。

8月12日，应苏浙边区靖绥公署主任张发奎之约，去该署驻地嘉兴南湖游览。晚，去杭州，会见了他的七妹。第二天一早赶回上海。

8月21日，为上海市文化界救亡协会国际宣传委员会起草《中国文化界告国际友人书》。

8月22日，上海地下党创办《早报》，郭沫若任副刊编辑。该报创刊号上发表了郭沫若的特约稿《我们民族的喜炮》。

8月24日，上海市文化界救亡协会的机关报《救亡日报》在上海创办，并出版第一号。郭沫若任该报社长，夏衍和阿英分任主笔和主编，巴金、王任叔、阿英、茅盾、郭沫若、夏衍、张天翼、邹韬奋、郑振铎等组成编委会。这是在中国共产党领导下的一张统一战线的报纸。

时，任上海各界组织的战时设计委员会副主任委员。

8月，由于郭沫若秘密返国，日本警宪将安娜和长子郭和生拘禁月余，惨加箠楚，以致不能行步。郭沫若得到消息，曾赋七律一首，说："两全家国殊难事，此恨将教万世绵。"他还要求驻日大使设法营救，将妻子儿女带回国来。但由于日本当局以安娜"是日本臣民，且有间谍之疑"，横加阻挠不让其回到中国。此后，安娜在十分艰苦的情况下，挑起全家的生活重担。和生、博生先后进了京都大学，并设法获得了岩波奖学金。佛生先在一家生产铝制品的工厂当学徒，后被警察赶了出来，在岩波书店工作了一些时间，才考进水产专科学校。淑瑀也在文求堂书店老板的资助下求学，后又领取岩波奖学金，完成了学业。安娜则以小贩为业，并在房前屋后空地上种点蔬菜聊以糊口。

本月，《沫若近著》（又名《断断集》）列为《文艺新刊》，由上海北新书局出版。

7—8月，回国后党籍恢复，称之为特别党员，受党中央长江局周恩来同志等少数负责人直线领导，以无党派人士的面目展开抗日活动。❶

9月13日，《抗战与觉悟》列为《抗战小文库之一》，由抗敌出版社出版。

9月，与田汉在上海发起由文艺界救亡协会举办俘获文件物品展览会。

9月下旬，曾应召去南京受蒋介石接见。

10月16日，出席上海鲁迅逝世周年纪念会，并作赞诗。

10月18日，出席战时文艺协会在上海女青年会主办的鲁迅先生逝世一周年纪念大会，并发表讲话。

10月19日，出席上海市文化界救亡协会在浦东大厦召开的纪念鲁迅先生逝世一周年大会，并发表讲话。会上决定成立上海文艺界救亡协会，郭沫若等11人被推为临时执行委员。

9—10月，负责组织了"文化宣传服务队"（后改编为"抗战演剧队"）和3个战地服务团，并多次率领这些组织和"文救会"、"剧救会"到前线进行宣传慰劳和救济难民的工作。

10月，《抗战与觉悟》由上海大时代出版社出版。

11月1日，《在轰炸中来去》列为《抗战文艺小丛书》，由上海抗战出版部出版。

11月6日，为《救亡日报》作社论《后来者居上》，发表于次日该

---

❶ 吴奚如《郭沫若同志和党的关系》："因此，郭老一从日本平安回到上海，他的党籍就恢复了，叫做特别党员，以无党派人士的面目，展开了公开的抗日民主的革命活动，去带动当时广大的民主人士向中共靠拢，起了比一个党员更大的作用。他当时是特别党员，受党中央长江局周恩来同志等少数负责人直线领导，不过党的小组生活，不和任何地方党委发生关系。他在被周恩来同志决定出任国民党军委政治部第三厅中将厅长时……秘密出席党中央长江局有关第三厅工作的重大会议。"

报。这是为纪念十月革命20周年而写的。

11月12日，四幕剧《甘愿做炮灰》脱稿，这是作者的第一部现代话剧。

11月21日，上海沦陷。为《救亡日报》写了停刊词《失掉的只是我们的镣铐》。该报停刊后，曾由阿英、于伶等负责出版了两期地下刊物《离骚》。

11月22日，历史剧《棠棣之花》再改作毕，此为该剧的第一个五幕本，后收入1938年1月上海北新书局初版之《甘愿做炮灰》一书中。

本日，上海《救亡日报》出至85号被迫停刊。

11月27日，乘法国邮船秘密离开上海赴香港，同行者有何香凝、邹韬奋等。在香港期间，曾准备出国往南洋募款，以进行抗战宣传工作，并用化名"白圭"办理出国护照。后未能成行。

12月初，与于立群等离香港乘船同赴广州。为筹备《救亡日报》复刊，曾多方奔走积极设法筹款。

12月4日，出席在新亚酒店举行的沪港粤文化界联欢会。

12月6日，应岭南大学学生自治会邀请，到该校发表演讲。

12月9日，出席广州学生纪念"一二·九"二周年大会，并发表演讲。

12月20日，应广州文化界救亡协会的邀请，在广州无线电台作播音演讲。

1938年　　　　　　　　　　　　　　　　　　47岁

1月1日，《救亡日报》粤版复刊号（即第八十七号）在广州出版。郭沫若任该报社长，夏衍任总编辑。复刊号刊登了郭沫若写的复刊词《再建我们的文化堡垒》。

1月2日，参加在广州太平餐馆举行的"新年文艺座谈会"。与会者曾就"文化界统一问题"和"一年来文艺运动检讨"等问题展开讨论。

1月4日，和茅盾、夏衍等三十多人参加在新亚饭店举行的沪港粤文化人联欢会。

1月6日，应岭南大学学生自治会的邀请去该校演讲。同日傍晚，乘火车离广州去武汉。与于立群结婚。于立群，广西贺县人，1916年生，1979年3月13日逝世。

1月9日，抵达汉口，周恩来、叶剑英、彭德怀等前往迎接。

1月10日，住太和街26号。《沫若抗战文存》由上海明明书店出版。

1月23日，当选为国际反侵略运动大会中国分会理事。

1月，《甘愿做炮灰》（话剧）列为《文艺新刊》，由上海北新书局出版。《战声》（诗集）列为《战时小丛书之三》，由广州战时出版社出版。《全面抗战的认识》由广州北新书局出版。《创造十年续编》列为《创作新刊》，由上海北新书局出版。

2月初，出席中共代表团及八路军驻汉口办事处举行的欢迎孩子剧团招待会。

2月4日，《救亡日报》发表了在武昌"广西学生军营"的演讲词，题为《日寇之史的清算》。

2月6日，由于国民党当局在组建政治部和各厅的过程中玩弄手腕、施展阴谋，郭沫若愤而离开武汉，奔赴长沙。

2月13日，出席长沙文化界在青年会大礼堂为欢迎郭沫若而举行的大会。

2月15日，《前线归来》由汉口星星出版社出版。

2月28日，与于立群、田汉、张曙等离开长沙，同赴武汉，继续进行组建政治部第三厅的有关工作。

3月20日，出席战时社会科学座谈会，并作演讲。

3月25日，出席中国学生救国联合代表大会，并在女青年会发表演讲。

3月27日，文艺界抗日民族统一战线组织"中华全国文艺界抗敌协会"（简称"文协"）在汉口成立，郭沫若、茅盾、冯玉祥、丁玲、许地山、郁达夫、巴金、夏衍、老舍、曹禺、田汉、朱自清、冯乃超、成仿吾、郑振铎等45人被推选为理事，周恩来为名誉理事，老舍负责主持日常工作。机关杂志有《抗战文艺》等。此后不久，上海、昆明、桂林、广州、香港、延安等地相继建立了分会。

4月1日，国民党军事委员会政治部第三厅在武昌昙华林正式成立。郭沫若任厅长，阳翰笙任主任秘书。第三厅主持宣传工作。

时，郭沫若以特别党员身份常秘密出席党中央长江局有关研究第三厅工作的重大会议。

4月5日，政治部第三厅在武汉主办各界扩大宣传周，组织戏剧、歌咏、美术以及文字、口头等方面的抗日宣传。

4月，《郭沫若先生最近言论》（熊琦编）一书，由广州离骚出版社出版。《当前日本之危机》列为《战时丛书之十》，由汉口战时出版社出版。与金仲华合著之《国际形势与抗战前途》，由汉口自强出版社出版。

5月10日，在《自由中国》第二号上，发表《抗战以来文艺的展望》为题的笔谈，有郭沫若、老舍、夏衍、郁达夫等人在座谈会上的发言。

5月26日，代表中华全国艺术界主持欢迎世界学联代表的大会。

6月2日，与沈钧儒、胡愈之一起邀请文化界著名人士，商谈征求《鲁迅全集》纪念本订户事宜。

6月6日，任中华全国美术界抗敌协会名誉理事。

6月23日，为《外人目睹中之日军暴行》（英国田伯烈著，杨明译）一书作序，该书于本年7月由汉口国民出版社出版。

夏，党中央根据周恩来同志的建议，作出党内决定：以郭沫若同志为鲁迅的继承者，中国革命文化界的领袖；并由全国各地党组织向党内外传达，以奠定郭沫若同志的文化界领袖的地位。

7月9日，为《明末民族艺人传》（傅抱石编）一书作序。该书1938年由商务印书馆出版。

7月25日，《战时宣传工作》由国民政府军事委员会政治部出版。

7月，任慰劳总会副会长。

该月，《文艺与宣传》列为《自由中国丛刊之一》，由汉口生活书店出版。

8月下旬，代表慰劳总会两次向武汉城防部队赠献旌旗和慰劳函件，进行慰问活动。

9月中旬，率领武汉各界慰劳前线将士代表团去南战场第九战区湖北咸宁、江西修水、湖南平江一带慰劳前线将士。23日，由前线回到武汉。

9月23日，蔡元培、郭沫若领衔代表中国文化界，致电国际联盟大会主席，呼吁对日本侵略者实施制裁。

9月，政治部第三厅将救亡演剧队和一些进步戏剧团体改编为九个抗敌演剧队和四个抗敌宣传队，分赴各战区进行抗日宣传工作。

10月18日，为纪念鲁迅逝世二周年，作《持久抗战中纪念鲁迅》。

10月19日，参加中华全国文艺界抗敌协会和鲁迅先生纪念委员会在武汉青年会举行的鲁迅逝世二周年纪念会，并任大会主席。

10月20日，出席青年记者学会在青年会举行的关于抗战中的文化工作问题的讨论会。

10月22日，朱德从华北飞抵武汉，与周恩来、郭沫若等聚会于汉口鄱阳街一号。

10月24日，率政治部第三厅工作人员撤离武汉，后辗转于湘桂之间。

11月12日夜，长沙大火。由长沙脱出，赴衡阳。

11月18日，复赴长沙，参预火灾善后工作。

月底，复返衡阳。

本月，译作《德意志意识形态》（马克思、恩格斯合著）由言行出版社出版。

12月3日，由衡阳赴桂林。

12月27日，由桂林飞往重庆，住七星岗天官府街四号。

1939年　　　　　　　　　　　　　　　　　　　48岁

1月10日，《救亡日报》在桂林复刊。郭沫若曾将自己的稿费和生活费节余下来，作为在重庆出版《救亡日报》（航空版）的经费。

3月16日，作《文化与战争》。该文收入上海文献丛刊社本年4月出版的《艺术文献》第一册时，署名"白圭"。

3月22日，出席全国戏剧界抗敌协会年会，并发表讲话。

3月27日，告假回家探望父亲，并为母亲扫墓。

4月6日，五子汉英生于重庆。

4月9日，出席中华全国文艺界抗敌协会举行的第一届年会，并讲话。

4月14日，与邵力子等十四人当选为"文协"第二届理事会常务委员。

4月15日，在全国文艺界抗敌协会举行的第二届理事会第一次会议上，当选为常务理事。

4月，为筹集《救亡日报》（桂林版）办报资金重庆的党组织决定动员重庆的戏剧界人士举行一次公演。郭沫若和阳翰笙等人发起组成"旅渝剧人为《救亡日报》筹募基金联合公演演出委员会"，郭沫若为演出委员之一。在一次演出夏衍写的话剧《一年间》时，郭沫若扮演了戏中结婚场面里的一个贺客。

5月21日，为国际反侵略运动中国分会第二次年会起草宣言，题为《和平的武器与武器的和平》。

7月5日，郭沫若的父亲郭朝沛病故。11日，偕于立群回乐山奔丧。

7月，《石鼓文研究》列为《孔德研究所丛刊之一》，由长沙商务印书馆据著者手迹线装2册影印出版。

9月初，返回重庆。

9月，作《祭父文》及《先考膏如府君行述》。

10月16日，复回沙湾故居为父亲营葬。

时，曾再辞第三厅职，未获准。

11月，将《家祭文》、《先考膏如府君行述》以及毛泽东、周恩来、陈绍禹、叶剑英以及蒋介石等送的挽联等编为"先考郭公膏如府君纪哀文献"，题为《德音录》印制成册。

12月中旬末至下旬初，由乐山返回重庆。

1940年   49岁

年初，国民党当局向三厅下了"最后通牒"：不加入国民党即作离厅论。郭沫若召开三厅全体人员开会，与国民党当局的罪恶阴谋进行了坚决斗争。根据周恩来同志的指示，郭沫若和三厅全体进步人士分别写条呈请长假，实际上来了一个总辞职，给反动派以当头一击。

2月，佐藤富子的《我的丈夫郭沫若》一书被国民党当局查禁。

3月17日，在青年记者学会总会讲《写作的经验》。

3月，《周易的构成时代》（中法文对照）列为《孔德研究所丛刊之二》，由商务印书馆出版。

4月2日，任《中国万岁剧团》团长。

4月14日，参加发掘重庆胡家堡汉墓。是日，出席马雅可夫斯基逝世七周年纪念大会。

4月21日，任中国社会改进研究会理事。

是月，徐沉泗等编选的《郭沫若选集》列入《现代创作文库第二辑》，由上海万象书店出版。

5月19日，参预发起组织"巴蜀史地研究会"。

6月10日，二女蜀英（后改名庶英）生于重庆。

7月中旬，担任《国际文学·中国抗战文艺专号》征集委员会召集人。

8月3日，出席并主持鲁迅诞辰60周年纪念会。

8月12日，任中国文化界苏联访问团筹备设计委员会委员。

8月，《"民族形式"商兑》列为《南方文艺丛刊之三》，由桂林南方出版社出版。

9月3日，出席追悼张曙大会。

9月，国民党当局以改组政治部为名，公然撤销了第三厅，郭沫若卸去第三厅厅长职。

10月19日，在重庆出席鲁迅逝世4周年纪念会，并讲话。

11月1日，为了限制进步的文化人士到解放区去，在政治部下成立了"文化工作委员会"。国民党当局并将三厅下属的十个抗敌演剧队分别归各战区的政治部领导，以加强控制和监视。为了更有效地进行斗争，郭沫若同意任文化工作委员会主任。

11月2日，在戏剧的民族形式问题座谈会上谈关于中国古代音乐问题。

11月23日，出席《抗战文艺》编辑部召开的"一九四一年文学趋向的展望"座谈会，并发言。

12月18日，在重庆民众教育馆发表演讲，题为《中国民族精神问题》。

12月29日，出席东方文化协会成立大会。后被聘为研究宣传联络组织委员会主任委员。

本年，任中苏文化协会杂志委员会委员。

1941年　　　　　　　　　　　　　　　　　　　　　　50岁

2月4日，出席川剧演员协会成立大会。

春，皖南事变后，曾参加编辑大型杂志《文艺工作》月刊，两期稿件业已付排，但因国民党特务的破坏而流产。

2—3月，参加文协组织的作家卖字劳军活动。

4月27日，在重庆抗建堂举行的文工会第二次文艺演讲会上发表演讲，题为《诗歌底创作》。

5月，与章士钊、沈钧儒、沈尹默等发起组织友声书画社，以所得润资捐助出征军人家属。

5月30日，出席中华全国文艺界抗敌协会举行的首届诗人节庆祝会。

6月18日，在高尔基逝世五周年纪念大会上演讲，题为《活的模范》。

7月11日，列名发表《中国文化界致苏联科学院会员书》。

7月，《屈原研究》由重庆群益出版社出版。

9月14日，出席文化工作委员会举办的第四次文学座谈会，并作关于新诗的语言问题的发言。

9月25日，编成《五十周年简谱》，该文收入《郭沫若先生创作生活二十五周年纪念会特刊》中。

10月7日，在政治部文化工作委员会主办的文化讲座上，讲《中国古代社会研究》。共讲了3天，讲题分别为《中国古代经济》、《中国古代学术思想》、《中国古代文学》。

时，阳翰笙受周恩来委托，起草南方局通知成都、昆明、桂林、延安和香港等地党组织的一份电报，说明开展庆祝郭沫若创作二十五周年和纪念五十生辰活动的意义、内容和方式等。

10月19日，中华文艺界抗敌协会等8个文化团体在中国电影制片厂举行鲁迅逝世五周年纪念晚会，郭沫若出席了晚会，并作了题为《鲁迅与王国维》的讲话。

10月27日，与冯玉祥等150人，联名发表《中国诗歌界致苏联诗人及苏联人民书》。

10月，将抗战以来发表的论著及杂文60多篇编成《羽书集》。

11月13日，延安文化工作者为庆祝郭沫若创作生活二十五周年及五十寿辰，在延安演奏大合唱《凤凰涅槃》。

11月15日，在新加坡文化界举行的郭沫若50大庆聚餐会上，郁达夫、胡愈之分别作报告。

是日，重庆诗歌界集会，座谈郭沫若对新诗的贡献。

11月16日，为纪念郭沫若创作生活25周年，并庆祝他的50生辰，在重庆中苏文化协会举行纪念会。大会由冯玉祥主持。周恩来在会上作了《我要说的话》的演讲，将郭沫若和鲁迅相比，赞扬他是"新文化运动的主将"。

本日，《新华日报》在《纪念郭沫若先生创作生活二十五周年特刊》标题下，刊登周恩来在纪念会上的讲话，以及董必武、邓颖超、田汉等人的诗文。延安《解放日报》发表周扬《郭沫若和他的〈女神〉》，香港《大公报》发表乔木《一个真实的人》，香港《华商报》发表茅盾《为祖国珍重》等。香港还举行了纪念会。延安、桂林、昆明、成都和新加坡等地也分别举行各种纪念集会。同日，中苏文化协会辟专室展览郭沫若的著作与照片。

是日，《郭沫若先生创作生活二十五周年纪念会特刊》和《沫若先生自撰五十年简谱》单行本出版。重庆世界语学会还出了纪念专号。

11月20日，历史剧《棠棣之花》开始在重庆上演。周恩来同志很关心此剧的修改和演出，反复阅读过这个剧本。他说，在剧中特别强调"士为知己者死"，正是郭沫若对党的感情之深的表现。

11月21日，致电延安、香港等地文化界，感谢对他创作生活25周年及50寿辰的庆祝。

11月，《羽书集》由香港孟夏书店出版。

12月7日，周恩来为《新华日报》"《棠棣之花》剧评"专页题写刊头。

12月12日，出席文协诗歌晚会，并作报告，题为《中国音乐之史的探讨》。

12月19日，六子世英诞生于重庆。

12月21日，在中华职业学校演讲，题为《屈原的艺术与思想》。

12月23日，五幕历史剧《棠棣之花》整理毕。

本年，任政治部军事委员会指导员、经济研究处特约研究员。

1942年　　　　　　　　　　　　　　　　　　　　51岁

1月2—11日，写五幕历史剧《屈原》，并自1月24日至2月7日在《中央日报》副刊上陆续刊完。

1月29日，参加钱亦石先生逝世4周年纪念会。

2月2—11日，写五幕历史剧《虎符》。

3月，五幕历史剧《屈原》列为《文学集丛》，由重庆文林出版社初版。关于这个剧本，周恩来同志曾经说过："屈原这个题材好，因为屈原受迫害，感到谗谄之蔽明也，邪曲之害公也，才忧愤而作《离骚》。'皖南事变'后，我们也受迫害。写这个戏很有意义。"

本月，将1937年以来有关学术研究和文艺方面的论文20篇编成《蒲剑集》。后又与《今昔集》合编成《今昔蒲剑》。

4月，《蒲剑集》由重庆文学书店初版。译作《赫曼与窦绿苔》（德国歌德原著，诗剧）列为《文学集丛》，由重庆文林出版社出版。

本月，历史剧《屈原》由中华剧艺社在重庆国泰剧院正式演出（陈鲤庭导演，金山、白杨、张瑞芳、顾而已等演出）。周恩来在重庆天官府郭沫若办公处举行宴会，庆祝演出成功。周恩来同志说：在连续不断的反共高潮中，我们钻了国民党顽固派的空子，《屈原》的演出，在戏剧舞台上打开了一个缺口。在这场战斗中，郭沫若同志立了大功。周恩来同志反复阅读剧本，多次亲自观看演出，接见演员，参加座谈。

4月31日至5月5日，经北碚至合川，访问钓鱼城。后曾准备于暑假期间把宋末抗元中的钓鱼城的故事写成戏剧，因故未成，仅写了一篇散文《钓鱼城访古》。

5月27日，应中美文化协会之请，发表题为《中国战时的文学与艺术》的演讲。

5月30日，在中苏文化协会演讲，题为《再谈中苏文化之交流》。

6月1—3日，去合川访钓鱼城。5日，回到重庆。

6月15日，《抗战文艺》第七卷第六期出版《郭沫若创作生活二十五年纪念》专号。

6月17日，五幕历史剧《高渐离》脱稿。本书于1946年5月上海群益出版社出版单行本时，书名改题《筑》。

6月26日，应中国青年剧社之请，讲《屈原悲剧的意义》。

7月27日，与冯玉祥等共150人在《中国诗歌界致苏联诗人及苏联人民书》上签名。

7月，五幕历史剧《棠棣之花》列为《当代文学丛书》，由重庆作家书屋出版。

8月13日，群益出版社成立，郭沫若是该社的创办人。该社先后出版了郭沫若的译著23种，以及由郭沫若主编的大型学术性刊物《中原》。该社后于1946年初在上海成立分社（1948年初与海燕书店等合并成立群海发行所），1948年底在香港成立分社，1949年4月在北京成立分社（新中国成立后不久，并入新中国书局）。

8月28日，出席在重庆举行的纪念歌德逝世110周年晚会，发表《关于歌德》的演讲，并朗诵《浮士德》第一幕的"独白"。

8月，《童年时代》由重庆作家书屋出版郭沫若先生创作生活25年纪念版。本书原名《我的幼年》，因国民党反动政府查禁而改为现名。

9月3—8日，写四幕五场历史剧《孔雀胆》。

9月12日，出席文化工作委员会为纪念歌德1993年诞辰举行的诗歌晚会，并作演讲。

9月，国民党当局强令解散"孩子剧团"。

10月，五幕历史剧《虎符》由重庆群益出版社出版。

12月21日，当选为中华全国戏剧界抗敌协会第三届理事。

12月30日，出席重庆电影戏剧界为庆祝洪深50寿辰而举行的茶会，并致祝词。

12月，新华书店出版《屈原——五幕史剧及其他》，收历史剧《屈原》和关于研究屈原的9篇论文。

本年，任文艺奖助金管理委员会委员。

1943年　　　　　　　　　　　　　　　　　　52岁

1月1日起，历史剧《孔雀胆》在重庆国泰大戏院由中华剧艺社演出8天。

1月15日，为洪深的《戏的念词与诗的朗诵》一书作序。该书由上海大地书屋收入《大地文学丛书》，于1946年11月初版。郭沫若亦为该丛书的编委之一。

2月4日，历史剧《虎符》在重庆正式公演。

2月26日，为史东山的电影剧本《祖国之恋》一书作序。该书后由当今出版社出版。

2月，历史剧《孔雀胆》在重庆再次演出，后又在成都、内江、自流井、泸星、乐山、昆明等地演出。

3月15—4月1日，写五幕历史剧《南冠草》。

3月31日，当选为文协第五届理事。

5月，将《屈原身世及其作品》、《屈原时代》和《屈原思想》3篇论文编成集子《屈原研究》。

6月，任《中原》季刊主编。《中原》创刊于重庆，由群益出版社发行，是一份注重文艺理论方面的刊物。该刊第一卷出版四期，第二卷出版二期后停刊。

7月，《屈原研究》列为"沫若文集第一辑第三册"，由重庆群益出版社出版。

8月29日，为程道清的《标点使用法》一书作序。该书由重庆商务印书馆于1944年8月出版。

8~10月，在重庆郊区赖家桥乡间养病，并研究先秦诸子。

9月，《高渐离》列入图书杂志审查委员会发布的《取缔剧本一览表》，《屈原》列入该表的须修改后始准上演栏内。

10月，《今昔集》列为《东方文艺丛书之四》，由重庆东方书社出版。

11月4日，七子民英生于重庆。

11月16日，重庆文化界举行晚会，庆祝郭沫若52寿辰及创作生活27周年纪念。

12月，四幕悲剧《孔雀胆》列为《群益历史剧丛之五》，由重庆群益出版社出版。

1944年   53岁

1月初，选编诗集《凤凰》，并为该书自序，题为《序我的诗》。

1月9日，毛泽东同志在看了京剧《逼上梁山》后写给延安平剧院杨绍萱、齐燕铭的信中，称赞延安平剧院致力于戏剧改革，赞扬郭沫若"在历史话剧方面做了很好的工作"。

2月初，被文协理监事会推为《抗战文艺》编委会委员。

3月10日，历史论文《甲申三百年祭》脱稿。该文是为纪念明末李自成领导的农民起义胜利300周年而作的。此文写成后，即送当时在重庆八路军办事处的董必武同志审阅。董必武阅后即交付发表于本月19—22日的重庆《新华日报》。不久，周恩来同志还特地把这篇文章带到延安去出版。

3月，五幕历史剧《南冠草》列为《群益历史剧丛之三》，由重庆群益出版社初版。该版书名页书名题"一名《金风剪玉衣》"。

春，中共中央派刘白羽、何其芳赴重庆，向大后方的进步文艺界人士传达毛泽东同志的《在延安文艺座谈会上的讲话》的精神。刘白羽、何其芳根据临行前周恩来同志的嘱咐，到重庆后立即向郭沫若介绍了《讲话》的内容。接着郭沫若主持召开了文艺界和知识界人士参加的座谈会，认真地传达了《讲话》的精神，以后又举行了多次集会，进行传达。

4月12日，毛泽东同志在延安高级干部会议上的讲话中说："近日我们印了郭沫若论李自成的文章，也是叫同志们引为鉴戒，不要重犯胜利时骄傲的错误。"所谓"郭沫若论李自成的文章"，即指《甲申三百年祭》。

4月17日，出席文协举行的庆祝老舍创作生活20周年纪念茶会。

4月，曾拟将李自成所领导的农民运动写成剧本，后未成。

5月1日，为《不朽的人民》一书作序。该书为苏联格罗斯曼著，海观译，上海正风出版社出版。

5月30日，全家搬到赖家桥居住。

5月，《甲申三百年祭》在重庆印成单行本。

6月，《凤凰》（沫若诗前集）由重庆明天出版社出版新一版。

7月～次年2月，先后在赖家桥乡居和重庆寓所继续研究先秦诸子。

8月下旬，收到周恩来同志从延安托人带来的《屈原》和《甲申三百年祭》的单行本。郭沫若当即给毛主席、周副主席和许多在延安的朋友一一致函，感谢他们的鼓励和鞭策。

10月1日，出席邹韬奋先生追悼会，并发表题为《韬奋先生哀词》的演讲。

10月19日，由周恩来、宋庆龄、邵力子、郭沫若等发起举行鲁迅逝世九周年纪念会，郭沫若在讲话中提议为鲁迅建立博物馆、铜像，改西湖为鲁迅湖。

11月5日，被选为中国著作人协会理事。

11月7日，在重庆青年馆由中苏文化协会举办的十月社会主义革命27周年庆祝会上，发表题为《向苏联看齐！》的演说。

11月11日，设宴欢迎柳亚子，当天由延安来重庆与国民党商谈实现成立联合政府的周恩来同志，闻讯亦赶来参加。

11月15日，回到赖家桥。

11月21日，毛泽东同志给郭沫若写了亲笔信，并将此信托周恩来亲自带到重庆。毛泽东同志在信中鼓励说："你的《甲申三百年祭》，我们把它当作整风文件看待。""你的史论史剧有益于中国人民，只嫌其少，不嫌其多，精神决不会白费的，希望继续努力。"

12月4日，全家搬回城中。

本年，曾参加在昆明举行的书画联合展览，并将书法作品售出所得，在重庆赖家桥办了个"七七幼稚园"。

1945年　　　　　　　　　　　　　　　　　　　　54岁

年初，出席在重庆举行的罗曼·罗兰纪念会，并发表演讲。

1月25日，应周恩来同志的邀请，在曾家岩50号和黄炎培、沈钧儒等人商谈国事。

1月，《羽书集》由重庆群益出版社出版土纸本。这是本书香港孟夏书店版被毁后的第二个版本。

2月5日，受周恩来同志委托，带着延安的红枣和小米去重庆远郊磐溪探望徐悲鸿。

2月8日，起草《文化界时局进言》。参加签名的有郭沫若、茅盾、夏衍、巴金、老舍、陶行知、沈钧儒、金仲华、胡绳、侯外庐、柳亚子、徐悲鸿、马寅初、冯雪峰、傅抱石、郑君里、戴爱莲、谢冰心、顾颉刚等三百多人，强烈要求结束国民党独裁统治，实行民主，团结抗日。该文在2月22日《新华日报》上发表时，题为《文化界发表时局进言要求召开临时紧急会议》。在4月6日延安《解放日报》转载时，题为《重庆文化界发表对时局进言》。

2月，将近10年来所作关于先秦社会历史的研究文章编成《青铜时代》。

3月8日，《孔墨底批判》由重庆群众周刊社初版。

3月25日，出席重庆文化界举办的罗曼·罗兰追悼大会，并代表文协致悼词。

3月30日，由于重庆文化界联合发表时局进言，国民党当局下令强迫解散文化工作委员会。

3月，《青铜时代》列为"《沫若文集》第一辑第一册"，由重庆文治出版社出版。

4月2日，作七律一首赠金毓黻（静庵），署名"碏黜"（音石驼，鼎之别名）。

4月20日，为《文艺生活》（光复版）作代发刊词，题为《人民的文艺》。

4月28日，在沙坪坝学生公社讲《我们需要怎样的文艺》。

4月，《先秦学说述林》（又名《白果树下》）列为《大学学术丛书》，由福建永安东南出版社出版。

本月，中共代表团曾要求委派郭沫若为我国出席旧金山会议代表的顾问，后未成。

5月4日，当选为中华全国文艺界抗敌协会在渝理事。

5月，将作者有关先秦社会和学术思想的研究文章编成《十批判书》。

6月4日，为《高尔基》一书作序。该书系罗斯金著，戈宝权等译，1948年由香港公朴出版社出版。

6月9日，应苏联科学院的邀请，赴苏参加该院220周年纪念大会，乘飞机离开重庆。

6月24日，列名和老舍、叶圣陶等发起举行纪念茅盾50寿辰茶会。

6月25日，经印度、伊朗，到达莫斯科。

6月26日晚，抵列宁格勒，赶上了苏联科学院220周年纪念大会的闭幕式。

6月28日，上午参加东方学院学术报告会，并作临时发言。下午参观列宁博物馆。

7月1日，参观东方文化博物馆的中国、日本、伊朗各室。

7月5日，在历史研究所作报告，题为《战时中国的历史研究》。

7月6日，参观列宁博物馆。对苏联《文学报》记者发表谈话，谈中国现代文学与苏联文学问题。

7月8日，继续参观列宁博物馆。

7月9日，往斯大林格勒参观访问。

7月12日，往塔什干。

7月17日，赴撒马尔罕。

7月19日，返莫斯科。

7月20日，参观历史博物馆。

7月23日，参观革命博物馆。

7月24日，参观列宁图书馆。

7月25日，参观托尔斯泰博物馆和马雅可夫斯基博物馆。

7月26日，写成《中国文学的两条路线》，并以此在东方学院演讲。

7月27日，在苏联对外文化协会作《战时中国的文艺活动》的报告。

7月31日，参观莱蒙托夫博物馆。

7月，群益出版社改为公司组织，并成立了董事会，郭沫若被推举为董事长。

8月1日，参观奥斯特洛夫斯基博物馆。

8月3日，在苏联对外文协历史哲学组演讲，题为《战时中国的历史研究》。

8月6—7日，参观托尔斯泰博物馆。

8月8日，访问莫斯科大学。

8月10日，往列宁图书馆翻查资料。

8月12日，为苏联艾德林所著《白居易译诗集》作序。参观苏联体育节。

8月16日，离莫斯科回国。

8月20日，抵重庆。

8月28日，在重庆机场欢迎来渝与蒋介石谈判的中共中央代表团毛泽东、周恩来、王若飞等同志。

8月30日，出席全国文协、全国剧协欢迎茶会，畅谈访苏观感。

8月，与柳亚子、张西曼、田汉等创立革命诗社，并在《民主与科学》一卷九、十期合刊上刊登该社征诗启事。

该月，郭沫若主编的《中苏文化协会研究委员会研究丛书》在重庆开始出版。

9月3日下午，毛泽东同志在重庆住所会见郭沫若、于立群、翦伯赞、邓初民、冯乃超、周谷城等。

9月，小说散文集《波》由重庆群益出版社出版。《十批判书》列为《文化研究院丛书之一》，由重庆群益出版社出版。

10月11日，上午到机场欢送毛泽东同志返延安。下午，参加李少石同志安葬仪式。

10月19日，在重庆参加鲁迅逝世9周年纪念会，并讲话。

10月21日，参加"文协"（即"中华全国文艺界协会"，为"中华全国文艺抗敌协会"的改名）在重庆张家花园举行的会员联欢晚会。会上周恩来介绍了延安的文艺活动。

10月24日，《建国日报》（前身为《救亡日报》）以"手续不合"为名，被国民党反动当局禁止发行。

11月，周恩来在重庆天官府郭沫若寓所召开文艺座谈会，在会上发表讲话说：郭沫若五四运动时期的新诗是革命浪漫主义的，对青年的影响很大。

本年，任《民主与科学》（月刊）特约撰述员。

1946年　　　　　　　　　　　　　　　　　　55岁

1月5日，参加发起举行"冼星海先生纪念演奏会"，并发表讲话。

1月6日，以无党派成员身份，被聘为政治协商会议会员。

1月10—31日，出席有共产党和其他民主党派参加的政治协商会议，并代表文化界提出议案。在政治协商会议上，为施政纲领组和宪法草案组的成员。

1月14日，在政治协商会议上，作关于改组政府问题的发言。

2月1日，任中国民主同盟机关报《民主日报》社论委员会委员。

2月10日，在重庆各界庆祝"政治协商会议"成功的群众大会上，郭沫若、李公朴等被国民党特务殴打致伤，造成轰动一时的"较场口事件"。

3月29日，出席在重庆举行的纪念黄花冈72烈士纪念会。

3月31日，中国学术工作者协会成立，马寅初、郭沫若等45人当选为理事。是日，在重庆职业妇女第四次学术讲座上演讲，题为《如何学习创作》。

3月，《苏联纪行》列为《中苏文化协会研究委员会研究丛书》第三种"，由上海中外出版社出版。

4月3日，在戏剧工作者协会筹备会第一次学术演讲会上，郭沫若讲关于抗战八年的历史剧问题。

4月15日，与周恩来、董必武、吴玉章、邓颖超等共同发起，并于19日举行追悼王若飞、秦邦宪、叶挺、邓发及其他烈士的大会。

4月21日，出席重庆青年联谊会会员大会，并以该会辅导员身份讲话。

5月8日，与于立群及子女乘飞机回到上海，住在狄思威路719号（今溧阳路1269号）。

5月19日，主持上海各界人士举行的著名记者杨潮（羊枣）追悼大会，并发表演讲。

5月23日，在上海改良平剧座谈会上发表讲话。

5月31日，在圣约翰大学文艺欣赏会上发表讲话，题为《青年与文艺》。

5月，曾约许广平、冯乃超、周信芳、于伶等同往虹桥万国公墓祭扫鲁迅墓。

本月，五幕历史剧《筑》列为"《沫若文集》第一辑第七册"，由上海群益出版社初版。《归去来》由上海北新书局初版。

6月初，出席上海文艺青年联谊会，并作《科学与文艺》的演讲。

6月4日，出席诗人节文艺欣赏会，并发表演讲。

6月16日，在上海中苏文化协会等8个文化团体纪念高尔基逝世十周年大会上发表演讲，题为《追慕高尔基》。

6月17日，在战时战后文艺检讨座谈会上发表讲话，谈抗战期间文艺界总趋势和今后文艺作者的努力方向。

6月中旬，在上海市立戏剧学校作关于历史剧的演讲。

6月20—25日，在南京参加讨论关于国共和谈问题并参加有关商谈活动。

7月16日，出席民主同盟政协代表招待上海市文化界代表的会议，提议为李公朴举行人民公葬。

7月19日，和茅盾、叶圣陶、巴金、许广平共13人为李公朴、闻一多血案联名致电联合国人权委员会，要求立即派调查团来华。

7月21日，在中华文艺协会总会举办的控诉和声讨国民党反动派杀害李、闻大会上讲话。

7月22日，出席上海文协召开的会员大会，在发言中声讨国民党反动派杀害李、闻的血腥罪行。

7月25日，《文汇报》被上海市警察局无理"勒令"停刊7日后，今起复刊，并剪辑中外各报的有关评论，其中有郭沫若的慰问信一封。

7月26日，吊唁教育家陶行知。

7月，收到陆定一从延安写来的信和寄赠的《白毛女》、《吕梁英雄传》各一本。

8月10日，在给陆定一的回信中，高度评价了解放区的文艺创作。

8月13日，为《人民英烈——李公朴、闻一多先生遇刺纪实》一书作序，该书由李、闻二烈士纪念委员会编辑发行。

8月23日，三女平英生于上海。

8月，《历史人物》由重庆人物杂志社出版。

10月4日，由周恩来、邓颖超、宋庆龄、郭沫若和黄炎培等组成的"李公朴、闻一多两先生追悼大会筹备委员会"主持在上海举行的追悼会。郭沫若在会上发表了演说。

10月19日，在中华全国文艺协会与中苏文化协会等12个团体举行的纪念鲁迅逝世10周年大会上讲话，题为《本着鲁迅指示的方向，赶跑所有的帝国主义》。

10月20日，与周恩来、许广平、茅盾、冯雪峰、沈钧儒、叶圣陶、曹靖华、田汉、洪深、胡风等文化界人士祭扫鲁迅墓。

10月21日，为协商国共和谈事，乘飞机赴南京，26日返沪。

11月，《南京印象》由上海群益出版社初版。《一·二九民主运动纪念集》（于冉先生纪念委员会编辑）由上海镇华出版社出版，郭沫若为该书作序，题为《历史的大转变》。

12月5日，在上海码头为茅盾夫妇赴苏访问送行。

本年，长子和生和三子佛生在安娜的安排下，随日台间遣返人员的船只去台湾，并很快找到了工作。

1947年　　　　　　　　　　　　　　　　　　　　　　　　56岁

1月24日，作《续"狐狸篇"》。发表于2月8日上海《评论报》（周刊）第十三期时，署名"牛何之"。

2月9日，上海市百货公司的店员在劝工大楼召开演讲会，准备发起抵制美货运动。郭沫若参加了这次大会。会前，国民党特务捣毁会场，当场打死永安公司店员梁仁达。郭沫若为此作了讽刺诗《这个就叫"最民主"》，发表在《群众》第十四卷八期时，署名"羊易之"。

2月10日，为纪念普希金逝世110周年，上海的8个文化与文艺团体，联合在光华大戏院举行纪念会，郭沫若出席大会并作了报告。在此前后，郭沫若还担任《普希金文集》编辑委员会的名誉顾问。

2月18日，分别为《苏德大战史》和《王贵与李香香》二书作序。

2月22日，为贺敬之等人的歌剧《白毛女》一书作序。该书由上海黄河书店于1947年2月出版。

3月10日，为《行知诗歌集》作校后记。该书由上海大孚出版公司出版。又为《黄河大合唱》一书作序，该书系冼星海著，由三联书店于1950年8月出版。

3月，出任《文汇报》副刊《新思潮》、《新文艺》的主编，并为这两个周刊撰写了发刊词。郭沫若还担任该报其他四个周刊的顾问。

本月，译作《艺术的真实》（马克思著）由上海群益出版社初版。《苏德战史——苏联怎样战败德国》（中苏文化协会研究委员会丛书，焦敏之著）由上海光明书局出版，郭沫若曾为本书作序。

本月，编《少年时代》。

4月4日，为《北方木刻》一书作序。该书由高原书店于1947年5月初版。

4月，曾拟作《中国古代史》，后未成。

本月，《少年时代》（《沫若自传》第一卷）由上海海燕书店出版。

本月，为郁华烈士作铭文。

5月3日，译就《〈浮士德〉第二部》，并作《〈浮士德〉第二部译后记》。

5月，《革命春秋》(《沫若自传》第二卷)由上海海燕书店出版。

本月，编《学生时代》。

6月，《盲肠炎》由上海群益出版社出版。

本月，汇辑作者1939年至1942年间散文、杂文42篇，编成《今昔蒲剑》。

7月，曾拟作历史剧《三人行》，表现王安石、司马光、苏轼三种不同的典型，后未成。

本月，《今昔蒲剑》由上海海燕书店出版。

本月，将作者1941年至1947年间研究历史人物的论著共九篇编成《历史人物》。

8月，《历史人物》由上海海燕书店出版。

9月16日，为《民主化的机关管理》一书作序。该书系黄炎培著，1943年5月由重庆商务印书馆出版。

9月，将作者历年出版的小说24篇编成《地下的笑声》。

10月，《地下的笑声》由上海海燕书店出版。

11月14日，国民党反动派悍然宣布"民盟非法"，党组织为保护郭沫若的安全，由叶以群护送，乘船离沪去香港。

11月16日，与家属安抵香港。

11月，《浮士德》第二部由上海群益出版社出版。

本月，汇辑作著抗战胜利后至1947年间的散文、随笔、杂文共76篇，编成《天地玄黄》。又将1942年至1945年间的散文、文艺论文67篇，编成《沸羹集》。

12月，《浮士德百三十图》由上海群益出版社出版。本书系由Franz staffen 绘，郭沫若编述。《沸羹集》由上海大孚出版公司出版。《天地玄黄》由上海大孚出版公司初版。《创作的道路》由重庆文光书店出版。

1948年   **57岁**

1月3日，为费德林的俄文译本《屈原研究》作序。同日，在与中大师生新年团拜时发表讲话，题为《一年来中国文艺运动及其倾向》。

2月28日，在文艺生活社香港分社文艺月会上，作《文艺活动的总方向》的报告。

3月，自选1939年至1947年间的诗作41首，编成《蜩螗集》。

5月4日，与茅盾等60多位文化界同志签署纪念五四致国内文化界同人书。

本月，安娜偕淑瑀、志鸿离开日本去台湾，博生留在日本看守旧宅。

8月，应邀参加香港南方学院师生在六国饭店为邓初民举行的60寿辰庆祝会，并讲了话。

本月，与朱自清、吴晗、叶圣陶合编的《闻一多全集》，由上海开明书店初版。《美术考古一世纪》列为《群益艺丛第六种》，由上海群益出版社出版。

9月，小说、散文集《抱箭集》由上海海燕书店初版。

本月，诗集《蜩螗集》由上海群益出版社出版。

10月19日，出席在香港六国饭店举行的纪念鲁迅逝世12周年大会，并作了题为《继续走鲁迅的路》的演讲。

11月21日，《抗战回忆录》（后改名《洪波曲》）全部脱稿，在本年8月25日至12月4日《华商报》副刊连载。

11月23日，离开香港赴解放区，准备参加新政协会议。途中用化名"丁汝常"。

12月6日，自安东抵沈阳。

1949年   **58岁**

年初，安娜及其子女离台湾转赴香港。

1月22日，与李济深、沈钧儒、马叙伦等55人发表对时局的声明。

1月，《郭沫若文集》由上海春明书店出版。

2月22日，与李济深、沈钧儒、马叙伦等35人一起，自东北抵达北平，受到中共中央代表罗荣桓、董必武等人的迎接。

3月22日，华北解放区和国统区的作家艺术家在北平聚会，商讨召开全国文艺工作者代表大会的筹备工作。

3月24日，由郭沫若、茅盾、周扬、叶圣陶、郑振铎、田汉等四十二人组成全国文艺工作者代表大会筹委会，郭沫若任主任，茅盾、周扬任副主任，沙可夫任秘书长。

3月25日，在北平西苑机场欢迎毛泽东同志。

3月29日，率领中国代表团离京去巴黎出席世界拥护和平大会。

4月20日，率中国代表团参加世界拥护和平大会的布拉格会议，并被选为大会主席团成员。

4月27日，接受布拉格查理大学赠授的名誉博士学位。

4月，安娜和子女乘船北上，奔赴解放区。他们在烟台下船，由陆路到了北平。在北平，暂居南河沿的翠明庄。周恩来曾亲往探望，李一氓并为和生安排了工作。安娜随和生在大连定居，国家按照高级干部的工资标准，按月向安娜发送生活津贴。其他子女也得到了适当的安排。

5月中旬，率中国代表团回国抵哈尔滨时，曾参观东北烈士纪念馆。25日，回到北平。

6月15日，任新政治协商会议筹委会副主任，并分工参加起草宣言。

6月，《中苏文化之交流》由上海三联书店出版。

7月1日，在中国新史学研究会筹委会上，被推为该会主席。

7月2日，出席中华全国文学艺术工作者代表大会，并致开幕词。大会组成九十九人的主席团，常委主席团成员有丁玲、田汉、李伯钊、阿英、沙可夫、周扬、茅盾、洪深、柯仲平、郭沫若等。郭沫若为总主席。毛泽东同志亲临会场，并作重要讲话。朱德同志代表党中央致祝词。周恩来同志作政治报告。

7月3日，在中华全国文学艺术工作者代表大会上，作题为《为建设新中国的人民文艺而奋斗》的总报告。

7月14日，出席社会科学工作者代表大会的发起人大会，并致开幕词。

7月16日，在中苏友好协会发起人大会上致开幕词，并任中苏友好协会筹委会委员。

7月19日，在全国文学艺术工作者代表大会上致闭幕词。

7月23日，被选为全国文学艺术工作者联合会主席。

7月24日，任中华全国文学工作者协会会员。

7月28日，在中华全国教育工作者代表会议筹委会常委会第一次会议上，被推定为该会副主席。

8月28日，根据毛泽东同志的要求，研究了吴玉章关于文字改革问题给毛泽东同志的信，并就文字改革问题写了书面意见送给毛泽东同志。

8月，《苏联五十天》由大连新中国书店出版。

9月8日，为《新儿女英雄传》（袁静、孔厥合著，海燕书店1949年9月出版）一书作序。

9月25日，作为无党派民主人士首席代表，在中国人民政治协商会议第一届全体会议第五次会议上发言。

9月30日，在中国人民政治协商会议第一届全体会议上，当选为第一届全国委员会委员、常委和副主席。

10月1日，出席开国大典，中华人民共和国成立。

是日，出席欢迎苏联文化艺术科学工作者代表团的大会，并讲话。

10月2日，在中国保卫世界和平大会全国委员会成立大会上讲话，并被选为该会委员。

10月3日，任中国保卫世界和平大会全国委员会主席。

10月5日，任中苏友好协会副会长。

10月15日，在全国文联举行的招待参加全国政协的人民解放军代表的茶会上致欢迎词。

10月19日，出席全国文联等12个团体发起筹备召开的鲁迅逝世13周年纪念大会，并讲话。大会通过决议，建议在北京、上海等地建立鲁迅铜像和鲁迅纪念馆，整理鲁迅故居。

本日，在中华人民共和国中央人民政府第三次会议上，被任命为中央人民政府委员、政务院副总理、文化教育委员会主任、科学院院长。

10月20日，当选为中国文字改革协会常务理事。

11月，译作《生命之科学》第三册由上海商务印书馆出版。

12月10日，出席亚洲妇女代表大会开幕式，并致祝词。

12月23日，出席全国教育工作会议。

本年下半年，群益出版社在上海复业，曾将发表在《华商报》副刊

《茶亭》上的《抗战回忆录》初稿由该社排版成型，但因故未能出版。

1950年　　　　　　　　　　　　　　　　　　　　59岁

2月11日，北京区自然科学、数学、物理等12学会联会在北京中法大学开幕，郭沫若出席大会并讲话。

3月29日，在中国民间文艺研究会成立大会上讲话，题为《研究民间文学的目的》。郭沫若被选为该会理事长。

3月，周而复的《夜行集》由上海群益出版社出版，郭沫若曾为此书作序。

4月14日，出席全国文联等单位举办的马雅可夫斯基逝世20周年纪念会。

4月26日，在北京大学理学院作关于中国奴隶社会的演讲。

4月28日，为《科学通报》作发刊词。

5月14日，出席首都人民保卫世界和平宣言签名运动大会，并发表演说。

5月28日，在北京市文学艺术工作者代表大会上作报告，题为《团结、工作、批评》。

6月17日，在全国政协第一届全国委员会第二次会议上，发表《关于文教工作的报告》。

6月，任抗美援朝总会主席。

本月，《关于文化教育工作的报告》由人民出版社出版。

7月22日，在民主建国会北京市分会举办的反对美国侵略台湾、朝鲜运动大会上演讲，题为《予侵略者以迎头痛击》。

7月，出席全国第一次高等教育会议，并发表讲话。

8月1日，《文汇报》发表郭沫若谈"八一"南昌起义经过的报道。

8月11日，率中华人民共和国代表团离京去朝鲜访问。

8月15日，出席朝鲜解放5周年纪念大会，并在会上讲话。

9月15日，出席全国第一届出版工作会议，并发表讲话。

10月19日，出席全国文联和北京市文联联合主办的鲁迅逝世14周年纪念大会，并致开会词。

10月22日，为历史剧《屈原》的俄文译本作序。

10月27日，任中国人民保卫世界和平反对美国侵略委员会主席。

11月1日，《文汇报》开始连载《抗战回忆录》(即《洪波曲》)，至11月23日，共发表了21期（未完）。

11月12—22日，率领第二届世界保卫和平大会我国代表团在华沙参加第二届世界保卫和平大会。

11月22日，当选为世界保卫和平委员会执行局副主席。赴布达佩斯参加庆祝匈牙利科学院成立100周年纪念典礼。

12月，经莫斯科回国。

12月26日，在中央人民政府委员会第十次会议上，作关于《第二届世界保卫和平大会的经过、成就和我们今后的任务》的报告。

本年，捷克查理士大学赠予郭沫若博士学位。

1951年 60岁

1月8日，出席中央文学研究所开学典礼。该所由文化部领导，后改名为"文学讲习所"。

2月12日，参预发起史沫特莱追悼会。

2月21日，率领我国代表团参加在柏林举行的世界和平理事会第一届会议，并发表演说。

2月，《雨后集》由北京开明书店出版。该书所收郭沫若的六首诗作，均有马思聪所作五线谱。

3月18日，参观在北京举办的敦煌文物展览会。

3月19日，致电祝贺居里教授50寿辰。

3月，以文化教育委员会主任和中国人民保卫世界和平委员会主席的名义，致电国际教育组织，抗议伦敦英国政府封闭香港南方学院的无理决定。

本月，征得郭沫若同意，群益出版社在上海与其他出版同业联合成立新文艺出版社。

5月1日和13日，在中央人民广播电台分别发表广播词《向中国人民志愿军致敬》和《巩固革命胜利与保卫持久和平》。

6月6日，代表政务院给敦煌文物研究所授奖。

6月16日，在文化部召开的全国文工团工作会议上，作关于全国文教工作的报告。

7月28日，出席中国史学会成立大会，并发表讲话。

8月，散文集《海涛》由上海新文艺出版社出版。

本月下旬，出席全国民族卫生会议，并作关于文化教育工作的报告。

9月，由"新文学选集编辑委员会"所编的《郭沫若选集》(新文学选集第二辑)，由北京开明书店出版。

10月19日，出席首都各界人士纪念鲁迅逝世15周年大会，并致开幕词。

11月，出席在奥地利维也纳召开的世界和平理事会第二次会议。

12月23日，荣获"加强国际和平"斯大林国际奖金，在北京发表书面谈话。

12月30日，在北京科学研究工作者参加的思想改造运动动员大会上讲话。

1952年　　　　　　　　　　　　　　　　　　　　61岁

2月5日，出席中国文字改革研究委员会成立大会，并讲话。

3月29日至4月1日，在挪威奥斯陆出席世界和平理事会执行局会议。

4月9日，在莫斯科克里姆林宫斯维尔德洛夫大厅接受"加强国际和平斯大林奖金"，共十万卢布。后全部捐给中国人民保卫世界和平大会全国委员会，作为抗美援朝的经费。

5月4日，在世界四大文化名人（雨果、达·芬奇、果戈理、阿维森纳）纪念会上，作题为《为了和平民主与进步的事业》的报告。

5月23日，出席全国文联召开的纪念《在延安文艺座谈会上的讲话》发表十周年座谈会，并于该日在《人民日报》发表纪念文章《在毛泽东旗帜下长远做一名文化尖兵》。

6月3日，出席在北京开幕的亚洲及太平洋区域和平会议筹备会议，并在会上致贺词。会议于6日闭幕。

6月，《奴隶制时代》由上海新文艺出版社出版。

7月3日，在柏林召开的世界和平理事会特别会议上作关于朝鲜问题的报告。

7月15日，返京。

9月13日，任出席亚洲及太平洋区域和平会议的中国代表团副团长。

10月3日，在亚洲及太平洋区域和平会议上作总报告。

10月15日，亚洲及太平洋区域和平联络委员会成立，郭沫若为副主席之一。

秋，任中央考古训练班主任。

11月17日，为野原四郎、佐藤武敏、上原淳道所译《十批判书》作序。该书由岩波书店于1953年出版，书名改题《中国古代思想家》。

12月12日，任中国代表团副团长，出席在维也纳举行的世界人民和平大会。

12月16日，在世界人民和平大会上发表讲话。

本年，先后获得匈牙利、保加利亚所授予的科学院院士和名誉院士的学位。

1953年　　　　　　　　　　　　　　　　　　　　　　　　62岁

1月13日，在莫斯科受斯大林接见。

1月17日，返京。

2月4日，在全国政治协商委员会第四次会议上，作关于世界人民和平大会的经过和成就的报告。

2月16日，将屈原《九章》译成白话文。

本月，还将《九歌》、《天问》译成白话文。

3月7日，参加由周总理率领的中国代表团，离京去莫斯科吊唁斯大林同志逝世。

3月8日晚，参加守灵。

3月，《新华颂》（诗集）由人民文学出版社出版。《毛泽东的旗帜迎风飘扬》被列为《文学初步读物》，由人民文学出版社出版。

4月4日，参加在北京中山公园举行的匈牙利人民共和国艺术展览会揭幕典礼，并讲话。

4月，将藏书364种、2059册捐给北京图书馆。

4月30日，离京赴斯德哥尔摩出席世界和平理事会常委会会议。

5月5日，在华沙举行的波兰科学院年会上，被选为该院院士。

5月14日，返京。

6月5日，出席第二次全国教育工作会议，并发表讲话。

6月9日，离京赴布达佩斯，并于15日在世界和平理事会布达佩斯会议上发言。

6月，《屈原赋今译》由人民文学出版社出版。为纪念屈原逝世2230周年，《人民日报》等报刊发表郭沫若、游国恩、郑振铎、何其芳等撰写的纪念文章，中国青年艺术剧院上演郭沫若的历史剧《屈原》。

8月11日，在欢迎中国人民志愿军彭德怀司令员胜利归国大会上致欢迎词。

8月28日，八子建英生于北京。

9月23日，在中国文学艺术工作者第二次代表大会上致开幕词，题为《团结一心，创作竞赛》。

9月27日，在中国人民保卫世界和平委员会等五个团体联合举行的世界四大文化名人（屈原、哥白尼、拉伯雷、何塞·马蒂）纪念大会上，作题为《争取世界和平的胜利与人民文化的繁荣》的演说。

10月1日，《人民日报》发表郭沫若《四年来的文化教育工作和今后的任务》。

秋，对北京图书馆所编《中国古代重要著述选目》上，作了修改和补充。

10月9日，在中国文学艺术界联合会第二届全国委员会会议上，当选为主席团主席。

10月18日，在北京图书馆举办的演讲会上，介绍了屈原的生平及其作品《离骚》。

10月25日，在首都各界庆祝中国人民志愿军出国作战三周年大会上讲话。

11月1日，在保加利亚科学院被授予名誉院士学位仪式上致答词。

1954年　　　　　　　　　　　　　　　　　　　　63岁

1月28日，在政务院第二〇四次政务会议上，作关于中国科学院的基本情况和今后工作任务的报告。

3月12—23日，全国文教工作会议在京举行，郭沫若以政务院文教委员会主任身份在开幕式上致词，并在闭幕会上作总结报告。

3月23日，以宪法起草委员会委员身份，参加中华人民共和国宪法起草委员会第一次会议。

4月8日，在中国科学院成立秘书处和筹设学部的会议上讲话。

4月20日，在首都各界人民举行庆祝世界和平运动5周年大会上作报告。

5月3日，主持中国人民对外文化协会成立大会，并任该会理事。

5月13日，为《学习苏联先进科学（中国科学院访苏代表团报告汇刊）》一书作序。该书于本年7月由北京中国科学院出版。

5月24日，在世界和平理事会柏林特别会议上任会议主席，并致开幕词。

5月26日，在世界和平理事会柏林特别会议上发言。

6月19日，率我国代表团出席在斯德哥尔摩举行的缓和局势国际会议，被列为该会议常务委员会委员。

7月2日，返京。

7月下旬，在青岛度假。

8月18日，在全国翻译工作会议上讲话，题为《谈文学翻译工作》。

秋，将《棠棣之花》《屈原》《虎符》《筑》《南冠草》的手稿送交北京图书馆保存。

9月27日，当选为中华人民共和国第一届全国人民代表大会常务委员会副委员长。

9月，为纪念新中国成立5周年，应《苏联科学院通报》而作《新中国的科学研究工作》。

10月28日，电贺美国哥伦比亚大学建校200周年。

11月初，应《光明日报》记者访问，谈关于文化学术界应开展反对资产阶级错误思想的斗争，发表于本月8日《光明日报》。

12月2日，中国科学院院务会议和中国作家协会主席团举行联席会议，决定联合召开批判胡适思想的讨论会。联席会议推定郭沫若、茅盾、周扬等九人组成委员会，并推郭沫若为主任。讨论会延续到翌年3月，共举行了21次。

12月8日，在中国文学艺术界联合会主席团、中国作家协会主席团扩大联席会议上发言，题为《三点建议》。

12月25日，在中国人民政治协商会议第二届全国委员会第一次全体会议上，当选为政协副主席。

12月27日，中国科学院邀请首都科学文化界人士举行"中国猿人"第一个头盖骨发现25周年纪念会，郭沫若在会上作报告。

12月28日，在波兰授予院士学位的仪式上致答词。

12月29日，当选为中苏友协总会第二届副会长。

12月，将手稿（主要是抗战期间的作品）23种捐给北京图书馆。

本月，答《世界知识》记者问，总题为《怎样促进中日关系正常化》。

本年，二子郭博生由日本来到中国，后在上海工作。

1955年   64岁

1月18日和19日，出席在维也纳召开的世界和平理事会常务委员会扩大会议，并在会上发言。

1月26日，返京。

2月2日，出席关于和平利用原子能问题座谈会，并作报告。

2月12日，在中国人民政治协商会议全国委员会和中国人民保卫世界和平委员会常委会联席扩大会议上作报告。

2月22日，任中国人民反对使用原子武器签名运动委员会主席。

2月23日，在旅顺市举行的中苏友谊塔奠基典礼上讲话。

3月4日，在中国文联组织的学习辩证唯物主义和历史唯物主义讲座开幕式上致词。

4月7日，亚洲及太平洋区域和平会议在印度新德里举行，郭沫若率我国代表团参加。

4月底、5月初回京途中，曾在成都、西安等地逗留。

5月25日，中国文联主席团和作家协会主席团召开联席扩大会议，开除胡风会籍并撤销其在文艺界一切职务。郭沫若主持了这次会议。

5月31日，国务院全体会议第十次会议批准中国科学院学部委员名单，茅盾、周扬、何其芳、郑振铎、郭沫若、阳翰笙等为哲学社会科学学部委员和常委。

6月1—10日，主持中国科学院学部成立大会。

6月4日，出席追悼中国人民赴朝慰问志愿军代表团四烈士大会，并发表讲话。

6月23日，出席在赫尔辛基举行的世界和平大会。

7月1日，当选为世界和平理事会副主席。

7月30日，中华人民共和国参加各国议会联盟的人民代表团组成，郭沫若任执行委员。

9月20日，全国青年社会主义建设积极分子代表大会开幕，郭沫若为大会名誉主席团成员。

9月，《中国人类化石的发现与研究》由科学出版社出版。

10月15日至23日，全国文字改革会议在北京召开。郭沫若在会上作了题为《为中国文字的根本改革铺平道路》的讲话。

10月28日，首都举行纪念米丘林诞生100周年大会，郭沫若出席会议并致开幕词。

11月9日，写信给鲁迅著作《故事新编》注释组林辰，谈有关鲁迅著作的注释问题。

11月20日，为日本岩波书店出版的《鲁迅选集》题词，题为《鲁迅礼赞》。

12月1日，应日本学术会议的邀请，率领中国访日科学代表团到达东京，后在千叶、市川、仙台、名古屋、丰桥、京都、大阪、冈山、广岛、福冈、下关、八幡、别府等地访问。在参观"郭沫若文库"后，曾建议将之扩大成为包括亚洲文献在内的图书馆。该文库后于1957年扩大为亚洲文化图书馆。

12月25日，离开下关回国。

冬，曾参观上海鲁迅纪念馆，并题字。

1956年   **65岁**

1月25日，出席毛泽东同志召集的最高国务会议。

这次会议讨论了中共中央提出的1956年到1967年全国农业发展

纲要草案。

1月31日，在中国人民政治协商会议第二届全国委员会第二次全体会议上，作《在社会主义革命高潮中知识分子的使命》的报告。

2月初，任中国亚洲团结委员会委员、主席。

2月10日，任中央推广普通话工作委员会副主任。

2月21日，出席科学院和文化部联合召开的全国第一次考古工作会议，并作题为《交流经验，提高考古工作的水平》的讲话。

2月，作《在社会主义革命高潮中知识分子的使命》的报告。

3月5日，在中国人民政治协商会议全国委员会常务委员会第十八次会议（扩大）上发表讲话。

3月14日，任国务院科学规划委员会副主任。

3月，《管子集校》由北京科学出版社出版。本书为郭沫若在许维遹、闻一多初稿基础上整理集校而成。

4月23日，在全国文化先进工作者大会上致祝词。

5月4日，在全国先进生产者代表会议上发表讲话。

5月5日，在北京市东单区青年纪念五四大会上讲话，题为《青年是人类的春天》。

5月21日，为须田祯一的日译本《屈原》作序，该本收入1956年岩波书店出版的《岩波文库》。

6月18日，在第一届全国人民代表大会第三次会议上，作《科学规划和百家争鸣》的发言。

6月22日，为《志愿军一日》（人民文学出版社本年10月出版）一书作序。

6月30日，第一届全国人民代表大会第三次会议闭幕。会议任命郭沫若为中央推广普通话委员会副主任和汉语拼音方案审订委员会主任。

7月18日，在《人民日报》发表杂文《发辫的争论》署名"龙子"。

7月，赠给日本冈山县后乐园丹顶鹤一对。

8月4日，在《人民日报》发表杂文《乌鸦的独白》，署名"克拉克"。

9月1日，出席授予齐白石世界和平理事会国际和平奖金仪式，并讲话。

9月10日，为广西僮族自治区通志馆编《忠王李秀成自述校补本》一书作序，该书于1961年11月由广西僮族自治区人民出版社出版。

10月18日，参观北京鲁迅博物馆预展。

10月19日，出席在政协礼堂召开的鲁迅逝世20周年纪念会，并作题为《体现自我牺牲的精神》的开幕词。

12月12日，出席富兰克林、居里夫妇纪念会并致开幕词。

本年，著《为中国文字的根本改革铺平道路》一书，由人民出版社出版。

1957年　　　　　　　　　　　　　　　　　　　　　　66岁

2月27日至3月1日，出席毛泽东同志召集的扩大的最高国务会议，并在大会上发了言。

3月19日，在政治协商会议第二届全国委员会第三次全体会议上发言，题为《关于科学研究的协调工作》。

3月，《沫若文集》第一、二、三、四卷由人民文学出版社出版，出版前曾由作者亲自校订。

4月，《沫若文集》第五卷由人民文学出版社出版。

5月10日，为《傅抱石画集》一书作序。该书由人民美术出版社于1958年12月出版。

5月23—30日，主持中国科学院学部委员会第二次全体会议。

6月11日，率领中国代表团出席在科伦坡召开的世界和平理事会会议，并发表演讲。

6月23日，返京。

6月，《盐铁论读本》由科学出版社出版。原书为西汉桓宽所撰，现由郭沫若校订、标点、注释后出版。

7月5日，在第一届全国人民代表大会第四次会议作报告，题为《驳斥一个反社会主义的科学纲领》。

7月16日，《人民日报》发表郭沫若答《文艺报》记者问。

9月17日，在中国作家协会党组扩大会议上讲话，题为《努力把自己改造成为无产阶级的文化工人》。

9月18日，出席由中国科学院召开的座谈会，并发表关于反右斗争问题的讲话。

9月下旬，陪同印度贵宾离京在上海、广州等地参观。

10月24日，在全国政协常委扩大会议上，作关于汉语拼音修正草案的说明。

12月，《两周金文辞大系图录考释》由科学出版社出版。

12月31日，在埃及开罗出席亚非人民团结大会，并发言。

1958年   **67岁**

1月2日，在开罗出席埃中友协成立大会。

1月7日，离开埃及取道莫斯科回国。

2月9日，出席首都各界人民庆祝亚非人民团结大会的胜利的集会，并发表讲话。

2月13日至15日，出席中国科学院研究所所长会议。

3月13日，出席程砚秋公祭仪式，并致悼词。

3月16日，在民主党派和无党派民主人士社会主义自我改造促进大会上讲话。

3月21日，关于文风问题答《新观察》记者问。

3月23日，为《向地球开战——北大荒诗集》一书作代序，题为《向地球开战》（诗）。

4月14日，回答中国民间文艺研究会《民间文学》编辑部关于民歌——民间文学的价值、作用及搜集、整理等方面的问题，后整理成《关于大规模收集民歌问题——答〈民间文学〉编辑部》一文。

4月16日，为《大规模地收集全国民歌》一书代序，题为《为今天的新国风，明天的新楚辞欢呼》。该书由中国民间文艺研究会编辑，本年7月由作家出版社出版。

4月，《迎春曲》（柯仲平等著）一书由人民日报出版社初版，本书序为郭沫若所作。

5月24日，率中国文联参观团去张家口专区访问，在涿鹿县住了四天，在张家口市住了6天。

5月,《沫若文集》第六卷由人民文学出版社出版。

6月6日,在张家口市举行的报告会上,谈"又红又专"、"厚古薄今"等问题。

6月7日,返京。

6月16日,为《大跃进之歌》一书作序。该书由北京出版社编辑,并于1958年7月出版。

7月1日,出席十三陵水库落成典礼。

7月16日至22日,率领中国代表团出席在斯德哥尔摩举行的裁军和国际合作大会。

7月,诗集《百花齐放》由人民日报出版社出版。

本月,在中国民间文学工作者大会上,当选为中国民间文艺研究会主席。

8月,《沫若文集》第七卷由人民文学出版社初版,收《沫若自传》第二卷《学生时代》。

8月31日,出席在长春举行的中国科学院光学精密机械仪器研究所精密仪器八大件试制成功庆祝大会,曾在长春停留四天。

9月初,在北戴河停留2日。

9月12日,为《秋瑾史迹》一书作序。该书由中华书局上海编辑所于本年9月影印出版。

9月15日,为中国科技大学作校歌。

9月20日,任中国科技大学校长。

9月,《沫若文集》第八卷由人民文学出版社出版,收《沫若自传》第三卷《革命春秋》。《女神》列为《文学小丛书》,由人民文学出版社出版。

9月28日,率中国人民代表团赴朝鲜参加"朝中友好月"活动。

10月26日,返京。

10月,《离骚今译》列为《文学小丛书》,由人民文学出版社出版。

12月25日,出席全国农业社会主义建设先进单位代表会议开幕式,并致祝词。

12月28日,《人民日报》报道,郭沫若于本年加入中国共产党。从此,郭沫若结束了非党人士的身份,对社会宣告重新入党,成为公

开的共产党员。这次入党介绍人是周恩来同志和聂荣臻同志。❶

1959年　　　　　　　　　　　　　　　　　68岁

1月11日，参观上海鲁迅纪念馆，并题字。

1月中旬，在武汉参观。

1月27日，拜谒广州公社起义烈士陵园。

本月，《雄鸡集》由北京出版社初版。《诗刊》第一期，刊登《郭沫若同志就当前诗歌中的重要问题答诗刊社问》。《人民文学》第一期刊登郭沫若《就目前创作中的几个问题答〈人民文学〉编者问》。

---

❶ 这段报道说，郭沫若、李四光、钱学森等三百多名优秀分子"经过党支部的认真讨论和上级党组织的批准，加入了中国共产党"。吴奚如在《郭沫若同志和党的关系》一文中则说：（郭沫若）"一直到全国解放后才结束非党人士的身份，对社会宣告重新入党，成为公开的共产党员了。"

郭老的女儿郭平英1981年8月9日给笔者的来信说："1958年父亲'重新入党'，当时的消息是采用这种提法……据说，父亲逝世后，有些老同志提出过这个措词是否准确的问题。当然这是个很复杂的问题，以后中央决定在悼词中只提1927年入党，对1958年不再提及。1958年的介绍人是总理和聂荣臻同志。"

既然党中央决定在悼词中只提1927年入党，对1958年不再提及，郭沫若1928年至1958年这三十年间就没有失去党的关系的问题，这段时期的党籍是被党中央承认了的。这样，就和1958年的"重新入党"发生了矛盾。怎样解释这个矛盾？我们觉得吴奚如同志说得比较合理，因此在这篇年谱里引用吴奚如的解释，供读者进一步讨论时参考。

又据周而复同志1980年1月27日《缅怀郭老》一文中所写："……乌兰夫同志听到郭老不幸的消息，和方毅同志一同来看于立群同志，表示对郭老沉痛的哀悼和对家属深切的慰问。……在乌兰夫、方毅同志的亲切问询下，于立群同志才慢慢说：'只有一件事，郭老生前从来没有提过，现在郭老过去了，应该向党报告，请党考虑。……就是郭老党龄的事，1927年八一南昌起义后，在行军中由周恩来同志和李一氓同志介绍郭老入党，这件事许多人都知道的。大革命失败后，郭老去了日本，不少人以为郭老自动脱党；1958年报上发表郭老重新入党的消息，举国皆知，误以为这时郭老才是共产党员。事实不是这样的。郭老去日本以前，周恩来同志代表党曾经和郭老谈话，告诉他这是党中央决定，派他去日本，党籍保留，郭沫若不是自动脱党，郭老从不计较个人的事，所以多少年来，一直不提。我希望党考虑这个问题。'

当时乌兰夫和方毅同志异口同声地说：

'我们一定报告党中央考虑……'

乌兰夫和方毅同志向党中央反映了于立群的希望。邓小平同志在郭沫若同志追悼会上的悼词里是这样写的：'1927年参加南昌起义，同年8月加入中国共产党。'

……还有一件事可以旁证：就是1938年于立群同志入党介绍人是邓颖超和郭沫若同志，并且是邓颖超同志亲自告诉于立群同志的："你的问题解决了，我和郭老介绍你入党。"

2月2—9日，在广州写成历史剧《蔡文姬》，发表于《收获》本年第三期。

2月中旬，经浙江、上海、山东等省市回到北京。

3月，应《中国历史》编写小组的要求，讲关于中国古代史研究中的问题。后整理成《关于中国古史研究中的两个问题》，发表于《历史研究》本年第六期。

4月6日，为《柳亚子诗词选》作序，该书由人民文学出版社于本年12月出版。

4月7日，在中国科学院自然科学各研究所所长会议上致开幕词。

4月14日，出席世界文化名人亨德尔逝世200周年纪念会。

4月，《洪波曲》（抗日战争回忆录）由天津百花文艺出版社出版。《沫若选集》第一卷由人民文学出版社初版。《长春集》由人民日报出版社出版。

本月，《蔡文姬》由文物出版社出版，收剧本《蔡文姬》及有关史料。《百花齐放》（木刻插图本）由人民日报出版社出版。

是月，出席中华人民共和国第二届全国人民代表大会第一次会议和中国人民政治协商会议第三届全国委员会第一次会议，并于4月27日当选为全国人民代表大会常务委员会副委员长，于4月29日当选为中国人民政治协商会议第三届全国委员会副主席。

5月2日，被选为中苏友协总会第三届副会长。

5月3日，在首都举行的五四40周年纪念大会上致开幕词，题为《发扬反帝反封建的"五四"精神》。

5月8—13日，率领中国代表团参加在斯德哥尔摩举行的世界和平理事会特别会议。

5月，中华书局编辑出版的《曹操集》一书，收有郭沫若写的《曹操年表》（修正稿），署名"江耦"。

6月1日，涅斯米扬诺夫在北京代表苏联科学院颁发院士证书给郭沫若。

上半年，陆续写成六篇谈蔡文姬的《胡笳十八拍》的文章。

6月，《沫若文集》第十、十一、十二卷由人民文学出版社出版。

6—9月，在江苏、河南、陕西、山西、浙江、山东、河北等地参观访问。

8月13日，为《志愿军诗一百首》（本年9月解放军文艺社出版）一书作序，题为《英雄，史诗》。

8月31日，为《永乐大典》影印本作序。该书由中华书局于1960年9月影印出版。

8月，《沫若选集》第二、四卷由人民文学出版社出版。

9月15日，出席毛泽东同志邀集各民主党派、各人民团体负责人、著名无党派民主人士和著名文教界人士举行的会议。

9月，与周扬合编的《红旗歌谣》由红旗杂志社出版。

本月，《沫若文集》第九卷由人民文学出版社出版。

10月17日，为《郁达夫诗词钞》一书作序，题为《望远镜中看故人》。该书后因故未出版。

10月27日和11月8日，出席全国工业、交通运输、基本建设、财贸方面社会主义建设先进集体和先进生产者代表大会的开幕式和闭幕式。

11月，诗集《潮汐集》由作家出版社出版。

本月，五幕历史喜剧《蔡文姬》由中国戏剧出版社出版。

12月，诗集《骆驼集》由人民文学出版社出版，该书系由解放后出版的《新华颂》《百花齐放》《长春集》等书选辑而成。

1960年　　　　　　　　　　　　　　　69岁

1月10日，历史剧《武则天》脱稿，后发表于《人民文学》本年五月号。

1月，《沫若选集》第三卷由人民文学出版社出版。

1月底至3月，在四川、陕西等地参观访问。

3月29日至4月11日，出席中国人民政治协商会议第三届全国委员会第二次会议。

3月30日至4月10日，出席中华人民共和国第二届全国人民代表大会第二次会议。

4月15日、16日，在捷克斯洛伐克科学院第十一届大会上，被选为该院外国院士。

4月17日，出席首都各界纪念万隆会议五周年及庆祝中非人民友协成立大会，并发表讲话。

5月8日，为《鲁迅诗稿》一书作序。该书由上海鲁迅纪念馆编辑，上海人民美术出版社1961年9月出版。

5月13日，在中国科学院学部委员会第三次会议上，作题为《高举毛泽东思想红旗，更快地攀登科学高峰》的报告。

6月1日，出席全国教育和文化、卫生、体育、新闻方面社会主义建设先进单位和先进工作者代表大会。

6月25日，出席首都各界人民反对美国侵略朝鲜、支持朝鲜人民和平统一祖国大会，并讲话。

7月22日，在中国文学艺术工作者第三次代表大会上致开幕词，题为《为争取我国社会主义文艺事业的更大跃进而奋斗》。

7月23日，参加接见在北京的非洲外宾。

8月13日，在第三次全国文学艺术界代表大会上致闭幕词，题为《高唱东风压倒西风的凯歌，塑造更多的革命英雄形象》。在会上当选为文联主席和民间文艺研究会主席。

10月25日，在首都各界人民纪念中国人民志愿军抗美援朝出国作战十周年大会上讲话。

10月29日，出席首都文艺界举行的聂耳逝世25周年、冼星海逝世十五周年纪念音乐会。

10月，《艾森豪威尔独白》（唱词）由中国戏剧出版社出版。该书收录了郭沫若、赵树理等写的唱词。

11月25日，出席首都纪念世界文化名人列·尼·托尔斯泰逝世五十周年大会，并致开幕词，题为《纪念列·尼·托尔斯泰》。

12月，以中国科学院院长和哲学社会科学部主任身份，主持在北京召开的中国科学院哲学社会科学部委员会第三次扩大会议。

12月下旬，率领中国友好代表团离京去古巴访问。

1961年   **70岁**

1月，访问古巴。下旬回国。

本月，《文史论集》由人民出版社出版。

二三月，在广东、广西休养并参观访问。

3月，日本冈山后乐园建立了郭沫若诗碑。

4月5日，致电祝贺日本仙台鲁迅纪念碑落成。

4月，任《甲骨文合集》编辑委员会主任委员，主编。

5月7—12日，在山东参观访问。

7月29日，作《序〈再生缘〉前十七卷校订本》（附：陈端生年谱）。该校订本后因故未能出版。

8月14—27日，率领全国人民代表大会代表团访问印尼。

8月27日至9月3日，率领全国人民代表大会代表团访问缅甸。

9月25日，出席首都各界人士纪念鲁迅80诞辰大会，以《继续发扬鲁迅的精神和本领》为题致开幕词。

9月，在云南、四川、武汉、河南等地参观访问。

10月7日，毛泽东同志接见日本朋友黑田寿男等人，亲笔书赠鲁迅的《无题·万家墨面没蒿莱》一诗，并说："这一首诗是鲁迅在中国黎明前最黑暗的年代里写的。这诗不大好懂，不妨找郭沫若翻译一下。"根据毛泽东同志的要求，郭沫若后于本年11月3日将鲁迅的《无题》诗译成了白话，题为《翻译鲁迅的诗》。此文还分析了毛泽东同志写赠这首诗和鲁迅写作这首诗的不同用意，并对作者用鲁迅原韵所作的和诗作了解释。

10月底起，在上海、浙江、福建、广东等地参观访问。

10月，《沫若文集》第十三卷由人民文学出版社出版。

11月11日，为《杜国庠文集》一书作序。该书由人民出版社于1962年7月出版。

1962年　　　　　　　　　　　　　　　　　　　71岁

1月7日，《文汇报》发表郭沫若与广东史学界人士交换关于学术工作的意见的报道。

1~3月，继续在广东参观访问、休养。

3月7日，在广州文艺俱乐部参加由作协广东分会和《羊城晚报》副刊举办的诗歌座谈会，并作题为《谈诗》的发言。

3月27日至4月16日，出席在北京举行的第二届全国人民代表大会第三次会议。

4月17日，首都举行世界文化名人、中国伟大诗人杜甫诞生1250周年纪念大会，郭沫若主持大会并致开幕词。

4月19日，朱德、陈毅、郭沫若、周扬和50多位诗人一起，出席由中国作家协会《诗刊》编辑部召开的诗歌座谈会，探讨繁荣现代诗歌创作问题。

本日，在中国亚非学会成立大会上，郭沫若当选为理事。

5月14日，为鲁迅《寰宇贞石图》题序。此书为鲁迅于1916年初整理出来的一部研究碑碣的重要成果，但一直未能出版。

5月23日，出席1960—1961年影片评选"百花奖"授奖大会，并出席首都文艺界纪念《在延安文艺座谈会上的讲话》发表20周年联欢晚会。

6月，主编之《中国史稿》第一册（原始社会、奴隶社会）由人民出版社出版。

8~9月，在北戴河休养。

9月，《读〈随园诗话〉札记》由作家出版社出版。《武则天》由中国戏剧出版社出版。

10月，主编之《中国史稿》第四册（半殖民地半封建社会上）由人民出版社出版。

10~11月，在上海、浙江、江西、福建等地参观访问。

11月，《沫若文集》第十六卷由人民文学出版社出版。

冬，曾与青年剧作者谈话，题为《学习、再学习》。

本年，作《郑成功》。这是郭沫若的第一部电影文学剧本。

1963年　　　　　　　　　　　　　　　　　　　　72岁

2月6日，出席首都纪念何塞·马蒂诞生110周年大会。

2月，《沫若文集》第十七卷由人民文学出版社出版。

3月18日，应邀在广西壮族自治区历史学会成立大会上，作题为《谈历史工作者的任务》的讲话。后游览广西名胜。

4月3日，为钱瘦铁《鲁迅故乡揽胜》画卷题词。

5月22日，致《诗刊》信，题为《关于诗歌的民族化、群众化问题》。

5月29日，出席第二届国产片"百花奖"授奖大会。

5月，主持召开全国文联第三届委员会第二次扩大会议。

6月14日，首都各界公祭沈钧儒，郭沫若参加陪祭。

6月，《沫若文集》第十四卷由人民文学出版社出版。

9月6日，出席中国科学院赠予艾地同志名誉学部委员称号仪式，并发表讲话。

10月5日，出席首都文艺界和对外文协纪念鉴真和尚逝世1200周年大会。

11月17日至12月3日，出席中华人民共和国第三届全国人民代表大会第四次会议。

11月17日至12月4日，出席中国人民政治协商会议第三届全国委员会第四次会议。

11月底至12月初，曾捐献给河北灾区人民币2万元，粮票400斤。

11月，中国科学院哲学社会科学部学部委员会第四次扩大会议在京举行，郭沫若主持了这次会议。

12月，主编之《中国史稿》第二册（封建社会上）由人民出版社出版。

本年，捐赠中国科技大学人民币1万元。

年底开始，连续发表《"百万雄师过大江——读毛主席新发表的诗词之一》等文章，谈读了毛主席新发表的诗词的体会。

1964年　　73岁

5月至7月，曾在安徽、浙江、江西、湖北、广东等地参观访问。

5月，《中国少年先锋队队歌》（郭沫若词，马思聪曲）一书，由音乐出版社出版。

6月24日，为《中国古代服饰资料选辑》一书作序。

7月14—25日，率领中国人民保卫世界和平委员会和中国亚非团结委员会代表团，参加越南人民纪念日内瓦协议十周年活动。

8月21日，出席1964年北京科学讨论会开幕式，并致欢迎词。

8月，《日本的汉字改革和文字机械化》一书，由北京人民出版社出版。

10月4日，中日友好协会成立，郭沫若任名誉会长。

10月23日，作《猢狲 散 带过 破葫芦》（散曲）。

11月27日，出席全国少数民族群众业余艺术观摩演出会的开幕式。

12月20日，在中国人民政治协商会议第四届全国委员会第一次会议上，作中国人民政治协商会议第三届全国委员会常务委员会工作报告。

12月21日，出席全国人民代表大会三届一次会议。

本年，曾将人民币15万元作为党费交党组织。后经党中央批准，中国科学院决定在中国科技大学建立郭沫若奖学金，此15万元党费成了奖学金的基金。

1965年　　　　　　　　　　　　　　　　　　74岁

1月3日，在中华人民共和国第三届全国人民代表大会第一次会议上，当选为第三届全国人民代表大会常务委员会副委员长。

1月5日，当选为全国政协第四届全国委员会常务委员。

3月15日，前往协和医院慰问遭受苏联当局迫害身受重伤而回国治疗的我国留苏学生。

3月，《邕漓行》由广西僮族自治区人民出版社出版线装本。

春，访问成都。

5月9日，在庆祝反法西斯战争胜利和德、捷人民解放20周年大会上讲话。

5月，《先锋歌》由上海少年儿童出版社出版，收适合少年读的诗歌11首。

6—7月，根据毛主席的建议访问南方，包括井岗山根据地和广东等地。

7月27日，陪同毛主席接见李宗仁先生和夫人。

8月，书写之《毛主席诗词三十七首》，由人民美术出版社线装出版。

9月12日，在于立群根据郭沫若收集的材料所写的《〈兰亭序〉并非铁案》一文上，几次润色修改，后发表于《文物》本年第十期上，署名"于硕"。本年第十一期《文物》发表的《东吴已有"暮"字》一文，也署名"于硕"。

10月24日，任孙中山先生诞辰100周年纪念筹委会副主任。

10月25日，在首都各界人民纪念中国人民志愿军赴朝作战15周年大会上讲话。

11月初至12月初，在山西太原、大寨等地参观、视察工作。

1966年　　　　　　　　　　　　　　　　　　　　　　　　**75岁**

4月14日，在第三届全国人民代表大会常务委员会第三十次会议上，作题为《向工农兵群众学习，为工农兵群众服务》的发言。

4月23日，《光明日报》发表郭沫若就《欧阳海之歌》答《文艺报》编辑问。

4月下旬，访问四川。

5月初，电召返京。

6月，率中国代表团出席在北京召开的亚非作家紧急会议。

7月4日，在亚非作家紧急会议上，作《亚非作家团结反帝的历史使命》的报告。

7月9日，在亚非作家紧急会议闭幕式上讲话。

7月中旬，访问武汉，并观看武汉第十一届横渡长江比赛。

7月31日，在北京科学讨论会1966年暑期物理讨论会闭幕式上讲话，并参加接见这次会议与会的科学家代表团和科学家以及其他外国朋友。

8月2日，在上海欢送亚非作家代表的群众大会上发表讲话，题为《投身到人民大众的火热斗争中去！》。

8月9日，出席首都各界人民反对美帝、支持美国黑人反对种族歧视大会，并发表讲话。

8月19日，出席上海人民庆祝无产阶级文化大革命群众大会，并发表讲话。

10月31日，在首都纪念鲁迅大会上，作《纪念鲁迅的造反精神》的报告。

1967年　　　　　　　　　　　　　　　　　　　　　　　　**76岁**

4月20日，中国人民保卫世界和平委员会宣布：郭沫若同志拒绝出席在莫斯科举行的审议1966年度"加强国际和平"列宁国际奖金委员会得奖人名单的会议,退出国际和平奖金委员会。

5月,《人民日报》陆续发表毛主席的《看了"逼上梁山"以后写给延安平剧院的信》等。该文重新发表时,被删去了"郭沫若在历史话剧方面做了很好的工作,你们则在旧剧方面做了此种工作"一句话。

6月5日,在亚非作家常设局举行的"纪念毛主席《在延安文艺座谈会上的讲话》25周年讨论会"闭幕式上致闭幕词,题为《做一辈子毛主席的好学生》。

6月13日,就毛主席诗词解释中的疑难问题,致书新北大《毛主席诗词》编写同志。

7月2日,就毛主席诗词解释中的疑难问题,再致书新北大《毛主席诗词》编写同志。

本年,七子民英受迫害致死。

1968年　　　　　　　　　　　　　　　　　　　　　　77岁

1967年至1968年间,曾就关于毛主席诗词解释中的疑难问题,给北师大《毛主席诗词试解》(未定稿)编写同志回信,在新北大《毛主席诗词注解》打印稿上作批注,并和《毛主席诗词》朝鲜文版翻译组部分同志交换了意见。

4月2日,作《对〈毛主席诗词〉民族文字版翻译中的几个疑难问题的答复》。

4月22日,六子世英在北京农业大学被林彪死党绑架迫害致死。

6月30日,解答福建师院《毛主席诗词笺释》编写同志提出的几个问题。

本年,曾应海军指挥学校毛主席诗词学习小组之请,谈关于毛主席诗词的若干注释问题。遵照周恩来总理的指示,派科学院考古所的同志发掘满城汉墓,并亲入墓室参观指导。

1969年　　　　　　　　　　　　　　　　　　　　　　78岁

2月1日,出席了向李宗仁先生遗体告别仪式。

3月至5月,将日本学者山宫允的赠书《英诗译释》(该书为山宫允选译的英美短诗集，1956年出版，英、日文对照，共五十首抒情诗）译成中文。后于1981年由上海译文出版社出版。译文写在该书书页和天地空白之间。

4月，出席中国共产党第九次全国代表大会，并于同月24日当选为第九届中央委员会委员。

夏间，两次来到北京西直门箭楼附近的元代和义门瓮门遗址现场观察。

1970年 　　　　　　　　　　　　　　　　　　　　　　　　　**79岁**

2月27日，作为我国特使，参加尼泊尔王国比兰德拉王太子的婚礼，到达加德满都。

3月5日起，在参加了尼泊尔王国王太子的婚礼后，率领中国友好代表团对尼泊尔进行友好访问。

3月9日，率中国友好代表团对巴基斯坦进行友好访问。

3月16日，回到北京。

4月2日，出席向美国作家安娜·路易斯·斯特朗骨灰告别仪式，并致悼词。

10月12日，出席首都各界人民纪念浅沼稻次郎遇害十周年大会，并发表讲话。

本年，遵照周总理指示，指派科学院考古所的同志参加成都凤凰山明墓的考古发掘工作。

1971年 　　　　　　　　　　　　　　　　　　　　　　　　　**80岁**

5月2日，出席并主持向李四光同志遗体告别仪式。

6月14日，举行宴会欢迎日本文化界代表团。

6月19日，出席向谢觉哉同志遗体告别仪式，并致悼词。

6月下旬，根据周总理指示，召集并在故宫主持《故宫简介》初稿的讨论。根据讨论的意见反复补充修改以后，最后经总理亲自审阅、修改定稿。

7月22日，提出复刊《考古学报》、《文物》、《考古》的建议，后经周恩来同志亲自批准复刊。

9月中下旬，陪柬埔寨外宾访问新疆、甘肃、陕西等地。

10月初，会见法国朋友露亚夫人。露亚夫人表示她要研究中国近代文学，准备从郭沫若研究开始。郭沫若谦虚而恳切地劝她去研究鲁迅。

10月，《李白与杜甫》由人民文学出版社出版。

11月10日，会见日本恢复日中邦交国民会议访华代表团。

1972年　　　　　　　　　　　　　　　　　　　　　81岁

1月6日，前往医院向陈毅同志遗体告别。

1月10日，出席追悼陈毅同志的大会。

2月19日，出席并主持追悼美国著名作家埃德加·斯诺先生大会。

2月21日，在机场迎接前来访华的美国总统尼克松。

7月13日，出席并主持王季范先生追悼大会。

8月，《出土文物二三事》由北京文物出版社出版。

9月25日，随同周恩来总理在机场迎接日本田中角荣总理大臣，并出席周总理主持的欢迎宴会。

9月29日，中日两国恢复了邦交。

10月，会见日本京都雄浑社的柘植秀臣，对于该社决定出版多卷本《郭沫若全集》和《郭沫若选集》表示感谢，并提出"在作品的选择方面希望务必要严格。"

年底，《甲骨文合集》的编辑工作在林彪、江青反革命集团的干扰破坏中断了几年以后，又恢复工作。郭沫若担任该书编委会的主任委员和主编。

1973年　　　　　　　　　　　　　　　　　　　　　82岁

6月10日，日本市川市建成郭沫若诗碑。

7月12日，出席章士钊先生追悼大会，并致悼词。

7月23日，出席张奚若先生追悼大会。

8月，出席中国共产党第十次代表大会，并被选为第十届中央委员会委员。

10月19日，出席埃德加·斯诺先生的骨灰安葬仪式。

10月，中央曾决定以郭沫若为团长率领中国书法代表团访日，后因身体欠安而未能成行。

　　本年，江青曾窜到北京大学秘密组织班子，将郭沫若的著作摘录翻印，打算进行大规模的批判。郭沫若说："他们是针对总理的。"此事被毛主席发现后予以制止，毛主席说：不能批判郭老。

1974年　　　　　　　　　　　　　　　　　　　　　　　　　　　　83岁

　　1月25日，在有18000千人参加的"批林批孔"大会上，江青当着周总理的面，把郭沫若喊起来站着，公开攻击和侮辱，胡说什么郭沫若对待秦始皇和孔子的态度和林彪一模一样。当天晚上，周总理派人到郭老家，指示要保护好郭老，要保证郭老的安全。

　　1月底2月初，张春桥来到郭沫若家，指责郭沫若抗战时骂了秦始皇。郭沫若针锋相对地说：我当时骂秦始皇，是针对国民党蒋介石的。

　　2月9日，前往医院向竺可桢同志的遗体告别。

　　2月10日，江青、张春桥来到郭沫若家，逼郭老写检查，写批宰相的文章，诬蔑郭沫若在抗战期间的论著和剧作是王明路线的产物，纠缠了两三个小时。当晚，郭沫若就得了大叶性肺炎，体温升高，病情危险，被送医院治疗。

　　春，生病期间，毛主席派人前来探望，并特地要去《读随园诗话札记》。周恩来总理派他的医生到医院看望郭沫若，并亲自指挥抢救。

　　5月24日，陪同周总理等会见了李政道博士和夫人秦惠䇹。

　　5月31日，出院。

　　6月28日，和叶剑英等一起，会见了杨振宁博士。

　　7月4日，因打针过敏，支气管周围发炎，又一次住院。周总理每天要过问好几次，并组织人员抢救。

　　9月30日晚，在人民大会堂参加国庆25周年招待会。

　　10月1日，在中山公园和群众一起欢度国庆。

　　10月17日，为日本仙台市"鲁迅故居迹"题字。

　　12月，出院。

1975年　　　　　　　　　　　　　　　　　　　　　　　　　　　　84岁

　　1月9日，前往医院向李富春同志的遗体告别。

1月13—17日，出席中华人民共和国第四届全国人民代表大会第一次会议，并当选为第四届全国人民代表大会常务委员会副委员长。

4月7日，出席董必武同志追悼大会。

4月29日，会见芬兰科学院代表团。

5月1日，在中山公园和首都群众一起欢庆五一节。

9月29日，日本福冈北部的志贺半岛金印公园里，建立了郭沫若诗碑。

9月30日，出席国庆26周年招待会。

冬，接见《甲骨文合集》编辑工作组的同志，听取了工作进展情况的汇报后，答应为该书撰写前言。

1976年   85岁

1月8日，周恩来总理与世长辞。郭沫若任治丧委员会委员，向周恩来同志遗体告别。

1月15日，出席周恩来同志追悼大会。

7月6日，朱德同志逝世。郭沫若为治丧委员会委员。

7月8日，向朱德同志遗体告别。

9月9日，毛泽东同志逝世。郭沫若为治丧委员会委员。

9月11日和17日，参加吊唁毛主席逝世，并守灵。

9月18日，在天安门城楼参加规模空前的追悼毛主席大会。

10月12日，在病中听了华国锋同志关于粉碎"四人帮"的讲话的传达，心情十分振奋，立即口述了自己的感想。后收入《东风第一枝》时，编者拟题名为《为党锄奸，为国除害，为民平愤》。

10月24日，出席首都百万军民庆祝粉碎"四人帮"反党集团的伟大胜利大会。

11月24日，出席毛泽东主席纪念堂奠基仪式。

11月30日和12月2日，分别出席中华人民共和国第四届全国人民代表大会第三次会议的开幕式和闭幕式。

12月24日，在天安门城楼参加首都百万军民举行的庆祝大会。

12月25日，出席第二次全国农业学大寨会议，并参加接见与会的全体代表。

12月31日，在北京文学工作者座谈会上作书面讲话。

1977年　　　　　　　　　　　　　　　　　　　86岁

6月13日，方毅同志以郭沫若院长名义宴请美中学术交流委员会代表团。

6月17日，出席阿英同志追悼大会。

7月14日，写信给日本雄浑社《郭沫若选集》出版委员会代表柘植秀臣，对所赠日文版《郭沫若选集》第一卷表示感谢。第一卷为《少年时代》，于1977年6月出版。该选集计划出版17卷，分自传、文艺、历史、评论四编。

8月4日，出席何其芳同志追悼大会。

8月18日，在中国共产党第十一次全国代表大会上，当选为中国共产党第十一届中央委员会委员。

9月9日，出席纪念毛主席逝世1周年及毛主席纪念堂落成典礼大会。

9月11日，国家出版局《关于鲁迅著作注释出版工作的请示报告》，建议约请郭沫若等担任鲁迅著作注释工作的顾问。

9月，《沫若诗词选》由人民文学出版社出版。

本月，在北京饭店参加接见部队文艺工作者。

12月31日，作《打碎"文艺黑线专政"论的精神枷锁》，此为在北京的文学工作者座谈会上的书面讲话。

1978年　　　　　　　　　　　　　　　　　　　87岁

2月9日，又一次因病住院。这是郭沫若1974年2月以来的第十六次入院。

2月22日，在中国社会科学院座谈会上作书面讲话，题为《在理论工作上要有勇气》。

2月24日、25日，分别被推选为第五届全国政协主席团常务主席和第五届全国人民代表大会主席团常务主席。

3月5日，五届人大发表关于决定郭沫若为中国科学院院长的公告。

3月上旬，当选为第五届全国政协副主席和第五届全国人民代表大会常委会副委员长。

3月18日，出席全国科学大会开幕式。

3月31日，在全国科学大会闭幕式上发表书面讲话，题为《科学的春天》。

4月，《沫若剧作选》由人民文学出版社出版。

5月27日，中国文联第三届全国委员会第三次（扩六）会议开幕。郭沫若因病未能出席大会，但作了题为《衷心的祝愿》的书面讲话。

5月，历史剧《蔡文姬》由北京人民艺术剧院重排复演。

6月11日，肺炎大面积复发。

6月12日，弥留之际，中央领导同志和很多老同志前来看望。16时50分，逝世于北京医院101号病室，终年86岁（实足）。

逝世后纪事

6月14日，首都和各地报纸刊登郭沫若同志逝世的消息，刊登他的遗像和"郭沫若同志治丧委员会"名单。

6月18日，首都隆重举行郭沫若同志追悼大会。叶剑英同志主持了大会，邓小平同志致悼词。党和国家领导人、党政军各部门负责人、各界知名人士以及首都群众近两千人参加了追悼会。

6月20日，遵照郭沫若的遗愿，他的遗体供医学解剖后火化，骨灰撒在大寨的土地上。

10月27日，中国社会科学院报请党中央批准成立了郭沫若著作编辑委员会。是日，召开了第一次编委会议。委员会由周扬任主任，委员有于立群、尹达、冯乃超、冯至、任白戈、成仿吾、齐燕铭、刘大年、张光年、李一氓、李初梨、沙汀、宗白华、茅以升、茅盾、林林、林默涵、郑伯奇、胡愈之、侯外庐、钱三强、夏衍、夏鼐、曹禺、魏传统。该会将重新修订出版1957—1963年出版的《沫若文集》17卷本，搜集整理郭沫若同志未出版的文稿、书信、札记、谈话记录等。后又决定出版《郭沫若全集》。

又，郭沫若同志逝世后，日本的41个友好团体曾联合举行追悼大会。

郭沫若名号别名笔名录

卢正言

郭沫若和我国现代著名作家鲁迅、茅盾、巴金等人一样，用过不少笔名。这些笔名和文章的内容、标题一样，也是经过缜密思考、含有深意的。查考和研究郭沫若的各个笔名和别名，有助于我们全面掌握他的作品、深入研究他的思想发展及其社会政治活动。为此，今将见闻所及的其名、号、别名和笔名辑录如下，并尽可能地列举最早使用的具体情况，说明其含义，供研究者参考。

目次

一、乳名

二、号

三、别号

四、学名

五、化名、别名

六、笔名

附：准笔名

一、乳名

郭沫若的乳名是文豹和八儿。郭沫若在《少年时代》中说："我母亲说我受胎的时候，是梦见一个小豹子突然咬着她左手的虎口，便一觉惊醒了。所以我的乳名叫着文豹。"又说："因为行八，我母亲又叫我是'八儿'。"郭沫若有四兄（开文、开成、开佐、开䝞）三姐（秀贞、麟贞，尚有一姐名未详），所以是第八个（后又有二妹：蕙贞、葆贞，一弟：开运）。家乡的人因此称他为"八老师"。

二、号

尚武　这是郭沫若幼年时，父母为之所取的号。有朋友为其刻了"郭武"二字的图章，郭沫若十分欣赏。

三、别号

竹君主人　辛亥革命前后郭沫若在成都读书时，曾在《外语》课本上题名"竹君主人"。"竹君"即指竹。杨万里《壕上感春诗》："竹君不作五斗谋，风前折腰也如磬。"署名竹君主人，表现了少年郭沫若崇尚高洁、不与旧社会同流合污的品格。

汾易主人　读书期间，郭沫若还在购买的《困学纪闻》（宋王应麟撰）一书封面上，题名"汾易主人"。此名可能与怀念战国末年行刺秦王的荆轲有关。

定甫　郭沫若在成都读书时，在笔记本上署过此别号。该笔记本和上面提到的《外语》课本、《困学纪闻》，现均藏四川省乐山市文管所。

四、学名

开贞　父母给他取的学名。"开"是排行用名，"贞"是本名。在乐山、成都及日本读书时，均用郭开贞名，如《四川官立高等学堂郭开贞修业文凭》（现藏乐山市文管所）、《九州帝国大学一览——大正12年》（现藏日本九州帝国大学）均有记录。在日本读书时，给家人和友人的信中，亦署开贞或郭开贞或简署贞。郭沫若不喜欢这个名字，原因之一是此名容易被误认为"女士"。

五、化名、别名

高浩然　1927年3月，蒋介石镇压安庆革命群众，酝酿反革命政变。该月30日，郭沫若在由九江赴南昌时，为安全起见，化名高浩然，假充为国民革命军第三军的参谋。事见《沫若文集》第八卷。

吴诚　1928年2月25日，郭沫若因受蒋介石通缉，离沪赴日避难。买船票的时候，用的是假名吴诚，冒充为南昌大学教授，赴日的目的说成是往东京考察教育。事见《沫若文集》第八卷。

林守仁　1928年8月底旅居日本时，曾经用这个假名。那时，郭沫若在国内受蒋介石通缉，东渡日本后，有一段时期仍然不能公开地使用自己的本名。为了进行甲骨文的研究，郭沫若通过日本作家藤村成吉的介绍，准备设法使用东洋文库的图书资料。这时，一位相识的日本新闻记者川上，把他自己在中国时曾经使用过的林守仁的假名，借给了郭沫若，这样他就被介绍给了东洋文库主任石田干之助。有关情况在《我是中国人》文中曾有记载。

佐藤和夫　郭沫若旅居日本千叶近郊时，有一个时期他和国内书局通信，曾用过"佐藤和夫"的日本名字。这个名字实际上是郭沫若的大儿子郭和生的日本名字。事见愚公：《在日本的郭沫若会见记——他的生活、创作、家庭》，原刊《新人周刊》第二卷第二十四期，1936年2月15日出版。

Young pat-miog（杨伯勉）　1937年7月25日，郭沫若秘密地从日本神户乘加拿大公司的"日本皇后号"邮船回国，在船上曾经使用过这个化名。

戎马书生　1938年7月25日国民政府军委会编印的《战时宣传工作》一书的封面和书名页，以及为傅抱石编译的《明末民族艺人传》一书所作的序文落款处均钤有此印。此别号是1926年7月离开广州参加北伐前孙炳文送给郭沫若的。

丁汝常　1948年11月23日，郭沫若秘密离开香港赴解放区，于12月6日到达东北沈阳。在轮船上及在沈阳下榻于铁道宾馆时，曾用此化名。引见徐敏所作《学者、诗人、战士——忆重庆时期的郭沫若同志》一文，发表于《百花洲》1981年第三期。

六、笔名

开贞、郭开贞　最早署名"开贞"发表的作品有《风》（诗），1919年10月10日发表在《黑潮》第一卷第二号上。署名"郭开贞"发表的最早文章为《同文同种辩》（评论），也发表于《黑潮》第一卷第二号上。

沫若、郭沫若、沫　1919年9月11日在上海《时事新报》副刊《学灯》上发表新诗《鹭鸶》和《抱和儿在博多湾海浴》时，开始署用此名。郭沫若在《创造十年续编》中说："但我的名字其实本是'沫若'（MèiJo），是由我的故乡的两条河，沫水和若水合拢来的。"这两条河在什么地方呢？郭沫若在《少年时代》中说："沫水就是大渡河"，若水就是"流入大渡河的雅河"，也就是青衣江。其实，沫水应为青衣江，该水源出四川省芦山县西北，在乐山县三江口会大渡河入岷江。但也有说大渡河即沫水的，如郭沫若的自说。若水又名泸水，为鸦砻江的古名，源自青海巴颜克拉山，在四川省盐道县东南入金沙江。所经之地，即所谓若水之野。取名沫若，表现了他远在异邦却深深地怀念着故乡，深切地关怀着祖国的前途和命运。1918年8月25日所作《箱崎吊古》（诗），发表在1920年1月出版的《黑潮》第一卷第三号时，目录署"郭沫若"。1920年9月30日所作《葬鸡》（诗），发表在1920年10月16日《时事新报·学灯》时，最早以"沫"署名。

爱牟　1924年4月18日致成仿吾信署此名，此信发表于该年5月19日《创造周报》五十二号（终刊号）时，该刊目录题为"通信一则　沫若"。此信在《创造十年续编》中曾摘引过，证明爱牟即郭沫若。此名还作为郭沫若自传性小说《橄榄》中的主人公的名字多次出现。爱牟，系取英语"I"（我）之音译，"沫"的拉丁字（Mei）第一个字母也可译为爱牟。

麦克昂　1927年12月3日，《创造周报》在《时事新报》刊登的"优待定户"广告，其中所列特约撰述员名单，有郭沫若之化名麦克昂。最早以此名发表的文章，是1928年1月1日《创造月刊》第一卷第八期上刊载的文艺论文《英雄树》。同期《创造月刊》还刊有《创造周报复活宣言》，系由鲁迅、麦克昂、成仿吾、郑伯奇、蒋光慈等人联名发表，麦克昂即郭沫若。此后，他还以此名发表《桌子的跳舞》、《留声机器的回音》、《一只手》等。"麦克"是英文maker（作者）的音译，"昂"即"卬"，是"我"的意思。麦克昂，就是"作者是我"的意思。

杜荃　1928年6月1日作、发表于1928年8月出版的《创造月刊》二卷一期上的《文艺战线上的封建余孽——批评鲁迅的〈我的态度气量和年纪〉》一文，署此名。据单演义、鲁歌《与鲁迅论战的"杜荃"是不是郭沫若？》等文章考证，杜荃为郭沫若笔名。以此署名的文章，还有1929年5月2日所作《读〈中国封建社会史〉》，此文发表在1930年1月20日出版的《新思潮》（月刊）第二、三期合刊上。

杜衎　1928年8月1日脱稿、1928年11月10日和25日出版的《东方杂志》第二十五卷二十一和二十二号上发表《周易的时代背景与精神生产》；1929年4月25日到6月5日，在同刊第二十六卷第八到九号，十一到十二号发表《诗书时代的社会变革与其思想上的反映》（1928年8月25日初稿，1928年10月25日改作）时，均署名"杜衎"。郭沫若在《我是中国人》一文中曾说："我的母亲姓杜，而我母亲的性格是衎直的，我为纪念我的母亲，故假名为杜衎。"衎，读 kàn，刚直的意思。

易坎人　1928年在日本翻译美国作家辛克莱的小说《屠场》，1929年8月30日上海南强书局初版时始署此名。1930年6月上海光华书局初版之《煤油》（美国辛克莱著），亦署易坎人译。这两本书的后印本，如1946年译文社出版的《屠场》，1939年上海国民书店出版的《煤油》，译者均改署郭沫若。1908年郭沫若在中学读书时，曾患严重的肠伤寒，并发为中耳炎，导致日后的两耳重听。1927年底，郭沫若在上海又生了一场严重的斑疹伤寒。初出医院的时候，耳朵完全聋了，休息了一个时期以后，听觉才稍微有所恢复，但也"只恢复到半聋以下的程度"。郭沫若使用"易坎人"这个笔名，和他的耳疾有重要关系。郭沫若曾在《我是中国人》一文中说过："《易经》上的坎卦，其'于人也为聋'，故我这个聋子便取名为易坎人。"坎卦，八卦之一。清代朱骏声集注的《六十四卦经解》（1958年北京古籍出版社出版）曾引《说卦·传》曰："坎者水也……其于人也……为耳痛。""聋"疑为"耳痛"之误，耳痛引申为聋，也说得通。1928年11月30日上海乐群书店初版之长篇小说《石炭王》（美国辛克莱著），署"坎人译"。该书于1947年8月由上海群益出版社改版时，译者改署郭沫若。

石沱　1929年以后，郭沫若在给友人写信时，常署名"石沱"（或郭石沱）。1931年3月12日所作《〈生命之科学〉译者辩言》（辑入1934年10月上海商务印书馆出版的《生命之科学》第一册，该书原作者为英国 H.G.Wells）始署此名。该书第一册出版时，译者亦署石沱。第二册于1935年11月、第三册于1949年11月出版时，译者改署郭沫若。"石沱"系由"鼎堂"变化而来。因周代末期的鼎铭中常称鼎为"石沱"或"石它"。石沱又为鼎的一种别名，这种叫石沱的鼎，又名钟伯鼎。详见《金文编》（1959年北京科学出版社出版）第528页。

礸鼍 1945年4月2日作《静庵邀小酌并有诗，依韵和之》（七律）时署此名。见宋德金、丛佩远：《平生四海愤为家》，载《社会科学》1979年第三期。

石沱生　1930年2月16日给容庚的信，署名石沱生，见《关于古文字研究给容庚的信》（刊见《学术研究》1978年第四期）。1937年7月16日所作五律《归国杂吟》之一，亦署石沱生。手稿全文为："廿四传花信，有鸟志乔迁。缓急劳斟酌，安危费斡旋。托身期岱岳，翘首望尧天。此意轻鹰鹗，群雏剧可怜。赋得一诗示意，石沱生，十六日"影印件见《郭沫若、鲁迅、刘大白、郁达夫四大家诗词钞》第二十五页。该书由晓冈（即金祖同）编，上海秀州出版社于1950年2月出版。

陈启修　1930年3月上海昆仑书店出版《资本论》第一卷第一分册。该书译者署名"陈启修"。据《才华横溢的市川十年——访东京的"郭沫若文库"》（载《光明日报》1982年11月11日）一文说："在这里（按：指东京"郭沫若文库"），还看到了郭老用'陈启修'这一笔名翻译的《资本论》第一卷。译本由上海昆仑书店于1930年出版。"

杜顽庶　1930年3月20日上海联合书店出版郭沫若的《中国古代社会研究》。该书的导论《中国社会之历史的发展阶段》为1928年10月28日所作，1928年发表在《思想月刊》第四期上时，署名杜顽庶。杜顽庶和杜衎的含意相仿，也是为纪念郭沫若的母亲而取用的。顽，顽强、坚毅、固执的意思；庶，庶人，普通劳动人民的意思。

郭鼎堂、鼎堂　1930年9月19日郭沫若作《臣辰盉铭考释》，发表于1931年6月出版的《燕京学报》第九期时，署名郭鼎堂。最早以鼎堂署名的文章，为1930年11月25日脱稿之《"毛公鼎"之年代》，发表于1931年7月10日出版的《东方杂志》第二十八卷第十三号。大革命失败后，郭沫若避难日本，"沫若"二字一时成了讳名。有的朋友便将其所不喜欢的"开贞"本名复活,有的还在"贞"字左边加上木旁写成"桢",这使郭沫若觉得不大如意。于是,大约从1929年起,郭沫若便在给友人写信时用起"鼎堂"这个号,并以此名发表文章。鼎堂,取义于许慎《说文解字》:"古文以贞为鼎,籀文以鼎为贞",古代贞、鼎二字可以通用。商代的卜辞常以鼎为贞,周代的金文则以贞代鼎(见《金文编》第三九二页,1959年北京科学出版社)。郭沫若本名开贞,以鼎代贞,并附之以堂者,取其音"丁当",取其义"鼎当"。"但在感触上这个别号,实在有点陈而且腐,它的作用也就在有意地取其陈腐。"(见《鼎》)。因为有意取其陈腐,才可能突破国民党反动派的文网,遮掩检查官的耳目。

谷人 1934年9月20日《太白》创刊号上,刊有《本刊特约撰述》名单,内中署谷人者,即郭沫若。最早以此署名发表的文章,是1934年12月5日出版的《太白》一卷六期上发表的《历史和历史》(短论)一文。

高汝鸿 1935年3月上海商务印书馆出版的《日本短篇小说集》(万有文库第二集,共三册),署"高汝鸿选译"。据柳倩编《郭沫若先生二十五年著译编目——1941年11月止》,上述《日本短篇小说集》一书为郭沫若所译。

安娜 作于1936年3月、发表于《质文》月刊第五、六期合刊(1936年6月15日)上的《天亮黑一黑》(杂文),借署此名。安娜即佐藤富子,是郭沫若的日本夫人。据艾扬《郭沫若名、号、别名、笔名辑录》,安娜系郭沫若笔名。

白圭 1937年11月,郭沫若准备出国往南洋募款,以进行抗战宣传工作,曾以此名领到了出国护照,但后因故未能成行。1939年3月16日所作《文化与战争》(杂文),收入1939年4月上海文献丛刊社出版的《艺术文献》第一册时,署名"白圭",此文后收入《沫若文集》第十二卷。白圭,原为战国时周人,曾提出贸易致富的理论,认为经商必须掌握时机,运用智谋,犹如孙吴用法,商鞅行法。1912年春郭沫若在乐山沙湾故里曾作对联,其中有一联为"对榻昔谈心,慨计然人渺,白圭道消,致令国困民穷,阖宝磐县空有泪",对当时由于不重视白圭的经济主张以致国困民穷的状况,为之感慨。

牛何之 1947年1月24日所作的《续"狐狸篇"》（发表于1947年2月8日上海《评论报》周刊第十三期）一文，署名"牛何之"。该文内容是骂胡适的，署名"牛何之"和在此之后不久所作的《猫哭老鼠》所署笔名"羊易之"一样，都典出《孟子·梁惠王上》。"牛何之"即梁惠王问"牵牛往哪里去"，而"胡适"或"胡适之"的名字，从字面上看，正好就是"往哪里去"的意思。郭老署以此名，实际上是在叱问胡适：你在反共反人民的路上还要走多远？关于发现这一笔名的具体情况，参见陈福康《关于郭沫若的一篇佚文》，刊于《社会科学研究》1981年第六期。

羊易之 1957年北京文学出版社出版的《沫若文集》第二卷，收录了郭沫若亲自校订的讽刺诗《猫哭老鼠》该诗原题《这个就叫"最民主"》，发表在1947年2月23日出版的《群众》第十四卷八期上时，署名"羊易之"。"羊易之"典出《孟子·梁惠王上》。有一天，齐宣王看到一头浑身发抖的牛从面前牵过，他忽然大发慈悲，命令将这头牛放掉。牵牛的人问他，那么取血涂钟的规矩就此废除了吗？齐宣王说：不可废除，"以羊易之"就是了。齐宣王又进一步解释说："齐国虽褊小，吾何爱一牛？即不忍其觳觫，若无罪而就死地，故以羊易之也。"羊易之，即以羊来替换牛的意思。《这个就叫"最民主"》作于劝工大楼惨案以后。1947年2月9日，上海市百货公司的职工，在山东路劝工大楼召开演讲会，准备发起抵制美货运动。郭沫若、邓初民等应邀赴会。开会前，国民党特务捣毁会场，当场打死永安公司职员梁仁达。第二天，当时的上海市市长吴国桢装腔作势地跑到死者梁仁达面前"痛哭一场"，并在报上发表谈话，对死者家属表示吊唁。对吴国桢的伪善，人们称之为"猫哭老鼠"。郭沫若亲历目睹了这场惨案，立即挥毫写下这首讽刺诗，对国民党反动派的暴行予以无情鞭挞。作者署以"羊易之"的笔名，用意十分巧妙。当年齐宣王为了维护其统治利益，导演了一出"以羊易牛"的丑剧；现在吴国桢之流为了维护蒋介石的反动统治，杀害了梁仁达，导演了一出"猫哭老鼠"的丑剧，他们的卑劣伎俩何其相似！

龙子 1956年7月18日《人民日报》发表的杂文，《发辫的争论》，署名龙子。郭沫若逝世后，在他的遗物中找到了此文的底稿，由此可以确认龙子为郭沫若的笔名。龙子为"聋子"的谐音，郭沫若两耳重听，经常自称聋子，故署此名。

克拉克　1956年8月4日在《人民日报》发表杂文《乌鸦的独白》，署名"克拉克"。此据郭老生前秘书王廷芳同志的介绍。

江耦　1959年第三期《历史研究》发表《曹操年表》时，始署此名。此文的修正稿后又收入1959年5月北京中华书局编辑出版的《曹操集》。1960年6月13日《北京日报》发表的《美帝末路走下坡》，亦署名"江耦"。

附：准笔名

夏社　1919年夏天在日本福冈时曾作《抵制日货之究竟》（专论），发表于1919年10月上海太平洋学社出版的《黑潮》月刊第一卷第二期上，署名"夏社"。据郭沫若在《创造十年》里回忆，他当时曾和几位同学组织过一个叫"夏社"的爱国团体，"这个团体结成以后，同学的人都不会做文章，又让我和陈君哲两个人去担任。君哲只做了一篇东西……我在暑假中也发过好几次稿，都是自己做。"据此，将"夏社"列为郭沫若的准笔名。署名夏社，是由于该社是在夏天成立，主要在一位姓夏的同学（夏禹鼎）家里活动，并且"夏"又是中国人的自称，反映了当时中国青年和广大群众的爱国思想。

李季　郭沫若曾于1928年翻译马克思的《政治经济学批判》，1931年12月由上海神州国光社出版，署名郭沫若。1934年因该书被国民党反动政府查禁，书店把书翻版，译者改署"李季"。1947年3月上海群益出版社出版的《政治经济学批判》（沫若译文集之四），收有1947年2月20日郭沫若的序，该序详细地记载了该书翻版的情况。郭沫若在《我是中国人》一文中也说"这书（按指《政治经济学批判》）曾经遭过禁止，坊间后来把封面改换发行，译者是作为李季。这种本子我相信，留在世间的一定不很少。"

谈诗歌创作（通讯三则）

郭沫若

一、致宗白华（节录）

……我想我们的诗只要是我们心中的诗意诗境底纯真的表现，命泉中流出来的 Strain，心琴上弹出来的 Melody，生底颤动，灵底喊叫，那便是真诗，好诗，便是我们人类底欢乐底源泉，陶醉底美酿，慰安底天国。我每逢遇着这样的诗，无论是新体的或旧体的，今人的或古人的，我国的或外国的，我总恨不得连书带纸地把它吞了下去，我总恨不得连筋带骨地把它融了下去。我想你的诗一定是我们心中的诗境诗意底纯真的表现，一定是能使我融筋化骨的真诗，好诗；你何苦要那样地暴殄，要使他无形中消灭了去呢？你说："我们心中不可无诗意诗境，却不必定要做诗。"这个自然是不错的。只是我看你不免还有沾滞的地方。怎么说呢？我想诗这样东西似乎不是可以"做"得出来的。我想你的诗一定也不会是"做"了出来的。Shelley 有句话说得好，他说："A man Can-not Say: I Will Compose Poetry." Goethe 也说过：他每逢诗兴来了的时候，便跑到书桌旁边，将就斜横着的纸，连摆正他的时候也没有，急忙从头至尾地矗立着便写下去。我看歌德这些经验正是雪莱那句话底实证了。诗不是"做"出来的，只是"写"出来的。我想诗人底心境譬如一湾清澄的海水，没有风的时候，便静止着如象一张明镜，宇宙万汇底印象都涵映着在里面；一有风的时候，便要翻波涌浪起来，宇宙万汇底印象都活动着在里面。这风便是所谓直觉,灵感(Inspiration),这起了的波浪便是高涨着的情调。这活动着的印象便是徂徕着的想象。这些东西,我想来便是诗底本体,只要把它写了出来,它就体相兼备。大波大浪的洪涛便成为"雄浑"的诗,便成为屈子底《离骚》、蔡文姬底《胡笳十八拍》、李杜底歌行,但丁(Dante)底《神曲》、弥尔敦(Milton)底《失乐园》、歌德底《浮士德》。小波小浪的涟漪便成为"冲淡"的诗,便成为周代底《国风》、王维底绝诗、日本古诗人西行上人与芭蕉翁底歌句,泰戈尔底《新月集》。这种诗底波澜,有它自然的周期,振幅(Rhythm);不容你写诗的人有一毫的造作,一刹那的犹豫,正如歌德所说连摆正纸位的时间也不许你有。说到此处,我想诗这样东西倒可以用个方式表示它了:

诗＝(直觉＋情调＋想象)＋(适当的文字)

　　　　　Inhalt　　　　　　Form

……

1920年1月18日

(原载1920年2月1日《时事新报·学灯》)

二、致宗白华(节录)

——DenDrang nach Wahrheit und die Lust am Trug.

(向真实追求,向梦境寻乐。)

歌德这句话,我看是说尽了我们青年人的矛盾心理的。真理要探讨,梦境也要追寻。理智要扩充,直觉也不忍放弃。这不单是中国人的遗传脑筋,这确是一切人的共有天性了。歌德一生是个矛盾的结晶体,然而正不失其所以为"完满。"我看我们不必偏枯,也不要笼统:宜扩充理智的地方,我们尽力地去扩充;宜运用直觉的地方,我们也尽量地去运用。更学句孟子的话来说,便是"乃所愿则学歌德也",不知道你可赞同我这样的意思么?

我对于诗词也没有甚么具体的研究,我也是最厌恶形式的人,素来也不十分讲究它。我所著的一些东西,只不过尽我一时的冲动,随便地乱跳乱舞罢了。所以当其才成的时候,总觉得满腔高兴,及到过了两日，自家反复读读看时，又不禁汗流浃背了。只是我自己对于诗的直感，总觉得以"自然流露"的为上乘，若是出以"矫揉造作"，不过是些园艺盆栽，只好供诸富贵人赏玩了。天然界的现象，大而如寥无人迹的森林，细而如路旁道畔的花草，动而如巨海宏涛，寂而如山泉清露，怒而如雷电交加，喜而如星月皎洁，没一件不是自然流露出来的东西，没一件不是公诸平民而听其自取的。亚里士多德说，"诗是模仿自然的东西"。我看他这句话，不仅是写实家所谓忠于描写的意思，他是说诗的创造贵在自然流露。诗的生成，如象自然物的生存一般，不当参以丝毫的矫揉造作。我想新体诗的生命便在这里。古人用他们的言辞表示他们的情怀，已成为古诗，今人用我们的言辞表示我们的生趣，便是新诗。再隔些年代，更会有新新诗出现了。

你所下的诗的定义确是有点"宽泛"。我看你把它改成文学的定义时，觉得更妥贴些，因为"意境"上不曾加以限制。近来诗的领土愈见窄小了。便是叙事诗、剧诗，都已跳出了诗域以外，被散文占了去了。诗的本职专在抒情。抒情的文字便不采诗形，也不失其为诗。例如近代的自由诗、散文诗，都是些抒情的散文。自由诗、散文诗的建设也正是近代诗人不愿受一切的束缚，破除一切已成的形式，而专挹诗的神髓以便于其自然流露的一种表示。然于自然流露之中，也自有它自然的谐乐，自然的画意存在，因为情绪自身本是具有音乐与绘画二作用故。情绪的律吕，情绪的色彩便是诗。诗的文字便是情绪自身的表现（不是用人力去表示情绪的。）我看要到这体相一如的境地时，才有真诗、好诗出现。

诗于一切文学之中发生最早。便从民族方面以及个体方面考察，都可得其端倪。原始人与幼儿的言语，都是些诗的表示。原始人与幼儿对于一切的环境，只有些新鲜的感觉，从那种感觉发生出一种不可抵抗的情绪，从那种情绪表现成一种旋律的言语。这种言语的生成与诗的生成是同一的。所以抒情诗中的妙品最是些俗歌民谣。便是我自己的儿子，他见着天上的新月，他便要指着说道："Oh moon! Oh moon!"见着窗外的晴海，他便要指着说道："啊，海！啊，海！爹！爹！海！"我得了他这两个暗示，我从前做了一首《新月与晴海》一诗是：

儿见新月，
遥指天空。
知我儿魂已飞去，
游戏广寒宫。

儿见晴海，
儿学海号。
知我儿心正飘荡，
血随海浪潮。

我看我这两节诗，硬还不及我儿子的诗真切些咧！

诗的原始细胞只是些单纯的直觉，浑然的情绪。到了人类渐渐文明，个体的脑筋渐渐繁复，想把种种的直觉情绪分化蕃演起来，于是诗的成分中，更生了个想象出来。我要打个不伦不类的譬比是：直觉是诗细胞的 Kern，情绪是 Protoplasma，想象是 Ientrosomum，至于诗的形式只是 Zellenmenibran，这是从细胞质中分泌出来的东西。

我近来趋向到诗的一元论上来了。我想诗的创造是要创造"人"，换一句话说，便是在感情的美化（Reeine）。艺术训练的价值只可许在美化感情上成立，他人已成的形式是不可因袭的东西。他人已成的形式只是自己的监狱。形式方面我主张绝端的自由，绝端的自主。至于美化感情的方法，我看你所主张的（一）在自然中活动；（二）在社会中活动；（三）美觉的涵养；（你的学习音乐绘画，多读天才诗人诗的项目，都包括在这里面）；（四）哲理的研究；都是必要的条件。此外我不能更赘一辞了。

1920年2月16日夜

（原载1920年2月24日《时事新报·学灯》）

三、致元弟（节录）

……

元弟写来的木芙蓉一诗，很有深意。但是，还嫌没有解放得干净。

要做旧诗就要严守韵律，要做新诗，便要力求自然。诗是表情的文字，真情流露的文字自然成诗。新诗便是不假修饰，随情绪之纯真的表现而表现的文字。打个比喻如象照相。旧诗是随情绪之流露而加以雕琢，打个譬比如象画画。总之要新就新，要旧就旧，不要新旧杂揉，那就不成个物什了。所以做诗——尤其是做新诗——总要力求"醇化"、"净化"，要力争 homogeni, harmony。所以做新诗总不宜拘拘于押韵，须知没韵也能成诗，近代的自由诗，散文诗，都是没有韵的抒情文字。以下，我写几则做新诗的原则在后。

一、要有纯真的感触，情动于中令自己不能不"写"。不要凭空白地去"做"。所以不是限题做诗，是诗成后才有题。

二、表现要力求真切，不许有一毫走展。

三、要用自己的所有的言词，不得滥用陈套语和成语。

四、不要拘拘于押韵，总要自然。要全体都是韵。

五、作一诗时，须要存个前无古人后无来者的心理。要使自家的诗之生命是一个新鲜鲜的产物，具有永恒的不朽性。这么便是"创造"。

六、全体的关系须求严密，不得用暧昧语（如弟"木芙蓉"中末尾两句便是暧昧语，因为读的人不知道是甚么意思。）——暧昧与深邃不同，不要误会。抒情的文字惟最自然者为最深邃，因为情之为物最是神奇不可思议的天机。

七、要有余韵，有含蓄。

以上是随手写出来的，其余由弟自行去领会了。我看教三儿们读书作文最好是应用同种的原则，总要使学者自发其心花，不要生抢活夺地只剪些纸花在枯枝上贴。

……

（选自《郭沫若同志青年时期谈诗歌创作》，原载1978年《四川文艺》第8期，标题系编者所加。）

（据初步查证，此信写于1921年12月15日。）

论诗（通讯）

郭沫若

> 生潮中，死浪上，
> 淘上又淘下，
> 浮来又浮往！
> 生而死，死而葬，
> 是个永恒的大洋，
> 是个起伏的波浪，
> 是个有光辉的生长，
> 我驾起时辰机杼，
> 替"造化"制造件有生命的衣裳。

　　我此刻正在从事 Faust 全译，译到了这首歌词，我看和你所译的"生？"底一诗颇能同调。这首歌词是从"地祇"底口中唱出的。地祇只是"创造精神"Geschaeftiger Geist 底象征。我喜欢他颇能道尽生死一如底妙谛。

　　昨天接到吴芳吉君函介绍你给我，我已喜不自禁。今晨入校，又接到你赠我一卷琼琚，你还縢了一封长信。建雷！你怎这么厚爱我？你真是体验到了"爱"的精髓的人呀！芳吉函中极推奖你"爱情便是信仰，信仰便是爱情"底两句诗，我只恨我得读你的诗词过晚。"新佛教"中诸新诗我都粗读了一下，我都喜欢。待我还慢慢地吟味，便你题诗集的诗也真不可多得了。

春蚕

蚕儿呀！
你的吐丝……
哦！你在吐诗！
你的诗怎么那样地纤细？
那样地明媚？
那样地柔腻？
那样地纯粹？
那样地……
哦，我已形容不出你了呀，蚕儿！

蚕儿呀！
我且问你：
你可是出于有心？
你还是出于无意？
你可是出于造作矫揉？
你还是出于自然流泻？
你可是为的他人？
你还是为的你自己？………
蚕儿呀！唉，你怎么全不应问一声儿呀？
蚕儿呀！
我想你的诗，
终怕出于无心，
终怕出于自然流泻；
你在创造你的"艺术之官"
终怕是为的你自己………
是不是呀？蚕儿！

蚕儿呀！

> 我想你自己，
> 却可是大公无私：
> 你不辞自作牺牲，
> 你不辞他人来取。
> 琴师取了去缫作琴弦，
> 便会弹出徵羽宫商；
> 少女取了去穿在针头，
> 便会绣出圣母玛丽。
> 圣母玛丽，徵羽宫商，
> 都可出自你的诗，
> 可总要他们自家来取。
> 是不是呀？蚕儿！
> 你怎么全不应我一声儿呀？

这首诗还不曾发表过，我只在日前钞示过吴芳吉君，我今更抄录给你，你可知我两人论诗的宗旨，大概是相同的了。我于诗学排斥功利主义，创作家创始时功利思想不准丝毫夹杂入心坎。创作家所常讲究事，只在修养自己的精神人格，艺术虽是最高精神底表现物。纯真的艺术品莫有不是可以利世济人的，总要行其所无事才能有艺术的价值。所以我于文学上什么——ism，甚么主义，我都不取。我不是以主义去做诗，我的诗成自会有主义在，一首诗可以有一种的主义。

我这人非常孤僻，我的诗多半是种反性格的诗同德国的尼采（Niessche）相似。我的朋友极少。我的朋友只可说是些古代底诗人和异域底诗人，我喜欢德国底 Goethe, Heine, 英国底 Shelly, Coleridge, A.E.Yeats, 美国底 W.Whitman, 印度底 Kali-dasa, Kabir, Tagore, 法文我不懂我读 Verlaine, Bandelaise 底诗，（英译或日译）我都喜欢，似乎都可以做我的朋友。我不喜欢小说，我不喜欢自然主义 Naturism 底作品，因为我受的痛苦已经不少，我目击过的黑暗已经无限，我现在需要的是救济，需要的是光明。黑沉沉挖踏踏的文章读了只令人震头脑裂。可我自己却每每肯做黑沉沉的文章因为我的环境还是个薄的世界，我还不曾达到光明的彼岸。我丢不下的东西太多了！

田寿昌君处我因为近来译事忙碌，他也事多，所以许久不曾通信了。我以后自当代为致意。

我学医的缘故我自己也不深知。我这人是个无目标放厂马的人，走到什么地方做到什么地方，我自己的生活也大概是自然流泻，随便他。所以每每走瞎路，碰得一头都是血！我如今很想改良我的生活，想定出个目标来，不过我对于我自己的文学上的资质我还在怀疑，我觉得我好象无什伟大的天赋。

"三叶集"——系我和宗白华田寿昌两君的通信稿——不知道曾经蒙你鉴识过么？我的信稿大概是赤赤裸裸的我，读了可以知个我的大概。你如未曾过目，我此处还有几本，可同你寄来。

此刻是午前十一句钟。阴阴的太阳光照在窗前碧草原上，渔人夫妇在原中晒网，小鸟在空中噪晴。我请他们来作我此信底装饰品，我以后再写了。

沫若上　七月二十六日

建雷兄赐鉴

（原载1920年9月10日《新的小说》第2卷第1期）

《少年维特之烦恼》序引

郭沫若

近世意大利哲学家克罗采氏（Benedetto Croce）批评歌德此书，以为是首"素朴的诗"（Naive Dichtung），我对于歌德此书，也有这个同样的观念。此书几乎全是一些抒情的书简所集成，叙事的分子极少，所以我们与其说是小说，宁说是一部散文诗集。

诗与散文的区别，拘于因袭之见者流，每每以为"无韵者为文，有韵者为诗"，而所谓韵又几几乎限于脚韵。这种皮相之见，不识何以竟能深入人心而牢不可拔，最近国人论诗，犹有兢兢于有韵无韵之争而诋散文诗之名为无理者，真可算是出人意表之外，不知诗之本质，决不在乎韵脚之有无。有韵者可以为诗，而有韵者不必尽是诗，告示符咒，本是有韵，然吾人不能说他是诗，诗可以有韵，而诗不必定有韵，读无韵之抒情小品，吾人每每称其诗意葱茏。由此可以知道诗之生命别有所在。古人称散文其质而采取诗形者为韵文，然则称诗其质而采取散文之形式者为散文诗，此正为合理而易明的名目。韵文＝Prose in poem，散文诗＝Poem in prose，韵文如男优之坤角，散文诗如女优之男角。衣裳虽可混淆，而本质终竟不能变易。——好了，不再多走岔路了。有人始终不明散文诗的定义的，我就请他读这部少年维特之烦恼罢！

这部少年维特之烦恼，我存心移译已经四五年了。去年七月寄寓上海时，更经友人劝嘱，始决计移译。起初原拟在暑假中三阅月内译成，后以避暑惠山，大遭蚊厄而成疟疾，高热相继，时返时复，金鸡蜡霜倒服用了多少瓶，而译事终不能前进。九月中旬，折返日本，昼为校课所迫。仅以夜间偷暇赶译，草率之处我知道是在所不免，然我终敢有举以绍介于我亲爱的读者之自信，我知道读此译书之友人，当不至于大失所望。

我译此书，于歌德思想有种种共鸣之点，此书主人公维特之性格，便是"狂飙突进时代"（Sturm und Drang）少年歌德自身之性格，维特之思想，便是少年歌德自身之思想。歌德是个伟大的主观诗人，他所有的著作，多是他自身的经验和实感的集成。我在此书中，有所共鸣的种种思想：

第一，是他的主情主义：他说"人总是人，不怕就有些微点子的理智，到了热情横溢，冲破人性底界限时，没有甚么价值或至全无价值可言。"这种事实，我们每每曾经经历过来，我们可以说，这是一种无需乎证明的公理。侯爵重视维特的理智与才能而忽视其心情时，他说"我这心情才是我唯一的至宝，只有他才是一切底源泉，一切力量底，一切福祜底，一切灾难底"他说，他智所能知的，甚么人都可以知道，只有他的心才是他自己所独有。他对于宇宙万汇，不是用理智去分析，去宰割，他是用他的心情去综合，去创造。他的心情在他身之周围，随处可以创造一个乐园：他在微虫细草中随时可以看出"全能者底存在"，"兼爱无私者底彷徨。"没有爱情的世界便是没有光亮的神灯。他的心情便是这神灯中的光亮。在白壁上立地可以生出种种画图，在死灭中立地可以生出有情的宇宙。

第二，便是他的泛神思想：泛神便是无神。一切的自然只是神底表现，我也只是神底表现，我即是神，一切自然都是我的表现。人到无我的时候，与神合体，超绝时空，而等齐生死。人到一有我见的时候，只见宇宙万汇和自我之外相，变灭无常而生生死存亡之悲感，万物必生必死，生不能自持，死亦不能自阻，所以只见得"天与地与在他们周围生运动的力，除是一个永远贪婪，永远反刍的怪物而外，不见有别的。"此力即是创生万汇的本源，即是宇宙意志，即是物之自身——Ding an Sich，能与此力瞑合时，则只见其生而不见其死，只见其常而不见其变。体之周遭，随处都是乐园，随时都是天国，永恒之乐，溢满灵台"在'无限'之前，在永恒的拥抱之中，我与你永在"。人之究竟，唯求此永恒之乐耳。欲求此永恒之乐，则先在忘我。忘我之方歌德不求之于静，而求之于动。以狮子搏兔之力，以全身全灵以谋刹那之充实，自我之扩张，以全部的精神以倾倒于一切！维特自从与夏绿蒂姑娘相识后，他说"自从那时起，日月星辰尽管静悄悄地走他们的道儿，我也不知道昼，也不知道夜，全盘的世界在我周围消去了。"如此以全部的精神爱人，以全部的精神陶醉！以全部的精神烦恼！以全部的精神哀毁！一切彻底！一切究竟！所以他对于疯狂患者也表极端的同情，对于自杀底行为，他绝不认为罪过而加以赞美。完成自我的自杀，正是至高道德——这决不是中庸微温者流所能体验的道理。

第三，是他对于自然的赞美：他认识自然是为一神之所表现。自然便是神体之庄严相，所以他对于自然绝不否定。他肯定自然，他以自然为慈母，以自然为朋友，以自然为爱人，以自然为师傅，他说："我今后只皈依自然。只有自然是无穷地丰富，只有自然能造就伟大的艺术家……一切的规矩准绳，足以破坏自然底实感，和其真实的表现！"他亲爱自然，崇拜自然，自然与之以无穷的爱抚，无穷的慰安，无穷的启迪，无穷的滋养，所以他反抗技巧，反抗既成道德，反抗阶级制度，反抗既成宗教，反抗浮薄的学识，以书籍为糟粕，以文字为死骸，更几几乎以艺术为多事；他说，"我忘机于幽居底情趣之中，我的艺术已无所致其用了。"(lch bln so ganz in dem Gefuehle von ruhigen Dasein versmken, dass meine kunst darunter leidet.)他说，"甚么是诗？是画？是牧歌？我们得享自然现象的时候，定要去矫揉造作吗？"不错，人到忘机于自然的时候，便有时候连诗歌美术也还觉其多事，更何有于学问，道德，宗教，阶级呢！

第四，是他对于原始生活的景仰：原始人底生活，最单纯，最朴质；最与自然亲眷。崇拜自然，赞美自然的人，自然不能不景仰到原始生活去了。所以他于诗歌，则喜悦荷默和莪相；在井泉之旁，觉得古代之精灵浮动；岩穴幽栖，毛织衣，棘带，是他灵魂所渴慕着的慰安；他对于农民生活亦极表同情；"自栽白菜，菜成拔以为蔬，食时不仅赏其佳味，更将一切种之植之时的佳日良晨，灌之溉之从而乐其生长之进行时的美餐，于一瞬间之内复同时而领略之。"他说，这种人底单纯无碍的喜悦,他的心能够感觉得,真是件快心事。要这种人才有极真实的至诚,极虔敬的努力,极热烈的恋爱,极能以全部精神灌注于一切,极是刹那主义,全我生活底楷模!

第五,是他对于小儿的尊崇。美国现代儿童心理学家和迩氏——Hall 以为"儿童时期是人类之天国,成人生活是从此而堕落者。"(Childhood is the paradise to the race from which adult life is a fall) 此种言论,近今为保护儿童运动底先驱。儿童之可尊崇,在古昔数千年前之东西哲人已先后倡导。老子教人"专气致弱如婴儿。"孟子说:"大人者不失其赤子之心。"犹太底预言者以赛亚,说是预言者底黄金时代实现时,"狼要绵羊儿同居,豹要山羊儿同卧,小犊要与稚狮肥畜同游;一个小孩儿要牵引他们"(旧约以赛亚书第十一章)。耶稣说:"小孩子是天国中之最大者。"小儿如何有可以尊崇之处?我们请随便寻一个对象来观察罢,你看他终日之间无时无刻不是在倾倒全我以从事于创造,表现,享乐。小儿底行径正是天才生活底缩型,正是全我生活底楷范,然我们成人对于小儿时无今古,地无东西,却同一地加以虐待,束缚,鞭笞,叱咤,不许有意志底自由,视之如奴隶囚徒。我们且听歌德替小儿们道不平罢!"小孩子是我们的模范,我们应得以他们为师,而我们现在才把他们当着下人看待。不许他们有意志……这种特权定在那里?"

"少年维特之烦恼出版了!"

"艺坛底明星出现了!"

少年维特之烦恼在1774年出版,一般之青年大起共鸣,追慕维特之遗风而效学其装束。青衣黄裤的"维特热"(Wer-ther-sfieber) 流行于一时,苦于性的烦恼的青年读此书而实行自杀者有人,自杀之后在衣囊襟袋中每每有挟此小书以殉者。外马公国 (Weimax) 的一个宫女也因失恋之故溺死于依尔牟河 (Ilm) 中,胸中正怀着这本少年维特之烦恼!种种传说喧动一时,佛朗克府——(Franlfurt am Main) 的二十四岁的青年作家,一跃而成为一切批评,赞仰,倾羡之的。

歌德之声誉日隆,一时知名之士,如宗教家之拉瓦特尔 (I.C.Larater) 教育家之白舍陶 (J. B. Basedow) 乃至当时德意志诗坛之明星克罗普徐克妥 (Klopstock),均先后趋来,瞻仰此艺坛新星之光耀。

扛举德意志文艺勃兴之职命于两肩之青年歌德，如朝日之初升，光熊熊而气沸沸，高举决胜之歌，以趋循其天定之轨辙。歌德以前无文艺之德意志，随之一跃而成为欧罗巴十八世纪之宠儿。盖世雄才拿破仑一世远征埃及时，亦手此少年维特之烦恼一书，以起卧于金字塔与"司芬克司"间古代文明之废墟。外马公国夫人佛里德里克大王（Frederick der Grobs）之妹，安娜亚玛利亚（Anna Amalia）亦遣其子克尔（August karl）亲来拜访歌德，歌德不久（一七七五年）遂成为外马宫廷贵客，而外马遂成为德意志文坛之中心地点。

——一个 lntermesso——

时——1774 年夏。

地——莱因河畔都益司堡（Duisburg）某旅馆之食堂，中年绅士数人，挟一青年文士，围棹畅谈，开放文艺与思索之奇葩。中年绅士之一人（突向青年发问）足下，你便是歌德君吗？

青年　（颔首）……

绅士　你就是做那名扬四海的小说，少年维特之烦恼一书的吗？

青年　我是。

绅士　那么，我觉得我有表示我对于那本有害无益的著作的恐怖之义务。我祷告上帝变换你那偏颇的邪心：因为有罪的人会遭横祸呀。

（一种不愉快的沉默，人人摒息凝气。）

青年　（和婉地）从你阁下底立脚点看来，你不能不如此批评我。我是了解你的，我敬爱你诚恳的叱责。我求你在你的祈祷中别忘记了我的名字罢。

（座中嘻笑复起，各从暴风雨之预感解放——幕）

青年文士不消说便是歌德，耿直的中年绅士是牧师霍生康普（Rectar Hasenkampf），就中有拉瓦特尔，与白舍陶在座。有甚爱必有甚憎。维特一方面大受人士欢迎，一方面却又为多少道德忧世之家所反对，霍生康普正此中之一人，同时有著述兼出版家之尼可来氏（Chhristoph Friedrish Nicoai）更著一"少年维特之喜悦"（Die Frieden des Jungen Werthers）以对抗，叙述维特不曾自杀终至受婚成礼，如我国有水浒传必有荡寇志，有西厢记必有续西厢，有石头记必有后红楼续红楼鬼红楼……可怜的是功利主义的无聊作家之浅薄哟！续貂狗尾，究竟无补于世！文艺是对既成道德，既成社会的一种革命的宣言。保持旧道德底因袭观念以批评文艺，譬之乎持冰以入火。可怜持冰的人太多，而天才的火每每容易被人烧息！啊！"天才底潮流何故如此罕出，如此罕以达到高潮，使你们瞠目而惊的灵魂们震憾哟！居在潮流两岸的沉静夫子们在提防流水汎滥，淹没了他们的亭园、花坞、菜畦、知道筑堤以抵御呢！"

关于歌德底生涯，在此本想有所叙述，但是歌德八十三年间光辉灿烂之一生，绝不是短简的序文内所能详尽——歌德生于1749年8月28日，死于1832年3月22日。我在此处，只能把此书底本事略略叙述，以供读者参考。

歌德以1771年卒业于市堡大学（Strassburg）法科之后，翌年5月，游于威刺勒（Wetzlar am lahn），此地有德意志帝国法院，当时年少的佛郎克府律师在本地创业出庭以前，照例当来此试习。

威刺勒帝国判官享利布胡（Deutsche Ordens Amtmann Heinrich Adam Buff）有女名夏绿蒂（Charrotte）时年仅十九岁，（一说十五岁）母亲死去，即代母抚育十人之弟妹而经营家政，绿蒂金发碧眼康健玲珑。6月9日夜赴离市二里福培好仁（Volperthausen）舞蹈会之途中，歌德与女友同车偶来寻访绿蒂，自此以后，两人十分相慕，然绿蒂已字人，其未婚夫克司妥纳（Johann Christian Kestner）乃翰诺威尔公使馆之记室，同时与歌德之交谊甚笃。

歌德为此无望之相思所苦，屡萌自杀的念头，1772年9月11日留书绿蒂，毅然离去威刺勒而回佛郎克府，9月10日，克司妥纳日记中有下面一段纪事。

"10日　此日歌德博士与余同饮于园中。入夜，往"德意志馆"（绿蒂之家）彼与绿蒂与余谈及来世事。绿蒂问他：已死的人能够回来么？三人相约谁先死者先报生者以死后之消息。歌德觉无精彩怕是想到他明日要走的缘故。"

歌德回佛朗克府之后，不久便闻以鲁塞冷之自杀。

以鲁塞冷（Carl Wilhelm Jerusalem）以1747年3月21日生于屋尔分别堤（Wolfenbüttel），在莱卜其（Leibzig）大学曾与歌德同学。1771年为彭池危克（Brunswick）公使馆之书记，得忧郁之症（Melacholie）对于耶稣教怀疑，与其友人公使霍尔德氏（Herdt）之妻生恋爱而失望，托辞旅行，借克司妥纳之手枪，以1772年10月30日之夜自杀。死时着青色燕尾服，黄色肩褂，黄色腿裤，长靴，铜棕色。

以鲁塞冷一死，少年维特之烦恼于以诞生。歌德初有作成剧曲之计划，继以四礼拜之时日成此小说，以1774年3月初间脱稿，脱稿立即付印而风行一世。

维特出版了，"维特热"之流行日见猖獗了。"生的闷脱"的怨女怨男，以手枪自杀相随继，就中文人克来司德（Herr von Kleist）与其友人妻之情死，尤为世所周知。1778年以后少年维特之烦恼卷头，歌德有弁首一诗刻在上面了。

"青年男子谁个不善钟情？
妙龄女人谁个不善怀春？
这是我们人的至圣至神；
啊，怎么从此中会有惨痛飞进？

可爱的读者哟，你哭他，你爱他，
请从非毁之前救起他的名闻；
你看呀，他出穴的精魂正在向你目语：
请做个堂堂男子哟，不要步我后尘。"

1922年1月22—23日脱稿
郭沫若序于福冈

（原载1926年9月《创造》季刊第1卷第1期）

论国内的评坛及我对于创作上的态度

郭沫若

我国的批评界中，有一种不好的习气充溢着。批评家每每藏在一个匿名之下，谈几句笼统活脱的俏皮话来骂人。我觉得这真不是一种好习气。批评家为主义而战，为真理而战，原是正当的天职；不过为尊重主义起见，为尊重真理起见，为尊重论敌的人格起见，总应该采取严肃的态度，堂堂正正地布出论阵来，也才能使人心服，才能勉尽其天职于万一。人之欲善，谁不如我？讥讪之伤人，毒于暗刀冷箭，不惟不能折服人，反而激成一种反动。不怕自己的论敌就是十恶不善的人，他也会生出一种执着，永无改善的希望了。

据我个人的意见，批评是当生于一种渊深的同情。父母爱儿，见他有错误时，不惜打他骂他。但他们的打骂是以爱为根据的，是有一掬的眼泪为其调和剂的，所以受他们责楚的儿女也少有实心怨恨他父母的人。我想批评家的态度也当如是。批评家总当抱着博大的爱情以对待论敌或其他的对象，不当存一个"惟我独醒"的成见来拒绝人于千里之外，至于隐姓匿名，含沙射影之举，更表示得自己卑怯了，这更可以不必。批评如果出于同情，出于对于敌人的爱意，即使辞意峻严，形近攻击，但也可以问心无愧，可以放诸四海而无隐。

不过批评家要走到这一步境地，恐怕也是难能的事情。落到我们年青人，尤为是难之又难的了。我们年青人血气方刚，好勇斗狠，每每爱强不知以为知，损他人以益己。我自己内省我自己，便不免时有这种毒龙的爪牙，在我内心中擎噬，想起古人"知之匪艰，行之惟艰"

的一句话上来，真不免要汗流浃背了。总之，人生是一切事业之基，我们从事于一切的事业之中，总当时时内省自己，使自己的生活常常趋近理想的标的，然后所发出来的言论，所做出来的事业，才能真有生命，真有价值，这个我愿意和我表同意的朋友们共同勉力做去。

我对于国内评坛的感想只能说出上面的几句话，以下我要说及我从事于创作上的态度。

我是一个偏于主观的人，我的朋友每向我如是说，我自己也承认。我自己觉得我的想象力实在比我的观察力强。我自幼便嗜好文学，所以我便借文学来以鸣我的存在，在文学之中更借了诗歌的这只芦笛。

我又是一个冲动性的人，Impulsivist，我的朋友每向我如是说，我自己也承认。我回顾我所走过了的半生行程，都是一任我自己的冲动在那里奔驰；我便作起诗来，也任我一己的冲动在那里跳跃。我在一有冲动的时候，就好象一匹奔马，我在冲动窒息了的时候，又好象一只死了的河豚。所以我这种人意志是薄弱的，要叫我胜劳耐剧，做些伟大的事业出来，我没有那种野心，我也没有那种能力。

我既晓得我自己性格的偏颇，意志的薄弱，但是我也很想从事于纠正与锻炼。我对于我不甚嗜好的科学也从事研究，我更决意把医学一门作为我毕生研究的对象。我研究科学正想养成我一种缜密的客观性，使我的意志力渐渐坚强起去。我研究医学也更想对于人类社会直接尽我一点对于悲苦的人生之爱怜。

反乎性格去从事纠正与锻炼，也不能完全无补。我近来对于客观的世界也渐渐觉得能够保持静观的态度了。不过我对于艺术上的见解，终觉不当是反射的（Reflective），应当是创造的（Creative）。前者是纯由感官的接受，经脑神经的作用，反射地直接表现出来，就譬如照相的一样。后者是由无数的感官的材料，储积在脑中，更经过一道滤过作用，酝酿作用，综合地表现出来。就譬如蜜蜂采取无数的花汁酿成蜂蜜的一样。我认为真正的艺术，应得是属于后的一种。所以锻炼客观性的结果，也还是归于培养主观，真正的艺术作品当然是由于纯粹的主观产生。

至于艺术上的功利主义的问题，我也曾经思索过。假使创作家纯以功利主义为前提以从事创作，上之想借文艺为宣传的武器，下之想借文艺为糊口的饭碗,这个我敢断言一句,都是文艺的坠落,隔离文艺的精神太远了。这种作家惯会迎合时势,他在社会上或者容易收获一时的成功,但他的艺术(？)绝不会有永远的生命。这种功利主义的动机说,我从前也怀抱过来;有时在诗歌之中借披着件社会主义的皮毛,漫作驴鸣犬吠,有时穷得没法的时候,又想专门做些稿子来卖钱,但是我在此处如实地告白:我是完全忏悔了。文艺本是苦闷的象征,无论它是反射的或创造的,都是血与泪的文学。不必在纸面上定要有红色的字眼才算是血,不必在纸面上定要有三水旁边一个戾字的才算是泪。个人的苦闷,社会的苦闷,全人类的苦闷,都是血泪的源泉,三者可以说是一根直线的三个分段,由个人的苦闷可以反射出社会的苦闷来,可以反射出全人类的苦闷来。不必定要精赤裸裸地描写社会的文字,然后才能算是满纸的血泪。无论表现个人也好,描写社会也好,替全人类代白也好,主要的眼目,总要在苦闷的重围中,由灵魂深处流泻出来的悲哀,然后才能震撼读者的魂魄。不然,只抱个死板的概念去创作,这好象用力打破鼓,只能生出一种怪聒人的空响。人的感受力是有限的,人的神经纤维和脑细胞是容易疲倦的,刺激过于强烈的作品很容易使人麻痹,颠转不发生感受作用。

  总之,我对于艺术上的功利主义的动机说,是不承认他有成立的可能性的,我这个主张或许有人会说我是甚么艺术派的艺术家的,说我尽他说,但我是不承认艺术中可以划分出甚么人生派与艺术派的人。这些空漠的术语,都是些无聊的批评家——不消说我是在说西洋的——虚构出来的东西。我认定艺术与人生,只是一个晶球的两面。只如我们的肉体与精神的关系一样,他们是两两平行,绝不是互为君主臣仆的。而有些客气未除的作家或者批评家,更借以自行标榜,在口头笔下漫作空炮的战争,我觉得只是一场滑稽悲喜剧罢了。

  有人说:"一切艺术是完全无用的。"这话我也不十分承认。我承认一切艺术,虽然貌似无用,然在她的无用之中有大用存焉。它是唤醒人性的警钟,它是招返迷羊的圣箓,它是澄清河浊的阿胶,它是鼓舞革命的醍醐,它是……,它是……,它的大用,说不尽,说不尽。我这篇文字的动机,是读了沈雁冰君《论文学的介绍的目的》一文而感发的。雁冰君答复我的这篇评论的态度是很严肃的,我很钦佩。不过在落尾处有一段论作家的文字，我还嫌稍微隐约含糊了一点。至于括弧中"猪"的一句骂詈语，因为我读书太少，我还不知道出处。但是骂我国的同胞是"猪"，这是我们听惯了，见惯了的。倚资本主义为爪牙，倚物质文明为利器的东西洋人，骂我们无抵抗能力的中国人是"猪"，这是我们听惯了，见惯了的。我觉得我们中国的现状，混沌到不可名状的地步，并不是"猪"的人太多，实在是"非猪"的人太多了的缘故。一些买些东西洋人的烂枪旧炮来在我们头上蹂躏着的军阀，一些采仿资本主义来在我们心坎上吸吮着的财东，这些都是"非猪"的东西洋人的高足弟子，我们中国的糜烂都是他们搅出来的。我在此诚恳地劝告沈雁冰君：这些"非猪"的人尽可以诅咒，不要再来诅咒我们可怜的同胞，我们可怜的失了抵抗能力的一群羊儿——或者可以说是猪儿。这种骂法觉得使我们伤心得很！雁冰君的答辩，本来再想从事设论，不过我在短促的暑假期内，还想做些创作出来；我就暂且认定我们是意见的相违，不再事枝叶的争执了。我们彼此在尊重他人的人格的范围以内，各守各的自由罢。

十一年八月二日，上海

（原载1922年8月4日《时事新报·学灯》）

《卷耳集》序

郭沫若

我这个小小的跃试,在老师硕儒看来,或许会说我是"离经叛道";但是,我想,不怕就是孔子复生,他定也要说出"启予者沫若也"的一句话。

我这个小小的跃试,在新人名士看来,或许会说我是"在旧纸堆中寻生活";但是,我想,我果能在旧纸堆中寻得出资料来,使我这刹那刹那的生命得以充实起去,那我也可以满足了。

我选译的这四十首诗,大概是限于男女间相爱恋的情歌。国风中除了这几十首诗外,还尽有好诗;我因为有些是不能译,有些是译不好的缘故,所以我便多所割爱了。

我对于各诗的解译,是很大胆的。所有一切古代的传统的解释,除略供参考之外,我是纯依我一人的直观,直接在各诗中去追求他的生命。我不要摆渡的船,我仅凭我的力所能及,在这诗海中游泳;我在此戏逐波澜,我自己感受着无限的愉快。

我译述的方法,不是纯粹逐字逐句的直译。我译得非常自由,我也不相信译诗定要限于直译。太戈尔把他自己的诗从本加儿语译成英文,在他《园丁集》的短序上说过:"这些译品不必是字字直译——原文有时有被省略处,有时有被义释处"。他这种译法,我觉得是译诗的正宗。我这几十首译诗,我承认是受了些《园丁集》的暗示。

我国的民族,原来是极自由极优美的民族。可惜束缚在几千年来礼教的桎梏之下,简直成了一头死象的木乃伊了。可怜!可怜!可怜我最古的优美的平民文学，也早变成了化石。我要向这化石中吹嘘些生命进去，我想把这木乃伊的死象甦活转来，这也是我译这几十首诗的最终目的，也可以说是我的一个小小的野心。

我因为第一首诗是《卷耳》，所以我就定名这本小诗集为《卷耳集》。我为读者的便利起见，把原诗附录在后方，更加了些注解上去。

最先赞成这个小小的计划的，是我的朋友郁达夫邓均吾两君，他们给了我许多勇气。我更得均吾多大的援助，为我缮写校对。我在此向二君特志感谢之意。

民国十一年八月十四日沫若志于沪上

（选自《卷耳集》泰东图书局1923年8月版）

批评与梦

郭沫若

批评没有一定的尺度。批评家都是以自己所得到的感应在一种对象中求意义。因此我们所探得的意义便容易陷入两种错误：第一，不是失之过深；其次，便是失之过浅。

春来，杜鹃啼血。它啼叫的声音是什么意思？它啼叫的原因是什么情趣？这个我们做人的无从知道。近代动物学家说一切的啼鸟大概是为恋爱而求凰，或者我们的杜鹃也如象欧洲中世纪的浮浪诗人（troubadour）一样，在赞歌它的情鸟也说不定。但是我们古代的诗人却说它叫的是"不如归去"，于是便生出了"望帝春心托杜鹃"的传说——杜宇的传说我相信是这样发生的。而同样的叫声，在我们四川乡里的农人又说它是"割麦插禾"了，于是我们的杜鹃又成为了催耕鸟。更鄙俗的人竟说它叫的是"公公烧火"，这简直是向着诗的王国投了一个炸弹。我来日本足足十年。日本人所说的莺（Uguisu），我还不曾见过。但据说日本莺的身段很小，这已就和我们中国的黄莺不类。日本莺叫的声音是"Hohogekio"，这倒很象我们的杜鹃了。日本虽然另外有一种杜鹃鸟（Hototogisu），我怕是用汉名时弄错了的。叫"Hohogekio"的日本莺如果就是杜鹃的时候，那杜鹃的啼声，在日本人听来又成了"法……法华经"，而我们的杜鹃又成了佛教的信徒了。——这个例是失之过深的一种。

婴儿的啼声本来是婴儿的言语。这种言语的意义只有最亲贴的母亲才能懂得。母亲听了，知道他是啼饥，或者号寒；是病，或者非病。

但是在我们男子，尤其是心中有事时的男子，夜半辗转反侧时的男子，一听了那可怜的啼声只同听打破锣，吹喇叭一样的噪耳，不是起来恶骂两声，便是跑去痛打几下了。啊，世间上这样虐待婴儿的男子正多；家庭间夫妇之不和也大抵起源于这种误解。我常常听见朋友们说，不怕就是爱情的结合，等到女人一有生育的时候，她的心就要变了，对于丈夫的爱要转向对于儿女。据我想这恐怕正是做男子的，犯了上述的原因而自己不曾注意到吧。——这个例便是失之过浅的一种。

我这上面举的两个例，在神圣其事的批评家们看起来或者会张目而怒，以为："这也可以说是批评吗？不要把批评两个字的尊严亵渎了！"但是我要请批评家先生们暂息尊怒。我在这篇小小的论文中我只想说我自己想说的话。我读书本不多，读了的书也大概忘了。我不想去把欧洲诸大批评家的名论卓说抬来使我这篇论文增加几分富贵气象，使读者看了五体投地，以为我是博览群书的通人。我不愿当个那么样的通人，我只想当个饥则啼、寒则号的赤子。因为赤子的简单的一啼一号都是他自己的心声，不是如象留声机一样在替别人传高调。

科学的研究方法教导我们，凡为研究一种事理都是由近至远，由小而大，由分析以至于综合。我们先把一种对象分析入微，由近处小处推阐开去，最后才归纳出一个结论来。牛顿见苹果堕地而倡导万有引力说，瓦特见水罐突盖而发明蒸汽机，这是什么人都知道的事实。我在上面举的两个浅近例子已经可以使我们知道批评的困难了；我现在还想举些更贴切的事，便是我们受人批评时所得到的经验。

我们从事于批评，我们的批评对于所批评的对象的妥当性究竟到了若何程度？我们根据自己受人批评时所得的经验来大概可以判定。无论是创作家或者非创作家，从幼入学以来都是做过文章，并且是受过批评的。别人有这种经验没有，我虽不得而知，但我自己在小时就每每惊异。凡自己以为很得意的文章，每受先生批斥，自己以为无可无不可的，先生反而大圈特圈。是幼儿无自知之明？还是先生自挟成见呢？

我记得大约是在六岁的时候，那时候还在写"十卜丁干天下太平"，每个字还没有受先生加圈的资格，只在字纸的两面或加叉，或加上一个大鹅蛋。有一次先生和我们在家塾后去钓了鱼回来，先生评字的时候，在纸背上戏写了"钓鱼"两个字，便向我们索对。我在那时候才看了"杨香打虎"的木人戏不久，我便突口叫出"打虎"。先生竟拍案叫绝，倒把我骇了一跳。我有一个从兄比我大三岁，他想了半天才想了一个"捉蝶"，先生说勉强可对。后来先生竟向我父亲称赞我，说，"此子出口不凡。将来必成大器"。——我现在写到这里，都还禁不住掩口而笑。先生不晓得我看过木人戏，他便以为我是出口不凡。我如今已近中年，连想当个跑道医生也还没有成就，怎么会成甚么大器呢？——朋友们，请也为我同声一笑吧！

还有一个记忆是在中学校的时候。那时候我已经十五岁了。有一次国文课题是《读"史记·游侠列传"书后》，我便学了王安石《读孟尝君列传》的调门，全文没有做上一百字，不消说是缴了头卷。——那时我们在中学，素来是以争缴头卷为能的。全文的字句我不能记忆了，我记得一起学的是《前汉书·艺文志》的笔法，便是"游侠者流出于墨家"，继后引了一句《墨经》的"任，士损已而益所为也"，以为任侠的解释，更引了墨子兼爱摩顶放踵墨家弟子赴汤蹈火的典故来证明。我做出了这篇文章，自以为非常得意，自以为是可以与太史公的传赞齐辉，与王荆公的奇文并美了。殊不知卷子一发下来的时候，全篇没有加上一个圈，只是一些干点。末后一行批评是：既有作意，又有时间，何不以妙手十三行书之？这个批评是一位廪生先生加的，我至今还不晓得是甚么意思。他是说我做短了？还是说我字写潦草了呢？

幼时的记忆有多少是靠不住的，因为头脑简单，自己对于自己所下的批评不一定可靠。近年我从事文艺活动以来，也受了不少别人的批评，说我好的人，说我不好的人，他们的话能够直达到我的心坎的，实在少见。我做的诗有被别人选了的，而在我自己却多半是不满意之作。——我在此地告白一句，我做过的东西真能使我满意的，实在一篇也没有；稿初成时，一时高兴陷入自我陶醉的境地，这样的经验虽然不少，但是时过境迁，大抵又索然漠然了。我一生中最大的希望，只是想做出一篇东西来，我可以自己向它叫道"啊，真是杰作"！那我也可以瞑目而死了。——而我自己稍微满意的，却多被人抹杀。《创造》第二期中我同时发表一篇《残春》，一篇《广寒宫》，不消说两篇都不甚满意。但是在我自己是觉得《残春》优于《广寒》，而我的朋友们和我的意见却都是恰恰相反。仿吾很称许我的《残春》，对于《广寒》他没有说过甚么话，或者只有他和我的意见是相合的。外界对于我的批评，据我所知道的有一位"摄生"在去年10月12日的《学灯》上说过几句话，他对于我的两篇都看得很轻，这是摄生先生眼光高卓之处。摄生先生的研究好象是在力求深到，我们看他爱说"没有甚么深意"，便可以知道了。他对于《广寒宫》的几句话却可惜全是一种皮相的批评，我那篇中所含的意象是甚么，他还丝毫不曾扣着边际。至于《残春》一篇，他说是"平淡无奇……没有 Climax……没有深意"。本来我不在炫奇，本来我的思想并不甚么深刻，不过摄生先生所要求的"要有 Climax（顶点）"，而我那文字中恰恰是有的，而他却没有找到。

一篇作品不必定要有顶点，仿吾在此评《残春》一文中论得很精辟而且很独到。我那篇《残春》的着力点并不是注重在事实的进行，我是注重在心理的描写。我描写的心理是潜在意识的一种流动。——这是我做那篇小说时的奢望。若拿描写事实的尺度去测量它，那的确是全无高潮的。若是对于精神分析学或者梦的心理稍有研究的人看来，他必定可以看出一种作意，可以说出另外的一番意见。

我对于精神分析学本也没有甚么深到的研究，我听见精神分析学家说过，精神分析的研究最好是从梦的分析着手。精神分析学对于梦的说明也有种种派别。如象弗罗以德（Freud），他是主张梦是幼时所抑制在意识之下的欲望的满足。如象雍古（Jung），他所主张的欲望是对于将来的发展。如象赛底司（Sidis）和卜林司（Prince），则于欲望之外还主张恐怖及其它的感情。综合而言之，此派学者对于梦的解释是说"梦是昼间被抑制于潜在意识下的欲望或感情强烈的观念之复合体，现于睡眠时监视弛缓了的意识中的假装行列"。更借句简单的话来说，便是我们俗语所说的"日有所思，夜有所梦"。这句话把精神分析学派对于梦的解释的原理说完了。

但是，梦的生成原因也不尽如精神分析学派所说。梦的生成，照生理学上讲来是人体的末梢感官与脑神经中枢的连络的活动。照心理学上讲来更可以分为两种：

（一）由感官所受的刺激而成的错觉（Iluslion）；

（二）由中枢的刺激所生的记忆的综合。前者如象有名的哲学家笛卡儿（Descartes）的梦。笛卡儿为蚤所刺时便梦见为剑所刺。后者如象孔子的梦、庄子的梦。孔子的脑筋天天想振兴王室，所以他常常梦见周公。庄子的脑筋天天在游于无何有之乡、广漠之野，所以他梦见化为蝴蝶。——这后面的两例是我自己的推测，我想来大概是正确的。我们更举几个浅近的例吧。晚上点起红灯睡觉时梦见火灾，下部与温柔的被絮接触时梦见与美人相拥抱，这便是属于末梢的刺激。天天忙于试验准备的人夜里梦见受试验，卢生的邯郸一梦做了二十年的公侯，也正是他天天在想做官的原故，这是属于中枢的刺激。

　　文章中插入梦境的手法，这是文学家所惯用的。文学家所写的梦如是纯粹的纪实，那它的前尘、后影必能节节合拍，即经读者严密的分析，也不会寻出破绽来。文学家所写的梦如是出于虚构，那就非有精密的用意在梦前布置时，便会立地露出马脚。换句话说，就是不自然。在梦前布置是甚么意思呢？就是梦境所经的现象或梦中的潜在内容都要在入梦前准备好，要把生理的和心理的材料一一布置起来，并且要把构成梦的中心意识拿稳。假如全无准备，全无布置，一场幽梦，突然而来，无论梦境如何离奇，愈离奇我们只好愈说它是失败之作。在作品中做梦的文学家，你们经过这道用意过没有？在天才的作者，本来他才既超凡，即使没有有意识的准备，而他在无意识中也能使他的作品合理。《西厢记》中最后的一梦，我觉得便是很自然的。才既不天，而仅葫芦依样的我们，那就不能不有多少学理上的准备。

　　我在《残春》中做了一个梦，那梦便是《残春》中的顶点，便是全篇的中心点，便是全篇的结穴处。如有以上面所述的见地来批评我的文章，能够指出我何处用意不周到，何处准备不精密的人，我可以向他五体投拜，拜他为师。但是如象摄生先生那样的批评，连我这点浅薄的手法都还没有看透，那我殊不自逊，我觉得我还可以当当摄生先生的老师呢。

　　自己做的文章自己来做注脚本来是最不合经济的事情；但是杜鹃也还嘤鸣啼血去讨求它的爱人，我们也不妨在此来学学鸟叫吧。

　　《创造》各期我手中一册都没有，书到后都被友人擎去了。《残春》的内容我此刻已模糊了，大概的结构想还不至记错。主人公爱牟对于S姑娘是隐隐生了一种爱恋，但他是有妻子的人，他的爱情当然不能实现，所以他在无形无影之间把它按在潜意识下去了。——这便是构成梦境的主要动机。梦中爱牟与S会于笔立山上，这是他在昼间所不能满足的欲望，而在梦中表现了。及到爱牟将去打诊，便是两人的肉体将接触时，而白羊匆匆走来报难。这是爱牟在昼间隐隐感觉着白羊为自己的障碍，故入梦中来拆散他们。妻杀二儿而发狂，是昼间无意识中所感受到的最大的障碍，在梦中消除了的表现。至于由贺君的发狂而影到妻的发狂，由晚霞如血而影到二儿流血，由 Sirens 的连想而影到 Medea 的悲剧（因为同是出于希腊神话的），由 Medea 的悲剧而形成梦的模型。……我自信我的步骤是谨严的。我曾把我这层作意向达夫说过。达夫说"如果你自己不说出来，那就没有人懂"。真个没有人懂时，我就单凭这一个经验，也就可以说批评真不是件容易事了。

　　古人说：知子莫若父。我们也可以说，知道作品的无如作家自己。作家对于自己作品的亲密度，严密地说时，更胜于父之于子。他知道自己作品的薄弱处，饥寒处，乃至杰出处，完善处，就如象慈母知道她的儿子一样。做母亲的人不消说也有时在无意识之中把自己的儿子误解了的，但要比母亲知道儿子更亲切，那就非有更深厚的同情，更锐敏的感受性，更丰富的知识不行。批评家也正是要这样，才能够胜任愉快，才能够不负作者，不欺读者。但是这种批评家，却要算是不世出的了。

　　郁达夫在《艺文私见》（《创造》第一期）中，说了一句"文艺是天才的创作"，惹起"损"先生的一场热骂，和许多人的暗暗的冷嘲。其实这句话并不是达夫的创见，据我所知道的，德国大哲学家康德早已说过。或者在康德之前更早已有人说过也说不定，因为这句话本是浅显易明的真理。可惜达夫做文章的时候，不曾把"德国的大哲学家康德云"这个牌位写上去。假使是写上了的时候，我想这句话的生祠，早已香火布遍了中华了。本来文艺是甚么人都可以做的，但是我们不能说甚么人做的都是文艺。在这漫无标准的文艺界中要求真的文艺，在这漫无限制的文艺作家中要求真的天才，这正是批评家的任务。要完成这种任务，这也是甚么人都可以做，但也却不是甚么人都可以做得到的。换句话说，便是"批评也是天才的创作"。天才这个字本来含意极其暧昧，它的定义，决不是所谓"生而知之，不学而能"的。天地间生而知之的人没有。不学而能的人也没有。天才多半由于努力养成。天才多半由于细心养成。我们所说的天才多半是由一人的成果来论定的。大概一个人的智力能有所发明发见的，我们便可以说他是天才了。一种发明，一种发见决不是偶然的事，在发见者、发明者自身正不知费了几多努力，几多心血。文艺是发明的事业。批评是发见的事业。文艺是在无之中创出有。批评是在砂之中寻出金。批评家的批评在文艺的世界中赞美发明的天才，也正自赞美其发见的天才。文艺的创作譬如在做梦。梦时的境地是忘却肉体、离去物界的心的活动。创作家要有极丰富的生活，并且要能办到忘我忘物的境地时，才能做得出好梦来。真正的文艺是极丰富的生活由纯粹的精神作用所升华过的一个象征世界。文艺的批评譬如在做梦的分析，这是要有极深厚的同情或注意，极锐敏的观察或感受，在作家以上或与作家同等的学殖才能做到。由一种作品的研究而言应该这么样，由一个作家的研究而言也应该这么样。一个作家的生活，无论是生理的或精神的，以及一个作家的环境，无论是时间的或空间的，都是他的梦（作品）的材料；非有十分的研究不能做占梦兆的人。

　　学了五年的医，不久也快要毕业了。忙于试验连自己的梦也做不完全，占梦的话更是不能多说了。总之，批评要想于对象的意义恰如其量，那很难办到。我所希望于批评家的是在与其求之过浅，宁肯求之过深。这不是对于作家的人情，这是对于自己的智力的试验。

1923年3月3日

（原载1923年5月《创造》季刊第2卷第1期）

中国文化之传统精神

郭沫若

关于三代以前的思想，我们现在固然得不到完全可靠的参考书，然而我们信任春秋战国时代的学者而他们又确是一些合理主义的思想家，他们所说不能认为全无根据。他们同以三代以前为思想史上的一个黄金时代，老子与庄子尤极端反对三代之宗教的思想，憧憬于三代以前之自由思想与自然哲学，而奉为自己的学说之根底。所以我们纵疑伏羲神农等之存在，而我们有这样的一个时代，这时代的思想为一些断片散见于诸子百家，我们怎么也不能否定。我们研究希腊哲学而认 Thales, Pyth goras, Heracliros 等之存在，然而这些学者的完全的著述早已经莫由寻觅了。关于他们，我们所能知道的，亦不过一些后人的传说与断片的学说而已。像不能因为没有完全的著述，便把这些希腊的学者抹杀了一般，我们怎么也不能由中国思想史上把三代以前的这一时代的存在轻轻看过了。

三代以前的思想，就我们所知，确与希腊哲学之起源相似。在他们的原始的时代，我们的祖先，就把宇宙的实体这个问题深深考察过了。"易"这个观念，好像便是这最先的一个。据列子的天瑞篇与易传，则"易"为无际限的，超越感觉的，变化无极的，浑沦的宇宙之实体。万物由"易"来，仍往"易"归去。这种思想到了后来的有炎氏（神农）更加进化，至以音乐喻他，赞美他为天乐，"听之不闻其声，视之不见其形，充满宇宙，包裹六极。"于是以智的作用由自然抽象出来的观念，渐为憧憬的情热之色彩所美化，以至于渐渐神化而生出种种宗教的仪式出来。我们只要一读尚书之帝典与皋陶谟，便可以知道那时候原始的宗教之肖影与"上帝"的观念之为何物。那时候，一切的山川草木都被认为神的化身，人亦被认为与神同体。

然而这种素朴的本体观与原始的自然神教，一至三代，便全然一变，好像有异国文明侵入来了的样子。在三代，神是人形而超在的。灵魂不灭之说，与祖宗崇拜之习显现出来，吉凶龟卜等之迷信观念，如黑潮汹涌，卒至横占了千年以上的时日。这时代的思想，现于洪范之中，最是系统的。那时候，国家是神权之表现，行政者是神之代表也。一切的伦理思想也是他律的，新定了无数的礼法之形式，个人的自由完全被束缚了。我们想仿着西洋的历史家，称这时期为"黑暗时代"。

千有余年的黑暗之后，到了周之中叶，便于政治上与思想上都起了剧烈的动摇。一时以真的民众之力打倒王政，而热烈的诗人更疑到神的存在起来了。雄浑的鸡鸣之后，革命思想家老子便如太阳一般升出。他把三代的迷信思想全盘破坏，极端咀他律的伦理说，把人格神的观念连根都拔出来，而代之以"道"之观念。他说："道"先天地而混然存在，目不能见，耳不能闻，超越一切的感觉而绝无名言，如"无"，而实非真无。这"道"便是宇宙之实在。宇宙万有的生灭，皆是"道"的作用之表现，道是无目的地在作用着。试看天空！那里日月巡环，云雨升降，丝毫没有目的。试观大地！他在司掌一切生物之发育与成长，没有什么目的。我们做人的也应当是这样！我们要不怀什么目的去做一切的事！人类的精神为种种的目的所搅乱了。人世苦由这种种的"为"（读去声）而发生。我们要无所为（去声）而为一切！我们要如赤子，为活动本身而活动！要这样我们的精神才自然恬淡而清静……。

老子的"无为说"对于我们是这样的声响。

我们在老子的时代发现中国思想史上的一个 Renaissance，一个反抗宗教的，迷信的，他律的三代思想，解放个性，唤醒沉潜着的民族精神而复归于三代以前的自由思想，更使发展起来的再生运动。

中国古代的思想大抵被秦以后的学者误解了。他们把老子的"无为说"完全解做出世间的，如佛教思想一般；孔子所教也被他们太看做入世间的了。从来的学者有把论语来谈孔子的全部之倾向。专靠论语，我们不会知道孔子。孔子的教育法，是动的自发主义，应各弟子的性情而施。聪明的子贡，经济家子贡，尝叹孔子的文章可得而闻，惟性与天道则不得而闻。然这是因为子贡这人不是可使闻知之器，并不是孔子自己全然没有形而上的知识。固然，他自己没有像老子一样建设了新的宇宙观。他只解明古代的诸说，使他们调和，为自己伦理思想的根底就满足了。他晚年好易，曾受教于老子。他把三代思想的人格神之观念改造一下，使泛神的宇宙观复活了。他与老子一样，认形而上的实在为"道"，而使与"易"之观念相等了。"易"与"道"在他是本体之不同的两个假名。他的本体观与老子大不同之点是：

1. 在老子眼中是无目的与机械的底本体，在他是以"善"为进化之目的。

2. 老子否定了神的观念，他认本体即神。

本体含有一切，不断地进化着，依两种相对的性质进化着。本体天天在向"善"自新着。然而本体这种向"善"的进化，在他的意思，不是神的意识之发露而是神之本性，即本体之必然性。

"一阴一阳之谓道，继之者善也，成之者性也。

富有之谓大业，日新之谓盛德。

生生之谓易……阴阳不测之谓神。"

他以为神的存与作用，不是我们的感觉的知识所能测量的。神是一切的立法者，而只能统律感官界的范畴与规律是由彼所生，所以不能范围彼。

"易与天地准（此句与字应解作动词，准字应解作名词）。

神无方而易无体。"

由以上所述，我们可以于孔子得到一个泛神论者。而他认本体在无意识地进化，这一点又与斯宾诺莎 Spinoza 的神论异趣。我们觉得孔子这种思想是很美的。可惜仅仅在名义上奉行他的教义的秦以后之学者，好象没有把他了解。宋儒比较的有近似的解释，尤其种种语的概念屡被混同，总不免有盲人说象之感。现在的人大抵以孔子为忠孝之宣传者，一部分人敬他，一部分人呢他。更极端的每骂孔子为盗名欺世之徒，把中华民族的堕落全归咎于孔子。唱这种暴论的新人，在我们中国实在不少。诬枉古人的人们哟！你们的冥蒙终久是非启发不可的！

我在这里告白，我们崇拜孔子。说我们时代错误的人们，那也由他们罢，我们还是崇拜孔子——可是决不可与盲目地赏玩骨董的那种心理状态同论。我们所见的孔子，是兼有康德与歌德那样的伟大的天才，圆满的人格，永远有生命的巨人。他把自己的个性发展到了极度——在深度如在广度。他精通数学，富于博物的知识，游艺亦称多能。尤其他对于音乐的俊敏的感受性与理解力，决不是冷如石头而顽固的道学先生所可想象得到。他闻音乐至于三月不知肉味的那种忘我 ecstasy 的状态；坐于杏林之中，使门人各自修业，他自己悠然鼓琴的那种宁静的美景；他自己的实际生活更是一篇优美的诗。而且他的体魄决不是神经衰弱的近代诗人所可比拟。他的体魄与精神的圆满两两相应而发达。他有 Somson 的大力，他的力劲能拓国门之关。……

我们将再进一步而窥他的人生哲学。

"天行健，君子以自强不息"。

孔子的人生哲学是由他那动的泛神的宇宙观出发，而高唱精神之独立自主与人格之自律。他以人类的个性为神之必然的表现。如象神对于他不象是完全无缺，人性的粗形他也决不以为是善。他认人类有许多的缺陷。如想使人性完成向上，第一步当学神之"日新"。大学一书中奉古代的铭文为自我完成的标语之一：

"苟日新，日日新，又日新"。这样不断自励，不断向上，不断更新。他决不许人类一切的本能，毫无节制，任情放纵。他取正当的方法音乐地调节本能的冲动与官能的享乐，他自己这样自励，他也这样教人。他对弟子中之第一人颜回说"仁"之道，他说"克己复礼"这便是他的仁道之根本义。真的个人主义者才能是真的人道主义者。不以精神的努力生活为根底之一切的人道的行为，若非愚动，便是带着假面的野兽之舞踊。这里我们所要注意的，是"礼"之一语。他所谓"礼"，决不是形式的既成道德，他所指的，是在吾人本性内存的道德律，如借康德的话来说明，便是指"良心之最高命令"。康德说我们的良心命令我们"常使你的行动之原理为普遍法而行动"！孔子的"非礼勿视，非礼勿听，非礼勿言，非礼勿动"之积极的说法，便是"君子动而世为天下道，行而世为天下法，言而世为天下则"。我们在这里可以看出康德与孔子之一致。在这里我们才象了解得孔子"礼乎礼乎，玉帛云乎哉"的叹声了。

与"克己"同意之语，我们还可以在"大学"中发见。那便是"格物"之一语。我们关于此语，不能同意于宋儒"穷理"之解释。这明是"取正当的方法，调节官能的欲望"之意。人类执着于官能的假象世界，为种种欲望所乱时，真理之光是决不能看见的。殉欲的行为有忧患随至。戋戋于忧患之中，便不论如何放纵，也决不能是真的自由。歌德亦云：

"能克己者，能由拘束万物之力脱出"。所以"仁者不忧"，能凝视着永恒的真理之光，精进不断，把自己净化着去。

然而孔子决不闭居一己。他能旷观世界。对于吸收一切的知识为自己生命之粮食，他的精神每不知疲。他努力要做到"人十能之己百之，人百能之己千之"。这不是无益的虚荣心，是真的"自强不息"之道。人生在他是不断努力的过程，是如歌德所思"业与业之连锁"。休息的观念在他是死，是坟墓。他认神为"富有的大业"，他要使人生也为全能全智。"好学近乎智"，他好学问而重智德。智是使人生充实之道。智者有如流水。"智者不惑"，他投身于永恒的真理之光，精进不断，把自己充实着去。

净化自己，充实自己，表现自己，这些都是天行，不过天能自然而然，吾人便要多大的努力。这种努力，这种坚固的意志，便是他所谓勇。不自欺与知耻，是勇，然是勇之初步。进而以天下为己任，为拯四海的同胞而杀身成仁的那样的诚心，把自己的智能发挥到无限大，使与天地伟大的作用相比而无愧，终至于于神无多让的那种崇高的精神，便是真的"勇"之极致。这样的人，不论遇何种灾殃，皆能泰然自适。"勇者不惧"，他自己成了永恒的真理之光，自己之净化与自己之充实，他可不努力而自然能为，他放射永恒的光，往无穷永劫辉耀着去。

* * * *

我们不论在老子，或在孔子，或在他们以前的原始的思想，都能听到两种心声：

——把一切的存在看做动的实在之表现！

——把一切的事业由自我的完成出发！

我们的这种传统精神——在万有皆神的想念之下，完成自己之净化与自己之充实至于无限，伟大而慈爱如神，努力四海同胞与世界国家之实现的我们这种二而一的中国固有的传统精神，是要为我们将来的第二的时代之两片子叶的嫩苗而伸长起来的。

（原载1943年3月1日《野草月刊》第5卷第3期）

我们的文学新运动

郭沫若

中国的政治生涯几乎到了破产的地位。野兽般的武人之专横，破廉耻的政客之蠢动，贪婪的外来资本家之压迫，把我们中华民族的血泪排抑成黄河扬子江一样的赤流。

我们暴露于战乱的惨祸之下，我们受着资本主义这条毒龙的巨爪的蹂弄。我们渴望着和平，我们景慕着理想，我们喘求着生命之泉。

但是，让自然做我们的先生罢！在霜雪的严威之下新的生命发酵，一切草木，一切飞潜蠕蜎，不久便将齐唱凯旋之歌，欢迎阳春之归至。

更让历史做我们的先生罢！凡受着物质的苦厄之民族必见惠于精神的富裕，产生但丁的意大利，产生哥德许雷的日耳曼，在当时是决未曾膺受物质的惠思。

所以我们浩叹，我们懊恼，但是我们决不悲观，决不失望！我们的眼泪会成为生命之源泉，我们的痛苦会成为分娩时之产痛，我们的确信是如此。

我们现在于任何方面都要激起一种新的运动，我们于文学事业中也正是不能满足于现状，要打破从来的因袭的样式而求新的生命之新的表现。

四五年前的白话文革命，在破了的絮袄上虽然打上了几个补绽，在污了的粉壁上虽然涂上了一层白垩，但是里面的内容依然还是败棉，依然还是粪土。Bourgeois 的根性，在那些提倡者与附和者之中是植根太深了，我们要把那根性和盘推翻，要把那败棉烧成灰烬，把那粪土消灭于无形。

我们要自己种棉，自己开花，自己结絮。

我们要自己做太阳，自己发光，自己爆出些新鲜的星球。

中国的现状指示我们以两条道路。

我们宜不染于污泥，遁隐山林，与自然为友而为人生之逃避者；不则彻底奋斗，做个纠纠的人生之战士与丑恶的社会交缨。

我们的精神教我们择取后路，我们的精神不许我们退樱。我们要如暴风一样唤号，我们要如火山一样爆发，要把一切的腐败的存在扫荡尽，烧葬尽，进射出全部的灵魂，提呈出全部的生命。

黄河与扬子江便是自然暗示于我们的两篇伟大的杰作。承受天来的雨露，摄取地上的泉流，融化一切外来之物于自我之中，使为自我之血液，滚滚而流，流出全部之自我。有崖石的抵抗则破坏！有不合理的堤防则破坏！提起全部的血力，提起全部的精神，向永恒的和平之海滔滔流进！

——黄河扬子江一样的文学！

这便是我们所奉的标言 Motto。

光明之前有浑沌，创造之前有破坏。新的酒不能盛容于旧的华囊。凤凰要再生，要先把尸骸火葬。我们的事业，在目下浑沌之中，要先从破坏做起。我们的精神为"反抗"的烈火燃得透明。

我们反抗资本主义的毒龙。

我们反抗不以个性为根底的既成道德。

我们反抗否定人生的一切既成宗教。

我们反抗藩篱人生的一切不合理的畛域。

我们反抗由上种种所派生出的文学上的情趣。

我们反抗盛容那种情趣的奴隶根性的文学。

我们的运动要在文学之中爆发出无产阶级的精神，精赤裸裸的人性。

我们的目的要以生命的炸弹来打破这毒龙的魔宫。

〔附白〕日本的大阪每日新闻在本月二十五日要出一次英文的《支

那介绍专号》，该报驻沪记者村田氏日前来访，要我做一篇关于我国新文学的趋向的文章。我得仿吾的帮助做了一篇"Our New Movement in Literature"的短论寄去。我现在把他自译成中文，把初稿中意有未尽处稍加补正以发表于此，我想凡为我们社内的同志必能赞成我们这种主张，便是社外的友人我们也望能多来参加我们的运动。

（五月十八日译后志此）

（原载1923年5月27日《创造周报》第3号）

中华全国艺术协会宣言

郭沫若

和平的春风不从荒漠中吹来，自由的醴泉不从冰崖里喷涌。
全世界的人类渴望着和平，渴望着自由，已经多历年所了。
全中华民族渴望着和平，渴望着自由，也已经多历年所了。
但是和平的春风总不从荒漠中吹来，自由的醴泉总不从冰崖里喷涌。
我们爱和平、爱自由的青年艺术家哟，这是我们应该觉醒的时候了。
世运的杌陧，国度的倾邪，原可说是制度不良所致；但是，使优美的精神从人类的心中逃逸了的，究竟是谁的罪过呢？！
我们爱和平、爱自由的青年艺术家哟，这是我们应该觉醒的时候了。
我们自己不要先成了荒漠中的一粒砂，冰崖中的一粒雪。
伟大的使命压在我们的双肩，要我们同心协力地扛举起来。

我们中华民族本是优美的民族之一，我们在四千年前便有极优美的抒情诗，大规模的音乐，气韵生动的雕刻与绘画。
但是我们的民族精神如今是腐化到了极点了。
创造的灵泉已经消涸，失了水的游鱼只以唾沫相歔濡。
啊啊，我们久困在涸辙中的国魂，正希望我们协力救拯！
我们要把固有的创造精神恢复，我们要研究古代的宝藏，收集古人的遗物，期以辟往而开来。

欧西的艺术经过中世纪一场悠久的迷梦之后，他们的觉醒比我们早了四五世纪。

许多伟大的前驱者和聪明的艺术爱护者已经替我们开辟了无数达到自由、达到和平的坦坦大路。

艺术的熏陶虽还未能普及于人寰，然而这正是我们继起者的事功，这正要赖我们继起者的努力奋勇。

我们应该把窗户打开，收纳些温暖的阳光进来。

我们应该针对着前面的灯台，开驶我们的航路。

如今不是我们闭关自主的时候了，输入欧西先觉诸邦的艺术也正是我们的意图。

我们要宏加研究、介绍、收集、宣传、借石他山，以资我们的攻错。

艺术的起源本与民众有密切的攸关；然自私产制度发生，艺术竟为特权阶级所独占。

民众与艺术接近的机会愈少，民众因之而腐化。

艺术失却了民众的根株，艺术亦因之而凋灭。

两者交为因果，便成了我们中华民族的坠落，中华艺术的坠落。

二十世纪的今日已经是不许私产制度保存的时候了。

二十世纪的今日的艺术已经是不许特权阶级独占的时候了。

我们要把艺术救回，交还民众！

我们的目的不是想把既成艺术降低到民众的水平。

我们的目的是想把民众抬高到艺术的境地。

葱茏的佳禾不能发生于硝瘠的田畴，我们是开辟草莱的农人。

伟大的建筑不能安定于浮薄的流砂，我们是奠定基底的工匠。

我们制造艺术的氛围气以濡含民众，我们陶冶民众，以作育天才。

我们优秀的中华民族，终不会长此陵夷，未来的艺术天才已经在负势竞上；如五岳之峥嵘，显现在我们的心眼里了。

浩荡的天地在我们面前开放，我们要同声歌唱赞美的欢歌。

1923年5月18日

（原载1923年10月7日《创造周报》第22号）

太戈儿来华的我见

郭沫若

国家到了民穷财困的时候，大举外债以作生产的事业，这在经济的原则上原是可以奖励的事情，但是在我们凡百事情都是羊头狗肉的中国，一切原则都要生出例外。我们中国年年高举外债，抵押又抵押，让割复让割，在当事者亦何尝不是以作生产事业为名，但其实只养肥了一些以国家为商品的民贼，以人民为牛马的匪兵。

学艺本无国族的疆域。在东西诸邦每每交换教授，交换讲演，以裒粂彼此的文化；这在文化的进展与传布上，本亦极可采法的事情：我们中国近年来也采法惟恐不逮了。杜威去了罗素来，罗素去了杜里舒来，来的时候哄动一时，就好象乡下人办神会，抬起神像走街的一样热闹。但是神像回宫去了，它们留给我们的是些甚么呢？——啊，可怜！可怜只有几张诳鬼的符录！然而抬神像的人倒因而得了不少的利益。

借外债和请名人讲演，本是风马牛不相及，但是在我的脑筋中总要生出这么一种联想。我相信我这或者不是病的联想罢？我相信生这种联想的人或者不仅我这一个罢？

外债问题不是我在这儿所想规论的，聘请名人讲演的一层，我们国内何以不曾得着甚么显著的结果，这是我们应得深加思索的一个社会现象。我们聘请一位名人来讲演，我们对于他的思想的轮廓，对于他的思想与己国的文化应生若何关系的要求，我们一般的国人究竟有若何明白的概念？已往的事实明教我们，我们所得的一个不幸的观察：

便是我们历来聘请的要求，可怜只不过是一种虚荣心的表现。对于一个人的思想本来没有甚么精到的研究，对于他的教训也没有甚么深切的必需，只是一种慕名的冲动，一种崇拜偶像的冲动，促使我们满足自己的虚荣，热热闹闹地演办一次神会。由这样的动机我们要望有甚么显著的效果，这是孟子所说的"缘木而求鱼"。往事具在，我们并不是要闭着眼睛任意诬人，我们所诚恳地要求于国人的是在以不忘的前事为后事的师表。

如今印度的诗圣太戈儿先生听说不久又要来华了。欢迎的声浪已如鼕鼕的社鼓一样震惊我们的耳膜，昨天有位友人拿了一本《小说月报》最近出的太戈儿专号来示我，我把内容粗粗翻阅了一遍，在我的心中不免生出了一种又要办一次神会的预感。太戈儿研究！太戈儿研究！这种标语，在我们国内已经喧嚷了多年，国内以太戈儿的研究家自任的亦颇不乏人，但是这次《小说月报》的内容亦何清淡若是呢？除几首诗篇的零译和几篇东西洋评论家的言论第二次的介绍之外，对于太戈儿的思想，能作一个系统的观察，对于以后的听者——国人——能给予一个明白的概念的，我这个逃荒的人可惜还没有听见跫然的脚响。

我们聘请太戈儿来，当然不能说是因为他是东方的诗人，我们是出于一种爱地方的私情；更当然不能说是他是得过诺贝尔奖金，是英国的爵士，是世界的诗人，是近时西欧所欢迎的说教者，我们是出于一种慕名的冲动。这些浅薄的动机，我们不愿以小人之心去度当事者的君子。但是他的思想是怎么样？我们对于他的要求是如何？究竟有人标示过明白的概念给我们没有？（我这说的不是专指《小说月报》，我想有一部分的当事者应该在事前负这番责任。）我们对于他的思想没有明白的概念，对于他的教训没有恳切的要求，只如小儿戏弄木偶一样，蓦然又请一个神像来，可怜的是被戏弄了的木偶的无聊了。

我对于太戈儿的作品，单是英译了的我也不曾全部读完，本加儿语我更不懂，我本没有出来谈他的资格，但是我有不能已于言的，就是我上述的几个疑问。

最近有朋友写信来问我们，说照我们向来的态度对于太戈儿来华当然是反对的，应该有甚么表现？我觉得这一层却是朋友们把我们误会了。我在此不妨先把我个人对于太戈儿的态度说一说罢。

我知道太戈儿的名字是在民国三年。那年正月我初到日本，太戈儿的文名在日本正是风行一时的时候。九月我进了一高的预科，我和一位本科三年级的亲戚同住。有一天他从学校里拿了几张英文的油印录回来，他对我说是一位印度诗人的诗。我看那诗题是"Baby's Way", "Sleep-Stealer", "Cloudsand Waves"。我展来读了，便生了好些惊异。第一是诗的容易懂；第二是诗的散文式；此外可还有使我惊异的地方，我可不记得了。从此太戈尔的名字便深深印在我的脑里。我以后便很想买他的书来读，但是他的书在东京是不容易买的，因为一到便要销完。我到买得了他的一本《新月集》"The Crescent Moon"的时候，已经是一年以后的事了。那时候我已经不在东京，我已升入冈山高等学校的本科去了。我得了他的《新月集》，看见他那种清雅的装订和几页静默的插画，我心中的快乐真好象小孩子得着一本画报一样。

宗教意识我觉得是从人的孤寂和痛苦生出来的，寄居异乡，同时又蕴含着失意的结婚之悲苦的我，把少年人活泼的心机无形中倾向在玄之又玄的探讨上去了。民国五六年的时候正是我最徬徨不定而且最危险的时候。有时候想去自杀，有时候又想去当和尚。每天只把庄子和王阳明和新旧约全书当做日课诵读，清早和晚上又要静坐。我时常问我自己：还是肯定我一切的本能来执着这个世界呢？还是否定我一切的本能去追求那个世界？我得读太戈儿的《曷檀伽里》《园丁集》《暗室王》《伽毗百吟》等书的时候，也就在这个时候了。

我记得大约是民国五年的秋天，我在冈山图书馆中突然寻出了他这几本书时，我真好象探得了我"生命的生命"，探得了我"生命的泉水"一样。每天学校一下课后，便跑到一间很幽暗的阅书室去，坐在室隅面壁捧书而默诵，时而流着感谢的眼泪而暗记，一种恬静的悲调荡漾在我的身之内外。我享受着涅槃的快乐。象这样的光景从午后二三时起一直要延到黄色的电灯光发光的时候，才慢慢走回我自己的岑寂的寓所去。

但是毕竟是这个世界的诱力太大了？或者是我自己的根器太薄弱了罢？我自杀没有杀成，和尚没有做成，我在民国六年的年底竟做了一个孩子的父亲了。在孩子将生之前，我为面包问题所迫，也曾向我精神上的先生太戈儿求过点物质的帮助，我把他的《新月集》，《园丁集》，《曷檀伽里》三部诗集来选了一部《太戈儿诗选》，想寄回上海来卖点钱。但是那时的太戈儿在我们中国还不曾行世，我写信问商务印书馆，商务不要，我又写信去问中华书局，中华也不要。（假使两大书局的来往函件有存根时，我想在民国六年的八九月间，一定还有我和太戈儿的坟墓存在他们的存根薄里。）啊，终竟是我自己的堕落，我和太戈儿的精神的连络从此便遭了没大的打击。我觉得他是一个贵族的圣人，我是一个平庸的贱子，他住的是一个世界，我住的是一个世界。以我这样的人要想侵入他的世界里去要算是僭分了。

我和太戈儿接触的便是他这些初期的译本。他在民国五年渡日讲演的时候，我虽然不曾躬聆他的梵音，但是我在印刷物上看见过他从印度带去的使命。他的思想我觉得是一种泛神论的思想，他只是把印度的传统精神另外穿了一件西式的衣服。"梵"的现实，"我"的尊严，"爱"的福音，这可以说是太戈儿的思想的全部，也便是印度人从原始以来，在婆罗门的经典《优婆泥塞图》"Upanisad"与吠檀陀派"Ved ā nta"的哲学中流贯着的全部。梵天（Brahma）是万汇的一元，宇宙是梵天的实现，因之乎生出一种对于故乡的爱心，而成梵我一如的究竟。这种思想不独印度有，印度的太戈儿有，便是我们中国周秦之际和宋时的一部分学者，欧西的古代和中世的一部分思想家都有，不同的只是衣裳，只是字面罢了。然而太戈儿先生却颇有把它独占的倾向，他说欧西文明是城市文明，大有鄙夷不屑的态度，他从印度带给日本的使命就是叫日本恢复东洋的精神文明，以代西洋的物质文明。其实西洋文明的敝窦只是在用途上错了，在它纯粹的精神上，它的动态与万化无极的梵体观，梵我一如观，并不会发生甚么冲突，满足感情冲动与满足智识欲望，是道并行而不相悖的事情，动态与静观只是一片玻璃的两面。在西洋过于趋向动态而迷失本源的时候，太戈儿先生的森林哲学大可为他们救济的福音，但在我们久沉湎于死寂的东方民族，我们的起死回生之剂却不在此而在彼。

一个人的信仰无论他若何偏激，在不与社会发生关系的期间内，我们应得听其自由；但一旦与社会发生价值关系的时候，我们在此社会中人便有评定去取的权利。西洋的动乱病在制度之不良，我们东洋的死灭也病在私产制度的束缚，病症虽不同，而病因却是一样。唯物史观的见解，我相信是解决世局的唯一的针路，世界不到经济制度改革之后，一切甚么梵的现实，我的尊严，爱的福音，只可以作为有产有闲阶级的吗啡，椰子酒；无产阶级的人终然只好永流一身的汗血。和平的宣传是现世界的最大的毒物。和平的宣传只是有产阶级的护符，无产阶级的铁锁。太戈儿如以私人的意志而来华游历，我们是由衷欢迎；但他以公的意义来华，那我们对于招致者便不免要多所饶舌。我不知道今次的当事者聘请太氏来华，究竟是景仰的他那一部分的思想，要求的他那一种的教训？这是我们急于想要听闻的意见了。

末了我还申说几句：我们对于太戈儿个人并不反对，我们对于他的作品所不满意的最是他《迷途之鸟》的一种。他到日本去的时候，他带到日本去的使命，日本人虽还不曾奉行，但他从日本带回去的礼物却是这本《迷途之鸟》。《迷途之鸟》里面的诗都是在日本的收获。在日本那种盆栽式的自然中，发生了日本的俳句与和歌的动因，也就发生了他的《迷途之鸟》。他所献呈的此横滨的原某（T.Hara of Yokohama），是他当时的居停主人。他那第十二首的

"What language is thine，O sea？"
"The language of eternal question."
"What language is thy answer，O sky？"
"The language of eternal silence."

是刻在镰仓（Kamakura）海岸的一座岩石上的。此次日本大地震，镰仓受害最烈，他这首刻在岩石上的诗怕也归了"永远的沉默"了罢。

《迷途之鸟》里面也尽有许多好诗，像这上举的刻石一首，也可以说是不磨的佳作，但是他里面太平凡了的格言太多了，这是拒绝我们赞美他的一个动力。

太戈儿到了日本一次，变了他一次的作风。他此次来华，我希望他不要久在北京或上海做傀儡，他能泛大江，游洞庭，经巫峡，以登峨眉青城诸山，我国雄大的自然在他的作品上定可以生些贡献，这怕是我们对于他远远来华的一个唯一的报礼罢。

十月十一日

（原载1923年10月14日《创造周报》第23号）

国家的与超国家的

郭沫若

国家本是一种人为的制度，它的目的是在保持人类的安全。它所保持的人类虽是局部的而非普遍的，然而一切国家的存因和目的，可以说是在同一的理念里面。

但在国家的历史渐渐演进以后，国家竟成为人类的监狱，人类的观念竟瘐死在这种制度之下了。处在国家的圈域之中而言普遍的人类，则成为乱臣贼子，不遭燔戮之苦，便遭流谪之刑，古今来有多少志士仁人为此悖理的矛盾而颠扑的正不知有多少。

同类的鸟雀在大自然的护翼之下本是相辅相助，然在斗鸟者的笼中则可以相搏而至于死。我们人类离开取乐的感情之外可以笑鸟类的痴愚，但是我们人类站在"国家"的斗笼中，各为保全自己的安全而互失其安全的，不也和鸟类，和莎鸡，和斗犬一类的无聊，一类的愚痴吗？

法国巴比士（Henrie Barbusse）著的长篇小说"光明"LaClarte 是此次欧洲大战中所产生出的一部人类的觉醒史。那里面的主人公，有一次举炮向敌人放射的时候，他忽然悟想道：我这样做到底是为甚么？为的是救国。但是在距离不远的前面的敌人也还是在这样做，还是在这样想，自己与敌人并没有甚么区别。"前进"！前进的命令一来，我们便不能不进，但一前进之后连自己的生命也会失掉了。这到底是甚么人发的命令？伟人吗？王族吗？假使自己不愿意时又怎么样？救国？我们自己不是被这个标语欺骗了吗？我们战线两面的人不都是被这个标语欺骗了吗？……他在这种沉思与苦战之中得出一个极简单的觉悟：便是"国境以外，也还有人道，也还有同胞存在。"

国境以外，也还有人道，也还有同胞存在！不错，这本是一个极单纯的真理，然而要觉悟到这件事情却不是一个单纯的事实。我们即就法国的文坛现势而论，享安富尊荣的仍然是鼓吹国家主义的牧理司巴力士（Morris Barrés）之流，而高唱人类爱的罗曼罗郎却永远被逐在国门之外了。

国家的与国家的之战斗已经是人类不幸的事情。国家的与超国家的之战斗，尤其是人类的最大的不幸。在东西洋各国，国家观念最强的地方，后两者的战斗也最激烈，人类所犯的罪恶也最离奇。最近日本无政府主义者大杉荣夫妇之惨死，不正是这种离奇的犯罪的牺牲么？

我们为殉道的杰士悲怆，我们也为冥顽的人类悯泣。然而我们在此有私自庆幸的一件事情，便是我们是生长在中国。

我们中国本来是国家观念很淡漠的国家，在十几年前，军国主义正在世界上猖獗的时候，有许多人士很以此为可耻，而大提倡爱国。好在我们素来的传统精神，是远的目的是在使人类治平，而不在家国。我们古代的哲人教我们以四海同胞的超国家主义，然而同时亦不离弃国家，以国家为达到超国家的阶段。

在东西各国，传统精神与世界主义，是冰炭之不相容；而在我们中国，我们的传统精神便是世界主义。

我们现在是应该把我们的传统精神恢复的时候，尤其是我们从事于文艺的人，应该极力唤醒固有的精神，以与国外的世界主义者相呼应。

我们的传统精神已经淹没久了，但是我们国人都有好古的倾向，我以为这是对于真理的一种潜意识的追慕，我们正当善于爱护这种追慕的感情，极力阐发我们固有的精神，使我们中国得早一日成为世界主义的新国。

重九日对大杉荣氏之遗像草此

（原载1923年10月20日《创造周报》第24号）

印象与表现
——在上海美专自由讲座演讲

郭沫若

　　刚才刘海粟先生说我是真正的学者，说我不是假的冒牌货，要我关于艺术作一番谈话，我自己真是高兴。但是我同时也很惭愧。其实我自己本是学医的人，我对于艺术全是外行，要我这样的人才正好说是假的冒牌货的。我近年来虽然在文学上做了些工夫，但是艺术好象是一片汪洋无际的大海，文学不过是艺术海中的一个海湾，我们从一个海湾所看得的海景，不能把来概括全世界的一般的海景。譬如我们站在吴淞堤上，所看见的海景是黄的，我们便对人说海便是这样了，凡是地球上的海通是黄的，这是莫大的笑话了。我现在要从文学的立脚点来探试艺术的全部，我冒的危险就是这个样子，我说的话可以说都是外行话了。好在我眼前的诸君都是真正的艺术家，都是真正的内行，我在今晚上使我说的话得到教正的机会，这是我再幸福没有的事情。

　　我们无论讨论一件甚么事体，总要先"正名"，总要先把自己所用的语汇的定义弄个清晰，然后才可以免除多少障碍。我今晚上想说的话，诸君是晓得的，便是"印象与表现"。这两个字，表面看来好象很简单，但是它们的内含便不免有好几种歧义。

　　印象在西文是 Impression，表现是 Expression。Impression 是由外而内接触，Expression，是由内而外的扩张。宇宙间的事事物物接触我们的感官，在我们的意识上发生出一种影响，这便是印象。艺术家把种种的印象，经过一道灵魂的酝酿，自律的综合，再呈示出一个新的整个的世界出来，这便是表现。我今晚上想说的表现，正是这个意思。本来这个字用得太普遍了，譬如极端尊重印象的艺术家，他们要灭除我见，要把外来的原有的印象依样呈示出去，这种工作他们有时也说"表现"，但这严格地说时，只是"再现"而不是"表现"。这一派客观的艺术家的再现艺术，便只是纯粹的印象了。我今晚上所说的印象，便是与表现相反对的这种再现的工作。

我们把字义弄清晰了，现在在我们目前，便呈现出两条艺术上的歧路来。一种便是印象，一种便是表现。譬如自然主义，写实主义，他们的理想，可以说是要平静自己的精神，好象一张白纸，好象一张明镜，要把自然的物象，如实地复写出来，维妙维肖地反射出来；他们便走的是印象的一条路。但是如象十八世纪的罗曼派和最近出现的表现派（Expressionism），他们是尊重个性，尊重自我，把自我的精神运用到客观的事物，而自由创造；表现派的作家最反对印象派，他们说他们的艺术是消极的、受动的，他们要主张积极的、主动的艺术。他们便奔的是表现的一条路。

这两条路在我们的面前，究竟那一条是真正的达到艺术的路，那一条是我们该走的路，这本是很重大的问题，本不是我这个假内行所敢断言的。好在诸君都是内行，我说的话如与诸君的见解相同，可以权作一番参考，如诸君的见解完全反对，诸君也不至于盲从我，所以我也就不妨直说我的意见了。

从前希腊的亚里士多德说："艺术模仿自然"。他这句话可以说是客观的印象派的鼻祖。他这句话，在艺术家的修积上，在艺术的取材上，原是可以成立的。我时常觉得艺术家就好象采蜜的蜜蜂，它不问是什么花房的蜜汁，都要去采取，采取万花的蜜汁融会成一种独创的蜜糖，艺术家的作品就象这样。自然界是一个很华丽的花园，艺术家在这个花园里面，真可以取无尽藏的蜜汁，所以从这种材料的采积上来说，从艺术家自己的修养，例如印象的储积，手法的观摩，从这些修养的工夫上来说，□□家原有模仿自然的必要。文艺复兴期的达文齐（Loonardo davinci）他说画家当做自然的儿子，又如歌德（Wolfgang Goethe），他也说艺术家当以自然为师，便是在这样的范围内说的话。但是艺术的要求假如只是在求自然界的一片形似，艺术的精神只是在模仿自然的时候，那末，艺术在根本上便不会产生了。譬如我们眼前已经有应接不暇的自然，我们何必更要要求和自然仅仅形似的艺术呢，又譬如我们有了模仿自然更能形似的工具，如像照像机，如像留音机等，我们何必更要要求绘画，更要要求音乐呢？我们在这些自明的事理上，可以知道艺术的要求和艺术的精神是别有所在了。但是自从近代科学发达以后，一切人文现象都受了它的影响，一部分的艺术家直接把科学的精神输入到艺术界来，提倡自然主义，提倡写实主义，提倡印象主义，他们的目标在求客观的真实，充到尽头处，不过把艺术弄成科学的侍女罢了。并且客观的真实，我们又何能求得呢，我们且先从三方面来说。

第一，我们的感受力有限——我们的内心与外界接触的门户是全靠我们的五官，外来的刺激，作用我们的末梢神经，我们的意识中便生出一种感受，但是刺激的强弱与感受的强弱并不相等，我们的感受力的范围有限，刺激过于细微我们不生感觉，刺激要到某种限度我们才能生出感觉来，这种限度生理学家称为刺激阈（Reizschwelle）。这种刺激阈，各种感官各不相同，譬如

压觉……＋10000erg

听觉……＋10000000erg

视觉……＋10000000000erg

这便是外界对于我们的刺激，在我们的皮肤上不到一万分之一野格的功量，我们不生压感；在我们的耳朵里不到一千万分之一野格的功量，我们不生听觉；在我们的眼睛里不到一万万分之一野格的功量我们不生视觉。

最小的刺激有限制，便是最大的刺激也有限制。譬如听觉在每秒十二振动数以下的低音，我们不发生音的感觉；每秒五万振动以上的高音，我们也不能发生音的感觉。我们通常所听的声音，大概只在二百五十六振动与千二十四振动之间。

我们的感受力既有限制，在我们的制限外的可感界我们已经无从接触了。并且在我们的感受力的限制以内，我们的感受也不精密。譬如压感，有一百两重的东西压在我们的手上，我们如再要加上些重量上去时，非到一百一十两的时候，我们不生感觉。像这样要生出两个

不同的重量的辨别，要甲量与乙量相差到十分之一，然后才能辨别。这种限制生理学上叫做辨别阈（Untersc hiedssch Welle），这种辨别阈，在各种感官上是各不相同的，譬如压觉是十分之一，光觉是百分之一，听觉是三分之一。光觉算是最灵敏，听觉算是最迟钝的了。发明辨别阈的是威伯尔氏（Weber），生理学上名叫这个现象为威伯尔氏律。后来费希奈氏（Fechner）用数学的说素表明，他说："刺激的强度以等比级数增加，感觉的差异只以等差级学增加。"譬如压觉，一百两的刺激在我们身上所生的感觉的大小作为 a，加上十分之一成为一百一十两时才能增进一个单位便是（a+1），再加上十分之一成为一百二十一两时再增进一个位单为（a+2）

刺激……100 110 121……等比级数

觉……a a+1 a+2……等差级数

这样看来我们的感受力已经不精密了，但是在刺激愈大的时候，感受还要愈钝，刺激大到最大刺激阈以外，简直不生感觉了。

第二，法由心造，佛家说：法由心造，心外无一法。他这所谓法字便是宇宙的现象。宇宙的现象从我们五官感识来的，实在并不是宇宙的实体，譬如我们所听得的声音，只是外物的振动，由空气传来，在我们耳中生出的共鸣，又譬如我们所看得的形形色色，只是外光的反射，在我们网膜上生出的虚影。宇宙的实体究竟是怎么样，终不是我们的感官所能觉察的。就以外形而论，以我们现在的视觉看来，觉得我们当前的宇宙虽是这样，但在蝴蝶的复眼看来，宇宙的外形又当然不同了。康德的认识论也教训我们，说客观的自然只是我们纯粹理性（Reine Vernurft）的产物，这在西洋哲学史上要算是一种新发见，康德自己说他这种发见譬如苟伯尼苦士（Copernicus）的地动说。在苟伯尼苦士之前，一般的人都以为太阳是在绕着地球运转，到了苟伯尼苦士，地球是绕着太阳运转的了。在康德之前，一般的人都以为人是自然的产物，到了康德，自然成了人的产物了。由我们的感识所产出的自然的外形，我们再忠实地去再现它，这所追求的只是宇宙的假象，并不是宇宙的实体。

第三，生命的动流，客观的真实虽然不是我们的感官的智识所能追求，但是我们可以用别的方法去参证他的实在，我们现在暂且借柏格森的话来说，他说，生命本是动流，客观的变化本是没有一刻的停滞，因为我们的感觉迟钝，我们所得的印象只是动流的一个断片，从时间的连续分割成空间的静止。他这话我们相信是真理，我们不必去求艰深的证明，便把我们最普通的常识，最常见的现象来说，举凡一切的存在都没有不是变动不已的。譬如我自己，此刻虽是立在讲台上在诸君的面前讲说，但是持续的时间的潮流，没有一刻不在推荡着我，直切地说，我是时时刻刻都向着死在走的，客观的真实既是这样变动不已的，印象派要靠静观的方法去求得它的再现，所求得的只是由时间的世界不完不全地向空间的翻译罢了。

这样说来，印象派所标榜的追求客观的真实，他们是完全办不到，"求真"在艺术家本是必要的事情，但是艺术家的求真不能在忠于自然上讲，只能在忠于自我上讲艺术的精神决不是在模仿自然，艺术的要求也决不是在仅仅求得一片自然的形似，艺术是自我的表现，是艺术家的一种内在冲动的不得不尔的表现。自然与艺术家的关系只如木材店与木匠的关系。自然不过供给艺术家以种种的素材，使这种种的素材融合成一种新的生命，融合成一个完整的新的世界，这还是艺术家的高贵的自我！我们就不必跟着康德说话，说客观的世界完全是我们自己造的，但是艺术的世界总该得是由我们自己造的。我们就把埃及的金字塔来说，这些几千年前的伟大的建筑，据近世学者的研究，说是太阳的象征，但是它们是没有太阳的形似。方锥体与球形究有何等的仿佛呢？古代的艺术家觉得太阳是光被四表，所以用一种方锥体来表现它，这所表现的不是客观的太阳，只是艺术家的主观的情感。我们又把希腊的雕刻来说，譬如初期的牧羊神（Pan），它是森林的象征，但是他是人首兽身牛角羊蹄，它没有一些儿森林的形似。我们可以想象原始的希腊人在葱郁的森林中，发生出一种恐怖，就好象森林自身是一个可怕的怪物，他们便用人兽牛羊等等的素材来表现，其实他们不是表现的森林，表现的只是他们自己的情绪。牧羊神时代还是希腊人的精神混乱的时代，我们再看后来的太阳神 Apollo，月神 Althemis 他们的创造的精神已经达到澄清的地位了。太阳神是个壮美的男神乘驷马，持弓矢，射狼犬，这是象征运转不已的太阳，吐放光线以驱逐黑暗。月神是极优美的女神，以弓矢射鹿，我们看他用这优柔的鹿来象征夜的世界，便有一种说不出来的美感。

希腊雕刻的精神和发展的程序，我以为正是艺术的正途。他的自我表现的精神，和澄清自我的倾向，这是艺术家的两种必要的努力。

艺术家总要先打破一切客观的束缚，在自己的内心中找寻出一个纯粹的自我来，再由这一点出发出去，如象一株大木从种子的胎芽发现出来以至于摩天，如象一场大火由一点星火燃烧起来以至于燎原，要这样才能成个伟大的艺术家，要这样才能有真正的艺术出现。Walter patar 在他的"文艺复兴论"上说："一切艺术都是渴慕着音乐的状态" All Art coustcutjy Aspires Towards the condition of Music。他这儿所说的"音乐"不是成形的音乐，是取的音乐的那种流动的精神。这种精神总要打破一切的束缚，纯由自我的自由表现然后才能达到。

近代的艺术已经趋向动的方向来了，如象立体派 Cubist，未来派 Futurist，他们都要打破模仿自然的恶习，都在朝着动的方面走。未来派画跑马，不画四只脚，要画二十只脚，便是他们求动的一种表现。但是他们的精神还不免在客观上追求，他们的自我的主张还未彻底，最近德国的表现派 Exprlssionist，他们便是彻底主张自我表现的，他们的原画我虽然还不曾见过，他们的戏剧的文学我倒读了好几种，如象 Georg Kaiser 的"伽来市民"Buerger Von Calais，如象 Frnest Toller 的"流转"Diewandlnng，我觉得都是很好的作品，他们都是由内而外的创造，不是由外而内的摄录。他们的表现是非常怪特的 Grotesgue，我觉得他们也还没有到澄清的地步。现代的艺术，还是混乱的时代，可以说是走到希腊的牧羊神时代了。但是所走的方面是不错，将来再由混乱而进于澄清，由 Dionysos 的精神，求出 Apolls 式的表现，我可断言世界的艺术界不久有一个黄金时代出现。

我们中国目前的艺术是凋残到可怜的地步了，舞是失掉了，音乐也是失掉了，旧文学囚口在古代的形式里，绘画不仅无独创的天才，连模仿自然也办不到，仅仅模仿什么山人什么散士的遗法以自豪。我们中国的现势混乱到不可思议的地步，一般的人心风俗也丑恶到不可思议的地步，我看实在是国民的美的意识麻木了的原故。诸君！我们现刻献身于艺术的圣坛的人，我们所负戴的使命是非常的重大！我们现刻先要把艺术的精神认定，要打破一切自然的樊篱，传统的樊篱，在五百万重的枷锁中解放出我们纯粹的自我！艺术是我们自我的表现，但是我们也要求我们的自我有可以表现的价值和能力。美术教育的必要就在这儿。美术教育不是专教人以技巧，它是教人以做人的方针。我们在教育的熏陶之中要努力把我们自己修养成"美的灵魂"sehoenes-eele，最高的艺术便是这"美的灵魂"的纯真的表现。

贵校的校长刘先生及诸位先生，首先注意到美术教育一层，他们的功绩无论从艺术上讲或是从社会上讲，都是很可称述的。我希望诸君在这种美的环境之中，一面养成优秀的艺术手腕，同时也要养成艺术家的高尚的人格，"美的灵魂"。在最近二十年之内振兴中国艺术的是诸君，便是美化中华民族的也是诸君了。我对于诸君怀着莫大的希望。

（原载1923年12月30日《时事新报》副刊《艺术》第33期）

孤 鸿

郭沫若

芳坞哟，我又好久不写信给你了。你到了广州写过一封信来，我记得回复过你一张明片，但是是几时写的我也忘记了。你最近从澳门写来的信，我直到现在还没有答你，你没以为我是已经饿死了，或者是把你忘记了罢。芳坞哟！人的生命，说坏些时，就好象慢性支气管炎的积痰，不是容易可以喀吐得掉的，而在这空漠的世界上还有你这样使我永远不能忘记的人，也正是我不肯轻易地把这口积痰吐出的原故呢。

你是晓得的，我此次到日本来的时候只带了三部书来，一部是《歌德全集》，一部是河上肇氏的《社会组织与社会革命》，还有一部便是屠格涅甫的《新时代》了。我来日本的原因：第一是想写出我计划着的《洁光》，第二是来探望我的妻儿，第三是还想再研究些学问。我最初的志愿是想把《洁光》写成后，便进此地的生理学研究室里去埋头作终身的研究。我以为这是我们最理想的生活。我们把纯粹的自然科学的真理作为研究的对象，忘却了人世间的一切的扰乱纷繁，我们的天地是另外的一种净化了的天地。我以为我们有多少友人都是应该走上这条路来，把自己的一生献给真理的探求，我们于自然科学上必能有所贡献，我们大汉民族的文明或者能在二十世纪的世界史上要求得几面新鲜的篇页。但是哟，芳坞，这种生活却要有两个条件作为前提呢。第一的物质的条件如象从事于研究的地方和工具，我们在国内虽不能寻求，我们还可以求诸国外；但是研究者自身的生活的保障，至低限度的糊口的资粮，这求之于国外，比在国内是还要困难的了。再说到精神的条件上来，譬如渊博的先觉者的指导——这或者也可以说是物质的条件，因为是外在的，可以作为工具看待——我们在国内虽不能寻求，我们也可以求诸国外；但是研究者自身的精神的安定，这几乎是唯一的前提：没有安定的精神决不能从事于坚苦的学者生涯，决不能与冰冷的真理姑娘时常见面。我们现在处的是甚么时代呢？时代的不安迫害着我们的生存。我们微弱的精神在时代的荒浪里好象浮荡着的一株海草。我们的物质的生活简直象伯夷叔齐困饿在首阳山上了。以我们这样的精神，以我们这样的境遇，我们能够从事于醲醴的陶醉吗？

甚么人都得随其性之所近以发展其才能，甚么人都得以献身于真理以图有所贡献，甚么人都得以解脱，甚么人都得以涅槃，这真是最理想的世界最完美的世界。这种世界是一个梦想者的乌托邦吗？是一个唯美主义者的象牙宫殿吗？芳坞哟，不是！不是！我现在相信着：它的确是可以实现在我们的地上的呢？科学的社会主义所告诉我们的"各尽所能各取所需"的时代，我相信是终久能够到来；"个人之自由发展为万人自由发展之条件的一个共同团体"，我相信是可以成立。这种时代的到来，这种社会的成立，在我们一生之中即使不能看见——不待说是不能看见——我们努力促进它的实现，使我们的同胞得以均沾自然的恩惠，使我们的后继者得以早日解除物质生活的束缚而得遂其个性的自由完全的发展，——这正是我们处在这不自由的时代而不能自遂其发展的人所当走的唯一的一条路径呢！

芳坞哟，我们是生在最有意义的时代的！人类的大革命的时代！人文史上的大革命的时代！我现在成了个彻底的马克思主义的信徒了！马克思主义在我们所处的这个时代是唯一的宝筏。物质是精神之母，物质文明之高度的发展和平均的分配终是新的精神文明的胎盘。芳坞哟，我们生在这个过渡时代的人是只能做个产婆的事业的。我们现在不能成为纯粹的科学家，纯粹的文学家，纯粹的艺术家，纯粹的思想家。要想成为这样的人不消说是要有相当的天才，然而也要有相当的物质。在社会革命未实现以前能成为这样纯粹的人格的天才，我们自然赞仰，但他们不是有有钱人的父亲，便是有有钱人的保护者，请看意大利文艺复兴期中的一群大星小星罢，请看牛顿、歌德、托尔斯泰，更请看我们中国最近所奉为圣人的太戈尔罢！他们不是贵族的附庸，便是贵族自己，他们幸好有这种天幸才得以发展了他们的才能；没有这种天幸的人只好中途半端地饿死病死了！古今来有几个真正的天才能够得遂其自由的完全的发展呢？芳坞哟，我现在觉悟了。我们所共通的一种烦闷，一种倦怠——我怕是我们中国的青年全体所共通的一种烦闷，一种倦怠——是我们没有这样的幸运以求自我的完成，而我们又未能寻出路径来为万人谋自由发展的幸运。我们内部的要求与外部的条件不能一致，我们失却了路标，我们陷于无为，所以我们烦闷，我们倦怠，我们飘流，我们甚至常想自杀。芳坞哟，我现在觉悟到这些上来，我把我从前深带个人主义色彩的想念全盘改变了。我改变了我研究生理学的决心也就是由于这种觉醒。这种觉醒虽然在两三年来早在摇荡我的精神，而我总犹缠绵枕席，还留在半眠的状态里面，我现在是醒定了，芳坞哟，我现在是醒定了。以前没有统一的思想，于今我觉得有所集中。以前矛盾而不能解决的问题，于今我觉得寻着关键了。或者我的诗是从此死了。但这是没有法子的，我希望它早些死灭罢。

　　我最初来此的生活计划，便是移译《社会组织与社会革命》一书。这书的移译本是你所不十分赞成，我对于这书的内容虽然也并不能十分满意，如他不赞成早期的政治革命之企图，我觉得不是马克思的本旨，但我译完此书所得的教益殊觉不鲜呢！我从前只是茫然地对于个人资本主义怀着的憎恨，对于社会革命怀着的信心，如今更得着理性的背光，而不是一味的感情作用了。这书的译出在我一生中形成一个转换的时期，把我从半眠状态里唤醒了的是它，把我从歧路的傍徨里引出了的是它，把我从死的暗影里救出了的是它。我对于作者是非常感谢，我对于马克思列宁是非常感谢，我对于援助我译成此书的诸位友人也是非常感谢的呢。我费了两个月的光景译完了此书，译述中我所最感惊异的是我们平常至少是把他们当成暴徒看待了的列宁和突罗次克诸人，才有那样致密的脑筋，才是那样真挚的学者！我们平常读书过少，每每爱以传闻断人；传闻真是误人的霉菌，懒惰真是误解的根本，我们东方人一闻着"过激派"三字便觉得如见毒蛇猛兽一样，这真是传闻和懒惰的误事呢。书成后卖稿的计划生了变更，听了友人的要求将以作为丛书之一种，遂不得不变成版税，然而我们这两月来的生活，却真真苦煞了。

我自四月初间到此，直到现在已经四个月了，我的妻儿们比我更早来两月，我们在这儿，收入是分文也没有的，每月的生活费，一家五口却在百圆以上，而我们到现在终竟还未至于饿死，芳坞哟，你怕会以为是奇事罢？奇事！真个是奇事呢！一笔意外的财源救济了我们的生命。我去年回国的时候，所不曾领取的留学生的归国费，在今年4月突然可以支领了，而且我们四川省的归国费是三百圆——我为这三百圆的路费在4月底曾经亲自跑到东京：因为非本人亲去不能支领。我在东京的废墟中飘流了三天，白天只在电车里旅行，吃饭是在公众食堂（东京现在有市营的公众食堂了，一顿饭只要一角钱或一角五分钱），晚来在一位同乡人的寓所里借宿。我唯一的一次享乐是在浅草公园中看了一场《往何处去》的电影。芳坞哟，这场电影真是使我受了不少的感动呢。感动我的不是奈罗的骄奢，不是罗马城的焚烧，不是培苗龙纽斯的享乐的死，而是使徒比得逃出罗马城，在路上遇着耶稣的幻影的时候，那幻影对他说的一句话。奈罗为助长他读荷马的诗兴，下命火烧了罗马全城，待他把罗马城市烧毁之后，受着人民的反对却嫁罪于耶稣教徒，于是大兴虐杀。那时候使徒比得在罗马传教，见奈罗的淫威以为主道不行，便从罗马城的废墟逃出；他在路上遇见了耶稣的影子向他走来，他跪在地下问道：——主哟！你要往何处去？——耶稣答应他说：你既要背弃罗马的兄弟们逃亡，我只好再去上一次十字架了！……啊，芳坞哟，这句话真是把我灵魂的最深处都摇动了呀！我回想起我实行自我的追放，从上海逃到海外来，把你一人钉在十字架上！我那时恨不立地便回到你住的那 Golgatha 山，我还要陪你再钉一次十字架。我在观音堂畔的池旁，在一座小小的亭子上坐着追悔了一点钟工夫的光景，阴郁的天气，荒废的东京，一个飘流着的人，假使我能够飞呀！啊……

总之三百圆的意外的财源到了手了，除去来往的路费还剩二百五十圆，偿清了前欠已经所余无几了，而《社会组织与社会革命》一书又只能抽取版税，我们五月以后的生活费简直毫无着落了。啊，幸亏上天开眼，天气渐渐和暖了起来，冬服完全没有用处，被条也是可以减省了，我们便逐渐把去交给一家质店替我们保管，这座质店，说起来你该会记起的，便是民国七年的九月你同你的乡人来福冈医病的时候，你最初来访问过我的那座质店呢。我们那年初来，贪图便宜，在那儿质店的小楼上替店主人看管过两个月的库质。这家质店主人的一对夫妇还能念着旧情，或者也是我的不值钱的《医学士》招牌替我保了险，我们拿去的东西他们大抵都要，也还不甚刻薄，我的一部《歌德全集》当了一张五圆的老头票，《社会组织与社会革命》的原本，刚好译完便拿去当了五角钱来。但到五月尾上我们二十圆1月的房金终竟不能全付了。好在米店可以赊账，小菜店也还念五六年来的主顾，没有使我们绝粮，只有无情的房主人几乎每天都要来催问房金。本来我们住的房子是稍为贵得一点，因为是在海边，园子里我们种了些牵牛花，大莲花，看看都要开了。两株橘树开了花，已经结起青色的果实，渐渐地也在长大起来。我的女人时常说，看在孩子们的份上，房金虽是贵得一点，但是有花有木，有新鲜的空气，也觉得对得着他们。所以我们总厚着脸皮住着。但到六月尾上来，所期望的上海的一笔财终断了，房主人终竟把我们赶出来了。六月里我又重温习了一遍王阳明全集，我本打算做一篇长篇的王阳明的研究，但因稿费无着，我也就中止了，白白花费了我将近一月的工夫！

我们现在是住在甚么地方呢？你猜想得到么？我们就住在六年前住过的这家质店的仓库的楼上呀！纵横不过两丈宽的一间楼房，住着我们一家五口，立起来差不多便可以抵着望板。朝东北一面的铁格窗，就好象一座鸟笼一样。六年间的一个循环，草席和窗壁比从前都旧得不成形状，但是房钱却比六年前贵得将近一倍了，从前是六圆1月的，如今竟要十圆了。但是守仓库的人也变了，多添了几根脸上的绉纹，多添了两个孩子。六年前我们只有一个和儿，现在是三个了。六年前我初来此地进大学时，膺受过的一场耻辱时常展开在我眼前。

那是8月初间的时候，我们从冈山到福冈来，在博多驿下了车，人力车夫把我们拖到医科大学前面的一座大旅馆的门前。医科大学前面的"大学街"，你该还记得罢，并列着的都是旅馆，这些旅馆专靠大学吃饭，住的多是病人。我们初进旅馆的时候，下女把我们引上楼，引进了一间很清洁的楼房里。但是不多一会下面的主人走来，估量了我们一下说道：——这间房间是刚才有人打电话来订了的，你们请到楼下去。——楼下还有好房间吗？——是的，楼下的房间比楼上还好。……我们跟着走下楼来。

"比楼上还好"的房间是临街的一间侧室，一边是毛房，一边是下女的寝处。太不把人当钱了！这明明是要赶我们出去！我们到的时候是午后，我不等开晚饭便一人跑出店去，往那人生面不熟的地方去另找巢穴。我只是问人向海边走去的路径，我第一次在青松白沙间看见了博多湾，正是在夕阳西下，红霞涨天的时候。我这位多年的老友，在第一次便和我结下了不解的交情，我的欢心挤掉了我在旅馆里所受的奇辱。我便在松原外面找着了这家质店的房子。

傍晚走回旅馆的时候，晓芙是因为坐火车疲倦了，或者还是因为受了侮辱，已经抱着和儿睡了。我的一份晚饭还留在房里。我饿了，吃起饭来，全不声张地走进来一位店里的"番头"。"番头"拿着号簿来要我报告名姓年岁和籍贯。他对我全没有些儿敬意，我却故意卑恭地说：

——我是支那人，姓名不好写，让我替你写罢。

——那吗，写干净一点！（命令的声音。）

我把我的写好了，他又指着帐中睡着的晓芙。他说：

——这位女人呢？是你甚么人？

我说：是我的妻子。

——那吗一并写清楚一点！

我也把晓芙的名姓（我没有她日本的真名）都写了。最后他问我们到此地的理由，我说来进大学。他又问进大学去做甚么事（这位太不把人当钱的"番头"不知道是轻蔑我的衣装，还是轻蔑我是华人，他好象以为我是进大学去做苦工的了），但我还是忍着气，回答他说：我进大学里去念书。——啊，真是奇怪！我这一句话简直好象咒语一样，立刻卷起了天翻地覆的波澜！

"番头"恭而且敬地把两手撑在草席上，深深向我磕了几个头，连连地叫着：

——喂呀，你先生是大学生呀！对不住，对不住！

他磕了头便跳起来，出门大骂下女：

——你们搅的甚么乱子啊？大学生呢！大学生呢！快看房间！快看房间！啊，你们真混账！怎么把大学生引到这间屋子？！……

下女也涌起来了，店主人夫妇都涌起来了，晓芙们也都惊醒了。

大学生！大学生！连珠炮一样地乱发。下女们面面相觑，店主人走来磕头。这儿的大学生竟有这样的威光真是出于我的意料之外。我借大学生的威光来把风浪静制着了。"房间可以不必换，纵横只有一夕的工夫呢。"

第二天我们一早要出旅馆，店主人苦苦留住吃了早饭。走的时候番头和下女替我们运搬行李，店主人夫妇和别的下女们在门前跪在一排送我们走出店门……

这场悲喜剧好象还是昨天的事情一样。六年间的一场旧戏重上舞台，脚色添了两个，也死了一个。猴子面孔的跛脚的质店主人，粉脂一样的他的肥妇，这还是当年的老脚，但是他们之间有一位可爱的女儿死了。六年前她才九岁，她看见我们的时候总爱红脸，我说她是早熟的姑娘；现在她已经死了五年了。

这儿到箱崎有半里路的光景，你是晓得的，我们全靠《医学士》的招牌吃饭的人，每天清早便打发和儿到箱崎的米店和小菜店里去赍小菜，赍豆腐。昨天晚上和儿病了，今晨是我走到箱崎去赍米。我枉道过我海边上的旧居，仍然空着没有赁出，园子的门是开着的，我走进去看时，大莲花被人拔去了。牵牛花也不见了，园角上新标出两株嫩苗，但还没有开花。只是青色的橘子孤寂地长大了好些。回来的时候，晓芙在楼下洗衣，小的两个儿子在一旁戏水。上楼，看见和儿一人仍然睡在窗下，早晨的阳光照进窗来，洒在他的身上。消化不良的脸色，神经过敏的眼光，他向着我，使我的心子撕痛了起来。窗限上一个牛奶筒里栽着的一株牵牛花，开着一朵深蓝色的漏斗——这是移家来时，和儿自己种活了的。——牵牛花哟！我望你不要谢得太快了罢！我的眼泪汹动了起来，我走去跪在他的旁边，执着他的小手，我禁不住竟向他扯起谎来：

——和儿，我到箱崎去的时候，到我们从前住过的房子去来。大莲花不晓得是甚么人扯去了，牵牛花还一朵也没有开，我听见牵牛花好象在说：因为可爱的孩子们都不在，所以我们不开花了。你看，你在这儿，你这栽活了的牵牛花，便在向你开花。

我这样的话竟收了意外的效果，孩子得着安慰，微笑了一下——啊，可怜的微笑！凄切的微笑哟！

我的生活状态本来不想写给你，使你徒扰心虑，但一写又不禁写了这许多。你念到这儿或者会问我："你在七月里做了些甚么呢？你那样怎么过活去呢？你还不想离开日本吗？"芳坞哟，待我来慢慢答复你。

我手里还留着一本书，便是德译的屠格涅甫的《新时代》，这本勒克兰版的小书当不成钱，所以还不会离开我的手里。这书是你的呢，你还记得么？民国十年的四月一日，你从大学毕业回国，我那时因为烦闷得几乎发狂，对于文学的狂热，对于医学的憎恶，对于生活的不安，终逼着我休了学，丢下我的妻儿和你同船回去。我们同睡在三等舱的一只角上。从门司上船后便遇着风波，我一动不动地直睡到上海，你却支持着去照应头等舱里你友人的家眷。那时你带着一部德译的易卜生全集，和屠格涅甫的两本德译的小说，一本是《父与子》，一本便是这《新时代》，你可还记得么？我第一次读《新时代》便是这个时候。这本书我们去年在上海不是还同读过一遍吗？我们不是时常说：我们的性格有点像这书里的主人公涅暑大诺夫吗？我们的确是有些相象；我们都嗜好文学，但我们又都轻视文学；我们都想亲近民众，但我们又都有些贵族的精神；我们倦怠，我们怀疑，我们都缺少执行的勇气，我们都是些中国的《罕牟雷特》，我爱读《新时代》这书，便是因为这个原故呢。

穷得没法了，做小说没有心绪，而且也没有时间。我只好把这剩下的这本《新时代》的德译本来移译，我从七月初头译起，译到昨天晚上才译完了，整整译了四十天。我在四十天内从早起译到夜半，时时所想念起的只是四年前我们回国时的光景，我们去年在上海受难的一年的生活，但那时我们是团聚着的，如今你飘流到广东，我飘流到海外了。在上海的朋友都已云散风流，我在这时候把这《新时代》译成，做第一次的卖文生活，我假如能变换得若干钱来，拯救我可怜的妻孥，我也可以感着些清淡的安乐呢。啊，芳坞哟，我望你也替我欢喜些罢。

　　《新时代》这书，我现在所深受的印象，不是它情文的流丽（其实是过于流丽了，事件的展开和人物的进出是过于和影戏类似了），也不是其中主要人物的性格，却是这里面所流动着的社会革命的思潮。社会革命两个主要的条件：政治的条件和物质的（经济的）条件；屠格涅甫是认得比较鲜明，他把《马克罗夫》代表偏重政治革命的急进派，把《梭罗明》代表偏于增加物质生产力的缓进派，他促成了马克罗夫式的失败，他激赏着梭罗明式的小成，他的思想我看明明是修正派的社会主义的思想。但是五十年后的今日，成功的却是《马克罗夫》，《匿名的俄罗斯》成为了列宁的俄罗斯了。屠格涅甫的预言显然是受了欺骗！但是这是无损于这书的价值的。社会主义的社会制度之实现终不能不仰给于物质条件的完备，在产业后进的国度里，社会主义的政治革命即使成功，留在后面该走的路仍然是梭罗明的道路，仍然要增进生产力以求富裕。列宁把社会革命分为三个时期，第一是准备（宣传）时期，第二是战斗时期，第三是产业经营时期。目前的俄罗斯革命只走完第二步，还有第三步的最长的一个时期才在刚好发轫呢。

　　芳坞哟！农奴解放后的七十年代的俄罗斯不正象满清推倒后的二十年代的我们中国吗？我们都是趋向着社会革命在进行，这是共同的色彩，而这书所叙的官僚生活把《扑克》换成《麻将》，把雪茄换成鸦片，不正是我们中国新旧官僚的撮影吗？谈巴菇的青烟，弗加酒的烈焰，一样地烧着我们百无聊赖的希望着真明人主出现的中华民国的平民。而涅暑大诺夫的怀疑，马克罗夫的躁进，梭罗明的精明，玛丽亚娜的强毅，好的坏的都杂呈在我们青年男女的性格中。我们中国式的涅暑大诺夫，中国式的马克罗夫，中国式的梭罗明，中国式的玛丽亚娜，单就我们认识的朋友中找寻也能举出不少的豪俊了。我喜欢这本书，我决心译这本书的另一原因，大约也就在这儿，我们在这里面可以照出我们自己的面影呢。但这书所能给与我们的教训只是消极的，他使我们知道涅暑大诺夫的怀疑是无补于大局，马克罗夫的躁进是只有失败的可能，梭罗明的精明缓进，觉得日暮路遥，玛丽亚娜的坚毅忍从，又觉得太无主见了，我们所当仿效的是屠格涅甫所不会知道的《匿名的俄罗斯》，是我们现在已经明瞭了的《列宁的俄罗斯》。

我现在对于文艺的见解也全盘变了。我觉得一切技俩上的主义都不能成为问题，所以成为问题的只是昨日的文艺，今日的文艺和明日的文艺。昨日的文艺是不自觉的得占生活的优先权的贵族们的消闲圣品，如象太戈尔的诗，托尔斯泰的小说，不怕他们就在讲仁说爱，我觉得他们只好象在布施饿鬼。今日的文艺，是我们现在走在革命途上的文艺，是我们被压迫者的呼号，是生命穷促的喊叫，是斗志的咒文，是革命予期的欢喜。这今日的文艺便是革命的文艺，我认为是过渡的现象，但是是不能避免的现象。明日的文艺又是甚么呢？芳坞哟，这是你几时说过的超脱时代性和局部性的文艺。但这要在社会主义实现后，才能实现呢。在社会主义实现后的那时，文艺上的伟大的天才们得遂其自由完全的发展，那时的社会一切阶级都没有，一切生活的烦苦除去自然的生理的之外都没有了，那时人才能还其本来，文艺才能以纯真的性为其对象，这才有真正的纯文艺出现。在现在而谈纯文艺是只有在年青人的春梦里有钱人的饱暖里。玛啡中毒者的 Euphorie 里，酒精中毒者的酩酊里，饿得快要断气者的 Hallucination 里呢！芳坞哟，我们是革命途上的人，我们的文艺只能是革命的文艺。我对于今日的文艺，只在他能够促进社会革命之实现上承认他有存在的可能，而今日的文艺亦只能在社会革命之促进上才配受得文艺的积号，不然都是酒肉的馀腥，麻醉剂的香味，算得甚么！算得甚么呢？真实的生活只有这一条路，文艺是生活的反映，应该是只有这一种是真实的。芳坞哟，我这是最坚决的见解，我得到这个见解之后把文艺看得很透明，也恢复了对于它的信仰了，现在是宣传的时期，文艺是宣传的利器，我徬徨不定的趋向，于今固定了。

芳坞哟，我要回中国去了，在革命途上中国是最当要冲。我这后半截的生涯要望有意义地送去。我在九月内总想归国一行，妻孥要带着同去，死活都要在一路，我把这《新时代》一书译成之后，我把我心中的《涅暑大诺夫》枪毙了。

好久不曾写信给你，今天趁势写了这一长篇，从正午写到夜半了。妻儿们横三倒四地在草席上睡着。我在他们的脚上脸上手上打了许多血淋淋的蚊子。安娜床畔放着一本翻开着《产科教科书》——可怜的《浅克拉玛殊玲》哟！——《新时代》中的女性我比较的喜欢玛殊玲，我觉得这人最写得好。一张高不满一尺的饭堂,一盏黄电的孤灯,一个乱发蓬蓬的野人……头是屈痛了。鸡怕要叫了罢?我们相会的地点不知道是在上海,不知道是在岭南,也不知道我们还有没有相会的时期。我们有闲还是多写信罢。

十三年八月九日夜

(原载1926年4月16日《创造月刊》第1卷第2期)

《文艺论集》序

郭沫若

这部小小的论文集，严格地说时，可以说是我的坟墓罢。

我的思想，我的生活，我的作风，在最近一两年之内可以说是完全变了。

我从前是尊重个性，景仰自由的人，但在最近一两年之内与水平线下的悲惨社会略略有所接触，觉得在大多数人完全不自主地失掉了自由，失掉了个性的时代，有少数的人要来主张个性，主张自由，总不免有几分僭妄。

是的，僭妄！我从前实在不免有几分僭妄。但我这么说时，我也并不是主张一切的人类都可以不要个性，不要自由；不过这个性的发展和自由的生活，在我的良心上，觉得是不应该由少数的人独占罢了！

要发展个性，大家应得同样地发展个性，要生活自由，大家应得同样地生活自由。

但在大众未得发展其个性，未得生活于自由之时，少数先觉者无宁牺牲自己的个性，牺牲自己的自由，以为大众人请命，以争回大众人的个性与自由！

所谓"我不入地狱，谁入地狱？"的话便是这个意思。

这儿是新思想的出发点，这儿是新文艺的生命。

在我一两年前的文字中，这样的见解虽然不无一些端倪，然从大体上看来，可以说还是在混沌的状态之下。

如今"混沌"是被我自己凿死了，这儿所收集的只是它的残骸。

残骸顶好是付诸火化,偏偏我的朋友沈松泉君苦心孤诣地替我收集了拢来,还要叫我来做篇序。好,我就题这几句墓志铭在我这座墓上罢。

民国14年11月29日,上海。

(原载1925年12月16日《洪水》第1卷第7期)

写在《三个叛逆的女性》后面（节录）

郭沫若

……

在旧式的道德家看来，一定是会诋为大逆不道的，——你这个狂徒要提倡什么"三不从"的道德呀！大逆不道！大逆不道！但是大逆不道就算大逆不道罢，凡在一种新旧交替的时代，有多少后来的圣贤在当时是谥为叛逆的。我怀着这种思想已经有多少年辰，我在历史上很想找几个有为的女性来作为具体的表现。我在这个作意之下便作成了我的《卓文君》和《王昭君》。让我来细细地向着不骂我的人谈谈罢。

卓文君的私奔相如，这在古时候是视为不道德的，就在民国的现代，有许多旧式的道德家，尤其是所谓教育家，也依然还是这样。有许多的文人虽然也把它当风流韵事，时常在文笔间卖弄风骚，但每每以游戏出之，即是不道德的仍认为不道德，不过也觉得有些味儿，可以供自己潦倒的资料，决不曾有人严正地替她辩护过，从正面来认她的行为是有道德的。我的完全是在做翻案文章。"从一而终"的不合理的教条，我觉得完全被她勇敢地打破了。本来她嫁的是甚么人，她寡了为什么又回到了卓家，这些事实我在历史上是完全不能寻到，我说她是嫁给程郑的儿子，而且说程郑是迷恋着她的，都是我假想出来的节目。不过她的的确确是回到了她的父家，而且她的父亲卓王孙是十分势利的人，这在史实上是明载着的（请参看《史记·司马相如列传》）。她大归了，私奔了相如，这是完全背叛了旧式的道德，而且把她的父亲是十分触怒了的。这全部的事实虽不能作为"在家不必从父"的适例，但她在"不从父"的一点上的的确确是很好的标本。从来不满意她的道德先生们当然是不止是不满意于她的"不从父"的这一节，不过这一节恐怕也是重要的分子，而这一节在我的剧本里面要算是顶重要的动机。

不满意于卓文君，因而更不满意于我的剧本的人，在我想来很多。听说民国十二年，浙江绍兴的女子师范学校演过我这篇戏剧，竟闹起了很大的风潮。听说县议会的议员老爷们，借口剧中相如唱的歌词是男先生唱的（原剧本登在第二卷一号的《创造季刊》上，司马相如一直到底都没有出场，现刻改变了），以为大伤风化，竟要开除学校的校长，校长后来虽然没有开除，听说这场公案还闹到杭州省教育会去审查过一回，经许多教育大家审定，以为本剧确有不道德的地方，决定了一个议案禁止中学以上的学生表演了。这些事实我一半是从报上得来，一半是从朋友的口中得来的，详细的情形我不知道，或许也有传闻失实的地方，但我想即使稍有失实的地方，这对于绍兴的议员老爷们，和杭州的教育大家们是有益无损的，因为他们的行为总要算是大道德而特道德的了。歌功颂德的文章即使稍微用了些谀词，这素来是不犯禁例的呢。

一篇剧本的禁演本来是很小很小的问题，并且在中国的现在表演新剧（尤其是新的史剧）的时机尚未十分成熟，我也没有在这儿大书特书的必要。不过问题是关系道德和教育的根本大计的，我觉得我国的男性的觉醒期还很遥遥，我对于那受了冤罪的校长和演员们是不能不深致歉意的了。这篇剧本听说后来杭州女子师范和北京女子师大都已曾表演过，此外也还有些地方的女学生也写过信来要求表演，这怕是禁果的滋味特别甜蜜，不必就是我的剧本真能博得这许多的同情。不过表演过的都是女子学校，这使我非常乐观：我想我们现代的新女性，怕真真是达到性的觉醒时代了呢。

《王昭君》这篇剧本的构造，大部分是出于我的想象。王昭君的母亲和她的义兄，都是我假想出来的人；毛淑姬和龚宽也是假想出来的——龚宽这个人的名字在历史上本来是有，他是与毛延寿同时的画师，但不必一定就是延寿的弟子。他和淑姬的关系不消说更是想象中的想象了。但是这些脚色都是陪衬的人物，我做这篇剧本的主要动机，乃至是我主要的假想的,是王昭君反抗元帝的意旨自愿去下嫁匈奴。

王昭君这个历史的人物,本是素来受尽了人的赞美和同情的。她的琵琶的哀怨,青塚的黄昏,至今还使人留恋不置。她的行为在事实上本来是一点儿不道德的痕迹也没有的。她的一生诚然是一个悲剧,但这悲剧的解释在古时是完全归诸运命——就是她不幸被画师卖弄,不幸被君王误选,更不幸的是以美人之身下嫁匈奴,(这一层悲哀之中不消说是含有很浓厚的民族主义的彩色的,)这些都好象冥冥之中有什么在那儿作弄,不是人力所能左右的一样。象这种运命悲剧的解释,我完全把它改成性格的悲剧去了。王昭君这个女性使我十分表示同情的,就是她倔强的性格。别的妃嫔们都争着献赇于画师,望其笔上生春以求得君王的爱宠,而王昭君却一人不肯苟同。在她看来,君王的爱宠是不在她的眼中的,君王也是不在她的眼中的,不消说卑劣的画师更是不在她的眼中的了。她的受选入宫,在她看来,好象根本不是什么荣耀的事情。这和一般无主见无性格养成了奴隶根性的女子是完全不同的。这点是我根本对于她表示同情的地方。我从她这种倔强的性格,幻想出她倔强地反抗元帝的一幕来。我想我的想象怕离事实是不很远的罢。因为汉元帝看见了王昭君的真美,既是那么迷恋,致斩杀了作伪的画师,那他以君王的权威把王昭君借故控留下来,我想也不是什么为难的事体。王昭君不消说不会喜欢是嫁给匈奴,她之从嫁匈奴只能作为自暴自弃的反抗精神解释,不然以她那样倔强的性格,她在路上也可以如象马致远的《汉宫秋》里所想象的一样寻个自尽了。愈倔强的人愈会自暴自弃,要使她倔强到底,那由元帝挽留她的一幕是不能不想象出来,但这样一来我又把王昭君写成了一个女叛徒,她是彻底反抗王权,而且成了一个"出嫁不必从夫"的标本了。

还有元帝的变态性欲,我想在事实上或许也会是有的。照《前汉书》的本纪赞看来,他分明是能棋能画的人,他当然是一位风流天子,你看他只看见了王昭君一眼便会那样执迷,他的好色的程度也是很有点样子的啦。在全剧中我把他写得很坏,惹得一位批评家竟骂起我来,说我堕落了,竟写得出那样的人物。(原文见民国十二年年末的《学灯》,时期和评者的姓名我都不记得了。)我记得小的时候听过一段笑话,说是有位乡下人看戏,看见演奸臣的演得太逼真了,一步跳上台去把那演奸臣的戏子杀了。那位批评家我觉得很有点象这个样子。他似乎把我自己当成了汉元帝，或者是我这篇剧中汉元帝这个人物比较地写得逼真，这倒是我意想外的成功呢。

……

　　我最初从事于戏剧的创作是在民国九年的九月。我那时候刚好把《浮士德》悲剧第一部译完，不消说我是很受了歌德的影响的。歌德的影响对于我始终不是什么好的影响。我在未译《浮士德》之前，在民国八九年之间最是我的诗兴喷涌的时代，《女神》中的诗除掉《归国吟》（民国十年作）以外，大多是作于这个时期。第三辑中的短诗一多半是前期的作品，那是受了海涅与太戈儿的影响写出的。第二辑的比较粗暴的长诗是后期的作品，那是受了惠迭曼（Whitman）的影响写出的。我的诗的创作期中，在这后半期里面觉得最有兴趣，他那时的一种不可遏抑的内在冲动，一种几乎发狂的强烈的热情，使我至今犹时常追慕。我那时候的诗实实在在是涌出来，并不是做出来的。象《凤凰涅槃》那首长诗，前后怕只写了三十分钟的光景，写的时候全身发冷发抖，就好象中了寒热病一样，牙关只是震震地作响，心尖只是跳动得不安，后一半部还是临睡的时候摊在被盖里写出的。假使所谓"茵士披里纯"（Inspiration）的状态就是这样，我那时候要算是真是感受过些"茵士披里纯"的了。但是自从我把《浮士德》第一部译了之后，这种状态我是绝少感受着的了。内在的感激消涸了。形式的技巧把我束缚起来，以后的诗便多是没有力气的诗，有的也只是一些空嚷。很有些人称赞我《女神》以后的诗而痛诋《女神》的，但在我觉得还是《女神》里面是没有欺诳自己的一样。

　　我的信念：觉得诗总当由灵感迸出，而戏剧小说则可以由努力做出的。努力做出来的诗，无论她若何工巧总不能感动人深在的灵魂，戏剧小说的力量根本没有诗的直切，也怕是这个原故。我自从译完《浮士德》第一部之后，我便开始做起戏剧来了。第一篇的试作就是《棠棣之花》（《女神》第一辑，民国九年双十节初发表于《学灯增刊》）。最初的计划本是三幕五场（从严仲子来访之前一直做到聂嫈之死），收在《女神》上的是——第一幕第二场，第二幕是发表在《创造季刊》创刊号（十一年五月一日）的。全幕的表现完全是受着歌德的影响（象使聂嫈和聂政十分相象的地方，不消说也是摹仿了点子莎士比亚），全部只在诗意上盘旋，毫没有剧情的统一，自从把第二幕发表以后，觉得照原来的做法没有成为剧本的可能，我把已成的第一幕第一场（聂政之家）及第三幕第一场（韩城城下）全行毁弃，未完成的第三幕第二场（哭尸）不消说是久已无心再继续下去的了。

突然之间惊天动地地发生了去年的五卅惨案！那天我和全平偶尔要到南京路去。刚好走到浙江路口的时候，看见许多的人众从对面涌来，市场都已混乱了。我们还不知道是怎么一回事体。接着便遇着几个大夏大学的学生，他们才告诉我们是英国巡捕在工部局门口开枪，打死好几位学生和工人。那时候另外还有一位友人从对面走来，叫我们千切不要再向前进的，但我和全平却违背了他的好意，匆匆地穿过南京路，先向先施公司门口走去。南京路的交通已经断绝了，先施公司和永安公司的两旁站着无数的行人，拥挤得几乎水泄不通。我刚到先施公司的门口，全平竟不知被挤到哪儿去了。先施公司斜对面的工部局门口和附近，站着无数的印度巡捕和中国巡捕，印度巡捕和中国巡捕都是揣着枪的，几名西捕头和印度巡捕把挂在颈上的手枪拿在一只手上，一只手拿着黑棒，站在街心时常东跑西跑地四处打人，两眼比鸷鸟还要凶猛。街上愈拥愈多的行人看见打人的跑来了，急忙向后散窜，两个公司急忙又把铁门关起来；人渐静定了，铁门又从新打开。接着又涌起波浪转来，铁门又关了。如此一开一关的间隔，大约有四五分钟的光景，我们去得迟了一些，那时街上的死骸和血迹已经都收拾干净了。从华英街以西是不准人通行的，有不识趣的人要蒙昧地去通过，当头就是一棒。我平生容易激动的心血，这时真是遏勒不住，我几次想冲上前去把西捕头的手枪夺来把他们打死。这个意想不消说是没有实行得起来，但是实现在我的《聂嫈》的史剧里了。我时常对人说：没有五卅惨剧的时候，我的《聂嫈》的悲剧不会产生，但这是怎样的一个血淋淋的纪念品哟！

我那天在先施公司门前跟着群众拥挤了半天。第二天全上海的罢市罢工罢学的形势逐渐实现，我国空前的民气澎湃了起来，逐渐地波动及于全国了。啊！那个空前的民气哟！那个伟大的波动哟！后来的结果虽然终归失败了，然而使我们全国的民众知道了帝国主义的野心，知道了外部的高压的淫威，内部的软化的鬼祟，都是资本主义的罪恶，我想第二次更有根基更有具体计划的掀天撼地的更伟大的波动，不久总会又要澎湃起来的了！我们中华民族是没有病没有睡没有老没有死的，全世界大革命的机键握在我们的手中，我们生在这个时代，生在这个地位的青年，是多么可以有为，是多么应该彻底自觉自勉，努力奋进的哟！青年，青年，我们二十世纪的中国青年！我们应该一致觉悟起来，一致联合起来，全世界是在我们的手中的呢！

我在五卅潮中就草成了这篇悲剧。刚好草成，上海美专学生会组织一个救济工人的游艺会，叫我做篇剧本来表演，我就把《聂嫈》交给了他们。于是全平替我司印刷校对（《聂嫈》的单行本，便是这时候赶着印刷出来的），葆炎任全剧的导演，贻德在美专的内部奔走一切，全部的十几二十位的男女的同志在一百度的暑热之中忘饥忘渴地拼命演习起来，仅仅十天的工夫便把什么都准备好了，在七月一日的新舞台表演了出来，那时候我们大家的热心，大家的奋迅哟！表演的结果在我作家自己是只有感激，只有感激，只有感激的。听说那天的收入共有七百多元，为数虽然不多，对于站在第一战线上的工友们虽然没有什么多大的效益，但是我们那时候的热心，我们那时候的奋迅哟！我最受感发的是那位扮演聂嫈的陆才英女士。听说她本来是有肺病的人，已经是辍了学的，她自己甘愿来表演聂嫈。她冒着炎热，每天上学去练习，练习到第三晚上，竟至吐起血来了。大家都愁着，怕全部的计划会要破坏，因为难得找人来替代她的，但是她却坚忍不屈，就是吐着血，她也要支持到底。她终竟同着其余的热心的男女同志，在七月一日把全剧演完了。啊！她这种精神，怎么能够叫人不佩服呢！啊，中国的新女性，中国新女性的战斗者哟！我赞美你，我赞美你，我祝你的精神永远健在着罢！肺病有什么！肺结核菌又有什么？就象资本帝国主义者，军阀——甘做外人走狗的军阀一样，他们纵能蹂躏得我们的肉体，但是我们的精神——我们的不屈的精神他们又能够怎么样呢？我们的肉体，一死就算了事，他们总不能使我们再死，三死，四死；但是我们的精神是永远不死的呀！

《聂嫈》的能够演出不消说是全靠诸位演员的热心，但此外还得力于不少的友人的赞助。就中如欧阳予倩先生替我作曲，他还亲自到美专去，教过他们唱歌，教过他们跳舞，汪仲贤先生担任后台的指导，裘翼为先生担任背景，我都是很感谢的。当时我们的目标是在救济工人，我们的热心都是超过于友谊的界限以上的。大家都是在同一的战线上努力，并不是谁替谁帮了忙；但是我的剧本是在五卅潮中草成，而使我的剧本更能在五卅潮中上演，以救济我们第一战线上的勇士，这在作家的我自己，岂不是比谁也还要更受感发的吗？啊！时候已经过去了，但是那时演戏的声音，那时演戏的情趣，犹历历在我的耳目。《聂嫈》此剧以后总还有演的机会的。但是无论就怎样成功，怎样能够博得观客的赞赏，更使我能够有第一次这样的感激的，恐怕是永远没有的吧。第一次演员的姓氏附录于次，以致谢意。……

十五年三月七日

（选自1926年4月上海光华书局版《三个叛逆的女性》）

革命与文学

郭沫若

我们现代是革命的时代，我们是从事于文学的人。我们所从事的文学对于时代有何种关系，时代对于我们有何种要求，我们对于时代当取何种的态度，这些问题是我想在这儿讨论的。

我们先来讨论革命与文学的关系。

革命与文学一并列起来，我们立地可以联想到的，便是有两种极端反对的主张。

有一派人说：革命和文学是冰炭不相容的，这两个东西根本不能并立。主张这个意思的人更可以分为两小派：一派是所谓文学家，一派是所谓革命家。

所谓文学家，尤其是我们中国人的所谓文学家，他们是居住在别外一种天地的别外的一种人种。他们的生涯是风花雪月，他们对于世事是从不过问的。世事临到清平的时候，他们或许还可以讴歌一下太平，但一临到变革的时候，他们的生活便感受着一种威胁，他们对于革命，比较冷静的，他们可以取一种超然的态度，不然便要极力加以诅咒。这种实例无论是旧式的文人或者新式的文人，我们随处都可以看见，在他们看来，文学和革命总是不两立的。

的确也会是不两立的。文学家对于革命极力在想超越，在想诅咒，而革命家对于文学家也极力在想轻视，在想否认。我们时常听着实际从事于革命的人说：文学！文学这样东西于我们的革命事业究有甚么？它只是姑娘小姐们的消闲品，只是堕落青年在讲堂上懒爱听讲的时候所偷食的禁果罢了。从事于文学的人根本是狗钱不值的。

文学家极力在诅咒革命，革命家也极力在诅咒文学，这两种人的立脚点虽然不同，然而在他们的眼光里，文学和革命总是不能两立的。

文学和革命根本上不能两立，这是一种极普遍的主张，事实上是如此，而且理论上也的确是如此。然而和这种主张极端反对的，是说文学和革命是完全一致！

文学是革命的前驱——在革命的时代必然有一个文学上的黄金时代——这样的主张我们也是时常听见的。

我们且先从历史上来求它的证据罢。譬如1789年法国革命之前产生了不少的文学家，如象佛尔特尔，如象卢梭，他们都是划时代的人物，而且法国革命许多批评家和历史家都是说由他们唤起来的。又譬如1917年的俄国革命也是一样。在俄国革命未成功之前，俄国正不知道产生了多少文豪，这其中反革命的当然不能说是没有，然而勇敢地作为革命的前驱，不亚于法国佛尔特尔和卢梭的也正指不胜屈。

回头再说到我们中国罢。譬如周代的变风变雅和屈子的离骚，都是在革命时期中所产生出的千古不磨的文学。而每当朝代换易，一些忠臣烈士所披沥的血泪文章，至今犹传诵于世的，我们也可以说指不胜屈的了。

是这样看来，文学和革命也并不是不能两立，而且是互为因果，有完全一致的可能。主张这种见解的人，自然不能说是全无根据。

那吗我们对于这两种不同的主张，怎么才可以解释呢？

同是一个问题而发出两种不同的主张，而且这两种主张都是证据确凿，都是很合理的。我们要怎样才可以解释呢？

这个问题好象是很难解决的问题，但是我们只要把革命的因子和文学的性质略略讨论一下，便不难迎刃而解了。

革命本来不是固定的东西，每个时代的革命各有每个时代的精神，不过革命的形式总是固定了的。每个时代的革命一定是每个时代的被压迫阶级对于压迫阶级的彻底反抗。阶级的成分虽然不同，反抗的目的虽然不同，然而其所表现的形式是永远相同的。

那吗我们可以知道，每逢革命的时期，在一个社会里面，至少是有两个阶级的对立。有两个阶级对立在这儿，一个要维持它素来的势力，一个要推翻它。在这样的时候，一个阶级当然有一个阶级的代言人，看你是站在那一个阶级说话。你假如是站在压迫阶级的，你当然会反对革命；你假如是站在被压迫阶级的，你当然会赞成革命。你是反对革命的人，那你做出来的文学或者你所欣赏的文学，自然是反革命的文学，是替压迫阶级说话的文学；这样的文学当然和革命不两立，当然也要被革命家轻视和否认的。你假如是赞成革命的人，那你做出来的文学或者你所欣赏的文学，自然是革命的文学，是替被压迫阶级说话的文学；这样的文学自然会成为革命的前驱，自然会在革命时期中产生出一个黄金时代了。

这样一来，我们可以知道文学的这个公名中包含着两个范畴：一个是革命的文学，一个是反革命的文学。

我们得出了文学的两个范畴，所有一切概念上的纠纷，都可以无形消灭，而我们对于文学的态度也可以决定了，文学是不应该笼统的反对，也不应该笼统的赞美的。这儿我们应该要分别清楚，我们无论是创作文学的人或者研究文学的人，我们是应该把自己的脚跟认定。每个时代的每种文学都有她的赞美人和她的反对人，但是我们现在暂且作为第三者而加以察观的批判的时候，究竟那一种文学真是应该受人赞美？那一种文学真是应该受人反对呢？我们要解决这个问题，在先有探求社会构成的基调和社会发展的形式之必要。

文学是社会上的一种产物，她的生存不能违背社会的基本而生存，她的发展也不能违背社会的进化而发展，所以我们可以说一句，凡是合乎社会的基本的文学方能有存在的价值，而合乎社会进化的文学方能为治的文学，进步的文学。

社会构成的基调究竟是在甚么呢？我敢相信，我们人类社会的构造是在求最大多数人的最大幸福。假使最大的幸福是被少数人垄断了的时候，社会生活是无从产生，而已成的社会也会归于瓦解。在这已成的社会中，最大多数的不幸的人一定要起而推翻这少数的垄断者，而别求一合乎这个构成原理的新的社会，这就是该个社会中的革命现象。

但是社会中的革命现象，自从私有财产制度产生以后是永远没有止息的，社会中的财富渐次垄断于少数人的手中，所以每次革命都要力求其平，而使大多数人得到平等的机会。所以社会进展的形式是辩证式（dialecties）的。就是甲的制度失掉了统制社会的权威，必然有乙的一种非甲的制度出而代替，待到时代既久非甲的乙渐次与甲调和而生出丙来，又渐次失掉了统制社会的权威，又必然有非丙的丁出而代替。如此永远代替，永远进展起去，其根基都在求大多数人的幸福的生活。所以在社会的进展上我们可以得一个结论，就是凡是新的总就是好的，凡是革命的总就是合乎人类的要求，合乎社会构成的基调的。

　　据这样看来，我们可以说凡是革命的文学就是应该多赞美的文学，而凡是反革命的文学便是应该受反对的文学。应该受反对的文学我们可以根本否认她的生存，我们也可以简切了当地说她不是文学。大凡一个社会在停滞着的时候，那时候所产生出来的文学都是反革命的，而且同时是全无价值的。我们中国的八股，试帖诗，滥四六调的文章之所以全无价值，也就是这个原故了。

　　那吗我们可以归纳出一句话来：就是文学是永远革命的，真正的文学是只有革命文学的一种。所以真正的文学永远是革命的前驱，而革命的时期中总会有一个文学的黄金时代出现。

　　所以我在讨论文学和革命的关系的时候，我始终承认文学和革命是一致的，并不是对立的。

　　文学和革命是一致的，并不是对立的。

　　何以故？

　　以文学是革命的前驱，而革命的时期中永会有一个文学的黄金时代出现故。

　　那吗文学何以能为革命的前驱，而革命的时期中何以会有一个文学的黄金时代出现呢？这儿是我们应该讨论的第二步的问题。

　　大凡的人以为文学是天才的作品，所以能够转移社会。这样的话太神秘了，我是不敢附和的。天才究竟是甚么，我们实在不易捉摸。我看我们在这儿不要在题外生枝了，我们让别人拿去作恭维的话柄，我们让别人拿去作骂人的工具罢。我们要解决这个问题，另外当求一种比较不神秘的合乎科学的根据。

　　我们人类的气质（Temperament）是各有不同的，从来的学者大别分为四种：一种是胆汁质（choleric），一种是神经质（melancholic），一种是多血质（sanguinic），一种是粘液质（phlegmatic）。神经质的人感受性很锐敏,而他的情绪的动摇是很强烈而且能持久的。这样的人多半倾向于文艺。因为他情绪的动摇强而且持久,所以他只能适于感情的活动而且是静的活动。因为他的感受性锐敏,所以一个社会临到快要变革的时候,在别种气质的人尚未十分感受到压迫阶级的凌虐,而他已感受到十二分,经他一呼唤出来,那别种气质的人也就不能不继起响应了。文学能为革命前驱的,我想怕就在这儿。文学家并不是能够转移社会的天生的异材,文学家只是神经过敏的一种特殊的人物罢了。

文学在革命时代能够兴盛的原故也可以同用心理学上的根据来说明。

我们知道文学的本质是始于感情终于感情的。文学家把自己的感情表现出来,而他的目的——不管是有意识的或无意识的——总是在读者心中引起同样的感情作用的。那吗作家的感情愈强烈愈普遍,而作品的效果也就愈强烈愈普遍。这样的作品当然是好的作品。一个时代好的作品愈多,就是那个时代的文学愈兴盛的表现。革命时代的希求革命的感情是最强烈最普遍的一种团体感情,由这种感情表现而为文章,来源不穷,表现的方法万殊,所以一个革命的时期中总含有一个文学的黄金时代了。

更进,革命时期是容易产生悲剧的时候,被压迫阶级与压迫者反抗,在革命尚未成功之前,所有一切的反抗都是要归于失败的。阶级的反抗无论由个人所代表,或者是由团体的爆发,这种个人的失败史,或者团体的失败史,表现成为文章便是一篇悲剧。而悲剧在文学的作品上是有最高级的价值的,革命时期中容易产生悲剧,这也就是革命时期中自会有一个文学上的黄金时代的第二个原因了。

以上我把革命和文学的关系略略说明了。这儿还剩着一个顶大的问题,就是所谓革命文学究竟是怎么样的文学,就是革命文学的内容究竟怎么样。

这个问题我看是不能限制在一个时代里面来说话的。社会进化的过程中,每个时代都是不断地革命着前进的。每个时代都有每个时代的精神,时代精神一变,革命文学的内容便因之而一变。在这儿我可以得出一个数学的方式,便是

$$革命文学 = F（时代精神）$$

更简单地表示的时候，便是

$$文学 = F（革命）$$

这用言语来表现时，就是文学是革命的函数。文学的内容是跟着革命的意义转变的，革命的意义变了，文学便因之而变了。革命在这儿是自变数，文学是被变数，两个都是 XYZ，两个都是不一定的。在第一个时代是革命的，在第二个时代又成为非革命的，在第一个时代是革命文学，在第二个时代又成为反革命的文学了。所以革命文学的这个名词虽然固定，而革命文学的内涵是永不固定的。

我们现在请就欧洲的文艺思潮来证明革命文学的进展罢。

欧洲的文艺思潮发源于希腊，希腊的人本主义输入罗马而流为贵族的享乐主义，在590年，罗马法王恪雷戈里一世即位之前，罗马皇帝及其贵族们的专擅，淫奢，使一般的民众不能聊生，而生出厌世的倾向。应时而起者便是基督教的禁欲主义。所以在当时的革命是第二阶级的僧侣对于第一阶级的王族的革命，而在文学上的表现便是宗教的禁欲主义的文学对于贵族的享乐主义的文学的革命。宗教的禁欲主义的文学在当时便是革命文学。

宗教渐渐隆盛起来，第二阶级的僧侣多与第一阶级的王族渐渐接近，渐渐妥协，渐渐狼狈为奸，禁欲主义与享乐主义苟合而产生出形式主义来。形式主义在文学上最鲜明的表现便是所谓古典主义。在这时候与第一阶级和第二阶级的联合战线相反抗的，便是一般被压迫的第三阶级的市民。当时一般的市民失掉了个性的自由，在两重的压迫之下行将窒息，所以一时个人主义和自由主义的思潮应运而起，滥觞于意大利之文艺复兴，而爆发于1789年之法兰西大革命。这时候在文艺上的表现便是浪漫主义对于形式主义的抗争。浪漫主义的文学便是最尊重自由，尊重个性的文学，一方面要反抗宗教，而同时于别方面又要反抗王权，意大利文艺复兴期中的诸大作家，英国的莎士比亚，米尔顿，法国的佛尔特尔，卢梭，德国的歌德，许尔雷，都可以称为这一派文学的伟大的代表。这一派文学，在精神上是个人主义自由主义，在表示上是浪漫主义的文学，便是十七八世纪当时的革命文学。

然而第三阶级抬头之后，以个人主义自由主义为核心的资本主义渐渐猖獗起来，使社会上新生出一个被压迫的阶级，便是第四阶级的无产者。在欧洲的今日已经达到第四阶级与第三阶级的斗争时代了。浪漫主义的文学早已成为反革命的文学，一时的自然主义虽是反对浪漫主义而起的文学，但在精神上仍未脱尽个人主义与自由主义的色彩。自然主义之末流与象征主义神秘主义唯美主义等浪漫派之后裔均只是过渡时代的文艺，她们对于阶级斗争之意义尚未十分觉醒，只在游移于两端而未确定方向。而在欧洲今日的新兴文艺，在精神上是彻底表同情无产阶级的社会主义的文艺，在形式上是彻底反对浪漫主义的写实主义的文艺。这种文艺，在我们现代要算是最新最进步的革命文学了。

我们这样把欧洲文艺思潮的进展追踪起来，可以知道革命文学在史实上也的确是随着时代的精神而转换的。前一个时代有革命文学出现，而在后一个时代又有革革命文学出现，更后一个时代又有革革革命文学出现了。如此进展以至于现世，为我们所要求的革命文学，其内容与形式是很明了的。凡是表同情于无产阶级而且同时是反抗浪漫主义的便是革命文学。革命文学倒不一定要描写革命，赞扬革命，或仅仅在文章上多用些炸弹，手枪，干干干等字样。无产阶级的理想要望革命文学家点醒出来，无产阶级的苦闷要望革命文学家实写出来。要这样才是我们现在所要求的真正的革命文学。

现在再说到我们自己本身上来。我们自己处在今日的世界，处在今日的中国，我们自己所要求的文学是那一种内容呢？

我看我们的要求和世界的要求是达到同等的地位了。资本主义逐渐发展，看看快要到了尽头，遂由国家的化而为国际的。资本主义的国际化便是我们现刻受着压迫而力谋打倒的帝国主义。随着资本主义的国际化而发生的，便是阶级斗争的国际化，所以我们的打倒帝国主义的要求，同时也就是对于社会主义的一种景仰。我们现在除反抗帝国主义的工作外，当然也还有许许多多的国民革命的工作，但在我看来，我们对内的国民革命的工作，同时也就是对外的世界革命的工作。譬如我们中国的军阀，他们完全是由帝国主义派生出来的，他们的军饷是帝国主义的投资，他们的军火是帝国主义的商品，他们的爪牙兵士是帝国主义破坏了我们中国固有的手工业，使一般的人陷为游民，而为他们驱遣去的鱼雀。所以我们要彻底打倒军阀，根本也非彻底打倒帝国主义不行；所以我们的国民革命同时也就是世界革命。我们的国民革命的意义，在经济方面讲来，同时也就是国际间的阶级斗争。这阶级斗争的事实（须要注意，这是一个事实，并不是甚么人的主张！）是不能消灭的。我们中国的民众，大都到了无产阶级的地位了，表同情于民众，表同情于国民革命的人，他们根本上不能不和帝国主义反抗。不表同情于民众，不表同情于国民革命的人，如象一些军阀、官僚、买办、劣绅等等，他们结局会与帝国主义联成一线来压迫我们（实际上已经做到这步田地的了）。那吗我们的革命，不根本还是以无产阶级为主体的力量对于他们有产阶级的斗争吗？所以我们的国民的或者民族的要求，归根是和他们资本主义国度下的无产阶级的要求完全一致。我们要要求从经济的压迫之下解放，我们要要求人类的生存权，我们要要求分配的均等，所以我们对于个人主义的自由主义要根本铲除，我们对于浪漫主义的文艺也要取一种彻底反抗的态度。

青年！青年！我们现在处的环境是这样，处的时代是这样，你们不为文学家则已，你们既要矢志为文学家，那你们赶快要把神经的弦索扣紧起来，赶快把时代的精神提着。我希望你们成为一个革命的文学家，不希望你们成为时代的落伍者，这也并不是在替你们打算，这是在替我们全体的民众打算。彻底的个人的自由，在现代制度之下也是求不到的，你们不要以为多饮得两杯酒便是甚么浪漫的精神，多诌得几句歪诗便是甚么天才的作者，你们要把自己的生活坚实起来，你们要把文艺的主潮认定！你们应该到兵间去、民间去、工厂间去、革命的漩涡中去，你们要晓得我们所要求的文学是表同情于无产阶级的社会主义的写实主义的文学，我们的要求已经和世界的要求是一致，我们昭告着我们，我们努力着向前猛进！

民国十五年四月十三日草成于广州

（原载1926年5月16日《创造月刊》第1卷第3期）

英 雄 树

麦克昂

广东有一种热带性的植物名叫木棉。它的发育非常的迅速，只消三五年便可以成为参天的大木，压倒周围的群树。

这种树木的外形有一种特征，便是它的本干是笔直的向空中发展，它的旁枝是成为一种轮形在一个平面内向周围辐射。大概看出它有好多枝轮，便可以定出那树木的年龄了。不过这种特征，要在年轻的树上才可以看见，如是多年的老木，便不免要呈出异态，因为受了外界的影响。

这树木，因为它发展得迅速，并因它外形的堂皇，广东人又叫它做英雄树。它的外观，它的成长，委实也像个英雄的样子。

到了二三月的时候，英雄树在它裸体的枝干上会开出一种如像蓬花一样赤色的花朵。这也可以说是一种奇观：在若许的大木上能够开花，并且在木棉成林的地方，如一带的远山或一望的平原，简直会成为一片赤化的世界。

不过这赤花不久就要谢落了，树上在不知不觉之间要结起棉子来；一到六七月的时份，棉子破裂了，白絮到处翻飞，恼人的呼吸器，沾人的衣裳，尤其是玷损时装女子的头发。赤化的世界成为白色恐怖的世界。

这英雄树的棉絮是没有用处的，尤其没有用处的是它的木材。因为它的发展太快，木质是非常的疏松，不消说在建筑上是不能够使用，就是把来当做柴烧也不能够经火，简直是大而无用的长物。

朋友们哟，你们可以知道这英雄树的梗概了罢？你看它是在象征什么？内质十分疏松，只是图向外的发展，而发展又非常的迅速。虽然也开过一次赤花，然而不久即变成白色恐怖的世界。

*

齿还齿，目还目。

文艺界中应该产生出些暴徒出来才行了。

我们以前都是抱的君子式的态度，只是受动地受别人的冷嘲热骂，明枪暗箭，一点也不想还手。这种无抵抗主义的态度是他们自命为无政府主义者所主张的，然而他们的行动却是彻底抵抗主义，他们不仅是睚眦必报，而且箭上还要加毒，坦克车上还要加绿气炮。

我们也把毒来加上罢，把绿气炮来加上罢！

不仅齿还齿，目还目，我们还要一齿还十齿，一目还十目！

*

文艺是应该领导着时代走的，然而中国的文艺落在时代后边尚不知道有好几万万里。

个人主义的文艺老早过去了，然而最丑猥的个人主义者，最丑猥的个人主义者的呻吟，依然还是在文艺市场上跋扈。

——酒哟……悲哀哟……我的老七老八哟……

好不漂亮的 important 的颓废派！

*

大地的最深处有极猛烈的雷鸣。

那是——Gonnon——Gonnon——Gonnon

——Baudon——Baudon——Baudon

你们听见了没有？

你们的王宫，你们的象牙塔，你们的老七老八的铜柱床，会要倒塌了。

代替你们而起的新的文艺斗士快要出现了。

你们不要乱吹你们的破喇叭，暂时当一个留声机器罢！

*

当一个留声机器——这是文艺青年们的最好的信条。

你们不要以为这是太容易了,这儿有几个必要的条件:
第一,要你接近那种声音,
第二,要你无我,
第三,要你能够活动。
你们以为是受了侮辱么?
那没有同你说话的余地,只好敦请你们上断头台!
*

人有口舌便有话说;
社会上有无产阶级便会有无产阶级的文艺。
有人说:要无产阶级革命成功,才有真正的无产阶级的文艺出现。
这犹如说:要饭煮熟了,才有真正的米谷出现。
有人说:要无产阶级自己做的才是无产阶级的文艺。
这是反革命的宣传,不管他是有意识的,或者无意识的。
这犹如"反对非工人组织工会!"
*

无产阶级的文艺是倾向社会主义的文艺。
我说"倾向!"——因为社会主义还没有实现,所以才有阶级;因为要求社会主义的实现,所以才巩固无产阶级的大本营以鼓动革命。
这种革命的呼声便是无产阶级的文艺!
只要你有倾向社会主义的热诚,你有真实的革命情趣,你都可以来参加这个新的文艺战线。
你是产业工人固然好,你不是产业工人也未尝不好。
*

无产阶级革命成了功,便是无产阶级的消灭;因为一切阶级的对立都已消灭。
阶级都已消灭了,那还有阶级文艺产生呢?
*

阶级文艺是途中的文艺。
她是一道桥——不必是多么华美的桥——架设到彼岸。
*

彼岸!

彼岸有彼岸的文艺，或许同睡在妓女怀中所做的梦差不多；
但她是现实的。
赶快造桥，不要做梦！
*

大概是因为思想上的分化罢？现在有好些旧日的朋友和我们脱离，而且以戈矛相向了。
好的，这是很好的现象。
我们大家脱去感伤主义的灰色衣裳，请来堂堂正正地走上理论斗争的战场。
有笔的时候提笔，有枪的时候提枪。——这是最有趣味的生活。
*

文艺界太和时代脱离，这里的原因是：
第一，文艺家的生活太固蔽了；
第二，文艺家的思想太固蔽了。
思想是生活的指路碑。
文艺家哟，请彻底翻读一两本社会科学的书籍罢。
你们请跳出你们的生活圈外来旅行，并请先读一两本旅行指南。
*

你们要睡在新月里面做梦吗？
这是很甜蜜的。
但请先造出一个可以睡觉的新月来。
*

你们要在花园里面醉赏玫瑰花吗？
花园是荒废了，酒是酸败了，玫瑰花是凋谢了。
不要追念往时的春天，请先造出一瓶美酒，一座花园罢。
你们不消说是要有一个爱人，而且要把她藏在金屋子里面的罢？
但是世间上的爱人通同藏在别人的金屋子里面去了；
你们最好还是先把金屋子夺来，再来做藏娇的事业罢。
*

请分析你们的爱人的梦：
……宝石……丝袜……高跟鞋……时装……

……金山苹果……巧克力糖……
……汽车……钢琴……跳舞场……
……波斯兽毯……鸭绒被……钢丝床……

*

你为你的爱人实现她的梦罢。
爱奢华是人的本性。
理想的世界是人欲横流的世界。
造出一个人欲可以横流的世界来罢。
愿天下有情人都能够实现他爱人的梦。

（寄自日本）

（原载1928年1月1日《创造月刊》第1卷第8期）

《水平线下》原版序引

郭沫若

这本小册子的编辑是很驳杂的，有小说，有随笔，有游记，也有论文。但这些作品在它们的生成上是有历史的必然性的。

这儿是以"五卅"为分水岭。第一部的《水平线下》是"五卅"以前1924年与1925年之交的私人生活（除开《百合与番茄》一篇多少包含着注释的意义编在这儿外），及社会对于我的一种清淡的，但很痛切的反映。

这是暴风雨之前的沉静，革命的前夜。

没有眼泪的悲哀是最痛苦的，一看好像呈着一个平静的，冷淡的面孔，但那心中，那看不见的心中，却有回肠的苦痛。

第二部的《盲肠炎》便大多是"五卅"以后的关于社会思想的论争。这儿在前本预计着还有更多的述作要继续发表的，但在1926年的3月我便南下从事实际工作去了。

我自从从事实际工作以后，在一个长时期内，不惟文艺上的作品少有作，便是理论斗争的工作也差不多中断了。这个长时期可以说是我的石女时代。

但是石头终有开花的时候，至少是要迸出火花来的。

火山爆发的时期怕已不远了。

在这部书里面具体的指示了一个 intelligentsia 处在社会变革的时候，他应该走的路。

这是一个私人的赤裸裸的方向转换。

但我们从这一个私人的变革应该可以看出他所处的社会的变革——"个"的变革只是"全"的变革的反映。

雀鸟要飞跃的时候，它总要把身子放低。

这儿是飞跃的准备。

飞跃罢！我们飞向自由的王国！

1928年2月4日，上海

（选自1928年《水平线下》）

文艺战线上的封建余孽

——批评鲁迅的"我的态度气量和年纪"

杜 荃

（一）发　　端

鲁迅的文章我很少拜读，提倡趣味文学的"语丝"更和我没缘。最近友人寄了一册四卷十九期的"语丝"给我，我读了鲁迅的一篇随感录，就是"我的态度气量（器量？）和年纪"。

（二）未读以前的说话

在未读这篇随感录以前我的鲁迅观是：

大约他是一位过渡时代的游移分子。他对于旧的资产阶级的意识已经怀疑，而他对于新的无产阶级的意识又没有确实的把握。所以他的态度是中间的，不革命的——更说进一层他或者不至于反革命。

这种观察我想现时代的青年一定有许多和我抱着同感的。

就是鲁迅自己怕也在把这种所谓超越感来自己满足的罢？——"这是'不革命'的好处，应该感谢自己的。"

然而不幸得很——

（三）既读以后的说话

我读了他那篇随感录以后我得了三个判断：

第一，鲁迅的时代在资本主义以前（Präe＝Kapitalis-tisch），更简切的说，他还是一个封建余孽。

第二，他连资产阶级的意识形态（Bürgerliche Ideologie）都还不曾确实的把握。

第三，不消说他是根本不了解辩证法的唯物论。

以下我们请把他的话来引证罢。

（四）第一判断的引证

鲁迅说：

"我自信对于创造社，还不至于用了他们的籍贯，家族，年纪，来作奚落的资料。"

这是最关紧要的一个眼目。

鲁迅先生这个所以张脉偾兴要起来"直道而行"，就是因为创造社用了他的"籍贯，家族，年纪，来奚落"了他呀！

创造社怎样奚落了他呢？

A. 关于籍贯的

"他们因为我生在绍兴，绍兴出酒，便说'醉眼陶然'……"

B. 关于家族的

"我有兄弟，自以为算不得就是我'不可理喻'，而这位批评家（指成仿吾）于《呐喊》出版时，即加以讥刺道：'这回由令弟编了出来，真是好看得多了。'这传统直到五年之后，再见于冯乃超的论文，说是'无聊赖地跟他弟弟说几句人道主义的美丽的说话。'我的主张如何且不论，即使相同，何以说话相同便是'无聊赖地'？莫非一有'弟弟'，必须反对，一个讲革命，一个即该讲保皇，一个学地理，一个就得学天文吗？"

C. 关于年纪的

"因为我年纪比他们大了，便说'老生'……。"

还有

D. 关于身体的之预测

"幸而我年青时没有真上战线去，受过创伤，倘使身上有了残疾，那就又添一件话柄，现在真不知道要受多少奚落哩。"

你看，这是多么天大的一回事。这便动了我们鲁迅先生的"直道"，要抖擞精神起来"战""战""战"了。

无奈一个人自以为我是这样的，别人不必便以为你是那样。

在我们看来鲁迅先生所罗列的一篇伤心话，可怜只像一位歇斯迭里女人的悲诉，无怪乎弱水先生要说他"态度太不兴，气（器？）量太窄了。"

其实这不仅是态度和器量的问题——

（五）问题的展开

问题是：

像这样尊重籍贯，尊重家族，尊重年纪，甚至于尊重自己的身体发肤，这完全是封建时代的观念！

到这资本主义的时代，这种种观念是已经打破了的，科学的研究家还晓得把遗传，地域，时代的几个要件作为研究一个人的对象，这虽然还是一种观照的唯物论，但比偶像崇拜狂的封建思想是大有进步的。

然而鲁迅连这种观念形态都还不曾把握，而他还固执着偶像崇拜狂的时代。

凡为遗传，地域，时代相同的人大抵是不出一个窠臼。不幸得很，令我也要连想到他的兄弟来了。

（六）一个插话

在五六年前一位无政府主义的盲诗人爱罗新珂到中国的时候，鲁迅兄弟是很替他捧场的。

这位盲诗人有一次去看北大学生演剧，他还看（？）出了那舞台上的种种缺点。

这是很有趣味的一段逸事。这诗人假使不是真盲；那就是他（或者翻译者）所用的字汇太疏忽了。

结果果然有一位北大学生提出抗议，在晨报附刊做了一篇爱罗新珂的盲视（题目是否这样我记不确实了）。

这便恼怒了我们那位周作人大师。他大发雷霆，责骂那位学生，说不该拿别人身上的残疾来作奚落的资料。……

你看这是多么"相同的气类"呢？

"这传统直到五（六）年以后，再见于"鲁迅先生的随感！

（七）第二判断的引证

鲁迅连自然科学的唯物论都还不曾彻底的克服，这在上面是已经论断了的。我现在再引几处来证明：

A."莫非一有'弟弟'必须反对，一个讲革命，一个即该讲保皇，一个学地理，一个就得学天文吗？"

天文和地理是"反对"的，这是鲁迅先生的自然科学观，这已经滑稽到不可思议；保皇和革命是"反对"的，这更表明了鲁迅的时代。

鲁迅的头脑还在满清末年，在那时候保皇和革命是视为"反对"的。其实这只是皮相的观察。

满清末年的改革是中国封建制度向资本制度的推移。表现在政治生活上的过程是要求立宪（资产阶级的德模克拉西），是产业救国（产业的社会化——富国强兵）。

当时的保皇党人——一般是以梁任公为代表，他根本上是一个德模克拉西的论客，和当时的所谓革命领袖一样。他们所不同的只是一个在主张君主立宪，一个在主张民主立宪，然而同一是立宪论者，同一是富国强兵论者，他们都是资产阶级（在当时是革命的阶级）的代言人。

这就和英日的君主立宪和美法的民主立宪同一是帝国主义者一样，想来到了现在总不会再有那样的"思想的权威者"，会以英日和美法的制度是"反对"的罢？

B."个人主义者和社会主义者往往都反对资产阶级。"

社会主义根本反对资产阶级,并不是"往往",至于个人主义者反对资产阶级则未之前闻——或许是个人无政府主义者的笔误罢?

资产阶级的意识根本就是个人主义。鲁迅先生,可惜你还不曾知道。

(八)第三判断的引证

连资产阶级的意识形态都还不曾了解的人,当然更说不上无产阶级的意识形态。鲁迅在此也正好做一个证明。

请看他说的话。

A."林琴南先生是确乎应该想起的,他后来真是暮年景象,因为反对白话不能论战,便从横道儿做一篇影射小说,使一个武人痛打改革者,——说得'美丽'一点,就是神往于'武器的文艺'了。"

这是等于在说:石器时代的是应该想起的,石器时代用石器杀人,电气时代用电流杀人,同一是武器,以石器是等于电流,新还是等于旧。

也是等于在说:吃牛的老虎是应该想起的,老虎吃牛,牛格老虎,同一是用器斗争,所以牛角是等于虎爪,老虎还是等于牛。

"旧的和新的,往往有极其相同之点——如:个人主义者和社会主义者往往都反对资产阶级,保守者和改革者往往都主张为人生的艺术,都讳言黑暗,棒喝主义者和共产主义者都厌弃人道主义等——"

前一个时代为肯定自己的肯定而反对,后一个时代为否定自己的否定而反对,这种唯物的辩证法,超资产阶级的鲁迅先生那里会梦想得到!

不过他算学习了一个很简的几何公理就是:

$$A=B \quad B=C \quad \therefore A=C$$

这是自然科学的唯物论一个极简单的例子,这里面是没有包含"历史"或者发展的意义的。

所以在鲁迅先生看来,就是

旧＝新
个人主义＝社会主义
保守者＝改革者
棒喝主义＝共产主义

他自己的立场呢？是资产阶级？是为艺术的艺术家？是人道主义者？

否，否，否，不是，不是，不是！

你看他说：

"但我以为'老头子'如此，是不足虑的，他总比青年先死。林琴南先生早就已死去了。可怕的是将为将来柱石的青年，还像他的东拉西扯。"

所以个人主义者保守者棒喝主义者是"不足虑的"，"可怕"的是社会主义者改革者共产主义者的青年。

这些青年一时还不会死，然而又"可怕"，这怎么办呢？这是好叫他比"老头子"早死了！

杀哟！杀哟！杀哟！杀尽一些可怕的青年！而且赶快！

这是这位"老头子"的哲学，于是乎而"老头子"不死了。"林琴南先生"果真"早就已死去了"吗？还有我们鲁迅先生"想起"呢！

"于是归根结蒂，分明现出 Facistist（写错了呀！应作 Fascist）本相了。"

B."我和西滢长虹战，他（指弱水先生）虽然看见正直，却一声不响，今和创造社战，便只看见尖酸，忽然显战士身（？——疑落——"手"字）而出现了。"

"这位隐姓埋名的弱水，"虽然经过鲁迅先生"影射"了一番，但我们还是不知道是那一个，在现在"Facistist"当权的时候，谁个反对派能够用出自己的真姓本名呢？这位弱水先生大约就是反对派的一个。那吗你和西滢长虹战，他为甚么要为你响一声呢。

猩猩和猩猩战，人可以从旁批判它们的曲直，谁个会去帮助那一个猩猩？

帝国主义者间因利害冲突而战，弱小民族可以从旁批判它们范围内的曲直，谁个会去帮忙那一个帝国主义者？

但是猩猩要同人战，帝国主义者要同弱小民族战，那就不同，那没有曲直可用待言，只有结紧联合战线。

这有甚么大惊小怪，值得你来"影射"，值得你来"指明"？

阶级的分化已经很尖锐了，弱水先生当然"是创造社那一面的"。"也还是因为这位弱水先生是不和他们（指西滢长虹）同系，同社，同派，同流……。"

倒亏你知道了啦，但有甚么裨益呢？你以为那是片面之辞，就可以掩盖你的对于时代的盲目，落后，反动了吗？

你看，他那四同而加一串虚点的表示法，他是在那里面感觉着多么浓厚的滑稽味，讽刺味，轻蔑味哟！在我们超资本阶级的鲁迅先生，那是只好讲同宗，同寅，同乡，同僚，同窗。同帮，同泽，同袍……啦！

（九）结　　尾

鲁迅先生的时代性和阶级性，就此完全决定了。

他是资本主义以前的一个封建余孽。

资本主义对于社会主义是反革命，封建余孽于社会主义是二重的反革命。

鲁迅是二重性的反革命的人物。

以前说鲁迅是新旧过渡期的游移分子，说他是人道主义者，这是完全错了。

他是一位不得志的 Fascist（法西斯谛）！

1928年，6月，1日

（原载1928年8月10日《创造月刊》第2卷第1期）

文学革命之回顾

郭沫若

一

中国近年来的文学革命，一般人的认识以为是由文言文改变为白话文，有的更兢兢于在那儿做《白话文学史》，其实这是最肤浅、最皮相的俗见。白话文不始于近代，更切实的说，则凡各国文字的起源——即是最古最奥的"死文学"——本来都是白话，都是当时的白话。所以白话文的抬头不足为文学革命的表示；历来用白话所写的文字，如宋儒的语录、元明的词曲、明清的小说，也不是我们现代的文学。

我们眼目中的所谓文学革命，是中国社会由封建制度改变为近代资本制度的一种表征。社会的经济制度是一切社会组织及一切观念体系的基础。基础一动摇，则基础上面的各种建筑便随之而崩溃。中国自秦汉以来，物质的生产力固定在封建制度之下，已经二千多年。二千多年的社会组织，虽然屡屡在改朝换代，然而所谓天经地义的纲常，伦教，依然象一条两栖动物的脊骨。蝌蚪变成了青蛙，尾子虽然断了，实际上并没有甚么区分。二千多年来的旧文学要亦不过如是，尽管花样繁多，说来说去不外是一套伦常的把戏？所以至猥亵的小说结果总是福善祸淫，至叛逆的传奇结果总是封侯挂印。再则成神成仙，成僧成佛，在表面上好象超脱了现实世间的权势，然其骨子实亦不外在保持封建社会的和平，使现实世间的支配阶级固定。

固定了二千多年的封建社会，一接受着外来的资本主义的袭击便天翻地覆了起来。大多数人的身上已经是机械生产的洋货，不再是毛蓝布大衫，所有大部分的手工业都已破产。新的产业虽然不多在中国人的手中，然而沿海都市以及交通便利的内地的都市，大都为外来的资本主义所被化。社会上的生产关系不再是从前的师傅与徒弟，而是近代的股东与工人。学校里的"人之初性本善"，变成了"甚么是那个？那个是一只狗"。诗书易礼的圣经贤传变成了声光电化的自然科学。举人进士的老爷夫子变成了硕士博士的教授先生。二三千年来的帝政，二三百年来的满人的统治，摇身一变而成为五族共和，原始的黄色大龙旗一变而为五条颜色的近代欧美式的幌子。社会上起了这样一个天变地异，文学上你要叫它不变，它却怎能不变呢？

古人说"文以载道"，在文学革命的当时虽曾尽力的加以抨击，其实这个公式倒是一点也不错的。道就是时代的社会意识。在封建时代的社会意识是纲常伦教，所以那时的文所载的道便是忠孝节义的讴歌。近世资本制度时代的社会意识是尊重天赋人权，鼓励自由竞争，所以这时候的文便不能不来载这个自由平等的新道。这个道和封建社会的道根本是对立的，所以在这儿便不能不来一个划时期的文艺上的革命。

这就是文学革命的真意义，所以它的意义是封建社会改变为资本制度的一个表征。白话文的要求只是这种表征中所伴随着一个因子，它是第二义的。因为有了这样的一种革命过程，便需要一种更平民更自由的文体来表现，它的表里要求其适合，所以第一义是意识的革命，第二义才是形式的革命。有了意识的革命，就用文言文来写那种革命的意识不失为时代的文学，譬如严几道用周秦诸子的文体来翻译斯宾塞的《群学肄言》、赫胥黎的《天演论》、亚丹斯密的《原富》，我们可以说那不是近代资本制度下的产品吗？林琴南用左孟庄骚的笔调来翻译多数英美的近代小说，我们可以把那些译品杂侧在宋元人的小说里面吗？反之，如基督教的《新旧约全书》大多是用白话翻译的，而且还有苏白、甬白、闽白、粤白……，白到白无可白，然而我们能够把它们认为代表文学革命的文学吗？所以文言文不必便是不革命或反革命，白话文不必便是革命。文言自身是有进化的，白话自身也是有进化的。我们现在所表示的文字，自然有异于历来的文言，而严格的说时，也不是历来所用的白话。封建时代的白话是不适宜于我们的使用的，已成的白话大多是封建时代的孑遗。时代不断的在创造它的文言，时代也不断的在创造它的白话，而两者也不断的在融洽，文学家便是促进这种创化、促进这种融洽的触媒。所以要认识文学革命的人第一须打破白话文与文言文的观念。兢兢于固执着文言文的人固是无聊，兢兢于固执着所谓白话文的人也是同样的浅薄。时代把这两种人同抛撇在了潮流的两岸。

二

文学革命是资产阶级革命的一种表征，所以这个革命的滥觞应该要追溯到满清末年资产阶级的意识觉醒的时候。这个滥觞时期的代表，我们当推数梁任公。梁任公本是一位文化批评家，他在文学上虽然没有多少建树，然而近代资产阶级的意识，他是把捉着的。他的许多很奔放的文字，很奔放的诗作，虽然未摆脱旧时的格调，然已不尽是旧时的文言。在他所受的时代的限制和社会的条件之下，他是充分地发挥尽了他的个性，他的自由的。其他如严几道、林琴南、章行严诸人都是这个时期的人物。林与章在几年前反对白话文的运动非常剧烈，其实他们自己在文言文的皮毛之下，不识不知之间已经在做离经叛道的勾当。譬如普通所称为最反动的章行严，你在他的文字中可以找出一句孔大圣人所极端表彰的"忠君"的字样来吗？他虽然要极端的恭维段执政，他似乎还不曾表示过要拥护宣统小儿皇帝，如象《宣统皇帝与胡适之》的那种受宠若惊的臭文字，他似乎还不曾做过。他在二十年前所做的《初等文典》（后改名为《中等文典》），其简洁精富之处远在《马氏文通》之上，在当时要算是充分的表现了近代精神。他的文章要讲文法，要讲逻辑（"逻辑"一语便是出于他的翻译），虽是文言，然已决不是以前的文言。这个时代性我们是绝对不能抹杀的。所以在阶级的立场上看来，胡适之无殊于章行严，章行严亦无殊于梁任公，虽然他们的花样不同，党派稍稍也有点差别，然而他们同一是资产阶级的代言人！他们有时候也在互相倾轧抨击。那是他们的封建思想的沾染还没有清算干净。

大抵在滥觞时期中，近代文学的面影还是一个潜流，还没有十分表现出沙面。那个时期中的人每每视文学为余技，无暇顾及，也不愿意顾及，不过他们东鳞西爪的也有一些表现（这一方面的资料让有心编纂一部公平的近代文学史的人去搜集）。在这个时期之内也有些用白话写出来的小说，如《官场现形记》，如《孽海花》，如《老残游记》，在文学上虽不必有多少价值，然在时代性上，在历史上，则仍有它们的位置。它们在对于封建社会的暴露上，在对于近代社会的期望上，那与封建社会中所产生出的《水浒传》、《西游记》、《红楼梦》、《镜花缘》、《儒林外史》等迥然不同。近来嗜谈白话文学的人对于封建时代的几部旧小说极力加以表彰，而对于封建社会崩溃期中的几种暴露小说却置诸度外，这可以说是那表彰者的数典忘祖，也可以证明那表彰者的头脑受封建社会的毒染实在并未清除。甚么"整理国故"、甚么"新式标点"，要之不外是把封建社会的巩固统治权的旧武器，拿来加以一道粉饰，又利用为巩固资产阶级的统治权的新武器而已。

　　文学革命的泉水过了一段长久的伏流时期，在五四运动（1919年）的前后才突然爆发了出来，成了一个划时期的运动。主持这个运动的机关，谁也知道是《新青年》，主持《新青年》的人谁也知道是陈独秀。陈独秀本来并不是一个文学家，他的行径和梁任公、章行严相同，他只是一个文学批评家，或者是文化运动的启蒙家。他起初其实也不外是一个资产阶级的代言人。对于封建社会的旧文化的抨击，梁任公、章行严辈所不曾做到乃至不敢做到的，到了《新青年》时代才毅然决然的下了青年全体的总动员令，对于文化阵地全线开始了总攻击，突击、冲锋、呐喊、鏖战，随处的尖端都放出火花，随处的火花都发展成燎原的大火。基础已经丧失了的统治了中国几千年来的"古先圣王之道"，到这时在新兴的青年间真如摧枯拉朽一样，和盘倒溃了下来，出现了一个旧时代的人所痛心疾首的洪水猛兽时代，新时代的人所讴歌鼓舞的黄金时代。

　　但这个黄金时代委实是黄金说话的时代！我们现在要认识明白——只有现在的我们才能认识明白——那时的那个文化运动其实就是资本社会和封建社会的意识上的斗争。我们大家应该都还记得《新青年》所尊奉的两位导师：一位是德先生的"德谟克拉西"（Democracy），其他一位是赛先生的"赛因士"（Scie-nce）。这德、赛二位先生正是近代资本社会的二大明神。德先生的德业是在人权的尊重，万民的平等；赛先生的精神是在传统的打破，思索的自由。更简切了当的说，《新青年》的精神仍不外是在鼓吹自由平等。前一时期的自由平等的要求偏重在政治上、法律上，这一时期的自由平等的要求进展到思想上文艺上来。这是必然有的步骤。由文化本身来说，政治法律和社会的经济基础逼近，所以基础一动摇，政治、法律便不能不发生动摇。思想道德文艺等在上层建筑中比较更上一层，所以它们的影响总要稍稍落后。更以产生文化者的主体来说，便是资产阶级在政治斗争上夺到了统治权之后，它第二步便要在思想上道德上文艺上、一切的观念体系上来建设适合于它的统治，使它的统治权可以巩固的各种亭台。《新青年》所做的工作就是这一步——替资本社会建设上层建筑的这一步！这一点并不是有意要替它夸张，也不是有意要把它倒折，它不折不扣的就走到这一步。《新青年》中所有的一个局部战线，文学革命，不折不扣的也就只是这一步的革命。

《新青年》上关于文学革命的有两个口号，一个是"反对封建的贵族的文学"，又一个是"建设自由的平民的文学"（大意是如此，原文在字句间当稍有出入，有《新青年》的人可以就正，我现在手中没有这一类书）。这两句话表示得异常正确，所以正确的原因便是它们把那一个文学革命表示得异常精当。旧文学在精神上是封建思想，在形式上是贵族趣味；新文学在精神上是自由思想，在形式上应得反贵族趣味。所谓自由思想自然就是打破传统、尊重个性、鼓励创造，创造适合于新社会的新的观念体系，和各种新的观念的具象化。这根本是和旧有的封建思想的贵族文艺对立的。他在精神和形式两方都把这个对立道破了。不过这个对立是只存立在这个阶段上的，对于封建的所谓自由只是新兴资产阶级的自由，对于贵族的所谓平民是以新兴资产阶级的暴发户为代表，所以当年《新青年》所标榜的"自由的平民的文艺"，再进一个阶段仍不外是"新封建的新贵族的文艺"。这个自然是后话，但在《新青年》时代，这两句话的确是把当时的文学革命的性质和目标完全道穿了。

这儿自然应该提到一位胡适。幸，或者是不幸，是陈独秀那时把方向转换了，不久之间文学革命的荣冠差不多归了胡适一人顶戴。他提出了一些更具体的方案，他依据自己的方案也"尝试"过一些文学样的作品。然而严正的说，他所提出的一些方案在后来的文学建设上大抵都不适用，而他所尝试的一些作品自始自终不外是"尝试"而已。譬如他说"有甚么话说甚么话"，这根本是不懂文学的人的一种外行话。文学的性质是在暗示，用旧式的话来说便是要有含蓄，所以它的特长便在言语的经济，别人要费几千百言的，它只消一两句，别人要做几部文存的，它只消一两篇。"有甚么话说甚么话"的那样笨伯的文学，古往今来都不曾有，也不会有。又譬如他说的"不用典故"，这也不免是逐鹿而不见山。用典是修辞的一种妙技。新文学也有新文学的典故，即如胡适做文章也在引用孙悟空翻筋斗的典故，你可以知道他的话究竟正确不正确。他的其余的方案我现在不能逐条的复核，因为我的脑中没有记忆，而他替我们所保存的"史料"——《胡适文存》——也不入我的书橱。

　　总之，文学革命是《新青年》替我们发了难，是陈、胡诸人替我们发了难。陈、胡而外，如钱玄同、刘半农、鲁迅、周作人都是当时的急先锋，然而奇妙的是除鲁迅一个而外都不是作家。

三

　　然而中国资产阶级的革命是一个畸形的革命。中国的资产阶级在外来资本主义的束缚之下不容易达到它的应有的成长。外来的资本主义要把中国束缚成一个恒久的乡村，作为发泄他们过剩资本，过剩生产的尾闾，同时便是把中国作为世界革命的缓冲地，有中国这个庞大的乡村存在，世界资本主义的寿命便得以延长。在这个条件的束缚之下，所以中国资产阶级的革命永远只是一个畸形的，自满清末年的立宪运动一直到最近的军阀斗争，都是几组半封建资产阶级相互所演出的轩轾戏。中国挂着了共和的招牌已经将近二十年，所有共和政体的眉目你看它具备了没有？

　　这不是中国人没有运用近代政治的能力（外国人的口头禅如是，特别是日本），是立宪政体这个资本制度下的所谓近代政治的物质条件在中国不容易成熟。中国的一大部分依然是封建社会，而封建社会却在外来的资本主义的羽翼之下庇护着。中国的薄弱的资产阶级的势力受着内外的夹攻不能够遂行它的使命，而始终是萎缩避易以图其妥协的存在。

与资产阶级的势力成反比例的却是无产阶级的勃兴。资本主义的必然的因果是在它萌芽的一天同时便要发生出两个利害全然相反的对立的阶级，便是有产阶级与无产阶级的对立。中国有近世的资本家产生，同时便是中国有近世的劳动者的出现。中国的资本家阶级在外来资本主义的束缚之下，不容易发展，而中国的劳动者阶级在外来资本主义的培植之下却是宿命的无可避免的以加速度的形势日渐扩张。在这样的形势之下，中国的资产阶级是遇着了三重的敌人，国内的封建势力、国外的资本帝国主义和新兴的无产者集团。而新兴的无产者却是国内的资本家、国外帝国主义和旧有的封建势力的共同敌人。于是中国的资产阶级在未能遂行其打倒封建势力以前，它便不能不和利害较近的封建势力妥协苟合，而向同阶级的帝国主义者投降。就这样中国的资产阶级革命便不能不成为一个畸形的革命。

这个形势自然要在一切的文化分野上反映出来，而在文学的这个分野所反映出的尤为明白。中国的所谓文学革命——资产阶级革命的一个表征——其急先锋陈独秀，一开始就转换到无产者的阵营不计外，前卫者的一群如周作人、刘半农、钱玄同辈，却胶固在他们的小资产阶级的趣味里，退回封建的贵族的城垒；以文学革命的正统自任的胡适，和拥戴他或者接近他的文学团体，在前的文学研究会，新出的新月书店的公子派，以及现代评论社中一部分的文学的好事家，他们倒真确的在资本主义的大纛之下有意识地或无意识地在那儿挣扎。然而文学革命宣告成功以来已经十余年，你看他们到底产生出了一些甚么划时代的作品？这一大团人的文学的努力刚好就和整个的中国资产阶级的努力一样，是一种畸形的。一方面向近代主义（modernism）迎合，一方面向封建趣味阿谀，而同时猛烈地向无产者的阵营进攻。

中国的封建势力，在帝国主义的羽翼之下庇护着长久的维系其生存。同样中国的封建趣味的吃茶文学长久的也有它那不生不死的存在。

中国的资产阶级受着帝国主义的束缚不能成就其应有的生长。同样中国的有产阶级的文艺也只好长久的在那儿跳跃着的一个三寸的侏儒。

中国的无产阶级受着国内国外的资本主义压迫而猛勇的长成。同样中国的无产阶级的文艺是只有爆发，爆发，爆发，爆发到它成遂了它的使命的一天，即是打倒帝国主义的一天，消灭尽阶级对立的一天。

中国的社会是发生无产文艺的绝好的培养基地，无产文艺的生命是不能扑灭的，就是用绿气炮也是不能扑灭的。你要扑灭它，除非是把中国的社会消掉。

所以由社会的分析，中国的无产文艺只有一天蓬勃一天，绝大的绝丰富的无产文学的材料自"五卅"以来早已存在着，只待无产文学家把它写出来。我相信在不久的将来总有人要把它纪录出的。你们看，这新兴文学的潮流不是早把有产者的阵营震撼了吗？不是已经有政治的势力发动起来对抗了吗？你看，你看见有水龙飞奔的地方，你总可以知道已经有燎原的大火！这不是甚么个人的力量把它呼唤起来的，这是中国社会的力量，是整个的世界资本主义的力量。你处在这个社会之中，你处在这个潮流之中，任你是怎样的大石都要被席卷着而奔流。商务印书馆所办的《东方杂志》、《小说月报》，不也零星的在登载辩证唯物论或者是倾向无产阵营的作品吗？不管你愿意不愿意，不管你顾盼不顾盼，潮流的力量总要推着你向大海奔驰，不然便把你抛撒在两岸的沙滩上。

四

末了我们来批判创造社的一团。

创造社这个团体一般是称为异军特起的，因为这个团体的初期的主要分子如郭、郁、成、张对于《新青年》时代的文学革命运动都不曾直接参加，和那时代的一批启蒙家如陈、胡、刘、钱、周，都没有师生或朋友的关系。他们在当时都还在日本留学，团体的从事于文学运动的开始应该以1920年的5月1号创造季刊的出版为纪元。（在其一两年前个人的活动虽然是早已有的。）他们的运动在文学革命爆发期中又算到了第二个阶段。前一期的陈、胡、刘、钱、周着重在向旧文学的进攻；这一期的郭、郁、成、张都着重在对新文学的建设。他们以"创造"为标语，便可以知道他们的运动的精神。还有的是他们对于本阵营的清算的态度。已经攻倒了的旧文学无须乎他们再来抨击，他们所攻击的对象却是所谓新的阵营内的投机份子和投机的粗制滥造，投机的粗翻滥译。这在新文学的建设上，新文学的价值的确立上，新文学的地位的提高上是必经的过程。一般投机的文学家或者操觚家正在旁若无人兴高彩烈的时候，突然由本阵营内起了一支异军，要严整本阵营的部曲，于是群议哗然，而创造社的几位份子便成了异端。他们第一步和胡适之对立，和文学研究会对立，和周作人等语丝派对立，在旁系上复和梁任公、张东荪、章行严也发生纠葛。他们在社会上弄到成了一支孤军。

其实他们所演的脚色在《创造季刊》时代或《创造周报》时代，百分之八十以上仍然是在替资产阶级做喉舌。他们是在新兴资本主义的国家，日本，所陶养出来的人，他们的意识仍不外是资产阶级的意识。他们主张个性，要有内在的要求。他们蔑视传统，要有自由的组织。这内在的要求、自由的组织（大意见《创造季刊》二期的《编辑余谈》），无形之间便是他们的两个标语。这用一句话归总，便是极端的个人主义的表现。个人主义就是资本主义社会中的根本精神。他们在这种意识之下，努力行动了，努力创造了，然而结果是同样受着中国的资产阶级的文化不能遂其自然成长的诅咒，他们所"创造"出来的结果，依然不外是一些不具体的侏儒。划时代的作品在他们的一群人中也终竟没有产出！

然而天大的巨浪冲荡了来，在"五卅"工潮的前后，他们之中的一个，郭沫若，把方向转变了。同样的社会条件作用于他们，于是创造社的行动自行划了一个时期，便是洪水时期——《洪水半月刊》的出现。在这时候有潘汉年、周全平、叶灵凤等一批新力军出头，素来被他们疏忽了的社会问题的分野，突然浮现上视线里来了。当时人称为是创造社的"剧变"。其实创造社大部分的份子，并未转换过来，即是郭沫若的转换，也是自然发生性的，并没有十分清晰的目的意识。（这个目的意识是规定一个人能否成为无产阶级真正的战士之决定的标准，凡摆脱不了这个自然生长的意识的，他不自觉的会退出革命战线。)

然而，在这时期中他们内部便自然之间生出了对立，便是郭沫若和郁达夫的对立，明白的说便是无产派和有产派的对立。郁达夫在郭沫若参加了实际革命的期中，他把创造社改组了，把周、叶、潘诸人逐出社外，实际上就是这个对立的表示。一方面郭在参加革命，另一方面郁偏在孙传芳的统治期中骂"广东事情"。一方面郭在做"文学与革命"，另一方面郁便在骂提倡无产文学的人是投机份子。郁对内部采取清算的态度，对外部却发挥出妥协的手腕。他一方面做着创造社的编辑委员，另一方面又在参预以胡适之为主席的新月会议。以后更在《小说月报》中做《二诗人》的小说来嘲骂创造社的同人。那时候一批读着郁达夫听编的《洪水》的人，他们异口同声的说，这是创造社的《现代评论》化！

郁达夫一人的反动，敌不过的依然是整个中国社会的潮流，他的行动在不久之间受了不甘反动的创造社同人的反对，他自己便不能不退出了创造社的队伍，并且率性专以嘲骂创造社为能事了。

不久之间到了1928年，中国的社会呈出了一个"剧变"，创造社也就又来了一个"剧变"。新锐的斗士朱、李、彭、冯由日本回来，以清醒的唯物辩证论的意识，划出了一个《文化批判》的时期。创造社的新旧同人，觉悟的到这时候才真正的转换了过来，不觉悟的在无声无影之中也就退下了战线。创造社是已经蜕变了，在到1929年的2月7日他便遭了封闭。

这是创造社一派的十年的回顾。它以有产文艺的运动而产生，以无产文艺的运动而封闭。它的封闭刚好是说无产文艺的发展，有产文艺的告终。

有水龙飞驶的地方总是有火灾的，朋友，你如看见有多数的水龙在拼命的飞驶，你可以知道燎原的大火是已经逼近！

1930年1月26日

（选自1930年4月10日上海神州国光社初版《文艺讲座》第一册。）

郭沫若诗作谈

郭沫若谈　蒲风记

关 于 写 作

问：为什么近来少有诗作？

答：主要的原因，大约是生活上的限制吧，其次是头脑已向理智方面发展，没有余暇来致力于诗歌了。

问：生活跟写诗有密切关系，但也有人认为年龄跟诗作也有影响。你感觉得怎样？

答：一切艺术都离不开生活，诗歌当然不能有所例外。至于年龄，不消说，也有关连。一般的说来，年轻的时候是诗的时代，头脑还没有客观化；而到了三十左右，外来的刺激日多，却逼得逐渐客观化，散文化了。

问：情感最为重要。过去，诗兴来时你是在怎样的状态下写成你的诗歌的呢？

答：有时是情兴来时立即挥成。情感来时觉得发热发冷的时候也有；有时虽有情兴，而搁了数年数月方始写成的也有。大概立即挥成的东西是比较动人的，而后来方始写成的偏于技巧。

问：你极注重音韵，写好了诗歌以后，当然也不吝数度的朗读。但似乎你从来又注重情绪的燃烧，是否诗兴来时，举手一挥以后，就只有修饰的工作而从没有翻造之举？

答：这个和上一问题实是有关连。情绪燃烧得厉害时，立即挥成即成佳作的也有，有的随后必得再加修饰。至于朗读，那是常事。大概每一诗作成后三个月内还可以暗诵，比较适意的直到现在都还记得。

关于《女神》《星空》

问：在写《女神》《星空》以前，大概你也喜欢写点旧诗吧，迄今，有作品存留没有？

答：约有三四十首还记在脑里。通通是短的，五、七绝或律诗为多。（古诗多已忘记。）

问：诗界革命期间（1894—1919）黄公度、梁启超、苏曼殊、谭嗣同等颇有一些诗作，有引起了你的注意的没有？除了这些，在旧诗中，你又喜欢哪一些？

答：谭嗣同的没有看见过。梁启超的在中学时代曾经读过，但他的散文却比他的诗对我有更大的影响。苏曼殊的诗很清新，看过的不太多。黄公度可以说是近代的大诗人，他的诗我大概都已念过。至于旧诗，我喜欢陶渊明、王维，他俩的诗有深度的透明，其感触如玉。李白写的诗，可以说只有平面的透明，而陶、王却有立体的透明。在近代诗人中，黄公度有些这样的风味。其实，词上倒还有好的货色，象近人王国维的词很可以读。

问：在写《女神》、《星空》时，你仍在日本留学，对于外国诗歌直接间接多了鉴赏的机会，当时你喜欢哪几位的？最受他们的影响的是不是歌德呢？

答：顺序说来，我那时最先读着太戈尔（Tagore），其次是海涅（Heine），第三是惠特曼（Whitman），第四是雪莱（Shelley），第五是歌德（Goethe）……的东西。但是，歌德对我的影响实在不见得多，说我最受他的影响，恐是由于我翻译过了他的《浮士德》，因而误会。——最先对太戈尔接近的，在中国恐怕我是第一个。当民国四年左右即已看过他的东西，而且什么作品都看：如象 Creskent Moon（新月）Gardener（园丁集，恋歌），Gitanjali（颂歌），The Gifts of lover（爱人的赠品），One Hundred Poems of Kabir（伽彼诗一百首），The King of Black Chamber

（暗室王一剧本）都已读过，但以后即隔绝了。海涅的，恋歌为多。惠特曼的即《草叶集》Leaves of Grass。至于雪莱的东西，大概都已看过，而且我也翻译了一些（即《雪莱诗选》）。歌德的《浮士德》及其他。

问：《女神》、《星空》大概有不少地方带有你的出生地的四川的色彩，不过下笔的时候却是身在日本，当时日本资本主义却正是蓬勃时期，所以也就有人论断你的诗客观地代表了该时期的资本主义。现今，就你当时的诗作环境说来，有什么最有关系于你的诗作的特别事体？

答：产生时是在日本九州的博多湾，那个地方的色彩倒很浓厚，但，不是在四川。在中国说来，新文学的出现就是资本主义的反映。在我个人来讲，那时倒没有什么明确的意识，虽然民族意识却很强。

问：《女神》、《星空》时代的中心思想，除了反对封建军阀的黑暗统治，反对宗法社会势力的残留，另外还有什么可给我们特别注意的？

答：在那时很渴望中华民族复兴，在《女神之再生》《凤凰涅槃》里都有意识的去表现着。又，我那时候有泛神主义（Pan theism）的倾向，这点很容易被人误解为英雄主义。我在未转换前（1924年前），在思想上是接近泛神论，喜欢庄子，喜欢印度的佛教以前的优婆尼塞图 Uhanisad 的思想，喜欢西洋哲学家斯皮诺沙 Spinoza。我之所以会接近了歌德，重要的原因也是在这种思想的倾向上。近来斯皮诺沙的哲学在苏俄给予了新的评价，他的思想是黑格尔、马克思的先导。

问：《女神》、《星空》时代，你还是过着学生生活，所以其中不免也有一些感伤，或是纯是对于大自然的赞唱。但当时新俄业已诞生，而日本诗人想来也已有不少对于工农生活的歌咏，而反映在你的诗作中的，是否也有一些可以告诉我们的。

答：歌颂自然，也许是中国教育有以使然，象陶、王便是大自然的良好的歌手。但当时日本的新思潮已非常浓厚，左倾杂志（如当时的《播种人》《改造》等）已经抬头。在我个人，自然也很受了影响，表现在作品上的，如《匪徒颂》、《巨炮的教训》及《棠棣之花》里的一部分……是。结果成了矛盾的现象。算来，稍为一贯的是情绪的解放。此即用以打破旧形式的唯一的力。

问：那时主倡为艺术而艺术，大概艺术之不曾被人注意也是原因之一吧？

答：这一点实是人们的误会，我从未主张过。（但郁达夫先生翻译过 Wilde 的东西（《创造》创刊号），因而是有此类断案。我主张过尊重个性，但这种主张就在目前也依然适用。一个作家在作品的创意和风格上是应该充分地发展个性的。

问：你自己认为自1924年翻译了《社会组织与社会革命》之后，使你一生中形成一个转换的时期。而就你的诗作上来说，却是除了《恢复》与《瓶》，几乎全都是"五卅"以前的东西。为便利研究你的诗作起见，我分《女神》、《星空》为第一期。《前茅》、《瓶》为第二期，《恢复》及其他为第三期，你有什么意见？

答：大概对的。

关于《前茅》《瓶》《恢复》

问：《前茅》与《恢复》内容虽有深浅不同，产生时期也有先后，而出现在诗坛上却同在1928年以后，在一讨论你的诗文的文字上，我就并在一处谈论，这究竟对不对？

答：《前茅》的产生虽在思想转换以前，但大致的意识业已左倾。《恢复》的产生虽在思想转换以后，意识比较确定，但旧有的手法等等尚未能十分清算，因此前者，几乎同于后者，并为一谈也无不可。

问：《前茅》《恢复》在内容上说当然配合了你所说的，"今日的文艺，是我们现在立在革命途上的文艺，是我们被压迫者的呼号，是生命穷促的喊叫，是斗志的咒文，是革命豫期的欢喜，……"（《创造月刊》一卷二期页一三八）。但内容仍欠充实，没有深刻的表现，总是事实。你自己的自我批判是怎样？

答：《前茅》是零星的集余，在意识未彻底觉醒之前，她可以值得提起的就只在有左倾的意识那一点。《恢复》也没有多大价值，是革命顿挫，且在我个人大病后，在卧榻上不能睡觉因而流出来的东西。全部不免有浓厚的感伤情趣。

问：《瓶》是中国诗坛的空前的抒情长诗，唯当时你自己却也不十分看重它，这是在内容上判断它不十分合时，抑是感觉到想象薄弱，或组织仍欠精美？

答：《瓶》在写出的当时自己颇适意。全是写实，并无多少想象成分。踌躇发表者，怕的是对于青年生出不好的影响。

问：产生《瓶》的时候，生活大概是比较优裕吧。但，这一时期中是否另有其他诗作产生？

答：不，完全不然，那时住在环龙路，正苦得要命。《瓶》可以用"苦闷的象征"来解释。——别的诗作是没有。Synge 的《戏曲集》、《到宜兴去》(《水平线下》)，是这一时期的译和作。

问：《前茅》和《恢复》上有不少对话诗，然而你的诗作多重于抒唱感情，不多刻描表现现实事故的东西。这里大概和你以后的不大写作不无关连吧？

答：大抵是这样。我的见解是：诗歌的形式当用以抒情，至于刻描现实宜用散文的形式。

问：有人说，假使你那时写点故事诗、剧诗、史诗，一定可以延长你的写诗的兴趣，你觉得有没有道理？

答：这层和我自己的见解不一致。我也写过些剧诗，但大抵是借历史的影子来抒情。所写出来的东西也没有什么好处。写诗的兴趣和存心去写不必一定相关联。将来我如换了一个生活环境，我相信写的兴趣是会涌出来的。

关于讽刺诗剧诗及其他
——中国诗坛动向一

问：最近数年，诗坛上有侧重写实主义的倾向，产生了一些素描的东西。应着这个倾向的反动，那就是最近的浪漫主义运动。唯1927年前后的革命浪漫主义的失败，已可为我们的前车之鉴。今日的新浪漫主义，如果离开了现实生活，成为空洞的夸张——不由现实出发，则必然没有多大希望。我的意见是，新诗人应该抓住现实题材，唯透视过现实，为了鼓励及歌唱我们的胜利，我们却不妨有浪漫或夸大的表现。如果离开了现实，只成为空洞的文字的排列，没有意义。尊意怎样？

答：写实成为素描，是对于写实的误解。写实是站在现实主义的立场上的表现，现实主义和神秘主义、虚无主义等才是对立的东西新浪漫主义是新现实主义（高尔基所说的"第三现实"）的侧重主观情调一方面的表现，和新写实主义并不对立。新写实主义是新现实主义之侧重客观认识一方面的表现。失败或成功那种见解是"非辩证式"的。1927年前后的运动，是中国文艺上划时期的运动，认为"失败"是布尔方面的见解。现实主义与现实生活不是同义语，文艺是离不开想象和夸张的，主要是在现实主义的立场。

问：所以，我认为新浪漫主义应当不外是社会主义的现实主义之一支流，对不对？

答：这见解是对的。不过，"支流"二字有语病。我在前题中所答的"新浪漫主义是现实主义之侧重主观一方面的表现，新写实主义是侧重客观认识一方面的表现"较为妥当。

问：最近，讽刺诗的提倡已颇嚣张，虽然数年前森堡在讽刺诗上已小有成就，而近来由于日本诗坛也在极力提倡，便更加加强了人们的注意。在东京出版的《诗歌》上，我们已披露过一些；而近来，森堡在国内却甚至已有出刊专集之议。客观的事实上，现今已是讽刺诗的兴盛的前夜。所以，我希望你就讽刺诗来一点比较具体的意见。象：讽刺诗的真谛是什么？怎样写作讽刺诗？这些都是我想征求你的高见的。

答：讽刺是理智受着客观上的障碍，得不到正常的发露时所生出的现象。这种现象是一种病态，譬如歇斯迭里性的女人便爱讽刺。但在歇斯迭里性的时代，无法阻止它的发生。只要立场正确，它在那样的时代也可以完成它的侧面攻击的作用。在我个人是不甚欢迎这种倾向的。真正的路，倒应该从积极方面去毁灭产生出了这种倾向的母体——病的社会。讽刺的表现，宜用散文，用诗难于讨好，因为它根本是理智的产品，在纯正的诗的立场上说来，讽刺诗是不受欢迎的。但我们要利用它的侧攻的力量，自然是可以写作的。不过批判的立场要严密地遵守着新现实主义。表现的方法是离不开韵语的，利用旧式的诗形更可以增加效能。

问：剧诗在中国虽有柯仲平出过一本《风火山》，但是，却因了种种原因而未曾惹起大家的注意。但，今日之急需开发，可谓毫无疑义。关于这一项，尊意——

答：剧诗有急需开发的必要，我个人倒不甚感觉。在中国目前较为吃紧的怕还是剧诗的姊妹——新音乐的建设吧。剧诗和音乐是离不开的，音乐如无建树，跛足的剧诗也无从发展。在这一点上我悼叹聂耳的死。

问：抒情诗，无论何时都占诗歌的重要位置。然而，新时代却更要求我们去产生大众合唱诗，觉得大众的情感的抒唱更加来得有意义。年来，在国内的诗坛上，我们也曾屡经尝试，迄今虽然仍属不多，唯《新诗歌》上已有了数首，《六月流火》上也有了三首，是否你可以发表一些意见？

答："大众合唱"这个名目和抒情诗并不对立。只是大众能接近的抒情诗，有音乐结伴，使大众能够歌唱，便是最好的"大众合唱诗"。抒情不限于抒个人的情，它要抒时代的情，抒大众的情。要诗人和时代合拍，与大众同流。

问：散文诗方面，说是丽尼比较有成就，你看见过他的作品否？有什么意见？

答：丽尼的还没有念过。我念过西洋作家波陀勒尔（Baudelaire）、鲁那尔（J. Renal）、屠格涅夫（Tuvgenieff）诸人的。都很漂亮，轻松，尤以前两家为好。屠氏的毋宁说它是诗的散文。

问：关于写散文诗，你是否可以给我们一些意见？

答：散文诗这种新的形式总以玲珑、清新、简洁为原则。当尽力使用暗示。以节省言语这种形式和新现实主义很难和合，但有人有那样的才能把这两者和合得起来是我们所当极端欢迎的。

问：你主张诗歌应当尽可能使它简短，使成为可供歌唱，这在大众化方面说来，确是最为必要。近来，短诗是较多侧重这一方面的，而且，由歌谣而转变为另一新形态的，温流跟江岳浪也有相当的成就。但是，这种形式，并非不能延长，说不定还可以长到鼓词一样。所以我以为长短不是问题的中心，而问题是在怎样的手法去处理一项。你的意见——

答：长短是大可成为问题的。一般的说来，好的诗都是短的诗。好的长诗大率是短诗的汇集，或则只有其中的某某章节为好。诗人做诗不应该去贪长，要短乎其所不能不短，长乎其所不能不长，便可以恰到好处。如为教育大众起见，太长是尤当切忌的。

关于长诗
——中国诗坛动向二

问：自《六月流火》出版以后，国内诗坛更喧嚣着长诗的写作声浪了。自然《六月流火》是已失败的东西，但无疑已引起了人们的对于长诗的兴味。亚平的《十二月的风》已经脱稿，岳浪的《饥饿的咆哮》也已经在作最后的整理。唯有人认为《六月流火》是短篇篇章所凑成，严格的说，并不十分长，也有人指摘诗中没有主角之非，以为应有自始到终都活生生的人物才是道理。在我，前者倒觉得相当有理，唯对于后者，虽然承认长诗有一二主角，易于表现，发挥，但决不武断没有个别的主角，将群众当作主角就不能处理。勃洛克（Blok）的《十二个》便没有单一的主角，然而，在俄国它却也得了相当的美誉。——尊意怎样？

答：短篇篇章凑成长诗，并非可以厚非，歌德的《浮士德》里头就有相同的例。而且近代小说上，也有不少短篇篇章接成的东西。问题只在其处理出的成品如何。

主角的有无并不关紧要。高尔基的剧本《夜店》The Lower Depth-1002描写一群男女二十余人之聚在地下室小旅店中的情形，也没有主角。凡是不用主角的大都是比较新的形态，以情调、思想或故事去做中心的发展。

至于《六月流火》虽无主角，但也有革命情调做焦点。其咏铁流一节可以把全篇统率起来。结尾轻轻地用对照作结，是相当成功的。

问：要写长诗，最先就不能不多读一些外国的长诗。除了《失乐园》、《神曲》、《浮士德》，荷马的史诗以外，还有什么值得介绍给大家读一读的？

答：这些都是很旧的了。《浮士德》只是诗剧，第一部有长诗的性质，第二部玄学思想过浓，我是不大敢佩服的。但 Byron 的很可以一读。歌德极佩服拜伦。Shelley 的长短诗也都不坏。歌德有叙事诗 Hermann und Dorothea（1797），而尤其不能不读的是惠特曼（Whitman），他的东西充满"德漠克拉西加上印度思想"的思想，和我们时代虽有距离，但他的气魄的雄浑，自由，爽直，是我们所宜学的长诗。"The Song of Open Road"便在《草叶集》（Leaves of Grass-1855）里面，我觉得很好，从前并且翻译过，寄给了宗白华，恐怕已经被他扔掉了。此外，比利时诗人 Vehn aeren 亦有一些可读。

问：日本诗人小熊秀雄的长诗《飞橇》（1935）可看见过？

答：没有。

关于诗人们

问：新诗人已经有不少颇值得注意的人。你喜欢哪几位的东西？

答：不好以人为对象，应该以诗为对象。一位诗人能有得一首好诗，已足不朽。将来有暇拟选一部新诗集来作具体的答复。

问：近来，国内诗界已有复兴的蓬勃气象。惟大的类似日本人的《诗人》的纯诗歌的杂志却还是没有，诚是憾事。我意，现今，诗人们有组织一个诗人协会作整个活动的必要，尊意——

答：这种建议我赞成，近来小的组织太多，是不太好的现象，能统一起来最好。

问："中国诗歌会"（1932—）虽未解体，但是事实上它是局限于比较小的范围。在诗人协会一告成立时，想来可以解散。但，对于诗界，"中国诗歌会"总是尽了最大的力量。请问你对它的印象。

答：努力有余，批判不足（发表的作品有过滥之嫌，个人不易接受批判怕是重大原因），但功绩是存在的。

问：今后你对于诗人们的希望怎样？

答：努力化除个人的意气，坚定思想上的立场，作时代的前茅，作大众的师友——以前我是这样希望，以后我也这样希望着。

——访问者蒲风　1936年4月4日记，4月10日

整理，整理后曾蒙郭先生亲自校阅。

（原载1936年8月16日《现世界》创刊号）

在国防的旗帜下

郭沫若

近来有些自命为"前进"的朋友们怕说"爱国",好像一说了"爱国"便不"前进"了的一样。其实这是太不"前进"的"前进"。

假使是生在帝国主义的国度里的人,或其顺民,他要"爱国",那自然是爱他的帝国主义的国,他自己便是一位帝国主义者。这是可耻的!但假如是生在被帝国主义侵略的国家,而那国家又到了岌岌不可终日之势的时候,生在那儿的人觉醒了起来要认真地"爱国",那他所当取的必然是反帝国主义的行动。他的"爱国"的情绪愈真,则他的反帝的行动便愈炽,他是一个爱国主义者同时也就是一个反帝主义者。他对于在反帝战线上的邻人,不用说是要感觉着无限的亲密的,他是一个爱国主义者同时也就是个国际主义者。这样的爱国有什么可怕?

同一事物随着时代与环境形势之不同而有相反的不同的意义。鸦片落到医生手里是药,落到嗜好者手里是毒。武器落在法西斯手里是杀人,落在前卫手里是救人。战争落在帝国主义手里是侵略,落在弱小民族手里是保卫。这些是平而且常的事情,说不上什么理论。

我自己是在现代中国的中国人,我敢于宣称:我有充分的资格来爱国。我相信就是伊尔,就是伊里奇,他们如是生在现在的中国,目击着毫不知餍足的帝国主义者,以战车坦克飞机炮舰轧杀自己的无抵抗的同胞,整村整落地屠杀,整船整舰地运人到海里去活沉,而一些无耻之徒明目张胆地出卖国家,出卖民众,他们也必然要大声急呼地叫人"爱国"。问题不是"爱国"可不可,而是"爱国"真不真。凡是真正爱国的人,处在目前,救济中国的路只有一条。而这条路也就是达到人类解放的一条。解放人类的一个强力的引擎是得到了解放后的我们中国,这是历史课在我们身上的使命。路已经早就辟在那儿,就和开了的闸一样,无论是红水白水清水浊水你迟早自会涌到这儿来,除非你只是水里的暗礁,或在水面上漂浮着的自负清高的芦草。

以"爱国"为幌子的人,自然是很多的。如一些所谓"国家主义者",一方面高唱着"外抗强权",而一方面又和军阀勾结起来把认真"外抗"着"强权"的人认为"国贼"而要"内除"。事实上他们只是在替"强权"做着内应工作的"国贼"。有好些中行说的后继者而自装为"痛哭流涕"的贾谊,有好些秦桧的追随者而自称是"精忠报国"的岳飞。有好些卧着钢丝床,嗜着龙肝凤胆的勾践主义者,他们的"生聚"是聚来放逐范蠡,他们的"教训"是训来屠杀文种。那些假装的东西是应该深恶痛绝的。就是这些假东西把中国弄得来快要到无可挽救的地步,把人类解放的工程也弄得几乎要成画饼了。

但是事实胜于雄辩。十年来的事实已经替我们作了无上的宣传。十年前多数的人不明白帝国主义是什么,任你说到口弊唇焦,一些御用学者还要给你加以曲解。但是,现在怎样了?帝国主义者的狰狞面孔,自己在银幕上给了我们以一个超等的拓大。几年前的海藏楼的大名士郑孝胥,不是先天下之忧的大贤吗?现在怎样了?殷汝耕是我的一位相识,前十年他在上海亲自对我说道:"一些年少气浮的人不知要把中国领到何处去?"说得很凄然。现在怎样了?这几年来的事实摆在那儿,究竟谁个是中行说,谁个是秦桧,谁个是贾谊,谁个是岳飞,谁个是真真正正的在卧薪尝胆,谁个是堂堂皇皇的在卖国殃民?答案在大家的腹里都是写得明明白白的,大家不是都在翘望着,大家不是都跟着来了吗?

在这样的认识之下,目前的文艺界树起了"国防文学"这个旗帜,得到了多数派的赞成,而结成了广大的统一战线,我认为是时代的要求之一表现。"问题,只是解决它的物质条件已经具备或至少在其生成过程中已可了解,然后才发生出来的。"这个运动不是某一派人或某一个人的主张或发明,而是客体上已经具备了那样的要求。大众都已经络续在动员了,你自认为大众喉舌的文学家怎能例外?

目前我们的"国际"是由救亡运动，即积极的反帝运动之大联合以期获得明日的社会之保障。向着这个积极的反帝运动动员了大家才是我们的"主体"，值得我们拥护到底的主体。"国防文学"便是这种意识的军号。

这篇未完成的文字，本是"国防、污地、炼狱"的初稿，是在一个星期前写的。因我中途改变了笔调，故尔没有完成。现在"文学丛报"向我征稿，朋友们劝我不妨就把这篇寄去。我说怕重复，他们说这样的意见就是重复上千万遍都是可以的。好，我便把这个流产了的东西仍然送出去盛在酒精瓶子里。

（1936年6月16日追记）

（原载1936年7月1日《文学丛报》第4期）

我的作诗的经过

郭沫若

好些朋友到现在都还称我是"诗人",我自己有点不安,觉得"诗人"那顶帽子,和我的脑袋似乎不大合式。不过我做过诗,尤其新诗,是事实。有过些新诗集出版也是事实。这些事实虽只有十几年的历史,而这历史似乎已经要归入考证学的部门了。我最近看了一位批评家批评我的诗,他以《瓶》为我的"最后的诗",有"残余的热情的最后的火花";又说我的"最好的诗是发表在《创造周报》上的诗,然而不晓得什么原故,《沫若诗集》里(现代版)并没有收集"。他竟至不知道在《瓶》后还有一部更长的"连续的诗篇"叫《恢复》,而《创造周报》里的那些诗是收在名叫《前茅》的一个集子里面的。这《恢复》和《前茅》的两个集子在现代版的初版《沫若诗集》里也都是包含着的。

鉴于有这样人为的湮没,又鉴于到了现在都还有人对于我的诗抱着批评的兴趣,我便起了心,索性让我自己来写出这一篇《我的作诗的经过》。

诗,假如要把旧诗都包含在里面,那我作诗的经过是相当长远的。我自己是受科举时代的余波淘荡过的人,虽然没有做过八股,但却做过"赋得体"的试帖诗,以及这种诗的基步——由二字至七字以上的对语。这些工作是从八岁时动手的。但这些工作的准备,即读诗,学平仄四声之类,动手得尤其早,自五岁发蒙时所读的《三字经》、《唐诗正文》、《诗品》之类起,至后来读的《诗经》、《唐诗三百首》、《千家诗》之类止,都要算基本工作。由这些基本工作及练习,到十三岁进小学受新式教育为止，虽然也学到了一些旧诗的滥调，时而也做过一些到现在都还留在记忆里的绝诗的短章，但是真正的诗的趣味和才能是没有觉醒的。

我的诗的觉醒期，我自己明确地记忆着，是在民国二年。那时候我已经二十二岁了，还是成都高等学堂的一年生，当时的四川教育界的英文程度是很低的，在中学校里读了五年的英文只把匡伯伦的《二十世纪读本》的前三本读了，但那其中的诗是除外了的：因为那时候的英文教员照例不教诗，他们说诗没有用处，其实他们有一多半是读不懂。民国二年进了高等学校的实科，英文读本仍然是匡伯伦。大约是在卷四或卷五里面，发现了美国的朗费洛（Long fellow）的《箭与歌》(Arrow and Song)那首两节的短诗，一个字也没有翻字典的必要便念懂了。那诗使我感觉着异常的清新，我就好象第一次才和"诗"见了面的一样。诗的原文我记不得了，目下我手里也没朗费洛的全集，无由查考，但那大意我是记得的。那是说，诗人有一次射过一只箭，箭影飞去了，但后来又发现着，在一座林子里面；诗人有一次唱过一首歌，歌声飞去了，但后来又发现着，在一位朋友的耳里，就这样一个简单的对仗式的反复，但我悟到了诗歌的真实的精神。并使我在那读得烂熟、但丝毫也没感觉受着它的美感的一部《诗经》中，尤其《国风》中，才感受着了同样的清新，同样的美妙。

但在我们的那个时代是鄙弃文学的时代，实业救国、科学救国的口号成为了一般知识阶级的口头禅。凡是稍微有点资质的人都有倾向于科学或实业的志愿，虽然当时的教育在这一方面也并不能满足得那样的要求。就在这样的风气之下，象我这样本是倾向于文学的人，对于文学也一样的轻视。虽然诗的真面目偶尔向自己的悟性把面罩揭开了来，但也拒绝了它，没有更进一步和它认识的意欲。我是在民国二年的下半年离开了四川的，而且就在那年的年底离开了中国。离开四川是因为考上了天津的军医学校，离开中国是因为不满意那军医学校而跑到了日本。离开四川是一本文学的书也没有带的。离开中国时，只带着一部在北平偶尔买来消遣的《昭明文选》，但这部书到了日本以后也是许久没有翻阅过的。

我到了日本东京是民国三年正月。费了半年工夫考上了东京第一高等学校的预科——那时的留学生是要住一年预科，再住三年本科然后升进大学的。在预科的第二学期，民国四年的上半年，一位同住的本科生有一次从学校里带了几页油印的英文诗回来，是英文的课外读物。我拿到手来看时，才是从太戈尔的《新月集》(The Crescentmoon)上抄选的几首，是《岸上》(On the Seashore)，《睡眠的偷见》(Sleep-Stealer)和其他一两首。那是没有韵脚的，而多是两节，或三节对仗的诗，那清新和平易径直使我吃惊，使我一跃便年青了二十年！当时日本正是太戈尔热流行着的时候，因此我便和太戈尔的诗结了不解缘，他的《新月集》、《园丁集》(Gardener)、《吉檀伽利》(Gitan-jali)、《爱人的赠品》(Lover's Gift)。译诗《伽毗尔百吟》(One Hundred Poems of Kabir)，戏剧《暗室王》(The King of Black Chamber)，我都如饥似渴地买来读了。在他的诗里面我感受着诗美以上的欢悦。在这时候我偶尔也和比利时的梅特灵克的作品接近过，我在英文中读过他的《青鸟》和《唐太几之死》，他的格调和太戈尔相近，但太戈尔的明朗性是使我愈见爱好的。

既嗜好了太戈尔，便不免要受他的影响。在那个时期我在思想上是便向着泛神论(Pantheism)的，在少年时所爱读的《庄子》里面发现出了洞辟一切的光辉，更进而开始了对于王阳明的崇拜，学习静坐，学习致良知的工夫。有一次自己用古语来集过一副对联，叫着"内圣外王一体，上天下地同流"，自己非常得意。那时候的性向，差一步便可以跨过疯狂的门阈。把我从这疯狂的一步救转了的，或者怕要算是我和安娜的恋爱吧？但在这儿我不能把那详细的情形来叙述。因为在民国五年的夏秋之交有和她的恋爱发生，我的作诗的欲望才认真地发生了出来。《女神》中所收的《新月与白云》、《死的诱惑》、《别离》、《维奴司》，都是先先后后为她而作的。《辛夷集》的序也是民五的圣诞节我用英文写来献给她的一篇散文诗，后来把它改成了那样的序的形式。还有《牧羊哀话》里面的几首牧羊歌，时期也相差不远。那些诗是我最早期的诗，那儿和旧式的格调还没有十分脱离，但在过细研究过太戈尔的人，他可以知道那儿所表示着的太戈尔的影响是怎样地深刻。

在和安娜恋爱以后另外还有一位影响着我的诗人是德国的海涅(Heine)，那时候我所接近的自然只是他的恋爱诗。他的诗表示着丰富的人间性，比起太戈尔的超人间性的来，我觉得更要近乎自然。这两位诗人的诗,有一个时期我曾经从事移译,尤其太戈尔的诗我选译了不少。在民六的下半年因为我的第一个儿子要出生,没有钱,我便辑了一部《太戈尔诗选》,用汉英对照,更加以解释。写信向国内的两大书店求售,但当时我在中国没有人知道固不用说,就连太戈尔也是全未被人知道的,因此在两家大书店的门上便都没有打响。《海涅诗选》我在民七的暑间又试办过,但也同样地没有打响。

民七的秋间我已升进了福冈的九州帝大医学部,住在博多湾的海岸上。在那时做的《鹭鸶》、《新月与晴海》、《春愁》等诗明白地还在太戈尔与海涅的影响之下。

民八以前我的诗,乃至任何文字,除抄示给几位亲密的朋友之外,从来没有发表过的。当时胡适们在《新青年》上已经在提倡白话诗并在发表他们的尝试,但我因为处在日本的乡下,虽然闻听了他们的风声却不曾瞻仰过他们的实际。《新青年》杂志和我见面是在民九回上海以后。我第一次看见的白话诗是康白情的《送许德珩赴欧洲》(题名大意如此),是民八的九月在《时事新报》的《学灯》栏上看见的。那诗真真正正是白话,是分行写出的白话,其中有"我们喊了出来,我们做得出去"那样的辞句,我看了也委实吃了一惊。那样就是"白话诗"吗?我在心里怀疑着,但这怀疑却唤起了我的胆量。我便把我的旧作抄了两首寄去,一首就是《鹭鸶》,一首是《抱和儿在博多湾海浴》(此诗《女神》中似有,《诗集》中未收)。那时的《学灯》的编辑是郭绍虞,我本不认识,但我的诗寄去不久便发表了出来。第一次看见了自己的作品印成了铅字,真是有说不出的高兴。于是我的胆量也就愈见增大了,我把已成的诗和新得的诗都络续寄去,寄去的大多登载了出来,这不用说更增进了我的作诗的兴会。

民八是"五四"运动发生的一年,我们在那年的夏天,响应国内的运动,由几位朋友组织过一个集会,名叫"夏社",干过些义务通信的事情。因为要和国内通信,至少须得定一份国内的报纸,当时由大家选定了《时事新报》。因此才得以看见《学灯》,才得以看见康白情诸人的诗来供我的戟刺,这要算是偶尔的机缘。假如那时订阅的是《申报》、《时报》之类,或许我的创作欲的发动还要迟些,甚至永不见发动也说不定。在我接触了《时事新报》后,郭绍虞的《学灯》编辑似乎没有持续到两个月,他自己便到欧洲去了,继他的后任的是宗白华,白华接事后,他有一个时期似乎不高兴新诗,在《学灯》上不见有新诗发表,我寄去的东西也都不见发表出来。等到后来我同他通过一次信,是论墨子的思想,这信是在《学灯》上发表过的,深得了他的同情,他便和我通起了信来,并把我先后寄去存积在那儿的诗,一蓖地拿出来发表。在民八、民九之交的《学灯》栏,几乎天天都有我的诗。

我因为自来喜欢庄子,又因为接近了太戈尔,于泛神论的思想感受着莫大的牵引。因此我便和欧洲的大哲学家斯宾那沙(Spinoza)的著作,德国大诗人歌德Goethe的诗,接近了起来。白华在那时也是倾向于泛神论的,这层便更加促进了我们两人的接近。他时常写信来要我做些表示泛神论的思想的诗。我那时候不知从几时起又和美国的惠特曼(Whitman)的《草叶集》,德国的华格纳(Wagner)的歌剧已经接近了,两人也都是有点泛神论的色彩的,而尤其是惠特曼的那种把一切的旧套摆脱干净了的诗风和五四时代的暴飙突进的精神十分合拍,我是彻底地为他那雄浑的豪放的宏朗的调子所动荡了。在他的影响之下,应着白华的鞭策,我便做出了《立在地球边上怒号》、《地球,我的母亲》、《匪徒颂》、《晨安》、《凤凰涅槃》、《天狗》、《心灯》、《炉中煤》、《巨炮的教训》那些男性的粗暴的诗来。这些都由白华在《学灯》栏上替我发表了,尤其是《凤凰涅槃》把《学灯》的篇幅整整占了两天,要算是辟出了一个新记录。

《地球,我的母亲!》是民八学校刚放好了年假的时候做的,那天上半天跑到福冈图书馆去看书,突然受到了诗兴的袭击,便出了馆,在馆后僻静的石子路上,把"下驮"(日本的木屐)脱了,赤着脚蹀来蹀去,时而又率性倒在路上睡着,想真切地和"地球母亲"亲昵,去感触她的皮肤,受她的拥抱。——这在现在看起来,觉得是有点发狂,然在当时却委实是受着迫切。在那样的状态中受着诗的推荡、鼓舞,终于见到了她的完成,便连忙跑回寓所把她写在纸上,自己觉得好象真是新生了的一样。诗写好了,走到近处的一位广东同学寓里去,那人有家在横浜,正要回去过年,他有一口大皮箧,自己拿不动要去雇人,我便想到我一肚皮的四海同胞的感念不在这时候表现出来是不行的,因此我便自告奋勇替他扛在肩上,走了两里路的光景,把那朋友送上车站去上车。自己是愉快得了不得。

《凤凰涅槃》那首长诗是在一天之中分成两个时期写出来的。上半天在学校的课堂里听讲的时候，突然有那诗的意趣袭来，便在抄本上东鳞西爪地写出了那诗的前半。在晚上行将就寝的时候，诗的后半的意趣又袭来了，伏在枕上用着铅笔只是火速的写，全身都有点作寒作冷，连牙关都在打战。就那样把那首奇怪的诗也写了出来。那诗是在象征着中国的再生，同时也是我自己的再生。诗语的定型反复，是受着华格讷歌剧的影响，是在企图着诗歌的音乐化，但由精神病理学的立场上看来，那明白地是表现着一种神经性的发作。那种发作大约也就是所谓"灵感"（inspiration）吧？

在民八、民九之交，那种发作时时来袭击我。一来袭击，我便和扶着乩笔的人一样，写起诗来。有时连写也写不及。但这种发作期不久也就消失了。

民九的五月，宗白华也卸下了《学灯》编辑的责任到德国去留学，继他的后任的是我们已故的"大哲学家"李石岑。这位李先生也照常找我投稿，但他每每给我以不公平的待遇，例如他要把两个人或三个人的诗同时发表时，总要把我的诗放在最后。有一次他把我的诗附在另一位诗人的诗后发表了，但那位诗人的诗却是我在《学灯》上发表过的《呜咽》一诗的抄袭，仅仅改头换面地更换了一些字句。这件微细的事不知怎的就象当头淋了我一盆冷水。我以后便再没有为《学灯》写诗，更把那和狂涛暴涨一样的写诗欲望冷下去了。

有些人说作家须得冷，这或许是一片真理，但无论是怎样冷的作家，他所需要的是自己的冷，而不是别人对于他的冷。对于一位作家的冷遇、冷视，对于一篇作品的冷言冷语，对于作家是最可怕的毒。有些世故很深的人是有意识地利用这项冷毒为武器的。这比任何恶毒的骂还要厉害，这是一种消极的杀人法，继母虐待儿女，有不打不骂，而只不给以充分的粮食，使之渐进地饿死的，便是这一种。我自己是受惯了冷害的人，大约冷的免疫性是已经有了的，虽然时而仍不免其觳觫；而对于享有大名的人对于年青人的冷言冷语，尤其感觉不平。

在这儿我顺便要插说两件事体，一件是我说"翻译是媒婆"，一件是郁达夫最初为《创造季刊》登预告时的广告文中有一句牢骚话，说

"有人垄断文坛"。有两件故事，都是因李石岑而发的。我在上面已经说过，李君对我每每加以冷遇，有一次把我一篇自认为煞费苦心的创作登在一篇死不通的翻译后面。因而便激起了我说"翻译是媒婆，创作是处女，处女应该加以尊重"的话。这话再经腰斩便成为"翻译是媒婆"。这使一些翻译家和非翻译家恼恨至今，一提到这句话来，就象有点咬牙切齿的痛恨。恨这句话的人有好些自然知道是出于我，但有大多数我相信并不明白这句话的来源，只是人云亦云罢了。但其实"翻译"依然是"媒婆"，这没有过分的"捧"，也没有过分的"骂"。"媒婆"有好的有不好的，翻译也有好的有不好的。要说"媒婆"二字太大众化了有损翻译家的尊严，那就美化一点，改为"红叶"，为"蹇修"，或新式一点，为"媒介"， 想来是可以相安无事的。单是说翻译，拿字数的多寡来说，能够超过了我的翻译家，我不相信有好几个。拿着半句话便说我在反对翻译，或创造社的人反对翻译，这种婆婆妈妈的逻辑，怕是我们中国文人的特产。

　　达夫的"垄断文坛"那句话也被好些多心的人认为是在讥讽文学研究会，其实是另外一回事。在1920年前后，达夫在成为创造社同人之前，有一个时期是民铎社的社友。民铎社那时出着一种杂志就叫《民铎》，是李石岑在主编。李之于《民铎》颇有点独裁者的风度，因此他们社里人都对他啧有烦言。又加以李在编《学灯》、达夫在1921年初头做了那篇处女作（？）《银灰色之死》寄给石岑，要他在《学灯》发表。然而寄去三个月，作品不见发表，连回信也没有。鼎鼎大名的郁达夫先生在未出名时也受过这样的冷遇，这是富有教训意义的一段逸事。这事是那年的6月我们为创造社的组织聚首在东京时，他亲自向我提起的，并叫我回上海后从李处把那篇小说稿取回，然而在我6月尾回上海后，不久那篇小说却在《学灯》上和世人见面了。这些便是使达夫先生写出了"垄断文坛"那句话的动机。那时李石岑还没有入文学研究会，郁达夫也和文学研究会的人没有交涉。我相信他写那句话时，并不会有文学研究会存在他的意识里面。然而不幸达夫是初回国，对于国内的情形不明，一句无存心的话便结下了创造社和文学研究会的不解的仇恨。

　　旧事重提，一扯便不免扯得太远。总之，在我自己的作诗的经验上，是先受了太戈尔诸人的影响，力主冲淡，后来又受了惠特曼的影响才奔放起来的。那奔放一遇着外部的冷气又几乎凝成了冰块。有好些批评家不知道我这些经过，以为那些奔放的粗暴的诗是我初期的尝试，后来技巧增进了才渐渐地冲淡了起来，其实和事实不符。我自己本来是喜欢冲淡的人，譬如陶诗颇合我的口味，而在唐诗中我喜欢王维的绝诗，这些都应该是属于冲淡的一类。然而在"五四"之后我却一时性地爆发了起来，真是象火山一样爆发了起来。这在别人看来虽嫌其暴，但在我是深有意义的，我在希望着那样的爆发再来。

我和歌德接近也是在民八的暑间，那时我译过他的《浮士德》的《夜》，在书斋中的那一场独白，是在那年的《学灯》的双十节增刊上发表了的。第二年又译过《浮士德》第二部第一幕的《风光明媚的地方》也在《学灯》上发表过。因为我有这两次的发表，在民九的初夏便接到当时的共学社的怂恿，从事《浮士德》的全译。在暑假中只译完了第一部，却没有得到发表的机会。

此外关于诗的工作比较称心的，有《卷耳集》的翻译，《鲁拜集》的翻译，雪莱诗的翻译，但这些对于我的诗作经过都不能够划分出时代。《创造周报》时代做的一些诗有第二期的惠特曼式恢复的形势，但因周围的沉闷局势和诗的英雄格调不相称，终于没有做得几首便又消逝了。《瓶》是一种独创的形式，那是在"五卅"之前的一段插话。"五卅"一来，那《瓶》也真如"一个破了的花瓶倒在墓前"了。《恢复》是1928年（民十七），在泸大病后在病的恢复期中所做的，里面也还有些可读的诗，但嫌气魄不雄厚，而有时更带着浓重的悲抑气味。

我对于诗仍然是没有断念的，但我并不象一般的诗人一样，一定要存心去"做"。有人说我不努力，有人说我向散文投降了，这些非难似乎都没有接触着我的本心。我自己的本心在期待着：总有一天诗的发作又会来袭击我，我又要如冷静了的火山从新爆发起来。在那时候我要以英雄的格调来写英雄的行为，我要充分地写出些为高雅之士所不喜欢的粗暴的口号和标语。我高兴做个"标语人"，"口号人"，而不必一定要做"诗人"。我尤不相信，只有杨柳才是树子，而木棉却是动物。

1936年9月4日夜

（原载1936年11月10日《质文》第2卷第2期）

民族的杰作
——纪念鲁迅先生

郭沫若

　　小病了两个礼拜，今天稍微舒适了一点，从清早起来便执笔起草着一篇短文叫《资本论中的王茂荫》。到了上电灯的时分刚好草成，恰巧晚报送来了，便息了一口气，起身去拿晚报来看。突然见到了一个惊人的消息：鲁迅先生于今晨五时二十五分在上海长逝了。这个消息使我呆然了好一会，我自己有点不相信我的眼睛。我疑信消息不准，冒着雨跑到邻家去借看别种报，也一样地记载着这个噩耗。我的眼睛便不知不觉地也酝酿起了雨意来。

　　由鲁迅的死的最初唤起的联想是6月18日的高尔基的死。当高尔基的病耗在6月中旬由莫斯科传播出来的时候，鲁迅也有在上海患着重病的消息。高尔基不幸终竟死了，但鲁迅先生是战胜了病魔而凯旋。近来，时在刊物上看见先生的随笔，该都以为先生的精神仍不减往昔，但谁期仅仅相隔四个月，先生也同样离开了人间，跟着高尔基先生而长逝了。

　　接到高尔基的死耗时是6月19日的清晨，那时天在下雨。接到鲁迅的死耗的10月19日的今天，也满满地在下着秋雨。想到这些情景的相同，日期数目之偶然的一致，心思失掉羁縻在不可知的境地上漂浮着。雨，怕是"自然"在哀悼着这个不可测算的重大的损失吧！仅仅相隔着四个月，接连失坠了两个宏朗的大星！这损失的重大实在是不可测算的。在浸淫的雨意内外交侵着的黄昏中，我感觉着周围的黑暗增加了重量。

　　我个人和鲁迅先生虽然同在文艺界上工作了将近二十年，但因人事的契阔，地域的暌违，竟不曾相见过一次。往年我在上海时，先生在北京，先生到了广东时，我已参加了北伐，先生住上海时，我又出了国门。虽然时常想着要和先生见面，亲聆教益，洞辟胸襟，但终因客观的限制，未曾得到这样的机会。最近听闻先生的亲近者说，先生也始终有想和我相见一面的意思，但到现在，这意思终竟无由实现了。这在我个人真是一件不能弥补的憾事。

　　先生在中国文坛上所留下的功绩是用不着我来缕述的。中国文学由先生而开辟出了一个新纪元，中国的近代文艺是以先生为真实意义的开山，这应该是亿万人的共同认识。近年来，先生的对于前进的文艺乃至一般文化，尤其语言的大众化与拉丁化这些工作之寄与促进，是永远值得我们纪念的。而先生的健斗精神与年俱进，且至死不衰，这尤其是留给我们的一个很好的榜样和教训。

　　古人说，"盖棺论定"，先生现在是达到了容许人们慎重地下出定论的阶段了。要论评先生，我自己怕是最不适当的一个人，但我现在敢于直率地对着一些诽谤者吐出我的直觉的见解：鲁迅先生是我们中国民族近代的一个杰作。

1936年10月19日夜

（原载1936年11月10日《质文》第2卷第2期）

抗战与文化问题

郭沫若

《抗战与文化问题》——当我接受到这个命题的时候，首先在我脑子里所浮现出的，便是医学上的一片理论。

我们人体是有自然疗养力的，凡是外来的细菌或他种物质侵入体内时，体内的自然疗养力便发动了起来向异物抗战。这抗战如是局部的便呈出局部症候，如是全面的便呈出全身症候。这就是我们通常所说的疾病的原理。所谓疾病就是异物的侵入和对于这侵略者的体力的抗战。这侵入和抗战如是局部的，倒无关大局，如是全面的，那情形是很严重。在这严重的全面抗战的时候，所有的体力几乎都集中于抗战的一点，凡是过高的精神活动和体魄劳动都是停止了的。最活跃的要算是循环系统和呼吸系统，其他各系统的活动多多少少是呈示着静止的状态，而且是必须要呈示着静止的状态，要这样，一切的力量才能集中于抗战的这唯一的目的。

所谓医学也就是在于帮助人体的自然疗养力，除掉对于某几种病症有特效药，能施对本的治疗之外，所有一切的医术可以说都是对标的治疗。这对标治疗的根本原则，是要促进对于抗病必需的体力之集中，而驯致不必要的活动之静止。如打强心针，如氧气吸入，这便是帮助循环系统和呼吸系统的活跃。如禁止作过度的思考，禁止感情的激动，禁止用硬性或有刺激性的食物等等，便是驯致静止状态的必需的法门。故尔平时的营卫和病时的摄养，情形须得有点不同，甚且有时相反。如平时而打强心针，那对于身体不唯无益，反而有害；病时而作过度的思考等等，结果是促进病势而至于死亡。

我想，当一个国家或一个社会，遇着外敌的侵入而起来抗战的时候，那抗战过程和对于在抗战过程中的国家或社会的处理，应该和人体的抗病过程与医疗方术，在原则上不会有多么大的差异。尤其是在外寇作大规模的侵略，引起了一个国家或社会的全面抗战，使他达到了生死存亡的最后关头的时候，那情形和人体的得到重症，是相差不远的。在这时，整个国家或社会的力量便集中起来，在抗战上形成一个焦点。凡于抗战有益的活动便受着鼓舞，而于抗战无多大直接关系或甚至有害的活动便受着抑止。这种情形的出现，有时是超出乎意识以外，大约也可以说，一个国家社会是同样地具备有自然疗养力的。

事实胜于雄辩，我们中国的目前便是美好的一个例证。自从"八·一三"以来，所有国内的种种颉颃状态几乎完全停止了，所有一切有利于抗战的力量也渐渐地集中了起来，或已感觉着有集中的必要。就单拿文化问题来说吧。所有以前的本位文化或全盘欧化的那些空洞的论争，似乎早已是完全停止了。而在文化的分野里面受着鼓舞的，是抗敌言论、抗敌诗歌、抗敌音乐、抗敌戏剧、抗敌漫画、抗敌电影、抗敌木刻等举凡于抗战过程有益的精神活动。而最显明地受着了抑止的却是一两年前风靡一世的幽默情趣和所谓渡越流俗的"反差不多"运动的那种潮流。这是当然的，在目前须要打强心剂，须要氧气吸入的中国，在抗战已成为了流俗的中国，而要继续幽默下去，过着清高的渡越生活，那是未免有点非国民的态度。

抗战所必需的是大众的动员，在动员大众上用不着有好高深的理论，用不着有好卓越的艺术——否，理论愈高深，艺术愈卓越，反而越和大众绝缘，而减杀抗敌的动力。对于在全面抗战期中的社会而要求他作高深的理论的了解，卓越的艺术的欣赏，那等于是对于重症患者要求他作过度的思索并摄取甘美的饮食，那并不是在爱他，其实是在害他。社会的"自然疗养力"便是对于在抗战期中的一般处理的绝好的指标。一切文化活动都集中在抗战这一点，集中在于抗战有益的这一点，集中在能够迅速地并普遍地动员大众的这一点。这对于文化活动的要求，便是需要他充分的大众化，充分的通俗化，充分地产出多量的成果。但要使大众和文化能够迅速而普遍地接近，在文化问题的本身之外有必须预先解决的政治问题，便是除掉汉奸及汉奸理论的活动当制止外，所有一切于抗战有益的言论出版集会结社应该许以彻底的自由。要有这种自由，然后大众才有接近文化活动的机会，而文化活动也才有普及于大众，并深入于大众的可能。而从事于这种文化活动的人员之多量的养成，即是战时教育的实施，不用说也是先决条件之一。

真确的，所谓抗敌理论并不怎么高深，否，实在是极端的单纯。敌人大规模的侵犯是企图灭亡我，我如不起来抵抗，便是坐而待亡。但敌人是外强中干的，因为他缺乏种种的资源，所以才来孤注一掷地对我作大规模的侵犯，我如彻底的加以抵抗，便是断绝敌人的资源而促进敌人的灭亡。所谓"抗战到底，最后胜利必属于我"的理论，的的确确是很简单的，但我们须要有多量的方法来表现这种理论，并须要有多量的机会来发挥这种理论，务使理论化而为行动。对于这种理论的表现和发挥是应该不厌其繁复的。因为理论虽简单，而对于大众并未做到深入而普及的地步。大众既需要简单的理论，而尤需要这种理论的翻来复去的重述。普及并深入于民间的民话和箴言，所含的理论并不怎样高深，有的重述了几千百年，而大众并不加以厌弃，否，反，而愈感觉亲切。所谓习惯成自然，也就是条件反射积久而成为无条件反射。故尔我们总要把抗敌理论这个简单的条件，刻刻在大众中生出反射，处处在大众中生出反射，使他习惯了便自然地群趋于抗敌的一途，而毫不踌躇，毫无顾虑。近来听说又有人在鼓动着"反差不多"的论调了，主旨是嫌抗敌理论过于单纯，而大家说来说去，说了半年，反正都"差不多"，因而便激起了一些"反"感。抱着这种"反"感的君子，朝好处说，自然是过于高尚了一点，朝坏处说，实在是于不知不觉之间犯着了为虎作伥的嫌疑。这种想念，在我们文化人自身是应当彻底克服的。

要之，（一）在抗战期中，一切文化活动都应该集中于抗战有益的这一个焦点。（二）抗战必需大众动员，因而一切文化活动必需充分地大众化。（三）在使大众与文化活动迅速并普遍的接近上，当要求言论出版集会结社的彻底的自由，并要求战时教育的实施。（四）抗敌理论不厌其单纯，并不嫌其重述，应该要多样地表现它，并多量地发挥它。

（五）对其抗敌理论嫌其单纯，嫌其重复的那种"反差不多"的论调，或故作高深或高尚的理论以渡越流俗的那些文化人，事实上是犯着了资敌的嫌疑。——这些是我在这篇小文中所拉杂地叙述了的几个要点。

廿七年一月十八日夜

（原载1938年6月20日《自由中国》第3号）

"民族形式"商兑

郭沫若

"民族形式"的提起，断然是由苏联方面得到的示唆。苏联有过"社会主义的内容，民族的形式"的号召。但苏联的"民族形式"是说参加苏联共和国的各个民族对于同一的内容可以自由发挥，发挥为多样的形式，目的是以内容的普遍性扬弃民族的特殊性。在中国所被提起的"民族形式"，意思却有些不同，在这儿我相信不外是"中国化"或"大众化"的同义语，目的是要反映民族的特殊性以推进内容的普遍性。所谓"马克思主义必须通过民族形式才能实现"便很警策地道破了这个主题。又所谓"洋八股必须废止，空洞抽象的调头必须少唱，教条主义必须休息，而代替之以新鲜活泼的，为中国老百姓所喜闻乐见的中国作风与中国气派"，更不啻为"民族形式"加了很详细的注脚。这儿充分地包含有对于一切工作者的能动精神的鼓励，无论是思想、学术、文艺、或其他，在中国目前固须充分吸收外来的营养，但必须经过自己的良好的消化，使它化为自己的血、肉、生命，而从新创造出一种新的事物来，就如吃了桑柘的蚕所吐出的丝，虽然同是纤维，而是经过一道创化过程的。

中国因为在封建经济中过于长期的停滞，一切事物都非常落后，百年来已陷入于半殖民地的境遇。为要由这境遇中解放，百年来我们的民族也不断的在振作，不断的在吸收外来的事物以补救自己的落后。这在以往是无可否认的事实，就在今后是尤必须策进的事实。凡是世界上适合自己的最进步的东西，无论是精神的或物质的，我们都须得尽量的摄取，譬如我们在经济上便必须促进重工业的建设，在政治上便必须促进新民主主义的实现，我们是不能专靠外来生产品的输入，或仅挂上一个民国的招牌便可以满足的。假如由于我们民族的努力，我们的重工业建设成功了，民主主义实现了，同是根据于科学的原理原则所产生的成品不会有什么根本的不同，但经过我们本民族自己的创造，便自然的赋予了"中国气派"和"中国作风"，也就是所谓"民族形式"。我们中国能够自己创造出来的进步的事物，难道还不是"新鲜活泼的"，难道还不是"中国老百姓所喜闻乐见的"？

譬如就是香槟酒也吧，威士忌也吧，只要不是纯粹的洋货，只要是酿造自中国人，和中国的材料，而且使"中国老百姓"都有领略的机会，我不相信他们就不会"喜"，不会"乐"。

又譬如我们目前所必须的飞机和坦克车之类，这可说纯全是外国形式，"中国老百姓""闻"之，"见"之，已就不胜其"喜"，不胜其"乐"了，假如这些精锐的武器更经过了一道"中国化"，完全由中国人自己多量的把它们制造出来，其为"喜"，其为"乐"，难道会不致增加万倍？

问题本来是很简单的，而且也不限于文艺，但一落到文艺上来，便立地复杂化了。"喜闻乐见"被解释为"习闻常见"，于是中国的文艺便须得由通俗文艺再出发，民间形式便成为民族形式的中心源泉。这个见解我们认为是不正确的。如以"中国老百姓所习闻常见"为标准，那吗一切形式都应该回复到鸦片战争以前。小脚应该恢复，豚尾也应该恢复，就连鸦片烟和吸烟的各种形式都早已成为"中国老百姓所习闻常见"，而且是不折不扣的中国所独有的"民族形式"，也有其合理的存在，那中国岂不糟糕！这本是浅而易见的道理，何独于文艺而发生例外？

中国新文艺，无可讳言的是受了外来的影响，这犹如重要的生产方式，经济机构，社会组织，政治制度，以及各种各样的意识形态，都是受了外来的影响一样。工厂、公司、轮船、铁道、汽车、公路、电信、电话、电灯、电梯、自来水、自来火、学校、政党、声光化电、朵列米伐，上至大总统、主席、委员长、中华民国，那一样是"中国老百姓所习闻常见"的？如这一切都要重新来过一遍，以某种中国所固有的东西为"中心源泉"，任何人听了都会震骇，何独于文艺而发生例外？

中国新文艺，事实上也可以说是中国旧有的两种形式——民间形式与士大夫形式——的综合统一，从民间形式取其通俗性，从士大夫形式取其艺术性，而益之以外来的因素，又成为旧有形式与外来形式的综合统一。而且凡中国近百年来的新的事物，比较上"中国化"了的，还当推数文艺这一部门。其他多半还是直接使用舶来品，竟连《中国社会史》之类都还在使用东洋货，就拿自然科学来讲吧，高级一点的学校都还在使用外国教本，且以使用外国教本为荣，各项部门的术语学名都还没有译定，或者也竟直使用东洋货。和这些比较起来，文艺究竟不能不说是较胜一筹的。尤其是关于作品方面，"中国化"的工夫，进行得更深、更广，更相当彻底，把来和文艺理论的批评文字一比较便可明瞭了。"洋八股"，"空洞抽象的调头"，"教条主义"等等的非难，毋宁是属于批评文字方面的多。就拿这一次的"民族形式"的议论文章来说吧，有好些朋友的笔调，便应该还要尽力民族化一点才好。用"洋八股"的调头来斥责文艺作品的"欧化"，那是有点近于滑稽的。

应该还要记起，中山装在衣裳文化上已经是崭新的一种"民族形式"了，但它的中心源泉何尝出自蓝袍马褂？

二

凡事有经有权，我们不好杂揉起来，使自己的思想混乱。譬如我们要建军，经常的大道自然是要整备我们的陆海空的立体国防，在陆上，尤其要多多建立精锐的机械化部队，但这是有种种物质条件限制着的。这样的理想一时不易达到。尤其在目前我们在和强敌作殊死战，争国族的生死存亡的关头，我们不能说要等待理想的国防军建好了，然后才能抗敌。我们在这时就必须通权达变，凡是可以杀敌的武器，无论是旧式的蛇矛，牛角×，青龙偃月刀，乃至是镰刀，菜刀，剪刀，都可使用。前年台儿庄之役，菜刀剪刀是发挥过相当的威力的。而且在必要的时候，就是我们的牙齿，手爪，拳头，脚头，都是必要的武器。以量来讲，这些原始的，旧式的武器，在目前比我们精锐的武器更多，但我们不能够说将来的新武器形式是以这些旧武器形式为中心源泉。

一切生产事业我们在理想上是需要机械化、电力化的。但在目前这样的理想还不能达到，而且沿江沿海的民族工业，有的被敌人摧毁了，有的迁到大后方来还未布置就绪，在这样的时候我们是只好尽力奖励手工业的。只要多少能够供给国民的需要，任何原始的作业都可以搬出来。例如在抗战前差不多绝迹了的手摇纺线机，自抗战以来在四处复活了。这也就是权。这种一时的现象，在抗战胜利以后，是注定仍归消灭的。我们当然不能说，将来的新纺织工业形式会从这手摇纺织机再出发。

文艺又何尝不是这样。中国的新文艺，因为历史尚短，又因为中国的教育根本不普及，更加以国家的文艺政策有时还对于新文艺发挥掣动机的力量，一时未能尽夺旧文艺之席而代之，以贡献其应有的教育机能。这是事实。在目前我们要动员大众，教育大众，为方便计，我们当然是任何旧有的形式都可以利用之。不仅民间形式当利用，就是非民间的士大夫形式也当利用。用鼓词、弹词、民歌、章回体小说来写抗日的内容固好，用五言、七言、长短句、四六体来写抗日的内容，亦未尝不可。例如张一麐老先生的许多关于抗战的绝诗，卢冀野先生的《中兴鼓吹集》里面的好些抗战词，我们读了同样的发生钦佩而受鼓舞。但为鼓舞大多数人起见，我们不得不把更多的使用价值，放在民间形式上面。这也是一时的权变，并不是把新文艺的历史和价值完全抹煞了，也并不是认定民族形式应由民间形式再出发，而以之为中心源泉——这是不必要，而且也不可能。

万类是进化的，历史是不重复的，一个时代有一个时代的形式，凡是过去时代的形式即使是永不磨灭的典型也无法再兴。因为产生它的那个时代的一切条件是消灭了。例如古代希腊的雕刻是典型的美，但断不能复活于现代希腊，亦不能复活于受希腊文明陶冶的欧美各国。

就是古代罗马曾经极尽模仿的能事，也没有把希腊雕刻复活转来。文艺复兴中的诸豪，无法再现于意大利，英国不能再生莎士比亚，西班牙不能再生塞万提斯，德国不能再生歌德，法国不能再生巴尔扎克，且如戈果里、托尔斯泰、契诃夫也无法再生于苏联。同样，任我们怎样的祈愿，我们是不能够再得到屈原、司马迁、杜甫、李白，也不能够再得到施耐庵、罗贯中、吴敬梓、曹雪芹。这是无可如何的，他们之不能复返，也就如殷周青铜器时代的无名巨匠，铸造出了那些典重、傀奇、古勃的青铜器的，之不能复返。

说到中国的古铜器，尤其是殷末周初的器物，那与希腊的雕刻比较，在别种意义和形式上，形成着一种世界的典型美。但中国文艺的民间形式，无论怎样过高的评价，实在并没有达到世界典型的这个阶段，而且追溯起那源泉来，我相信有好多朋友定会惊讶，那也并不纯粹是中国式的。

前些年辰在燉煌所存的唐代文书中发现了一大批"变文"出来。那是后来的民间形式的各种文艺的母胎，是一种韵散兼行的文体。内容大部分是关于佛教故事的，如维摩诘经变文，阿弥陀经变文，八道成相变文，大目犍连冥间救母变文等；但也有小部分是关于民族故事的，如大舜至孝变文，伍子胥变文等。这种文体在唐代以前是没有的，分明是受了印度的影响，例如马鸣的《本生鬘论》便是韵散兼行的文体，中国是照样把它翻译过来了的。有文笔的佛教徒们，起初一定是利用了这种文体来演变难解的佛经，使它通俗化，大众化，多多与民众接近，以广宣传。后来由这宣教用的目的转化为娱乐用的目的，故内容由佛教故事扩展到了民族故事。唐以后的民间形式的文艺便从这儿开辟出了一条门径，由这儿变为宋代的"说经"、"说史"、"平话"；变为明清二代的宝卷、弹词、鼓词及章回体小说。"诸宫调"也是从这儿演变，更演变为元明的杂剧及以后的皮簧等等戏剧形式。

这段通俗文艺的演变史，我想凡是研究通俗文艺的人是应该知道的吧。这段史实可以导引出种种意见。（一）民间形式的中心源泉事实上是外来形式。（二）外来形式经过充分的中国化是可以成为民族形式乃至民间形式的。（三）民间形式本身有它的发展。这些意见，从别的艺术部门方面也可以得到有力的支持。如绘画、雕塑、建筑等造形美术，我们同样是深刻地受了印度的影响。与西乐为对的所谓国乐，其乐理、乐调、乐器，强半都是外来的，而且自南北朝以来，这些外来成分在国乐中实占领导地位。这些艺术部门，元明以后便衰颓了下来，现在要拿来和西方的技巧比较，公平的说，实在是有逊色。例如中国音乐仅有声调（melodg）而无和音（hrrmcng），怎么也不能不说是落后。好在文学部门的退潮尚没有如此的迅速，章回体我们可以认为是平话小说的最高发展形式，皮簧剧在戏剧构成上也占着超越的地位，但把这些来和近代的小说与近代的话剧比较，那怎么也不能不说是相形见拙的。

  与其雄辩，不如详审事实。中国的新音乐，如公私所用的军乐队，抗战歌曲的基本原素，不都是取材于西乐吗？公私的重要建筑，不是都脱离了旧式而采取西式吗？由于建筑的改革，图画必然的要受到限制，那种写意的文人画式只能认为游戏笔墨，国画的前途是有限的。请看抗战以来的宣传画吧，不是仍以洋画为其主流吗？雕塑是"旧谷既没，新谷未登"的时代，但我们如要塑先烈铜象乃至铸汪逆铁象，都不得不请求西式的雕刻家，断不会去找塑菩萨的泥水匠了。新兴文艺要离开民间形式，而接近最新阶段的西式，同一是由于历史的必然性，不是一人的好恶或主张所能左右的。

三

  封建的社会经济产生出了各种的民间形式，同时也就注定了各种的民间形式必随封建制度之消逝而消逝。中国的封建经济早就在进行着它的下坡路，因此中国的民间文艺也早就达到了它的下行期，我们承认它在民间的势力依然大，但并不承认它的势力毫未动摇，如门神已经很少人张贴的一样，民间艺人和民间文艺各种形式的演出机会，在乡间已经是很少很少的了。有趣的是这种艺人和演出机会反而在都会里倒要多些，这当得怎么说明呢？很简单。也就如有价值的古董都集中在城市里的一样，它们是靠着满足都会有闲人的古董癖或猎奇欲而存在着的。外国人到中国来，也每每为这猎奇欲所驱使而搜集各种各样的废物，百折罗裙面在梭发椅上，花衣补裰张在客厅壁间，小脚穿的绣花鞋，幼儿戴的猫猫帽，和着一些泥人木偶，杂陈在壁炉的上缘，这样陈设着也有他的风味，但除掉这样的利用外，是无法恢复它们的使用价值了。民间形式的文艺并未没落到绣花鞋和百折罗裙的程度，不过已相隔不甚远。我们现在来利用它们，其实乃是促进他们的升华。中国女人的脚完全脱掉了脚带的束缚，绣花鞋便失掉它的效用；中国民众的知识如完全脱掉了封建制度的束缚，一切民间形式也同样的会失掉了它们的效用。我们现在是在尽力扬弃我们的半封建半殖民地的命运的，把这些和时代精神盛在民间形式面里去教育民众，宣传民众，民众获得了这种精神，结局是要抛弃那种形式的。旧瓶的形式如其本身含有若干艺术价值，尚可作为古董而被人保存，如其本身并没有具备这种价值，即使是用来盛过一次极新极新的美酒，也挽救不了它那将被抛弃的命运。

民间形式的利用，始终是教育问题，宣传问题，那和文艺创造的本身是另外一回事。就如教书和研究是两件事的一样，教书要力求浅显，研究要力求精深。一方面以研究来提高文化的水准，另一方面则靠教育来把被教育者提高到研究的水准，二者是必须同时并进的，不能专事牵就，把研究降低或停顿，那样便决不会有学术的进步。文艺的本道也只应该朝着精进的一条路上走，通俗课本，民众读物之类，本来是教育家或政治工作人员的业务，不过我们的文艺作家在本格的文艺创作之外，要来从事教育宣传，我们是极端欢迎的。他在这样的场合尽可以使用民间形式，若是他能够使用的话。有些人嫌这样的看法是二元，但它们本来是二元，何劳你定要去把它们搓成一个！不过一切的矛盾都可统一于国利民福或人文进化这些广大的范畴里面，如你一定要一元，尽有的是大一元。

其次，民间形式的被利用固然可以说是由于它们是"中国老百姓所习闻常见"，但这"习闻常见"的对象并不是民间文艺的本身，而实在是民间文艺的演出。所以民间文艺的被利用，还是以民间艺人的被利用为其主要契机，这点我们是不可看掉的。中国的文盲症，无论你任何通俗的民间形式的文艺，都不能直接克服。这儿全靠着各种的艺人为媒介，这些艺人在抗战期间自然是应该动员起来的，而且他们的培植不是一朝一夕的工夫，他们大多数是具有天才的人，只是开始培植他们的艺道时是走向民间形式去了，便不免形成一种偏向。由于这些人的本领和价值，民间形式无形之中便增加重量。例如新打的鼓词如《骂汪》和《武汉秋》之类，拿文艺的价值来说，事实上是很平常的，然而出自山药旦和富贵花的口里，被鼓音的抑扬，身手的动作所随伴，便非常的动人。这种人的要素，每每被人算在民间文艺的账上，这是应该打个折扣的。宣传人才不易多得，新的宣传人才更不易养成，民间艺人的价值实在值得尽量的使用，也可以说是为了便利他们，才有民间文艺的利用的。更可以说同样的民间形式，依其艺术部门的不同，而其利用价值亦大有差别。音乐部门的民间形式比起文学部门的民间形式来，利用价值便要大得多了。最显著的是旧剧，各种唱本连辞句都不通，然而唱起来却也很能动听。绘画部门的民间形式如连环画，其利用价值也很高，重要的原因是他自己本身便能把文盲症克服。

　　文盲症的克服，这是中国教育的根本问题。本来在目前是有比较良好的工具可以使用的，便是新文字的推行。这项工作，近来连张一麐老先生都极力赞成了，但有好些人到现在都把它视为危险的东西。他们担心新文字推行了，中国的固有文化便会消亡，其实那完全是杞忧。不仅中国文化的精粹成分将由新文字更普遍地传播而绵延下去，就是旧文字本身也永远是不会消灭的，巴比伦的楔形文、古代埃及文、希腊文、拉丁文等，何尝消灭了？倒是百分之九十九的文盲定会消灭，到了那时候尊重旧文字，认识旧文字的人，必比现在更加认真，是断断乎可以预言。现在号称认识旧文字的人，仅靠着习惯上的使用，认识其表皮而已，无论由中国文字的进展上，或与别国文字的比较上，都少有人作精深的研究。而他们有好些人却兢兢于保存国粹，深恐中国国粹一旦会粉碎，中国国粹是那样脆弱的东西吗？

　　教育的根本问题如能得到解决，可以排除无数的困难，许多加于新文艺上的谴责，本来是不应该专怪文艺作家的，也可以解消了。最大的谴责，不通俗，不能与大众接近，更不能全由作家方面来膺受。新文艺比较起士大夫形式的旧文艺来，已就够能通俗了，但即是最通俗的民间文艺又何尝与文盲大众能够接近？事实上有好些所谓通俗文艺，比较起新文艺来，还远远的不通俗。因为它们爱袭用陈语，爱驱使古典，那种藻饰多是文言的成分，尤其是夹韵文的弹词鼓词之类，被韵脚和句法所限，是更和旧文言接近的。总之，把教育家所应该做的事体要文艺家去做，已经是求全；把教育上的缺陷斥为文艺上的缺陷，那倒是真真正正的责备。

文艺究竟要通俗到怎样的程度才可以合格，本没有一定的标准，不过我们还有一件事情值得注意的，便是不可把民众当成阿木林，当成未开化的原始种族。民众只是大多数不认识字，不大懂得一些莫测高深的新名词，新术语而已，其实他们的脑细胞是极健全的，精神教育是极正常的，生活经验是极现实而丰富的，只要一经指点，在非绝对专门的范围之内，没有不可以了解的东西。只习惯于驾驶独轮车的老百姓，经过短期的训练，不是便可以驾驶汽车，坦克车了吗？大银行，大公司的宏大的西式建筑，那一座不是中国老百姓所砌成的？做惯了中国衣服的裁缝，同样可以做西装，而且做得满好。做惯了中国菜的厨房，差不多专门替外国人任烹调。中国民众并不是阿木林，不是原始种族，要说新文艺的形式是舶来品，老百姓根本不懂或者不喜欢，那不仅是抹杀新文艺，而且是有点厚诬老百姓的。问题是要让老百姓有多多接近的机会。我决不相信老百姓看电影没有看连环画那样感兴趣，我更不相信老百姓听交响曲以为没有锣鼓响器那样动人。从前我们都有一种成见，以为话剧的吸引力决赶不上旧剧，但据近年来在都市上的话剧演出的情形和各种演剧队在战区或农村中的工作成绩看来，话剧不及旧剧的话是须得根本改正的。群众是要教训，要知识，要娱乐，而且是饥渴着的，只是我们没有充分的适当的东西给他们。他们饥不择食，渴不择饮，只要你给他们任何东西，他们都肯接受。一向只是拿些低级的享乐给他们吧了，并不是他们只配享那些低级的东西，也并不是他们毫无批判能力。没有高级的东西同时给他们，使他们发生比较，自然表现不出批判能力出来，请看苏联吧，革命以后仅仅二十几年，工农群众的智识水准已经完全改变了。1934年第一次苏联作家代表大会上，拉迭克的报告里面有这样的一句话：他们"在十五六年间，使牧童发展成了哲学家，发展成了军长，发展成了大学教授"。

四

但我也并无丝毫存心，想袒护新文艺，以为新文艺是完美无缺或者已经有绝好的成绩；相反的，我对于新文艺正是极端不能满意的一个。

最大的令人不能满意之处，是应时代要求而生的新文艺未能切实的把握时代精神，反映现实生活。主要的原因是新文艺的历史为时尚短，优秀的文艺干部尚未能多量的培植出来。从事新文艺运动的人，在五四前后，大抵都是青年，对于国内的现实未能有丰富经验，其中有大部分人是在外国受教育的，更远远的离开了本国的现实。就拿我自己来举例吧，在新文艺运动以来的二十年中，我差不多整个都在国外，自己时时痛感着对于中国现实的隔膜，不能从活生生的生活与言语中采取资料。其结果使自己毫无成就。但如鲁迅则完全不同，在五四以前早已把留学生活结束了，二十年中一直都在国内和现实保持着密切的联系，而且以他的年龄而论，对于生活的经验与批判都比较我们充裕而确实，他之所以能够成功决不是偶然的。

其次，新文艺的策源地是中国几个受近代化的程度较深的都市，尤其象上海，那差不多等于外国的延长，住在那些地方的人，和中国伟大的现实生活仍然是隔离着的。就这样因为生活经验的不充裕，在取材上便不能不限于身边杂事，外国情调，传奇想象等等，而在形式上便不免要追求末梢的技巧。这样便又生出第二个令人不能满意的缺点，便是用意遣词的过于欧化。这，差不多是共同的倾向。这种倾向早就感觉着是应该克服的，尤其是在提倡革命文学的前后，曾经极力强调过。在民国十五年的春间，我写《文学家的觉悟》和《革命与文学》的时候，便倡导过"社会主义的内容，写实主义的形式"那样的号召。但这个主张提得过早。还没有得到什么影响的时候，"唯物辩证法的创作方法"便输入了，一时轰动了整个的中国文坛。总的方向固然是正确的，但观念上却限制了作家的能动精神，限制了作品的取材范围，甚至连读书范围都限制了，结果是把文学僵定了。这儿又产生了一种新型的欧化，便是"洋八股"，"空洞抽象的调头"，"教条主义"。这种倾向在前也早就有过"文艺大众化"的提倡来加以调剂，但结果仍然是没有多少大的影响。

中国新文艺的积弊要想祛除，专靠几个空洞的口号是不济事的，主要的是要对那些病源的祛除。要怎么来祛除病源呢？是要作家投入大众的当中，亲历大众的生活。学习大众的言语，体验大众的要求，表扬大众的使命。作家的生活能够办到这样，作品必能发挥反映现实机能，形式便自然能够大众化的。我对于这层是抱着乐观的，尤其是自抗战以来，抗战以来，作家的生活彻底变革了，随着大都会的沦陷，作家们能动地或被动地不得不离开了向来的狭隘的环境，而投入了广大的现实生活的洪炉——投入了军队，投入了农村，投入了大后方的产业界，投入了边疆的垦辟建设。这些宝贵的丰富的生活体验，已经使新文艺改观，而且在不久的将来一定还会凝合成为更美满的结晶体。在抗战前不久，高尔基由苏联广播出来的现实主义的号召，抗战发生后快满三年的今天由我们自己所提出来的"民族形式"的要求，这一次我看是一定可以兑现的了。

我们要再说一遍，"民族形式"的这个新要求，并不是要求本民族在过去时代所已造出的任何既成形式的复活，它是要求适合于民族今日的新形式的创造。民族形式的中心源泉，毫无可议的，是现实生活。今日的民族现实的反映，便自然成为今日的民族文艺的形式。它并不是民间形式的延长，也并不是士大夫形式的转变，从这两种的遗产中它是尽可以摄取些营养的。象旧小说中的个性描写，旧诗词的谐和格调，都值得我们尽量摄取。尤其是那些丰富的文白语汇，我们是要多多储蓄来充实我们的武装的。外国的名作家有抱一字主义的，是说对于一种事物只有一个适当的字表示，作家要费尽苦心来追求这一个字。语汇的储蓄丰富时，遇着这样的场合，便可以取诸左右而逢其源。文艺的大众化，并不是说随便涂写，或写得尽量通俗，而是要写得精巧恰当，写得精巧恰当的文章，任何人看了都没有不懂的。只要是能识字的人。要办到这个程度便须得抱定一个字主义。这个字无论是文言、白话、或甚至外来语，只要精当，是要一律采用。不要以为用外来语便是"欧化"，其实中国话中有不少的外来成分，在目前国际洞达的时代，彼此的言语的交流正是使国语充实的一个契机。文艺家不仅要活用国语，而且要创造国语。意国的但丁、英国的莎士比亚、德国的歌德，对于他们的国语的创造上都是有着显著的业绩的。世界伟大作家的遗产，我们是更当以加倍的努力去接受，我们要不断的虚心坦怀的去学习，学习他们的方法，怎样取材，怎样表现，怎样剪辑，怎样布署，怎样造成典型，怎样使作品成为浑然一体，这些都很可以帮助我们，使我们有充分的把握来处理我们自己的材料，促进我们的形式的民族化。

将来究竟会成就出怎样的一些形式来，这是很难断言的。但我们可以预想到一定是多样的形式，自由的形式。人类的精神是更加解放了，封建时代的那种定型化，我们相信是不会有的。以诗言，决不会有那千篇一律的绝诗、律诗、弹词、鼓词。以小说言，决不会有那千篇一律的章回体。以戏剧言，决不会有那千篇一律的杂剧。一定的诗型，一定的小说型，一定的戏剧型，在资本主义的社会中不会产生，就在将来的社会中我们相信也绝对不会产生。反而在这些既成部门之外，还要产生些新部门，新的形式出来，如现在所已有的报告文学或其他快速度的文学，倒是必然的形势。因此有一部分的朋友要求今后的诗须有一定的"成形"，我们认为那也是对于"民族形式"的误解。

内容决定形式，这是颠扑不破的真理。我们既要求民族的形式，就必须要有现实的内容。深入现实吧，从这儿吸取出创作的源泉来。切实的反映现实吧！采用民众自己的言语加以陶冶，用以写民众的生活、要求、使命。但这样也并不是把形式的要求便简单地解消在内容的要求里去了。不然，形式也反过来可以影响内容的。初学画兰的人每每象茅草，乃至象蚯蚓。技巧的练习是断然不可少，近代的画家雕刻家对于实体的素描要费很大的工夫，而且始终不间断。文艺工作者也应该在素描上多绞些心血，不要把中国人画成为金发碧眼去了。各种进步的学问，尤其是社会科学，都应该广泛的去涉猎。这些都是钥匙，没有钥匙，摆在面前的现实殿堂不会自行为你把关门洞开。

（1940年5月31日）

（原载1940年6月9—10日重庆《大公报》）

我怎样写《棠棣之花》

郭沫若

真没有想出《棠棣之花》，在最近竟搬上了舞台，而且大受欢迎。我知道这一多半是靠导演、演员、音乐、舞蹈及一切前后台工作人员诸君的力量。我深深地感谢他们。

因为这一演出的成功使我发生了好些回忆并接受了好些问题，我感觉着有加以叙述和解答的必要。

我对于聂嫈和聂政姊弟这个故事发生同情，是很小时候的事，现在已经记不清了。《史记》的《刺客列传》，特别关于聂政的一部分，在旧时的古文读本上，大抵都是有选录的。凡是读过这故事的人，我相信没有不同情他们俩的。这在从前和荆轲刺秦，专诸刺僚，差不多是成为了民间故事，虽然现在是和一般年青的朋友稍稍疏远了。

我起初把故事戏剧化是远在民国九年的春天。我约略记得是在把《湘累》和《女神之再生》写完之后，开始执笔的。那时候我还在日本留学，是九州医科大学的一年生。我读过些希腊悲剧家和莎士比亚、歌德等的剧作，不消说是在他们的影响之下想来从事史剧或诗剧的尝试的。

我起初的计划是想写成十幕，便是《屠狗》、《别墓》、《邂逅》、《密谋》、《行刺》、《诀夫》、《误会》、《闻耗》、《哭尸》、《表扬》。完全根据《刺客列传》，从严仲子访问起，写到聂政声名表露为止。

依据《史记》，聂嫈是嫁了人的。在聂嫈哭尸时有这样的几句话："政所以蒙污辱，自弃于市贩之间者，为老母幸无恙，妾未嫁也，亲既以天年下世，妾已嫁夫。"故尔我准备有《诀夫》的一幕，我是想写出聂嫈想去追踪她的兄弟，而她的丈夫（一个商人）不肯，因而遂致乖离决裂。但我又参考《战国策》（卷二十七，《韩策》二，）这同一的故事明明为《史记》所根据的却没有嫁夫这一段话！这当然是司马迁的画蛇添足。聂嫈是以不嫁夫为更美满。因此，我的计划便中途生了变革。

本来我的前五幕已经是约略写好了的，经这一番变革才停顿了下来。同时我又感觉着第一幕与其他九幕相隔三年多，时间上不统一，而且前五幕主要写聂政，后五幕主要写聂嫈，人物上也不统一，于是便率性把写成十幕的计划，完全抛弃了。写成了的五幕中第二幕和第三幕觉得很有诗趣，未能割爱。在民国九年的10月10日《时事新报》的《学灯》增刊上把第二幕发表了。后来被收在《女神》里面。又在十一年五一节《创造季刊》的创刊号上把第三幕发表了。这两幕便被保存了下来，其他都完全毁弃了，一个字也没有留存。

直到五卅惨案发生的时候，那时我在上海，而且就在惨案发生的那一天，我在南京路先施公司的楼上，亲眼看见一些英国巡捕和印度巡捕飞扬跋扈，弹压行人的暴状。这又把我的创作欲触发了，我便费了十天左右的功夫写成了聂嫈（即现在的《棠棣之花》的最后两幕）。写成后，上海美专学生要慰劳罢工工友，曾经把它演出过，演了两场。这个独立的两幕剧，后来我把它收进《三个叛逆的女性》里面，还附载有一篇关于演出当时的情形的叙述。

北伐那年的4月，广州在廖夫人领导下的血花剧社却把《聂嫈》和以前发表过的两幕合并起来，作为四幕剧的《棠棣之花》演出过。那是有点不合理的，因为那样的凑合使第二幕和第三幕完全是一个景，假如作为一幕的两场在结构上也够累赘。但就那样，演出时也公然得到了相当的好评。

《棠棣之花》作为五幕剧的现有形态是四年前"八一三"战役发生以后，而且是上海成为孤岛以后的事了。上海成为了孤岛，有一个时期我住在法租界一位朋友的家里，因为工作不能做，而且不便轻易外出，于是便想起了把《棠棣之花》来作一个通盘的整理。加了一个《行刺》的第三幕，把以前割弃了的两幕恢复，就这样便使《聂嫈》扩大了。

以上是写作经过的大略，在这一次的上演上又曾经加了一番增改，特别是第二幕的后半,和第三幕的增加一场,使剧情更加有机化,而各个人物的性格也比较更加突出了。把二幕的单纯的"食客"演化为韩山坚,作为聂政的向导,过渡到第三幕,这个并未前定的偶然生出的着想,使我感觉着相当的满意。这真真是一个意想外的收获。

讲到《棠棣之花》的故事,在从前我自己是曾经相当考证过的,我主要的是参合着《战国策》、《竹书纪年》和《史记》这三项资料,并没有纯粹依据《史记》。《史记》这部书在保存中国的古史上,固然是极有光辉的典籍,但它本身实在有不少的瑕疵。这些是出于司马迁存心润色,例如上面已经说到的聂嫈已嫁夫之类,有些是出于他的疏忽,在这个故事里面便有由于他的疏忽而弄错了的证据。

根据《战国策》,明明说聂政受着严仲子的请托,到东孟之会"直入上阶;刺韩傀(即侠累),韩傀走而抱哀侯,聂政刺之,兼中哀侯",又《韩策三》也有"东孟之会,聂政阳坚刺相兼君,许异蹴哀侯而殪之"的话,可见聂政行刺是在哀侯时,而行刺时是把君相同时刺死了。

但在《史记》是怎样呢?《刺客列传》上本说"濮阳严仲子事韩哀侯,与韩相侠累有郤,"足见聂政行刺明明是哀侯时事,可他把"兼中哀侯"这一点删掉了,而在《韩世家》里面又写着"列侯三年聂政杀韩相侠累"(据《集解》所引"徐广曰六年救鲁也",可知"三年"必系"六年"之误。)同是一事,一面写在哀侯时代,一面又写在列侯时代,这已经是矛盾。

列侯十三年卒,其子文侯立。文侯十年卒,其子哀侯立。(《史记》是把哀侯作为列侯之孙,其实这也是错误,依《纪年》与《世本》只是父子关系。)哀侯六年又写着"韩严弑其君哀侯而子懿侯立",这又把一件事体化而为两件事体了。

这些,我看,完全是出于司马迁的疏忽。可就因他这一疏忽,便以讹传讹,后来的所谓正史多是把这件故事分化成两件而叙列着。

战国时代的史事,讹误最多,《战国策》本是由零星的书简集成的书,文字亦多脱误。例如上面已举出的"聂政阳坚刺相兼君"的一段,那原文就很难懂,我把它抄录在下边吧。

"东孟之会,聂政阳坚刺相兼君,许异蹴哀侯而殪之,立以为郑君。韩氏之众无不听令者,则许异为之先也。是故哀侯为君而许异终身相焉，而韩氏之尊许异也，犹其尊哀侯也。……"

这怎么也是不通的文字，许异已经把哀侯蹴死了，而又"立以为郑君"，并且"终身相焉"。这当然是有错误。

《竹书纪年》这部书是很可宝贵的，它本来是在晋太康年间出土的魏国的国史，但可惜这书散佚了，现存的是明朝的人所伪撰的。好在司马贞的《史记索隐》时时引到它，替我们保存了好些宝贵的资料。例如在《韩世家》的"韩严弑其君哀侯而子懿侯立"下，便引《纪年》云：

"晋桓公邑哀侯于郑，韩山坚贼其君哀侯，而韩若山立。"

韩若山不用说就是懿侯了，根据这些，我们可以知道，《战国策》那段不通的文字应该增改如下的：

"东孟之会，聂政阳坚刺相兼君，许异蹴哀侯而殪之，立其子（若山）以为郑君。韩氏之众无不听令者，则许异为之先也。是故懿侯为君而许异终身相焉，而韩氏之尊许异也，犹其尊哀侯也。……"

为什么韩侯称《郑君》，根据《纪年》便可以理解，我在剧本中写的"韩城"就是指的郑邑，这是现今河南的新郑，由濮阳至此，昼夜兼程，两三天是可以到的。

有的人站在纯粹历史家的立场，说阳坚、韩山坚、韩严应该是一个人，而且应该就是严仲子严遂。不错，有些近是。但在《战国策》、《西周策》中又有"严氏为贼而阳竖与焉"的话，这"阳竖"必然是阳坚的错误，可见阳坚和严遂是判然两个人。假使让我也发挥些考证家的伎俩，我想阳坚和山坚倒会是一个人，而且山坚的"山"字恐怕是"由"字的形近而误，由与阳音相近，既系双声且近于阴阳对转。不过我在本剧的人物配置上更发挥了一点创作上的自由，我把韩山坚和阳坚是分化成为两个人的。从酒家女临死时的"濮阳酒店……"讹听成为"仆——阳坚，"点出了阳坚的虚名，而以酒家女顶代。又把韩山坚作为严仲子的心腹，表现成为在暗中活跃的志士。还有许异一名本来也可以利用，因为《战国策》那段文字错落难明，而且"许异"我疑心就是"遂"字的音变（犹如"侠累"亦称为"傀"）也就是严遂，所以我结局把他抛弃了。

写历史剧并不是写历史，这种初步的原则，是用不着阐述的。剧作家的任务是在把握着历史的精神而不必为历史的事实所束缚，历史的事实并不一定是真实。这两者要想得到统一，恐怕要在真正的人类史开幕以后去了。故尔剧作家有他创作上的自由，他可以推翻历史的成案，对于既成事实加以新的解释，新的开发，而具体地把真实的古代精神翻译到现代。

历史剧作家不必一定是考古学家，古代的事物愈古是愈难考证的。绝对的写实，不仅是不可能，而且也不合理。假使以绝对的写实为理想的目标，则艺术部门中的绘画雕塑早就该毁灭，因为已经有照相术发明了。

我在这些认识之下，不仅在人物的配置上取得了相当的自由，如无中生有地造出了酒家母女、冶游男女、盲叟父女、士长、卫士之群，特别在言语歌咏等上我是取得了更大的自由的。我让剧中人说出了和现代不甚出入的口语，让聂嫈唱出了五言诗，游女等唱出了白话诗。这些假使要从纯正历史家的立场来指摘，都是不合理的。但假如不容许这种类似不合理的魔术存在，则戏剧活动乃至一切的文艺活动都不能成立。我们如想到金兀术在北平舞台上唱平剧，在重庆舞台上又唱川剧，丹麦王子的罕默雷特在伦敦舞台上说英文，在莫斯科舞台上说俄文，这里是可以得到历史剧的用语问题的钥匙的。

反正是幻假成真，手法干净些，不让人看出破绽，便是上选。大概历史剧的用语，特别是其中的语汇，以古今能够共通的最为理想，古语不通于今的非万不得已不能用，用时还须在口头或形象上加以解释，今语为古所无的则断断乎不能用，用了只是成为文明戏或滑稽戏而已。例如在战国时打仗，你说他们使用飞机、坦克、毒瓦斯，古代中国人口中说出了"古得貌宁，好都幽都"（Good morning, How do you do），这实在是滑稽透顶的事。

《棠棣之花》的政治气氛是以主张集合反对分裂为主题，这不用说是参合了一些主观的见解进去的。望合厌分是民国以来共同的希望，也是中国自有历史以来的历代人的希望。因为这种希望是古今共通的东西，我们可以据今推古，亦正可以借古鉴今，所以这样的参合我并不感其突兀。据《史记》，严仲子与侠累的关系只说了"有郄"两个字，这实在不够味。到底是谁曲谁直我们都无从知道，只是有点私仇而已，这实在是不够味。《战国策》要周到些，揭出了"严遂政议直指，举韩傀之过，韩傀以之叱之于朝；严遂拔剑趋之，以救解"的这些事实。我们据此可以知道严遂是站在公正的一面，而且性格相当直率，侠累则不免是怙过拒谏，跋扈飞扬。但是严遂所议的是什么，所指摘的是什么，这里也没有说出。为要增加严仲子的正直性，同时也是增加聂政姊弟的侠义性，我把三家分晋的事情联合上。因为韩赵魏三家实际上把晋国分割了的，就在韩哀侯元年，严仲子要"政议直指"，这正是绝好的题材，而且也应该是有的。

严仲子避居在濮阳，这在古是相传为"淫风流行"的地方，所谓桑间濮上的情景，我们读读《国风》的"期我乎桑中，邀我乎上宫"和"维士与女，伊其相谑，赠之以芍药"的那些诗，是不难想象的。为要构成那种气氛，我在第二幕和第四幕中插入了冶游男女的歌唱。在这番构成上，日本的风俗也帮助了我，日本人在樱花开放时节，那种举国若狂的情形，实在有些原始的风味，剧中所插入的那首《春桃一片花如海》的歌，事实上是民国八年春天，在博多的西公园看樱花时做的，只是原诗是"春樱"，在插入剧本时，我把"樱"字改成了"桃"字罢了。这些经历，当然只有作者自己知道。总之我是尽量在想托出古代的现实，有好些青年朋友对于古典的素养欠缺，也不大肯研究，喜欢说我的东西是主观的，浪漫的，这样的批评在我倒无关痛痒，不过在批评者本身的态度上，我倒觉得太主观，太浪漫了一点。

三年之丧的制度本来是创制于儒家，就在比聂政更迟的孟子时代，在一般的上层阶级都还没有行通，例如孟子教滕文公行三年之丧便遭了滕国的父兄百官反对，他们说："吾宗国鲁先君莫之行，吾先君亦莫之行也。"我在剧中却让聂政姊弟服了三年丧，这儿是有些问题的。《史记》和《战国策》上本都有"聂政母死，既葬，除服"的话，但所"除"的"服"不必一定就是三年的丧服，而且两种书都是后人的追记，并不必一定绝对可靠。尤其聂政是游侠之徒，侠与儒在精神上不相容，让聂政来行儒家的三年之丧，觉得有点不合理。这层意思，我自己在前没有考虑到，是几天前周恩来先生向我指出的，我感谢他这个非常宝贵的意见。本来很想根据这个意见把剧本修改一遍，但要牵连到歌词，牵连到几乎全剧的情调，我也就只好踌躇下来了。好在聂政原是孝子，母死之后经历三年馀哀方尽，也多少可以衬出他的孝心，对于并无真正的史实概念的一般观众恐反而可以增加效果。因为在一般观众心中，三年之丧还是被认为天经地义的，假使聂政母葬即行，恐不必会认为义侠，而反被认为忤逆。太新了的历史考证有时也难得搬上舞台，这似乎也得列为论历史剧的一个研究项目的。又例如《离骚》里有女须谏屈原的一段，女须在前多被认为屈原的姐姐，这已成为一般的定论；但也有的认为是妹子的（郑玄），有的认为是贱妾的（朱熹），经我的考证觉得是相当年青的爱人。假如我们要把屈原搬上舞台上的时候，是把女须写成爱人的好，还是写成姐姐的好呢？我目前正为这事情考虑。我感觉着恐怕以写成姐姐的更加方便，写成姐姐，再配上一位年青的侍女上去，使她对于屈原发生情愫，恐反而会增加效果吧。考据和创作，看来毕竟是两条不必一定平行的路。

（三十年十二月九日）

（原载1941年12月14日重庆《新华日报》）

写完五幕剧《屈原》之后

郭沫若

在《棠棣之花》第二次上演的时候，有好些朋友怂恿我写《屈原》，我便起了写的意念。但怎么写法，怎样才可以写得好，却苦恼着我。

第一，屈原的悲剧身世太长。在楚怀王时代做左徒时未满三十，在楚襄王二十一年郢都陷落而殉国时，年已六十有二。三十多年的悲剧历史，怎样可以使它被搬上舞台呢？这实在是一个大问题！我为这问题考虑了相当的时间，因不易解决使我不能执笔者有三个星期之久。

其次是屈原在历史上的地位太隆崇了，他的性格和他的作品都有充分的比重。要描写屈原，如力量不够，便会把这位伟大人物漫画化。这是很危险的。有好些朋友听说我要写《屈原》，他们对于我的期待似乎未免过高。在元旦的报章上就有人预言，"今年将有罕默雷特和奥塞罗型的史剧出现"。这种鼓励毋宁是一种精神上的压迫。欧洲文学中并没有好几篇《罕默雷特》和《奥塞罗》，莎士比亚的作品中也就算这二篇最为壮烈。现在要教人一跃而跻，实在是有点苦人所难。批评家是出于好意还是出于《看肖神》令人有点不能摩捉。

然而我终竟赌了一口气，不管他怎样，我总要写。起初是想写成上下两部，上部写楚怀王时代，下部写楚襄王时代。这样的写法是有点象《浮士德》。我把这个意念同阳翰笙兄商量过，他也很赞成，觉得只有这样才是办法。分写成上下两部，每部写它个五六幕，而侧重在下部的结束，这是当初的企图。我现在还留有一张关于下部的分幕和人物表，不妨把它抄录在下边吧。

一、服丧
襄王　子兰　郑袖　屈原　女须　婵娟　群众
二、屈服
襄王　子兰　郑袖　屈原
三、流窜
襄王　子兰　郑袖　秦嬴　屈原　詹尹　女须　婵娟
四、哀郢
襄王　子兰　郑袖　白起　秦兵　屈原　女须　婵娟
群众
五、投江
屈原　渔父　群众　南公

《服丧》是想写襄王三年，怀王囚死于秦归葬的时候的事。当时楚国反秦空气极高，屈原得恢复其社会上的地位，凭着群情的共愤，使当时的执政者终于和秦国绝了交。

《屈服》是想写襄王六年时事。秦将白起战败韩国斩首二十四万于伊阙。秦王藉此余威，向楚压迫，要求决战。襄王慴服，向秦求和，并迎妇于秦为其半子。此时屈原理应反对最烈，然而于事无补。

《流窜》是接着《屈服》而来的，想写成两场，首因激怒当局而遭窜逐，继则偕其亲近者在窜逐生活中向郑詹尹卜居。

《哀郢》是想写襄王二十一年白起破郢都襄王君臣出走时事。楚国险遭亡国的惨祸。屈原在这国破的情境当中还须失掉女须与婵娟，增加其绝望。

《投江》便是想写投汨罗时的最后情景。渔父出了场之外，我还想把南公也拉出场。南公见《史记·项羽本纪》有楚南公曰"楚虽三户亡秦必楚"几句话。本来不知道他是什么时候的人，或许会后于屈原，但我把他拉到这里来作为群众的领率，群众是在屈原死后来打捞他的尸首的。

约略这样的一个步骤，然而在认真开始执笔而且费了几天工夫把目前的《屈原》写出了时，却完全被打破了。目前的《屈原》真可以说是意想外的收获。各幕及各项情节差不多完全是在写作中逐渐涌出来的。不仅是写第一幕时还没有第二幕，就是第一幕如何结束都没有完整的预念。实在也奇怪，自己的脑识就象水池开了闸的一样，只是不断的涌出，涌到了平静为止。

我是二号开始写的，写到十一号的夜半完毕。综计共十天。但在这十天当中，我曾作过四次讲演，有一次（十号）还是远赴沙坪坝的中大。我每天照常会客，平均一天要会十个人；照常替别人看稿子，五号为看凌鹤的《山城夜曲》整个费了一天的功夫；也照常在外面应酬，有一次（七号）是苏联大使馆的茶会，看影片到深夜。故尔实际上的写作时间，每天平均怕不上四小时吧。写得这样快实在是出乎意外。

写第一幕的时间要费得多些，我的日记上写着：一月二号"晚间开始写《屈原》得五页"。一月三号"午前写《屈原》得十页左右"。一月四号"晚归续草《屈原》第一幕行将完成矣"。一月六号"写完《屈原》第一幕，续写第二幕"。

写第一幕时在预计之外，我把宋玉拉上了场，在初并没有存心要把它写坏，但结果是对他不客气了。我又把子兰认为郑袖的儿子，屈原的学生，为增加其丑恶更写成跛子，都是想当然的事体，并不是有什么充分的根据的。《屈原传》称子兰为"稚子子兰"，把郑袖认为他的母亲，在情理上是可能的。屈原在怀王时有宠，能充当子兰的先生也是情理中的事，故尔我就让他们发生了母子师生的关系。

我在写第一幕的时候，除造出了一个"婵娟"之外，始终是想把"女须"拖上场的，但到快要写完一幕时，我率性把他抛弃了。旧时认女须为屈原之姐，唯一的根据就是贾侍中说"楚人谓姊为须"。但祇这样，则"女须"犹言"女姊"，不能算是人名。郑玄以为妹，朱熹以为贱妾，是根据《易经》上的"归妹以须"。古时女子出嫁，每以同姓之妹或姪为媵，故"须"可解为妹，亦可解为妾。这样时，"女须"也不能算是人名。因此我率性把"女须"抛弃了。我别立了一种解释，便是把《离骚》上的"女须之婵媛"解释为陪嫁的姑娘，名叫婵娟。就是《湘君》中的"女婵媛兮，为余太息"，《哀郢》中的"心婵媛而伤怀兮，眇不知其所蹠"，我都想把它解释成人名。虽然没有其他的根据，但和把"女须"释为姊或妹之没有其他的根据是一样的。又"女须"亦可解作天上的星宿"女须"，此解比较为合理，但我在本剧中没有采用。

第二幕以下的进行情形，让我还是抄写日记吧。

1月7日"继续写《屈原》，行进颇为顺畅。某某等络绎来，写作为之中断。"

1月8日"上午将《屈原》第二幕草完，甚为满意。……本打算写为上下部者，将第二幕写成之后，已到最高潮，下面颇有难以为继之感。吃中饭时全剧结构在脑中浮出，决写为四幕剧，第三幕仍写屈原之橘园，在此幕中刻画宋玉、子椒、婵娟等人物。第四幕写《天问》篇中之大雷电，以此四幕而完结。得此全象脑识颇为轻松，甚感愉快。"

1月9日"屈原须扩展成五幕或六幕，第四幕写屈原出游与南后相遇，更展开南后与婵娟之斗争，但生了滞碍。创作以来第一次遇着难关因情调难为继。"

1月10日"第四幕困难得到解决，且颇满意。上午努力写作，竟将第四幕写成矣。……夜为第五幕复小生滞塞，只得早就寝。"

1月11日"夜将《屈原》完成，全体颇为满意，全出意想之外。此数日来头脑特别清明，亦无别种意外之障碍。提笔写去，即不觉妙思泉涌，奔赴笔下。此种现象为历来所未有。计自2日开始执笔至今，恰好10日，得原稿一二六页，……真是愉快。今日所写者为第五幕之全体，幕分两场，着想自亦惊奇，竟将婵娟让其死掉，实属天开异想。婵娟化为永远之光明，永远之月光，尤为初念所未及。……"

目前的《屈原》实在是一个意想外的收获，我把这些日记的断片摘录了出来，也就足以证明在写作过程中是怎样的并没有依据一定的步骤。让婵娟误服毒酒而死，实在是在第五幕第一场写完之后才想到的，因此便不得不把郑詹尹写成坏人。我使郑詹尹和郑袖发生了父女关系，不用说也是杜撰的，根据呢？只是他们同一以郑为氏而已。祭婵娟用了《橘颂》这个想念，还是全剧写成之后，在十二号的清早出现的。回想到第三幕中宋玉赠婵娟以《橘颂》尚未交代，便率性拉来做了祭文，实在再适合也没有。而且和第一幕生出了一个有机的照应，俨然象是执笔之初的预定计划一样。这也纯全是出乎意外。

我把宋玉写成为一个没有骨气的文人，或许有人多少会生出异议吧。不过我这也并不是任意诬蔑。司马迁早就说过："屈原既死之后，楚有宋玉、唐勒、景差之徒者，皆好辞而以赋见称。然皆祖屈原之从容辞令，终莫敢直谏。"再拿传世的宋玉作品来说，如象《神女赋》、《风赋》、《登徒子好色赋》、《大言赋》、《小言赋》等，所表现的面貌，实在只是一位帮闲义人。《招魂》一篇依照《史记》，应该是屈原的作品，但我为行文之便，却依照王逸的说法划归了宋玉。考据与创作并不能完全一致，在这儿是须得附带声明的。

南后郑袖这个性格是相当有趣的，我描写她多是根据《战国策》上的材料，如送贿给张仪及谗害魏美人的故事都是。（《韩非子》上也有，因手中无书，未及参证。）这个人是相当有点权变的，似乎不亚于吕雉与武则天。在我初期的计划中，是想把她的权势扩展到襄王一代，把襄王写成傀儡，把她写成西太后，前面所列的人物表中一直到最后都有郑袖，便是这个意向的表示了。但就在本剧中，她的性格已经完成，我也感觉着没有再写的必要了。

依据《史记》，在怀王时谮屈原的是上官大夫靳尚，但我把主要的责任嫁到郑袖身上去了。这虽然也是想当然的推测，但恐怕是最近乎事实的。《卜居》里面有"将促訾栗斯，喔咿儒儿，以事妇人乎"的一问，所说的"妇人"应该就是指的郑袖。又《离骚》亦有"众女嫉余之蛾眉兮，谣诼谓余以善淫"的话，虽是象征的说法，但亦必含有事实。——《离骚》这两句是写到此处时才偶然想到的，与剧中情节不无相合之处，也是意外。

关于令尹子椒的材料很少，《离骚》里面有"椒专佞以慢慆"一句，向来注家以为即是子椒。又楚襄王时是"以其弟子兰为令尹"的，因此我便把子椒作为怀王时的令尹，而写成了昏庸老朽的人。

写张仪多半是根据《史记·张仪列传》及《战国策》把他写得相当坏，这是没有办法的。在本剧中他最吃亏，为了禋祀屈原，自不得不把他来做牺牲品。假使是站在史学家的立场来说话的时候，张仪对于中国的统一倒是有功劳的人。

第四幕中的钓者得自《渔父辞》中的渔父的暗示，性格不用说是写得完全不同。第五幕中的卫士成为"仆夫"是因为《离骚》里面有"仆夫悲余马怀"的一个仆夫。这位仆夫要算是忠于屈原的唯一有据的人物，然而他的姓名无从考见。又这位仆夫我把他定成汉北的人去了，原因是《抽思》里面有"有鸟自南兮来集汉北"的两句，足见屈原初放流时是在汉北，故《思美人》章又有"指嶓冢之西隈兮与纁黄以为期"之语。流窜江南，当是襄王时代的事了。

第五幕中卫士处置更夫，我写出了个活杀自在法，在这儿是相当费了一点思索的，前面日记中所说："夜为第五幕复小生滞塞，"也就是指的写这儿的情形。我起初本是想很干脆的便把更夫勒死，但想到为要救活一人便要杀一无辜觉得于心不安。又曾想到率性把更夫写成坏人，譬如让更夫来毒杀婵娟觉得也不近情理。于是便想到活杀自在法，这在日本的柔道家是有的，似乎是把人的会厌骨向下按，便可使人一时气绝，再将骨位复原，人又可以苏醒。日本救不会泅水的人也每用此法，以免手足纠缠。这个方法我相信是由中国传过去的，但我们问了好些朋友都不知道。我自己并不懂这个法术也无从实验，因此又不免踌躇。但我终于还是那样写出了，为了在舞台上能安婵娟的心，我想也是必要的。

关于靳尚，在《战国策》里面有一段故事极富有戏剧价值，便是怀王要放张仪的时候有点不放心，靳尚便自告奋勇去监送张仪。有一位"楚小臣"，和靳尚有仇，他对魏国的张旄献计，要他派人在路上暗杀靳尚，以离间秦楚。张旄照办了，靳尚便在路上遭了刺杀。于是楚王大怒，秦楚构兵而争事魏。这个故事在初本也想写在剧本里面的，但结果是割爱了。假使戏剧还要发展的话，那位钓者河伯倒也可以作为"楚小臣"的。

就这样本打算写屈原一世的，结果只写了屈原一天——由清早到夜半过后。但这一天似乎已把屈原的一世概括了。究竟是不是罕默雷特型与奥塞罗型，不得而知，但至少没有把屈原漫画化，是可以差告无罪的。

三十一年一月二十日夜

（原载1942年2月8日《中央日报》副刊）

《虎符》写作缘起（节录）

郭沫若

……

我想把故事写成剧本，差不多是二十年前的事，但因为如姬的事迹太简略，没有本领赋与以血肉生命，因而也就不敢动手。现在我又提起兴会竟公然把它写出来了，这不用说是目前的戏剧运动的活跃促进了我，但事实上也是我书案上摆着的一个虎符，不声不响的在催促我。

虎符这种东西，没有点古器物学的常识的人是不能想象的。那不是后来的所谓安胎灵符之类在纸上画的一个老虎，而是一种伏虎形的青铜器，不大，只有二三寸来往长。战国及秦汉就靠着这种东西调兵遣将。照例是对剖为二，剖面有齿嵌合，腹部中空。背上有文，有的是把文字也对剖为二，有的分书在两边，大抵是错金书。所谓错金书者是说把字刻成之后，另外灌以别种金属，再打磨平滑，文与质异色，是异常的鲜明。留存于世的，以半边为多，因为是分开使用，一半在朝内，一半在朝外，自然很难得有两半都留存了下来的。两半都留存了下来的也有，我去年九十月的时候便得到一个。

我所得的虎符，是从一位轿夫手里花了十块钱买来的。据说是由轰炸后的废墟中掏捡出来的东西，以前不知道是甚么人的蒐藏品。长约四寸，背上有十个错金书分写两边，一边五个，全文是"右须军禽（？）干道车×第五。"军下的一个字不知是闾还是衢，车下一个字连笔划都弄不清。字体是汉隶。假如是真的，大约是汉初的东西。因为没有书籍，我还没有工夫来考证。但假的可能性较大，因为两边完整地配合着，实在也是少有的事。但不问它是真是假，我是很喜欢它的。它很重实，而且也古气盎然，我把它当成文具在使用。

但是就是这个铜老虎事实上做了我这篇《虎符》的催生符。我在这样想，将来这《虎符》要搬上舞台上演的时候，它的半边是还须得去串演一番脚色的。古书上的所谓"合符"就是拿一半边去和另一半边相合。普通是左半边在朝外，右半边在朝内。因此我们可以知道，信陵君和如姬所偷的虎符只是右边的半边，左边的是在晋鄙手里。

为了要写《虎符》，我把《史记》和《战国策》（我手中现在可据的只有这两种书）翻来复去地考查了好几天。首先是要定信陵兵救赵的时期，我在剧中把它规定成为了八月中旬，这是有相当根据的，但要声明并不一定确确实实是如此。

其次是人物。关于信陵君，侯嬴和朱亥、如姬、魏安釐王的资料是根据《信陵君列传》。《魏世家》里面有一长篇信陵君谏魏王联秦攻韩的书，充分地发挥了他的反秦合纵的主张，在本剧中曾多少有些利用。这篇文章，在《战国策》是作为朱已说魏王，朱已与无忌是一音之转，司马迁作为无忌大约是可靠的。

如姬的事情实在太简略。她的父亲不知道是谁，杀她父亲的人也不知道是谁。我为方便计，把她父亲定名为师昭，这是并没有根据的。只是因为在剧中要让如姬弹弹琴，那最好是把她作为琴师的女。又因为《庄子·齐物论篇》里面有"昭文鼓琴……而其子又以文之纶终，终身无成"的话，与晋的师旷和魏的惠施并列，因此我认为大约昭文也是魏人（楚国本有昭姓，但楚人亦可北迁于魏），故此杜撰地安了一个师昭。

关于如姬父之死也很有问题。为什么同在魏国，自国王以下找了三年都没有找到的仇人信陵君一下子便把他找着了？这使人很难得索解。我在这儿实在也费了不少的思索。结果是使用催眠术，把唐雎老人拉了出来。唐雎老人九十余岁，曾为魏国出使过秦国，《战国策》作唐且。这唐且又是跟着信陵君到了赵国的食客，在邯郸解围之后曾劝信陵君谦抑，勿受赵王的赏赐。在《史记》也有这一段文章，但只作为"客"，没有指名为唐雎，大约司马迁以为他年纪太老了，不会再跟着跑的原故吧。又《蔡泽列传》里面有一位会看相的唐举。注家以为即《荀子》《非相篇》的"梁有唐茟"照年代说来是相同的，而同是魏人，因此我断定唐睢、唐且、唐举、唐茟，只是一个人，睢且举茟是一音之转。能够看相，又有那么大的年纪，大约是有点道行的人。因此我就让他懂了点催眠术，而且把他搬上了舞台。

如姬在窃符以后的事情是怎样，《史记》没有说到。我在本剧中把她写成了一个悲剧的结束，这是不会有什么牵强的。侯嬴在定计的时候已经就说明了："如姬欲为公子死，无所辞"，而她所犯的情形，实在是该受死罪的。如姬是死了，断无可疑，只是不知她是怎样死法吧了。

如姬这个人物我最感同情。她的父亲被人杀了，她蓄着报仇的志向三年，终于不惜向信陵君哭泣，请求援助，足见得她是笃于天伦的人。她分明知道魏安釐王嫉妒他的异母弟宽厚爱人的信陵君，而她偏偏要甘冒死罪，为他盗窃虎符，这怕是不能由纯粹的报恩感德来说明的。我相信他们应该还有一种思想上的共鸣，便是她也赞成信陵君的合纵抗秦的主张。本剧是把她写成了那样的人物。她又是魏王最幸爱的宠姬，她一定年青貌美。这样的人对于人人所敬爱的信陵君，不会说没有情愫。但在故事里却丝毫嗅不出这样的气息，足见得他们很能以礼自闲，我在剧中也就写成了这样。而且不惜加油加酱，在魏王的对于信陵君的嫉妒里面，加添了一层醋意。这也是想当然的事。就单为增加戏剧的成分上，我想也应该是可以得到允许的。

魏安釐王是不是如象我剧中所写的那样的暴君，古书上本没有充分的记载，不过实在是值得讨厌的人，似乎是很自私自利而又没有多大本领的家伙。这种性格的人一有了权势，是很有可能发挥他的暴虐性的。他对于信陵君嫉妒，怕他篡夺王位，是有书可凭。在信陵君救赵以后，不怕就是打了胜仗，而他对于他这位异母弟的处分一定也相当苛刻。我们看到信陵君留在赵国，一直过了十年的亡命生活都不肯回去，也就可以知道。而在十年之后，魏国受秦国的压迫日急一日，魏王被逼得没法，才派人去请信陵君回国的时候，信陵君都还在"恐其怒之，乃诫门下有敢为魏王使通者死"。害怕得那样厉害，戒备得那样决绝，不正说明着史书上还遗漏了一段很大的痛史吗？信陵君回国之后，二次受谗，竟不得不以醇酒妇女以自戕贼，这也与其说是由于信陵君的悲观、失望而至于消极，倒宁可说是由于魏王的猜忌、残忍，而使他不得不韬光隐晦的吧。我根据这些推测,便把魏王写成了一个暴戾者,而生出了剧中所有的各种场面。我相信并不会是怎样地诬蔑了这位国王。

在当时和信陵君的政治主张立在反对地位的,在魏国一定大有人在。主张联秦的有段干崇(见《魏世家》及《战国策》)与辛垣衍(《鲁仲连传》与《战国策》),这是书上有根据的。我把须贾也写成了这样的人,却是想当然的事。不过这几位人,我都没有让他们上舞台。

在书上没有根据的人,我造出了好几位,便是信陵君的母亲魏太妃和侯生的女与朱亥的女。

信陵君的母亲我写得相当用力。我是想把她写成为当时的一个贤母。而在感情与理智方面与信陵君、如姬等却多少有些时代的差别。象信陵君那样的人应该是有一位好的母亲的。我要造出这样一位母亲的动机,是由于看了奥斯特洛夫斯基的《大雷雨》之后,感觉着写那样横暴的母亲,不甚适合于我们东方人的口味。有一次周恩来先生在我家里谈到这件事,他说我们东方人是赞美母亲的,何不从历史中选一位贤母来写成剧本?我受了他这个怂恿,也曾经考虑了一下,便率性无中生有地造出了信陵君之母。但要写母爱,在儿女小的时候容易表现,如推干就湿、画荻和丸之类,都是儿女小时的事;儿女大了,时代生出了悬隔,思想情绪都有了距离,便颇难写好。因此在中国历史上的贤母,在儿女成人之后的嘉言懿行,也很少见。我这位信陵君的母亲,在对如姬的态度上,是费了心思写的,但那严格地说来,已不属于母爱的范畴了。

侯生女我把她写成向善走的后一代,朱亥女我把她写成向恶走的后一代。我只是以家庭教育的有无为标准。侯生是有思想教育的人,应该有一个相当有教养的女儿。朱亥是一个屠户,他的女儿为宰杀的环境所濡染,有可能是不会好的。本来这两位女子,在我开首写出时,只是想把她们用来点缀点缀场面的两个侍女,但由于戏剧发展的必然性,一个人被拉上了场之后,总要让她有些发展,有些交代,便自然地在写作过程中把她们写成那样去了。我觉得还写得不坏,虽然仍旧不免是点缀品,但是是相当发挥了效用的点缀品,不是徒然虚设的。

我把信陵君的姐姐平原君夫人拉出了场而且还带女兵,这在一般读者恐怕会出乎意外。特别是关于女兵，会以为我是反历史主义者，完全把现代的事实搬进古代去了。不忙，朋友，关于女兵，却是有根据的。《平原君传》里面有传舍吏子李谈（《史记》作同，因避父讳而改）的插话。李谈说平原君："邯郸之民，炊骨易子而食，可谓急矣。……今君诚能令夫人以下编于士卒之间，分功而作，家之所有尽散以飨士，士方其危苦之时易德耳。"平原君便听从了他。又《战国策》《中山策》内载白起语："平原君之属，皆令妻妾补缝于行伍之间，臣人一心，上下同力。"据此可知赵国当时确是有女兵的。因为有女兵，我便想到平原君夫人也有亲自回魏国求救的可能。平原君自己都曾向楚国去求援，也有充分的可能派他的夫人回娘家来求救。平原君夫人和信陵君大概是同母，书上虽然没有明文，但由《史记》屡称"公子姊"而不言魏王姊或妹，可以推出。

……

卅一年二月十二日脱稿

（选自1942年重庆群益出版社出版的《虎符》）

中国战时的文学与艺术
——三十一年5月27日在中美文化协会演讲词

郭沫若

中国抗战转瞬便要满五周年了。这战事是酝酿很久的，至少可以说是"九一八"事变时已经就切实的在酝酿。在战争快要爆发前的一两年间，有好些关心文学艺术的人，曾经忧虑过，以为战争万一是爆发了，中国的文学和艺术的活动，要遭受莫大的打击，或者会至于停顿。这忧虑的根据，是战争的本身带有猛烈的破坏性。

文学艺术的本身，对于战争不会有多少直接的帮助，而且有良心的作家和艺术家们，会抛掉了自己的笔、或雕刻刀、或指挥杖，而参加爱国的战争了。然而中国的抗战转瞬就要满五周年了，五年的抗战，却完全打破了这些战前的忧虑，证明了这些忧虑的根据是不尽正确的。

战争的破坏性固然很残酷，但我们在这儿有一件事情不好忘记，便是战争有两种类型，一种是侵略战，另一种是反侵略战。以侵略为目的的战争，不用说是专以破坏为能事的，它不仅要破坏被侵略者的文化设施，同时也要破坏侵略者自身的文化设施。把一切有用的人力集中到毁灭的一途，这是人类文化的叛逆，人类历史的叛逆。反侵略性的战争，它的精神便和这是两样。它根本是反对侵略者的破坏，以保卫自身的文化，保卫人类的文化为其使命。故有进化性的战争，有退化性的战争，前者促进人的理性，后者鼓励人的兽性。鼓励兽性的侵略战，在人类历史上从来不曾有过获得了最后胜利的先例，故尔战争的归趋不一定是终于破坏。在破坏的一面，有促进着理性创造的动力，每于一时性的破坏之后，而有更高一段的文物产生。这种关系，我们是有所认识的。

一般地说来，反侵略性的战争，便和人类的创造精神，或文学艺术的活动合拍。人类的文学艺术活动，在它的本质上，便是一种战斗，是对于丑恶的战斗，对于虚伪的战斗，对于横暴的战斗，对于破坏的战斗，对于一切无秩序无道理无人性的黑暗势力的战斗。因此在进行着反侵略性的保护战的国家中，即在战争的期间，必然有一个文学艺术活动的高潮。战争要集中一切力量，而这些活动根本就是战斗机构的一体。战争即是创造，创造即是战争。两者相得益彰，文学艺术便自然有一段的进境，把这层关系认清晰的文学艺术家们，我知道他们也决不会忘记了自己的使命的神圣，而轻于放弃他们的岗位。

自然，在进行着侵略的国家，它也可以，而且必须驱策着它的作家们去讴歌侵略，粉饰兽性，使缪思成为一群兽首人身，或人首兽身的怪物。这根本就是文学艺术的冒渎，不仅要招致文学艺术的破产，而且要招致创造精神的破产。所以侵略国它不仅是毁坏了别人，而同时更进一步的毁坏了自己。反侵略国家它不仅保卫自身，而同时更在保卫侵略国的人民和文化。这正是反侵略战之所以为神圣的战争。我现在更想定出一个新名词，便是艺术性战争。

我们中国所从事的，不用说就是这种神圣的反侵略战。这种战争的艺术性或创造性，集中了人民的意志和一切的力量，特别是对于文艺艺术家们，使他们获得了一番意识界的清醒，认清了自己所从事的文艺艺术的本质和尊严。在和平时期对于文学艺术的曲解或滥用，冒渎了文学艺术的那些垃圾，在战争的烈火中被焚毁了。为文艺而战斗，为战斗而文艺，成为了一而二，二而一的东西。作家们增进了他们的自信自觉。这些精神便是可能生产出高度艺术作品的母胎。所以有人说，中国自七七抗战以来，才真正到了"文艺复兴期"，我认为是很正确的。

基于文学艺术家们的共同的自觉，故自抗战以来，凡是优秀的作家，都一致的表示了对于国家民族的忠贞，始终服从着国家民族的号召，为抗战尽着自己最善的努力。作家意识和感情间，平时所存在着的沟渠，或门户之见化除了。整个的文艺界形成了一个总的大团结。

各个文艺部门也个别的形成了分的总团结。大家的笔杆和工具；都集中于共同的目标，不必要的内部斗争减除了。节省了无限的精力，同时也就是丰裕了创造力的源泉。文艺工作者由于互相的接近，增进了互相的认识，互相的观摩，互相的鼓舞，因而养成了一个比较公平无私的互相批判。文艺作品的美，不纯为派别意识所左右了。大家都和衷共济，通力合作，由一向的"文人相轻"转化而为"文人相爱"，这是抗战前所极难期待的现象。

作家们有自尊心的亢扬，有自信心的高涨，所以无论在怎样艰难的环境里，都不放弃自己的岗位，都不放弃自己的武器，不屈不挠地向着侵略者斗争，向着猖獗的兽性斗争。优秀的作品必须且必能由自己产生，中要害的打击敌人，发挥它的武器的力量。这是大家的共同心理。抗战以来，文艺作品的风起云涌，便是这种共同心理的说明，抗战以来文艺界中绝少汉奸出现，也就是这种共同心理的反证。在文艺界的圈子里面，比较有名的作家，投降了敌人的，北有周作人，南有张资平，这些没有骨气的民族的逆子，艺术的反贼，他们的投降不仅葬送了他们自身，也葬送了他们的文艺。他们是永远也写不出人样的东西出来了。"一薰一莸，千年尚犹有臭，"这是正义战争的无情的人为淘汰。抗战对中国的文艺界起了一番净化的作用，这也是很可宝贵的战果。中国的新旧文艺，在抗战前可以说都是和生活现实脱了节，旧的文艺局限于古代作品的摹拟，老早失去了它的生命。新的文艺也局限于外国作品的摹拟，还是一些纸糊泥塑玩具。新旧的作家们同样也和生活现实脱了节，它们不是集中在上海北平等少数近代化了的都市，便是锢闭在书斋画室里保守着自己的"象牙之塔"。无论新旧左右，一律都是高蹈，一律都在卖弄玄虚。然而抗战的号角，却把全体的作家解放了，把我们吹送到了十字街头，吹送到了前线，吹送到了农村，吹送到了大后方的每一个角落，使他们接触了更广大的天地，得以吸收更丰腴而健全的营养。新的艺术到这时才生了根，旧的艺术到这时才恢复了它的气息，新旧的壁垒到这时也才逐渐的化除了。要有生命才算是艺术，无所谓新，无所谓旧。有生命者，万代如新，无生命者，当日即旧。过去的遗产因而增加了光辉，今后的道途也因而减少了障碍。像这样由玄虚高蹈走向到切实的现实主义的路，这就鼓励了战时文艺的勃兴，也预兆了中国新文艺的伟大将来。

战争对于各个文艺部门的个别的影响，也是值得叙述的。先就文学来说吧，诗歌最受着鼓舞，因为战争本身的刺激性，又因为抒情诗人的特别敏感，随着抗战的号角，诗歌便勃兴了起来，甚至诗歌本身差不多就等于抗战的号角。抗战以来，诗人之多，诗歌产量之丰富，是超出于其他各种部门的。人们对于诗也表示着特别的欢迎。在抗战前"诗人"有一个时期成为骂人的名词，诗歌作品被人拒绝，抗战以来，诗人有了协会，诗歌杂志如雨后春笋，且其销路亦打破了从来的记录，这是一种惊人的变易，虽然在质的方面我们还不好说有若何伟大的成就，但如艾青的《向太阳》老舍的《剑北篇》，尽管是两种不同的作风，都不失为是时代的乐谱。

小说的情形便和诗歌不同，在战争中小说是比较衰竭了。理由是容易了解的。小说的制作需要有更多的静观，小说的阅读也需要有更高的耐性。在战时生活中，这双方都不容易获得，特别是抗战的初期，一般的兴奋最强烈的时候，小说的出产是最为消沉，除掉有若干短篇值得我们记起之外，小说的地位差不多都让给战地速写之类的报告文学去了。这并不是小说家的不努力，而是小说家在那儿储积题材，涵养着心境的平复。随着战争的长期化，初期的刺激性减衰了，大家的心境都逐渐镇定了下来，因而小说也逐渐恢复了他的地位。新作家姚雪垠的出现，和他的短篇《差半车麦秸》，是值得我们提起的。有好多成名的作家，近来听说都在从事长篇的写作，假以时日，我相信目前的大时代，终会有小说家们把它们铸成不朽的丰碑。

戏剧运动的发展不亚于诗歌。由于戏剧是宣传教育的利器，因而抗战以来在各战区和大后方都有不少的演剧团队的组织和派遣，演出次数之多和吸收观众之广，为任何其他部门所不及。戏剧文学也因而受着很大的刺激。一方面虽然时常闹着剧本的饥荒，另一方面比较有重量的力作却以这一部门为最多。例如老舍和宋之的合著的《国家至上》，曹禺的《北京人》，阳翰笙的《塞上风云》和《天国春秋》，夏衍的《一年间》是值得我们推荐的。假使也容许我提到我自己的作品的话，我在今年所接连写出的两个剧本《屈原》和《虎符》，比较我以前所有的作品，是较为可以过意得去的奉献于民族的礼物。

文学以外的其他的艺术部门所受的战争影响，也各有不同。音乐的进展和诗歌一样最为迅速，抗战歌曲的声浪，弥满了中国的领空，近来比较大规模的歌剧如《秋子》，也如彗星出现般地在战时的陪都演出了。有好些音乐家和诗人们，正在努力着新歌剧的继续生产，利用旧歌剧形式的剧本，如田汉的《新儿女英雄传》和《岳飞》，我觉得比他的话剧制作还有更高的成就。至于西乐的融化，与遗产的接受，准备结合成新国乐的努力，目前正成为音乐界一般的倾向了。

绘画的情形似乎也同小说一样，因为这是侧重静观的空间艺术，在这儿以漫画和木刻有惊人的活跃，也如报告文学之夺了小说的席。但画家的精神，和战前已经有两样，无论国画和西画，都渐渐在脱离前人或外人的窠臼，而追求生命的表现，独立自由的创造。国人对于画家的观感，也改变了，从前只视为匠人或神仙者，现在是作为可尊敬的人在看待。画的销路也特别惊人，近来有几次个人画展，把全部国画都卖完了，还有复写的额外追加。这对于画家应该是一个极大的鼓励。绘画我相信在不久的将来，也会要来一个百花烂漫的时代的。

雕刻和建筑，在战时最受着限制，但在战事结束以后，必定要来一个高潮，那也毫无疑问。舞台艺术方面，前面已经提到，是有长足的进步的。有不少的有经验的导演、演员、及舞台工作人员，集中在陪都，如是在苏联，我相信有好些朋友都是可以博得勋章或"英雄"的徽号，主要也就靠他们的努力，促成了戏剧运动的展开。无论史剧、时代剧、外国剧，在陪都舞台上近来都获得了惊人的成绩。本来中国的舞台艺术一向是比较落后的，不管从历史上或技巧上来看，都是一样。然而在近年来，特别是自抗战以来，中国人的戏剧天才似乎来了一番民族的觉醒。和舞台艺术相联，令我们想到的是电影摄制。这在抗战初期，也曾经活跃一时，但因器材缺乏的关系，逐渐地减衰了它的活跃性。电影摄制的减衰，却又助长了戏剧运动的发展。我们认清了这种动向，对于戏剧运动或舞台艺术，是应该特别加以保护，方合乎正轨。为了民族的利益，为了艺术的进步，我们应该时时加上滑润油，不应该老是发挥掣动器。

以上是中国战时的文艺与艺术的一般的情形。五年间的发展，抵得上抗战前的廿五年。这是反侵略战的进步性，与艺术本质的战斗性合拍了的结果。自然由于战争的破坏，我们也受着了莫大的损失和限制，在沦陷区里面，我们有无数的文艺艺术的成品，为魔鬼日寇所毁灭了。我们在器材上、印刷上、交通上、生活上都感受着无限的困难，我们和外来的精神食粮也差不多等于断绝了流通，失掉了刺激和观摩的机会。但无论在怎样的困难条件之下，我们的创造精神是被亢扬着的。我们要忍受任何的困难，克服任何的困难，向着肃清魔鬼，扫荡兽性，美化人生的大业前进。

（原载1942年5月28、29日重庆《新华日报》）

（选自1949年海燕书店刊行的《今昔蒲剑》）

《高渐离》剧本写作的经过

郭沫若

筑的考证得到了一个眉目之后,我便决心写剧本。

在5月26日的日记里,我拟定了一个人物表和分幕表。

人物表里面有秦始皇、赵高、胡亥、蒙毅、夏无且、徐福、高渐离、宋意、家大人(贾德妊)、贾季,预备人物表里面有女怀清、乌氏倮、燕人卢生、韩客侯生、韩客韩众、魏人石生及刘邦(年三十七岁)与戚姬。

因为汉高祖刘邦和戚姬,都善于击筑,故我当初想把他们也加入,但结果是抛弃了。

对于"家大人"的处理使我最感到困难,晓得她是女性,但不晓得姓甚名谁。因此相当苦心地想编一个假名,和"家大人"三字的音相近,于是便想到"贾德妊",因而把她的儿子便定名为"贾季"。这在后来也抛弃了。索性把女怀清拉出了场,让"家大人"为她的孪生妹,"贾季"也就改成阿季了。

时期选定在秦始皇二十八年东巡郡县。假定他的路线是经由三川、邯郸、巨鹿、东郡、齐郡而入于琅邪。高渐离所匿作处的宋子,属于巨鹿,认为他所必经之路。在这样的时地下进行我的分幕。

  第一幕 宋子酒家
  宋意击筑 无且路过谈荆轲 当场将高渐离捕去宋意逃
  第二幕 琅邪台下

夏无且见秦王　高渐离受审　赵高缓颊　高渐离被矐目
　第三幕　同前
　　赵高与高渐离谈心　引家大人服侍渐离
　第四幕　同前
　　密谋　宋意再出现
　第五幕　同前
　　行刺　家大人夏无且同谋　无且刖足被放

　　约略这样一个步骤，在5月28日开始写，得八页。29日继续写，夜将睡时成《荆轲刺秦》之歌。30日仍继续写，午前得十页。午后因在中苏文协讲演，停止写作。31日草成第一幕。

　　但在第一幕草成之后，北碚的卢子英约我去游华蓥山，异常的恳挚，只好把写作中止了同他到北碚。华蓥山结果是没有去，到合川访问了一次钓鱼城的古迹。计自31日夜离开北碚，五日又才回来，整整在外面跑了五天。

　　在外边跑的时候剧本不能写，回来之后，有好几天也不能写。一直到9日又才开始执笔，以下索性抄日记吧。

　　6月9日——"今日开始写《高渐离》第二幕，然进行颇勉强，欲刻画秦始皇，颇不易。余人太多，如专写一人则欠平衡发展而成木偶。因此竭一日之力仅得六页，仍不甚满意。"

　　6月10日——"第二幕写了十页左右，颇感濡滞，忽思将原定计划改变，将原定第二幕改为第三幕，原定第三幕改为第二幕。但筹画新第二幕之开始复极感困难，欲写赵高诱导胡亥作恶，但无这番经验，颇不容易。欲利用《韩非子》，翻阅了若干篇，仍无着落。"

　　6月11日——"昨晚在枕上将呼卢喝雉想到，今晨起开始写新第二幕，进行颇速，思绪层出，写到后来生了滞塞。人物出场，换来换去，太呆板。对于家大人之处理，始终感觉着不妥贴，赵高写得颇成功，高渐离则因未写，将来恐怕连题目都要改变。落幕究竟如何落法，尚须考虑。"

　　6月12日——"续写第二幕，想到始皇焦急，再潜至催促，而使高渐离下场，怀清因而受骗，终幕。第一幕得完成。续前所写旧第二幕，拟改为第三幕者，所写乃登琅邪台观日出，但读去毫无意趣。且怀清夫人受污辱次日复同道登山玩水，对于女性亦视同娼妓，颇觉难安。因想到索性让怀清自尽，以显其贞洁，并衬出暴君之淫诈。第三幕遂决定完全从新编过，作为审判场面，场景不换。已成之十余页全弃，写来颇觉快意，午前竟得二十页左右。午后颇倦，拟看电影《乐音回旋》，希图得些启示，但去已晚，未入场而返。晚上写了数页，不甚惬意，遂作罢。"

6月13日——"昨夜想到以家大人与怀清作为孪生姊妹，一人双演，剧情可增加曲折。早起写作至九时半，写完第三幕，昨夜所写者废弃六页。将家大人怀清处理得极为满意。使怀贞毁容，渐离去势，如此让其合作，便不致使两人同毁。起初本拟让怀贞忍辱含垢，作为夏无且之妻，而最后出以报复，至此亦无须乎用此下策矣。如此处理乃写到将终幕时忽然想到，数日来对于处理家大人之焦虑乃得一究竟之解决。想到把徐福写成一个假聋子，增加了剧情，因而第二幕之描写，当略加修改。昨日尚有写四幕即可完结之意，三幕完成后，仍觉非写成五幕不可。第四幕仍在同一景中，写高渐离盲目后之生活。无此一幕，则高渐离真成木偶矣。第五幕写琅邪台成，可不必延到十年之后。（注：原定计划本有将五幕写秦始皇三十七年再游琅邪之意。）……校读一二幕，直至夜深。"

6月14日——"晨想到《项羽本纪》中之卿子冠军宋义，与宋意殆是一人。读《项羽本纪》数段，惜宋义籍贯未详。而又有子曰宋襄，可使齐，义之年龄必已相当大，且被楚义帝任为上将，亦必素有资望。认为宋意谅无不可。午后抱世英（刚满半岁）在手。一面吟哦，一面草成《白渠水歌》，情调颇适，大可作为《高渐离》之主题歌也。诗成后，灯下继续写作，得七页。"

6月15日——"夜，将第四幕完成。"

6月16日——"写第五幕开场，颇费思索。于处理童男童女之退场入场，苦不易恰到好处。午前仅写二页，即成滞塞。……夜饭后对于第五幕之处理，始获得适可之办法。如无阻碍，明日当可完成也。"

6月17日——"午后三时顷将《高渐离》完成。续写《人物研究》，计得八页。"

6月18日——"草筑之考证，成。决定名高渐离剧本为筑，虽不通俗，饶有风致。"

想到率性以筑之考证作为剧本之序，因以前文作为上篇，补写此下篇，以完成其作为序文之格式。

1942年6月20日写

（原载1942年6月29日重庆《新华日报》）

《孔雀胆》后记

郭沫若

《孔雀胆》虽然写只写了五天半，但改却差不多改了二十天。我送给好些朋友们看过，也念给朋友们听过几次。我采纳了好些宝贵的意见。主要的添改是对于段功的加强，对于阿盖的内心苦闷的补充，对于车力特穆尔的罪恶暴露的处理。

加强段功是表示他站在老百姓的立场，在第一幕里面插入了战胜明二的原因是由于得到老百姓的帮助，而明二之失败也是由于失掉民心的那几句。这是实际的情形。因为明二因粮乏而颇重剽劫，致失民心，史书上是有明文，而且明太祖朱元璋（当时还是吴王）还为这件事情，写信致明玉珍，告诫过他的。

其次是在第二幕饮茶的时候加入了段功对于蒙古人色目人的批评及对于种族偏见的慨叹。蒙古人和色目人专横的情形是很普遍的，并不限于云南。但在云南方面的情形可以参看《元史》《忽辛传》。蒙古人就是因为这样终于失败了。单就云南来讲，我们看到明洪武十四年平定云南的时候歼灭了梁王的精兵十余万，足见得梁王并不是没有大兵。然而在明二经略云南的时候，兵不满万人，便长驱直入，一直占据了昆明，足见得云南的老百姓是怎样反抗元人的统治，而在初一定是欢迎了明二的。

这样加强了段功，便使段功和车力特穆尔的斗争更加突出了。而在另一方面也可以释去一部分朋友的忧虑。他们以为段功是和农民革命军的明二作对的，加以赞美，似乎是有问题。本来农民革命军是应该代表农民的利益。但假如以剽劫为事，那就不是农民革命军了。段功本来是在第二年才出来打明二的，很有可能是看见明二失掉了民心，所以才敢出来。我这样去加强他，并不纯粹是出于我的爱好。

关于阿盖的内心的苦闷，在初稿中写得相当简略。有的朋友问我：以阿盖那样关心段功的人，为什么知道车力特穆尔与王妃的阴谋，而不当面向国王揭发？这一问是很有道理的。这一部分本来要靠演员的技术，但我的表现终嫌不够。假如是在莎士比亚时代，一阵的旁白独白便可以解决，这样原始的手法，目前是碍难采用了。我因而在第三幕阿盖与段功对话中加入了将近一千字的"说还是不说"的心理过程的表白。这补充在舞台效果上恐怕有些问题，因为两人对白的时间加长，会使舞台加冷，但这是靠演员的伎俩可以挽救的。

对于车力特穆尔的罪恶暴露，在处理手法上来了一次大改造。原先我是让车力特穆尔一个人独白到底，而阿盖始终不加以理会，各自做她的那首辞世的诗，为使车的独白减掉单调起见，把那诗也化整为零，改成了四首，把独白分成了几段，一直到阿盖喊杨渊海为止。我这样处理，在初是感觉到相当满意的。阿盖一直不理，各自做她的诗，是因为她不屑于理，也无须乎理。车力特穆尔的秘密她是全知道的，车力的求爱独白把自己所有的罪恶都吐露出来，好像是还有一片人性，但其实也是一种阴谋。因为他以为没有第三个人在场，就只有阿盖，他为夺取阿盖的爱怜起见，所以故意显得自己在忏悔，显得自己非常率真。这是我原先的作意。

在我念给朋友听的时候，我得到一个很可宝贵的意见，说这样表现虽然颇有诗意，但在舞台上很难收到效果。因为阿盖的念诗，如要配上音乐，车力特穆尔的表白会被搅乱，不配上音乐吧，白念是难得讨好的。不如改成对白，把车力特穆尔逼得不能不承认，让杨渊海最后把他杀掉，是更有效果的。

我采纳了这项意见便大加改造，把阿盖的诗改在出场时整个念出。为要使这诗的流传得到说明，便加上将诗稿授予芫奴的一节。继后在车力特穆尔独白时，让阿盖知道了梁王与王妃均在窃听。故意的挑动车力特穆尔，并把矢拉的献爱加入，另外构成一个三角关系，使车力特穆尔无法推诿，而最后出以腕力的强迫。这样使车力特穆尔的奸恶表示得更为明显,在阿盖的性格上也增加了一些波动。这波动在阿盖饱经忧患且存心复仇的心境中应该有,一个人象玉制观音一样的纯粹,在实际上是不可能的。有这一波动似乎愈显得阿盖是有血有肉的人。

不过在我改好之后,我再念给一部分朋友们听时,有几位朋友又叫我仍然不要改,觉得原来的更有诗意。我踌躇了。但要叫我再改回去,觉得也有困难,我不妨把那原来的几页抄录在这儿,以表示在创作过程上的浪痕吧。

　　车力特穆尔　……你可怜我吧,就因为关心你,我瘦得来就象一条狐狸一样了。
　　(阿盖仍不理,步至榕树下,张望。漫步徘徊,以哀惋之声吟出)
　　"吾家住在雁门深,
　　一片闲云到滇海。
　　心悬明月照青天,
　　青天不语今三载。
　　吐噜吐噜段阿奴,
　　施宗施秀同奴歹。"
　　车力特穆尔　(复向前走近其身畔,随之徘徊)公主,我知道。你是深切地在思念着段功。段功的死,我要坦白地承认,的确是出于我的阴谋,是我叫人把他暗杀了。我是犯了很大的罪过。但我为的什么?都是为的关心你呀。我为了关心你,把我自己的良心消灭到一丝一毫都没有了。自从你嫁给了段功,我感觉得就象是一只白鸟落在一个烂泥塘里,所以我就毁灭我的一切,要把你搭救起来。我也知道象我这样的人是和你不配的。我所有的罪恶,在你的眼中一定都看得很清楚。但我尽管怎样成为了十恶不赦的人,但我依然渴慕着你的天使一样的光辉。就象埋在那很深的地层里面的毒草的根,依然渴慕着太阳,要进出土来的一样呀!
　　(阿盖仍不理会,步至榕树下,坐于其坛上,复以哀惋之声吟出)
　　"心悬明月照青天,
　　青天不语今三载。

"欲随明月到苍山，
误我一生踏里彩。
吐噜吐噜段阿奴，
施宗施秀同奴歹。"

车力特穆尔　（复执扭地行近其前）你说"误你一生踏里彩"吗？公主，你这是太忠恕了。"踏里彩"本来是锦绣的被条。但你不是被锦衣玉食所误，误了你的实在是你那晚母，王妃忽的斤呀！我和王妃的关系，我也不想隐瞒你，也隐瞒不了你。我隐瞒得了的是你那昏庸老朽的父亲，但和一切黑暗的角落逃不了太阳光的照射一样，我怎么能够隐瞒得了你呢？

（阿盖仍不理，仍以哀惋之声吟出）

"欲随明月到苍山，
误我一生踏里彩。
云片波鳞不见人，
押不卢花颜色改。
吐噜吐噜段阿奴，
施宗施秀同奴歹。"

车力特穆尔（如前，含热情地）那忽的斤，不仅是误了你，其实也误了我啊。她那样连自己亲生的儿子都要毒死的狐狸精，我虽然是个狐狸，也感觉着害怕。我迫不过她的追求，和她发生了不正当的关系，但我对于她丝毫也没有好感。她还强迫过我呢，要我设法毒死你和你的父亲，这个我可踌躇了。我要承认，我是和她通谋把穆哥王子毒死了的，但归根起来也还是为的关心你。因为不那样便不能够使你的父亲对于段功怀疑，不那样便不能够除掉段功，也就不能够把你夺过手来。公主，你可怜我吧，我一切都是为了你呀！（愈益走近其身去）。

（阿盖仍不理，复移步至右侧骆驼前倚立，以哀惋之声吟出）

"云片波鳞不见人，
押不卢花颜色改。
肉屏独坐细思量，
西山铁立风潇洒。

　　　　吐噜吐噜……
　　　车力特穆尔　（徙倚而前，不待其歌毕，情不自禁地伸出两臂，欲拥抱阿盖）啊，押不卢花呀，我实在是熬不过了！……

　　以上是三项极重要的添改。此外还删削了一些。在第三幕讲赵盾故事里面删削了叙述提弥明救赵盾的一节将近一千字。又在车力特穆尔陈述事的一段，把文字尽量节约了。在第四幕第二场把阿盖追念段功的表白也删掉了不少。有的劝我把第一幕的谈骆驼与象的那两段也最好删掉，我却踟蹰了，在进言者是以为这些故事与剧情无关，在我的作意是正要取其与剧情好像没有多么大的关系。因为要那样才显得自然，才显得不是完全在作戏。我为什么要加上骆驼石象？是因为阿盖的辞世诗里面，有"肉屏独坐"的一句，不好牵一条活的骆驼上舞台，故而只好用石像。拉出象来配衬，是想用以表达南人和北人的情调。有些朋友也说，这样表现得正好，所以我也就不愿意割爱了。

　　还有些宝贵的意见，如象嫌故事没有十分展开，段功与车力特穆尔的正面斗争不够，似乎应该在第一幕与第二幕之间更加上一幕。这层，我想由于段功性格的加强，似乎已经得到补救。又如象写阿盖公主过于汉化，蒙古的女孩子是更要带点原始的性格的。这层由于阿盖性格上加了一些波折，或许也可以弥补。本来照阿盖故事看来，阿盖这位女性确是充分汉化了的。她能有那样贞烈，并且能够做诗，便是绝好的证明。

　　有的朋友甚至劝我索性把段功写成獽獠，这个我也踟蹰了。他本不是獽獠，我不好来歪曲史实。而且他的女儿羌奴能够做很流畅的律诗，也证明大理当时汉化的程度是怎样的深。女儿有那样好的汉文根底，父亲断不会是那样原始的。在这里我想把大理的汉化补叙一下。

　　大理本是唐时的南诏国。南诏是由蒙嶲、越析、浪穹、邆睒、施浪、蒙舍等六诏合并而成，"诏"是天的意思。唐玄宗开元二十六年（西纪七三八），蒙舍诏皮罗阁合并五诏，因蒙舍诏在最南，故称为南诏。唐廷曾封皮罗阁为云南王，赐名"归义"。到他的儿子阁罗凤，曾因事被激变，天宝十年鲜于仲通讨之，失败。阁罗凤便投降吐番，改号为大蒙国。十二年杨国忠又遣李泌将兵十余万讨之，几至全军覆没。未几安禄山反，阁罗凤便攻陷巂州，在这时他把巂州西泸县令郑回俘虏了去。这位郑回在大理的汉化上是很有功劳的一个人。

郑回是相州人，相州即今河南安阳县。他曾中天宝中的明经。他被俘后，却为阁罗凤所赏识，名之为"蛮利"，要他教他的儿子凤迦异和孙子异牟寻读中国书。郑回的教育很严，凤迦异和异牟寻，都要受他的箠楚。

凤迦异早死，异牟寻承继其祖，改号为大礼国。以郑回为清平官，犹唐之宰相。清平官有六人，但其余五人均不敢与郑回抗衡，郑回对于他们可以鞭挞。郑回常劝异牟寻归附中国，异牟寻终竟听了他的话，在唐德宗贞元九年（西纪七九三）大破吐蕃于神川，受了唐代册封。唐末郑买赐、赵善政、杨干贞等相继篡夺，至五代晋时（西纪九四〇年前后），始为段思平所得。这郑赵杨段，一定都是汉人。买赐恐怕是郑回的子孙，干贞是杨渊海的祖先了。

段思平时代始改国号为大理。由五代而两宋，三百五十年间独立自主。其事迹在正史中不详。至元初大理王段智兴降附，被封为总管，等于半独立性之属国。终元之世，至明初而纯归中国。

据上史实，段氏是汉人，是无法否定的。就是蒙氏是不是猓猓，也尚不能肯定，但关于蒙氏，在新旧唐书南诏传内叙述颇详，中多南诏语汇，对于西南族语有研究的人，我想是很容易判别的。可惜我现在没有这样的方便。

有的朋友质问过我："段功被刺死，阿盖倒地立刻疯癫，心理过程这样快就能发疯么？——在后场，隔时不久她又十分清醒了，这又是心理过程，有这样变得快么？"但在我认为这些都是可能，而且我是有根据的。四年前张曙先生在桂林被炸死，他的夫人周琦女士一见顿时气厥，转过气之后便呈出精神异状，目光凝固，尽唱张曙所制之歌曲，对于每一个人都认为张曙。后服安眠药，得到长久安睡之后，精神便平服了。阿盖的悲哀应不亚于周琦女士，且抑郁过之。因为前一日有穆哥之死，已使精神大受冲击，更苦闷了一天一夜而又遇到段功之死，这样是很有可能发生精神异状的。我所写的阿盖并不是怎么粗线条的人，似乎可能性更大。至于夜半的清醒是因为服了安眠药已经睡了将近十个钟头，而她又已经存下了必死的决心。这样的客观的和主观的条件似乎也都足够使她清醒了。

更有人问我:"全剧的主旨何在?仅为车力特穆尔这黄鼠狼吃不到天鹅肉,因妒而弄成这悲剧吗?"这一问倒使我感觉着失望。因为我写出的东西让朋友们看了听了,竟不明主旨所在,我真不知道在写些什么了!这原因:或许由于恋爱斗争的副题过于粗大,掩盖了主题:善与恶——公与私——合与分的斗争的吧?但是段功的加强,对于这一层或许有了些弥补。

还在一些小地方也受到质问:"孔雀胆为什么要送两瓶?"因为旧时中国的习惯,好事成双,没有送一瓶东西给人的。"送了两瓶,为什么又要让车力特穆尔拿一瓶去?"因为车力拿去,好在国王面前证明,此计不成,便筹画到第二天暗杀的办法。写剧本不象写小说,这些地方不好一一注明出来。所有各场各幕中的伏线如要一一注明出来,那也实在是写不胜写的。

就再说些小地方罢。我在写作时虽然下笔得相当快,但也时时在苦心思索。譬如第二幕阿盖领穆哥段宝们去钓鱼转来的时候,我起初是写成阿盖羌奴施宗施秀为一起,由阿盖首先上阶;而让穆哥与段宝又另由一侧阶道而上,后来立刻感觉着这样不妥当,便改成阿盖与穆哥段宝在一起,让阿盖走在最后。要这样才能够是一位处处关心的好的姐姐和母亲。就在文字的使用上仅一二字,有时也费了些苦心。例如第四幕第二场阿盖对于施宗施秀表示惋惜的时候,有这样的一句话:"可你们还是花苞,便要和我共同着这悲惨的命运,在这暴风雨里面凋谢了"。我每念一次总觉得有什么地方不大熨贴,一直经过了二十几天才发觉"凋谢"两个字用得不妥当,后来改成了"摧残"。"凋谢"是自动,不切实际,"花苞"还没有开,也说不到"凋谢"上来。

还有一处极小的地方我最后才把它改定了,改得还相当满意。便是第二幕里羌奴看见她的外梁王喝酒喝红了脸,说他就像"关老爷"。最近一位从昆明回来的朋友来访我,说到昆明的石榴极大,颗粒亦大。我得到这个提示,便把"关老爷"改成了"红石榴"。形容既切,用语又颇新鲜,实在是有上下床之别。

关羽虽然在宋徽宗时已封为武安天,但其为一般人所特别敬仰,应该是在万历年间封为"协天护国忠义大帝"以后,尤其是在满清入关以后，满洲人靠一部三国演义而得天下，因而也尽力把关公武圣化了。考虑到这一点，在元朝末年的小孩口中要用关公来比人，也觉得有点不切实际。

剧中所谈到的元明的事情多是事实，只有谈到忽必烈做六十大庆时的豪奢是把元宪宗蒙哥接可汗位时的情形借用了的。这一点应该特别声明。

这后记已经写得够长了。在这搁笔的目前我虔诚地感谢对于我提出了一切意见的友人。

1942年9月30日

（原载1943年3月1日《野草月刊》第5卷第3期）

献给现实的蟠桃

——为《虎符》演出而写

郭沫若

关于战国时代的史事我一连写了四个剧本。

《棠棣之花》，

《屈原》，

《虎符》，

《高渐离》。

也太凑巧，从他们各个的情调和所处理的时季来说，恰巧是相当于春夏秋冬。

《棠棣之花》里面桃花正在开花，这儿我刻意孕育了一片和煦的春光，好些友人都说它是诗，说它是画。大概就是由于这样的原故。

《屈原》里面橘柚已残，雷霆咆哮，虽云暮春，实近初夏，我也刻意迸发了一片热烈的火花，有好些友人客气的认为有力，不客气的认为"粗"，大概也就是由于这样的原故。

目前所要演出的《虎符》，桂花正盛开，魏国的宫廷在庆贺中秋节。我希望能有一片飒爽倜傥的情怀，随着清莹嘹亮的音乐，荡漾。

《高渐离》几时可以演出尚不得而知？在那里面有赏初雪的机会了。它是战国时代的结束，也是我的四部史剧的结束。

战国时代，整个是一个悲剧时代，我们的先人努力打破奴隶制的束缚，想从那铁的桎梏中解放出来，但整个的努力结果只是换成了另外一套的刑具。

"为之仁义以矫之，则并与仁义而窃之"。

谁个料到打破枷锁的铁锤，却被人利用来打破打破枷锁者的脑壳呢？

但这是后话，须得知道打破脑壳的铁锤本是用来打破枷锁的，而且始终可以用来打破枷锁的。所差就只有使用者的用意和对象之不同。

戏剧究竟该怎样写，该写些什么，我自己还抱着一个存心学习的态度，不敢有什么放言高论，也不希望能有什么放言高论。

我只想把自己所想写的东西写得出，写得活，写得能使读的人、看的人多少得到一些好处，那便是使我满意的事。

我为什么要写史剧呢？就因为我想写史剧。写是写出了，究竟写活了没有呢？这是我所担心的。

我主要的并不是想写在某些时代有些什么人，而是想写这样的人在这样的时代应该有怎样合理的发展。

战国时代是以仁义的思想来打破旧束缚的时代，仁义是当时的新思想，也是当时的新名词。

把人当成人，这是句很平常的话，然而也就是所谓仁道。我们的先人达到了这样的一个思想，是费了很长远的苦斗的。

战国时代是人的牛马时代的结束。大家要求着人的生存权，故尔有这仁和义的新思想出现。

我在《虎符》里面是比较的把这一段时代精神把握着了。

但这根本也就是一种悲剧精神。要得真正把人当成人，历史还须得再向前进展，还须得有更多的志士仁人的血流洒出来，灌溉这株现实的蟠桃。

因此聂嫈、聂政姊弟的血向这儿洒了。屈原、女须也是这样，信陵君与如姬、高渐离与家大人，无一不是这样。

"杀身成仁，舍生取义"，是千古不磨的金言。

一九四三年正月八日

（选自1947年12月上海大学出版公司版《沸羹集》）

《南冠草》日记

郭沫若

《南冠草》这个剧本，我同意了浅哉兄的意见，在演出上更名为《金风剪玉衣》。这本是夏完淳临刑前的一首诗中的一句，很富有象征的意趣。行刑时正是秋天，故借"金风"以喻敌人的残暴，更推而广之，大约是说肃杀之气摧残了中原的锦绣吧。

本剧在酝酿上所费的时间颇长，在写出上也费时较多。现有的形式是五幕一个尾声，而第二幕是分为三场，但在写作时曾经是四幕，第二幕分为四场，尾声则曾经是序幕的。改来改去，费了不少的盘旋，写坏了百多张厚稿纸，才改成了现有的形式。这次在演出的方便上，形式略略有些改动，但这是导演者所应有的步骤，于我的写作过程上是没有什么可说的。

我现在想把我写作时的日记摘录在下边。

3月15日　星期一　晴

本日开始写《南冠草》。

16日　星期二　晴

昨夜睡颇浅，仅三小时耳，但精神尚好。继续写《南冠草》。午后有警报，未及紧急而解除。夜颇倦，早睡。

17日　星期三　快晴

天气突然温暖。午前八时有警报，亦未及紧急而解除。《南冠草》第一幕草成。

18日　星期四　快晴

续草第二幕。意趣不佳，颇感烦躁。昨夜睡眠颇浅，自三时以后即未能合眠，唯于全剧大体已于枕上得一初步之轮廓，午后曾昼寝片时，意趣仍未恢复。夜略改前案，得第二幕第一场九页。

19日　星期五　晴

草成第二幕二、三两场。

20日　星期六　晴

上午续草第二幕第四场。鹿瑞伯六十大庆，招宴于鲜园。园中小坐，天气甚佳，颇如享春游之乐。园之正中有葡萄架，以砖为柱。下有浅浅回栏，亦砖所砌成。视之有纹，多"富贵"二字。乃汉砖也。但无年月题议。架后有仙人鞭数丛，甚茁壮。汉群云一名霸王鞭，屏山最多，遍山皆是，实一壮观，架前有小林檎树一株，今岁新发花者，颇似梨花，而微晕淡绿，可爱。碧桃株亦尚着花。篱畔有月季二朵鲜红，颇欲摘之，忍而后止。嘉陵江在望。彼岸山影为薄雾所笼，如愁如倦，颇觉别有风趣。

午后昼寝片时，续草剧本，第二幕第四场告成。微嫌有未甚惬意处，当再加以琢磨也。

21日　星期日　晴

晨起，将第四场结尾略加修改，盛蕴贞之型以定。杜九皋决写为潜下《海底》之志士，念到"知心独上要离墓"一句，如此解释，不致勉强。

第三幕分二场写。第一场：姑苏城外，夜，杜、夏、王差官，月下饮酒题诗。第二场：使淑、蕴赴南京，途中与杜相遇。点出杜之主张，淑、蕴结为同志。——此计划今日未能写出。阅《汉留全史》与《海底》等书，修改一二两幕。

22日　星期一　晴

草第三幕第一场，成。……晚草第二场，不甚满意，又因停电，只得早睡。夜颇热，中夜起床将第一场略加改削。电复停，仍只得就寝。

23日　星期二　晴

昨夜曾大雨，今日稍凉。午前将三幕二场草成。午后成序幕，将结果倒装，在构成上颇紧凑。

伯赞来访，将全剧结构为之详谈，颇表同感。同出散步，行至较场口，归共晚饭。夜，鹿地来访，言仁井田君在收容所中病逝，为之悯然。

今日谈话过多，颇感疲倦。明日再续写第四幕。结构已早有眉目，如成功则全剧即告成矣。预计再有三两日即可竣事。

24日　星期三　晴

（未写作）

25日　星期四　晴

第三幕不甚满意，续写第四幕，进度亦感窒塞。

26日　星期五　晴

改第三幕第一场，较好，但亦嫌不紧凑。

27日　星期六　晴

（文协五周年纪念，参加开会及其他事项，未能执笔。）

28日　星期日　雨

（准备对美国侨胞广播稿，剧作中辍。）

29日　星期一　晴

黄花岗节，快晴。写第四幕，草草成之。

30日　星期二　晴

（因事未写作。）

31日　星期三　晴

改写第二幕。将原第四场改为第三幕，如此在分幕上较为平均，第二幕结构亦自成一整体。

4月1日　星期日　微雨

改原第三幕为第四幕，内容略加扩充，抛弃二场计划。改原第四幕为第五幕。改序幕为尾声。午后四时顷完成，颇有轻松之感。

此剧费时最多，改而又改，向所未有。唯中间休息时日颇多，计自开始执笔起迄完成，约阅半月。

（11月12日晨）

（原载1943年11月15日《新华日报》）

《凤凰》序

郭沫若

　　我大不高兴别人称我是"诗人"但我却是喜欢诗。幼年来的教育和生活环境，大概是很有关系的。我的母亲在我刚在翻话时便喜欢口授唐诗，教我们念诵。意思虽然不懂，声调是可以懂得的。家塾的教育，所读的也多半是诗。诗三百篇，唐诗三百首，千家诗等，在我六七岁时已经念得透熟了。唐人司空表圣的《诗品》读得最早，在五岁发蒙的时候。我顶喜欢它。我要承认，一直到现在，我的关于诗的见解大体上还是受着它的影响的。

　　我是生在峨眉山下，大渡河边上的人。我的故乡，抗战以来有好些外省的朋友去旅行，都说风景很好。江南的人说不亚于江南，湖南的人说不亚于湖南。究竟是怎么样，认真说我并没有什么感觉。这原因大约是由于习惯了吧。

　　峨眉山的山上，风景大约是很有些可观的，可笑的是我这个生在峨眉山下的人却不曾上过一次峨眉山。峨眉山应该说是一段山脉，它有三个高峰。普通所说的峨眉山是我们乡下人所说的"大峨山"。我的家是在"二峨山"下边，就象一堵大屏风一样，在西方把"大峨"隔断了。"大峨"就在"二峨"后边冒出一点头顶，要用点诗人的笔调的话，可以说：这位大哥哥越过二哥的肩头在窥伺我们。"三峨"在正南边，到过嘉定的人，遇着晴朗的时候，就在嘉定城都可以望见它，就象一朵没有十分开放的菌子一样冒在远远的天际。我说，远远，因为我的家离城还有七十五里啦。

山太大了,"天边树若荠"用不着先生讲解,实在感觉得有点可怕。周年四季,无时无刻,都屹立在你眼前,一动也不动。自然它也并不是毫无变换,随时日的阴晴,随季节的寒暑,色彩和容态都有显著的不同,但总觉得是有威可畏。清早起来,白雾罩着,山不见了。随着太阳的上升,山头渐渐显露,雾倒缩小成一条博带围系着山腰,这种情景大约是旧时的山水画家所最喜欢的,离开故乡三四十年了,我只在画中常见。我有一位比我大十五岁的长兄,他在抗战前一年已经成了故人,年轻时他喜欢画画,也喜欢刻图章。我记得他有一个图章是刻着"家在峨眉画里"的。他闹这种玩意时,不用说我才六七岁,我也能领略所谓"峨眉画"是什么意思,但我并不怎么感觉着可以夸耀。山太高,太阳落山得比较早,巍然的阴影倒来压着人,在小孩子的心中委实是有森严的感觉。古时候视山岳之大者为神,就到现在一逢到暑天便有许多人去朝"大峨山"的,大约就是这些感觉所生出来的宗教情绪罢?

螳螂,在我们乡下也叫着"峨眉山"。它那两只大爪一拱起来,我们便以为它在朝山了。我们小孩子捉着螳螂的时候就唱:"峨眉山,峨眉山,你看山在哪一边?"就是大人也这样唱。这自然也就是所谓感情输入了。

等到螳螂的一代过去了,朝山的人也绝迹了,峨眉山很早便带上雪帽,在清早的阳光中发着璀灿的光辉。要说是庄严吧,比那带金帽的王或神,似乎更要庄严。大雪来了,山有时全部消灭。但这迷藏并不久。等到山骨呈露,雪沟界画得非常鲜明,山把阴影失掉了。只有这时候,峨眉山真象在笑,我是欢喜它这笑的。

大渡河,认真说也是可怕的一条河。它的水很急,夏天泛滥的时候,水是红的。它在群山中开辟道路,好像时常在冲锋陷阵,不断的在怒吼。水道是很迂回的,八九十里的水程只消两个钟头便可以达到。泛滥时固然可怕,因为它太不讲人情,爱任意在河床上打滚,今年才把东岸卷到西岸,不两年又可把西岸卷回东岸,有些地方是卷得一床零乱的。冬天水落了,涨红了的面容清秀了,到这时那零乱了的河岸倒增加了别致。河碛中处处都是绿洲。盖着整齐的寒树加上农人的小春。

我的家的所在处正是大渡河呈现出一个大弯曲的地方。河从上游很逼窄的山谷冲破出来，初次达到一个比较宽的天地，砂碛被冲破得特别零碎，因而这样的绿洲也就特别多。江南的朋友能够说比江南好的，大概是在这样的时候到了我的故乡吧？这样的时候，峨眉山在笑，大渡河在轻歌漫舞。

我的幼年时期便是在这样的地方度过。作为地主阶级的儿子，在这儿我没有吃过苦。农夫耕耘，时常唱秧歌，我觉得好听。撑船的和拉纤的人发出欸乃的声音，我佩服他们有力气，冬天不怕冷。牧牛的童子横骑在水牛背上吹芦笛，我觉得他们好玩，而水牛可怕。乡镇上逢集的时候热闹一番，闲天又冷下去，人们除坐茶馆，聊闲天之外没有人生。镇上也出过一些"棒客"头子，有时整个乡镇甚至被当时的官宪认为匪窝，但那些"棒客"都是远出抢劫，不在本乡五十里内生事的。这是他们之间的义气。有时附近的炭巢有一二个挖炭工人到镇上来，那倒是一个惊异。那不见阳光的脸色的苍白！那被炭煤染透了的浑身的墨黑！这是从另外一个世界里来的人。但炭巢究竟离镇尚远，这种惊异的人是不大常见的。

时代的潮流终竟也浪到这儿来了。在我十二三岁时家塾教育开始变革。十三岁以后便离开故乡进新式的学校了。这是划时代的变革，然而一直变到五十三岁的现在，整整经过四十年的岁月，旧时代的皮却依然没有十分脱掉。中国是这样，我自己也是这样。

我同外国诗接近，严格地说是在民国二年出国以后，以前的学校里也读过些英文，但那时候教英文读本的教员是不教诗的，自然教会学堂应该除外。我在民国二年的正月到了日本东京，在那儿不久我首先接近了印度诗人太戈尔的英文诗，那实在是把我迷着了，我在他的诗里面陶醉过两三年。因为是志愿学医的原故，日本医学几乎纯粹是德国传统，志愿者便须得学习德文。因此又接近了海涅的初期的诗。其后又接近了雪莱，再其后是惠特曼。是惠特曼使我在诗的感兴上发过一次狂。

当我接近惠特曼的《草叶集》的时候，正是五四运动发动的那一年，个人的郁积，民族的郁积，在这时找出了喷火口，也找出了喷火的方法。我在那时候差不多是狂了。民七民八之交，将近三四个月的期间，差不多每天都有诗兴来袭我。我抓着也就把它们写在纸上。当时宗白华在主编上海时事新报的"学灯",他每篇都替我发表,给予了我以很大的鼓励。因而有我最初的一本诗集《女神》的集成。

但我要坦白地说一句话,自从《女神》以后,我已经不再是"诗人"了。自然,其后我也还出过好几个诗集,有《星空》,有《瓶》,有《前茅》,有《恢复》,特别象《瓶》,似乎也陶醉过好些人,在我自己是不够味的。要从技巧的立场来说吧,或许《女神》以后的东西要高明一些,但象产生《女神》时代的那种火山爆发式的内发情感是没有了。潮退后的一些微波,或甚至是死寂,有些人是特别的喜欢,但我始终是感觉着只有在最高潮时候的生命感是最够味的。

假如说是惠特曼解放了我,那便是歌德又把我软禁了起来。我在民八的暑间实在不应该翻译《浮士德》,使我刚解除了镣铐的心灵,又带上了新的枷锁。歌德的诗体在欧洲已经属于旧的范围了,而他的《浮士德》,事实上并不如德国人乃至其他的世界批评家所评价的那么超越,我翻译他的第一部时已经就感受着无限的痛苦。特别是那些鬼鬼怪怪的世界,用尽那么呆的力量去刻画,使我费了不少的气力再来转译。没有办法,我曾经采用了旧诗的形式来,表达它那里面一大部分的并非诗的世界。诗人美其名曰象征,我实在昧不过良心,信口地奉献出一番恭维的话。

旧诗我做得来,新诗我也做得来,但我两样都不大肯做:因为我感觉着旧诗是镣铐,新诗也一样是镣铐,假使没有真诚的力感来突破一切的藩篱。一定要我"做",我是"做"得出来的。旧诗要限到千韵以上,新诗要拉成十万行,我似乎也可以做得出来。但那样做出来的成果是"诗"吗?我深深地怀疑,因而我不愿白费力气。我愿打破一切诗的形式写我自己能够够味的东西。

我自己更要坦白地承认,我的诗和对于诗的理解,和一些新诗家与新诗理论家比较起来,显然是不时髦了;而和一些旧诗翁和诗话老人比较起来,不用说还是"裂冠破裳"的叛逆,因此我实在不大喜欢这个"诗人"的名号。

那么我以前写过的一些东西究竟是诗不是诗呢?广义的来说吧,我所写的好些剧本或小说或论述,倒有些确实是诗;而我所写的一些"诗"却毫无疑问地包含有分行写出的散文或韵文。

欺骗对于内行和自己是没有用处的。

为什么还要把不纯粹的"诗"集来骗人呢？

这一半不关我的事，一半也因为要使内行的人知道我究竟不是"诗人"。

（1944年1月5日）

（选自1944年6月明天出版社出版的《凤凰》）

抗战八年的历史剧

郭沫若讲　殷野记

（本文是郭沫若先生于4月3日在戏剧工作者协会筹备会第一次学术演讲会演讲的纪录。因为郭先生提早离渝，纪录未来得及请郭先生校阅。纪录者是第一次做这样的事，漏误当然难免，统由纪录者负责。殷野附识）

如果因为我个人写过几本历史剧，就要我来报告这个题目，这并不适当。现在仅就知道的几点来报告，这也不能算是历史剧的结论，不过是把写作历史剧的一点经验报告一下而已。

这一次的战争，有它的前因后果，这个报告的范围，可能超出八年之外。"历史剧"这一名词，并不适当，仅只是因为它是采取了历史题材写的剧本，就给予"历史剧"的名词。至于从正史以外的稗官小说采取题材写成的剧本，有人说这也可以说是历史剧，有的说不是，广泛的说，只要是用历史的题材写的剧本，就可以叫做历史剧，或者称为古装剧，也许更概括一些。

我们看一看八年来产生了些什么历史剧。先从话剧说起。首先我们应该提到的，是抗战前夏衍先生以秋瑾的革命史实为题材的《自由魂》和《赛金花》；《赛金花》在南京演出时发生的纠纷，大家一定都知道，在这里我不愿去说它了。

其次就是宋之的先生的《武则天》，那时我还在日本，演出和剧本都没看过。再就是阳翰笙先生的《李秀成之死》，《天国春秋》，这两本是以太平天国的史实作为题材的，他还有最近在陪都上演的以四川保路同志会反抗满清的革命运动做为题材的《草莽英雄》，以及描写朝鲜民族解放运动的《槿花之歌》，以太平天国的革命史实做为剧底题材的，还有：欧阳予倩的《忠王李秀成》；陈白尘的《金田起义》和《石达开》。此外，吴祖光有《文天祥》、《林冲》两本历史剧，广义的说，吴祖光写的《牛郎织女》也可算是历史剧。吴永刚也有一本以林冲为题材的《夜奔》，还有一本《风波亭》，是写岳飞殉国的史实底的。顾一樵也有一本《荆轲》。熊佛西也有一本《赛金花》，还有一本描写近代史实的《袁世凯》。冒舒湮有《董小宛》。杨彬村有《清宫外史》。田汉有《陈圆圆》，唐纳也有一本《陈圆圆》。洪深有《汉宫秋》。于伶有《大明英烈传》。阿英（即钱杏邨）有《海国英雄》、《碧血花》(《明末遗恨》)，他还有一本《洪宣娇》。从《红楼梦》采取题材的有朱彤底《□雷》，端木蕻良底《林黛玉》，还有赵清阁底《冷月葬诗魂》，也许是根据《红楼梦》题材写的。此外，周彦底《桃花扇》，是写南明的侯方域和李香君底事迹的。至于我自己一共写了六个历史剧，就是抗战之前写的《棠棣之花》，因为在重庆演出了这个戏，引起了我写剧的兴趣。并且由于朋友的耸动，紧跟着就写出了《屈原》。后来又写了《虎符》、《高渐离》、《孔雀胆》、《南冠草》(一名《金风剪玉衣》)等四个剧本。

以上是抗战前夜直到现在历史剧产生的大概情形。有的看过演出，有的只看过剧本，有的演出和剧本都没看过。

地方剧和平剧的题材，可以说全部都是历史的，这里所说的，只包括抗战后新产生的剧本。因为本人对地方剧情况不熟悉，恐怕遗漏很多。其中以田汉先生写的最多，有《岳飞》、《江汉渔歌》、《新儿女英雄传》、《土桥之战》、《潘金莲与武松》等。其次要算欧阳予倩先生的努力最大，写得最多，有《梁红玉》、《渔夫恨》、《人面桃花》上面三种曾在成为孤岛之后的上海演过，效果很好，欧阳也有《潘金莲与武松》的剧本。此外还有洪深写的《岳飞的母亲》，端木蕻良底《红拂传》，老舍底《忠烈传》，徐筱汀底《陆文龙反正》。

抗战后话剧底发展，陈白尘先生把它分做两个时期：前期，1937—1941年；后期，1941—1945年。历史剧产生的百分比，在前期占全部剧作底百分之十六，后期则突增至百分之三十四。这种百分比的突增，可以从我下面讲的五个写作历史剧的动机，看出它的原因。

根据自己写作历史剧的经验，和历史剧的剧本以及演出，都可以看出写作历史剧的动机。

一、追求历史的真实，从前对于历史上人物与事实的叙述和批评，一向是专站一定的立场，即站在帝王底立场来叙述和批评的，是从王朝底利益统治者的利益出发的，是以帝王底利益为本位的。今天应以人民为本位，老百姓做主人，对于过去历史的看法，也跟着起了变化。因为我们是站在老百姓的立场看历史，从前被否定的，现在认为对；从前认为对的，现在则被否定了。历史从前是在统治阶级底手里，是被歪曲的，现在要纠正它。这种翻案，是要求历史底真实。具体的说，比如太平天国的革命运动，当时的统治阶级硬说参加太平天国的是乱臣贼子，是长毛贼，诬蔑那革命运动是造反。我们今天则认为那是近百年来最有光辉的革命运动，是近百年来革命运动最有光辉的前驱。而且是多多少少代表了当时被压迫的农民底利益，是站在人民的立场，反抗当时的统治阶级的，像是欧阳予倩、阳翰笙、陈白尘等作家，都非常喜欢采用太平天国底题材为剧本。追求历史的真实，也可以说是他们写作的动机之一。

例如被认为流寇的张献忠、李自成，在今天也应该改变对于他们的看法。我对于张献忠、李自成下了一番研究工夫，所以写了《甲申三百年祭》的考证文章。我曾经想把这一段史实写成一件艺术品，可是把这样繁杂的事件，包括在一个剧本里，是不大容易的事，就没动手写，同时，我写了《甲申三百年祭》这篇文章以后，引起了很使人不愉快的纠纷，这对于我写作的兴趣，也是一个打击，虽然如此，却有人替我写了。在山东方面，有话剧《甲申记》，还有平剧《九宫山》。自己有写作动机，但未具体化。别人把它化为剧本，我虽然还未看过，但可断定观点和从前一定是不同的，一定是新的历史观点。从个人写作历史剧底体验，可以知道作家们是用进步的历史观点阐明过去的历史。

至于自己为什么爱用战国的题材写剧本呢？根据自己研究历史底结果，战国时代是中国历史转变最重要的关键，最重要的转折点。那时正是由奴隶生产社会转变到封建社会的历史阶段。今天的中国，正处在由封建社会转变到近代资本主义社会的阶段。当然，历史是决不会回头的。但目前的社会转变和战国时代的社会转变，有着某种程度的相似，也正是历史人物创造大悲剧的时代。从今推古，在战国时代的史实去找寻给予现代深刻教训的题材。这动机或许会推广到许多作家创作过程。

二、更普遍的是借古代史实做题材，影射现代。许多人的写的，都集中在影射作用。在抗战中，很多人就从明朝戚继光平倭的史实中寻找题材，或是以明末宋末的对外战争为题材，以历史上和现代相似的时代来影射现代。这种手法表现两种意义，表扬前代的抗战英雄，像是岳飞、文天祥、史可法等，来鼓励现代人的抗战情绪；另一个意义，就是用古代投降卖国的人，如像秦桧，来讽刺现代不努力抗战的人。

在抗战中，团结是最重要的问题。团结抗战能保障胜利，分裂则招致失败。在剧本中，自己有过这样的用意，别人也有过这样的用意。阳翰笙底《天国春秋》，写天国领导者的分裂，韦昌辉刺死杨秀清，结果韦昌辉也被杀。作者有意的影射现代，同时也表现了大家的希望——希望团结。

有人说：历史是不是可以影射现代，我说，可以的。历史不是循环的，但各个时代的历史，总有某种程度的相似，只是范围大小深浅的不同。并且，还有一种不可否认的联想作用，原来作家并没有存心，看戏的人往往从戏中找出和现在的对比。有的联想是善意的，还有就是恶意的戴着有色的眼睛来看，来联想，故意的歪曲，那种存心就不可问。

三、同情古人。即以我所写的《孔雀胆》来打比。因为我同情阿盖公主的遭遇，就用很多材料来烘托她，使她成为一个可爱的人物。因之我联带的把阿盖公主底丈夫段功这个人底性格，也写得很好。可是段功和当时的农民革命是站在反对的立场的。这一点，我曾经受过朋友的批评。所以作家们下笔的时候，必须留意，不要因为对于古人的同情，而歪曲了史实。

四、迎合一般人民的兴趣。一般人民对于表现现代生活的话剧，不感兴趣。"中艺"在嘉定内江一带旅行公演时，历史剧就特别受欢迎。因此联带的发生了改良平剧创造新歌剧的问题。在好的方面来说，是为了使得大众容易接受而采用历史题材写剧本。坏的方面就是利用古代才子佳人的故事，专门采取低级趣味来勾引观众，这一类的戏大量的产生于后一个时期。

五、帮闲和御用。其特点是保存历史中间旧的封建意识，并且加重它，有时更进一步的歪曲一下。比如岳飞，我们站在人民的立场、民族的立场，把岳飞看成一个民族英雄，这是对的，如果把他写成一个个人主义的英雄，则是错误的，法西斯的。秦桧，谁都知道他是妨害□力抗战出卖革命的汉奸，现在却有人替他辩护，说岳飞不遵守□"军令政令"，秦桧设法把他召回，杀死他，这一番苦心是值得原谅的。还有人把谋害岳飞的责任，推在秦桧的妻子王氏身上，替秦桧卸掉了责任。把这样一个罪过放在王氏身上，意思是说女人做不出什么好事情，还是回到厨房炒炒菜算了！

以上所讲的五个动机，有的是单独的出现于某一个剧本，任何剧作家都有他底出发点与作用，有的站在严肃的立场，有的就不是，各人的立场不同，写出来的作品当然也不同。

人们对于历史剧底意见，也是相对立的。

有人认为历史剧是非现实的，历史与现实是对立的，历史剧的题材是封建的，何必去写它呢？写历史剧是隔靴搔痒，对于现实是没有什么积极作用的，旧的写实主义者（即自然主义者），认为历史剧的题材不是现代的，就说历史剧不是现实的。这还是属于好意的看法。

还有人恶意地说：写历史剧是逃避现实。

我个人认为这些看法是不正确的。

现实并不是现在的事实，尽管穿着现代的衣服，说现代的语言，意识不正确，仍然是不现实的。现实，应该是表现的真实。站在人民的立场，处理历史底题材，寻求人类发展的真实，依然现实的，比如古生物学研究的范围，还包括了史前冰河时期的社会发展。我们不能说古代生物学研究的不是现代的事，就认为它不是现实。

现实与否，不是题材的问题，最重要的，是作品的主题，作者底存心。

现在谈到历史与历史剧。有些教授们主张，历史剧丝毫不能违背当时的历史，甚至认为屈原在舞台上须说湖南话（事实上屈原是湖北秭归人）。我觉得在舞台上如果湖南人说湖南话，广东人说广东话，上海人说上海话……，岂不是非常滑稽的事吗？L. 托尔斯泰的《复活》，在莫斯科说俄国话，在巴黎说法国话，在重庆说中国话，不也很自然吗？如果在重庆演《复活》也说俄国话，只有请俄国大使馆的人来看□戏算了。有人说，苏联底作家已经把俄国古代的语言恢复过来了，在苏联演历史剧，舞台说的是俄国古代的语言。可惜我不知道苏联底作家是怎样把古代语言恢复过来的！

元曲中的口语，很多是现代人不能理解的。如果我们用古代语言写历史剧，观众一定不会接受的。

这是把文艺创作和历史混为一谈，把文艺创作和科学研究混同了。

作家在下笔之前，尽可能的去搜集材料，研究材料，其真实的态度，与科学是相同的。科学研究有时也要凭藉想象的，在爪哇，曾找到一个古代爪哇人底牙齿，那里的科学家就根据这个牙齿想象古代爪哇人的形态，可见自然科学家，有时也要有艺术家底幻想。文艺创作是用各种材料构成的艺术品，为了要顾及它底完整，作家对于他底材料就要加以剪裁和调度的夸大，因此作家就要□种创作自由，我们要求文艺创作的完整与美，就不能用历史研究底过程来解释历史剧的创作。

历史剧是给现代人看的，历史剧底人物都说古代底话，根本是不可能的事。莎士比亚的《哈孟莱特》，主角哈孟莱特是丹麦人，可是他说英国话，并不觉得不合理。自然，如果秦始皇满口的现代名词，我们一定也会觉得不合理。所以这也要有一定的限度，就是不要引起时代的错误感觉。不仅历史剧如此，现代剧也是一样。

在这里，对于历史剧作家提出一点要求。首先动机要纯正，他底作品必须是时代的指针，才是现实主义的作风。历史剧的价值不在于题材而在主题，历史剧不能象照相一样的死板，毫无选择的把题材再现，即使是照相，对题材也是要加以剪裁选择的。而选择的题材，必须是大众喜闻乐见的，才能发挥历史剧的效果。

今天是民主时代，是人民底世纪，更需要大家起来说话，大家应该写什么，怎样写，是值得作家考虑的！

1946年4月3日

（原载1946年5月22日重庆《新华日报》）

郭沫若讲历史剧

（在上海市立戏剧学校演讲　周惜吾记录）

　　用历史的题材来写戏剧，这是中外皆有的实例，就以英国的莎士比亚而论，他的作品差不多都是历史剧。过去的戏剧如此，到了现在，当前的事实告诉我们，自民国三十年以后，在戏剧中间历史剧占据很重要的地位。上海这样，内地也是这样；考其所以有此倾向的原因：在上海是因为那时候正在敌伪的统治下，最好反映黑暗的现实的是历史剧。大后方呢？也为了要避免检查等等的原因，所以多历史剧。

　　说历史剧是开倒车，这话是苛求、是误会。其实，写历史剧原有几种动机，主要的就是在求推广历史的真实，人类发展的历史。我们在过去的人类发展的现实里，寻求历史的资料，加以整理后，再用形象化的手法，表现出那有价值的史实，使我们更能认识古代真正过去的过程。就以"太平天国"的历史来说："太平天国"建国十九年，领土占得本国大半，满清在那时如无英国帮忙，其结果决非如此。（事实上也还是"太平天国"内部分裂，以致失败。）这一段历史，在我们现代人的眼光中看来，真是很光荣的一页，而在从前的历史家们的眼光中，就不同了。以前的历史家，常用封建思想而歪曲了当时的事实，凡是背叛朝廷的人，一概就把他们看成乱臣贼了。这是过去的历史家的看法。在今天，我们的看法却不同了。历史家把事实现实的记录下来，戏剧家就在认识了这历史的真实以后，用象征的比喻的手法，写出更现实的历史剧来。自然，过去的历史也有许多相似的，大同小异的；不过，人类总是前进的，在进展的阶层上虽有不同，而其前进的意义总是相同的。就以外侮的历史例子来说：宋末金人入寇，中国有了一次亡国的创痛。明末清兵入主，就统治了中国三百年的天下。而这宋明两代的抗战史实，也就有许多许多。岳飞与史可法等，我们自然要加以颂扬，而秦桧与洪承畴等人，我们就要暴露他们的丑恶。这是写历史剧的主题，这主题就是把古代善良的人类来鼓励现代的人的善良，表现过去的丑恶而使目前警惕，这是对照的手法，这是历史剧的功效。

写历史剧可用诗经的赋、比、兴来代表。准确的历史剧是赋的体裁，用古代的历史来反映今天的事实是比的体裁，并不完全根据事实，而是我们在对某一段历史的事迹或某一个历史的人物，感到可喜可爱而加以同情，便随兴之所至而写成的戏剧，就是兴。（我的《孔雀胆》与《屈原》二剧，就是在这个兴的条件下写成的。）

赋、比、兴是写历史剧的主要的动机，另外还有一个原因是迎合观众。在内地的乡镇上，假如演一个现代戏，那就很少观众，他们都不要看那随地皆是的现实。这也是几千年来的习惯，偏僻地方的人民大多数喜欢看历史剧。戏剧的演出自然不能没有观众，为了迎合观众，就不能不写历史剧。为了写些人民喜欢的东西，也决不能说是坏；主要的是要看这迎合观众的历史剧的本身，不低级，不封建……借此利用人民的爱好而去向他们灌输知识，可以事半功倍。赋、比、兴的动机也有这个道理在内。只要不把那些封建的故事凑合到舞台上去，历史剧是应该写的。总结写历史剧的主要有三点：一是再现历史的真实，次是以历史比较事实，再其次是历史的兴趣而已。

一般反对写历史剧的理论家的反对理由是为什么不写当前的现实，不正面去写抗战，这是逃避现实。可是，我们要知道，一个剧本的现实不现实，是不能以题材的"现代"或"历史"来分别，来估计。而是要看其剧中的主题是不是现实或非现实的，用历史的题材也许更能反映今天的事实。但是也有另外一班相反的历史家的见解是：历史剧就非要能合于当时的真正的历史事实不可，不能加减。这种说法，也有理由，不过，我们要知道科学与文学不同，历史家站在记录历史的立场上，是一定要完全真实的记录历史；写历史剧不同，我们可以用一份材料，写成十份的历史剧，只要不违背现实，即可增加效果。何况其中还有一个语言问题。历史剧假如一定要完全依照过去的历史，剧中的语言不用现代的语言而用古代的语言，那末这种语言究竟是怎样的一种语言，不但写剧本的人不会写，就是观众也是听不懂的。

不过，写历史剧有一点最值得注意的，虽说语言是用现代语言，但总不能太摩登，一切总该有个限制，服装也是一样，太摩登太新派的时候是要破坏效果的。

总之，戏剧是个有效的教育工具，历史剧也自有它的价值。我们的一般老百姓，既然都喜欢古代的东西，那末，只要我们的题材不与大众太违背，不低级，不封建……历史剧的存在就是个合理的存在。

（原载1946年6月26日、28日上海《文汇报》）

谈解放区文艺创作

郭沫若

向北方的朋友们致人民的敬礼

我费了一天工夫，一口气把解放区短篇创作选第一辑和赵树理的李有才板话读了一遍，这是我平生的一大快事，我从不大喜欢读小说，这一次是破例，这是一个新的时代，新的天地，新的创世纪，这样可歌可泣的事实，在解放区必然很丰富，我希望有笔在手的朋友们尽力把它们记录下来，即使是素材，已经就是杰作，将来集结成巨制时，便是划时代的伟大作品，我恨我自己陷在另一个天地里，和光明离得太远，但愿在光明中生活的人，不要忘记把光明分布到四方。

致陆定一信

定一兄：得到你给我的信和两本书，我很高兴。"白毛女"我立即一口气读完了，故事是很动人的，但作为一个读物来读，却并没有如所期待的那么大的力量。假使是看了上演听着音乐和歌唱，一切都得到了形象化上的补充，那情形又必然是两样了。但这固然是目前不可多得的新型作品，单是故事被记录下来已经是很有价值的，解放区里面所产生的许多可歌可泣的新故事、新人物实在是应该奖励使用笔杆的人用各种各式的形式把它们记录下来，这是民族的至宝，新世纪的新神话，一时或许还不会产生出永垂百代的伟大的著作，但把材料储蓄在那儿，在若干年后一定会有那样的作品出现的。例如明代的《水浒传》，那里面的故事有些差不多在民间流传了二三百年，到了施耐庵或罗贯中手里才结集成那样一座金字塔。

《吕梁英雄传》我还没有开始读，但在四五天之前我却一口气把赵树理的《李有才板话》和《解放区短篇创作选第一辑》读完了，这两本书我非常满意，适逢此间有一部分友人要大家推荐抗战文艺的杰作，我便把这两本书推荐了。我顺便要告诉你，我把你写给我的信也交给了他们，作为你对于《白毛女》与《吕梁传》的推荐，假如他们要发表时，我已关照他们姓名用罗马字代替，想不致反对。

赵树理是值得夸耀的一位新作家，他还有一部大作《李家庄的变迁》，可惜我还没有看到，我很希望得到机会读到它。《短篇选辑》里面的十二篇，我都喜欢，尤其是康濯的《我的两个房东》，邵子南的《地雷阵》，刘石的《真假李板头》，简直是惊人之作。这几位作家的笔力可以说已经突破了外边的水准。寂寞的中国创作界可以说不寂寞了。

（原载1946年8月24日《群众》第12卷第4、5期）

人民至上主义的文艺

郭沫若

《新文艺》，今天第一次和读者见面，姓名的介绍应该是有必要的。这个刊名是《文汇报》的编辑会议确定下来的。六种副刊，日新又新，新新不息，于是思想、社会、经济、教育、科学、文艺，一律都成了"新"字辈的弟兄。

但这新氏六弟兄，我们在暗默中都有这样的认识。我们是应该以人民至上的意识为意识的。这是我们共通的核仁，从这儿分道扬镳地作出新的展开。因此我们这一批的新，和《新原人》、《新理学》、《新事论》、《新世训》那一批的新，应该是断然不同。本是粪土之墙而涂上些廉价油漆，本是枯枝槁木而贴上些洋纸剪花，那自然也可以算是"新"，但和我们是同姓不同宗的。

我们准据着这样的意识来从事文艺活动，因此我们的《新文艺》本质上应该是人民文艺——人民至上主义的文艺。这是我们的至高无上的水准。

我们多谢朋友们的关注，特别是这样富于友谊的一个义务预告，说我们"将合编一水准极高之纯文艺周刊，选稿严格，态度认真。"（见上海《新民晚报》2月24日的《艺文坛》。）这个短短的消息，确实是把我们的水准和态度都规定好了，我们是要努力做去的。

"万般皆下品，唯有人民高。"人民是社会的主人，是文化生活的创造者。本质的文艺本来就是人民文艺，这在任何民族都是文艺的本流，而且站着极高的地位。脱离了人民本位的文艺虽然藉政治的力量可以博得一时性的月桂冠，但其实那是堕落。旧式的"剧秦美新"是堕落，新式的"看虹摘星"是更悲惨的堕落。那样的作品虽然冒充过、或冒充着"纯文艺"的佳名，其实那是最溷杂的排泄，不必说到纯不纯，根本就不是文艺。

"纯文艺"的真正的意义，我们要作这样的认识。凡是人民意识最纯，丝毫没有挟杂着对于反人民的权势者阿谀，对于不劳而获的垄断者赞颂，或钻进玻璃室里作自渎式的献媚，丝毫没有挟杂这些成分，而只纯真地歌颂人民的辛劳、合作、创造，而毫不容情地吐露对于反人民者一切丑恶、暴戾、破坏的如火如荼的憎恨，那样的作品，我们便认为是今天的"纯文艺"——纯人民意识的文艺。

这样的纯文艺，在我们积习太深的知识分子确是一个"极高"的水准。我们受了两千多年来的封建思想的"陶冶"，一直在今天都还在受着，而且又还活在厄运一天一天加深的半殖民地的环境里面，我们的一切观念差不多根本是倒逆的。卑成了高，杂成了纯，伪成了真，恶成了善，丑成了美。这一切都应该要费很大的努力才能够把它们颠转得过来。

我们应该还没有忘记"三寸金莲"这个名词吧，在前女子缠足时代，人为的畸形小脚的一扭一捏叫作"潘妃步步生莲花。"那时代这三寸的小东西陶醉了多少的色情狂呀！大家把这个东西认为无上的美，而把农家妇女的天足认为无上的丑。今天这观念虽然已经颠倒过来了，但这个记忆，我们应该还保留着的吧！

事实上我们并未那么健忘。"三寸金莲"的时代，认真说，在我们并没有完全过去。这只变形成为了高跟鞋，或珂尔塞特的腰线美。不仅是这样，连我们整个的脑袋子都还在裹脚带里面过活。近代的哲人陶行知先生的遗言：我们文化人的头是"三寸金头。"我们会感觉得他这嘲弄是苛虐吗？岂敢，岂敢，好些朋友似乎还在以有这"三寸金头"为无上的高贵呢！已成三寸者自诩高贵，未成三寸者尽力想在头上穿高跟鞋。风气是这样，环境是这样，大家都在沾沾自喜，而看见大头国人氏反而认为是妖怪了。

然而今天已经到了应该放头的时候了。把"三寸金头"解放出来，成为接近自然的头，而使本是自然的头永远不要受缠缚。要这样。我们才能回复到纯真的人民意识。要由这种意识发生出来，然后才能成为纯真的人民文艺，也就是我们今天的"水准极高的纯文艺。"

但这种基本工作，实在是要费很大的努力，才能够做到的。因此，我们是准备"选稿严格"而"态度认真"的。

"选稿严格"倒并不是专门对外来的稿子而言，而主要倒还是准备侧重于严选自己的稿子。自己的稿子，宁缺毋滥。一个人或少数人主编一种刊物，那种刊物便成为了他的擂台。那样的思想和作风，不管是封建垄断式的或买办独占式的，不管是京派或海派或京海合派，应该是过了时的东西了。我们不仅不想沾染，而且准备尽力地反对。

外来的投稿，只要合乎人民意识，我们却尽量欢迎，我们抱定意识第一主义。只要是意识正确，我们要尽力地赞扬。我们特别欢迎青年的投稿，有着最大的决心准备把这个小小的园地作为青年作家所共有的园地。工人、农人、士兵、店员、学生，在我们认为是最有希望的纯人民文艺的创造者。他们的作品，不问任何形式，都是我们所欢迎的。遇必要时，我们可以尽润色的义务。我们的主要目的，不单在产生新的产品，而是在产生新的作家。

我们要注意批评。要严格地批评自己，并严格地批评别人。当然，并不敢作无原则的严格。我们的原则，不嫌再说一遍吧，也就是人民本位。准据着这个原则，对己对人，都毫无假借。我们自然欢迎外来的批评，特别是严格地批评我们自己。接受批评的这种良好的态度，我们是想尽力培植的。一个人在真正获得了人民意识的时候，他必然能够获得这种态度，和悦地，感激地，接受严格的批评。因此，我们对于鲁迅先生的遗产，杂文形式中的匕首投枪，我们特别重视的。我们宝贵这个遗产，并欢迎这种匕首投枪。

还有一件事情要特别声明，非有绝对的必要时，我们不准备登载文艺作品的翻译。希望朋友们不要认为我们是藐视翻译。我们认为那样的工作不应该零割碎剐的做。那样的工作应该更负责任地以专书的形式或借杂志的篇幅来发表。我们所占的是日报纸面，日报的文艺栏用与现实脱节的译文来搪塞，除掉中国而外，九州万国都很少先例。我们认为，这无形中是买办意识在作祟。对不住，我们是要纠正这种偏向的。我们并不承认：月亮也是外国好。

我们的态度，大体上也就是这些。这是大家的意思，让我笔记了下来的。我们的理想是：尽可能做成一部人民的打字机。

（1947年3月1日）

（原载1947年3月3日上海《文汇报》）

《盲肠炎》题记

郭沫若

盲肠炎近来成为了相当时髦的名词。国民党某党要曾把中共问题比为盲肠炎要开刀。民社党某"新贵"也曾把该党的革新派比为盲肠炎，也要开刀。其实这两位摩登大夫对于医理病理，实在是外行得很。盲肠炎并不是那么可怕的险症，虽然可以死人，死亡率是很小的。治盲肠炎的方法也不必一定要开刀，用消炎性的内科治疗，也还是可以收到效果。乱下诊断，乱开刀，对于医道固然外行，对于政治也同样外行；中国实在吃不消了。

但我这儿所提出来的"盲肠炎"却已经是二十几年前的医案了。我得声明，我并不是对于前两位大夫的蹈袭，当然我也并不想争这优先权，说他们是对于我的蹈袭。一句话归总：我们是两不相干的。

我虽然也学过几年的近代医学，但我是学而未成。我对于医理病理认真说也并不怎么内行，而对于政治倒老老实实是充分内行的。我在二十多年前把盲肠炎来比譬了资本主义，在今天看起来，实在并不十分妥当。资本主义是人类社会发展中的一个必经的阶程，比如鸡蛋之有壳，蚕蛹之有茧那样；待鸡蛋孵成了鸡，蚕蛹化成了蛾，则壳与茧必被打破，资本主义也必被扬弃而已。

中国的资本主义过了时，发育得很不顺畅，一出马便呈现出病态。它是先天不足，而又外感频袭，如不经受充分周到的保护，倒会有夭折的危险的。这样的保护它没有受到，而外感在今天却更加严重了。假使再让我用医学的知识来做比譬的话，我倒要把今天世界资本主义中最强大的一个资本主义比成恶性的癌，不光是我们，就是全世界的健全组织都是在被它侵蚀着的。

我们今天倒要防御这个癌，隔离这个癌，割掉这个癌，然后一切的生机才能有保障。故在今天倒不是向自己的盲肠炎开刀的问题，而是向癌肿开刀的问题了。癌肿是有窜走络（Metastase）的，中国今天的买办官僚资本，事实上就是那个最强大的帝国主义的窜走络；这个窜走络如不除尽，中国本身的民族资本或独立自主的近代化是没有方法进展的。不，危险比这更大，会要闹到全殖民地化的地步。故我们今天的问题，倒不是怕受"共管"，而是由"共管"化而为单管了。今天对于我们中国人乃至全世界爱好自由和平的人所给予的迫切课题，美国的华莱士已经告诉了我们：就是对于杜鲁门主义的毫不犹豫的斗争。

我这部医案对于二十多年后的今天的病情虽然已经不切合，但大体上的处方是没有错的。医生医病也有养病的一段期间，在病情诊断不能十分确定时，要有一段期间来静观病情的发展。我们要算又静观了二十多年，不，事实上自己就是病人，在病苦中苦斗了二十多年，病情今天是明朗化了。翻翻以往的病历，于以后的工作倒也是不无裨补的。

而在我自己尤其值得提起的，是这部书在我的精神发展上是表示着转捩点的一个里程碑。在1924年，我中止了前期创造社的纯文艺活动，开始转入了对于辩证唯物论的深入的认识，在这儿使我的思想生出了一个转机。这一年也正是孙中山先生改组国民党，开始执行其历史的三大政策——联俄，联共，扶助农工——的一年，中国在那时更明确地迈出了她的反帝反封建的健步。

我在这时候，不仅在思想上生出了一个转机，就在生活上也生出了一个转机。当我的思想得到了一个明确的方向之后，我有一段时期是想留在文艺界工作的，从以前的浪漫主义的倾向坚决地走到现实主义的路上来。在这儿所收的属于《水平线下》的一部分，便是代表着转换过程中的写作。但这个转换起了更大的质变，便是使我自己更由文艺界跳进革命运动的浪潮里去了。1926年我参加了北伐，我的文艺生活更确确实实地告了一个段落。尔来二十年，无论在写作上或生活上，和所谓"纯文艺"实在是愈隔愈远，这用今天最时髦的纯文艺家的话来说，便是我失掉了"写作的马达"。但我是心甘情愿，而且也心安理得的。我自己在这儿可以公开的宣布：我要取消掉我这个"文艺家"或"作家"的头衔。

作为今天的中国人当为的事情实在太多了，既不长于"写作"，那就不应该滥竽作家，世间上也尽有的是"有理想，站得住的作家"，他们是具有着"写作的马达"的。不过那样的"作家"似乎也可怜得很，虽然雄赳赳地发动着"马达"，在高唱着"中国文艺往哪里走？""绝不宜受党派风气所左右！"然而那"马达"却是躲在一个党派的尾巴毛里面的。何必躲躲闪闪呢？你有的是"写作的马达"，就让你的"马达"去"写作"好了。你是第三种人的复活，你的高论，仅仅是"为写作而写作"而已，装腔作势是多余了的。

在今天的中国，值得"毛骨悚然"的事体遍地皆是，而那位高唱着"中国文艺往哪走"的"作家"（？），对于"文丐"们"人在中年便大张寿筵"，却"的确可怕得令人毛骨悚然"起来了！那怎么办呢？这些"文丐"们该拿来剿灭吧？老实不客气的说，"大张寿筵"的目的一半也就是要使某种人的"毛骨悚然"一下的，今天可以说是收到实效了。据"毛骨悚然"家说："萧伯纳去年九十大寿，生日那天犹为原子问题向报馆投函"，那么这老头子似乎也就值得"令人毛骨悚然"了。他是一个老牌文艺家，为什么竟写"原子问题"，而不写《差半车麦秸》呢？

我的见解倒是很平凡而简单的：不做"文艺家"不要紧，我们总要做"人"；写不出"伟作"可以和萧伯纳相比的也不要紧，总要对得起每天给我们饭吃的老百姓。谁要"毛骨悚然"，多让他"毛骨悚然"一下。认真说，也就为了这个目的，我把二十多年前的自我清算，这部《盲肠炎》，里面包含着《水平线下》，再度提供出来。二十多年前我也是喊过"为写作而写作"过来的人，我可以斗胆的骂我自己：那只是幼稚的梦呓而已。

我自己还没有资格充当"平民化的向日葵"，当然更没有资格和那些自命为"贵族化的芝兰"，"并肩而立"。但我想，那生在山野中的芝兰如果有知，怕已经在抗议吧。到底是哪一位帮闲专家把我"贵族化"了呀？

我是自甘于"水平线下"的，二十多年前的志愿是这样，二十多年后的志愿也依然是这样。

1947年5月19日

（原载1947年6月1日《创世纪》创刊号）

斥反动文艺

郭沫若

今天是人民的革命势力与反人民的反革命势力作短兵相接的时候，衡定是非善恶的标准非常鲜明。凡是有利于人民解放的革命战争的，便是善，便是是，便是正动；反之，便是恶，便是非，便是对革命的反动。我们今天来衡论文艺也就是立在这个标准上的，所谓反动文艺，就是不利于人民解放战争的那种作品、倾向和提倡。大别地说，是有两种类型，一种是封建性的，另一种是买办性的。今天的反动势力——国家垄断资本主义，是集封建与买办之大成，他们是全面武装，武装到了牙齿了。文艺是宣传的利器，在这一方面不用说也早已全面动员"戡乱"了。因此，在反动文艺这一个大网篮里面，倒真真是五花八门，红黄蓝白黑，色色俱全的。

什么是红？我在这儿只想说桃红色的红。作文字上的裸体画，甚至写文字上的春宫，如沈从文的《摘星录》、《看云录》及某些"作家"自鸣得意的新式《金瓶梅》，尽管他们有着怎样的借口，说屈原的《离骚》咏美人香草，索罗门的《雅歌》也作女体的颂扬，但他们存心不良，意在蛊惑读者，软化人们的斗争情绪，是毫无疑问的。特别是沈从文，他一直是有意识地作为反动派而活动着。在抗战初期全民族对日寇争生死存亡的时候，他高唱着"与抗战无关"论；在抗战后期作家们正加强团结、争取民主的时候，他又喊出"反对作家从政"。今天人民正"用革命战争反对反革命战争"，也正是凤凰毁灭自己从火里再生的时候，他又装起一个悲天悯人的面孔，谥之为"民族自杀悲剧"，把全中国的爱国青年学生斥为"比醉人酒徒还难招架的冲撞大群中小猴儿心性的十万道童",而企图在"报纸副刊"上进行其和革命"游离"的新第三方面,所谓"第四组织"。(这些话见所作《一种新希望》,登在去年十月二十一日的《益世报》。)这位看云摘星的风流小生,你看他的抱负多大,他不是存心要做一个摩登文素臣吗?

什么是黄?就是一般所说的黄色文艺。这是标准的封建类型,色情、神怪、武侠、侦探,无所不备,迎合低级趣味,希图横财顺手。在殖民地,特别在敌伪时代,被纵容而利用着,作为麻醉人民意识的工具。在黄色作家群中,多是道义观念贫弱的穷文人、性格破产者,只要靠一枝毛锥可以糊口,倒不必一定有祸国殃民的明确意识,但作品倾向是包含毒素的东西,一被纵容便象黄河决口,泛滥于全中国,为害之烈,等于鸦片。正因为这是一种有效的麻醉剂,足以消磨斗志,甚至毁灭人性,在今天集反动之大成的当局当然也就更从而加紧利用。利用的方法很多,或用金钱津贴,纵容放任,暗中加以保护,这是无形的利用。还有有形的利用,便是使他们的意识彻底反动,以反人民为主题,明目张胆地帮助"戡乱",或于黄色的方块报中时时插入一些反人民的言论,以利宣传。这样被利用的结果,这黄色之祸,也就更加猛烈起来,黄河决口,不是由于自然崩溃,而是出于有心的抉发了。然而黄河本身其罪固不小,我们断难容恕的是这抉发黄河的滔天大罪。

什么是蓝?人们在这一色下边应该想到著名的蓝衣社之蓝,国民党的党旗也是蓝色的。胜利前潘公展在重庆曾经组织过"著作人协会",胜利后张道藩又组织了"中华全国文艺作家协会",都是存心和由战时的"中华全国文艺界抗敌协会"后改名为"中华全国文艺协会"相对立的。但他们事实上都只有协会而无作家。记得在重庆时蒋宋美龄曾与谢冰心作过一番谈话。蒋宋美龄问"中国国民党为什么没有一位女作家"?谢冰心回问"中国国民党又有哪一位男作家"?这是在文艺圈子里面传播得很广的一段插话。但我想:冰心在回问时恐怕疏忽了一点,国民党是可以有一位男作家的,那便是国民党中央监察委员的朱光潜教授了。朱监委虽然不是普通意义的"作家",而是表表堂堂的一名文艺学学者,现今正主编着商务印书馆出版的《文学杂志》。我现在就把他来代表蓝色。

抱歉得很，关于这位教授的著作，在十天以前，我实在一个字也没有读过。为了要写这篇文章，朋友们才替我找了两本《文学杂志》来，我因此得以拜读了他的一篇《看戏与演戏——两种人生理想》(二卷二期)。这俨然是一位教授写的文章，东方说到孔丘、老、庄，还有释迦牟尼，西方则从柏拉图、亚理士多德，说到尼采和克罗齐，又是哲学，又是文艺，又是《神曲》，又是佛典，一下是嵇康、王羲之、陶潜、杜甫，一下又是但丁、歌德、莎士比亚、斯蒂文生，学通中外，道贯古今，的确是够教授的斤两，也够监察委员的斤两的。然而他说了一些什么呢？他只说了一篇连自己也并未能圆其说的宿命论而已。他说："人生有两种类型，一种是生来爱看戏的，另一种是生来爱演戏的"，"这是一件前生注定丝毫不能改动的事"。真是呜呼妙哉了！中国到了今天，还有这样高明、坐享盛名的大学教授！这些都不必管，且看这位大教授自认为属于他所说的那一类型。教授自己说"我们这批袖手旁观的人们"，他当然是属于"看戏的"的类型了。但要留意，这倒并不是谦虚，而是自命为和孔子、老子、庄子、释迦、耶稣、柏拉图、亚理士多德、尼采、克罗齐等等大思想家并驾齐驱的。但是，不幸得很，我这个不知道应该属于那一类型的，就亲自"袖手旁观"过我们这位当今大文艺思想家，在重庆浮屠关受军训的时候，对于康泽特别"毕恭毕敬"地行其军礼，那到底是在"看戏"，还是在"演戏"呢？我在这里还可以更进一步问问：当今国民党当权，为所欲为的宰治着老百姓，是不是党老爷们都是"生来演戏"的，而老百姓们是"生来看戏"的呢？照朱教授的逻辑说来，只能够得出一个答案，便是"是也"！认真说，这就是朱大教授整套"思想"的核心了，他的文艺思想当然也就是从这儿出发的。由他这样的一位思想家所羽翼着的文艺，你看，到底是应该属于正动，还是反动？

什么是白？这是一批无色而其实杂色的货色。有属于封建型的，也有属于买办型的。无色的白，在光学上讲来是诸色的混成，文艺上的无色派事实上是各种颜色都杂在里面的。当然有的是天真的白，但也有的是伪装的白。故在这儿可以有桃红色的沈从文，蓝色的朱光潜，黄色的方块报，最后还有我将要说出的黑色的萧乾。别种货色的反动作家，伪装成白色，固然是反动之尤，即无心的天真者流，自以为虽不革命，也不反革命，无党无派，不左不右，而正位乎其中，然而狡猾的反动派在全面动员"戡乱"之下对他们却乐得利用。自己伪装为白色固然是利用，让天真者作为花瓶，甚至拉一两位"前进者"来伪装"前进"，是尤其恶劣的利用。在这儿，我倒有一个或许会被认为十分偏激的见解，"前进者"固不用说，天真者的作家们，在今天最好不要敷衍或顾忌反动势力而写，写了也决不要在反动或伪自由主义报刊上发表。故人正想利用你的天真，你又何苦让自己去给人家当伪自由主义的幌子呢？我们在这里还可以区别出有些无色者之流入于御用是出于因袭旧套，和另一批因循苟合者稍有不同。前者因客观传统的束缚而无力自拔，后者却因主观策励的薄弱而和光同尘。那一批和光同尘者流，说不定还会自诩聪明，所谓"明哲保身"，然而要当心，老兄们已经在"曲线戡乱"了。

什么是黑？人们在这一色下最好请想到鸦片，而我所想举以为代表的，便是《大公报》的萧乾。这是标准的买办型。自命所代表的是"贵族的芝兰"，其实何尝是芝兰，又何尝是贵族！舶来商品中的阿芙蓉，帝国主义者的康伯度而已！摩登得很，真真正正月亮都只有外国的圆。高贵得很，四万万五千万子民都被看成"夜哭的娃娃"。这位"贵族"钻在集御用之大成的《大公报》这个大反动堡垒里尽量发散其幽缈、微妙的毒素，而与各色的御用文士如桃红小生、蓝衣监察、黄帮弟兄、白面娄罗互通声息，从枪眼中发出各色各样的乌烟瘴气。一部分人是受他麻醉着了。就和《大公报》一样，《大公报》的萧乾也起了这种麻醉读者的作用，对于这种黑色反动文艺，我今天不仅想大声疾呼，而且想代之以怒吼：

御用，御用，第三个还是御用，
今天你的元勋就是政学系的《大公》！
鸦片，鸦片，第三个还是鸦片，
今天你的贡烟就是《大公报》的萧乾！

今天是人民革命势力与反人民的反革命势力作短兵相接的时候，反人民的势力既动员了一切的御用文艺来全面"戡乱"，人民的势力当然有权利来斥责一切的御用文艺为反动。但我们也并不想不分轻重，不论主从，而给以全面的打击。我们今天主要的对象是蓝色的、黑色的，桃红色的这一批"作家"。他们的文艺政策（伪装白色，利用黄色等包含在内）、文艺理论、文艺作品，我们是要毫不容情地举行大反攻的。我们今天要号召读者，和这些人的文字绝缘，不读他们的文字，并劝朋友不读。我们今天要号召天真的无色的作者，和这些人们绝缘，不和他们合作，并劝朋友不合作。人们要袖手旁观，就请站远一点，或站在隐蔽的地方。假使站进敌对阵营里去而自以为在袖手旁观，那就请原谅，你就不受正面的射击，也要被流弹误伤。有人或许自认为"我是入虎穴而取虎子"，但请当心，你不要已经为虎作伥了。我们也并不拒绝人们向善，假使有昨天的敌人，一旦翻然改悟，要为人民服务而参加革命的阵营，我们今天立地可以成为朋友。但假使有今天的朋友而走上相反的道路，明天也可以成为敌人。我们也知道一味消极的打击并不能够消灭所打击的对象。我们要消灭产生这对象的基础。人民真正作主的一天，一切反人民的现象也就自行消灭了。我们同时也要从事积极的创造来代替我们所消灭的东西。人民文艺取得优势的一天，反人民文艺也就自行消灭了。凡是决心为人民服务，有正义感的朋友们，都请拿着你们的笔杆来参加这一阵线上的大反攻吧！

1948年2月10日脱稿

（选自1948年3月1日香港生活书店《文艺的新方向》）

由《虎符》说到悲剧精神

郭沫若

我写《虎符》是在抗战时期,国民党反动政府第二次反共高潮——新四军事件之后,那时候蒋介石反动派已经很露骨地表现出"消极抗战,积极反共"的罪恶行为。我不否认,我写那个剧本是有些暗射的用意的。因为当时的现实与魏安釐王的"消极抗秦,积极反信陵君",是多少有点相似。但仅止于相似而已,历史上决没有完全相同的事。但就因为有那一点的相似,那个剧本是受到了严格的检查的,在重庆演出过一次也没有得到多大的自由,而且在一次演出之后便再也不能重演了。

那个剧本近来经过各地的改编,如上海越剧的《信陵公子》,北京京剧的《窃符救赵》,再加上福州闽剧的《信陵公子》,据我所知道的已经有三种了。这些改编的剧本我都没有看过,演出我也没有看过,我不能够说什么话。但各地的改编者和演出者似乎都有一个共同的倾向,便是把信陵君的"抗秦救赵"比拟今天的"抗美援朝",我认为这是不妥当的。我们的"抗美援朝"是全国一致的空前未有的爱国运动,怎么可以把信陵君当时的"抗秦救赵"拿来比拟呢!假如可以比拟的话,那么我们可以质问:今天的"安釐王"是谁?还是蒋介石吗?他在今天已经不配和安釐王相比了。因此,这一比拟,的确是不伦不类,是反历史主义的做法,是值得我们加以批评的。

至于信陵君和如姬那样的历史人物,是不是值得称颂呢?我认为在关于"窃符救赵"这一件事上是值得称颂的。这在当时是不失为一种爱国行动。譬如荀子便很称赞信陵君,称之为"拂臣"。他说"能抗君之命，窃君之重，反君之事，以安国之危，除君之辱，功伐足以成国之大利，谓之拂"（《臣道篇》）。信陵君，在战国四公子中要算是最好的一个，最坏的是孟尝君。他们虽然先后齐名，但本质悬殊，不能相比。信陵君是有著作的人，和"鸡鸣狗盗之徒"毕竟不同。《汉书·艺文志》兵家里面有"《魏公子》二十一篇，图十卷，名无忌"，属于"兵形势"类。什么叫"形势"呢？班固的解释是："雷动风举，后发而先至，离合背向，变化无常，以轻疾（急）制敌者也。"看来信陵君倒可能是一位优秀的战术家，可惜他这书失传了。就从他的带兵作战的实际来看，他也不同凡响。例如，他把晋鄙的十万人夺到手里之后，便"下令军中曰：父子俱在军中，父归；兄弟俱在军中，兄归；独子无兄弟，归养"。这样得到了精兵八万人，便一举把秦国优势的兵力打破了。这正显出了他的所以能打胜仗的原因，因为他能获得军心，也就是能获得民心；他能鼓舞士气，也就是能鼓舞民气。这是不可蔑视的。他在赵国亡命十年，后来为了"秦攻魏，魏急"，他才得到魏安釐王的请求回到了祖国。他一回到了祖国，便遣使遍告诸侯，诸侯一听到他回国便派兵来帮忙。他"率五国之兵破秦军于河外，走蒙骜，遂乘胜逐秦军至函谷关，抑秦兵，秦兵不敢出"。这可看出他的号召力多么大，带兵的本领多么强。这不是偶然的侥幸可以办得到的。司马迁说到他纂述《魏公子兵法》的来由："当是时，公子威振天下，诸侯之客进兵法，公子皆名之，故世俗称《魏公子兵法》。"足见这位人物是相当民主的，别人肯向他提供意见，他也肯采纳别人的意见，而且尊重别人的意见，把别人的姓名都列举出来，没有象《吕氏春秋》和《淮南鸿烈》那样掠他人之美。可惜魏安釐王那位宝贝，他始终是"消极抗秦，积极反信陵君"的，等秦人一行反间计，他又把信陵君废免了。十几年后终至于亡国。

信陵君是不是也有值得批评的地方呢？有的。但不是因为他是"公子"便值得批评，也不是因为他在救赵之后，曾一时"骄矜而有自功之色"值得批评，更不是因为他阻挠了秦国的统一大业而值得批评；他的值得批评的地方是他"抗君之命"抗得不彻底，"反君之事"反得不彻底。他的革命性不够强，他没有大胆一点索性把魏安釐王干掉。以他的得民心，得军心，得关东诸侯之心，他是有能力而且有理由把安釐王干掉的。安釐王就始终害怕他出这一手，但他也始终不肯出这一手。他的始终不肯出这一手，也就表明了他的革命性不够强。而且他更以"醇酒妇人"来残害了自己的身体，执行了消极自杀。这真是他值得大批评而特批评的地方。

我们今天站在历史唯物主义者的立场，是应该对历史人物作公正的批评的，是能够对历史人物作公正的批评的。秦始皇的统一了中国是他对于历史有贡献的地方，但我们不能因此而肯定秦始皇的一切，更不能因此而把秦始皇统一以前的一切抗秦者都认为是历史的罪人。那同样是反历史主义的观点。秦始皇的统一中国，并不是秦始皇一个人的力量。由秦国来说，那是自孝公以来，特别是自商鞅变法以来，六世的政绩的积累。从中国范围来说，那更是自春秋以来的各国成绩的积累。由春秋的十二诸侯归并为战国的七雄，更归并为嬴秦的一统，各国的先进者或多或少对于历史都有过贡献，而尤其不可抹杀的是人民大众的力量。先进者能得人民大众的支持，故各能促进中国的统一。如果得不到人民大众支持，那是任何事业都不能完成的，幸而完成了也不能巩固。秦始皇统一了中国之后就因为失掉了人民大众的支持，故仅仅十三年便把天下失掉了。假使我们不从全面来看问题，不从发展来看问题，不从本质来看问题，看到秦始皇的统一中国便肯定他的一切，甚至连信陵君的抗秦救赵都认为是阻挠中国统一的罪恶行为，那末陈涉、吴广的革命也可以指斥为是破坏中国统一的罪恶行为了。这样的看法是同样不妥当的。

真正从历史唯物主义来看问题时，嬴秦统一中国以前，战国七雄都可以有统一中国的资格。由春秋发展而为战国，韩、赵、魏的三家分晋，田氏的夺取齐国，是采取的革命手段；秦、楚、燕倒是采取的改良主义。秦的改良主义之所以得到一时的成功，是因为商鞅的政策符合秦国人民的利益，被一贯地执行了下来，而其他的国家或因失掉了革命性，或因改良得不彻底，腐化因循，故终至于失败。因而秦的成功也可以说是六国的凑成。从这里，我们可以多少看出信陵君反抗魏安釐王的意义。我们可以相信，信陵君之所以"接岩穴隐者，不耻下交"是可能有振兴魏国的心事的。魏国假如照着他的意念兴盛了起来，秦国既可以统一中国，难道魏国就不可以统一中国了吗？问题是要看他想怎样来统一中国。秦国的统一办法并不高明，请看秦国破赵于长平，阬赵降卒四十万人于长平一事就可以明白了。当时的人民诚然希望中国的统一，这是自春秋以来历史发展的趋势，但不一定欢迎秦国式的统一。信陵君的办法可能两样得一点，可惜魏安釐王始终不听信他，更可惜他自己的革命性不够强，放弃了领导人民大众，放弃了领导关东六国的责任，荒废了十几年的工夫，而终于使秦始皇收到了统一中国的大功。秦始皇实在可以说是一位幸运儿。但这幸运又有好久呢？仅仅十三年！这就可以看出人民的严格的批判。今天我们对于秦始皇是应该有一个公平合理的批判的看法的，不可全面来否定，也不可全面来肯定。假使要全面来肯定的话，那不是历史唯物主义，而是个人英雄主义了。

秦前历史的批判，在今天还是一个悬案，我在这里不想多说。关于古代的问题，在今天也不是那么急切的问题。我希望大家多多用些精力来研究现代吧，研究近百年的历史吧。

但在这里，我想附带着说一点悲剧的意义。一般的说来，悲剧的教育意义比喜剧的更强。促进社会发展的方生力量尚未足够壮大，而拖延社会发展的将死力量也尚未十分衰弱，在这时候便有悲剧的诞生。悲剧的戏剧价值不是在单纯的使人悲，而是在具体地激发起人们把悲愤情绪化而为力量，以拥护方生的成分而抗斗将死的成分。故在今天的苏联，古典的悲剧作品，例如莎士比亚的《罕默雷特》、《奥赛罗》，普希金的《青铜骑士》、《泪泉》等，依然在照常演出，而且受着欢迎。我们今天中国的革命是胜利了，但我们不能说，以后的戏剧便不要演悲剧了，而一律要演喜剧，要在舞台上场场大团圆。因此，有的朋友认为悲剧的结束"容易使人感到正气下降，邪气上升"，我觉得这种看法是一种杞忧，事实是相反的，人们看到悲剧的结束正容易激起满腔的正气以镇压邪气。从前有过这样的故事：看戏的人看到戏中的奸恶者万分可恶，跳上舞台去把那演奸恶者的演员打了一顿。这虽然是笑话，但正表示了悲剧的真正作用。故问题不是在戏剧成分的是否悲剧，而是在这悲剧成分究竟写得怎样。请联想到我们当前所选用的代《国歌》吧，歌辞里面悲剧的情绪也很浓重，有好些朋友就不大同意那"最危险的时候"和"最后的吼声"等辞句。但正是这样警惕的辞句可以经常激发我们的悲壮的斗争精神。悲剧的精神就是这种精神。它的目的是号召斗争，号召悲壮的斗争。它的作用是鼓舞方生的力量克服种种的困难，以争取胜利并巩固胜利。

1951年7月25日

（选自1952年6月上海新文艺出版社出版《奴隶制时代》）

浪漫主义和现实主义

郭沫若

在资本主义的发展过程中,一开始便产生了资产阶级的对立面——无产阶级。无产阶级的世界观和人生观,逐步发展着的马克思列宁主义,担负着改造资本主义世界的使命,早已为人类历史开辟出了新纪元。

自四十年前十月社会主义革命成功以来,全人类三分之一以上的人口在马克思列宁主义的指导下,掌握了自己的命运,每天每天都在创造着有史以来空前未有的奇迹。从文艺活动方面来说,马克思列宁主义为浪漫主义提供了理想,对现实主义赋予了灵魂,这便成为我们今天所需要的革命的浪漫主义和革命的现实主义,或者这两者的适当的结合——社会主义现实主义。

近百年来,中国虽然不断地受到西方思潮的影响,但由于逐步陷入了半殖民地的境遇,中国资产阶级始终没有把资本主义的民主革命胜任地领导起来。一直到1919年的"五四"运动发生,中国的文艺运动和西方的思潮发生了直接的接触。浪漫主义和现实主义这样的名词被输入了,一部分人也就对"五四"以后所出现的文艺派别贴上了这样的标签。例如说创造社是"浪漫主义派",文学研究会是"现实主义派",实际上只不过有一些近似而已。然而这样区别一下也有好处。那是表明:在中国的现代,浪漫主义和现实主义是同时并起的,浪漫主义在反帝反封建,现实主义也在反帝反封建,不足十年的期间,双管齐下,跑完了欧洲近代一二百年的历史,所谓"浪漫主义派"和"现实主义派"早已在中国共产党的领导下,根本合流,形成了一支革命的文化军队。这支文化军队,正如毛泽东同志所说,"帮助了中国革命,使中国的封建文化和适应帝国主义侵略的买办文化的地盘逐渐缩小,其力量逐渐削弱"(《毛泽东选集》八六九页)。这是中国的历史条件所必然形成的。中国的浪漫主义没有失掉革命性,而早就接受到明确的理想,中国的现实主义没有染上西方的颓废影响,而早就具备着革命的灵魂。特别是在1942年毛泽东同志《在延安文艺座谈会上的讲话》发表以后,可以肯定地说,中国无产阶级的革命文艺就有了更加明确的方向了。

认真地说,文艺上的浪漫主义和现实主义,在精神实质上,有时是很难分别的。前者主情,后者主智,这是大体的倾向。但情智是人们所具备的精神活动,一个人不能说只有情而无智,或者只有智而无情。我们可以这样说:大抵一个人在年青时浪漫主义的成分比较多,现实主义的成分比较少;壮年以后的情况便可能完全相反。因此,对于一位作家或者一项作品,你没有可能用化学的定性分析和定量分析的办法来分析,判定他或它的浪漫主义的成分占百分之几,现实主义的成分占百分之几。文艺是现实生活的反映和批判,如果从这一角度来说,文艺活动的本质应该就是现实主义。但文艺活动是形象思维,它是允许想象,并允许夸大的,真正的伟大作家,他必须根据现实的材料来加以综合创造,创造出在典型环境中的典型人物,这样的创造过程,你尽可以说它是虚构,因而文艺活动的本质也应该就是浪漫主义。这假如和科学的研究活动对照起来看,便很容易了解:科学是更现实主义,文艺是更浪漫主义的。其实就是科学活动也不能不需要想象,不能不发挥综合的创造性。科学研究有时候却需要你有一分的证据能说十分的话,要你有科学的预见。这是不能不依靠合乎规律的想象的。综合各种各样的研究成果来构成一种自然界所没有的东西,例如最尖端的人造地球卫星,那也是不能不充分发挥高度的综合创造性的。因此,就是科学研究也包含着丰富的浪漫主义精神。有人说过,马克思的《资本论》是一部伟大的剧本,这话正透示着文艺活动和科学活动,浪漫主义和现实主义的不可分的同一性,或者这两者的辩证的统一。古今来伟大的文艺作家,有时你实在是难于判定他到底是浪漫主义者还是现实主义者。在这儿请让我举一些例证来说明吧。

例如，我国古代伟大的诗人屈原，那看来好象是一位浪漫主义者了。他的《离骚》，他的《九歌》和《九章》，运用了很多超现实的材料，他要驾驭云霓龙凤，驱策日月风雷，在天空中作不知止息的巡游，有时到了天堂，有时回到古代，有时登上了世界屋顶，有时又沉潜到洞庭湖的水底，在天边抚摩着彗星，在缥缈的地方和女神讲恋爱……，这还不是一位百分之百的浪漫派吗？但是，他并不是为了逃避现实，去满足自己的欲望或为艺术而艺术，而是为了找寻理想和理想的人物来拯救祖国，救济民生，促进古代中国的大一统。他是完全由现实出发而又回归到现实，并完全把自己的生死都置诸度外的。他所关心的事物真是包罗万象，在《天问》中他所提出的关于宇宙形成的问题，有的一直到今天我们还不能解答。这就使得我们不能不说：他同时又是一位伟大的现实主义者。

又例如，我们近代的伟大作家鲁迅，根据一般人的公认，无疑是一位现实主义者了。他的《呐喊》和《彷徨》里面所收的小说都充满着并透彻着近代现实主义的精神。有人说，鲁迅的特征第一是个冷，第二个是冷，第三个还是冷。这从表面上看来是说得过去的，他的犀利的解剖刀真是可以使你不寒而栗。但鲁迅是真正地"冷"吗？不，鲁迅并不冷！他的作品充满着热情，这是大家都知道的。他的《故事新编》中的那些作品是取材于神话传说的，有的远到了开天辟地以前，全靠丰富的想象力编织成了绚烂的万花镜图卷。当然，他是借以讽刺现实的，但你能说那里不是饱和着浪漫主义的风格的吗？因此，我敢于说，鲁迅并不冷。鲁迅的冷，应该解释为不见火焰的白热，他是压抑着他的极高度的热情，而不使它流露在表面。他的冷是可以炙手的冷，是"横眉冷对千夫指"的冷。他那样坚韧的斗士是绝对不会没有极高度的热情的。因此，鲁迅诚然是一位现实主义的伟大作家，但未尝没有浓厚的浪漫主义的成分，甚至于可以说是一半对一半吧。

最显明的例证是我们的伟大领袖毛泽东同志了。他把马克思列宁主义在中国的革命实践中发展了，他是最伟大的一位现实主义者，但我也敢于说，毛泽东同志同时又是最伟大的一位浪漫主义者。他是伟大的革命家,同时又是伟大的作家、诗人。他的理论文章具有极大的吸引力,和马克思、列宁的著作一样,其中包含着很多文学的成分。但是,毛泽东同志并不仅仅写作理论性的文章,他近年来正式发表了十九首诗词,更使中国的文学宝库增加了无比的财富。我自己是特别喜欢诗词的人,而且是有点目空一切的,但是毛泽东同志所发表了的诗词却使我五体投地。当然,也有些所谓专家,兢兢于平仄韵脚的吹求的,那真可以说是"明足以察秋毫之末而不见舆薪"。毛泽东同志的十九首诗词是革命的现实主义和革命的浪漫主义的典型的结合,这在目前是已经有了定评了。我现在且就《蝶恋花》一词来说明我的体会吧。

　　我失骄杨君失柳,
　　杨柳轻飏直上重霄九。
　　问讯吴刚何所有?
　　吴刚捧出桂花酒。
　　寂寞嫦娥舒广袖,
　　万里长空且为忠魂舞。
　　忽报人间曾伏虎,
　　泪飞顿作倾盆雨。

　　这词的主题不是单纯的怀旧,而是在宣扬革命。从这里可以看出:(1)革命烈士的精神是永垂不朽的;(2)革命家抱有革命的乐观主义,对于革命的关心是生死以从的;(3)抱有正义感的群众(吴刚和嫦娥)对于革命和革命烈士是饱含着无限的尊敬和同情的;(4)革命干部和群众的关系应该象同志一样,亲密无间。这些思想仅仅用六十个字便把它形象化了。这里有革命烈士(杨开慧和柳直荀)的忠魂,有神话传说的人物,有月里的广寒宫和月桂,月桂还酿成了酒,欢乐的眼泪竟可以化作倾盆大雨,时而天上,时而人间,人间天上打成了一片。不用说这里丝毫也没有旧式词人的那种靡靡之音,而使苏东坡、辛弃疾的豪气也望尘却步。这里使用着浪漫主义的极夸大的手法把现实主义的主题衬托得非常自然生动,深刻动人。

这真可以说是古今的绝唱。我们如果要在文艺创作上追求怎样才能使革命的现实主义和革命的浪漫主义结合，毛泽东同志的诗词就是我们绝好的典范。

当然，我在上面已经说过，毛泽东同志就在理论文字里面也是善于使用浪漫主义的手法，使文字增加鲜明性和生动性的。这样的例子我不多举，毛泽东同志的全部著作都是这样，请读者好好去读，好好去学。但我在这里想举一个简单的例证，以便于具体说明。那就是在《红旗》第一期中《介绍一个合作社》一文里面的这样的一句话："至死不变，愿意带着花岗岩头脑去见上帝的人，肯定有的，那也无关大局。""愿意带着花岗岩头脑去见上帝"这个形容子句就是"至死不变"的形象化。说了"至死不变"，再加上这个夸大的形象化的注语，便更加提醒了人们的注意。我想，就是右派先生，有着"花岗岩头脑"的人士，读到这儿也可能发着深省：是死心塌地的就那样"去见上帝"呢？还是把花岗岩化成米砂印泥去见人间的上帝——人民？这是一个很简单的例子，但也就是一个很具体的说明。千言万语的抽象的说法，有时候抵不上一个具体的例证。这也就是形象思维有它的生命力的地方。

我们感谢毛泽东同志，他领导着中国共产党和中国人民，把我们从两千年的封建枷锁、一百年的殖民奴役中解放了出来，不断地鼓舞着六亿人民"鼓足干劲、力争上游、多快好省地建设社会主义"，要在不太长的时期之内超过英国和美国，把中国创造成一个地上乐园；他不仅不断地发表着许许多多不朽的经典性的论著，在革命实践中发展了马克思列宁主义来教育六亿人民，还在工作的余暇发表了具有典型性的文艺作品；这和经典性的著作具有同样的教育意义。而在我个人特别感着心情舒畅的，是毛泽东同志诗词的发表把浪漫主义精神高度地鼓舞了起来，使浪漫主义恢复了名誉。比如我自己，在目前就敢于坦白地承认：我是一个浪漫主义者了。这是三十多年从事文艺工作以来所没有的心情。当然，我依然不承认我是"为艺术而艺术"，也有自行标榜现实主义的朋友以前确实说过这样的话，但那样的话就是不现实的。我在这里这样说，并不是要算旧账，但我们如果要重新编写"五四"以来的中国文艺发展史，我认为我们应该采取科学的方法来正视现实，象胡风等人所摆下的一手遮天一手遮地的迷魂阵，是应该彻底粉碎的了。

我们要学习毛泽东同志，学习他善于在联系中国实际中运用马克思列宁主义而使革命胜利了，而使马克思列宁主义发展了，学习他善于结合浪漫主义和现实主义的方法写出了不朽的理论著作和文艺作品。我要坦白地说，我是敬仰毛泽东同志的。我这不是盲目的个人崇拜，我是同样反对盲目崇拜的人。所谓盲目的个人崇拜是所崇拜的对象并不是真正代表真理的个人。如果是真正代表真理的领袖，如马克思、列宁、毛泽东，我们为什么不拜为老师？当然，我们这些杰出的老师，他们也还是有老师的，那就是人民。毛泽东同志说过："只有做群众的学生才能做群众的先生"（《毛泽东选集》八八六页）。马克思、列宁、毛泽东，他们是把群众的智慧集中了。毛泽东同志经常告诉我们要"从群众中来，到群众中去"。他集中了广大人民的智慧，而且还尽可能集中了古今中外的有用的知识，正因为他善学，所以他善想、善说、善做、善教。他是最民主的人民领袖，而同时又是最能循循善诱的人民教师。这样突出的个人是集体主义的结晶，这不是个人突出而是集体突出。集体突出的人物在革命事业中的领导作用，我们是不能因反对"个人崇拜"而加以忽视。当然，我们不是单纯的敬仰，而是学习。学习得好，可能超过老师。我相信毛泽东同志也正是在这样期待着我们的。

然而要学习得好并不是那么容易的事，也并不是困难到不可能。学习毛泽东同志自然要学习他的著作，作为文艺工作者也要很好地学习他的诗词风格。学习诗词，自然须得在文字上锻炼，古人说过"吟妥一个字，拈断几茎须"，看来要做成一个优秀的诗人，似乎要把胡子都扯光的样子。但我相信，毛泽东同志不是那样苦心惨淡去做诗的人，他那么忙，哪儿有那么多的闲时间！然而，他的诗词却做到了前无古人的地步。在这里就透露了一个秘诀，那就是在做诗之前要做人！古代的人也有人知道这一层，所谓"士先器识而后文艺"。诗词文艺是语言文字的艺术，自然不能不经过一些技巧上的锻炼，但不单纯是技巧上的问题。古今中外的诗人多得很，究竟有好几位是特出的呢？凡是特出的，我们可以肯定地说，不仅是他的诗好,而且是他的人好,或者人比诗更好。要学习毛泽东同志,当然就要学习他的为人。

毛泽东同志以身作则地曾经告诉过我们,要我们改变阶级立场。有好些同志认真地实践了,因而有成绩;但有好些同志(包含我在内)并没有认真实践,因而没有成绩,还得认真学习。毛泽东同志的话就在《延安文艺座谈会上的讲话》里面,请让我把它摘录在下边:

> 你要群众了解你,你要和群众打成一片,就得下决心,经过长期的甚至是痛苦的磨练。在这里,我可以说一说我自己感情变化的经验。我是个学生出身的人,在学校养成了一种学生习惯,在一大群肩不能挑手不能提的学生面前做一点劳动的事,比如自己挑行李吧,也觉得不象样子。那时,我觉得世界上干净的人只有知识分子,工人农民总是比较脏的。知识分子的衣服,别人的我可以穿,以为是干净的;工人农民的衣服,我就不愿意穿,以为是脏的。革命了,同工人农民和革命军的战士在一起了,我逐渐熟悉他们,他们也逐渐熟悉了我。这时,只是在这时,我才根本地改变了资产阶级学校所教给我的那种资产阶级的和小资产阶级的感情。这时,拿未曾改造的知识分子和工人农民比较,就觉得知识分子不干净了,最干净的还是工人农民,尽管他们手是黑的,脚上有牛屎,还是比资产阶级和小资产阶级知识分子都干净。这就叫做感情起变化,由一个阶级变到另一个阶级。
>
> ——《毛泽东选集》八七三页

毛泽东同志这种亲身的体验,说得多么深切动人!但可惜这话说了十六年了,我们好些人并没有照着这样学。当然,就在现在也还不迟,还没有"带着花岗岩头脑见上帝",还有尽多的学习时间。在这里我深切地体会到我们目前所进行着的干部下放政策的非常正确和非常重要。由于毛泽东同志经常告诫我们应该下乡去或到工厂去"跑马观花"或者"下马观花",我最近也到张家口专区去"跑马观花"了两个星期，的确是受到了很好的教育。在工农业生产的大跃进的今天，地方上的建设热情，真是热火朝天，正在排山倒海，处处都在进行水利工程，在劈开山岩、抬高河流，使河水上山。处处都在进行中小型的工业建设，边学边干，边建边产，有各种各样的产品在厂子还没建立之前便已经生产出来了。到处都是新鲜事物，到处都是诗，到处都是画，诗画的气韵生动、意想超拔，真是令人深深感动。这儿是一个大洪炉，任何人到这里你都不能不被融化。空气是蓬蓬勃勃、热热轰轰烈烈的，决没有一丝一忽的"冷冷清清、凄凄惨惨戚戚"。然而也没有丝毫的什么急躁，所谓"忙得不得开交"。大家是忙，但忙得有条理、有秩序，一边在筑堤修塘、劈山开渠，一边都在举行歌舞演出、戏剧表演。生产热情高入云霄，劳动歌声也高入云霄。把太阳当着月亮，心境安闲；把月亮当着太阳，勤劳不倦。

> 月下挖泥河，千担万担，
> 扁担儿——月牙弯弯。
> 咕，咕，象飞着一群大雁。

> 朔风呼啸，汗珠满脸，
> 今年多施河泥千斤，
> 明年增产粮食万担。

这是一首新的民歌。

> 东方白，月儿落，
> 车轮滚动地哆嗦。
> 长鞭甩碎空中雾，
> 一车粪肥一车歌。

这又是一首新的民歌。

这些信口唱出的歌词，多么乐观，多么雍容，多么有自信，而又多么和雅、豪迈！李白、杜甫作得出来吗？但丁、莎士比亚作得出来吗？不行，他们生得太早了。这是新时代的新气息，新时代的东风。要找社会主义现实主义的新的作品，我看，就应该在农村里去找，在工厂里去找，在工地里去找。劳动人民的建设社会主义的热情泛滥成为了诗歌的大洪水。文艺作家们要学习。要找课堂，不到这儿来还到什么地方去呢？目前的大跃进时代应该说就是革命的浪漫主义时代，也应该说就是革命的现实主义时代。现实已跑在前头，只等文艺作家们去反映。我到张家口地区去，自然而然地写了几十首诗，最后一首诗的最后一句是："遍地皆诗写不赢"，完全是我的实感。那些诗不是我作的，是劳动人民做在那里，通过我的手和笔写出来的。人与人的关系是多么亲切呀！兄弟没有那样亲切，父子没有那样亲切，夫妇也没有那样亲切，一种新的关系生动活泼地洋溢着，真真正正地使个人心情舒畅。草木鸟兽，山岩矿藏，我想，怕都在感受到新时代的气息。你看，猪肉在见风长，果实在见风长，粮食在见风长，钢铁在见风长，好象都在为实现总路线而作最大的努力，最亲密的团结。

人到了这样的环境，哪能不变？就是"花岗岩头脑"也要变。以前被地主富农压在脚底下的人成了合作社的主任。盲目的少年成了劳动模范，不仅会劳动，而且会拉胡琴。年轻的小姑娘们是生产模范、扫盲积极分子，而且可以登台演晋剧，她们是在生产余暇从老艺人那里学来的。河在上山，地在献宝，只能说，目前的时代是天才的时代！这并不是不可思议，这里人民的生产力大解放，人民发挥了潜在的才能。这样的局面并不是一时性的，而是长久的。天上的太阳有下山的时候，人间的太阳永远没有下山的时候。看来，天上的太阳在比赛中是要落伍了。一首大跃进的民歌在向太阳挑战。

太阳太阳我问你：
敢不敢来比一比？

我们出工老半天，
你睡懒觉迟迟起。

我们摸黑才回来，
你早收工进地里。

太阳太阳我问你：
敢不敢来比一比？

我想，太阳同志怕只好举起双手来笑着说：我投降了！请允许我代替太阳回答一首吧。

同志同志你问得好，
我举起双手投降了。

我因为要朝西方跑，
故有半天你见不到。

西方的情况真糟糕，
不劳动的人光胡闹。

超英，十五年不需要，
同志同志我敢担保。

根据我两个星期跑马观花的经验，我体会到干部下放政策的非常正确，而且已经在发生着很大的效果。我在地方上也看到不少下放的文艺干部和科学技术干部，他们大都已经脱胎换骨，在开始开花结果了。科学技术和生产结合了，不仅使生产提高了，科学技术本身也得到提高。文学艺术也是同样。我们同路下乡去的同志中有好几位画家，他们就从地方上的街头画中得到了灵感，画出了不少有生活气息的东西，而且促进了彼此的团结，培养了集体主义的精神，集体构思、集体作画、集体修改。据他们自己说：这在北京，是办不到的。我自己也有这样的感觉。毛泽东同志曾经说过：在北京呆久了，脑子就空了，一下地方上去，又可以装些东西回来。真是一点也不错。因此，我很羡慕下放的干部同志们，他们获得了彻底变化感情的机会，能够很快地"由一个阶级变到另一个阶级"。他们从这样的土壤里不知道要产生出多少灿烂、丰富多彩的精神生产的成品！

在地方上住的日子短，只能感触到一股革命的浪漫主义的气息，故只能产生些诗歌或短小的作品。诗歌是抒情的，它更喜欢和浪漫主义握手或者拥抱。在地方上住久了，观察更仔细，体会更深入，构思更完整，便可能产生出宏伟的巨作。这就会更多地表现出革命的现实主义的风格。这样的前景是鲜明地摆在我们的面前的。

我的看法是：不管是浪漫主义或者是现实主义，只要是革命的就是好的。革命的浪漫主义，那是以浪漫主义为基调，和现实主义结合了，诗歌可能更多地发挥这种风格。革命的现实主义，那是以现实主义为基调，和浪漫主义结合了，小说可能更多地发挥这种风格。诗歌的形式会发生变革，小说的形式也会发生变革。我相信投入了大洪炉中的同志，总会把一切旧形式融化，而重新铸造出合乎时代要求，人民需要的新形式出来。这是完全可以预言的。

我们可以说，目前还是在准备阶段，灵魂工程师们首先要铸造自己的灵魂，首先要"由一个阶级变到另一个阶级"，要从资产阶级和小资产阶级的知识分子变成为无产阶级的共产主义的知识分子。毛泽东同志说，要"经过长期的甚至是痛苦的磨练"，又说，"要彻底地解决这个问题，非有十年八年的长时间不可"（《毛泽东选集》八七九页）。这是十六年前说的话了，有些朋友当然已经超过了"十年八年"，但在今天才决心锐意改变阶级立场的朋友，是不是可能更跃进一下呢？我看是可能的。全国都在大跃进，不容许你少数知识分子不跃进！古人说"朝闻道，夕死可矣"，今天是"一天可以抵二十年"。因此，十年的痛苦磨炼可以大为缩短，当然，这并不是说：少受些痛苦，少受些磨炼，而是说痛苦得深些、磨炼得狠些，因而使时间省些，问题要看你是不是真正下了决心，在"鼓足干劲、力争上游"，是不是已经懂得了用"多快好省"的方法坚决走社会主义的道路，在党的领导下，贡献自己所有的力量、智慧和生命，来从事建设。"天下无难事，只怕有心人"。

请让我们高举起总路线的红旗,在社会主义现实主义的文艺创作中,为中国文艺和世界文艺,在不太长的时期内,创造出一个新的水平!

1958年6月20日

(原载1958年《红旗》第3期)

《蔡文姬》序

郭沫若

幼时发蒙,读过《三字经》,早就接触到"蔡文姬能辨琴"的故事。没有想到隔了六十多年,我却把蔡文姬戏剧化了。我不想否认,我写这个剧本是把我自己的经验融化了在里面的。

法国作家福楼拜,是有名的小说《波娃丽夫人》的作者,他曾经说:"波娃丽夫人就是我!——是照着我写的。"我也可以照样说一句:"蔡文姬就是我!——是照着我写的。"

但我和福楼拜却又不同。福楼拜说波娃丽夫人就是他,那是说那部小说是照着他的想象写出的。所以他又曾经这样说过:"《波娃丽夫人》没有一点是真的。这完全是一个虚构的故事,其中没有一点关于我的感情的东西,也没有一点关于我的生活的东西。"

《蔡文姬》却恰恰相反,它有一大半是真的。其中有不少关于我的感情的东西,也有不少关于我的生活的东西。不说,想来读者也一定觉察到。在我的生活中,同蔡文姬有过类似的经历,相近的感情。但是这些东西的注入,我是特别注意到时代性的。蔡文姬的时代和今天的时代是完全不同了。我在写作中是尽可能着重了历史的真实性,除掉我自己的经历使我能够体会到蔡文姬的一段生活感情之外,我没有丝毫意识,企图把蔡文姬的时代和现代联系起来。那样就是反历史主义,违背历史真实性了。

当然,人体和猿体总有相似的地方。马克思也说过:"人体解剖对于猿体解剖是一把钥匙"。因此在《蔡文姬》剧本与现代之间,读者或观众可能发生某些联想，是在所难免的。我在时代性的区别上是尽可能采取了客观的态度，我也希望读者或观众也尽可能采取客观的态度。

再有一点我要声明，我写《蔡文姬》的主要目的就是要替曹操翻案。曹操对于我们民族的发展、文化的发展，确实是有过贡献的人。在封建时代，他是一位了不起的历史人物。但以前我们受到宋以来的正统观念的束缚，对于他的评价是太不公平了。特别经过《三国演义》和舞台艺术的形容化，把曹操固定成为了一个奸臣的典型——一个大白脸的大坏蛋。连三岁的小孩子都在痛恨曹操。

我们今天的时代不同了，我们对于曹操应该有一种公平的看法。因此，我写了一篇《替曹操翻案》，这是我在《蔡文姬》中所塑造的曹操形象的基础。尽管在目前对于曹操的看法还有分歧，但我相信那些分歧是会逐渐接近或者消灭的。

从旧有的正统观念来看曹操，那是已经过时了。那样的分歧是不足道的。今天的主要分歧是从新的观点来的，便是对于曹操打过黄巾的看法问题。关于这一层，明白地说，凡是多少有一些新的历史观点的人，谁也没有说过曹操打了黄巾是应该。不同的只是对于打了黄巾之后曹操的一些措施，应当作如何评价。

我们今天研究历史或者评判历史人物，总得根据历史唯物主义，实事求是地来进行。我们不能把今天的标准来衡量曹操，也不能把今天的标准来衡量黄巾农民义军。例如，有人说黄巾义军的政治纲领是"耕者有其田"，俨然在一千七、八百年前，还在封建制度上行阶段的农民，就在进行土地革命了。那是把历史课题提早了一千年。那样的说法是不合历史事实的。

在中国的长期封建统治中，历代农民起义有它本身的历史发展过程。在封建制度的上行阶段，农民起义如陈涉吴广、赤眉、铜马、黄巾、李密、黄巢以及其他，都不曾提出过土地问题。简切地说，他们都是"取而代之"主义者，是学统治者的办法来打统治者的，即是"即以其人之道还治其人之身"。他们受着历史条件的规约，不能超脱出封建时代的意识。到了封建制度的下行阶段，自北宋以后的情况就有所不同了。北宋初年的李顺、王小波，明末的李自成，清代的太平天国，就提出了"均财富"、"均田"、"均产"等号召，而且有的还一时见诸实施。这在事实上是反映了农民的平均主义，然而由于无产阶级还没有登上舞台，这些号召结果只是空头支票，即是一时兑现也没可能维持长远。孙中山的"平均地权"和"耕者有其田"，也只是停止在号召的阶段而已。中国历代的农民起义有它一定的历史发展过程，我们应该明确地掌握，然后才能对历史事实和历史人物给予正确的评价。要这样从全面发展上有分析地来看问题，才能合乎历史唯物主义的方法。不然是会走到它的反面的。

东汉末年的义军领袖们，很多人一起兵就称帝称王，并没有提出过"均产"、"均田"之类的政治纲领，象北宋以后的历次农民起义那样。他们的起义目的，看来只是要保证当时可能有的物质生活，要如曹操《对酒》一诗所歌咏的那样，"对酒歌，太平时，王者贤且明"，即是要以新的真命天子来代替旧的假命天子，使百姓能够安居乐业。所谓"苍天已死，黄天当立，岁在甲子，天下大吉"，正宜作这样解释。

人是可以转变的。曹操尽管打过了黄巾义军，不能否认他也受到农民起义的影响，逼着他不能不走上比较为人民谋利益的道路。曹操在《述志令》中叙述过他的主观愿望，说他曾经想做一个隐居的学者，后来又想立功封侯，做征西将军，而结果却为时势所迫，做到锄豪强，抑兼并，身为宰相，贵极人臣，成就了统一中国北部的霸业。这就表明客观条件逼着他在不断改变。他又曾经说："设使国家无有孤，不知当几人称帝，几人称王。"然而他到后来毕竟还是称了王，而让他的儿子曹丕称了帝。曹丕称帝后建元"黄初"，这当然有五行说的含义，和谯县出现过所谓黄龙有关，但和"黄天当立"不也有一脉相通的气息吗？

我是肯定曹操的功绩的。他使汉末崩溃了的社会逐步安定了下来，使黄河流域的生产秩序得到恢复和发展，使流离失所的人民得到安居乐业。特别值得注意的是"青州兵"在曹操率领下转战了二十七、八年，打了不少次的硬战，但等曹操一死（建安二十五年），他们以为天下会大乱，都击鼓整队离去，经过慰抚，大都是回魏归了队。这一史实不是很鲜明地表示着：曹操生前对青州兵的宽厚和青州兵对曹操个人的悦服吗？总之，曹操对当时的人民是有过贡献的，对民族的发展和民族文化的发展也是有过贡献的。除在郡国广泛开立屯田之外，在他的统治下还兴修了好些水利，不仅有利于当时，而且有利于后代。在文学方面的贡献，就是痛恨曹操的人也无法否定。人民是最公正的。凡是有功于人民的人，人民是会纪念他的。谯县旧有魏武帝庙，就在北宋，也还受着民间和王室的崇敬。这些，在讨论中，有不少的朋友已经说得很详细，我就不准备再多说了。

其实曹操的为人，他的才、学、识，他的生活态度，作为一千七、八百年前的人来看，已经就够出人头地了。例如，他曾经和工匠一道打刀，在当时是被人讥笑过的，在今天也有人认为无足重轻，据说和古代帝王亲耕籍田一样，是一种形式。我看不能那样看问题。曹操和工匠一道打刀，是为想起兵打董卓，他当时还是一个在逃的将校，怎么能够和亲耕籍田相比呢？如果是一种仪式，那别人也就不会讥诮他了。其实在一千七、八百年前的知识分子就能够做到这一点，是值得重视的事。请想想看吧，我们今天有些知识分子，就在一年七、八个月以前，不是都还在轻视体力劳动，看不起劳动人民吗？

历史上从来没有过一个十全十美的人。我虽然肯定了曹操的功绩，但并没有否定曹操的罪过。我不仅说过打过黄巾义军是曹操生活中最不光彩的一页，不仅说过他的缺点很不少，还在剧本里面通过他判处董祀死罪的情节，把曹操由于偏信几乎错杀了好人形象化了。剧中的情节虽然是出于我的想象，但曹操由于性急，有时误杀过好人，确是千真万确的事实。

过分美化曹操，和曹操同时代的人倒有过这个倾向。例如，他的儿子曹植的《七启》，那最后一启就在歌颂他的父亲。我不妨把那节文字摘录一些在下边，以供读者参考：

"世有圣宰，翼帝霸世。同量乾坤，等曜日月。玄化参神，与灵合契。惠泽播于黎苗，威灵振乎无外。超隆平于殷周，踵羲皇而齐泰。显朝维清，王道遐均。民望如草，我泽如春。河滨无洗耳之士，乔岳无巢居之民。"

又如《魏德论》中称颂曹操的几句是这样：

"武皇之兴也，以道陵残，义气风发。神戈退指则妖氛顺制，灵旗一举则朝阳播越。"

还有《武帝诔》，说曹操"九德光备，万国作师"；"怒过雷霆，喜逾春日"。又说"群杰扇动，我王服之；喁喁黎庶，我王育之"；还说他死了都还"下君百灵"。

这些歌功颂德的文字简直把曹操说得来天上有、地下无。特别是"同量乾坤，等曜日月"，"民望如草，我泽如春"等句，是值得欣赏的辞藻，但也似乎特别夸大。但是，我们根据这些，却可以看出建安时代的人对于曹操的一种看法。曹植是曹操的儿子，他要歌颂父亲，当然不足为奇。但如雄据汉中三十年的张鲁是被曹操打败了的人，他也竟说"宁为魏公奴，不为刘备上客"。这不表明着：曹操在当时的确是颇得人心的吗？

蔡文姬归汉后究竟做了些什么工作，除掉《后汉书》的本传中说她凭记忆记录出了她父亲蔡邕的作品四百余篇之外，别无资料可考。四百余篇的内容到底是些什么，也是一个无法解答的疑问。在剧本中，我说曹操要她帮助撰修《续汉书》，这虽然也是出于虚构，而在我却是有所依据的。

《后汉书》的撰述，除现传范晔的著作外，有谢承的《后汉书》，薛莹的《后汉书》，二书均已失传。谢和薛都是吴人，与蔡文姬自然无关。晋人司马彪有《续汉书》，虽也同样失传，但据古籍所载，其《礼仪志》、《天文志》都采取了蔡邕的著作。蔡邕曾续撰《前汉书》十志，在他的文集中还保存有《上汉书十志疏》，可以为证。这些著作，由于流离散失，可能是包含在蔡文姬所追录的四百余篇的遗文中的。因此，我在剧本中说蔡文姬"在《续汉书》的撰述上提供了很宝贵的材料"，并不完全是无稽之谈。

剧本的初稿是二月初旬在广州写出的。二月三日动笔，九日写完，费了七天工夫。但其后在上海，在济南，在北京，都修改过多少次。特别在最近，为了适应演出上的方便，还作了相当大的压缩。我感谢北京人民艺术剧院的同志们和广州、上海、济南的同志们给了我很大的鼓舞和帮助。我感谢各地的同志们对我提出了很多宝贵的意见。我感谢王戎笙同志，他的《谈〈蔡文姬〉中曹操形象的真实性》一文对于剧本是比较详细的注释，我征得了他的同意，收入了本书。我相信这对于读者是会有所帮助的。

我感谢文物出版社的同志们，他们本来打算把明人的《胡笳十八拍》画卷单独出版，由于知道我写了剧本，中途改变了计划，愿把画卷和剧本一道印出，并还把宋人陈居中的《文姬归汉图》作为封面。这真使我的剧本增光不少了。

有关蔡文姬的史料，为了读者的方便，我尽可能地收集了起来作为附录。骚体的一首《悲愤诗》，在我看来是假托的，即使假托于魏晋文人，仍不失为重要的史料。

同被收录的几篇文章中，如《谈蔡文姬的〈胡笳十八拍〉》，如《替曹操翻案》，都和在报刊上发表时略有删改。特别是《替曹操翻案》中有一处我把史事弄混淆了。那就是把建安十八年（公元213年）庐江一带的农民因怕迁徙而集体渡江东逃一事，和《魏志·袁涣传》"新开屯田，民不乐，多逃亡"一事等同了起来，那确是错误。新开屯田是在建安初年，两者不能混为一谈，好几位朋友在讨论中都指责到这一点，我要向他们表示感谢。这个错误，我在文章中已经把它改正了，这是应该声明的。

因此，这部《蔡文姬》应该说是一部集体创作。当然，其中一定还有不少不妥当的地方，那当得由我个人负责。我诚恳地请求同志们、朋友们予以严厉的批评。

1959年5月1日

（选自1959年文物出版社版《蔡文姬》）

郭沫若同志答青年问

《文学知识》编者按：去年（指1958年11月27日，北京师范学院六位同学访问了郭沫若同志，向他提出了有关现代文学史和他本人文学活动的几个问题。现在我们就郭沫若同志谈话内容的一部分，请戎笙同志整理后发表在下面。

一　你是怎样走上文学活动的道路的？

我原来是看不起文学的，觉得它不能救国救民。那时的抱负是实业救国，想学理工。但因为中学时代数学底子很差，看样子学理工是不成了。政法我是根本不想学的，觉得那是培养官僚政客的，我很讨厌它。后来我决定学医，这也是从"实业救国""富国强兵"的思想出发的。学医终竟没有学成功，虽然大学毕了业，得了医学士学位，但我没行过医。本来对于医学还是很感兴趣的，但学到后两年临床课程的时候，由于听觉不灵，不能掌握听诊的微妙的基本医术，学医的兴趣便逐渐淡薄起来，对学医的前途感到暗淡茫然。另一方面文学的兴趣越来越浓。先生在台上讲课，我便在台下看小说。有时灵感一来，我便动笔写诗。《凤凰涅槃》的前半部就是在上解剖学课的时候写的，后半部是就寝前伏在床头上写的。

五四运动前后，开始了我的初期的文学活动，因为在日本受资产阶级教育，与日本资产阶级文化一接触，便开始用新诗形式进行写作。我写新诗比胡适等人要早。在1918年就开始了，《死的诱惑》,《新月与白云》,《离别》等几首新诗,就是那个时期写的。这些诗后来在《学灯》上发表了,这给我很大的鼓舞,在1919年与1920年之交,便成为我的诗的创作爆发期,差不多每天都陶醉在诗里面。那个时候每当诗的灵感袭来,就象发疟疾一样时冷时热,激动得手都颤抖,有时抖得连字也写不下去。那种灵感的强烈冲动,以后就很少有了。我就这样地逐渐走上文学活动的道路。最初写诗,以后搞戏剧、小说。写剧本多是历史题材,想象的成份多,但是站在现实主义的立场上来想象的。

二　在你较后一些作品中,如诗集《恢复》、《前茅》,你比较喜欢哪一部?

就我自己来说,比较地喜欢《恢复》。《前茅》比较空一些。《前茅》是转向时候的东西,是唱黑头的,有些粗暴的喊叫。《恢复》是在大革命失败之后,在白色恐怖下写的。

三　你的思想发展过程怎样?你是怎样成为一个马克思主义者的?

这个问题说来话长,这里只能作些简略的叙述。我在年青时候,是一个爱国主义者,倾向于实业救国。那时对宇宙人生问题搞不通,曾有一个时期相信过泛神论。因为喜欢泰戈尔,又喜欢歌德,便在哲学思想上和泛神论接近起来;或者说是由于我有些泛神论的倾向,所以才特别喜欢有那些思想倾向的诗人。在我的初期作品中,泛神论的思想是浓厚的。比如在《凤凰涅槃》中有这样的句子:"火便是你,火便是我,火便是他,火便是火。"不过那种思想,受到新的革命潮流的影响,已经开始变化了。十月革命对我是有影响的——虽然没有见到太阳,但对太阳的热和光已经感受到了。

始终还是一个爱国主义者。五四以前,看不起文学,后来认识到文学对革命还是能起鼓舞推动作用的,就想通过文学使中国起变化,想用诗歌唤醒睡狮。所以有一个时期,差不多把力量全放在文学上。

我在大学时，中途曾休学一次，回到上海搞创造社。当时的上海，好象沙漠一样。眼看到中国步步向半殖民地半封建道路上走，帝国主义日益嚣张，国内解放运动已经起来了。受这三方面的影响，于是思想开始感到烦闷："文学搞不通，不能达到我所想象的目的。"在党的影响下，我决定走另一条道路。

1924年《创造周报》决定停下来，我就跑到日本去了。到日本，我翻译了河上肇的《社会组织与社会革命》。河上肇是当时日本有名的马克思主义经济学者。在翻译中，一方面学习了一些马克思主义理论；另一方面，对河上肇也感到不满足了。因为他没有从无产阶级革命运动出发，只强调社会变革在经济一方面的物质条件，而忽略了政治方面的问题。翻译这书对我当时的思想是有帮助的，使我前期的糊涂思想澄清了，从此我初步转向马克思主义方面来。

我跑到日本去介绍马克思主义的书籍，找到了一把钥匙，以后思想就有了一个大转变，写作上，生活上都有了一个方向。宇宙观，比较认识清了；泛神论，睡觉去了。从此，我逐步成为了马克思主义者，以后参加了大革命。

四 请你谈谈你前期的文学主张

因为资产阶级教育的影响，所以我早期主张解放个性。这是和爱国主义有联系的。思想上追求个性发展，要求打破一切束缚，粉碎枷锁。在文学方面，主张破除固有的形式，建立新形式。这种主张适合了时代的要求，即反封建的要求。我的思想一方面是受资产阶级德谟克拉西的影响，另一方面也是受十月革命的影响，受马克思主义的影响。这二者和反封建的思想很容易统一起来。在那个时候，大胆地想，大胆地写，要推翻一切，要烧掉一切，甚至连自己都要一同烧毁。这和当时的时代精神是合拍的，对当时的青年一定会发生作用的。因为那时候是狂风暴雨式的时代，青年人对狂风式，摧枯拉朽的文字是比较欢迎的。

随着思想的发展，我的文学主张也发生了变化。1925年，五卅运动发生，我在上海参加了社会活动，到各处演讲。《革命与文学》就是那个时候的一篇演说。《文艺家的觉悟》也是那时写的一篇文字。我对革命文学的定义是："表同情于无产阶级的社会主义的写实主义"，"在形式上是写实主义的，在内容上是社会主义的"。我那时有个野心，想要建立革命文学理论。以前是"文学革命"，现在是"革命文学"，后期创造社把"革命文学"称之为"普罗文学"。不久我参加大革命，便和文艺差不多脱离关系了。

五　对创造社应该如何评价？

创造社分前期和后期。

创造社的前期，以成仿吾、郁达夫、我和张资平为主脑。创造社开始酝酿在五四前后，正式形成是1921年。当时成仿吾在东京大学兵科学习，我学医已经不耐烦了，1921年4月1日，大学还没毕业，我和他一起回国。就在那年成立了创造社。1922年5月1日，出版《创造季刊》第一期。1923年又回到上海，5月1日出版《创造周报》。不久又出了《创造日》。《创造周报》出了一年，《创造日》出了一百天。这些东西对当时的青年是有相当大的影响的。

五四运动之后，一般青年反帝反封建情绪很高。前期创造社的人所写的东西，反帝反封建的思想很浓厚。他们都是在日本受气回来的，脑子里总是想着：中国怎样才能强盛起来？对外国帝国主义很仇恨。因此，创造社得到一般青年的共鸣。不过创造社当时并没有明确的思想，只是空空洞洞的反帝反封建，对马克思主义只是空空洞洞地崇拜。马克思主义是怎样一种内容，并不甚了解。日本人在当时把布尔什维克叫做"过激派"。但我当时却想作无产者、想当个共产主义者，这种思想表现在1921年写的《女神》:《序诗》中。我认为马克思、列宁是了不起的人物，但对马列主义的具体的内容，却很茫然。我当时是要求个性发展，要求自由，这是符合民主革命的要求的。我的思想一方面是受资产阶级民主主义的影响，一方面是受苏联无产阶级革命思想的影响。

前期创造社鼓舞青年的爱国情绪，起了点火的作用。胡适、陈独秀只是空洞地喊"文学革命"的口号，创造社把新的作品拿出来了，为"文学革命"之佐证。鲁迅当然是开山祖师,创造社是生力军,是"异军苍头突起"。鲁迅当年是孤军作战,我们从国外回来,在文学战线上添了一批人马。

创造社前期和后期都起过相当大的作用,但后期的同志们犯了一些错误。他们从国外回来,对国内情况不够了解,把内部矛盾看成主要的,骂鲁迅,骂蒋光慈。

前期创造社是混混沌沌的思想,后期创造社把鲜明的马克思主义旗帜打起来了,但是不懂策略。后期创造社的功劳还是不小的,鲁迅说"创造社逼迫我读了几本马列主义书籍。"

六 "左联"是怎样成立的?

"左联"是在1929年酝酿,1930年正式成立的。那时我在日本。创造社、太阳社、语丝社,在党的领导下,为了消除内部矛盾,结束互相间的争吵,就成立了"左联"。

1929年酝酿成立的时候,我是知道的。当时创造社的阳翰笙、李一氓(党员)跟我联系。彭康、朱镜我、李初梨、冯乃超四位是创造社后期的马克思主义者。太阳社有钱杏村、蒋光慈。语丝社有鲁迅,鲁迅和瞿秋白很好。三方面都受党的领导,在党的领导下,自然就统一起来了。

最初没有党的领导的时候,成"鼎足三国",争吵起来啦。

1927年大革命失败后,我回到上海,当时创造社在青年中是有影响的,我打算和鲁迅共同恢复《创造周报》影响青年。蒋光慈也同意了。通过郑伯奇、蒋光慈向鲁迅先生讲,鲁迅也很高兴和创造社一道联合作战(见《两地书》)。当时还登过广告呢。1927年冬天,上海《时事新报》有一则恢复《创造周报》启事,第一名是鲁迅,第二名是麦克昂(我的化名),第三名是蒋光慈。创造社后期,彭康、朱镜我、李初梨、冯乃超等在日本,受了福本和夫的影响,学习了辩证唯物主义。他们商量以创造社为基础,举起鲜明的马克思主义旗帜。当时正是白色恐怖时代,为了更好地工作,我主张隐蔽一些。成仿吾和后期的几位同志都不赞成我的看法,我没有坚持。不久,我出国了,他们结果把鲁迅、蒋光慈也当成批评的对象了。内部发生了矛盾，这是一个小曲折。1929年2月7日，创造社被国民党封闭了，也可以说结束了它的推动革命文学运动的初期的任务。

（戎笙　整理）

（原载1959年《文学知识》5月号）

我怎样写《武则天》

郭沫若

一

为了写《武则天》，我看了不少关于武则天的材料。《旧唐书》、《新唐书》、《资治通鉴》、《全唐诗》、《唐文粹》、《唐诗纪事》等书中，凡有关武则天的记载和她自己的著作，我大抵查看过了。

近人的研究和剧作，我也尽可能找来看过。拿剧本来说，有宋之的的话剧剧本《武则天》和上海越剧团的越剧剧本《则天皇帝》。

宋之的的剧本，在1937年抗日战争初期，我在上海看过演出，但印象很模糊了。最近我在开始写作时，特别把宋剧找出来读了一遍。作者是想替武则天翻案，但他却从男女关系上去翻，并明显地受了英国奥斯卡·王尔德的《沙乐美》的影响，让武则天以女性来玩弄男性。这，似乎是在翻倒案了。

以前的人爱说武后淫荡，其实是不可尽信的。薛怀义被委任为白马寺主，在垂拱元年（公元685年），于时武后已六十二岁。张昌宗、张易之被优遇，在圣历二年（公元699年），时武后已七十六岁。武后管教子女相当严，她的外侄贺兰敏之，韩国夫人的儿子，在男女关系上胡作非为，她索性把他杀了。如果到了六七十岁她自己还在逾闲荡检，她怎么来管教她的子侄，怎么来驾驭她的臣下呢？

越剧剧本避开了这一方面是正当的。越剧我不曾看过演出，我只看过剧本。在剧情结构和人物塑造上，越剧仍多少受了些宋剧的影响。两种剧本都从武后在感业寺为尼时写起，一直写到晚年。这种传记式的写法是难于写好的。两种剧本的剧情和人物多出虚构，并都把武后写成为一个失败者。这是违背历史事实的。

关于违背历史事实这一点，宋之的在他的剧本序文中早就承认了。他说："因为所依据的史料有限，也仅仅凭着自己的见解，给那中外倾注的怪杰，做了一个不尽忠实的描绘。"

越剧在描绘上虽然避开了男女关系，但同样没有根据更多的史料而仅凭主观的见解。如写上官婉儿行刺，写武后亲征徐敬业，在途中亲自审案，替农妇伸冤，写武后想传位给狄仁杰而遭到拒绝，自认为失败者。这些都是缺乏真实性的。

二

我的写法有所不同。我是把徐敬业的叛变作为中心，围绕着这个中心事件来组织了我所选择的事件和人物。我把地点局限在洛阳，把时间局限在由调露元年（公元679年）至光宅元年（公元684年）的六年间。我尽可能追求着人、地、时的三统一。

我虽然以徐敬业叛变作为剧情的中心，但徐敬业本人没有出场。我没有把舞台移到扬州去。根据唐代张文成的《朝野佥载》中所载的一段故事，徐敬业通过骆宾王去串通裴炎共同谋反（见本书附录二：《重要资料十四则》，第十二则），因而我把裴炎和骆宾王作为了主要的反面人物。

这一段故事，司马光在《资治通鉴考异》里是加以否认的。他认为是构陷者的捏造。我的看法却相反。裴炎为人实际上并不光明磊落。他嫉妒裴行俭的功劳、偏袒程务挺等、背信杀降一事，便是明证。

裴行俭以唐高宗开耀元年（公元681年）为定襄道大总管，将兵讨伐突厥可汗阿史那·伏念。伏念屡败，后为副总管刘敬同、程务挺等所追蹑，遂从间道向裴行俭请降。裴行俭已经许可了伏念，不加杀害。裴炎想归功于程务挺等，便说伏念是"穷窘而降"，把他杀掉了。裴行俭因此称疾不出。第二年，十姓突厥反，裴行俭再奉命为金牙道大总管,帅兵往讨,但在未出师之前便病死了。十姓突厥的叛变和裴行俭的生病而至于死,看来都和裴炎背信杀降有关。故《旧唐书·裴炎传》斥裴炎"妒功害能",《新唐书·裴炎传》也称"议者恨其媚克"。

但裴炎并不是没有本领的。他是高宗逝世时的顾命大臣,在武后辅政期间由黄门侍郎做到中书令,足见他是把武后也蒙蔽着了。武后曾说他"倔强难制",可见他们之间的斗争是有历史性的。在我看来,他们之间的斗争,乃至长孙无忌和上官仪等同武后之间的斗争,不单纯是政权的争夺,而是在思想上有它的根源。

三

武后有好些特出的政治措施,我在剧本里,差不多都提到了。但为方便起见,有的我把年代提前了一些。例如,她大开告密之门,让农民和樵夫都能够到京师面见皇帝控诉,沿途受到五品官待遇,不受阻挠。又例如,她不拘资历,不问门第,锐意选拔人才;任何人都可以推荐人,自己也可以推荐自己,经过考试,有才者超级录用,不合格者立即罢免。这些措施成为制度虽然比较晚些,但武后早就在这样施行是可以理解的。

武后在生产上重视农桑,在她执掌政权的五十多年间,她使天下富庶了。在唐高宗永徽三年(公元652年),是唐太宗死后的第三年,中国只有三百八十万户,而到武后神龙元年(公元705年)已经达到六百一十五万户。可以看出武后末年的中国户口比起唐太宗末年来,差不多增加了一倍。

事实上武后统治时代是唐朝的极盛时代,不仅海内富庶,政权的范围更远远达到了波斯湾。她把唐太宗的"贞观之治"发展了,并为唐玄宗的所谓"开元盛世"奠定了坚实的基础。开元时代的一些大臣宰相、文士学士大抵是武后时代所培养出来的人物。

在武后统治的五十多年间不曾有过大规模的农民起义,是值得注意的。徐敬业在扬州叛乱,其性质在夺取政权。他反对武后比较开明的政治措施,因而是反动的,没有得到人民的支持。诗人陈子昂曾经说过:"扬州构逆,殆有五旬,而海内晏然,纤尘不动。"(见《资治通鉴》垂拱二年）这可证明，武后的政权确实是得到人民拥护的。她以一个女性的统治者，一辈子都在和豪门贵族作斗争，如果没有得到人民的拥护，她便不能取得胜利，她的政权是不能巩固的。

上元元年（公元674年），武后建言的十二事，见《新唐书·后妃列传》。这是武后初年的重要的政治主张，我在这里不妨把原文照录在下面。

一，劝农桑，薄赋徭。
二，给复三辅地。（使京畿地区免除徭赋。）
三，息兵，以道德化天下。
四，南、北、中、尚禁浮巧。（"尚"殆指御用，如尚方、尚书、尚衣、尚食之尚）。
五，省功费、力役。
六，广言路。
七，杜谗口。
八，王公以降皆习《老子》。（因李唐崇尚道教。）
九，父在，为母服齐衰三年。
十，上元前勋官已给告身者，无追核。（"告身"犹今委任状。）
十一，京官八品以上，益禀入。（增加薪水。）
十二，百官任事久，材高位下者，得进阶申滞。

这十二建言是相当开明，而且大都已见诸施行。看来武后政权之所以得到下层拥护，不是偶然的。

但在这里有一个关键性的问题，便是武后对于均田制的态度是怎样？唐初是实行着均田制的，丁男年满十八岁，国家授田一百亩，十分之二为永业田，十分之八为口分田。老病残废者授田四十亩，寡妻寡妾授田三十亩，老病残废和寡妻寡妾而当家作主者增田二十亩，五分之二为永业田，五分之三为口分田。永业田可以传之子孙，并可以买卖。口分田受田者身死后由国家收回，再授予别人；口分田得到一定的许可也可以买卖。

这种制度，在地广人稀的时候，并得到国家保护，是可以行得通的。但人口一增加了,而且有可以买卖的一个缺口,其结果是必然遭到破坏的。唐代在武则天以后已经有兼并的迹象出现,在开元天宝以后均田制便完全废除了。

武后的政权既是获得人心的,她自己也说过她"知爱百姓而不知爱身"。由她的用人行政上看来,可以得出一个合乎逻辑的推断:她是维护均田制的!只有这样才能说明她的政权的巩固性和她在一生中所进行的对于上层权势集团的打击意义。她的政权,看来是倾向于抑制兼并,保护人民的生命财产的。要想达到这个目的就必须禁止田地的买卖。遗憾的是从史料中找不出武后保护均田制的明令,但也找不出相反的证据。我揣想,可能是由于站在反对武后立场的史官们把它埋灭了。最可惜的是武后《垂拱集》百卷和《金轮集》十卷,都已经失传;拥护她的上官婉儿的文集二十卷也失传了。武后诗在《全唐诗》中还存在着四十六首,有《石淙》一首,中有句云"均露均霜标胜壤,交风交雨列皇义",或许可以作为她的对于均田制的歌颂吧。

四

武后是封建王朝的皇后,而且还做过皇帝,要说她完全站在人民的立场,当然是不合理的。但她是出身寒微的一位女性,这就足以使她能够比较体念民间的疾苦,同情人民。她同情人民,故人民也同情她。有唐一代对于她的评价尽管有人也有些微辞,但基本上是肯定她的业绩的。

武后生于四川广元县,唐代初年的利州。五年前(1955年)在广元县出土了一通碑,碑面刻着《利州都督府皇泽寺唐则天皇后武氏新庙记》,是五代末年后蜀孟昶广政二十二年(公元959年)刻石的。记文说武后死而为神,非常灵验。碑阴还有大量文字,是地方当事人刻的帐目,称武后为"则天圣后"均抬头顶格,可见广元人民对武后的爱戴。武后死去虽已二百五十九年,而在广元人民心目中,犹然神圣视之,"管境所依,祷祈必验"。这和后世史家们的评价是大有距离的。

武后是受过唐太宗熏陶的人,她在唐朝的治绩,事实上可以和"贞观之治"比美,甚至有所发展。她有同情人民的思想,故她的政治措施有所依据。她明敏果断，发挥了不少独创的作风。她早年比较朴素，不爱奢侈。中年捐助脂粉钱二万贯，在洛阳龙门，修造大奉先寺石窟，唐代的一部分伟大艺术作品因她而留存至今。去年（1959年）我曾经到龙门去游览，我之想写这个剧本，实际上是受胎于此。

武后爱好文艺，具有比较优异的情操。例如，她读到骆宾王讨伐她的檄文时只是"嘻笑"，并且还说有这样的人才不用是宰相之过。这是难能可贵的。

武后颇具有不自私的精神。她曾经征求王方庆家所藏的王羲之以来的真迹，王方庆献纳了，而她令人摹勒后，却把原物重新装饰，归还主人。这比起唐太宗来便迥然不同了。唐太宗也曾经向王方庆家征求过墨宝，而全部干没了。唐太宗喜欢王羲之的书法，还作过广泛的搜罗，而在他死后都一同带进了坟墓。

我根据尽可能占有的史料和心理分析，塑造了武则天的形象。我在剧本中使她同情一些弱小人物，如象上官婉儿、赵道生和伪太子贤江七。骆宾王出身寒微，虽然犯了罪，她也宽恕了他。而对于有权势、有地位的人则恰恰相反。如裴炎、程务挺（未出场）等，她是毫不假借的。甚至对于亲生的儿子太子贤，她也不为感情所左右。当然，有许多情节是出于我的想象。我所写的武则天只写了她六十岁前后的六年，可以说是她最成熟的时代。但她并不是没有缺点的人，特别在她晚年，她的缺点很难掩盖。她利用佛教，干了好些过分奢侈浮夸的事。如象"命僧怀义作夹纻大象，其小指犹容数十人"（《资治通鉴》天册万岁元年），后来被火烧掉了。又如"天枢"、"通天宫"、"九鼎"之类的铸造，实在是劳民伤财。拿"九鼎"来说，"豫州鼎高丈八尺，受千八百石。余州鼎高丈四尺，受千二百石。各图山川物产于其上，共用铜五十六万七百余斤（《资治通鉴》神功元年）。要说这是封建文化的豪华版也未尝不可以。但这和她辅佐高宗时代"常著七破间裙"而建言"禁止浮华淫巧"，是大有径庭的。

五

考虑到在舞台上表演武后时应该是怎样一种面型，也考虑到历史博物馆如何画出武后的像来陈列，武后的相貌如何也值得作一些探索的。

武后的相貌端丽是不成问题的。不然，唐太宗不会喜欢她，唐高宗也不会喜欢她。唐人所喜欢的女性比较丰满，这从唐代的壁画、雕塑中都可以看出。因此，武后的相貌也应该是丰满的。史称武后之女"太平公主方额广颐，多权略，太后以为类己"（《资治通鉴》天授元年）。"多权略"是在精神上的相类，"方额广颐"是在面貌上的相类。"方额广颐"正是唐人所好尚的美人型。

新旧《唐书·袁天纲传》言：武后在幼小时，天纲曾为之相面，称其相为"龙睛凤颈"。这可能是相士间的一种术语。"龙睛"或许是目大而有神，"凤颈"或许是颈柔而丰满。

又《资治通鉴》圣历二年（公元699年）言"太后生重眉，成八字"。当时武后已经七十六岁了。一个人不可能生出两重眉毛，所谓"重眉"大概是所谓寿眉。看样子，武后的眉型是八字眉，她的眉梢是向下而不是向上。

在这里有一幅古画值得注意。那便是宋《宣和画谱》所著录的张萱《唐后行从图五》。估计是五曲屏风，仅存一曲或一曲半，但图中主要人是保留着的。

所谓《唐后行从图》这名称是宋人命名的，张萱是唐开元年间的人，他不会使用"唐后"这样的称谓。

原图着色，据曾目击者云上有金章宗"明昌御览"的印鉴。可见金人破汴京后，这画也在被虏获中。清人安歧《墨缘汇观》有著录，前上海美术专科学校出版的《中国历代名画大观》（1944年）和郑振铎编《韫辉斋藏唐宋以来名画集》中有珂罗版影印，可惜比例太缩小，模糊而无色。

原画已流出海外，但故宫博物院藏有近人俞明的摹本，署"己未长夏"，是1919年摹的。所谓"唐后"被二十八人簇拥着，其中有少数人是宦官，多数是宫娥。宫娥均著男装而有耳环。有一站岗的卫士不属于"行从"中，手执长殳。长一身有半，殳头恰如高尔夫球棒的棒头。

所谓"唐后"是中年以上的人，不可能是杨贵妃，也不可能是韦庶人。韦后谋杀了唐中宗，唐玄宗起兵把她杀了，废为庶人，张萱在开元年间不会再画她。从画中的气派上看来，无疑是已经做了皇帝的武后。

相貌的确是"方额广颐"，颈长而丰满，或许就是所谓"凤颈"，但眉不呈八字，而是竖立的，相当浓，看来是原眉剃了，画上去的。这是唐人的习惯。

所谓"唐后"既和史籍上所载武后面貌可相印证，而更可互证的是明刻本所绘的武则天像。我所见到的有《历代古人像赞》（明弘治十一年（1498年）刻）、《君臣图鉴》和《三才图绘》等书。前一种是侧面，后二种是正面，基本上是以张萱的"唐后"为蓝本而有所增损。

有正书局影印的《历代帝后像》中有武则天像，据云系根据绢画复制。面貌瘦削而窈窕，著冕旒，是毫无根据的臆画。

张萱所画的"唐后"，可以推定就是武后。张萱既是开元年间的人，他可能亲眼看见过武后，至少武后的画像是看见过的，因此他所画的像有充分的根据。我建议在历史博物馆中或者历史著述中要用武后像时，就用张萱所画或者以它为蓝本而重画。舞台上要表演武后时当然也有所根据了。

六

上官婉儿这个历史人物我在剧本中所处理的只是她十四岁到十九岁的六年间，但她在唐代的宫廷里面活动得相当久，她是武后在文笔上的助手，后来被唐中宗封为昭容（是第六位的妃嫔），又成为唐中宗和韦后的助手，但她并不是党同韦后的。唐中宗为韦后所毒死，李隆基（后为唐玄宗）起兵诛除韦后及其党羽，拥立了自己的父亲相王轮（是为睿宗）。李隆基拥兵入宫时，上官婉儿自以为无罪，还亲自掌灯下阶迎接，然为李隆基拔剑斩杀于阶下。上官婉儿死时年仅四十四岁。

上官婉儿之死是很可惜而且冤枉的。后来唐玄宗即位，大概也感觉到自己错杀了好人，命人收集上官婉儿的诗文编为文集二十卷，并命中书令燕国公张说（悦）作序。文集可惜失传了，张说序却被保留在《唐文粹》第九十一卷里，对上官婉儿是称颂备至的。说她"开卷海纳，宛若前闻；摇笔云飞，咸同宿构"。说她"两朝专美，一日万机；顾问不遗，应接如响"。说她"独使温柔之教渐于生人，风推之声流于来叶"。张说是和上官婉儿同时的人，而且上官婉儿是被唐玄宗亲手杀掉的，这些称颂应该不是过誉。

上官婉儿受了武后的熏陶，对于唐代文化的高涨大有贡献，这是盛唐时代人一般的公认。武后在她十四岁时发现了她，并不顾私仇而重用了她，正足见武后确实是用人唯才。上官婉儿由仇视武后转而为拥护武后，剧中所述虽然是出于我的想象，但无疑她是有过这样的心理转换过程的。

七

骆宾王，作为反面人物来处理，我并没有冤枉他。他的确是文人无行。《旧唐书》本传说他"落魄无行，好与博徒游"。他做长安主簿时，又因为受贿而遭到谪贬，并且还坐过牢。他终生沦落在下僚，因而有怀才不遇之感，而总想飞黄腾达。但他也并不是没有机会，例如我在剧本中提到的，高宗仪凤二年（公元677年），裴行俭奉命出使波斯，册立波斯王泥涅师师时，便曾经调用他为行军主簿，而他却以母老为辞，谢绝了。事实是他畏难苟安，没有胆量去。裴行俭那一次去是立了大功的，可惜没有骆宾王的份。裴行俭曾经批评过骆宾王和当时的一些有名文人，说"士之致远，当先器识而后才艺"。那批评是有根据的。

骆宾王是唐初四杰之一。郗云卿《骆宾王文集》序云："与卢照邻、杨炯、王勃文词齐名，海内称焉，号为四杰。亦云卢骆杨王四才子。"看来四杰的次第似有三种：（一）骆卢杨王，（二）卢骆杨王，（三）王杨卢骆。第三种似较普遍，杜甫诗有"王杨卢骆当时体"句。对于这样的次第，杨炯是不心服的，他曾经说过："愧在卢前，耻居王后"。骆在四人之中，年事最长，诗文也最出色，我觉得称为"骆卢杨王"恐怕是比较公允的。

《骆宾王文集》凡十卷，是郗云卿奉唐中宗之命搜集的，我想这一定是上官婉儿的主张。因为中宗时代的措施，大抵出于上官昭容的发纵指使。骆的五言诗做得很好。讨武后的檄文更是脍炙人口。檄文的笔调铿锵，但不是站在人民的立场说话，而是赤裸裸的争夺政权，对于武后的责骂多无根据，实在没有思想内容。这也就是徒有才艺而无器识的一个物证了。

骆是中国文学史上一位有地位的人物。他和徐敬业发生联系，可能是由于徐敬业的兄弟徐敬猷做中介。徐敬猷是有名的"博徒"，他们是赌博朋友。但他们的赌博后来搞大了，搞到以天下为赌注，想推翻武后的统治。不能认识武后的杰出处，在这些地方正表明骆宾王真正缺乏"器识"。他们是赌输了，弄得身首异地。

但骆宾王是得到后人的同情的。关于他的下落，有的说是跳长江而死（得了一个全尸）有的说是不知所终，有的说是在杭州灵隐寺做了和尚。我虽然把他写成了反派，但对他依然抱有尊敬和同情。我采用了做和尚的一说，而使他悔过自新。

骆宾王的为人，和裴炎、徐敬业、徐敬猷等毕竟有所不同。他虽然也有野心，但也有他的诗人气质。从好处说，他在封建时代是多少有点反封建味道的。他是一位浪漫诗人，只是思想糊涂，把路子走错了。唐初四杰都有这同样的毛病，不能专怪骆宾王。不过，如果拿骆宾王和上官婉儿比较起来，那在器识上就有上下床之别了。

八

唐高宗李治，在史籍上，是博得了同情的一位帝王，由于不少史家憎恨武后，因而便把同情集中在他的身上。史学家们觉得他是被武后控制着，甚至时常有生命的危险。在我的看法却是两样。从封建道德的观点来说，唐高宗实在是大可非议的一个人。首先是他同武后的关系。武后是唐太宗的才人，却在太宗死后不满三年，他便让武后替他生了儿子。武后有四子，即李弘、李贤、李哲、李轮。长子和次子据史料推算起来，应该同生于永徽三年，是武后还在感业寺做比丘尼的时候。武后是以永徽五年封为昭仪，次年立为皇后的。在这之后，高宗却又和武后的姐姐韩国夫人、韩国夫人的女儿魏国夫人，都发生了不正当的关系。封建帝王的淫乱实在是有点惊人的。他早就有"风眩头重，目不能视"的毛病。"目不能视"，我解释为高度的近视眼，"风眩头重"，应该是极度的精神衰弱，这和他的生活不检点应该有关联。但唐高宗的病也有人说是高血压，究竟是不是，无法用血压器来测定了。就因为他有病，所以武后从显庆四年（公元659年）起便替他管理朝政，一直管到他死，管理了二十四年，把唐代的统治巩固下来了。

但是，唐高宗的功绩，也是应该肯定的。是他发现了武后而使她发挥了她的才能。如果没有高宗，便没有武后。武后的成绩可以说也就是高宗的成绩。高宗信任武后是比较专一的，虽然有时也听信过谗言，想废掉她，但终于让她辅政二十多年。在高宗末年，还曾有意让武后摄政，有些禅位的意思，但被朝臣反对，没有实现。从这个角度来看，高宗是有他的过人之处的。我在剧本里面让他采取了自我批判的形式来批判自己，并批判太子贤，而赞美了武后，有的朋友或许会以为我把高宗贬低，其实我是有意把他抬高的。

从武后方面来看，她对于高宗的淫乱不会满意。但她把自己的精神全部寄托在政治方面去了。高宗的行为在她似乎是满不在乎。自己的精神有所寄托，她尽可以让这位比自己年轻四岁的多病的风流天子去养尊处优，而把自己的才能尽情地在政治上发展。然而有成见的史家们却每每说武后有暗害高宗的意思，我在下面可以随便举出一个例子。

《资治通鉴》在弘道元年（公元683年）十一月记载高宗"苦头重不能视"，侍医秦鸣鹤主张在头上扎针，扎出血来，可以望好。武后严厉反对。司马光便下出推断，说武后"不欲上疾愈"。一个人心里的想法，几百年后的史家怎么会知道？象这样对于武后的所谓"诛心之论"，是举不胜举的。结果由于高宗自己愿意，针是扎了，也有了一时性的效果。然而针扎后仅仅三十天，高宗却是死了。这是不是由于针没有消毒，在头上扎出了血，有破伤风之类的病菌钻进了血道的原故呢？当然，在今天是无法肯定的，但也无法否定。其实武后如果不希望高宗病好，象韦后毒死了唐中宗的那样，在她辅政的二十多年间，她尽可以设法把高宗暗害，然而她却没有！这是值得我们注意的。

关于太子贤之死，史家也断定为武后下的毒手。《资治通鉴》于高宗死后的翌年二月，载"太后命左金吾将军丘神勣至巴州，检校故太子贤宅以备外虞,其实风使杀之。""风使杀之"四字,两《唐书·章怀太子传》里面都没有。又云"三月,丘神勣至巴州,幽太子贤于别室,逼令自杀。太后乃归罪于神勣,……贬神勣为迭州刺史。……神寻复入为左金吾将军"。这样寥寥几笔,便把武后描绘成为枭獍。试问:"风使杀之",除当事人之外,司马光或其他的人何从得而知之?写出丘神勣初被贬谪,寻复原职,在司马光是有意显示武后的奸诈,想掩饰人的耳目。其实这是不难理解的。初如贬谪者是怀疑丘神勣逼死了太子贤,寻复原职者是发觉了丘神勣的冤屈。太子贤之死,看来别有原因,是史书上的一笔悬案。我在剧本中,是把这笔帐算到裴炎项上去了。是不是有可能呢?有。

唐高宗死后,中宗即位,不到一个月便被废为卢陵王。中宗被废,裴炎是发挥了促成作用的。武后在废掉中宗之后立即派遣丘神勣去看太子贤,我揣想她是有意起用太子贤,如果太子贤在巴州已经悔过自新,她是想把他召回京师的。裴炎既蓄谋篡取天位,他不能不预防这一着。万一太子贤被召回,那他自己的私愿又会增加一层障碍,难以实现了。因此,太子贤之死,使我自然地联想到是出于裴炎的阴谋。

九

剧本初步完稿后,为了更多地接触武后的业绩,我曾经到陕西乾县去游览过高宗与武后合葬墓的乾陵,陵园距西安市西北八十公里,因梁山而为陵,气势雄伟。整个陵园的面积,约有一百顷。经历了一千二百多年,地上建筑多被毁坏,所残存的石刻、土阙之类,解放以来也经加意保护,保存尚属良好。梁山是石灰岩,石颇坚硬,据最近地面探查的结果,发现墓道在山南,由南而北凿成隧道,通进山腹。隧道呈斜坡形,正南北向,全长约六十五米,宽约四米,深约三米,封闭甚严。估计山腹内当有地下宫殿,未被盗掘。详细情况,请参看陕西省文物管理委员会《唐乾陵勘查记》(《文物》1960年第4期)。

最值得注意的是陵前有一人多高的石人群像整齐地站在左右,西边三十一尊,东边二十九尊。每排四人,各八排,最后一排不足四人。是否原来就是这样地不均衡,或者有所残缺或移动,不能断定。这些石人的背部，有的刻有国别、职别和名姓，可明白看出的有"木俱罕国王斯陀勒"、"于阗〔国王〕尉迟璥"和"吐火罗王子特羯达键"等五六尊，文字久经风化，不易辨认。据此推断，可识其他石人也都是一些藩国的国王或王子。"万国衣冠拜冕旒"的盛况，历历如在目前。

石人群像之南为土阙，左右对峙。土阙之南有二碑，南向，西为述德碑，东为没字碑。述德碑刻有纪念高宗的文字，即《述德纪》，为武后所撰，相传为中宗所书。没字碑，是纪念武后的碑，原无文字。据说是根据武后的遗言："自己的功过让后人评价，不刻文字。"唯碑上已为宋、金以来的题识所刻满。

碑之南，又有石人侍卫十对、石马五对、玄鸟一对，夹御道而立。再南有飞马、华表各一对。华表附近有二丘耸立，形成天然门阙。丘上又各有土阙残存，远望恰如两个奶头，民间因呼之为"奶头山"。西侧"奶头山"上，据《长安图志》，原有画像祠堂，画有狄仁杰以下六十名臣画像，现在只留下一些残砖碎瓦。

很明显，六十藩王像是高宗死后所刻的，包含狄仁杰在内的六十名臣画像则是武后死后所画的。高宗之葬，在文明元年（公元684年）八月，武后之葬，在神龙元年（公元705年）十二月。乾陵的整个规模，主要是在武后手里所部署的，可是武后对于高宗的饰终典礼甚为重视。

我要再说一遍：武后是生于四川广元县的人，广元县在唐初为利州。武后的父亲曾经两次做利州都督。武后既生在利州，又在那儿度过了她的一段幼年时代，广元附近的奇山异水对于武后性格的形成上，可能有些影响。当然，我并不相信什么"钟灵毓秀"之说，但山川风物等客观世界的优美，对于少年儿童的精神不能说是没有潜移默化的作用的。我在剧本里面还作了更进一步的大胆的设想。我想，武后流放太子贤到巴州去，也可能有她的用意。她是想借巴蜀的山川风物来陶冶太子贤的性灵。我依然相信两千多年前的亚理士多德在他的《诗学》中所说过的话：

"诗人的任务不在叙述实在的事件，而在叙述可能的——依据真实性、必然性可能发生的事件。史家和诗家毕竟不同。"

当然，要"依据真实性、必然性"，总得有充分的史料和仔细的分析才行。仔细的分析不仅单指史料的分析，还要包含心里的分析。入情入理地去体会人物的心理和时代的心理，便能够接近或者得到真实性和必然性而有所依据。

有关史料的搜集，我是尽了我的可能的。但有一大批真实史料，我相信还藏在乾陵里面，目前还无法接近。在《述德纪》的残文里面有这样的记载："自古圣皇，咸遵菲葬。……德弥厚者藏弥薄，圣逾重者瘗逾轻。……明器唯施凡木，灵物止于××……微将所习之书，以示不忘。"这是合乎高宗和武后早年崇尚俭约的精神的。武后死时的陪葬品是怎样，不得而知。但毫无疑问会有不少的书籍保存在墓里。说不定武后的《垂拱集》百卷和《金轮集》十卷还可以重见天日。说不定武后的画像、武后和上官婉儿等所手书的真迹也会呈现到我们的眼前。

关于乾陵的地面勘查已经初步进行了，我很希望在必要条件具备后，这座地下宫殿能够象明代的定陵一样，成为公开的地下博物馆。那时，我们对于武后的业绩和唐代的文化可能得到更确切的了解。

1960年8月16日

（原载1962年7月8日北京《光明日报》）

关于诗歌的民族化群众化问题

——给《诗刊》的一封信

郭沫若

克家　葛洛同志：

　　5月16日给我的信已经接到了。《诗刊》从7月份起恢复为月刊，是个好消息。诗歌的写作、研究、批评、介绍、翻译，有不少的工作可做。通过诗歌的鼓舞，在反对和防止修正主义上，也是大有可为的，或许是我个人的偏好吧，我总感到诗歌这种形式是最有效的武器。它的言词精练，一般不那么太长。中心问题，立竿见影。读一首好诗，甚至一句好诗，使人能享受丰富的精神营养。古人特别重视诗教（通过诗歌以进行教育），看来是很有道理的。

　　诗歌进一步民族化、群众化的问题，无疑是对于新体诗歌的要求。"五四"以来的新体诗歌，企图诗歌的彻底解放，采用自由的形式，打破旧有的一切清规戒律。这是有革命的意义的，这是中国的诗歌革命，中国的文学革命。但担负这项革命运动的人是当时的一些知识分子，他们的创作方法无可否认是直接受了外国文学的影响。因此，"五四"以来的新体诗和我国人民大众是有距离的，这一诗歌革命一直到现在都还没有彻底完成。要完成这项革命，就必须使新体诗进一步民族化、群众化。

　　如何化法？首先要从诗人本身化起。二十一年前毛主席《在延安文艺座谈会上的讲话》已经说得很清楚、很全面，留给我们的就是不断地实践，不断地进行自我革命。深入生活，投入火热的斗争中，和劳动人民打成一片，不断地学习社会，学习马克思列宁主义和毛泽东思想，专心为工农兵服务。先做好劳动人民的学生，然后才有可能做好劳动人民的先生，做劳动人民的灵魂工程师。诗人能和劳动人民打成一片，所产生出的新体诗就可以有保证能做到进一步的群众化、民族化。

  新体诗是中国诗歌发展中目前阶段的主体，它更能表现时代精神。根据诗歌朗诵的经验，新体诗比起旧体诗词来更容易使人听懂，也就是说更容易为群众所接受。旧体诗词过于文雅，就是知识分子也不大容易了解。朗诵起来是很难令人听懂的。除非是配上音乐，加以歌唱，不容易显示效果。但配乐歌唱时所收到的效果，那主要是音乐的效果，而不全是诗歌的效果了。我们听唱歌剧，每每欣赏其声，而不了解其辞。歌剧的辞，也每每并无浓郁的诗意，而是唱得引人入胜，或则荡气迴肠，或则激昂慷慨。民间有一个笑话：某人的诗十分好，七分来是念，三分来是诗。这是颇有道理的。诗，要做到百分之百是诗，采取新体诗的形式，似乎更容易做到。

  古人论诗一般重视自然，所谓"清水出芙蓉，天然去雕饰"，所谓"明月直入，无心可猜"，所谓"古今胜语，多非补假，皆由直寻"，都说的是这个道理。要做到这样的境地，新体诗似乎更容易一些。当然新体诗也不能毫无雕饰，但要雕饰得不着痕迹。过分的雕饰，过分的补假，一般说来，不能算是好诗。雕饰要做到不着痕迹，那就要很费功夫了。所谓"谁知百炼钢，化为绕指柔"，不失为一个很好的比拟。新体诗当然也应该向旧体诗词学习，向民间歌谣学习，总应该学到溶化的地步。究竟怎样才能做到这样的地步，恐怕也没有什么秘诀。要说有什么秘诀的话，恐怕也不外是勤学苦练四个字吧。"舍得功夫拼，铁杵磨成绣花针。"

  旧体诗词，我看有些形式是会有长远的生命力的。如五绝七绝、五律七律和某些词曲，是经过多少年代陶冶出来的民族形式。这些形式和民间歌谣比较接近，如果真能做到"既有浓郁的诗意，语言又生动易懂"，我看人民是喜闻乐见的。旧瓶可以盛新酒，新瓶也可以盛旧酒，或甚至毒酒。问题是在酒的好坏，而不在乎瓶的新旧。但旧体诗词的毛病，是每每没有诗意，而只是依靠形式。最好的办法是没有诗意不要勉强做诗。要做诗，就要做今天的诗，要用今天的语言写今天的感情、今天的理想、今天的希望、今天的使命——为社会主义建设服务，为促进人类进步事业服务。过于严格的形式上的清规戒律是应该打破的。今天的语言已经不同于古代的语言了，平仄音韵，已有很大的改变。但做旧体诗词的人大多还是恪守着唐宋人的韵本，那是很不合理的。新体诗基本上是解放了，旧体诗词也应该求其解放。

中国的方言，有些地域性的差异。例如平声韵中的侵谈盐咸四韵，在古音为收唇音，中国绝大部分地区已经不收唇，仅仅在广东和福建部分地区还保留着。如果要做方言诗，尽可以按照本地方言去做，做出来也会合乎古韵本。但在语音已经改变了的地区，就不能要求我们一定要遵守古韵本了。我倒十分希望：今天的语言学家们能够及早编制一部以北京音为标准的韵本。这对于我们做诗的人，特别是能做旧体诗词的人，是会有很大的帮助的。

克家同志，葛洛同志，我回答你们的信，一写又写得太长了，但是依然没有把问题说清楚。就此煞住笔吧，以上的意见，请您们指正。诗歌工作中如果有什么具体的问题，我希望您们经常提出来供大家讨论，这或许是繁荣诗歌创作，提高诗歌质量的一个好方法。顺致

敬礼！

郭沫若

1963. 5. 22

（原载1963年《诗刊》7月号）

毛泽东同志谈《甲申三百年祭》

……全党同志对于这几次骄傲，几次错误，都要引为鉴戒。近日我们印了郭沫若论李自成的文章（注），也是叫同志们引为鉴戒，不要重犯胜利时骄傲的错误。

（原注）1944年郭沫若作《甲申三百年祭》一文，纪念明朝末年李自成领导的农民起义胜利的三百周年。文中说明1644年李自成的农民起义军进入北京以后，因为若干首领们生活腐化，发生宗派斗争，以致在1645年陷于失败。这篇文章先在重庆《新华日报》发表，后来在延安和各解放区印成单行本。

（选自《毛泽东选集》（横排本）第三卷第902页）

附：中央宣传部、总政治部通知

各级党委及各级政治部：

《解放日报》近发表郭沫若的史论《甲申三百年祭》与苏联高涅楚克的剧本《前线》，并由新华社全文广播，两文都是反对骄傲的。郭文指出李自成之败在于进北京后，忽略敌人，不讲政策，脱离群众，妄杀干部，"纷纷然，昏昏然，大家都象以为天下就已经太平了的一样"，实为明末农民革命留给我们的一大教训。《前线》指出：总指挥戈尔洛夫之倚老卖老，粗枝大叶，喜人奉承，压制批评，而不去虚心向新鲜事物学习，向科学学习，向敌人学习，向青年知识分子学习，致在战争中屡犯错误，终被撤职，而让位于新人物欧格涅夫，这是红军在苏德战争中大改革（军事上与人事上的大改革）之一缩影。这两篇作品对我们的重大意义，就是要我们全党，首先是高级领导同志无论遇到何种有利形势与实际胜利，无论自己如何功在党国、德高望重，必须永远保持清醒与学习态度，万万不可冲昏头脑，忘其所以，重蹈李自成与戈尔洛夫的覆辙。毛主席最近号召我们放下包袱，正是此意。望各地收到广播后，将两书翻印、在干部中散发，展开讨论，其不能读者并予帮助解释。在巩固的根据地，如有条件，并可将《前线》上演，以达干部们深刻了解与警觉之目的。

中央宣传部、总政治部
1944年6月7日

（选自《甲申三百年祭》苏中出版社1944年9月15日出版）

毛泽东同志给郭沫若同志的信

沫若兄：

　　大示读悉。奖饰过分，十分不敢当；但当努力学习，以副故人期望。武昌分手后，成天在工作堆里，没有读书钻研机会，故对于你的成就，觉得羡慕。你的《甲申三百年祭》，我们把它当作整风文件看待。小胜即骄傲，大胜更骄傲，一次又一次吃亏，如何避免此种毛病，实在值得注意。倘能经过大手笔写一篇太平军经验，会是很有益的；但不敢作正式提议，恐怕太累你。最近看了《反正前后》，和我那时在湖南经历的，几乎一模一样，不成熟的资产阶级革命，那样的结局是不可避免的。此次抗日战争，应该是成熟了的罢，国际条件是很好的，国内靠我们努力。我虽然兢兢业业，生怕出岔子；但说不定岔子从什么地方跑来；你看到了什么错误缺点，希望随时示知。你的史论、史剧有大益于中国人民，只嫌其少，不嫌其多，精神决不会白费的，希望继续努力。恩来同志到后，此间近情当已获悉，兹不一一。我们大家都想和你见面，不知有此机会否？

　　谨祝　健康、愉快与精神焕发！

毛泽东　上
1944年，11月21日，于延安。

（原载1979年1月1日《人民日报》）

我要说的话

周恩来

为纪念郭沫若先生创作生活满二十五年，并庆祝他的五十生辰，我原打算写一篇专文献给他的。这个志愿立了好久，五个月前，我还拿了他的一部分著作，想在乡居期间，读他几本，然后好写出一篇有根据的文章来。不料今年夏天，敌机轰炸的次数特别多，人又病，事又忙，不仅文章没做，书也没读。时间是一天天的过去，书因为别人要读，也还了主人，可是，我的文章却依然没做。时间更一天天的逼紧，许多朋友的纪念诗文，也拿来读了，许多报纸的庆祝诗文，也提前发表了，于是使我志愿要做的文章几乎转成了急待偿还的文债。这一急，直临到郭先生生辰的前夕。这一急，直临到纪念日特刊发稿的最后关头。可是我面前铺着的依然是一张白纸，打破了我一向做文的惯例，然而我却决不能以偿债的心情，来做献给郭先生的纪念文章。

最后关头终于突破了，书既不能读，专文也不能写，但是临着这个日子，我却不愿"无言"，我还是说我平常所说的话罢！

*　　　　*　　　　*

在朋友中间，在文坛上，通常喜欢将鲁迅和郭沫若相提并论。这原是一件好事，而且是应当做的事，可是有时候也成为多事。多事就是将无作有，将小作大，张冠李戴，歪曲事实，甚至分门别户，发展成为偏向，这便不应该了。

要并论鲁迅和郭沫若，我以为首先要弄明两人的时代背景和两人的经历，是多少有些不同的。

鲁迅的时代，是一半满清，一半民国的时代。他出身于破产的士大夫家庭，他受过封建社会很深的洗礼，他受过戊戌政变后的洋务教育，嗣后，留学东洋，又受教于章太炎先生，并参加了光复会。入民国后，他又做过多年北方官僚社会的小京官，也可说是闲差事。直到"五四"的前夜，他才得参加思想革命的运动，这就是新文化运动的骨干。从此以后，他就公开的成为宗法社会的逆子，士大夫阶级的叛徒，逐渐养成他在新文化运动中的领导地位，可是他自己却又那样谦诚的愿意做一个"革命军马前卒"。瞿秋白同志说得好："鲁迅从进化论到阶级论，从绅士阶级的逆子贰臣到……群众的真正友人，以至于战士，他是经历了辛亥革命以前直到现在的四分之一世纪的战斗，从痛苦的经验和深刻的观察之中，带着宝贵的革命传统到新的阵营里来的。"（瞿秋白：鲁迅杂感选集序言）所以毛泽东同志说："鲁迅的方向，就是中华民族新文化的方向。"蔡子民先生也说："为新文化开山的，在周豫才先生，即鲁迅先生。"（蔡元培：鲁迅先生全集序）鲁迅所努力的，拿他自己的话来说，就是"自己背着因袭的重担，肩住了黑暗的闸门，放他们到宽阔光明的地方去……"（鲁迅：坟）这就是鲁迅为大众而牺牲的精神，他自己愿做"桥梁中的一木一石"（同前），其实他就是过渡时代的伟大的桥梁。

郭沫若的时代，却稍为异样了。他虽在少年时代，也是关在四川宗法社会里面的，但是二十岁以后，他走出夔门，几乎成为无羁绊的自由知识分子了，虽然他也如同时代的知识分子一样，过着贫困和流浪的生活。他的半商半读的家庭，虽也给他一些影响，但是三十年来大时代所给予他的影响，却有着异常不同的比重。就拿经历说，他既没有在满清时代做过事，也没有在北洋政府下任过职，一出手他就已经在"五四"前后。他的创作生活，是同着新文化运动一道起来的，他的事业发端，是从"五四"运动中孕育出来的。我们不能把郭沫若看成是前一辈子的人，而应看成是我们这一辈子的人，虽然他比鲁迅也不过只小了十一岁。我们也不能把郭沫若看成是两个时代的人物，而应看成是新文化时代的人物，虽然他在少年时代也曾舞文弄墨过一番。

因此，我说：郭沫若创作生活二十五年，也就是新文化运动的二十五年，鲁迅自称是"革命军马前卒"，郭沫若就是革命队伍中人。鲁迅是新文化运动的导师，郭沫若便是新文化运动的主将。鲁迅如果是将没有路的路开辟出来的先锋，郭沫若便是带着大家一道前进的向导。鲁迅先生已不在世了，他的遗范尚存，我们会愈感觉到在新文化战线上，郭先生带着我们一道奋斗的亲切，而且我们也永远祝福他带着我们一道奋斗到底的。

从这样观点出发，自然在并论鲁迅和郭沫若的时候，便不会发生不必要和不应有的牵连和误会了。

鲁迅先生在思想斗争和新文化运动上之非常可宝贵的革命传统，秋白同志在《鲁迅杂感选集序言》中已经指出四点：第一是最清醒的现实主义，第二是"韧"的战斗，第三是反自由主义，第四是反虚伪的精神。这都是非常之对的。我在这里不想再多说了。要说的是郭先生在新文化运动的二十五年当中，所给予我的印象和我所认识的特点是些什么？

第一是丰富的革命热情。郭先生是革命的诗人，同时，又是革命的战士。他心中笔下充满着革命的愤火，也充满着对于人类的热爱。当"五四"觉醒时期，当创造社草创时期，他的革命热情的奔放，自然还带着很浓厚的浪漫谛克，这正是当时知识青年的典型代表。但是经过前一次大革命炉火的锻炼，经过十年海外的研究生活，他的革命热情已经受了革命理智的规范，然而他内在的革命烈火，却决没有消失，相反的，愈蕴藏便愈丰富。一旦抗战号响，他便奔回祖国，他的革命热情，也就重新爆发出来了。四年多抗战，不论在他的著作上，在他的行动上，都可看出郭沫若仍然是充满着革命热力，保有着当年热情的郭沫若。可是时代究竟不同了，客观的事实不断的教训着我们充满了革命热情的郭先生，于是郭先生有时竟沉默起来了，革命的现实主义久已代替了革命的浪漫谛克主义，郭先生已到"炉火纯青"的时候了。

第二是深邃的研究精神。有人说学术家与革命行动家不能兼而为之，其实这在中国也是过时代的话。郭先生就是兼而为之的人。他不但在革命高潮时挺身而出，站在革命行列的前头，他还懂得在革命退潮时怎样保存活力，埋头研究，补充自己，也就是为革命作了新的贡献，准备了新的力量。他的海外十年，充分证明了这一真理。十年内，他的译著之富，人所难及。他精研古代社会，甲骨文字，殷周青铜器铭文，两周金文以及古代铭刻等等，用科学的方法，发现了古代许多真实。这是一种新的努力，也是革命的努力，虽然有些论据，还值得推敲。如果说，连卢那察尔斯基都不免在退潮时期入了迷路，那我们的郭先生却正确的走了他应该走的唯物主义的研究的道路。现在郭先生似乎又清闲了，恰好为纪念他的二十五年创作生活，大家主张集资建立沫若研究所，我想这是最好不过的事。复活过去的研究生活，指导这一代青年，提倡起研究学习的精神，以充实自己，以丰富我们民族的文化，郭先生，现在是时候了。

　　第三是勇敢的战斗生活。郭先生是富于战斗性的，不仅在北伐、抗战两个伟大的时代，郭先生是站在战斗的前线，号召全国军民，反对北洋军阀，反对日本强盗和逆伪的；便在二十五年的文化生活中，郭先生也常常以斗士的姿态出现的。正因为这样，他才能成为今日革命文化的班头。也正因为这样，初期创造社才能为革命文学开辟了一条新的道路，才影响了后期创造社在思想意识上的一些论争。自然后期创造社的争论已多少表现着"文人的小集团主义"（秋白语）。可是鲁迅先生也说："我有一件事要感谢创造社的，是他们'挤'我看了几种科学的文艺论，明白了先前的文艺史家们说了一大堆还是纠缠不清的问题，……以救正我——还因我而及于别人——的只信进化论的偏颇。"（《三闲集》序言）同时，这里必须为周郭两先生辨白的，他们在北伐期中，谁都没有"文人相轻"的意思，而且还有"同声相应，同气相求"的事实。周先生在《两地书》（69）中明说"其实我也还有一点野心，也想到广州后，……第二是与创造社联合起来，造一条战线，更向旧社会进攻，我再勉力写些文章。"在广州发表的文学家宣言，周郭两先生均列了名的。广州事件后，郭先生曾邀鲁迅先生参加创造刊物，列名发表宣言，不幸因新从日本归来的分子的反对联合，遂致合而复分，引起了后来数年两种倾向斗争的发展。这从"切磋"的观点上看来，未尝不是一件有收获的事。但是，因此而引起许多不必要的误会和无聊的纠葛，一直影响到在鲁迅晚年时候的争论，那真是不应该的了。有人说，鲁迅先生"韧"性的战斗，多表现在他的著作上，郭先生的战斗性，多表现在他的政治生活上，我想，这种分法，并不尽当的。因为一个人的战斗性，是发源于他的思想性格和素养的，文字和行为，不过是他的表现的方面罢了，并不能说这是差别的所在。真正的差别是鲁迅先生"韧"性的战斗，较任何人都持久，都有恒，这是连郭先生都会感到要加以发扬的。

　　这些，也就是郭先生在革命的文化生活中最值得提出的三点，也就是最值得我们大家学习的三点。

　　我这不是故意要将鲁迅拿来与郭沫若并论，而是要说明鲁迅是鲁迅，郭沫若是郭沫若，"各人自有千秋"。

　　鲁迅先生死了，鲁迅的方向就是大家的方向。郭沫若先生今尚健在，五十岁仅仅半百，决不能称老，抗战需要他的热情研究和战斗，他的前途还很远大，光明也正照耀他。我祝他前进，永远的前进，更带着我们大家一道前进！

民国卅年十一月十六日晨

（原载1941年11月16日《新华日报》）

中国人民需要郭先生

——在重庆各党派领袖和文化界人士
欢宴文化战士郭沫若的盛会上的发言

王若飞

今天大家来慰问郭先生与文工会诸先生，郭先生在世界文化事业上所起作用极为伟大，他在抗战爆发之初，抛妻离子冒险回国，八年来因中国人民缺乏民主权利，以郭先生之伟大能力，始终不能充分发挥，这是非常遗憾的事。我们伟大的抗战中，郭先生不能象各国大学者那样作极大贡献，这是国家的损失，其责任决不在郭先生。现在文工会虽已解散，全国人民及全世界民主人士都是同情和拥护郭先生的；会虽解散，中国人民仍需要郭先生，董必武同志来渝后，我们共产党已向政府提出要求委派郭先生为我国出席旧金山会议代表的顾问，以郭先生的学识和声望，代表团有这样的顾问应引为荣。我们提出不是随便的，中共领导的解放区现已有一万万人口，九十万军队，二百五十万民兵，一百二十万党员，这样大的地区和人民希望郭先生当我国出席联合国会议代表的顾问，政府应该能接受。万一不可能实现，那末此地既不能做事，我们欢迎他到边区解放区去，半个中国是需要郭先生及诸位先生的！郭先生是国家的至宝，为全国人民所热爱，他是永远不会孤立的。现在的形势，抗战胜利有把握，民主也有把握，所以目前的情形只是短期的，在此敬祝郭先生及诸位先生健康！

（原载1945年4月9日《新华日报》）

为郭沫若先生创作廿五周年纪念与五秩之庆致祝

邓颖超

　　凡是一个适合历史发展的革命文学家,凡是一种随着时代前进的文学作品,他自然的,同时亦必然的,是最能够,最善于关切的注视着,而且热烈的同情于在那痛苦的黑暗的一角,被压迫呻吟下的一群——受着重重压迫束缚的妇女大众。沫若先生就是这样一位优秀的革命作家典型。他以廿五年来在文学上的创作与实际革命运动结合起来,他不仅是文学革命家,同时亦是实际革命的前驱战士。所以他能以科学的态度与医学的论据,对妇女问题作了精辟的发挥,揭斥了那重男轻女的谬见恶习。他举起锋锐的笔,真理的火,向着中国妇女大众指示出光明之路。他吹起号角,敲起警钟,为中国妇女大众高歌着奋斗之曲。他启示着中国被压迫妇女,不要做羔羊,不要做驯奴,不要甘心定命,更不要任人摆弄,永远沉沦!我们有力量,我们能觉醒,我们要做人,不要悲哀哭泣,不要徘徊犹疑,勿顾忌,勿畏缩,立起来战斗呀!坚决,刚毅,勇敢的向前冲去,冲破旧社会的樊笼,打碎封建的枷锁,做一个叛逆的女性,做一个革命的女人!沫若先生即是这样从歌赞中国历史上叛逆的革命女性中,燃烧着这样一支中国女性革命的光明的火炬的。我即转以此革命的光明的火炬祝先生寿,为先生赞。

(原载1941年11月16日《新华日报》)

为祖国珍重！
——祝郭若沫先生五十生辰
茅 盾

沫若先生二十五年的文艺活动，和中国的新文艺发展史，有不可分离的关系：他的光荣的业绩，曾在文艺发展的各阶段上，激起了"狂飙突进"的影响，这在今天看起来，是格外明白而确定了的。从他最初献身于文艺，吹起"个性解放"的号角，直到他后来的坚决地为人类最高理想、为民族社会的最大幸福，中国文化的更灿烂的未来，——为求贯彻"个性解放必须在民族的人群的整个解放运动中实现，且必须民族的人群的整个解放完成而后个性解放乃能真正彻底"，而勇敢地献身于实际政治活动，他这二十五年的经历，正好比《凤凰涅槃》，他所走过的路，正代表了近二十五年中国前进的知识分子所度过的"向真理"的"天路历程"！

沫若先生的光荣的业绩，不是这篇短文中所能叙述得完备的；但是，我们一方面景仰"诗人"的他，同时也决不能忘记他十年亡命时代对于中国古代社会研究的贡献。他的诗集《女神》，在当时激起了多少青年的热情，鼓舞了他们前进的意志，这正是中国新文艺史上一个"狂飚突进"。同样地，他的关于《中国古代社会研究》的一连串的考古的著作，在当时也在繁琐的中国考据学的氛围圈里投下了一个炸弹，也正是中国史学界的一个"狂飙突进"。而且，正象《女神》在今天仍然是鼓舞青年前进意志的鼓角，他的中国古代社会研究的许多著作也仍然是今天中国新史学发展的泉源和指标！

抗战四年以来，沫若先生，接受了政府的委托，筹划着领导着全国的抗战文化工作。尽管有时环境如何险恶，工作上有多少障碍，他总是不屈不挠，在民族统一战线的原则下，在三民主义的抗战建国的纲领下，有一分力，做一分事。他个人的著作是减少了，然而他对于民族的贡献，每一个没有偏见成见的人，都不能不承认，不能不钦仰。记得去年年底或今年年首，他在政治部文化工作委员会的一次全体委员及工作人员的会议上，对于该委员会委员及工作人员大多数不是国民党员这一点被人指摘的事情，作了解释的答复，大意谓：信佛法的人不一定是和尚，反之，和尚也未必个个能守法规，真信佛法，酒肉和尚不是也很多吗？信仰三民主义不一定加入国民党，非党员信仰三民主义的程度，奉行三民主义的热忱，敢信不在国民党员之下。这几句话，沫若先生不啻为全中国献身于民族解放事业的非国民党的文化人作了最坦白最诚恳的宣告，然而沫若先生工作上困难之情形，不也可以想见么？

沫若先生今年不过五十岁，可说是也还年富力强。祖国需要他贡献其渊博的学问，成熟的经验，以造福于民族解放斗争及文化事业者正复不少；全国的文化战线上的同志所望于沫若先生者尤其多。我们今天祝他健康愉快，盼他对于祖国有更多的更光荣的贡献，同时我们全国文化战线上的同志也应一致拥护沫若先生的团结第一，进步第一，工作第一的立场，在艰难的环境中，对民族解放事业作更多的更大贡献！为祖国珍重，沫若先生！

（原载1941年11月16日（香港）《华商报》）

我所认识的沫若先生

老 舍

关于沫若先生,据我看,至少有五方面值得赞述:

(一)他的文艺作品的创作及翻译;

(二)在北伐期间,他的革命功业;

(三)他在考古学上的成就;

(四)抗战以来,他的抗敌工作;

(五)他的为人。

对上列的五项,可怜,我都没有资格说话,因为:

(一)他的文艺作品及翻译,我没有完全读过,不敢乱说;而马上去搜集他的全部著作,从事研读,在今天,恐怕又不可能。

(二)关于北伐期间他的革命工作,他自己已经写出了一点;以后他还许有更详细的自述,用不着我替他说;要说,我也所知无几。

(三)对于他的考古学的成就,我只知道:遇有机会,我总是小学生似的恭听他讲说古史或古文字。因为,据专家们说:今日治考古学的人们可分为三类,第一类是学有家数,出经入史,根底坚深,但不习外国言语,昧于科学方法,用力至苦而收获无多。第二类是略知科学方法,复有研究趣味,而旧学根底不够,失之浮浅。第三类是通古知今,新旧兼胜,既不泥古,复能出新,研究结果乃能照耀全世。沫若先生,据专家们说,就属于第三类。这,我只能相信他们的话。当我恭听他讲述的时候,我只怀疑自己的理解力,一句类似批评的话也不敢说,——一个外行怎敢去批评内行们所推崇的内行呢?

（四）至于抗战以来，他的抗敌工作，是眼前的事情，人人知道，我并不比别人知道的多到哪里去，也就用不着多开口。

（五）关于他的为人，我照样的没有说话的资格，因为我认识他才不过四年。

不过一位新闻记者既可以由一面之缘而写印象记，那么，相识四年，还不可以放开胆子么？根据这个聊以自解的理由，我现在要说几句没有资格来说的话。

由四年来的观察，我觉得沫若先生是个：

（一）绝顶聪明的人：这里所说的"聪明"，并不指他的多才多艺而言，因为我要说的是他的为人，而不是介绍他在文艺上与学术上的才力与成就。我说他是绝顶聪明，因为他知道他自己的天才，知道他自己的地位，而完全不利用它们去取得个人的利益与享受。反之，他老想把自己的才力聪明用到他以为有意义的事上去，即使因此而受到很大的物质上的损失和身心上的苦痛，他也不皱一皱眉！他敢去革命，敢去受苦，敢从日本小鬼的眼皮下逃回祖国，来抵抗日本小鬼！我管这叫作愚傻的聪明，假若愚傻就是舍利趋义的意思的话。这种聪明才是一个诗人的伟大处；有了它，诗人的人格才有宝气珠光。

（二）沫若先生是个五十岁的小孩，因为他永远是那么天真、热烈，使人看到他的笑容，他的怒色，他的温柔和蔼，而看不见，仿佛是，他的岁数。他永远真诚，等到他因真诚而受了骗的时候，他也会发怒——他的怒色是永不藏起去的。这个脾气使他不能自己的去多知多闻，对什么都感觉趣味；假若是他的才力所能及的，他便不舍昼夜去研究学习，他写字，他作诗，他学医，他翻译西洋文学名著，他考古……而且，他都把它们作得好；他是头狮子，扑什么都用全力。等到他把握到一种学术或技艺，他会象小孩拆开一件玩具那么天真，高兴，去告诉别人，领导别人；他的学问，正和他的生命一样，是要献给社会、国家与世界的。他对人也是如此，虽然不能有求必应，但凡是他所能作到的，无不尽心尽力的去为人帮忙。最使我感动的是他那种随时的，真诚而并不正颜厉色的，对朋友们的规劝。这规劝，象春晓的微风似的，使人不知不觉的感到温暖，而不能不感谢他。好几次了，他注意到我贪酒。好几次了，当我辞别他的时候，他低声的，微笑的，象极怕伤了我的心似的，说："少喝点酒啊！"好多次了，我看见他这样规劝别人——绝不是老大哥的口气，而永远是一种极同情，极关切的劝慰。在我不认识他的时候，我以为他是一条猛虎；现在，相识已有四年，我才知道他是个伏虎罗汉。

啊，五十岁的老小孩，我相信你会继续在创作上，学术研究上，抗战工作上，用你的聪明；也相信，你会在创作研究等等而外，还时时给我们由你心中发出的春风！

（原载1942年6月15日）《抗战文艺》7卷6期

为郭沫若氏祝五十诞辰

郁达夫

郭沫若兄,今年五十岁了;他过去在新诗上,小说上,戏剧上的伟大成就,想是喜欢读读文艺作品的人所共见的,我在此地可以不必再说。而尤其是难得的,便是抗战事起,他抛弃了日本的妻儿,潜逃回国,参加入抗战阵营的那一回事。

我与沫若兄的交谊,本是二十余年如一日,始终是和学生时代同学时一样的。但因为中间有几次为旁人所挑拨中伤,竟有一位写郭氏作传记者,胆敢说出我仿佛有出卖郭氏的行为,这当是指我和创造社脱离关系以后,和鲁迅去另出一杂志的那一段时间中的事情。

创造社的许多青年,在当时曾经向鲁迅下过总攻击,但沫若兄恐怕是不赞成的。因为郭氏对鲁迅的尊敬,我知道他也并不逊于他人。这只从他称颂鲁迅的"大哉鲁迅"一语中就可以看出。

我对于旁人的攻击,一向是不理会的。因为我想,假若我有错处,应该被攻击的话,那么强辩一番,也没有用处。否则,攻击我的人,迟早总会承认他自己的错误。并且,倘使他自己不承认,则旁人也会看得出来。所以,说我出卖朋友,出卖郭氏等中伤诡计,后来终于被我们的交谊不变所揭穿。在抗战前一年,我到日本去劝他回国,以及我回国后,替他在中央作解除通缉令之运动,更托人向委员长进言,密电去请他回国的种种事实,只有我和他及当时在东京的许俊人大使三个人知道。

他到上海之后,委员长特派何廉氏上船去接他,到了上海,和他在法界大西路一间中法文化基金委员会的住宅里见面的，也只有我和沈尹默等两三人而已。

这些废话，现在说了也属无益，还是按下不提。总之，他今年已经五十岁了，港渝各地的文化界人士，大家在发起替他祝寿；我们在南洋的许多他的友人，如刘海粟大师，胡愈之先生，胡迈先生等，也想同样的举行一个纪念的仪式，为我国文化界的这一位巨人吐一口气。现在此事将如何举行，以及将从哪些方面着手等问题，都还待发起人来开会商量，但我却希望无论和郭氏有没有交情的我们文化工作者，都能够来参加。

（原载1941年10月24日《星洲日报·晨星》）

奔放的感情 缜密的头脑
——祝郭沫若先生五十大寿

云 彬

五四以后，开始用新形式写长诗的，是郭沫若先生。记得在《时事新报》的副刊《学灯》里，读到他的《凤凰涅槃》，使我非常高兴，正和五四前一年在《新青年》上读到鲁迅先生的《狂人日记》一样，立刻觉得这是一篇划时代的作品。在《凤凰涅槃》未发表之先，我所读到的新体诗，在形式上，大都是所谓"半新半旧"、象女子的"放大脚"一般；在内容上，大都偏乎写景或者说理，缺乏一种奔放的情感。而郭先生这首诗，不但一点不受旧诗词的影响或拘束，还流露出一种不可遏制的热情，使读者反复咏叹，不忍释手。郭先生自己说得好："那首诗是象征着中国的再生，同时也象征着自己的再生。"

郭先生仗着这种奔放的情感，一直向时代前面跑，到五卅以后，再来一次"凤凰涅槃"，他大喊着：

"五四"前的白话文革命，在破了的絮袄上虽然打上了几个补绽，在污了的粉壁上虽然涂上一层白垩，但是里面依然是败絮；依然还是粪土。……

"光明之前有浑沌，创造之前有破坏，新的酒不能盛容于旧的革囊。凤凰要再生，要先把尸骸火葬。我们的事业，在目下浑沌之中，要先从破坏做起，我们的精神，为反抗的烈火燃烧得透明。"

这是创造社的革命文学运动的宣言，也就是郭先生开始从事于革命文学运动的宣言，从此郭先生就走上了革命的大道。

1927年以后，郭先生为了环境关系而离开他所热爱的祖国，到海外去做"逐客"，使他不能不把奔放的感情抑制下来，埋头从事于学术研究。他所研究的是中国古代社会。他说：

"对于未来社会的展望逼迫着我们不能不生出清算过往社会的要求，古人说，'前事不忘后事之师'，认清过往的来程也正好决定我们未来的去向。"

郭先生的感情是奔放的，头脑是缜密的。有着奔放的感情，才能写出那如长江大河一泻千里的诗篇；有着缜密的头脑，才能从学术研究上去清算中国过去的社会；也正惟其有缜密的头脑再加上奔放的感情，才能不被"考据"所拘囿，才能不蹈前人"穷研训诂，遂成无用"的覆辙。他拆毁了《周易》的神秘的殿堂，剥下了《诗》《书》的神秘的外衣，商龟周鼎，到了他手里，就失去了"骨董"的作用。和他同时，俨然以"学者"自命，从事研究中国社会史的如陶希圣之流，古字全不认识，古书更未读通，借此招摇撞骗，作政治投机的敲门砖。自郭先生的《中国古代社会研究》一问世，一切曲解中国历史，改造中国历史的谬论，都扫荡了。他告诉我们：

"只要是一个人体，他的发展无论是红黄黑白，大抵相同。

"由人所组成的社会也正是一样。

"中国人有一句口头禅，说是'我们的国情不同'，这种民族的偏见差不多各个民族都有。

"然而中国人不是神，也不是猴子，中国人所组成的社会不应该有什么不同。"

因此，由他所研究的结果，中国社会的发展，一样是由原始共产制，而奴隶制，而封建制，……并无什么"国情不同"之处，从而我们的未来的去向也看得清清楚楚，再用不着徬徨。陶希圣之流想从所谓"国情不同"里面去找特殊的阶段，以及其他曲解中国历史的种种说法，在郭先生对于中国社会发展阶段的划分，不见得百分之百的正确（例如他把西周时代认为奴隶制），但如果能让郭先生安心研究下去，对于中国史学界的贡献之大，将是无可限量的，我相信。

然而抗战起来了，郭先生抛掉了商龟周鼎，妻子儿女，跑回祖国来，参加抗战。他早已认清过往的来程，决定未来的去向，所以毫不犹豫，绝无动摇，把整个躯壳，整个灵魂，献给中华民族。这四年多来，郭先生的努力，是众目共睹的，郭先生在工作中所遇到的困难和阻碍，也是大家所想象得到的，然而他决不会悲观，也决不会退缩，他的精神，为反抗的烈火燃得分明。尤其值得敬佩的，他仗着如火的热情来参加抗战，但并未停止他的学术研究的工作，他曾亲身去发掘汉墓，他曾为了戚继光斩子故事而查考过不少古书；也并未停止他的文艺的工作，他还在写诗，还在写文艺论文。抗战是长期的，郭先生就不肯在长期抗战中空费了某一段时间。一定要象郭先生那样，才不愧为一位文化界的先进，才可以做青年人的楷模。

　　郭先生今年五十岁了，中国人一向把五十岁看作人生的重要阶段。孔子说，"假我数年，五十以学易，可以无大过矣。"又说，"四十五十而无闻焉，斯亦不足畏也矣。"以郭先生过去的成就而论，我们相信五十岁以后的郭先生，在中国学术史上，在中国文艺史上，一定有更大的贡献。——在这里，除祝郭先生五十诞辰外，并向他致民族的敬礼。

1941年11月于桂林

（原载《诗创作》第6期1941年12月15日出版）

郭沫若印象记（节录）

美 蒂

听到叫我会客的声音的时候，我就知道是他（指郭沫若——编者）来了，可是奇怪，我走出一看大大地骇了一跳，这"哪里是老郭呢？"我怀疑着，我不知要说什么好。……

"我们有几年不见面了？"我忽然提起了这句。

"五年了。"他答了之后又用手数着，口里念着1927、19……等字。

"还记得吗？在武汉时你站在阅马厂的讲演台上，激昂慷慨地演讲，我穿着一身军服完全象个小兵站在讲台的面前，末了扬着手高呼口号，多么雄壮呵！而现在是解除武装的小百姓了，哈哈！"

"我还不是一样吗？来到东京后，半点也不自由。整天被警察看守着，回想那时来，真象住在两个世界里一般。"

随即我们谈到了现在国内革命思潮的高涨，革命势力的扩大，他立刻告诉我一个很痛快的消息，我们都同时说着："革命已到了新的阶段了。"

他完全不知道国内的情形，甚至还在问"茅盾是否来东京了？"我告诉了他关于上海及北平一切的文化运动状况，他高兴得几乎说不出话来。但是不幸他的右耳朵坏了，完全听不见我说话的声音，左耳也要大声说才能听到。我虽是个大嗓子，完全象个粗鲁男子的声音，可是有时也许因我说得太快的原故，他听不清楚，因此他要求我慢慢地说，大一点声音，并告诉我他耳朵从什么时候起聋了，以及感受到困苦的许多事。……

忽然下起大雨来了，他急的了不得，因为不早回去，警察要是去他家里巡查，没有见到他是不好的，因此他急于要走，但我告诉他快吃饭了，他坚持着不吃，我告诉了他可以吃饭，而且和他谈谈几个实际的问题，并告诉了他从1927到1931年的现在，青年为了看沫若的书而被杀头或者被监禁的不知有多少。

"真有这回事吗？"他象不相信的样子问我。

"当然有这样的事，而且我曾亲眼看到在长沙为了一部《橄榄》，杀掉了一个十八、九岁的青年；至于为《新时代》、《社会组织与社会革命》（两部皆郭译——作者）及其他著作等被杀的也不知有多少。"

"唉！真有这样的事！"

他摇着头，表示着极愤慨极哀痛的样子。

"因此，"我继续着说，"凡是书架上摆着有《瓶》、《落叶》的都把它烧掉了。"

听到这里他大笑了起来，自然这是值得好笑的事，检查的人不看书的内容，只看人的名字，这样描写爱情的书也会是宣传×化，未免太冤枉这两部写情作品了。

"到了现在，国内简直拿你的作品来测量一般青年们的思想，凡是喜欢读你的译作的，他的思想大半很好。"我接着告诉了他我在北平教课时给中学生的测验，都是回答中国的文学家当中最佩服的是沫若，而《文艺新闻》和《读书月刊》调查读者的结果，也是和上面的一样，由此可知青年们受你的影响实在不少。"……

吃完饭后，又坐了一刻钟，我问起他为什么不创作也不翻译了？他说写了没有地方印，（自然是指书局不敢要他的文章）某大书局都将他的名字改了，译的象《煤油》也被禁止了，还怎样地去创作翻译呢？

他最后告诉我，现在正在翻译一部"The life of science"，这是对于科学界有很大贡献的，而且在这种环境里，他也没有办法写别的文字。

（选自《文坛印象记》黄人影编 上海乐华图书公司1931年出版）

在日本的郭沫若会见记
——他的生活、创作、家庭

愚　公

郭沫若这个名字，一般从事文艺及喜欢文艺的青年大概没有不知道的吧？他是以浪漫主义的文学出现在中国的文坛，又以革命文学为号召吸引当时一般热血的青年。但是自从他在1928年春蛰居日本以来，这七八年中，他是没有什么创作出版，除了几本自传和一些翻译之外。这是因为他和中国的现实社会脱离以后当然写不出象样的著作来，因此中国的青年们对他也逐渐冷淡下来，十年前写《落叶》和《瓶》那时的锐气早已过去了。

但是，他毕竟在过去的中国文坛上是有历史的，他到了日本虽然不大有创作出版，但是关心他生活的人还是很多。这一篇就是我在日本时和他会见的一段记载。

我和沫若已经六七年不见面了，第一次见面是在武昌关马厂，我听了他那么慷慨激昂的演说后就去找他，和他谈了许多问题，我记得他那热烈的握手是充满着生命力的。第二次会见他是他在广州失败以后逃亡到上海来的时候，那时他赁屋在北四川路窦乐安路，来往的朋友很少，而且他还生着病，病中在写诗集《恢复》。不久，他就和他的夫人子女一同到日本去了。

这次到日本以后，我就想找一个机会和他谈谈，于是先和他约好了时间，我就到他家里去找他。

记得那是一个晚春初夏的季节，樱花已经凋谢了，太平洋的暖流渐渐地流向岛国来，人家也多卸下了春装换上了夏衣。恰巧这天是星期日，高架电车中塞满了人，我也被挤在由东京到千叶去的电车中。

经过了半小时的行程，千叶县市川町到了，沫若的信中是叫我在这里下车的。下了车，花了五角日本法币叫了一辆汽车，一直开到沫若住居的门口。

他的家是在千叶县的近郊，四周是田和树木，风景虽然十分单调，但空气是很好的，就在那富于牧歌情调的田野中，筑起三间木屋来，我们这位故国的诗人郭沫若，在那里恬静地度过了六七年的悠长的岁月。

他的木屋的门口挂着一块"佐藤"的户名牌，国内有许多人误会佐藤就是沫若的别名，因为有一个时期他和书局通信用"佐藤和夫"的日本名字的。不过实际并不是沫若的别名，他并没有日本名字，"佐藤"是他大儿子在学校中所用的名字，他为了居住日本的便利起见，就用了"佐藤"作为户名。

我在他的门上轻轻地按了一按铃，不久，一个中年男子出来开了门，我一看，正是多年不见的沫若。

因为先有书信的约定，所以他看见了我并不惊讶，却显出十分欢喜的样子，和我握了一阵手，他就请我到里面去。

他的屋子布置得很简单，完全日本式，没有高的桌子和凳子，客堂正中挂了一幅他自画的屏条，记得上面写着"把酒话桑麻"一类的诗句。

非但他的家庭的布置完全是日本化，他们一家人的生活习惯也完全日本化了。沫若自己也是穿了和服，拖着木屐，他的夫人安娜，本来是日本人，那当然不用说了，他的子女也全部日本化，据沫若说：他们都不会讲中国话的，所以沫若自己也常常几个月没讲一句中国话。

我问起他的生活，他表示十分愤慨而又感伤地说：

"唉，真不要说了，这几年来我的苦只有我一个人知道，旁人是不易了解的。譬如说我的版税，如能按期和我结算，我是很可以生活的，但是书局里面怎么也不睬你。象光华书局由他们自己开来的账已经欠我二三千元，现代书局也欠我数十元，但我至今一个钱也没有收到。同时家庭中的开支却并不能停顿起来，一个月至少也得一百五十元，因为我有五个子女，阿大阿二在中学读书，小的也在小学读书，家中不用一个下女，一百五十元一月的开支是最省的了。"

他对我发了一大篇牢骚，语气中带着愤慨与激昂。但是，我知道他这几年除抽版税的书以外，卖稿的书也有好几部，那么，想起来他也积了一些钱。据我知道的，几年来卖去的稿件有《我的幼年》、《反正前后》、《屠场》、《石炭王》等等。于是我再问他这几本书的稿费是怎样的；但是，他听到我的话，却更感伤起来了，他说除了《我的幼年》和《反正前后》拿到一千多块钱外，其余只拿到几百块钱，大部分被经手人×××和×××吞没了。有一次，×××还借了上海艺术剧社募捐的名义向他捐了几百元，那时钱在他们手里也只可一切随他们摆布。加之那时候的日金很贵，差不多要二元半华币才能换一块日币，所以虽然卖了十元一千字，合起日币来也只有三四元一千字而已。

这几年来他生活稍微好一些，一来日金比较从前是便宜多了，二来他常常替日本的杂志和报纸写些文章，他说他替《中央公论》写了一篇文章，仅七千字，他们送了他一百五十元稿费。在外国，这种稿费也不足为怪，但是中国人拿到这种稿费，虽然是郭沫若，也觉得是一个很大的数目了。

我又问起他的创作来，他只是摇摇头，他说简直写不出什么来。是的，象他现在这种生活，确是和现社会隔离得太远了。假如说文艺和社会有关系的话，那么他的创作源泉——材料是已经枯竭了。但是，和他谈到过去的光荣历史，北伐军时代的情形，他就十分兴奋起来，他并且用那时的题材写了二部小说，一部是自传体的小说《武昌城下》，一部是《同志爱》。《武昌城下》共有七八万字，本来由光华书局约定以一千元将买他的版权，而且已经付过五百元，沫若是要等光华第二次的五百元寄来以后才把稿子寄去，而光华方面是要看见了稿才将第二次的五百元寄去，于是事情就弄僵。不久光华关门，《武昌城下》也就搁在沫若的家中。

另一部《同志爱》，本来是以一千五百元的代价卖给良友编入"良友文学丛书"的，后来良友发觉稿中文字欠妥，要求修改，沫若不肯，于是一千五百元只得还给良友，稿件也就退回千叶。至今为止，这二部稿子还未听到有出版的消息。

最后我和他谈到中国文坛的情形，他似乎不大满意鲁迅。我问他鲁迅最近的作品看过吗？他说没有。我说要看吗？他说不想看。这大约还是从前鲁迅和创造社积怨的关系和中国文坛上二雄不能并存的原因吧？

他现在对于考古学仍旧很有兴趣，国内关于考古方面如果有什么新发现，他必千方百计去设法照相。关于这方面的文章，他常用郭鼎堂的笔名投稿到《东方杂志》。

沫若的个性是倔强的，可是他的缺点是太骄傲，这也许是文人的通病吧？

我辞了他出来时，暮色已经笼罩大地了。

（原载1936年2月15日《新人周刊》第2卷24期）

郭先生与留东同学的文艺活动

林焕平

　　文艺界同人为郭沫若先生五十寿辰及写作二十五周年，发起征文，以为纪念。并规定以与郭先生生活或作品有关者为最希望。这使我个人感到最亲切的，便是郭先生在东京领导留东同学的文艺运动，从而间接领导国内的文艺运动了。

　　我国的新文学运动，几乎从来就是以留东同学为骨干的，五四运动以后的创造社派和语丝派，几乎都是留东同学。甚至如创造社，是郭先生在东京组织了起来，才回国内从事文艺运动的。次一代，即九·一八前后在日本留学的一代，虽然没有公开的文艺团体之存在，但人才可也不少。现在在文坛上很活动的适夷、沈起予、李兰、以群、任钧等，便是这时期的佼佼者。最近一代，便是七·七事变前在日本留学，在七·七事变时才不得已回国的同学。辛人、魏猛克、欧阳凡海、张香山、梦回、陈北鸥、邢桐华、俞鸿谟、陈松、林林、林为梁（即林基路）、梅景础、魏晋、雍夫等和我，都是这时期的朋友。

　　我们这个时期的活动相当活跃，有秘密的左联东京支盟存在，它领导的文艺团体有三个：即东流社、质文社、新诗歌社，和国内的文艺运动联系很紧密。同时，因为有郭先生经常从旁指导，所以在国内的影响也相当大，对于国内的其后的文艺运动的关系也特别大。

　　这三个文学团体，社员最多的是东流社，约三十余人。负责人是陈松（即陈斐琴）、雍夫、魏晋、林为梁和我。出版文艺月刊《东流》，由我主编，我病后才另推人接替。《东流》的出版，得杨骚兄在上海的帮助极大,是由上海杂志公司发行的。

质文社的组织比较松,只是十来位朋友凑拢来出版一本薄薄的《杂文》月刊,同人计有辛人、猛克、杜萱、任白戈、张香山、孟式钧和我等。后来邢桐华、陈北鸥、梁梦回等也参加了。(陈、梁等原曾另办有一戏剧月刊,未能支持多久即夭折。)《杂文》第一期由杜萱主编,在上海出版,出版后,东京警视厅追查甚严,杜萱便往海滨避暑去了。故第二期即由猛克和我负责,改在东京印刷。但在炎暑下为第二期奔走稿子、钱和跑印刷所,到它出版那一天,我也由猛克和景钿送我到镰枪七里滨的医院去了。鲁迅的著名文章《在现代中国的孔夫子》,便是登在第二期里。而《杂文》也好象从第三期起便被禁止而改名为《质文》了。《质文》得到鲁迅的支持特别大。

新诗歌社社员也不多,主要是蒲风、杜林、雷石榆、陈子鹄和我等。出版八开版小报型的杂志《新诗歌》,很象是半月刊。但不久也夭折了。

坚持时间较长的,只有《东流》和《质文》。

这几个文艺团体,彼此都有密切的联系。三个刊物的内容,虽然都幼稚,但都各有一点特色:《东流》注重创作和介绍外国古典文学,《质文》注重杂文和理论,富于战斗性;《新诗歌》则全登诗创作和诗理论。这三个杂志,都得到郭先生的支持。

除这三个杂志外,后来,还由光明书店出版了一套文艺理论小丛书,有郭先生的《文学的真实性》(翻译马克思、恩格斯著述),辛人的《批评论》(翻译),魏猛克的《世界观和创作方法》(翻译)等,共十种,在国内销路也还好,影响颇大。

这个时期留东同学的文艺运动有一个特点,这就是配合祖国在日本帝国主义一天一天加紧侵略之下所发动的文艺界抗日民族统一战线运动,而在东京也展开了这样的运动。这个运动,因为在郭先生领导之下,不仅做得不错,而且还因为郭先生的存在,而影响了国内文艺界抗日民族统一战线的迅速形成和发展。

最显著的事实,便是郭先生在《质文》和《东流》发表了好些文章,有时一期他一个人就写二三篇,这些文章,有些就是正确指导文艺界抗日民族统一战线的,如《国防文学谈》等便是。

这个时候，大概大家还记得，在国内正在展开"国防文学"与"民族革命战争的大众文学"这两个口号的论争。这一个论争，除了理论问题本身外，还带上了好些别的情绪，所以问题非常复杂，彼此感到相当为难。因此，使不少人忧虑文艺战线的分裂。

正在这严重的空气中，郭沫若先生遥远地在日本的千叶县写了一篇重要的论文《国防·污池·炼狱》寄到国内来发表了，提出了文艺界抗日民族统一战线的明确主张如次：

"第一层，我觉得'国防文学'不妨扩张为'国防文艺'，把一切造型艺术、音乐、演剧、电影等都包括在里面，凡是不甘心向帝国主义投降的文艺家，都在这个标志之下一致的团结起来，即使暂时不能团结，也不要为着一个小团体或一个小己的利益而作文艺家的'内战'。

第二层，我觉得'国防文艺'应该是多样的统一而不是一色的涂抹，这儿应该包含着多种多样的文艺作品。由纯粹社会主义的以至于狭义爱国主义的，但只要不是卖国的，不是为帝国主义作伥的东西，因而'国防文艺'最好定义为非卖国的文艺，或反帝的文艺。

第三层，我觉得'国防文艺'应该是作家关系间的标志，而不是作品原则上的标志，并不一定要写满蒙，一定要写长城，一定要声声爱国，一定要句句救亡，然后才是'国防文艺'。"

跟着鲁迅先生在《答徐懋庸并关于抗日统一战线问题》中说：

"我很同意郭沫若先生的'国防文艺是广义的爱国主义的文学'和'国防文艺是作家关系间的标志，而不是作品原则上标志'的意见。"

茅盾先生也在《关于引起纠纷的两个口号》里说：

"我看了郭沫若先生的文章《国防·污池·炼狱》，我以为他的解释最适当。他说：

'国防文艺最好定义为非卖国的文艺，或反帝的文艺。'又说：

'我觉得国防文艺应该是作家关系间的标志，而不是作品原则上的标志。'

这两句话，我觉得都很对"。

到这里，这一场论争的大风波，便以郭沫若先生的意见而告统一，而告平息了。

所以，文艺界从本身"内战"危机中拔脱出来，文艺界抗日民族统一战线的形成、巩固和发展，可以说，郭沫若先生尽的力量最大。而他之所以能产生这种力量，固然由于他的正确的理论，而他本人是时远居日本，完全脱离了文坛内部的关系，得以完全从理智出发，毫无感情意气因素在内，也不无多少关系。

抗战爆发，国防文艺一变而为抗战文艺，虽已形成，但尚是无形的文艺界抗日民族统一战线，后来终于在武汉结了果实——组成了"中华全国文艺界抗敌协会"。至此，郭先生等所呼吁的文艺界统一战线，总算完成了。

从以上的叙述看来，亡命日本的郭沫若先生，在民族危机之下，初则热情支持和领导留东同学的文艺运动及同学间的统一战线运动，继则因得同学经常将国内文坛上政治上多种情形告诉他，使他更得进一步发挥了对国内文艺界抗日民族统一战线运动的领导。

从这样的角度上说，郭沫若先生这个时期在东京的活动，其对于当时及后来的文艺运动甚至政治运动的意义，的确是异常重大的。

所以，巩固和发扬郭沫若先生对于文艺界抗日民族统一战线问题的影响和精神，才真正是我们庆祝郭沫若先生五十寿辰及写作廿五周年纪念的最大意义。

1941年7月22日写于青山

（原载1941年11月16日（香港）《大公报》）

我所认识的沫若先生

冶 秋

青年男子哪个不善钟情　　妙龄女郎哪个不善怀春

远在五四运动后不久，在北平东城根一家小小的公寓里，白泥的炉子，吐着茁壮的红亮的火舌，我同素园兄一面剥着"半空"，一面听他谈着许多书中的人物和故事。有一晚，他便为我读了以上的诗句，说是出自《茵梦湖》中的。

五四运动后的青年，的确象初春的花草：披着阳光，吸着乳露，不怕雨，不通风，呼喊着自由，蔑视着黑暗，——从旧的土壤中，生出新鲜的花朵。

没有受过迫害，所以它也不畏惧迫害；

没有见过脏污，所以它也不会沾染脏污；青春的火焰炙着身心，所以它要歌唱，便歌唱起来。

那是一个充满自由和爱恋的天地，所以《茵梦湖》中的故事和诗句，正是冲荡着这一时代的男女血液。

我虽然现在连书中的故事也忘却了，可是这样的歌句，至今还能记忆。

这是郭先生在那个时候赠与青年的水和草，粮食和花朵。

不久，我又读了《少年维特之烦恼》。这是歌德的名著，他以自身和友人的经历，写出这件动人的故事来。

热爱着别人的妻子，结果走上自杀的途径，——这是需要青春的勇气的，正如勃郎宁诗歌中所表现的一样：

"人生乃是试炼,这试炼,正如可以用善来施行一般,也可以用恶。决胜负者,无须定是赌注,筹码也不妨,只要切实地诚恳地做,就是真胜负,即使目的是罪恶罢,但度着虚饰敷衍的生活的事,就误了人生的第一义了。冲动的生命,跃进的生命,除此以外,在人生还有什么意义呢!"

这个时代青年男女的"烦恼",也正是如此的:他们需要自由的爱恋,而这往往被称作"罪恶",如同一只扑灯的蛾子,常常在别人的厌恶中毁灭了自己。

然而这决不是成年人和老年人所轻易能办到的事,因此,郭先生这本译文,为那时代青年男女所热爱。我想,这绝不是偶然的事罢!

在这以后,大约又有两三个年头;我看到《棠棣之花》以及《王昭君》的上演,那时北方正在张作霖的统治之下,杀戮,牢狱,风沙中布着血腥,许多青年的死亡,许多青年的流落;然而,为血腥所壮大起来的人群,正出入在"拿铁蛋者"的身旁,郭先生以"叛逆女性"为题材的戏剧,却在西郊一座山林里的礼堂中上演。

  苍生久涂炭,
  十室无一完;
  既遭屠戮苦,
  又有饥馑患。

  饥馑匪自天,
  屠戮咎由人;
  富者余粮肉,
  强者斗私兵。

  侬欲均贫富,
  侬欲均强权;
  愿为施瘟使,
  除彼害群遍。

不愿久偷生，
但愿轰烈死；
愿将一己命，
救彼苍生起。

去罢！二弟呀！
我望你鲜红的血液，
迸发成自由之花，
开遍中华！
二弟呀！去罢！

这样"叛逆者"的歌声，不仅山林为之震慄，暴君的统治也为之摇动罢！

这正是暴风雨的时代，郭先生便是这大时代的歌手。

年月不复记忆了，我又读到郭先生的诗歌：
诗句也不复能记诵了，然而那诗的音响，还残留在心上。
是"天马行空"的语句，波动着强烈的情感，与反抗的言辞。
郭先生的诗不是"作"的，而是"写"的；不是雕琢堆砌的，而是热情自然流露的。所以它有着激荡的力量，象"天上来"的"黄河水"，使人读了心情也为之奔腾澎湃。

最使我兴奋的一篇文章，是在"阅后即刻焚毁"的情形下读到的。
那是一年"日食"的时候，地点仍然是北方。
"石灰老王哈立岗？"那是郭先生化名"易坎人"所翻译的《石炭王》中的歌句，这是一部轰动一时的新书。只记得我是在不能停歇的情况下读完的。
译笔流利奔放，虽然这书的结果不能给我一种满足，然而回想起来，还是一本最使我不能忘却的书。
在我参观山西阳泉煤矿以后，我看到那距二千尺下的地狱生活。在大行道的两旁，那鬼影幢幢的所谓"黑奴"，是工头们从各处骗了来的。到了矿井以后，升降机吊下去，是活蹦乱跳的人；再一次吊上来的时候，便是一只黑色的柳条筐，装着一个伛偻的皮包着骨头的死尸。——我们试想想，不见天日的幽暗的昏黑的地穴里，他们没有衣服，没有住所，吃着窝窝头，喝着冷水，扛着三尺宽三尺厚的煤块，牛马样的劳动着，牛马样被鞭打着。他们没有一文钱，所希望的，只有一年半载，至多是三五年，把死尸去见天日的机会。——那是一个何等凄惨的景象。

我常常想，有谁个来写出我们的"石炭王"来呢；它吞食着人的血肉，吐出来人的骨骼。只见温暖的客厅里燃着熊熊的壁炉，而有哪个人知道是燃烧着他们的血肉呢！

我常常想，我们也应有一部《石炭王》。

当我读了郭先生的著作和译作以后，我总觉得郭先生是一位"豪情如水"的人，可我总又觉得他是一位难以接近的人。好象毫无理由的，我这样想。

可是去年当我在某报发表《被遗忘的歌者》以后，一天，我接到一封陌生人的来信，问我是否有戚继光的书籍。——这来信的人，便是郭先生。

当我在张家花园他的寓所里会见他的时候，"不易接近"的想头，完全打碎了。和蔼可亲，一见面，丝毫不感到生疏，一点也不觉得拘束。从前觉得郭先生总是一位锋芒毕露的人，而见到的，却是一位温和的长者。

此后在晚会上，群众会上，常常遇到。他的有节奏的，一种刚毅坚强的音调，象歌唱一样的说述着鲁迅先生，读着高尔基先生的海燕歌……以及高谈豪饮，是最能够同青年打在一块的人。

我想见过郭先生的人绝不会想到他是五十岁的青年吧！

走在时代的前头，生活在群众中间，骨头是硬的，意志是坚强的，热烈蓬勃，豪情似水，——郭先生永远是青年的导师，中华民族的歌手，是无疑的了。

辉煌的廿五年来的战斗，如火如荼的五十年的岁月，狂风暴雨里，枪林弹雨里，郭先生正以百战之身，呼号着中华民族的胜利，争取中华民族的永生。

　郭先生将永远是年青的，而且永远是最英勇的战士，最响亮的歌手！

1941年9月末于渝郊金刚坡下

（原载1942年6月15日《抗战文艺》7卷6期）

记创造社（节录）

陶晶孙

有一天，郭沫若从东京回来了，因为我们是同学，我照例到他的住所去看他。原来我同他没有谈过文学，虽说他很喜欢把他的处女作登在《学灯》者给我看，把田汉和他的信件给我看，但我有十七岁少女似的害羞，没有使得他知道我写过几篇小说。此刻他从东京回来，很高兴的把他的一包东西拿出来，叫我看，一篇一篇都是小说。他很得意，强迫要我看。我没法，横卧在窗口，看了半天，他在旁给我说明。他说这些文章要去出一个杂志，杂志的名称还没有题好，他想把他叫做《创造》，有人说"创造"这两个字太自负了，或许设法用更客气一些字。我急忙地说"创造"两个字最好没有了，不必客气，只要留心造些好点文章好了。我第一次开口我的文学话，就是向他说，那么用什么方针办，他说一句：新罗曼主义。我知道一切了，因为关于我的几篇文章，我自己能批评那是属于罗曼主义。但我不多响，他又说回来，问他给我看的小说的意见了。这使我困难，因为我喜短篇，不爱长篇，长篇使我成为莫名其妙。现在几篇，都是长篇，虽说读完了，但没有一篇在读了四五页之后成为非读不可，读了一段即欲放下。不过沫若在解释说，这些文章中以张资平的为最好，因此我即刻再读，的确资平的文章很好，我们把几个小说调查之后，决定资平是真正的小说家。这些原稿大部分登在《创造》第一期。第一期因为我没有应沫若的要求，所以没有稿子。……

第一期出版了，沫若有一天在我的桌上发现一篇小说，他定要拿去，我不给他，我好象害羞的十七岁少女，但是他拿去了。过两天，他给我看新出版之《女神》，我赞他文章之美，他不几天即去上海。之后，我在博多街道上，得一曲《湘累之歌》，把它抄在五线纸上了，在抱洋阁上试过几次，给安娜夫人听过。过几天沫若从上海回来了，我给他看，他正是急忙在编第二期。他说要把这歌曲登进去，结果登进去了。从这个动机，《创造》全本变为横排，我画了几张木刻图。那时候的创造社同人对于装订都没有什么意见，现在第二期有很多进步。我有一个小小高兴，其实那不值钱，重要的是中国文艺杂志成为横写的是以这第二期为初次。沫若说把第一期再版时也要改为横排，但我还没有看见。沫若是最初提议创造社者，当然他在博多海岸上与资平谈过文学后，一度到东京、京都、名古屋去劝诱仿吾、何畏、达夫等人，表面上是大家合作，主力免不了是他。但他的骨骼上，不装资平之肉，不能成为人的样子。所以我们学医者尝研究过创造社之解剖学说：沫若为创造社之骨，仿吾为韧带，资平为肉，达夫为皮。我正经地说，沫若的文学素养在诸人中最为圆满而高深。第一他精通中国古典，不象以中学毕业程度中文来写小说者辈（如我），他通各国古典文学很平均，所以指导地位不得不让他了。

（选自《牛骨集》，陶晶孙著，上海太平书局1944年5月出版）

郭沫若先生访问记

力 扬

　　本月十日早晨八时半光景,我匆匆地从民生路转向较场口,去参加陪都各界发起的庆祝政治协商会议成功大会。我刚穿过马路,踏进较场口的场坝,没有走几步,忽然有人从我背后用什么东西在我底肩头上轻轻地敲了一下,我停住急速的脚步,回头一看,原来是郭先生。他手里拿着一卷当天的报,那就是刚才用来敲我的。他穿着蓝布的长褂,愉快而潇洒地立在我的面前。我上去和他握了手之后,在他后面几步路,我又发现了他的夫人于立群女士和公子汉英等三四个小孩,还有女佣人。他说:

　　"还早呢,许多人都还没来。"

　　这时天空上放下微弱的阳光,空气很暖和,使人感觉到时序的确是初春了。

　　尤其是政治协商会议成功结束以后,重庆极大多数的市民底心胸都象因春风吹拂而苏生的花木似地,在发着嫩芽,结着蓓蕾,只期待着开放民主的繁花茂叶了。

　　郭先生是政协的代表之一,而且在会议上,他为人民说了许多话,争回许多权利。今天,市民要庆祝这他曾用智慧和汗水所灌溉得来的会议的成功,他如何不喜欢呢。正如他受伤后,在记者招待会上带伤发言时所说的:他是带着全家老少,象过新年似地去赴这庆祝会的。

　　主席台布置在较场口的中心,而且是背向着我们,我为了要去看一看台上的情形,就匆匆地向场坝中心走去,他和家人怡然地在场坝边缘散步。

我到台上一看，台前已经站立着很多强壮的群众，台的左右两边以及台上，也站着许多戴歪帽穿长褂，或是穿呢中山装黑大衣的人。我当时心里非常高兴，以为市民对政治兴趣这样浓厚，对政治协商会议的成功，这样热情庆祝，来得这么早，中国民主政治的前途，真是大可乐观了。事变以后，才知道这些早到的、强壮的、戴歪帽的、穿中山装的一批"群众"，是有人预先埋伏下的打手。

九点钟以后，郭先生走上主席台，仍然带着夫人和孩子，但不久，他就叫他的夫人和孩子先回去，我当时还劝于立群先生，何不就在主席台上坐下来呢？她坚决地说："不，我要带小孩们回去！"

也是当郭先生受伤后，在记者招待会上，他说：为什么把太太和孩子们遣回家去呢？是因为当时他预感到情势不对，免得出乱子时女人、小孩子遭殃的缘故。

这后不久，就是埋伏了的台上台下有组织的暴徒来强夺主席，来殴打筹备会决定的主席团章乃器、李公朴、施复亮诸先生，而郭先生是为了维护李公朴，被打落眼镜，额角被打肿，被推倒在地下，胸口被踏一足。后经人去报告宪兵，来了三位宪兵，向暴徒们说："这是代表，打不得，打不得！"之后，暴徒们才住手的。

今天，事变后的第三天早晨，我抽空访问了郭先生。走上我所熟悉的三间小楼房，因为太相熟，我就直接走进他的书房（是兼作会客室用的）。他正和一位来慰问的客人和悦地谈着，那客人已经要走了。他把客人送出去，我独自在房里站立着。等他回来，握了手，我问他："郭先生的身体如何？"

"还好。"

"胸口怎样？"

"还有些痛。"

"没有内伤吧？"

"照过爱克司光，说没有。"

八年以来，为了抗战，为了民主，他变得苍老多了，然而精神是愉快的。

我们坐了下来，中间只隔了一个茶几，我问："郭先生对这次的事件,有什么感想?"

他笑了笑:

"我大部分的意见,都在那次记者招待会上说过了,你要我再说一遍吗?"

我点了点头。他说:

"首先,我对许多热情的慰问,表示感谢!"他稍为停了一下用手抚着胸口,接着说:

"这事变,我们姑不谈它发动的内幕,单就当天所发生的形势上看,很显然的,是预先布置好的破坏阴谋。事变发生以后,个别的宪警,虽曾消极地防护被打的人,譬如那三个宪兵防护我。但他们确没有积极地防范事变的爆发,事变发生以后,也确没有积极地制止变乱。在暴徒们,应该负扰乱治安之责,而治安当局确也没尽其职守。

"再就这事变的内容、性质来说,是相当严重的。因为政治协商会议的各项协议,不仅为各党派所同意,而且也符合全国多数人民的要求。现在在政协会议闭幕不久,在各界人士为庆祝政协成功而召开的大会上,在我们堂堂的首都,在中外人士万目睽睽之下,而演出这样的暴乱,真是目无法纪,无法无天。自然我们应该知道:由于政治协商会议所决定的许多民主方案,是被少数的顽冥分子所反对,所不满意的。在当天他们冒名所发的宣言中,有反对修改宪章一案项,即是实例。但是他们如果对政治协商会议的各项协议,有不同意见,尽可本言论自由的原则,提出辩论,甚至抗议,而求得解决,何必出之以武力?用武力来解决问题,来反对政府所召开的政协的协议,这用他们的话来说,真是叫做'内乱'。所以在这事变的本质上说,他们是犯了'内乱'之罪。"

郭先生接下去说:"我认为政府对这些发动暴乱的分子,必须加以严惩,否则,毫无法纪,政府则威信扫地,而人民则基本自由毫无保障。自然,对其他落后的顽冥分子,我们不放弃说服、教育的方法,使他们看清局势,把脑筋改变过来。"

"至于我,"郭先生慷慨而坦然地说:"只受了一点轻伤,算不了什么。受了各方面的慰问,更使我感动。我身上还有许多血,我是准备着二次、三次再去流血的!"

来慰问郭先生的人是络绎不绝,郭先生抱伤——应酬,真太劳累了。我告退出来,心里默祝着:

"愿郭先生永远健康!"

1946.2.12 重庆

(原载1946年《文联》1卷4期)

郭沫若（节录）

赵景深

因了阿英的介绍，郭氏的新著都交给北新书局出版，我就在这书局里任事，因此得到与郭氏通信的机会。这时约在"七七"以前不久。

"七七"事变后，郭氏从异国脱走，我在蜀腴川菜馆第一次遇见了他，恰好坐在他的旁边。记得那一天，一位湖南人的熊女士跑来请写纪念册，我向沫若说明，她是凤子的同学，沫若便把一首近作题写给她，其中有一句有名的"别妇抛雏继藕丝"，可见郭氏为国忘家的意志坚决。

又有一次是鲁迅纪念会，沫若和田汉坐在我的左右。沫若称赞我所写的大鼓《平型关》，给了我不少的鼓励，后来沫若致演说词，其警句云："大哉鲁迅，我愿人人都做鲁迅！"博得全场的鼓掌，这使我想起沫若自己《创造十年续编》所说的讲演术，要简短，要有力，沫若是抓住其中的诀窍的。

还有一次在沫若常去的锦江川菜馆宴请沫若，沫若又与我坐在一起，他向我说起一桩近事，那就是空战的一幕。

我与沫若的交往，只是如此而已。但我与沫若通信，却为时甚早。读者诸君倘若不曾忘记《创造周报》，当可记得第四十五期上有露明女士与沫若的《乌鸦译诗的讨论》。所谓露明女士，就是我的化名。我的字很象女人写的，我的信上说，看到张伯符（即后来在中华书局译文学书的张梦麟，也就是商务出《欧洲最近文艺思潮》的忆秋生）的爱伦坡《乌鸦》译诗的讨论，也想插几句嘴。但我的英文不行，请郭先生不要见笑，信上只写寄自长沙，不曾写地名，沫若信以为真，便覆信给我，连我的信一同刊出；其中说起张先生人很好，还要替我介绍，要我把通信处告诉他，也许是想替我做媒呢！昔年狡狯，至今想起来都是好笑的。

（选自《文人印象》，上海北新书局1946年4月出版）

化悲痛为力量（节录）

于立群

郭老和我们永别了。

剧烈的悲痛猛然向我袭来。我没有料到，最后的离别来得这样快，这样突然。

郭老的身体一向是很好的。敬爱的周总理曾经对我说："郭老身体好，可以活到一百岁。"医生也赞叹他，年已八旬，心脏还象年轻人的一样。郭老当时颇有信心，他很想以他有生之年再为党多做一些工作，亲眼看到他所热爱的祖国更加繁荣昌盛。

但是，万恶的"四人帮"不断围攻他，要挟他，他们夺去了郭老的健康，使他染上了重病。

还在1973年，江青就窜到北京大学，秘密组织班子，妄图公开批判郭老。1974年春，江青一伙又几次三番在大庭广众之中，当着周总理的面，侮辱郭老，胡说郭老"对待秦始皇、对待孔子那种态度，和林彪一样"。江青、张春桥甚至跑到家里来，当面逼迫他写文章，承认他在抗战期间为揭露蒋介石反共卖国独裁统治，冒着生命危险写下的剧作和论著，是王明路线的产物，是反对毛主席的；要他写文章"骂秦始皇的那个宰相"。

江青一伙的狂妄无知、居心叵测，使郭老反感、忿怒到了极点。他当即驳斥张春桥："我当时是针对蒋介石的。"张春桥顿时无言以对。郭老蔑视这伙无耻之徒，他冷静地对我讲："历史自有公论。"

郭老一向是严于自我批判的。他从不隐讳自己著作中的缺点，他随时准备坚持真理，改正错误。然而，他觉察到江青一伙的野心。在江青窜到北京大学，秘密组织班子的时侯，他就说过："他们是针对总理的。"丰富的历史知识和敏锐的观察力告诉他，江青一伙肯定是要下毒手的。郭老深深地为党的前途担忧，为伟大领袖毛主席和敬爱的周总理担忧。

深切的忧虑和无情的压力，使郭老的身体衰弱了。就在江青到家里来纠缠了整整三个小时的当天晚上，沫若的体温骤然升高，肺炎发作，病情一下子就到了十分危险的地步。

伟大领袖毛主席和敬爱的周总理对沫若同志的病情十分关切。毛主席亲自派人前来探望，并特意要去郭老的《读〈随园诗话〉札记》。周总理多次嘱咐我和在郭老身边工作多年的王廷芳同志，要特别注意他的身体。总理又派身边的医生来探视病情，采取了许多具体措施。毛主席和周总理的关怀，使郭老得到巨大的温暖。他顽强地同疾病斗争着。但是，毕竟病情太重，又几经反复，他已无法恢复当年的健康了。

1976年1月8日，敬爱的周总理与世长辞。噩耗传来，沫若悲痛欲绝，病情顿时加重，以致到了无法行走、无法站立的地步。沫若敬重总理，总理理解沫若。他们之间的友谊，是在半个世纪的革命斗争中凝结成的。早在北伐期间，沫若就在周总理的领导下工作；后来，沫若又参加了周总理、朱委员长领导的南昌起义，就在南下途中，周总理和李一氓同志介绍沫若加入了中国共产党。沫若旅居日本之前，聆听了周总理的指示；在日本期间，周总理又一直关怀着他。抗战爆发后，沫若冒着生命危险回到祖国，又重新在周总理的直接领导下战斗着……沫若比周总理年长几岁，而精力始终那样充沛、斗志始终那样旺盛的周总理竟在他之前逝世，沫若深知，这是江青一伙的残酷迫害所致。他满腔悲忿，含着泪水在病院里写下了当时不能公开发表的诗句："盛德在民长不没，丰功垂世久弥恢。忠诚与日同辉耀，天不能死地难埋。"他坚持着一定要去向周总理的遗容告别，一定要去参加周总理的追悼会。他用颤抖的笔，在日记上写道："风萧萧兮易水寒，壮士一去兮不复还。"这两行抖得几乎不能辨认的字迹，寄托了他无限的哀思。

9月9日，又一次沉重的打击袭来，我们的党和人民失去了自己的伟大导师，全国顿时笼罩在一片悲痛之中。半个世纪以来，在革命的每一个重要时期，沫若同志都从毛主席那里得到许多教诲和鼓励。1926年，沫若刚到广州，就见到了毛主席。毛主席又专程邀沫若去农民运动讲习所讲课。正是在毛主席和周总理的影响下，沫若投笔从戎，参加了北伐。毛主席领导的中国革命始终是沫若一生的精神支柱。二十多年前，沫若同志在回顾大革命失败后，旅居日本而没有沉沦下去的原因时，写道："是时代拯救了我，是毛泽东主席所领导的人民革命拯救了我，使我临到了沉溺的危险，而没有遭到灭顶之灾。"1944年11月，毛主席在延安给沫若写了亲笔信，委托周总理带到白色恐怖下的重庆。毛主席在信中鼓励沫若说，武昌分手后，成天在工作堆里，没有读书钻研机会，故对于你的成就，觉得羡慕。又说，你的史论、史剧有大益于中国人民，只嫌其少，不嫌其多，精神决不会白费的，希望继续努力。全国解放以后，沫若同志更是经常受到毛主席的关怀和指导。正是毛主席的教导使他认识到他在古代史研究中的欠缺和不足。毛主席的鼓励和教诲鞭策着沫若同志学习到老、改造到老、战斗到老。而现在，伟大领袖毛主席与世长辞了。"天柱初移，天恐坠，殷忧难已。""四人帮"的猖獗，不仅使沫若、甚至使整个中华民族都临到了沉溺的危险。革命向何处去？中国向何处去？这一次又一次的沉重打击和对革命前途的忧虑，使沫若同志的病情每况愈下。但是他依然坚持着，坚持着，他坚信真正的党，他坚信革命的人民，他坚信英雄的军队，他要亲眼看到历史做出公论的那一天。

这一天终于来到了。

……他不顾医生的劝阻，登上天安门城楼，参加了首都人民在天安门广场上举行的庆祝大会。他竟然整整站立了两个小时，和一个月以前相比简直是判若两人了。

但是，郭老的身体毕竟已十分虚弱，他预感到时间已经不多了。他对我说："时间很重要，时间特别重要。"他渴望着用他的笔，在这最后的有限的时间里，……为人民再做一点有益的工作。

今年春，沫若的病情加重了。他还是那样坚强，还是那样乐观，还在坚持写作。

他没有能够参加人大和政协的会议，但他却一直惦念着大会的进程。

他抱病出席了科学大会的开幕式。他为我们中华民族历史上最灿烂的科学的春天而热烈欢呼；他热望着继续同全体科学工作者和全国各族人民一道，在无限的宇宙之间去探索、去发现、去创造。

他为没有能参加文联的盛会而惋惜，他多么希望和同志们、战友们再见见面啊！他衷心祝愿祖国的百花园地万紫千红、春光灿烂。

他的诗文，真正是用生命在写呵！

四、五月间，沫若的病情几次恶化。

他在高烧的朦胧中向孩子们索取毛主席的诗词。

他把我和孩子们叫到身边，要我们记下他的话：

"毛主席的思想比天高，比海深。照毛主席的思想去做，就会少犯错误。"

"对党的关怀，我特别感谢。我在悔恨自己为党工作得太少了。"

"我死后，不要保留骨灰。把我的骨灰撒到大寨，肥田。"

沫若又一再叮嘱我："遇事要冷静，要实事求是。""你不要悲观。你很泰然，我就放心了。"

……沫若仍然在顽强地同疾病斗争。他的生命力是那样旺盛，在医务人员和同志们的护理下，他竟然度过了这次垂危。6月初，他又时而谈笑风生了。同志们都祝愿他能够转危为安，迎接新的工作、新的战斗。

但是，6月11日下午，沫若的病情突然急剧恶化，肺炎大面积复发。沫若感到时间的紧迫，他用尽全身的力气嘱咐我：

"要相信党，要相信真正的党。"

沫若的呼吸愈来愈急促，而他的神态却仍然是那样安详。万万没有料到，这竟是他留下的最后的几句话了。

1978年6月29日

（原载1978年7月4日《人民日报》）

难忘的往事

于立群

在纪念毛主席诞辰八十五周年之际,《人民日报》编辑部决定发表毛主席于1944年11月21日给郭沫若同志的一封信,并希望我能写点东西,记述和这封信有关的往事。

对于这个希望,我确实感到难于承担。我很后悔当时没有能够把那些珍贵的历史事实都详细记录下来,现在只能凭借手边有限的一些资料,把记忆中的情节连贯起来,试着把那些难忘的往事记述在这里,作为对毛主席、周总理和许多故去了的老一辈的无产阶级革命家的怀念。

1944年8月下旬,郭老收到了周恩来同志从延安托专人带来的《屈原》和《甲申三百年祭》的单行本。郭老当天即给毛主席、周副主席和许多在延安的朋友一一致函,感谢他们的鼓励和鞭策。12月,郭老收到了毛主席11月21日写的复信。

毛主席复信中谈到的《甲申三百年祭》,是郭老在当年春天为纪念明末李自成领导的农民起义胜利三百周年而作的长文,脱稿于3月10日。经过几天修改,郭老把它送交当时在重庆的董必武同志审阅。没有想到,交稿后的第三天,《新华日报》就全文连载了。自3月19日刊出,连载四天,到22日全部载完。文章一发表,国民党方面立即有人出来干预,说这篇东西是"影射当局"。3月24日,国民党的《中央日报》竟专门发了一篇社论进行攻击。反动派的尴尬实在令人悯笑,自然这也正从反面证明,这篇文章写对了。敌人感到窘怕,而人民是欢迎的。

不过，郭老更没有想到，仅隔二十天，毛主席就在《学习和时局》的报告中提到这篇文章，指出："我党历史上曾经有过几次表现了大的骄傲，都是吃了亏的。……全党同志对于这几次骄傲，几次错误，都要引为鉴戒。近日我们印了郭沫若论李自成的文章，也是叫同志们引为鉴戒，不要重犯胜利时骄傲的错误。"

不久，林伯渠同志自延安飞抵重庆。林老亲自告诉沫若同志，党中央、毛主席决定把《甲申三百年祭》作为整风文件，供党内学习，并且已经在延安和各解放区普遍印发。这些消息给郭老带来了极大的鼓舞，他从内心感到欣慰，他的这篇文章符合了党和人民的需要。

毛主席在信中所说"恩来同志到后"一事，是同年十一月间的事情。周恩来同志于11月10日夜从延安飞回重庆。第二天，郭老在住处天官府四号，为刚从桂林抵渝的柳亚子先生洗尘，周恩来同志也赶来参加。席间，周副主席畅谈延安近况，件件振奋人心的消息，顿时给小小"蜗庐"带来了光明。郭老在事后追述道，由于周副主席的参加，"朋友皆甚热烈狂欢。"他并赋诗以纪念当夜的欢聚，纪念周副主席的归来，诗中称喻周副主席为手持火炬的人：

顿觉蜗庐海样宽，
松苍柏翠傲冬寒。
诗盟南社珠盘在，
澜挽横流砥柱看。
秉炬人归从北地，
投簪我欲溺儒冠。
光明今夕天官府，
扭罢秧歌醉拍栏。

毛主席在信中说大家都希望能见到沫若同志。郭老又何尝不是时刻向往着能再见到毛主席和延安的同志们呢！郭老和毛主席1927年在武昌分手后，十多年没有见面了。抗战爆发后，郭老只身从日本回到祖国。从那时起，他就一直渴望能够奔赴延安。那里有他阔别十年的北伐战友，那里是抗日救国的堡垒，是中华民族的希望。1938年，郭老曾作一首《陕北谣》，表达了他这种心情，其中写道：

> 陕北陕北朋友多，
> 请君代问近如何？
> 华南也想扭秧歌。

> 陕北陕北太阳红，
> 拯救祖国出牢笼，
> 新天镇日漾东风。

然而，当时在国民党统治区，这个愿望是无法实现的。郭老的行踪，一直受到国民党特务的严密监视。甚至每当暑季日军大轰炸，我们被迫到距离重庆市区才几十公里的赖家桥避居时，国民党特务便立即放风说："郭沫若要逃跑"，"要出青木关造反啦！"当时，我们只能翘首北望，却奋飞不得。为此，郭老曾无比感慨地说："此乃无望之望也。"

1945年，我们渴望见到毛主席的心情终于如愿以偿。抗日战争胜利后，毛主席不顾个人安危，飞赴重庆，参加国共两党谈判。郭老和我怀着兴奋和激动的心情赶到机场迎接毛主席。

9月3日，我们接到通知说，毛主席下午要到天官府来，看望各界人士。朋友们立即奔走相告。后因当天有胜利大游行，车辆无法通行，聚会地点临时改在毛主席的住处。郭老和我立即动身，步行赶到主席住处。当时在座的还有翦伯赞、邓初民、冯乃超、周谷成等几位。

记得周谷老操着很重的湖南口音先问毛主席："过去您写过诗，现在还写吗？"

主席风趣地说："近来没有那样的心情了。从前是白面书生，现在成了'土匪'了。"

大家都笑了。

接着，毛主席便和大家畅谈起来。毛主席阐述了北伐战争失败的原因，并转身向坐在他左侧的郭老说：

"你写的《反正前后》，就象写我的生活一样。当时我们所到的地方，所见到的那些情形，就是同你所写的一样。"

毛主席分析了抗战胜利后的时局，谈到了人民渴望民主与和平的愿望，他明确地指出：

"共产党，是私的？还是公的？无疑是人民的，党的作法，应以人民的利益、社会的好处为原则。如果做来对这些都没有好处，我们就需要改正。"

最后，毛主席充满信心地对大家说，和平总是要到来的，然而要达到目的是很不容易的。

毛主席谈完后，又谦虚地征求大家的意见，请到会人士发表看法。

郭老听觉不好，特别用心地听着毛主席的每一句话，注视着毛主席的每一个手势。他看到，毛主席用的是一只旧怀表，会后便把自己的手表取下来送给毛主席。

9月9日，郭老和我在红岩村再次见到毛主席和周副主席。晚餐时，大家谈起郭老在文化界应采取什么态度的问题，毛主席很同意郭老的见解，认为态度应该强些，不要妥协合作，要有斗争。毛主席说："前途是光明的，道路是曲折的。"

和毛主席的这几次见面，给我留下了终生难忘的印象。主席当时的形象，至今仿佛出现在我的眼前：穿着延安宽大的灰布制服，态度平静、谦虚，举止沉着、稳重，似乎总在不断地思考着问题，对前途充满了信心。

几十年来，特别是解放以后，郭老更不断得到毛主席的亲自指教。毛主席1944年写的那封信，一直激励着郭老不倦地努力研究和写作。毛主席在信中所谈关于研究太平军经验的问题，郭老始终放在心上。在重庆时，他曾想动笔，但因资料不足，未能实现。六十年代初，郭老积累了一些材料，准备动手，由于种种原因，计划又未能实现。郭老不止一次地说过：这对于他来说，是一件极大的憾事。

1978年12月24日

（原载1979年1月1日《人民日报》）

回忆父亲（节录）

郭庶英　郭平英

一

解放前，父亲在生活上经受过许多的艰苦波折，这在他的自传中已写了很多。我们只能讲讲我们经历过的一些事情。

天官府四号——我们在重庆时的家。这是一所很破旧的小楼，我们住在三楼上。沿着木板的楼梯爬上去，每走一步，似乎都感到房屋在颤动；房间隔墙上的白灰，大块大块地脱落下来，木条就暴露在外面；地板的板条之间有着很多的缝隙。听妈妈说，那时我们兄弟姐妹四个，汉英、庶英、世英、民英，年纪都小，非常淘气，有时不小心把尿盆打翻了，尿顺着楼板的缝隙滴到楼下，搞得邻居很不高兴，爸爸妈妈也十分不安。那时的傢俱也相当简陋，同志们从《沫若文集》第三集照片中看到的书柜，就是用四个木箱子垒起来的。但就在这所破旧的小楼上，爸爸从事了大量的创作。著名的《屈原》、《棠棣之花》等历史剧就在这里写成，《甲申三百年祭》、《十批判书》也在这里写成，还有许多许多的诗文都诞生在这小小的"蜗庐"里。

那时家里是不宽裕的，爸爸妈妈对我们的生活要求也很严格。在我们的记忆中，妈妈给我们的最好吃的东西是盐水煮毛豆和甜米汤。一次，爸爸妈妈带我们出去，当时正是鲜梨上市，满街都是梨，但妈妈为了减缩开支没给我们买。半路上，世英却提出要求说："妈妈请我吃面哟!"妈妈说没有钱。世英说:"你把身上的衣服脱了卖掉,就有钱了么。"妈妈把世英的话讲给爸爸听,爸爸笑了,把衣袋里的零钱掏出来给世英。世英见了很高兴,但马上就害羞地躲到妈妈身后去,知道自己不对了。民英很乖,是个很懂事的孩子,但到底年纪还小。一天妈妈带他上街,他看着商店里摆着那么多自己从来没有吃过的好东西,真吸引人呵,他知道不该让妈妈买,可最后还是忍不住地说:"妈妈,我怎么总有那么多口水往肚里流呀?"

抗战期间,文化界的朋友们云集重庆。党组织时常在我们家召集座谈会或传达中央精神。爸爸妈妈知道,大家的生活都很艰苦。所以每当同志们在家里聚会时,爸爸妈妈总是热情地接待他们,把平常舍不得吃的东西做来请大家一起吃。好多同志都把天官府四号看作他们自己的家。

解放后,由于党和人民的照顾,家里的生活有了很大的变化。爸爸妈妈时常提醒我们,不要贪图安逸,不要随意浪费。爸爸给我们讲过这样一件事。那是1948年底,他和一些同志乘船离香港北上,途中遇到一位打鱼的老人,他们用大米向老人换了些鱼。爸爸对这老人说:"今晚你回家可以吃顿大米饭啦!"老人却说:"那里哟!大米得留着过年,今天吃了,过年就没有吃的了。"爸爸在《渔翁吟》这首诗里记述了这件事的经过。诗中这样写着:

……
翁见大白米,怡然笑颜开。自言不见者,于今已数载。南人还慰问,今夕可加餐。翁言吾敢岂,留以过新年。
……
翁言感我心,吃饭良艰难。我辈何德能?饱食尚思鲜!无怪古之人,讥彼有悬貆!

爸爸用这件小事告诉我们,解放前劳动人民要吃到一些大米是多么不易,现在同过去相比是多么的不同。他常常感慨地对我们说:"我们现在每天都象在过年一样啊!"

爸爸妈妈一直保持着吃野菜的习惯。每到春天,就带我们出去采些野菜回来。直到爸爸最后这次发病，我们都和过去一样，把做好的野菜送到医院去。爸爸别的菜吃不下，但总要吃几口爱吃的野菜。家里最常吃的野菜有二月兰、枸杞芽、马齿苋等。二月兰是一种很好吃的野菜，爸爸在《百花齐放》这本诗集中还特意为它写了一首颂歌，欢迎人们放下一点身份，都来和这不知名的草花打打交道。诗的题目就是《二月兰》：

在群芳谱中自然找不出我们，
我们野生在阴湿的偏僻地面。
素朴的人们倒肯和我们打交道，
因为摘去我们的嫩苔可以佐餐。

既不要你们花费任何劳动来栽，
也不要你们花费什么金钱去买；
只要你们肯放下一点儿身份呵，
采过一次，包管你们年年都会再。

爸爸平时的衣着很朴素，出国用的服装也总是自理，不要国家多花钱。去年年初他最后一次住进医院的时候，穿的是一件对襟的蓝丝棉袄，扣绊已经磨断了。平英到医院去看他时，他要平英用线帮他缝好。但医院里一时找不到深色的细线，只有白的。平英便扯了一段白线，用蓝墨水染过，跪在爸爸的膝旁，把扣绊缝起来。爸爸低头看了看缝好的绊子，安然地点点头，说了声："好。"这就是他去世前穿的最后一件棉袄。

1951年，爸爸获得斯大林和平奖金，共十万卢布，全部捐给"和大"，作为"抗美援朝"的经费。1953年，爸爸和妈妈又把自己收藏的两千多册图书送给北京图书馆。五十年代时他们向组织提出停止接收版税；以后又将所得的稿费先后捐献给灾区人民、科技大学和作为党费交给了科学院党组。

如果同志们有机会到我们家里来，可以看到院中影壁墙上四个醒目的大字——毛主席手书"艰苦朴素"。这四个字是爸爸妈妈特意选出请工人同志们临摹在墙上的。爸爸在院中散步时，几次对我们说起，毛主席这几个字写得好，意思也好，摆在这里真是合适。现在爸爸妈妈都已不在了，但这四个字仍然在。我们要象爸爸妈妈一样，把这四个字作为我们生活的座右铭。

二

解放后，父亲担任的职务多，工作忙，他一直希望有更多的机会同群众直接接触。近三十年来，大量的群众来信始终是他亲自拟稿处理，或认真回答来信中的问题，或诚恳直率地提出批评，都非常及时。

一次，有位残废军人来信说：在爸爸参加赴朝慰问团的时候，他曾经担任警卫工作，很想请爸爸题字，可是当时首长曾经嘱咐过不要劳累慰问团的同志，他便一直忍耐着没有提出这个要求。后来这个同志在战斗中负了重伤。爸爸接到这封来信后，即刻题了字寄去，满足了这个普通战士的心愿。还有一位素不相识的同志写信来，说他耳朵不好，经济条件又不充裕，请求爸爸送他一付旧耳机。可是这位同志连父亲的名字也写错了，写成"郭莫诺"。爸爸毫不在意，他让工作人员了解这个同志的实际情况，把耳机送去了。庶英有个同事的父亲是个退休工人，耳朵不大好。庶英问爸爸能不能找一个耳机送他。爸爸立刻同意了，并且让庶英和他一道在耳机匣里找。庶英说："不必找很好的，只要是你不用的就行了。"爸爸很认真地说："这怎么行！自己不愿意要的东西怎么能送人呢？"最后还是爸爸选了一个比较好的，送给了同事的父亲。

爸爸是很平易近人的，他常常自称"老兵"，而且不希望别人称他"郭老"，他说："把'郭老'这两个字颠倒一下嘛，叫我'老郭'好了。"可是他对那些年老的工作人员，对打扫卫生、烧锅炉的老工人却很尊敬，带头称他们"郑老"、"陈老"……现在爸爸已经不在世了，但这些称呼一直延用在同志们中间。

1977年底，庶英出差到合肥，回过几次母校——中国科技大学。科大的同志们十分怀念老校长，带信问候爸爸。他听到学校的情况，同样也增加了他对学校的惦念，他对庶英说："等我身体好起来，要到安徽去住。"庶英说:"安徽很热,你身体受不了。"爸爸却说:"那么多同志都在那里住嘛!"爸爸的病经过几起几伏,身体已经很衰弱了,他的愿望虽然不可能再实现,但他的心始终和群众在一起。

1978年3月,爸爸出席了全国科学大会开幕式,这是他最后一次参加群众大会。值班医生很了解爸爸的健康情况,他为爸爸能重新站立起来而高兴,同时又不免担心,劳累会使他病情加重。他们把父亲一直送上汽车,但不慎被车门压伤了手指。爸爸立刻询问伤得怎么样,医生和秘书都瞒着他说:没什么,不过伤了点皮。爸爸开会回来,刚进病房又一再追问。同志们只好如实告诉他,医生右手食指的第一个关节压伤了。他十分过意不去,要我们给医生送个大蛋糕去代他表示慰问。这时妈妈考虑得更周到,说大蛋糕要一家人团圆时吃才好,现在医生的爱人正在科技大会搞医务,不能回家,还是送些好保存的食物去。于是我们连夜上街买了一盒巧克力糖送去。爸爸一直等到我们回来,才肯休息。以后,他又几次问起医生的手指恢复得如何,会不会影响今后的工作。后来,爸爸亲眼看到这位医生的手基本痊愈,仍然能够诊查病情,才算放了心。

爸爸的很多作品都记述了他对劳动人民的热爱。《西湖纪游·雷峰塔下》中的一句话极为强烈地表达了他对劳苦农民的深厚感情:"我想去跪在他的面前,叫他一声:'我的爹!'把他脚上的黄泥舔个干净。"爸爸的一生对劳动人民充满真挚的感情,他不愧是劳动人民的儿子。

三

爸爸为了革命事业,随时准备献出自己的一切,牺牲自己的一切。他所说过的一句话给我们留下的印象极深极深。那是文化大革命当中,世英被迫害致死后的事。当时世英在北京农业大学学习。农大是王、关、戚插手最深的一个高等院校。1968年4月19日早晨,农大一伙人把世英非法绑架关押,三天以后就被迫害致死。世英的去世,对于年老的爸爸和妈妈是一次多么沉重的打击啊,这已是文化大革命以来失去的第二个儿子了。妈妈简直无法抑制自己的悲愤,她痛骂农大那群目无法纪、惨无人道的歹徒,痛骂那些身居中央文革却到处煽动是非、草菅人命的大人物。但这在当时能有什么用处呢？妈妈由于过去的长期白区工作的积劳，从1953年以后就患了严重的神经官能症和心脏病。这接二连三的猛烈打击对她来说，更是难以承受的。她在极度的悲哀中忍不住责怪爸爸在世英被绑架的当天，为什么见到周总理也不向总理讲一讲呢？确实，就在4月19日这天的晚上，爸爸参加了由周总理主持的一次外事活动。爸爸就坐在总理的旁边，心中充满对世英的悬念，但他没有对总理讲，什么也没有讲。现在，面对着妈妈的责难，他仍然沉默着，过了好一阵才颤抖地说出一句话："我也是为了中国好啊！……"他再说不下去，站起身来走了出去。我们望着他的身影，望着那已渐渐变驼的背脊，泪水不知不觉地流了出来。我们觉得，只有从这时起，我们才真正开始了解我们的爸爸。爸爸决不是对世英没有感情，在我们兄弟姐妹中间，世英最喜欢文学，他很早以前就可以写诗，写剧本，常常和爸爸一起讨论问题，而且他的性格豪爽，一旦知错，改正得最坚决，所以爸爸格外喜欢他。但是，爸爸在世英的生命安全受到威胁的时候，他首先想到的不是自己的孩子，不是自己的家庭，而是整个国家。爸爸知道，总理自文化革命开始以来，一直处于一伙阴谋家、野心家的围攻之中，总理身边的人几乎都被停止工作，一人承担着全部繁重的国务。爸爸不愿在这种时候，再拿自己家里的事去劳累总理、牵连总理。第二天爸爸想方设法去了解事情的真相，但万万没有想到，第四天早晨在我们赶到农大的三个小时以前，世英已被迫害含冤而死了，他遍体伤痕，手腕、脚腕被绳子捆绑得血肉模糊……世英分明是被迫害致死，但把持农大领导权的一小撮坏人竟组织人编写世英的所谓"罪行材料"，给他扣上"现行反革命"的罪名。

　　周总理得知世英去世的消息非常痛心。他到家里来安慰爸爸妈妈说："革命总是要有牺牲的。为有牺牲多壮志，敢叫日月换新天。"总理又先后两次派联络员去调查，但在"四人帮"横行的当时，两次都没有结果。爸爸深深理解总理当时的处境和心情，他没有提出任何的要求，只是怀着巨大的悲痛，把世英生前的日记用毛笔工整地抄写了一遍，一共抄写了八本。直到爸爸去世，这八本日记一直放在他的办公桌上。爸爸虽然没有活到世英昭雪的这一天，但他始终相信，历史总有一天会证明，世英决不是"现行反革命"，那八本工整的日记就是最有力的见证。

现在，世英的问题终于得到平反。今年5月，农业大学召开了平反大会，宣布世英是无罪的，宣布他在当时就敢于指出林彪、陈伯达、"四人帮"一伙的问题，那正是政治觉悟高的表现。

也就在世英平反前不久，我们才从农大的同志们那里得知，敬爱的周总理患病以后，还两次从医院派人打电话给农大询问世英的问题是否得到解决。总理就是这样无微不至地关怀着我们全家。今天，这个冤案终于翻过来了，我们想，如果总理和爸爸都在天有灵的话，他们也该会感到欣慰的。

世英去世到现在已经过去整整十一个年头，但爸爸在他去世时所说的那句话，至今仍在我们的耳边响着。无论在国民党蒋介石背叛革命的危急关头，还是在"八一"南昌起义的枪声中，无论是在日本刑事、巡警的监视面前，还是在国民党特务的跟踪盯梢之下，他都准备好牺牲自己的生命以至自己的全家。在革命斗争最困苦的时候是这样，在革命已经取得胜利以后依然是这样。爸爸为什么能这样呢？因为他活着就是"为了中国"，就是"为了中国好啊！"这短短几个字为我们作了最集中、最明确的回答。

爸爸把自己毕生精力都交给了革命，就是在他生命的最后阶段，他也是一息尚存，奋斗不止。粉碎"四人帮"以后，爸爸的精神真是倍加振奋，他写了许多的诗，这是他内心情感的流露，革命热情的爆发。但是由于疾病的长期折磨，身体已经衰弱到经不起精力高度集中的脑力劳动的疲劳了。他的创作青春可以再一次焕发，但他的身体健康是不可能再复原的。这一年多来，爸爸每作一首诗，都要发一次热或者几天站不起来。爸爸早已预感到他的时间不多了。1977年夏季的一天，他拉着妈妈的手，深沉地说："舍不得，真是舍不得呀！"爸爸热爱生活，但那一定是火热的生活。他知道，写作在消耗着他的健康，但是他不肯休息，他抓紧生命的最后一刻，让它发出更大的光和热。

1978年春节后，爸爸又一次住院，从此再没有出院回家。二、三月间，五届人大、政协相继开幕，他很希望参加，但终因病情向不好的方向发展，未能如愿。他在病房里，只要能坐起来，就仔细阅读大会的文件。他一直在考虑要写一首贺词来表达他的心情 他反复地琢磨，在高热中还几次把秘书叫到床边，让他记下改动的字句。

一段时间之后，他的病情有些好转，这时正值科学大会开幕。爸爸说，他是科学院的院长，科学大会一定要去。平英劝他，过些天身体或许会恢复得更好一点，等到闭幕式时再去吧。他严肃地说："我已经病了这么多年，也没有好起来，再过几天怎么可能就会好呢？"爸爸已经摸到了疾病的规律，发病的周期越来越快，好转的时间越来越短暂。在爸爸的一直坚持下，中央准许他出席半小时的开幕式。但是爸爸实际参加了一个小时的会，直到被周围的同志们连人带椅子一起抬下主席台。几天以后，病势果然有所发展，闭幕式不能出席了。大会代他宣读了那篇激励人心、充满希望的书面发言《科学的春天》。

爸爸是彻底献身革命的。早在党内提倡实行火葬的时候，他就说过："我的骨灰也用不着保留。"在全国第二次农业学大寨会议期间，他写了一首诗，表达了他对农业早日实现现代化的殷切希望，并且说："将来把我的骨灰撒到大寨去肥田。"现在，他的遗言实现了，他的遗体已供医学解剖，他的骨灰已撒遍了大寨的土地。他是"死而不已"的。

父亲平生最喜欢一〇一这个数字。1958年，他在《百花齐放》中选了一〇一首诗，并在《后记》中写道："我倒有点喜欢一〇一这个数字，因为它似乎象征着一元复始，万象更新。这里有'既济'、'未济'的味道，完了又没有完。'百尺竿头更进一步'，这就意味着不断革命。"二十年后，爸爸逝世于北京医院一〇一号病房。这数字的巧合似乎正象征着他那奋斗不息、死而不已的一生。父亲的生命是结束了，但他的精神没有死。爸爸去世后，妈妈在病中把上面那段话写给平英和弟弟建英，鼓励我们向父亲学习，向一〇一的风格学习，不断地追求，不断地进步，不断地创造，不断地革新，象父亲那样，燃烧起自己的生命，把全部的光和热交给人民。现在，父亲、母亲都相继去世了，但他们那种自强不息的身影，永远留在我们的脑海里，我们一定要努力做一个他们所期望的有益于人民的人，为了中国人民的革命事业，为了实现社会主义、共产主义的远大理想，努力学习，努力奋斗。

（原载《郭沫若研究专刊·四川大学学报丛刊》1979年第2辑）

回忆旅居日本时的父亲

和 生

旅大文联的同志约我写一点回忆父亲郭沫若的文章,我有些踌躇。因为近几十年我没有和父亲一起生活。能够记忆的都是父亲留日时期和后来随父亲回国在大革命时代到处奔波,以后又流亡日本时的一些零星生活片断。那时我还幼小,记忆浮浅,只好从一些生活琐事,搜寻一些记忆的浪花吧。

我的童年是在日本九州福冈度过的。父亲在日本的冈山第六高等学校毕业后到福冈九州大学念书。我最早的记忆是父亲在福冈时代的生活。许多孩提事,现在记忆清晰的只有一件。那是我三岁的时候,一天父亲拉着我的手在松林下漫步,林下长的龙须草,结了许多青蓝色的小果,我蹲下摘,父亲也帮着我摘,把我的小手掌盛得满满的。父亲说那时正是我弟弟博生诞生的一天,我想父亲一定是带着对母亲平安祝愿的心情,又怀着对即将诞生的新生命的骨肉的爱情,领着我在病房的后院蹓跶的吧。这种感情,当我快要做父亲的时候,才深深地体验到了。现在我想起这件往事,好象仍然听到了当时那永不停息的松涛声。前不久当我和父亲在一起谈到当年在福冈的生活时,我的记忆也勾起了他的回忆。

我们在福冈时的生活是清贫的。父亲正在大学的医学部读书,我们全家都是靠父亲的助学金过活。学医的学生需要德文的医书。书价异常昂贵,母亲就尽量搏节开支。我记得经常是拿五分钱去买烧红薯,这便是我们全家的中饭。小孩总要一点点心的，母亲就给我一个铜板去买一块叫做"铁炮弹"（Teppodama）的糖块，这是当时日本平民孩子吃的一种球状的硬糖块，价钱便宜，可以在嘴里含很长时间。

偶而父亲从箱崎车站买回一种叫"驿便当"的饭盒，那是月台上卖给旅客的用木片饭盒装的便饭。里面有烧鱼、鸡蛋、肉、蔬菜和大米饭。记得要花二角五分钱。这却是我们的一顿佳肴盛餐，那大概是父亲临时有了稿费收入或者刚刚领回助学金吧。

我家附近有一个很大的神社，叫作箱崎八幡宫。在那里的老松林下，有一条长长的石板路，父亲经常带着我到那里散步。神社附近有些小摊子，那炭火烧的铁板上滋滋地烤着豆沙馅的糯米饼。有时父亲便买一个给我。这对现在的父母来说自然不算什么了，可是那时，却是清贫苦读的父亲对他的子女的一点小小的安慰。

有一天，家里来了父亲的朋友，我记不太准，大概是成仿吾、郁达夫和陶晶孙等，家里热闹起来了。母亲准备着"锄烧"❶，日本式的牛肉菜锅。父亲提议到外面去摘些野菜下到锅里，于是我也跟着大家一道去摘。已经是初春的时候了，野地到处长着小小的荠菜，我们采了不少；可是，这荠菜虽很小，吃起来却不易嚼烂。

我的另一个记忆是那时我家常常搬家。后来知道，为了节省开支，找那些更便宜的住处。我们搬家是很简单的，没有多少家当，手提背兜儿，往返几次就搬完了。

现在回忆这些食住的琐事，可以看出那时父亲为了求学，为了探求解救苦难祖国的道路，肩负着一家的生活，是经受了多少的困苦！

父亲喜欢和朋友们一起野游、散步、畅怀高谈。都谈些什么？那时我还不懂。最近我见到夏老（夏衍同志），他说，他在九州户畑念书时，就来博多看过我们。我只记得有一次，正是春天的一个晴朗的日子，我们一家和父亲的朋友们去博多东端的名岛公园看樱花。那次好象成仿吾伯伯也在。大家愉快地沿着博多湾很长的松林边走着。不远

---

❶ 念 Swkiyaki，日本人原来不吃牛肉，西方文明传来后开始吃，但不是正式的食品，最初是在野外放在锄头上烤着吃，因此得名。现在用一种浅的平底锅，先将牛油化开，后加牛肉片、葱、豆腐之类，添上酱油、糖，一面吃一面加料。

的草原上渔夫们晒着网，草原连接着沙滩。博多湾的海风轻轻吹来。公园里盛开着樱花，有如一片烂漫的红云。看花的人川流不息，真是一片野游"花见"❶的迷人景象！公园里有一座石碑，碑上刻着什么字，我是不知道的。父亲便指点着告诉我，那是一段硅化木。树木在砂里久埋，慢慢就变成石头。这使我感到新奇。后来我知道，树木在特殊的环境下，硅醇浓度大的水逐步渗透到木头纤维里，氧化硅析出就变成硅化木。看来那时父亲是经常观察这些自然的变化，并启发着我们对自然的兴趣。

父亲对博多湾是喜爱的。有时父亲来了朋友，在晚上也领着我和朋友到海边去散步。有一天晚上，清明的月亮圆照四周，黑暗的海面泛起闪闪的光辉，我看到在浅处朦胧的有一种白色的小动物在游动，象小乌鱼。我便挽起衣裙趟进海里去捉它。小乌鱼便敏捷地逃往深处。我追着赶着，衣服都打湿了。父亲这时和朋友在沙滩上一面漫步，一面高谈着。也许谈的是《茵梦湖》的浪漫主义镜头，想摘月光下现出洁白的一朵水莲？也许谈的是那翱翔在暴风雨中的海燕，她将如何在祖国文艺革命的惊涛中搏斗？

父亲也常常给孩子们讲些童话，有的就是他随时编出来的。记得有个晚上，他讲了我是从橘子变的，二弟是从桃子变来的故事。那时我们很小，听了当作真的呢。

我们有时随着父母乘上电车去福冈的闹市。父亲给我们买儿童画本，这是有助于孩子们的智育发展，帮助识字的，也是给我们讲故事的材料。在闹市上，我喜欢看玩具店窗里陈列的汽车、火车之类玩具，但这些我们也只是看一看罢了，那时候是买不起的。那时我家门口出去就是草原连着海滩，那个美丽的博多湾的大自然，对孩子们来说是最好的乐园了。

在我六岁的时候吧，父亲在九州大学毕了业。那时他已参加了创造社的活动。我们也收拾了家当，准备回国了。我记得在回国途中，我们曾在佐贺的山村里住了一个时期。那时我已有了两个弟弟，博生和佛生。我们住在一个人家的楼上。父亲天天伏在饭桌上写作。楼下

---

❶ 念 hanami，日本传统的观樱花的民间风习。

的园地种着青芋，长得很高，有的抽出花来。那个天南星科特征的雄大的佛焰苞很美，自那以后，我再没有看到过青芋的花了！园地外，流着一条清澈的小河。父亲写作累了就带着我们到河边散步。沿着河流弯曲的山道，两边的山坡都是红叶的杂木林。我和父亲在那里摘一些野果胡颓子吃，那东西又甜又涩。

在那条山道上很少有过路人。但有一次却看见从对面来了一个穿黑衣服的人，用很冷刺的眼光盯着我们，使我感到害怕。回家后父亲说那是检查我家来的便衣警察。以后那冰冷刺人的眼光，竟时时相遇。在我的记忆中也是久久难忘的。

后来全家回到苦难深重的祖国。父亲在上海从事创造社的活动。以后。随着国内革命形势的发展，又从上海迁到了广州。后来父亲参加了北伐。第一次国内革命战争因蒋介石的叛变革命而遭到挫折，父亲又离开武汉，参加了南昌起义。母亲带着我们跟着父亲的足迹，从上海到广州，又从广州到武汉，从武汉到上海，南北奔波。

记得是1927年的初冬，父亲在参加南昌起义后，转战失利，又回到当时我们上海的住处。由于蒋介石通牒悬赏缉拿我父亲，我们全家打算去莫斯科。去北国御寒的衣裳都准备好了。可是父亲突然患了重病，误了最后撤退的一班苏联船。这个偶然的变化，却决定了我家以后的命运。父亲病愈，在创造社战友的帮助下，又流亡到日本。

在日本，父亲靠写作由上海寄来的稿费加上母亲的勤劳节俭勉强维持七口之家。与此同时父亲也开始了甲骨文、金文和中国古代史的研究。

日本帝国主义侵华越来越咄咄逼人。我们全家一直是在警察宪兵的监视之下，特别是镇压左翼工人运动的特别高等科的刑事，经常来我家查看父亲的动静。他们还在邻家安上电话，不时地监视我家的活动，向警察局报告。

"七七"事变发生后，他们对我家的监视更加严密了。西安事变后蒋介石被迫转向抗日。中国共产党领导的抗日统一战线的胜利，使父亲回国参加抗日运动的时机渐渐成熟了。当时在日本反动当局的监视之下，全家回国投入抗战是不可能的。父亲终于冒着很大的危险，只身逃出虎口。父亲回国的意图，母亲是知道的，我们也略微知道一些。

就在1937年7月的一天早晨，我们还在熟睡，母亲已醒之时，父亲从园子的篱笆的破绽处，悄悄地沿着南接的水田田埂出走了，躲过了监视警察的眼睛。

父亲临走时还给我们写了"勤勉"二字贴在墙上，希望我们好好学习做人。对最小的弟弟鸿儿也用"片假名"写了一张纸，盼他健康成长。

当天上午刑事便到我家来找父亲，被母亲搪塞过去。一连几天由于母亲的掩护，为父亲赢得了时间。当父亲安全到达上海之后，警察才知道。狂怒的警察逮捕了母亲，扣留毒打。我和弟妹们以后都受了有形无形的各种迫害。

母亲靠自己的辛勤劳动，长期挑起了五个孩子的生活重担。靠日本的劳动人民和好心的进步朋友的支持和同情，终于度过了战争的艰苦年代，把孩子抚养长大带回祖国，能够参加新中国的建设。

1937年11月父亲回国之后在上海接到母亲的信。他曾写过一首诗，托存于阿英同志家里。诗中写道：

相隔仅差三日路　　居然浑似万重天
怜卿无故遭笞挞　　愧我违情绝救援
虽得一身离虎穴　　奈何六口委骊渊
两全家国殊难事　　此恨将教万世绵

父亲的这首诗，道出了他对家庭骨肉的无限深情，更深沉地表达了他对灾难深重的祖国的热爱。他在"两全家国殊难事"的危难之时，在母亲的支持之下，毅然地挣脱了小家庭的依恋，奔向祖国，投入漫天的抗日烽火中。这种为大我牺牲小我的革命精神，是留给我们的永恒的、珍贵的遗产。每一个亲身经历过国内革命战争、抗日战争以至解放战争的同志，都能够深刻体会这种骨肉离散的悲痛；也更能够体会到人民解放、家园重建的喜悦……

1978.8.17夜深

（原载1978年10月《海燕》第1期）

这是党喇叭的精神
——忆郭沫若同志

林 林

近年来，因为知道郭老的身体欠安，惦念着他，就在我家的墙上，挂着他于1937年夏在上海时写给我的条幅。这条幅，是经过抗日战争、解放战争动荡的漫长的岁月保留下来的，写的是他由日本回来时在外轮船上于7月27日清晨作的《归国杂吟》的一首诗：

> 此来拚得全家哭，
> 今往还将遍地哀。
> 四十六年余一死，
> 鸿毛泰岱早安排。

那时他刚刚回国，雄姿英发，信笔一挥，生气勃勃。看着它，总受到教益和鼓舞，寥寥只是二十八字，却解决了两大主题，公私问题和生死问题。多年来，我是崇敬郭老的"安排"，而学习他来勉励自己。

现在，郭老和我们永别了。我和全党、全国人民一样悲痛。我一向把他当做师长，是得到他的提携而成长起来的。在悲痛中，一幕一幕的回忆，在我的脑海里，象一阵又一阵的波浪冲击着。

一、关心"左联"的工作

约在1935年夏，在日本，我被东京"左联"同志指定和郭老联系，主要是请教他关于文艺活动问题和要求写些文稿。当时晓得郭老的时间很宝贵，他在做研究并写书，靠一管笔养活七口之家，但他关心我们的文艺活动，并热诚给以帮助。

郭老对"左联"青年朋友是以同志看待的，年轻人的意见，也虚心听取的。那时，我们工作贪多，一下子办了三个刊物——《杂文》、《东流》（主要发表小说）、《诗歌》（后改为《诗歌生活》在上海出版）——郭老都给予有力的支持，经常给稿，并鼓励青年文艺工作者。《杂文》因还登有国内鲁迅、茅盾的文章，引起反动当局的注意，出了三期就被禁止了。郭老和我们商量改为《质文》，并在《质文》发表他的小说《骑士》。后来《质文》又被日本警察禁止。郭老建议到上海继续出版，因刑事（便衣警察）搜查过我的宿舍，大家同意让我回上海执行编务。在上海出了二期，又被上海国民党反动当局勒令停刊了。当时《质文》社编辑了《文学理论丛书》，他带头翻译马克思的论文，书名《艺术作品之真实性》。这丛书在上海光明书局出了十册，在国内读书界是颇有影响的。

二、生活俭朴

我初次到千叶县市川市须和田郭老的住宅，请他出席一个文艺聚会，指导指导我们的工作。他一下子就答应了，当即脱了和服穿上西服，和我一齐离家坐火车到东京，在御茶之水站下车出站。在大街上，出租汽车有的是，一招手就来，到目的地，只不过花四毛钱。我要叫出租汽车，他不愿意，说："走罢！你比我年轻。"我原以为免在大街暴露，也可以节省点时间，但他这一说，我只好照办了。到了聚会的地方，他和青年朋友交谈，答复人家的问题。接着在那儿吃便饭，他讲得多，吃得慢，还有半碗饭，可是桌面没有菜了，只剩半大碗汤，我们要去添菜，他不肯，就把那半碗汤倒进自己的饭碗去，草草算是吃饱了。那时候，我从心里感到，郭先生是这么平易近人，生活是这么俭朴的啊！

三、花木的知识

再一次，我到他的住宅，他叫我到室外走走，他穿着和服，背着最小的孩子（即郭志鸿），陪我在院子散步，院子有株大山朴，那是常绿乔木，叶子象枇杷，夏天开花象白莲。园地又有一片鹦哥红，开起花来满地红。之后又带我走出家门外，野外有些花木，郭老问我，这是什么花？我答不出；又问那是什么树？我又答不出。他就告诉我那是什么花，那是什么树，并说学文艺固然不只是弄花鸟虫鱼，但对植物知识还是要懂些好。当时，我有些惭愧，也有些感激。是的，他所写的散文，不少用花木命题，如芍药、山茶花、银杏、英雄树……文章显得更生色，引人兴味。

1959年，郭老出版了一册《百花齐放》的诗集，又配了木刻，这表示他对文艺界欣欣向荣的喜悦心情。在这里，我真佩服他对花木的知识之广，这诗集是写出一百零一种花的性格，可见他是经过长期的知识的积累，同时，也向园艺部门同志进行访问了解，才能写出这诗集来的。

四、拟译《资本论》

郭老于1928年春写的文艺散论《桌子的跳舞》，是受到《资本论》里面的脚注启示写的，他研读马克思著作是很早的。

在《跨着东海》之前，曾想翻译《资本论》，因为商务印书馆不愿承印，只好作罢。1935年，又产生翻译《资本论》的动机，但须先有一笔收入维持生活，才能进行。一天，他询问我在日本可有多少读者？意思是看我们可以征求多少订户。当时，我就说："《资本论》是大部头的书，翻译出版要花时间，东京的留学生读者，流动性较大，条件还不够。"他听了觉得有理，译书的事就"断念"了。但他仍然继续研读《资本论》，1936年秋写了《资本论中的王茂荫》，纠正了中日有名的翻译者对王茂荫这姓名的误译,并解释书中所说的"宝钞",是怎么的一回事。

五、支持《留东新闻》

《留东新闻》,它是个周刊小报,由早稻田大学几个四川省同学主办的,有一天他们找我帮助编辑文艺稿,我想,怎么会找我来呢?原来是郭老介绍的。郭老支持《留东新闻》。这刊物真大胆,把当时蒋经国在苏联时写的骂他老子蒋介石的文章,从日文杂志翻译过来刊登了。蒋介石当时欺骗人民,提倡新生活,采用孔老二的许多好字眼,什么仁呀、义呀的,蒋经国逐条奉例驳斥。记得他还骂他老子蒋介石虐待他母亲,把他母亲从楼上打翻到楼下,是个不仁不义的坏蛋,等等。这篇文章,引起广大读者很大的注意。不用说,蒋经国后来又跑到他父亲大人的膝下悔过了。

郭老在日本,受刑事、警察的监视,也受国民党反动派的捣乱。1935年10月初,东京中华基督教青年会邀请他去做一次公开的演讲,题目是《中日文化的交流》,讲到快完了的时候,居然有坏家伙向讲台上扔苹果,引起了一阵骚乱,但也引起大家极大的关心。郭老当时神态自如,相信群众。按他说,一千多人的听众当中百分之八十是关心他的。在那一阵骚乱中就近挺身而出的是早稻田大学同学的杨凡和朱洁夫等人,他们保卫郭老安全上了汽车离场。

六、提倡新文字

1934—1935年,鲁迅在上海写了提倡新文字的文章。郭老在日本也予以呼应,于1936年2月写了《请大家学习新文字》的文章,投给在东京出版的《东流》发表。劝大家快学快用,并说,读并不费事,写就吃力些,因为自己的发音和标准的拉丁化发音不一定相同。

郭老写了六篇历史故事,《孔夫子吃饭》、《孟夫子出妻》、《楚霸王自杀》等等,书名叫《豕蹄》(意是从"史题"转为"史蒂"),就由一个年纪很轻的女同志李柯（任白戈同志的爱人）附上新文字译文一起刊行的，这还是一种创举，用意是要做做宣传，也提携了年青人。那时候，他还和一批搞新文字的青年如张翼同志等有所接触。

张翼同志是潮州人，和我一样说福佬（闽南人）话，这种话保存大量的古音。郭老为着查考一些词汇，如"刺身"（Sashi-mi，日本人吃的生鱼片）、"三弦"之类，也曾向我们了解，来证明日语的发音与中国古音的联系。

七、写"国防文学"的文章

约在1936年春，当时日本帝国主义侵华战争的火药味够浓了，在东京市街上见到坦克车不断在游行，大家心里是有数的。我从国内寄到神保町青年会（这里人杂、邮件多）的书报里，得到印在淡红色纸张上的《八一宣言》，是党在号召建立抗日民族统一战线，要求组织抗日联军，成立国防政府，等等。暗中兴奋地看了，我就把它带到须和田郭老住宅，请他也看了。很久没有得到党的消息了，他当然是很兴奋的。看后跟我说些话，现在我记不起了。

后来，我们"左联"任白戈同志等商量要我请郭老写关于"国防文学"的文章。开始他对"国"字有所犹豫，国是蒋介石在统治着的，他曾发表过揭露蒋介石反革命的面目的文章《请看今日之蒋介石》，在国内外有很大的影响。他对蒋介石是够憎恶的了。但经过几天的思考，体会到宣言的中心思想，民族矛盾超过了阶级矛盾，"国"是被帝国主义欺侮、侵略的"国"。我再去看他，他对我表示愿意来做党的喇叭。党的喇叭，这话多么有份量，多么的响亮！在6月14日写好的《国防·污池·炼狱》，就是解释不该害怕堕入"爱国主义的污池"！这是针对当时还有关门主义、宗派主义思想的人说的，认为不好带白手套干革命，对抗日民族统一战线不能有洁癖。文章说道，"这是一座炼狱，要想游乐园的人非经过此间锻炼不可"。我把这篇文章寄给上海的朋友，就在《文学界》第二期发了。接着他又写了《我对于国防文学的意见》、《蒐苗的检阅》等文，旗帜鲜明，立场坚定，是充满爱国救亡的热情，忠心执行党的民族统一战线的政策，这是适应时局的变化而定的决策。

关于这口号，当时和后来引起了风波。别的问题与郭老没有什么关系，暂且不谈，单单就"国防文学"这口号本身来说，我们必须好好学习毛主席《反对日本进攻的方针、办法和前途》这篇光辉的文章，特别是其中提到"国防教育"的主要内容。以我的理解认为"国防文学"口号是正确的。如果说1936年这口号本身有错误或缺点，那么如何对待1937年毛主席所提的"国防教育"？在理论上怎么说得通呢？此外还有人说，这口号是资产阶级的口号，这也不能服人，当时大资产阶级蒋介石采取"宁与友邦，勿与家奴"的政策，是"攘外必先安内"，有"国"不"防"的，他们能提出这个口号吗？

郭老当时身在日本刑事、警察的监视之下，提出"国防文学"的口号，是冒风险反对日本帝国主义的，翌年7月只身秘密地离日回国，投入抗战的行列，又深刻揭发国民党反动派的卖国投降政策。怎么能说这口号是投降主义的呢？脱离当时实际的具体环境，随便下结论，这不是实事求是的态度罢？

八、两次鲁迅纪念会

在我的印象中，郭老参加鲁迅纪念会的次数是非常多的，每次都给鲁迅很高的评价，纪念文章也写得不少。从在市川市听到鲁迅逝世那天（10月19日）夜间就连忙写追悼文，说鲁迅是我们中国民族近代的一个杰作，把鲁迅与高尔基相提并论。11月初又写《不灭的光辉》，赞扬"鲁迅始终是为解放人类而战斗一生的不屈的斗士，民族的精英"。

至今回忆起来，我非常懊悔，由我请郭老参加的两次鲁迅逝世纪念会，都由于疏忽，没有安排记录，未能留下文章来，这真是无法弥补的损失。

第一次，1937年10月间，鲁迅逝世周年纪念，那时抗战已经开始，郭老从日本才回到上海二三个月，上海文化界救亡协会戴平万、林淡秋、梅益等同志，要我邀请郭老到鲁迅逝世周年纪念大会讲话，我就给郭老说了，他当然应允，并对我说，"我又得说鲁迅的好话"。那天到会的群众很多，郭老的演讲，博得不断的掌声。下了讲台后，在院子里，群众就久久围拢着他，要求他签名留念，很不容易脱身。

第二次，1948年郭老已从重庆来到香港，暂住在九龙山林道一幢楼上。当时又逢鲁迅逝世纪念日，香港文学组织负责同志，要我请郭老出席讲话，我就到他家里说明来意，郭老问我，你们大伙儿打算怎样纪念鲁迅？我答说，我们商量这次纪念鲁迅主要联系当前反蒋的解放战争，说明四点，一是什么，二是什么，把四点内容说了一遍，他留心地听着。我说，这只供先生参考，先生还是发挥您自己的见解。

从九龙渡过海，到了六国饭店大厅会场，群众大都来了，不免打打招呼。郭老走到我身边来了，低声对我说，"你对我说四点，我只记住三点，还有一点忘记了，你再说一下。"我没有想到先生这么认真，就把他忘记的那一点告诉他，以为这就了事了。殊不知到了会议就要宣布开始之前，他因和朋友打招呼，又忘记了那一点，又跑到后座的地方来问我，那时我又说一遍，心里十分后悔不应该不写个字面给他，但我当时却没有想到他一定要照我们那四点来讲。

郭老讲话了，他照着四点逐点发挥，非常切合当时的政治和思想的情况。当时参加纪念会的同志，当能回忆起那次激动人心的演说。之后，我和有关同志谈了郭老如何尊重组织决定的意见，我认为这又是党喇叭的精神，大家听了极为感动，更是敬爱他，更要向他学习。

顺便说一下：1971年10月初，有个法国朋友露亚夫人访华要求见郭老，向郭老表白她要研究中国近代文学，要从郭老研究起。郭老听了后，就以谦虚的态度和无私的精神，恳切地劝她去研究鲁迅。这位夫人听郭老的话，编译出版了鲁迅杂文选、回忆录等书，颇有成绩，工作仍在进行。她听到郭老逝世的消息，就从法国寄来很有感情的唁信。

九、要悲壮、不要感伤

上海沦陷后，1937年11月27日郭老坐外轮秘密离开上海到香港。于12月中坐轮船到广州。在船上，恰好有个音乐工作者刘雪庵，他碰到郭老，喜出望外，就将他写的表现东北人民流浪惨景的歌曲，唱给郭老听，请他指正，郭老就给他提了些修改的意见。郭老对那作品，说，"不要感伤，要悲壮，要激励人心，鼓舞人们的战斗热情"。

过后不久，我试写了一首抗战的抒情诗稿，请他指导，他看到诗里面有"战！战！"的句子，就发笑了，说"这不好念，节奏不好，要改"。指出诗歌要注意"情调"与"声调"的问题，诗与歌虽各有倚重，但情调和声调安排得好，可以增加诗的艺术效果。

十、参加群众游行

郭老隔了十二年又回到了广州，把华南文化界的抗战的火焰点得更旺起来了。广州文化界救亡协会的朋友，请他去演讲，记得是讲《武装民众的必要》。指出北伐时与上海抗战，民心的差别，有它的政治原因。要华南人民动员武装起来，防止敌人来犯，"保卫广东，保卫中国"。那是一次出色的演讲，听众一片沸腾。群众大会开完后，即列队示威游行，郭老被请去站在队伍前头的大横旗之下，群众齐声唱着广州话的"动员，动员，全国总动员"的歌，郭老随行列的歌声前进，经过长长的长堤，有时握着拳头跟群众一起喊口号。之后，石辟澜同志编的《新华南》杂志，封面就登了郭老带头示威游行的照片，这给华南青年们很大的鼓舞力量。

郭老到广州，是希望把在上海出版的《救亡日报》于1938年元旦复刊。经他的努力，这工作有了着落，郭老写了复刊词《再建我们的文化堡垒》。复刊工作要夏衍、阿英二同志从上海来负责，阿英同志不能来穗，郭老是社长，叫我参加编辑部工作。因我们有党的领导，郭老信任我们，就把他的图章交给我们，由我们随工作需要而用他的名义，盖他的图章。他应召离开广州到武汉，后来担任政治部第三厅厅长的职务，但经常寄些评论和散文来。

1938年10月间，日军从大亚湾登陆，14日夜已侵入广州东郊，那天我们还出最后一天报，当夜一点多钟听到枪炮声，夏衍同志带领我们在黑暗中离开报社，辗转到桂林。郭老也因武汉失守，经大火的长沙来到桂林，住在乐群社，安排三厅的事务，叫我要把恩来同志交代的一个重要文件三天内出版，印数还不少，说要带到重庆去，我把这工作办好了。郭老当然也在进行《救亡日报》复刊的工作。郭老那时因职务关系不能不去重庆。《救亡日报》终于在1939年正月初复刊，郭老为该报响应义卖，从重庆寄来一首诗，诗曰：

　　　　纾难家宜毁，临危命可捐。
　　　　苟能明大义，何用惜金钱。

十一、关于写中国文学史

　　1948年春，我因读过郭老的《论古代文学》、《屈原研究》等论文，感到很受教益，就建议他写中国文学史，他谦逊地说，"鲁迅的《中国小说史略》是拓荒的工作。要是闻一多不死，他来写中国文学史会比我写得更好。"停了一会儿，又说，"郁达夫不死，他中国文学根底很深，也会写得好，他们都有这方面的学问，可惜一死于蒋帮，一死于日寇。"我表示，我还不知道郁达夫有这种本领。

　　我又说，"过去读过胡适的《白话文学史》，看不到有什么史观。"他就以轻蔑的语调说："这个'过河卒子'不会有什么史观，只提供一些近乎白话的文学资料。""过河卒子"是来自胡适的白话诗，写的是："做了过河卒子，只能拼命向前。"郭老《替胡适改诗》，把"拼"字改为"奉"字，讽刺过他一番。

　　同年7月间郭老给我写一条幅，那是一首七律，描绘旧社会诗人贫寒的命运。因未见发表，顺手抄录在这里：

　　　　未有诗人不太痴，不痴何独苦为诗。
　　　　千行难易粮千粒，一世终无宿一枝。
　　　　意入天边云树远，名书水上月华迟。

醍醐妙味谁能识，端是吟成放笔时。

十二、谈及"飞鸣镝"

1970年夏，我到郭老家，郭老给我看毛主席用毛笔写在宣纸上的信和诗稿。我就请教他关于毛主席的《满江红》的"飞鸣镝"，我的疑问是上阕的苍蝇、蚂蚁、蚍蜉以及西风落叶都是反面的东西，最后的三个字"飞鸣镝"能是正面的吗？又说"飞鸣镝"是《汉书·匈奴传》写冒顿谋杀父王阿头满的军事政变。冒顿训练一批鸣镝手，先命令射杀他喜爱的良马，鸣镝手犹豫没听话，他就处决了他们。第二次命令射杀自己的爱妃，鸣镝手就遵命干了。第三次在猎场的时候，冒顿命令射杀他的老子，鸣镝手照办了，因此夺了政权。那是个坏典故。下阕才是显示人民反修的力量。

郭老耐心听我的说明，但不表同意，记得他说："碰壁的壁，撼树的树，是正面的东西。"接着又指出曹植的诗里也用过"鸣镝"，只当做武器（按：《名都篇》有"揽弓捷鸣镝"句），就并没有反面意思，但到末了，他又说这可以研究研究。

话头一转，转到1930年7月《蝶恋花》那首词，他反问我，"国际悲歌歌一曲"，你怎么理解？这出乎我的意外，我说一般都当做国际歌解释，他不以为然，摇了一下头。说道那牵涉到第三国际的背景问题，意思是指立三路线的错误有国际的关系。

十三、《屈原》《虎符》在日本公演

如所周知，郭老和日本的关系是深切的。前后二十年留居日本，前十年（1914—1923年）是留学，从冈山六高到福冈九州帝大；后十年（1928—1937年）是因被通缉避难在市川市。郭老任中日友好协会名誉会长，做了大量对日友好工作，对友好人士、友好团体、友好代表团和重大事件，都有诗词歌咏。

日本朋友翻译他的著作，固不用说，也公演他的话剧。河原崎长十郎组班三次演了《屈原》，影响很大，1971年冬郭老题诗祝贺。诗曰：

滋兰九畹成萧艾，桔树亭亭发浩歌。
长剑陆离天可倚，劈开玉宇创银河。

1973年春，郭老在自己家里，见了河原崎夫妇，称赞了他们和日修进行斗争。同时，又说《屈原》的演出，有不合适的可改，可删。我们是一家人，不说两家话。这话使日本友人很感动。

约在1974年10月间，日本又有个"狮子座"的剧团，要公演《虎符》，要求郭老给该团写点什么鼓励他们。郭老写了一首《西江月》词：

不战不和被动，
畏难畏敌偷安。
古今反霸反强权，
毕竟几人具眼？

却喜信陵公子，
窃符救魏名传。
如姬一臂助擎天，
显示人民肝胆。

这首词，因当时对秦始皇统一中国问题，有所论争。有关同志认为要谨慎些，劝他暂不寄出。这是个问题，尚待研究，当时就把它抄录下来。想到郭老有一篇《由〈虎符〉说到悲剧精神》，说过：假如我们不全面来看问题，不从发展来看问题，不从本质来看问题，看到秦始皇的统一中国便肯定他的一切，甚至连信陵君的抗秦救赵都认为是阻挠中国统一的罪恶行为，那末陈涉吴广的革命也可以指斥为是破坏中国统一的罪恶行为了。这样的看法是同样不妥当的。"郭老这个意见，我以为是值得我们再认识的。

十四、《忆秦娥》

郭老的一生是战斗的一生，对党的事业忠心耿耿，我们对这位卓越的无产阶级文化战士，总觉得音容宛在，遗教犹存，永远活在我们的心中。我曾为痛悼他的逝世，写了一首《忆秦娥》，就抄在下边罢：

哀思切，
女神起舞星空阔，
星空阔，
壮怀激烈，
喇叭声发。

何期妖孽多猖獗，
破门逼害诗心裂，
诗心裂，
心光如月，
耀辉天阙。

1978年11月29日于北京

（原载1979年《新文学史料》第2辑）

郭老与鲁迅著作的注释工作

林 辰

郭沫若同志和鲁迅先生是我国现代文学史和革命史上两颗璀璨的巨星。他们在学术文艺上都有杰出成就，在革命实践中都立下不朽功绩。毛主席赞扬鲁迅是"五四"以后中国"文化新军的最伟大和最英勇的旗手"，而郭沫若同志，正如邓小平副主席在悼词中所说："他是继鲁迅之后，在中国共产党领导下，在毛泽东思想指引下，我国文化战线上又一面光辉的旗帜。"

郭沫若同志与鲁迅先生并世而生，又从事同性质的工作，为着一个共同的目标而奋斗，但两人终其一生从未见过一面。郭老在得到鲁迅逝世噩耗的当晚写的一篇悼文中曾说："我个人和鲁迅虽然同在文艺界上工作了将近二十年，但因人事的契阔，地域的睽违，竟不曾相见过一次。……虽然时常想着最好能见一面，亲聆教益，洞辟胸襟，但终因客观的限制，没有得到这样的机会。最近传闻鲁迅的亲近者说，鲁迅也有想和我相见一面的意思。"这段话所表现的战友深情和磊落襟怀，令人十分感动。郭老多年来曾写过若干篇关于鲁迅的文章，又作过多次演讲，使许多人受到启发和教益，推动了鲁迅的研究工作。

为了使广大青年正确理解鲁迅作品，学习鲁迅精神，郭沫若同志解放前就提出了鲁迅作品的注释问题。1940年底，他写过一篇《庄子与鲁迅》，文章一开头就认为"年青一代的人要读鲁迅的作品恐怕非有注解不行"，接着又说："不仅年青一代的人，就象我们这一代的人，要通晓鲁迅作品中的许多新旧故实和若干语汇，恐怕都要有精确的注解才行。”他在读鲁迅著作的时候，“感觉着鲁迅颇受庄子的影响”，他把笔记整理成文，“作为一种注释的初步工作”，希望“对于将来的注释家或一般读者，能够供给若干的参考”。这篇文章，从鲁迅著作中的一些语汇、文句、取材以及对庄子的评论等方面举例，论证了鲁迅所受于庄子的影响。的确对后来的鲁迅著作的注释者很有帮助。

解放以后，党和政府成立专门机构，开展了编辑和注释《鲁迅全集》的工作。我们在工作过程中经常向许多有关单位和同志求教。象郭沫若同志这样的马克思主义学者和革命文学界耆宿，自然更是我们求教的良师。他对文学、历史、考古和近几十年中国社会的深刻研究和认识，帮助我们解决了不少疑难。在注释初稿写成前后，都曾得到他的热情支持和鼓励。

这里我想就《故事新编》的注释来举几个例子。在《理水》篇中，作者写了一个大员向禹提出他拟的水灾募捐计划，说要“请女隗小姐来做时装表演”；这讽刺世态的“时装表演”主角“女隗小姐”自然是出于虚拟的，但何以特用“女隗”二字呢？《左传》中有狄女叔隗、季隗的名字，似乎和“女隗”有些关连；郭老以前在《论古代社会》一文中提到周初“怀姓九宗”时说，“怀即媿或嬇，大概是夏朝的遗民”，看来这个媿（隗）姓和夏朝有些藤葛。我们写信请问郭老，承他回信说：“《左传》凡狄女皆姓隗，金文作媿。古书中亦有作嬇者，《世本》‘陆终取鬼方氏之妹谓之女嬇’是也。他书亦引作隤或溃，均一音之译。《史记·匈奴列传》说匈奴是夏禹的苗裔，故《理水》中请出女隗，不必另有根据。”（1955年11月9日函）鬼方氏和匈奴是狄人在不同时期的名称，《史记既说匈奴是“夏后氏之苗裔”，在夏民族和狄人之间就可令人发生联想，因而在《理水》这篇小说中就会出现“女隗小姐”之名了。小说自然不是历史，不能拘泥；全不认识“女隗”也无碍于对全篇主旨的理解。但约略知道一点有关材料总不是全无意义的。

我们的注释初稿，曾打印若干份，分送领导和学术文艺界有关同志审阅。郭沫若同志在这打印稿上提了很多宝贵的意见。例如《采薇》篇中说到“商王”，我们的注释稿原作：“指商纣；他姓子名受，是商代最末的一个帝王。由于他暴虐凶残，当时的人就称他为纣，因为‘纣’是残暴的意思（《史记·殷本记》裴骃《集解》：‘谥法曰：残义损善曰纣')。"郭老在这条注上贴了一张小条，上写："'由于……'以下可删。纣与受同音，谥法所云是后人的傅会。"郭老对商纣王有特殊的研究和认识，他在《驳〈说儒〉》等好几篇文章中，曾经肯定了商纣开发东南，对古代中国统一所作的贡献，给予最新最公允的评价。这里他又指出了"纣"字的由来，纠正了前人的傅会。我们完全照他的指点把那几句删去了。

郭沫若同志审阅注释时，认真对照着读了《故事新编》的正文，遇有漏注的地方，他便指出，还自动给我们提供有关资料。例如《奔月》篇中写羿的堂屋墙上挂着"彤弓、彤矢、卢弓、卢矢、弩机、长剑、短剑"，我们对"弩机"未加注释，郭老特用一张信笺，详尽地告诉我们关于"弩机"的形制和资料："弩机　弩本弓之有臂者，机其发矢之榾，一称牙。但自战国末年以后，有以青铜为弩者，机栝较复杂，以发弹石（形制不大，颇类今之手枪）。金石学家名之为'弩机'。如罗振玉《三代吉金文存》卷二十第五十七页，有'秦五大夫弩机'，又《善斋吉金录·古兵录》卷下，有汉至北魏弩机十三具。但就原器铭文考察，只自铭为'弩'，如'汉京兆官弩'是。或作'𨏦'，'汉中郎将曹悦弩机'上有'卷𨏦臂'三字，意即'卷弩臂'。又或作'錣'，如'汉考工所弩机'是。器铭无自称为'弩机'者，但此名已成为金石学家之通用语。"象这样恳切周到的指导，使我们获益不浅。郭老担负着繁重的国家事务和科学文化教育等方面的领导工作，又经常从事学术研究和文艺创作，在这样繁忙紧张的情况下，他为了鲁迅著作的一条注释，竟然写下了二百来字的这样一篇"弩机小考"，这种精神，真令我们感动不已！

郭沫若同志审阅《故事新编》的注释，十分仔细，除注文内容外，还注意到每一个错字。打印稿有几处"无"字都误成"無"字，郭老均一一为之改正。有一处麋鹿的"麋"误为"糜"，他也没有放过。他或者在稿本上批注，或者另粘小条说明；有时用墨笔，有时用钢笔或铅笔，可以看出，他不是一次审毕，而是陆陆续续挤时间看完的。郭老不仅对我们的工作给了很多具体指导，而且他的这种认真负责的精神，严肃不苟的作风，也给我们树立了学习的榜样。

现在，郭沫若同志和我们永别了。山颓星陨，令人兴悲。但郭老的光辉业绩是永存的，我们将永远怀念他。他对鲁迅著作注释工作的支持，从一个侧面，表现了他对鲁迅所怀抱的革命情谊和对社会主义文化事业的关注。这是一般鲁迅著作的读者不大知道的。这里我略举数例，草此小文，以寄托我的哀思，并作为对郭老的一点小小的纪念。

（原载1978年第2期《战地》增刊）

回忆沫若早年在日本的学习生活（节录）

钱潮口述　盛巽昌整理

1914年盛夏，沫若与我一起考入帝国大学预科——东京第一高等学校。当时日本有五所学校专招纳中国学生的，即东京高等师范学校、高等工业学校、千叶医学专门学校、山口商业学校和东京第一高等学校。我们还须经入学考试，合格后方能录取，一律发给官费，因此考生很多，往往有数年在日而未录取者。五校尤以东京第一高等学校最为难进，因其系帝国大学附设，该校特为中国学生开办预备班，肄业一年，补习日语以及基础数学、理化等，为年后进入高等学校本科与日本学生同班学习作准备。预备班每年录取新生仅四十余人，而报考者竟达千人之众。

沫若在1914年初来到日本，住在东京郊区偏僻的小石川，他只突击了六个月的课程，就考进了预备班医科（预备班分文法、理工和医三科），在医科学生十一个名额中，沫若名列第七，郁文（郁达夫）第八，同学还有夏禹鼎、余霖、范寿康等人。理工科录取生，则有成灏（成仿吾）同志。

在东京读书时，沫若还未戴上眼镜。他从小就养成勤学的习惯，求知面颇广，"既文既博，亦玄亦史"，打下了牢固的国学基础。他对战国诸子、赋、诗、词、曲，都有相当造诣；紧张的日语学习，并未影响其国学嗜好，有时他自言自语，原来是在背诵《离骚》章节；对司马迁《史记》中主要人物，能栩栩如生的绘述，其中对屈原行径，寄以无限钦仰，常以此自喻。他还常嘲笑和蔑视家乡四川的军阀蒲殿俊、尹昌衡，这些草包们却大言不惭自诩为当代刘玄德、诸葛亮！真是可笑亦复可鄙。在沫若深邃的目光中，这些家伙不值一文钱。那时候，他就树立起这种嫉恶如仇的思想。

沫若很认真学习，在东京这一年，他日语说得很不错了，上江人学日语，有些音节囿于习惯，不易准确，但沫若却顺利地通过了。他平时好学少言，因为长得身矮头大，同学们呼之为"郭大头"，这也是为他接受和理解力特强而来。沫若的数理化成绩是很好的，尤其是数学，在全班十一人中名列第一。有一次，老师在黑板上出了一道数学题，我们还在踟首运思，不得其解，沫若却踏上讲台，拿起粉笔疾书，一边滔滔不绝讲解，很快做出了准确的答案，致使大家赞叹不已。

1915年，我们在东京预备班肄业，分配到各高等学校去，和日本学生一起学习。沫若分在冈山第六高等学校，我与郁文分在名古屋第八高等学校。日本的高等学校，即大学预科，规定三年，除了基础课，还要学几种外国语，医科第一外国语是德语，其他有英语、拉丁语。语学教师以文学士为多，我们读的课本都是西欧、尤其是德国的文艺作品。沫若后来在福冈翻译歌德《少年维特之烦恼》、《浮士德》，与我一起翻译斯多姆《茵梦湖》，当是此时染上爱好。因此，这一阶段日本语学老师的教诲，对他走上文学道路是有一定影响的。

1918年秋季，沫若与我都进入位在福冈的九州帝国大学（现称帝国大学）医学部，三年离别，一旦重逢，欣喜无已！大学的中国留学生少，我俩住处只有几十步遥，在这五年中，除了中间有几个月沫若归国，其余日子，几乎朝夕相见。

九州帝国大学所在的福冈县，在九州岛北端的博多湾海岸，医学部后门走出去不多路，就是博多湾。沿着海湾，有几里长的大松原，象一道森林围墙，与之相映的是一片白茫茫的沙滩；淡抹幽静，景色宜人，沫若就住在松原里。黄昏或清晨，他常往博多湾海滩去踏歌，朝着大海，旁若无人高声朗诵自己的新作，代表作《女神》就是这样诞生的。1919年到1920年，沫若几乎全部课余时间沉浸在诗的意境里，用他话说，"得到了一个诗的创作爆发期"。鲁迅《摩罗诗力说》称"诗人者，撄人心者也"，这个时期，是沫若从事文学创作的飞跃阶段，他对诗特别嗜好，在博多湾畔写有不少诗篇；"博多湾水碧琉璃，银帆片片随处飞；愿作舟中人，载酒醉明晖"即是其一。每当他有新作诞生时，一个人经常奔走在博多湾畔，手舞足蹈。

沫若的国学根基很深，牙牙学话时，母亲就教他口诵唐诗。童年，就熟读《诗经》国风三百篇、《唐诗三百首》、《千家诗》等启蒙作品了。在日本早几年，他接触了印度大诗人泰戈尔，大学初期，由于德文学了多年，造诣较深，与海涅、歌德的作品打成一片。但他并非满足于此，在日本求学时代，对当地民间歌谣，也是有兴趣的。东京一高时，他很爱唱的一首《待康晓》，在进入大学后，还时时挂在嘴角，不时哼上几句："樱花盛开了，谁系马树上？马下嘶起来，花儿要落啊！"在日本樱花是被誉为"国花"的。每当春天，樱花树下，人如流水，轻歌曼舞，摩肩接踵。福冈西郊有一座"西公园"，沫若与我每年总要去观光一次樱花，"西公园"有个山丘，登临可望见汪洋大海，沫若每次去赏樱花，必要攀登它，往西指指点点，那海天尽处，就是中国啊，大学时代的沫若是多么怀念祖国。

沫若青年时代就有高洁的情操，他抱着学医救国的愿望东渡日本。他为什么会选择学医呢？有一次沫若与我谈及，从四川出来，便是到天津军医学校参加复试。在日本学医，也是想对国家作些切实贡献。九州帝国大学毕业前夕，沫若津津有味与我谈起今后的生涯，我说，回国后当个走方郎中，行医四方，沫若说，你这个就是社会主义啰！又说：我们可以上四川成都，在那儿开办医院吧，保证有饭吃。我很感激沫若的由衷之情，顿时神往起沫若曾谈起他父亲生平，平时是沉默寡言，但这位多年在乐山县农村的老中医，对沫若有较大的影响。他的父亲是四川乐山县一位无师自通的乡村医生，记得有一次，沫若接父亲信，责备其既然学医，何必远涉重洋。尽管这样，沫若对中医也懂得一点，在我们帝大学习时，不时流露过中西医必须结合的思想，虽然还是一种苗子。

大学时代的沫若，给我留下永磨不灭的印象是好学深思，富于创新。他为人诚朴，一心埋头读书，从不注意边幅，福冈是九州岛上的大都市，犬马声色，比比皆是，沫若从不问津，星期日，除了读书，上图书馆，最大的休息就是逛旧书店。一个月官费生发给四十三块银元，在他是很拮据的，但节俭省用的沫若却还要从中挤出一点钱来选购图书。当时，我经常上他家去扯淡，在室内除了几件简陋家具，满墙遍角，以至席上都堆满了书，矮桌因为书占了大多地盘，只好挨在桌角就餐。

沫若作风正派，生活严肃，在福冈期间，从不进入冶乐场所。过去有些反动无聊的书刊蓄意攻击、无中生有制造对他种种荒唐之说，纯属出自造谣诬蔑。九州帝国大学有一规定，留学生平时生活不检，是不能毕业的。

在日本初期，沫若已经留下了许多激昂慷慨的诗篇，但他从事翻译，却始于1919年的《茵梦湖》译作。

《茵梦湖》一书，沫若在《创造十年》曾指出"《茵梦湖》的共译者钱君胥是我的同学，那小说的初稿是他译成的。"钱君胥是我的字。五四运动的浪潮拍打着九州海岸，在沫若怂恿、影响下，我就学习翻译，从德文原著找来了《茵梦湖》。

《茵梦湖》是十九世纪德国作家斯托姆的名著，它用倒叙的笔法描绘了一个青年由于他相爱的姑娘因家庭、环境所逼，嫁给了另一个青年，但他仍坚贞如一，孤守到老不娶的故事，作者通过主人公对爱情的幻想、追慕和忍受，反映了资产阶级革命初期标榜的平等、自由、博爱精神。我埋头苦干，花了几个月，采用旧时平话小说体的笔调意译，沫若多次旁加鼓励，他说："这部书表达了高尚的爱情"，有次，他看到我译的书中女主角爱丽莎白道白诗："自我妈妈所主张，要我另嫁刘家郎，我自暗心伤！"很有兴趣，此后，这首诗成为他漫步博多湾滩朗诵的内容，他说："粗浅的字句里，却写出了真情实感。"沫若对诗歌，从来有很深的造诣，他常说："诗是写出来的，不是做出来的。"斯托姆朴厚、清爽的诗句，把沫若吸引住了，他对照原著，很快地读完我的译作。他说，使用这种笔调，无以表达原著文采。又说：每个民族的文学，都有其独特风格，否则就看不清了。他的见解，我才懂得翻译文学作品和医学论著完全不一样，有它的基本规律。直到今，已经过去了六十年，我还萦回于怀，记忆犹新。

我自知于《茵梦湖》翻译力不从心，辞不达意，交由沫若重译，他也义不容辞，为我改译。他以博多湾风光为模特儿，比作想象中的茵梦湖色，塑造意境兼及人物。多么幽丽的茵梦湖啊！"深下处为湖，凝静、浓碧，四周全为青翠而着日光的森林所环拱"。书中的诗句经他修饰，作了押韵，既忠于原著，又切合现俗，显得好多了，象书中主题诗："此处山之涯，风声寂无闻，树枝低低垂，阴里坐斯人。……远闻杜鹃笑，笑声沏我心；伊眼眼如金，森林之女神"。

书译好了，沫若给我看了，但他不愿出版，深怕未尽人意，这究竟是初试外译啊！直到沫若返国，游览杭州，举世嗜名的西湖凝静、浓艳的自然美，为他扩大了眼界，就此，又将《茵梦湖》文字作了加工。1921年2月，沫若在上海参加创造社活动，作为创造社丛书，把《茵梦湖》译文，由我俩署名，交由泰东图书局出版。这部列为"世界名著小说"，两年中竟翻印六版，在当年出版界是不多见的。1922年5月，沫若在第六版，又作了文句修改，使译文更忠实于原著，而语言清新、感情真挚、形象生动，与我初译时面目全非，我要求删去自己名字，沫若不同意，谦虚地说："初稿是你译的，应该写上你的名字。"我徒列虚名，实感有愧。

《茵梦湖》对沫若是有影响的，译作中的"森林女神"，即为他借用为《女神》集的书名。

大学时期，沫若对德国大诗人歌德敬佩不已，稍后于《茵梦湖》，1919年8、9月，他由德文直译《浮士德》，歌德著作和鸣铿锵，其思想、情操与他当时沸腾的激情很合拍，歌德追求真理，成为他理想的英雄。他对歌德的崇拜，使《浮士德》翻译较顺利。这段时期，他目睹他沉浸于《浮士德》的醇厚气氛。很多利用清晨，但还不足，他甚至旷了课，躲进小楼夜以继日在干。真是全神贯注，激动不已，时而大声朗诵，时而爽朗大笑，原来为书中主角吸引住了。他的著译，我能先睹为快。《浮士德》的章节片断，陆续在国内《时事新报》副刊《学灯》发表，一年后，交泰东图书局出版，这个译本风行了半个世纪。时代的呼喊，使他格外醉心于文学创作了。

在翻译《浮士德》（第一部）后，1921年夏，沫若开始译歌德另一大作《少年维特之烦恼》。他译《浮士德》（第一部）仅用了一个月，《少年维特之烦恼》也只花了半年，1922年初就迅速完毕。"读书破万卷，下笔如有神"，沫若才思敏捷，实非虚传，我记得很清楚，他翻译《少年维特之烦恼》，一个早晨，挥笔可写几千字，而且不须作多大修饰，即能成章朗读。这种惊人的才思一直保持到六十年代。1958年，沫若陪同印度副总统来南方访问，到达上海，招我会晤。他说，最近公开发表毛主席的一首词中（即《浪淘沙·北戴河》）肯定了曹操功绩；这是毛主席对历史科学的重要指示，历史上被歪曲的人物必须重新认识，因此要写一个象样的作品来响应。沫若平时就谈过蔡琰（文姬）的才华，是古代女界的文采。他说，这一、两年来，早就想构思一部通过蔡文姬，歌颂曹操的剧本，表示中国各族的大团结。借述过去，以勉来者。他接见我那天，我亲睹他就《蔡文姬》清样修改奋笔疾书，对我说，稍呆片刻，很快就好。又说，国事繁忙，但又摆脱不了对戏剧创作的兴趣。一面又指指清样稿说，这还是在离京前，利用陪客后的七个夜间搞成了的。很快，只有抽几支烟时间，就把稿子发出去了；我想起他那部在重庆写的历史剧《孔雀胆》不是也仅用了五天光景，急就成剧上演了嘛！

　　沫若在哲学社会科学的各个领域有巨大的成就，是和他日本求学时期，讲究科学的实事求是分不开的；他的知识极其渊博，从文学创作中涉及其他各种学科，这是青少年时期打下牢固的基础。九州帝国大学医学部在当年学术研究上是名列前茅的，教授不少是日本著名学者，如宫田教授（首先发见日本血吸虫病，乃寓于钉螺者）、金子副教授（乙型脑炎病毒和蚊子的媒介作用的主要发见者），特别是讲授内科的小野寺直助教授，他在教课和指导实习时，对我们留学生很照顾，尤其对耳聋重听的沫若，修改笔记，实习诊察，格外关切。小野寺教授时邀沫若与我上他家作客。他很喜藏古董，中国的古陶瓷器也不少。他说：日本的文化深受中国影响，中国对日本是很有帮助的。他讲到留学德国时，德国却对他种族歧视，看不起日本学生；他要纠正这种倾向，所以特别亲近中国留学生。小野寺教授的真挚感情，沫若和我都深受感动，这在当时是不多的。1958年，小野寺教授参加日本友好访华团，沫若自北京特地来信，以极其感激的心情，回忆老师对他的教导和帮助，在上海，小野寺满口称赞这个舞文弄墨的学生，对我说，沫若若不是重听，在医学方面深造下去，其成就决不会低于在文学和史学战线上的贡献。他以自己有这样一位耳聋了的学生，在文学、史学上成为巨人感到骄傲，说："这是九州大学的光荣，也是我的光荣。"

九州帝国大学医学部为了提高教学研究水平，还时时聘请外国著名学者讲学和讲课，沫若与我先后听过巴甫洛夫、爱因斯坦的讲授，苏联著名生理学家巴甫洛夫用德语讲课达半年之久，讲了他所研究的关于消化腺生理问题，并亲自做了狗的"假饲"和胃瘘手术；世界著名物理学家爱因斯坦是1922年12月来福冈的，11月他在中国上海受到大学生成群结队的欢迎，用手臂抬着他在南京路上走过。在九州大学，爱因斯坦应邀作了半天关于"相对论"的学术讲演，沫若津津有味倾听了他那深入浅出的报告，爱因斯坦对近代物理的巨大贡献，给沫若一定的影响。他青年时代，屡受名师教诲，为其以后的勤学精进树立了榜样。

九州大学的学习，使博学多才的沫若，染上了更多的学术爱好；他的爱好决不象一般人那样的浮光掠影，顷刻就烟消云散；而是通过兴趣的阶梯，不畏艰巨攀登上高峰峻岭。甲骨文考释就是一例。当时甲骨文作为一门科学研究还在开始。人们一般知道沫若在三十年代初研究甲骨文，通古今之变，成一家之言，颇见成效，殊不知早在1919年，他就为日本和国内报刊上介绍的殷墟出土文物所陶醉了。凡所见有关甲骨文照片和摹本，他从不轻易放过，有文必读，认真考察。有一段时候，我常常见他扑在桌上东拼西凑，依样画葫芦，原来是在搞甲骨文拓片照片等。"自操典籍忘名利，欹枕时惊落蠹虫"。他的钻研精神，我自钦服不已。十年后，沫若在甲骨文考释，作出了超越前人的卓越贡献，和这段时间的良好基础是分不开的。

沫若在九州大学读了五年半，因在1922年回国两次耽误所致，1924年3月毕业，授与医学士学位（《创造十年》十二节称："1923年3月，在福冈足足住了四年另七个月的我，算把医科大学弄毕业了"，其中时间和在福冈的年月数都弄错了）。后来，他谦虚地对我说：我这个医学生有名无实，没有看过一个病，医理之道等于零。沫若的谦虚是与其博学成正比的，但我从一件小事中，感到他的医理深邃，非常人可及。1956年1月他由北京来信说："最近我想写篇小文章，文中要涉及斑疹伤寒。我处无书，只有记忆中的一点资料。你能供给我些知识吗？愈详尽愈好。"见示，我即整理了希尔徐《病理学史地便览》并该病在上海地区流行情况寄上，一星期后，沫若就写成了洋洋五六千字，这就是搜集于《沫若文集》的那篇《〈红楼梦〉第二十五回的一种解释》。沫若曾经两次患过斑疹伤寒,从自己切身痛苦和丰富医学知识,科学考据出贾宝玉、王熙凤之病均是传染了斑疹伤寒。从此病有历史性的流行症,提出要研究医学史,搜集、整理中国历史上有关此类的文字记载与掌故。沫若得心应手,把医学运用到文学研究,又从文学研究和历史,谈到医学的应用,若非具有高明的医学知识,是不可能写出此文来的。

我和沫若深交多年。他真是学一行,懂一行,通一行。"有田皆种玉,无树不开花。"在他精通的各个领域中,都攀上了高峰。

1924年夏,沫若学成返国,在上海创造社呆了一段时期,我自杭州来会。不久他赴广东中山大学任职,就此暂时结束了我们青年学生时期的生活和学习。

(选自《中国现代文艺资料丛刊》第四辑,
上海文艺出版社1979年10月出版)

泰山木和诗碑

——访郭沫若的日本故居和故友

辛文芷

"郭沫若先生去世了,泰山木也枯了!"

6月22日下午,郭沫若先生逝世后的第十天,我们来到了东京附近千叶县的市川市。在市政府的办公室里,接待我们的一位官员说了这样的话,说是须和田的人这么说的。须和田在市川市,是1928年到1937年,郭沫若先生流亡日本寄居了成十年的地方。

一株枯木意义不凡

什么是泰山木?人亡和木枯又有什么关系?我们要访问郭沫若先生故居的心情于是更急切了。

汽车把我们送到了一处绿荫下的木栅前,一座简陋的小屋,屋后一个长满了竹树的小园,园的中心立着一株高与人齐的枯木,引导我们去的人说,这就是那株和郭沫若先生一起荣枯的泰山木了。看那模样,不象是新枯的。后来另一位是引导我们的人悄悄地告诉我们。这其实是人们善意的附会,我们明白,这正是日本人民对曾经在他们的土地上,和他们共同生活过十年之久的、中国的伟大文化战士的爱戴和尊敬。

那是一座日本式的小小的木屋,看来不过占地几百呎,已是十分陈旧了。但就是在四十多年前,也还是一个简陋的建筑。就在这样的居所中，在他亡命生涯的时日里，在他继续革命活动的同时，郭沫若先生通过商代的甲骨文和青铜器，把古文字学和古代史的研究结合起来，开拓了运用马克思主义的观点研究中国历史的新境界。尽管环境是那样艰苦，这位伟大战士在革命活动和学术研究上却都取得了令人敬佩的成就。想到这些，敬意更深。

但什么是泰山木呢？在未看到那一株枯木之前，我们解决不了这个问题。引导我们的人把我们带到了一间医院的病房里，让我们看到了插在瓶中的绿叶白花，花有些象玉兰，叶有些象枇杷，散发着清香。他笑着说，这就是泰山木的花。

躺在病床上的前众议员藤原壹次郎先生是郭沫若先生的老朋友，八十岁了，病体衰弱，有时而且失声。看护他的人只让我们听他谈十分钟的话，但他表示可以多谈一些，如果谈话中失声，那才中止。他越谈越兴奋，几乎谈了四十分钟，尽管一部分时间给替我们翻译的女孩子占去了，但他也至少谈了二三十分钟。

藤原先生谈五件事

他指着瓶中的白花说："郭沫若先生当年流亡日本时，因为感念祖国，在园子里种了一株中国的泰山木，开出又大又香的花。我和他是朋友，很多事情学他，也学他买了一株泰山木种在自己的庭院里。"此刻他朝夕都面对着泰山木的白花，当有如面对故人之感吧。

"我要对你们说四件事。这是第一件。第二件也是花。郭先生又在园里种了很红很红的金鱼草，花开时满园一片红色。郭先生对我说，他不能在中国革命，因此种了这些红花，表示自己的理想。后来我也学他种这种红花，郭先生笑说，你也革命了。"

藤原先生一再谈他学郭沫若先生。又谈到郭沫若先生在办学习小组，好些日本青年冒险到郭家听讲，有人离开郭家后就被捕。"郭先生爱对日本青年说，我不要名，不要利，为民众服务时生命也可以牺牲。有了这样的青年，革命才能成功。"

"市川有一间制纸公司，常常有工人争取加薪的斗争，但是每一次都失败了。我向郭先生请教，郭先生说，不应该孤军作战，应该联合别的劳工组织、农民组织，甚至发动工商界和一般居民，一起斗争。照着这些话去办，果然第一次取得了斗争的胜利。"这间制纸公司目前正在为《郭沫若选集》的印刷工作服务。选集已经出到第七本。

郭老对日本贡献很大

藤原先生说得兴起，又追加预算，说了第五件事。"人民阵线的口号提出了，郭先生要我加入右派组织，发动反对侵略中国的战争。后来郭先生对我说，你参加进右派，找到了反战的人，掀起了反战的运动，这很好！但加入右派不要把自己也变成右派。"

藤原说："郭先生对我影响很深，对日本贡献很大。"他十年前访问过北京，见过郭沫若先生。今年11月，他准备再去，要告诉郭先生，新当选市川市长的那位先生，答应把郭先生的故居用来做促进日中友好的场所。这是藤原的十年心愿，他深深叹息不能亲自把这件事告慰于故人了。说时泪盈于睫。他的热情使我们感动，他的病体使我们担心，尽管很爱听，却不能不割爱而割断了他这超时许多的谈话。

但什么是泰山木呢？虽然看了瓶花，还是不大清楚，这个问题一直到后来在京都大学时才解决。我们没有看到和郭沫若先生颇有交往的吉川幸次郎教授，却看到了校园中有好几株开着白花的泰山木。从大学的人口中，才知道原来那就是木莲花。

这使我们很为高兴。但泰山木这个名字却因后来看到周扬先生写文章悼念郭沫若先生时，称郭老为"泰山之神"，而感到更有意思。文章说，他有一次和郭老谈话，偶然谈到哥德，想起恩格斯曾经把哥德比喻为奥林普斯之神，想起郭老是哥德的《浮士德》的译者，想起两人有许多相似之处——"文思的敏捷和艺术的天才，百科全书似的渊博知识，对自然科学的高度热爱"，而两人同是文化巨人，同是自己民族的骄傲，因此就由奥林斯普之神想到了泰山之神。

泰山神、泰山木，郭沫若先生故居的泰山木虽然枯萎了，但却在他的日本朋友的家中，日本大学的校园中……枝繁叶茂花好地矗立着，象是中日友好之花在处处开放，散播着芬芳。

手书《别须和田》诗

在须和田的公园里,矗立着一座诗碑,上面镌刻了郭沫若先生手写的《别须和田》诗和他的画像。诗中有句:"……寄语贤主人,奋起莫俄延。中华有先例,反帝贵志坚。苟能团结固,驱除并不难……"那是二十三年前的诗句,现在只须把"反帝"读成"反霸"就更能切合这样的现实了:在东京和别的一些日本城市里,时时可以看到"收回北方领土"的大字标语;时时可以听到新闻广播中苏联威胁日本不得签订中日和平友好条约,否则就要报复的声音。一边要收复,一边要报复,收复有理,报复是霸,"寄语贤主人,奋起莫俄延"!

(原载1978年7月5日(香港)《大公报》)

秋日谈往（节录）
——回忆同郭沫若、田汉青年时期的友谊

宗白华口述 邹士方 赵尊党整理

说起来是六十年前了，中国正处在"五四"运动的时代。我当时参加了李大钊等人组织的少年中国学会，编辑在上海出版的《少年中国》月刊。从1919年初到1920年5月，我应当时的《时事新报》副刊《学灯》的邀请，主编《学灯》一年多。在这个时候我认识了郭沫若。

当时，沫若正在日本留学，他从国外向《学灯》投寄新诗。沫若的诗大胆、奔放，充满火山爆发式的激情，深深地打动了我。我认为自己发现了一个抒情的天才，一个诗的天才，因此对他寄来的诗作很重视，尽量发表，尽管他当时还没有什么名气。他的著名长诗《凤凰涅槃》等就是这时发表的。我写信给他说："你的诗是我所最爱读的。你诗中的境界是我心中的境界。我每读了一首，就得了一回安慰。"他在给我的信中说："《学灯》栏是我最爱读的。我近来几乎要与他相依为命了。""我要把全身底脂肪组织来做《学灯》里面的油。"沫若在他的《自传》中也说过："但使我的创作欲爆发了的，我应该感谢一位朋友，编辑《学灯》的宗白华先生。"这时他象一座作诗的工厂，几乎每天都在诗的陶醉里。我也抑制不住内心的兴奋，赶紧给也在日本留学的好友田汉（寿昌）写信，告诉他："我又得着一个象你一类的朋友，一个东方未来的诗人郭沫若。"并希望田汉和沫若通信，"做诗伴"，一定可以了解沫若的"为人和诗才"。这样，我们就经常通信，互寄诗稿，成为好友。

是什么原因把我们联系在一起的呢？这是多方面的。首先，我们在兴趣爱好方面有一些共同基础，我同沫若最早都是学医的，在这方面有共同语言；后来又都对诗歌发生了兴趣（我当时也写新诗，后来编成一本《流云》小诗集出版）。我们和当时的青年一样，受到时代潮流的冲击，感到半封建半殖民地的旧中国太令人窒息了，我们苦闷、探索、反抗，在信中谈人生，谈事业，谈哲学，谈诗歌和戏剧，谈婚姻和恋爱问题……互相倾诉心中的不平，追求着美好的理想，自我解剖，彼此鼓励。我们的心象火一样热烈，象水晶一样透明。1919年我22岁，沫若27岁。我作为编辑，他作为作者，他投稿，我发稿，两人建立起了友谊。但我们从来没有见过面，可以说是"神交"。田汉比我小一岁，也是少年中国学会的成员，我俩早就认识。这一段时间我们三人书信往来频繁，后来，田汉把这一时期的来往信札整理成《三叶集》寄给我，我又作了补充和修订，交上海亚东图书馆，于1920年5月出版，引起了青年们的兴趣和社会的关注，书销售得很快，几次重印。

"三叶"是指一种三叶蠹生的植物，我们用作三人友情的结合的象征。这个集子内容广泛，感情真挚，从中可以看到青年人裸露的灵魂和坦荡的胸襟，体现了当时知识分子的特点。这是一份难得的历史思想资料。所以田汉把这本集子称为中国的《少年维特之烦恼》。另外，在这些信中，沫若对诗歌，田汉对戏剧都发表了许多自己的见解，这对于研究他们早期的思想和创作有一定的价值。我想，这本书对于今天的青年也有参考价值，可惜，现在很难找到，希望出版社重印一下。

1920年3月，田汉利用春假从东京到福冈，同沫若第一次见面。同年5月我经巴黎赴德国留学。直到1925年回国，我才在上海第一次见到郭沫若。记得当时我住在上海四马路一家旅馆里。一天，田汉同一个比我大几岁的清瘦的青年来找我，那个青年十分有礼貌地连声自我介绍："我是沫若，我是沫若。"我们高兴极了，就一起出去游玩，逛大世界，到饭店里一同吃饭。一连几天，我们在一起谈得很畅快，玩得很开心。

以后，我一直在大学教美学，随着时代的动荡，我们三人见面的机会少了。但从青年时期种下的友谊的种籽，一直开放着不败的花朵。

（原载1980年10月19日《北京日报》）

郭沫若是怎样走上文学道路的

王锦厚　伍加伦

近年我从事文艺活动以来，也受了不少别人的批评，说我好的人，说我不好的人，他们的话能够直达到我的心坎的，实在少见。

《批评与梦》

卓越的无产阶级文化战士郭沫若不仅是我国新诗运动的奠基者，而且更是我国无产阶级文学的倡导者、建设者。他不仅带领我们沿着鲁迅开辟出来的道路奋斗到生命的最后一息，而且发扬了鲁迅的革命精神，为提高中华民族的文化作出了卓越的贡献。对新文化运动来说，郭沫若走过的道路是很"典型"的。本文想就他如何走上文学道路的提出一些看法，供读者参考。

一

1892年11月16日，郭沫若在封建宗法桎梏着的四川嘉州府诞生了。这是一个中国人民和帝国主义及其走狗展开了全面的生死大搏斗的时代。如毛主席所论述的："帝国主义和中华民族的矛盾，封建主义和人民大众的矛盾，这些就是近代中国社会的主要矛盾。……这些矛盾的斗争及其尖锐化，就不能不造成日益发展的革命运动。伟大的近代和现代的中国革命，是在这些基本矛盾的基础之上发生和发展起来

的。"(《中国革命和中国共产党》)

郭沫若的青少年时代就是在中国人民和帝国主义及其走狗展开的生死大搏斗中度过的。他既受到了帝国主义及其走狗的残酷压迫,也得到了中国人民反帝反封建的战斗洗礼;既受到了严格的旧学的训练,也得到了新学的启蒙。幼年时代,完全是受的旧学的严格训练,特别是诗的熏陶,诗的"刑罚"。这对他日后走上文学的道路给予了决定性的影响。后来,他在回顾自己的文学活动时不止一次地说过:"我之所以倾向于诗歌和文艺,首先给予了我以决定的影响的就是我的母亲。我的母亲姓杜,她长于刺绣,对于诗歌有偏爱。在摇篮时代一定给我唱过催眠歌,当然不记忆了。但在我自己有记忆的二三岁时她已经把唐人绝句教我暗诵,能诵得琅琅上口。这,我相信是我所爱的诗教的第一课。……从中外的史实看来,凡是有成就的诗人或文艺家,大抵有嗜好文艺的母亲。"(《如何研究诗歌和文艺》,《沫若文集》第13卷第131页)"在一生之中,特别是在幼年时代,影响我最深的当然要算是我的母亲。我的母亲爱我,我也爱她。……她的一生的历史也可以说是一部受难的历史。……小时候她对我们讲起,连我们都觉得很光荣。"(《我的童年》,《沫若文集》第6卷第13—14页)

是的,在郭沫若一生中,他母亲对他的影响是很深的。不仅给了他"诗教的第一课",而且给了他反抗的第一课。诚如他自己所说:

"至于我的母亲她简直是我的 Augustine's Mother("奥古斯丁的母亲"——笔者注)一样了!说到她一生底 Career("经历"——笔者注)尤为可怜!"(《三叶集》第110页)

他母亲杜邀贞,有特殊的遭遇,特殊的性格,特殊的爱好。她的父亲杜塚章是当时贵州黄平州的州官,因为苗民起义,城池失守,不仅自己自尽,而且手刃了一位三岁的女儿,还逼着妻子和一位六岁的女儿跳池"殉节"了。不满一岁便失去父母的杜氏全靠一位姓刘的奶妈,背着她九死一生地逃出,在贵州、云南各地"颠沛流离……寒冬十月,仅著单衣,雪冷霜严,风餐露宿,狼吻虎口"似的飘流了多年,五岁才回到四川,"寄养舅父家,从堂姊妹行不怜孤苦,反肆欺凌,强饮簪溜，致发腹胀，吾母不堪其遇，外祖母又复引还。"（《祭母文》）然而，仍然过着困苦的生活，……她资质非常聪明，虽然没进过学，读过书，但耳濡目染，却很能背诵一点诗词，还能"读弹词，说佛偈"，十五岁出嫁郭家，不但勤劳度日，还身染不少游侠之风。他们家人对于这位母亲是非常敬重的。郭沫若的长兄橙坞先生在《祭母文》中写道："综计吾母一生，有释子之苦行，而非甘于寂灭，似墨家之兼爱，而匪藉以要名，备孔氏之庸言庸行庸德，又能舍旧而谋新。畴昔所以勉励不孝等者，要不离乎自它两利，与救济群生。盖吾母之人生观，一本儒家之仁义，而兼抱佛子之大悲与菩提心也。""不孝等稍有寸进，皆自吾母坚苦卓绝中得来。"

在郭沫若身上是不难看出杜氏的多方面影响的。杜氏对子女的教育是非常重视的，不但言传，而且身教。从郭沫若在摇篮时代，她就不断地教他唐诗，给他幼小的心灵灌输着诗的美，人性的美。"翩翩少年郎"的诗句逗引了他对诗歌的兴趣，"落花相与恨"的诗句让他终生不忘，难怪他要说："假使我也可以算得个诗人，那这个遗传分子确也是从我母亲来的了。"（《三叶集》第109—111页）

郭沫若的父母恒以少年失学为憾，所以对子女的教育是非常重视的，专门设立家塾"绥山馆"（因面对绥山，故名）。"敦聘沈师焕章主教者凡十余年，宾主师弟之间，相洽如家人父子。"（《祭母文》）

塾师沈焕章，廪生，犍为县人，学问渊博，卓识过人，忠于职守，可以说是当时当地难得的名宿。据亲自领教过沈氏教育，而今尚健在，只比郭沫若小四岁，同窗共读过的侄女郭琦多次告诉我们，沈氏为人正直，心地善良，教书时十分严格，甚至动用体罚，休息时态度和善，常和学生娱乐，甚至一起钓鱼。真是"能够离开我见，专以儿童为本位的人。"郭沫若自己也有回忆记载。他这样写道："我记得大约是在六岁的时候，……有一次先生和我们在家塾后去钓了鱼回来，先生评字的时候，在纸背上戏写了'钓鱼'两个字，便向我们索对。我在那时候才看了'杨香打虎'的木人戏不久，我便突口叫出'打虎'。先生竟拍案叫绝，倒把我骇了一跳。我有一个从兄比我大三岁，他想了半天才想了一个'捉蝶'，先生说勉强可对。后来先生竟向我父亲称赞我，说，'此子出口不凡，将来必成大器。'"（《批评与梦》，《沫若文集》第10卷

第111页）

在盛行封建教育的当时，有这样的老师不能不算幸运了。沈先生的规矩是，白天读经，晚上读诗，每三天一回诗课。短短的几年里，沈先生以《千家诗》、《诗品》、《唐诗三百首》等古诗读本作教材，结合当地的自然景物教郭沫若读诗、背诗、对对。陶渊明、王维、李白、孟浩然、柳宗元等著名诗人对大自然充满诗情画意的生动描绘，给幼年的郭沫若以莫大的兴会，终生不忘。他极喜欢王维那种"全不矜持，全不费力地写出了一种极幽邃的世界"(《创造十年》，《沫若文集》第7卷第91页）的诗篇，如《竹里馆》：

> 独坐幽篁里，弹琴复长啸。
> 深林人不知，明月来相照。

尤其是李白那"颇含些科学的精神"的《日出入行》使他赞口不绝。早在1918年他就曾仿《日出入行》挥写了一首《怨日行》的新体诗，抒写自己的强烈的爱国热情。

沈先生不但给他以诗的熏陶，而且还给他以旧学的训练。一面教读《左氏春秋》，一面教读《东莱博议》，给予郭沫若以很大影响。诚如他自己后来回忆所说："这真是给予了我很大的启发。我的好议论的脾气，好做翻案文章的脾气，或者就是从这儿养成的罢？"（《我的童年》，《沫若文集》第6卷第39—40页）说明沈先生对少年郭沫若的影响是多么深刻。难怪郭橙坞先生所写的《先妣事略》里有这样的话：

> "先王考捐馆日，犹谆谆以子孙勿废读为嘱。先妣篝灯夜话，时述先德贤资淬砺，督不孝等以诗书，课诸女第以女红，绬诵声与刀尺声相和也，不孝等赋性顽劣，与从兄弟共塾读，所业殊不进，辄为师扑责，夏楚每当过，头角块磊如骈珠。归诉诸先妣，先妣曰：'惜钱休教子，护短莫投师'，惟以精勤奋勉相勖，绝不稍假辞色，作寻常煦休态。沈焕章先生长家塾十余年，每日供馔必丰必洁，师弟相得如家人。不孝等稍有寸进，师之教，亦母之训也。"

慈母严师相配合，使郭沫若从小受到了很严格的旧学的训练，诗的熏陶。这使他获得了用旧诗来表现自己思想的初步能力，同时又孕育着对旧学的反抗。于是，少年郭沫若用这种能力来描绘"甲天下"的自然景色，儿童乐趣。试看他最早的《山村即景》吧：

　　　　屋角炊烟起，山腰浓雾眠。
　　　　牧童横着笛，村老卖花钿。

　　到过"天下名山"峨眉山的人很容易看出，少年郭沫若是把它的特点描绘出来了的。这首小诗，他的几位八十岁左右的侄女们至今还记忆犹新哩！美丽的大自然强烈地吸引着这位少年诗人，因而，他常常逃出那诗的牢狱，带着侄子们去到巍巍绥山之麓，泱泱铜河之畔，游戏、钓鱼……，那是何等的快活，物我之间，怡然自得，就在这尽情享受大自然美的乐趣时，不时逗引起浓烈的诗兴。下面这首诗就是他带着侄子们去钓鱼时的即兴作品：

　　　　闲居无所事，散步宅前溪。
　　　　钓竿舍了去，不知是何鱼？

　　（笔者注：后收入《潮汐集》，有改动，题目为《茶溪》。）
　　这两首仅存的郭沫若最早的诗篇，尽管还多少带有一点童年的稚气，然而却显示了旧诗不能束缚他思想的兆头。是多么难能可贵啊！
　　这与他大哥的影响是分不开的。他曾说："除父母和沈先生之外，大哥是影响我最深的一个人，……大哥年青时分性格也很浪漫的。他喜欢做诗，刻图章，讲究写字，也学过画画。……大哥写的是一手苏字，他有不少的苏字帖，这也是使我和书法接近了的机会。"（《我的童年》，《沫若文集》第6卷第44—45页）"我到后来多少有点成就，完全是我长兄赐予我的"（《我的学生时代》，《沫若文集》第7卷第9页）。在郭沫若一生好几个关键时刻，都是他大哥给了他以决定性的帮助。大哥名开文，字橙坞，比沫若长十四岁。1903年四川废科举兴学校时，考入成都东文学堂。后来留学日本，"反正"时回到四川，先后作过省交通部长、川边驻京代表等职。当他大哥一接触新学时，立即把"资产风"吹进了偏僻的沙湾镇。沈焕章就是在橙坞先生影响下锐意进行"家塾革命"的，不但教《左传》、《周礼》、《古文观止》等旧学，而且还讲点《地球韵言》、《笔算数学》等新学。到郭沫若十一岁的时候，家塾已经做到可以"听随""自由学习"了。郭沫若也就尽情地利用了这点难得的"自由"，看戏曲、读禁书……他很快读了一些当时别人不能读的禁书：《西厢记》、《西湖佳话》、《花月痕》等，而《西厢记》之类的杂剧本子给了他幼小的心灵以莫大的振动。

他不是说过吗："文学是反抗精神的象征，是生命穷促时叫出来的一种革命。……

"……反抗精神，革命，无论如何，是一切艺术之母。元代文学，不仅限于剧曲，全是由这位母亲产出来的。这位母亲所产生出来的女孩儿，总要以《西厢记》为最完美，最绝世的了。《西厢记》是超过时空的艺术品，有永恒而且普遍的生命。《西厢记》是有生命的人性战胜了无生命的礼教的凯旋歌，纪念塔。"（《西厢记》艺术上的批判与其作者的性格），《沫若文集》第10卷第186—187页）

这种认识和体会，完全是少年时代"自由"学习所得。自由学习，不仅使他接近了古学的部分精华，而且开始接触资产阶级的文化。新学的书籍由大哥采集，象洪水一样，由成都流到沙湾的郭家。《国粹学报》、《清议报》，特别是《启蒙画报》之类的刊物给了少年郭沫若以莫大的影响。他后来说：

《启蒙画报》"书中的记事最使我感着趣味的是拿破仑、毕士麦的简单的传记。小时候崇拜他们两个人真是可以说到了极点。"（《我的童年》，《沫若文集》第6卷第37页）

大哥带来的这一切对郭沫若反抗性格的形成和文学倾向的固定所起的作用是一点也不可忽视的。1936年橙坞先生逝世，郭沫若远在日本不得而知。1939年父丧，郭沫若回家奔丧，见其兄所写的《祭母文》之后，痛哭不已地说："先兄有祭母文，情辞悱恻，在欧阳之上。"还在橙坞先生所作诗文手稿册上留下这样的诗句：

连床风雨忆幽燕，踵涉重瀛廿有年。
粗得裁成蒙策后，愧无点滴报生前。
雄才拓落劳宾戏，至性情文轶述阡。
手把遗篇思近事，一回雒诵一潸然。

最后还有跋文："长兄橙坞先生乙巳负笈日本时，有留别嫂代诗五绝，嫂代装制成册，嘱为题识，捧读再四，思今感昔，不知涕之何从，率成一律，惜不得起伯代于九泉为斧正耳。

"廿八年夏历十月廿二日先兄逝世后第四次冥诞之辰"。

郭沫若的童年就是这样，在封建制度向资本主义转换时代的潮流里，在父母，在老师，在大哥的影响下，陶冶在"天下名山"美丽的大自然的怀抱里，受着诗教的严格训练，资本主义潮流的洗礼，逐步形成自己的反抗性格，固定自己的文学兴趣的。

二

资产阶级革命不断高涨，学校逐渐取代科举，新学不断战胜着旧学。郭沫若于1906年第一批涌进了在乐山兴办的所谓学校，到了乐山，到了成都，在"实业救国"，"富国强兵"的潮流里生活着，这不但进一步发展了他的反抗性格，培养了他的爱国主义思想，而且也进一步丰富了他的科学知识和文学修养。

乐山，后周宣帝二年（公元579年）名为嘉州，旧府署城北海棠山麓，因而有"海棠香国"之称。唐代大诗人岑参曾在此作过刺史。清代诗人王渔洋在《蜀道驿程记》一文中赞不绝口地说道："天下之山水在蜀，蜀之山水在嘉州。"郭沫若在《忆嘉州》中赞道："海棠香国荔枝湾，苏子当年寓此间。云外读书声已歇，空余楼阁对眉山。"（见《潮汐集》）在这里有许多毓秀钟灵的山川，峨眉山、凌云山、高标山、马鞍山……，沫水、若水、岷江……，山连着水，水连着山，山山水水相映，真是充满了诗情画意，曾勾引了无数著名的文人学士在这里显示自己的才华，写下了一首又一首脍炙人口的赞美它的诗篇：

峨眉山月半轮秋，影入平羌江水流。
夜发清溪向三峡，思君不见下渝州。
　　　　　　　　　　——李白

生不愿封万户侯，亦不愿识韩荆州。
但愿身为汉嘉守，载酒时作凌云游。
　　　　　　　　　　——苏轼

司马西游赋笔闲，相将蜀道出秦关。
乡心历落焦原上，河色苍茫断碛间。
骑影甘泉鱼乍跃，塞云高馆雁初还。
海棠香尽归休晚，解道峨眉似远山。
　　　　　　　　　　——汤显祖

谱拟神仙有别裁，此邦旧是小蓬莱。
云腮缥缈酒初压，香雾空濛帘未开。
州宅犹夸唐富贵，郡斋重问旧楼台。
海棠山下春如许，记许看花几度来。
　　　　　　　　　　——何椿龄

　　从历代骚人墨客留下的诗篇，我们可以看到：嘉州的大自然确曾给诗人们提供了写不完、画不尽的"美"啊！成都，更是一个历代文人学士流连忘返赞不绝口的好地方。青少年时代的郭沫若就在这充满诗情画意的山山水水里熏陶着，发展着那热爱大自然的情趣。

　　然而，现实提供给郭沫若的却是专制与压迫，黑暗与丑恶，特别是当时所有旧势力与新时代的影响都集中的成都。虽然革命的时机日益成熟，保路运动风起云涌，成都人民用罢课、罢市、抗捐等具体行动抗议清政府的卖路、卖国政策。但旧势力仍然是强大的，并且要作最后的垂死挣扎。总督赵尔丰不但以无耻的诱骗手段捕捉了保路代表，而且公然命令军队向手无寸铁的请愿群众开枪，并调来骑兵向人丛中冲锋，造成了成都大血案。后来，人民从血泊中迅速吸取了教训，终于用革命武装推翻了清王朝的统治，但是，资产阶级为了自己的利益和封建势力妥协，甚至投降，断送了革命成果，复辟倒退的逆流到处出现了。乐山和成都的学校里仍然有不少"驼着旧本领旧思想的旧人物"，他们不学无术，还要作威作福，压迫学生、毒害青年。郭沫若面对着这样的现实，凭着从父母的一部"受难史"里学到的对被压迫者的同情及家传的游侠之风，不能不对这些旧势力进行反抗，然而所得的结果却是被斥退，一次又一次。这一方面使他迅速认识了旧社会的罪恶，一方面则使他性格不断向着反抗的道路发展。

进乐山兴办的学校的第一期，郭沫若就夺得了最优秀的成绩。这不但没有得到应得的鼓励，反而遭到嫉妒，发生了撕榜的风潮，并且以不堪入耳的侮辱相加。先生不能制止，反而屈服，以莫须有的理由扣分，压名次，重新发榜等不合理的手段来平息风潮。这种怪事对少年的郭沫若是多大的刺激啊。他说："这件事对于我一生是第一个转扭点，我开始接触了人性的恶浊面。我恨之深深，我内心的叛逆性便被培植了。"（《我的学生时代》，《沫若文集》第7卷第4页）

是的，从乐山到成都，他以各种形式反抗着专制，反抗着黑暗。他反对易老虎的"野蛮"，"丁平子不通"，发动要求召开国会请愿的罢课，参加武装斗争的行列，这些正义的行动却遭到野蛮的镇压，三次被斥退。这一切都是对他日益发展的反抗性格的锻炼和考验。使他由反抗学校的专制到反抗社会的独裁，由反抗学校的恶浊到反抗社会的黑暗。几年的学校生活，使他反抗的内容不断丰富，反抗精神不断高涨。然而从学习科学技术来说，无论是当时的乐山也好，还是成都也好，实在是"学无可学"的地方，"学无可学"的时候。郭沫若只得在适应潮流而又不得不违背潮流的矛盾中仍然倾向着文学。他后来这样回忆当时的情景："我所发展向的新的方面是什么呢？便是文学。因为我们可以自修的是只有文学，有资格足以供我们领教的也只有通文学的人"（《我的童年》，《沫若文集》第6卷第111页）。"我自己在小时本来就喜欢念诗，因为母亲爱从口头教我们暗诵唐宋诗人的五绝、七绝。在国内中学校肄业的几年间，科学方面的教员们通是些青黄不接的资料，不能够唤起科学上的兴趣，我自己也只好在古诗、古学里面消磨。这不幸的几年间，构成了我日后的一个怎么也难克服的文学倾向。"

(《创造十年》,《沫若文集》第7卷第56页)

　　郭沫若是一个善于学习的人。他从各种不同政治倾向的老师那里,从多种书籍中,也从丑恶的现实中吸取各种各样的知识。廪生帅平均成了他"和旧学接近的因子"。老虎学监易曙辉所教的乡土志以历代文人咏吟嘉州附近的名胜沿革好诗文为教材,给他"很大影响"。中学堂里的经学教员黄经华"护惜着"他"在小学校对于今文学发生的趣味","张升模先生的历史讲义"使他"感兴趣"。在这些不同政治倾向的教员的影响下,郭沫若不仅更广泛地猎涉了祖国许多优秀的文化遗产,而且还读到了不少欧美资产阶级的社会政治学说,尤其是文学。后来,他一再说过:"那时候我喜欢读的书是《庄子》、《楚辞》、《文选》、《史记》、严几道译的《天演论》、《群学肄言》。我特别喜欢《庄子》。我喜欢他的文章,觉得是古今无两。"(《黑猫》,《沫若文集》第6卷第279页)喜欢到什么程度呢?结婚"回酒"时还在读《齐物论》,真是"一篇秋水一杯茶"呀!他又说:"那时候我很喜欢太史公的笔调,《史记》中的《项羽本纪》、《伯夷列传》、《屈原列传》、《廉颇蔺相如列传》、《信陵君列传》、《刺客列传》等等,是我最喜欢读的文章。这些古人的生活同时也引起了我无上的同情。"(《我的童年》,《沫若文集》第6卷第83页)

　　值得注意的是,他在嗜好这古人古学时,往往有自己的特有发现。同时又善于把这些与外国文化联系起来,变为真正适用自己的东西。他说:"我在青年的时候,……迷恋过他(指庄子——引者注)的思想。他的淡泊的生活,对于我尤具有过相当强韧的引力。我曾经做过一首诗,把他和荷兰的斯宾诺莎,印度的伽比尔,一同赞美过。……我感觉着庄子的思想和生活,跟斯宾诺莎和伽比尔实在相近。"(《庄子与鲁迅》,《沫若文集》第12卷第63页)又说:"前期是医学生,然而醉心泛神论,崇拜东方的庄子、陶渊明这些古人,和西洋的斯宾诺莎(Spinoza)、歌德(Goethe)。特别对自然的感念,是以纯粹东方情调为基础的。以她当作朋友,当作爱人,当作母亲的。"(郭沫若:《我在日本的生活》)这里最清楚地说明了郭沫若"泛神论"的特有内容。郭沫若的"爱想象",作品中"想象的成分多",与青少年时代熟读庄子作品是有直接关系的。屈原和陶渊明的影响,特别是屈原的影响更是十分明显的。他说："这两位，无论在性格和诗格上，差不多都是极端对立的典型。他们的比较研究可以使人领悟到：不仅是诗应该如何作，还有是人应该如何作。"（《题画记》，《沫若文集》第12卷第235页）这正是他比较研究的特有体会。从屈原这位热爱祖国，反抗强暴，反抗黑暗，富于创造性的诗人的身上，他吸取了许多许多的营养，无论是作诗或作人上。难怪他常常以屈原自况，还要"夫子自道"。

郭沫若深受《史记》的影响，同情书中那些"到现今都还是富有生命"的人物，应该说是理所当然的。他的祖父、父母不仅有游侠之风，而且还有那样不幸的遭遇和可赞的事迹。郭沫若从小就领教着，并觉得"光荣"。读《史记》当然会引起他的共鸣，并留给他以不可磨灭的影响。四十年代，在谈到接受文学遗产时，他还热情地向人们介绍《史记》。

郭沫若在他大哥的影响下，很早就欢天喜地地迎接了资本主义潮流的到来。他"令人醉心"地读过梁启超的译著《意大利建国之杰》、《经国美谈》，又以"崇拜"的心情读过章太炎的《国粹学报》，更"嗜好"过当时"很流行"的林译小说《迦茵小传》、《茶花女遗事》、《撒喀逊劫后英雄略》等，这些具有民主主义的读物都给青少年的郭沫若的思想性格和志趣以巨大而深远的影响。他后来不是这样说过吗？

他说："林译小说中对于我后来的文学倾向上有决定的影响，是 Scott 的《Lvanhoe》，他译成《撒喀逊劫后英雄略》。……那种浪漫主义的精神他是具体形象地提示给我了。我受 Scott 的影响很深，这差不多是我的一个秘密。我的朋友似乎还没有人注意到这一点。我读 Scott 的著作也并不多，实际上怕只有《Lvanhoe》一种。……Lamb 的《Tales from Shakespeare》，林琴南译为《英国诗人吟边燕语》，也使我感受着无上的兴趣。"（《我的童年》，《沫若文集》第6卷第114页）

郭沫若的这"一个秘密"，今天我们深入研究他的遗产时，应该很好地"注意"了。他确实受司各德的影响很深，让我们抄几段《司各德评传》，就可以知道"秘密"在哪里了。林译《撒喀逊劫后英雄略》书前的《司各德评传》说：

司各德"……是当时文坛上的慧星。他初以诗人出现在英国文坛，但是他的诗，不论在本质上形式上，都没有受着前代诗人的影响；对于他的诗有巨大的影响的，反是更古的诗人。法国大革命的潮流，震撼当时人心，至极强烈，全欧文坛为之变色，我兹我斯、古勒律奇、苏塞等人都被大革命的潮流所冲激，高呼打倒专制魔王，人人平等；但是司各德对于那时抉破旧思想藩篱的平民主义，非但一点也不热心，并且回过头来，赞慕那过去的帝王的黄金时代。欧洲人正期望人类历史展开新的一页，文学家正预言理想的将来；人家早已把过去的陈迹束之高阁，但是司各德却永不厌倦地做他的古代历史小说，一部一部出来，直到他积劳而死。"

又说："……司各德的文章，纵横恣肆，奇诡神妙，象一根万丈长的火柱，它的光焰，耀人眼目，使读者目眩神迷，不能逼视……"

又说："司各德是苏格兰一个世代书香人家的第九子，生于1771年8月15日。他的父亲，从业律师也象歌德的父亲一样，是一个端方严厉的人；《洛伯洛安》里的老商人就是他的小影。司各德生后极为强健，但是两岁时忽然右足得疾，成了跛脚。他自小就极喜欢听故事，尤喜听那些歌咏苏格兰古事的俗歌。他的记忆力极强，有音节的歌谣，他听了一遍以后，便能背诵。他极爱读潘珊的《英国古代歌谣集》，他并且自己收集歌谣，好象别的小孩子收集小金钱和贝壳。十岁的时候，他收集的歌谣，已经订成数厚册了。他又是一个锐利的观察者；每一块废墟，每一座破庙，每一方残碑，他都用心注意。我兹我斯爱好'自然'，是爱好'自然'的本身；司各德都爱好'自然'的历史的背景。一丛古树虽然美，司各德并不怎样注意，但若有人对他说：在这些树下，查理第二休息过，或是，这些树是苏格兰王后玛丽所手植的——他就再不会忘记这些树了，他总要到这些树底下徘徊几次。即此可见司各德的历史癖是天生成的。"

用不着再摘引了。很明显郭沫若后来的接近泛神论、倡导浪漫主义，创作历史剧等等，莫不与此有关。著名的历史剧《屈原》也有这个影响存在。资产阶级代表人物的著译，不仅扩大了他的眼界，丰富了他的头脑，而且让他有了新的追求。还有值得注意的是：这一时期，他已获得了直接用英语读书的能力，为他更多地吸取外国文学打开了方便之门。

在乐山、在成都，就这样度过了他青少年时代。迅速变革的现实和古今中外的文学不断影响着他的思想，他的性格，他的志愿，使他成为爱国主义者，养成一副反抗的骨头。诚如他后来一再表白的："我在年青的时候，是一个爱国主义者，倾向实业救国。"（《郭沫若同志答青年问》，1959年5月《文学知识》）

郭沫若素来是富于反抗精神的人，"我的行事是这样，我的文字也是这样"。（《暗无天日的世界》，《沫若文集》第10卷第262页）

三

在当时的成都，这个新旧势力决战的集中点上，郭沫若几乎亲身经历了辛亥革命在四川的全过程。这对他一生有着重大的影响。他说："我们崇拜十九岁在上海入西牢而瘐死了的邹容，我们崇拜徐锡麟、秋瑾，我们崇拜温生材，我们崇拜黄花岗的七十二烈士。"（《反正前后》，《沫若文集》第6卷第193页）正是他所崇拜的这些资产阶级民主主义战士用自己的鲜血和生命给了封建势力以沉重的打击。然而那势力是太深厚了，虽然受到了沉重打击，但却没有死亡，并且还很狰狞地挣扎着。他亲眼看见了旧势力的罪恶："对于革命党人的屠杀，对于立宪运动的迁延敷衍，对于请愿国会的重要人物的拿捕，变相的科举制度的复活，这些都是封建势力的独裁专横、倒行逆施的表现。而在实质上也就是封建势力对新兴资产阶级的斗争！"（《反正前后》，《沫若文集》第6卷217页）

郭沫若却也因参加国会请愿、罢课等斗争而被旧人物把持的学校斥退了，接踵而来的又是"白猫黑猫式"的包办婚姻。这使他陷入不断的苦恼之中，反抗，反抗，怎么反抗呢？"唯一的希望是离开四川"，留学欧美，至少是日本，以便"学些近代的科学式技术来，使中国强盛起来"。（《鼎进文艺的新潮》，《新文学史料》1979年3期）在那时，现实给青年人的希望围上的却是层层墙壁。他于是"存心要克服"自己"倾向文学的素质"，考上天津医学专科学校。又几经周折，才在大哥的帮助下去到日本，跨入一个新天地，成为他"一生的第二个转扭点"。

从他踏上日本火车，离开祖国的那一时刻起，迎接他的是接连不断的民族歧视和侮辱，震惊世界的第一次世界大战，这对一个爱国青年来说，是多么大的刺激啊！民族歧视和世界大战日盛一日地孕育着他对资本主义罪恶的不满，激发着他爱国主义精神的高潮。为了实现"实业救国"、"富国强兵"的宏愿，他用尽力气，发愤读书，"实在是拚了命"，开始了他"一生中最勤勉的一段时期"。结果在1914年6月，不上半年功夫就成为官费生，考上了东京第一高等学校预科。考试结束后他去到房州的北条洗海水浴。在这里亲眼看到日本的许多军舰枕戈待旦，不能不引起他深思。当时，他写下了这样的一首诗：

飞来何处峰？
海上布艨艟。
地形同渤海，
心事系辽东。

短短的几句诗，使我们非常清楚地看到，他不仅觉察到迫在眉尖的战争危机，而且充分表达了他对祖国可能即将遭到侵略的焦急心情。随着大战的爆发，帝国主义列强之间矛盾的激化，日本的战争准备，象雷电一样震动青年郭沫若的心灵。民族的郁积不断加深，爱国的热情日益高涨。让我们看看他一封又一封的家书吧：

其一说"我国不久亦将参战，此次参战决无大害，惟一面参战，一面仍当锐意振顿内治，一双并进，方可无虞。然据现实情形观察，内乱纷纷，弊窦百出，皆自取之道耳。"（1914年5月4日）

其一说"吾慨乎打战者尽神仙，而遭灾者唯我百姓耳。""风云紧迫，正酝酿豪杰之时，新国少年皆当存揽辔澄清之志气也。"（1914年6月12日）

这两封家书，不是非常有力地表达了他对帝国主义战争，对国内政局以及自己的责任的看法吗？现实不断地刺激着他，教育着他，日本帝国主义虽然忙于大战，然而却没有放弃吞并中国的野心。在他去日本的一年多里，日本帝国主义就胁迫卖国贼袁世凯签订了丧权辱国的二十一条。爱国者称为国耻的1915年5月7日，郭沫若和许多留日爱国学生一样，愤然返回祖国，以图拯救，然而，在那豺狼当道，卖国为荣的时候，会有什么结果呢？在上海旅栈里住了三天，又不得不匆匆地跑回日本，以期抓紧时间，学习一技之长，报效国家。他在一首七律中写道：

> 哀的美顿出已西，
> 冲冠有怒与天齐。
> 问谁牧马侵长塞，
> 我欲屠蛟上大堤。
> 此日九天成醉梦，
> 当头一棒破痴迷。
> 男儿投笔寻常事，
> 归作沙场一片泥。

（《我的学生时代》，《沫若文集》第7卷第33页）

  这首七律不是很好地表达了他当时的爱国心情吗？袁世凯的卖国称帝给中国人民上了极为生动的一课：帝国主义要灭亡中国，封建势力要复辟。这是坏事，也是好事。灭亡和复辟固然给中国人民带来了更深重的灾难，但也促使了中国人民更快的觉醒。许多爱国知识分子在这次事件的刺激下确实有了新的觉悟。陈独秀说是"吾人最后之觉悟"的时候了，很快，办了《青年》杂志，开展新的启蒙运动。郭沫若也是当时更加觉悟了的知识分子之一。他在回到日本不久所写的家书中说："中国自反正以来，一般薄志青年，糊涂捣蛋，蠹国病民，禽荒沈酒，忘却先台贵姓。袁氏此次振救颇快人意，一棒当头，喝醒痴顽亦复不少也。"

  在内忧外患的强烈刺激下，不断加强了他拯救祖国的责任感，从而以更加发愤图强的精神，拚命学习，充实自己，以期将来有一技之长，报效自己的国家和人民。他再三再四给眷恋着他，希望他回国的亲人们说："……想古时夏禹治水，九年在外，三过家门而不入；苏武使匈奴牧羊，十九年，馑龁冰雪……男思习一技之长，报效国家，留学期间尚不及十年，无夏苏之苦，……敢不深自刻勉，直收厥成，宁敢歧路亡羊，捷径窘步，中道辍足，以贻父母羞，为国家蠹耶！"（1916年9月16日冈山）

又说"国家积弱,振刷须材,年少光阴瞬间即逝,……日中必彗,操刀必割,少不奋力,老大徒悲,……任重而道远,能以为己任,不亦重乎!"(1916年12月27日)

又说"男年来思家之心颇切,往往形诸梦寐,自念已及壮年,所学尚属幼稚,复惶恐无地也,唯努力奋勉而已。"

又说"梭内第二期成绩发表,固少怠惰,竟降到十九名颇惭恧也。"

看,为了报效自己的国家和人民,他是如何地在奋发有为地学习啊!就在这奋发为国家学习的时候,他异外地获得了日本姑娘安娜的纯真的爱情。这对深受封建包办婚姻之苦而失望的他来说不能不是一个很大的鼓励。爱情的获得,固然带来了幸福,但幸福又带来了不幸,经济日益窘迫,生活日益惨苦。他从自己的这种切身感受中去寻找原因,日益清楚地懂得:一切都是封建宗法制度、贫穷落后的国家所造成的啊!这样,就使他把爱情的力量和爱国的热忱迅速结合起来,更加努力学习一技之长。他向自己家人写道:"现在国家积弱到如此地步,生为男子,何能不学无术,无一筹以报国也。"(1918年4月12日)

在强烈的爱国主义精神的驱使下,在时代潮流的冲激下,他虽然一再强制自己放弃文学的"爱好"和"素质",但"日本学制,高等学校实为大学预科,注重外文"。他在东京一年半,在冈山的三年都属于预科,非常注重外文。在日本学医的人,必须学德文,而日本人教外语却往往用文学名著作读本,这就又使他不期而然地与欧美文学发生了关系,无形中给他提供了文学修养的大好机会。1915年春间,在一个偶然的机会里,他首先接近了泰戈尔,并成为泰戈尔的崇拜者。泰戈尔那种清新、醇粹、冲淡的作风,给了他深刻的影响。

他在《我的作诗经过》一文中说:"那清新和平易径直使我吃惊,使我一跃便年轻了二十年!当时日本正是泰戈尔热流行着的时侯,因此我便和泰戈尔的诗结了不解缘,他的《新月集》、《园丁集》、《吉檀伽利》、《爱人的赠品》。译诗《伽毗尔百吟》(One Hundred Poems of Kabir),戏剧《暗室王》,我都如饥似渴地买来读了。在他的诗里面我感受着诗美以上的欢悦。……既嗜好了泰戈尔,便不免要受他的影响。在那个时期我在思想上是倾向着泛神论(Pantheism)的,在少年时代

所爱读的《庄子》里面发现出了洞辟一切的光辉，更进而开始了对王阳明的礼赞，学习静坐。"（《沫若文集》第11卷第140页）

泰戈尔在举世膜拜西方的物质文明的时候，独振荡他的银铃似的声歌，歌颂东方的森林文学。他的勇气也是十分令人鼓舞的。有着不少民族郁积和个人郁积的郭沫若，想用泰戈尔的方式来发泄这些而崇拜泰戈尔不是很自然的吗？更值得注意的是，泰戈尔导致他"从身心受用"去接近王阳明。他"从此便被导引到老子，导引到孔门哲学，导引到印度哲学，导引到近世初期欧洲大陆唯心派诸哲学家，尤其是斯皮诺若（Spinoza）"。"就这样发现了一个八面玲珑的形而上的庄严世界"（《王阳明礼赞》，《沫若文集》第10卷第39页）。王阳明那"不断地使自我扩充"，"不断地和环境搏斗"的精神给正在苦闷中的郭沫若的影响是不小的。接触泰戈尔之后不久，他又和歌德、海涅等伟大诗人的作品接触了，都给了他不同程度的影响。海涅的更富有人间味的爱情诗给他的影响特别深刻。从此，他不仅以古诗来表达自己"痴心念国家，忍复就人寰"，"有国等于零"，"有家归不得"的种种深沉的"郁积"，难忍的"痛苦"。并且还摹仿泰戈尔、海涅等人的诗写出了象《死的诱惑》一类口语形态的新诗。

在"痴心念国家"的爱国主义思想支配下，郭沫若非常景仰客死日本的爱国者朱舜水。早在被派往冈山六高学习的时候，他就利用暑假去凭吊了这位古人，并写下了如此诗句：

　　一碣立孤冢，
　　枫林照眼新。
　　千秋遗恨在，
　　空效哭秦人。

民族的歧视，个人的痛苦，不断冲击他的心灵，而历史的遗训却指示着他斗争的道路。他更加思念自己的家乡，更加思念自己的祖国。1918年，对他来说是重要的一年，高等学校预科毕业了，怎么办？经济的窘迫给他的生活带来了更大的痛苦，无吃无穿，竟然被房东赶了出来而搬到临海一家小房子住；对国家来说，因为反对西原参战借款运动，日本留学生全体罢课，并选代表回北京、上海从事宣传和请愿，给国内留下不小影响。这都使他反抗精神更加高涨，眷念祖国的情绪更加饱满。他在给家人的书信和诗歌中写道：

不久行将除夕岁，豫想家中团圆之乐，恨不如鹤鸟之有翼 冒云高飞，一飞飞到吾父母前也。

除夕都门去国年，
五年来事等轻烟。
壶中未有神仙药，
赢得妻儿人挂牵。

寄身天地太朦胧，
回首中原叹路穷。
入世无才出未可，
暗中谁见我眶红？

身居海外偷寻乐，
心实依然念故乡。
想到家中鸡与肉，
口水流来万丈长。

（《春节记实》1918年）

爱家乡，爱祖国，实在是需要发泄民族的郁积，个人的郁积；严格的科学训练，丰富的文学修养，也完全可能发泄民族的郁积，个人的郁积。于是，他就以文学的形式，用自己的亲身感受去唤醒自己的同胞，共同拯救自己贫穷落后的国家。恰好，这时候祖国正在开展如火如荼的新文化运动，他被强烈地吸引着，他决心全力以赴地投入这个伟大的启蒙运动。于是，他一边继续努力学习一技之长，一边写白话新诗，新小说，翻译介绍外国文学，并且寻找志同道合的同志组织文学团体。

"五四"运动的爆发,全国人民反帝爱国热情空前高涨,提倡民主与科学,反对旧道德,提倡新道德,反对旧文化,提倡新文化的呼声,更加震撼、激发了青年郭沫若的爱国热情。他不但大胆地想,大胆地写,要推翻一切旧东西,而且从事实际斗争。1919年6月,在"五四"革命精神的直接影响和推动下,郭沫若和几个中国留日学生在福冈组织了爱国社团"夏社",搜集、整理揭露日本各种报纸杂志宣扬的侵华言论,出版刊物,进行反帝爱国的宣传活动。在"五四"运动的高潮中,他所写的揭露日本军国主义罪恶的《同文同种辩》一文还被上海出版的《时事新报》作为社论刊登了,使他得到了鼓舞,并且和上海报界发生了关系。

1919年9月11日,《抱和儿浴博多湾中》等诗以"郭沫若"的笔名在《时事新报》副刊《学灯》上第一次发表,更增加了他"作诗的兴会"。以后,他又得到《学灯》编者宗白华的多方支持,大量地发表了自己的新作。就在这极大地增加了"作诗的兴会"时,更受到美国诗人惠特曼的影响,因此在"1919年的下半年和1920年的上半年,便得到了一个诗的创作爆发期"(《沫若文集》第7卷第56页),"诗兴被煽发到发狂的地步"(《鼎进文艺的新潮》,《新文学史料》1979年3期)。在革命潮流的冲击下,他那"个人的郁积,民族的郁积,在这时找出了喷火口,也找出了喷火的方式"(《序我的诗》,《沫若文集》第13卷第121页)。随着"五四"时代那种"狂飚突进"精神的高涨,他努力吸收新思想,努力创造新诗篇,由"泰戈尔式"迅速转到"惠特曼式",又由"惠特曼式"转到"歌德式",以力求适应迅速变化着的时代的需要。

他说:"我想永远在这健康的道路上,自由自在地走着,走到我死日为止。海涅的诗丽而不雄。惠特曼的诗雄而不丽。两者我都喜欢。两者都还不令我满足。"(《三叶集》第143—144页)

在郭沫若思想和创作发展的道路上,伟大的十月社会主义革命和马列主义在中国的传播,对他发生着具有决定性的影响。正如他说:"十月革命对我是有影响的——虽然没有见到太阳,但对太阳的热和光已经感受到了。"(《郭沫若同志答青年问》,1959年5月《文学知识》)这时,他开始知道了马克思列宁主义,憧憬着共产主义了,泰戈尔、惠特曼、歌德、海涅……，虽然富有民主革命精神，但怎能满足新民主主义革命的需要呢？于是，他用自己了解的马克思主义为指导，努力地"创造"，努力地"创造"，终于创造出了充满时代精神的崭新诗篇《女神》。《女神》拨动了无数青年的心弦，点燃了无数青年的智光，给"五四"的新诗歌带来了强烈的生命力，立刻把《尝试集》一类的新诗掩盖了。

在积极投入新文学创造的短短的一两年中，他经受了实际斗争的锻炼，清楚地"认识到文学对革命是能起鼓舞推动作用的，就想通过文学使中国起变化，想用诗歌唤醒睡狮。所以有一个时期，差不多把力量全放在文学上。"（《郭沫若同志答青年问》，1959年5月《文学知识》）1919年至1920年之后几个月间，他几乎每天都在诗的陶醉里。1921年4月和成仿吾一道回国，并于7月在东京第二改盛馆郁达夫家里成立了创造社，商谈了出版刊物等重大问题，经过一年多的努力，终于在1922年5月1日，出版了著名的新文学刊物《创造季刊》。1923年又回到上海，5月1日出版了《创造周报》，不久又出版了《创造日》，以"异军突起"的生力军的姿态出现于文坛，反帝反封建，给当时的青年以很大的影响。从此，他更加不顾家人的反对，不屑社会对文学的轻视，虽然学得了报效祖国的一技之长，也仍然决心"弃了医学，专研文学"（《三叶集》第165页），以文学为武器，为人民的解放，祖国的富强而战斗。

是啊！从"五四"那时起，郭沫若就带领一支文艺的"生力军"驰骋在新文学的战场上，沿着鲁迅开辟出来的道路，坚决地、不妥协地反对封建主义，反对帝国主义，反对买办资产阶级，不屈不挠地努力，呕尽心血地为建设中国现代文学，为提高整个中华民族的文化而奋斗，直到生命的最后一息，终于为中国无产阶级文学的建设作出了不可磨灭的贡献。敬爱的周恩来同志说得好：

"鲁迅是新文化运动的导师，郭沫若便是新文化运动的主将。鲁迅如果是将没有路的路开辟出来的先锋，郭沫若便是带领大家一道前进的向导。"（《我要说的话》）

今天，我们正在开展更伟大、更壮丽的实现四个现代化，建设社会主义强国，提高整个中华民族文化的运动，可以预料，同着这个运动，一定会产生，一定会成长更多的伟大的郭沫若式的人物！

  我们期待着！
  我们努力着！

（原载1979年《郭沫若研究专刊》（四川大学学报丛刊）第2辑）

光辉的一生　深切的怀念（节录）
——在郭沫若研究学术讨论会上的发言
王廷芳

郭老在日本留学时，从1917年的十月革命到1919年的"五四"运动期间，就较早地受到十月革命的影响，并开始接触和学习马列主义理论；到了1924年，他较系统地学习和研究了马列主义，并翻译了河上肇的《社会组织和社会革命》，他从此"初步转向马克思主义方面来"。（《答青年问》，载《文学知识》1959年6月号）

1924年到1926年，他的思想有了进一步的转化和发展，从宣传革命而投身到革命的实践斗争中去；他在1926年北伐的高潮中，参加了北伐革命战争。在这段时间，他结识了毛泽东同志和周恩来同志，并同许多老一辈无产阶级革命家都有所接触和交往。

1926年3月18日，巴黎公社纪念日那一天，郭老离开上海，经海路到了广州；他是应林伯渠同志之约去的。到广州后，任广东大学文学院院长。同去广州的还有郁达夫等人。

据我们所知，这段时间，郭老与毛主席会见过四次。

他3月23日到广州，成仿吾迎接了他，给他安排了住处；然后他就去拜会林伯渠同志，但林老不在家。刚到林老家不久，毛主席就来了，两人谈了一个多小时的话。当时广东比较乱，发生了中山舰事件。毛主席很详细地向他介绍了广东和全国的革命运动的情况；接着林老回来了，毛主席又和林老简单地谈了几句，就走了，这是毛主席和郭老的第一次会见。

在此期间，毛主席曾邀请郭老到广东农民运动讲习所做过一次报告。在报告之前，毛主席亲自到郭老家里去洽谈，向他发出邀请。作报告时，毛主席又亲自陪同着他。这就是他们第二次和第三次见面。

当时广东有个东山青年会，请了三个人讲演，一个是毛主席，一个是郭老，还有一个是东京中华基督教青年会会长马伯援。原排列讲演的顺序是，郭老，毛主席，最后一个是马伯援。但马伯援要了一个滑头，他说他有事，要先讲，否则就讲不成了，他便先上台。他在讲话中对马列主义进行了肆意的诋毁，然后扬长而去。郭老接着便登上台，痛斥和批驳了马的谬论，这是郭老第四次同毛主席在一起。

郭老同周总理也是在广州认识的。郭老是三月底到的广东大学；四、五月间周总理去广东大学讲演，这是他们第一次见面。郭老参加北伐，主要还是周总理的影响和鼓励的结果。

当时革命的中心是广州。很多文学艺术家和文艺爱好者都到了广州。据阳翰笙同志回忆，有一次他和李一氓对郭老说：北伐军快要出发了，郭先生，我们一起参加北伐吧！郭老当即表示同意。那时，阳、李二位已是党员，郭老还不是。阳、李就向总理报告了这个情况，总理对这件事很重视，说郭老如能参加北伐，政治影响将是很大的。总理即约郭老到自己家里来，两个谈得很投机，很高兴。于是就决定让郭老的好朋友孙炳文同志出面向蒋介石和邓演达推荐郭老到北伐军政治部工作，担任北伐军政治部的宣传科长。这是一个很有实权，也很重要的职务，宣传工作是政治部主要任务之一。当时蒋介石已开始排共，不愿意让共产党员担任这个职务，但国民党里面也没有人有能力胜任此职，郭老任此职，他们也还通得过。炳文当时向郭老讲，这个职务虽低，但作用很大；我们要脚踏实地的多做工作，而不空图虚名。郭老表示，只要有工作干，职务高低，他是不在乎的。政治部主任是邓演达，他当时地位很高，名气很大，为郭老担任此职，政治部还召开了一次类似政治部部务会议的会，周总理亲自参加了这个会，在会上称誉郭老的才干，强调他能胜任此职：总理的用意是怕邓演达不尊重郭老。

据郭老自己回忆，他参加了北伐军，在广州只停了十天左右，就出发了。出发前，军装一直未发下来，所以他当时已身为军人，而穿的却是大长袍。他7月间随北伐军从广州出发，9月间到达武昌城下，在短短的几个月的时间内，他就由宣传科长、宣传处长、秘书长而升到政治部副主任；军衔也由中校晋升为中将。

郭老生前对我讲，当时林老约他去广州，这是林个人的意见呢，还是党组织的意思？郭老晚年认为，他去广州，是党组织的安排。陈抱隐先生曾告诉郭老，此事是瞿秋白同志推荐的。据阳翰笙同志说，郭老去广州，是秋白同志的推荐，由组织上安排的，虽然细节不知道，但这两点是没有问题的。

另一个问题是，他到广州的当天就见到了毛主席；郭老也认为这可能是有意的安排，而不会是巧合和不期而遇。郭老晚年说，只是估计如此，因这些老人都不在了，没法证实。

现在讲一讲"四·一二"反革命政变前后的一些情况。郭老的《请看今日之蒋介石》一文，是1927年3月31日，在朱老总家里写的。这篇文章写在"四·一二"的前十几天，他以政治家的敏锐，洞察并揭露了蒋介石的反革命政治面貌。他还写有另一篇文章，名叫《敬告革命战线上的武装同志》，是4月1日写的；现在还没有找到，希望研究者们能找一找这篇文章。当时，在"四·一二"以前，虽然蒋介石已经开始镇压革命了，如九江事件，安庆事件等等，但他本人还伪装革命，他的反革命面貌是在"四·一二"事件中才完全暴露出来的。郭老的《请看今日之蒋介石》一文，及时揭露了蒋介石的真实的反革命本来面目，在当时起了重要的作用。郭老写了这篇文章后，打扮成绅士模样，4月14日到了上海；第一站先到内山书店，即日本朋友内山完造家里。当天李一氓同志乘汽车将郭老接到了他的家里。当晚在李一氓处，郭老见到了总理。总理把上海的情况，向他作了介绍；郭老主张到武汉方面去组织力量，打倒蒋介石。总理觉得郭老的这个意见很好，当晚就把他送到另一个住处。4月15日离开上海，坐了一艘外国的轮船，经过南京时，南北两岸正隔着长江在交火。船便在江心停了四、五天，然后到了武汉。郭老在"四·一二"前后虽然不是党员，但他完全是在党的领导下，在总理的领导下进行革命工作的。他当时对总理就特别敬佩和尊重。

关于郭老参加南昌起义问题。了解这一段历史，对我们研究和认识郭老也是很重要的。"八一"起义的当天,郭老并不在南昌。当时他在九江;南昌与九江之间已经封锁,郭老冒着生命危险,赶到南昌去参加起义队伍。他在去南昌途中,曾受到散兵的袭击,几乎丢了性命。

他是8月4日晚上赶到南昌的。5日,就随起义军离开了南昌,经临川、瑞金、汀州,到达汕头。他当的职务是起义军总政治部主任。就在这次行军途中,由总理和李一氓同志介绍,加入了中国共产党。起义军到达汕头地区不久,战斗失利,郭老即乘一只渔船到了香港,再回到上海。

郭老参加南昌起义后,蒋介石对他下了通缉令。何时回到上海?他在文章中写了几个时间,准确的时间,大约是在1927年的11月中旬。我曾问过郭老,郭老说这个时间比较可靠。

回上海后,他很快同总理取得了联系。起初是决定他到苏联去。当时苏联和国民党的关系很紧张,苏联领事馆要全部撤回,郭老准备乘苏联撤回领事馆的轮船去苏联,但由于突然患斑疹伤寒,未能成行。

郭老在《离沪之前》一文中(见《沫若文集》第8卷第257页至258页),有几处提到总理,很重要,我摘引几段:正月19日日记中写道:"中午将近时,民治(按:即李一氓同志)来,交来豪兄(按:即恩来同志)答函"(《沫若文集》第8卷第261页),说明在这以前,他们就已经有了联系。2月9日日记中又说:"定十一号走(按:即去日本,然后去苏联)。……豪兄不来,一时也不能动身。恐怕十一号不一定能够走成。"(《沫若文集》第8卷第276页)就是说,走以前,一定要见到恩来同志,否则,就走不成。说明他之去日本,是在总理指示下安排的。2月10日总理来了。这天的日记中写道:"豪和民治来,同吃中饭。仿吾亦来,约了初梨等来谈话。"(《沫若文集》第8卷第276页)显然,这次会面很重要,他是在周恩来同志会见谈话之后,才去日本的。郭老曾对我说:总理要资助他一部分钱,他坚决不要,说组织上现在也很困难;创造社可以在经济上给他一些接济。从这些事实来看,郭老是在总理的嘱托和安排下去的日本。

郭老到日本去,本来是打算经日本去苏联的。但到日本后不久,即被日本警察发现并扣押;虽然几天后即被释放。但从此,他就处在日本警察和宪兵的双重严密监视之下,因而去苏联是根本不可能了。

从1928年春到1937年夏,他在日本东京的郊区千叶县市川市须和田这个地方度过了十个年头。这十年中他通过各种渠道和方式同国内保持着密切的联系。他积极支持了国内文化界的革命文化活动,他还写了很多关于中国古代史和古代文字学方面的著作和文艺作品。

再谈谈郭老是怎样从日本回来的。

郭老经常和我讲:他在日本十年,就好象是住在一个大的监狱里,他的行动受着警察和宪兵的双重监视。他随时都在密切注意着国内形势的发展,尤其是国内发生什么事变时更使他坐卧不安;焦虑难忍。他多么怀念自己的祖国啊!多么盼望早日回到祖国的怀抱。但是蒋介石的通缉,日本警察宪兵的监视,使他有翅不能飞,有国不能归。

卢沟桥事变以后,郭老之所以能从日本回国,是利用了一个矛盾。我们知道,郭老在日本时,对甲骨、金文的研究颇有建树。当时日本政界有一个很有名望的人,名叫西园寺公望,是元老,说话影响很大,但政治上比较保守。他对郭老的古文字学研究著作很有兴趣,十分赞赏,认为一个四十岁上下的人,搞出这样的成绩,很不容易。日本报纸就把这个消息当作新闻报导了;国民党也乘机大肆宣扬这个消息。他们大肆宣扬此事,是为了诋毁郭老,想证明,郭沫若与西园寺公望搞到一起去了,当了汉奸了。这件事,不久也就过去了。但到了1937年中日战争爆发前夕,国民党中的亲日派,如张群、何应钦之流,想同日本拉关系,他们便想起郭沫若与西园寺公望的关系,可以利用,便设法请郭老回国。这样,国民党才在"七七"事变后,取消了对他的通缉令。同志们也希望他能早日回国参加抗日救亡工作。郭老就毅然冒着生命的危险,躲过警察和宪兵的监视,抛妻别子秘密地回到了祖国。具体帮助郭老回国的是画家钱瘦铁和金祖同二人。钱瘦铁当时在日本有点地位,公开活动不方便;金祖同也搞点文字学研究,和郭老平时有来往,帮了不少忙;是他具体安排和陪同郭老从日本回到上海的。郭安娜当时对郭老的回国也是完全支持的,而且帮了很大的忙,这一点郭老生前不止一次讲过,也不止一次写过。

回国后,郭老就一直在周总理直接领导下工作。他在抗日战争和解放战争中,在解放以后的近三十年中,为党、为人民、为国家做了大量卓有成效的工作,这些都是大家所熟悉的,我就不多讲了。

下面再讲讲批林批孔中"四人帮"是如何迫害郭老的。

当时,"四人帮"把罪恶的矛头指向我们敬爱的周总理。我们知道,郭老从大革命起就同总理关系很密切,很好;他们就想从郭老身上开刀,达到他们攻击总理的目的。因此他们就把郭老看作斗争对象之一。两校大批判组把郭老的著作,作了摘录翻印,发下去,再由下面反复翻印,打算大规模地对郭老展开批判;这件事被毛主席发现后制止了。毛主席指出,不能批判郭老。但"四人帮"不听,仍然在"一·二五"一万八千人大会上,点了郭老的名;当时总理也在场,他们的矛头是针对总理的。毛主席说不能批,他们还是要批,他们的矛头也是针对毛主席的。在这个大会上,把郭老喊起来,站着,这对郭老是一个很大的打击。原来他们要批郭老,还是少数人知道,现在他们在大会上点名,就在社会上公开了。

在这次大会的前后,总理曾经两次到家里去看过郭老。总理都是说,请郭老自己研究自己的著作;他自己也要研究研究郭老的著作。总理说,他没有发言权,因为他没有读书,读了书才有发言权。总理还对我、对郭老的子女们说,咱们大家都要读书,读了书才有发言权,要不,就没有发言权。

张春桥在"一·二五"大会以后也来了一次。他张牙舞爪地指责、批评郭老抗战时骂了秦始皇。郭老针锋相对地说:我当时骂秦始皇,是针对国民党蒋介石的。把张春桥顶了回去。但"四人帮"并不甘心,他们组织了大量文章,不点名地批判郭老。

在"一·二五"大会后的当天晚上,总理派人来,指示说:郭老已经是八十多岁的高龄了,要保护好郭老,要保证郭老的安全,而且具体地指示了四条:第一条是,郭老身边二十四小时不能离人,要配备专人昼夜值班;第二条,要郭老从十多平方米的小的卧室中搬到大房子里去住。后来总理见到郭老时,对郭老说,为什么要你从小房子里搬出来呢?因为房子小,氧气少,对老年人身体不利;第三条,郭老在家活动的地方,要铺上地毯或胶垫,避免滑倒跌伤;第四条,具体工作,由我组织执行,出了问题,由我负责。我听了总理的指示,感动得不得了。郭老听了总理的指示,也感动得连连说了几声"谢谢总理,谢谢总理"。

敬爱的周总理这样无微不至地关心照顾郭老,但万恶的"四人帮"却对郭老进一步地进行折磨和迫害。叛徒江青,1974年2月10日的下午找上门来,纠缠和折磨郭老,她逼郭老写检查,写批宰相的文章,还以批安东尼奥尼《中国》为名,指桑骂槐地影射我们敬爱的周总理。她在郭老家中东拉西扯地纠缠了两三个小时,直到下午五点多钟才走。郭老当时咳声不断,很少和她答话。当天晚上,郭老就病了,开始发烧。我们马上把医生请到家里来。大夫给他打了针,但烧仍旧不退,反而继续升高。我们就建议他住院。他这时已经脱衣就寝,说:明天再去吧,这么晚了,太麻烦了。大夫说,那可不行。我们便把他抬上救护车,让他住了院。他这时温度已经从三十八度升到三十九度多,烧得迷糊了,连话都说不出来了。郭老的生命到了危险的边缘。

我们敬爱的周总理,每天几次过问郭老的病情,经常派他的医生到医院看望,并亲自指挥抢救。在这种情况下,郭老被从死亡线上抢救回来了。但从这次发高烧以后,种下了肺炎的病根,在此以前郭老是没有得过肺炎的。这以后,肺炎就反复发作。又经过了几次危险,都闯过来了,这说明,郭老的生命力是很强的。

这年7月份,郭老又经历了一次危险,因打针过敏,烧到四十度,几乎要休克了。这是第二次危险。总理知道后,每天要过问好多次,组织人员抢救;为此,总理还亲自指示说:对年老体弱的病人,用新药要慎重。必要的时候,事先要做试验。

第三次危险发生在总理逝世以后。总理的逝世,对郭老影响特别大。郭老当时住在医院里,经常挂念着总理,从照片上看见总理瘦了,他就特别难过,总理不接见外宾了,他就更加不安。总理逝世的噩耗传来,他听后当时就不会动了,心情极其悲痛,木然地坐在那里,象傻了一样。他对我说:我一定要去向总理的遗体告别;总理的追悼会,我一定要参加。这之后,他又经历了一次危险,这次病发作得比较厉害,但仍然抢救过来了。

总理这样关怀、爱护郭老,郭老也是非常尊敬爱戴总理。总理逝世后,我们在郭老面前,谁也不敢提起总理;一提大家都哭起来。总理的逝世,的确对郭老是一次很大的打击。1976年10月,党中央一举粉碎了"四人帮",郭老非常兴奋,他说,我们又得到了一次解放!他的精神完全两样了，和前几天比较，简直判若两人。他说，党中央粉碎了"四人帮"，是为党除奸，为国除害，为民平愤，并奋笔疾书，写出了那首脍炙人口的《水调歌头·粉碎四人帮》。

他当时身体仍很不好，住在医院里。他抱病参加了天安门广场上举行的粉碎"四人帮"庆祝大会，在天安门城楼连续站了两个小时。我们和大夫都觉得这是奇迹，简直不可想象，因为他平时站几分钟都感到困难，——这是多么大的精神力量啊！他身体这样不好，打倒"四人帮"后，还写了那么多东西，真是不容易啊！但是，毕竟他年纪太大了，健康损害太严重了。1977年这一年还算不错，到1978年年初以后，他的健康情况就愈发不好了，肺炎频繁发作；但就在这种情况下，他抱病参加了全国科学大会；当时大夫只准他参加半个小时的会。……一个小时过去了，还是不走！怎么办？我们几个人便上去把他连同他的坐椅一起抬了出去，这样，他才离开。郭老对待工作，对待革命事业认真负责的革命精神，确实是值得我们好好学习的。

1978年5月底，6月初，全国文联开扩大会议时，郭老有一个书面发言，6月3日一大早，他问我文联的会开得怎么样？周扬同志来过吗？我说，听说会开得很好，周扬同志昨天晚上来了，大夫说，你的精神不好，不同意会客。他听后，说，我这不是挺好吗？太失礼了。我说可以打电话请他来。他考虑了一下说，他很忙，这太麻烦他了。我说我和周扬同志在电话上商量一下，他表示同意，我就给周扬同志挂了电话。周扬同志很快来到医院。郭老详细地问了会议的情况，一再表示不能亲自参加大会很不安，请周扬同志代问与会的同志们好。周扬同志说：你是我们中国的歌德，是我们中国的国宝！大家都期望你早日恢复健康，领着大家前进！郭老很幽默地说：我是什么国宝，我是"郭宝"；你做了很多工作，我没有做什么工作，很惭愧。

郭老身体愈来愈不好，医院多次向我们打招呼。但郭老那么快离开我们，我们还是感到突然。他6月11日中午又开始发烧，体温降不下来，第二天早晨，情况已经很危急。他可能已经预感到很快要和大家永别了。这时郭老握着于立群同志的手说："时间很重要啊！"他又很吃力地重复了一句："时间特别重要！"休息了一下，他又对我们大家说："要相信党，要相信真正的党！"他这最后的遗言，我们要永远牢记。

在他弥留之际，中央领导同志和很多老同志都来看他。十一时左右，张光年同志也来了，他哭着高声地对郭老说："郭老啊，全国文艺界的同志们都特别挂念你，想念你，你一定要保重啊！"郭老听懂了，很艰难地说了"谢谢"两个字，就不能再说了。

我在郭老身边工作了二十多年；在郭老身边度过了自己前半生的大半。我没有做多少工作，但自己对郭老的感情是很深的。二十多年来我们朝夕共处，无话不谈。特别在"四人帮"横行时期，我们在家里或在医院里，把门窗关上谈知心话。我感到，郭老是我们的领导，是我们的长辈，是我们的严师，又是我们亲密的同志和挚友。郭老那种为中国革命事业，为中国人民的利益而献身的革命精神，我将永远铭记在心！

今天，在郭老逝世一周年的时候，我感谢会议给自己这样一个机会，使我能表达一下自己对郭老敬爱和深切怀念的感情。我们相信，这次会议将有力地促进郭老全集的出版工作及对郭老的学习和研究。

1979年6月12日乐山

（原载《郭沫若研究专刊·四川大学学报丛刊》1979年第2辑）

郭沫若研究资料（中）

36

GUOMORUO YANJIUZILIAO

中国社会科学院
文学研究所 总纂

王训昭 卢正言
邵 华 肖斌如 林明华 编

中国文学史资料全编

现代卷

知识产权出版社

内容提要

郭沫若，原名郭开贞，我国现代著名的文学家、诗人、剧作家、考古学家、古文字学家、历史学家。本书分生平与创作活动自述，生平活动评论文章选辑，文学创作评论文章选辑，著译分类书目，著译系年五个部分，全面收集了关于郭沫若的研究资料。

责任编辑：马　岳　　　　责任校对：韩秀天
装帧设计：段维东　　　　责任出版：卢运霞

图书在版编目（CIP）数据

　郭沫若研究资料 / 王训昭等编. —北京：知识产权出版社，2009.10
　（中国文学史资料全编·现代卷）
　ISBN 978-7-80247-789-6

Ⅰ. 郭… Ⅱ. 王… Ⅲ. ① 郭沫若（1892～1978）—人物研究　② 郭沫若—1892～1978—文学研究　Ⅳ. K825.6　I206.7

中国版本图书馆 CIP 数据核字（2009）第 178497 号

中国文学史资料全编·现代卷

郭沫若研究资料（中）

王训昭　卢正言　邵　华　肖斌如　林明华　编

出版发行：知识产权出版社

社　　址：北京市海淀区马甸南村1号	邮　　编：100088
网　　址：http://www.ipph.cn	邮　　箱：bjb@cnipr.com
发行电话：010-82000860 转 8101/8102	传　　真：010-82005070/82000893
责编电话：010-82000860 转 8171	责编邮箱：mayue@cnipr.com
印　　刷：北京市凯鑫印刷有限公司	经　　销：新华书店及相关销售网点
开　　本：720mm×960mm　1/16	印　　张：102.25
版　　次：2010年3月第一版	印　　次：2010年3月第一次印刷
字　　数：1553千字	定　　价：216.00元（上、中、下）

ISBN 978-7-80247-789-6 / K·036（2637）

出版权专有　侵权必究
如有印装质量问题，本社负责调换。

目 录

郭沫若研究资料（上）

在郭沫若同志追悼会上的悼词（节录）（邓小平）……………… 1
郭沫若传略（肖斌如　邵华）……………………………………… 4
郭沫若年谱简编（卢正言）………………………………………… 12
郭沫若名号别名笔名录（卢正言）………………………………… 97
谈诗歌创作（通讯三则）（郭沫若）……………………………… 106
论诗（通讯）（郭沫若）…………………………………………… 111
《少年维特之烦恼》序引（郭沫若）……………………………… 115
论国内的评坛及我对于创作上的态度（郭沫若）………………… 122
《卷耳集》序（郭沫若）…………………………………………… 126
批评与梦（郭沫若）………………………………………………… 128
中国文化之传统精神（郭沫若）…………………………………… 135
我们的文学新运动（郭沫若）……………………………………… 141
中华全国艺术协会宣言（郭沫若）………………………………… 144
太戈儿来华的我见（郭沫若）……………………………………… 146
国家的与超国家的（郭沫若）……………………………………… 151
印象与表现（郭沫若）
　　——在上海美专自由讲座演讲………………………………… 153
孤鸿（郭沫若）……………………………………………………… 160

《文艺论集》序（郭沫若） …………………………………… 171
写在《三个叛逆的女性》后面（节录）（郭沫若） ………… 173
革命与文学（郭沫若） ……………………………………… 180
英雄树（麦克昂） …………………………………………… 188
《水平线下》原版序引（郭沫若） ………………………… 193
文艺战线上的封建余孽（杜荃）
　　——批评鲁迅的"我的态度气量和年纪" ……………… 195
文学革命之回顾（郭沫若） ………………………………… 202
郭沫若诗作谈（郭沫若谈　蒲风记） ……………………… 212
在国防的旗帜下（郭沫若） ………………………………… 221
我的作诗的经过（郭沫若） ………………………………… 224
民族的杰作（郭沫若）
　　——纪念鲁迅先生 ……………………………………… 232
抗战与文化问题（郭沫若） ………………………………… 234
"民族形式"商兑（郭沫若） ………………………………… 238
我怎样写《棠棣之花》（郭沫若） ………………………… 250
写完五幕剧《屈原》之后（郭沫若） ……………………… 257
《虎符》写作缘起（节录）（郭沫若） …………………… 263
中国战时的文学与艺术（郭沫若）
　　——三十一年5月27日在中美文化协会演讲词 ……… 268
《高渐离》剧本写作的经过（郭沫若） …………………… 274
《孔雀胆》后记（郭沫若） ………………………………… 278
献给现实的蟠桃（郭沫若）
　　——为《虎符》演出而写 ……………………………… 286
《南冠草》日记（郭沫若） ………………………………… 288
《凤凰》序（郭沫若） ……………………………………… 291
抗战八年的历史剧（郭沫若讲　殷野记） ………………… 296
郭沫若讲历史剧
　　在上海市立戏剧学校演讲　周惜吾记录 ……………… 302
谈解放区文艺创作（郭沫若） ……………………………… 305
人民至上主义的文艺（郭沫若） …………………………… 307

《盲肠炎》题记（郭沫若）……311
斥反动文艺（郭沫若）……314
由《虎符》说到悲剧精神（郭沫若）……319
浪漫主义和现实主义（郭沫若）……324
《蔡文姬》序（郭沫若）……336
郭沫若同志答青年问……342
我怎样写《武则天》（郭沫若）……348
关于诗歌的民族化群众化问题（郭沫若）
　　——给《诗刊》的一封信……362
毛泽东同志谈《甲申三百年祭》……365
附：中央宣传部、总政治部通知……366
毛泽东同志给郭沫若同志的信……367
我要说的话（周恩来）……368
中国人民需要郭先生（王若飞）
　　——在重庆各党派领袖和文化界人士 欢宴文化战士郭沫若的
　　盛会上的发言……373
为郭沫若先生创作廿五周年 纪念与五秩之庆致祝（邓颖超）……374
为祖国珍重！（茅盾）
　　——祝郭若沫先生五十生辰……375
我所认识的沫若先生（老舍）……377
为郭沫若氏祝五十诞辰（郁达夫）……380
奔放的感情　缜密的头脑（云彬）
　　——祝郭沫若先生五十大寿……382
郭沫若印象记（节录）（美蒂）……385
在日本的郭沫若会见记（愚公）
　　——他的生活、创作、家庭……387
郭先生与留东同学的文艺活动（林焕平）……391
我所认识的沫若先生（冶秋）……395
记创造社（节录）（陶晶孙）……400
郭沫若先生访问记（力扬）……402
郭沫若（节录）（赵景深）……406

化悲痛为力量（节录）（于立群）……408
难忘的往事（于立群）……412
回忆父亲（节录）（郭庶英　郭平英）……416
回忆旅居日本时的父亲（和生）……424
这是党喇叭的精神（林林）
　　——忆郭沫若同志……429
郭老与鲁迅著作的注释工作（林辰）……441
回忆沫若早年在日本的学习生活（节录）
　　（钱潮口述　盛巽昌整理）……445
泰山木和诗碑（辛文芷）
　　——访郭沫若的日本故居和故友……453
秋日谈往（节录）（宗白华口述　邹士方　赵尊党整理）
　　——回忆同郭沫若、田汉青年时期的友谊……457
郭沫若是怎样走上文学道路的（王锦厚　伍加伦）……459
光辉的一生　深切的怀念（节录）（王廷芳）
　　——在郭沫若研究学术讨论会上的发言……480

郭沫若研究资料（中）

试论郭沫若前期思想的发展（艾扬）……489
对郭沫若前期思想发展的一些理解（宋耀宗）
　　——读《沫若文集》札记……510
郭沫若泛神论思想的发展过程（陈永志）……526
试谈郭沫若世界观的转变（谷辅林）
　　——兼与楼栖同志商榷……545
论郭沫若（沈从文）……553
诗人郭沫若（钱杏邨）……559
给郭沫若的信（节录）（田汉）……578
给郭沫若的信（节录）（宗白华）……579
郭沫若的诗（愚盦）……581

郭君沫若的诗（朱湘） ………………………………………… 582
论郭沫若的诗（朱自清） ……………………………………… 588
论郭沫若的诗（蒲风） ………………………………………… 589
郭沫若的诗歌（穆木天） ……………………………………… 599
诗人，卓越的无产阶级文化战士（唐弢） …………………… 620
批评郭沫若的处女诗集《女神》（郑伯奇） ………………… 634
致读《女神》者（资平） ……………………………………… 641
女神之生日（郁达夫） ………………………………………… 644
"新诗坛上一颗炸弹"（素数） ………………………………… 646
《女神》之时代精神（闻一多） ……………………………… 650
《女神》之地方色彩（闻一多） ……………………………… 657
读了《女神》以后（谢康） …………………………………… 663
郭沫若和他的《女神》（周扬） ……………………………… 669
反抗的、自由的、创造的《女神》（臧克家） ……………… 676
评沫若《女神》以后的诗（洪为法） ………………………… 684
读《星空》后片断的回想（焦尹孚） ………………………… 693
读了郭沫若的《星空》以后（周开庆） ……………………… 696
《瓶》附记（郁达夫） ………………………………………… 700
论郭沫若的诗（节录）（楼栖） ……………………………… 701
今后的历史剧（顾仲彝） ……………………………………… 715
所谓历史剧（向培良） ………………………………………… 722
剧中有诗（陈瘦竹）
　　——《沫若剧作选》学习札记 …………………………… 728
郭沫若、屈原和蔡文姬（徐迟） ……………………………… 737
读《屈原》剧本（孙伏园） …………………………………… 744
评《屈原》的剧作与演出（节录）（刘遽然） ……………… 746
从剧作《屈原》想起（周务耕） ……………………………… 749
谈《屈原》悲壮剧（柳涛）
　　——《屈原》——五幕史剧——郭沫若作 ……………… 752
郭沫若的《卓文君》（章克标） ……………………………… 764
卓文君（张继纯） ……………………………………………… 766

从《棠棣之花》谈到评历史剧（章嬰）⋯⋯⋯⋯⋯⋯⋯769
《棠棣之花》（李长之）⋯⋯⋯⋯⋯⋯⋯⋯⋯⋯⋯⋯⋯774
看戏短评（节录）（老舍）⋯⋯⋯⋯⋯⋯⋯⋯⋯⋯⋯⋯779
《虎符》（褚述初）
　　——郭沫若著重庆时事新报"青光"卅一年
　　　三月廿五日起连载⋯⋯⋯⋯⋯⋯⋯⋯⋯⋯⋯⋯780
《虎符》中的典型和主题（柳涛）⋯⋯⋯⋯⋯⋯⋯⋯⋯785
关于《孔雀胆》（翦伯赞）⋯⋯⋯⋯⋯⋯⋯⋯⋯⋯⋯⋯794
《孔雀胆》演出以后（徐飞）⋯⋯⋯⋯⋯⋯⋯⋯⋯⋯⋯797
读《金风剪玉衣》（金梓凡）
　　——原名《南冠草》，五幕史剧，郭沫若著，将由中央
　　　青年剧社演出。⋯⋯⋯⋯⋯⋯⋯⋯⋯⋯⋯⋯⋯⋯802
《残春》的批评（成仿吾）⋯⋯⋯⋯⋯⋯⋯⋯⋯⋯⋯⋯805
读《反正前后》（田汉）⋯⋯⋯⋯⋯⋯⋯⋯⋯⋯⋯⋯⋯810
郭沫若的《反正前后》（傅润华）⋯⋯⋯⋯⋯⋯⋯⋯⋯814
评郭沫若的《创造十年》（杨凡）⋯⋯⋯⋯⋯⋯⋯⋯⋯819
郭沫若的《黑猫》（冯乃超）⋯⋯⋯⋯⋯⋯⋯⋯⋯⋯⋯826
郭沫若小品序（阿英）⋯⋯⋯⋯⋯⋯⋯⋯⋯⋯⋯⋯⋯⋯827
中国新文学大系·小说三集导言（节录）（郑伯奇）⋯830
一切为了前线的胜利（邓牛顿）
　　——读郭老香港战斗时期的佚文⋯⋯⋯⋯⋯⋯⋯831
介绍外国文学作品的目的（茅盾）⋯⋯⋯⋯⋯⋯⋯⋯838
读郭沫若的《卷耳集》以后（梦韶）⋯⋯⋯⋯⋯⋯⋯841
评论文章目录索引⋯⋯⋯⋯⋯⋯⋯⋯⋯⋯⋯⋯⋯⋯⋯⋯849

郭沫若研究资料（下）

郭沫若著译分类书目（上海图书馆·1982年9月）⋯⋯965
一、总类⋯⋯⋯⋯⋯⋯⋯⋯⋯⋯⋯⋯⋯⋯⋯⋯⋯⋯⋯⋯971
二、著作部分⋯⋯⋯⋯⋯⋯⋯⋯⋯⋯⋯⋯⋯⋯⋯⋯⋯⋯992

三、翻译部分··1119
四、合著书书目（选录）····································1152
五、增补书目··1168
郭沫若著译系年（上海图书馆编于1981年12月）··········1184

编后记··1602

试论郭沫若前期思想的发展

艾 扬

郭沫若同志是五四运动以后"第一个可以称得起伟大的诗人",是中国现代文学的奠基者之一,正如周扬同志所说的,他是三十几年来新文艺战线上的老战士,是当代最优秀的语言艺术大师之一,在文学运动和文艺创作上都有着卓越的贡献。

郭沫若同志的思想曾经经历过一个由革命民主主义者到马克思主义者,由小资产阶级的先进分子到无产阶级的先锋战士的发展和转变过程,这是谁都承认的,但是对于这一过程的具体发展和转变情况却有着各种不同的说法。关于这一问题,远在1924年,郭沫若自己在译完河上肇的《社会组织与社会革命》以后就曾在给成仿吾的一封信中说过:

> 我从前只是茫然地对于个人资本主义怀着的憎恨,对于社会革命怀着的信心,如今更得着理性的背光,而不是一味的感情作用了。
>
> 这书的译出在我一生形成一个转换时期。把我从半眠状态里唤醒了的是它,把我从歧路的彷徨里引出了的是它,把我从死的暗影里救出了的是它。❶

---

❶ 《沫若书信集》159页。

1950年在"'郭沫若选集'自序"中说得更加明确：

> 我在1924年的春夏之交，便下了两个月的苦工夫，通过日本河上肇博士的著作"社会组织与社会革命"来研究马克思主义。这书我把它翻译了。它对于我有很大的帮助，使我的思想分了质，而且定型化了。我自此以后便成为了一个马克思主义者。

对于这种说法，有很多文学史家都表示同意，但也有个别同志表示了不同的意见。因此我感到具体地探讨一下这个问题还是很有意义的。本文就是我对这一问题所做的一个初步的探索工作，写出来供大家参考。不对的地方，希望得到严格的批评和指正。

一

郭沫若的民主主义思想的萌芽是比较早的。还在少年的时候，郭沫若就受到梁启超、章太炎等人思想的影响，对旧的民主制度发生了热切的向往，并在这种思想的支配之下，对当时的黑暗现实进行了强烈的反抗。1910年年底，当成都学生受到资产阶级民主革命思想的影响发起立宪请愿运动时，郭沫若就积极地参加了这一民主运动，被同学推举为代表之一，奔走呼号，不遗余力。

辛亥革命以后，郭沫若由于亲身经历了四川反正的经过，因而曾有过短暂的兴奋。但是革命以后的混乱局面立刻使他陷入新的苦恼。而当时的旧的民主主义思想又不能引导他找到一条正确的道路，因此他便在1913年末怀着"富国强兵"的愿望远渡日本留学，并且选择了医科，想以医学来贡献国家，拯救国家。这时他的民主主义的思想和爱国主义的精神是紧密地结合在一起的。1915年5月他就曾经为了抗议日本帝国主义逼迫当时的中国政府承认二十一条愤而离日回国过一次，他的从事文学工作目的也是在于"鼓动起热情来改革社会"[1]。

1919年五四运动的革命浪潮更大大地激荡起了郭沫若的爱国主义

---

[1] 《〈郭沫若选集〉自序》。

热情。当时他就和一些留日学生组织了一个抗日的社团"夏社",把日本报纸杂志上侵略中国的言论和资料搜集起来,翻译成中文,向国内各学校各报馆投寄,进行反对日本帝国主义的政治宣传工作。同时他在惠特曼的思想精神的影响之下形成了"一个诗的创作爆发期",写下了《女神》中的一些充满自由和反抗精神的诗篇。

应该说明,当时郭沫若所受的思想影响是相当复杂的。他既从泰戈尔、惠特曼、歌德、海涅等人的作品中授受了资产阶级的民主思想,也从斯宾诺莎和庄子的著作中受到了哲学上泛神论❶思想的影响,但更重要的是他已从俄国十月革命的影响中初步地接触到了马克思主义。这几种性质不同的思想经过他那种高度的爱国主义精神的熔铸却很自然地统一起来,表现在他第一个诗集《女神》中。

在《女神》中所表现的作者的思想主要是热爱祖国、热爱自然、热爱工农大众,受泛神论思想的影响很重。他强烈地反抗社会的黑暗现实,向往着一个理想的光明世界,要求个性解放,追求民主自由,这基本上仍旧是一个革命民主主义者的思想,但他对旧社会旧思想的反抗是那样地坚决,对新社会新理想的追求是那样地执着,特别是对未来社会的那种热情奔放的赞美和歌颂,显然是受着无产阶级革命思想的引导的。毫无疑问,这种思想为他后来的发展为一个共产主义战士的思想作了初步的准备。

在文艺思想上,郭沫若一开始就是一个浪漫主义者,但他的浪漫主义思想与十九世纪末叶西欧的浪漫主义思想却有着显著的区别。正象高尔基所说的,浪漫主义有着"被动的"浪漫主义和"积极的"浪漫主义两种不同的倾向,郭沫若的浪漫主义是属于"积极的"浪漫主义这一类型的。这种浪漫主义是生根在中国的土壤上的,是和中国的革命现实相关联的,是和现实主义相结合的。正如郭沫若最近所说的,"中国的浪漫主义没有失掉革命性,而早就接受到明确的理想"❷,是一种革命的浪漫主义。郭沫若自己的那种反抗黑暗、要求自由的精神就正是反映了中国人民对于革命的愿望和理想,而他的那种雄浑的气

---

❶ 主张本体即神,神即自然。可参看《文艺论集》243页。
❷ 《红旗》第3期。

魄,横溢的天才,奔放的热情,激越的情调,丰富的想象和卓特的风格却在在都表现出一个浪漫主义诗人的特点来。这种革命的思想和浪漫主义的精神紧密地结合起来,使郭沫若径直地走上了革命浪漫主义的道路。而革命浪漫主义又给郭沫若的思想插上了翅膀,使它更快的飞翔,一直飞向社会主义的理想。

现在我们试以《凤凰涅槃》一诗为例来简括地谈谈《女神》的思想意义。

郭沫若说:"'五四'以后的中国,在我的心目中就象一位很葱俊的有进取气象的姑娘,她简直就和我的爱人一样,我的那篇'凤凰涅槃'便是象征着中国的再生。"[1]我们看得很清楚,诗人是用象征的手法,以凤凰来象征祖国,以凤凰的再生来象征祖国的复兴的。诗人因为对祖国怀着满腔的热爱,而又眼看到它的残破和遭受侵略,他抑制不住心中的愤怒,对祖国当时的黑暗社会发出了强烈的诅咒,也发抒了他自己心中的悲哀。但是诗人并不是悲观的,他是以凤凰的自焚来象征祖国正在经历一场战斗的烈火,凤凰的自焚不过是新生的开始。因此他以岩鹰、孔雀、鸱枭、家鸽、鹦鹉、白鹤这一些鸟类来象征现实社会中的军阀、政客、贪官污吏、奴才顺民、学者论客以至于隐逸诗人,揭露了他们的丑态,鞭挞了他们的灵魂,借以映衬凤凰的坚贞和华美。诗人更以最高的激情歌颂了新生后的凤凰,也就是歌颂了觉醒中的祖国,赋予了新生的祖国以最美丽最崇高的形象,以寄托作者的理想。这样的理想虽然比较朦胧,而且在旧社会里这样的理想也是根本无法实现的,但却表现了诗人对于未来的坚定的信心和美好的愿望。这就是《凤凰涅槃》主要意义的所在,也是《女神》的中心思想和精神。

在艺术手法上,《凤凰涅槃》也充分地表现了郭沫若的革命浪漫主义和革命乐观主义的精神。首先,它的题材就不是一般的事件和人物,而是非常特殊的天方古国传说中的凤凰。它们每隔五百年,便采集香木自焚,然后再从火中再生。这样的事件在现实世界上是不存在的,完全是诗人一种优美的幻想。其次,它把凤凰更生后的形象加以充分

---

[1] 《革命春秋》第69页。

的理想化，赋予它们一个最美丽最崇高的形象，也把现实中的人与人的关系加以理想化，好象大家都是融洽无间，不分你我，"我便是你，你便是我"，大家都是在无忧无虑的歌舞欢唱中生活，"一切的一切，常在欢唱。一切的一切，常在欢唱"。这样的生活在旧社会里是不可能有的，它只有在社会主义和共产主义的社会里才有可能实现。很显然，诗人歌颂这一切，并不是在歌颂当时的现实，而是表现了他的最美好的愿望和理想。最后与革命浪漫主义相联系的，诗人虽然生活在"五四"以后革命落潮的时代里，生活在到处都是"屠场""囚牢""坟墓""地狱"的世界当中，但是他以他的革命浪漫主义精神，"对祖国的未来作了乐观的预言"❶。诗人在黑暗中预见了光明，在斗争中预见了胜利，充分地表现了他的革命乐观主义的精神。在整个诗集《女神》中，这种精神是到处可见的。

《女神》出版于1921年8月，由于它的诗充满着火热的激情以及其形式的新颖，引起了文艺界广大青年，特别是青年学生热烈的反响。因为当时正当五四运动以后的革命低潮时期，领导中国革命的中国共产党刚刚成立，东方已露曙光，但由帝国主义与封建势力相结合所融结而成的政治暗影还笼罩着全国各地，广大青年彷徨歧路，《女神》的出版象一颗炸弹一样投掷在当时中国这个黑暗的枯井里，如火如炬地燃亮了无数热血青年的心，号召他们打破这一座古老的监狱，因此赢得了万千青年的热爱和崇敬，散播下有力的影响。郭沫若就以他的诗集《女神》奠定了他作为中国现代文学史上第一个伟大诗人的地位，并以他的革命小资产阶级的热情呼喊吹响了中国新民主主义革命的号角，为中国革命作出了卓越的贡献。

二

在《女神》出版以前不久（1921年4月），郭沫若曾一度回国，与郁达夫、成仿吾等积极筹备《创造丛书》和《创造季刊》的出版工作。1923年春郭沫若在日本九州帝国大学毕业，回国以后，又与郁、成等

---

❶ 楼栖：《论郭沫若的诗》。《文学研究》1957年第二期。

人接连创刊《创造周报》和《创造日》(为《中华新报》副刊)。当时创造社可说是盛极一时,在社会上散播下有力的影响。但是不久以后,就由于种种原因,《创造日》首先停刊,到了次年元月与五月,《创造季刊》和《创造周报》又不得不先后停刊。创造社的活动从此暂时告一段落。从1921年7月创造社正式成立到1925年5月创造社暂时停止活动为止,一般人都把它叫做创造社的前期。

在创造社前期这个阶段里,郭沫若的思想上,"泛神论"可以说是占据着主导地位。有时受着热情的驱使,郭沫若虽然在口中和笔下也曾道出或者写出一些马列主义的字句(如在《女神》的《序诗》上说:"我是一个无产阶级者","我愿意成个共产主义者"),但正如他后来自己所说的,实际上当时他并不了解马列主义的真义;在《棠棣之花》里,虽然也表示过流血的意思,但当时他不过指的是诛除恶人,实际上还带有一种浓厚的无政府主义色彩(《孤竹君之二子》也是如此)。因为他在1921年回国前后,"对马克思学说还是门外汉"❶,正象他日后自己所说的,"那时候我还没有阶级意识,我只有民族意识"❷。但是当他刚一登上祖国的土地,看到自己的同胞在帝国主义压迫下的悲惨景象,马上使他激动异常,再也不能闭着眼睛不看现实,因而才开始关心政治。

郭沫若的热烈地关心政治,主要是从1922年他与国家主义的"孤军派"接近开始。因为那时他与"孤军派"的主要人物接近,深深感到中国必须改革政治才有前途,但又感到"孤军派"所提出的"护法"、"裁兵"之类的政治主张都太迂阔。郭沫若自己当时虽然也感到革命必须流血,但一遇到实际问题(如武力问题)便又无法解决,他一时为了给自己解嘲,便又暂时地"率性高蹈",抱着"独善其身"的态度。《卷耳集》、《鲁邦集》的翻译,《孤竹君之二子》的创作便是这一态度的具体表现。《创造周报》创刊时,由于受了二七运动以后革命形势的激荡,曾经热情地提出过"到民间去"、"到兵间去"、"到工厂间去"的口号,但在行动上并未能加以身体力行,因而受到自己良心的苛责;更重要的还是由

---

❶ 《革命春秋》102页。
❷ 同上书83页。

于新的革命高潮的即将来到，政治斗争的激剧变化，以及个人受了现实生活的折磨，使他深深地感到了泛神论思想的无力，要求来一个新的转变。他说："我从前的一些泛神论的思想，……无形无影间在我的脑筋中已经遭了清算。从前在意识边际上的马克思列宁主义不知道几时把斯宾诺莎歌德挤掉了，占据着了意识的中心。"❶但是我认为这还只能说是他对于革命思想的一种热情憧憬，实际上他那时对于马克思主义还没有明确的认识，这连他个人后来也是承认的。❷不过他那时已经相信只有"唯物史观"的理论才是解决社会问题的唯一道路这种思想却是非常坚定的❸。这应该说是郭沫若思想转变的基础。

当时郭沫若在政治上虽然有着积极的进步的倾向，但在文艺思想上的表现却还是比较复杂的。因为他那时受了尼采、叔本华和康德等资产阶级哲学思想与美学思想的影响，重视天才和灵感，反对文艺上的功利主义，主张文艺的无目的论。他说："文艺也如春日的花草，乃艺术家内心之智慧的表现，诗人写出一篇诗，音乐家谱出一个曲，画家绘成一幅画，都是他们天才的自然流露：如一阵春风吹过池面所生的微波，是没有所谓目的。"❹这样脱离现实地把文艺只看做是艺术家个人的心理活动，自然是带有"为艺术而艺术"的倾向的；但他同时又承认"文艺乃社会现象之一，故必发生影响于社会"❺，承认艺术对于人类和个人都有着很大的作用，认为"艺术可以统一人们的感情并引导着趋向同一的目标去行动"，甚至把艺术的作用加以不适当的夸大，认为"要有优美醇洁的个人然后才有优美醇洁的社会。所以改造事业的基础，总当建设于文学艺术之上"❻。又往往把艺术的本身和它的效果分离开来，他说："有人说文艺乃有目的的，此乃文艺发生的必然的事实。为艺术的艺术与为人生的艺术，这两种派别大家都知道是很显著的争执着。其实这不过是艺术的本身与效果上的问题。"❼又说：

---

❶❷ 《革命春秋》174页。
❸ 《文艺论集》199页。
❹ 《文艺之社会的使命》。《文艺论集》44页。
❺ 同上书46页。
❻ 《儿童文学之管见》。《文艺论集》93页。
❼ 《文艺之社会的使命》。《文艺论集》46页。

"……就创作方面主张时，当持唯美主义；就鉴赏方面言时，当持功利主义：此为最持平而合理的主张。"❶这种显然不同的看法之所以会统一在郭沫若一个人的身上，主要是由于严酷的现实社会与他所理想的艺术王国截然矛盾的缘故。正如郑伯奇同志所说的，当时的中国并没有给他们（指创造社诸作家——笔者）准备下"象牙之塔"，他们依然是在社会的桎梏之下呻吟着的"时代儿"，因此他们不能不"显出他们对于时代和社会的热烈的关心"❷。用这话来评述郭沫若当时的思想也完全是恰当的。这种"对于时代和社会的热烈的关心"很快便表现在郭沫若的文章中，在"我们的文学新运动"（写于1923年5月18日）一文中，他首先就以憎恶的态度和愤激的言词对当时的社会发出有力的诅咒。他说："中国的政治生涯几乎到了破产的地位。野兽般的武人之专横，破廉耻的政客之蠢动，贪婪的外来资本家之压迫，把我们中华民族的血泪排抑成黄河扬子江一样的赤流。"又说："我们暴露于战乱的惨祸之下，我们受着资本主义这条毒龙的巨爪的蹂弄。"❸同时他也说出了自己的理想："我们渴望着和平，我们景慕着理想，我们喘求着生命之泉。"他把希望寄托于"自然"和"历史"，这虽然还不是明确的阶级观点，但他从现实中已经看清了只有"两条道路"，那就是"我们宜不染于污泥，遁隐山林，与自然为友而为人生之逃者；不然则彻底奋斗，做个纠纷的人生与丑恶的社会交绥"。显然，事实不容许他退却，他的那种积极的反抗的精神也鼓舞着他只有选取后面的一条道路。他呼喊道："我们要如暴风一样呼号，我们要如火山一样爆发，要把一切的腐败的存在扫荡尽，烧葬尽，迸射出全部的灵魂，提呈出全部的生命。"❹他认定了"我们的事业，在目下浑沌之中，要先从破坏做起"，他感到了"我们的精神为反抗的烈火烧得透明"，终至于爆发出了反抗一切的呼声：

❶ 《儿童文学之管见》。《文艺论集》94页。
❷ 《新文学大系：现代小说导论（三）》。《新文学大系导论集》154页。
❸ 《文艺论集续集》1页。
❹ 同上书3页。

我们反抗资本主义的毒龙。
我们反抗不以个性为根性的既成道德。
我们反抗否定人生的一切既成宗教，
我们反抗藩篱人生的一切不合理的畛域。
我们反抗由以上种种所产生出的文学上的情趣。
我们反抗盛容那种情趣的奴隶根性的文学。
我们的运动要在文学之中爆发出无产阶级的精神，精赤裸裸的人性。
我们的目的要以生命的炸弹来打破这毒龙的魔宫。❶

自然这里所说的"个性"、"人性"、"情趣"一类的名词的含义还是比较笼统的（他自己也认为这是一篇"似是而非的普罗列塔利亚特的文艺论"❷）但那种反帝反封建的热烈情感却是溢于言表的，而他毕竟呼唤出了"要在文学之中爆发出无产阶级的精神"，这也不能不说是受了革命思想引导的结果。特别是在当时那样一个黑暗惨酷的社会中爆发出这样强烈的反抗呼声，这种勇猛精神首先是值得肯定的；而它在当时所发生的广阔影响更是必须予以充分的估计的。郭沫若在这儿所发出的呼声也可说就是他日后思想转变的先声。

同年秋天，郭沫若在为中华全国艺术协会所写的"一个宣言"中更肯定地说：

二十世纪的今日已经是不许私产制度保存的时候了。
二十世纪的今日的艺术已经不许特权阶级独占的时候了。
我们要把艺术救回，交还民众！
我们的目的不是想把既成艺术降低到民众的水平，我们的目的是想把民众提高到艺术的境地。❸

---

❶ 《文艺论集续集》4—5页。
❷ 《革命春秋》162页。
❸ 同上书213页。

这里他对群众与艺术的关系的看法自然还不是辩证的，还把艺术的地位看得十分特殊，但他"要把艺术救回，交还民众"这种决心却说明了这时他除了热情的呼唤以外，已经初步地看清了前进的目标和道路，这可说是他从个人走向集体的开端，也为他后来提出"革命文学"的主张打下了一个有力的思想基础。

1924年5月创造社的活动暂告停止。前期创造社的最后解体除了几个主干的生活和感情上发生了变化的原因以外，我认为更重要的是那时他们都迫切地感到要转换方向于政治，但对中国的前进方向的认识仍很模糊，于是便各自摸索分别追求新的方向去了。这就是郁达夫去到北京暂时与"现代评论派"（"太平洋派"的后裔）合流，成仿吾去到革命中心的广州，而郭沫若再度到日本后便专心研究与介绍马克思列宁主义的政治理论的主要原因。这时郭沫若在思想上是面临到了一个新的阶段了。

三

1924年4月郭沫若离开上海，再度去到日本的福冈后，便专心翻译日本河上肇所著的《社会组织与社会革命》一书。这书的翻译虽不能说使得郭沫若变成为了一个真正的马克思主义者，但它在郭沫若的思想上发生了深刻的影响却是可以肯定的。这是郭沫若思想前进中的一个起点，是重要的第一步。从此以后，他在思想上已经起了很大的变化，他对社会和文艺的看法也就大为不同了。

在这一时期，郭沫若的思想发展也充分地表现在他的诗集《前茅》里。正象他自己所说的，"前茅"是"革命时代的前茅"，也是作者自己这一时期的"声音"和"喊叫"❶。它完全继承了《女神》的浪漫主义精神，而它的革命思想却又有了新的高昂。在为首的一篇《黄河与扬子江对话》里作者就用了寓言诗的形式，把黄河和长江加以人格化，借了它们的对话倾吐了人民的痛苦，控诉了军阀的罪恶，同时也揭露了帝国主义的文化走狗胡适之类这一群"畸形儿"的险恶面貌，希望人民不惜牺牲一切推翻军阀统治。在《上海的清晨》中他愤怒地喊道：

---

❶ 《〈前茅〉·序诗》。《沫若文集》第1卷295页。

>马路上，面的不是水门汀，
>面的是劳苦人民的血汗和生命！
>血惨惨的生命呀，血惨惨的生命
>在富儿们的汽车轮下……滚，滚，滚，
>……
>兄弟们哟，我相信：
>就在这静安寺路的马路中央，
>终会有剧烈的火山爆喷！❶

在《前进曲》中他更高唱着：

>前进！前进！前进！
>世上一切的工农，
>我们有戈矛相赠。
>把我们满腔热血
>染红这一片愁城！
>前进！前进！前进！
>缩短我们的痛苦，
>使新的世界诞生！❷

　　从此可以看出，他对于旧社会的痛恨之深，同时也表现出他对革命的决心。在为悼念列宁逝世而写的《太阳没了》一诗中也表现了同样的思想。但在这些充满革命思想的诗篇中，也还表现出了他在思想上的一定的局限性，如在《黄河与扬子江对话》中作者就是以一个先觉者的面貌出现，而对于革命的前途却又有些模糊难辨，就是最重要的一点。
　　1924年11月郭沫若又回到了上海，并且接着就到宜兴去参加了卢（永祥）齐（燮元）战祸的调查工作以后，他在《塔》的前面这样写道：

---

❶ 《沫若文集》第1卷305—306页。
❷ 同上书319页。

> 无情的生活一天一天地把我逼到了十字街头，象这样幻美的追寻，
> 异乡的情趣，怀古的幽思，怕没有再来顾我的机会了。
> 啊，青春哟！我过往了的浪漫时期哟！
> 我在这儿和你告别了！
> 我悔我把握你得太迟，离别你得太速，
> 但我现在也无法挽留你了。
> 以后是炎炎的夏日当头。

从这里虽然可以看出他对过去的生活的逝去还保留着一定的徘徊和怅惘的情绪，但他的诀别态度却是坚决的，而且是以一种新的姿态在准备着迎接新的生活和战斗了。

不久哄动全国的五卅运动发生，郭沫若亲身参加了这一运动，并且在革命热潮的鼓舞下面写了历史剧本《聂嫈》。在《聂嫈》中他借了古人的嘴巴表现了自己火热的反抗精神。接着创造社所主持的《洪水》复刊了（《洪水》创刊于一年以前，仅出一期）。郭沫若在革命浪潮的激荡下在它上面发表了不少战斗性很强的文章，如《穷汉的穷谈》、《共产与共管》、《新国家的创造》和《社会革命的时机》等，与国家主义者的"孤军派"展开斗争，主张武装革命，坚信共产主义社会一定要实现。也就在这一时期里，由于蒋光慈同志的介绍，郭沫若初次与瞿秋白同志相结识，并共同讨论过中国革命问题。很显然地，这时郭沫若在思想上是在发生着一个重大的变化。

在1925年11月郭沫若所写的《〈文艺论集〉序》里，便明确地说道：

> 我从前是尊重个性，景仰自由的人，但在最近一两年之内与水平线下的悲惨社会略略有所接触，觉得在大多数人完全不自主地失掉了自由，失掉了个性的时代，有少数的人要来主张个性，主张自由，总不免有几分谮妄。

这对他已认识到"要发展个性，大家应得同样地发展个性，要生活自由，大家应得同样地生活自由"，因此他下决心要改变社会的现状

和人民的地位。他说:"……在大众未得发展其个性,未得生活于自由之时,少数先觉者无宁牺牲自己的个性,牺牲自己的自由,以为大众人请命,以争回大众人的个性与自由!"从这里可以看出他当时还是抱着一种"我不入地狱,谁入地狱"的救世者自我牺牲的态度来看待群众的受苦,而不是以群众的一员的地位来争取群众的解放,但他这时已经开始批判了自己的过去,而且愿意与群众一道为争取解放而献身的精神却明显地表现了他的思想变化的轨迹。

在此以后他接连着所写下的文艺论文《革命与文学》和《文艺家的觉悟》中这一变化就表现得更为显著。在《革命与文学》一文中,郭沫若最早提出了"革命文学"的口号,并且以他当时的认识对革命文学的有关问题作了比较有系统的阐述。他首先说明了革命与文学的关系。他认为"文学是社会上的一种产物",因此作家和文学研究者"应该要把自己的脚跟站定",对文学"不应该笼统的反对,也不应该笼统的赞美"。他进一步说明道:

> 每逢革命的时期,在一个社会里面,至少是有两个阶级的对立。有两个阶级对立在这儿,一个要维持它素来的势力,一个要推翻它。在这样的时候,一个阶级当然有一个阶级的代言人,看你是站在哪一个阶级说话。你假如是站在压迫阶级的,你当然会反对革命;你假如是站在被压迫阶级的,你当然会赞成革命。你是反对革命的人,那你做出来的文学或者你所欣赏的文学,自然是反革命的文学,是替压迫阶级说话的文学;这样的文学当然和革命不两立,当然也要被革命家轻视和否认的。你假如是赞成革命的人,那你做出来的文学或者你所欣赏的文学,自然是革命的文学,是替被压迫阶级说话的文学;这样的文学自然会成为革命的前驱,自然会在革命时期产生出黄金时代了。❶

这样的说明虽然比较简单,而且带有机械论的倾向(如世界观与创作方法、人民性与艺术性等复杂的问题都是不能以这种简单的

---

❶ 《文艺论集续集》57—58页。

方法来看待的），但他毕竟是初步地运用了阶级的观点来考察文学与革命的关系以及文学的社会作用了。这在文艺思想的发展上不仅是郭沫若个人思想的一个跃进，同时也是整个文艺界在思想上的一个重大发展。

其次，他对革命文学的内容也作了一定的阐释。在《革命与文学》中，他说："……今日的新兴文艺，在精神上是彻底表同情于无产阶级的社会主义的文艺，在形式上是彻底反对浪漫主义的写实主义的文艺。"❶ 在《文艺家的觉悟》中他又加以补充说："我们现在所需要的文艺是站在第四阶级说话的文艺，这种文艺在形式上是写实主义的，在内容上是社会主义的。"❷ 这里所说的 "表同情于无产阶级的社会主义的文艺"，应该说实质上仍旧是一种革命的小资产阶级的文艺思想，所说的 "站在第四阶级的文艺" 的意义也还是比较笼统的，但这种同情既然是革命的同情，在当时也就是一种进步的文艺思想，特别是他提出了 "在形式上是写实主义的，在内容上是社会主义的" 这种主张可说是已经开始接触到了社会主义现实主义的问题了。这种提法虽然还是有些概念的，没有加以具体的阐释，但他毕竟是指出了无产阶级文学的口号，这在当时也就算是革命文艺界的一件大事了。它不仅说明了郭沫若个人在五卅运动以后思想上的激剧变化，同时也是我国现代文学在社会主义现实主义发展道路上的更进一步的先声。

最后，郭沫若在《革命与文学》一文中对于文学与现实的关系问题也提出了他自己的看法，那就是要坚决地参加反对帝国主义反对军阀的革命斗争，并且在该文的最后他热情地呼唤道：

> 青年！青年！……你们不为文学家则已，你们既要矢志为文学家，那你们赶快要把神经的弦索扣紧起来，赶快把时代的精神提着。我希望你们成为一个革命的文学家，不希望你们成为个时代的落伍者，……你们要把自己的生活坚实起来，你们要把文艺的主潮认定！应该到兵间去，民间去，工厂间去，革命的漩涡中

---

❶ 《文艺论集续集》69页。
❷ 同上书51页。

去，你们要晓得我们所要求的文学是表同情于无产阶级的社会主义的写实主义的文学，我们的要求已经和世界的要求是一致，我们昭告着我们，我们努力着向前猛进！❶

这里已经接触到了文学如何为工农兵服务的问题，当然，他仅仅是提出了问题，而并没有在实践中解决这一问题。这一文学上的根本问题是只有到1942年毛主席发表了《在延安文艺座谈会上的讲话》才获得了完满的解决的。

应该说明：郭沫若在提倡革命文学的同时，也就对他过去的一些不正确的文艺思想提出了初步的批判。在《革命与文学》中他说："大凡的人以为文学是天才的作品，所以能够转移社会。这样的话太神秘了，我是不敢附和的。"❷又说："彻底的个人的自由，在现在的制度之下也是求不到的，你们不要以为多饮得两杯酒便是什么浪漫的精神，多做得几句歪诗便是什么天才的作者。"❸在《文艺家的觉悟》中他更说："在现代的社会没有什么个性，没有什么自由好讲，讲什么个性，讲什么自由的人，可以说就是在替第三阶级（指资产阶级——笔者）说话。"❹这些话虽然是针对当时文艺界的一般倾向而说的，但实际上在这种批判中也就否定了以他自己为主的创造社过去的那种强调个性自由、崇尚天才灵感的唯心主义的思想倾向。

但也必须指出：郭沫若这时虽然已经提出了革命文学的口号，而且否定了自己过去错误的唯心主义的文艺思想，但同时也就走上了另一个极端，那就是机械论的倾向。如他说："大凡一个社会在停滞的时候，那时候所产生出来的文学都是反革命的，而且同时是全无价值的。"❺他对浪漫主义的无区别地一概否定也就是受了这种思想的影响。此外，他把文学家与其他人的分别归之于人类气质的不同，认为"文学家并不是能够转移社会的天生的异材，文学家只是神经过敏的一种特殊的人物罢

---

❶ 《文艺论集续集》73页。
❷ 同上书62页。
❸ 同上书73页。
❹ 同上书49页。
❺ 同上书61页。

了",甚至于还肯定"文学的本质是始于感情终于感情的"❶,这仍旧是唯心主义思想的表现。而他认为"……文艺每每成为革命的前驱,而每个革命时代的革命思潮多半是由于文艺家或者于文艺有素养的人滥觞出来的"❷,这就把文艺和文艺家仍旧抬高到了不适当的地位。他认为在人民不自由的时候,文艺家"……只得暂时牺牲了自己的个性和自由去为大众的个性和自由请命"的看法实际上也还是一种小资产阶级个人主义思想的表现。

但是尽管如此,郭沫若在这一阶段里不仅提出了革命文学的主张,而且对自己的过去初步地进行了自我批判,这是有着很大的进步意义的。因此我们可以肯定地说:从1924年郭沫若翻译《社会组织与社会革命》到他发表《革命与文学》和《文艺家的觉悟》为止,可以说是他思想转变的第一个阶段,也可说是他思想转变的预备阶段,这应该是没有疑问的。

四

1926年3月由于瞿秋白同志的推荐,郭沫若赴广州任广东大学(即中山大学)的文科学长(即文学院长)。不久,国民革命军出师北伐,郭沫若即参加政治部工作,担任宣传科长、秘书长等职,于7月下旬随军出征。这时由于中国共产党的全力参加与支持,北伐军的进展非常神速,不数月间既克复粤汉全线,进军武昌城下。当时的政治工作,在许多共产党员和进步人士的主持下,也有很大的开展,群众运动极为澎湃。郭沫若在政治工作的建设上也贡献了他全部的精力和才能。但是到克复武汉以后,政治部的某些领导干部即与旧势力处处妥协,郭沫若曾经愤而辞职,未得允准。11月初国民革命军克复九江,当时郭沫若已升任政治部副主任,当即前往九江转赴南昌,主持前方的政治工作。但这时蒋介石已经日趋反动,对于共产党员和进步人士的压迫日益加甚,郭沫若在1926年至1927年之交三、四个月中在南昌事实

---

❶ 《文艺论集续集》63—64页。
❷ 同上书41页。

上是过的"笼城生活"。以后他曾经随军到过南京、上海等地。到1927年4月12日蒋介石公开叛变革命,封闭了总政治部以后,郭沫若才从虎口逃出,回到武汉。8月1日南昌起义时,郭沫若在九江,冒着生命危险赶赴南昌,担任革命委员会的委员。以后又随军南征,直到在潮汕一带军事受挫,才由神泉逃往香港。10月下旬由香港回到上海。

郭沫若回到上海以后,当时的白色恐怖非常凶恶,他的生活和行动都不自由,但他并未因此而放弃战斗;相反地,在他亲身参加并经历过第一次国内革命战争及其失败以后,他对政治的认识是更加清楚了,因而他的战斗意志也就更为坚定。他一回到上海就开始计划如何加强创造社的工作,并且还准备与鲁迅先生联合起来,对共同的敌人展开斗争。可惜这些计划和理想因限于当时的客观形势和种种主观原因都没能够实现,又因生病而错过了前往苏联的时机,因此便不得不于1928年2月下旬逃往日本。

在离开祖国之前这一段时期里,郭沫若除了创作诗集《恢复》以外,还写下了《英雄树》、《桌子的跳舞》和《留声机器的回音》等几篇文艺论文。从这些诗作和论文中都可以明显地看出郭沫若思想上的重大发展来。

《恢复》中所表现的作者思想,首先使我们感到他的立场是更为坚定了,如在《诗的宣言》中他就公开地宣称:"我的阶级是属于无产";他的态度也就更为分明,如说,"我爱的是那些工人和农人","我仇视那富有的阶级"❶;对于革命的方向和动力也就看得更为清楚,如说,"他们应该和全世界的弱小民族和亲,他们应该和全世界的无产阶级联盟",他们有三万二千万以上的贫苦农夫,他们有五百万众的新兴的产业工人"❷。他站在工农大众的革命立场,抱着对劳动人民无限热爱的态度热情地歌颂了陈胜吴广所领导的中国历史上第一次的农民起义,他更怀着对反动统治者无比愤怒的心情坚决地回答了国民党反动派所施行的血腥恐怖统治。《恢复》中的诗篇,虽不如《女神》那样地生动感人,但无论在生活的深度方面以及内容的坚实方面,都比《女神》

---

❶ 《沫若文集》第1卷349页。
❷ 同上书357页。

有过之而无不及，因此它在当时发挥了强烈的战斗作用。

从他的论文中不仅可以看出郭沫若的文艺思想有了更进一步的发展，而且也可看出他的政治认识也经过了一番重大的变化。在参加北伐战争时，郭沫若在思想上还对国民党的前途抱有不少的幻想，❶这时因为他参加了革命斗争，经受过了血与火的锻炼，因此不仅他自己对无产阶级的战斗精神赞颂备至，而且还大力号召文艺家都必须熟读马列主义著作，去寻找生活的"指路碑"❷。对文艺问题不仅肯定"文艺是生活战斗的表现"，强调文艺的时代精神，而且直接了当地宣称："我们的文艺是'普罗列塔利亚的文艺'"，坚决反对各种各样"为艺术而艺术"的资产阶级文艺思想；对生活实践在创作过程中的重要意义也表现了一定的重视，如说作家要表现工人生活，"……率性可以去做工人，去体验那种生活"❸。现实的斗争也使他看清了斗争目标，因而深深地感到革命文艺界有组织统一战线的必要。他说："我们应该组织一个反拜金主义的文艺家的大同盟"，"只要你有倾向社会主义的热诚，你有真实的革命情趣，你都可以来参加这个新的文艺战线"。对思想改造问题也初步地提了出来，他说："文艺青年们……应该克服自己旧有的个人主义，而来参加集体的社会活动。"❹而且热情地发出呼唤：

> 青年们，中国的文艺青年们！你们都是大中小资产阶级的少爷公子，你们不想觉悟则已，你们如想觉悟，那吗你们请去多多接近社会思想和工农群众的生活，那你们总会发现出你们以往的思想的错误，你会幡然豹变，而获得一个新的宇宙观与人生观，成为未来社会的斗士。❺

这些问题虽然有的提出了，但认识得还不够明确（如生活实践与思想改造的问题），有的虽然提得比较明显（如统一战线问题），但也

---

❶ 《天地玄黄》467页。
❷ 《英雄树》。《文艺论集续集》83页。
❸ 《桌子的跳舞》。《文艺论集续集》34页。
❹ 《留声机器的回音》。《文艺论集续集》111页。
❺ 同上书129—130页。

没有具体地运用到实践中去，在当时的影响不大。但这些问题的提出，不仅显示了郭沫若在思想上的进一步发展，同时也为1930年"中国左翼作家联盟"的成立奠定了一定的思想基础。

但也应该指出，这时郭沫若在思想上也还有某些方面是不正确的。如他认为"无产阶级的文艺是倾向社会主义的文艺"，甚至于说"文艺是应该领导着时代走的"，这就不仅没有认清无产阶级文艺的本质，而且还犯了本末颠倒的错误。再如他虽然认识到了生活实践的重要，但同时却又说："……我们要表现'五卅'，我们即使没有跳在那个漩涡之中，我们可以去访问那时的当事的人，可以考核当时的文献，经过相当的缜密的研究，我可以相信我们一定可以生出一个伟大的直观，激刺我们的创作欲。"❶就又相对地轻忽了参加革命斗争的意义；他虽然提出了思想改造的问题，但却又说："不怕他昨天还是资产阶级，只要他今天受了无产阶级精神的洗礼，那他所做的作品也就是普罗列塔利亚的文艺。"❷这就更把思想改造的长期性和艰苦性完全漠视了；而他对于小资产阶级文艺不加区别地一概否定（如说"小资产阶级的根性太浓厚了，所以一般的文学家大多数是反革命派。"❸）更无疑是错误的了。此外，在这一时期郭沫若的理论文章仍和过去一样，热情的呼唤多于缜密的分析也是一个普遍的缺点。

郭沫若思想转变的基本完成应该是在1930年左右他发表了《文学革命之回顾》、《关于文艺的不朽性》和《眼中钉》等文以后。这时他比较明显地运用了历史唯物主义的观点和辩证唯物主义的方法对胡适在五四运动中的地位和作用作了正确的批判。他严正地指出："他（指胡适——笔者）所提出的一些方案在后来的文学的建设上大抵都不适用，而他所尝试的一些作物自始至终不外是尝试而已。"❹对创造社也进行了自我批判，如说："其实他们（指创造社诸作家——笔者）所演的脚色在创造季刊时代或创造周报时代，百分之八十以上仍然是在替资产阶级做

---

❶ 《桌子的跳舞》。《文艺论集续集》93—94页。

❷ 同上书100页。

❸ 同上书97页。

❹ 《文学革命之回顾》。《文艺论集续集》151—152页。

喉舌。他们是在新兴资本主义的国家，日本，所陶养出来的人，他们的意识仍不外是资产阶级的意识。他们主张个性，要有内在的要求，他们蔑视传统，要有自由的组织。这内在的要求，自由的组织，……无形之间便是他们的两个标语。这用一句话归总，便是极端的个人主义的表现。"❶对自己过去的思想也进行了中肯的批判，他指出"五卅"以后，"……创造社的大部分的份子，并未转换过来，即是郭沫若的转换，也是自然发生性的，并没有十分清晰的目的意识（这个目的意识是规定一个人能否成为无产阶级真正的战士之决定的标准，凡摆脱不了这个自然生长的意识的，他不自觉的会退出革命战线。——原注）。"❷对过去新文学运动中旧式文人的行帮意识也作了应有的清算。这都是他思想转变的比较显著的表征。当然在这些文章中也还有一些错误的看法，如对五四运动的社会意义估计过低以及对鲁迅的一些不正确的批评便是。但这已经不是主要的方面。因此我们可以肯定地说，从1927年大革命失败到1930年左右这应该说是郭沫若思想转变的第二个时期，也是他思想转变的主要过程。

从此以后，郭沫若已经成了一个真正的马克思主义者，因此他当时虽然避居日本，过的是亡命的书斋生活，但因为他已经基本上站定了工人阶级的立场，掌握了马列主义的思想武器，因而他能够运用辩证唯物主义的方法对中国古代社会和历史作出了极有价值的研究，不仅为中国历史科学的研究开创了新纪元，并且为中国古代语言文学的研究创造了一条全新的道路，而在反对国民党匪帮以及托派匪帮的对于中国古代历史的有意歪曲，坚持马克思主义的历史发展观点上更直接地保卫了马克思主义，从理论上捍卫了中国革命，具有重大的战斗意义。❸而在实际行动上他的政治热情也并未稍减，他除了翻译了《政治经济学批判》、《德意志意识形态》等马克思主义经典著作外，还团结了一批进步的留日学生，"培养教育他们，领导他们的革命活动"❹，1936年他更积极地参加了国防文学的讨论，始终没有停止过革命活动，

---

❶ 《文学革命之回顾》。《文艺论集续集》160页。
❷ 同上书 161—162页。
❸ 参看吕振羽：《史学研究论文集》55—56页。
❹ 李初梨《我对于郭沫若先生的认识》，1941年11月18日《解放日报》。

处处都显示了一个共产主义战士的精神特点和思想特点。但因为这些史实都不属于本文的范围，因此就不在此地多加论述了。

1956年11月初稿于济南千佛山下
1958年7月修改于上海碧萝湖畔

（原载1958年10月《跃进文学研究丛刊》（半月刊）第二期，新文艺出版社初版）

对郭沫若前期思想发展的一些理解
——读《沫若文集》札记

宋耀宗

郭沫若是我国现代的伟大诗人，也是中国现代文学奠基人之一，了解他的思想发展，不仅为学习他的作品所必需，而且对我们学习中国现代文学史，了解"五四"以来新文学的发展也有很大帮助。因此，许多同志在这方面进行了研究，也取得了一定的成果。从他们的文章中，我们学习到不少东西，得到很多启示。但同时，从他们的文章中，我们也发现有的问题大家取得了一致认识，有些问题还有分歧。例如，大家都认为郭沫若早期有浓重的泛神论思想，也都承认他的思想发展经历了由泛神论到阶级论、由革命民主主义到共产主义的转变过程。但对这一转变的具体发展过程以及所经历的阶段，有不同认识：有的认为1924年是他思想发展的质变时期（见楼栖：《论郭沫若的诗》第4页）；有的认为1924年只是他"开始走上了研究马克思主义的道路"，1927年以后才由前期的革命民主主义者转变到初步具有马克思主义思想"（见北师大：《中国现代文学史》第一编第108页）；有的认为从1924年译《社会组织与社会革命》到他1926年发表《革命与文学》和《文艺家的觉悟》是他思想转变的"预备阶段"，他"思想转变的基本完成应该是在1930年左右他发表了《文学革命之回顾》、《关于文艺的不朽性》和《眼中钉》等文以后（艾扬：《试论郭沫若思想的发展》，见《跃进文学研究丛刊》第二辑第79页、82页）；有的认为1924年译《社会组织与社会革命》他开始接触到一些马克思主义的基本原理，

1927年大革命失败后"基本上完成了从革命民主主义到共产主义的过渡"（吉林师大：《中国现代文学史》第二分册，第100页、103页）。这里的分歧主要是对他1924年译书在他思想发展中所起的作用认识不一：有的估计过高，认为这使他思想发生了质变；有的估计过低，认为这只是他"开始接触到一些马克思主义的基本原理"，或认为这只是他思想转变的"预备阶段"。既然有这些分歧，就有再做探讨的必要。由于认识有限，本文不准备对郭沫若前期思想的各个方面（如哲学思想、政治思想、文艺思想等）及其发展情况做全面的论述，只就他如何对泛神论思想进行否定批判、通过1924年译书正式接受马克思主义，以及经受了大革命时期的锻炼在大革命失败后基本上完成了向马克思主义者的过渡谈些认识。这些意见很不成熟，不当之处，望同志们批评指正。

一、对泛神论思想的否定

郭沫若早期受有泛神论思想的影响（当然泛神论思想并不是郭沫若早期思想的全部，且他的泛神论思想也与一般的泛神论思想有所不同，周扬同志论他的泛神论的究竟是"自我表现主义的极致，个性主义之诗的夸张"），这已为大家所共认，我们就不来讨论它。这里着重谈谈在他前期思想发展过程中，他是如何对泛神论思想进行否定、批判的。

郭沫若对他的泛神论思想的否定、批判，据他在《创造十年》里的叙述，我们可以看出这么个线索：从1918年开始创作到1922年以前，他差不多把力量全放在文学活动上，对于政治不大关心，对马克思主义的学习没有感到怎么必要（《文集》七，95页），因之对泛神论思想也没有什么认识与批判。1922年至1923年是他开始关心政治，由谈文艺转向谈政治的转向时期，也是他逐步认识与批判泛神论、并且开始感到学习马克思主义的重要时期。下边就根据这一理解，来谈谈郭沫若对泛神论的否定、批判，以及逐步向阶级论发展的思想变化。

1921年4月至7月，郭沫若因组织创造社先后两次由日本回国。当时他的志趣还在文学方面，一切活动都以组织文学社团，出文艺刊物为中心，对于政治不大关心，对于马克思主义的学习也还没有感到怎么的必要。但由于这两次回国，他看到在黄浦江岸上活动着的和乞丐相差不远的苦力是自己的同胞兄弟，看到自己的同胞在帝国主义的皮鞭下呻吟着。这些惨象使他触目惊心，他说："那时候我还没有阶级意识，我只有民族意识"，看了这些惨象，"除非是那些异族的走狗，谁也不能够再闭着眼睛做梦"。又看到当时的上海死气沉沉象沙漠一样，"那些长袖男，短袖女，一个个带着一个营养不良、栖栖遑遑的面孔，在街上窜来窜去"，使他不能再闭着眼睛不看一看现实了。再加上1922年暑假回国时在上海与商务编辑所里的一批人（便是后来以陈慎侯为首的国家主义的"孤军派"）接触，参加了他们的一些政治讨论会，思索了中国该怎样改革政治的问题，他开始关心政治了（见《文集》七，130页）。

郭沫若这时对改革中国社会的一些想法"基本上还是唯心的"（想采取流血手段把中国的恶人铲除干净，出现一个好的局面——详见《文集》七，133页）；但是，1922年他开始关心政治，这在他思想发展的途程上是值得重视的。由于对政治问题的关心，他注意以社会的实践来检验一个人思想的正确程度与社会价值了。关于这一点，我们从1922年10月所写的《太戈尔来华的我见》中可以清楚地看到。他说："一个人的信抑无论他如何偏激，在不与社会发生关系的期间内，我们应当听其自由；但一旦与社会发生价值关系的时候，我们在此社会中人便有评定去取的权利。"接着他批评太戈尔的思想说："世界不到经济制度改革之后，一切什么梵的现实，我的尊严，爱的福音（郭沫若曾说："梵的现实，我的尊严，爱的福音"是太戈尔思想的全部），只可以作为有闲阶级的吗啡、椰子酒；无产阶级的人只好永流一生的血汗。无原则的非暴力的宣传是现时代的最大的毒物。那只有无产阶级的护符，无产阶级的铁锁。"（《文集》十，第145—146页）在这里，郭沫若提出了社会改革需要有经济制度的改革、需要有暴力革命，批判了那有闲阶级高唱的什么"梵的现实，我的尊严，爱的福音"和对暴力革命的非难。我们在这里可以看到：一、郭沫若这时对改革中国社会的看法已较1922年暑假与"孤军派"接触时的那种"空洞地主张流血"斗争来铲除恶人、以实现中国社会改革的想法有了变化，他认识到不仅需要有暴力革命，还需要有经济制度的改革，这是他唯物史观的表露。二、对过去曾是他"精神上的先生"(《文集》十，144页）的太戈尔进行了批判，说他那"梵的现实，我的尊严，爱的福音"在世界不到经济制度改革之后，"只可以作为有闲阶级的吗啡、椰子酒"、"有产阶级的护符，无产阶级铁锁太戈尔能使郭沫若过去在个人苦闷时精神上得到"解脱"（详见《太戈尔来华的我见》)，但这时当他以无产阶级的利益去考虑社会革命问题时，太戈尔不仅不能使他得到安慰，反而使他感到极大的不满了。这表明，这时的郭沫若已在"五四"时期个性解放的思想基础上向前跨进了一步，有了明显的阶级意识。

1923年3月，郭沫若在日本九州帝国大学毕业后回到了上海，与成仿吾、郁达夫等于1923年5月1日出版了《创造周报》。不久，于同年7月又出版了《创造日》。这是他个人，也是创造社文学创作最旺盛的时期。但由于回国以后"二七"运动后革命形势激荡，生活上的折磨（这时他和成仿吾、郁达夫同住上海民厚南里的泰东书局，为泰东书局服务而无定薪，受着奴隶剥削）和社会上一般人对政治问题的注视，他和成仿吾逐渐感觉到空谈文艺已不能满足了，想转换方向——由"笼在假充象牙的宫殿里"谈文艺，转向谈政治。郭沫若又想到，自己在《创造周报》出刊时高叫过"到民间去"、"到兵间去"，"然而吼了一阵还是在民厚南里的楼上。吼了出来，做不出去，这在自己的良心上感受着无限的苛责"。就在这种情况下，他对自己的泛神论思想进行了清算，他说："我从前的一些泛神论的思想，所谓个性的发展，所谓自由，所谓表现，无形无影间在我的脑筋中已经遭了清算。从前在意识边际上的马克思、列宁不知几时把斯宾诺莎、歌德挤掉了，占据了意识的中心。"(《文集》七，166页）这说明，郭沫若在对政治关心以后，随着革命形势的发展，在想转换活动方向的时候，感到泛神论思想的无能为力，对泛神论思想做了否定，开始感觉到学习马克思主义的重要和迫切了。

郭沫若对泛神论思想的否定，在他当时诗的创作中也有明显的反映，那就是他写于1923年、后来收入《前茅》中的一些诗。如《歌笑在富儿们的园里》(1923，5，27），诗人对于小鸟儿们、花木们的歌笑等大自然的欢乐，不再象《女神》时代那样赞美、歌颂了，反而内心充满了仇恨、要用一把小刀割断小鸟儿的头脑、割断花木的根苗。这是为什么呢？因为诗人认识到这歌笑是"在富儿们的园里"，"只是在谄媚富豪"，它们是"厚颜无耻的"。诗人还痛悔过去自己对这"厚颜无耻的自然"的一味赞美，"如今要一笔勾消"。这和过去诗人把"花呀！""爱呀！"看做是"宇宙的精髓""生命的泉水"（《女神》：《梅花树下醉歌》）有多大的不同。由于思想的变化，审美观点就不同，《女神》时代诗人对自然的赞美，对自然创造力的崇拜的泛神论思想，在这里得到了清算。另外，象在《力的追求者》（1923，6，27）中，诗人对过去不健康的思想感情宣告决裂："别了，低回的情趣"，说它是"可怜的扑灯蛾"；"别了，虚无的幻美"，说它是"可怜的卖哭娘"。最后，诗人说：

　　别了，否定的精神！
　　别了，纤巧的花针！
　　我要左手拿着《可兰经》
　　右手拿着剑刀一柄！

在这里我们看到诗人和旧我决裂态度是多少坚决。这种与旧我决裂的思想，我们在《怆恼的葡萄》（1923，6，27）中也可以看到，诗人表示要全面地看待人生现实；不再迷恋那"矛盾万端的自然"的"冷脸"，并且要把过去的痛苦化为战斗的力量（"人世间的难疗的怆恼，将为我今日后酿酒的葡萄"）。

由于诗人对泛神论思想的否定，因之这时的诗中现实主义成分较之《女神》也浓重得多，且有了明显的阶级意识和阶级斗争的思想。如《上海的清晨》（1923，1，6），已经不象诗人1920年4月由日本回国时所写的《上海印象》那样，只看到令人伤心的惨象，同时也看到了在现实生活残酷压榨下蕴藏着的尖锐的阶级矛盾，诗中写道：

　　马路上，面的不是水门汀，
　　面的是劳苦人民的血汗与生命！
　　血惨惨的生命呀，血惨惨的生命

在富儿们的汽车轮下……滚，滚，滚……
兄弟们哟，我不相信：
就在这静安寺路的马路中央，
终会有剧裂的火山爆喷！

在《励失业的友人》（1923，1，6）中，他要失业的朋友们不要悲哀，说"打破这万恶的魔宫正该我们担戴！"要大家"从今后振作精神，誓把这万恶的魔宫打坏！"另外，在《朋友们怆聚在囚牢里》（1923，6，27）一诗中，他要大家行动起来，"到兵间去"，"到民间去"，怆痛、多言都是"无用"。从这些诗中，我们看到郭沫若思想中阶级意识、阶级斗争的思想在闪闪发光。

在我们叙述了郭沫若对他的泛神论思想否定、批判的认识过程之后，我们在这里看到：1922年他的关心政治是他对泛神论思想否定的一个关键。由于他的关心政治使他能从社会实践的角度出发来看一个人的思想、信仰的正确程度与社会价值。在他对太戈尔思想的批判中，我们也可以看到他初步对自己那"尊重个性，景仰自由"的个性主义的自我批判，眼界已较前开扩了。再加以1923年在日本帝国大学毕业归国后与中国社会实践的一些接触，他想要转换活动方向了——由空谈文艺转向谈政治，这时，他感到泛神论的无能为力，对它进行了清算，迫切地感到学习马克思主义的重要，并初步建立了阶级观点。这在他思想发展上是一个最可宝贵的收获。

二、1924年译书，正式接受马克思主义

如上所述，由于郭沫若在1922到1923年间思想的变化，想转换活动方向，因之1923年底他对出版《创造周报》就感到索然无味。又加以郁达夫1923年离开创造社到北京去教书，并与《现代评论》合作，使他感到人力、精神上都受到损失，于是他们决定把《创造周报》停刊，他于1924年4月又到日本去。

由于他对政治的关心和对马克思主义的学习感到迫切，又由于他到日本后生活上的困难，他决定翻译河上肇（当时日本有名的马克思

主义经济学家）的《社会组织与社会革命》，想通过翻译此书来研究马克思主义。于是就用了近两个月的工夫，译了这部近20万字的书。这部书的翻译，对他思想的发展确有很大的影响。在对社会革命认识上，使他从过去"只是茫然地对于个人资本主义怀着憎恨，对社会革命怀着的信心，如今更得着理性的背光，而不是一味地感情作用了"（《文集》十，289页），这显然说明是得到了马克思主义理论的指导。译书后，他对于文艺的见解，他说"也全盘变了"，觉得文艺的"一切伎俩上的主义"不是重要问题，重要的在于文艺有"昨日的文艺"（有产阶级的消闲圣品），"今日的文艺"（革命文艺）和"明日的文艺"（社会主义文艺）之分。认识到"今日的文艺，是我们现在走在革命途上的文艺，是我们被压迫者的呼号，……这今日的文艺便是革命的文艺"，强调了今日的文艺对社会革命的促进作用，并肯定了自己是"革命途上的人，我们的文艺只能是革命的文艺"。这时郭沫若对今日的文艺是革命的文艺、自己要从事革命的文艺活动的认识是明确而肯定的。在此以前，他虽然想通过文艺来改变社会，但对文艺与革命的关系的认识，没有现在这样明确。这里值得我们注意的一个问题是，郭沫若这时（1924年8月译书后）已认定了革命文艺的道路，开始在酝酿关于"革命文学"的一些想法，为他1926年"革命文学"口号的提出作了思想准备（关于革命文学，早期共产党人邓中夏、恽代英、蒋光慈等曾酝酿过，1926年郭沫若在他的《革命与文学》中又重新提出。《革命与文学》是郭沫若1925年正二月间的一篇演说。据此，可见郭沫若关于革命文学一些想法的酝酿，是在1924年译书正式接受马克思主义后至1925年发表这篇演说以前这段时间）。就是由于译书后有了这些觉悟，他才把初到日本时想研究生理学的志愿抛弃了，恢复了对文艺的信仰，要一方面继续着文艺生活，另一方面从事实际活动。并决定要回国，把自己"后半截的生涯……有意义地送去"。于是郭沫若于1924年11月又回到了上海。这一次的思想转变，确实决定了他以后大半生的动向，因之他说："这书的译出在我的一生中形成了一个转换时期。把我从半睡眠状态里唤醒了的是它，把我从歧路的徬徨里引出了的是它，把我从死的暗影里救出了的是它"，这是一点也不夸张的。

实际情况果若如此，我们就有充分地（当然也是适当地）估计1924年译书对郭沫若前期思想发展所起的作用,那种认为这时郭沫若只是"开始接触到一些马克思主义基本原理"、或认为从1924年译书到1926年发表《革命与文学》、《文艺家的觉悟》只是他思想转变的"预备阶段"等估计,似乎有些过低。

先说郭沫若思想转变的预备阶段吧。如上所述,他1922年的开始关心政治、1922年至1923年间的想转换活动方向、对泛神论思想的否定,以及阶级观点的初步建立,我认为这些都是他思想转变的预备阶段。

至于说郭沫若对马克思主义基本原理的接触,也非自1924年译书始。事实很多,在这里说明一点就够了:郭沫若在1924年8月9日(这时他已译完河上肇的那部书)写的《孤鸿——致成仿吾的一封信》中说,他1924年4月(译书前)到日本去的时候只带了三部书,其中有一部就是河上肇的《社会组织与社会革命》。这部书,据郭沫若在《创造十年》里的回忆,我们知道是由《社会问题研究》(河上肇的个人杂志)上的论文经作者编为总集的,在未出总集之前,郭沫若就零星地读过其中些文章。这可以说明,郭沫若在1924年译书之前对马克思主义的一些基本原则就有所接触。关于这部书的内容,郭沫若在《孤鸿》中说,他"并不十分满意,如他(指河上肇)不赞成早期的政治革命之企图,我觉得不是马克思主义的本旨"。(《文集》十,289页)这可以说明,郭沫若在1924年译书前不仅对马克思主义的一些基本原理有所接触,而且还有一定的见解。

当然,也应该看到,在译书之前,郭沫若的思想正如他自己所说,是在"半觉醒状态","各种各样的见解都沾染了一些,但缺乏有机的统一"(《文集》十,《前言》),通过这部书的翻译使他的一些"糊涂思想得到澄清"(《郭沫若答青年问》,见《文学知识》59,5),使他以前没有统一的思想于今"有所集中"(注意:只是有所集中,并未达到有机的统一的地步。见《文集》十,289页)。据此,我同意郭沫若在1958年11月《答青年问》中对翻译此书在他当时思想发展中所起的作用的估计,他说:"从此我初步转向马克思主义方面来"(《文学知识》59,5)。对于这句话我是这样理解的:1924年郭沫若通过译书较集中、系统地研究了马克思主义,认定"马克思主义在我们所处的时代是唯一的宝筏",从此他"成了一个彻底的马克思主义的信徒了"(《文集》十,288页)。正式接受了马克思主义,在思想上、生活上有了一个方向——马克思主义的方向。我觉得郭沫若1958年的这个说法是符合实际的,也是对他1950年在《郭沫若选集自序》中的那个说法的修正。在《选集自序》中他说:1924年夏秋之交,他下了两个月的苦功夫,通过《社会组织与社会革命》的翻译来研究马克思主义,"它对于我有很大的帮助,使我的思想分了质,而且定型化了。我自此以后便成了一个马克思主义者"。这个估计,似乎过高,也不大符合他思想发展的实际。事实上,一个革命的民主主义者到一个马克思主义者的转变,在思想上起质的变化,不是通过一部书的翻译后所能完成得了的。又何况这时的郭沫若对中国人民水平线下的社会生活还没有什么深入地接触,也没有从事什么实际革命活动。这一说法,正如许多同志所指出的那样,是对于思想改造的复杂性,长期性认识不够。

  至于郭沫若自此以后的进一步转变,以至成为一个马克思主义者,那还经过"五卅"运动到1927年大革命斗争这一段路程。

三、基本上完成了向马克思主义者的过渡

  郭沫若通过1924年译书正式接受马克思主义之后,于1924年11月由日本回到了上海,不久(同年12月)参加了到宜兴去的卢(浙江督军卢永祥)、齐(江苏督军齐燮元)之战的战祸调查工作,费了一个礼拜的时间,到过不少地方做了实地调查,还写了一篇未终篇的调查报告——《到宜兴去》。这次的调查工作,使他于战祸之外还深深地认识了江南农村凋敝的情形和地主阶级对农民榨取的苛烈。在和水平线下的悲惨生活,残酷的社会现实接触后,他深深地感到在中国广大的人民处在深重的灾难的现实情况下,自己过去的一些美幻的追寻、异乡的情趣,怀古的幽思是多么的脱离实际。1925年2月,他在创作集《塔》的前面,写了这样的《题辞》:

    无情的生活一天一天地把我逼到了十字街头,象这样幻美的
  追寻,

> 异乡的情趣,
> 怀古的幽思,怕没有再来顾我的机会了。
> 啊,青春哟!我过往了的浪漫时期哟!
> 我在这儿和你告别了!
> ……
> 以后是炎炎的夏日当头。

在这里虽然还可以看到他对过去生活的逝去还有一种怅惘之情,但他诀别的态度是坚决的,而且是以一种新的姿态在准备迎接新的生活和战斗。这是经过一番思想斗争、下了决心之后的表述。

不久"五卅"运动发生,郭沫若在上海参加了这一活动。帝国主义者的凶惨屠杀使他极为悲愤,中国人民的英勇反抗使他深受感动。他在《为"五卅"惨案怒吼》一文中呼吁同胞们团结起来与帝国主义"进行有组织、有规划的持久战争",要求"废除一切不平等条件",说这便是我们当前的历史使命。

"五卅"运动后,《洪水》复刊(《洪水》创刊了一年,仅出了一期),在《洪水》上郭沫若发表了不少战斗性很强的政论文,如《穷汉的穷谈》、《共产与共管》、《不读书好求甚解》等,与国家主义的"孤军派"展开斗争。就是在与"孤军派"(还有以曾琦为首的"醒狮派")斗争的时候,约在1925年底至1926年初,由蒋光慈的介绍,他和瞿秋白同志有过一次关于中国革命问题的长谈。这次谈话对他也有很大帮助。

上边我们叙述了郭沫若自1924年11月回国到"五卅"运动后的一段经历。这一段生活对他思想的进一步发展有很大的促进作用。1925年11月他说:"我从前是尊重个性、景仰自由的人,但在最近一两年间与水平线下的悲惨社会略略有所接触,觉得在大多数人完全不自主地失掉了自由,失掉了个性的时代,有少数的人要来主张个性,主张自由,未免出于僭妄。……要发展个性,大家应得同样地发展个性。享受自由,大家应得同样地享受自由。"(《文集》十,第3页)以后他把这归结为这样个过程:"接触了悲惨社会,获得了宁愿牺牲个人的个性与自由为人民大众请命的新观念","获得了新的观念,便向新思想、新文艺的实践方面出发去了"(《文集》十,354页)。在这里我们可以看到,郭沫若这时虽然认识到在多数人受压迫时少数人要求个性的自由、解放是出于僭妄，但还没有认识到个人与集体的正确关系，而抱一种"我不入地狱，谁入地狱"的救世者的自我牺牲的态度；但是他这时抛弃了个性主义，获得了为人民大众请命的新观念，并且在新思想、新文艺的实践方面出发了。1926年的《文艺家的觉悟》、《革命与文艺》明显地表明了他的这一变化。

在《文艺家的觉悟》中，他首先驳斥了国家主义者和无政府主义者所说的作家不该谈什么主义（他们指的是马克思主义）的反动谰言，同时他也批判了当时"社会上有巨大势力"的错误观点——认为从事文艺工作的人就不应该感染社会思想（"社会思想"是当时主张无产阶级革命的思想的简称），强调作家应该与社会密切联系，应该认清时代。接着，文章论述了我们所处的时代，和居于这样的时代我们该取什么态度。他说："我们所处的时代是第四阶级（指无产阶级）革命的时代。"我们所处的中国，外受帝国主义侵略，内受军阀、政客的搜刮，使得我们经济破产、民穷、失业，又内战屡屡，我们民众处在一个极苦闷的时代。只要我们睁开眼睛看看，该走哪一条路，是明明白白的。在这里他以大量的事实驳斥了那种否认中国有阶级存在、反对阶级斗争的反动论调。在说到我们该取什么态度时，他说，有产者的作家要建筑他们的象牙宫，要吟风弄月，无产者的文艺当然是感染了无产阶级思想的文艺，有革命精神，"这儿没有中道留存着的，不是左，就是右，不是进攻，便是退守"。最后，他斩钉截铁地说，"我们现在所需要的文艺是站在第四阶级说话的文艺，这种文艺形式上是现实主义的，在内容上是社会主义的"。并表示自己要坚决、勇敢地为这种文艺而奋斗，说谁"要禁止我说话，除非他把我杀了"。从这里我们不仅看出郭沫若这时革命态度的坚决，同时也可以看出这时他对文艺的见解也较1924年又进了一步。1924年他只认识到今日的文艺是革命的文艺，至于对作家的立场，文艺的内容与形式等问题的认识，都没有现在这么清楚。就是在这篇文章和稍后不久发表的《革命与文学》中，他提出了"革命文学"的口号，并根据马克思主义的观点对这一口号进行了一些阐释。当时他"想要建立革命文学的理论"（《郭沫若答青年问》，《文学知识》59，5），后来由于他参加了北伐，这一理想未能实现。从这两篇文章中我们可以看出，郭沫若在文艺思想上已从主张朦胧的反抗的文学跃进到提倡无产阶级的革命文学，这不仅说明了郭沫若个人在"五卅"运动后思想上的巨大变化，同时也是我国现代文学在社会主义现实主义道路上更进一步发展的先声。

我们在肯定郭沫若在"五卅"运动后思想的进一步发展的同时，也应该看到他的不足。单就文艺思想来说吧，我们可以看到，他在否定过去以"个性解放"为中心内容的资产阶级文艺思想，走向无产阶级革命文学的初期，还有唯心主义思想和小资产阶级知识分子的自发意识。如他说"文学的本质是始于感情的"（《革命与文学》），这显然是片面强调感情的作用，在这里我们看到了他早期那种"要全凭直觉来自行创作"（《文集》七，40页）的创作思想的影子。又如在《文艺家的觉悟》中，谈到作家的气质和文艺的作用时（详见《文集》十，305页），又过分强调了人的气质的作用，忽视了作家的阶级意识和政治修养；过分强调了作家的"先知先觉"的能力，把作家置于"一般人"之上、而不是在他们之中；过分强调了文艺的作用，说它是革命的前驱，并说"革命时代的革命思潮多半是由于文艺家或者于文艺有素养的人滥觞出来的"，这显然又过分强调了文艺家的作用。从这些对文艺的本质、文艺与革命的位置、作家与"一般人"的关系等带有根本性的问题的认识上，都可以看出这时的郭沫若还没有摆脱小资产阶级知识分子"自然生长的意识"，还缺乏无产阶级战士"十分清晰的目的意识"，而"这个目的意识"正如他以后所说的那样，"是规定一个人能否成为无产阶级真正的战士的标准，凡摆脱不了这个自然生长的意识的，他不自觉的会退出革命战线"（《文集》十，375页）。这也就是说，这时的郭沫若还没有达到根本的思想转变。

1926年3月，郭沫若到了当时革命的中心——广州，不久参加了北伐，经历了大革命的锻炼和大革命失败后白色恐怖的考验，使他的思想有了一个根本的转变，基本上完成了向马克思主义者的过渡。这一根本转变的标志，就是他1928年《恢复》的出版，和他1928年2月24日离沪赴日前《英雄树》、《桌子的跳舞》、《留声机器的回音》等几篇文艺论文的发表。

《恢复》，集郭沫若1928年1月5日至16日所写的诗24首。当时是在大革命失败后，郭沫若因国民党反动派的通缉蛰居于上海，这些诗是他在一场大病初愈之后睡在床上写成的。诗集的命名，实有双管之意，它既象征革命在恢复，也比喻自己大病初愈后的恢复。郭沫若在回忆这些诗写作的情况时说，那时大病初愈，情趣非常明朗，头脑非常清醒，诗兴连续不断地侵袭。并说，象这样的诗兴在他平生只有过三次，一次是写《女神》，一次是写《瓶》，一次就是这次写《恢复》，且这次比前两次更加清醒。在我们考察了郭沫若思想发展的历程和阅读《恢复》之后，确实感到郭沫若写《恢复》时的兴脑比写《女神》、《瓶》时更加清醒。在《女神》、《瓶》中，我们感到有很浓的自我表现、个人抒情的成份；但在《恢复》中负载的却是诗人由于亲身经历了因国民党叛变革命致使大革命遭到失败而产生的沉痛与激愤，这种感情是深厚的博大的。但诗人决不消沉，在《恢复》中我们看到，诗人要求的是更勇敢、更坚决的斗争，并且我们看到，由于这次血的教训诗人对革命问题的认识、对革命的要求和愿望，都比以前深切雄厚。其激越的情绪和昂扬的斗志，在有些诗中表现尤为突出。如在《恢复》一诗中，他说：

"我要保持态度的彻底，意志的通红，
我的头颅就算被人锯下又有什么？
世界上决没有两面可套弦的弯弓。"

在《述怀》中，他更明确地说：

"我今后的半生我相信没有什么阻挠，
我要一任我的情性放漫地引领高歌。
我要唤起我们颓废的邦家、衰残的民族，
我要唱出我们新兴的无产阶级的生活。"

另外，他在《诗的宣言》中公开宣称"我爱的那些工人和农人，……我仇恨那富有的阶级"，并宣称"我的阶级是属于无产"。这里的爱憎十分明显，可以看出，诗人在经过一场大斗争大磨练之后，对无产阶级革命、对工农已有了亲密的感情。

特别值得我们注意的是《恢复》中《我想起了陈涉吴广》和《黄河与扬子江对话》等诗。在《我想起了陈涉吴广》中，他号召农民在工人领导下起来暴动，认为这"在工人领导下的农民暴动"是"我们的救星"、是"改造世界的力量"。在《黄河与扬子江对话》（第二）中，他说：

> 他们（指中国人民）应该和全世界的弱小民族和亲，
> 他们应该和全世界的无产阶级联盟，
> 但这联盟的主体，和亲的主体，绝对不能属诸新旧军阀，
> 更不能夸称着什么"全民"！

而这主体应该是"贫苦农夫"和"新兴的产业工人"。这里，诗人对于革命的领导力量、革命的主体，以及中国革命与世界革命的关系等问题的深刻认识，都体现了一个马克思主义者的立场、观点，是郭沫若成为马克思主义者的重要标志。这些问题也都是郭沫若过去所认识不清的。如前所述，《女神》中的反抗基本是以"个性解放"为中心的，《前茅》虽然突破了这个范畴，要"把人们救出苦境"，"使新的世界诞生"，但如何实现，诗人当时是不明确的。写《恢复》时，诗人对这些问题有了本质的认识。因之，以后当有人问诗人在他较后的作品（如《前茅》、《恢复》）中，他自己比较喜欢哪一部时，他回答说："比较地喜欢《恢复》。《前茅》比较空一些。《前茅》是转向时候的东西，是唱黑头的，有些粗暴地喊叫。"（见《郭沫若答青年问》，《文学知识》59，5）

郭沫若思想的这一根本转变，在他大革命失败后，1928年2月离沪赴日前所写的几篇论文中，也有明确的反映。如在《英雄树》中，他批评"文艺界太和时代脱离"，原因是文艺家的生活、思想太锢蔽了。他特别强调了思想的重要："思想是生活的指路碑。"怎么办呢？他提出两个办法：一是学习马克思主义（"彻底翻读一两本社会科学的书籍"）；一是跳出自己生活的小圈子（"跳出你们的生活圈外来旅行"），以理论来指导生活、指导思想。这里接触了作家要学习马克思主义、扩大生活来改造思想的问题。郭沫若这里说的这番话，我认为是出于实感的经验之谈，从他的思想转变过程中，他深深感受到学习马克思主义，跳出知识分子狭小的生活圈子、到斗争中去锻炼自己，对促进

思想的转变是多么重要！就是在写这篇文章的当时，郭沫若在病后，在那样的环境下，对马克思主义理论的学习还是坚持不懈的。这在他《离沪之前》的日记中有清楚的记载。

(1928年)正月16日
安娜买回《资本论》两册。
夜读列宁《党对宗教的态度》一文。
17日
读唯物史观公式。
18日
杂读《资本论》。
19日
临睡前读斯大林的《中国革命的现阶段》，已经12点过了，右眼涩得难耐。
26日
读《资本论》。
27日
读《资本论》(拟今日读完第一卷，未完)。
29日
读完《资本论》第一卷。

1928年1月所写的《桌子的跳舞》就是因在读《资本论》时发现一句有趣的话而得题写成的（详见《文集》十，331页）。在这篇文章中，他慨叹当时的文艺不足以反映当时伟大的时代（1925年以来的民族革命及其转变），原因是作家们"不能把握着时代精神"。为此，他要求作家们"振作一下"，"奋发一下"，一方面除掉别人的坏影响（指日本资产阶级文坛的病毒，如极狭隘的个人生活描写，极渺小的抒情文游戏等——引者），"一方面改造自己的生活，努力做一个社会的人"。不要以"中等资质的人"而要求过那"天才以上的生活"——懒惰，不下苦工去体验生活、研究问题。因为"文艺是生活战斗的表现，决不是没中用者、怠惰者的遁跳薮"。据此，他进一步要求作家们去学习那普罗列塔利亚（无产阶级产业工人）艰苦、严肃的生活态度，并说："我们的文艺家假如有无产阶级的精神，那我们的文坛一定会有进步。"最后，他据列宁在《左派幼稚病》中论述的关于无产阶级统一战线的伟大战略，指出"我们应该组织一个反拜金主义的文艺家的大同盟"，提出了建立革命文艺界统一战线的问题。

如果说在《英雄树》和《桌子的跳舞》中郭沫若对作家思想改造的问题就已经有所注意的话，那么他在《留声机器的回音》中就较多地谈了这个问题。这篇文章的副标题为"文艺青年应取的态度的考察"，其主旨，正象他在文章的最后所归纳的那样，是要文艺青年们"去多多接近些社会思想和工农群众的生活"，来改造自己的思想，"获得一个新的宇宙观和人生观，成为未来社会的斗士"。

总之，在这些文章中，郭沫若从伟大的时代对文艺和文艺工作者的要求出发，肯定了"文艺是生活战斗的表现"，强调了文艺的时代精神和作家的思想改造，对文艺也提出了要求——我们的文艺是"普罗列塔利亚的文艺"，反对那种极狭隘的个人生活的描写和极渺小的抒情文字和游戏，反对那种所谓"为全人类的文艺"、企图抹煞文艺的阶级性的资产阶级文艺思想，对生活实践在创作中的地位也有一定的重视，提出了革命文艺界统一战线的问题等。从文艺思想方面来看，这些也是郭沫若基本上成为一个马克思主义者的重要标志。虽然在这些文章中还有一些不正确甚至是错误的认识（如他说文艺应该领导着时代走。对小资产阶级文艺家过多的否定，说："小资产阶级的根性太浓厚了，所以一般的文艺家大多数是反革命派。"他虽注意到作家思想改造的重要，但对思想改造长期性、艰巨性认识不够，说："不怕他昨天还是资产阶级，如果他今天受了无产者的精神的洗礼，那他所做的作品也就是普罗列塔利亚的文艺"等），但这些缺点或错误较之上述的基本认识来说，是次要的，不是主要的，更不是主导的。因之，我认为我们应该从他思想发展的基本倾向和主流来肯定他思想发展所达到的地步。

1964年1月22日修改

（原载1964年《哈尔滨师范学院学报》社会科学版第1期，第27—37页）

郭沫若泛神论思想的发展过程

陈永志

和鲁迅一样，郭沫若经历了一个从革命民主主义者转变为共产主义者的过程。这个过程，包含着三方面的内容，一是政治观点的转变，二是文艺思想的转变，三是哲学思想的转变。本文所论及的仅是哲学思想的转变这个方面。

郭沫若早期的哲学思想，基本上可以用"泛神论"来概括。这泛神论思想是什么，有哪些具体内容，是一个复杂的问题，我已另文阐明。为了便于论述这个思想的发展过程，下面简要的把有关的结论综述一下。

郭沫若的泛神论思想不同于西欧的泛神论哲学，它有多方面的来源，有独特的内容，是一个既矛盾又统一的整体。这思想的来源有三个方面：第一方面是以布鲁诺、斯宾诺莎为代表的西欧泛神论哲学；第二方面是我国古代哲学家庄子、孔子、王阳明的哲学思想；第三方面是古印度的《奥义书》哲学思想。虽然来源复杂，但郭沫若站在革命小资产阶级的立场上，从"五四"时期的战斗需要出发，吸取这些前辈的这一方面或那一方面的思想，经过独特的混合、结合，终于形成自己的泛神论思想。这思想的具体内容有三个：第一是本体论，既承认本体是客观的存在，神即自然，泛神即无神，又承认本体是主观精神，我即神，我是万物的本源；第二是认识论，在怎样认识本体这个问题上，一方面提出向外追求，努力行动，另一方面又要求向内体验，自我观照；第三是发展观，认为本体是不断发展的，这发展是向上的、向善的，而且是出自本体的本性的必然性。这三个内容组成了郭沫若独特的既矛盾又统一的泛神论思想。说它矛盾，因为其中包含着唯物与唯心观点的对立；说它统一，因为这种对立并不是混乱，它有明显的主导倾向即唯物论和发展观，它对哲学基本问题的回答也是完整的。这一切，都说明了郭沫若的泛神论思想不等同于他的任何一位泛神论前辈的思想体系，当然也不等同于西欧的泛神论哲学。西欧的泛神论哲学是作为一种唯物主义的自然观，在当时起了反对封建神学的伟大作用，而郭沫若的泛神论思想，则是在我国新民主主义革命初期，作为革命小资产阶级反帝反封建的强大思想武器。因此，它和郭沫若的政治观点有着密切的联系和关系，二者虽有相互矛盾的地方，但更多的是互相渗透，互相结合，互相加强。

当我们简述了郭沫若泛神论思想的内容和特点之后，就可以进一步来谈论它的发展过程了。从郭沫若接受泛神论思想到与这个思想决裂，基本完成向辩证唯物论与历史唯物论的转变，大体上经历了下列三个阶段：第一阶段，大约从1914年到1919年五四运动之前；第二阶段，大约从五四运动之后到1923年；第三阶段，则是从1924年到1926年南下参加北伐之前。

第一阶段是郭沫若接触泛神论哲学，形成自己的泛神论思想的阶段，我们给它一个名称：形成期。

> 因为喜欢太戈尔，又因为喜欢歌德，便和哲学上的泛神论的思想接近了。——或者可以说我本来是有些泛神论的倾向，所以才特别喜欢有那些倾向的诗人的。我由太戈尔的诗认识了印度古诗人伽毕尔，接近了印度古代的《乌邦尼塞德》(即《奥义书》)的思想。我由歌德又认识了斯宾诺莎，关于斯宾诺莎的著书，如象他的《伦理学》、《论神学与政治》、《理智之世界改造》等，我直接间接地读了不少。和国外的泛神论思想一接近，便又把少年时分所喜欢的《庄子》再发现了。我在中学的时候便喜欢读《庄子》，但只喜欢文章的汪洋恣肆，那里面所包含的思想，是很茫昧的。待到一和国外的思想参证起来，便真是到了"一旦豁然而贯通"的程度。

——《创造十年》

> 民国四年的九月中旬,我在日本东京的旧书店里偶然买了一部《王文成公全集》,……每日读《王文成公全集》十页。……而在我的精神上更使我彻悟了一个奇异的世界。从前在我眼前的世界只是死的平面画,到这时候才活了起来,才成了立体,我能看得它好象水晶石一样彻底玲珑。我素来喜欢读《庄子》,但我只是玩赏他的文辞,我闲却了他的意义,我也不能了解他的意义。到这时候,我看透他了。我知道"道"是什么,"化"是什么了。我从此更被导引到老子,导引到孔门哲学,导引到印度哲学,导引到近世初期欧洲大陆唯心派诸哲学家,尤其是斯皮诺若。我就这样发现了一个八面玲珑的形而上学的庄严世界。……
> ——《王阳明礼赞》

这两段自述,把自己接受泛神论思想的时间和线索讲得很清楚。郭沫若在少年时代就有泛神论倾向,早已爱读《庄子》,但这种倾向由潜在走向明朗,却是在他出国以后。

1914年初,郭沫若到了日本,拼命的补习日文与自然科学,用了半年的时间,于同年6月考上第一高等学校预科。开始耽读王阳明的著作,王阳明的影响从此深深烙印在他的脑海里。由于王阳明思想的导引,他发现了庄子,发现了孔子。当时他认为:孔子、庄子、王阳明的思想是一样的。

这个"一样"的思想,怎么会以泛神论这个外国哲学的术语来命名呢?

正当他醉心于王阳明时,又和太戈尔的诗歌接近起来,在1915年夏天升入第六高等学校之后,他的文学兴趣有了进一步的发展,不仅继续崇拜着太戈尔,而且因为学习德语的关系而和歌德亲近起来。这样,由太戈尔的影响而学习古印度的《奥义书》,由歌德的导引而了解斯宾诺莎,陶醉在斯宾诺莎的学说之中,并进一步地认为斯宾诺莎、《奥义书》的哲学思想与他原先所热爱的孔子、庄子、王阳明的思想也是一样的。斯宾诺莎的哲学思想,一向被称为"泛神论",而《奥义书》、孔子、庄子、王阳明的思想体系却向来缺乏一个类似的明确的名称,既然郭沫若认为他们的思想都是一样的,也就采用"泛神论"来作统一的称呼了。从此，郭沫若确立了自己的泛神论思想。

为什么这期间郭沫若会特别接近泛神论哲学思想呢？

东渡之后，他"读的是西洋书，受的是东洋气"。❶感受着民族的歧视；他看到祖国军阀混战，日益贫弱，积聚着"有国等于零"的愤慨；他经济窘迫，生活艰辛，陷入了深沉的痛苦。这时期，烦恼与苦闷几乎把他淹没，是他"最徬徨不定而且最危险的时候。有时候想去自杀，有时候又想去当和尚"。❷当然，和尚不会去当，自杀也不会实行，只有继续在窒闷的环境中，痛苦的生活中，矛盾的思想中挣扎着。在这种情况下，泛神论对他是再适合不过了，泛神论中那些消极的东西，可以给他以暂时的安慰，给他以暂时的精神上的解脱，而泛神论中那些积极的思想，则可以给予他鼓舞，以世界无限活泼的生趣，把他从悲观中引导出来。

这期间，他对泛神论的醉心，主要表现在对自然的仰慕之上。"神"即"自然"，他崇拜那唯一的本体，热爱宏伟的自然，把自然"当做着朋友，当做着爱人，当做着母亲"❸这种对自然的感念，对他这阶段的作品，发挥着不同的作用。

宏伟的自然，壮丽的景色，时常打动他的心，鼓舞他的热情，他对自然的讴歌，响彻着激越、昂扬、乐观的调子，《怪石疑群虎》就是这样的作品。更可贵的，在革命民主主义思想的导引之下，从泛神论的本体吸取力量，表现出极有社会意义的主题：

清晨入栗林，
紫云插晴昊。
攀援及其腰，
松风清我脑。
放观天地间，
旭日方杲杲。

---

❶ 《沫若书信集》第98页。
❷ 《太戈尔来华的我见》，见《沫若文集·十》第143页。
❸ 《自然之追怀》，见《郭沫若杂文集》第82页。

> 海光荡东南，
> 遍野生春草。
> 不登泰山高，
> 不知天下小。
> 稊米太仓中，
> 蛮触争未了。
> 长哨一声遥，
> 狂歌入云杪。
> ——《与成仿吾同游栗林园》

"不登泰山高，不知天下小"，这看起来是用了一个典故，其实却注进了全新的意义。诗人从本体论出发，"自然"无限，"我"也无限。赞美自然的壮丽、宏伟，据以批判"蛮触争未了"的军阀混战；张扬"自我"的力量，"长哨"、"狂歌"，表现出强烈的反抗精神。这首诗磅礴的气势、高昂的反抗激情，是从宏伟的自然吸取力量，跳动着泛神论的脉搏。

类似这种表现泛神论积极影响的作品数量不多，不过，表现泛神论消极因素的作品也同样不多，恐怕还要更少一些。

> 博多湾水碧琉璃，
> 银帆片片随风飞。
> 愿作舟中人，
> 载酒醉明辉。
> ——引自《追怀博多》

这里有苏东坡式的疏放飘逸，但骨子里却是泛神论的认识论的唯心观点。这种观点要人们到自然中去，到深山密林中去，在那里通过自我观照，摒弃一切杂念，获得对"神"的认识，这就是最高的幸福。简言之，回到自然就是幸福。"愿作舟中人，载酒醉明辉"。表现的就是这种离开社会，返归自然，以自然为幸福的依归的消极思想。

这期间，虽然郭沫若对泛神论哲学十分醉心，但由于自己的泛神论思想还刚刚形成，在作品中还来不及大量的表现。他作品中最突出的思想不是泛神论，而是爱国主义。在他思想矛盾的时候，在他极端痛苦的时候，当他在生与死的歧路上徘徊，支持着他，成为他主要精神支柱的，是爱国主义思想：

> 偷生实所苦，
> 决死复何难。
> 痴心念家国，
> 忍复就人寰。
>
> ——《寻死》

就是对祖国的热爱，使他坚强的继续学习，继续探求为祖国服务的道路。对祖国爱是极为深沉、热烈，而且有长久的渊源。还在少年时代，他就受到"富国强兵"思想的熏陶，辛亥革命前后，深受革命思潮的影响，尤其是亲身经历了四川保路风潮，对于伟大革命先行者孙中山先生怀着极其深厚的敬仰，具备了明确的民族民主革命思想。辛亥革命之后，虽有过短暂的失望，但他的爱国思想毫无动摇，留日学医，也是为了对国家社会作一点切实的贡献。东渡之后，国内军阀混战，丧权辱国，国外军国主义思想欺凌，不断激起他的愤怒，他的爱国主义更加强烈起来。1915年5月，中国留学生因反对二十一条而罢课回国，郭沫若也是其中的一个，而且写下了正气浩然、慷慨激昂的一首七律（《哀的美顿书已西》），表现了坚强的反侵略的战斗姿态和为国牺牲的无比决心。小说《牧羊哀话》更是他"借朝鲜为舞台，把排日的感情移到了朝鲜人的心里"。❶请读小说中的那首《怨日行》：

> 炎阳何杲杲，
> 晒我山头苗。
> 土崩苗已死，
> 炎阳心正骄。

---

❶ 《创造十年》，见《沫若文集·七》54页。

安得后羿弓,
射汝落海涛?
安保鲁阳戈,
挥汝下山椒?

"炎阳"就是日本军国主义的象征,全诗以沉痛的调子控诉日本军国主义对我国的侵略,抒发了自己浓列的反侵略的情怀!

所以我们说,这阶段郭沫若思想的核心是爱国主义,对他的作品起主导作用的是爱国主义,泛神论是他醉心的哲学思想,但在他的作品中表现不多。

五四运动以后,郭沫若的泛神论思想发生了剧变,开始了他泛神论思想发展的第二阶段,这个阶段一直到1923年。我们称之为:成熟期。

如果认真探讨起来,这个剧变却也不能说是到了"五四"之后就突然发生。应该说"五四"之后的剧变,在前一阶段的最后两年已开始积累了,不过那时还潜伏着,不明显。1917年伟大的十月革命爆发了,并且推动了世界各国的工人运动与民族解放运动,日本的思想界也呈现出左倾的色彩,1918年更发生轰动全国的"米骚动",这些都给郭沫若以深切的影响。

五四运动犹如春雷轰响,震撼了全中国,也震撼了郭沫若。郭沫若当时虽在国外,但和国内的青年一样,投身于革命的风浪中,他组织夏社,从事实际革命活动。在世界革命潮流的影响下,在"五四"爱国运动的影响下,郭沫若的思想前进了,他的革命观点大大加强了,反帝反封建的精神大大丰富和向前发展了,对祖国前途的探索,瞩目于列宁的俄罗斯。

在这样的条件下,郭沫若的泛神论思想,由于他的革命民主主义思想和社会主义因素的引导,而极为丰富地表现着,发挥着极大的战斗作用。和前一阶段相比,表现丰富强烈,作用显著是两个重要特点,显示出郭沫若的泛神论思想已完全成熟。

郭沫若反抗精神的高扬,虽然是建立在对私有制的认识之上,但泛神论的鼓舞却是不可忽视的。本体论的唯物主义观点认为,本体创造万物,万物在本体面前都是兄弟姐妹,从这里导引出 平等"的观念，导引出破坏偶像、否定既定权威的战斗精神。本体论的唯心观点认为'我即神"，"神"无限，"我"也无限，这无限的"我"，也昂扬着破坏偶像、否定既定权威的反抗精神。

> 梅花呀！梅花呀！
> 我赞美你！
> 我赞美我自己！
> 我赞美这自我表现的全宇宙的本体！
> 还有什么你？
> 还有什么我？
> 还有什么古人？
> 还有什么异邦的名所？
> 一切偶像都在我面前毁破！
> ——《梅花树下醉歌》

你，我都是平等的，"古人"、"异邦的名所"也不值得崇拜，"一切偶像"都要"毁破"！值得赞美的只有"我自己"，只有那"全宇宙的本体"！这强烈的反抗就建立在泛神论本体论的基础上。

泛神论的发展观使郭沫若把一切都看成是发展的，不断向上的，"自我"当然也是发展的，是时时向善、刻刻常新的。"自我"在"我即神"这唯心观点的影响下，表现为无限的，而在发展观的影响下，又表现为可以被否定的，不断改造、不断进步的。诗人热烈向着光明，追求自我的完善，要太阳"把我照得个通明"，"把我全部的生命照成道鲜红的血流"（太阳礼赞），这种要求极为强烈，即使看到大自然生出一片鲜嫩的"新芽"，也会激动的叫喊起来：

> 生的跃进哟！
> 春的沉醉哟！
> 哦，我！
> 我是个无机体吗？
> ——《新芽》

他督责自己，催促自己，他的灵魂在呼喊着，跃进着！

　　郭沫若早期的社会理想也表现着泛神论的影响。认识论中的唯心主义观点要求人们陶醉于自然、忘情于自然，以求得对"神"的认识，于是伯夷、叔齐就唱起返归自然的凯歌（《孤竹君之二子》），《南风》就歌颂"恬淡无为的太古"。不过，在郭沫若的社会理想中，他真正醉心的，也是真正激动人心的，却是他为我们描绘的那个无限美妙的理想国。他从唯物论和发展观出发，在《凤凰涅槃》中，在《地球，我的母亲》中，为我们描绘一个人人幸福，亲密无间，自由美妙的新社会。本体论的唯物主义观点告诉我们，一切都由本体而来，都具有本体的属性，都是相通的、相同的，于是没有你我的区分，没有物我的界限，你就是我，我就是他，草木是我们的兄弟，自然万物都是我们的同胞，就在这个哲学基础上，建立了那个亲密无间、平等自由的理想国。本体论中的创造精神必然导致歌颂劳动、歌颂劳动者，而认识论中的唯物主义内容，即强调实践的倾向，更加强了歌颂劳动与歌颂劳动者的音调，于是诗人在他的理想国中，突出了劳动的意义，突出了劳动者的地位，农民是"全人类的保姆"，矿工是"全人类普罗米修士"。

　　　　地球，我的母亲，
　　　　从今后我要报答你的深恩，
　　　　我知道你爱我还是劳我，
　　　　我要学着你劳动，永久不停！
　　　　　　　　　——《地球，我的母亲》

　　如此突出劳动的地位，这使郭沫若的理想国显得特别光辉，具有深刻意义！

　　我们从反抗精神、歌颂自我、社会理想三个方面，简略地谈了郭沫若的泛神论思想对他作品思想意义的影响。当然，泛神论思想在这阶段的表现，远远不止这三个方面，它要广泛得多。但是这三个方面对于理解泛神论思想的转变，却是至为重要的。

　　一般都认为以《前茅》为起点，郭沫若已向泛神论决裂，这如果仅仅从郭沫若诗作的角度来看，是有根据的，但如果就1923年期间郭沫若的全部创作，包括他的戏剧、小说、文艺批评来看，那就显得不正确了。"五四"以后，1921年中国共产党成立，从1922年到1923年，我国的工农运动不断走向高涨，掀起我国第一次罢工高潮，世界闻名的"二七"大罢工就发生在这个时候。在1921年到1923年之间，郭沫若常在国内从事文艺活动，受到革命潮流的推动，泛神论思想有了变化，到1923年，表现出对泛神论的唯心主义观点的初步批判。收在《前茅》这个集子里的《歌笑在富儿们园里》、《怆恼的葡萄》明确表示了要与返归自然这一认识的唯心主义观点决裂。但是，同时期的其他作品，例如小说《月蚀》，仍保持着浓厚的返归自然的思想。这篇小说控诉了中国半殖民地都市生活的丑恶，却仰慕"温柔敦厚的古之人"，也想学着古人的样子：

    那儿西部更还有未经跋涉的荒山，更还有未经斧钺的森林，我们回到那儿，我们回到那儿去吧！……我们在这个亚当与夏娃做坏了的世界中，另外可以创造一个理想的世界。……

  不仅返归自然的思想没有清除，而且建立在"我即神"这唯心观点基础上的张扬自我的力量仍有突出的表现。1923年写的历史剧《卓文君》、《王昭君》都明显的表现着这个思想。这样，就不能认为郭沫若从1923年就和泛神论思想决裂了，不能仅仅根据《前茅》的内容就作出这样的结论。《前茅》的内容只是告诉我们：在这一阶段的后期出现了一个新的特点：开始了初步的批判。

  可以追溯到更早，还在《女神》时，也即这一阶段的初期，郭沫若对泛神论思想已经开始感到不满足：

    宇宙呀，宇宙，
    你为什么存在？
    你自从哪儿来？
    你坐在哪儿在？
    你是个无限大的空球？

> 你是个无限大的整块?
> 你若是有限大的空球?
> 那拥抱着你的空间
> 他从哪儿来?
> 你的外边还有些什么存在?
> 你若是无限大的整块,
> 这被你拥抱着的空间
> 他从哪儿来?
> 你的当中为什么又有生命存在?
> 你到底还是个有生命的交流?
> 你到底还是个无生命的机械?
>
> ——《凤凰涅槃》

　　这节诗所表达的思想和布鲁诺的《论无限·宇宙和世界》是明显的联系着的。布鲁诺在这篇著作里,批判了亚里斯多德的宇宙有限论,提出宇宙无限的观点。亚里斯多德认为宇宙是一个有限大的"天球"——《凤凰涅槃》称之为"空球",布鲁诺认为宇宙是一个无限大的"充实体",——《凤凰涅槃》称之为"整块"。这节诗对"空球"提出的疑问,类似布鲁诺对亚里斯多德的批判;对于布鲁诺的答案,这节诗也表现出不满足,也仍然提出质疑,进一步探索着宇宙的本性、生命的起源。而且,这节诗最后的三句,不仅是对布鲁诺的质疑,同时也是对斯宾诺哲学的质疑:宇宙的本性是怎样的?是有生命的还是无生命的? 这恰好是针对斯宾诺莎认为"神"具有"思维属性"这一点的。郭沫若熟悉泛神论的著作,但他不是哲学教授,他从现实的战斗要求出发,对这些著作进行思考,这节诗正是他思想的火花。

　　诗人对泛神论不满足,有疑问,他在战斗中,力求对现实社会有更明晰的认识,泛神论帮不了他的忙,他需要新的武器。或者说,他已经看到新的武器,才使他对旧武器感到不满足,他已开始敬仰马克思主义,才使他开始突破泛神论。正如他后来自己说的:"那种思想(泛神论）受到新的革命潮流的影响，已经开始变化了。"❶从《女神》开始不满足、有疑问，发展到《前茅》的初步批判，这是很自然的。因此，这阶段郭沫若泛神论思想的特点，不仅是表现丰富强烈、作用显著，还应该加上：提出质疑、初步批判。

看到初步批判这个特点，而把它夸大，说成是"决裂"，这是片面的、不对的。相反，抹杀提出质疑、初步批判这个特点，只是强调表现丰富、作用显著，而把它夸大，说成是对创作起"主导作用"，这也是片面的，不对的。对于"决裂"的观点，上文已根据1923年的小说与戏剧的思想指出它的不正确；对于"主导作用"的观点，有必要再说几句。我们认为在这阶段，革命民主主义思想和社会主义因素比泛神论更强大、更有力，它们赋予泛神论思想以明确的政治内容，这才是郭沫若作品社会意义的决定因素，才是对郭沫若作品的思想和艺术起"主导作用"的因素。泛神论思想高扬着反抗的声音，但只有革命民主主义思想和社会主义因素才赋予这一反抗以革命的内容，才把反抗引导到反对军阀混战，破坏军阀独裁的旧中国，创造一个光明、统一、自由、民主的新中国。有人认为《匪徒颂》的革命精神的核心是泛神论，这是不对的，《匪徒颂》从泛神论的反抗精神，升华到对"军神武圣"们的痛斥，捍卫民族的尊严，其核心无疑是革命民主主义。泛神论要求自我完善，但只有革命民主主义思想与社会主义因素才使这自我完善表现出浓烈的革命色彩：

> 太阳的光威
> 要把这全宇宙来熔化了！
> 兄弟们！快快！
> 快也来戏弄波涛！
> 趁着我们的血浪还在潮，
> 趁着我们的心火还在烧，
> 快把那陈腐了的旧皮囊
> 全盘洗掉！

---

❶ 戎笙整理《郭沫若同志答青年问》，载《文学知识》1959年5月。

> 新社会的改造
> 全赖吾曹!
>
> ——《浴海》

　　这种彻底改造自我,而且把改造自我与改造社会一致起来的观点,已经超脱了泛神论的范围,而表现着革命民主主义思想和社会主义因素。反对军阀统治,反对帝国主义侵略,改造自己是为了改造社会,这些具有重大社会意义的主题,都体现了革命民主主义思想与社会主义因素的主导作用。泛神论思想作为哲学基础,起了加强力量的作用。

　　总之,在郭沫若泛神论思想发展的第二阶段里,泛神论思想对创作的影响是极大的,表现是多方面的。但由于新的革命潮流的推动,他同时对泛神论思想感到不满足,随着现实的革命发展,在这阶段的最后一年多时间里,他开始对泛神论唯心观点的某些内容进行初步的批判。再向前跨一大步,就达到了把泛神论思想扬弃的地步。

　　确实,从1924年到1926年他南下之前这两年多点的时间内,郭沫若的泛神论思想发展到了他的第三阶段,我们称之为:决裂期。

　　这期间,中国革命运动走向新的高潮,我党建立了广泛的统一战线,国共合作实现了,孙中山把旧三民主义发展为新三民主义,全国工农运动蓬勃发展,特别是爆发了震动全国的"五卅"运动。郭沫若跟着历史的步伐前进了,他抛弃泛神论思想的唯心观点,并在马克思主义的基础上改造了泛神论思想的唯物观点,确立了辩证唯物论与历史唯物论。

　　1924年上半年,郭沫若翻译了日本马克思主义经济学家河上肇博士的《社会组织与社会革命》,更值得注意的是在翻译这本书的同时,他"学习了一些马克思主义理论",[1]因此,他不仅从河上肇的著作中了解马克思主义,而且直接从马克思主义的经典著作中领会马克思主义。他在翻译河上肇著作的同时,就对这著作中不符合马克思主义的论点提出正确的批评,这说明他学时已有了相当高的马克思主义水平。的确,在这期间马克思主义的经典著作如《共产党宣言》、《反杜林论》他都读了,

---

[1] 戎笙整理,《郭沫若同志答青年问》,载《文学知识》,1959年5月。

"开始转入了对于辩证唯物论的深入的认识"。❶"思想有了一个大转变，写作上，生活上都有了一个方向。宇宙观，比较认识清了；泛神论，睡觉去了。从此，我逐步成为了马克思主义者。"❷这"逐步"两字，是十分确切的。它表示了完成向马克思主义的转变是需要一个过程，而这个过程是以1924年认真学习马克思主义理论为开端的。——郭沫若在许多文章里谈到自己向马克思主义的转变，这个"逐步"的提法是最晚提出的，也是最完满的。

在向马克思主义转变的过程中，实践具有头等重要的意义。只有在实际的革命斗争，无产阶级世界观才能形成，只有在实际斗争中，马克思主义才能真正学到手。在这一方面，有几件事对郭沫若的思想转变具有重要意义。第一件是1924年下半年，他参加了卢（永祥）齐（燮元）战祸的调查，跑了江浙农村的一些地方，"于战祸之外却深深地认识了江南地方上的农村凋敝的情形和地主们的对于农民榨取的苛烈"。❸弥补了他对中国农村实际了解不足的缺陷，对他的思想转变起了良好的作用。第二件是参加"五卅"运动。他是"五卅"惨案的目击者，在声援被害者的斗争中，又是积极的参加者。他不仅写了《聂嫈》以寄托他对被害者的深切同情，写了《为"五卅"惨案怒吼》剖析社会以启发人们的觉悟，他还参加实际活动，"我是经过'五卅'怒潮涤荡过来的人，在那高潮期中讲演过好多次"。❹这些实际活动，使郭沫若对中国的社会状况、阶级关系，有更多的了解，对马克思主义的理解也因而更深入。果然，1925年下半年出现了重要的第三件，他以鲜明的马克思主义观点开展对于国家主义者们的论战，宣传了马克思主义。在实际的阶级斗争中，包括思想理论战线的斗争中，郭沫若终于成了一个坚定的马克思主义者。

可以这样认为：1924年至1926年南下之前的郭沫若，在革命潮流的推动下，学习革命理论，在革命理论的指导下，从事实际斗争，在实际斗争的基础上，更坚定自己的信仰，扬弃了泛神论思想，确立了

---

❶ 《"盲肠炎"题记》，载《盲肠炎》，群益出版社1947年版。
❷ 戎笙整理，《郭沫若同志答青年问》，载《文学知识》，1959年5月。
❸❹ 《创造十年续编》，见《沫若文集·七》195、232页。

辩证唯物论与历史唯物论。具体说，他对泛神论思想的扬弃，马克思主义哲学思想的确立，表现在下列三个方面：

第一，彻底清除了泛神论思想中的唯心主义观点。

"我即神"，我要自由的创造，自由的表现，尊崇个性，景仰自由，这唯心主义的思想到了这期间受到了明确的批判："在现代的社会没有什么个性，没有什么自由好讲。讲什么个性，讲什么自由的人，可以说就是在替第三阶级说话。"❶《塔·序》和《文艺论集·序》也表现了对这一唯心观点的决裂。特别是五卅运动之后，郭沫若一方面表现出和"我即神"的唯心主义观点决裂，一方面把以前崇拜工农的热烈感情发展到对人民群众伟大历史作用的理性认识。"我那天（即"五卅"那天）在先施公司门前跟着群众挤了半天。第二天全上海的罢市罢工罢学的形势逐渐实现，我国空前的民气澎湃了起来，逐渐地波动及于全国了。啊！那个空前的民气哟！那个伟大的波动哟！后来的结果虽然终归失败了，……我想第二次更有根基更有具体计划的掀天撼地的更伟大的波动，不久总会又要澎湃起来了！我们中华民族是没有睡没有老没有死的，全世界大革命的机键握在我们的手中，……我们应该一致觉悟起来，一致联合起来，全世界是在我们的手中的呢！"❷人民的伟大力量决定着中国的命运，决定着世界的命运，这是"五卅"对郭沫若的教育，是郭沫若在"五卅"后形成的新观念。可贵的是，这个观念立即体现在他当时的作品中，他在《为"五卅"惨案怒吼》这篇政论里，详细分析反对帝国主义侵略的策略，鲜明地提出要组织各界同志会，各省同志会，全国同志会，实行"全民的大团结"，认为这是"我们当前的历史使命"。《聂嫈》更突出的表现了唤起民众、民众觉悟的思想。聂嫈为表彰聂政的精神，鼓励酒家女坚强的活下去，"把我兄弟的故事传布出去"，把"他的精神流传出去"，果然，戏剧结尾描写了在聂政、聂嫈精神感召下，以卫士甲为代表的人民群众觉悟了，他们杀死卫士长而宣布"造反"，上山做"强盗"了！正面描写人民群众的革命斗争，这是郭沫若早期创作的一个发展，他相信最后解决问

---

❶ 《文艺家的觉悟》，见《沫若文集·十》310页。
❷ 《写在"三个叛逆的女性"后面》，载《三个叛逆的女性》光华书局1926年版。

题的是人民群众的革命行动。郭沫若从夸大个人力量转到了承认人民群众的伟大历史作用。不仅本体论的唯心观点，而且认识论中的唯心观点，也一起被清除了。那返归自然、讴歌原始社会的思想，已经无影无踪了。郭沫若坚定相信："社会的健康状态，在我们所思议及的，怕只有社会主义制度之下才能实现。"❶他坚决地表示："我们正要为这个理想而战。"❷

第二，改造和发展了泛神论思想中的唯物主义观点。

"神即自然"，本体是客观的存在，这和马克思主义哲学并没有矛盾。在郭沫若学习了马克思主义理论之后，他很快的从这个唯物主义的自然观，跃进到辩证唯物论。他说："而且一个人生在世间上，只要他不是离群索居，不是如象鲁滨孙之飘流到无人的孤岛，那他的种种的精神活动，无论如何是不能不受社会的影响的。他的时代是怎么样，他的环境是怎么样，这在他的种种活动上，形成了一些极重要的决定的因数。"❸这就正确地解决了物质和精神、存在和意识的关系，承认了物质第一性，精神第二性，社会存在决定人们的意识这一马克思主义的基本观点。

他认识论中的重视实践的倾向，在这期间也得到改造。经过马克思主义理论学习，明确了实践的意义，有了参加实际斗争的自觉要求，他在《孤鸿——致成仿吾的一封信》中热烈地说："芳坞哟，我要回中国去了，在革命途上中国是最当要冲。我这后半截的生涯要望有意义地送去。"他泛神论的自我完善的思想，这时才具备了马克思主义的实践核心。果然，他一回到中国，就从事实际活动，参加社会的阶级斗争，更于1926年投身大革命的洪流！马克思主义哲学对于郭沫若不仅是理论的指南，而且是行动的响导，他真正坚持了理论和实践的统一。

第三，改造和发展了泛神论思想的发展观。

泛神论思想的发展观只承认本体不断发展，对于这发展的动力在于本体内部的矛盾性，郭沫若仅有朦胧的认识，他看到新与旧、光明

---

❶ 《盲肠炎》，见《盲肠炎》5页，群益出版社1947年版。
❷ 《文艺家的觉悟》，见《沫若文集·十》309页。
❸ 同上书304页。

与黑暗的斗争，看到军阀与人民的矛盾，看到贫富的对立，当时他虽然具有初步的阶级矛盾与阶级斗争的观点，但这一观点的彻底明确，却是到了这阶段。直到这阶段，他才认识到阶级矛盾和阶级斗争是社会发展的动力："每个时代的革命一定是每个时代的被压迫阶级对于压迫阶级的彻底的反抗。"❶而且前一时代的被压迫阶级，到了下一时代，会变为压迫阶级，"社会进展的形式是辩证式的"。❷这个阶级斗争所推进着的历史，最终要走向共产主义。资本主义必然灭亡，共产主义必定胜利，他的唯物史观是极其明确而坚定的。

他对中国革命问题的分析，也显示了对唯物史观的深刻理解。在与国家主义派的论战中，他详尽地说明了在世界资本主义发展的现阶段，中国不可能走资本主义发展的道路，中国只有走"劳农俄国"的道路，"以期社会主义之实现"❸，而且只有实行政治革命，推翻旧政府："我觉得现在所当讨论或者实行的便是如何造成一种势力以推倒政府，如何推倒政府以攫取政权：不这样时，一切都是纸上谈兵。"❹在1925年，就达到这样的认识高度，是极为难能可贵的！他不仅主张阶级斗争，而且主张要推倒旧的国家机器，建立新的政权，而这政权必定是无产阶级专政："新式的国家反对旧式的国家而起，他是要取公产制度的，他当然只能构成于无产阶级者。"❺这种思想并不是表现在片断的言论中，郭沫若努力宣传和捍卫马克思主义的国家学说，象一根红线一样，贯穿在他与国家主义派的论战中。阶级矛盾、阶级斗争必定要导致无产阶级专政，这一唯物史观的基本原理，他是深刻把握着的。

因此我们认为，在郭沫若泛神论思想发展的第三阶段里，泛神论思想被扬弃了，唯心主义彻底清除了，唯物论和发展观被改造了、发展了。他承认了物质第一性、精神第二性，社会存在决定人们的意识，承认了事物的发展是事物内部矛盾运动的结果。他承认了人民群众在

---

❶❷ 《革命与文学》，见《沫若文集·十》314页。
❸ 《一个伟大的教训》，见《盲肠炎》12页，群益出版社1947年版。
❹ 《向自由的王国飞跃》，见《盲肠炎》75页，群益出版社1947年版。
❺ 《不读书好求甚解》，见《盲肠炎》57、58页，群益出版社1947年版。

历史发展中的伟大作用，承认了阶级矛盾与阶级斗争是历史发展的动力，历史必然发展到共产主义。这些，正是辩证唯物论和历史唯物论与一切唯心论、形而上学的根本分界。没有疑问，这时郭沫若与泛神论思想决裂了，成为一个马克思主义者了。

也许有人会提出疑问：在1924年到1926年南下之前这期间的作品中，还存在着一些不符合马克思主义的见解，这应该怎样解释呢？

确实，这样的情况是存在着的，例如他认为："大凡一个社会在停滞着的时候，那时候所产生出来的文学都是反革命的，而且同时是全无价值的。"❶这显然是把经济基础和上层建筑、政治和文艺的关系简单化、绝对化了。类似的情况还有，但这就能说明他不是一个马克思主义者吗？

我们认为不能，类似的缺点只是局部的，从数量上说不多，从性质上看不带根本性。作为划分阶段的标志，应该是量上多，质上带有根本性的，作为划分泛神论和马克思主义的标志更应该是那些带有根本性的观点。恩格斯从如何回答哲学的"最高问题"来区分唯物与唯心两大阵营❷，毛泽东同志以持有哪一种关于世界发展的"基本观点"来区分两种宇宙观。因此，我们观察郭沫若从泛神论跃进到马克思主义，当然也只能以哲学的"最高问题"、世界发展的"基本观点"为标准。如果把我们上文所作的具体分析，用这个标准来衡量，那么，郭沫若对哲学最高问题的答复，对世界发展的基本观点，完全是符合马克思主义哲学的。他无疑是一个马克思主义者。至于在某些具体问题上，对这样或那样自然现象、社会现象的解释上，即使有些不妥当的地方，那至多也只是马克思主义运用得不成熟而已，百分之百正确的马克思主义者是不存在的。所以我们认为：根据郭沫若在解释某些文艺现象时存在着一些不符合马克思主义的见解，而断定他到1928年或1930年才成为马克思主义者的观点，是缺乏说服力的。

1926年7月他自觉投身于大革命的洪流，并与共产党人结为特别亲密的关系，这如果不是在北伐前就确立了马克思主义世界观，恐怕

---

❶ 《革命与文学》，见《沫若文集·十》316页。
❷ 恩格斯：《费尔巴哈与德国古典哲学的终结》。

就不好解释；他在大革命中敏锐的洞察反革命阴谋，以惊人的勇气写出了震动一时的讨蒋檄文，这也不只是他有一腔革命的热情，而是这热情里充满着对中国革命发展的历史唯物主义认识；他冒着生命的危险，艰苦跋涉参加了南昌起义，并在起义危难之时，加入了共产党，如果不是在这之前就具有坚定的马克思主义信仰，那是完全不可能的。从参加大革命到大革命失败这短短的一年间，郭沫若所表现出的革命品质的纯洁和坚定，思想意识的正确和明晰，如果不是在这之前就确立马克思主义观点，怎么会是可能的呢？他到上海，在白色恐怖之中，在小资产阶级动摇颓唐之时，保持昂扬的无产阶级革命斗志，进一步深入钻研马克思主义，关心文艺运动的发展。他出国之后，用马克思主义研究古代社会，作出了划时代的贡献，批判了国民党御用学者和托派的反动谬论。这些，乃是郭沫若马克思主义世界观进一步发展和更加成熟的标志，如果不是在这之前，已深刻的掌握了马克思主义，这时就难以取得如此辉煌的成就！

毫无疑问，从1924年到1926年南下之前，郭沫若已经确立了辩证唯物论和历史唯物论。从此，他就走上马克思主义的坦荡大道，兼有战士、学者、诗人、作家而赢得人们的普遍尊敬，成为我国文化战线上的一面光辉旗帜！

1978年2月初稿
1978年10月二稿

（原载《文艺论丛》第8辑，上海文艺出版社1979年版）

试谈郭沫若世界观的转变
——兼与楼栖同志商榷

谷辅林

郭沫若同鲁迅一样，经历了一个由革命民主主义者向共产主义者转变的过程。他是何时转变成为共产主义战士的呢？其转变的标志又是什么呢？关于这个问题，早有一些文学史家作过探讨，也有人作过专门论述。在这些著述里，尤以楼栖同志的《论郭沫若的诗》[1]最有代表性。楼栖同志这样认为：

"《女神》以后的诗集《星空》和《瓶》，消极性的影响更加分明，……《前茅》充分反映了诗人怎样从泛神论走向阶级论、从个人主义走向集体主义、从革命民主主义走向社会主义的自我斗争过程和思想发展的真实面貌。"（5页）

"《前茅》的艺术风格，较之《星空》和《瓶》，固然是一个飞跃的发展；……《女神》是从泛神论中爆发的火山，《前茅》却是从阶级论中铸出来的宝剑。"（56—57页）

"从《女神》到《恢复》，诗人从一个阶级转变到另一个阶级，从革命的小资产阶级立场转变到无产阶级的立场，《前茅》是思想转变的集中点。……《前茅》集中反映了诗人的阶级立场和世界观转变的过程。"（61—62页）

---

[1] 上海文艺出版社1961年第2版，1978年第5次印刷。以下凡引楼栖同志语均据此本，只注明页码。

我们所以抄录了这么多楼栖同志的原文,目的在于说明楼栖同志的这样一种论点,郭沫若前期思想发展,按其著作的线索是:《女神》——《星空》——《瓶》——《前茅》——《恢复》;而《前茅》是郭沫若世界观转变的标志或"集中点"。

其他,与楼栖同志论点相同或部分相同的论述还有不少。比如刘绶松著《中国新文学史初稿》❶,东北师范大学的《中国现代文学史》❷,复旦大学的《中国现代文学史》❸,中山大学的《中国现代文学史》❹等等。

可是楼栖同志的论点及类似的论点在中国现代文学史及郭沫若的研究中,在大学教材中,曾经广泛地发生过影响,或还在发生着影响。

然而,楼栖同志的论点,没有正确反映郭沫若前期思想的发展规律,因而是不恰当的。下面我就这个问题谈谈个人的看法,以求教于楼栖同志。

为了说清楚问题,我们不妨把《女神》的《序诗》,《前茅》全部十五首,《星空》的十首(有写作时间记载的),没有《瓶》与《恢复》两个诗集,以写作时间先后排列一下:

《女神》的《序诗》写于1921年5月;《前茅》的《暴虎辞》写于1921年8月;

《星空》集的《归来》、《南风》、《新月》、《雨后》、《天上的市街》、《洪水时代》、《星空》、《广寒宫》等八首诗写于1921年9月至1922年4月;

《前茅》的《黄河与扬子江的对话》、《哀时古调》写于1922年7月及9月;

《星空》的《孤竹君之二子》、《献诗》写于1922年11月、12月;

《前茅》的《上海的清晨》、《励失业的友人》等十首写于1923年1月至12月;

---

❶ 作家出版社,1957年版147页。
❷ 上卷,吉林人民出版社,1958年版281页。
❸ 上册,上海文艺出版社,1959年版144、151页。
❹ 第1卷,中山大学,1961年版115、125页。

《前茅》的《太阳没了》写于1924年1月；

《瓶》（包括《献诗》共四十三首）写于1925年2月至3月；

《恢复》的二十三首写于1928年1月5日至10日；

《前茅》的《序诗》写于1928年1月11日；

《恢复》的另一首《战取》写于1928年1月16日。

从这个排列可见这几个诗集的写作时间。《星空》集主要作于1921年至1922年；《前茅》集主要作于1922年至1923年。这两个诗集的诗在写作时间上还有交叉的现象。因此，可以说《前茅》与《星空》这两个集子大体上属于同时间的作品。不过《前茅》出版于1928年，而且作者还写了个《序》；《星空》出版于1923年。《前茅》除《序诗》外，其余全部十四首都作于《瓶》之前。而《恢复》全部二十四首皆作于1928年。因此，就其诗集的主体来说，《恢复》与《前茅》属于两个不同时期的作品；而《瓶》是属于《前茅》之后的作品。

这些都是客观存在的事实。用这些事实对照一下楼栖同志的《论郭沫若的诗》，我们就会发现楼栖同志说了许多不符合事实的话。

比如说《前茅》集除了《序》之外，其全部十四首诗都作于1924年之前，可是楼栖同志却说："到了1926年，……诗人已深深感到……'时代所要求的文学是同情于无产阶级的社会主义的写实主义的文学'……《前茅》和《恢复》，就是这种文学主张的创作实践。"（18—19页）

比如说《瓶》明明写于《前茅》之后，可是楼栖同志却说，《瓶》"暴露了他的人生观的弱点"（50页），而"从《前茅》的思想倾向来看，诗人已大大地跨前了一步"（56页），"《前茅》的艺术风格较之《星空》和《瓶》是一个飞跃的发展"（56页）。

又比如，《星空》同《前茅》本属于同时期的作品，而楼栖同志却说，"从《星空》到《前茅》，诗人经历了一段艰巨曲折的道路，开始以马克思主义的世界观武装自己"（79页）。

类似的错误，在《论郭沫若的诗》里，俯拾即是。

于是，楼栖同志笔下"发展"一词的概念不是向前、向高、向深的变化的意思，而是向后、向低、向浅的变化的意思。

于是，楼栖同志越是赞颂郭老诗作的"飞跃的发展"，实际上就越使人感到他是在批评郭老诗作的"急速的后退"。

于是，楼栖同志笔下郭沫若同志前期的思想发展就成了一团乱麻，理不出头绪。

于是，楼栖同志认定的《前茅》是郭沫若世界观转变的标志的论点，就缺乏事实根据、就应该被否定。

毛泽东同志说："否认深入事物里面精细地研究矛盾特点的必要，仅仅站在那里远远地望一望，粗枝大叶地看到一点矛盾的形象，就想动手去解决矛盾……。这样的做法，没有不出乱子的。"❶楼栖同志没有"深入事物里面精细地研究矛盾特点"，而是"粗枝大叶"地"远远望一望"就动手去解决问题，结果就真的出了"乱子"。楼栖同志还没有正确地处理好观点与材料的辩证关系。他明明知道《前茅》……大部分诗篇是在1923年写的"（53页），可是他又偏偏违背这个基本的历史事实，任意去支配这些材料为他已确定的观点服务。这是我们在科学研究中必须认真杜绝的一种不良学风。

但是，有一点楼栖同志是看对了。那就是在思想风格上，《前茅》与《星空》确实有很大的不同。前者斗志昂扬，积极进取，期望用刀剑开出一条新路；后者仰望星空，追怀太古，期望回到人类的幼年。二者相比，确有隔着时代之感。那末，如何解释这种现象呢？这两本大体上同时产生的作品为什么会具有两种显然不同的思想倾向呢？

1958年，郭沫若说过："卅多、四十年前的我，是在半觉醒状态。马克思、列宁的存在是知道了，对于共产主义是有憧憬的，但只感觉着一些气息。思想相当混乱。各种各样的见解都沾染了一些，但缺乏有机的统一。因而，有些话说得好象还不错，而有些话却又十分糊涂。"❷的确，在郭沫若的前期思想里，既有唯物主义成分，又有唯心主义成分；既有爱国主义、革命民主主义、社会主义思想，也有泛神论、无政府主义及纯艺术思想。其中，唯物主义、革命民主主义、社会主义是主导的；唯心主义、泛神论、无政府主义、纯艺术思想是次要的。这两种思想倾向剧烈的矛盾着、斗争着、推动作者思想的不断前进。从第一本诗集《女

---

❶ 《矛盾论》。
❷ 《沫若文集》第10卷，《前记》。

神》开始，这种矛盾思想就暴露得比较明显。有些诗调子高昂，情绪激荡，大有左右宇宙的宏伟气魄，如《天狗》等；有些诗调子低沉，情绪暗淡，表现出作者春愁迷离的情绪，甚至想到了自杀，如《春愁》、《死》等。随着革命斗争形势的发展，诗人的思想也在波涛起伏：时而高昂，时而低沉；时而慷慨高歌，时而哀伤低吟；时而激流勇进，时而幽思怀古；时而刀光剑影，时而情思绵绵。《前茅》与《星空》这两个集子在总的基调上，正反映了作者同一时期的这两种不同的思想倾向，记录了作者思潮起伏、高低相间的生动而又错综复杂的情景。就其基本倾向看，《前茅》是《女神》的积极因素的进一步发展和增强；《星空》（个别诗篇除外）则是《女神》的消极因素的延续。

到了1924年，郭沫若翻译了日本河上肇的《社会组织与社会革命》之后，尤其是经过1925年"五卅"怒涛的冲击，他的思想起了一个很大的变化：唯物主义、社会主义等主导方面的因素有了很大增长，无产阶级立场也表现得比较鲜明。他"深信社会生活向共产主义制度之进行，如百川之朝宗于海，这是必然的路径"❶。他认识到"马克思主义在我们所处的这个时代是唯一的宝筏"，他表示他"现在成了彻底的马克思主义的信徒"❷。他认定中国人民翻身解放的道路"只剩着一条路好走——便是社会主义的道路，走劳农俄国的道路"❸。他的历史剧《聂嫈》便是在这种思想指导下创作的。这是《前茅》的思想倾向在新的历史条件下新的表现。那末，是不是说郭沫若此时已与消极思想绝缘了呢？不是的。他还达不到这种程度。他在1925年春创作的诗集《瓶》、小说《落叶》便暴露了当时他的世界观上的弱点。这两部作品都以爱情为主题，都采取情书的形式，反映了两部作品里的两个主人公的幽怨哀愁的情绪。那实际上是由《星空》里的"望星空"变为面对个人生活的圈子，实际上是《星空》里消极思想残余的表现。

那末，郭沫若同志究竟何时转变成为共产主义战士的呢？其转变的标志又是什么？

---

❶ 《向自由王国的飞跃》。
❷ 《孤鸿——致成仿吾的一封信》。
❸ 《一个伟大的胜利》。

衡量一个人世界观转变的主要标志是从理论与实践的统一上看他的立场观点和思想方法是否发生了根本的转化,是否由一个阶级转变到另一个阶级。

我们认为,围绕《请看今日之蒋介石》一文及其前后的一系列言行文章,可以表明,郭沫若同志在1927年前后,已由一个革命民主主义者转变成为杰出的共产主义文化战士。

首先,从政治上看。在第一次国共合作结成革命统一战线进行反帝反封建的时候,郭沫若同志坚决站在革命统一战线一边,英勇地投笔从戎,积极参加了北伐革命战争。当蒋介石背叛革命的时候,他又坚决站在无产阶级和人民大众一边,同蒋介石反动派彻底决裂并进行坚决的斗争;在大革命失败,中国共产党人单独领导革命的关键时刻,他英勇地参加了"八一"南昌起义,并于1927年8月加入了中国共产党。

其次,从文艺思想上看。在文艺与社会、文艺与革命、文艺与人民、文艺与生活、作家与文艺等若干问题上,此时,已初步表明了他的马克思主义文艺观。关于文艺与社会的关系问题,当时流行的一种错误观点是:"你是一个文学家,你写写诗,做做小说也就够了,要谈什么主义哟!"认为文艺与社会无关。对此,郭沫若指出,"这是根本上的一个绝大错误"。他认为文艺必然受着社会的影响。他认为文艺之不能与社会脱离,"犹如不能和自己的呼吸运动与血液循环脱离是一个样子",认为"一个时代便有一个时代的文艺,一个环境便有一个环境的文艺"❶。在文艺与革命的关系上,他不同意当时流行的一种看法:"革命与文学是冰炭不相容的。"他认为"文学和革命是一致的,并不是不两立的";而且归根到底文学是服从革命事业的,"文学的内容是跟着革命意义转变的"❷。关于文学与人民,郭沫若说:"我们中国的民众大都到了无产阶级的地位了",因此,"我们的革命……是以无产阶级为主体的力量对于有产阶级的斗争",而文学应"是同情于无产阶级的社会主义的写实主义的文学"❸。关于文艺与生活,郭沫若当时就向文艺工作者召唤:"你们要把自己的生活坚实起来,你们要把文艺的

---

❶ 《文艺家的觉悟》。
❷❸ 《革命与文学》。

主潮认定！应该到兵间去，民间去，工厂间去，革命的漩涡中去。"❶关于作家与文艺，他认为作家有革命的，也有反革命的，而革命文学只有革命的作家才能写出，因为"无产阶级的理想要望革命文学家点醒起来，无产阶级的苦闷要望革命文学家实写出来。要这样才是我们现在所要求的真正的革命文艺"❷。

1926年春，也就是郭沫若参加北伐革命之前写出的文艺论文《文艺家的觉悟》与《革命与文学》，尽管还存有一定的机械论的倾向，存有对当时革命性质的一些模糊认识，但在我党的幼年时期，能够初步地运用马克思主义观点和方法观察和解释文艺问题，已经是难能可贵的了。如果脱离一定历史条件去谈问题，那是不恰当的。这是可以用以鲁迅为代表的现代中国的最进步的文艺家的水准来比较的。郭沫若是中国现代文学史上提倡革命文学最有影响的第一位作家，也是试图用马克思主义观点方法论述革命与文学关系的很早的一位作家。他对于中国革命文学的提倡与发展是起了积极的引路作用的。他无愧为继鲁迅之后的我国无产阶级文化战线上又一面光辉的旗帜。

再从创作实践上看。1927年3月写的《请看今日之蒋介石》，7月写的《脱离蒋介石以后》及1928年1月写的诗集《恢复》，都闪耀着共产主义思想的光辉。他不仅在1926年春提出"到兵间去"，"到革命的漩涡中去"，而且在同年夏就实践了自己的诺言，亲自参加了革命斗争。而在革命的实践中他从未放下自己的笔，他依然记日记，写文章。上述的两篇反蒋的革命檄文便是在紧张的关键时刻写出来的；在当时曾经产生过极大的政治影响。当陈独秀同蒋介石妥协投降的时候，郭沫若则正在与蒋介石展开殊死的斗争。他在病中写下的诗集《恢复》，表现出一位真正的无产阶级文化战士的心声，也标志着一位共产主义者的崇高人格。这是中国现代文学史上第一部可以称得上无产阶级的革命诗集。

无论从政治态度上，从文艺观点上，从创作实践上，都表明：郭沫若在1927年前后已经从一个革命民主主义者转变成为一个杰出的共

---

❶❷ 《革命与文学》。

产主义战士。

　　从此以后,郭沫若无论在什么样艰难困苦的条件下,在什么样险恶的环境中,总是自觉地站在无产阶级立场上,为祖国的文化事业作出了多方面的巨大贡献,为中国人民的革命事业英勇奋斗了一生。

1978年11月改毕

(选自《文学评论丛刊》第111-119页,1979年
10月中国社会科学出版社第1版)

论 郭 沫 若

沈从文

郭沫若，这是一个熟人，仿佛差不多所有年青中学生大学生皆不缺少认识的机会。对于这个人的作品，读得很多，且对于这作者致生特别兴趣，这样的读者也一定有的。

从"五四"以来，十年左右，以那大量的生产，翻译与创作，在创作中诗、与戏曲、与散文、与小说，几几乎皆玩一角，而且玩得不坏，这力量的强，（从成绩上看）以及那词藻的美，是在我们较后一点的人看来觉得是伟大的。若是我们把每一个在前面走路的人皆应加以相当的敬仰，这个人我们不能作为例外。

这里有人可以用"空虚"或"空洞"，用作批评郭著一切。把这样字句加在上面，附以解释，就是"缺少内含的力"。这个适宜于做新时代的诗，而不适宜于作文，因为诗可以华丽表情绪，小说则注重准确。这个话是某教授的话。这个批评是中肯的，在那上面，从作品全部去看，我们将仍然是那样说的。郭沫若是诗人，而那情绪，是诗的。那情绪是热的，是动的，是反抗的，……但是，创作是失败了。因为在创作一名词上，我们还有权利要求一点另外东西。

诗可以从华丽找到唯美的结论，因为诗的灵魂是词藻。缺少美，不成诗。郭沫若是熟习而且能够运用中国文言的华丽，把诗写好的。他有消化旧有词藻的力量，虽然我们仍然在他诗上找得出旧的点线。但在初期，那故意反抗，那用生活压迫作为反抗基础而起的向上性与破坏性，使我们总不会忘记这是"一个天真的呼喊"，即或也有"血"，也有"泪",也有自承的"我是××主义者",还是天真。因为他那诗,对社会所认识,是并不能使他向那伟大一个方向迈步的。创造社的基调是稿件压迫与生活压迫,所以所谓意识这东西,在当时,几个人深切找到的,并不出本身冤屈以外。若是冤屈,那倒好办,稿件有了出路,各人有了啖饭的地方,天才熄灭了。看看创造社另外几个人,我们可以明白这估计不为过分。

但郭沫若是与张资平成仿吾两样的。他虽然在他那初期创作中对生活喊冤,在最近《我的幼年》、《反正前后》两书发端里,也仍然还是不缺少一种怀才不遇的牢骚,但他谨慎了。他小心又小心,在创作里,把自己位置到一个比较强硬一点模型里,虽说这是自叙,其实这是创作。在创作中我们是有允许一种为完成艺术而说出的谎骗的。我们不应当要求那实际的种种,所以在这作品中缺少真实不是一种劣点。我们要问的是他是不是已经用他那笔,在所谓小说一个名词下,为我们描下了几张有价值的时代缩图没有?(在鲁迅先生一方面,我们都相信那中年人,凭了那一向世故而冷静的头脑,把所见到感到的,仿佛毫不为难那么最准确画了一个共通的人脸,这脸不像你也不像我,而你我,在这脸上又各以寻出一点远宗的神气,一个鼻子,一双眉毛,或者一个动作的。)郭沫若没有这本事。他长处不是这样的。他沉默的努力,永不放弃那英雄主义者的雄强自信,他看准了时代的变,知道这变中怎么样可以把自己放在时代前面,他就这样做。他在那不拒新的时代一点上,与在较先一时代中称为我们青年人做了许多事情的梁任公先生很有相近的地方。都是"吸收新思潮而不伤食"的一个人。可佩服处也就只是这一点。若在创作方面,给了年青人以好的感想,他那同情的线是为思想而牵,不是为艺术而牵的。在艺术上的估价,郭沫若小说并不比目下许多年青人小说更完全更好。一个随手可拾的小例,是曾经在创造社羽翼下的叶灵凤的创作,就很像有高那大将一筹的作品在。

他不会节制。他的笔奔放到不能节制。这个天生的性格在好的一个意义上说是很容易产生那巨伟的著作。做诗,有不羁的笔,能运用旧的词藻与能消化新的词藻,可以做一首动人的诗,但这个如今却成就了他做诗人,而累及了创作成就。不能节制的结果是废话。废话在诗中能容许，在创作中成了一个不可救药的损失。他那长处恰恰与短处两抵，所以看他的小说，在文字上我们得不到什么东西。

废话是热情，而废话很有机会成为琐碎。多废话与观察详细并不是一件事。郭沫若对于观察这两个字，是从不注意到的。他的笔是一直写下来的，画直线的笔，不缺少线条刚劲的美。不缺少力。但他不能把那笔用到恰当一件事上。描画与比譬，夸张失败处与老舍君并不两样。他详细的写，却不正确的写。词藻帮助了他诗的魄力。累及了文章的亲切。在亲切一点上，我们可以看出一个对比，是在任何时翻呀著呀都只能用朴讷无华的文体写作的周作人先生，他才是我所说的不在文学上糟蹋才气的人。我们随便看看……那描写，那糟蹋文学处，使我们对于作者真感到一种浪费的不吝惜的小小不平。凡是他形容的地方都有那种失败处。凡是对这个不发生坏感的只是一些中学生。一个对于艺术最小限度还承认他是"用有节制的文字表现一个所要表现的目的"的人，对这个挥霍是应当吃惊的。

在短篇的作品上，则并因篇幅的短，便把那不恰当的描写减去其长。

这又应当说到创造社了。创造社对于文字的缺乏理解是普遍的一种事。那原因，委之于训练的缺乏，不如委之于趣味的养成。初在日本以上海作根据地而猛烈发展着的创造社组合，是感情的组合。是站在被本阶级遗弃而奋起作着一种复仇雪耻的组合。成仿吾雄纠纠的最道地的湖南人恶骂，以及同样雄纠纠的郭沫若新诗，皆在一种英雄气度下成为一时代注目东西的。按其实际，加以分析，则英雄最不平处，在当时是并不向前的。新潮一辈人讲人道主义，翻译托尔斯泰，做平民阶级苦闷的描写，（如汪敬熙陈大悲辈小说皆是）创造后出，每个人莫不在英雄主义的态度下，以自己生活作题材加以冤屈的喊叫。到现在，我们说创造社所有的功绩，是帮我们提出一个喊叫本身苦闷的新派，是告我们喊叫方法的一位前辈，因喊叫而成就到今日样子，话好象稍稍失了敬意，却并不为夸张过分的。他们缺少理智，不用理智，才能从一点伟大的自信中，为我们中国文学史走了一条新路，而现在，所谓普罗文学，也仍然得感谢这团体的转贩，给一点年青人向前所需要的粮食。在作品上，也因缺少理智，在所损失的正面，是从一二自命普罗作家的作品看来，给了敌对或异己一方面一个绝好揶揄的机缘，从另一面看，是这些人不适于作那伟大运动，缺少比向前更需要认真的一点平凡的顽固的力。

使时代向前，各在方便中尽力，或推之，或挽之，是一时代年青人，以及同情于年青人幸福的一切人的事情。是不嫌人多而以群力推挽的一件艰难事情。在普遍认识下，还有两种切身问题，是"英雄"天才气分之不适宜，与工具之不可缺。革命是需要忠实的同伴而不需要主人上司的。革命文学，使文学，如何注入新情绪，攻入旧脑壳，凡是艺术上的手段是不能讲的。在文学手段上，我们感觉到郭沫若有缺陷在。他那文章适宜于一篇檄文，一个宣言，一个电，一点不适宜于小说。因为我们总不会忘记那所谓创作这样东西，又所谓诉之于大众这件事，仍在中国此时，还是仍然指得是大学生或中学生要的东西而言！对于旧的基础的动摇，我们是不应当忘记年青读书人是那候补的柱石的。在年青人心上，注入那爆发的疯狂的药，这药是无论如何得包在一种甜而习惯于胃口那样东西里，才能送下口去。普罗文学的转入嘲弄，郭沫若也缺少纠正的气力。与其说《反正前后》销数不坏，便可为普罗文学张目，那不如说那个有闲阶级鲁迅为人欢迎，算是投了时代的脾气。有闲的鲁迅是用他的冷静的看与正确的写把握到大众的，在过去，是那样，在未来，也将仍然是那样。一个作者在一篇作品上能不糟蹋文字，同时是为无数读者珍惜头脑的一件事。

郭沫若，把创作当抒情诗写，成就并不坏。在现代中国小说选所选那一篇小品上，可以证实这作家的长处。《橄榄》一集，据说应当为郭的全集代表，好的，也正是那与诗的方法相近的几篇。适于抒情诗描写而不适于写实派笔调，是这号称左线作家意外事。温柔处，忧郁处，即所以与时代融化为一的地方，郁达夫从这方面得到了同情，时代对于郭沫若的同情与友谊也仍然建筑在这上面。时代一转变多病的郁达夫，仍因为衰弱孤独，倦于应对，被人遗下了。这不合作便被谥为落伍。郭沫若以他政治生活培养到自己精神向前，但是，在茅盾抓着小资产阶级在转变中与时代纠缠成一团的情形，写了他的三部曲，以及另外许多作家，皆在各自所站下的一个地方，写了许多对新希望怀着勇敢的迎接，对旧制度抱着极端厌视与嘲弄作品的今日，郭沫若是只擎出两个回忆的故事给世人的。这书就是《我的幼年》同《反正前后》，想不到郭沫若有这样书印行，多数人以为这是书店方面的聪明印了这书。

《我的幼年》仿佛是不得已而发表，在自由的阔度下，我们不能说一个身在左侧的作者无发表那类书的权利。因为几几乎是世界有名作者，到某一个时期在为世人仰慕而自己创作力又似乎缺少时，为那与"方便"绝不是两样理由的原故，总应当有一本这样书籍出世。自然从这书上，我们是可以相信那身在书店为一种职业而说话的批评者的意见，说这个书是可以看出一个时代的一个职业批评家，他可以在这时说时代而在另一时再说艺术，我们读者是有权利要求那时代的描画必须容纳到一个好风格里去的。我们还有理由加以选择，承认那用笔最少轮廓最真的是艺术。若是每个读者他知道一点文学什么是精粹的技术，什么是艺术上的赘疣，他对于郭沫若的《我的幼年》是会感到一点不满的。书卖到那样贵，是书店的事，不与作者相关。不过作者难道不应当负一点小小责任把文字节略一点么？

《反正前后》，是同样在修词上缺少可称赞的书，前面我曾说过。那不当的插话，那基于牢骚而加上的解释，能使一个修养的读者中毒，发生反感。

第三十七页，四十二页，还有其他。有些地方，都是读者与一本完全著作相对时不会有的耗费。

全书告诉我们的，不是一时代应有的在不自觉中存在的愚暗自剖，或微醒张目，却仍然到处见出雄纠纠。这样写来使年青人肃然起敬的机会自然多了，但若把这个当成研究本人过去的资料时，使我们有些为难了。从沫若诗与全集中之前一部分加以检查，我们总愿意把作者位置在唯美派颓废派诗人之间，在这上面我们并不缺少敬意。可是《反正前后》暗示我们的是作者要作革命家，所以卢骚的自白那类以心相见的坦白文字便不高兴动手了。

不平凡的人！那欲望，奇怪的东西，在一个英雄脑中如何活动！

他是修词家，文章造句家，每一章一句，并不忘记美与顺适，可是永远记不到把空话除去。若是这因果，诚如《沉沦》作者以及沫若另一时文里所说，那机会那只许在三块钱一千字一个限度内得一报酬的往日习惯，把文章的风格变成那样子，我们就应当原谅了。习惯是不容易改正的，正如上海一方面我们成天有机会在租界上碰头的作家一样，随天气阴晴换衣，随肚中虚实贩卖文学趣味，但文学讲出来时，放在××，放在×××，或者甚见解趣至于四个字的新刊物上，说的话还是一种口音，那味，那不高明的照抄，也仍然处处是拙象蠢象。

让我们把郭沫若的名字位置在英雄上，诗人上，煽动者或任何名分上，加以尊敬与同情。小说方面他应当放弃了他那地位，因为那不是他发展天才的处所。一株棕树是不会在寒带地方发育长大的。

（选自李森编《郭沫若评传》，1932年4月上海现代书局初版）

诗人郭沫若

钱杏邨

　　五四运动与青年心理——反抗精神的一贯——创作时代的分开——文艺思想——奋斗的精神——穿白孔雀羽衣的诗人——《女神》与《力的艺术》——《星空》的闲逸精神的表现——革命时代的《前茅》——开拓自己命运的《三个叛逆的女性》——戏剧的技巧与Salome及Aooll's House——旧戏色调的浓重——《落叶》与《塔》——《橄榄》与The Journal of Arthur stirling——精神表现的两方面——诗的技巧——新时代的到来。

一

　　中国的新文艺运动，因为五四的推进，得到充分的发展的机会，这在《死去了的阿Q时代》篇里，我们已经说过了。现在所要补述的，是当这样的 Movment 还没有持续到两年的时候，全国的军阀已一变初期的态度，差不多举国一致的对学生运动加以摧残与杀害，在五四的时候，虽然也有逮捕，拘囚一类的事件发生，可是因着得到最后的胜利的原因，青年的心理还没有什么幻灭的表现。到了这个时候，因着军阀的继续的摧残与杀害，使青年的心理突然的有了分野。一派是不怕一切压迫与牺牲，始终如一的向前抗斗，一派是因着外力的袭击迫害，颓丧了他们的意志，于是灰心消极，走上幻灭的路。

　　这两方面精神的表演，在现代中国创作坛上，我们完全可以看到。实在的，创造社是完全的把这样生活的两方面表现出来了；代表上进一派的作家就是郭沫若，代表颓废一派的就是郁达夫。因为一部分青年努力向上，他们需要他们的表现者，于是郭沫若便成为他们的唯一信仰的作家，因为一部分青年颓废幻灭，他们也需要颓废幻灭的表现者，于是郁达夫便成为这一派的青年的最尊贵的作家了；这是一种事实，也是时代表现者产生的实际背景。

这一篇，我们是专谈郭沫若给予我们的印象。我们固然说沫若的精神是向上的，其实达夫也有两次同样的说明。记不得他是在哪一篇剧作里说过："沫若虽然已有了几个孩子，经济压迫他到十足的地步，但是他毫不灰心，他要奋斗下去。"同时，他在《送仿吾的行》（《奇零集》第151页）里也曾说过："看沫若，他才是真正的战斗员！""上得场去，当然还可以百步穿杨。"是真的，从沫若开始了他的文艺生活一直到现在，在他的作品中确实的表现了一毫无间断的伟大的反抗的力。所以，沫若的创作的精神，给予青年印象最深的就是他的一以贯之的反抗精神的表演。

* * * *

沫若的这种精神，无论在作品的内容或形式方面，我们是在在可以看得出，而且可以证明他的反抗精神的发育，与社会的压迫差不多成为正比例。因此，我们在他的作品里，又可以发现一个很重大的意义，就是在他的一贯的反抗精神的表现中所给予我们的关于思想转变的印象。那就是说，社会对他的压迫愈高涨，则他的思想和社会主义也就愈接近；社会施予他的压迫愈是激烈，则他的态度的表白愈趋显明。

他自己也曾把这意思说明过，那是在《文艺家的觉悟》篇里；他说："至于说到我的思想上来，凡曾读过我从前作品的人，只要真正是和我的作品的内容接触过，我想总不会发现出我从前的思想和现在的思想有什么绝对的矛盾的。我素来是站在民众方面说话的人，不过我从前是思想不大显明的，现在更加显明了些；我从前的思想不大统一的，现在更加统一些罢了。"（《洪水》二卷四期，第13页）

我们根据这个原则细细的研究起来，是很容易捉到他的思想的转变的痕迹的。如果分析他的思想的转变，最适当的是把他的创作生活分为两期，以1924年做两个时代的分界线。前期分为两个时代，回国以前的诗人时代和回国以后经济苦闷时代。后期截止到现在，也可以分成两个时代。阶级意识觉醒的时代和开始第四阶级文艺创作的时代。

同时，我们也可以说明他的思想的转变，是经过三个阶段的。先经过了一个对一切不满足而反抗一切的浑沌时代，以后走上了因生活的压迫自由的渴求觉悟到现代经济制度非颠破没有幸福的时候的过渡的黎明期，这才走上了根本解决的阶级的意识的唤醒的现在的路。虽然这里没有列举证明，我们想和沫若作品接触过的人，对这说法是不会有什么怀疑的，他确实是这样的转变来的。……

我们说，沫若的思想，可以代表五四以来的中国的向上青年，这便是一大证明。他们思想的转变我们实在找不出和沫若有什么异途的地方。

* * * *

何以1924年是沫若生活史上的一大关键，是前期生活的结束，后期生活的开始呢？关于这问题的解答，可以从他的全创作方面去看。在起始，就是《女神》产生的时候，他的生活虽然很艰苦，也感到社会的万恶，然而还有种种的希望，有国内经济的接济，有回国后的生活的理想，以及诗人的梦，所以这个时期的作品究竟是可以用诗人与梦的一个标题说尽了的。并没有什么生活的艰苦的表现。

回国以后却不同了，现实把一切的理想打击得粉碎！经济的接济是没有了，生活的理想也实现不了，诗人更是做不成。而孩子们的嗷嗷待哺，衣食住的逐日袭击，社会上不公正的评判，……一切一切，都使他的理想变成了云烟，终竟免不掉近似的妻离子散的际遇的实现和异国的飘流，这个时代，详细的解析，可以说是沫若的经济苦闷与社会苦闷的交流的时代，而以经济的苦闷为重心，《橄榄》便是这时代的后期的代表作。

以下便到了所谓重要的1924年了。因为沫若辗转生活在现代经济制度底下的结果，使他觉悟到一切的理想的殒灭，完全是这经济制度的作祟。单纯的高叫几声反抗，反抗，反抗，这是没有用的；单纯的去糊糊涂涂的去反抗，也是没有根本解决的希望的。根本解决，就是这经济制度的推翻，根本解决，就是经济制度的改造，这是他生活方面的刺激，以及他的思想转变得激急的原因。

还有更重要的一方面，就是他翻译河上肇《社会组织与社会革命》

的结果。因为翻译这本书，使他的思想上受了特大的打击和觉醒，翻然的走上最后的一条路。这一点，他自己在《给仿吾的信》里说得很明白，"我从前只是茫然的对着个人资本主义怀着的憎恨，对于社会革命怀着的信心，于今更得着理性的背光，而不是一味的感情作用了。这书的译出，在我一生中形成一个转换的时期，把我从半眠的状态里唤醒了的是它，把我从歧路的徬徨里引出了的是它，把我从死的暗影里救出了的是它，我对于作者是非常感谢，我对于 Marx，Linen 是非常感谢。"（《创造月刊》一卷二期，第130页）因为这部书的翻译，结果是使他以前的不统一的思想统一起来，以前矛盾而不能解决的问题寻出了关键（同上第129—130页），形成了他以后新的时代的产生的转机。

所以这1924年，在沫若个人方面是一个很重要很重要的时代，使他的思想离开了个人的，走向集体的一方面！

*　　　*　　　*　　　*

这以后，在沫若参加实际工作之前，他的思想虽说有了变化，可是他的革命文学的创作却没有什么发表的，除去少数几首诗歌。所以我们要说明他的这个时代，只有他的两篇提倡革命文学的论文。

在这个时候，他着着实实的觉悟到他过去的见解是错误了。《给仿吾的信》而外，还有一个很扼要的原理的说明，那就是《文艺论集》的序里所说的"我的思想，我的作风，在最近一两年之内可以说是完全变了，我从前是尊重个性，景仰自由的人。但在最近一两年之内，与水平线下的悲惨社会略略有所接触，觉得在大多数人完全不自主的失掉了自由，失掉了个性的时代，有少数人要来主张个性，主张自由，总不免有几分僭妄。……要发展个性。大家应得同样的发展个性，要生活自由，大家应得同样的生活自由。但在大众未得发展其个性，未得生活于自由之时，少数先觉者毋宁牺牲自己的个性，牺牲自己的自由，以为大众人请命，以争回大众人的个性与自由！"（序第1—2页）是完全的推翻了他的批评与梦的以前的文艺态度了。

所以他在醒悟之后，努力的高喊着革命文艺的重要，又在文艺作家的觉醒里很干脆的叫道；"我们现在所需要的文艺，是站在第四阶级说话的文艺，这种文艺在形式上是写实主义的，在内容是社会主义的"（《洪水》二卷四期第140页）这便是他参加实际工作之前，给予我们的留下的一个强烈印象。

等到后期的第二时代，我们对他的作品，果然得到了很强烈的新的感觉，新的体裁，新的技巧，以及新的思想。这是最近的事，本篇只想说到后期第一时代为止。在这里只附带的提出来说一说。

*　　　　*　　　　*　　　　*

这一章到这里完了。虽说是很疲乏的叙述，沫若的创作时代背景，以及他的反抗的伟力，以及他的思想的转变，多少是很明显的划出了一点。他的时代确实是这样的磨折他的，从在日本的时候起，一直到现在为止，社会的压迫，政治的压迫，经济的压迫，敌对文坛的攻击，为创造社的奋斗，……他无往而不是在压迫中图生存，在压迫里找出路，在艰难困苦之中以从事中国新文坛的推进的运动！他的抗斗的精神，真是值得我们敬佩！

二、《女　神》

> 无边天海哟！
> 一个水银的浮沤！
> 上有星汉湛波，
> 下有融晶泛流，
> 正是有生之伦睡眠的时候。
> 我独披着件白孔雀的羽衣。
> 遥遥地，遥遥地，
> 在一只象牙舟上翘首。

我们要回说到初期的沫若是怎样的一个诗人，我们觉得再没有哪一节诗能像上面征引的这一节（《女神》第199页）能够说明他的了。在这时，他虽然也苦闷，也反抗，可是终竟具着很浓重的当有生之伦都睡着的时候，他披着一件白孔雀的羽衣，在象牙舟上翘首的风味。

在这里，我们有介绍他的诗论的必要。他那时的诗的见解是：诗的专职是抒情（《三叶集》第46页）主张要出于无心，自然流泻（《女神》第198页），主张诗是我们心中的诗意诗境的纯真的表现。命泉中流出来的 stream，心琴上弹出来的 Melody，生的颤动，灵的叫喊（《三叶集》第 6 页）。这种见解的错误，到他序《文艺论集》的时候，他自己已经发现而且醒悟了，不过很能以说出《女神》写出时的原理的根据的。

我们常常的这样想：如果称沫若做一个小说家，总不如称他为诗人的恰当。像他的《女神》里那些诗歌。在中国的诗坛上，很难找到和他可以对立的作家，这是第一种原因；沫若的小说，即如《橄榄》全部，诗的风趣实在是很浓重的，简直是诗的散文，这是第二种原因；第三的一点，就是沫若的戏剧，他的《三个叛逆的女性》里面的诗的情趣也实在是太多了，最后，《女神》是中国诗坛上仅有的一部诗集，也是中国新诗坛上最先的一部诗集，沫若的创作，究竟是诗比小说好。所以我们很大胆的自信，沫若是一个诗人，中国新文坛上最有成绩的一个诗人！……

* * * *

《女神》实在有很多的好处，约略的说来，第一就是灵感的丰富，《女神》里所收的诗，除去少数的几篇而外，大多是富于灵感的，从那些地方，我们可以看到作者的丰富的想像和神秘的眼睛，《凤凰涅槃》是最能代表的一首。第二是诗里面所蕴藏的一种伟大的力，简括的说，就是力的表现，二十世纪的力的表现，震动的表现，奔驰的表现，纷乱的表现，速率的表现，立方的表现，……《笔立山头展望》（第97—98页）《立在地球边上放号》（第101页）《我是偶像崇拜者》（第142页）都能代表。第三就是情绪的健全，诗人而不带病态，在过去的中国诗坛上是很少有的，但是沫若除了少数的几首而外，情绪都是很狂暴的，很健全的，眼前的世界是很开扩的，他仿佛一片发了疯的火云，如醉了一般的狂呼飞驰，自由来往，所谓"到处都是生命的光波；到处都是新鲜的情调；到处都是诗；到处都是笑；海也在笑，山也在笑，太阳也在笑，地球也在笑。我同阿和，我的嫩苗，同在笑中笑。"（《女神》第129—130页）的情趣是很多的，《光海》（《女神》第129页）便是代表，在这诗里他简直是疯狂了。第四是狂暴的表现，《女神》里不但表现了勇猛的，反抗的，狂暴的精神，同时还有和这种精神对称的狂暴的技巧。大部分的诗都是狂风暴雨一样的动人，技巧和精神是一样的震动的，咆哮的，海洋的，电闪雷霆的，像这样精神的集子，到现在还找不到第二部；至于语句的自然，当然也是以后的诗歌所赶不上的。

《女神》的历史地位是很稳固的，它是有永久性的创作。在这部诗集里，表现了他的特有的诗的天才，信如他自己所说："我是一个偏于主观的人……想像力比观察力强……我又是一个冲动性强的人……我便作起诗来，也任我一己的冲动在那里跳跃。我一有了冲动的时候，就好像一匹奔马，我在冲动窒息了的时候，又像一只死了的河豚"，(《文艺论集》第175页) 这部诗集里表现了他的诗人的想像。……

不过，在意义的一方面，因着时代的关系，当然不及《前茅》里表现得旗帜显明，在这时期的思想——我们想，《星空》是可以附在《女神》里说的——只是对社会的咒诅（如《凤凰涅槃》），对社会的愤慨（如《匪徒颂》），反抗精神的表演（如《胜利的死》），原人生活的渴求（如《光海》），光明的创造（如《金字塔》）。我们要具体的说来；只算表现了一种模糊的反抗思想，而且有许多错误的见解，如原人的生活的渴求这一点。《前茅》里却不然，他发现了他自己应该走的路，他发现了人类的真正的敌对的方向，他继续的去做力的追求者，他是很显明的向资产阶级进攻！然而，我们觉得究竟前者是可以代表时代的，比《前茅》伟大而重要。在技巧方面《前茅》以及另一诗集《瓶》，实际上我们觉得是没有一首能赶得上《女神》的，大部分都是做的，做成的，而不是书写出来的了。

总结沫若已出版的诗歌集，所有的诗歌我们可以把它分成三大类，歌咏自然的重心作品当然是收在《女神》里，恋诗收在《瓶》里，革命诗收在《前茅》里，不过很多的是可以互相归并的。其间，《瓶》与《前茅》最单纯，《女神》、《星空》比较的复杂，除去检出一部分恋诗和近似革命的几首而外，我们可说找出里面所表现的是两个方面，和三种技巧。所谓两个方面，是社会的与自然的；所谓三种技巧，一是力的技巧，二是沈着悲痛的调子，三是优游自得的田园诗的技巧，当然，最能代表他的是第一种，表现了二十世纪的动的精神，举一节最简短的例：

大都会的脉搏哟！

生的鼓动哟！
打着在，吹着在，叫着在，……
喷着在，飞着在，跳着在，……
四面的天郊烟幕朦胧了！
我的心脏哟，快要跳出口来了！
哦哦，山岳的波涛，瓦屋的波涛，
涌着在，涌着在，涌着在，涌着在哟！
——《笔立山头展望》（第97页）

像这一类的诗，读来是很能感到震动，节奏，以及力的；第二类的调子没有这样的震动，然而字句非常的沈着，沉痛处拿旧诗比拟，实在有些逼近老杜，《暗夜》(《星空》第23页）就是最好的例证，使我们读了不能不想到子美在四川的生活。这样句调的例证，我们勉强的可以抄出《黄浦江口》的最后的一节作证（《女神》第223页）：

小舟在波上簸扬，
人们如在梦中一样。
平和之乡哟！
我的父母之邦！

说到第三种表现，那完全是诗人生活，那一种闲吟谩度的风味，正不亚于北宋诸家，《星空》最足以代表。自然表现的天才，浪漫诗人的风趣，说明得饶有奇味，都曲曲的传出了。不过在这里的表现方法中，很多的有固定的方法的，同一的方法的，我们可以举出下面这一首：

南风自海上吹来，
松林中斜标出几株烟霭。
三五白帕蒙头的青衣女人，
殷勤勤的在焚扫针骸。
好幅雅典的画图。
引诱着我的步儿延伫，

　　　　令我回想到人类的幼年，
　　　　那恬淡无为的泰古。
　　　　　　　　——《南风》(《星空》第16页）

　　　　　＊　　　　＊　　　　＊　　　　＊

　　还有两种诗的表现技巧，就是恋诗与革命诗。本来，举一两首诗，甚至一节诗要来证明一种技巧，这是很滑稽的事，不过在事实上又没有法子可想，关于恋诗，《瓶》里刻画心理虽说深刻，我终竟欢喜《女神》里的《Venus》一首（第131页）革命诗，最健全的当然是《前进曲》(《前茅》第25—27页），全诗冗长，要举例证，我们可以引这一节：

　　　　马路上，面的不是水门汀，
　　　　面的是劳苦人民的血汗与生命！
　　　　血惨惨的生命呀，血惨惨的生命！
　　　　在富儿们的汽车轮下……滚，滚，滚，……
　　　　兄弟们哟，我相信就在这静安寺路的马道中央，
　　　　终会有剧烈的火山爆喷！
　　　　　　　　——《上海的清晨》(前茅第17页）

　　从这一节里，我们可以看到沫若思想转变，不是最近的事，我们如果仔细考察，则他对于工人阶级和同情是由来已久了。他是一个自然的歌者，但后来是变为一个城市的歌者了，同时，他也由于个人的歌者一变而为集体的歌者。到后来，他对于过去的是忏悔了，"松林外海水清澄，远远的海中岛影昏昏，好像是，还在恋着他昨宵的梦境"（《女神》第210页），他是没有这样的态度了。他以前只是想跪在雷峰塔畔农夫的足前、做一个劳动崇拜者而已，现在是不同了，他的思想是更进了一步了。所以，从沫若的诗歌里，我们不仅可以找到一以贯之的反抗思想，更可以看到他的社会主义的思想的逐渐显明的过程。

　　　　　＊　　　　＊　　　　＊　　　　＊

　　沫若的初期的诗歌，当然不是怎样完善的，也有不少的小疵。即如在这时代，他是很明白的唱着非战的论调，不管战争的意义，只一味的反对战争，这种思想是不妥当的。他虽然自己说，始终是站在民

众方面说话，在当时总归忘不了自己，所以他就俨然以大鹫自居了，这种个人主义的思想当然是要不得的。还有一个重要点，那就是他高唱其归真返璞的调子，渴求着所谓精神生活，镇日里做着葛天无怀的梦。关于这几点，到后来已经是自己觉悟，而且转变过来了。不过回溯当年，我们是应该提出来的。再有，那就是《女神》的诗歌有一部分是失败了，《死》就是一个好例。

三、三个叛逆的女性

说戏剧，《三个叛逆的女性》是最重要的一部。这三篇戏剧里所表现的思想只是一个思想，女性的反抗，反抗历史的因袭的 妇女旧道德——三从主义！我们从这三部曲的人物个性构造方面，人选方面，处处可以看出他的创作用心的艰苦，以及前面所说的想象是怎样的丰富！卓文君，他是有意做的翻案文章（后序第2页），但他要写出她的最后的反抗，所以在结束处有极反抗的道白。王昭君，大部分是出于他的想象，因为要表现反抗，他终于写出她反抗元帝的高傲，彻底的去反抗王权。聂嫈，本来的精神展开表现了，当然是一个反抗的女英雄；可是作者的用心又可在一个地方看出，就是二幕末场卫士们的走出。归结起来，《三个叛逆的女性》是一部具着狂暴精神的反抗作！

这部戏剧实在是一部很有意义的戏剧，不仅表现了女性的反抗，同时也暗示了一种力量——命运要自己去开拓！这意义，在《卓文君》里表白得最显明：

"自己的命运为什么自己不去开拓，要使为父母的，都成为蹂躏儿女的恶人？"（《塔》第202页）

他所看到的现代的人生，只是名与利纽成的一道彩绳（《塔》第223页），主张不要做骸骨迷恋的旧梦，寻出一切的社会罪恶的产生由于经济制度，暗示打破的必要（《塔第187页》，而同情于被压迫的工农（《塔》第321页）。以上可以说是《三个叛逆的女性》的全部意义。

*　　　*　　　*　　　*

《三个叛逆的女性》写的着实不差，和《女神》一样的还不能使我们找到第二部。可是，在事实上看来，是只能代表《女神》同时的思想的。关于结构的一方面，自然的是很精细的计划想象的结果。他自己说很受了 Faust 的影响，我们也可以看出浪漫的色彩很深。至于《王昭君》的结束处．《卓文君》的结束处，实际上也是受了西洋戏剧的影响的。

在《王昭君》一剧的结束地方，元帝的一段表白动态，最富有浪漫派戏剧的精神；他把毛延寿的头放在桥栏上，展开王昭君的真容展览了一回，又向着延寿的头：

"延寿，我的老友！你毕竟也是比我幸福！你画了这张美人，你的声名可以永远不死。你虽是死了，你的脸上是经过美人的批打的。啊，你毕竟是比我幸福！（置画捧延寿首）啊，延寿，我的老友！她批打过你的，是左脸呢？还是右脸呢？你说罢！你这脸上还有她的余惠留着呢，你让我来分享一些香泽罢！（连连吻其左右颊）……——《塔》第189—190页。

元帝说了许多话，把毛延寿的头捧到掖庭里去，这浪漫的来源，显然是受了 Wilde 的 Salome 的影响而成，和 Salome 抱住了鲜血淋淋的 John 的头时所说的话简直没有二样（参看田汉译《莎乐美》第79—83页）。但在《卓文君》的最末一场却是 Ibsens 精神的复现，举例于下：

  卓 你这说的是什么话，你在向什么人说话？
  文 我以前是以女儿和媳妇的资格来对待你们，我现在是以人的资格来对待你们了。
  卓 啊，不得了，不得了！造反了，造反了！
  文 你们一个说我有伤风教，一个教我寻死，这是你们应该对着你们自己说的话。
  卓 造反了，造反了！
  文 我自认我的行为是为天下后世提倡风教的。你们男子们制下的旧礼制，你们老人们维持着的旧礼制，是范围我们觉悟了的青年不得，范围我们觉悟了的女子不得！

          ——《塔》第251—252页

这一段对话是很容易使人联想到Ibsens的Doll's House的,在Doll's House里第三幕女主人公走开时和她的丈夫的一段对话,和这可以说是完全是一样的形式。避免冗长,Doll's House里的话不抄出了。

由此,我们更可以决定,《三个叛逆的女性》,无论在思想或是在技巧方面,都是受了西洋的文学的冲激而成的,这可说是这戏剧产生的背景的一部分。也就可以证明这一部戏曲不是什么古典派,而是如他自己所说的:"我要借古人的骸骨来,另行吹嘘些生命进去。"(《星空》第43页)这是一部具有时代性的东西。

* * * *

本已说过,沫若的小说和戏剧也都具有浓厚的诗的气息,使人读他的小说或戏剧时,也使人感到这是诗!意境是诗,句子也是诗。我们可以举一例证来说明:

文　你听,不是琴音吗?
红　……不是,是风吹得竹叶儿玲珑呢?
文　是从下方来的。
红　……是水摇得月影儿叮咚呢。
文　是从远方来的。
红　……不是,不是,甚么音息也没有呢。啼饥的鹜声也没有,吠月的犬声也没有。……
文　啊,没有。真的甚么也没有,是我的耳朵在作弄人了。
　　　　　　　　　　　——《塔》第197—198页

这是多么富有诗意,在全戏剧里随地都可遇到,人物也都是诗的,聂嫈里的盲叟便是一个,我们只要听得他的一段飘流的告白(《塔》第275—276页),我们就可以即刻感到浓重的诗意。此外,他的技巧还有一个绝大的好处,无论在哪一类的创作里都是一样,那就是文气的流畅,简单的,可以举《王昭君》里的例,那就是延寿和毛女对话的一节(《塔》第152—154页)。他写人物的动态也不象一般的剧本,是含着小说的风味的,尤其是细小的点景,使读者感到一种特殊的情调,如《卓文君》里的这一段动作的说明:

卓文君弟妹二人由侧门走出，妹可十四五，提红灯前行；弟可十岁。

——《塔》第205页

这一种虽只是小动作，但给予读者的印象是极深的，使我们不得不回忆到元代的一首绝诗，可以录出印证：

深夜宫车出建章，紫衣小队两三行。石栏杆畔银灯过，照见芙蓉叶上霜。

最后，我们还想举出一点，就是阶级生活实际的表演，三种之中，我觉得卓文君是最成功的，处处刻画出贵族家庭里的生活意象。……归结起来，我们觉得沫若戏剧的好处很多，概括的评判，可以用这句话：

"好象是一点闪烁的星子！"（《塔》第155页）

沫若的戏剧，我们觉着也有一些可议的地方：第一，是他的刻画过甚的描写，写卓王孙对司马相如的口语，以及程郑，以及《聂嫈》二幕都有这种病点。贵族看不起文人这是不足奇怪的，但他公然说出"他不来我们到可以多剩些残饭来喂狗"（《塔》第221页），这却有些靠不住，这是一例。程郑固带些小丑风味，然而在前部是开口必文，后来却绝对的不同，虽则与在场的人物有关，究竟不能使人得到真实的感觉。至于《聂嫈》第二幕，说鬼一段，并不能使人满意，只能叫人感到这是在寻开心，在寻开心而已！第二，就是对话里用的叠句太多。沫若是最欢喜用叠句的，不过在戏剧的对话里用是万分的不妥当。无论如何，在对话里偶而用一两句还不碍耳，多了着实使人感到不是戏剧，于表演上很多不便；第三，有一两处精神的不很健全，如当元帝发现昭君是美女子时，他向着毛女说："唔，有这样的事，完全出乎我的意料之外。无怪乎他画的象总和实质不同。啊，他真误我不浅！有这等美貌的人我怎舍得她去和亲呢！"（《塔》第170页）在《三个叛逆的女性》的后序里，沫若所叙元帝性欲的特强，和这一节的精神完全不能印证，描写得元帝的心实在太平静了，话语也太从容了，应该表现一点惊奇的态度才好的。第四，就是旧戏的风味太重，很多的地方我们可以拿来和京戏对照，这也是一个缺陷，在全戏剧中最重要又最多的缺点，下面的例便是一部分的证实：

元帝　（起立观画）戏，好一幅美人啊！（默赏有间）这画的是什么人呢？……这是画的奔月的嫦娥？……是浣沙的西施？……是为云为雨的巫女神女？……啊，但是这又著的是时装，弹的是琵琶。（间）我想，我活了四十多年，不曾看见过这样的美女！啊，但是，你们快些卷好，快些卷好，怕她要离去这个尘寰，飞回天界去了呢！袭宽，你知道么？这到底是什么人画的？这画的是甚么人呢？

*　　　*　　　*　　　*

元帝　啊，你不用说了，你不用说了。你们知道掖庭在那儿么？
毛女　陛下，我们知道。
元帝　你们快引我去罢。（匆匆向后门口走去）我是一刻也不能迟延。一刻也不能迟延了。

*　　　*　　　*　　　*

延寿　（起立在桥上往来一两遍徐徐去母女身旁走去）王昭君，我知道你就要报偿我，你现刻的身边恐怕也不能够。可是，我是可以救你的。（尾随二人）。
　　王昭君，你看那边是鸳鸯殿，这边是披香殿，那儿是玉填居椹，金壁饰珰，墙不露形，屋不呈材，随侯明月，流耀含英，珊瑚碧树，周阿而生，那里面的人是红罗绮组，倚仰如神。王昭君，那儿的荣华在向你微笑。……王昭君，腥膻的北风从沙漠吹来，带来消息是：那儿是广漠连天，黄砂遍地，人如野兽，茹腥匪膻，淫如山羊，狠如豺狼，穹庐卑陋，夏则燠热，冬亦不能避寒。王昭君，那儿的淫风也在向你狞笑。……王昭君，你的运命替你开张着两条路，你还是想走近路，还是想走远路呢？

以上不过是从王昭君一剧里抄出的片断，我们可以看到这一种对话完全是京剧里的道白，新的戏剧是不宜的，虽然文字是这样的美丽。……若是再举一例，那就是卓文君里的红箫了，沫若把她写得和京剧花旦戏里的俏皮丫环一样，我们觉得是不很相宜的，我们索性再抄一节罢：

红　两个心中一轮月，你的心中有他，不知道他的心中有你不呢？
文　啊哈，你又在调弄人！（以手欲扑红，红奔驰上楼，文随后。）（二人在楼上追逐，最后红箫跪地求）
红　小姐，你饶了我罢，你饶了我罢！
文　嗳哟，你这没志气的嗑头虫！
说时顺口，说后顿首；
我若打了你时，也要污了我的贵手。

总结以上所论，关于沫若的戏剧可以得到一个简单的结论，就是《三个叛逆的女性》意义是伟大的，技巧也很好，只是有一些疵病，旧戏的色彩太浓重了。

四、橄　榄

《塔》，《橄榄》，《落叶》：是以下要谈到的三部郭沫若的小说，不过我们觉得这三部创作，只有《橄榄》最能代表他，所以《落叶》与《塔》在事实上只附带说明一回。《落叶》是一部书函体的小说，是"一个可怜的女子只倚赖着你的爱情把一切都抛弃了"（《落叶》第25页）以后，为他的爱人所写的四十二篇情书。从这部书里，我们可以看到日本少女恋爱心理的解剖，可以看到女主人公的温柔活泼，措辞异样的妩媚，实在具有樱花下面的风光，思想当然是只有爱，是忘却一切的事件的。说到《塔》，里面收的七篇小说，可以分成三类，属于古事的是《Lobenicht 的塔》，《鹓鶵》，《函谷关》；属于经济苦闷的是《万引》,《阳春别》;属于恋爱的是《叶罗提之墓》,《喀尔美啰姑娘》。经济的归并到《橄榄》里去说,恋爱的两篇和《落叶》的意境,描写都不同,各有各的手法的,重心好象是怀古的三篇,《Lobenicht 的塔》只是怀古,其他的两篇,是含了沫若自己的愤激与苦闷,和《三个叛逆的女性》可以说是同时的,用古旧的尸骸来表演新的生命,这是沫若当时爱干的事。在这三篇里,我们可以看出他的当时的孤高的调子。

"无情的生活一天一天地把我逼到十字街头,象这样幻美的追寻,异乡的情趣,怀古的幽思,怕没有再来顾我的机会了。
啊,青春哟!我过往的浪漫时期哟!
我在这儿和你告别了!
……
以后是炎炎的夏日当头。"(《塔》的序)

实在的,处身在这个经济的世界上,是没有多少时间能使我们去过牧歌的生涯的。象《塔》里的几篇怀古;象《行路难山中杂记》里的异乡的情趣,牧歌的生涯,象《落叶》、《叶罗提之墓》、《喀尔美啰姑娘》的幻美的追逐;在我们没有经济担负的时候,似乎还能得着一些影象,假使你有了经济的负担,脑筋将整个的耗费在怎样找钱的意念上,那个时候,谋衣食住之不遑,哪里还有什么追寻的兴致?严格讲起来,沫若经过的生涯,虽经过如许的艰苦,但他的牧歌的趣味是特厚的。许许多多的人的生涯是没有这样满足的!……所以《橄榄》这一部书一面做了他的回忆的牧歌生活的永久的记录,一面却是经济制度底下他们一家人的殷殷的血泪;在他的一生中这部书可以说是过去的最重要的代表作了。

这就是《橄榄》精神表现的两方面。其间,三部曲及其他几篇表现文人生涯的,我们想特别的提出来说一说,这与 UptonSinclair 的 The Journal of Arthur stirling 很有点相似的。Sinclair 这部小说是说一个为社会轻视讪笑的天才作家,因饥寒交迫不得不去自杀的心理。作家的理想和希望,作家当灵感来到时的紧张的心理,没有灵感想写文章时的发急状态……一切都写得深刻细密,我想《橄榄》里的作家心理,是有一部分很相似的。

《橄榄》里表现作家被社会轻视也很深刻，社会照例是不管什么诗人与不诗人的，他们能估价的只是经济，所以《橄榄》里的诗人便不得不饱受种种的压迫与艰苦。所以他忍不住在里面大喊其什么是文艺，什么是名誉，而在眼前落下了死的幻影来。这一点，我们便在《万引》里，也能看到这种沉痛的表现。社会是需要文化的，但目前的世界，需要的是富儿的文化……

因为世界上的一切属于富儿，因为一切的压迫属于穷人，所以《橄榄》里的诗人虽穷到"如今连我自己的爱妻，连我自己的爱儿也不能供养"（第13页）而自己内疚说是"我还有甚么颜面自欺欺人忝居在这人世上呢"（第13页），但他是不愿意去行医的，他不愿意医好富儿，让他们继续去榨取穷人的血汗，医好穷人，让他们继续的去受富儿们的宰割（第4页），所以他始终的和着妻儿向着困苦的生活抗斗，血与泪成了他们的每天的食料！……

他愤慨他自己的生活，他说："我们的生活真是惨目！我们简直是牛马，等于过酷的被人使用了的不幸的牛马。……我们是被幸福遗弃了的人，天涯的痛苦便是我们的赋予世界，……我们简直是连牛马也还不如，连狗彘也还不如！同样不自由，但牛马狗彘还有悠然而游，怡然而睡的时候，而我们是无论睡游，无论昼夜，都是为这深不可测的隐忧所荡击，是浮沉在悲愁的大海里。……我们绞尽一切心血，到底为的是什么？为的是替大小资本家们做养料，为的是养育儿女来使他们重蹈我们的运命的旧辙！"（第41—44页）这作家是被社会，生活压逼到这样的程度，他对于生也似乎倦怠了，于是他希望着死，在博多湾，死在火上，死在铁道上（第45页），用烟酒慢性自杀的方法（第23页），或者死在汽车的飞轮的底下（第17页）！……

所以我们的主人翁，在最沉痛的时候惨然的喊道："我是被幸福遗弃了的囚人！"（第34页）"我是被幸福遗弃了的囚人！"实在的哟，举世的诗人，在这种社会经济的情形底下，只是一些被幸福遗弃的囚人而已！只是生活的鞭子底下的苦痛的喊叫者而已！

* * * *

《橄榄》的生活表现的另一方面，那就是牧歌情趣生活的书写。这一种在全书的各处都可遇到，尤其是《山中杂记》的一部分和《行路难》全篇,和《路畔的蔷薇》六章。《山中杂记》里的《菩提树下》,《三诗人之死》,《鸡雏》,《行路难》里的《飘流插曲》,《新生活日记》,更是每个读者能以举出的。完全是牧歌生活的表现!我们抄选一篇短的:

《山茶花》

　　昨晚从山上回来,采了几串茨实,几枝蓓蕾着的山茶。我把它们投插在一个铁壶里面,挂在壁间。鲜红的楂子和嫩黄的茨实衬着浓碧的茶枝——这是怎么也不能描画出的一种风味。黑色的铁壶更和胎衣深厚的岩骨一样了。今早刚从熟睡里醒来时,小小的一室中漾着一种清香的不知名的花气。

　　这是从什么地方吹来的哟?——

　　原来铁壶中插投着的山茶,竟开了四枝白色的鲜花!

　　啊,清秋活在我壶里了!

这样的诗的情趣遍处都是,都和诗一样的可爱,我们早就说了,沫若的小说也是富有诗的意趣的。这当然不需要怎样的精细的分析的说明;我们就用这山茶花来证明《橄榄》全部的牧歌的情趣和《橄榄》全书的诗的技巧!

《橄榄》和《女神》《三个叛逆的女性》同样的印象,是沫若怎样的和困苦奋斗,留给穷寒的青年一点暗示,一把红灼灼的抗斗的火把,是被他送到每一个人的心胸里了。

五

详细的说明沫若,非专书不能尽。他在中国现代文坛上是最有力量最多产的作家,无论是在创作方面,抑是翻译方面,他都有很惊人的成绩,这里所记,只是印象的一部分,只是一篇印象小记,原来准备的材料,扔下了四分之三。总之,他的思想的转变就是中国十年来向上的青年的思想的转变,他对现代文艺发展的推进,敢说他是最重要的一个;他知道新的酒浆应该用新的皮囊,他收束了旧的时代,早就走上革命的路,革命文学的路虽然现在还没有显示方向转变后的特殊成绩,但从他最近的创作去看,仍然是有希望的;他是中国现代文坛上最重要的一个诗人,他是值得我们永远纪念的一个文艺战士!

——3月26—28日

（选自李霖编《郭沫若评传》1936年上海开明书店版）

给郭沫若的信（节录）

田 汉

沫若先生：

　　沫若先生！你的《凤凰涅槃》的长诗，我读过了。你说你现在很想如凤凰一般，把你现有的形骸烧毁了去，唱着哀哀切切的挽歌，烧毁了去，从冷静的灰里，再生出个"你"来吗？好极了，这决不会是幻想。因为无论何人，只要他发了一个"更生"自己的宏愿，造物是不能不答应他的。我在这里等着你的"新我"NeWego 啊！

田汉 1920年2月9日

沫若兄：

　　你的诗——《独游太宰府》的诗，处处都见你 lyrical 的天才，可见白华的批评是不错的。但是我对于你的诗的批评，与其说你有诗才，毋宁说你有诗魂，因为你的诗首先是你的血，你的泪，你的自叙传，你的忏悔录啊。我爱读你这纯真的诗。既不爱旧技巧派的诗，也不爱新技巧派的诗！我在《日华公论》上看见日本人译了你那首《抱儿浴博多湾》和一首《鹭》，我尤爱前者，因为既知道了你的 Career 就知道你的诗，都是你的生命之断片啊！那首诗的日译也不错，很天然——。

你的小弟田汉 1920年2月29日

（选自《三叶集》；亚东图书馆1920年5月出版）

（未注明版次——编者）

给郭沫若的信（节录）

宗白华

沫若先生：

　　沫若，你有 lyrical 的天才，我很愿你一方面多与自然和哲理接近，养成完满高尚的"诗人人格"，一方面多研究古昔天才诗中的自然音节，自然形式，以完满"诗的构造"，则中国文化中有了真诗人了。这里我很热忱的希望，因你禀赋有这种天才，并不是我的客气。

　　宗白华　1920年1月3日

沫若兄：

　　你的凤凰正在翱翔空际，你的天狗又奔腾而至了。你这首诗的内容深意我想用 Prntn istiscne Inspiration 的名目来表写，不知道对不对？你的自然环境我羡慕极了。……

　　你的凤歌真雄丽，你的诗里以哲理做骨子，所以意味浓深。不像现在有许多新诗一读过后便索然无味了。所以白话诗尤其重在思想意境及真实的情绪，因为没有词藻来粉饰他。

　　白华　1920年1月7日

沫若兄：

　　……你的《天狗》一首是从真感觉中出来的，总有存在的价值，不过，我觉得你的诗，意境都无可议，就是形式方面还要注意。你诗形式的美同康白情的正相反，他有些诗，形式构造方面嫌过于复杂，使人读了有点麻烦,(《疑问》一篇还好,没有此病)你的诗又嫌简单固定了点,还欠点流动曲折,所以我盼望你考察一下,研究一下。你的诗意诗境偏于雄放真率方面,宜于做雄浑的大诗。所以我又盼望你多做像《凤歌》一类的大诗,这类新诗国内能者甚少,你将以此见长。但你小诗的意境也都不坏,只是构造方面还要曲折优美一点,同做词中小令一样。要意简而曲,词少而工。

白华

(以上均选自《三叶集》。亚东图书馆,1920年5月出版。)
(未注明版次——编者)

郭沫若的诗

愚 菴

郭沫若的诗笔力雄劲，不拘于艺术上的雕虫小技，实在是大方之家。而我更喜欢读他的短东西，直当读屈原的警句一样，更当是我自己作的一样。沫若的诗富于日本风，我更比之千家元磨。山宫允曾评元磨的诗，大约说他真挚质朴，恰合他自己的主张；从技巧上看是幼稚，而一面又正是他的长处；他总从欢喜和同情的真挚质朴的感情里表现出来；惟以他是散文的，不讲音节，终未免拖塌之弊云云。我想就将这个评语移评沫若的诗，不知道恰当不恰当。不过沫若却多从悲哀和同情里流露出来，是与元磨不同的。

（选自北社编《新诗年选》第165—166页；1922年8月上海亚东图书馆出版，1923年10月再版。）

（以上诗评在郭沫若的《三个泛神论者》、《天狗》、《死的诱惑》、《新月与白云》、《雪朝》五首诗之后，无题目，此标题为编者加。）

郭君沫若的诗

朱 湘

  哦，环天都是火云！
  好象是赤的游龙，赤的狮子，赤的鲸鱼，赤的象，赤的犀。

  这两行诗便是郭君对于诗的一种贡献的一个象征，我说。
  "诗"，因为他的这种贡献不仅限于新诗，就是旧诗与西诗里面也向来没有看见过这种东西的。他的这种贡献虽然不大，但终归是贡献，就是单色的想象，除开上举的两行是一个很好的例子外，还有：

    "我想象他（苏武）披着一件白羊裘，
    毡裳，毡履，毡巾覆首，
    独立在苍茫无际的西北利亚荒原当中，
    有雪潮一样的羊群在他背后。
    我想象他在个孟春的黄昏时分，
    待要归返穹庐，
    背景中贝加尔湖上的冰涛，
    与天际的白云波连山竖。"
    "雪的波涛！
    一个白银的宇宙！
    我全身心好象要化为了光明流去。"

以及《密桑索罗普之夜歌》的全篇都是好的例子，与他的这种单色的想象诗，有一点相象的，就我个人所念过的诗看来，只有法国葛提野的《万白诗》（Gautier：Symphonicen Blanc Majeur）。但是它们的当中有一个很大的区别，便是郭君的这类的诗是抒情的，至于葛提野的那篇，却纯粹是描写。

郭君的诗，我们看的时候，不是觉得很紧张的吗？单色的想象便是构成这种紧张之特质的一个重要分子。还有与这单调的结构这一方面的例子，在诗行上有《天狗》、《晨安》、《我是一个偶象崇拜者》一类的几篇。在诗章（Poetic Stanza）上有《凤凰涅槃》、《匪徒颂》一类的几篇，这是构成郭君诗中紧张之特质的第二个分子。第三个构成分子也是重要的，便是郭君对于一切"大"的崇拜。他要作一条吞尽日月、一切的星、全宇宙的天狗，他要作日光、月光、一切星球的光的总量，他要立在地球边上放号，看"无限的太平洋，提起他的全身的力量来，要把地球推倒"；他要"血同海浪潮"，"心同日火烧"，他"崇拜太阳，崇拜山岳，崇拜海洋"，"崇拜苏伊士、巴拿马、万里长城、金字塔"，"崇拜生，崇拜死，崇拜光明，崇拜黑夜"，崇拜一切的"匪徒"。（换个方法讲，就是一切的伟人。）

那么这个"大"，到底从那里才可以找着呢？从短促的人生，不能；从渺小的人世，不能；只有全个宇宙是最大的。我们要找大，必得在宇宙里面找去，我们必得与日、月、星、山岳、河海、光明、黑暗、生、死以及其他等等永恒的现象，融为一体。他进这个"大"的里面去，然后我们的这个人世，才能附宇宙的伟大，一变而成永恒，这便叫作渺小中的伟大，短促中的永恒，这便是泛神论的来源，崇拜大的人（也可以换一个方法说，崇拜力的人），自然而然的成了泛神论者。便是因为这个原故，所以崇拜大的郭君，有一篇诗，便是"三个泛神论者"。据以上的道理看来，渺小是有变成伟大的可能性的。一个人只要他与自然契合，便变成了伟大的那个他，与自然契合的刹那，便是他的伟大的刹那。在那个刹那里，他与自然合而为一，分不出是自然，还是人了。在那个刹那里，我便是自然，自然便是我。这样说来，泛神论与自我主义，不仅不相反对，简直就是一物之两面；一而二，二而一的。泛神论、自我主义并存于郭君的诗中，便是为此。假使让我们继续上面的思路,在一个刹那中,有三个人同与自然契合,那时候自然便是你、我、他,你、我、他便是自然,我也便是你,便是他;你也便是我,便是他;他也便是我,便是你了。所以自我主义当中。是容得"你"与"他"的。郭君所说的:

一切的一,更生了。
一的一切,更生了。
我们便是他,他们便是我。
我中也有你,你中也有我。

就是这个意思。

郭君想融进宇宙的大,就不得不反抗此世的小;反抗便是一种浪漫的精神,求新的精神。郭君的这种精神,是向两方面发展的;(一)材料上,(二)工具上。

浪漫主义的含义,完全可以用一个字来概括:"新"。浪漫诗人搜求起题材来的时候,除开新的题材以外,别种题材是不要的。他觉得从古代的文明里面,是决找不出新题材来的了;于是一转而向现代的文明里面来找他所想得的题材。他觉着一般的人,终生拘束在经验界中,未免太狭隘了,于是展开了他的玄想之翼,向超经验界中飞去,想找到一种崭新的题材。他又觉着一般人的感觉,只限于不多的几方面,并且朝于斯夕于斯的未免太陈滥了,于是努力去寻求别人所不曾经验过的感觉,以作他的诗材。真正的并且成功了的浪漫诗人,在这世界上找来,真是极其不可多见的。他们的著作,也并非全体是浪漫的,只有几篇,一篇,甚至只有一段,可以称为浪漫的。即如英国的诗人柯勒立算是最浪漫的了,但他也只有 Youth and Age, Kubla Khan, Ancient Mariner Christubel 四篇诗的全篇或一段,才当得起浪漫两个字,何况别的诗人,更何况方在萌芽期中的我国的新诗!郭君的成绩虽然没有什么,但他有这种浪漫的态度,已经使我们觉着惊喜了。

郭君在题材上有时能取材于现代文明,如《笔立山头展望》中的:"黑沉沉的海湾,停泊着的轮船,一枝枝的烟筒都开着黑色的牡丹呀!"又如《春之胎动》一诗中的:

暗影与明辉在黄色的草原头交互浮动，
如象有探海灯转换着的一般。

这几行诗不觉的使我们联想起柯勒立的 Youth and Age 一诗中的：

Like those trim skiffs, unknown of yoor,
On winding Lakes and rivers wide,
That ask no aid of sail or our,
That fear no spike of wind or tide!

几行描写气船的诗来。

柯勒立以为平常所能经验到的感觉，还不够；他还要发现一些别人所向未经验过的感觉。于是他就吸鸦片烟，因为他有天才，居然被他发现了两种新的感觉……一种精神与躯壳解体的奇异的感觉：

This breathing house nor built with hands,
This body that dose me grievous wrong.

一种灰心的感觉：……Ode to Dejection 但是不幸他的健康与幸福，便从此因受鸦片烟的毒而牺牲掉了。我觉得这是文学史中最沉痛的一页。拜伦的死远比不上。因为拜伦死的时候，是愉快的；柯勒立则是觉到死神的多毛的手，慢慢伸到他的无抵抗力的身体上来。

郭君虽然没有发现到什么新的感觉，但他在题材的搜求上，有一点与柯勒立相吻合，便是从超经验界中寻求题材。柯勒立觉得西方太平常了，于是向东方，光明的东方，伸张他的想象；结果作成了一篇 Kubla Khan。他又觉着本地的生活太单调了，于是坐着他的船，驶去了南极，结果作成了一篇 Ancient Mariner。他又觉着诗中关于人的描写，太拘束了，于是到森林与古堡中去找鬼，结果作成了一篇 Christabel。郭君也想在星象中找出他的题材，所以作了《星空》。但《星空》没有成功，只有同性质的《天上的市街》一诗中的：

> 远远的街灯明了，
> 好象闪着无数的明星。
> 天上的明星现了，
> 好象点着无数的街灯。

四行比较满意些。

　　郭君在诗的工具上的求新的倾向有两种：一是西字的插入，一是上面说过的单调的结构。不幸这两种倾向都是不好的。西字不当羼入中文诗，因为要保存视觉的和谐的这层道理，至为浅显，不必谈了。并且郭君一刻说"轮船"而不说 Steamer；一刻又说 Symphony，而不说"合奏"：这完全是自相矛盾的。单调的结构的可能性也极小，我们只须就字面上看来，便知道它是最易流入"单调"的弊病的。

　　郭君在一般的时候，对于艺术是很忽略的，诚然免不了"粗"字之讥。但有时候他的诗在形式上、音节上，都极其完美。就是用全付精神在艺术上的人，也不过能作到这种程度。即如《密桑索罗普之夜歌》的全篇，《炉中煤》的：

> 啊，我年青的女郎，
> 我自从重见天光，
> 我常常思念我的故乡，
> 我为我心爱的人儿，
> 燃到了这般模样！

又如《地球，我的母亲》的：

> 地球，我的母亲：
> 我羡慕那一切的动物，尤其是蚯蚓——
> 我只不羡慕那空中的飞鸟：
> 它们离了你要在空中飞行。

又如《夜别》的：

轮船停泊在风雨之中,
你我醉意醺浓,
在暗淡的黄浦滩头浮动。
凄寂的呀,
我两个飘篷!

在艺术上都是无懈可击的。

这种冲突的现象,在英国白朗宁的诗中,还可以发现;至于薛理,则两方面的艺术皆臻完善,是极足以鼓舞郭君的继续向前进取之心的。

(选自朱湘著《中书集》第365页(创作文库十三),
1934年10月上海生活书店初版)

论郭沫若的诗*

朱自清

和小诗运动差不多同时，一支异军突起于日本留学界中，这便是郭沫若氏。他主张诗的本职专在抒情，在自我表现，诗人的利器只有纯粹的直观；他最厌恶形式，而以自然流露为上乘，说"诗不是'做'出来的，只是'写'出来的"。他说，——"只要是我们心中的诗意诗境底纯真的表现，命泉中流出来的 Strain，心琴上弹出来的 Melody，生底颤动，灵底喊叫，那便是真诗，好诗，便是我们人类底欢乐底源泉，陶醉的美酿，慰安的天国"。

"诗是写出来的"一句话，后来让许多人误解了，生出许多恶果来；但于郭氏是无损的。他的诗有两样新东西，都是我们传统里没有的：——不但诗里没有——泛神论，与二十世纪的动的和反抗的精神。中国缺乏瞑想诗。诗人虽然多是人本主义者，却没有去摸索人生根本问题的。而对于自然，起初是不懂得理会；渐渐懂得了，又只是观山玩水，写入诗只当背景用。看自然作神，作朋友，郭氏诗是第一回，至于动的和反抗的精神，在静的忍耐的文明里，不用说，史是没有过的。不过这些也都是外国影响。——有人说浪漫主义与感伤主义是创造社的特色，郭氏的诗正是一个代表。

……

（选自朱自清编《中国新文学大系·诗集》《导言》1935年10月上海良友图书公司初版。）

---

* 此段文字是《中国新文学大系·诗集》《导言》中的一段，题目为编者加。

论郭沫若的诗

蒲 风

绪 论

郭沫若是新诗坛上第一个成功的人，这是任谁也不能否认的事实。在内容上，他的思想足以"代表五四以来的中国的向上青年"（钱杏邨）；在形式上，虽然没有独特的创造，却有的是力，由于勃发的"力"而融化了旧的词藻；正如沈从文所说："郭沫若是熟习而且能够运用中国文言的华丽把诗写好的。他有消化旧有词藻的力量，虽然我们仍然在他诗上找得出旧的点线。"（《论郭沫若》）

所以，如果我们记起了他的诗作的出现的年代，下面几句也不能说是不确当的评语："仍不失外形与内美，音节之谐和，词语之审择，自成一种风格。"（焦尹孚：《读星空后片断的回想》）

诚然，他的初期的诗是出现在"五四"前后，跟许多同时代的诗人们一样，他也免不了带有旧的形骸。但是，他的热情豪放的色彩，浪漫主义的精神，总使人们记起了一种新的，活泼的，力的姿态。他的诗是在歌唱反抗精神蓬勃向上和同时代的诗人们有了歧异，而在歌颂新兴资本主义的文明方面，跟同时代的诗人们另有独特的地方的。就以他的后期的诗作说来，逐渐涤除当初那种唯艺术而艺术的大自然的赞美，扫荡了思想方面的意识模糊，继续保持着那种不屈的反抗精神，也更是使他的芳名长在青年人的脑海里遗留，纵是离开了祖国七八年，人们也不厌弃了的缘由。

在研究的方便上，有人把郭沫若的诗分为前后两期，1924年是两个时代的分界线，1924年前为一期，1924年以后又为一期；唯每期又要再度细分，象前期便分为回国以前的诗人时代和回国以后的经济苦闷时代。但是，细究起来，我却以为不如这样共分三期为妙：即以回国以前的《女神》、《星空》（1918—1923年）为第一期，回国以后的《前茅》和《瓶》（1923—1924年）为第二期，1925年以后的《恢复》等为第三期。原因是前期虽可两分，而后期又再两分时，虽然他有意识方面的觉醒，却没有产生真正足以代表该新兴势力的作品。

不过，在没有正式开始检讨他的各期的诗作前，我想我们有先晓得我们的诗人小传的必要，或许由于这样我们更能得到了解。所以，下面我们就暂时先来一个介绍。

创作的检讨

这里让我们来开始检讨他的诗歌吧。

在他的第一期诗歌（1918—1923年）里，很可以看出来的是下述的数点：（一）除了反对封建军阀的黑暗统治及反对宗法社会势力的残留之外，复兴中华民族的思想特别强烈。（二）有歌颂大自然的陶情。（三）有泛神主义的倾向。（四）有小市民的悲哀，颓废。

而说到第一点，四川是最受军阀蹂躏的地方，且民国成立以来全国几乎没有一年没有战乱，而我们的诗人的写作时代恰好又是在强邻的日本，都不待说的直接刺激起了民族思想。《女神之再生》（1920年）里便有喻两败俱伤，须得再造新光的心意；《棠棣之花》（1920年）里且更有英雄豪杰的乱世春秋中为民前锋的气概。蓬勃的复兴民族的思想，是在有意识地表现着。唯有人说在反抗封建势力的一层，由于他没有直接参加过"五四"潮，比不上胡适等切于真实，这或是不能否认的事实。但是，如果我们再研究研究他的那个时代的戏剧，他的对于宗法势力的抨击，对于妇女解放运动要求之热烈，我们至少也得承认他已相当地尽了力。

关于第二点，那对大自然的歌唱，如果我们晓得他在旧时代的诗人中，推崇陶渊明、王维，则不难马上了解。他说陶、王的诗有深度的透明，感触如玉，原因自是在诗人之感情能与大自然融而为一。而郭沫若的诗，却正好相当的相象。（这点，我们一看他的题目，象《梅花树下醉歌》、《晨兴》、《春之胎动》……便可知道）——以这么一位喜欢陶、王的诗的诗人，居留在风光明媚的日本九州的博多湾，我们怎能怪他陶情地去作歌唱呢？

不过这里有一点值得我们注意的：他那时的同时代的诗人，虽然歌颂自然，却多是为人生的，自然主义的，而他却独是浪漫主义的豪放。解答这个原因的答案，自然一方是喜欢上述的陶、王，而他方则是对于西洋文学的接触，读太戈尔、海涅、雪莱、拜伦等的影响。

由此，我们也就更加容易了解他的第三点的泛神主义的倾向。《女神》上的《三个泛神论者》上，他说：

> 我爱我国的庄子，
> 因为我爱他的 Pantheism，
> 因为我爱他是靠打草鞋吃饭的人（见《列御寇》篇）。
>
> 我爱荷兰的 Spinoza，
> 因为我爱他的 Pantheism，
> 因为我爱他是靠磨镜片吃饭的人。
>
> 我爱印度的 Kabir，
> 因为我爱他的 Pantheism，
> 因为我爱他是靠编鱼网吃饭的人。

就是他自己也承认他在未转换前（1924年前）在思想上是接近泛神主义（Pantheism），喜欢庄子，喜欢印度的佛教以前的优婆尼塞图（Upanisad）的思想，喜欢西洋哲学家斯皮诺若（Spinoza）的。（参我的《郭沫若诗作谈》）

至于第四点，那是因为他那时过的是学生生活，不免也就有了小市民的情感的流露，有一点颓废、悲哀。《死》《死的诱惑》等便是证据。

虽然那时他也有了弱点，他的第一期的诗作毕竟保持了他的当时的诗坛的最高地位。在第一期的诗作里，我们可以找出不少的精粹来，下节我将特别提出来跟大家检讨。

在他的第二期的诗歌（1923—1925年）里，可以推为代表的是《前茅》和《瓶》。但《前茅》是一直留到1928年方始付印，中间或有修改，虽后一期（1925年以后）的《恢复》内容不差上下，为便利起见，我把它并在第三期里。

不过，这里值得提起一个问题：为什么同一时期的东西，《前茅》里的是那么热烈地喊着革命，而《瓶》里的只是"儿女情长"的情诗呢？——解答这个答案并不困难，只要我们了解了迄今的中国文人尤其是诗人的生活并无保障，时有断炊之危，我们便晓得郭沫若对于现社会的政治经济制度会有新的觉醒，决不是偶然。但自他所翻译的河上肇的《社会组织与社会革命》出版（1924年）以后，虽然在意识上他自己也自认为是新的，革命的了，而在实际生活的工作上，他却是还是不够。苦闷中，自然也就无怪其会有小市民式的对于恋爱的真实的热情的流露了。

对于《瓶》，有人谪为杂记，不是诗；而在我，却极其反对。我认为几年来在形式上最影响青年诗人的，不光是《女神》，也有《瓶》。而事实上现今的青年如果稍能背诵几首新诗的话，那几首，不会是《女神》、《星空》上的东西，是《瓶》。《瓶》抓住了小市民的恋爱心理，《瓶》把恋爱情景作了活描。

你看，《春莺曲》里他的抒情是多么美好，第27首又多么能够显现情人们相见后的愉快呢。下录的一首，你看他的描摹又是多么逼真：

> 我已成疯狂的海洋，
> 她却是冷静的月光，
> 她明明是在我的心中，
> 却高高的挂在天上，
> 我不息地伸手抓拿，
> 却只生出些悲哀的空响。

但是，他的影响虽然广阔，没有新的意识去贯通，去组织，却是一个不好称赞的地方。而且想象的缺乏，描摹的有的仍欠深刻，到底是不能不指摘出来叫大家多多注意。

第三期（1925年以后）的诗，认识是清楚的，这是只看他《恢复》里的《诗的宣言》（1928年）便可明白：

> 你看，我是这样的真率，
> 我是一点也没有什么修饰。
> 我爱的是那些工人和农人，
> 他们赤着脚，裸着身体。
> ——（一）
>
> 我的诗，这便是我的宣言，
> 我的阶级是属于无产；
> 不过我觉得还软弱了一点，
> 我应该还要经过爆裂一番。
> ——（二）

可是，他没有真正产生表现工人农民生活的诗。茫茫黑夜使他太愤慨了，他正在设想《黑夜和我对话》（1928年），在幻想起揭起农民革命之旗的陈涉、吴广（《我想起了陈涉吴广》——1928年），在睁视着《如火如荼的恐怖》（1928年）。

农人工人怎样地忍饥耐冻、怎样地开展了时代的怒吼，他几乎没有理会到，有，那只是抽象的，观念的呐喊。

《前茅》上，空的呐喊更加来得厉害。下录几段便是好例：

> "朋友哟朋友，莫用徒作杞忧！"
> 我的耳边突然有默雷的声音怒吼：
> "你我都是逐暗净魔的太阳，
> 各秉着赤诚的炸火，前走！前走！"
> ——《太阳没了》（1924年）

>   ……
>   前进！前进！前进！
>   驱除尽那些魔群，
>   把人们救出苦境！
>   ……
>   前进！前进！前进！
>   我们虽是支孤军，
>   我们有无数后盾。
>   ——《前进曲》（1923年）

如果把《前茅》、《恢复》作一比较，很明显的，《前茅》上只有观念的贫富对立（如《上海的清晨》——1923年），比不上《恢复》之有明确的认识。前者在《黄河与扬子江对话》（一）里，只说到民间去唤起民众，叫"人们哟，醒！醒！醒！"，而后者在该篇（二）里，却比较切实而具体，友与仇已有明辨，分得明显。

正因为空的呐喊而缺乏实际生活的写照，许多地方慨歌当中却也来了伤感。甚至《恢复》上也还出现有如下的话语：

>   啊，人生行路真如这峡里行船一样，
>   今日不知明日的着落，前刻不知后刻的行藏。
>   ——《巫峡的回忆》（1928年）

所以，关于他的第三期的诗（指《前茅》跟《恢复》），他自己的下述的"自我批判"是相当可贵。（虽然，里头的话有的未免过谦。）

>   《前茅》是零星的余集，在意识未彻底觉醒之前，他可以值得提起的就只在有左倾的意识那一点。《恢复》也没有多大价值，是革命顿挫，且在我个人大病后，在卧榻上不能睡觉因而流出来的东西。全部不免有浓厚的感伤情绪。
>   参见《郭沫若诗作谈》

诗作的特色及其他

上面已经说过，郭沫若的诗以第一期的最为精粹，这里就让我们来谈谈他的初期诗作的特色吧。

最先不能不指出的特色，是气魄的雄浑，豪放。其次要指明就是由于他的这种风格，他所取的形式不是刻画，叙述，而特别长于抒唱。你看，基于他的泛神主义的倾向，他曾把自我发展而比作宇宙全体。他说：

> 我是个偶像崇拜者哟！
> 我崇拜太阳，崇拜山岳，崇拜海洋；
> 我崇拜水，崇拜火，崇拜火山，崇拜伟大的江河；
> 我崇拜生，崇拜死，崇拜光明，崇拜黑夜；
> 我崇拜苏彝士、巴拿马、万里长城、金字塔；
> 我崇拜创造的精神，崇拜力，崇拜血，崇拜心脏；
> 我崇拜炸弹，崇拜悲哀，崇拜破坏；
> 我崇拜偶像破坏者，崇拜我！
> 我又是个偶像破坏者哟！
> ——《我是个偶像崇拜者》（1920年）

为着要反抗旧的，破坏旧的，要自由，唯有他才有热情的慷慨激昂的歌唱：

> 反抗王政的罪魁，敢于称乱的克伦威尔呀！
> 私行割据的草寇，抗粮拒税的华盛顿呀！
> 图谋恢复的顽民，死有余辜的黎塞尔呀！
> 西北南东去来今，
> 一切政治革命的匪徒们呀！
> 万岁！万岁！万岁！
> ——《匪徒颂》（1919年）

而且，不仅一切政治社会革命的匪徒们他要歌颂，就是释迦牟尼，墨子，马丁路德（宗教革命匪徒），哥白尼，达尔文，尼采（学说革命匪徒），罗丹，惠特曼，托尔斯泰（文艺革命匪徒），卢梭，大罗启，泰戈尔（教育革命匪徒），他也都要颂赞。

对于二十世纪的资本主义的文明，也唯有他会有如下的展望：

> 大都会的脉搏呀！
> 生的鼓动呀！
> 打着在，吹着在，叫着在，……
> 喷着在，飞着在，跳着在，……
> 四面的天郊烟幕朦胧了！
> ……
> 黑沉沉的海湾，停泊着的轮船，进行着的轮船，
> 数不尽的轮船，
> 一枝枝的烟筒都开着了朵黑色的牡丹呀！
> 哦哦，二十世纪的名花！
> 近代文明的严母呀！
> ——《笔立山头之展望》（1920年）

展在我们眼前的多是力的跃跳！

不过，虽然他有类似惠特曼（即文艺革命匪徒恢铁莽）的歌唱，却没有象惠特曼那般的为资本主义文明尽力，他那时的政治主张是非常模糊的。

顺便，就让我们来研究研究他的诗歌里的中国社会，以及他的要求吧。

在《女神》《凤凰涅槃》里的《凤歌》中，他有如下的两段歌唱：

> 茫茫的宇宙，冷酷如铁！
> 茫茫的宇宙，黑暗如漆！
> 茫茫的宇宙，腥秽如血！
> 我们飞向西方，

西方同是一座屠场。
我们飞向东方,
东方同是一座囚牢。
我们飞向南方,
南方同是一座坟墓。
我们飞向北方,
北方同是一所地狱。
我们生在这样个世界当中,
只好学着海洋哀哭。

无疑的,他是目睹到了这"冷酷","黑暗","腥秽"的社会现实因而哀伤。但是,他分明晓得了悲哀不是出路,他是咽着悲哀而喊着向前,向前,还憧憬着新社会的出现的。他说:"他从他的自身,创造个光明的世界"(《创造者》),在他的理想中,旧的凤凰(社会)是必死,而新的凤凰是必生。这更生后的社会是:"一切的一,芬芳。一的一切,芬芳。""一切的一,和谐。一的一切,和谐。""一切的一,悠久。一的一切,悠久。""一切的一,常在欢唱。一的一切,常在欢唱。"

是否这更生后的社会为资本家们所渴望的呢?——这是一个很值得检讨一下的问题。

首先,我们看他在《西湖纪游》里赞美雷峰塔下的农人,说过,"我想去跪在他的面前,叫他一声:'我的爹!'把他脚上的黄泥舔个干净;"在《地球,我的母亲》(1919年)里有对农工们的赞慕;在《雪朝》(1919年)里还有对 Proletarian Poet 的景仰。其次,我们看他在《星空》里祷告,"祷告那自由时代再来,"而所谓自由时代不是别的,正是唐虞以前的时代,他在《伯夷这样歌唱》(1922年)里有这些话语:"我回想唐虞以前的人类,那是何等自由,纯洁,高迈!……堕落了的人类哟!不可挽救的人类哟!……那怎堕落成这样一个私欲的集团。这样一个如牛马屎的集团?"还说:"你不肖的儿子哟,你万恶不赦的夏启,你敢在公有的天下中创下家天下的制度……啊,你私产制度的遗恩!你偶像创造的遗恩!比那洪水的毒威还要剧甚!"甚至他还宁可要可怜无告的人类"回到这自然中来,过度纯粹赤裸的野兽生涯"。第三，我们看他在《巨炮之教训》（1920年）里有喊过这样的口号："为阶级消灭而战哟！为民族解放而战哟！为社会改造而战哟！至高的理想只在农劳！最终的胜利总在吾曹！"

由于这些，对于上面的问题的答案，是否定的，这是明显的事情。

但是，虽然他的要求不见得是纯资本主义社会，那时的他的愿望，显然又没有1924年以后那么清楚而具体。当时，他的意识是非常"模糊，所谓要求，只是属于胡适的"好人政府"一类。

尾　声

洪为法说："《女神》中的诗，只告诉我们破坏，《女神》以后的诗，则进而告诉我们破坏的目标，怎样的破坏；《女神》中的诗，只告诉我们创造，《女神》以后的诗，则进而告诉我们创造的目标，怎样的创造。"还说：因之"悲哀的分子更沉痛而著实"（《评沫若女神之后的诗》）。这是对的。但这里的女神时代可广泛一点，当作初期写诗时代（《女神》、《星空》时代）来看。

闻一多在一篇《女神之地方色彩》上，说《女神》里薄于中国的文化精神，多西方的文化精神；而郭沫若又小有都市文明的颂赞，（虽然，仍旧不够），有蓬勃的生气；所以，虽然不足认为他为那时的布尔乔亚的代表人，却不能否认他已客观的有了多少反映。但是，那时的中国青年，向上他固可以不妨有布尔乔亚的理想的憧憬，向下跌呢，那却正是同系于国际资本主义环的围攻下的中国青年的运命。诗人郭沫若是在那当前的时代中作了先驱者的实验的实行。

自《前茅》、《恢复》出版以后，他的诗作非常罕见了，但是他说过换了一个生活环境，写的兴趣仍会涌现（参《郭沫若诗作谈》）；果然，如今，他的归国后的诗作又多了，我想他从今即在诗坛上"代表五四以来的中国的向上青年"一句也永远不会成为疑问的罢。

（原载1937年11月《中国诗坛》1卷4期，第12—18页。）

郭沫若的诗歌

穆木天

如果说"五四时代"是新中国的黎明的新生期，如果说"五四时代"是新中国的文艺复兴期，那么，奏着这个时代的黎明前奏曲的，就是诗人郭沫若了。诗人郭沫若的诗歌，是"五四时代"的生命的写照，是"五四时代"的狂风怒浪的表现，而更是"五四时代"的一个极敏感的气压计，在那个气压计里，可以看见"五四时代"的运动的潮汐的起伏，即，"五四运动"的鼓涨和它的没落来。而诗人郭沫若的主要的任务，则是作黎明的喇叭手。在那个新时代的黎明中，他撞了旧时的丧钟，宣告了旧时代的死，对于旧时代作了无情的反抗，而在积极的方面，他则讴歌了新时代的生命，对于新的光明的憧憬，和对于新的宇宙之创造的要求来。他的歌声，真是当时的进步的人文主义倾向的知识分子的歌声，他的要求，真是代表着那些知识分子的真挚的内心的要求。在那个大时代的序幕中的三个代表的诗人中，如果说诗人徐志摩是代表中国上层布尔乔亚记，代表着"五四时代"的熟烂期，诗人王独清是代表着没落的贵族阶级，代表着"五四时代"的没落期，那么诗人郭沫若，则是代表着流浪人的小布尔乔亚记，代表着"五四时代"的新生期，"五四"的狂飙时代了。

中国民族解放运动，到了"五四时代"，又告了一个新的阶段。欧罗巴的世界战争又归了平和，接着，在世界里，资本主义又开始了同光返照的活跃。而同时，被压迫的民族的解放运动，一时地活跃起来。如，土耳其的独立，俄罗斯的社会主义革命的成功，都是这种的时代的产物。在中国，同样地已经发生了资本主义的昙花一现的光辉。在民族解放的狂潮中，当时的知识分子，一方向民族资本主义建立的方向努力，一方强烈地执行自己的反封建反帝的任务，记得在当时，一些有意图有头脑的青年，都去埋头到科学的研究里，都去努力去作工商业的建立。当时，工厂、烟夕，成为了一种新的美，成为了一种新的憧憬的对象。俄罗斯的革命的成功，给了中国青年以相当的刺激。中国的知识分子，一方面想着工商业的建立，一方面也是空想地憧憬着社会主义。这种运动，同时，也形成为一种人文主义的运动吸收世界崭新的文化，和整理中国的国故，也是当时进步的知识分子的要求。这一种德谟克拉西运动的基本担当者，自然是当时的进步的布尔乔亚记了。

　　郭沫若的诗歌，就是履行着这种时代任务的小布尔乔亚流浪人的心理的产物。不过，有些点，是要注意一下的。第一，郭沫若并不是"五四"运动的直接担当者，当时，他是生活在日本的博多湾上。正因为这种关系，他更直接地接触着二十世纪的资本主义社会的文明，而对于使国内陷于战乱状态的军阀封建势力更加憎恨，对于新的时代更强烈地感着憧憬。旧时代的黑暗，和新时代的曙光的相剋中，因之，产生出诗人的浪漫主义来。第二，中国"五四"运动，发生于世界资本主义的末期，是强烈地带着世纪末的彩色的。生活在博多湾上的诗人是比国内的运动的直接担当者更直接地更切实地感到资本主义的幻灭。而博多湾上的十里松原，大海，大自然，对于诗人也加了强烈的感染。诗人一方面唱着 Pioneer（开拓者）的歌曲，有彻底一贯的唯物论者的要求，而另一方面却要求心灵的安慰，心灵与大自然的调和，而是一个泛神论者了。在诗人的诗作中，因之，有大自然的 Symphony（交响曲），有大都市的万籁共鸣的 Symphony，有物质文明的赞美，有原始世界的憧憬，有托尔斯泰的礼赞，又有××的礼赞，有近代的形象（汽车，X 光，energy 等），又有神话传说的形象（凤凰，女神，Apollo Poseidon 等），有出世的感情，而又有入世的感情了。这种种的矛盾，正是流浪人小布尔乔亚的心理所产生。异国的流浪的情绪和本国的解放的要求，是在诗人的心理交织，也就是大自然的歌曲和黎明期高速度的前奏曲了。

博多湾上的诗人郭沫若，是一个黎明前奏曲的歌者。在《星空》以前的诗作（1919年，主要是1920年），就是他这种黎明的交响曲。那时，他是一个偶像崇拜者，而更是一个偶像破坏者。他是一个泛神论者，而更是一个无神论者。看见旧的社会的黑暗，他要去创造新的宇宙。他在他的诗里，充满着旧社会的黑暗的反映。在《女神》里，借着颛顼和共工争帝的神话的形象，反映出来当时中国军阀的混战，在《棠棣之花》里，也是假借着历史的人物的象征，写出农村荒废和军阀混乱的现象。这是国内情形的写照。而，诗人生长在峨眉山下，他的故乡蜀地，是军阀混乱和农村荒废的最厉害的地方，也许在他的心理中，这种黑暗情形，是越发地痛感些。然而，他人并不悲哀，那一位泛神论者，无神论者，是一个极度的乐观主义者，在《星空》之前，在诗人的心里，是很少有悲观主义的阴影的。《女神》去创造新的太阳，新的光，新的热，而不要在壁龛之中做神，聂嫈和聂政也是用眼泪和生命去救济同胞。然而，按着创作的年代再往前溯，我们就可以发现到《凤凰涅槃》了（1920年1月20日初稿）。1920年是诗人郭沫若的诗歌创作上的黄金时代。《凤凰涅槃》（1920年1月12日）、《天狗》、《心灯》、《无烟煤》、《炉中煤》、《日出》、《晨安》、《笔立山头展望》、《地球，我的母亲》、《雪朝》、《立在地球边上放号》、《浴海》、《夜步十里松原》、《三个泛神论者》、《我是个偶像崇拜者》、《新阳关三叠》、《金字塔》、《巨炮的教训》、《匪徒颂》、《胜死的死》、《女神》、《湘累》、《棠棣之花》等等有积极性的作品，都是在这个时期（1919年末—1920年末）生产出来的。这个时期，诗人可以说是完成了他的自我表现的任务，履行了他的光明的创造者，力的运转手的任务了。《凤凰涅槃》这些诗，真是时代的象征。奔放的情绪，奔放的形式。诗人主张着

　　　　　　新造的葡萄酒浆，
　　　　　　不能盛在旧了的皮囊。

　　　　　　　　　　　　　　——《女神》

　　在这些诗中，他取了自由律的形式，他是深深地接受了惠特曼的影响的。大自然的转动，大都市的转动，都同他的生命融合在一起，

而在自由律的诗里表露出来了。在《凤凰涅槃》里，诗人歌唱着除夕将近的空中，有一对凤凰飞来丹穴山上，黑暗中，唱着旧世纪的葬歌，在对于过去的凭吊中，在对于宇宙的玄学的思索中，唱着歌，死去了。然而，死了的凤凰终于复活了。它们唱出它们新生的和鸣的歌曲。

> 我们更生了，
> 我们更生了，
> 一切的一，更生了，
> 一的一切，更生了。
> 我们便是"他"，他们便是我。
> 我们中有你，你中也有我。
> 我便是你。
> 你便是我。
> 火便是凰。
> 凰便是火
> 翱翔！翱翔！
> 歌唱！歌唱！
>
> ——《凤凰涅槃》

更生了的凤凰，是"光明，新鲜，华美，芬芳"，是"热诚，挚爱，欢乐，和谐"，是"生动，自由，雄浑，悠久"，是"欢唱，翱翔，翱翔，欢唱"。

> 我们欢唱，我们翱翔，
> 我们翱翔，我们欢唱，
> 一切的一，常在欢唱。
> 一的一切，常在欢唱。
> 是你在欢唱？是我在欢唱？
> 是"他"在欢唱？是火在欢唱？
> 欢唱在欢唱！
> 欢唱在欢唱！

>只有欢唱！
>只有欢唱！
>欢唱！
>欢唱！
>欢唱！
>
>——《凤凰涅槃》

凤凰更生了，唱更生的歌曲了。这是新时代的黎明前奏曲。象征着中国的更生，也是象征着诗人自己的更生。

这个新时代的黎明前奏曲的歌手，是一个人文主义者。斯丹达尔的名言："轮船要煤烧，我的脑筋中每天要三四方尺的新思潮"，成了他的标语了。(《无烟煤》)他尽量地吸收外国的新思想。他尽量地要求力的表现。当时由资本主义的发展所产生出来的个人主义的精神，被他完全地表现出来。当时革命的浪漫主义的精神，被他完全地暴露出来。在《创造者》里，他说："我要高赞这个开辟鸿荒的大我"。他的诗作，就是他的大我的反映，他的诗作，也就是他的自己的生命的写照了。看他在《我是个偶像崇拜者》中是怎样地歌唱罢。

>我是个偶像崇拜者哟！
>我崇拜太阳，崇拜山岳，崇拜海洋；
>我崇拜水，崇拜火，崇拜火山，崇拜伟大的江河；
>我崇拜生，崇拜死，崇拜光明，崇拜黑夜；
>我崇拜苏彝士，巴拿马，万里长城，金字塔；
>我崇拜创造的精神，崇拜力，崇拜血，崇拜心脏；
>我崇拜炸弹，崇拜悲哀，崇拜破坏；
>我崇拜偶像破坏者，崇拜我！
>我又是个偶像破坏者哟！
>
>——《我是个偶像崇拜者》

这种个人的精神，是深深地受有尼采主义的影响的。郭沫若的人文主义的精神，使他受了多方面的影响。把弗洛伊得应用到创作里边的，(《湘累》)恐怕他算是第一个人。他这种极端的超人的个人主义，在《天狗》中，更显明地表露出来。

　　　　我是一条天狗！
　　　　我把月来吞了，
　　　　我把日来吞了，
　　　　我把一切的星球来吞了。
　　　　我把全宇宙来吞了。
　　　　我便是我了！
　　　　我是月的光，
　　　　我是光的光，
　　　　我是一切星球的光，
　　　　我是 X 光线的光，
　　　　我是全宇宙的 Energy 的总量！

　　　　我飞奔，我狂叫，我燃烧。
　　　　我如烈火一样地燃烧！
　　　　我如大海一样地狂叫！
　　　　我如电气一样地飞跑！
　　　　我飞跑，我飞跑，我飞跑，
　　　　我剥我的皮，
　　　　我食我的肉，
　　　　我嚼我的血，
　　　　我啃我的心肝，
　　　　我在我神经上飞跑，
　　　　我在我脊髓上飞跑，
　　　　我在我脑筋上飞跑。

　　　　我便是我呀！

> 我的我要爆了！
> ——《天狗》

《女神》时代的他的那些诗歌，就是自我爆发的诗歌，这种强的Energy的诗歌，在《新阳关三叠》《心灯》等篇，同样地反映着那种爆发性的自我表现的要求。他要求着："快向光明处生长"（《心灯》）。这种力的表现的要求，更具体表现在《立在地球边上放号》（1919年九十月间作）里边。他歌唱着：

> 无数的白云正在空中怒涌，
> 啊啊！好一幅壮丽的北冰洋的情景哟！
> 无限的太平洋提起他全身的力量来要把地球推倒。
> 啊啊！我眼前来了的滚滚的洪涛哟！
> 啊啊！不断的破坏，不断的创造，不断的努力哟！
> 啊啊！力哟！力哟！
> 力的绘画，力的舞蹈，力的诗歌，力的Rhythm哟！
> ——《立在地球边上放号》

这种"力的绘画，力的舞蹈，力的诗歌，力的Rhythm"就是诗人的"不断的破坏，不断的创造，不断的努力"所要收得的成果。诗人郭沫若是想要作一个Hero-poet，而更是朦朦胧胧地想要作一个Proletarian-Poet。不过那种朦胧的要求是同他的泛神论紧密地联系着的。不管他的泛神论，是受着泰戈尔的影响，还是受着卢梭的影响，是受着尼采的影响，还是受着庄子的影响，但是，他的泛神论是向着两个不同的、相矛盾的方向发展的。在积极的方向，泛神论转为无神论，由偶像崇拜者而达到偶像破坏者，这里，他赞美匪徒（《匪徒颂》）祝福大自然的黎明，（《日出》）祝福一切生命的早晨的醒觉，（《晨安》）这是他的入世的倾向。而在消极的方向，他是如卢梭一样，高叫着：返到自然，要回到原始的共有的社会里，要象原始人似地不停地劳动，这就是他的出世的倾向了。《女神》时代的一篇很重要的作品《三个泛神论者》

（不知何故，全集未收），是很清楚地说明了这种出世的倾向的。自然在这个方向里，都是含有着世纪末神秘的象征的彩色。Hero-Poet 的要求和 Proletarian-Poet 的要求的矛盾，也就是对××的憧憬和对于托尔斯泰的憧憬的矛盾了。《巨炮之教训》中，是清清楚楚地反映出这种矛盾的并存的。在《三个泛神论者》中，他歌唱：

> 我爱我国的庄子，
> 因为我爱他的 Tantheism，
> 因为我爱他是靠打草鞋吃饭的人。
>
> 我爱荷兰的 Spinoza，
> 因为我爱他的 Tantheism，
> 因为我爱他是靠磨镜片吃饭的人。
>
> 我爱印度的 Kabir，
> 因为我爱他的 Tantheism，
> 因为我爱他是靠编渔网吃饭的人。
> ——《三个泛神论者》

他的 Tantheism，不就是卢梭的自然主义吗？然而，这个泛神论者，并不止是一个卢梭，歌德式的 Sentimentalist 而是浓厚地具有着东方的神秘的彩色。是老庄的虚无主义，是托尔斯泰的虚无主义，是印度的神秘的梵天，是尼采的查拉图的世界。他的泛神论，是一种神秘的宇宙观。

> 哦，太空！怎么那么高超，自由，雄浑，清寥——
> 十里松原中无数的古松，
> 都高擎着他们的手儿沉默着在赞美天宇。
> 他们一枝枝的手儿在空中战栗，
> 我的一枝枝的神经纤维在身中战栗。
> ——《夜步十里松原》

这种神秘的宇宙和物质的文明的交流，是《女神》时代的郭沫若的那些诗歌。同时，玄学的思索和现实的追求，也充满在那些诗中。自然，是由于对现社会的不满，是由于破坏和创造的要求，而产生了这两种极端相反的追求。这两种追求在他的典型的代表作：《匪徒颂》和《晨安》中显著地表露出来。《匪徒颂》和《晨安》是互为表里的两首诗作。诗人是一个泛革命者，对于一切都取一种反抗的态度，然而，他的革命的目标，有时是向着积极的方向，有时是向消极的方向，看他在《匪徒颂》里，是如何地歌唱罢：

（一）

　　反抗王政的罪魁，敢行称乱的克伦威尔呀！
　　私行割据的草寇，抗粮拒税的华盛顿呀！
　　谋图恢复的顽民，死有余辜的黎塞尔呀！
　　西北南东去来今，
　　一切政治革命的匪徒们呀！
　　万岁！万岁！万岁！

（二）（三）（四）节略去不录。

（五）

　　反抗古典三昧的艺风，丑态百出的罗丹呀！
　　反对王道堂皇的诗风，饕餮粗笨的恢铁莽呀！
　　反抗贵族神圣的文风，不得善终的托尔斯泰呀！
　　西北南东去来今，
　　一切文艺革命的匪徒们呀！
　　万岁！万岁！万岁！

（六）

　　不安本分的野蛮人，教人"返自然"的卢梭呀！
　　不修边幅无赖汉，擅与恶疾儿童共寝的丕时大罗启呀！
　　不受约束的亡国奴，私建自然学园的泰戈尔呀！

西北南东去来今,
一切教育革命的匪徒们呀!
万岁!万岁!万岁!

——《匪徒颂》

《晨安》,是更足反映着他的泛神主义,泛革命主义的精神的。我们看他所祝福的,是些什么东西罢:

晨安!常动不息的大海呀!
晨安!明迷恍惚的旭光呀!
晨安!诗一样涌着的白云呀!
晨安!平匀直明的丝雨呀!诗语呀!
晨安!情热一样燃着的海山呀!
晨安!招人灵魂的晨风呀!
晨风呀!你请把我的声音传到四方去罢!

晨安!我年青的祖国呀!
晨安!我新生的同胞呀!
晨安!我浩荡荡的南方的扬子江呀!
晨安!我冻结着的北方的黄河呀!
黄河呀!我望你胸中的冰块早早融化呀!
晨安!万里长城呀!
啊啊!雪的旷野呀!
啊啊!我所畏敬的俄罗斯呀!
晨安!我所畏敬的Pioneer呀!

晨安!雪的帕米尔呀!
晨安!雪的喜马拉雅呀!
晨安!Bengal的泰戈尔翁(Tagore)呀!
晨安!自然学园里的学友们呀!
晨安!恒河呀!恒河里面流泻着的灵光呀!

晨安！印度洋呀！红海呀！苏彝士运河呀！
晨安！尼罗河畔的金字塔呀！
啊啊！你在一个炸弹上飞行着的 D'Annunzio 呀！
晨安！你坐在 Tantheon 前面的"沉思者"呀！
晨安！半工半读团的学友们呀！
晨安！比利时呀！比利时的遗民呀！
晨安！爱尔兰呀！爱尔兰的诗人呀！
啊啊！大西洋呀！
晨安！大西洋呀！
晨安！大西洋畔的新大陆呀！
晨安！华盛顿的墓呀！林肯的墓呀！Whitman 的墓呀！
啊啊！恢铁莽呀！恢铁莽呀！太平洋一样的恢铁莽呀！
啊啊！太平洋呀！
晨安！太平洋呀！太平洋上的诸岛呀！太平洋上的扶桑呀！
扶桑呀！扶桑呀！还在梦里裹着的扶桑呀！
醒呀！Mesame 呀！
快来享受这千载一时的晨安！

——《晨安》

　　这是泛神主义的赞美，这是泛革命主义的赞美。把俄罗斯的 Pioneer，和恒河里流泻着的灵光，放在一齐礼赞，把尼罗河畔的金字塔和大西洋的新大陆，把年青的祖国，新生的同胞，和万里长城，把恢铁莽和泰戈尔，都放在一道礼赞，这正是他的小布尔乔亚革命的精神，也正是他的泛神论的特色。这种开倒车和开快车的矛盾，也正是世界资本主义末期，中国封建社会末期，殖民地民族解放运动中革命的流浪人小布尔乔亚的心理意识的特征。自然那种返到原始的遁世倾向，是具有对于旧社会的否定和破坏的任务的，而这一点是特别值得注意的。在他的那些具有开快车的精神的诗作中，尤以《笔立山头展望》为最有特色。那真是一篇"万籁共鸣的 Symphcny"。我们看他怎么样地歌唱：

大都会的脉搏哟！
生的鼓动哟！
打着在，吹着在，叫着在……
喷着在，飞着在，跳着在……
四面的天郊烟幕朦胧了！
我的心脏呀，快要跳出口来了！
哦哦，山岳的波涛，瓦屋的波涛，
涌着在，涌着在，涌着在，涌着在呀！
万籁共鸣的 Symphcny,
自然与人生的婚礼呀！
弯弯的海岸好象 Cupid 的弓弩呀！
人的生命便是箭，正在海上放射呀！
黑沉沉的海湾，停泊着的轮船，进行着的轮船，
数不尽的轮船，
一枝枝的烟筒都开着了朵黑色的牡丹呀！
哦哦！二十世纪的名花！
近代文明的严母呀！

——《笔立山头展望》

  这真是"力的绘画，力的舞蹈，力的音乐，力的诗歌，力的 Rhythme"了。这真是二十世纪的形象，这真是二十世纪的物质文明的礼赞了。在这种高速度的力的表现中，诗人已一点都没有表露着自己"返自然"的倾向了。只有神话的形象 Cupid 的弓弩，算是一种旧时代的意义的残骸。这一首《笔立山头展望》，可以说是达到了诗人的力的表现最高峰。如查拉图一样，诗人站在他所达到的高峰上，赞美着太阳，欢迎着日出。他那种登峰造极的精神，使他达到了那样一个顶颠。

哦哦，摩托车前的明灯！
二十世纪的亚玻罗！
你也改乘了摩托车么？

我想做个你的运转手,你肯雇我么?

——《日出》

在这种作亚玻罗的摩托车的运转手的时代,达到了力的表现的极致。在这个时期,在他的诗作里边,他讴歌出来那种种伟大的形象,伟大的自然,洋海旷野,高山大川,伟大的建筑物,长城和金字塔,伟大的动物,狮子,鲸鱼,犀,象,伟大的人物,英雄,伟大的创造者,华盛顿,林肯,托尔斯泰,威尼,惠特曼,以及所有的伟大的开拓者,尤其是农工,而在神话的形象中,是太阳神Apollo,盗火者 Trometheus,在传说的形象中,有凤凰,有天狗,而尤其值得注意的,就是那种种丰富的物质文明的形象,摩托车,烟囱,Energy,煤炭,X光,轮船,工厂,巨炮,都积极地成为他的诗歌中的形象了。自由律的诗句,代替了旧的大小脚的诗形(1919年的诗作,还是旧的诗词式的格律在支配着),在用字选词上,既成的由文言移植来的辞藻之外,他更加上外来语,或者是用原文(如Trometheus Mesame "日语,醒",Tantheon等等),或者译音过未成为汉字写法(如密桑索罗普,如亚玻罗等)。这真是那个转形期中的扬起过程的特征了。就是说明了在那个资本主义的昙花一现的过程中,小布尔乔亚革命知识分子的心理意识的转变过程。一方面,封建的贵族的残渣,依然在存留着,而一方面,新世界的创造飞跃着。然而,在那种不断破坏,不断创造的要求里边,是有着两种不同的倾向,矛盾地然而是混在一起的,同时发展着:现实世界的创造和原始世界的回归。这两种不同的要求,就产生出那个短时间的"万籁共鸣的交响曲",那场"自然和人生的婚礼"了。那是日出,那是黎明。

然而,这个狂风怒涛的时代,是很快地就过去了。时代的暗影,又投射在诗人的身上,使祝福年青的祖国和新生的同胞的热情,渐渐地变成忧国忧民的悲观的情绪了。回顾的倾向胜过了追求现实的倾向,玄学的瞑想的倾向胜过了实证的倾向,悲观的彩色胜过乐观的彩色,力的诗歌转变成泪的诗歌了。他由二十世纪摩托车的运转手,革命的喇叭手,新时代的Pioneer,而渐成为一个瞑想的人道主义者,成了遁世的伯夷、叔齐,最后,就是Dis-illusion的悲哀了。泰戈尔,王德尔等等的影响,代替了惠特曼、尼采等等的影响。格律的诗歌代替了自由律的诗歌。唯美的神秘主义的倾向代替了浪漫主义的倾向了。这就是《星空》的时代了。这里已经不是朝阳，而是暗夜了。自然，作为这种消极的倾向的助长者的，是当时中国民族解放运动所遭的厄运。在那种情形之下，他的怀古，返原始，归于自然的要求，是日加强烈，他已不为积极的破坏和创造，而沉思瞑想于消极的否定之中了。在《电火光中》，已经充满着瞑想怀忆的情绪，在《夜》和《死》（1919年）里，已经有要求着消极的解脱遁世的自由平等的欲念，在《新阳关三叠》（1920年）里，他独坐在海岸边的石梁上，欢送着正要西渡的初夏的太阳，他已瞅见了

> 远远的海天之交涌起蔷薇色的紫霞，
> 中有黑雾如烟，仿佛是战争的图画。
> ——《新阳关三叠》

可是，那薄薄的阴翳，在日出的旭光中，终是显露不出来。然而，到了《女神》三部曲，和《胜利的死》的时候，那种悲观否定的倾向就渐渐得势了。《胜利的死》里边，他歌颂着爱尔兰独立军领袖，新芬党员马克斯维尼被英政治逮捕，在狱中绝食七十三日而死的故事。然而，那种赞美民族革命的英雄的情绪，已与《晨安》和《匪徒颂》的情绪不同。那已不是日出的赞美歌，凤凰更生的歌曲，而是悲壮的哀歌了，那已不是阿玻罗的礼赞，月轮的光明已对于太阳的光明占了优势了。那已表露着相当悲观的情调，死的解脱的憧憬已对于生的斗争的要求占了优势了。暗夜对于白昼占了优势了。这自然是时代的暗影。这自然是时代的写照。这反映着从《匪徒颂》、《晨安》等等的作品到《星空》等等作品的一个转轴。这里开始了夜里的平等和死中的解脱的时代。在《地球，我的母亲》中，他以为理想的那种：

> 我不愿在空中飞行，
> 我也不愿坐车，乘马，穿袜，着鞋，
> 我只愿赤裸着我的双脚，永远和你相亲。
> ——《地球，我的母亲》

以上的欲求，在这里，成为了他的诗作的支配的调子了。《女神》三部作里，这种倾向，是愈为显明。不管是《女神》，是《湘累》，是《棠棣之花》，都是反映着这种消极否定的倾向的增长。在这种倾向的发展中，旧社会的形象，是越发显得黑暗了。这三篇诗作，并不是历史的叙事诗。历史，只是一种外衣，历史的人物，只是一种象征。是藉着古人的形骸说着今人的言语。在那些人物中，是反映着诗人的人格的分化。也很明显地反映着诗人心理的矛盾。这种矛盾的心理，是诗人的光明的憧憬和现实社会的黑暗之间的矛盾所生出的结果，那就是追求的幻灭的悲剧了。在《女神》里，诗人作了军阀混战的描写，由于那种混战使人世成了一个混乱的世界。然而，在那种混战中，诗人所取的态度和观点，是很值得注意的。对于混战，诗人是没有想到正当解决的办法。他只是观念地对于那种现状不满。农叟牧童，悲叹的只是悲叹，逃避的只是逃避。对于战争，他们是无可如何的。而野人之群呢，只知道投机追求利禄；走去参战，是希冀着两头利禄都可均沾的。在人世间，是没有人去积极地反战的。最后，以颛顼的忏悔，作了结果，是未免有点滑稽了。在神的世界呢，那些创造光明的女神，对于战争也是无可如何。她们只有等着战争停止，再去补天，再去创造。然而，新的光明，还在远方，是不是可以到来呢？这里又夹杂着怀疑的情绪了。那是黎明的前奏，可是，那种黎明的前奏，已与《晨安》《日出》等等的情绪不同了。在《棠棣之花》里，悲观的情绪更强烈些。在这个历史的诗篇里，诗人没有提出科学的史观来。聂政和聂嫈的一段对谈，是很明白地表露出诗人的小布尔乔亚的 Ideologie 来。

聂政：

"战争不息，生命的泉水只好日就消沮。这几年来，今日合纵，明日连衡，今日征燕，明日伐楚，争城者杀人盈城，争野者杀人盈野，我不知道他们究竟为的什么。近来虽有人高唱弭兵，高唱非战；然而唱者自唱，争者自争，不久之间，连唱的人也都争执起来。"

聂嫈：

"自从夏禹传子，天下为家；井田制废，土地私有；已经种下了永恒战争的根本。根本坏了,只有枝叶上稍事剪除,怎么能够济事呢?"

——《棠棣之花》

在诗人看来,井田制废,土地私有,是一切的社会的不平等的根源。可是,怎样去打破这种私有制度呢?打破这种私有制度,又怎么办呢?这里,诗人又陷入了循环史观了。他要还到原始。这正是卢梭式的革命小布尔乔亚的立场。聂嫈姊弟二人要无贫富要灭强权,要为他们的目标牺牲,然而,他们终归又感到精神孤独,又感到冰冷了。作为刺客的聂政,是何等的悲悽何等的忧郁呀!聂嫈主张无贫富,灭强权,而在临别的话语里,她却又说出了:"我们贫民没有金钱粮食去救济同胞,有的只是生命和眼泪……"的言语,那是十足的小布尔乔亚的旁观者,人道主义者的心理,是一种软弱的心情了。在《湘累》里边,他更进一步地描写出一个幻灭的形象来。在弗洛伊德主义流行一时,文艺上的"苦闷象征"说受着一般热烈欢迎的当时,他利用着精神分析的原则,就着屈原的形象写出当时进步的小布尔乔亚的心理矛盾来。屈原的悲剧,是个人与社会矛盾的幻灭的悲剧。在他的恍惚状态中,屈原说:"哦!太阳往那儿去了?我好容易才盼到!我才望见他出山,我便盼不得他早早落土,盼不得我慈悲的黑夜早把这浊世遮开……"屈原要求着悲哀的破灭,他想到"无"的世界里去。在这里,诗人郭沫若藉着屈原的口又主张新的诗歌理论。屈原说:"能够流眼泪的人,总是好人。能够使人流眼泪的诗,总是好诗。诗之感人,有这么深切,我如今才知道诗歌的真价了。幽婉的歌声呀……"这三部曲以后,诗人的世界,是起了变化了。忧郁,是加深起来了。《女神》三部曲,宣告了《星空》之来临。在这三部曲中,值得注意的,就是诗人创造出了新的女性的形象,是憧憬着妇女解放罢。

《星空》是1921年2月的作品,宣布出一个瞑想的世界来。诗人在太空同闪烁的星晨相对着,使我感到他是露着一副占星者的面孔似的。在星空之下,他感到了期望的幻灭,他瞑想着古代的天才从星光中显现出来。然而,他看见"泪球一样的流星坠了",他就瞑想到,那是已往的中州的天才,在那里落泪,在

　　　　哀哭我们堕落了的子孙，
　　　　哀哭我们堕落了的文化，
　　　　　　　　　　——《星空》

　　于是自己"也禁不住滔滔流泪"起来了。回忆，凭吊，伤逝，怀古的情绪，在《星空》，占着支配的地位，你看，他是如何的一个优美的瞑想者呀。他歌唱：

　　　　自由优美的古之人，
　　　　便是束草刈薪的村女山童，
　　　　也知道在恒星的推移中，
　　　　寻觅出无穷的诗料，
　　　　啊！那是多么可爱哟！
　　　　可惜那青春的时代去了！
　　　　可惜那自由的时代去了！
　　　　唉！我仰望着星光祷告，
　　　　祷告那青春的时代再来！
　　　　我仰望着星光祷告，
　　　　祷告那自由的时代再来！
　　　　鸡声渐渐起了，
　　　　初升的朝云哟，
　　　　我向你再拜，再拜！

　　这已不是《日出》《晨安》《天狗》《笔立山头展望》《立在地球边上放号》等作里的那种雄浑的、宏亮的 Symphony，那种力的 Rhythm 了。

　　　　我的血同海浪潮，
　　　　我的心同日火烧，
　　　　　　　　　　——《浴海》

象这种情绪，已再令人感受不到了。在1921年的另一个事实，就是诗人的回国，上海的生活的接触，对于他的生活上，起了大的影响。诗作中幻火的悲哀，是越发地显明了。因为祖国的现实，日见黑暗。看他的《上海印象》：

>   我从梦中惊醒了！
>   Dis-illusion 的悲哀哟！
>   游闲的尸，
>   淫嚣的肉，
>   长的男袍，
>   短的女袖，
>   满目都是骷髅，
>   满街都是灵柩，
>   乱闯，
>   乱走。
>   我的眼儿流泪，
>   我的心儿作呕。
>
>   我从梦中惊醒了！
>   Dis-illusion 的悲哀哟！
>
>   ——《上海印象》

理想成为了幻灭，初日的浪漫的，蓬勃的，汹涌的，雄浑的热情，再鼓振不起来了。在《洪水时代》《创造者》里边，他虽然仍在赞美创造者和开拓者，但他不是行动的要求，而只在思慕，唤起，幻想中，表露着一种的 Dilletantisme 的满足。失掉了作 Pioneer 的情绪的郭沫若，到《伯夷这样歌唱》里边，是彻底地主张出了"回到自然""过渡纯粹赤裸的野兽的生涯"的主义来。伯夷反对私产制，反对家天下，他认为私产制是万恶的根源，是"比那洪水的毒威还要剧甚"，是一切礼教文明的根本。这里，他高揭起他的独善主义来。他号召说：

> 可怜无告的人们哟！快醒醒！
> 我在这自然之中，在这独善的大道之中，
> 高唱着人性的凯旋之歌，表示欢迎！
> ——《伯夷这样歌唱》

然而，他这种返到自然独善生活的理想，在现世界里是绝对行不通的。《广寒宫》一篇，就是表露出他的小布尔乔亚理想的此路不通。他的希望的幻灭，在《月下的故乡》中更为明显，我读《月下的故乡》，总是忆起比利时国民诗人魏尔哈伦的诗作《舟子》（Passeur d'eau）等篇来。那是幻灭的悲哀呀。

> 啊啊！大海已近到我眼前了。
> 我自从离却了我月下的故乡，那浩淼茫茫的大海，我驾着一只扁舟，沿着一道小河，逆流而上。
> 上流的潮水时来冲打我的船头，我是一直向前，我不曾回过我的舵，我不曾停过我的桨。
> 不怕周围的风波如何险恶，我不曾畏缩过，我不曾受过他们支配，我是一直向前，我是不曾回过我的舵，不曾停过我的桨。
> 我是想去救那潮流两岸失了水的人啊，啊啊，我不知道是几时，我的舵也不灵，桨也不听命，上海的潮水，把我这只扁舟又推送了转来。
> 如今大海又近在我眼前了！
> 我月下的故乡，那浩淼无边的大海又近在我眼前了！
> ——《月下的故乡》

以先在赞美着物质文明的他，现在是诅咒物质文明了。在《笔立山头展望》中，他感到"一枝枝的烟筒都开着了朵朵黑色的牡丹呀！"而在《海舟中望日出》诗中，他感到"黑汹汹的煤烟，恶魔一样"了。他的流浪的情绪加强，在他的流浪中，他的诗歌的光芒正如：

> 就可象那个坠落了的星辰，

曳带着幻灭的美光，
向着"无穷"长殒！
——《密桑索罗普之夜歌》

《两棵大星》《石佛》《叹逝》《夕阳时分》《白鸥》《哀歌》《星影初现时》《瘦死的春兰》《失巢的瓦雀》等作，就是证明了这种幻灭绝望的最好的材料。他的幻灭绝望，正是五四精神低落的反映。在此中，小布尔乔亚的革命的诗人因为找不到出路之故，也只有作消极的否定以完成自己的作家的任务。自然那不只是个人的无力，而是时代使然的。那个时代，正是象征诗歌运动的发生期了。

可是在1922年末之后，在诗人身上，又加了一种新的要素。以先主张 Inspiration 的诗人，现在要求文艺的社会性了。1922年至1923年之间，诗人郭沫若写了他的《前茅》。在里边，诗人尽量要发挥社会性。这个时代里的那些诗作，如果拿着去作 Ideologie 的研究，是很有趣的。那些诗歌是给将来开了一个新路径的。他要求二十世纪的民族的大革命（《黄河与扬子江对话》），看见劳动的工人，而向他们说教（《上海的清晨》），碰到失业朋友，鼓吹打破资本主义（《励失业友人》），他要求到民间去（《朋友们怆聚在囚牢里》），他痛感到排字工人的生活的黑暗（《黑魆魆的文字窟中》）。他的抱负呢，是要革命。在《力的追求者》中，他说：

别了，否定的精神！
别了，纤巧的花针！
我要左手拿着可兰经
右手拿着剑刀一柄！
——《力的追求者》

在他所要求的二十世纪的民族解放的革命中，他给与他自己的任务，就是作一个革命英雄。小布尔乔亚革命者的诗人，当时，还没有深深了解新的革命的真义，然而，他的方向已确定了。《前茅》中的诗作，形式上没有新的发展，好象理智在支配着感情，而不是感情的直接爆发了。令人感到作的痕迹，令人感到是"新的酒浆，盛在旧的皮囊"中了。这里宣告了"五卅"的来临。可是，"五卅"的来临，并没有使诗人产出诗作来。而在"五卅"的前夜，他反倒作出来他的《瓶》，正如别的诗人陶醉在象征的世界中一样。真是小布尔乔亚的悲哀了。《瓶》在"五卅"运动中，也真如诗人所说那样，如同"一个破了的花瓶倒在墓前"。"五卅"以后的诗作，只有《恢复》，是1928年作品。里边是反封建反帝的情绪，然而个人主义的英雄主义还是在支配着。在这个时节，新时代的喇叭手的任务，已由新的开拓者，新的诗人在为之执行了。然而《前茅》《恢复》之对于《星空》《伯夷》的否定的任务，是值得注意的。就是在《我想起了陈涉、吴广》的里边，小布尔乔亚的旁观的情绪也在支配着。然而那不能说是诗人自己的缺点，而是时代的镜子罢。

他真正代表着"五四"时代的诗人，他是它的黎明的喇叭手，他是它的送葬的喇叭手。他是代表着从"五四"的新生期到"五四"的没落期，以至转变到"五卅"的过渡期中国革命的小布尔乔亚的心理意识的国民诗人。虽然

> 如今诗人
> 可惜还在吃奶。
> ——《司春的女神歌》

而吃奶的诗人中，他算是最大的一个了。《凤凰涅槃》等等诗作，真是"五四"时代革命怒潮中的灿烂的昙花！

（1936年11月19日草就）
（原载1937年1月《文学》第8卷第1期第109—124页）

诗人，卓越的无产阶级文化战士

唐弢

许多人的文学生涯是从写诗开始的。且不论小说家、散文家、剧作家，甚至也包括文艺批评家在内，他们第一次提起笔来写的往往不是后来使用的文学样式，而是诗。我们这一辈人里有很多是这样。本来这是个正常的现象。事实告诉我们，一个诗人也许不会写小说、散文、剧本或者文艺批评，但一个文艺和批评家、剧作家、散文家或者小说家，却应该写诗，至少是懂得诗。否则的话，那将是一个悲剧，一个抱憾无涯的悲剧：因为他毕生孜孜矻矻地去从事的多半会是一件徒劳无益的工作，白白地将自己的生命浪费掉。

不可能想象一篇文学作品里没有诗、没有一点诗意。不，绝对不能！

诗是文学的灵魂。不过我们年轻时却有一种偏见，一种极其荒唐的误解。我们以为诗的形式短小，写起来容易；以为诗不需要丰富的生活经验，将感情表达出来了就行；以为把字句修得整整齐齐，音韵铿锵，琅琅上口，便会是一首好诗。就这样和诗接触，走上了读诗和写诗的道路。我们自然没有写过一首成功的诗。说是我们，我指的是七八个二十岁左右的工人，店员，学徒，在1932年前后第一次组织了读书会。我们什么都读，中外古今，好书坏书，凡是能弄到手的都读。读完了也写。小说，最喜欢高尔基和鲁迅，诗，则是歌德，海涅，郭沫若。海涅已经译出了好几种，都是袖珍小本。为了郭老"诗不是'做'

出来的，只是'写'出来的"❶这句话，我们面红耳赤地争论了好几天，然后一致同意：诗不能"做"，也不能不"做"，应当经过适当的加工将它"写"出来。

如果真如郭老后来所说，他的诗可以分几个时期：泰戈尔式时期、惠特曼式时期和歌德式时期❷，那末，我们喜爱的是他后面两个时期——惠特曼式时期和歌德式时期，我们为他的奔放热烈、淋漓尽致的革命浪漫主义和高度爱国主义的情调而心折，而叹服。《草叶集》当时尚未译出，几个青年又没有能力从原文去欣赏惠特曼；不过我们有机会读了郭老自己译的《少年维特之烦恼》和《浮士德》因此对歌德稍稍知道一点。我们没有把这两本书看做小说和剧本，而是当作诗，一句一句地朗诵。《浮士德》原来就是诗剧，《少年维特之烦恼》全书充满了诗意，特别是读了《序引》里歌德后来补上的那首《绿蒂与维特》的头四句：

青年男子谁个不善钟情？
妙龄女人谁个不善怀春？
这是人性中的至洁至纯，
为什么从此中有惨痛飞迸？❸

我们抱着钦佩的心情朗诵这些诗句。没有理由对一群人世未深的青年表示怀疑，以为这是被谈情说爱的故事所吸引，完全不是。我们认真地把它看成一篇反封建的檄书，一首向现实挑战的诗！便是《浮士德》也如此。译者自己曾经说过："作品中所讽刺的德国当时的现实，以及虽以巨人式的努力从事反封建，而在强大的封建残余的重压之下，仍不容易拨云雾见青天的那种悲剧情绪，实实在在和我们今天中国人

---

❶ 《论诗》第二信《致宗白华》，《文艺论集》。1925年12月光华书局版；本篇收入《沫若文集》第十卷时改题为《论诗三札》。

❷ 《创造十年》、《革命春秋》，1947年5月上海海燕书店版。

❸ 全诗八句，这是头四句。引自《少年维特之烦恼》卷首序文，1962年7月人民文学出版社版。和原本相比，后两句个别字汇由译者作了订正。《序引》改为《小引》。

的情绪很相仿佛。"❶这就说出了《浮士德》在当时中国青年中引起共鸣的现实的社会的基础。

我们是这样理解歌德式的诗的。不管人们那时对郭老有什么评论❷，我们绝对不相信一个作家受了另一个作家的影响，从此就必须在两人之间划上一个等号。我以为那样去认识问题未免过于滑稽。不过，在另一种意义上，自然也不应当忽视歌德、惠特曼以至上溯到屈原、李白等人作品和郭老作品之间的联系。郭老在《〈浮士德〉简论》里谈完这部书的积极的象征意义之后，说："我是在这样的了解之下，花了工夫，把这全部翻译了出来，不消说也把我自己三十年来的体验融汇了进去。"❸听！三十年来的体验！一个作家在一部译书里融汇了自己三十年的体验，如果对这些一无所知，我们有什么资格说长道短！凭什么来谈论郭老自己写的丰富多彩的诗篇！

必须承认，四十年前几个二十岁左右浅薄的青年，对郭老确实了解得很少，甚至可以说毫无了解。那时我们只凭一点时代的实感爱上了这位诗人的诗篇，我们佩服他作为封建叛逆初出夔门的反抗精神，我们倾倒他关怀祖国前途渴求解放的战斗意志；羡慕诗人象海燕一样自由翱翔，迎着风暴前进；欣赏诗人象山猿一样仰空长啸，冲破丛林岑寂。我们喜欢那种虽然不很恰当但却敢于坦率地大胆地叫喊出来的声音：

> 我是个无产阶级者：
> 因为我除个赤条条的我外，
> 什么私有财产也没有。❹

试想，三十年代初几个工人、店员和学徒，读到了写于二十年代初的这样的诗句，他们的年轻的心怎么能不被吸住，怎么能不受牵引？

---

❶ 《第二部译后记》，《浮士德》。1947年11月群益出版社版。
❷ 这里指刘半农的批评，《创造十年》里曾有反批评，《革命春秋》。
❸ 《〈浮士德〉简论》，《浮士德》第一部书前，1955年8月人民文学出版社版。
❹ 这是《女神》里《序诗》的开头，写于1921年5月26日，《女神》初版于同年8月。

虽然有的诗不免粗犷，用辞也偶有凑合的地方，但我们还是爱好那些奔放豪迈的词句，爱好那些才华横溢、气魄雄伟的诗篇。《女神之再生》、《凤凰涅槃》、《地球，我的母亲！》是我们经常朗诵的篇什。想象丰富，音调激荡，读起来很有旋律感。虽然郭老称自己的诗为惠特曼式或者歌德式，许多人以为倒不如叫做屈原式，因为祖国古典诗歌的优秀传统在郭老身上有着长期的润泽，无论从哪一方面说，屈原对他的影响都远远地超越于这两位外国诗人。郭沫若本身就是中华民族一个伟大的诗人。

从郭老的全部作品看来，屈原的影响后期比前期更为明显，前期主要表现在诗篇和诗剧里。以《凤凰涅槃》为例，诸如昂头问天，低头问地，刻画群鸟，诅咒宇宙，都有《离骚》和《天问》的影子，表现了同楚辞一脉相承的精神的联系。这一点在《湘累》里更为清楚。《湘累》是一篇诗剧。诗人承认剧中的屈原是自己，并说："那里面的屈原所说的话，完全是自己的实感。"❶不过我说影响更为清楚，问题不在于这个自况的屈原，也不在于屈原体现了郭老"实感"的对白。一个诗剧，除了戏剧的情节和结构外，重要的是里面的诗，在《湘累》里则是诗人自己创作的《水上歌声》。这四段歌写得那么纯真，那么凄惋，从诗句的内涵感情到表现形式，都象《离骚》一样给人以强烈的艺术的感染。听着声声叫唤，屈原在剧中一出场便问："可是谁在替我招魂吗？"不，这叫的不是屈原，也不是任何个人。在苦难重重的日子里，这是一首伟大的民族的招魂曲。我们看到了诗人思想的升华。这些诗是郭老的创造，也是代表我们民族的所有爱国诗人共同的创造。在表现形式上寄意香草，取譬美人，连遣词用语，也几乎留有传统诗歌——特别是孕育和产生《离骚》的湘楚一带民歌的手法。这里且举一段为例：

<blockquote>
九嶷山上的白云有聚有消，
洞庭湖中的流水有汐有潮。
我们心中的愁云呀，啊！
</blockquote>

---

❶ 《创造十年》，《革命春秋》，1947年5月上海海燕书店版。

> 我们眼中的泪涛呀,啊!
> 永远不能消!
> 永远只是潮!

　　难道这是一首热恋者的怀人诗吗?显然不是,这是诗人爱国思想的形象的反映。情意深邃,音节自然。这里的"啊"、"呀"实际上就是楚辞里"兮"、"些"("呀"应为"也")的演进和变化,借以增强诗的韵味与情调。在中国诗歌发展道路上,它体现了唐人"今体诗"以外的另一个传统,或者可以说,这是以屈原《离骚》为主体的楚辞的传统。运用这种表现形式的诗往往既是浪漫主义的,又是现实主义的,至于两者是否结合,结合到什么程度,要视具体作家、具体作品而定,在以白话写诗的诗人中,郭老毫无疑义地是一个杰出的代表。

　　话说回来,我们那时自然并不认识这一点。同样以爱国主义为主题的诗,我们推崇的是郭老另外一些篇什,记得最为青年朋友们欣赏的是《炉中煤》。直到今天,这首诗还受到不少选家的注意,认定是郭老早期诗歌中必须提到的一首,原诗如下:

> 啊,我年青的女郎!
> 我不辜负你的殷勤,
> 你也不要辜负了我的思量。
> 我为我心爱的人儿
> 燃到了这般模样!
>
> 啊,我年青的女郎!
> 你该知道了我的前身?
> 你该不嫌我黑奴鲁莽?
> 要我这黑奴的胸中,
> 才有火一样的心肠。
>
> 啊,我年青的女郎!
> 我想我的前身,

原本是有用的栋梁，
我活埋在地底多年，
到今朝总得重见天光。

啊，我年青的女郎！
我自从重见天光，
我常常思念我的故乡，
我为我心爱的人儿
燃到了这般模样！

诗的副题叫"眷念祖国的情绪"，这就点明了主题思想。爱国主义是诗人这一时期许多诗篇的共同点。这首诗以年青女郎喻祖国，将自己比做甘愿为祖国化成灰烬的炉中煤。万劫不复，中心坦然。构思极为奇巧。诗里采用比、兴，每节都有隐喻，惟是含意显露，余味不长，在作者的诗篇中，严格地说，还不能算是上乘。后来我有幸认识郭老，便把这点意见直白地告诉他，说自己喜欢《湘累》的《水上歌声》，不亚于《女神之再生》里的《合唱》。我当场背诵了歌的最后一段：

太阳照着洞庭波，
我们魂儿战栗不敢歌。
待到日西斜，
起看篁中昨宵泪
已经开了花！
啊，爱人呀！
泪花儿怕要开谢了，
你回不回来哟？

从九嶷山到洞庭波，借用斑竹泪花渲染了湘君、湘夫人的故事，充满着地方色彩和生活气息。全诗情思真挚，意境深远，看来这比奇巧的构思更为难得。郭老表示首肯。他说他写的诗剧确实很注意诗，很注意诗情画意。早秋的黄昏缓缓地洒落在君山之前，竹林掩映，银杏参天，岩石边并坐着一对互相偎倚的裸女，听洞箫和歌，看湘灵潜水，欸乃的橹声送出帆白如雪的龙舟，船头上独立的屈原正在自言自语。这些描写出于剧情的需要，同时也是为了创造一种气氛，培育一种境界，使诗的意义更见酣畅。作者自承有意刻画了这一点。所以，在1934年1月出版的《沫若自选集》❶中，他选取了这篇早期的《湘累》。

我觉得四段《水上歌声》的成功，还得力于音节上的和谐舒展，变化自然，吸收并且发展了传统诗歌的特点。就以上面举出的那段为例：

太阳照看洞庭波

这一句读起来嘹亮悦耳，因为它符合旧体诗"平（仄）平仄仄仄平平"的平仄，符合民族语言的传统的音乐性。不过，人们历来只注意代表音尾的韵母，却以为代表音首的声母在诗韵上不占重要的地位，这种看法未免流于片面。许多在唱歌吟诗方面有实践经验的人告诉我们：韵脚以外的一些重要字眼，念起来嘴的开张撮合，音的高低清浊，对吟唱都有很大的影响。譬如上面这句诗，本来第一个字应用平声，按照旧体诗"一、三、五不论"的规定，仄声的"太"也能通用。但就声母而言，却另有它积极的意义。因为这个舌尖音"太"字，和下面也是舌尖音"洞庭"两字，自然地起着彼此洽调、前后变化的呼应作用。"太"是舌尖张口音，"洞庭"是舌尖鼻底音。值得注意的是，郭老在《女神之再生》的《合唱》里第一段，用的也是这个呼应的办法。《合唱》开头连用

太阳虽还在远方

两个迭句，第三行带出晨钟，第四行描绘钟声：

丁当，丁当，丁当。

---

❶ 《沫若自选集》，选小说、剧本十二篇。1934年1月上海乐华图书公司出版。

第四行的"丁当"和第一行开头的"太"作了呼应。在声母的变化和调节上，和《水上歌声》非常相似。也许这不是诗人有意的安排，而是在反复朗诵和修改过程中，合乎规律地领悟出来的中国语言的音韵特点。《水上歌声》这句诗还需要说明一点，它最后用了合唇音的"波"字，声音从双唇之间迸出，效果似乎更好。以后几行韵脚改换，或相叶，或不叶，从"泪花儿怕要开谢了"到"你回不回来哟"，"了""哟"对押，有一种动人心弦的幽怨高亢的音响，对全诗的情调是一个烘托，一个点化，一个强烈的渲染。

记得郭老曾经说过："自《女神》以后，我已经不再是'诗人'了。"❶这自然是自谦之辞，不过借来说明他自己对《女神》的重视，倒也并非没有意义。我和郭老议论诗歌，向他请教，是1946年他住在上海狄思威路（溧阳路）从事民主运动的时候，那时他不大写诗，间有所作，也以旧体诗词为多。《湘累》只是一次偶然的话题。不过在那一段时间里，我确实从社会活动家和政治活动家郭沫若的身上，看见了一个伟大的诗人的灵魂。郭老博学强记，专而多能，他既是历史学家、考古学家、古文字学家，又是小说家、剧作家、散文家和书法家，但从本质上说，郭老主要是一个诗人，虽然他自己说"不大喜欢这个'诗人'的名号"❷。同时又不得不承认："广义的来说吧，我所写的好些剧本或小说或论述，倒有些确实是诗"❸。1959年，郭老从广州回北京时路过上海，把几个熟人约到旅馆，讨论他用七天时间写成、在旅途刚刚脱稿的《蔡文姬》。我说自己对戏完全外行，却非常喜欢《蔡文姬》。不但因为它替曹操翻案，恢复了《胡笳十八拍》在诗歌史上的地位，我还觉得，戏的本身就是一首诗。象翻译《浮士德》时候融汇了自己的体验一样，在《蔡文姬》里，郭老灌注了自己的诗人的感情，正如剧本的序文所说："蔡文姬就是我"❹，"其中有不少关于我的感情的东西，也有不少关于我的生活的东西。"❺所以，无论从哪一方面说，《蔡文姬》都是一首诗，一首洋溢着包括十年异域的故国之思、妻孥陷敌的切肤之痛、重返家园的失望之感，一首错综复杂、感情丰满的诗。

---

❶❷❸ 《序我的诗》，《沸羹集》。1947年12月上海大孚出版公司版。
❹❺ 《序》，《蔡文姬》，文物出版社1959年4月版。

我说完了这些意见，没有忘记郭老主要是一个诗人，因此又加上一句：
"的确，这是诗，不过我还迫切地等着读您分行写的新诗呢。"

其实，郭老这几年写的诗并不少，新体诗，旧体诗。在大量诗作中，也很有一些是好诗。就新体诗而说，作为《女神之再生》、《凤凰涅槃》、《地球，我的母亲！》的衍续和发展，建国以来，我们先后读了《毛泽东的旗帜迎风飘扬》、《人民英雄碑》、《歌颂群英大会》、《赞〈东方红〉》等篇什，气势磅礴，浮想联翩，大胆地尝试了革命现实主义和革命浪漫主义相结合的创作方法，表现出诗人在新的历史条件下富有成效的收获。此外，《骆驼》、《波与云》、《参拜列宁墓》、《题毛主席在飞机中工作的摄影》等首，都是在两结合创作原则指导下，从另一个途径取得的成就。虽然在选材上，同样是有生活，有想象，有现实的依据，有浪漫的构思；在表现方法上，也都是虚实相间，情景交溶，后四首和前四首并没有什么不同。然而细加吟味，后举几首的风致却不一样：论境，境比较有深度，论情，情比较有回味，这是诗人在创作道路上经过探索之后的卓越的创造。这样的诗篇在集中还有一些，现在姑且根据已经举出的几篇谈谈我个人的体会。

《参拜列宁墓》和《题毛主席在飞机中工作的摄影》两首，全是八行诗，每首两节，每节四行，从形式到布局都极相似。诗的前四行描写生活，中间夹些抒情，以实为主，实中有虚；后四行发挥想象，偶而缀以事例，以虚为主，虚中有实。两诗描写的都是崇高的思想境界，这种思想的本质和方向完全一致。但前者给我们的感觉是恬静，肃穆，明澈，因为这是在红场的地下室里，从两个安睡着的巨人身上散发出来的智慧之光。每一个晋谒过列宁斯大林墓的人都有同样的体验，正当循着台阶一级一级往下走的时候，人突然严肃起来，呼吸凝住了，头自然地低下，一切虚骄的念头都化为乌有，仿佛置身深谷密林之中，万籁俱寂，万念俱歇，一股伟大的思想缓缓流来：

　　　　　象清泉一样把人渗透。

音乐和画图在诗里交织。作者写得那么真，那么深，那么引人思索，确实是一首好诗。与《题毛主席在飞机中工作的摄影》不同，当时毛主席健在，正领导着八亿人民前进，主题的中心之一是工作，虽然登上旅途的飞机也还在工作。动代替了静。诗篇给我们的感觉是汪洋，明媚，浩荡。在一万公尺的高空之上，出现了一幅动人的图景：

　　　　难怪阳光是加倍地明亮！——机内和机外有着两个太阳。

　　两行诗带着强烈的抒情结束了生活的描写，以后转入思想。如果说第一节着重色彩，方位，光线，第二节则是音响，和声，旋律。诗人以赞叹的口吻将主席的思想和精神结合起来，比之于悠悠万年的高山峻岭，比之于茫茫无际的重洋大海，在浩渺的宇宙之间

　　　　　　凝成了交响曲的乐章，

不住地飞扬，不住地播散，不住地回荡。

　　郭老说过："我始终是感觉着只有在最高潮时候的生命感是最够味的。"❶有人以为"最高潮时候的生命感"是指狂飙突进时期，火山喷发，波澜壮阔，而要表现这种感情便需用长篇巨章，类如《凤凰涅槃》、《地球，我的母亲！》才行，八句小诗只能作些泰戈尔式清新恬淡的抒情，我觉得这样说太绝对化了，《题毛主席在飞机中工作的摄影》就是一个反证。诗很短，但这是一首充满想象的诗，一首表现了革命现实主义和革命浪漫主义相结合的诗。诗要用形象思维，又要抒情，即使是叙事诗和议论诗也不例外，这是中国诗歌几千年来可贵的传统。郭老继承和发展了这个传统，创造性地推进了它，深化了它。下面再举《驼骆》一首：

　　　　　　驼骆，你沙漠的船，
　　　　　　你，有生命的山！
　　　　　　在黑暗中，
　　　　　　你昂头天外，

---

❶　《序我的诗》，《沸羹集》，1947年12月上海大孚出版公司版。

导引着旅行者，
走向黎明的地平线。

暴风雨来时，
旅行者
紧紧依靠着你，
渡过了艰难。
高贵的赠品呵，
生命和信念，
忘不了的温暖。

春风吹醒了绿洲，
贝拉树垂着甘果，
到处是草茵和醴泉。
优美的梦，
象粉蝶翩跹，
看到无边的漠地，
化为了良田。

看呵，璀璨的火云
已在天际弥漫，
长征不会有，
歇脚的一天，
纵使走到天尽头，
天外也还有乐园。

骆驼，你星际火箭，
你，有生命的导弹！
你给予了旅行者
以天样的大胆。
你请导引着向前，

永远，永远！

能够说这不是狂飙突进而只是清新恬淡吗？能够说这不是清新恬淡而只是狂飙突进吗？或者，能够说这就是狂飙突进加上清新恬淡的结果吗？不！一切陈旧的概念都解释不了崭新的创造！《驼骆》等诗反映了作者在诗歌创作上新的探索的开始。郭老在1920年说过："我也是最厌恶形式的人，素来也不十分讲究它。"❶我们说新，首先是指作者思想新，诗篇意境新，其次也要注意诗的由意境而带来的形式的新。几十年来辛勤不倦的创作实践说明了郭老对诗歌形式的关心。《驼骆》就证实了这一点。诗的开头在我们眼前展开一幅平沙漠漠夜色苍苍的一望无际的画面，极目天边，晴空万里，只有远处微明的地平线上，缓慢地却又坚定地移动着骆驼的背影，隆起着的，浮动着的，象一座座有生命的山，象一对对鼓满了海风的远帆，徐徐向前行进。诗人在这里成了出色的画家。他接着告诉我们，当风暴来临，天翻地覆，给旅行者造成极度困难的时候，又是骆驼给了温暖，它送来对于每个人说是两件分不开的高贵的赠品：生命和信念。

地上的生活变了。绿洲在春风吹拂中苏醒过来，芳草如茵，甘泉遍地，贝拉树挂上累累椰枣。人们有理由象栩栩的粉蝶一样做着优美的梦：沙漠有一天将全部变成良田。我们的诗人却在这时提出警告，他向远处指点，火云弥漫，正在威胁着芳草甘泉，长征不应有歇脚的一天；纵使走到天尽头，乐园之外也还有乐园。通过生活里不断革命、继续革命的现实要求，诗篇处处洋溢着作者思想深处迸发出来的辩证唯物主义的火花，并以个人特有的丰富的想象、夸张的笔法歌颂了昂首天外的骆驼，要求它象火箭，象导弹，永远率领旅行者向前，向前。郭老在这里表现了高度的信心，强烈的革命乐观主义的精神。和以前的诗作相比，《骆驼》有着显著不同的地方，它描写的不是一个期待，一个希望，一个追求，而是那些使人觉得现实的东西，实际可以把握得到的东西。生活里已经存在或者在蓬勃生长的东西。诗人以富于感染力的艺术形象，刻画了每一个细节，突出了全诗的中心思想。举例

---

❶《论诗》第三信《致宗白华》，《文艺论集》。

来说，诗篇第一节开头歌颂了：

> 骆驼，你沙漠的船，
> 你，有生命的山！

到了最后一节，又用同样的调子、同样的节拍、同样的韵脚进行歌颂，唱出了

> 骆驼，你星际火箭，
> 你，有生命的导弹！

不仅调子、节拍、韵脚完全相同，还在两处同样用了"有生命的"这个一字不差的词汇，唤醒读者的记忆，引起读者的联想，将前后的印象串联起来。当人们正在吟味低徊于一致的节奏旋律而感到无限陶醉的时候，作者瞒过读者，便自己的思想来了个由太古到现代的飞跃：从山到导弹，从沙漠船到星际火箭，一个多么大的飞跃啊！然而，这不光是作者思想的飞跃，同时也是时代和民族的飞跃。诗歌用重复句以增进旋律感和节奏感的例子很多很多，《骆驼》却采取了一种特殊的手法。作为一个新的探索，我想，这不能不说是诗人的匠心的创造吧。

近年以来，我和郭老的接触较少，虽相忘于江湖，这一点并不难于理解。郭老的每一篇新作，我仍然热心阅读，积极学习，爱好不减于四十几年之前。现在，郭老和我们永别了。当我提起笔来要表达自己一点哀思的时候，先入为主，我首先想到的是他的诗。我没有忘记他说过的话："我不大高兴别人称我为'诗人'，但我却喜欢诗。"❶郭老说的"诗人"打上引号，不是通常意义的诗人，所以他还是承认自己"喜欢诗"。我说的也不是通常意义的诗人，从更高的程度上说，我认为诗人应当是文学家、思想家、革命家的集合体，诗人正是一个卓越的无产阶级文化战士当之无愧的称号。自从毛主席对新诗的意见——特别是《给陈毅同志谈诗的一封信》发表以来，环顾宇内，对中国古典诗歌和民歌都有研

---

❶ 《序我的诗》，《沸羹集》。1947年12月上海大孚出版公司版。

究，在创作方法上勇于革命，勇于创新，能够遵循毛主席的指示，为中国新诗闯出一条新的道路——包括民族形式和新诗格律的诗人，莫过于我们大家敬爱的郭老，我因此更加渴望能读到他的新作。不幸郭老竟在这个时候离开了我们！以他的多才多能，党和人民期待他去完成的事情很多，在个人的感情上，恰如沾水小蜂，常不免执着一点。我总觉得在诗歌园地里，或者说在文艺领域内，实现毛主席的遗言，改变几十年来用白话写诗迄无成功的面貌，也不是一件小事情。郭老离开我们了。"忽反顾以流涕兮，哀高丘之无女。"今古同慨，真令人有说不出的悲痛与哀戚。

开一代诗风，我们大声疾呼：我们要有民族的诗人，我们要有时代的歌手！

1978年6月12—18日

（原载《诗刊》1978年8月号，第78卷）

批评郭沫若的处女诗集《女神》

郑伯奇

（一）

郭沫若君的处女诗集《女神》已于昨天出版了。

自新文学勃兴以来，这两三年间，也颇得许多收获品；只可惜这些，不是翻译，便是烧直，创作品是很少的。诗集，以前也虽出过两三部，大部分量很少，并且，说句不客气的话，艺术味也不大丰富。《女神》正当这时候，挺然露出她那优秀的姿质：实在是新文坛的一件可喜的事！出版界一件可喜的事！

此书标处为戏曲诗歌集，所收的除《女神之再生》、《湘累》、《棠棣之花》三部戏曲之外，四分之三以上，却是抒情诗，都是作者数年以来生命底 rythms 的鸣动。我们读这本小书的时候，这两三年中国思想界波动的情形，和在这潮流中，富于感受，富于创作的一个个性改变的影响，历历在我们的眼前展开了。

我说个性的影响，我是很尊重个性的。自从法国的戴纳、Taine 把生物学的原则加入文艺批评以来，布朗德斯（Branues）诸人发挥其说，一般人却不大注重个性，他们都武断文艺是时代的产物。中国人更不管这些，什么时代也好，个性也好，干我甚事，批评文学书不过我和自己脾胃的东西罢了。这种批评的态度未免太不严肃。就是鉴赏，也不免往往不能了解作品的真价值。

我是很重个性的，所以在戴纳所谓环境（广义的）以外，要求加入个性，即如中国这两三年来的思想变动，人人都受影响的，而这种影响的程度和色彩却各不相同。所以不同的原因，第一宜归于境遇，第二个应归于个性了。

（二）

郭沫若君的诗，据上海的朋友们讲，一般人不大十分了解，这原因大概就由于不晓得沫若君的境遇和个性所致。

沫若君的境遇，读过《三叶集》的人，大约都可以记得。他在高等学校的时候，同一个日本妇人发生了恋爱，以后两人便共同生活；这事情并不希奇。至于恋爱成功以后所受的种种苦恼，与他同病的人也正不少。但是《女神》所以必出于他的手里，我们就不能不归功于个性了。

一翻阅《女神》的人，所起的第一感想，便是作者是怎么矛盾的一个人的！我们听他自己说罢：

> 我是个偶像崇拜者哟！
> 我崇拜太阳，崇拜山岳，崇拜海洋；
> 我崇拜水，崇拜火，崇拜火山，崇拜伟大的江河；
> 我崇拜生，崇拜死，崇拜光明，崇拜黑夜；
> 我崇拜苏彝士，巴拿马，万里长城，金字塔；
> 我崇拜创造的精神，崇拜力，崇拜血，崇拜心脏；
> 我崇拜炸弹，拜崇悲哀，崇拜破坏；
> 我崇拜偶像破坏者，崇拜我！
> 我又是个偶像破坏者哟！
> ——《我是个偶像崇拜者》

是的，当我们这样血气正涌潮的时代，对于伟大的崇拜憧憬，都是是的；但是我们却不能如作者那么安心的。理智往往使我们自己怀疑，再不然也要求一个统一的概念。作者的感情可以打倒理智，所以这样原始的，新鲜的情绪可以保持，可以统一。作者的自我，完全是感情统一的，作者是一个 Passional，我希望读者须用 Passion 去读才可以。要是求知识的根据，理性（狭小的）的满足，读这书的只有堕于不可解之渊而大叫失望罢了。其实作者的作品中，自我完全在那里活跃，虽不必与他的"振动数相同的人"；与他们"燃烧点相等的人"也可以为他的感情"她们的心弦拨动。"

（三）

我读沫若君的新诗，最初是那首《死的诱惑》，记得去年春天某晚，大阪每日新闻的文刊上，标题"支那"，"新体诗"，先有一段小序，说明最近中国新文学发生的历史，后面便登《死的诱惑》的译文。日文所译是两节四行诗，诗形与原诗（这回才读的）不同，意义也有些出入。但是那译文却是很好，差不多要突过原作。当时我觉得很起兴会，以后便留意在报纸杂志上找，无意中在《时事新报·学灯》栏上发见沫若二字的名字。这不是《死的诱惑》的原作者吗？我留意读下去，便是《凤凰涅槃》，非常满足。以后便留意找着读，《晨安》，《地球，我的母亲！》，《三个泛神论者》，《独游太宰府》，《匪徒颂》诸篇却在那时读了的。以后我的兴会，断断不在作者了，因为诗形成了我当时的唯一问题，而作者的诗形太非我所想的，所以便再没有多读了。

不久田寿昌来京都访我，给我介绍了沫若，并把他们来往的信件给我看了，我才知道我所爱读的那位诗人的身世。呀！他便是郭开贞！不是我的畏友曾慕韩对我常提说的郭开贞吗？是的！他就是他，寿昌到福冈以后，我给寿昌转信，就给沫若写了封信，并把我的《别后》一篇，寄给他们俩看。以后我们俩常常通信，他有新作必寄给我看，我也如此；所以我就不再在报上找着看他的诗了。第三辑的大半，第二辑的几篇，和《女神之再生》，《棠棣之花》我都先读过。大多数很和我的脾胃，因为那时候他已不复作《天狗》、《晨安》的那种调子了。但是不久我很怀疑我对于诗形的那种成见，沫若来信也说他要打破诗形的拘束；以后沫若的诗愈流动了，读者读《霁月》，《晨安》，《春之胎动》，《日暮的婚筵》，《黄埔江口》，《蜜桑索罗普之夜歌》及《游西湖》的几首，系知我此言已不谬。

讲到诗形，我便想起宗白华君给郭沫若的信，他把郭沫若与康白情比较批评了。他给郭沫若的信说过："你诗形式的美同康白情的正相反，他有些诗，形式构造方面嫌过复杂，使人读了有点麻烦；你的诗又嫌简单固定了点，还欠点流动曲折，所以我盼望你考察一下，研究一下。"我相信读者读《凤凰涅槃》，《晨安》，《地球，我的母亲！》，几篇也定起这样感想。而《凤凰涅槃》尤甚，但是据作者自己讲，那篇多用重复的调子，原是表现"涅槃"后的那种不可言状的情形，和更生后鼓翼天空的声响的。这说明自是一番道理，作者那时生命的 Pythm，实有一种健翼直举的样子。白华君又说："你小诗的意境也都不坏，只是构造方面还要曲折优美一点，同做词中小令一样，要意简而曲，词少而工。"作者以后的诗就颇曲折优美了。如《别离》，《雾月》，《晨安》等第三辑所收的都是这样，而《游西湖》诸诗尤佳。

（四）

作者的思想怎样？人生观如何？这是读者很想知道的。请看他的自述罢：

"我爱我国的庄子，
因为我爱他的 Pantheism，
因为我爱他是靠打草鞋吃饭的人。
我爱荷兰的 Spinots，
因为我爱他的 Pantheism，
因为我爱他是靠磨镜片吃饭的人。
我爱印度的 Kahir
因为我爱他的 Pantheism
因为我爱他是靠编渔网吃饭的人。"

——《三个泛神论者》

作者已经自己表明是一个泛神论者了，他已经表明他爱庄子了。

《地球，我的母亲！》以下各篇，就是他这思想的具体表现；所以他说：

"地球，我的母亲！
我羡慕那一切草木，我的同胞，你的儿孙……
——《地球，我的母亲！》

他又想：

地球，我的母亲！
我想宇宙中的一切现象都是你的化身，
雷霆是你呼喊的声威，
雪雨是你血液的飞腾。
——《地球，我的母亲！》

他又听：

地球，我的母亲！
我听着一切的声音言笑，
我知道那是你的歌，
特为安慰我的灵魂。
——《地球，我的母亲！》

他又看了！他又感觉了！但是最奇的是

楼头的檐霤……
可不是我全身的血液？
——《雪湖》

这样的奇闻。但是主张泛神论的，自然是这样了。

作者是喜欢庄子，而一方面又受过科学的洗礼，所以不流入玄虚。不仅如此，他并且很现实的；他不是说：

> 我只不羡慕那空中的飞鸟；
> 他们离了你要在空中飞行。
>
> ——《地球，我的母亲!》

他既然立脚现实，必然不能离开现实世界，那么，这世界上种种不平，不良的现象就要刺激他了。所以第一个，他先反抗强权。鼓吹破坏现状。《巨炮之教训》、《匪徒颂》、《胜利的死》都是鼓吹这思想的。而《女神之再生》和《棠棣之花》，更是此种思想的结晶品了。

他既然立足现实，便不能不赞美科学，赞美物质文明。他向地球说：

> 我羡慕的是你的宠子，那炭坑里的工人,
> 他们是全人类的 Prometheus
>
> ——《地球，我的母亲!》

他又对轮船叫道：

> "哦哦，二十世纪的名花！
> 近代文明的严母呀！"
>
> ——《笔立山头展望》

他这种思想，在近代人心中都有的，而他受惠特曼的影响正有不少，所以他唤"晨安"的时候，华盛顿林肯之下就叫惠特曼，他说：

> "啊啊！惠特曼呀！惠特曼呀！太平洋一样的惠特曼呀！"
>
> ——《晨安》

这时候，他把歌德——他最肯称引的——就忘记了。但是他并未忘太戈尔，毕竟他东方的思想很深。你看《夜》和《死》，不是印度思想的产物吗？

（五）

　　再把鉴赏的眼光来观察，这本小书，收了许多好诗。我最喜爱的是《地球，我的母亲！》、《凤凰涅槃》、《夜步十里松原》、《死》、《别离》、《立在地球边上放号》、《蜜桑索罗普之夜歌》、《霁月》、《晨安》、《春之胎动》、《日暮的婚筵》、《黄埔江口》、《西湖纪游》诸首。

　　现在讲他的诗剧——剧曲——了。我记得《女神之再生》、《棠棣之花》的草稿初成，寄给我的时候，我每次必约几位好朋友同看，颇有人说，读此类剧，使人想起 Lranlvo 一种的中古气韵。他们的意志必以为没有现代化的原故。我也主张历史剧须现代化的，但是若不然的时候，总希望把古代的气韵复活，就一般人的那样批评看来，沫若的诗剧，这部分是成功的了。他现在草的《李陵与苏武》剧，我希望他也本此精神，彻底做成。

　　此书的编次未全按写作的年月，我觉得是个缺点。作者的意志，由诗的性质来分集，可以使人了解容易；但是读者不能窥见作者进化的痕迹，或许更不易解呢。

　　两三年的新文坛，得那样的收获，很可以满足了。我对于作者表示谢意，我同时希望一般新作家，就自己有自信著作，努力发表；我更希望已成的诗集如《草儿集》之类，也赶快出版。

1921.8.16. 上海

（原载1921年8月21日，22日，23日
《时事新报·学灯》评论栏）

致读《女神》者

资 平

好友们问我读《女神》后的感想，我说没有感想，只有"读了再读，再读之后三读，上学时在电车里也读，在研究室里休息时也读，读到几处会使我心弦振动的地方，我便下泪。"这几句可以拿来做《女神》的书后。

我也不是对《女神》绝对的无感想，不过没有真正的感想，就有点感想也散漫得很，不能系统地叙述出来；因为《女神》里头的东西大半收存在我的《来鸿》箧——我有一个小箧专收存友人来的书信，命名《来鸿》——里。二三年前早即读过，要叫我追忆以前的感想写出来固然不能，拿现在的感想当做我的真正感想也有不妥，因为"我"已经有点变异了。读一种作品，过去的感想会和现在的感想不同，那么现在的感想就难保证和未来的感想一致了哟！所以我还是不说感想好，我只具体地说几句给读《女神》的诸君参看下，助助兴趣。

《女神》的真价不待人批评而后显露的。我的好友沈敦辉君说《女神》是新诗界创作中的杰作，能使一般不饱和的新诗人自惭形秽。他的评语对不对，我且不去理他；不过《女神》里头，确有一种特征；这特征就是能同化 Goethse Sehiller Heine Byron Browning 等各专有的特色于一炉！

我今把《女神》里面我喜欢读的，注意的地方分写在后面。

《女神之再生》听说曾登《民锋》杂志上，那时就想读，后来因为买不到借不到，就没有读了。直到《女神》出现后，才和她会面。我推想《女神之再生》的精神都在篇首著者所引用的 goetbe 的诗里面含蓄着，尤当注意最后的一句 Das Enig-Weib-Liche zieht llns hinan！

"南征！""北战！""吊民伐罪！""诛彼独夫！""援某省呀！""讨某阀身！"何曾为人，都是为己！十年来叫嚣喧吵，都是"罪恶的高鸣"！

颛顼或比共工强些，但他一听"万岁"之声，便如饮醇醪，分不出皂白了！颛顼的党徒和共工的党徒以暴力制人，所区别的不过一胜一负罢了！颛顼的党徒不见得比共工的党徒强罢！

由他们争斗所发生的结果是北方受饥寒的灾民和南方受刀兵之劫的灾民！

颛顼是靠不住的！"那样五色的东西此后莫中用了！"

"我们脚下到处都是男性的残骸呀！"

你们想救还没有死完的，可怜的农人和牧童么？那么你们要快点起来去求光！去求新造的太阳！不要靠东，不要靠西，不要依南，不要赖北！

能够关心怜悯我们——世界上顶可怜的国民——对我们的苦境抱同情的是《女神之再生》！能够与我们以 hint，不要藉政府之力去改造，只藉你们固有的，天赋的本能去改造的也是《女神之再生》！

我国对剧的研究本不发达，诗剧尤为凤毛麟角——可以说完全没有——的诗剧界得这篇《女神之再生》，做先锋去开辟路径，真是可喜的事，不过若当做平平凡凡的一篇诗剧读下去，那就白费了著者的一片苦心了！

我还想多说几句，但我怕一般抱偏狭的爱国主义——死的爱国主义——的人，为民贼们出死力，做政府的奴隶的人骂我，我不说了罢！

《湘累》载《学艺》二卷十号。是纯文艺作品，人物好，背景也好。拿洞庭湖做背景是《湘累》的特长，如果真的排演，幕开的时候何等美丽！可惜没有作曲家，就算有名优也怕不容易发挥《湘累》的真价。

著者论《湘累》的信也登《学艺》二卷十号的通讯栏内，读者诸君可取来参看，不必要我多说了。

我最喜欢读的是第24页的"啊啊！我倦了……好寥廓境地呀！"一段，不知读者诸君有同感么？

我中国太少有泪的人，也少有泪的诗，尤少有泪的新诗！我望读

者把

　　九嶷山上的白云有聚有消。
　　洞庭湖中的流水有汐有潮。
　　我们心中的愁云呀，啊！
　　我们眼中的泪涛呀，啊！
　　永远不能消！
　　永远只是潮！

多读几遍好做泪潮的材料！

　　　　　　　　1922.1.19. 夜于东京郊外旅舍

（原载1922年4月11日《文学旬刊》第34期，创作坛杂评栏）

女神之生日

郁达夫

　　Holmes 所讥讽的 Mutnal admiration（互相标榜）原是文人所应避免的态度，但是互相倾轧，也不是文人所宜做的事情。我们中国人的"同行忌妒"的倾向，是古代传下来的恶习惯的一种，王渔洋说"文人自古善相轻"，可见这恶习惯在文人社会里更加厉害。虫鱼禽兽，都要互相扶助，才能保持他们的社会，我们人类中间最灵秀的分子所集合的文人阶级，倒还不能免掉这一种恶习，岂不是我们的一大耻辱么？

　　大约是因为想维持文艺的尊严，保存文人的人格的缘故，外国的文学阶级，所以每有种种集合和组织，但中国自从新文化运动开始以后，各人都岌岌于自家的地位与利益，只知党同伐异，不知开诚布公，到了目下，终至演出甲派与乙派争辩，A 团与 B 团谩骂的一种怪现象来。长此以往，我怕几种登载文艺的新闻杂志，都要变成了骂人的机关，将来我们中国的文学，都要变成英国 Pops 时代式的谩骂文学了。争辩是学术进步上所必需的，有了 Sophists 的诡辩，才发生了 Secrates，Peato，Aristotle 的正统哲学，有了 Voltaire 的雄谈，才有庄严灿烂的十九世纪的法国文学。但是同下我们中国的争辩，都是与中心问题不相干的瞎骂讥讪。——譬如批评人家的评论和创作的时候，不说这创作在你处是不合文学的体裁，这评论在何处犯了理论的错误，却只说那作家是如何如何的一个人，那评论所批评的并不是自家，这样的辩明之后，最后讲几句俏皮话就算是一个结论。——我想这一种风气，虽是在启蒙时代所难免的，但也须有一个限制才好。须知我们的唇舌在骂人之外，还有摄取食物的一个天职存在，专门把在机能的一方面使用了，未免有些偏重，所以我想提议，凡我们想研究文学的人，以后还须在根本上用些功夫，做些事业出来，不要专在枝叶的问题上费尽了我们的心力。

我因为从大局着想，想为我们中国将来的文学，筑一些基础，在罗马城址上加一块石头，所以想请目下散在的研究文学的人，大家聚拢来谈谈，好把微细的感情问题，偏于一党一派的私见，融和融和，立个将来的百年大计。我正在计划这事的时候，却好得了本栏的编辑柯一岑君的赞同，我的计划，于是乎就实现了。

既然要谋这样的集合，非要寻个不失于夸张，不流于自卑的名目不可；我想了许久，才想起了郭沫若君的《女神》的生日，外国的文人，无论是什么主义什么派的文人，有一册著作出世的时候，大家每有为他或她开会纪念的事情。我们推想这种会合的起源，似乎不仅限于由互相标榜的劣情发生的，大抵也不过使大家聚合一次，谈谈大体的方针，谋一宵的欢乐罢了。是以因柯君的赞同，我的计划得了实行的机会，因想实行我的计划的缘故，我才想着了郭沫若君的《女神》出版的日子，于是《女神》生日纪念会的事情就此决定了。

《女神》的真价如何？因为郭沫若君是我的好友，我也不敢乱说，但是有一件事情，我想谁也应该承认的，就是，"完全脱离旧诗的羁绊自《女神》始"的一段功绩。

我们不能说郭君是文学革命的开拓者，但是他在新诗方面所成的事业我们也不能完全抹杀。所以这一次于《女神》出版后一周年的8月5日的晚上，我们研究文学的人大家聚集一次，开诚布公地谈谈我们胸中所蕴积的言语，同心协力地想个以后可以巩固我们中国新文学的方略，似乎于名目上实际上，也很讲得过去，我希望与我的才志相合的人，都能赞成我的这一次的提议。

1922年7月31日　上海

（原载1922年8月2日《学灯》第1版）

"新诗坛上一颗炸弹"

素 数

　　近来批评新诗的文学，却也累牍连篇，到处飞舞。《创造周报》上有成仿吾君的，《努力周报》上有徐志摩的，最近《文学周刊》上，又有《新诗坛上一颗炸弹》一文，作者是张友君写。谈成仿吾君的那篇文字，在理论上虽承认他能自完其说，那一阵阵暴风雨般的气息，使心灵飘落者不能卒读。读徐志摩的那篇题名为《假诗坏诗……》的，只觉得太"杂记"了。《新诗坛上的一颗炸弹》，读完却有些发狂。存在的就都要毁谤了去，目空眼前的一切而张口说真的新诗来创造出的大话，而自己又没有完全的真的新诗底观念，从那文窥测进去，只有些破碎不完的我见：这些都使我对作者有些太疯狂了，太神经质了，或是心有余而力不足的猜测。

　　谈那篇文，最容易最先感到的一点错误，就是过于从形式上求新诗，不知从内容上求新诗。结果，又因为自己学力底低微，心灵底呆拙，当然是很过意不去的了。近来诗坛上是有这般趋向，想从形式方面来完成新诗。须知形式内容是一致的；不知从自己底心灵上求丰富，却拘拘于句底长短，韵底有无这般想做到新诗底完成境地，未免是南辕而北辙吧。在这般的趋向内，张君就也产生了他底炸弹。张君从诗底历史上看，说"惟有如今诗一承往前。并无什么变易呀！"张君因康白情底《江南》曾有人说他是自由诗，他说"橘儿担着，驴儿赶着，兰袄儿穿着，板桥儿给他们过着。难道这些古文的倒装句就算得自由诗么？"张君又用"有声有韵的上品可惜又脱不了词底调儿"的话儿来批评郭沫若君底"Venus"。他又从诗的锐进的时期，举出几首来做代表，比较比较。他因为只知从诗的形式方面来求新诗，而过去的新诗内，据"形式姑不管"底推测，知道过去的新诗底形式是受他底怀疑的；他只"举例，全要有音韵的；"他于是举了胡适底《云色满空山》，胡怀琛的《昨日蚕一眠》。后来他又举了没有音韵的诗：郭沫若的《上海印象》，康白情《滴滴琴泉》，俞平伯的《真否齌的他》，汪静之的《呀！我牺牲那个呢？》，叶绍钧的《儿学执菩萨》，徐玉诺的《在黑暗而且寂寞的夜间》，冰心的《渔娃》，张近芬的《轻轻地踏雪》。过从形式来求新诗，本已是错误；而且是从作者所加于各诗底评语内，也有些为我所不能同意的地方。说郭沫若的"Venus"，脱不了词儿调儿，说康白情的"橘儿担着"几句是用得古文的倒装句法就不是自由诗，这些我都有些意见。在事实上，人不能摆脱古人一切所遗传我们的东西；除陈腐的我们不愿意再遭遇的外，实在也无摆脱的必要。我们此刻所要发泄的情绪，是合于词的调儿的，我应当就用词的调儿来传达。我现在所要写的，应当用倒装句法，就用倒装句法；何况倒装句法非古文所专？有过去的精神，我们不要全般依样；我们要用现代的自我的精神，来化合过去的精神，创成现在的自我的精神；因为人生是决不能离过去而存在。在"橘儿担着"和"Venns"，我却承认了现代的他们自我的诗了。虽脱离不了词的调儿，虽用得是古文的倒装句法，那已有新的意味。"既无音"；"韵是人籁，音节实在是天籁"；这般的学说，已使人难解；他后来又说"有音韵的，由蚕眠时代到了郭沫若的女神时代，便算告一段落，截然为止了。"真不知音，韵，音节，音韵，在张君底心目中，是怎样一种物事，音节在诗上底功用，是使诗内含有歌的能力。诗内所要传达的情思，得了音节底帮助，就更会鲜明的活泼的传达出来；就是不独视觉得了诗所传达的，听觉也得了诗所传达的，使读者更利害的感染到作者底情思了！所以音节上要注意的，就是要使与该诗所传达的情思一致；此诗所传达的情思，是苍凉或低迷，那音节也必须是苍凉或低迷；此诗所传达的情思是悲愤或慷慨，那音节也必须是悲愤或慷慨，作者期望做到这般的地位，最高明的路，是任心底涟漪自若地开展，把情思自然的贴到纸上来；这般，情思底音节，也就做了诗底音节了。押韵，硬用双声，无论位置如何，往往是得到反对的结果。张君那颗炸弹内，所有的关于音节的话，似乎都与我上面所说的不同。郭沫若的《上海印象》，张君这般评，"这一首诗的艺术也恶劣极了，全用些生硬的字。"在此地，我们又见出张君底诗底艺术与诗底实质的观念，是分离得太辽远了。用些生硬的字，在应当用的时候，正是艺术底高明。由文字组成来发表情思的作品，他底风格，当然时常因形式与实质为转移；因为在根本上二者是二而一的，所以好的诗，形式与实质必是时常一致的。郭君受上海印象底刺激，心胸中贮满愤慨与悲哀，已有如蜀道底崎岖，已有如危岩断壁底突兀；形式上充满生硬的字，却恰当能表现出，这般的意境了。若永不用生硬的字，则诗坛上永只有缠绵婉转一类的诗，是多么的单调而寂寞呢？风波不起的湖面，或狂风雨飘急的湖面；娇羞如少女的蓓蕾，大张红唇的牵牛花；血红飞涨而回眸热望的太阳，玄夜辗尽碧落的月：他们都各有一致的形式与存在，来表现他们自己底情调。我们不要筑壁墙在自己底心头，使自己不能沐浴在宇宙底恩泽里；我们应丰富内心的生活，使我们能有领受一切礼物底愉快。张君后来又说汪静之的《呀，我牺牲那个呢》，是"成了纤微娇嫩的调子"，又说纤微娇嫩的调子，便是"没煞意思了"。原来他是这般的呆拙呀！

近来评坛上，时常发现盛气逼人的强者。能于学理有所根据，能于事实有所根据，能公平的批评，就带几分盛气，也不为过。因为疾恶如仇，能有灭此朝食的决心，能有吞之噬之的勇敢，却正是我所崇拜的人。退一步讲，能持之有故，言之成理的，自己讲得通达的，为尊重我们青年人自己底意见，却也有发表的必要。在过去的诗内，虽不无很坏的，也不致无一首完成的。草儿内的《鸭绿江以东》，《天亮了么》，冬夜内的《凄然》，女神内的《胜利的死》，却总是不朽的诗。说草儿是一堆草，说冬夜只是一堆野草，也总太抹煞事实吧！因为"疾恶如仇"因是勇为，若所疾非恶而如仇，那未免是狂妄。中国今日，士气实在太消沉了；但我所希望的，却不是这般的士气。这般的士气，实在有毁灭的必要！我们瞎着眼睛批评一切，狂骂一切，这种行为，小孩子也都能做到；我们要有能力看到底细，要有能力理会分别一切，我们然后再批评。感情的燃烧固我所热待的；但糊涂的燃烧起来，却不值得做旁人嗤笑的资料的！近来新诗底朽腐，我也承认，但张君只破碎的饶饶的说,我觉得全未搔着痒处,半是拾人牙慧,半是无理谩骂之词吧了!(这样就造成了炸弹)这种炸弹,是软而无力,是冒昧而无实效。再如张君在首段有云:"因为一般的作者,从未估定文艺的新价值,闭起大门来,各人走各人的道儿、各抱着各的唯我主义,却忘了艺术是公有的",这是怎么说法呀!我期待恶毒的骂声的飞临!

(原载1923年7月9日《时事新报·学灯》学生论坛栏)

《女神》之时代精神

闻一多

若讲新诗，郭沫若君的诗才配称新呢！不独艺术上他的作品与旧诗词相去最远，最要紧的是他的精神完全是时代的精神——二十世纪底时代的精神。有人讲文艺作品是时代底产儿。《女神》真不愧为时代底一个肖子。

（一）二十世纪是个动的世纪。这种的精神映射于《女神》中最为明显。《笔立山头展望》最是一个好例——

> 大都会底脉搏呀！
> 生底鼓动呀！
> 打着在，吹着在，叫着在，……
> 喷着在，飞着在，跳着在……
> 四面的天郊烟幕朦胧了！
> 我的心脏呀，快要跳出口来了！
> 哦哦，山岳的波涛，瓦屋底波涛，
> 涌着在，涌着在，涌着在，涌着在呀！
> 万籁共鸣的 Symphony，
> 自然与人生的婚礼呀！
> ………

恐怕没有别的东西比火车底飞跑同轮船的鼓进（阅《新生》与《笔

立山头展望》）再能叫出郭君心里那种压不平的活动之欲罢？再看这一段招供——

> 今天天气甚好，火车在青翠的田畴中急行，好象个勇猛沉毅的少年向着希望弥满的前途努力奋迈的一般。飞！飞！一切青翠的生命，灿烂的光波在我们眼前飞舞。飞！飞！飞！我的自己融化在这个磅礴雄浑的 rhythm 中去了！我同火车全体，大自然全体，完全合而为一了！我凭着车窗望着旋回飞舞着的自然，听着车轮鞾鞑的进行调，痛快！痛快！……
> ——《与宗白华书》见《三叶集》138页。

这种动的本能是近代文明一切的事业之母，他是近代文明之细胞核。郭沫若底这种特质使他根本上异于我国往古之诗人。比之陶潜之——

> 结庐在人境，而无车马喧。

一则极端之动，一则极端之静，静到

> 心远地自偏，

隐遁遂成一个赘疣的手续了，——于是白居易可以高唱着——

> 大隐隐朝市，

苏轼也可以笑那"北山猿鹤漫移文"了。

（二）二十世纪是个反抗的世纪。"自由"底伸张给了我们一个对待权威的利器，因此革命流血成了现代文明底一个特色了。《女神》中这种精神更了如指掌。只看《匪徒颂》里的。——

> 一切……革命的匪徒们呀！

万岁！万岁！万岁！

那是何等激越的精神，直要骇得金脸的尊者在宝座上发抖了哦。《胜利的死》真是血与泪的结晶；拜伦，康沫尔底灵火又在我们的诗人底胸中烧着了！

你暗淡无光的月轮哟！我希望我们这阴莽莽的地球，在这一刹那间，早早同你一样冰化！

啊！这又是何等地疾愤！何等地悲哀！何等地沉痛！——

汪洋的大海正在唱着他悲壮的哀歌，
穹隆无际的青天已经哭红了他的脸面，
远远的西方，太阳沉没了！——
悲壮的死哟！金光灿烂的死哟！凯旋同等的死哟！胜利的死哟！
兼爱无私的死神！我感谢你哟！你把我敬爱无暨的马克司威尼早早救了！
自由底战士，马克司威尼，你表示出我们人类意志底权威如此伟大！
我感谢你呀！赞美你呀！"自由"从此不死了！
夜幕闭了后的月轮哟！何等光明呀！……

（三）《女神》底诗人本是一位医学专家。《女神》里富有科学底成分也是无足怪的。况且真艺术与真科学本是携手进行的呢。然而这里又可以见出《女神》里的近代精神了。略微举几个例——

你去，去寻那与我的振动数相同的人；
你去，去寻那与我的燃烧点相等的人。

——《序诗》

否，否。不然！是地球在自转，公转，
————《金字塔》

我是 X 光线的光，
我是全宇宙底 energy 底总量！
————《天狗》

我想我的前身，
原本是有用的栋梁，
我活埋在地底多年，
到今朝才得重见天光。
————《炉中煤》

你暗淡无光的月轮哟！……早早同你一样冰化！
————《胜利的死》

至于这些句子象——
我要把我的声带唱破！
————《梅花树下醉歌》

我的一枝枝的神经纤维在身中战栗。
————《夜步十里松原》

还有散见于集中的许多人体上的名词如脑筋，骨髓，血液，呼吸，……更完完全全的是一个西洋的 doctor 底口吻了。上举各例还不过诗中所运用之科学知识，见于形式上的。至于那讴歌机械底地方更当发源于一种内在的科学精神。在我们的诗人底眼里，轮船底烟筒开着了黑色的牡丹是"近代文明底严母"，太阳是亚波罗坐的摩托车前的明灯；诗人底心同太阳是"一座公司底电灯"；云日更迭的掩映是同探海灯转着一样；火车的飞跑同于"勇猛沉毅的少年"之努力，在他眼里机械已不是一些无生的物具，是有意识有生机如同人神一样。机械的丑恶性已被忽略了；在幻象同感情底魔术之下他已穿上美丽的衣裳了呢。

　　这种伎俩恐怕非一个以科学家兼诗人底不办。因为先要解透了科学亲近了科学，跟他有了同情，然后才能驯服他于艺术底指挥之下。

　　（四）科学底发达使交通的器械将全世界人类底互相关系捆得更紧了。因有史以来世界之大同的色彩没有象今日这样鲜明的。郭沫若底《晨安》更是这种 cosmopolitanism 底证据了。《匪徒颂》也有同样的原质，但不是那样明显。即如《女神》全集中所用的方言也就有四种了。他所称引的民族，有黄人，有白人，还有"有火一样心肠"的黑奴。他所运用的地名散满于亚美欧非四大洲。原来这种在西洋文学里不算什么。但同我们的新文学比起来，才见得是个稀少的原质，同我们的旧文学比起来更不用讲是破天荒了。啊！诗人不肯限于国界，却要做世界底一员了；他遂喊道——

　　　　晨安！梳人灵魂的晨风呀！
　　　　晨风呀！你请把我的声音传到四方去罢！
　　　　　　　　　　　　　　　——《晨安》

　　（五）物质文明底结果便是绝望与消极。然而人类底灵魂究竟没有死，在这绝望与消极之中又时时忘不了一种挣扎抖擞底动作。二十世纪是个悲哀与兴奋底世纪。二十世纪是黑暗的世界，但这黑暗是先导黎明的黑暗。二十世纪是死的世界，但这死是预言更生的死。这样便是二十世纪，尤其是二十世纪底中国。

　　　　流不尽的眼泪，
　　　　洗不尽的污浊，
　　　　浇不熄的情炎，
　　　　荡不去的羞辱，
　　　　　　　　　　——《凤凰涅槃》

　　不是这位诗人独有的，乃是有生之伦，尤其是青年们所同有的。但别处的青年虽一样地富有眼泪，污浊，情炎，羞辱，恐怕他们自己觉得并不十分真切。只有现在的中国青年——"五四"后之中国青年，他们的烦恼悲哀真象火一样烧着，潮一样涌着，他们觉得这"冷酷如铁"，"黑暗如漆"，"腥秽如血"的宇宙真一秒钟也羁留不得了。他们厌这世界，也厌他们自己。于是急躁者归于自杀，忍耐者力图革新。革新者又觉得意志总敌不住冲动，则抖擞起来，又跌倒下去了。但是他们太溺爱生活了，爱他的甜处，也爱他的辣处。他们决不肯脱逃，也不肯降服。他们的心里只塞满了叫不出的苦，喊不尽的哀。他们的心快塞破了。忽地一个人用海涛底音调，雷霆的声响替他们全盘唱出来了。这个人便是郭沫若，他所唱的就是《女神》。难怪个个中国青年读《女神》没有不椎膺顿足同《湘累》里的屈原那样同声叫道——

    哦，好悲切的歌词，唱得我也流泪起来了。
    流吧！流吧！我生命的泉水呀！你一并流了出来，
    好象把我全身底烈火都烧熄了的一样。
    ……你这不可思议的内在的灵泉，你又把我甦活转来了！

  啊！现代的青年是血与泪的青年，忏悔与兴奋的青年。《女神》是血与泪的诗，忏悔与兴奋的诗。田汉君在给《女神》之作者的信讲得对："与其说你有诗才，无宁说你有诗魂，因为你的诗首首都是你的血，你的泪，你的自叙传，你的忏悔录啊！"但是丹穴山上底香木不只焚毁了诗人的旧形体，并连现时一切的青年底形骸都毁掉了。凤凰底涅槃是一切的青年底涅槃。凤凰不是唱道？——

    我们更生了！
    我们更生了！
    一切的一，更生了。
    一的一切，更生了。
    我们便是他，他们便是我。
    我中也有你，你中也有我。
    我便是你。
    你便是我。

奇怪得很，北社编的《新诗年选》编取了《死的诱惑》作《女神》底代表之一。他们非但不懂读诗，并且不会观人。《女神》底作者岂是那样软弱的消极者吗？

> 你去！去在我可爱的青年的兄弟姐妹胸中；
> 把他们的心弦拨动，
> 把他们的智光点燃吧！
> ——《序诗》

假若《女神》里尽是《死底诱惑》一类东西，恐怕兄弟姐妹底心弦都被他割断，智光却被他扑灭了呢！

原来蹈恶犯罪是人之常情。人不怕有罪恶，只怕有罪恶而甘于罪恶，那便终古沉沦于死亡之渊里了。人类底价值在能忏悔，能革新。世界底文化也不过由这一点发生的。忏悔是美德中最美的，他是一切的光明底源头。他是尺蠖的灵魂渴求展伸底表象。

> 唉，泥上的脚印！
> 你好象是我灵魂儿的象征！
> 你自陷入泥涂，
> 你自会受人踩躏。
> 唉，我的灵魂！
> 你快登上山顶！
> ——《登临》

所以在这里我们的诗人不独喊出人人心中底热情来，而且喊出人人心中最神圣的一种热情呢！

（选自1955年3月人民文学出版社《闻一多诗文选集》）
（原载1923年6月3日《创造周报》第4号第3页）

《女神》之地方色彩

闻一多

现在的一般新诗人——新是作时髦解的新——似乎有一种欧化底狂癖，他们的创造中国新诗底鹄的，原来就是要把新诗做成完全的西文诗（有位作者曾在"诗"里讲道，他所谓后期底作品，"已与以前不同而和西洋诗相似"，他认为这是新诗底一步进程，……是件可喜的事）。《女神》不独形式十分欧化，而且精神也十分欧化的了。《女神》当然在一般人的眼光里要算新诗进化期中已经成熟的作品了。

但是我从头到今，对于新诗底意见似乎有些不同。我总以为新诗径直是"新"的，不但新于中国固有的诗，而且新于西方固有的诗；换言之，他不要做纯粹的本地诗，但还要保存本地的色彩，他不要做纯粹的外洋诗，但又尽量的呼吸外洋诗的长处；他要做中西艺术结婚后产生的宁馨儿。我以为诗同一切的艺术应是时代底经线，同地方纬线所编织成的一匹锦；因为艺术不管他是生活的批评也好，是生命的表现也好，总是从生命产生出来的，而生命又不过时间与空间两个东西底势力所遗下的脚印罢了。在寻常的方言中有"时代精神"同"地方色彩"两个名词，艺术家又常讲自创力（originality），各作家有各作家的时代与地方，各团体有各团体的时代与地方，各不相同；这样自创力自然有发生的可能了。我们的新诗人若时时不忘我们的"今时"同我们的"此地"，我们自会有了自创力，我们的作品自既不同于今日以前的旧艺术，又不同于中国以外的洋艺术。这个才是我们翘望默祷的新艺术了！

我们的旧诗大体上看来太没有时代精神的变化了，从唐朝起，我们的诗发育到成年时期了，以后便似乎不大肯长了，直到这回革命以前，诗底形式同精神还差不多是当初那个老模样（词曲同诗相去实不甚远，现行的新诗却大不同了）。不独艺术为然，我们的文化底全体也是这样，好象吃了长生不老的金丹似的。新思潮底波动便是我们需求时代精神的觉悟。于是一变而矫枉过正，到了如今，一味地时髦是鹜，似乎又把"此地"两字忘到踪影不见了。现在的新诗中有的是"德谟克拉西"，有的是太戈尔、亚坡罗，有的是"心弦""洗礼"等洋名词。但是，我们的中国在哪里？我的四千年的华胄在哪里？哪里是我们的大江，黄河，昆仑，泰山，洞庭，西子？又哪里是我们的《三百篇》，《楚骚》，李，杜，苏，陆？《女神》关于这一点还不算罪大恶极，但多半的时候在他的抒情的诸作里他并不强似别人。《女神》中所用的典故，西方的比中国的多多了，例如 Apollo, Venus, Cupid, Bacchus, Prometheus, Hygeia, ……是属于神话的；其余属于历史的更不胜枚举了。《女神》中底西洋的事物名词处处都是，数都不知从哪里数起。《凤凰涅槃》底凤凰是天方国底"非尼克司"，并非中华的凤凰。诗人观画观的是 Millet 底 Shepherdess，赞象赞的是 Beethoven 底象。他所羡慕的工人是炭坑里的工人，不是人力车夫。他听鸡声，不想着簧底律吕而想着 Orchestra 底音乐。地球的自转公转，在他看来，"就好象一个跳着舞的女郎"，太阳又"同那月桂冠儿一样"。他的心思分驰时，他又"好象个受着磔刑的耶稣"，他又说他的胸中象个黑奴。当然《女神》产生的时候，作者是在一个盲从欧化的日本，他的环境当然差不多是西洋的环境，而且他读的书又是西洋的书；无怪他所见闻，所想念的都是西洋的东西。但我还以为这是一个非常的例子，差不多是个畸形的情况。若我在郭君底地位，我定要用一种非常的态度去应付，节制这种非常的情况。这便是我要时时刻刻想着我是个中国人，我要做新诗，但是中国的新诗，我并不要做个西洋人说中国话，也不要人们误会我的作品是翻译的西文诗；那末我著作时，庶不致这样随便了。郭君是个不相信"做"诗的人，我也不相信没有得着诗的灵感者就可以从揉炼字句中作出好诗来。但郭君这种过于欧化的毛病也许就是太不"做"诗的结果。选择是创造艺术底程序中最紧要的一层手续，自然的不都是美的；美不是现成的。其实没有选择便没有艺术，因为那样便无以鉴别美丑了。

《女神》还有一个最明显的缺憾，那便是诗中夹用可以不用的西洋文字了。《雪朝》、《演奏会上》两首诗径直是中英合璧了。我们以为很多的英文字实没有用原文底必要。如 pamheism，rhythm，energy，disillusion，orchestra，pioneer 都不是完全不能翻译的，并且有的在本集中他处已经用过译文的，实在很多次数，他用原文，并非因为意义不能翻译的关系，乃因音节关系，例如——

> 我是全宇宙底 energy 底总量。

象这种地方的的确确是兴会到了，信口而出，到了那地方似乎为音节的圆满起见，一个单音是不够的，于是就以"恩勒结"（energy）三个音代"力"底一个音。无论作者有意地欧化诗体，或无意地失于检点，这总是有点讲不大过去的。这虽是小地方，但一个成熟的艺术家，自有余裕的精力顾到这里，以谋其作品之完美。所以我的批评也许不算过分吧？我前面提到《女神》之薄于地方色彩底原因是在其作者所居的环境。但环境从来没有对于艺术产品之性质负过完全责任，因为单是环境不能产生艺术。所以我想日本底环境固应对《女神》的内容负一分责任，但此外定还有别的关系。这个关系我疑心或者就是《女神》之作者对于中国文化之隔膜。我们前篇已经看到《女神》怎样富于近代精神。近代精神——即西方文化——不幸得很，是同我国的文化根本背道而驰的；所以一个人醉心于前者定不能对于后者有十分的同情与了解。《女神》底作者，这样看来，定不是对于我国文化真能了解，深表同情者。我们看他回到上海，他只看见——

> 游闲的尸，淫嚣的肉，长的男袍，短的女袖，满目都是骷髅，满街都是灵柩，乱闯，乱走。

其实他那知道"满目骷髅""满街灵柩"的上海实在就是西方文化遗下的罪孽？受了西方底毒的上海其实又何异于受了西方底毒的东

京，横滨，长崎，神户呢？不过这些日本都市受毒受的更彻底一点罢了。但是，这一段闲话是节外生枝，我的本意是要指出《女神》底作者对于中国只看见他的坏处，看不见他的好处。他并不是不爱中国，而他确是不爱中国的文化。我个人同《女神》底作者底态度不同之处是在：我爱中国固因他是我的祖国，而尤因他是有他那种可敬爱的文化的国家；《女神》之作者爱中国，只因它是他的祖国，因为是他的祖国，便有那种不能引他敬爱的文化，他还是爱它。爱祖国是情绪底事，爱文化是理智底事。一般所提倡的爱国专有情绪的爱就够了；所以没有理智的爱并不足以诟病一个爱国之士。但是我们现在讨论的另是一个问题，是理智上爱国之文化底问题。（或精辨之，这种不当称爱慕而当称鉴赏。）

爱国的情绪见于《女神》中的次数极多，比别人的集中都多些。《棠棣之花》，《炉中煤》，《晨安》，《浴海》，《黄浦江口》都可以作证。但是他鉴赏中国文化底地方少极了，而且不彻底，在《巨炮之教训》里他借托尔斯泰底口气说道——

我爱你是中国人。我爱你们中国的墨与志。

在《西湖纪游》里他又称赞——

那几个肃静的西人一心在勘校原稿。

但是既真爱到老子，为什么又要作"飞奔"，"狂叫"，燃烧的天狗呢？为什么又要吼着：

啊啊！不断的毁坏，不断的创造，不断的努力哟！
——《立在地球边上放号》

我崇拜创造的精神，崇拜力，拜崇血，崇拜心脏；我崇拜炸弹，崇拜悲哀，崇拜破坏；
——《我是个偶像崇拜者》

> 我要看你"自我"底爆裂开出血红的花来哟！
> ——《新阳关三迭》

我不知道他到底是个什么主张。但我只觉得他喊着创造，破坏，反抗，奋斗的声音，比——

> 倡道慈，俭，不敢先底三宝

底声音大多了，所以我就决定他的精神还是西方的精神。再者，他所讴歌的东方人物如屈原，聂政，聂嫈，都带几分西方人底色彩。他爱庄子是为他的泛神论，而非为他的全套的出世哲学。他所爱的老子恐怕只是托尔斯泰所爱的老子。墨子底学说本来很富于西方的成分，难怪他也不反对。

《女神》底作者既这样富于西方的激动底精神，他对于东方的恬静底美当然不大能领略，《密桑索罗普之夜歌》是个特别而且奇怪的例外。《西湖纪游》不过是自然美之鉴赏。这种鉴赏同鉴赏太宰府，十里松原底自然美，没有什么分别。

有人提倡什么世界文学。那么不顾地方色彩的文学就当有了托辞了吗？但这种事能不能是个问题，宜不宜又是个问题。将世界各民族底文学都归成一样的，恐怕文学要失去好多的美。一样颜色画不成一幅完全的画，因为色彩是绘画底一样要素。将各种文学并成一种，便等于将各种颜色合成一种黑色，画出一张 Sketch 来。我不知道一幅彩色画同一幅单色的 sketch 比，那样美观些。西谚曰："变化是生活底香料。"真要建设一个好的世界文学，只有各国文学充分发展其地方色彩，同时又贯以一种共同的时代精神，然后并而观之，各种色料虽互相差异，却又互相调和。这便正符那条艺术底金科玉臬"变异中之一律"了。

以上我所批评《女神》之处，非特《女神》为然，当今诗坛之名将莫不皆然，只是程度各有深浅罢了。若求纠正这种毛病，我以为一桩，当恢复我们对于旧文学底信仰，因为我们不能开天辟地（实事上与理论上是万不可能的），我们只能够并且应当在旧的基础上建设新的房屋。二桩，我们更应了解我们东方的文化。东方的文化是绝对地美的，是韵雅的。东方的文化而且又是人类所有的最彻底的文化。哦！我们不要被叫嚣犷野的西人吓倒了！

东方的魂哟！
雍容温厚的东方的魂哟！
不在坛香炉上袅袅的轻烟里了！
虔祷的人们还膜拜些什么？

东方的魂哟！
通灵洁澈的东方的魂哟！
不在幽篁的疏影里了！
虔祷的人们还供奉着些什么？

——梁实秋

（选自1955年3月人民文学出版社《闻一多诗文选集》）
（原载1923年6月10日《创造周报》第5号第5页）

读了《女神》以后

谢 康

一

要了解一个作家的作品，非先知作家的人生，环境，时代不可，我是最爱诗的，尤其爱读同时代的作家的诗。虽然作家的环境，人生，个性我们可以从作品中寻出，但是我们必要先知道而后才易了解。

年来新诗的产出很多了。不过量虽是多而质则好的很少。披阅一本新版书报，我们总可以找到一二首淡薄无味的新诗。——这虽不可说是新诗的失败，无进步，然诗坛却也十分岑寂了。

《女神》，《帅儿》，《冬夜》所收各诗，在前二三年间都已散刊过，读过的人也不少了；现在我们不过是再把这已刊的新诗，再读而已；诗坛并没有什么新产物，新诗勃兴以来三四年了，我们仅有这点子收获，我们是不能说可以满意。

但是这三部诗集可以说都是新诗运动中的有力人物，诗田里勤恳的农夫，关系于新诗的命运是很大的。

自然这三部诗集，《女神》是姊姊；产生得最早。——爱她，喜欢她的自然不止我一个，而我的爱她，喜欢她，或者要甚于他人罢！

我们都知道，环境和个性的影响于作品是很大的，环境各人所处不同，个性天生不同，所以才有不同的作家。很有些人说文艺是时代的产物，这不免武断了。

又若只找自己口味所喜欢的东西而大大地颂扬赞美之，不问什么个性，什么时代，而漫肆批评，那末非但态度不严肃，即是作品的真实也往往不能了解，冤枉作者，辜负作者。

批评是件难事，尤其是文学批评，诗的批评；难在不容易明白作家性灵之所在，——他为什么作了这种作品？

我这篇说不到是批评，不过是读了《女神》的种种感想及《女神》各诗所表现的思想我所觉得到领悟得到的，随便谈谈，读者当做 Paradoxical 话看罢！

二

沫若诗，颇有些人不大了解，这大概是未曾读过《三叶集》的。有些朋友对我说，我总教他们读一读《三叶集》；好象我读 Shakespeare 我们不妨先看一看 Lamb 的 The Tales From shakespeare。《三叶集》是《女神》的 Introduction 啊！

我读沫若诗，还在三年（四年？）前，那时新诗才出自母胎。而沫若诗即如此雄放，热烈，使我惊异，钦服，但是不大懂得，以后便处处留心寻他的诗读。《凤凰涅槃》那

"身外的一切！
身内的一切！
一切的一切！"

使我莫明其妙的时时念着。——也奇了。

不久又断续的读了《晨安》，《天狗》，《炉中煤》等诗，那种奔放的热情，打破因袭的力，使我从麻木，屈闷中跳出，充满着奋斗，冒险——这正也是我们"五四"以后血潮汹涌的青年的写照啊！——那时我便以为这位不相识的诗人，是个自然颂歌者，生命力之颂歌者了！不过我甚不满意他诗调，因为太单纯，——这时候我已在写新诗，因为我喜欢沫若诗，所以受沫若的影响是很大。我有首雪歌，朋友们至今还说是带着沫若的初期色气呢，再后又读着许多诗文，最使我惊异

的是那首《我是个偶像崇拜者》，觉得他是魄力坚强，自己矛盾的；但是我却也微感得他是个 Pantheist 了，但是还不自信。

以后《三叶集》出来，我看着：

"我想诗人与哲学家底共通点是不同以宇宙全体为对象，以透视万事物底核心为天职；只是诗人的利器只有纯粹的直观哲学家底利器更多一种精密的推理……可是我想哲学中的 Pantheism 确是以理智为父，以感情为父母的甯馨儿，不满足是那 Upholsterer 所镶逗出的死的宇宙观的哲学家，他自然会要趋向到 Panthesm 去，他会要把宇宙全体从新看作个有生命有活动的有机体。……'诗人的宇宙观以 Pantheism 为最适宜了'的了……"

——《三叶集》（15至16）

知道作者自己已承认"诗人的宇宙观以 Pantheism 为最适宜了"，于是我信我没有猜错。他泛神论思想，除了那三个泛神论者外，我们随处都可找得，最显明的：

地球，我的母亲！
我羡慕那一切草木。我的同胞，你的儿孙！
——《女神》（112）

他是自然颂歌者，是受过科学洗礼的，不流于虚灵飘渺，浪漫的幻想其与他之颂歌自然不同。

《笔立山头展望》，他并赞美物质文明，科学，这种思想却是近代人的，今世纪的，我们不可不有这时代精神的讴歌者。强权反抗，现状破坏，那《匪徒颂》，胜利的死是多么大胆的宣言！他并且说

反抗精神，革命，无论如何，是一切艺术之母。
——《西厢序》

是多么彻底！胆力的大！

这都是我所悟觉得沫若诗《女神》的内函 Inhalt。

这种精神，我们不可不赞美，佩服！

新诗最忌无思想，说空话，——沫若诗却全是以哲理打骨子的，所以我们读着总要被感动。

——这都是我所知道的他诗所表现的思想。

三

现在说他诗的 Form 罢。

攻击新诗的总说新诗无铿锵入耳的音节，词句杂踏，——形式不美这却不要紧，让我们看：

《女神集》除了《凤凰涅槃》，《地球，我的母亲！》，《晨安》等诗调觉得太单纯，整齐外，其余的都很精美；音节和谐的如：

"我为我心爱的人儿，
燃到了这般模样！"
"要我这黑奴底胸中，
才有火一样的心肠！"

——《女神》（87）

"天这样的高，
我怎能爬得上？
天这样的高，
我纵能爬得上，
我的爱呀，
你今儿了到那方？"

——《女神》（184）

又如《密桑索罗普之夜歌》，《黄浦江口》，《雷峰塔下》（其二）等等调子很足以助新诗的意境和音节的凝炼，说新诗不有和谐的调格的，齐整的词句节音的，看了也可明白；或者再看看那三部剧曲，所用诗,《湘累》剧诗,尤哀婉动人中情,决不是那旧诗词的那种假哭啊!——看新诗的音节,毕竟是如何?

至于排句重句,更随在而有,因为排句重句最宜于雄放的诗调,可以助诗豪放,浩阔。

此外一种用字的新奇,多用抽象形容词以完成其描写之对象,如:

一千多听众的灵魂都已合体了,
啊!沈雄的和雍,神秘的渊默,浩荡的爱海哟!
——《女神》(139)

伟大的寂寥哟,死的沉默哟!
——《女神》(151)

这种特异的修词法我们只可在《女神》里找着,又有将名词移作形容而又确当的:

铅的园空,
蓝靛的大洋。
——《女神》(219)

四

好了!

无论谁的作品,既发表给我们,我们便须细心领略——我常说每种作品,至少要读了四遍再说话,虽不免武断,却也不十分错罢!——无论他好到十三分,我们总要知道他的好,才不冤枉作者,辜负作者;虽然批评者也有冤枉他的,但是不要紧。

沫若诗,我看至少要受得中等教育的人才能懂得;他受哥德的感化很深,而东方思想亦很深的,若《夜死》,《死的诱惑》等诗,不知道点印度思想的,又怎样得了解他说的是什么呢?所以沫若诗的了解者是不及其他诗人的普遍的。

"真诗人的本领是什么？是把人生普遍的情感，而自所曾体验的，明明白白，委委婉婉在笔尖下写出来，去宣扬人世底光，底花，底爱；他总竭他底文学天才，使他底作品人人了解，人人感动；即不能偏于人人，也不是大多数识文字的人。若已竭他底才力，而大数人终究不能了解，他决不肯视为当然的，必归罪自己底无力，去想一个忏悔的方法，不如此不成为第一流诗人啊！"……
——《诗底进化的还原论》（诗一卷一号34页）

俞平伯说："好的诗底效用是能深刻地感多数人向善的。"诗必要平民化，要普遍，不普遍的不是第一流的诗，不是好诗。

沫若诗这样，很有人怀疑；但是虽不及其他诗的普遍，然不就是不好，——因为我说过，读者的程度或还有未到，我再来说句 Paradoxical 话罢：——

　　非振动数相等的人，
　　何以起心琴之共鸣？

或者"振动数"，"燃烧点"也有些关系，说虽如此，我知作者"他决不肯视为当然的！"

好了！

我说了这些话，不无不有些冤枉《女神》，但是要这样，我说，才不辜负创作者的苦心。——说得不对，但是也不要紧的。！

（民国）十一年五月二十五日（完）

（原载1924年2月28日《创造季刊》第1卷第2期第16页）

郭沫若和他的《女神》

周 扬

郭沫若在中国新文学史上是第一个可以称得起伟大的诗人。他是伟大的五四启蒙时代的诗歌方面的代表者，新中国的预言诗人。他的《女神》称得起第一部伟大新诗集。它是号角，是战鼓，它警醒我们，给我们勇气，引导我们去斗争。

在"五四"的老人中，郭沫若先生还是比较后起的。不用说第一个尝试白话诗的胡适，就是周作人、沈尹默、刘半农、康白情、俞平伯几个，在诗坛上都似乎比他露面得要早一些。然而，他却后来居上了！他的诗比谁都出色地表现了"五四"精神，那常用"暴躁凌厉之气"来概说的"五四"战斗的精神。在内容上，表现自我，张扬个性，完成所谓"人的自觉"，在形式上，摆脱旧时格律的镣铐而趋向自由诗，这就是当时所要求于新诗的。这就是"五四"精神在文学上的爆发。初期的诗人们大抵都是循着这个道路走的。郭沫若自然也是走的同样的道路。然而，你看，他走得何等地与众不同呵。在诗的魄力和独创性上讲，他简直是卓然独步的。

同是一个歌唱自我的诗人，却迥异于当时一般作者，他的自我以特别突出的姿态在他的诗句中喧嚣着。从它，发出音调，生出色彩，涌出新鲜的形象。这个自我占据了宇宙的中心，不，简直就是宇宙，宇宙的真宰。它不但包含我，也包含你，也包含他。这是"与天地并生，与万物为一"的我。这个我应当用最大号的字来书写，最高的声音来唱歌。我们且听吧：

> 我是一条天狗呀!
> 我把月来吞了,
> 我把日来吞了,
> 我把一切的星球来吞了,
> 我把全宇宙来吞了。
> 我便是我了!
>
> ——《天狗》

全诗二十九行,每一行都是以我字开头,正如在有名的《凤凰涅槃》中,

> 火便是你。
> 火便是我。
> 火便是他。
> 火便是火。
> 翱翔! 翱翔!
> 欢唱! 欢唱!

这六句竟反复至十三遍之多(在《沫若诗集》中,已由作者大大删削了)。这种会使一个普通读者感到单调和厌烦,觉得作者好象是在念符咒,弄虚玄一般的重句,只是表现着一个中心思想,自我解放的思想。是一种哲学的调子吗? 是的,作者曾醉心过泛神论,他的诗句中闪烁了鲜耀的思想的火花。然而他的泛神论究竟如何呢? 泛神主义,用简易的说法,就是一种"本体即神,神即自然"的思想。这个神在他就是自我。听他唱"我赞美我自己,我赞美这自我表现的宇宙的本体",我们就可浑知他的泛神主义的究竟了。那是自我表现主义的极致,个性主义之诗的夸张。这里我们不能不想到那位曾给他深刻影响的美国民主诗人惠特曼了。他也是泛神主义者,而又那么喜欢歌唱自我的诗人。所不同的是他所歌唱的自我是代表向上的充满信心的美国资产阶级的典型,肉体地健壮,胸怀广阔,满意一切,包涵一切; 而郭沫若则歌唱了觉醒的中国小资产阶级的自我,精神激动的,热情澎湃的,

想破坏一切，创造一切。在反封建的斗争中，个性解放是一个革命要求，这也正是"五四"留下的光辉业绩。郭沫若是最有光芒的，好多的作者都在他面前为之减色。在他们，即辗转在封建重压之下要求解放的个性，不过是比作被堰拦住，只是徒然地在堰前乱滚的"小河"的水，到他，这水便一下子泛成了提起全身力量来要把地球推倒的无限的太平洋的滚滚怒涛。他曾在《湘累》中，借了屈原的口那么自负地反问过："我的力量只能汇成个小小的洞庭，我的力量便不能汇成个无边的大海吗？"那正是"夫子自道"。

　　为他的诗，他觅取了适当的形式。惠特曼对他的影响，是有益的，在他面前，展开了一条自由诗的坦坦大道。不同于"五四"许多诗人的都留有旧诗词的调子，他和旧传统作了最大的决裂，也没有象后来的所谓格律诗派一样自造新镣铐给自己套上。他是那样地厌恶形式，主张在形式上绝对自由，他与其他艺术地矫作，是宁可自然而粗糙。正如他所曾自比的，他的创作冲动来时就如同一匹奔马，没有什么东西可以驾驭得他。他的诗正是那样奔放，这里也就正有着形式与内容的自然和谐。你不用惋惜你在他诗中不免要遇到的粗率和单调，他在掌握内在旋律，内在音节上所显示出来的天才将会弥补你一切。

　　《女神》，就是诗人所加于中国诗歌宝库的最初贡献，也是他诗的创作所达到的最高峰。他唱出了自己最好的，也是我们民族最好的歌。

　　《女神》中一首最长也最重要的诗是《凤凰涅槃》。采集香木，唱着悲切的挽歌把自己烧死，再又从那冷净了的灰里更生过来的凤凰，是诗人自己新生，也是中国新生的象征。诗人是和自己的国家一样受过苦难来的，特别是精神上的苦难。他渴求着新生。没有象鲁迅那样，对自己民族的现实作深刻的认识，锐利的批判，无情地揭发那一切黑暗丑恶的方面；他只是对自己民族的前途燃烧着一种纵然有些空漠，却是无比地热烈的信念，广泛地颂扬着现实中一切创造的和进步的东西。这就是一位浪漫主义者和严峻的现实主义者的分歧。与其去一点一滴了解实际，诗人是宁可那么热心地来探索宇宙的问题。在《凤凰涅槃》中就曾发问过：

　　　　宇宙呀，宇宙，

> 你为什么存在?
> 你自从那儿来?
> 你坐在那儿在?

他终于抓住了作为宇宙之本质的动的精神。在《笔立山头展望》一诗里，他唱出了：

> 大都会的脉膊呀!
> 生的鼓动呀!
> 打着在，吹着在，叫着在，……
> 喷着在，飞着在，跳着在，……
> 四面的天郊烟幕朦胧了!
> 我的心脏呀! 快要跳出口来了!
> 哦哦，山岳的波涛，瓦屋的波涛，
> 涌着在，涌着在，涌着在，涌着在呀!
> 万籁共鸣的 Symphony,
> 自然与人生的婚礼呀!
> 弯弯的海岸好象 Cupid 的弓弩呀!
> 人的生命便是箭，正在海上放射呀!"

他的这个动的宇宙观是由哥德所启示的吧，然而在中国文化的传统精神中他也找出了它的渊源。"天行健，君子以自强不息。""苟日新，日日新，又日新。"不就是吗？他演译成了现代的语言："不断的毁坏，不断的创造，不断的努力。"这就成了他生活中的信条，行动的纲领。这就是他的自我新生，中国新生的最后保证，他的乐观主义之所由而来。他在一种泛神主义的外衣之下歌颂了自己所要歌颂的一切。他赞美自然，也叹赏机械，正如在惠特曼诗中轮船火车和森林草原杂然并陈一样。他高歌力，礼赞太阳。他觉得：

> 到处都是生命的光波，
> 到处都是新鲜的情调，

到处都是诗,
到处都是笑……
——《光海》

这是何等样明朗，何等样的健康呵。这是光明的歌，希望的歌，未来的歌。但是作为一个被压迫民族的诗人，他不能尽是唱着民族的颂词。咀嚼了自己民族的深重苦难，自会发出悲愤激越的声音来。纵然是留在留学时代，又住在十里松原的博多湾，眺望着一片青翠的松海，海湾中波涛汹涌，海鸥上下飞飏，是最足以陶冶诗情的吧，然而就是这博多湾便留有引发诗人故国之思的古迹；日本的方正炽烈的略侵欲又更激起了他的敌忾心。他生起了眷念祖国的情绪（《炉中煤》），在《电火光中》，描出了一个令人难忘的苏武的凄恻的形象。但是诗人是不屑于低诉的。他要大声叫喊，《晨安》和《匪徒颂》这两首奇拔的诗，便是诗人用热血燃烧起的民族反抗的熊熊烈火。他有如一个巨人，脚踏在喜马拉雅山，身披白云，沐着晨风，俯瞰着江河海洋，长城旷野，呼唤着年青的中国，先驱的俄罗斯，东方的各民族，呼唤着大西洋畔的新大陆和它的开国者，呼唤着为民族解放的诗人战士。他赞美古今中外一切真正匪徒，也就是叛逆者，他自己也应属于他们的一类。他为一个爱尔兰志士的死曾写了热泪凝成的诗句（《胜利的死》），他原是和拜伦、康沫尔在精神上同种的人。他是一个尊崇自我，热爱自由的诗人，而个人反抗在他是与民族反抗分不开的，他是一个真正的爱国诗人。

然而身在异域的诗人，对于自己的祖国自然是心向往之，比实际的接触要多。他深切地关怀她的命运，痛心于她所遭受的无休止的军阀混战的厄难；诗人出生的蜀地就是一个受难最深的地方。他要写出这个来，他要控诉。浪漫主义者的他，于是就向中国的历史和传说寻求了救助。他创造了"女神三部曲"。在《女神之再生》里，他借共工颛顼之战来象征了当时中国的南北战争，想假炼石补天之手来建设一个新中国，一个统一的、和平的、幸福的中国。

这中国究竟是什么性质，又如何产生，诗人并没有明确的概念，只是一个朦胧的幻象吧了。然而这个幻象老是在他眼前摇幌，虽有些捉摸不定，却又是那样地确实，而且那样地魅惑人，使他无论怎样也离不开它。一种不可抑止的强烈的欲望在他胸中鼓荡，他要如创造一个新的我一样创造一个新的中国出来。在《女神之再生》的末尾，作者不是已经向我们透露了一个可喜而也颇渺茫的消息，说是诗人已逃到海外去创造新的光明和新的热力去了吗？然而这是容易的事吗？不比破坏还可以是个人的无政府式的，建设必须有所凭借，经过一定程序，要经久，诗人的热情和幻想需得有社会的实际的力量支撑。在外国的几年生活，已使他对资本主义不存一点幻想，它不能给中国光明。列宁虽曾在他诗中现身，向他指点了一条新的道路，但是，这路到底怎么走，也还是非常茫然。因此当他正适"五四"的退潮时期回到中国，和实际生活接触了之后，他不能不感到了一阵幻灭的悲哀。新中国，他曾那么渴望，那么歌颂了的，在哪里呢？他尝味着人生的苦杯，开始唱着带着几分悲郁的调子了。他的诗的天才似乎也从此走向了下坡的道路。他已很少再写出《女神》时代那样的东西，虽然在这很少的里面，《洪水时代》《创造者》仍足作诗人的魄力和天才并没有衰减的确证。但是，有一点是绝对确实的：他没有悲哀下去，他的民族信念，在他的心中还是一样坚牢，革命热情燃烧得只有更炽烈。这热情，不久就转入了行动。他投入了那比诗的创造更伟大的创造的事业，他参加了大革命。诗人对自己诗中提出的问题，用自己实际的行动来回答了。

从写《女神》的时代起，那不但鼓舞了，且也最后支撑了诗人的热情和幻想的社会的实际力量，就是中国人民大众的力量，无产阶级的力量。不是偶然的，列宁的名字和形象在他诗中出现。不是偶然的，他总是以那么虔敬的态度，提到工人和农民；他称农民是全人类的褓姆，工人是全人类的普洛美修士。不是偶然的，他自拟英雄诗人，普洛诗人，纵然是在这名称的暧昧的意义上。"五四"当时的诗人中，是再没有比他更为急进的了。这位急进的小资产阶级的革命诗人，不同时也正可以称为中国无产阶级的最初的号手吗？

自我的歌颂，民族的歌颂，大众的歌颂，这三者融合为一，构成了他的诗的内容。他的浪漫主义是属于高尔基所说的积极的革命的一种。他没有将我们引到过去的遐想，而是把未来的耀目远景展示在我们眼前。他没有向我们遥指飘渺的天空，倒是告诉了我们地的意义。他的《地球，我的母亲!》一诗，正表白了他的这个现实的态度。当我们听着：

> 地球，我的母亲！
> 你是我实有性的证人，
>
> 地球，我的母亲！
> 我的灵魂便是你的灵魄。

的时候，我们会想起浮士德对地神所说的"我和你，觉得是这么相近！"那句意味深长的话来。脚不离地，这是安梯乌斯的力量的无尽源泉，也是一切艺术家、思想家、事业家的力量的无尽源泉。郭沫若是脚站得很牢的，没有什么东西可以推倒他。他曾离开过诗，文艺，却没有离开过斗争。他与其做诗人，宁做战士。当他后来唱着：

> 别了，否定的精神！
> 别了，纤巧的花针！
> 我要左手拿着《可兰经》，
> 右手拿着剑刀一柄！
> ——《力的追求者》

他是真的做了一番轰轰烈烈的事业。他现在还是在继续奋斗着，为着民族的大众的生。他的精力将是无穷尽的。

（原载1941年11月16日延安《解放日报》第4版）

反抗的、自由的、创造的《女神》

臧克家

郭沫若先生的《女神》，虽然不是"五四"以后出版的第一本新诗集，却是"五四"以后影响最大的一本新诗集。它出现在1921年的诗坛上，真好象暗夜里通红的火把，暮天中雄壮的号角。它不但一鸣惊人地给作者赢得了很高的声誉，它也扩大了新诗的影响，巩固和提高了新诗的地位。当时的青年受到了巨大的鼓舞，从它里面吸取了奋斗的力量；对于一般新诗的作者，它成为模拟的范本和走上创作途程的指路碑。

作者在"序诗"里说，他要用自己的诗句来"点燃"人们，他要用它们来把人们的"心弦拨动"。真的，我们读了这些诗，情感就象着了火的一般，我们读了这些诗，"心弦"就象被一只有力的手狂风暴雨似地弹动着的一般。

这本诗可以称得起是"五四"时代精神一支有力的号筒。这个《女神》，是反抗的《女神》，是自由的《女神》，也是创造的《女神》。反抗、自由、创造的精神，正是当时黑暗社会、反动政治在人民心上所引起的要求和渴望。经过那时代生活磨难和窒息的人，是不难领会这些诗篇的价值与意义的。

叛逆的反抗精神，是《女神》的一条钢骨。许多题材服从于这个主题。在《棠棣之花》里，作者借着聂嫈的嘴歌颂了历史上典型性的一个叛逆人物——聂政：

> 不愿久偷生，
> 但愿轰烈死，
> 愿将一己命，
> 救彼苍生起。

在《湘累》里所塑造的屈原，不也是站得正直、宁死不屈、为了一个政治理想而牺牲了的一个象征性的伟大形象吗？《匪徒颂》更是这种精神的露骨表现。作者以整个心灵、全副热情，热烈地、昂奋地向着古往今来的"一切政治革命的匪徒"、"一切社会革命的匪徒们"、"一切宗教革命的匪徒们"、"一切学说革命的匪徒们"、"一切文艺革命的匪徒们"、"一切教育革命的匪徒们"三呼"万岁"。在这些革命的"匪徒"中就有"饿不死的马克思"、"甘心附逆的恩格斯"和"实行共产主义"的列宁。想想看，在黑暗快要使人闷死的那个时候，在自由挂在军阀们枪尖上的那个时候，作者大胆地发出狮子吼般的呼声，这需要多么勇敢的精神力量，这需要多么广阔的一个心胸呵！这声音，对于尚未觉醒的人们，对于走投无路的人们，对于腐朽混乱的社会政治具有雷霆万钧的震动力量！

《胜利的死》是同样主题的一篇血泪凝结而成的诗。如果说"匪徒颂"还只是一般的歌颂，而《胜利的死》却感同身受地把深刻浓重的同情寄予了马克司威尼——一个为爱尔兰独立而战斗、被英国政府逮捕终于绝食而死的民族英雄。饱含在这篇诗里的悲愤情感，海潮般地向我们的心胸冲击，引起我们对于"猛兽一样的杀人的政府"的切齿痛恨，激发我们对于自由更大的渴望和为它而斗争的英雄气概。

> 悲壮的死哟！金光灿烂的死哟！凯旋同等的死哟！胜利的死哟！自由的战士，马克司威尼，你表示出我们人类意志的权威如此伟大！我感谢你呀！赞美你呀！"自由"从此不死了！

他歌颂的不只是马克司威尼一个人，而是反抗精神的化身，赞颂者的思想情感与人格和被赞颂者的洽然融而为一，这就是它真切动人的一个主要原因。

反抗压迫和争取自由的精神，不但表现在《胜利的死》这篇诗里，也表现在这个集子里的许多篇诗里。当宇宙成为"脓血污秽的屠场"，成为"悲哀充塞着的囚牢"；当宇宙"冷酷如铁，黑暗如漆"的时候，人民对于自由的需要程度，使我们想到"无自由，毋宁死"的名言。

批判、诅咒、反抗的诗，虽然在这个集子里占着很大的成分，但是贯串在整本诗里的却是革命的乐观主义精神。因此，它们——这些诗篇，在读者心中引起的不是悲观、消极，而是相反的感情。黑暗的背后就是光明。反抗的手底下有自由。腐朽的破坏跟着就是新生的创造。

对于中国的未来，对于世界的前途，《女神》的作者抱着极大的信心，这篇诗的本身就是一个伟大的肯定力量。天塌了，天上的太阳在黑暗中放射不出光芒，于是，创造的《女神》们创造出"新的太阳"，创造出"新的光明"、"新的温热"去供给它，使它永远向"天内、天外"的世界照耀。

《凤凰涅槃》里的凤凰，在火里焚身，把悲哀、烦恼和衰败也一火烧光！旧的死了，新的生了。一切都光明，一切都芬芳：

> 我们热诚，我们挚爱。
> 我们欢乐，我们和谐。

最后这篇诗在"欢唱，欢唱，欢唱"声中结束。在黑暗中的人们读了这样的诗篇，心胸会立刻明朗起来，象淫雨天空突然出现了大太阳。在"立在地球边上放号"中，作者大呼着"呵呵，不断的毁坏，不断的创造，不断的努力！"鲜明地表现出破坏和创造两相关连。

无论反抗也罢，争取自由也罢，创造也罢，在这些斗争中最突出的是"我"——也就是作者的"自我"。我们无妨说，每篇诗都是作者的自我表现。这个"自我"山一般地巍然而立。这个"自我"火一般地猛烈燃烧。我们听着它向我们大声疾呼：我们看着它向我们振臂、招手。这个"自我"有着海洋一般的心胸，"天狗"似地"把月来吞了，把日来吞了，把一切星球来吞了，把全宇宙来吞了。"但是，这个"自我"既不是封建主义的个人威权，也不是资产阶级的极端个人主义，这个"自我"正是"五四"时代个性解放要求的产物。当大多数人民在黑暗的囚笼中忍受着物质精神双方面的压迫尚未觉醒的时候，这种个性解放，突出"自我"，有着唤醒人民挺身而起的进步作用。鲁迅初期的文艺作品也有着同样的色彩。"五四"时代的启蒙大师们，多半是踏着"个性解放"的阶梯走上集体主义的大道的。作者在《女神》出世两年后写的《我们的文学新运动》一文中说："我们反抗资本主义的毒龙，我们反抗不以个性为根底的既成道德。"但两年之后，他的论调却完全变了："要发展个性，大家应得同样的发展个性，要生活自由，大家应得同样的生活自由。但在大众未得发展其个性，未得生活于自由之时，少数先觉者无宁牺牲自己的个性，牺牲自己的自由，以为众人请命，以争回大众的个性与自由"。（《文艺论集序》）这十分明显地表现出作者思想的变化，对于一个革命诗人，这种正视现实的要求和时代一同前进的发展是必然的。

除了以上谈过的几个重要方面，我们从《女神》里感觉到一种非常强烈的动力。这正是二十世纪的时代精神。这种精神对于中国真正太需要了！几千年来封建的、半封建、半殖民地的社会，把中国变成了一潭死水。一切都在半死不活的停滞状态中或在停滞状态中半死不活！多么可怕的死寂！多么可怕的"无声的中国！""女神"呵"女神"，她把动力给我们带来了。我们受到了她的激动，因而自己也有了强烈的动的要求。

听罢，作者在对着"朝阳"大叫：

    哦哦，摩托车前的明灯！
    你二十世纪底亚坡罗！

作者又立在"笔立山头"上大叫：

  黑沉沉的海湾，停泊着的轮船，进行着的轮船，数不尽的轮船，一枝枝的烟筒都开着了朵黑色的牡丹呀！
  哦哦，二十世纪的名花，
  近代文明的严母呀！

我们听他唱：

  大都会的脉搏呀！
  生的鼓动呀！
  打着在，吹着在，叫着在……
  喷着在，飞着在，跳着在……

我们再听他唱：

  阿阿！力哟！力哟！
  力的绘画，力的舞蹈，力的音乐，力的诗歌，力的律吕哟！

  写这些诗句的时候，作者的心在跳动，读它们的时候，我们的心也在跳动。这种摩托的动力给了《女神》以高亢的时代最强音，"火"、"太阳"、"电光"（这样的字眼在《女神》中到处闪亮）给了《女神》多么强烈的时代色彩与光芒！这声音号召中国人民向科学物质文明的远景遥望，这光芒照耀着中国人民前进的道路。
  作者说，他从小就有着热爱祖国的情感。后来到日本学医，是抱着科学救国的目的的。《女神》里面爱国主义思想的浓厚是很自然的。在《炉中煤》中，他把遥远的祖国比作"年青的女郎"，为了思念她，他"燃烧到了这般模样"。回到祖国的怀抱的时候，乍看到：

  岸草那么青翠！
  流水这般嫩黄！

自然而然地从内心深处发生了亲切的呼声：

  平和之乡哟！
  我的父母之邦！

  广义地讲，作者的反抗精神、争取自由的精神、创造的精神，都是爱国主义思想光亮的辐射。可是作者表现在《女神》里的这种爱国主义精神和闻一多先生表现在《死水》里的却有些不同。郭沫若先生是以高度的国际主义精神紧紧地和它连结在一起的。《女神》里的材料许多取自外国。他所歌颂的人物，所用的典故，外国的几乎要喧宾夺主。看的画，是弥勒的；听的音乐，是门德尔逊的。他所歌颂的女性不是中国少女，而是古代罗马的 Venus。这样的情况，曾经引起闻一多先生的批评，说《女神》缺乏"地方色彩"。

表现在《女神》这本诗集里虽然如同上面所分析的有反抗破坏和自由创造两个方面的，可是很显然，表现前一方面的比较具体而有力，表现后一方面的就觉得含混朦胧。高喊创造、高喊自由、高喊光明、高喊"新的太阳"，但这些都是象征的字眼，它们所包含的意义、具体的指归，就令人不能捉摸。作者指示我们：现在的一切都是黑暗污秽，要把希望寄托给未来，而未来到底是个什么样子、应该是个什么样子，作者并没有明白地告诉我们。我们要革命，革命的最后的理想究竟何在呢？

在他《选集》的"自序"中作者自白道："这个改革社会的要求，在初自然是不分明的，只是朦胧地反对旧社会，想建立一个新社会。那个新社会怎样的，应该怎样建立起来，都很朦胧"。底下他说十月革命之后"对于新社会生出了作进一步了解的要求"。他在自己的诗里歌颂过马克思、恩格斯和列宁，也提到了"我敬畏的俄罗斯"，这表示了对马克思、列宁主义的向往、对革命后的俄国的敬意。但《女神》降生的那时候，作者还是一个革命的民主主义者，他在"自序"中说得明白，到1924年以后他才成为一个马克思主义者。

《女神》里面的作品十之八九是作者在日本留学时期的创作。由于身在外国，脱离了人民的实际生活，在取材方面就大大地受了限制。作者在"自序"中说因为耳朵重听，"于听取客观的声音不大方便，便爱好驰骋空想而局限在自己的生活里面"，因此，"爱写历史的东西和爱写自己"。我们觉得，这种"爱"是一种"偏爱"，也是不得已而为之的。

单就这一点讲，郭沫若先生的诗和鲁迅先生以及"文学研究会"里的作家们的写实主义的作风是不同的。但是郭沫若先生的这种革命浪漫主义所包涵的思想，所引起的影响以及对文艺上的贡献却仍然很大。

从《女神》里可以看到，在1921年的时候，郭沫若先生显然还带着"泛神论"的思想，他对于"三个泛神论者"表示了他的敬爱。《女神》里描写大自然的诗篇不在少数，这种描写正如朱自清先生所指出的，他并不是"当背景用"，而是把自然"看作朋友"。在《女神》里，作者一而再，再而三地强调人与自然的"和谐"，不把人看作自然的主人，不把自然看作"人类的第二个母亲"、征服的对象，这种只强调人与自然的"和谐"而避开了人与自然的矛盾与斗争，当然不是从马克思、列宁主义对待自然的观点出发的。

"我是一个即兴诗人"，作者自己这么说过。拿《女神》里面的作品印证他自己的这句话，是一点也不错的。他的诗正如他自己所说"不是做出来的是写出来的"。说他的诗是"即兴"，这是怎样一种大气磅礴雄吞河岳的"即兴"呵。作者的情感真是海涛一般地奔放，烈火一般地燃烧，诗里的每一个字就是作者的一颗跳动的心。让我们读一读《晨安》这篇诗吧。他向着"常动不息的大海"，向着"明迷恍惚的旭光"，向着"年轻的祖国"，向着"扬子江、黄河"，向着"雪的喜马拉雅"，向着"恒河、尼罗河、印度洋、太平洋"，向着"敬畏的俄罗斯"，向着"华盛顿、林肯、惠特曼、泰戈尔"……一气呵出了二十八个"晨安"！他以排山倒海的气魄歌颂了伟大庄严的河山，他以雄壮高贵的情感歌颂了典型的英雄人物，他把全世界、全人类作了自己抒情的对象，作者浩瀚的心胸把古今中外、人与自然的界线一起冲决了。这是拜伦式的浪漫主义。这是革命的浪漫主义。

在艺术表现方面，作者最反对一定的形式。本来是，想用一个框子范围这样一个不羁的灵魂是不可能的。《女神》，如同她内容的包罗万象，在形式方面自然也就古今中外杂然并列。我们知道作者对于中国古典诗歌有着深厚的修养，在诗的解放不久之后的1921年，想完全脱离旧诗的影响是很难的。

是我意凄迷？
是天萧条耶？
如何春日光，
惨淡无明辉？

——《春愁》

这不简直就是"古风"吗？旧的词藻类似"吾曹、劳农、翘首、浮沤、耻不食殷粟"……是数不胜数的。同时作者受到外国诗的薰陶很深，（惠特曼、泰戈尔、歌德、海涅，对于作者有很大的影响）。在形式方面自然也脱不开它的影响，《晨安》一诗不就有点象惠特曼吗？

$\qquad$ 叫着在……跳着在……

这不是欧化句法吗？

$\qquad$ 来如风，
$\qquad$ 去如烟。
$\qquad\qquad\qquad$《凤凰涅槃》

这同作者所译《鲁拜集》中的

$\qquad$ 来如流水，
$\qquad$ 逝如风。

又何其相似？不止如此，高兴起来，他索性用英文写起诗来。这些古今中外的杂碎，铁块似的投到作者的创作洪炉里，全都化成了他自己的东西。作者象一个汪洋大海，他容纳得下清浊不同的百川。内容取材方面如此，形式创造方面也是如此。

作者在这本诗集里呼喊渴望的那个"新的太阳"，已经照耀在我们的头顶上了。作者所争取所憧憬的那个朦胧的"未来"，现在已经成了具体的存在。《女神》降生距离现在已经32个年头了，但是作为时代精神的表现，作为新诗历史上的业绩，作为我们回顾过去、策励将来的力量，她对我们还是很亲切的。这次人民文学出版社的重印是有意义的。

$\qquad\qquad\qquad\qquad\qquad\qquad$ 1953年11月28日

$\qquad\qquad$（原载1953年《文艺报》第23号第13—16页）

评沫若《女神》以后的诗

洪为法

——星空和创造周报汇刊第一集中的诗

> 西比利亚的大鹫!
> 你喙如黄铜,爪如铁钩,
> 你稜眼望着天空,
> 拍拍地鼓着翅儿怒吼。
> 西比利亚的大鹫!
> 你不搏家兔,不击驯鸠,
> 你是圣雄主义的象征哟,
> 哦,西比利亚的大鹫!
>
> ——《大鹫》

在这篇文章里,我想指出沫若《女神》以后的诗一些特有的倾向,也就是和《女神》不同的地方了。

《女神》时代的沫若,瞥着这:

> 茫茫的宇宙,冷酷如铁!
> 茫茫的宇宙,黑暗如漆!
> 茫茫的宇宙,腥秽如血!
>
> ——《女神·凤凰涅槃》

于是他悲痛极了，愤慨极了，于是便努力的把它诅咒：

　　你脓血污秽着的屠场呀！
　　你悲哀充塞着的囚牢呀！
　　你群鬼叫号着的坟墓呀！
　　你群魔跳梁着的地狱呀！
　　　　　　　　　——《女神·凤凰涅槃》

于是又要"学着海洋痛哭"，要做一条天狗，把日月星球全宇宙都吞尽。我们读到《女神》，仿佛作者满脸都呈现着悲痛、愤慨、激越的情调。

　　啊啊！我眼前来了的滚滚的洪涛哟！
　　啊啊！不断的毁坏，不断的创造，不断的努力哟！
　　　　　　　　　——《女神·立在地球边上怒号》

这时作者还真正是学生时代，对于实际社会，只不过偶然的一瞥，刚触到社会的冷酷，黑暗，腥秽，他一团易于激动的心情，满腔正待发泄的热血，立即迸裂而出。他高张着破坏和创造的大纛，不问他人怎样，独自便慷慨高歌而起。及至《女神》出世以后，沫若由学生时代，渐渐因生活问题的紧逼，不得不投到这冷酷、黑暗、腥秽的社会里来。

　　游闲的尸，淫嚣的肉，长的男袍，短的女袖，满目都是骷髅，满街都是灵柩，乱闯，乱走，我的眼儿泪流，我的心儿作呕。
　　　　　　　　　——《女神·上海印象》

这样讨作者憎恶的上海，也不得不常常蛰居在那里。作者既没有一定的职业，自然时刻受到物质上的压迫，再看看资本阶级下的劳工等等，更是困絮得可怜，于是他诗中所表现的色彩也就一大转变。记得作者前两年来信，说到他回国后，便当漫游国内名山大川，充实自己内心的生活。但是，回国以后如何呢?

> 朋友们怆聚在囚牢里——
> 象这上海市上的赁家
> 不是一些囚牢吗?
> 我们看不出一株青影，
> 我们听不见一句鸟声，
> 四围的监墙
> 把青风锁在天上，
> 只剩有井大的天影笑人。
> ——《朋友们怆聚在囚牢里》

却居住在这囚牢似的上海，怎能不令作者愤?

> 西比利亚的大鹫：
> 你大比肥鹅而瘦，
> 你囚在个庞大的铁网笼中，
> 笼中有一只家兔，两匹驯鸠!
> ——《大鹫》

这几句诗尽足代作者的写照了。

> 污浊的上海市街头，
> 干净的存在，
> 只有那青青的天海!

> 污浊了的我的灵魂!
> 你看那天海中的银涛，
> 流逝得那么愉快。

> 一只白色海鸥飞来了。

>   污浊了我的灵魂!
>   你乘着它的翅儿飞去罢!
>
>   ——《仰望》

在一种困萦无聊之中，如不唏嘘慨叹，便当竭力挣扎，求个解决的方法，这是普通的现象。《仰望》便算后者的一个例子，虽然这是无望的希望。除了这种无望的希望而外，作者在《吴淞堤上》一诗中，又叫出：

>   这是世界末日的光景，
>   大陆，大陆沉了么!

在《朋友们怆聚在囚牢里》一诗中：

>   啊啊，
>   我们是一动也不敢一动!
>   我们到兵间去罢!
>   我们到民间去罢!
>   朋友哟，怆痛是无用，
>   多言也是无用!

这么作者一转便同情于劳工，于乞丐，于失业的人们（也可说同情于无产阶级的人们）。不但同情于他们，并且安慰和激励他们。

>   兄弟们哟，我们路是定了!
>   坐汽车的富儿们在中道驱驰,
>   伸手求食的乞儿们在路旁徙倚。
>   我们把伸着的手儿互相紧握罢!
>   我们的赤脚可以登山，可以下田,
>   自然的道路可以任随我们走遍!
>   富儿们的汽车只能在马道之上盘旋。
>
>   ——《上海的清晨》

朋友哟，我们不用悲哀！不用悲哀！
今后振作精神誓把这万恶的魔官打坏！

——《励失业的友人》

别了，否定的精神！
别了，纤巧的花针！
我要左手拿着可兰经，
右手拿着剑刀一柄！

——《力的追求者》

　　《女神》以后的作者，接触实际社会的机会日多。社会上罪恶的症结在那里，人们互相恶战苦斗的实况是如何，作者已真彻知，加之自身所受物质上，精神上的痛苦，于是从前的狂热，变了现在的沉痛，从前的叫号，变了现在的坚毅，从前空漠的悲愤，变了现在实际的解决。我们可以说，如今作者的悲哀，才真是"Disillusion"的悲哀哟！

　　我以为《女神》以后的诗中间，所含蕴的悲哀分子——"更沉痛而着实"。

　　这比如人之一生，到中年时，经验渐多，言行方面，都有经验来做他的背景。作者在《我们的文学新运动》里说："……我们的运动要在文学之中爆发出无产阶级的精神，精赤裸裸的人性。我们的目的要以生命的炸弹来打破这毒龙的魔宫。"我以为在《女神》以后的诗，这种态度，才逐渐显明起来。原来《女神》中的诗，只告诉我们破坏，《女神》以后的诗，则进而告诉我们破坏的目标，怎样的破坏；《女神》中的诗，只告诉我们创造，《女神》以后的诗，则进而告诉我们创造的目标，怎样的创造。然则说他悲哀的分子更沉痛而着实，当不嫌唐突吧？

　　再者物质的文明，一方面仿佛给予人类几多便利，另一方面却造成资本家的罪恶。而号称庄严的文学界，也不得不沾染上资本家的色彩，在资本家的手下做些奴颜婢膝的勾当。我们中国目下这种情形，亦复显而易见。现在中国研究文学的人，若不带几分谀媚资本家的举动，依附着资本家，怕你便有天大的本领，也不能在文坛上立住了脚，即使幸而立住了脚，也不得不四面楚歌的被人攻击。作者就是被攻击的一个。但是他决不因此便发生无聊的，出世的思想。

    佛哟，痴人！
    你出了家庭做什？
    赢得个石头冰冷，
    锁住了你的灵魂。
            ——《石佛》

他反抗资本家，同时也反抗仰藉资本家的文人。

    别了，虚无的幻美！
    别要再来私扣我铁石的心扉！
    你个可怜的卖笑娘，
    请去嫁给商人去罢！
           ——《力的追求者》

  此所谓"你可怜的卖笑娘"，自然是指那一班向资本家卖笑的文人了。

    马道上，面的不是水门汀，
    面的是劳苦人的血汗和生命。
    血惨惨的生命呀，血惨惨的生命。
    在富儿们汽车轮下……滚，滚，滚，……
    兄弟们哟，我相信就在这静安寺路的马道中央，
    终会有剧烈的火山爆喷！
           ——《上海的清晨》

  是的，又岂但静安寺路的马道中央，终会有剧烈的火山爆喷，即这恶浊的文坛，也终会有剧烈的火山爆喷的！沫若！资本主义不打破，世界不会有光明，奴隶根性的文学也不会消灭，我们快用"生命的炸

弹来打破这毒龙的魔宫"罢!

　　作者"要在文学之中爆发出无产阶级的精神,精赤裸裸的人性","以生命的炸弹来打破这毒龙的魔宫",不但高唱出破坏,创造,并且坚决的叫出自我的牺牲。

　　　　眼不可见的我的师哟!
　　　　我努力地效法了你的精神:
　　　　把我的眼泪把我的赤心,
　　　　编成了一个易朽的珠环,
　　　　捧来在你脚下献我悃忱。
　　　　　　　　　　——《星空·献诗》

　　　　我手要胼到心,
　　　　脚要胼到顶,
　　　　我若不把洪水治平,
　　　　我怎奈天下的苍生?
　　　　　　　　　　——《洪水时代》

　　　　我们正当得庆幸我们身是自由哟,朋友!
　　　　我们的猛力纵使打不破这万恶的魔宫,
　　　　到那首阳山的路程也正好携着手儿同走!
　　　　　　　　　　——《励失业的友人》

　　　　我这点没有价值的泪珠。
　　　　不敢作为你们宽恕我的谢礼,
　　　　我明天还要来陪伴你们,
　　　　要死我们便一齐同死!
　　　　　　　　　　——《黑魆魆文字窟中》

　　《女神》时代的作者,唱《凤凰涅槃》,唱《天狗》,唱"女神之再生",乃至《光海》,《梅花树下醉歌》等等,多半是本着自己的悲哀,郁闷，激怒，……唱着自我之毁灭，自我之再生。《女神》以后，作者便渐次将这悲哀，郁闷，激怒，……推阐开去，于是对资本主义，不合理的旧道德，否定人生的宗教，奴隶根性的文学，……一齐猛烈的攻击，于是显明的表同情于劳工，乞丐，失业的人们，……这么，我们又可以说《女神》以后的诗，是——

"真正的极致的自我精神之扩张。"

复次，《女神》以后的作者，对于物质文明，渐有显明的不满。这个我们在《女神》中还找不出来，《凤凰涅槃》中所叫的茫茫宇宙，"冷酷如铁"、"黑暗如漆"、"腥秽如血"只不过是空漠的悲愤，还算不得对于物质文明的不满。（闻一多的《女神之时代精神》第五节所言，与我略有出入，请读者参看）到了《仰望》、《吴淞堤上》、《上海的清晨》、《励失业的友人》、《朋友们怆聚在囚牢里》，直至十四期周报上的《诗二首》，才逐渐显露。以写《地球，我的母亲！》的人，困蛰在囚牢似的上海，日见着被压迫的阶级，受种种畸形而且不平的待遇，怎样能对于现代畸形的物质文明不加反抗呢？作者在《月蚀》一文中说：

"儿童是都市生活的 Barometer 这是我此次回上海来得的一个唯一的经验。"

其实诗人也和儿童一样，是都市生活的 Barometer。沫若怕也觉到了吧？

记得沫若有一次来信说，上海除了天是清洁，便是最令人可爱的儿童，在上海的也只有令人生厌，——这是多么沉痛的话呀！这个可以说是作者——

"对于畸形的物质文明之反抗"。

反抗畸形的物质文明，不是什么违背时代精神。科学万能的迷梦，现在我们都已渐渐醒了。此后我们所应走的路，是在促进我们精神的富裕，而不在助长畸形的物质文明之发展啊。

我在沫若《女神》以后的诗里，寻出作者

——悲哀的分子更沉痛而着实。
——真正的极致的自我精神之扩张。
——对于畸形的物质文明之反抗。

这在《星空》里不过渐露端倪，而在近来则更显著。又记得在《女神》出版以后，有一次我写信给沫若，说他的诗变了，与《女神》时代很有些不同。他回信也承认这话，并希望这是黎明前的黑暗。这一部分诗，便是现在《星空》里载的。其实何尝是黎明前的黑暗，直是光明的先驱。我于此只有以诚恳的态度，祝沫若努力，

"迸射出全部的灵魂，提呈出全部的生命"，至于艺术方面的评价，愿俟异日。

一三，二，二，脱稿于武昌师大

（选自黄人影《郭沫若论》第119–132页；
1936年1月大光书局第4版）

读《星空》后片断的回想

焦尹孚

现在我国文学界出版物，名目仅管多，但是好的作品，实是凤毛麟角。我最爱读郭沫若君的作品，因为旧来的诗，与现在粗制滥造的新诗，都是好象奄奄待毙的病人，毫无一点生气；然而在郭君的诗里，我却常常感得一种反抗的精神，流露其间。对于现世的不满，人们的恶浊，作者在那里悲愤填胸大声疾呼发出无数沉痛之词，醒觉了人寰底迷梦，引人向上。伽莱尔说得好：诗人是一个布道师，是人群之先觉者，"The Vaterp oet，The praecher，"他是诚恳的人类的向导者，叫屈者。"He is a vates，first of all in virtue of being sinoere"（Heroworship）我觉得在中国这样的颓丧，民族这样的衰堕之现象中，能有像郭君这样有血气的文人，实是不可多得。不过我所讲的话，都是我自己的感觉，说不上是《星空》的批评，因为《星空》自有它存在的价值，无须这还站在厅房外的人来妄事恭维，所以我讲的话，不对的地方，还希作者和读者指正。

反复把《星空》看了一会，起首一辑的诗，据我看来没有《女神》和戏曲中间插入的诗好了，不过也还可以，至于比之现在沐猴而冠的俳诗，自命为自然派的自由诗，那就前一个在天上，后一个在 Lucifer 的住所了。我钦佩他反抗的精神，对现世的讥笑，生命穷促时的哀叫，处处表现于诗中。我相信文学是有生命的，它的生产，是从心灵中的鼓动，再加上一番艺术的手腕，它是一种 Beautiful Thoughts，是一种 Melody from heart，它不是所谓雕虫小技，或是抢锅魁的好工具。更不是拿来娱乐贵神,或是戏弄倡优的 Medium。我想起从前所谓词曲大家,起码嫖十几个婊子,心都痛了,这都是文人吗? 文鬼!

第三辑小说中,我顶喜欢《牧羊哀话》一篇了,前两年有一位朋友就对我说过,这篇小说很好,但是我没有找着,究竟不知道怎样好,直到此刻才同它见面,我觉得其间的情绪,婉转哀怨,它的背景是朝鲜,所以语词中常伏着亡国之隐痛,牧羊女郎唱的那两首歌,我一连读好几遍我才感觉到"不忍释手"的真价值了。我的心好像倒悬空中,眼泪是冲沙般的落,好容易的泪水哟,我的眼泪是很宝贵的,我读文学作品,第一次使我流泪的是《孔雀东南飞》,这回算是第二次了。篇中的牧羊女和山童子英,小时在一块儿玩,一块儿读书,平时以兄妹相称,互相爱护,一块儿牧羊时,在海滨便肩挨肩,头依头的睡去了,这是多么天真纯洁的爱情,亲切的 childlove 的表现! 上帝造人,要教他们互相爱护。我不知道他们为甚么要交互撕杀,把女子幽在囚笼? 这一对牧羊人是人类的 Model,是上帝的 Messager 呵! 这两首歌从形式上看来,是自由体,而音节却非常和谐,写情却非常深刻,牧童牧女钟情怀念,大有英国 John Lyly, Thomas Wyatt 以及十世纪 pasoral poes 的作风。末了叙述那封信,不过表明牧羊女之初因,以及子英之死,李夫人之欲谋害其夫闵崇华的事实,其中闵崇华的一首古诗,极沉痛悲壮之致,亡国之痛,读之令人竖发堕泪。

我以为这诗是郭君自己作的。不过借朝鲜人之口,从尹妈嘴里吐出,或者这全篇竟都是他的虚构,藉此来描写亡国后朝鲜人之悲伤痛恨,至多不过当他游朝鲜时,得有类似这样的一个 Inspiration 而已。倘若我的猜想不差,他的意像之高,艺术手腕之优越,真不是寻常的作家所能及了。我总是很喜欢读郭君的诗,然而除欣赏它的本身的美以外,觉得还有一种引力似的。我想这该不是我们同是嘉峨间生长的缘故罢。

我还觉得现在有两种所谓新旧体诗顶讨厌了:一种是流水账簿,或是提行分写的散文,一种是 Steotyped 的近体诗,前者是冒充,后者是葫芦。一个在发展他恶劣的个性,一个在那里说违背他自己的良心的话,不能说是诗,更不能说是现世我国文坛上的献品。人人都应该掩鼻而过之! 郭君的诗,我认为是我们新文学运动的正轨,新诗的

Standard，他的诗既摆脱了旧来近体诗的枷锁，仍不失外形与内美，音节之谐和，词语之审择，自成一种风格。我个人常以为乐府变为近体，近体变为词曲，词曲后为新诗，新诗仍不应失去诗之 Internal 与 xternal Beauty，不管 Blank Verse 也好，prose poetry 也好，外形与内容，二者都应并存。有人提倡二者偏废其一。因此从来没有修养的人，披起这张护身符。也在那儿大做其诗，在神圣的文坛内鬼混，我不禁为我们文学界前途哭，伤哉，伤哉，在黑魆魆的魔宫里，那一天才得把群魔扫荡！

（选自李霖编《郭沫若评传》第85-89页；
1936年上海开明书店版。）

读了郭沫若的《星空》以后

周开庆

郭沫若是现在中国文艺家之一，他的事迹，我不能详细知道，但从他的著作里，可以看出一些来：他是我们四川的人，家隔峨嵋山很近。民国三年，留学日本，住医科大学，那时怕也只有二十多岁罢！民国五年的时候，他去看一个朋友的病，无意中便与医院里一个看护妇安娜发生了恋爱，后来竟结了婚；但他在家时，是已经结过婚的！

《星空》是他的第二创作集，内容分诗歌，戏曲，散文三辑，第一创作集我没有拜读过。以外他关于诗歌，戏剧，自由恋爱……的讨论，在《三叶集》上我也曾看见一些。

从字里行间，作者的特性，时时流露出来，在我读了《星空》一遍二遍之后，最明显的约有三：

（一）恋爱的浪漫色彩。郭沫若有文学的天才，真挚的感情，浓郁的情调，峨嵋山的伟大，日本岛国的风光，时时拨动他的心弦，燃烧着他的情火，心灵里贮蓄的爱，遂不知不觉地发为诗歌。又加以他受旧式婚姻的压迫，从冷酷空气里，便时发出浪漫的行为和声音，所以他最崇拜歌德，也许他的行为有几分象罢！但我们须要知道：有天才的人，是常常犯着这些的！

《星空》中关于恋爱的浪漫色彩的，我且随便举几个例来：

……此时对面又开出一只渡船，船缘坐着两个女子……紧相依傍。她们看见我们的坐船搁浅，都偏过头来，我的视线同他觌面相值。啊，这真是郑交甫遇着江妃，卢梭遇着雅丽，恪拉芬里了！要是她们的船搁了浅的时候，我定要跳下水去，就如象卢梭涉水至膝，替雅恪二姑娘牵马渡溪的一样，把她们的坐船推动起来。……我真羡慕卢梭，他真幸福，他替雅恪二姑娘牵马渡溪之后，被二女殷勤招待，紧抱着他，他在雅姑娘手上亲吻，雅姑娘也没有发气，呵，真幸福的卢梭呀！……不要再空咽馋涎了罢！……

——《今津纪游》

……宇多姑娘……因为太亲密了的缘故，他们家里人——宇多姑娘的母亲和孀姐——总爱探问我同安娜的关系。那时我的女人才从东京来和我同住，被他们盘诘不过了。只诿说是兄妹……宇多姑娘的母亲信以为真了，便常对人说：要把我的女人做媳妇，把宇多许给我。……我的女人，……读书去了，宇多姑娘……便常常来替我煮饭或扫地……拿书到我家来，我们对坐在一个小桌上，我看我的，她看她的……我们在桌下相接触的膝头有一种温暖的感觉交流着。结果两人都用不了什么功，她的小妹妹又来了。只有一次礼拜，她一人悄悄地走到我家里来，刚立定脚，急忙蹑手蹑足地……又蹑手蹑足地走了出来。她说……姐姐爱说闲话……

——《月蚀》

他浪漫的程度，看了这些，便可知道了！

（二）鄙弃痛恨外国人，尤其是鄙夷日本人。作者留学日本，对于日本的狠毒野心，感觉太厚，积之太深，故流露于文字间，慷慨激昂，令人读之，生深刻的印象。《今津纪游》中有一段是：

"日本人说到我们中国人之不好洁净，说到我国街道的不整饬，就好象是世界第一。其实就是日本顶有名的都会，除去几条繁华的街面，受了些西洋文明的洗礼外，所有的侧街隔巷，其不洁净不整饬之点也还是不愧为东洋第一的模范国家。……街簷下的水沟，水积不流，昏白色的酱水中含混着铜绿色的水垢，就好象消化不良的小儿的粪便一样……居然有位妇人在水沟上搭一地摊，摊上拥一大堆山榛，妇人跪在地上烧卖，这样风味，恐怕全世界中，只有五大强国的日本国民才能领略了！

"……中日两国互相轻蔑的心理……真是无法医治呢……"厕所中有许多猥亵的壁画。这是日本全国厕所中的通有现象。善于保存壁画的日本史学家哟！这种无名的恋爱艺术家的表现艺术，也大有保存的必要呢！……"

《月蚀》一篇，关于上海的外国公园禁止狗与华人入内，说得最明显最痛快！

"……没有法子走到黄浦滩公园去罢，穿件洋服去假充东洋人去罢！可怜的亡国奴，可怜我们连亡国奴都还够不上，印度人可以进出自由，只有我们华人是狗！……上海几处的公园都禁止狗与华人入内，其实狗倒是可以进去，人是不行；人要变成狗的时候，便可以进去了。……我单看他们的服装，总觉得他们是一条狗。你看，这衬衫上要套一片硬领呢，这硬领上要结一根领带，这不是和狗颈上套的项圈和铁链是一样么？……哈哈！新发现。我从前在什么书上看见过，说是女人用的环镯，都是上古时候男子捕掠异族的女子时所用的枷镣的蜕形；我想这硬领和领带的起源也怕是一样，一样是奴隶徽章了。弱族女子被强族捕掠为奴，项带枷锁；异日强弱易位，被支配者突然成为支配者，项上的枷锁更变形而为永久的装饰了。"

他的《牧童哀话》那篇末尾又说：

"……似这样断肠地方，伤心国土，谁还有铁石心肠，再能够多住片时一刻呢！"……咳，我也只得这样，我也只得这样说罢！这样的悲愤之语，这样的酸红之泪，伤心！叫我怎不伤心！

（三）爱好和赞美自然，自然是诗人的生命，神秘的宝藏。无论一山一水，松声，水声，都足使我们陶醉，给我们以安慰！何况，何况还受过艺术的洗礼呢！篇中诗歌，几乎全是赞美自然，翻开书的第一页，便可知道。

  美哉！美哉！
  天体和我，不曾有今宵欢快；
  美哉！美哉！
  我今生有此一宵，人生诚可赞爱！
  永恒无际的合抱哟！
  惠爱无涯的目语哟！
  太空中只有闪烁的星和我。……

——《星空》

  月在我头上舒波，
  海在我脚下喧豗。
  我站在海上的危崖，
  儿在我怀中睡了。

——《偶成》

  这正是那一个人独立在万籁静寂，明月在空的"不知在那里"的一个地方，神往这大自然的真和美，从心灵中流露出来的痕迹。美哉，美哉！

  以外作者还富于奋斗的精神，和深刻的同情心，写到国破家亡，生离死别，每每长歌代哭，慨以当慷，使人读之不知泪之何从也！

  从上面看来，这本纯文艺的星空，岂不是很好么？——那也未必！作者有文学的天才，我已经说过，作品之所以好，亦在乎情感浓郁；而对于艺术手腕似乎未成熟圆满；诗之格调，似乎太固定了！但这样的少年——现在也不过三十岁罢——有这样的作品，亦很可以自豪，郭君啊，努力！努力修养！我还搔首天外，欢迎你的第三——以至于无穷的创作呢。

——三，六，三〇，津中砺学社

（选自黄人影《郭沫若论》第133-140页，1936年11月大充书局第4版。）

《瓶》附记

郁达夫

我们看过他的文艺论集序文的人，大概都该知道，郭沫若近来的思想剧变了。

这抒情诗四十二首，还是去年的作品。他本来不愿意发表，是我们硬把它们拿来发表的。

我想诗人的社会化也不要紧，不一定要诗里有手枪炸弹，连写几百个革命革命的字样，才能配得上称真正的革命诗。把你真正的感情，无掩饰地吐露出来，把你的同火山似的热情喷发出来，使读你的诗的人，也一样的可以和你悲啼喜笑，才是诗人的天职。革命事业的勃发，也贵在有这一点热情。这一点热情的培养，要赖柔美圣洁的女性的爱。推而广之可以烧落专制帝王的宫殿，可以捣毁白斯底儿的囚狱。

南欧的丹农雪乌，作纯粹抒情诗时，是象牙塔里的梦者，挺身入世，可以作飞艇上的战士。中古有一位但丁，逐放在外，不妨对古国的专制，施以热烈的攻击，然而作抒情诗时，正应该望理想中的皮阿曲利斯而遥拜。我说沫若，你可以不必自羞你思想的矛盾，诗人本来是有两重人格的。况且这过去的感情的痕迹，把它们再现出来，也未始不可以做一个纪念。

（民国）十五年三月十日

（选自郭沫若著《瓶》第83—84卷，1927年4月1号上海创造社出版部第1版）

论郭沫若的诗（节录）

楼 栖

二、昂扬斗志的《恢复》

诗人终于从泛神论走向阶级论，从革命民主主义走向共产主义，并以实际行动参加革命斗争。这是诗人的新生，诗人的胜利。1927年，第一次国内革命战争失败后，诗人参加了"八一"南昌起义；起义失败后逃回上海，经历了一场大病，写了一本新的诗集《恢复》，一共有二十四首。有了斗争的锻炼，生活的实践，诗人对现实的感受较为丰富，思想感情较为沉着，斗争态度更为坚决："我实在已超过了不少的死线，我将以天地为椁，人类为棺。""我的头颅就算被人锯下又有什么？世间上决没有两面可套弦的弯弓。"

这个时期，正是国民党反动派用白色恐怖进行血腥统治的年代，而诗人的《诗的宣言》却公开宣称："我是诗，这便是我的宣言，我的阶级是属于无产；不过我觉得还软弱了一点，我应该要经过爆裂一番。""我希望我总有一天，我要如暴风一样怒吼。"

诗篇中最动人的是那坚决的态度，挑战的精神，对国民党反动派的白色恐怖给予有力的回击。例如，《如火如荼的恐怖》，诗人十分坚决地向统治阶级挑战了：

我们的眼前一望都是白色，

>但我们是并不觉得恐怖,
>我们杀了一个要警惕百个,
>我们的恐怖是如火如荼!

态度多么坚决,笔锋多么有力,对当时的革命青年是何等有力的鼓舞!

《血的幻影》,诗人表现出自己对革命失败感到的沉痛:"我们昨日不是还驾御着一朵红云,为什么要让它化成一片血雨飞散?我们便从那高不可测的火星天里堕落到这深不可测的黑暗之渊。"诗人满怀抱怨:"我们的力量为什么这样衰微,我们的民族为什么总不觉醒?"沉痛之余,诗人表现出无限愤慨:"我看见无数的恶魔在我眼前跳舞,无数的火焰天使化成血影模糊,一望的血海、血山,我不知身在何处,瞬时间我又感觉到这万幻虚无。"最后,诗人怒吼了:

>对于猛兽哪里还容得着片刻的容忍,
>我们快举起我们的火炬烧灭山林!

这是诗人对反动派白色恐怖的勇敢的挑战,强力的反击。更加难能可贵的是:在《战取》中诗人已充分认识到:"这是暴风雨快要来时的先兆","这是新社会快要诞生的前宵"。

>我已准备下一杯鲜红的寿酒,
>朋友,这是我的热血充满心头。
>要酿出一片的腥风血雨在这夜间,
>战取那新生的太阳,新生的宇宙!

诗人以斩钉截铁的坚决态度,以乐观主义的革命精神,化悲愤为力量,化愤怒为行动,回击白色恐怖,支持革命斗争。虽然没有点明,但读者却很清楚,诗人这股力量泉源,是来自伟大的中国共产党。《怀亡友》,诗人直接抒写出自己的心声:"我们的相识虽然还不上半年,我们的亲密实际上如同兄弟一般。""那时候是你劝我参加实际的行动,我兴高采烈地随着大军北伐中原。""但不幸我们的革命在中途生了危险，我们血染了的大旗忽然间白了半边。""那时候从后方逃到前方，你想直趋武汉，但不料就在这春申江上你便遭了摧残。""啊，朋友，你的头颅是老早被人锯了，一直到现在不知道你被抛在了哪边。不过你那口吃的声音还在和我说笑，你那赤铜色的面孔还活在我的面前。"

在形象中，诗人不直接抒写自己的悲愤，却活生生地描绘了"亡友"先烈的革命精神。在"亡友"的直接鼓励下，诗人参加了革命行动；在"亡友"的精神影响下，诗人要坚持革命斗争。诗人对于"亡友"的怀念是真挚的、动人的。这才是战斗的友谊，革命的友情。诗人的斗争力量，和党结下了深厚的血缘。要是没有党的光辉的照耀，诗人就不可能看出革命现实的发展前途；要是没有党的坚强的领导，诗人就不可能感到革命斗争的伟大力量。

当时的革命主力，已由城市转入农村，农民革命的火炬到处燃烧。《我想起了陈涉、吴广》，这首歌颂中国历史上第一次农民革命领袖的诗篇，比过去诗人写的诗剧就更富于现实意义和战斗意义。诗人明确指出：北方和南方的农民，生活怎会落到这样贫困和悲惨，那是由于帝国主义的炮舰政策和经济侵略所造成的。因此，诗人高歌："在工人领导之下的农民暴动哟，朋友，这是我们的救星，改造全世界的力量！"

诗人从历史经验中证明农民革命的深厚传统、伟大力量，并从历史教训中鼓吹工农联盟，加强工人阶级的领导。诗人的战歌是和革命现实斗争的调子完全合拍的。

从艺术风格来看，诗人在《恢复》中所烙下的脚印，比之《前茅》较为有力，也较为深入。生活内容比较丰富，思想内容比较坚实，战斗情绪更为激昂。这是容易理解的，因为"怒吼"《前茅》时，诗人"还是在民厚南里的楼上"，"说要'到民间去'，要'到兵间去'，"；然而，"吼了出来，做不出去，这在自己的良心上感着无限的苛责"。《前茅》所烙下的还是小资产阶级的热情，革命意识的冲动，缺乏生活的血肉，只有热情的呼号。《恢复》比它有力、深沉，革命现实主义的内容较为丰富、饱满，革命浪漫主义的理想更为坚定、鲜明，两者更接近于结合，而且有些诗篇已结合得有血有肉了。

诗人自己说过："功利主义的动机说，我从前也怀抱过来；有时在诗歌之中也披着件社会主义的皮毛，觉得空洞而无实。那是由于没有从生活出发的原故。自己的生活是一套，写作是一套，结果只是空虚。"❶指的该是《前茅》。《恢复》能超过《前茅》，在于诗人参加过一段革命斗争，有了实际生活的感受，才有可能"从生活出发"。

《恢复》比之《女神》，虽然没有那么大的艺术魅力，但却显示出革命诗歌的力量和意义。在这个意义上说，它是超过《女神》的。它在现实革命土壤中扎根更广、更深，革命的世界观和艺术风格浑然合拍，而且脉络分明、和谐统一。其他抒情诗篇如《述怀》、《对月》、《峨嵋山上的白雪》和《巫峡的回忆》等篇，都以或浓或淡的革命情绪作基调。例如《对月》："我没有你那超然的情绪，我没有你那幽静的心弦。我所希望的是狂暴的音乐犹如鞺鞳的鼙鼓声浪喧天。"

呵，我的心中是这样的淡漠，
任有怎样的境地也难使我欢呼。
你除非照着几百万的农人
在凯旋的歌吹中跳舞！

把它和《女神》、《星空》、《瓶》中的抒情小诗比较一下，不论思想感情、艺术风格，都有显著的发展。诗人以革命的忧乐为忧乐，以人民的悲欢为悲欢，丝毫没有矫揉造作的成分，特别显得深切动人。

这里碰到一个问题：从《女神》到《恢复》，诗人的世界观有了显著的发展，摆脱了泛神论，坚信了阶级论；不再满足于革命民主主义的理想，眺望到社会主义的革命理想，创作方法上自觉地依据革命现实主义。诗人的生活也有了显著的变化，从狂热的叫喊到脚踏实地的斗争。可是，诗歌的艺术魅力，《恢复》仍然不及《女神》，原因在哪里呢？世界观对创作方法具有决定性的意义，对这个现象又如何解析呢？

这个问题是一个比较复杂的问题，我想从下列几方面找寻解决问题的途径。第一，从《女神》到《恢复》，诗人从一个阶级转变到另一

---

❶ 《论国内的评坛及我对于创作上的态度》，《沫若文集》第十卷107页。

个阶级，从革命的小资产阶级立场转变到无产阶级的立场，《前茅》是思想转变的集中点。第二，诗人的世界观是复杂、矛盾的，政治思想只是其中的一个主要部分。第三，世界观对创作方法具有决定性的意义，主要表现在诗人对现实斗争所采取的立场和认识上；但世界观只能包括而不能代替创作方法，而且创作方法还不就是艺术作品，虽然它体现在作品里。

歌唱《女神》时，诗人站在革命的小资产阶级立场，社会主义的意识开始朦胧的觉醒，以泛神论和个性解放的旧武器参加现实斗争。狂热的激情，象火山爆喷。诗人的阶级立场、革命态度，决定了他对现实斗争的感受。这样，世界观和创作方法在诗篇中表现得统一和谐。有些诗篇的内容表现了消极性，那是世界观中的消极性的反映。这在《星空》中表现得特别明显。《星空》诗集中所表现的思想内容的复杂、矛盾，体现了诗人的世界观的复杂、矛盾，而且矛盾进一步激化了。这种矛盾的激化，同时也反映了阶级矛盾的激化。诗人必须转变阶级立场才能解决世界观的矛盾。《前茅》集中反映了诗人的阶级立场和世界观转变的过程：从革命的小资产阶级转变到无产阶级，从泛神论转变到阶级论，而且同泛神论作彻底的决裂。创作方法也同时起了变化。这种复杂、矛盾及其解决的发展过程，都证明了世界观对创作方法起了决定性的作用。

创作《前茅》时，诗人自觉地依据革命现实主义，这可以在他当时发表的文艺论文中找到证明："我们现在所需要的文艺是站在第四阶级说话的文艺，这种文艺在形式上是现实主义的，在内容上是社会主义的。除此以外的文艺都已经是过去的了。包含帝王思想宗教思想的古典主义，主张个人主义自由主义的浪漫主义，都已过去了。"❶

把现实主义仅仅当作形式来理解，显然不够确切。创作方法主要是指反映现实所依据的创作原则，不仅仅是表现形式问题，过去的浪漫主义和个人主义、自由主义相联系，那是反抗王权、反抗宗教的一种理想，决定于当时的历史条件。在中国民主革命阶段中，诗人的革命理想是社会主义，表现在创作方法上却是革命浪漫主义。从这个意义上说，《前

---

❶ 《文艺家的觉悟》，《沫若文集》第十卷309页。

茅》的革命浪漫主义理想也是明显的；不过，从表现形式来看，诗人却是自觉地偏于革命现实主义。诗集所显示出来的创作方法，是革命现实主义趋向于和革命浪漫主义相结合。在《恢复》中，这种趋向更为明显，原因在于革命现实生活的内容比较丰富、饱满，革命理想的内容也更为强烈、鲜明，而且有些诗篇已结合得有血有肉了。

可是，诗人的阶级立场和世界观的转变，仅仅是个开始。政治思想上接受马克思主义，政治态度上拥护无产阶级革命，都还是抽象的认识。写《前茅》时，还没有参加实际斗争，没有斗争生活的实践，更谈不上斗争生活的深刻体验。这样就发生了一个矛盾：思想上想掌握革命现实主义，生活上却有一段很大的距离。革命现实主义要是不从深入斗争实践出发，就不会有丰满的生活血肉，难免流于空泛。革命浪漫主义的理想尽管强烈，仍然还是主观上的东西，感情不免流于架空。其结果，革命现实主义也就不够充分。《前茅》就是明显的例子。

《恢复》比《前茅》有了很大的进步，诗人经历了一段革命斗争的实践，诗篇较为坚实、有力。这是从比较上来说的。严格说来，无产阶级立场和马克思主义世界观，也还是一个开始，还要一个逐步深化、巩固的过程。革命斗争的实践也不够深入。这些问题反映在诗篇上就表现出思想、生活和艺术的深度都还不够。

这里，碰到一个新问题：革命现实主义和革命浪漫主义相结合的创作方法，是毛主席几年前提出来的，诗人当时还没有这种认识。这样分析是否符合诗人的实际情况？

回答这个问题，要从两方面来看：第一，创作方法是从作品中体现出来的。符不符合实际情况，要从作品分析出发，不要从理论原则出发。第二，毛主席提出革命现实主义和革命浪漫主义相结合的创作方法，一方面是在大跃进新形势下的现实基础上提出来的，一方面也总结了过去文学的创作经验。任何创作方法，都是在一定的历史条件下从文艺创作中总结出来又反转来指导创作实践的。尽管诗人当时所处的历史条件不同，作品中所体现的"两结合"的倾向，和毛主席所提出的也还有性质上的差异，但从历史观点来看，这是一个发展过程。从《前茅》到《恢复》，发展过程表现得很明显。《恢复》的各个诗篇，情况也不完全相同，不能一概而论。因为诗人的阶级立场和世界观正处在转变初期的发展过程中，他的思想、生活和创作方法也跟着参加现实斗争而处在不断前进的发展过程中。从趋向于"两结合"到逐渐结合，这是十分自然的。

至于诗人在诗篇中所表现的"两结合"的趋向，和毛主席所提出的"两结合"有什么性质上的区别，那是另一个问题，我想留在《再版后记》里来说，免得在这里扯得太远。

《前茅》和《恢复》，是革命诗歌的开始，是无产阶级文学的萌芽。无产阶级文学必须在人民中生根，在群众中发展，它要创造一种崭新的文学，但又不能凭空创造，必须继承过去的文学遗产，在继承中求创造，在创造中求发展。诗人刚从旧垒中来，才迈开第一步。开辟新路，并不是那么轻易的。现实基础、思想武装，都没有提供足够的条件。诗人自己说过："本来我们现在从事于文艺的人，怕没有一个可以说是纯粹的无产阶级的。纯粹的无产阶级的文艺家，中国还没有诞生。"❶

同时，诗人受过去的艺术思想的影响，一时也不容易摆脱。诗人这样解剖过自己："我是一个偏于主观的人"，"我自己觉得我的想象力实在比我的观察力强。我自幼便嗜好文学，所以我便借文学来以鸣我的存在，在文学之中更借了诗歌的这只芦笛。""我又是一个冲动性的人"，"我回顾我所走过了的半生行路，都是一任我自己的冲动在那里奔驰；我便作起诗来，也任我一己的冲动在那里跳跃。我在一有冲动的时候，就好象一匹奔马，我在冲动窒息了的时候，又好象一只死了的河豚。"❷

凭着这样的小资产阶级浪漫气质去创造《女神》，加上惠特曼的影响，就象狂风暴雨，闪电惊雷，象火山爆发的熔岩喷出了动人的艺术魅力。创造《恢复》，诗人要另辟一条途径，表现革命诗歌的艺术风格。由于上述各种原因，加上诗人世界观还未经彻底改造，新的艺术风格还不够成熟，因此，《恢复》仍然不及《女神》那么感动人。这正好说明，诗人的革命诗歌创作，还处在一个探索前进的过程中。当然，根本问题在于诗人的思想、感情必须在火热的斗争中进行深入改造，革

---

❶ 《文艺家的觉悟》，《沫若文集》第十卷310页。
❷ 《论国内的评坛及我对于创作上的态度》，《沫若文集》第十卷105-108页。

命的世界观要在工农群众中生根，要在革命斗争中巩固。只有这样，革命斗争的生活血肉才会化为思想、艺术的血肉，革命斗争的英雄气概才会化为思想、艺术的英雄气概。《恢复》不如《女神》那么感动人，是由许多复杂的因素构成的，不能把问题理解得过于简单。

这不仅是《前茅》和《恢复》的问题。一般说来，革命文学的早期作品，都有类似的情况。早期的革命作家刚刚接受马克思主义，政治态度开始有了转变；可是，世界观还没有彻底改造，生活、思想、感情和工农兵还有一段距离，没有革命斗争的深入感受，艺术上也显得不够成熟。萌芽阶段的革命文学，这种现象是正常的，我们应该看到它有无限广阔的发展前景。

我们应该大力肯定诗人开辟一条革命诗歌新道路的努力和成就。

五、沉默十年后的战声和颂歌

（一）抗战号角《战声集》

《战声集》出版于1938年，是1936至1937年的作品，一共二十一首。从出版年代来看，它和《恢复》足足隔了十年。这段期间，诗人过的是"去国十年余泪血"的亡命生活，除了写下几本自传和几篇历史小说外，主要从事研究中国古代社会问题，整理中国甲骨文字和青铜器铭文。十年岁月，几乎抛弃了诗神。等到抗战前一年，诗人才重挥诗笔。诗集中的前七首，是抗战前一年在日本时写的。《归国杂吟》是感兴旧体诗。其他诗篇，都是抗战头一年的作品。《前奏曲》纪录了全民抗战的前奏：

> 全民抗战的炮声响了，
> 我们要放声高歌，
> 我们的歌声要高过
> 敌人射出的高射炮。

《民族再生的喜炮》表现了诗人的欢欣："这是喜炮，庆祝我们民族的再生。""明知我们的武器不如敌人，明知我们的准备并不齐整，然而我们只能在死里求生，要用我们的鲜血争回我们独立的光荣。"《抗战颂》、《战声》、《血肉长城》，还有其他诗篇，都是直接歌颂抗战的作品。例如《战声》："战声紧张时大家都觉得快心，战声弛缓时大家都觉得消沉。""战声的一弛一张关系民族的命运，我们到底是要作奴隶，还是主人？"因此诗人高声号召："我们要以血以肉新筑一座万里长城！"

这些诗篇，都表现了诗人坚决要求抗战的决心。"战声紧张时"觉得快慰，"战声弛缓时"觉得消沉，有些诗行的调子，情绪慷慨激昂；但一般说来，热情却比过去差了一些。也许是诗人的诗笔给搁得太久，风格没有当年的豪放雄浑。不过，老诗人的诗歌号召，影响却广泛深刻。这是民族怒吼的年代，热血沸腾的岁月，千千万万的青年，都给抗战的炮声鼓舞得热血盈腔，以诗歌作为鼓动人民的武器。当时的抗战诗走向街头，深入群众，阅读、朗诵，风起云涌，诗人在其中是起了作用的。

在日本时写的有些诗篇，例如《们》和《诗歌国防》，几乎是在阐发议论，其中虽然也有感情，但给议论冲淡了。《纪念高尔基》、《悼聂耳》和《给澎澎》，感情抒发得也不够深厚，真挚而不够有力。主要原因由于在日本时，受到法西斯的压迫和监视，不能接触实际生活，思想、感情较为空泛，有时不免流于阐发议论了。其中较能显示诗人新风格特点的是讽刺诗。如《给C·F·》、《疯狗礼赞》和《铁的处女》。在《疯狗礼赞》中，诗人把自己的诗喻为"疯狗"："独于是疯了的狗东西，它是解放了一切的狗性"，"它只是埋着头，夹着尾，拖着血样的鲜红的舌头，它不左顾不右盼而只是一直线地向前窜走"。

  虽然死是逼在了面前，
  它向自己的狗性复了仇。
  任何人要挡着它的行程，
  它都要把他死咬一口。

十分明显，这是诗人向日本法西斯统治者的反抗。讽刺的矛头，集中打击了敌人；但读起来总觉得"疯狗"的比喻不很恰当。在《女神》的《巨炮之教训》中，诗人讽刺日本军国主义者"好象一群疯了的狗儿，垂着涎，张着嘴，到处逢人乱咬！"对照一下，这里就显得有点别扭。

《归国杂吟》七首，虽然是旧体诗，但很有感人的魅力。如第一首："廿四传花信，有鸟志乔迁。缓急劳斟酌，安危费斡旋。托身期泰岱，翘首望尧天。此意轻鹰鹗，群雏剧可怜。"寓意深远，风格清新。"尧天"、"泰岱"，当指延安。第二首是步鲁迅那首名诗的原韵："又当投笔请缨时，别妇抛雏断藕丝。去国十年余泪血，登舟三宿见旌旗。……"胸怀远大，气魄雄伟。第四首的"十年退伍一残兵，今日归来入阵营。北地已闻新鬼哭，南街犹听旧京声。金召寂寞思廉颇，故国苍茫走屈平。……"老将归来，无恨感慨，尽管烽火漫天，有人却是载歌载舞。"思廉颇"，"走屈平"，诗人的寓意相当深远。

这本诗集，反映了抗战前和抗战初的现实面貌。创作方法基本上是革命现实主义，也有一点革命浪漫主义的精神。不过，由于"去国十年"，对祖国的现实毕竟十分隔膜，回国以后，对现实的接触面不广、不深。再加上十年来从事古籍研究，豪气、锋芒，销磨不少。新诗的笔触，一时很难勾起跳跃的热情，因此，除了一些诗行，大部分都是理智多于感情。除上述的一些诗篇外，其他如《只有靠着实验》、《相见不远》、《所应当关心的》和《人类进化的驿程》都可以作为例证。旧体诗却是豪气横溢，慷慨激昂。诗人这一时期的感情，似乎更适合于旧体诗的表现。一方面，和十年研究古籍的生活有关；另一方面，诗人对旧诗有十分深厚的素养。

（二）民主浪潮中的《蜩螗集》

《蜩螗集》出版于1948年，是1939至1947年的作品，一共四十七首。开头的两首：《迎西北摄影队凯旋》和《罪恶的金字塔》，风格比过去有所不同，更接近于散文化了。如后一首，是为抗战期间重庆大隧道惨祸而写的：

心都跛了脚——
你们知道吗？——

>只有愤怒，没有悲哀，
>只有火，没有水。
>连长江和嘉陵江都变成了火的洪流，
>这火——
>难道不会烧毁那罪恶砌成的金字塔吗？

《水牛赞》完全不分节，一气呵成，有夸张的比喻，有幽默的情调："你角大如虹，腹大如海，脚踏实地而神游天外。""你这和平劳动的象征，你这献身精神的大块，水牛，水牛，你最最可爱。""可是地主们，财东们，把你看得丑陋，待你不如狗。我真替你不平，希望你能怒吼。"这首诗的艺术构思，可能受到鲁迅"俯首甘为孺子牛"的影响。

《颂苏联红军》，感情充沛，风格豪迈，格律谨严，音调铿锵：

>人类的历史在二十五年前开始了新的篇章，
>你这从战争的烈火中自焚而永生了的凤凰！
>你所表现着的自我牺牲的精神是至高无上，
>你从个人的英雄主义长成到了群众的"狄唐"。

诗人热烈歌颂了苏联红军，同时尽情讽刺了纳粹降将："纳粹的将军们起了突变，由猛兽变成了虾蟆。两手高举，两脚蜷曲，竞赛着虾蟆式的跳舞。"讽刺中有幽默味，爱憎分明，对比强烈。

这段期间，正是民主浪潮汹涌澎湃的年代，国民党法西斯作疯狂的挣扎，积极准备内战，大批屠杀青年，绑票、暗杀，无耻至极。诗人的很多诗篇，对疯狂的法西斯作了猛烈的反击。为纪念昆明"一二·一"惨案而写的《进步赞》，对国民党反动派作了辛辣的讽刺："谁能说咱们中国没有进步呢？谁能说咱们中国进步得很慢？""水龙已经进步成为了机关枪，板刀已经进步成为了手榴弹，超度青年的笨拙的刽子手们已经进步成为了机械化的好汉。"诗人这些讽刺是沉痛的、有力的，"五大强之一究竟是有斤两呵，老板，我的眼泪也快活得向肚里潜然。"

《为多灾多难的人民而痛哭》和《挽四八烈士歌》，诗人对于因飞机失事而牺牲的四八烈士，表示衷心的哀悼。在前一诗篇中，诗人"痛哭"："我的眼泪没有方法阻挡，我生平从不曾遇过这样沉痛的悲伤。""我经不住这万种辛酸的冲击，万种悲愤的熬煎，万种回忆的洄漩。"《哭若飞》："你民主精神的一座坚强的堡垒！""你是刚强、果敢、英断、明敏的化身，""你对于敌人是那样勇猛、奋迅、象毫不留情的狮子，而对于友人又是那样温厚、笃实，象孵化着鸡雏的母鸡。"《哭博古》："博古，钢铁一样的人，我在你面前就和白痴一样。你平时沉默得如同黑夜的海洋，""你的笑声有时直如亚细亚高原的风暴一样。""不仅汉奸国贼魑魅魍魉在你面前觳觫，似乎谁都感觉着你是一把脱鞘的宝剑，寒光动摇群星。"感情真挚，亲切动人。寥寥几笔，概括了烈士的党性和个性特征，表现出诗人对他们的崇高敬意。

挽歌歌颂烈士们是"崇高的榜样"，"火中的凤凰"：

这天大的损失呵怎样补偿？
千人万人的眼泪汇成了海洋。
浇不息的烈火呵燃烧着你们的胸膛，
你们的躯体化为了一片红光，
你们如火焰天使自天而降。
宇宙的黑暗也得向你们投降，
人民的前途照耀得光明无量。
……
我们要把法西斯魔鬼们扫数灭亡，
让人民安乐在红光明亮的地上！

感情真挚动人，给人以有力鼓舞。最后两行，不仅充分表现出诗人斗争的勇气和决心，而且表现出诗人估计的乐观和正确。

这部诗集的许多诗篇，诗人公开向法西斯罪恶挑战。《祭陶行知》中，诗人大胆高呼："我们不怕无声手枪，我们不怕原子炸弹，我们要追步李公朴、闻一多、陶行知的后尘，向法西斯余孽，作毫不容情的清算。"《中国人的母亲》："多少的儿女不死于国战，而死于暗杀，死于缧绁，死于内战的疆场。"

> 我揩干了眼泪,
> 要驱除那万恶的豺狼!

法西斯统治者想用无耻的暗杀手段来堵遏民主斗争的浪潮,诗人却用诗弹向法西斯公开射击。《"一二·一"纪念》同是属于这类的作品:"……这是安进地里的地雷,一颗地雷要毁灭千万个法西斯余孽。"《寿朱德》表现了诗人对于革命领袖的真挚感情:

> 朱德将军谁不晓,六十不称老。
> 独裁尚未铲除,法西斯尚未打倒,
> 人民爱戴你,能者要多劳。
> 内奸赛过汪精卫,黑漆一团糟,
> 外敌赛过日本鬼,装作和事佬。
> 伪民主,假和平,
> 还把无声子弹到处抛,
> 只等朱德将军来清扫。

真情流露,质朴自然,可见诗人对朱德将军怀着无限的敬意。风格有点象民歌,幽默风趣,情感天真。诗人对将军的期望也正是全国人民对将军的期望,一股热情,跃然纸上。

旧体诗在这本诗集中,比前一集的份量更多,一共二十六首。其中《猫哭老鼠》这首讽刺诗,是为梁仁达惨案而讽刺上海伪市长吴国桢的:"反美就是反祖国,要使歹徒认得我!一不做来二不休,下命打破劝工楼,打得鸡飞狗又跳,打得头破血又流;居然把你打死了,我要替你报大仇。"报什么大仇?要抓民主人士。"吃了你来再哭你,这个就叫最民主。""市长今天哭仁达,明天何人哭市长?"打油的味道很浓,但却是沉痛之笔,讽刺中带有冷嘲,是对法西斯的极端蔑视。

这本诗集,反映了抗战以后到解放战争期间的现实脉搏。这时,民主运动的浪潮特别高涨,因此,针对法西斯而刺出的矛头也特别集中。其中有愤怒的枪弹,有讽刺的鞭挞;有忿火的喷射,有带泪的冷嘲。革命现实主义带有革命浪漫主义的精神。两种创作方法的结合,能够表现各种不同的艺术风格，诗人的艺术实践，证明了这个真理。显然，诗人在这本诗集中所表现的成绩，比前一诗集有了很大的进步。热情充沛，思想深刻，风格、才华，多采多姿。由于诗人对祖国现实的接触越来越深广，对法西斯强盗的斗争越来越深入，生死肉搏，誓不两立，斗争的武器也就越磨越锋利了。

（选自楼栖《论郭沫若的诗》第57—73页；上海文艺出版社1959年8月第1版，1961年7月第2版，1978年5月第5次印刷。）

今后的历史剧

顾仲彝

近年来很有许多人努力于历史剧的创作；例如郭沫若作的《王昭君》,《卓文君和聂嫈》,吴研因作的《乌鹊双飞》,王独清作的《杨贵妃之死》,等等。内以吴研因的《乌鹊双飞》为最合于历史剧的体材,其结构完密对话自然都超出于郭王两君之上。郭沫若作的三剧,昭君最佳,聂嫈次之,文君最下。王独清的杨贵妃,无一长处,实无一顾的价值。

他们三位虽不能算是成功,但这一方面的努力是很值得提倡值得鼓励的。时代与文学是相依而生的；在这种混乱忧患的时局里,所能创出的时代文学,也不过是颓丧的一类,说不到伟大与永久。幸而中国有极富丽极庄伟的历史传说,更幸而近年来充分的吸收西方艺术,只要有天才出来,用西洋戏剧的艺术把富厚的材料,组成伟大的新文艺。这是中国少年文艺界的新路,也是文艺上唯一有伟大成功希望的路。

中国的传奇昆剧和京戏大半是历史剧,可惜缺少艺术,结构松懈,极其能事只不过讲述故事,铺陈旧说。间或有几处具有剧性的地方,只象昙花一现,不一会就埋没在浮华的辞藻里去了。但是这类不整全的历史剧,已能把许多古代的名人,深深的刻在民众的脑子里。虽那些人物不及红楼梦水浒所给我们的那末真切传神,但由此已足见历史剧的影响于社会；并且伟大历史剧的创制,对于中国文化精神的保持,负极重大的使命!

历史剧的材料是现成的,只要加以艺术化,就可变成剧料,似乎比空中设想实际观察的资料要容易得多。其实不然。编制历史剧先须下考据功夫，博搜广览，寻根究底，查出一个系统来，然后加以想象和创造，使历史上的伟人能栩然重生于今日。一方面不可违背史实，一方面又当适合民间传说，同时作者加以创造的铸熔，使他从已死的历史中复活起来。换言之，历史剧的编制者不但应当是富有天才的艺术家，还当是博览群书的大学者。所以我希望有志于编制历史剧的，先从学问上着手。

虽然，从已有的历史剧中，从它们的缺点上，再参加了西洋戏剧的原理，可以研究出许多原则，供我们努力于历史剧编制者的先鉴。现就愚见所及，杂论数点于后。

* * * * *

历史剧虽不必一定拘守史乘或传说的事实，但也不可离史乘或传说太远。离史撰改是万不得已的事，非有相当的代价——或使剧情紧张更形曲折，或使个性表现更形充分——万万不可把极好的事实牺牲。编历史剧的难处就在这里。在未动笔之前，先须把各史所载的事实，互相参证互相发明，再参以野史风谣和后人传奇对于此事的见解和批评。这样才能有不偏激不失真的伟大戏剧出来。这层工作，近年的编剧者都没有做得周到。譬如杨贵妃之死里说安禄山的叛乱是完全为爱贵妃而起，这未免太荒唐太滑稽了。试看他瞎撰的安禄山写给杨贵妃的信。

"……此次起兵举事，纯为践别时月下之誓言，此生无其他愿望，只以此身献于皇后，即陷失败，亦所甘心。特露檄假称声讨贤兄国忠，盖欲使杨氏全族免除嫌疑，更可使现朝廷信任杨氏……"

这种话可笑已极！国忠之失势被诛，全由安禄山叛乱而起；安禄山不是傻子，要结好于杨氏，要求爱于贵妃，决不至走此一着。试看正史上怎样讲：

"……安禄山恩宠特深，总握兵柄。国忠知其跋扈，终不出其下，将图之；屡于上前言其悖逆之状，上不之信。是时禄山已专制河北，聚幽并劲骑，阴图逆节，动未有名，伺上千秋万岁之后，方图叛变。及见国忠用事，虑不利于己，……国忠使门客蹇昂何盈求禄山阴事……又奏贬吉温于合浦，以激怒禄山，幸其动摇，以取信于上。上不之悟。由是禄山惶惧，遂举兵以诛国忠为名……"

史家能写到"……以激怒禄山，幸其动摇……"，其观察小人互相猜忌的心理，何等深切，何等透彻，真是历史剧极好的题材！所以安禄山明明是野心勃勃的深谋小人，偏要说他是多情的英雄，未免太可笑了。这是离史实太远的一证。

此外，郭沫若在王昭君里，说她因异姓哥哥的自杀，所以不愿嫁给元帝而去从番。这样讲法一方面不合于传说的故事，另一方面也不能自圆其说。昭君出塞事正史上仅提一句，可是很早就相传下来，成为最流行的民间传说。到元代马致远手里，谱成汉宫秋，到明朝有陈典郊的昭君出塞，薛旦的昭君梦；到清朝有明月胡笳归汉将（是讲昭君复回汉宫）一剧，都是讲昭君。虽略有异同，但大概讲昭君不肯贿赂毛延寿，被他图上点破；后来元帝偶然见了她，大惊其美，便十分的宠爱她；问知是延寿的舞弊，即欲斩他，延寿逃到匈奴，说单于指名王嫱为阏氏。汉庭官吏怕动刀兵，极力劝元帝割舍了王嫱，送给匈奴和亲。元帝不得已而许之。昭君与元帝相别时凄凉万分。……现在郭君写昭君不但对元帝一无感情，并且还要骂他是压迫民众的帝国主义者，那历代留传下来的温柔娇丽婉啼动人的美的遗影，整个儿的弄糟了！这种背乎传说的硬改是有损无益的。总之，篡改史实而于剧情毫无增益，是好象画蛇添足，徒劳无功！

编剧最忌有明显的道德或政治的目标，而尤其是历史剧。描写近代的生活，有时不妨加些关于时代批评的话，只要讲时没有色彩和偏见。历史剧所描写的是过去的事实；一时代有一时代的思潮，嬗演变化，须用考据的功夫找出来。甲时代讲乙时代的话，已于剧艺上违反切真的原理，何况带着偏见激论而借古人作传音机呢；这个毛病由于作者不能认清艺术是超脱社会和政治的。艺术而为社会政治的工具，则已不是艺术。郭沫若君的三出历史剧全是为所谓革命思想和反抗思想而作的，以昭君为反对帝国主义的先锋，以文君为反叛礼教的勇士；昭君文君而有知，不晓得要怎样的呼怨呢。试看下面的几段话有没有艺术。

　　昭君："啊，你深居高拱的人，你也知道人到穷荒极北是可以受苦的吗？你深居高拱的人，你为满足你的淫欲，你可以强索天下的良家女子来恣你的奸淫。你为保全你的宗室，你可以逼迫天下的良家子弟去填豺狼的欲壑。如今男子不够填，要用到我们女子了，要用到我们不足供你淫弄的女子了。你也知道穷荒极北是受苦的地域吗？你的权力可以生人，可以杀人，你今天不喜欢我，你可以把我去投荒，你明天喜欢了我，你又可以把我来供你的淫乐，把不足供你淫乐的女子又拿去投荒。投荒是苦事，你算知道了，但是你可知道受你淫弄的女子又不自以为苦吗？你究竟何所异于人，你独能恣肆威虐于万众之上呢？你丑，你也应该知丑！豺狼没有知丑，你居住的宫庭比豺狼的巢穴还要腥臭！……（见《塔》188页至189页）

　　少女：你们还不晓得国王和宰相的罪恶吗？……你们假如晓得如今的天下年年都在战乱，就是因为有了国王，你们假如晓得韩国人穷得只能吃豆饭藿羹，就是因为有了国王，那你们就晓得他为什么要杀你们的国王和宰相了。生下地来同是一个人，做苦工的永远做着苦工，不做苦工的偏有些人在我们头上深居高拱。我们的血汗成了他们的钱财，我们的生命成了他们的玩具，他们杀死我们整千整万的人不成个什么事体，我们杀死了他们一两人便要闹得天翻地覆。……（见《塔》321页）

　　这是二十世纪社会学家在民众前的演说词，放在数千年前娇滴滴羞得得的昭君少女口里，好象把猪耳朵装在美人头上，其怪僻奇特，可谓古往今来的对话中所绝无仅有了！

　　讲到对话，就使我非常失望！郭王吴三君对于这一点都不能使人满意。内中吴君较好，然与历史剧中当有的对话标准，相差远得很哩。郭君的尚能念得出口，王君的就不成话了。试看下面的对话，可能念得出口？适合于时代的特殊语言，那就更谈不到了。

　　"卢娘——圣上，贵妃，二位夫人都在一处用餐。因为食物太坏，贵妃一点也不能下咽，只把由长安带出来的麦酒接连地痛饮……"

　　"贵妃——这样重复的话！他和我相别的那一晚，对着月亮说的也差不多是同样的一句！这样表示他热爱的话！他确是在为我牺牲，为我牺牲，并且……哦，哦，安禄山，我唯一的爱人！……适才我还在怀疑你，那知道你才费了这样的苦心！……"

　　"唐玄宗：你们这种蠢笨而不通的回答！这样毫无意义的回答！……你们大概忘记了现在是和我对话的吧！"

　　所以历史剧的对话第一个目标是念得出口；第二个目标是象真；第三个目标是合于当时的文字方言和语调；第四个目标，也是最重要的目标：是应用对话来组成或助成剧情的紧张，以对话表达人物的个性，以对话揭示剧情中所含蓄的人生真义。这种神化的对话，才是我们所希望的。

　　要绝对用古代语来写历史剧，事实上是做不到的，并且也似乎可以不必。不过语气音调非仿古不可，或创一种特别语调，以示异于现代。莎士比亚的戏剧，全以无韵五音节的诗句写成的。所以在台下听起来，有一种特别的音调，使观众一聆而知为非现代的。且铿锵可听，使人生怀古之思。不过中国的 Blank Verse 应该如何写法，当好好的研究后才能答复。暂且恕我不能评论。

　　历史剧的对话要逼真，还有仿古语法的一种，所谓仿古语法者是把对话古化，所谓古化者，一方面文言化，一方面古俚化。现在编制历史剧的人都未试过，不过三国演义里，很多极好的例子，给我们做参考。试看王允与吕布的对话：

　　　　允急曰："老夫失语，将军息怒。"
　　　　布曰："誓当杀老贼以雪我耻！"
　　　　允……曰："将军勿言，恐累及老夫。"

布曰："大丈夫生居天地间，岂能郁郁久居人下！"
允曰："以将军之才，诚非董太师所可限制。"
布曰："吾欲杀此老贼，奈是父子之情，恐惹后人议论。"
允微笑曰："将军自姓吕，太师自姓董。掷戟之时，岂有父子情耶？"
布奋然曰："非司徒言，布几自误。"

水浒上有许多语法也值得我们编历史剧的人摹仿的。例如：

"前面靠江，有那琵琶亭酒馆……我们去亭上酌三杯，就观江景则个。"
"酒把大碗来筛，不耐烦小盏价吃！"
"既然丈人恁地说时，小人再纳定性过几时。"
"陆兄何来？"
"特来探望兄，何故连日街前未见？"
"少坐拜茶。"
"叵耐这陆谦畜生，厮赶着称兄称弟……"

等等，多不胜举。总之历史剧毕竟与描写现今现实的戏剧，有些不同。要神化这种仿古的对话，不是一件容易的事呢！

我在前面曾经说过：历史剧的最大使命是使历史上的伟大人物，能栩然重生于今日。这也就是艺术家伟大的所在了。不论谁提起了关云长就有个掀髯俊视，肝胆照人的英雄，出现在我们的脑中。又不论谁提起了武松，便有个心直胆壮，勇纠纠的好汉，闪现在我们的眼前。这种印象不是三国宋史的正史所给我们的，而是伟大的文艺创造家罗贯中根据了史实，参合了想象而创造出来的。马克柏司（Macbeth）汉姆列德（Hamlet）朱理雅该撒（Gulia Cxsar）等历史上人物，全赖莎士比亚不朽的艺术，得以深刻的永生在人类的臆念里。要不然，至多在历史上挂个名儿罢了。

郭王吴三君对于悲剧人物的创造，都没有下过心思。郭君硬派王昭君为叛逆的女性，真正冤枉煞人！王独清君以杨贵妃为爱情的牺牲者，未免把贵妃看得太高，令人生厌。实则悲剧人物不能太好，也不能太坏，太好了而陷于不幸，使人易起厌恶之感；太坏了而陷于不幸，不能得人同情。所以悲剧的主人必须是意志或禀性上有缺点的人，以至自造失败，而至死亡。这样既邀得观者之同情，复见得人情的真理，怜悯恐惧，应运而生。这才是悲剧。

世界上最难明瞭的字中，以我看来，莫过于"戏"的一字了。中国一般的戏剧家（？），都以为戏就是把故事在台上的人物口中讲出来，加上几桩热闹的事凑凑趣，就算完工了。如果戏剧如此简单，就该合并于小说一类。所以数年来戏剧的出品，很少有"戏"的成分。

"戏"究竟是什么东西？让我引两段 Fevdinand Bruneti-ere 的话来解释："戏台是发展人的意志的地方，攻击命运，天数和环境的阻碍。"

"戏剧是表现人的意志的；那意志时与限制我们卑小我们的神秘自然权力发生冲突；在台上的就是我们人类的一部分，和命运奋斗，和社会法律奋斗，和其他人类的奋斗，和自己的奋斗——与野心，利益，痴愚，怨恨奋斗。"

（见 Etudes Critiques vol.VII pp.153 and 207）

*　　　*　　　*　　　*

历史剧的创作在中国还是萌芽，不过预备给我们开拓的园地，却极广漠而伟大；我相信中国的莎士比亚，在最近的将来中，必有出现的一日。我们努力于斯道者，赶速来做两件预备的工作：一是精究西洋戏剧的艺术，一是整理中国的史实轶事。大家来努力吧。

（原载1928年4月《新月》第1卷第2号第1-10页）

所谓历史剧

向培良

郭沫若的特色，不在于他作历史剧，而在于他的教训。

在他，戏剧是完全无所轻重的东西，主要的是那中间所含着的教训。他之作剧本正如一个贤人作一篇格言或者一个哲士写一篇寓言似的。一篇剧本，在他的眼里看来，要不是含着什么主义或好的教训，是毫不值得什么的。这意义，他实行过；实行的产品就是他的剧集《三个叛逆的女性》。三个叛逆的女性，郭沫若是要把这当作一部妇女运动宣言。他恐怕人们还未能了解的真意，所以又在那部书后面附了一篇长的后序——那是他作剧方法的宣言。

从大体上说来，郭沫若不失为许多作者中较有力量的一个。他的力量是由于他的勇敢和大胆。但郭沫若究竟是一个受旧文艺和旧思想的毒太深的人；在他的作品里，我们可以看出两种极不同的东西——虽然向前走，但仍然落在旧的陷坑里。这情形，尤其是他的剧本看得更加明显。他曾经努力，而他的努力却落在空虚里。他的作品，象《聂嫈》第一幕，我不能不说是许多幼稚的剧本中难得的作品；而因为他沉溺在旧的陷坑里，他不惜又创造出第二幕来，把一切所创造的都破坏了。

郭沫若把他三个剧本的集子题作《三个叛逆的女性》；他是，想要用聂嫈、卓文君、王昭君来宣传他对于妇女运动的真理。就在这一点，他根本上已经不了解戏剧不了解艺术了。假如我们要说诗是应该作起来宣传打倒帝国主义的真理，我想郭沫若一定要起来反对的，他一定是说诗是艺术。有他的独立和尊严的。那么，我们为什么不能同样地为戏剧作这样的防御战呢？戏剧是有自己的独立和尊严，不能屈服于任何教条之下；这意义，我想应该为人们所承受吧。而郭沫若除掉把他的剧本放在教训的重轭之下还不算，却更把他的剧本叫作历史剧呢！

但是人家已经自称为历史剧了，所以我在标题上也只得加上这三个字，而我始终有点手颤。我觉得这样的字样写出来，终于是一件汗颜的事呵。历史剧在哪里呢？我们已经有了历史剧了吗？《三个叛逆的女性》里所收集的，或者是顾一樵用以宣传国家主义的作品，或者是梁实秋所称为"在技术上毫无缺憾"的长诗之神可算为历史吗？只要把历史里曾经有过名字的人搬进人物表里面去，就可以算作历史剧吗？那么，为什么不把我们所有的剧本通叫作历史剧呢？因为所有的剧本（除掉最少数的例外）都是写作者写那个剧本以前的时候的作品，而且，这些作家，以及他们所创造出来的人物，都要随着历史的推移而退到历史里去的呢。

所谓历史剧者，也只是一件很浅显的事，并不怎样难于索解。她是如其名字所示，应该戏剧的地而又是历史的地，在一切戏剧的成份之上更加以历史的成份。去掉了历史的成份，便无论怎样，虽然是很好的剧本吧，绝不能成为历史剧了。所谓"历史的"者，就是一个剧的背景，或者可以说"空气"应该是历史的。我们要把我们剧中的人物，放在某一定的历史时代的环境里面去，这样才能够做成功一本历史剧。所以，我们可以不用一个历史上的名人而做成功一篇历史剧，但也有用了许多历史上的人物而不成为历史剧的，如我在下面所要讨论的几个作家。只用上几个历史上面的人物，而一切他们的环境，那些环境所给他们的刺激，他们从那些刺激，所起的反应——自然，这些还应该都是戏剧的——他们的动止，言语，以至于动止，服装，布景（这两种是比较容易从旁的地方得到帮助的）。并不是他们所处的那个时代的所有，我们有什么理由叫那样的剧本作为历史剧呢？其实，我们要是真的被某一个历史上的人物的个性或"人格"所感动时，我们也尽可以不必顾忌地拿来作剧，但是，我们不要忘记，任何人的个性都是从他的环境里反应出来的；我们变更了他的环境，便同时得到他那个性变更的结果。有时候我们可以把他搬到近代来，就是，我们自己所处的时代，并不顾及历史的成分。这样的作剧法也并不是不可能的。但是，我们虽然用的是历史上的名字罢，他早已近代化，变作近代的人了。这样的剧本，仍然没有理由叫作历史剧的。

要作中国的历史剧。我认为是特别困难，因为我们的历史有一些极不完全的记录。古代的社会状况，风俗，语言，（因为用不变的文言来写东西的原故，我们古代的语言差不多完全消灭了。）经济情形，以及一般人普泛的思想，都为我们历史家所抛弃，而只有一些极不完全的片断存留着，很不容易组合起来得到具体的观念，以构成历史剧所需要的材料。譬如，为官挟妓在北宋时已著为禁令，而唐时的白居易却能够叫一个不相干的商人妇到船上弹琵琶侑酒。（虽然那个妇人原是娼家，但此事也是后来才知道，当白居易叫她之前并不知道的。）这情形我们就完全不懂解。若是我们拿那个事作剧风的题材，我们一定得闹出笑话来。然而，我们要不是因为某一历史时代，与从那个历史时代所产生的精神（这时代精神表现于某某个人或某某事件。）引起我们的兴趣和共鸣，我们又为什么要作历史剧呢？我们没有权利借历史上的人物来发挥二十世纪的新思想，因为，历史的人物一定要宣称："我的嘴是应该说我自己的时代的话呀！"

在"历史的"这一方面，我们的历史剧作家是完全失败了。我们姑且不论剧中人物的言语和态度（这个，我记得曾经有人谈过的）只从一些小节看，我们看见战国时候的酒家的母女象她们之后好几世纪的女人似的坐着纺纱，看见卓文君同王昭君之流坐着，后来的人才有幸福坐的椅子。其实，棉的产生地原是印度，从西越辗转传到中国，战国的时代只有帛同葛之类。椅子，早先叫胡床，是外国人发明，东汉末年才慢慢为汉人采用——这些，不必有很多历史知识的人都可以知道。这虽然都是小节，与戏剧情节的进展没有多大关系，但也因为是小节，我们得想法子避免。一篇历史剧里若掺加这许多"非历史的"东西进去，至少所谓"历史"是已经完全失败了。

他的剧本里面，常常加进一些杜撰的人物。这一点，似乎有人攻击过，而他自己也屡以为言的。其实，杜撰人物倒是历史剧里可容许的事，只要所杜撰的人物能够放在正确的历史环境里，历史剧并不是历史，所以有创造历史人物的自由；但历史剧应该是历史的，所以应该有正确的历史环境。环境是不能杜撰的。杜撰人物及人物间相关的情节，都是可以相当容许的，不是可攻击或可赞美的事件。关于这一点，我不想说什么话，但郭沫若也不能因为有人这样攻击过他就说别的什么攻击都是错误了。这是很明显的事。

而在"戏剧的"一方面，郭沫若也同样失败了，失败到没有办法。他大概是——假如我能够这样说——一个诗人，或者是一个主义宣传家（这是多么相反的东西呀），也许就是他自己所说的思想变迁之前后吧。因为他不是一个剧作家，他不能了解戏剧的独立和尊严，所以他所写的，或者是诗似的东西，或者是宣传主义小册子：前者如《湘累》和《棠棣之花》，后者如他的历史剧。诗，我是不大能了解的，所以对于那两篇，缺乏戏剧成份的作品（虽然也许是很好的文学作品罢）我自以为无法讨论也无须乎讨论，因为在这篇文字里我只能论及戏剧与其有关的东西。我在这里只能说明他的历史剧，他错误的见解同错误的方式。

郭沫若的作剧，我以为，并不是对于戏剧的艺术有特殊的情绪，只是因为剧中的人物可以张开嘴大说话罢。所以，一切剧中人的嘴，都被他占据了，用以说他个人的话，宣传他个人的主张去了。而这种态度是如此明显，如此偏倾，所以我们绝对不能在他的剧本里看见他所创造的人物，有生命的，有个性的，只看见一些机械的偶像，被作者指挥着走作者所要他们走的路；一些机械的嘴，代替作者说他要说的话。而且他的作剧，是预定了目标的——就是，他预定了在某一剧里给他的读者以某一定的教训，这些教训是借剧中人物的行为作例子或简直由剧中人物的嘴宣讲出来。他所创造的人物，无论是聂嫈、卓文君、红萧、王昭君、毛淑姬或者是孤竹君之二子，都是没有个性没有生命的东西（因为宣讲者是不需要生命的），我们很可以随便地把他所创造的人物换一个地方，变更其环境，或者，换一句话说，我们把他的剧本里换上一些别的人物，而毫不会变更他剧中的精神。这理由很明显，作者本只要一种机械式的宣讲，我们当然可以变更一个留声机而不破坏宣讲的内容。因为宣传主义，更不惜把情节的进展已经完满了的《聂嫈》第一幕破坏了，凭空添上第二幕去。作第二幕的目的，只是从兵士口里传出聂政（他已经死了，不能再张开口替作者说话，这是一件可惜的事）的一些名言；而兵士口里传出的话究竟是不够的，所以又叫酒家女来复述一遍，再叫兵士甲来补充一遍，并且作一个榜样给读者看，这样，作者对于五卅惨案的血的反应，向帝国主义的攻击已经完成了。但是戏剧呢？戏剧已经消灭了，所剩的只是教训在。

从《三个叛逆的女性》，我们还可以看出作者作剧的另一方式来。这个方式最好以旧剧的脸谱来说明。一个旧剧的脸谱，红的是忠，白的是奸，显然在台上对照着。作者对于剧中人物也是这样创造的。所以，在一篇剧本里面，既然有了代表作者说话的好人，一定有正复相反地位的借作对衬的坏人；而这种坏人，因为要显出强烈的对照来，便把他们弄得充分滑稽，可笑、讨厌。既然有了一个"在家不必从父"的有很好道德能够作榜样的卓文君，便一定有一个极其可笑的非人的（我用这个名词的意义是，这样一个东西——似乎我不好说"人"——不是人性中所有的）程郑。既然有了一个"出嫁不必从夫"的有很好的道德作榜样的王昭君，便不妨有个极其可笑的非人的汉元帝（当然汉元帝那种畸形的忏悔是绝不会从人性中发出来），但是，我们究竟很幸福，没有再看"三部曲"的第三部"夫死（？）不必从子"的好例子。蔡文姬也很幸福，没有被二十世纪的人把她捉到舞台上去机械地侮弄。

教训的色彩根本把郭沫若的戏剧毁坏了。《孤竹君之二子》一剧里，教训的色采本来稍淡一点，但是作者的苦心，生恐读者不能明瞭它，特别在序幕里叮嘱声明一下，加上很浓厚的教训；他以为一切读者，都是傻子或小学生呢！

作者的教训欲大到不可比拟。他在剧本里面教训，还以为不足，还要在剧本之外教训，所以《三个叛逆的女性》后面便附了一段长的后序。在这篇后序里，他很明显地表示出他作剧的态度和方法，解释每篇剧本里所含的明训，并且标明他用戏剧教训的主张来。近来已经有这样主张的信徒了：这是《一阵狂风》的作者杨荫深。感谢这样的主张，民间故事里的祝英台便成了妇女运动的健将。至于这篇剧本的内容呢，则因为作者本来不是作剧而是要发挥主义。所以只好让人家从妇女运动的观点去讨论罢，我在这里不说了。

另外，我们还有一位国家主义历史剧作者顾一樵，但他的失败是比郭沫若更来的凶。因为在他的剧本里，连那样可怜那样无聊的教训还找不到呢。他的两篇剧本,《荆轲》和《项羽》,里面只有许多非常使人生厌的爱国论,和实际上得到了相反效力的历史荣光的尊崇,以及一些枯燥零乱的人物的杂乱记录而已。

《宋江》,独幕剧,也是号称历史剧的,伯颜作。这个剧本,很笨拙地选了宋江在还道村受困的故事,让我们看宋江同九天玄女的交涉。

戏剧应该有自己的独立和尊严,这话是我竭力想要表明的。那戏剧去负有别项使命,无论是趣味的创造或宣传主义,同样地一下手就把戏剧艺术破坏了。所以从陈大悲到丁西林是失败的,而郭沫若也同样失败,虽然他有比前几个人大的天才和对艺术的忠实。一个剧作家没有权利给他的观众注入无论什么教训(那样他最好去作传单或经典),也没有权利把人分作两群,把好的变作天人,把坏的变作恶鬼。他们所能显示的只是真的现实,真的人生,真的情绪或真的幻想。易卜生和萧伯纳等的问题剧里,只显示着在某种社会情况底下争斗着的人性,没有教训,也没有好恶于其间。

* * * *

至于历史剧则我不想再说话了。我们并不是需要历史剧,但我们却先需要剧。没有剧之前,是绝不会有历史剧的。我们历史剧的园地还荒凉着,正等待着我们的剧作家开辟呢。

(选自李霖编《郭沫若评传》第 197—210 页;
1932 年上海现代书局出版)

剧 中 有 诗
——《沫若剧作选》学习札记
陈瘦竹

卓越的无产阶级文化战士郭沫若，是杰出的诗人和剧作家。在他开一代诗风的第一部诗集《女神》（1921年）中，除抒情短诗外，不仅有《女神之再生》和《凤凰涅槃》这种剧诗，而且还有《湘累》和《棠棣之花》这种兼用对话和诗歌的剧诗。其后他写了许多著名的历史剧：《卓文君》（1923年）、《王昭君》（1923年）、《棠棣之花》（1941年）、《屈原》（1942年）、《虎符》（1942年）、《高渐离》（1942年）、《孔雀胆》（1942年）和《南冠草》（1943年）；新中国成立后，他又创作了《蔡文姬》（1959年）和《武则天》（1962年）。他的许多历史剧，无论在新民主主义革命时期或社会主义革命和社会主义建设时期，都是"借古鉴今"，为现实斗争服务的有力武器。这当作品的风格，雄伟壮丽，气势磅礴，热情奔放，意境深远。他以一个抒情诗人和历史学家从事戏剧创作，戏剧语言主要是散文不是诗歌，但从他的艺术构思和我们的感受来说，他的剧作是诗，他是现代杰出的诗人。

从历史上看，戏剧本是诗的一种。元代杂剧通称元曲，和唐诗宋词并列。我们现在还将京剧和其他地方戏称作戏曲。欧洲古代分诗为抒情的、叙事的和戏剧的三种。雨果在《〈克伦威尔〉序》中曾说："初期抒情诗，好比平静湖水，反映天上云彩星斗；史诗好比江河，出自湖中，向前奔流，反映两岸的山林、田野和城市，汇合到戏剧之海中。戏剧既象反映天空的湖水，又象反映两岸景物的江河，但是只有戏剧，才是波涛汹涌，而且深不可测。"关于欧洲抒情诗、史诗和剧诗的特征，这位二十五岁的法国剧诗人虽然不及俄国革命民主主义者讲得那样确切，却说明了这三种诗的发展过程以及戏剧包括着抒情诗和叙事诗的因素。郭沫若在《创造十年》中谈到，他在翻译歌德的诗剧《浮士德》第一部之后才开始写《女神之再生》、《湘累》和《棠棣之花》这些短篇剧诗。后来他在《我怎样写〈棠棣之花〉》中还说："我在日本留学时，读过了些希腊悲剧家和莎士比亚、歌德等的剧作，不消说是在他们的影响之下想来从事史剧或诗剧的尝试的。"作为剧诗人，郭沫若和欧洲这几位剧诗人当然并不完全相同。他一开始就是反帝反封建的英勇战士，在十月革命之后和"五四"运动期间，热烈的歌颂着"不断的破坏，不断的创造，不断的努力哟！"(《女神》、《立在地球边上放号》)鲜明地表现出他是一个革命浪漫主义诗人。他后来所写的历史剧是我们所谓话剧，剧中人的台词是日常语言，并非格调整齐的诗句。但他本是一个抒情诗人，善于解剖自己真切的感受以反映生活。因此他对剧中人的思想感情有非常深切的体验，甚至将他自己的生命融化在剧中人的心灵中。这就使我们鲜明地看到剧中人的内心世界，真切地感到剧中人在矛盾和斗争的过程中思想感情的波涛起伏。郭沫若在客观地通过戏剧动作塑造舞台形象时，突出他自己的主观感受，而使剧中人的语言具有浓厚的抒情色彩，引起我们强烈的共鸣。这就是诗，这就是郭沫若在欧洲几个诗人的影响下所独创的话剧中的诗。抒情诗贵在意境，即使是不押韵不分行的散文同样有诗意。莎士比亚是举世闻名的诗人，他的诗作中虽有散文和口语，但主要是以十个轻重相同的音节组成一行的无韵诗为戏剧语言。其后他又打破诗行的限制，而让一句诗连跨几行，以便表现更复杂的思想感情，而使戏剧语言更加丰富多彩。这就表明，诗的形式在不断地变化。我们的五、七言格律诗，在"五四"时期，为了表现革命的思想感情变成自由诗，便是一例。在郭沫若的剧作中，有节奏鲜明的格律诗和自由诗，人物的对话又富于诗意，因此我们可以称他为现代杰出的剧诗人。

戏剧是综合艺术。当我们在剧场中看演出时，可能常被某种美丽的景物、鲜明的色彩、浓厚的气氛、悠扬的音乐、动人的语言和优秀的表演所吸引，觉得含有诗情画意，艺术的感染力很强。当然，思想内容不同的作品有不同性质的诗情画意，有的偏于优美，有的贵在雄伟。但是从戏剧创作来说，所谓诗情画意或者诗的意境，根本上来源于剧作家以强烈的感受和抒情的语言所描绘的剧中人的崇高优美的精神境界和真挚强烈的感情。否则，即使利用综合艺术中的音乐、舞蹈、绘画等因素，也很难创造出真正的诗的意境。

作家从生活出发塑造各种人物形象，必须设身处地去体验人物的思想感情；而郭沫若和剧中人的关系，却比其他作家更为密切。他在《蔡文姬·序》中明白宣称："蔡文姬就是我！是照着我写的。"他说，在《蔡文姬》中，"有不少关于我的感情的东西，也有不少关于我的生活的东西。"其实不仅《蔡文姬》如此，他以前写《湘累》时，"实际上就是'夫子自道'。"至于其他许多历史剧中的主要人物，当然都有他的影子在内。诗人郭沫若的自白，为我们揭示了理解他的剧诗的奥秘。

郭沫若历史剧中的主角，既是抒情诗人自己，那么当他处理历史题材时，不仅有所选择而且必然有所创造。他在《历史·史实·现实》中说："史学家是发掘历史的精神，史剧家是发展历史的精神。"剧诗人对于过去的题材或历史事实加以再处理，这本是传统的方法。在古希腊赫西俄德的诗中，普罗米修斯本是一个歹徒和骗子，但是恩格斯称为"悲剧之父"的埃斯库罗斯，为了捍卫民主制度、反对僭主制度，在《被缚的普罗米修斯》中，将他写成一个为热爱人类反抗暴力、受尽苦难百折不回的伟大的神。后来英国诗人雪莱在剧诗《解放了的普罗米修斯》中，为了表现他自己的革命精神，又将埃斯库罗斯关于普罗米修斯三部曲第二部的情节，加以相反的处理。

屈原是我国历史上的大诗人和政治家。郭沫若热爱这位诗人及其诗篇，曾在《湘累》（"湘累"即屈原）中，歌颂他的高洁品格和反抗精神。在抗日战争时期，皖南事变以后，国民党反动派投降日寇，疯狂反共，郭沫若又作《屈原》，愤怒声讨蒋介石法西斯统治的罪行，热情鼓舞广大人民奋起斗争。这部著名的五幕历史剧的诗意，当然来自屈原这个爱国诗人的艺术形象，而郭沫若所想象出来的婵娟这个形象也有极重要的烘托作用。

郭沫若在描绘屈原形象时，第一笔就用他的名诗《桔颂》（郭沫若的译文同样是首好诗，而且便于我们领会）以显示诗人的坚贞高洁的性格。屈原热情教导宋玉必须保持高尚操守，并且发表关于历史人物和诗歌创作的精辟见解。这些发自内心的言谈，引起我们对他的敬佩之情。郭沫若在描写屈原蒙难之前，先使我们对他有所仰慕，那么随着剧情的发展，当他的政治理想被摧毁，而且人格被侮辱时，他的悲愤必然使得我们感同身受。屈原在被诬陷、被驱逐时，曾对楚怀王慷慨陈词并且沉痛地说："你陷害的不是我，是我们整个儿的楚国呀！……是我们整个儿的赤县神州呀！"他的许多台词就是诗，就是一个有理想的政治家和热爱祖国的诗人在国家危亡之际所发出的激昂悲愤的心声。

屈原被囚在东皇太一庙里，郭沫若给他写了关于风、雷、电的独白，以表达他当时的心情，这是大家公认的好诗。这首不分行的诗，气吞山河，声震华夏，这是郭沫若和屈原两个诗人会心的合奏曲。这段著名独白中的某些词汇和意象，曾见于《凤凰涅槃》和《立在地球边上放号》等诗中，而在《屈原》中却表达了郭沫若对于当时现实生活的强烈感受和鲜明的爱憎。他称自然现象为"你们风、你们雷、你们电"，显然是将它们当作革命暴力的象征，以此毁灭黑暗的旧社会，创造光明的新世界。他写屈原虽被幽囚，而胸襟博大，不念个人安危，心中装着整个世界。他鼓励咆哮怒号的狂风，吹得洞庭、长江和东海波涛汹涌，冲破人间地狱。雷神驾着巨轮，轰鸣前进。诗人希望随着车轮，在隆隆声中奔向自由天地。郭沫若将一闪而过的电光比作劈开黑暗的长剑，想象何等奇妙，气势何等雄伟！诗有比兴，但是这段独白的形象超乎一般诗中的比兴。郭沫若写屈原深夜在神殿中，自戴刑具，颈系长剑，目中含有怒火，望着殿外狂风咆哮，电闪雷鸣，于是用独白来表达极悲愤的心情，这是即景生情；但是这风、雷、电，又是他自己的化身，情景融为一体。这段独白给黑暗敲丧钟，为光明唱颂歌。

婵娟是屈原的使女和弟子，天真纯洁，正直坚强，具有屈原精神。当屈原被陷害时，她积极拥戴他，他失踪时，她到处追寻他。她遵循屈原"我们生要生得光明，死要死得磊落"的教诲，敢于指责南后："你害死了我们的先生，你可知道这对于我们楚国是多么大的一个损失，对于我们人民是多么大的一个损失呀！"她将屈原比作太阳，骂南后是吃太阳的天狗，还说："你这比天狗还要无情的人呀，你总有一天要在黑暗里痛哭的吧!"婵娟非常敬爱屈原,不畏强暴,单枪匹马为保卫屈原而进行殊死的斗争,这种情境当然十分激动人心。最后她误饮毒酒而死,临死之前有一段话,表示她能为保全屈原的生命而死,感到"我真高兴",她赞美屈原是"楚国的柱石",叙述她在他的"感化"之下懂得要"把我的生命献给祖国,"而现在终能如愿以偿。这一段话,难道不是意境崇高、感情真挚的诗吗?婵娟在剧中是个次要人物,衬托屈原的性格,她是剧中唯一敬爱屈原的人物,她的语言说出了我们敬仰爱慕屈原的感情。如果没有这个人物,全剧的抒情色彩就不可能这样浓厚。

我们根据郭沫若所塑造的屈原和婵娟的艺术形象,可以看出诗人怎样选取历史题材而又加以创造,以突出戏剧的抒情因素,而使观众和读者得到强烈的诗的感受。

蔡文姬是女诗人,她的《胡笳十八拍》是著名的抒情诗。郭沫若写《蔡文姬》时在特定的戏剧情境中引用这些哀怨的诗句,就比印在纸上的文字更加感人。郭沫若自称这是"五幕历史喜剧"蔡文姬在戏剧中经历了从悲到喜的发展过程。她的悲和喜,决定于汉朝和匈奴之间关系的变化。因此,当蔡文姬第一次出现在我们面前,吐露"喜得生还兮逢圣君,嗟别二子兮会无因"的内心痛苦时,她所抒发的虽是不忍抛弃儿女的母子之情,其中也有两个民族之间的感情因素。在一般情况下,母子离别,并不一定令人感伤,而蔡文姬的处境不同寻常,返回乡里就必须抛弃子女,顾全子女就得常住异域,这种内心痛苦当然十分强烈。郭沫若在第一幕中深刻解剖蔡文姬当时复杂的内心世界,就点染出诗的意境来。

蔡文姬在归汉途中,分外思念子女,终日悲苦,夜不成眠。郭沫若描写她路过长安,在父亲墓前诉说衷肠,更深一层揭开她心灵的秘密。她在临行之前的痛苦,在于去留之间的矛盾。而现在的痛苦,则是在于因思念子女而身心交瘁和继承父业从事著述之间的矛盾。我们应该看到,郭沫若描写人物的思想情感的发展过程非常细致而且层次分明。他在写蔡文姬的感情发生变化之前,先写她的梦境;十二年前在兵荒马乱中逃出家乡,遇见左贤王;这次离开匈奴之后,忽又看见儿子追赶前来……。这样就将她的极悲痛的心情,描绘得鲜明细致。

接着郭沫若就让董祀来启发她，说她心胸太窄，劝她不要"沉溺在悲哀里"，要她"把天下人的悲哀作为你的悲哀，把天下人的快乐作为你的快乐。"蔡文姬开始有所醒悟，思想感情向着更高的境界飞跃。董祀到匈奴迎接蔡文姬，这是郭沫若的创造。而董祀劝导蔡文姬的一段话，同样达到诗的境界。

郭沫若毫不讳言蔡文姬就是他自己，于是就将他的亲身感受赋予汉末的女诗人。他描写蔡文姬归汉后，看到在曹操领导下，国家统一，民族和睦，虽然她并未忘却子女，可是感情已有变化，所以"很想重写一首新的《胡笳十八拍》来歌颂丞相的丰功伟绩"。这是何等高超而又富于诗意的想象。就蔡文姬的感情来说，《重睹芳华》这八句诗表现新的境界，由私人的母子之情升华为崇高的爱国爱民之情。郭沫若表现蔡文姬从悲到喜的变化，经历了三个阶段，呈现出三种感情色彩：不忍抛弃子女而流泪；刻骨思念子女而晕厥；目睹太平景象而欢欣。《重睹芳华》所表现的感情，是她思想感情发展的高峰。最后，郭沫若再写母子团圆，"镜剑配合"，于是出现诗情洋溢的喜剧结尾。

关于蔡文姬的生平事迹，史料极为缺乏，而《胡笳十八拍》是否她的作品，过去曾有争论。"为曹操翻案"，尤为郭沫若的创见。只有郭沫若这样伟大的文学家和史学家，才能写出《蔡文姬》这样卓越的作品。《蔡文姬》所以成为剧诗，并不只是因为其中引用了蔡文姬的诗句，主要由于郭沫若注入了亲身感受，写出了她写诗时的具体环境和内心感受——即作为诗的源泉的灵魂深处的秘密，以及她的感情的升华过程。如果没有象郭沫若这样的诗人的艺术构思，即使引用更多诗句，那么这种作品只能成为一部诗选，决不可能成为剧诗。

如果有人认为《屈原》和《蔡文姬》所以称为剧诗，原因在于剧中主角都是诗人，所以才有诗意，这是一种误解。《棠棣之花》、《虎符》等历史剧中的主角并不是诗人，(《南冠草》中的夏完淳除外）然而谁能说其中没有诗意呢？

五幕话剧《棠棣之花》歌颂见义勇为，杀身成仁，宣扬团结战斗，反抗强暴，这是打击正在疯狂反共的国民党反动派的有力武器。聂政和姐姐聂嫈的事迹，如《史记·刺客列传》所载，就是一首悲壮的诗。郭沫若采取基本史实，加以"发展"，就使诗的境界更加崇高而壮美。

他在第一幕中写聂政和聂嫈的离别时的情景就很激动人心。当时连年战祸，民不聊生，姐弟二人来到母亲墓前。聂政是有正义感的勇士，怀着"士为知己者死"的决心，要为三年前来约他去的严仲子报仇。聂嫈支持她的兄弟，深以不能同去除暴安民为憾。在这生离死别的时候，聂嫈唱出悲壮的歌。郭沫若写了三首歌词，抒发激昂慷慨之情。聂政到濮阳会见严仲子后，毅然答应他去刺死祸国殃民的韩相侠累，并且表示"只要于人有利，于中原有利"，就不惜牺牲生命。郭沫若在这里"无中生有造出了酒家母女"。濮阳桥畔的酒家女春姑，非常倾慕勇敢尚义的聂政。在他离开酒家前去杀敌时，她折下一枝桃花，并对他说："聂先生，你转来的时候，怕这桃花早已经谢了，请你把这枝桃花带了去吧。"当聂政问起要他带"什么喜欢的东西"回来，春姑回答"我只希望你平安地回到我们这儿"。这不是一般青年男女的爱情。春姑所以倾慕聂政，因为她也是一个纯洁善良"有正义感"的少女，两人有共同的思想基础。郭沫若以春姑来衬托聂政，更能引起观众和读者对聂政的同情。

聂政在东孟会上刺死侠累和韩哀侯，惟恐连累他的姐姐聂嫈，毁容自刎。韩国将聂政的尸首暴露在市上，悬赏要想探明他的姓名。

在我们已经了解上述情况之后，郭沫若接着描写春姑自聂政走后，日夜想念，甚至含泪唱出《啊，泪珠儿快要流尽了》这支歌。这支《湘累曲》原来是郭沫若在二十年前所作剧诗《湘累》中的歌，叫人听着"都要流起眼泪"，而屈原却以为"替我招魂"。现在他让春姑唱这支歌，一方面表示她的相思之苦，一方面似在暗示聂政有屈原一样高贵品质。春姑含泪唱歌，非常哀婉动人，同时又使人想起聂政的牺牲精神，更感到一种悲壮之美。

郭沫若描写聂嫈和春姑同到韩城去认聂政尸首，为他扬名，最后都在尸旁自杀。在这第五幕中，抒情因素十分丰富，悲壮气氛异常浓厚。聂嫈在母亲墓前送别聂政的那支歌《去吧，兄弟呀！》不仅流传在韩国卫士口中，而且在全剧结束时，成为合唱曲。春姑在牺牲以前，对着卫士和群众痛斥制造分裂勾结敌国的统治者们，歌颂为国除害为民锄奸的英雄烈士，义正辞严，激情澎湃，这一番话，真是一首震憾人心的好诗。

聂政是勇士不是诗人,而且他在第三幕中,就已完成使命壮烈牺牲。聂嫈是个烈女,为烈士而献身。姐弟二人的性格中,都有悲壮之美。我们看到郭沫若充分运用诗歌,来渲染这种悲壮之美。诗有各种风格,就《棠棣之花》来说,则是雄健豪放。聂嫈所唱"不愿久偷生,但愿轰烈死"和"我望你鲜红的血液,迸发成自由之花,开遍中华",最能显示这种风格。而春姑的《湘累曲》,以哀婉之情烘托悲壮之美。而她最后的一番话,直接抒发了她的憎恨和爱慕之情。盲叟女儿歌颂豫让,则是一种陪衬。至于濮阳桥畔冶游男女的歌唱,一方面显示濮上"淫风流行",一方面是作为这部剧诗的崇高壮美的境界的一种鲜明对照。

剧诗的意境,通过戏剧语言表现出来。郭沫若剧作中的语言,除诗歌外,主要是人物对话。在现代戏剧文学史上,郭沫若的戏剧语言别具一格。人物对话,文情并茂,犹如大江东去,一泻千里。诗人郭沫若感受敏锐,想象丰富,见解高超,热情洋溢,不仅写诗,就是写人物的对话,都是形象鲜明,思路开阔,有文采,有气势,决不是三言两语就能曲尽其意。屈原、婵娟、蔡文姬、董祀、曹操、聂政、聂嫈和春姑的长段对话,都有浓厚的诗意。这使我们想起郭沫若所提及的希腊悲剧家、莎士比亚和歌德的剧诗。其中人物的诗体语言,都是洋洋洒洒,舒畅开展,绚丽多采,富有诗意和哲理。但是郭沫若有新借鉴,有新发展,他的戏剧语言中的革命的政治激情,则是他的独到之处。

剧诗虽是诗,但诗并不就是剧。关于这个问题,剧诗人歌德有很深的体会。《歌德与爱克曼谈话录》中,曾多次记载他的意见。歌德认为莎士比亚写戏"从来没有想到要印在纸上","心目中只有一个舞台"。(1827年5月21日)他又认为写戏而不彻底了解舞台,最好搁笔。他说谈起来很优美的作品,一旦搬上舞台,效果完全两样,凡是在书斋里叫人着迷的作品,在舞台上演出可能完全失败"。(1829年2月4日)

戏剧的灵魂是以社会矛盾为基础的戏剧冲突,观众要求在剧场里看到演员在舞台上演出戏剧冲突的发展过程。郭沫若是诗人又是剧作家,熟悉舞台,特别善于组织戏剧冲突,在演出时,舞台洋溢着诗情画意,所以他的剧作最能激动广大观众的感情。

《屈原》和《棠棣之花》的戏剧冲突以敌我矛盾为基础，尖锐激烈，令人惊心动魄。屈原在一天之内，从受信任到被诬陷、遭迫害而出走；婵娟还牺牲了年轻的生命。聂政刺死国贼而后自杀，聂嫈春姑先后捐躯。《蔡文姬》中的戏剧冲突以女诗人的内心矛盾为基础，这种矛盾和民族矛盾相关联，此外还穿插着周近"在意识上颇与董祀对立，几至陷害董祀"的矛盾。这一穿插极为重要，否则，第三幕戏就难以写成，而所谓"生死鸳鸯"也不确切。

剧中人的思想感情在戏剧冲突中得到充分表现而且有所发展。郭沫若剧诗中的抒情性，由于尖锐的戏剧冲突而更丰富更强烈。正因为这样，郭沫若不仅是个杰出的诗人，而且是杰出的剧诗人。

为共产主义事业奋斗终身的卓越的无产阶级文化战士郭沫若同志虽已离开我们，但是他的革命精神和光辉著作，却永远活在人间，流传后世。他的杰出的戏剧创作，尤其是青年剧作者学习的范本。目前戏剧创作正在蓬勃发展。我们已有不少歌颂无产阶级老一辈革命家和揭露"四人帮"的优秀剧作，受到广大观众和读者的热烈欢迎。但是还有一些剧作，却缺乏艺术的感染力；原因之一，恐怕就是剧中无诗。我们应该认真学习郭沫若的革命精神和渊博知识，他对中外文学遗产的深刻研究，并在继承的基础上有所创造。关于戏剧创作，我们更应学习他在运用艺术典型化原则创造人物时，以一个敏感而热情的诗人，深入人物的内心世界，观察和体验人物的喜怒爱憎，甚至以自己的敏感和热情赋予人物，以致彼此融为一体。我们还要学习他的抒情才能，笔锋常带感情，使剧中人出言吐语，都有诗意。让我们沿着郭沫若开辟的道路，奋勇前进，写出更好的剧作，为实现新时期的总任务作出贡献。

（原载1978年《江苏文艺》12月号第66—69，78页）

郭沫若、屈原和蔡文姬

徐 迟

请听：

"鼓动吧，风！咆哮吧，雷！闪耀吧，电！把一切沉睡在黑暗怀里的东西，毁灭，毁灭呀！"

在《屈原》这个历史剧中，发生了这样强烈的声音。这是未能如此发出却郁积在屈原心胸之中等待着有朝一日爆发出来的声音，这是鲁迅的呐喊的继续，这是郭沫若的雷电之声，《雷电颂》。

伟大诗人屈原，是他那个时代的发言人，他的那个时代精神的肉身。我们的这个时代的发言人，我们的这个时代精神的肉身，在先当然是鲁迅，以后呢，是郭沫若。

郭沫若和屈原，历史条件不同，生活际遇不同，然而两个不同的新兴社会阶级的诞生之前的阵痛，却有一定相同之处。阵痛的程度却也不同。消灭一切剥削阶级的无产阶级社会形态的诞生之前的阵痛，确实更加痛苦，是最痛苦的。因此无产阶级的诗人，对于一切反动统治阶级的愤怒，必然更加强烈，是最强烈的。郭沫若的感情比屈原的感情是更加强烈的，有《雷电颂》为证。在《屈原》这历史剧的第五幕第二场中，郭沫若化身为屈原的形象，向一切反动阶级的统治者们，尤其是向着当时的国民党独夫民贼，倾泻了他的愤怒的火焰。他登上了九天，抚慧星！他舒长剑，以拥护幼艾！他向尘寰，向仙山琼阁，投掷他的《雷电颂》。

屈原在《天问》中也曾有"薄暮雷电"之句,一闪而过。在《涉江》、《怀沙》中,屈原又是如此之绝望。他不可能宣泄出这样强烈的感情的诗句来,屈原的作品中是找不见《雷电颂》的。此曲只应今朝有!

《屈原》历史剧中,不光是屈原这个历史人物,还有郭沫若,自己登上场来。现在,郭沫若自己也已经是历史人物了。这是戏剧艺术的一个高峰。古希腊悲剧、元明戏剧、席勒和歌德也都没有,也不可能有这样霹雳般的音响。莎士比亚有过,但是另一回事,下面再说。这是政治檄文中的一个高峰,这是卓越的马克思主义的戏剧艺术。郭沫若通过历史剧的形式,发出了摧毁"一切沉睡在黑暗怀里"的腐朽事物的愤怒的语言之光,语言之火。

在敬爱的周恩来总理领导之下进行的这个剧本的创作与公演,不是一般舞台上一般的历史剧,而是我国政治历史舞台的历史自身的场景。

郭沫若同志曾经在《屈原与厘雅王——答徐迟先生的一封信》中指出:"屈原是与雷电同化了,而厘雅王依然保持着异化的地位。"他是"用哲学家易懂的话(见马、恩:《德意志意识形态》,选集卷一第39页)用"异化"的字样来教育了我的,当时我并不怎么懂得。最近重读该文,查阅到马、恩的原文,学习了才稍有领会。

屈原这个人物是在历史推移过程中出现的一个新兴阶级的代表人物,是反对野蛮的没落的奴隶主阶级统治的,第一个宣告新制度将要来临的诗人。郭沫若在《屈原》中发出了一个先驱者反对黑暗统治的雷电般的挑战,因此剧中人屈原是与象征时代精神的雷电同化了的,郭沫若也是和雷电同化了的。这就是他说的"屈原是与雷电同化了。"屈原就是雷电。郭沫若也是和他自身的当代政治斗争结合在一起的,郭沫若也是和雷电同化了的。这雷电也是郭沫若自己。

在莎士比亚的《厘雅王》这个剧本中,厘雅是横蛮狂暴的君王,一种"异己"的"异化"的力量,向着同样横暴的贵族阶级,发出没落者的衰颓的暴怒,因此雷电是与厘雅"异化"的,厘雅王不是雷电。莎士比亚和他的时代的雷电也是"异己"的"异化"的,莎士比亚也并非雷电。《屈原》和《厘雅王》两本历史剧的社会条件，历史内容不同，因此将两者拉扯在一起是不伦不类的，反映了我当时幼稚无知。

愤怒出诗人！郭沫若在《屈原》历史剧中真正体现了这一句名言，写出了甚至屈原自己曾未能发出的诗人的愤怒。当年在重庆，演出这个历史剧时，它的政治影响，即"同化"力是这样巨大，艺术感染力这么强烈！人民群众奔走相告，兴高采烈，而蒋介石之流为之颤栗，怕得要死。到今天，打倒了"四人帮"之后，重读这个剧本，我们还能再次感受到《雷电颂》的语言的威力。郭沫若的革命精神和战斗意志发出了闪耀的光芒。《屈原》的社会意义，现实主义，就在其中。

生命诚然短促，艺术力量无穷。

历史剧《蔡文姬》是1959年春脱稿，给十周年国庆献礼的一篇力作。这是多么珍贵的献礼！评论家对于这个剧本已经说得很多，本来无须再多说什么。但是，"温故而知新"这句话，说得很中肯！经过了无产阶级文化大革命的考验，经过了粉碎"四人帮"以及反对帮派体系的残余的斗争，今天重读这个剧本，我们又听见和看到了他的声音笑貌，并且还进一步深入到了他的内心世界，更是强烈地感觉到了这个历史剧中的重大的政治内涵。郭沫若是呕心沥血地写出了他"忧以天下，乐以天下"的心灵深处的思想感情来了。

有些话，过去是不好谈的。似乎在他生前也没有谈过。现在却可以谈了，应当谈一谈了。也许我们还能记得，当时郭沫若说："蔡文姬就是我。"初初听到这话，不由人想起了弗洛贝尔的一句话："爱玛就是我。"如所周知，许多文学艺术方面的名著杰作都包孕着作者自己的生活经历，借他人酒杯，浇自己块垒。弗洛贝尔这句话有人研究过；郭沫若这句话却还值得思考一番。尽管知道的人还并不少，而言者寥寥；就让我来甘冒不韪吧。

历史人物蔡文姬，没入南匈奴十二年后，曹操派遣使者前去，以黄金白璧，赎以归汉。文姬离开了她亲生儿女而归，写出了绞肠沥血的《胡笳十八拍》。诗句流传在人间，她的著作权却被剥夺了。郭沫若以他的历史学者的犀利目光，对诗歌艺术的锐利鉴别，正确地评价了她的诗，并肯定《胡笳十八拍》实系蔡文姬所作。

这首悲怆乐曲曾如此拨动了郭沫若心弦，因为他自己也曾去国十年。那时八年抗战，开始，他回到祖国，投笔请缨；抛雏别妇，而藕丝未断。这在他著名的七律诗中是讲明白了的。没有这个切身的经历，他就不会如此深切地体味了蔡文姬的哀伤。那末，他也需要诉述他心灵中的隐痛，写出他魂魄中的微颤。借《胡笳十八拍》的诗句，他表达了自己无可奈何的心情，以"生死鸳鸯，镜剑配合"之意，来解释了他自己的一段身世。

说到头来，个人哀愁终究是次要的，所以通过蔡文姬这个历史剧，他进一步发挥了他"以天下人的儿女作为自己儿女"的崇高的感情，并阐述了"以天下之忧为忧，以天下之乐为乐"的宏伟的思想。他既写出了《蔡文姬》这个剧本，他应当没有遗憾了；他已写出了这样光辉的剧本来，更不应当有任何遗憾了。

他写《屈原》不仅写了自己，他写《蔡文姬》，也不仅是写了自己。《蔡文姬》这个历史剧，触及了更深刻的政治内容。

当时建国已经十年了。我们党和国家的生活是蒸蒸日上的。一切显得乐观和美好，人民充满了信心、光明和希望。可是地平线上似乎有着一些阴影，空中袭来了一股西伯利亚的寒流。1957年初，毛主席已经有觉察，并作了《关于正确处理人民内部矛盾的问题》的讲话。伟大的马克思主义者，看到了在社会主义社会的条件下，我们正面临着十分复杂又十分尖锐的社会矛盾；从而提纲挈领地给我们指出了如何去正确认识和正确处理两类不同性质的社会矛盾；这一光辉的理论著作，已成为发展了马克思列宁主义的经典性的文献。

《蔡文姬》历史剧开场就是矛盾，辟头就展示了三天三夜未睡的蔡文姬的矛盾心理、惶遽之情。而这个矛盾就在这第一幕里头很快解决了。可是这一矛盾的解决立刻隐伏了另一个比个人的命运更为严重的政治性质的矛盾。郭沫若在这个剧本中塑造了周近这样一个副使人物。此人出使到了南匈奴之后，"盛气凌人，全不把人看在眼里。"是一个大汉族主义者，又是一个官僚气十足的人，他竟私下对左贤王说道："你要不把蔡文姬送回汉朝，曹丞相大兵一到，立地把你匈奴扫荡。"此人全不懂民族政策，出使在外，随便胡说，成事不足，败事有余。

幸而正使董祀，作风正派，言行一致，善于作思想工作，摆事实，讲道理，在第一幕第三幕中，对蔡文姬作了工作。他通情达理，晓以大义地开导了她，以至连左贤王也被感动。他卓越地完成了他的出使任务。可是在周近的卑劣的感情中，在他浅薄的目光下，偏偏是别有看法的。失败使他骄横，成功令其多疑。在第四幕第一场里，当周近谒见曹操的时候，三言两语，便进了谗言，令人愤怒。

他首先给左贤王以诬陷，接着对蔡文姬的高贵风格作了荒谬的评品，对激扬文采的《胡笳十八拍》作了"有失'温柔敦厚'诗教"的攻击。最后，对正使董祀，无中生有，加以陷害。无知的右贤王又从旁附和了一下。一下子曹操便下了一个饬令："董祀暗通关节，行为不端。"一个政治问题，一个生活作风问题，"着即令其自裁！"严酷判决，又是雷厉风行，派人兼程送将出去。

郭沫若真是大手笔！他这样熟悉我国古代社会，历史人物、历史事务，这一切他写得熟练之极。丝丝入微，环环相扣，伏笔于千里塞外，决胜于帏幄之中。真是天衣无缝一般，自然成趣。他写出了左贤王性格，耿直豪放。右贤王气质，直率而无知，狭隘却不足为奇。曹操是爱才的，刚毅，而又刚愎自用；豁达，善于纠正自己错误；气魄宏伟，但不是什么"完人"。董祀被写得高尚；而周近则是真正的小人，巧言令色、诬陷是他的专长。

范仲淹在著名散文《岳阳楼记》中，写了"畏谗忧讥"四字，概括了中国封建时代政治生活中最残酷的经历。那些"天然尊长"，全凭他个人的意志统治着人间，一喜就赏，一怒就罚，唯我独尊，随心所欲。民主，这种概念，在那封建等级制度底下，根本就没有；法制，在"王者"心目中，也完全谈不到。他就是"九五之尊"，他一开口就是金科玉律。周围总有一伙趋炎附势的家伙将他包围起来。就是比较"圣明"的君主，即使比较具有判断力，也爱听好话，不爱听反对的意见。正直不能存身，良言总带有苦涩的味道。总是听不进去的。谗言包着糖衣，非常中听，非常入耳，往往取得肮脏的胜利，涂满了血污。在那些年代里，使许多人含泪含冤，心情悲凉。当范仲淹面对着洞庭群山时，该就是这种苍茫的心情了。

在《蔡文姬》这个剧本中，郭沫若借用了"先天下之忧而忧，后天下之乐而乐"的字样，仅只改动了几个虚字。足以说明，我们的戏剧诗人写作《蔡文姬》时是记取了这篇短小精深的散文的。也许可以说，郭沫若落墨之时，也怀有范仲淹在岳阳楼上的心情的。

于是在第四幕第三场中，文姬披发跣足，谒见曹操。她对周近的谗言，一概地作了反驳。曹操听完。离座起立，步下陛阶，有所思索，对曹丕说："我现在感觉着我们有点轻率了。昨天晚上我们如果把侍琴和侍书调来查问一下，不是也可以弄清些眉目吗？"曹丕说："是啊，我在今天清晨才想到，我曾经调侍琴来询问过一下，但时间仓卒，我没有问个仔细。我也认为，她们或许不知道。"曹操说："古人说：'兼听则明，偏信则暗'，看来是一点也不错的。我们这回可算得到了一次教训了！"这一段戏是意味深长的。

于是，向侍琴作了调查；文姬再次发言；曹操恍然大悟："啊，是这样的！"又下了另一道饬令，赶快派人选乘骏马，星夜前往，务令将前令追回缴销。幸亏那时还没有无线电报有线电话。悲剧乃转化而为喜剧。周近已经知罪，文姬又讲了情，得到从宽议处，作为内部问题处理了，充分展示了曹操的政治风度。

郭沫若在这个历史剧中写了周近进谗这个戏剧契机，他是在写我国封建社会的沉痛的历史教训。那末，这是不是郭沫若信手拈来，挥毫成趣，随兴所至，凭一时灵感写出的戏剧契机呢？郭沫若早已进入他的成熟时期。这位历史学家和历史戏剧诗人曾经是有所为而写《屈原》的；又是有所发而写出《甲申三百年祭》这样重要散文来的，我们完全可以设想他是有所指而写《蔡文姬》的。

我们已进入社会主义社会。但是封建社会的残余还在。光明的新中国，是在半封建的旧中国的废墟上建立起来的。封建残余势力和意识是要清除的，积垢要洗涤。恶习要批判，瑕疵也要纠正。林彪、"四人帮"横行的时候，那封建主义的残余势力简直是死灰复燃了。谗言，诬陷，令人心悸；至今心有余悸的也还是这个："畏谗忧讥"。《蔡文姬》剧本中的戏剧契机，可以说是一个政治的契机。《蔡文姬》这个剧本的社会意义，现实意义，就在其中了。

马克思和恩格斯在给拉萨尔信中谈到历史戏剧时，提出了三个问题：诗歌形式；历史唯物主义的阶级分析；理想与现实的统一。这为我们提供了分析和研究戏剧诗歌和历史诗剧的标准。那末，在诗歌形式上，郭沫若是应用自如的。《雷电颂》那样的诗，当然不能作为散文看待，那是最好的诗！《蔡文姬》是用散文写的，但语言也是很讲究的。在戏剧发展到高潮的时候，就充满了战斗的诗情，它使人感到《蔡文姬》是一个诗人写的剧本。现在我们还只有很少用诗体写的具有诗剧形式的话剧。郭沫若和曹禺的剧本很值得我们注意和研究。

历史唯物主义、阶级分析的问题是比较大的。马、恩的两封信、恩格斯的《德国农民战争》，对于1925年的革命，进行了非常重要的精辟的分析是可以供我们学习和参考的。郭沫若是我国卓越的历史学家。他对历史唯物主义作过精深的研究，写有他的大量历史学著作。所以当他写历史剧的时候，在社会阶级的分析上，在历史唯物主义的分析应用上，就是比较地有准备有把握的，能够通过历史人物自身来说明奴隶制社会封建社会里的一些问题。我们在上面仅仅是作了一些初步的研究和分析。

理想与现实的统一，即马、恩所说的莎士比亚的现实主义与席勒的时代精神号角的统一问题，在郭沫若的历史剧中还是解决得比较好的。在《屈原》这个剧本中，也许我们可以说，是理想为主，现实为辅，那在《蔡文姬》这个剧本中，则是现实为主，理想为辅。《雷电颂》有一点象席勒的单纯时代精神号角，而《蔡文姬》的第四幕第三场，则有着更多的莎士比亚式的现实主义的深刻性。这个，实际上就是毛主席给我们提出的革命现实主义与革命浪漫主义相结合的创作方法的问题。郭沫若在他的历史剧中为我们做出了一些很成功的探索。他虽然没有能达到两者的美妙结合，但两者是结合着的，恰好又各有不同的主次之分。我只是在这里提出这个问题来，供进一步探讨之用。

郭沫若已经是一个历史人物了，我们深深地怀念他呵！我们再见不到他了！但是他的音容宛在。生命诚然短促，艺术力量无穷！

（原载1979年《剧本》1月号第36—40页）

读《屈原》剧本

孙伏园

郭先生的《屈原》剧本上满纸充溢着正气。有人说郭先生的《屈原研究》的态度和方法是"新朴学",那么他的《屈原》剧本实在是一篇"新正气歌"。

作者创造了一个婵娟的人格,把同情和努力大部分用在她的身上。屈原是一个爱国诗人,他的爱国思想,学生如公子子兰,自然绝不会了解,就如宋玉,虽然在文学技术上学象了老师,甚至超过了老师,但因个性太软弱了,也是没有方法而且没有勇气了解的。只有婵娟,一个十五六岁的少女,一个他的亡妇的陪嫁丫头,却能彻底地了解他的爱国思想。不但了解,她还有勇气与毅力来证实她真正了解他的,……。

在第五幕里,屈原已经被放逐了,又被幽囚了;宋玉与公子子兰已经联成了一气,以援救屈原为名,到楚宫门口去诱惑婵娟的时候,两人肆逞了如簧之舌,你一段我一段地说得真象是仁至义尽似的,个性稍软弱的人一定要招架不住了,而作者竟用了极大的努力,描写婵娟的反应,一次是"姿态不动,无言",二次是"姿态不动,无言",三次是"姿态不动,始终无言",四次是"姿态不动,毫无反应",五次是"丝毫不动",六次是"仍丝毫不动",七次是"仍丝毫不动"!

这是中国精神,杀身成仁的精神,牺牲了生命以换取精神的独立自由的精神。

在中国历史上,甚至只在这次抗战中,表现这种"中国精神"的事件，何止千百起。我们用了劣势的武器，能够抵抗敌人的侵略，乃至能够击溃敌人的，就完全靠着这种精神。

有着这种精神的民族，永远不会失败，永远能够存立于天地之间。昨天看见报上登载法国沦陷区里的德国当局审问法国的爱国志士倍力的情形。问官让倍力选择两条路，第一条投降纳粹，即刻给予高官厚禄，第二条，反抗纳粹，死，倍力毫不踌躇的选择第二条。

如果法国也和我们一样，有着表现这种"中国精神"的事件千百起，法国民族一定是有复兴的希望的。

因为我读完《屈原》剧本，满眼看见的只是这一股正气，所以在艺术方面还有许多要说的话只好留待将来再说了。

（原载1942年2月7日《中央日报》（副刊）第2版）

评《屈原》的剧作与演出（节录）

刘遽然

由于《棠棣之花》的演出，在舞台上获得了优越的成功，郭沫若先生在十天内写成了他的第二部历史剧杰作《屈原》。在重庆市话剧演出的活跃季节中，《屈原》和最近又脱稿的《虎符》，实在是作者给予了目前剧坛的两大瑰宝。不过，我们觉得《屈原》这部五幕史剧更是值得特别重视和珍贵的。因为一方面《屈原》一剧的本身，在表现了中国第一位大诗人的思想和生活，从屈原那种爱国舍身的高尚思想和坚毅不拔的卓越人格上，给予目前在为复兴抗战而奋斗的中华儿女，一番宝贵的教训和楷模；另一方面屈原这位伟大诗人的人格表现，也许是非沫若先生这位热情的诗人之笔不能把它描写出来的。《屈原》剧自上月在报纸上连续发表了以后，由于读者深深地感受了作者所给予的崇高情感和艺术上的淳美，还没有人对于剧本的内容有所论述，直到最近的舞台演出之前，才有从事话剧者对于演出方面，作过简略的说明。我在剧本发表的时候，曾把它读过一篇，日前又曾看过舞台上的演出，觉得其中有些地方是可以提出来讨论一下的，现在想分别谈谈。

第一，我们先看《屈原》的剧作。

整个的剧本便是一首淳美崇高的诗。在表现屈原这位诗人的个性和思想的伟大上，是十分成功的。至于紧凑的情节和诗意的词句，都是无以复加的。不过我们在赞誉这部剧作的长处之余，还要对于一二点不十分同意的地方略为说明一下。

关于史实方面，我觉得是还可斟酌的。自然作者在《写完〈屈原〉

之后》一文中曾说明"考据和剧本是不能完全一致"的，不过有些情节如果与史实不太相符合的话，也许对于整个的剧情有所抵触，《屈原》这部五幕史剧所表现的是屈原整个的人格与思想，而它所描写的，实际上却是由清早到夜半过后的一天，虽然在时间是这样缩短了，但与史书中所记载的事实则无大出入。司马迁的《屈原列传》中有如下的一段：

屈原入则与王图议国事以出号令，出则接遇宾客，应对诸侯，王甚任之。上官大夫与之同列，争宠而心害其能。怀王使屈原造为宪令，屈原属草稿未定，上官大夫见而欲夺之屈子不与，因馋之……秦割汉中地与楚以和，楚王曰：不愿得地，愿得张仪而甘心焉"。张仪乃曰："以一仪而当汉中地，臣请往如楚"。如楚，又因厚币用事者臣靳尚，而设诡辩于怀王之宠姬郑袖，怀王竟听郑袖，复释去张仪。

不过，我们觉得原剧中把宋玉当作屈原的弟子而在同一时期出现，未免与历史相差太远。据史书记载，应该是在屈原死后才有宋玉唐勒景差这般人出现的。如今二人齐出，而且宋玉又好像在创作经验上是继承了屈原的衣钵这一点，似乎不大妥当。此外，就作者在原剧中所描写的屈原和宋玉的个性，也完全不相同：屈原是那样的忠耿，那样的坚毅，那样的贞洁，而宋玉却是一个意志动摇，"没有骨气的文人"，不但如此，在屈原被放逐以后，竟而反转来向公子子兰讲了一番屈原的坏话，这固然是一种衬托的手法，越发能使读者感到屈原人格的卓越，但是在宋玉受了屈原若干时间的教诲以后，仍旧丝毫没有得到一点点人格上的熏陶和思想上的感染，也是不很对的。

我们从《写完〈屈原〉之后》中得到不少关于《屈原》剧作上的说明。那里面作者有两点解释：一是婵娟这个人物，作者把她作为陪嫁的姑娘，而没有依照旧说把她当作屈原之姐，二是作者把潜害屈原的责任转嫁在郑袖身上，认为离骚上亦有"众女嫉余之蛾眉兮，谣诼谓余以善淫"的话，虽是象征的说法，但亦必含有事实，我觉得都不大好。就像作者在另一篇文字中所说的，想把婵娟作为屈原辞赋的象征，作为道义美的形象化，完成了那样一个优美无瑕的人物个性，自然是极好的，但是如果一定要从离骚的"女媭之婵娟"上把她解释为陪嫁的姑娘，则未免有些牵强。作者之刻画郑袖这一个人物，是根据谗害魏美人的故事而来的，描写得相当成功。从事理上揣测，也许在那时候屈原会上了郑袖的当，以致这位旷世诗人不能畅行其素志而忧郁以殁。但是如果认为离骚上有"众女嫉余以蛾眉兮，谣诼谓余以善淫"一句话，便说这妇人是指郑袖，而善淫又是屈原被诬陷在宫庭中有失仪的事实，则未免太拘泥了。

另外一点想说明的便是因为作者在《屈原》一剧中所用的时间是从早到晚的一天，那么若干史实的连缀在一起，也觉得有些地方太琐细了。例如靳尚欲夺屈原文稿和张仪的来楚国都是一天内所发生的事实，便嫌时间太近。此外，《渔父》一文的运用，插入的上钓者的对话，宋玉之欲写《招魂》赋，也都有繁琐之感。

至于词句方面，也有一、二处可以斟酌的。屈原在被南后诬陷之后，曾亢声斥责着说："你诬害了的不是我，是你自己，是我们的国王，是我们的楚国"。后来的钓者对婵娟的复述也说，他说："你陷害的不是我，是你自己，是我们的楚国，是我们整个的中原啦！"这中间却有两处，屈原曾说"你陷害的是我们整个的中国"。这"中国"二字，也许是笔误，不然的话，是不大合适的，因为楚国只能称作中原（其实是南国），中国则范围太大了。

又屈原对南后所讲的一段话：

"我有好些诗，其实是你给我的。南后，你有好些地方值得我们赞美！有好些地方使我们有愧须眉。我是常常得到这些感觉，而且把这些感觉化成了诗的。我的诗假如还有些可取的话，容恕我冒昧，南后，多是你给我的。"也似乎与屈原的身份不相称，以下，以下我们再谈谈《屈原》的演出。

……

（原载1942年5月17日《中央日报》第4版）

从剧作《屈原》想起

周务耕

　　最近读到郭沫若氏新的剧作《屈原》，深深觉到他采取历史事实完成这一部空前的巨著，在考证上是怎样的正确与精深，在笔力上是怎样的博大与浑融；而感情丰富，激越，如崩山倒海的气势，真可推为千古不朽的名著，掷之世界名著如荷马之《伊里亚特》与《奥地赛》歌德之《浮士德》，莎士比亚之《哈姆雷特》之中，亦毫无逊色，我不想在这千余字的短文中，对他作一个详尽的研究，但却想到另外方面，似乎不久以前有人在放着冷箭，说它是已经衰老了，不能够再有任何创作，而且失去了创造社第一期的光辉，那我想应该大书特书的举出这一空前的收获，让这一声惊人的霹雳，一道灿烂的闪电，拿事实给诬蔑者以不容情的答辩。

　　自然他不是为了答复诬蔑者才从事创作，才写出了这伟大的巨著；然而《屈原》一剧的完成，尽管怎样的抹灭事实，也无法否认他不但在本身过去著作中是超越一切，且在当代文艺的丛林里，亦有谁能与之比衡。这样，我不知道说他衰老了的，说他不能够再有任何创作的，又将如何的饶舌呢？论客们以为他扶着竹竿赶不上时代，他这一支如梁的巨笔，世界有这样的竹竿吗？他始终站在时代前边，从现在写到往古，从过去发挥到现在。

　　郭氏研究《屈原》的文字不下十几篇之多。在训古考证上，姑且不谈。就是发掘屈原性格，把握屈原的忠国忧时的悲愤感情上，怕就是去屈原未久之贾生，也未能如此深切。屈原之落拓抑郁满腹牢骚者，绝非由于个人的放逐,"曲直忠邪,自有千秋的判断,你害了的不是我,是你自己,是我们楚国,是我们整个的中原!"从《屈原》剧中的自白中,直抒出深压在屈原心中的忿激。中华民族之有屈原是给我们保留下千古的正气,二千余年后之有郭氏的《屈原》剧作,是在此时此地,于思古的幽情中,从自己的胸臆的悲楚里开放出的一枝奇葩。诬陷与诋毁是为了谁呢?英国人宁愿放弃整个的印度,而不愿失去一个莎士比亚,我们的论客们,企图着损害郭氏,他更那里会顾忌到中华民族,和我们的文化呢?而况,他们事实上是损害不了郭氏的。

不过,如果从今观古,今之论客,倒底比郑袖子椒之流,来的聪明乖巧的多,看他们居然摆着学者的架子,遮盖住他的阴谋与蛊惑,煞有介事的做着研究的工夫。他知道一手掩不住天下耳目,他懂得有计划的先扬后抑,中间攻击,外加造谣,似乎比郑袖子椒之流,仅仅会用一点原始的诬陷手段,真是今之观古进步多多了。但,郭氏其人其著作自有千秋。中华民族的文化也绝不会在诋毁中死灭,张仪的舌头虽毒,郑袖子椒之流的心计虽巧,文章花样虽多,终是骗不过人的。

他们中伤造谣各种伎俩虽已面面俱到,但始终忽略了一点,古人说盖棺定论,郭氏虽已五十,精神依然健壮,且著作生活孜孜不辍,这凭什么说他衰老,说他终结?这更是诬蔑的下乘,除了以希望的诅咒作为解释外,事实彰然,恐怕论客们自己也圆不了这个谎的。另一论客对于死人身后施加诋毁攻击之后,又卑怯自幸的说出了论敌不可多得,以后再不怕小雨点打在身上了。这种忘形的狂态,真不顾别人掩鼻;然而,比例又难以应用到郭氏身上,郭氏不但活着,而著作依然是骤雨急风,比狂飙急越时代更加坚实。他不以诋诬中伤为怀,你又将怎样的去撼动他?所以结果只有把诅咒变作论断了。

我们的高明的论客们,郭氏的著作生活是没有终结,而你们的伎俩却早已到了穷途了。你们以为他"不能泄露歌德与托尔斯泰的灵光,伪装出历史家与政治思想的面孔,结果,它俩结束了他的文学生涯"。纵使历史学政治思想论著不列在于创作之类,而《屈原》之完成,也可以告诉你们,他不但在历史学上政治思想上,另有成就,而文学生涯还是不断的在光明的大道上猛追着,你们故意的把《我的丈夫郭沫若》的伪作(这早已有孙陵先生根据事实加以变正了),看做了他的尾声，那常识以下的道理，不但与他无干，不难看出了这只是无聊的罗织。《屈原》一作之后，更反而证明了他的创作力愈来愈坚，愈有伟大的名著的营生，必然的在《屈原》之后，又将有进一步跨越的。

事实是最好的答辩，论客们如果也能平下心来读一读《屈原》，我想也一定会张目结舌，认为自己伎俩虽巧，终不免求功过急，操之太切，无以掩盖自己的尾巴而致露出了丑态的叹惜与失望吧！

（原载1942年《文艺生活》第2卷第2期第42—43页）

谈《屈原》悲壮剧

——《屈原》——五幕史剧——郭沫若作

柳 涛

第一次读过《屈原》以后，使我思索了，好些天脑海里都得不到平静。"是不是罕默雷特型或奥塞罗型？"又催我把莎士比亚底两大杰作拿来重读一遍。前天渡过岷江去，顶着太阳爬上东岸底浅山头漫步于松柏底荫影里，间或瞬视一下在船夫歌声中划过的民船，我第二次被激发得热情汹涌的读屈原。昨天，又遍读了作者郭沫若先生关于屈原的论文，更使我想要对中国文学史上的大事件说一些话。

一

屈原这五幕悲壮剧——浮士德不是被称为"浮士德悲壮剧"的么！——演出了什么样的悲剧呢？

楚王容纳屈原拒绝联秦绝齐政策的意见以后，在给张仪饯行的那天，南后郑袖受了张仪愚弄，陷害屈原，楚王的暴躁脾气发作，就当时把屈原当作疯子撤职，驱逐，更重要的是决定了绝齐联秦。屈原受驱逐后，悲愤极了，浪游到楚京国门外，正是冤家狭路相逢，南后再一次戏弄，他愤极，就面斥张仪阴谋将灭亡楚国，伤了所谓国宾底脸，被逮囚在东皇太乙庙里。到了夜晚，侍女婵娟和一个同情他的卫士逃来探望他，可惜那唯一深知他的好姑娘中毒惨死，卫士怒杀放毒者郑詹尹，又烧燃了罪恶的庙堂，婵娟圣洁的尸身被盖上白绢硃字橘颂，承受了诗人政治家的火葬。卫士自愿作"仆夫",就引导怀抱理想,胀满悲愤的屈原出奔。

《屈原》是历史剧。那么这悲剧是不是已经复活了真实的历史悲剧呢?而真实的屈原的悲剧又是怎样的呢?郭先生著的论文告诉我们:

"屈原的思想是前进的,他是一位南方的儒者。儒家思想在当时,由奴隶蜕变为封建制的当时,是前进的","他的理想和楚国当时的现实相隔太远,不能不使他失望,因而他就只好演出一幕殉道的悲剧了"。白起批评楚国说:"是时楚王恃其国大,不恤其政,而群臣相妒以功,谄谀用事,良臣斥疏,百姓心离,城池不修。既无良臣,又无守备。"这同屈原作品中斥责的楚国当时的情形很相应,处在这样的国度里面,而又身受迫害,且为倔强到底,感受性比任何人都要锐敏的人,你叫他会怎样?白起在楚襄王二十一年拨鄢郢,烧夷邻的兵势,确实把楚国几乎逼到了亡国的地步。早就看到了这一步,而终于看到了这一步的诗人屈原,你叫他会怎样?更何况屈原他是有至高的理想的?他是想以德政来实现中国的大一统,然而好端端的一个楚国却被父子两代的"壅君"和群小们弄得一塌糊涂,看看那以力征经营的秦国便要以刑政来统一天下。这不是比一个楚国亡了还要更加令人失望的了吗?临到了这样一个最大的失望,理想家的屈原,你叫他会怎样?我看除死而外,在他实在是没有第二条路,更何况他的死就和王国维是因为肺病和经济压迫一样,也还可以有别的生理上的原因。过着三十多年悲剧生活的人,论道理也不会健康得起来,他悲伤忧郁,似乎有失眠症,请看他说:"涕泣交而凄凄兮,思不眠以至曙。终长夜之漫漫兮,掩此哀而不去。"(悲回风)……《离骚》那种诗形,《九章》的大部分也是同样,是有点"印版语"(Steteotyped espresslen——这是原文中的文字,1959年人民文学出版社《沫若文集》第430页的文字为:Setter-typed Express lon——编者。)的倾向的,这也是精神多少有些异状时的常见的征候。天才和狂气,现代的精神分析学说来,实在是比邻。(《蒲剑集》91—94页,《屈原思想》)。

那么屈原所爱的祖国是怎样成为这种样子的呢？郭先生又在别的一篇论文中告诉我们：

"战国之世，七雄并峙，韩、赵、魏、齐、楚、燕位潼关以东，号关东诸侯。潼关以西是秦国，秦据肴函之固，拥雍州之地，有高屋建瓴之势，虎视眈眈，关东诸侯皆在其恐怖势力之下。他们对于秦国的威胁分出两派意见：一派是连横以事秦，一派合纵以抗秦，张仪、苏秦就是这两派的代表者。屈原主张抗秦最力，可以说是合纵的一派，最初怀王信任他时，楚国曾两居盟主。但他们敌不过张仪的第五纵队政策，各国联系渐渐告松弛。"（《屈原考》《蒲剑集》第31页）

当时的学者和政治家对代表两种理想的两种政策有什么行动呢？又楚国凭什么"两居盟主"的呢？郭先生说：

"周秦诸子同是主张大一统的，但大别也可以分为两派；主张德政的人例如儒家，则大抵反对秦国，而主张刑政的人例如法家杂家之流，则每每不择手段，而倾向于维护秦国。春秋战国时代，尤其是战国末年，中国实在是已经到了'车同轨，书同文'的地步，只等一个国家来收获这政治上的大一统的功绩。当时的列国中最有资格的便是秦楚两国，刘向有两句话：'横则秦帝，纵则楚王'（《见战国策叙录》），把当时的情况说得最为扼要，秦国最占形势，居高临要俯瞰中原，而它的刑政修明，人民善战，故最有资格。楚国地大物博，奄有长江流域淮水流域一大片膏腴的土地，而其南方更是无敌地带，足以供其尽量发展，只要刑政能够修明，也是很有资格。楚国还有一种资格是它的武器资源不缺乏。金锡的名产地江南吴越为其所有，而它又是铁器之开始使用者。这是因为有大冶产铁区在它境内的缘故。在这儿我们更可以了解，屈原在可以走的风气之下，而偏偏不肯走的另一个原因了。"（《屈原思想》见《蒲剑集》第75—76页）

爱着这么样的一个国家，屈原的政治生活是不断的在大波大澜的剧烈斗争里过着的。郭先生说：

"当时的中国政治家分为亲秦派与反秦派的两个壁垒。""楚国内部也有这两派的对立，屈原是反秦派的领袖，上官大夫和令尹子椒等便是居于反对地位的亲秦派的人物。楚怀王起初是相当信任屈原的。但因受了秦人的威迫利诱便渐渐和屈原疏远了起来。"（《关于屈原》见《蒲剑集》第7页）

现在，我们知道了，真实的历史是：战国末年中国已经到了"车同轨，书同文"的地步，时代的主流是大一统思想上有着德政和刑政的两条路线的斗争，政治上有着拥护同反对秦国力征政策的斗争。在楚国外有秦国威逼利诱和张仪的第五纵队活动，内有靳尚同子椒等亲秦派联合排挤反秦派屈原的斗争。屈原就自沉汨罗以殉祖国，这样的屈原，不是体现那个时代进步的历史路线的典型人物么？屈原他带着进步的历史理想沉入汨罗了。

"屈原历史悲壮剧"是不是已经复活了真实的历史悲剧了呢？

楚国转变国策的那一天，是最具备时代特点的一天，取得了这种最能表现一时代的时刻的剧诗，首先就自己在吹出"月桂"气氛了，由于"屈原悲壮剧"屈原的时代将伴随他本人永远活生生的呈现在人类眼前的吧？

二

"屈原悲壮剧"已经替屈原及其精神雕塑了不朽的"万丈金身"，那么我们好不好沉潜到屈原的性格里去巡礼一回呢？要是高兴的话，还是先听郭先生怎样说吧：

"屈原是深深地把握着了他的时代精神的人，他注重民生，尊崇贤能，企图以德政作中国之大一统，这正是他的仁，而他是一位彻底的身体力行的人，这就是他的义，像他这样大仁大义的人物，我觉得实在是可以'参天地'，实在是如他自己所说：'与天地兮比寿，与日月兮齐光'的。他倒不仅是一位革命诗人，更说不上什么'艺术至上主义者'了"。(《屈原思想》见《蒲剑集》第83—84页）

"屈原悲壮剧"中的屈原呢？他教宋玉向人民学习，人民也敬爱他，邻人替他招魂，渔父挺身替他辩诬，卫士冒死地救他，更不用说侍女婵娟同他的相互敬爱，这不是明显的表现出了一个人民政治家么？在门弟子中，他不喜欢贪玩好耍的子兰公子，却敬爱聪明勤快的宋玉，甚至美而能的南后，也受他尊崇。可惜他只是骂张仪，"你叫我们和齐国绝交，那才好让你们来各个击破啦！"（见《屈原》第四幕）就不能说出反秦是为了什么的话，同时也没有使人理解他之所以爱楚国除了爱祖国的热情以外，还有什么历史性的理想。而郭先生所理解的屈原，却是想以德政来让楚国统一中国而反对秦国的力征经营。故尔他的眷爱楚国，并不是纯全因为是父母之邦，并不是因为自己也是楚国的公族。"（《屈原思想》见《蒲剑集》第77页）所以"屈原悲壮剧"中的屈原，那性格似乎还没有完成。我绝对没有使历史剧成历史论文的幻想，只觉得完美无缺的典型性格，才能具有历史的深广性，况且这作品的主题，不明明应该是表现那时代两种主流思潮的斗争，而德政路线一时失败了的历史悲剧么？还有，第二幕里楚王即能遍数屈原曾经说过的话，第四幕里屈原面斥张仪时即能揭露连横家的阴谋，为什么就不能说出屈原反秦的哲理观点同爱楚的社会理想呢？说出来，似乎同剧诗的原则也不会冲突的。

但是，"屈原悲壮剧"对这个历史伟人注入了最丰富的血、肉同魂灵，任何读者同观者都将同屈原一起喜、怒，和希望的吧？这不朽的、光芒四射的"万丈金身"永远的塑就了，将永远的活生生的震动思想界，给他的民族和人类以艺术的欢喜吧？

只是郭先生歪曲了两个人物，使伟大的屈原走入"无物之阵"，遇不到"良材"的敌手。悲剧就不晓得怎样造成的了，看过"屈原悲剧"的剧本或演出的人也许会问：难道说南后"略施小计的偶发事件就能打倒了那么伟大的人物么？"

"物必先腐，然后虫生之"，这的确是聪明话，那么我们先从楚国底内部看起，靳尚被疏忽是大不应该的。

靳尚是楚国亲秦派的首领，他同屈原的关系，"依据史记，在怀王时潛屈原的是上官大夫靳尚。他同张仪的关系战国策上说："怀王要放张仪的时候，有点不放心，靳尚便自告奋勇去监送张仪。有一位'楚小臣'，和靳尚有仇，他对魏国的张旄献计，要他派人在路上暗杀靳尚，以离间秦楚，张旄照办了，靳尚便在路上遭了刺杀、于是楚王大怒，秦楚构兵而争事魏"。（《写完五幕剧屈原之后》并见《蒲剑集》103—106页）啊，这个靳尚还是以一死破坏两国邦交的要人呢。但是在"屈原悲壮剧"里，他只是开得来玩笑，也还能玩弄一下人的，遇着干练的南后就成傻瓜的小滑头（见第一幕及第二幕），于是他退居到配角的地位，好像楚国内部没有过反秦派同亲秦派的大斗争，只是于张仪的"兴妖作怪"（第四幕中屈原的话）南后略施片面的美人计，屈原同他的政策和理想就被一脚踢去了。相反的，要是把靳尚写成有理想，有才干的大阴谋家，不是更能反映出他的政敌的伟大精神？并且，那么样的南后会同委委琐琐的小东西"感情很好"（第三幕中子兰的话）么？让他更接近真实的历史性格，不是更能衬托主角，更使剧本完美的办法吗？他应有着政治家的风度，代表着联秦政策，对屈原有着长期的政治斗争史，楚王转变国策，是他的活动成功，因而也才转变得比较的自然，不至于过分唐突，并且尊重政敌，不也是政治家应有的风度么？

这儿，使我们联想到南后、郑袖的性格，在指挥女使布署朝堂时我们看出了她的精明干练；同靳尚谈话时，叫小滑头看她的一套时，谁也要惊羡她的才能与魄力吧，屈原就称赞过："南后，你有好些地方值得我们赞美，有好些地方使我们男子有愧须眉。我是常常得到这些感觉。而且把这些感觉化成了诗的。"（第二幕）大阴谋家的话不能太浅薄的，张仪曾说："今天拜见南后，我才明白——屈原为什么要发疯了。"（第二幕）又说："你这样美貌"，"你怕是真正的巫山神女下凡了吧？"（第二幕）是的，南后真是"美艳"，所以她的美人计演出来才能够欺人一时，要使（是）渔父不揭穿，屈原怕就"跳下黄河也洗不清"了吧？而她陷害屈原的一病，紧接着极快的一变，是何等的"矫健"机灵啊！到她在楚京国门外"逗"屈原，那种泼辣、妖冶、冷酷、灵慧，谁看着也会又爱又恨，又怕又敬的吧？这些行动的根据是什么呢？让她自剖："我喜欢繁华喜欢热闹，我的好胜心很强，我也很能嫉妒，于我的幸福安全有妨害的人，我一定要和他斗争，不是牺牲我自己的生命，便是牺牲他的生命。这我觉得便是我自己的生性"。总括一句就是她自己的评语："我是太自私了。"（第二幕）既是这么彻底的个人主义性格，国家民族对她还算得什么？但是，由于那种聪明能干，敢作敢为的另一面性格，她怕不会不"过问"政事的吧？所以她反对屈原，牺牲屈原，那动机除了嫉妒，恐怕还能有争权和政治思想冲突的原因。好不好再朝深处探求呢？并且，从这条路线去考虑，也许还会发现她喜欢靳尚的根源，反对屈原的历史必然性。本来，那时代以儒家作主力的德政统一思潮，原是造福大多数民众，限制贵族的，当时的贵族是那么善良，空口一阵话就能说得他们弃利取义，大行仁道王道的么？孔孟周游列国一辈子"未见大用"就是实践的最显明的例证。既然讲道理行不通，换个调门"以力征"呢？当时德政统一思想者只有一些但凭口说的学者，何况学成之后，一为官作宰就很少有"行符言"的呢？理想没有同民众结合是不会产生力量的。所以德政统一思潮必然失败，就成了那个时代的悲剧。而德政统一思想者又差不多都是无实力的善良的学者，屈原也是其中的一人，恰好是一些演历史悲剧的角色。到了南后的性格发展到力征主义者别动队首领的时候，一打击，屈原就只有慷慨悲歌了。是的，这是真正的悲剧。此其一。南后是那么样聪明能干有见识的人，她的行动不会没有分寸。看她吩咐使女同靳尚作事，是什么气派？怎么在楚京国门外逗屈原时，说话和行动会那么不堪？难道她真在戏台上演戏吗？过火的表现使人失掉了真实感，不是现实主义的风格吧？请注意南后的身分，此其二，总之，对于这虎虎有生气的人物，还是任何一点瑕疵都割去的好。

另一个被歪曲的人物是张仪，张仪在那时代的地位是用不着多说的。至于郭先生说："站在史学家的立场说话，张仪对于中国的统一倒是有功劳的人。"（《蒲剑集》104页）也能承认。只是，那时代的历史主义虽然是大一统，但是谁来统一？怎样统一？是不能不来问一问的。先说说谁来统一的话吧：屈原向宋玉讲殷纣王同伯夷的话真是如宋玉所说："太新鲜，太有意义了。"（第一幕）姬昌姬发率领的周人绝对不是中原的土住民，正当纣王同他的父亲平定南方东南夷，中原空虚的时候，乘势入侵；后来牧野会战，烧杀朝歌，史记都还说曾经"流血漂杵"，不晓得同"嘉定五屠，扬州十日"的毒辣有甚么分别？伯夷叔齐"耻不食周粟，甘愿"饿死首阳山，正是我们民族的正气，不妥协不投降的硬气，真真正正的民族精神。要说秦么？同西北方的戎和狄有什么关系呢？不是来自西方的新的侵略者么？张仪是魏的"公族余子"，要是有民族意识，他应该如何同"关东诸侯"合作，却不择手段，出卖父母之邦。总之，中国就是要大一统，也不该让异族来统一，张仪尤其不该引导异族来灭亡父母之邦。现在我们再说怎样统一的话：那时代，德政统一思潮既然是进步的，又为孔子以下的哲人们所竭智尽力的争取实现，有正义感的，爱真理的，爱民族爱人类的，善良的，有远大眼光的政治家，怎能不手到心到，不计穷通的去勉尽自己一分力量？反转向势力强大，富贵靠得住的国家投奔，那只是自私自利的政客见识，小人见识而已。孔孟老庄墨翟屈原受万代尊崇，张仪等辈呢？因而，郭先生说他"牺牲"了张仪，在我看，倒不见得，只是，他那国际阴谋家的面貌在"屈原悲壮剧"里的确没有写好。说张仪是"瘟猪子"，没才干谁会相信，他既已在大国执政很久，又应有什么气派？怎么在楚国朝堂上，在对付他的国外真正的政敌屈原的斥责上，是那样的委琐无能？他是这剧中力征主义者同连横政策的代表者，应该对自己的思想和政策辩护，要这样才能使人看清屈原那伟大的雕象是怎样刻制成功的。同时，也才能使整个悲剧主题有足够的明确性。张仪该是个有大政治家风度，大阴谋权变的人物，他该够得上作屈原斗争的对手。这儿"棋逢敌手，将遇良才"的话，是很有意义的。就是奸，也该是奸雄。

作了张仪傀儡的楚王，郭先生说："楚怀王的确是一个喜怒无常的人，容易受欺的笨伯了。"（《蒲剑集》序4页）这种人，不是很有可能是好大喜功，爱戴高帽子"，还很贪心的人吗？张仪们愚弄他的时候，为什么不试着多在这方面发展呢？他是不能太被轻视的，楚国转变国策，造成屈原悲剧的直接人物，究竟还是他呢。

三

那么多性格差不多发展完成的人物，是怎样表现出来的呢？在悲剧情节像流水的发展过程中，我们逐渐看清楚屈原由平静而愤怒，而坚决。南后由精明而成险狠，而冷酷，把屈原的一世压缩在从清晨到夜半的一日里，在看完第一幕后人们脑中已发生了不少问题，到第二幕屈原遭陷害以后，人们的注意力被全部吸注到悲剧情节进展的过程里去了；有朋友说：那感觉就像汹涌的狂澜，哗哗的吼着奔流过去。真的，会看得人眼睛也不敢映一下呢。结构的紧凑，巧妙，完整，简直是在追踪希腊悲剧家索福克里士（Sophocles）的大作《窝犹浦斯王》。将来"屈原悲壮剧"的情节同人物要是还能得到更完满的发展，在结构上也许能达《窝犹浦斯王》所树立的剧艺水准的。

当中，对《橘颂》的应用简直创造了极善至美的艺术品，晶莹的清光将直照耀到人类的灵魂，要是不妨这样说的话。

婵娟聪慧善良，"独立不迁，深固难徙，苏世独立，闭心自慎，秉德无私，参天地兮"的性格发展得最完美，也许她也就是剧中性格最完成了的人物之一。那"橘颂"，屈原最初写作的动机是给宋玉的，用意是希望这勤而敏的青年能被感发，终久能成为刚正有为的人。但是，他那种圆滑善变，唯荣利是图的性格在全剧是相当完成了的，人们看见，也要对他自己说的话："我怎么敢当得起呢？"（第一幕）发生同感的吧？而可爱的婵娟以忍苦、坚定、牺牲说明了她自己才是伟大诗人所赞颂而不知的，理想的橘子。于是，她成了"永远永远的光明的使者"。（第五幕第二景中屈原语）终于"你已经发了火，你把黑暗征服了"。（同前）正如郭先生所说："龙船竞渡相传是为拯救沉溺了的屈原，但实质上便是拯救沉溺了的正义"！（蒲剑、龙船、鲤帜《蒲剑集》4页）这儿，婵娟这个"光明的使者""发了火"救屈原，也"实质上便是拯救了快被残杀的正义"！

《橘颂》就是香韵充塞寰宇的诗歌，义正正遇着恰配赞颂的人；写在清洁的白绢上，又用的是晶红的硃砂，由我们万代仰慕的伟大诗人高高举起，正当正义的火烧燃黑暗的庙堂那时候，庄严的抛盖到敬爱的婵娟姑娘尸身上——这真是诗意葱茏的，象征意义最最丰富的，撼人脑识的，极善至美的艺术奇景。

在这五幕悲壮剧演出了以后还能续写屈原吗？郭先生说：

"这一天似乎已把屈原的一世概括了。"(《蒲剑集》106页)

是的,我们这时代是不必,也不应续写了。诚然人们可能问:屈原走后怎样了呢?——郭先生考证清楚:他在楚顷襄王二十一年(公元前二七八年)的五月五日自沉于汨罗江,死的时候已经六十二岁。(《屈原考》《蒲剑集》6—38页)但是,死了的只是屈原的肉体。屈原精神呢?在他的民族中活着,到今天已经二千二百一十八岁了。在这么长远的年代,"永远永远光明的"似乎也才照明东皇太乙庙的那一角,他千千万万的子孙呢?还须努力在他的"火"光中向前走,他也就活在自己子孙的精神中。至于他们会走是(到)什么样子的地方,就只有时间和历史的确晓得吧?——不过,我们也可以多话的说一句:那必定是他们所喜欢而且认为是乐土的那种地方,大概可以预先说说的。

因此,续写屈原出走以后怎样了的作品,只有历史才是最恰当的执笔者。

四

我不想拿《屈原悲壮剧》来同《奥塞罗》和《丹麦王子哈姆雷特之悲剧》比高矮,我喜欢莎翁的作品,同时因为自己是东方人,同郭先生一样在我们中国趣味当中熏陶久了,对"屈原悲壮剧"倒也特别富于亲切感。我觉得,假使能给同国人异国人以艺术的醇厚美感,甚而至于这种美感还能保持到后代的作品就是伟大的,"屈原悲壮剧"可能是伟大的,要说的话,若能努力修改一下,使其各方面更完善一点,也许会被历史列入《奥塞罗》和《哈姆雷特》之林的。

对莎翁的大作,早有世界几百年来的批评家,文学史家,作家们论定了。我再说赞辞,是多余的。假使我国戏剧界有人演出的话,我倒愿意提供点小意见:

《奥塞罗》在"艺术方面讲,是莎氏悲剧中最完美的一篇"。(见梁实秋先生译本序6页)可是我觉得在一幕三幕景末尾,亚高在那儿长篇大套自言自语的"抖包包的"把他的奸谋说出来;既然是奸谋,一点秘密都不守么?就说人有得意忘形,自吹自捧的时候,说一句两句,三句五句或者有的，尽情先行自画招供，世界上怕不会有这种事。文学诚然容许虚构，只是文学似乎有题材须具有可能性的原则，这是一。并且，亚高若不先前把阴谋道破，让情节自己展示出来，不是还可以加深加大戏剧的效果么？在剧艺的原则上这似乎也是容许的，以后亚高在各幕各景中同类的独白，傍白，都引起我们同样的感觉。现在演出，可不可以把这些地方删除了呢？

《哈姆雷特》是世界文学史中最光华灿烂的，最伟大的杰作之一，是毫无问题的，可是它的本身也具有缺点同问题，也是事实。关于《哈姆雷特》的中心问题，我打算在别的机会里去说，虽然这是认识这杰作的要点。这儿我只提出不该引用鬼魂出场的一点，照原作的情节说，构造这悲剧的中心力量是鬼魂，假使那鬼魂不向哈姆雷特说出克劳的阿斯杀兄奸嫂的惨案，哈姆雷特不是就可能乖乖的成为叔叔的好儿子，丹麦国最英武漂亮的十全的王子，"若有机会一试，必定是个盖世的英主"？（全剧结语浮廷布拉斯底话）可是那鬼一出场，局面就完全变了，以后，在重要地方那鬼魂常常现面。很使人发生我国旧戏场说的"戏不够，神鬼凑"的感觉。其实呢，剧情的发展和转折是完全不必要鬼魂来出力的，那惨案是非常惨痛和秽毒的，哈姆雷特是聪明而又"爱用思想"的人，自然是寝食难安，岂有不探索苦思真象的？从搜集到的各种消息和思索到的各种道理中定下假设，然后用演剧那样的办法加以试探，去取得近似真象的判断，接着进行复仇的准备，一方面也就是等真象万一自己暴露的机会。到了真象明白时，脱手一剑，悲剧也可以结束了。——剧情在这样的发展过程中那里用得着鬼魂出力呢？并且，这样一来，哈姆雷特不得不舍了安富尊荣而装疯的痛苦，延长复仇的苦难时间的诚厚，坚毅的性格也就更明朗，到了他一剑刺入以虚伪作骨架的"丹麦这座大监狱"的首领身上，刺入虚伪化身的凶手克劳底阿斯身上时，千百年代的人都会被震动。至于第一幕第五景哈姆雷特要何瑞修们按着他底宝剑立誓时，他同鬼魂说笑，甚至于叫他作"伙计"！"老田鼠"！哈姆雷特明知道是他敬爱的"父王的英灵"，他怎样能这样的粗俗？这样的不敬呢？这实在是同这伟大杰作太不相称的污点！

莎翁的杰作对现代的剧场，观众，戏剧家，文学家都还应该一样是恩物；只是在演出时，必须先经过彻底的研究，整理，艺术的演释，然后用现实主义的风格演出，才可能把这天才底深广性很好的显示出来。

话说到这里为止，不晓得我是不是把《屈原悲壮剧》当作《哈姆雷特》型或《奥塞罗》型的艺术品巡礼过了？

《屈原悲壮剧》的出现无论如何是中国文学史上底一件大事，这作品同《哈姆雷特》一样，是同样有缺点的。比较《哈姆雷特》幸运的是《屈原悲壮剧》底创造者还来得及加以新的琢磨，使成完璧，我想着正视现实，把自己所感觉到的都坦率的完全说出来了，有勇气正视缺点，才有勇气补正，也才有勇气成大功。《浮士德》费了歌德四十年，《战争与和平》费了托翁十二年，纪念碑的作品都是曾经多少次改写过，增删过来的？两大杰作都曾经郭先生翻译过，对原作成长的过程自然远比我们清楚，我就是从各方面希望译者能追踪原作者的。

1942年10.28夜初篇于青神。

（原载《文艺生活》第3卷第5期第28—36页；1943年5月15日文献出版社印行）

郭沫若的《卓文君》

章克标

郭沫若的《卓文君》是三幕的剧，第一幕很有一点诗意，虽没有什么活动，但在这沉静的景况中，实在有一点悠悠之感。但是倘使全剧的本意，是要借来表示一种女子的性格的；就是以文君之出奔做中心的，那么这一幕只能说是累疣。因为是极经济的表现法。但是这一幕却有其自身之价值。

第二幕卓王孙和程郑都象丑角，倘使是独立的一幕，也未始不可以发挥一种别趣，倘使是借来反衬文君，那只便得到相反的效果，就是有了一种滑稽的气息，在第三幕的严肃紧张味，要全然被他破坏了，又年翁、父台、治下，等称呼，很容易使人联想到清代的。我以为不大好。还有琴的焦桐的香味，这不是用蔡邕的焦尾琴的典故么？若是，则蔡邕是三国初的人，无论怎样，前汉的考古家，总考不到将来的。虽则是很小的缺点。

第三幕从人物的活动看，要算最有剧的效果了，但是因了第二幕卓程给观众的滑稽的印象，所以在争辩的中心，也没有什么使人动心的地方了。在这剧中，如其卓程不用这一副性格，而是一种很严肃的人物，那么这段争斗，可以白热化了，而在观者，也可以留得深深的印象。

又红箫刺秦二时，秦二没有一点抵抗，这太出人意外了。作者如果要如此做，那么对手秦二的心情，应当再仔细加一点说明，至少要使观者知道，秦二已经有死的觉悟的，一种暗示。这一柄剑，也来得太奇怪，是卓王孙掷在文君面前的；但是卓登场时，并没有说他带剑，又在室内，亦无剑挂着，也不曾去取下来，虽则都是很小的毛病。也得注意一点才好。

总之这三幕，各自有一个焦点。而不能相调和的，所以凑在一起，就互相打坏了。一点也不能使人感到什么东西，倘使要再仔细说明这一个缘故，又要费不少的话，好，从上面的话，大约可以推到这一个结论。而且又已经写得太多了，所以也不再写什么。

（原载1923年6月17日《时事新报·学灯副刊》）
（原题目为《〈创造2卷1号〉创作评》，本文标题为编者加）

卓 文 君

张继纯

广大的戏剧范围之内，所能应用的戏剧题材，也是非常之广大；不过依旧有某种的限制在里边，然后才能促成整个艺术上的成功，和技术上的锐敏。——这种限制，便是所谓一篇戏剧的中心，只要有力地将它掌握住以后，一切与它有关连的事物，都可直接收拢起来，作为完成这个中心的需要。可是，在这里应该小心的是，怎样才是与它有关连的事物，和为什么要直接收拢的问题？关于解决这两个问题的方式，与其就事实上的效果去推察，无宁引用剧中的布局来说明，是较为简单而合用些；一篇戏剧的中心，虽已给许多题材加以限制，但在剧中实际应用一方面，布局又会给限制戏剧题材的中心，加以无上的限制或困难，其理由因为中心仅只是意识上的，而布局却已走到事实一方面。在事实方面所接触的事物，虽不仅限于直接的部分，但在剧中，为了使观众易于明了及理解的原故，间接的部分应该完全避免，而极力地将直接的部分显现出来。

卓文君和司马相如私奔的故事，在我国久已脍炙人口，传奇中曾以之为题材，作成了"当垆艳"。现在，来看一下本剧的内容，和这段材料的应用吧：第一景，月夜，文君与侍婢红箫赴"漾虚楼"听琴，相话文君嫁时事，文君目睹情景，抚今伤昔，而琴音久不至。旋闻更声二起，文君略述倾慕司马相如意，并追怨己为已嫁之身，遂痛恨天下儿女，俱为父母所误！红箫劝之，谓命运当由自身开拓，不应依赖父母；文君信诺，箫红遂自怀出短笺授文君，乃相如所致之辞也，文君讯其得自何处，谓得自家僮秦二，缘彼路经都亭，遇相如，相如因前曾闻文君琴声，故特致此短笺焉。红箫叩以应付之策，适文君弟妹到，招之弹琴，文君令妹与红箫先往，弟语文君其父明日将请客，所请者为程郑（文君翁），王县令，及相如。琴声忽幽扬而起，并佐以男子歌声，文君谛听之，潸然泪下，歌止，乃偕弟去。第二景，华丽之客厅。红箫正扫除回廊，秦二至，秦问相如之回信于红箫，红箫答文君未写；秦吻之，忽闻人声，乃遁去。卓王孙（文君父）上，文君与其弟随之，文君因相如善琴，欲陈其绿绮琴于厅中，遂往抱琴。卓呼苍头周大来，令之陈设厅内，并告以设宴于"漾虚楼"。文君抱琴来，周大下。

陈设既毕，卓询文君因何近日不弹琴，文君答以因聆都亭传来之琴音极佳，故不敢更弹。卓谓彼即相如所弹，固文人之惯技，今日请其来者，实因其与县令为友之故。文君欲延相如以教琴，卓因其孀居绝之；并述天下惟有势利可贵等语。秦二上，报程郑，王县令到，文君偕弟下。卓因相如未至，更令秦往请。程王来；王见琴，因谈及文君，并因欲以之适相如，卓以文君居孀，不便议礼对。秦二来，谓相如谢病未至，王欲亲往招之，乃随秦二下。程卓相谈文君事，谓"女人从一而终"，当与之抚养螟蛉，以全礼节。卓下，程独留，见左右无人，抱琴狂吻不已；卓复入，程乃伪饰为闻槁桐之味。卓请程携琴赴"漾虚楼"，卓下，程抱琴连吻而去。第三景，月夜。卓邸后部，周大倚石栏望月，秦二匆匆来，略谈主人与奴隶之不平等，及相如来赴宴时弹绿绮琴之情况，并文君听琴，及约红箫私奔等事；现时，彼即往致信于相如也。周大阻之，谓彼欲得红箫，不若以文君与相如之信白主人；秦从之，遂携信往。未几，远处三更鼓起，红箫与文君来，见周大，始知事败；片时，秦二与卓王孙程郑上，卓见文君红箫，深叱责之，并掷剑于文君前，令之自裁。文君谓己以前系女儿媳妇，今则站于人之地位，故不得为彼等所范围，乃拾剑起。卓晕倒于程郑怀中，令秦二周大缚文君，文君挺吓之，二人股栗不敢动。文君欲招红箫去，红箫不动，乃夺文君剑，刺死秦二；周大与卓程相继跑下，红箫更转剑自剖其胸，扑于秦二尸上。文君抚红箫尸大哭，都亭中琴声忽止，相如着寝衣自都亭中来，至文君前，俯视甚久。

由上段的叙述，已可窥知本剧内容的大概，作者用卓文君来作反对

"从一而终"的教条，和原故事很有切贴的地方；在先时虽有许多文人把它当作风流韵事，而斥为不道德的举动，但在题材本身，实有用来作为反对旧礼教的可能。第一景，写文君听琴，红箫传书，都只淡淡的表现出来，虽仅显现着文君自身的生活，而没有涉及其他的事情，但清雅可爱，在一篇分景的剧本里，是非常合适的。因为景是片面的写照，贵简不贵繁；比起分场来要有情趣，比起分幕来要少冗杂，可是最要紧的，须要掌握住戏剧的中心，而要由直接的方法去入手。第二景，表现卓文君所处的环境，这一段虽用了第一景中文君弟告诉明日请客为连贯，但在全剧的中心上，仍旧有一致的力量贯串着，因为它明白地将文君所处的情形，直接地显示在我们面前，所以它和第一景的事实虽然不同，而在所注意的目标（戏剧的中心），却是一样的。第三景，是全剧中最紧要部分，并且也是最难写的部分，因为第一要注意前两景所发生的事；第二要把全剧结束起来。但是作者没有注意到这些地方，于是前半截成了秦二与周大的会话，后半截成了红箫殉情的事情，戏剧中心既转到秦二与红箫一方面，全剧的结局也就因之而陷入病态的状之中。然较诸前作《聂嫈》《王昭君》二剧，却有显著的进步。

全剧人物的性格和应用方面，红箫虽有几处过失，但为着陪衬雅淡的文君，却也有相当的必须。文君的弟妹二人，太无用处，如果专为言"明日请客"及第二景之一小段而加入，似乎有些小题大做的样子。第二景中之程郑，卓王孙，王县令三人，诙谐百出，写来颇合身分，似非志于斯道者，不能出此！然第三景中之周大秦二，言语滔滔，似乎有些前后不合。及至最后红箫刺死秦二，反刃自裁一节，更觉对于全剧立意有相当背谬；因为红箫是个非常觉悟的女子，文君私奔，她为谋主，刺死秦二，她为先驱，为什么会扑于秦尸上，而完成了"从一而终"的使命呢！

综括以上，已将本剧优劣略有叙述。其次，如第二景末，因程郑吻琴，卓王孙出而复入；及第三景中秦二闻周大劝后，突然抱头四窜，大喊"我失望了……"等，前者于转折处少欠圆滑，后者于觉悟变化方面太不自然，虽系小疵，但是对于整个艺术的完善上，也是应当顾及的。

7月16日

（原载1931年8月9日《北平晨报》剧刊第32—33期）

从《棠棣之花》谈到评历史剧

章 罂

《棠棣之花》上演了八场，观众也有近万的人，然而却没有读到几篇介绍或是批评的文章。这比起《大地回春》和《北京人》相差得多远啊！不过这不能说明就是观众及戏剧界朋友们对于这个戏的漠视，主要原因恐怕是这样一个戏，不易于妄下评论吧。实在，对于古代文化没有研究的人，对于中国古代史不熟悉的人，是不易得出一些比较正确的评价的。

我曾一次又一次地看了《棠棣之花》，同时一次又一次地被它感动了。然而我却绝没得到一个自己认为完善满意的意见。只为了看过这戏有所感触，和读了几篇关于历史剧的文章，遂写出自己这些并不成熟的意见，希望真能"抛砖引玉"，不久会读到更多可珍贵的论断。

有人曾经怀疑过，现在是否可以演历史剧？现在是否可以拿历史做材料来写剧本？或者，历史剧演出的形式，是否就与话剧一样的？等等问题。我认为这些疑问都可以给它肯定的答复：可以写历史剧，可以演历史剧，可以拿话剧的形式来演历史剧。当然我也不是无条件地赞美历史剧，假如有人误解历史剧来嘲弄现实，歪曲历史来欺骗观众，这样的历史剧我们当然应该反对的。然而要是能把历史正确地描述，并且把教训指示给我们，那么历史剧就是有价值的。是的，过去曾有某些历史剧的演出是失败的，可是我们总不能因为某一两个历史剧写得坏，演得坏，就把它一概否定。《棠棣之花》就是一个有意义的，演得成功的历史剧。

应该怎样批评历史剧呢？

首先，要自己对历史事实有正确的认识，因为历史到底是已经死去了的现实，而历史剧则是经过作者的思维而反映出的对历史的理解。因此，同一段史料，由两个世界观不同的作家来写，那么，就可能写出两个不同的剧本，给观众两种不同的认识。比如《聂政阳坚，刺相兼君》这段史实，郭沫若先生就把它写成是一段英雄的伟迹，可歌可泣的史诗，里面充满了人类纯真的侠义热情。假如另换一个相反的人来写呢，他很可以把聂政、韩山坚写成两个大逆不道，刺杀君侯的罪人的。《东周列国志》便是将聂政写成为庆遂报私仇，而韩山坚更是与哀侯有隙的。所以批评历史剧的时候，我们对历史得有一定的，正确的认识，然后才能分析和辨认剧本，才能给观众介绍，才能给演出评价。

第二，对剧情的批评应该用历史的眼光，换句话说就是要根据当时历史的事实与可能来批评。不能以我们现在的需求和可能来推测历史。因此，我们批评《棠棣之花》的时候，得弄清楚，《棠棣之花》中的故事，是发生在二千多年以前。在那时候，中国社会是奴隶制度开始崩溃，而封建制度还没有完全建立起来，那时候，人类的思想既较现在简单，人类的感情也较现在纯真，而人的性格，尤其是在穷人和所谓"下贱人"中，还带着不少粗野朴素的原始性质，他们少心机，他们还保有一些要做就做，要爱就爱，要恨就恨，要杀就杀的，人类的原始精神，所以才会造出那时候这样可歌可泣的英雄事迹，就如古希腊罗马的英雄故事一样。这不是拿现在我们复杂的思想和带着利害关系的心情所能想象得到的。然而这正是人类中可宝贵的性格，可赞慕的行为，可继承的高贵传统。可惜这种自我牺牲的传统，在现代社会中常常湮没不彰，而在下层社会中还能保持着这种精神。因此，不单聂政的"士为知己者死"的侠义行为是很自然的，聂嫈和春姑为这位英雄牺牲自己是很合情理的，就是最后，卫士们受了三位英雄的感动毅然杀了他们的官长，做了他们良心所愿意做的事的场面，也是很有可能的。或许，在演出的时候，这一事没有被观众所理解，不过我觉得这是导演的着力不够而不是剧本的缺点。

第三，应了解历史的真实性与剧本的戏剧性。不错，历史剧是应该真实地反映既往的事实的；然而，也并不是毫不修饰地把历史搬在舞台上重演。剧作家可以在某种条件下，把史料描述得更合于舞台的要求。只要是合乎那特定的历史时代的，并不破坏真正的主题的穿插，都是许可甚或是必要的。《棠棣之花》中所写濮阳桥畔的酒家母女，在历史中虽然是没有记载的，但在剧本中这段穿插，却显得分外成功。因为这段戏不仅没有使剧本失掉真实性，没有破坏剧本的主题，而且使主题更深地刻在观众的印象里。

在《棠棣之花》里，充满了人生正义的真情，在那儿，正义的一群，每一个人底心胸都溢着爱——母子的爱，姊弟的爱，朋友的爱，男女的爱，族类的爱，正义的爱。这种纯真的爱的存在，就象酒家母，这样一个尝尽人间辛酸而将后半生寄托在女儿身上的妇人，虽然在她的头脑中已经深深感染了那象污泥般的生活的龌龊，可是拷问到她的良心，依然是多么善良啊！终于她宁愿孤苦地度过自己的半世，而让女儿追随人生的真义。这不也是值得我们赞叹的吗？！《棠棣之花》假如没有这段穿插，一定会显得单调，同时也就不足表示郭先生对人类本性中纯爱和正义的理解的深意了。

第四，批评任何剧本都一样，应该从剧作者写作的年代和思想出发。诚然，一件成功的艺术品是没有时间性的，然而当我们给历史的艺术品评价的时候，总也该估计到这艺术品的产生时期，而历史的艺术品在现代的价值就正如历史一样，让我们在欣赏它的当儿，领会它的优点，给我们新的一些启示。现代文明，也就是历史的力量啊！

郭先生写《棠棣之花》的时候，距离现在虽然并不久远，而中国社会却已有了不少变迁，中国的文艺运动也有了很大的进步。当郭先生写成《三个叛逆的女性》时，正是五卅运动前后，那时中国新文艺运动已闹开了一条路，但仍然是在荆棘阻碍中慢行着的，而每个文化斗士也正在这条路上施展自己力量的时候。那时，在大家眼前，还没有看清楚这样一条康庄大道。

不错，《棠棣之花》是带着浓厚的浪漫谛克色彩的作品，但这决不是缺陷，而正显了郭先生的革命的浪漫谛克主义的成功。这种革命的浪漫主义，是革命的现实主义所不可缺少的组成因素，而且是与"五四"以后的现实主义同为新文化运动的两大主流，汇合而成为今天革命的现实主义的高潮，这剧本无论在内容或技巧上都比前两个完善得多，因为《棠棣之花》虽然也是在1925年着手写的，但发展成现在上演的那样完整，还是抗战初年的事。或许可以这样说吧？《棠棣之花》从零星的诗篇，片断的两幕剧，发展到以后完善成功的五幕剧，这一过程，也就是象征着郭先生十多年在文艺作品上成功的过程。

最后，我以为一个剧评者是观众和演出者之间的桥梁。一方面固然要把观众的意见提供给演出的朋友，然而在今天一般观众的水准还不很齐的时候，则剧评者更应着重的是把观众引到对剧本和演出的正确理解上去；不仅是向观众解释这个剧，而且要告诉观众，在这剧里面，我们可以得到一些什么有用的好的东西，特别是对于一个历史剧。

因此，我觉得剧评者不应该仅仅从剧的演出对观众的效果来评价，也不应该完全把观众的观感就作为正确的批评（我决不是否认观众正确的意见），因为大部分观众的感触或意见常常是很直觉的（直觉当然就不一定是对的）。举个例来说吧，当我看完《棠棣之花》出来的时候，就听见了一些人提出一些疑问，"春秋战国时候女人穿的衣服就是这样吗？""酒家女对聂政的倾慕和钟情是不合道理的，而且也没有这回事"……等等，我们是否同意或应该加以解释呢？如前者，《棠棣之花》的演出委员会是经过若干考据的，但无论如何，总不会完全合乎当时式样，这几乎是不可能的。如后者，则古代男女相悦，一见倾心的史实正多得很，这正说明古代人情感的单纯，所以发为至情便生死以之。

又如《棠棣之花》第四幕盲叟一句话："呵，我还是吃口馒头吧"，于是引得哄堂大笑，而在这句话以前的整幕情绪是很凄凉哀静的，这样一来就象是作者导演卖弄噱头以致破坏情绪似的。其实，我倒觉得很不然：这不是剧破坏了观众情绪，而是观众破坏了剧和演员的情绪。这话怎么讲呢？因为事实上这句话并不可笑，而且是尝尽人生滋味的凄苦语呵！这样一个终生飘泊流浪卖唱的盲叟为那件英雄事迹及当时情调所感动，又慨叹自己的身世，终于要把自己的余年付给正义的宣扬，于是在慨叹兴奋之余，不禁发出一句最后的幽默之言，那不是很合情理很自然的吗？如果可令人发笑的话，那便是苦笑，或者是破涕为笑，这正是人底感情自然的发展。我自己就曾经多次经验过，当我看一出悲剧的时候，我感动的泪水含在眼眶内，要掉下来了，内心觉到窒息……（这种情感完全是很直接地受外在事物的影响的，甚至眼泪已经冰冷冷的滴下来了才觉得）在这种时候我往往愿意马上吁出一口气换过另外一种情感，所以只要有任何一句话或一件物触到我时，我就会突然地笑起来了。盲叟的话引起哄堂大笑，或许这就是原因之一。

　　以上所述几点零乱的意见，只是我个人的感触。目前陪都的剧坛正在不断地上演历史剧，我们来提议研究、讨论历史剧的写作、演出和批评等问题，想来不会是多余的吧！

（原载1941年12月7日《新华日报》第4版）

《棠棣之花》

李长之

我在批评郭沫若先生的剧本《屈原》时曾说:"我们对于这个剧本的估价,是在欣慰于郭先生之创作力的旺盛处,超过于它那本身的艺术的。它的艺术,虽有力,然而粗!"(三十一年五月二十五日大公报战线)可是对于现在这《棠棣之花》的估价却不同了,我不能不冲口而出:这不惟是郭先生的第一步创作,而且也是中国剧坛稀有的收获了!

这是一个经过了22年(从民国九年到现在)的改作的艺术品,其中包括了作者无数次的人生体验,无数次的诗的冲动,无数次的舞台的技术的斟酌,所以结果能那样美备,剧的效应能那样强大。

我们首先感到的,是其中的理想人物之多。不惟聂政是一个决不贪生怕死的人,"只要有利于人,有利于中原,而使用我这条生命,那我这条生命,也就增加了它的价值了"(页47),他素来主张抗拒秦国,不用说就是严仲子也是一个反对分晋而有志抗秦的志士(页41),甚而那酒家女的母亲也肯允许,女儿陪着聂嫈一同去死(页110),卫士甲乙也都了然了聂政的举动的正当(页121),连群众也感应了有良心的人应该把这些好人的尸首抬到清静的山下去的号召(页143)。全剧的伦理空气是那样完整,而且充足的!

本来,聂政的故事就已经动人。然而历史上的聂政不过还是报知己之感,严仲子也不过是因为和韩相侠累私人"有却"而想除之,然而到了郭先生的剧本里却都由个人立场变而为民族立场,由个人恩怨变而为反侵略的大义了，这都是显明的"理想化"处。也许，中国的文艺是要有一个大转变了，说不定会不久就从写实的清浅的理智色彩中解放而出，渡到热情的理想境界去。——那算是我们馨香祷祝的！假若真是这样，郭先生这创作，便可以代表一个消息，而这消息是太值得的了！真的，曹禺的《北京人》代表一种理想，吴祖光的《正气歌》也代表一种理想，这才是真正的文艺创作，文艺创作原不只暴露黑暗，而且更重要的，乃是创造光明！

在《棠棣之花》许多创造的理想人物中，尤其可爱的是酒家女。酒家女春姑可以说是青春和热情的象征。她的精神是纯粹，新鲜，勇敢，和活泼！她钟情于聂政，由畏怯而大胆，在聂政要就道时，送给了他桃花。她关心聂政的安全，她希望他平安归来。她见他走了，是那样的心乱，匆匆跑入厨舍，又匆匆走出，最后倚壁掩泣（页54）。她是一个生长在出身不明的家庭之中的女孩，母亲虽是一个贤母，但春姑十八岁了，并不知道父亲是谁（页106），她的身世之可怜，却并没妨碍了她的新鲜，活泼，和坚贞。她决不肯听从聂嫈的劝告，受那一千金的赏格，纵然一样为聂政扬名，而且钱还可以供养妈妈。她却怨怼地回答聂嫈说："姐姐，你以为你妹妹有领受那不义之财的意思吗？你以为你妹妹肯把哥哥拿去做买卖的吗？同是做买卖，我要学那卖唱的瞎子老人，我要把我哥哥姐姐的故事编成曲子，一路卖唱，一路回去，我的盘费是不愁不够的呢"！（页130）这可以说是全书伦理的情感的顶点，也是伦理的人格之树立的顶点。不过春姑究竟没有卖唱回家，在聂嫈自杀了后，她也被捉，已经疲劳，面无血色，终于向卫士和群众说出聂政姐弟的事业大端，掩伏在聂政的肩头，气绝了。她的情感倾注在聂政，虽然聂政并不一定知道。她是为理想殉节了！这一个可敬可爱的少女，宛然是《屈原》剧中的婵娟，宛然是《浮士德》中的甘泪卿。用歌德的话说，这是一个永恒的女性，引人类上升的。这是一个青春和热情的象征，这是点燃诗人的创作的源头的，这是诗人的创作力之旺盛的化身。婵娟，酒家女，生在诗人郭沫若之青春而热情的心灵深处！就剧本论，酒家女自不能算是第一个主角，但就诗人的生命论，她是要占最大的比重的吧。

全剧是浸润在浓挚的情感之中。这情感特别表现聂嫈的手足之情上。你听她一则说：

是的，他就是顾虑着我了！我是知道的，他就是顾虑着我，所以才那样残酷地把自己毁坏了。……他的面容和我相同，他是怕人家画出图形来，找寻出了他的姐姐。啊，我难道还要苟全性命，使我的兄弟永远没有人知道吗？——啊，兄弟，兄弟呀，我英勇而可怜的兄弟呀！你姐姐跟着你来了，你姐姐陪你了！（页103）

二则说：

嗳，我怕死的终竟是我的兄弟吧。我的兄弟象我，所以他们见了我来，便疑是我兄弟的魂魄了。啊，我真是我兄弟的魂魄呀，我兄弟一离开了我，我就成游魂一样了。（页124）

三则说：

我怎么不会知道呀！他就是没有全尸，只要留着一个指头，我也是知道的呀！不仅他全身的身材，全身的骨骼，我是知道，就是他全身的肌皮上的纹路，我也是知道的呀！啊，我的天，我的天！你怎末使我的兄弟这样地惨死呢？……啊，你怕你的姐姐陪你死，你怕你的姐姐怕死，你怕你的姐姐活在世上还想嫁人的吗？啊，弟弟，弟弟呀！你没有知道你姐姐的心，你姐姐没有你，连一刻时候也是不能活在世上的呀。我们生来是形影不离的，我就和你的影子一样，可我不是镜子里面的影子呀！弟弟，我的弟弟呀，你等着我，等着我，我来陪伴你了！（页125）

这些话都是令人惊心动魄，表露一种至情的！

作者表现情感，又似乎用了一种类似反射的方法，仿佛用许多镜子摆在这里，每个镜子都反射着对面的镜子一样。因此，那情感的浓度便更增加了。例如聂政的母子之情，在酒家女离开母亲时已是一种反射了，但这反射却又再反射于卖唱歌的盲叟的眼里（页111）。后来那母亲太痛苦了,愿意把盲叟的孙女留下,当作自己的女儿,于是盲叟的凹陷着的两眼,也流下泪来(页113)!依这些个观点看,酒家女之设真是不可缺的,因为她真是反射聂嫈的情感的镜子呢!在这地方,我不止感动于剧情了,还佩服作者的技巧。

全剧的场面之丰富,也是不能不令人赞叹的。这里有卖酒的,有卖唱的,有侯王,有使臣,有刺客,有猎人,有冶游男女,还有一般群众。

剧中也偶尔流露社会意识,例如严仲子所说古今淫风的不同,古代是爱慕,现在是金钱,并说:"她们这些女子受了金钱的魔力,挨着肉体上的煎熬,她们的精神大部都随着她们的肉体腐烂了。她们毫无快活可言"!(页29)又如聂嫈所说:"妈妈,你要晓得,就是这馒头在做怪。有钱的人吃了馒头没事做,没钱的人不卖自己的女儿便吃不成馒头,这几年我们中原随处都闹成这样子了"。(页91)

全剧的长处说完,请让我喘一口气,略说一说剧情,和一些小陷限。全剧一共五幕。第一幕是"聂母墓前",聂政别姊,他俩对歌。第二幕是"濮阳桥畔",聂政在酒店会到严仲子和食客韩山坚,酒家女偷听他们的大事,钟情聂政,聂政却走上征途。第三幕"车盂之会",分二场,一场为韩相侠累和山坚相会,山坚是聂政的引线,聂政即住在他家。一场即聂政刺韩相侠累,兼中韩侯,韩侯先死,韩山坚被卫士杀死,聂政自杀。第四幕与第二幕同,又是"濮阳桥畔"。聂嫈为寻弟,亦来酒店,适有卖唱盲叟至,先唱豫让歌,后说出聂政行刺新闻,于是聂嫈决意去殉弟,酒家女也决意陪之。第五幕是"十字街头",是陈着聂政尸的地方,聂嫈和酒家女都先后死在尸前,最后为有良心的群众把这三个好人的尸首都抬到山上。于是幕闭,合唱声:"去吧,兄弟呀!去吧,兄弟呀!我望你鲜红的血液,并发成自由之花,开遍中华,开遍中华。"这个歌声,也便是时常在剧中重复着的。这就是全剧的梗概。

要说毛病的话,我以为在对话不够完美。"硬是不肯去"(页39),"请转来吧"(页50),"到外乡去讨口"(页81),这都是川语,已不如国语的流行说法;至于不说"想不到你就来了"而说"想不出你就到了"不说"再说这儿的人太不好了"(页81),而说"加以这儿的人太不好了"更觉生硬。

其次则是侠累临死时，乃忽然说出"那刺客的话……一点也不错。是我……是我把晋国害了，也把中原害了"（页75）。和侠累的性格太不相合了，未免陷于滑稽。这一点白璧微瑕，要比对话之不圆熟还有损害些。这第三幕最好另换一种收场。

聂嫈何必和聂政是双生？聂嫈也何必未嫁？这些地方似无固执的必要。或者作者觉得双生更增加了两人的相似，未嫁增加了聂嫈的完美，实则太似则有点巧，巧即失真，失真即减弱剧的效应；而女子的嫁与不嫁，也关系"美满"（用郭先生的名词，见《我怎样写棠棣之花》）很小，假若嫁了，而聂政才放手去做大事，岂不更合理？假若嫁了，而仍肯去认尸，人格岂不更伟大，剧情岂不更深化？

最后，我不能不说：印得太坏了，未免辜负这富有青春和热情的力作！自然，这是作品身外之事，就是我指出的那些可议之点，也终不足以动摇这部优异的巨著的价值的丝毫！这剧本是值得予以最高的赞许的！

1931年8月23日

（原载1942年11月25日《文艺先锋》第一卷第4期第25—28页）

看戏短评（节录）

老 舍

（1）棠棣之花

全戏空气不甚调谐，因为前半后半本非同时写起来的。第三幕是临时添加的，不甚高明；它把剧情解释得更清楚了，可是也破坏了全剧的诗意。没有这一幕，我想，也许更好一点。中国古代如何舞剑击剑，不可得知；但此剧中之剑法，则系西洋把式，事情虽小，亦足证演古装戏之不易尔，虽然有这些毛病，可是全剧富于诗意，如柳子厚文章，清丽坚俏。

……

1942年6月26日

（原载吴熙祖、周彦、徐昌霖主编《天下文章》创刊号第64页；1943年3月10日重庆天下文章社出版。）

《虎符》

——郭沫若著重庆时事新报"青光"卅一年三月廿五日起连载

褚述初

读完《虎符》,自己反问道:"我究竟从这部史剧中得到了什么?"

我将坦然答道:"我所得到的,便是:'生者不死,死者永生,该做就快做,把人当成人。'"特别是"把人当成人"这句话,给我更深刻的感想,因为本剧的副题,虽名为"信陵君与如姬",而实际的主角,就是如姬。在本剧中的如姬的中心思想与行动的背景,都在争取人格的自尊与平等,所以把人当成人这句话,几乎成了她的口头禅,而且终于为这一思想慷慨地牺牲了!

把如姬作为一个妇女解放史上的模范人物来看,不但一般读者,也许连著者都要表示反对,因为如姬的性格的表现,相当复杂,一方面她对于信陵君由感激而生爱慕之心,她的死可称为殉情,一方面她对于援赵抗秦,与魏国的存亡确有独到的认识,所以冒险窃虎符,那她的死,未尝不可说是救国;然而我们如果把著者对于妇女解放运动的见解,来和本剧中如姬的行为相印证,大概与上述的意见,差的不很远吧?

著者对于妇女解放运动的见解是怎样的呢?就是争取人格的平等。早年他在《写在三个叛逆的女性后面》一文中说:

"女性困于男性中心的道德束缚之下,起而对男性提出男女平等的要求,然而男性中心道德的支持者,依然视以为狂妄而痛加阻遏。……女子和男子也同是一样的人，一个社会的制度或者一种道德的精神是应该使各个人均能平等地发展他的个性，平等地各尽他的所能，不能加以人为的束缚而于单方有所偏袒。这从个人的成就上和社会的发展上，都是合理的要求。……"

最近著者在《娜拉的答案》一篇讲演中，论及秋瑾的精神说：

"脱离了玩偶家庭的娜拉，究竟该往何处去？求得应分的学识与技能以谋生活的独立；在社会的总解放中争取妇女自身的解放；在社会的总解放中担负妇女应负的任务，为完成这些任务不惜以自己的生命作牺牲——这便是正确的答案。"

再者著者从前创作的《三个叛逆的女性》的剧本，也无非为他自己的主张作注脚。如在《卓文君》剧中，卓文君答复程郑的说话：

程：你做女儿的责任呢！
文：便是我自己做人的责任！盲从你们老人，绝不是什么孝道。

又如在《棠棣之花》剧中，聂嫈对她弟弟所说我们女子也有我们女子应做的事情和春姑对她母亲所说心甘情愿要跳出这儿的火坑这类的话，都包含着独立自尊的意义。再如《屈原》剧中的婵娟，因为宋玉说她未免自视太高的一句，她竟痛骂宋玉为"先生的叛徒"，因为这句话太伤了她的自尊心了。因此，著者理想中的女性的人格，便很容易得到一个清楚的轮廓。本剧中的如姬，可以说是一个完全创造的人格，那么，必被赋予以著者的理想，原是无足怪的。

这样说来，二千年前的如姬，岂不成了现代的新女性吗？是的，一个古代女子的精神与思想，自然可能与现代相暗合的，而且如姬这个女性，虽然存在于历史，可是她的血肉灵魂，大半为著者所赋予，这种创作上的自由，应当被读者和观众所允许的。不过，如姬因为是国君的宠姬，以古代女子的地位与环境来看，总是精神上受压迫的，因为她们是被男子当做"玩物"看待的。如姬得宠的原因，我想除了她的美色以外，一定明慧过人；以一个明慧过人的女子，长处在喜怒无常的魏君身边，其心中偶然流露一点不满于生活现状的情绪，该总是很自然的事吧；可是在信陵君这一方面，是不是真正能以"平等人格"看待如姬，便很有问题了。战国的四公子，不能不算当时的摩登人物了，然他们对于女子人格的认识，大概不会怎样高明，譬如信陵君的姐夫平原君，便为彻底拥护当时风行的"贵士贱妾"的口号，终于忍心把他的美人斩首，以收拢渐渐散去的他的食客们的心，这样对待女性，该是何等残忍，当然，平原君的行为，并不能够代表信陵君，但因为他们的声誉是相等的，行谊也近似的，那么，信陵君对于"贵士贱妾"的主张，也必能实行；不然，他的那数千食客，也将"望望然去之"了。现在著者既然把如姬现代化，因为要完成"虎符"这一个交涉，也连带着把信陵君现代化了，从故事的发展去看，这倒也说得过去的。

在本剧中有一位被著者用力描写而且为完全创造的女性，就是信陵君之母，魏太君。我觉得写太妃最成功的地方，是在她决定为如姬牺牲以前，于庭中弹琴看月时那种镇静的态度和高远的胸怀，剧的文字也极美：

朱女：是。（飞奔出园门下。）

太妃：（仍在庭中伫立仰望）啊，这月亮多好啊！从来也没有见过这样好的月亮。（徐徐步上前阶，由右前偶将琴案搬至前廊上，转入室内取来坐褥一个，面于廊上而坐，对月弹琴。）

有间，朱女复飞奔入场，立前阶下，太妃为之停奏。

太妃：……阿朱，你看，今晚上的月色多好啊。天是那么的深，那样的青，月是那样的圆，那样的皎洁。一个人能够象这样的清白，是多么的好啊！

（第四幕）

这种从容就义的态度，比如姬在考虑时所说的那一长篇话，更要来得自然些。

关于信陵君的描写，似乎远不及如姬与太妃。譬如他和魏王的辩论，是那样的繁琐，尤其在桥头黑夜与如姬见面时，如姬是那样的亲切诚恳，而他只是一派官话：

> 侯女：（喘息）君夫人，你走得太快，我跟不上呢。
> 如姬：你说他在这儿等我，怎么不见人呢？
> 侯女：那是朱亥大叔咳坏了的。
> 如姬：什么？
> 侯女：城门那边踞着一个人，就是朱亥叔啦。
> 如姬：我并不是问他。
> 侯女：是啦，是他咳错了嗽，把公子咳来藏起了。我去把他请出来吧。
> 信陵：（拱手致敬）我在这样的时候，在这样的地方，请君夫人出来会面，是很失礼的，要请君夫人原谅！
> 如姬：我倒该请你恕罪呢。今早我不曾来送行。可我真没有想到还有机会再见你。
> 信陵：我现刻请君夫人来，是因为有一件很重要而且很迫切的事情要请君夫人援助，这一件事不仅是有关于无忌个人的生死存亡，而且是有关于魏国的生死存亡，中原的生死存亡。
> 如姬：只要能够援助你，就是需要我的生命，我也是不爱惜的啦。

（第二幕）

当然一方面信陵和如姬说话的时候，还有一点上下体制的关系，不能不客气，可是那如姬口中的"他"字和"你"字里面，真是含有无限的温情呀！

但是在第四幕中，著者叫信陵在师昭的墓地前再度和魏王见面，对于立即出兵援魏作最后的请求，初看仿佛多此一举，细想这正是加重信陵的身份，使他做到"仁至义尽"的地步，尽量表现他那一种忠厚之至的君子的风度。

说到全剧的故事安排上，对于第四幕中魏王叫唐雎来当面考验如姬这一个场面，觉得不十分必要，理由也很简单，就是看起来好象"过火"一点。"秦镜"的故事，本也有流传的，但当着很多人面前来加以考验的事，恐怕不大会有。至于投壶，牵牛织女等小穿插，在本剧中很多，因此使剧情得调剂而场面也更加活泼起来。

最后，就著者郭先生这一年来所发表的三个史剧来看，那《棠棣之花》是以诗意的浓郁见称，《屈原》是以气魄的雄伟出色，至于，这个《虎符》，恐怕就在意境的高远吧？

卅一，九，十一，于歇马场。

（原载1942年11月《文艺先锋》第一卷第四期）

《虎符》中的典型和主题

柳 涛

一、两种典型和两个主题

人们是听熟了信陵君窃符救赵的故事的，郭沫若先生的《虎符》，是对这史事赋予血肉的作品之一，只不过象《虎符》中典型的明朗和主题的深广性现实性，是旧作品中所看不见的就是了。

信陵君为什么要救赵呢？旧的说法是：他"侠义"，于是他被想象成"专打抱不平"的角色；或者象魏王所说的"拿国家的存亡来作沽名钓誉工具"的坏蛋（见《虎符》48页）。但是《虎符》告诉天下世人：信陵君是认清楚了，赵国就是要想求和，而求和也并不决定于愿不愿，是决定于局势的能不能，秦若灭了赵国，首先攻掠的就是韩魏；所以，救赵就是救魏（见第一幕）。这见解是不是信陵君一人的私见呢？不是，平原夫人曾说：赵国上下，就是妇女都不愿屈服，齐人鲁仲连也反对帝秦，而救赵也就是救魏。如姬说："不和还有希望"（见第一幕），魏国人民在祖饯信陵君时也唱着："解救人民，荡平秦兵，赵魏安宁"（见第二幕）。可见信陵君的意见，是当时不愿做奴隶的六国人民共通的意见。但是，这局面是不是郭先生虚构的呢？不是，我们只要一想暴秦同"关东诸侯"的对立，"合纵政策"同"连横政策"的斗争，就知道这是有历史真实性的局势了。不过，信陵君是不是在空想和做梦呢？不是，虽然魏王否认秦兵会由强变弱，说他在"替魏打算"，劝赵国愿接受魏国二次屈服换得了秦不加兵的经验。信陵君却认定秦兵有大弱点。因为他们"只是被威逼利诱而成的鸷鸟猛兽的集团",而六国不能抵抗秦兵的原因:就在于不重贤士,把人民当牛马。那么,团结民众就能扑灭禽兽,救赵国人民,救中原人民,救全中国人民(见第一幕及第三幕)。结果,信陵君因为能够"把人当成人",爱魏兵,魏兵都希望上战场,愿意"效死"。魏兵,如姬,魏太妃,大家都确信:信陵君一定战胜(见第四幕)。虽然郭先生的杰作才写到这里;信陵君胜利的条件却已经明明白白的形成了。

这样,《虎符》的主题不明明白白是表现的:信陵君能"宽厚爱人"。这就能组织起魏赵楚联军,创造了打退秦军,解救邯郸赵魏中原以至于全中国的胜利条件么?这么伟大的信陵君,究竟是什么样的人呢?他爱人,听说晋鄙死而落泪(见第三幕),爱老百姓,大梁人民的"祖饯之歌"唱出了对他的爱敬和希望,那个满有趣的乞丐更说他是他们的保护人,到了他遣散魏军中"老弱孤独"的人,士卒都希望为他而拼命了(见第三幕及第四幕)。他做了贵公子绝不会做的替下人赶车的事(见第三幕)。他助人,急人之难,替如姬找出了杀他父亲的凶手(见第一幕)。如姬也就希望为他而死(见第一幕)。这样他是不是瘟头瘟脑的(善婆婆)型的人呢?不是,人民也晓得他不畏强暴,不怕那秦国"杀人不眨眼的魔鬼"(见第二幕第一景)。他精明,能侦察出如姬父亲的凶手,能认清中国的危局,能辨别秦兵的强点和弱点,能决定战胜强敌的政略和战略。最重要的是他坚忍,在任何不利的情形下,他也能为自己的理想和政策奋斗到底。这萃集了各种好德性的,"颀长,庄严,端丽"的人,在"目送魏王"和在夷门向人民两次"拱手时的风姿"(见第一幕第二幕),将是看过《虎符》的人,头脑中留下了比古代大理石像更完美的塑像吧?

那个嘴上挂了"替魏国打算"的招牌,处处为难信陵君的魏王呢?他的性格恰好是反照信陵君的污水一潭。他不经意的揉碎了清丽幽香的桂花(见第一幕),嫉妒心非常重,他不高兴信陵君接近民众,更不喜欢自己爱的东西为别人所爱(见第三幕)。在待人上,表现为横暴,他是那样的压迫如姬和信陵君,并且说要剿杀信陵君和他的食客(见第三幕)。而形成这种性格的主要根源就是自己低能的感觉;他不是曾向如姬说过"无忌的本领比我强"的么（见第一幕）？这种自私自利的个人主义，还使他怀疑到春申君"想吃点路旁草"（见第一幕）？他不愿拿自己的主力去"替人拼命"。这种观点决定的政策都是死路，象他曾劝赵国投降，在"害之中取小"，还拿两次向秦求和以安魏国的历史事实作铁证。信陵君却说："我们往年可以同秦国和得，赵国现在却是和不得，也和不了。"这又表明那魏王的思想方法有错，他其实是一个只问形式，不顾事实的主观主义者。这么一个残忍，怯懦，横暴的个人主义的主观主义者，叫他怎能不顽固，烦躁，一不对劲就冲气呢？——所以，信陵君越有办法，他越坚信秦军不败，信陵君越有人望，他就越气馁，不是很自然的么？这种类型的人，却是时代久长，子孙很繁衍的呢？

但是，信陵君型的人呢？象侯生，他就是敢生敢死，敢于负责的人。他曾向信陵君说："晋鄙死了，我就断然以一死谢魏国。"（见第一幕第二幕）后来，他果然自刎了；诚如如姬所说："他要向天下后世的人表示：信陵君的朋友便是这样的人，有担当，有勇气，有智谋，有良心，而且不怕死。"（见第五幕第一景）——这确是映照信陵君性格的一面光辉灿烂的明镜。

照这样说来，《虎符》就只是表现信陵君这样宽厚而精明，谦和而勇敢，热情而坚忍的典型和反秦救魏赵的主题么？若是这样，信陵君事事都如意了，这就应该是个喜剧。但是，谁不认为这个剧是个悲剧呢？那么，这个剧有没有构成悲剧的典型呢？有，最重要的是如姬。

如姬是什么样的人呢？侯先生说她"不寻常"（见第二幕），她说她不爱魏王，不给他养儿育女，"甚至想刺杀他"（见第一幕），是那么的直爽。她能认识清楚秦国侵略政策的彻底性，认识清楚信陵君受魏王厌恶的真实原因，最难得是她能鉴别魏王爱她的真实性质（见第一幕中向太妃说的话），实在是惊人的精明。她能拼命去窃符（见第二幕），敢于在被考验时当众说出不爱魏王的话，揭穿魏王暗害信陵君的阴谋（见第三幕）。她打算在最危险的时候去向魏王自首窃符的事（见第四幕），最难得的是她能在最紧急的时候辨别理性，能走不走，当藏不藏（见第五幕）。始终她都是那么样的勇敢，恋爱。她爱愚父是因为他是"好人"，为父报仇也是为了正义（见第五幕）。她只敬仰和关心信陵君

（见第三幕），为了保护他完美的人格，她宁肯死也不走近信陵君（见第五幕）。孝与爱都是彻底的理性主义的，简直完成了人类的最高品德。

如姬有没有理想呢？有的，她认定："世界上有一天人把人当成人的时候就好了。"（见第一幕）她关心老百姓，老百姓就准备"弄得家破人亡"也要在危险中藏起她（见第五幕）。她不需要被当作非人权的那种爱（见第一幕），却敬爱和关心她，把她当成人的信陵君（见第三幕）。她不爱不把人当成人的人，哪怕是爱她的国王（见第三幕），所以她向暴君们"指出人的尊严"，无人权，宁肯死。总之，她是在用整个的生命争取人权，唤起"把人当成人"的世界。

这样看来，如姬是一个有着最高品德和伟大理想的青年女性，为了不玷污信陵君的人格，尤其是因为她没有实现自己理想的力量，感觉到"在世界上没有乐趣，没有希望，没有任务"，就认定"死是最宝贵的，最坚强的"，抽出匕首自杀了。——这是悲剧，这是历史的悲剧，这是生活在不"把人当成人"的时代，觉醒了的人的悲剧。这种悲剧的历史性的问题，是对后代人的遗产，将在"把人当成人"的世界出现的年代，自然而然的消灭。

在《虎符》中还有看得见如姬型的平原夫人，她能自尊，不辞劳苦，不避艰险，不妥协，不屈服，要坚决的打到底（见第一幕）。至于那个侯女，诚厚（如投壶时对朱女的忍让），"沉着"（魏太妃的评语见第四幕），富于正义感，责备她父亲不跟信陵君一道走（见第二幕），希望"当女兵，同男子一样做些有意义的事体"（见第五幕），结果她们都是坚定的走到正进行着激烈的反侵略战争的赵国去了。——她们都各是女战士的如姬性格的一面，她们代表着人权主义的理想。那么这争取人权的思想是《虎符》底另一个主题了。

这样，《虎符》中有着两类典型，两个主题是极明显的！只是这两类典型和两个主题之间有甚么关系呢？它们和他们是怎样共同存在于一个悲剧中的呢？

二、两个主题的汇流及联结全剧的典型

信陵君是怎样反秦的呢？他曾说："把人当成人是团结民众的办

法,是克服秦兵的秘诀。"甚至于还可以"朝秦楚而扶四夷"。反秦战争胜利后呢?就拿"把人当成人"的办法来作治国的办法。所以信陵君反秦政策的思想根源也是人权主义。在这一点上,他同如姬底理想相通了,所以,如姬为了他把她当成人,就爱他,敬他,甚至于希望为他而死(见第三幕)。

有没有信陵君和如姬性格直接相对照和两个主题直接相联结的场面呢?我觉得:曾经震动了信陵君和如姬的"考验"场面,也将同等的使观众"提心吊胆"啦。

魏王的残忍、横暴、急躁在这场面中是恶态毕露了。他那语意双关的斥责,同样的震惊了信陵君和如姬,只是到了他说要叫唐维来考验的时候,如姬的态度就平复,接着就"平淡自若"了。信陵君却仍然惶惑,踌躅,始终都是"提心吊胆"的。尤其是同魏王讲"考验条件"时,如姬是那么自若相机变,信陵君却急迫的要想走开(见第三幕)。——这种现象是怎样产生出来的呢?

那如姬,她起初以为窃符的事被发觉了,所以警惕,到了魏王说是要考验她和信陵君相爱的情形,知道不是为了窃符的事,她就"平复"、"平淡"了。她是在孤寂中的青年妇女,这时候有了机会向所爱敬者把衷肠诉出来或者还能把暴君暗害所爱敬者的阴谋揭穿。她是早就存心为信陵君死的,这时候还怕什么呢?不仅自若,平复,她反转有些高兴。看她问对信陵君有爱情又怎样时,玩弄得魏王切齿暴怒,她笑了,她的心里是何等痛快?总之,她这时的心境是非常复杂的,有点焦急,也带着恐怖,有些高兴,还下了决心,就表现为临危自若的勇敢精神,——同时,在她说出"公子无忌是把人当成人看待的人,他可怜我没有受到人的待遇"的时候,这悲剧中的两个主题汇合为一了。

信陵君呢?他自己决定了要担负起"解救邯郸,解救中原,解救全中国"的责任,他的情感和思想都集注到这责任上了。到如姬父亲的坟地上来,是为了"虎符",为了加强他赴战的战斗力,为了使胜利更有把握而已;但是,魏王斥责的话中似乎是已经发觉了窃符的事,叫他怎能不警惕,不着急!不是怕死,怕的是不能不放弃责任,毁灭了自己底理想。及到魏王说出要"考验"他和如姬相爱的情形,他未必不知道如姬的情感么?所以魏王,喊他们去催唐维,他就急着要走开。后来，如姬被施了法术，当着他最敬爱的妈妈被考验时，真象被投身于惊涛骇浪中，弄得他七上八下，一惊一喜的；他并不需要知道如姬的爱情，所以就只是担心着会在不意中受害，连带的毁坏了自己的理想，叫他怎能不"提心吊胆"？这就因为在敬爱如姬以外，他有着比如姬的理想更现实，更急迫的救赵问题摆在前面，所以如姬甚至于能"淡然自若"他却始终不能平复。同时，这也表现出了他不仅只是宽厚、精明、勇敢、坚忍、还非常热情的呢？

这就是说，在这场面里，如姬是勇敢而坚决，信陵君就有些热情和不够冷静了。

那么魏太妃呢？她又是什么样性格和思想的人呢？她对如姬和信陵君的想法又是怎样的呢？

她的女儿平原夫人回到魏国来的时候，她又是何等的惊喜和感动（见第一幕）？她的儿子信陵君遣散了兵士，来报告信陵君到了汤阴的信息，她简直是大大的喜欢了（见第四幕）。对儿女她是那样慈爱，对下人她也是十分温和呢，夷门监者侯生都受了那样的礼遇（见第一幕）。但是，她"平常很温和，很谦让，一触动了她，却是比冰霜还要凛冽"；"她是丝毫也不能苟且的"，不会去窃符（见79页），她能想到邯郸久困无援，怕难支持（见第一幕），也能在极端危急时保持镇静，想到送匕首给如姬（见第四幕），那思虑的周到和冷静真令人吃惊。最难得的是她平常的严正气概，那是"含辛茹苦"煎熬出的性格啊！自己的儿子那样聪明能干，就是喜爱，也只能说"好象还是一个孩子"（见第一幕）。想想看：国王是那么一个横暴，又嫉妒自己弟弟的人，若是她不更谨慎和严正一点，会生出什么事呢？所以她不能不只爱在心头，反转拿出二种性格的面孔了。在汤阴信息到来时，她起初，"失望"，"哭泣"至于"甚哀"，这是假装的吗？长期的压抑，已经差不多成了真情实意了。及到如姬说出是自己窃符的事，一吃惊之后，把她二重性格的面孔震毁了。她把自己对儿子的真实看法说出来了："无忌会带兵，现在有精兵八万，一定能打退疲弊了的秦兵。"（见471页）——这是一个最温和，有见识，而又坚定的老太太；也许是我们民族永生了的，最使人思念的好母亲，我们的好妈妈啊！

但是，她老人家并不是菩萨，并不是十全十美的。她相信秦不侵魏是求和的结果（见第二幕），算妥协投降主义办法；劝如姬"生儿育女"，教她以"母以子贵"（见34页），主张"丈夫纵使是乖僻，妇道不可不守"，教如姬以女性的奴隶道德（见37页），说信陵君杀晋鄙军，槌晋鄙是"阴险，残忍"。无原则的仁慈与正大（见第四幕）。——这些好象都不能不算是她愚暗偏颇的见解。

但是，她也曾经说：如姬救了信陵君和他的三千食客，"是把邯郸的人救了，把赵国的人救了，并且把天下的人都救了"（见146页）。她又曾经拿如姬"把人当人"的话来劝如姬不要死（见145页），这就可见解救赵国人和天下人以及"把人当成人"的人权主义，也已经成了她的思想了。

到了她把自己的真情实感和思想揭露了以后，她激励朱女替自己底父亲争一口气（见51页），在对朱女谈话中暗示出已经看清死的接近了（见149页至151页），在盛怒的魏王面前担负起窃符的责任，平静的授剑自裁（见152—154页）。——这又是何等的勇敢和坚定？所以，我们民族的这个伟大的，永生的母亲，实在有温和、明达、勇敢坚定的优良品格；虽然思想上有些缺点，却也有着伟大的人权主义的美善理想。

这样的好妈妈，在中国文学中，是不多的，我只看见过红楼梦中的史太君，但是，史太君没有二重性的生活；世界文学中我也只看见过高尔基底《母亲》中的母亲，但是，被拉盖耶·尼洛芙娜·符拉索娃，她老人家虽然使人永远不忘，却也只过着艰苦的斗争生活。总之，这两位老太太都没有年长月久的，静静的熬持过二重性的生活。所以，我觉得，魏太妃的性格也许不仅止在我国，就是在世界上也是完美的。那么，她也许不仅是中华民族的，也可能成为全人类的母亲的吧？

但是，她的重要倒还不在她自己的性格，却是在于她在这个悲剧发展过程中所起的组织上的作用。

想想看：要是没有魏太妃，那醋性十足的魏王，怎能放如姬到信陵君那里去？信陵君要是没有同如姬悉谈的机会，他又怎么会去找出杀师昭的凶手？找不出这凶手，如姬又怎么会拼命去窃符？要是没有她老人家替如姬担负起窃符的责任，如姬怎么能走到父亲坟上去演出那最悲壮的悲剧呢？要是没有她，至少这悲剧的发展将是另外一个样子。所以，她老人家是这样按照这个悲剧的情节发展的，结构上的联结人物，关键人物，轴心人物。——这才是魏太妃这个典型在《虎符》中重要地位的所在处。

三、典型环境中的典型人物

去年11月20日郭先生给我的信中说过："关于周秦之际、余著有史剧四种：（一）《棠棣之花》，（二）《屈原》，（三）《虎符》，（四）《高渐离》，四种共成一联系，殆宜四种合观，乃能得其汇通也。"

我想根据郭先生的指示提出两个问题：第一是：信陵君同屈原代表的历史路线有不同和相通的地方吗？

信陵君要救赵、救魏、救中原以至于救全中国，使人民能从暴秦的侵略主义威胁下保持着独立和自由——自然，这只是历史的客观性的说法；他目前斗争的目标呢，就只在邯郸城下的大决战，这斗争因而有着国际主义的意义。诗人政治家的屈原，那联齐反秦的办法，似乎只是爱国主义的政策。但是，他爱楚国，除了爱祖国以外，还认定楚国是寄托他以德治统一中国的理想的力量；自然，这理想将同时给各国人民以自由和幸福，所以，他的政策又是国际主义的了。想想看：信陵君反秦的战争，不也就是德治统一中国理想的现实工作底一部分么？所以，他们两人的政策是不同，也是相通的。

其实，屈原和信陵君都是我们那个时代同一类型的典型人物，那性格，那思想怎能不有相通之处呢？那个时代，是奴隶制度向封建制度剧烈转变的大时代，是德治统一中国的思想对武力统一中国的思想苦斗的大时代：屈原是文学当中，这种时代德治思想的代表者，所以他豪迈，勇敢，坚忍；而信陵君要是不那样热情，精明，勇敢，坚忍，怎能窃得兵符，夺得晋鄙统率的军队呢？更重要的却是他们爱人民，人民也爱他们。所以他们同是典型的大时代中，同类型的历史悲剧的典型人物。——这儿不能不说明的一点是：我说信陵君是悲剧英雄，是从文学中他母亲悲壮的死说的，更重要的是从他本人在救了邯郸之后，还回不了故国，回了故国又不能不忧郁以死说的。

第二个问题：屈原同如姬代表的是什么呢？屈原那德治统一中国

的理想，再充实以如姬"把人当成人"的人权主义民主思想，不是就更现实了么？所以，信陵君、屈原和如姬的理想和政策，只是同一时代思潮不同方面的表现，是相通的，是一致的。

至于如姬那直爽，勇敢，坚决和理性主义的性格，也是和屈原信陵君同一类型的性格。——根据以上的分析，所以我说：信陵君、如姬和屈原是典型时代中的典型人物。

记得我在《屈原之死与屈原》那篇文章中说过："历史文学的基本原则似乎是：复活一时期中代表人类某种生活和理想的人物，复活历史富于变动或进步的时代，用以净化人类的精神，激发向上的理想，养成善良的性格；更重要的是显示着某种历史的道路。"那么《虎符》对现实显示着什么呢？植根于民众中的理想必定胜利，人民将载取人权；因为正义和真理是智者和仁者同有的理想；人类进步的战士通过古今中外有着无量数坚定的，勇敢的同伴，向着同一的方向迈步前进；他们绝对不会孤寂，在历史过程中将陆续参加新的战士，那队伍越过越浩荡，直到世界光明，人类真正获得自由和幸福了。

人类，谁没有看见屈原死了有如姬，如姬死了有信陵君，尤其是那个侯女在稳着脚步走向前去呢？

《虎符》是悲剧，是真实的历史，是生活的真实，是完美的艺术品，是文学的珍宝，也许将是文学史中的纪念碑之一，它也许将给我们同时代的人成若干后代以无量欢喜的吧？

1943年2月19日夜

（原载1943年9月《中原》创刊号第19页）

关于《孔雀胆》

翦伯赞

在今年夏天,当寒暑表升到九十度以上的时候,我接到郭沫若先生的来信,他告诉我,他"将在这火热的天气中,写一部火热的剧本",而我在当时却正在研究冰河时代的中国史。

到初秋的时候,我被邀到文委会讲史。我到文委会的第一天,沫若先生已经开始《孔雀胆》的写作,五天以后,我便读到了这个新的剧本。以后我又听到作者三次的朗诵。我到现在还记得作者读到:"摩诃罗嵯哟,是你的阴灵不昧,把这魔鬼拨弄了来替一切惨死了的善良的灵魂,作为献祭的猪羊"的时候,他那种带着表演的姿态。

我对于戏剧,完全是一个外行,因而我对于这个剧本之艺术构造方面,不敢妄加论列,但这个剧本之具有强烈的感动性,却是任何外行所能感到的。在这个剧本中,作者把悲哀拍到了高度的紧张,但在最后他却给观众以一个明天的"干净世界"之希望。这样就使得观众的情感在暴风雷雨的震撼之后,又看见了太阳的抚慰。

《孔雀胆》是一个历史悲剧,这个悲剧是发生于蒙古帝国在中国的统治之崩溃的前夕,其地点则在偏僻的云南。这个事变,是由于明玉珍之进攻云南而引起的一个余波,换言之,这个事变,是元末中国农民革命的壮阔的浪涛冲击到西南所激起的一个浪花。在元末中国社会之巨大的变动中看来,这当然是一个很小的事变,但作者却能从这一个局部的事变中暴露出当时中国历史之全面的内容,如他指出当鞑靼统治者内部的纷乱，在山东则有扩廓与田丰王士诚之内讧，在高丽则有伯颜帖木儿之抗命。同时，也指出当时中国的农民革命军已经开始内战，如朱元璋与陈友谅等的火并。这些便可以使观众知道这一幕悲剧是在这样一个历史环境之中进行的。

作者写作这一个悲剧之主要的命意，在我看来，是在于发挥他对于民族团结的主张，但在侧面却也没有忘记指摘鞑靼统治者在中国所执行之狭义的种族主义的政治。如他指出鞑靼统治者对中国人民之种族压迫（"把汉人看成奴隶牛马，任意敲诈剥削"）经济剥削（"任意圈占汉人的田地"，用不值钱的中统钞来收夺汉人的物质）政治的黑暗（"把天朝法律拿来做护符任意诬良为盗，诬良为娼，贿赂公行，估买估卖"）同时并用梁王吃"武夷茶"的插话中暴露出当时鞑靼统治者已经在中国腐化了之事实。这样，就使得我们可以看出这一幕悲剧的发生不是历史的偶然，而正是由于出发于狭义种族主义的专制政治所引出之历史的必然。

这个故事是发生于元代的末期，但作者又在插话中把忽必烈征服云南的一段史实补充进去，使得这个故事在纵的方面，也可以看出它一贯发展的过程，因而他表现在观众的面前，便不是一个历史的片断。

此外，作者在这个剧本中，把许多鞑靼人的风俗习惯，天衣无缝地贯穿在这个故事中，这样又更加强了这个故事的真实性。

总而言之，这个剧本，不仅在横的方面，指出了当时社会之全面的变动，在纵的方面，也叙述了这个故事之一贯的渊源，不仅在正面表现了民族团结的意义，在侧面也指出狭义种族主义的毒害。

这个剧本的主题，虽然是叙述梁国的一件事实，但从梁王之无力抵抗明玉珍而必借助于大理国王段功之援助，这从反面又暗示出当时明玉珍的势力之浩大。

元代的历史从来就没有搬上舞台，《孔雀胆》恐怕还是第一次。实际上，元代的历史，多半是最好的戏剧材料，因为无论在它的黑暗面与它的光辉面，都发展到绝顶的程度。同时，在另一面，元代的历史，也有戏剧化的必要，因为这一段历史，如果不加以艺术化，形象化，则将永远成为中国读史者头痛之一页。即以《孔雀胆》的故事而论，如果不写成戏剧,则人们读到巴咱剌瓦尔密这个名字,便会不往下看,但巴咱剌瓦尔密一走上舞台,他便使观众发生兴趣了。因此之故,我以为《孔雀胆》的产生,除了他所暗示之重大的政治意义而外,在历史剧的发展上,也开创了一个新的纪元。

(原载1942年12月31日《新华日报》第4版)

《孔雀胆》演出以后

徐 飞

一

1942年这多少带点悲剧气味的一年终于过去了。随着，孕育着战斗活力和新希望的1943年来临了。在重庆，各戏院里话剧的演出点缀了新年的景象，使迷迷濛濛的雾城更显露一些活气，郭沫若先生的新作《孔雀胆》就是在送旧迎新的爆竹声中上演了的。

这是描写元末一个悲哀动人的史剧。近来历史剧搬上舞台来的渐渐多了。一方面观众有着欣赏历史剧的要求，另一方面他们对作者的不得不写历史剧的心情是懂得的。

这是一个颇能吸动观众的戏。不看见吗？在将要接近零度的寒夜里，国泰门前还集满了来自各方的观众，他们在那儿站着，听着，谈着，等着最末一场电影映出"明日请早"的字样，等着这名剧的开场。

这是一个颇能动人的戏，而且演员演得相当成功。不看见吗？在演到第四幕时，有多少观众为阿盖公主洒了同情之泪，当车力特穆尔被刺死时，又有多少观众拍了快意的掌声。

二

这个戏的情节，是在云南乃至川南传说得较为普遍的一首史诗。

作者在三十多年前，便低徊于阿盖公主之辞世诗。现在是重温旧梦，将它写成了四幕五场的历史悲剧——《孔雀胆》，据作者自己说：剧的主题是"善与恶—公与私—合与分的斗争"（见《孔雀胆》后记）。不错，作者在这剧中处处是将这两条线对立起来描写的。不过在我们看来，造成这个历史悲剧之最主要的内容，还是妥协主义终敌不过异族统治的压迫，妥协主义者的善良愿望终无法医治异族统治者的残暴手段和猜忌心理。在蒙古族统治中国已临末日，而中国农民革命已遍大江南北的时候，那使因明二军纪不佳，扰民害民，激起段功的义愤，遂为梁王靖难，延长了梁国江山二十年，但终无法挽救异族统治的内部的腐烂和最后的灭亡。梁王虽也有心灭除一些蒙汉界限，并以阿盖妻段功，然而他也无法改变异族统治的矛盾（这不仅表现于东导的段功；而且，已先之有"施宗施秀二人以胭在殒命"——见郭著《孔雀胆故事补遗》）因之，就无法扭转历史的命运。于是，这段史实，就必然会成为悲剧，而段功、阿盖公主、梁王遂成为这一历史悲剧的三个典型人物，阿盖公主更成为这一民族矛盾中的牺牲者。同时，段功杨渊海的社会出身和社会地位，对于这个悲剧也有极大关系。当然，这并不是说，有了民族间的矛盾，便不可以有民族间的妥协或合作了，但是妥协和合作必须建立在民族平等的基础上。即使汉蒙同一族源，但也不能在元代那样统治的方式下求得合作，必须在象孙中山先生所说的国内各民族平等的原则下，才能实现中华民族的大团结，这也教育了我们目前应该怎样去团结国内各民族。

　　作者取材于这样的史实来写悲剧是合理的。只是，我们从这剧本里觉得作为这样主题的剧情还嫌发展不够。作者说："更有人问我：'全剧的主旨何在？尽为车力特穆尔这黄鼠狼吃不到天鹅肉，因妒而弄成为悲剧吗？'这一问倒使我感觉失望。"（见郭著《孔雀胆后记》）我们倒不是这样看。我们深知作者的苦心，他要把中国传统美德汇于段民一门的忠孝节义，一个个一件件强调起来，刻画出来，以与梁王左右的奸诈凶残淫乱贪鄙相对照。因而也相当减弱了这一民族矛盾的主题的客观意义。从这个观点出发，《孔雀胆》如果当一个悲壮的故事来看，作者是写得较成功的，如果从历史的意义来说，作者在这方面的着力，还太弱了一些。诚然，有人说，在戏剧的意味上,《孔雀胆》也许比《屈原》、《棠棣之花》还成功，但我们则以为与其赞美《孔雀胆》的戏剧意味浓，毋宁更赞美《屈原》的雄伟和《棠棣之花》的诗情画意。

不过，我们也并非说，作者便没有将历史教训引进剧本中了。在段功对梁王妃说："有好些蒙古来的朋友和外国来的色目人，实在是太不成话了，骄横无赖，把汉人看成奴隶牛马，任意的敲诈剥削，实在是误国殃民的事体，然后他又回答梁王："不仅有，而且手法更来得巧妙了。以前是无法无天的专横……现在呢，是有法有天的专横了。"这两段话，不仅反映出数百年前汉人在元朝统治下的亡国惨景，也更暗示出今日中国人民在沦陷区域敌伪统治下仍受着同样的苦况。在第二幕段功向梁王讲一般人的偏见时，他也知道蒙古统治者是将汉人当奴隶看待的，尤其对"半蛮子半猩猩"的段功自己，"连第四等都不够"，然而当第三幕阿盖已经将车力特穆尔的阴谋全盘说出时，段功仍然那样"愚忠"的希望能在梁王面前辩解，能使梁王感悟。同时，作者也表白了段功的愿望，是"想把蒙汉色目，一视同仁"（第二幕）。段功的心情，是不愿逃回大理，使云南的老百姓无人保障（第三幕），而且在第一幕，还替段功表白说："假使明二能够象他们在四川境内一样，不乱抢，不乱来，不失掉云南的民心，我要直愎的说，连我都是要拥护他的啦。"可是这种民族矛盾的内在心情，在全剧中是没有把它发展起来的。便是阿盖公主处在这一方面的交叉点上，也显出被刻画得还不够强，虽然作者在改稿时已加强了许多。于是，也就显得上述这些突出的句子和剧情的发展不能完全调和与统一了。

认真的说，这个故事之所以在云南与川南民间被传流得很久的原因，是阿盖公主的悲壮贞烈感动了后人，尤其是因为她是一个蒙古公主而能知情合理，终于牺牲在民族矛盾和父夫冲突之间，最值得千古同情，并且她又留下了那一首悲哀感人的辞世诗，更易于流传久远。所以如果作者将《孔雀胆》的主人公完全放在阿盖公主身上，也许能写得更加完整，更加动人，更加成功。固然，如作者所说，段功"有这样一位贞烈的妻子阿盖，有一位很义侠的部下杨渊海，又有那么一对有气概的儿女，可见得并不是一位异常的人"（见郭著《孔雀胆》的故事），但是，对于段功的加强易于着手，易于动人。这不仅是技术问题，主要的还是历史的实际问题。加强段功，如果不能把他内心和实际矛盾用剧情表白出来，那就只能写成一个"愚忠"的附和蒙臣。加强阿盖，倒不是过分的渲染她的汉化，而是要发展她那向善向合向公道的倾向，以显出她对黑暗的苦斗，更增强悲剧的气氛。不过就是现在剧本中所描写的阿盖公主及环绕在她周围的羌奴，段室，杨渊海，建昌阿黎及继宗继秀的第四幕，已相当动人了。

三

在人物的刻画上，阿盖公主是写得较成功的。假使演者的舞台经验和声音演技能更好些，则在舞台上的成功为更大。只是我们总不赞成在阿盖公主心情极端悲愤而且准备着杀人自杀的时候，还会向她最鄙恶痛恨的车力特穆尔说……假使在半年前告诉我的话，那我就不会嫁给段功，或许是嫁给你了"，接着还愚弄车一番。虽然作者解释"有这一次波动，似乎愈显得阿盖是有血有肉的人"（见郭著《孔雀胆后记》），但我却难想象存心复仇而且仇人已在眼前，报仇者已在碑后，梁王王妃又在私听的当儿，还会生出此等波动的心情。据我们台下经验，听到此言时，也并不入耳。段功，如前所说，写得不很成功，演者虽很用力，但也难把握其中心性格和理路。梁王写得似乎还不是太无作为的人，在第一幕他那样坚持将阿盖配与段功，在第二幕他起先断然的要段功"安心好了"，之后，穆哥死了，他又那样急躁的要杀段功。但到第四幕，他却达样萎靡，连窃听到车力特穆尔向阿盖自白和追逐之后，也毫无动作，这不能不说是完整性格中的一个小疵。另一方面，梁王妃偷听了车力特穆尔恶骂她又转向阿盖追求之后，她仍然隐去，并不是无动于衷，也不是她的心肠会比车更软些，而是她只有隐去另图报复，才能更合乎王妃的狠心肠。车力特穆尔的性格，是写得凸出的，他被活画出一个残忍阴险贪鄙的恶吏典型。可是，正如作者所说："或许由于恋爱斗争的副题过于粗大，掩盖了主题"（郭著《孔雀胆后记》），致使车与段的主要矛盾被掩盖了不少。舞台上这三个人（梁王，王后和车）的演出，是成功的。

作者在这剧本里，安排了一些新的东西进去，这是颇有趣味而值得研究的问题。首先在第二幕中，我们附带上了品茶一课。在作者本意，是要反映出蒙古贵族也染上了汉人有闲阶级的习气，可是一般观众却不容易从舞台上理解到这一层，反而给后来的浓茶醒酒，以炉火验砒霜，以炉映阿盖手持酒瓶时的悲氛表情作一不大必要的注脚。

其次，就是在第四幕里两首诗的吟诵。公主的诗，是立了死志后写出念出的，本无可非议，只是演者不善吟诵，以致不能将作者写这剧本时的最初心情曲折道出。杨渊海写绝命诗时，则时间上有问题了，以杨的才能性格，在从大理回至段处的途中，即使沿途遭刺，也决不会下必死的心和那样的诗，而应该在知道段功惨死之后才做出。

再次，在第一幕开场关于骆驼与象的那段谈话，本是作在阿盖出场时的诗意陪衬，只是说得太长了一点，使观众反觉其多余。

在剧的结构上，第四幕是高潮所在，也是最紧张最强烈的动人情感的一幕。在杨渊海与建昌阿黎争着要为段功报仇时，在羌奴段室与阿盖公主决别时，在车力特穆尔追逐阿盖和被杨渊海刺杀时，在杨渊海与阿盖公主先后自杀时，作者、导演和演员们都把自己的心血和感情渗进了剧情里边，所以就抓住了观众的情感，成功了动人的表演。

这个剧能在此等处赢得大批观众的眼泪和同情，就是它的成功，也就是对于作者的安慰和鼓励。

1932年1月14日原稿

（原载1949年1月18日《新华日报》第4版）

读《金风剪玉衣》

——原名《南冠草》，五幕史剧，郭沫若著，将由中央青年剧社演出。

金梓凡

明末清初之际，为了反抗异族统治而杀身成仁的烈士，自史可法以下，颇不乏人。其间，夏完淳应该占有一个重要的地位。

夏完淳赓续他的父亲夏彝未完之志向，投身抗清的实际斗争，是从他十五岁时候就开始了的。《金风剪玉衣》里所表现的，只是殉国时期的事迹，即夏完淳十七岁，清顺治四年四月至九月间的事迹。仅从剧作者所表现的来说，首先值得我们注意的那是这个主角还是一个非常年青的学生。小时候颖悟超伦，稍长所接触的又都是大义凛然的师长，当然有很大的影响；而他自己的认识、热情与决心，也是令人折服的。正因为他具有正确的认识、高度的热情与坚毅的决心，所以不甘做异族统治下的顺民和奴才，并且引抗清复明为己任，再接再励的斗争下去。和剧作者所写的另一个卖身投靠的青年王聚星比较起来，其忠贞义烈与卑鄙险恶，是不可同日而语的。不仅是在战场上，在任何环境里，在任何对敌人的斗争里，我们需要的是夏完淳，永远不是王聚星之流。

明末的抗清运动曾继续了一个相当长的时期。朝廷偏安，亡而再立，却始终不能驱逐鞑虏，再建朱明。原因之一，不能不归咎于政治上没有办法，一次再次的失败，在一部分人的心里，已经引起了悲观的论调。如夏完淳的岳父即是一个代表人物，他可以走上洪承畴的道路。夏完淳的看法和他们是相反的。他不是说吗："你不能老是朝失败一方面讲。前事不忘，后事之师。以前的错误固然值得借鉴，但本朝的疆土还有广东广西湖南江西四川云贵一大片土地，几百万大兵，你怎么便说是毫没办法了？事在人为，在没有办法之中却还须找出办法来，何况还很有办法？我们自己先不要自私自利就是办法。""自己不努力，想靠别人来帮忙，是没有多大用处的。"（均见第三幕）这正是他在"狱中上母书"中所说的"淳之身，父之所遗；淳之身，国之所用；为父为国，死亦何负于双慈"那种精神。人之死，有轻于鸿毛，有重于泰山。做一个革命战士，固然不惧一死，但是也不轻于一死，他要死得有意义，在《金风剪玉衣》第四幕里，剧作者首先解释了夏完淳为什么在能够逃脱的时候不肯逃脱。当时还有追兵会来，未必如愿以偿；而且，如他对至友杜九皋所说的，"即使走得掉，你想，还不知道误尽多少人！我的家族宗戚固不必说，江南的老百姓不知道又要受多少连累，你所苦心孤诣的开拓着的道路，说不定也又会断绝了。""我也要为中国死，我希望你们为中国生！""我做杵臼，你做程婴，我们一生一死为中国维系着这股正气吧。这正是中国的魂，中国的……"命运是彼时的中国的知识分子所追求的至高道德，也是中国士大夫道德的优良传统的表现。本着这一点，夏完淳为自己选择了一条难走的路——慷慨就义，而且英勇的走上了。

　　看见事不可为，先从自身荣禄上做自私自利的打算，不惜牺牲了过去的光荣，不惜出卖了同胞大众，选择了另外一条路走的"臣工"们，洪承畴的降清，即是一例，剧作者先刻画了他的奴颜婢膝，向主子贡献了"羁縻笼络，从宽待遇"读书人的计策，更在第五幕中揭露了他的罪恶，痛加斥责。他审讯夏完淳，却被夏完淳批判得体无完肤："你简直是出卖祖国的狼心狗肺的大汉奸！你比石敬塘张邦昌还要无耻，你比秦桧汪伯彦还要险恶！""你说你无负于本朝，但本朝又何负于你？本国的老百姓又何负于你？你身受国家的重恩，位极人臣，官属一品，你不知道舍身报国，反而为虎作伥，引狼入室，并未受丝毫的伤害；而你到了江南，便残害自己的同胞，惨杀读书的种子，砍伐孝陵的树木，在嘉定三屠，扬州十日之后，你还嫌敌人的残暴不够，你还火上加油，油上加火……"——忠奸不两立，这正是一个明显的对照，有了洪承畴，更衬出了夏完淳的伟大。

以一个十七岁的青年学生，献身国家民族，尽着领导责任，曾轰轰烈烈地做出了使敌人闻而丧胆的成绩，在中国历史上是不多见的。"端哥（夏完淳）的精神感召着我们，端哥的精神不灭！中国的锦绣山河是一定要光复的！"（尾声，杜九皋语）现在，这种精神被阐发在这部剧本里，将会感召着更多的人们吧。特别是在今天，特别是对于全中国的青年们，夏完淳的事迹与精神，应该是不朽的典范，光荣的典范。

（原载1943年11月1日《新华日报》第4版）

《残春》的批评

成仿吾

对于一种文艺作品，有许多的人，每喜欢从外界拿一种尺度去估价，每喜欢拿一种固定的形式去强人以所不能。这种行为，酷肖我们的专制君主，拿了一只不满三寸的金莲，去寻他梦里的尤物。这不仅要强人以削足适履，而且美好不美好，也丝毫没有关系。而且这种估价的可靠性与结果，我们生在这美好的时代的人，是天天有耳闻目见的光荣的。

究竟对于一种文艺作品，我们应当怎样估价，我想凡是研究文艺的人，总应当早有心得，用不着我在这里多谈。然而假使有人要我设一个比喻来说明，那么，我可以不迟疑地说："好象我们举一个人做大总统，看他处这种时势，能成就多少事情。"这便是我们时常说的："看他在自己所创造的世界之中，能够有意识地成就多少。"再用浅近的话说出来的时候，就是看他是不是把他的材料，对于可能的最大的一个目的有效地用了，或如 Walter Patct 所说，看一个作品，对于它的材料履行责任的程度。

一方面我们对于一篇作品，不可把外界的任何形式去束缚她，他方面我们对于作者也不可干涉他的 inventive or creativehandling 新发明的或特创的方法。他的方法有效没有效，可能成问题，然而不能因为不多见的缘故，就把他鄙弃了。

* * * * *

郭沫若在《创造》二期上，发表了一个叫做《残春》的短篇，这篇小说若不注意看去时，是很平淡的，然而过细看起来，才不能不说这正是它的妙处了。它的内容很平凡，很使人不容易知道它的脉络在那一块，然而它的精神，很明明白白可以用第五节的"S……呈一种非常愉快的脸色。Medea 的悲剧，却始终在我心中来往"，两句来代表。

S 虽是残春时候的一朵可怜的花，却还嫣美恼人，好象丝毫不知春色将残，莺声渐老的样子。可怜的是我们的主人公，Medea 的悲剧不住地在他的心中来往！他隐隐感受着一种动摇，急忙忙虽去了，心里虽然"总觉得遗留了甚么东西在门司的一样"。

这便是残春的缩写。我这样说了出来，就好象一个医生在解剖室研究一个髑髅的样子。其实这髑髅，本来是用超等的技术与优美的表情装饰好了的。

我们主人公的心情是何等的优美！他好象无念无想的世尊，偶动尘心，随即自抑了，更激发了热烈的慈悲。我们只看他回家之后，接了白羊君的信，"不觉起了一种伤感的情怀，"便写了一首诗寄去。

> 谢了的蔷薇花儿，
> 一片，两片，三片，
> 我们别来才不过三两天，
> 你怎么便这般憔悴？——
> 啊，我愿那如花的人儿，
> 不要也这般的憔悴！

这是何等热烈的慈悲，何等优美的心绪！

讲到技术上来，《残春》更是没有缺陷的作品。我们只看它用不到一千字，便创造了一个活泼泼的 S。除此之外，贺君的跳水与作者的音容，都是很活泼的。

* * * * *

我很觉得在我们今日贫乏极了的文艺界，这篇总不能不说是有特色的一篇作品。然而10月12日的学灯上，有一篇摄生君的"读了《创造》第二期后的感想"，却单把这篇说得很坏。我看了虽然即刻觉得摄生君的主张，有许多地方很不对，却也打起精神重把《残春》翻出来看了。可是我看了《残春》，又回头把摄生君的批评看了的时候，摄生君的主张，才越觉得没有成立的可能了。我现在且把摄生君批评《残春》的全文抄在后面，然后再把他的主张所以不能成立的理由谈谈。

摄生君说：

"郭沫若的那篇《残春》，除了句子构造艺术手段尚好之外，我个人是不赞成这篇作品的。我从第一章第二章继续的看下去，简直不知道全篇的 Climax 是在什么地方。都是平淡无味。不过在每章每节里发表他的纪实与感想罢了，而且他，Conclusion 也没有深刻的含意与连络。"

据摄生君的文章看起来，似乎他很主张一篇作品非有一个单独的 Climax 不可。这种主张，我是认为说不过去的。

摄生君单说全篇的 Climax，没有说是什么东西的，然而一个文艺的作品，总离不了内容（即事件）与情绪。在中国一般人的心理，他们所认为不可少的，自然是内容的 Climax（最高点）。摄生君的意思，虽然不知道是怎么样，但作为一个文艺的理论研究起来的时候。我们却不可不把两方面拿来作一番严密的思考。

第一，我们先来考察一种文艺的内容（即事件）应不应当有一个最高点。

我们中国人是最喜欢讲究等级程序的，所以中国人对于一切作品，都很严密地要求形式上的完备。而最要紧的又莫过于宾主君臣的观念了。纵或作者在创作中没有何等君臣的意识，而读者凭自己的主观，在作品中认定一种君臣的关系——象这样的事情，在我们中国的文艺界里，几乎是大家都认为了一种天经地义的。然而不论什么事情，什么物体，总少不了要有他们的 Milieu（环境），他们决不能离开 Milieu 而犹存在。他们是存在 Milieu 之内。所以一个作者写一件事情或一个物体的时候，只应当看他在他的 Milieu 之内是一种如何关系就如何写，就是，如他实是 asitis。譬如掘根，作者只要使树根由土中现出，任何尚夹在土里，任他还带些土泥放些土臭，如实地描写，既不要把他由土里分出来，也不要用特种强烈的光把他单独地照彻，固然，在我们心象之中，一个单独的东西，在某一个时候，也会单独地站在意识的最高点，然而就意识的全部经过看起来，他也只能够如在他的Milieu之内。固然作者凭自己的主观为Milieu的选择的时候，由他的选择，可以使有单独的一个耸立全体之最高点，然而这种有作用的选择，最容易伤及作品的真实与丰富。所以作者对于他的内容，只要如实地描写，不可把单独的一个，由别的分了出来，用特别强烈的光线来把他显出，就是，文艺的内容纵不能说不应当有一个单独的Climax，总可以说最好是没有这种东西的。

* * * * *

第二，我们再考察一种文艺的情绪，应不应当有一个最高点。由一般的人看起来，一篇作品应当有轰轰烈烈的内容，这轰轰烈烈的内容，应当有轰轰烈烈的情绪。这种见解，由我们的文学家发表出来的，就是情绪的Climax的主张。这种主张之错误，我们最好是用一种几何作图来详细注解。

假设文艺的内容（即事件）之进行为横轴，情绪之变迁为直轴。那么，随内容之进行而渐次变化的情绪之全变化，当如下图之OAB曲线（假想有一个最高点的时候）。

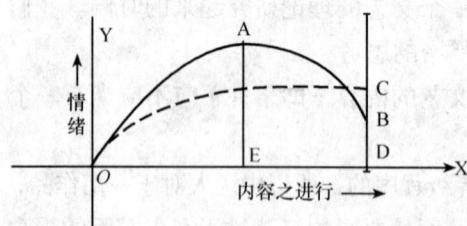

用文字说出来的时候，就是作品的内容由O点进行到D点之间，内容所诱起的情绪，亦由O经过最高点A到B点。在这种有最高点的变化，有一个最可注意的地方，就是：情绪由O变到A点之间，情绪是与内容并长，因为这时候$\frac{dy}{dx}$是正符号；情绪由A变到B之间，内容虽渐增，情绪却反而渐减，因为这时候$\frac{dy}{dx}$是负符号。由文艺的原则说起来，情绪不可不与内容并长；因为内容增加时，情绪若不仅不与他同时增加，反而减小，则此内容之增加，不啻画蛇添足。所以一篇作品的情绪，如果有一个Climax则OE以后之内容，为有害无益的蛇足。固然，我们可以尽力把最高的A点往右边移去，使情绪减少的总和渐小，使全部的情绪还有赢余，然而这ED部分，无论如何短少，总不免是蛇足。所以与其有一个有害的最高点，我们宁可欢迎没有最高点的文艺，在没有最高点的文艺，情绪是如点线 OC 那样，与内容渐增，没有减少的时候。固然不免要如摄生君所说，多少是平淡的了，然而由全部的情绪说起来，却比那有最高点的，还要饶有余味，还更有使我们低徊享玩的余音。

最后摄生君说《残春》的 Conclusion 没有深的含意与连络。我不解摄生君所谓深的含意是教训的道学呢？还是呜呼哀哉的哀悼呢？至于连络，我不知道摄生君的意思，是要怎样才算有连络。怎样就不能算是有连络。在我的意思，以为间隔几天也不能说是没有连络。

我看了摄生君的批评，浑自觉得拿一种固定的形式去批评文艺作品，是很容易陷入错误的，我不由得要把我的意见写了出来，使大家知道拿一种固定的形式或主义来批评文艺。是很容易把他误解了的，我希望大家先对于文艺的诸原理，还用一种批评的精神，加一番自由思索之后，方去批评文艺上的东西。不要把错误了的见解与不精密的理论去批评，去迷惑别的读者。至于摄生君对于我们《创造》的批评，不论是褒是贬，我们都是感激的；而他给了我一个思索文艺批评的机会，我尤感激得很。

1922年最后的一日，于上海。

（选自李霖编《郭沫若评传》第121页；1932年上海现代书局出版）

读《反正前后》

田 汉

一

K君送了一本《反正前后》给H女士，H女士看完之后很失望地说：

——这太反于我的预期了。这不过卖的是作者底名字。

——真的吗，写得那样没有意思吗？好久不曾看过这个老朋友底作品的我这样问她。

——不是说没有意思，不过他写得太没有生气了，太平常了。尽是些四川反正前后的一些琐碎的事。

——那恐怕是他的境遇使他不敢说什么吧。

——著作是终身的事，不能因为境遇就变更他的调子。要不然何必写它呢……

——这倒很难说，人总是人，他总是随时受着境遇的支配的。……

我平常是不大肯以耳代目的，对于事物的评价总觉得还是自己的心眼靠得住一点，所以我终于一气看了一遍了。这在我是稀有的事，因为日夜为着家务，社务，乃至校务纷忙的我，平常是很少工夫读现代作家的作品的。

二

　　究竟还是自己的心眼靠得住。至少和人家的稍为两样，我倒觉得这一部平常的琐碎的书很使我欢喜。我们过的虽不是平常的琐碎的生活，但是有几个能把那些生活现象用明静犀利的头脑把捉它的要点而加分析的？因此我们大多数的人就活到百岁，也依然是混混沌沌，不知道究竟自己过的是些什么生活。

　　——你老人家真是有福气啊，活到这么大年纪，真是把世界看够了。

　　——唔，老是老了。可是依然不觉得有多少日子过，也不觉得看了什么世界。只觉得年轻时候的朋友一个个老的老了，死的死了，世界一会儿新，一会儿又旧，一个成，一个又败下去了……

　　真的象我们邻舍那活到将近一个整世纪的H老人的这样无分别的人生观社会观也未尝不好，但究竟太没有意思了，反正莫明其妙又何必老活着呢。《反正前后》的著者却努力想把我们过去的生活和背景给他一个分晓。有人说"人生就是航海。""Iife is a voyage"，他就好象告诉我们本船是由东经几百几十度向某地航行，现在到了哪一经度了。在"不识不知顺帝之则"的时代这些事是不必告诉 Passengers 的，让船长一人知道就得了。但现在我们似乎应该取得这种知识，我们要知道过去走的是什么路线，知道我们将来会达到何种必然的运命。

三

　　我多久安排写所谓三黄，也颇勤劳地去搜罗它们的材料，但所谓三黄运动每种有他特殊的使命我们是知道的，比如黄花岗烈士的运动比黄鹤楼——即武昌革命的意义有些不同。而武昌革命比五卅事件的运动意义更两样了。因为要想有更深的观察，更明确的分析，所以迟到今日还没有写成。《反正前后》一书有关武昌起义的前因即四川保路同志会的运动写的颇为详细，分析得也颇为明了，这于我的剧本帮助很多，虽说我所用的材料——即故事的组成完全是另外一回事。

四

因着他的《反正前后》把我关于反正前后的记忆都唤起来了。铁路风潮发生的时候，我刚十二岁在长沙选升高等小学读书，记得那时我们也激起对于邮传部大臣盛宣怀的莫名其妙的义愤，把纸扎成他的头挂在课堂墙上，人人投之以石，我的朋友吕恢猷君才十一岁，登台演说慷慨淋漓，闹得举场皆哭，当时《长沙日报》还有很长的记载，其魔力不下于四川咨议局副议长罗纶。并且我们还人人赤脚草鞋，摩拳擦掌，安排到小吴门外去帮着筑路呢。

革命爆发时我在修业中学预科。一日我去找一个在选升同学的杨君同到纱帽圹前咨议局的楼上去玩，谈了许多"国家大事"，刚下楼时便看见黄帝纪元4609年的告示了。当时我们也是说不出的高兴，看见街上缠着白布的兵恨不得把他们抱起来。后来，当汉阳军事紧急的时候要招学生军，我也瞒着家里当过三个月兵，虽说不曾打过仗。

五

湖南的反正其结果自然和四川差不多。但四川是咨议局的正副议长做了十天都督落到实力派之手，湖南是革命党焦达峰陈作新做了十几天都督落到咨议局议长——今行政院长——之手。四川当"鼎革"之际装饰清朝底最后的是赵尔丰，但他还是个贰臣，在湖南则有巡防统领黄忠浩，他倒真是个封建制度的"Cu-ardsman"。他的头，焦都督虽不曾提在手里象尹昌衡提着赵尔丰的头一样，但确曾挂在小吴门城口；不过他很寂寞，他没有那样忠勇的蛮丫头殉他，也没有怀念旧主的师爷替他复仇。

六

最后我由这本书知道了我的孤陋寡闻，我们此次在上海南京上演《沙乐美》不是大登广告说是在中国第一次的上演吗？谁知在距今十八年前的四川，早已有人演过，而且演约翰的还是大名鼎鼎的端午帅呢。据《反正前后》的作者说：

"端午桥领着大兵浩浩荡荡的要来'剿灭四川'，他刚走到重庆，他的后路已经断绝了，……他死时的照片我是看见过的，一个大洋磁盘里盛着砍下来的首级，由一个兵士捧着。他自己不肯唱'割须弃袍'的旧戏，却让这位兵士来唱了一场《沙乐美》的新戏了。"

七

又《反正前后》中作者把尹昌衡写得多么戏曲的啊。他之攻入旧督署提着赵制军的首级示众。他之不斩复仇的师爷，他之骑着高头骏马巡街物色他的妃嫔，他之要名旦角杨素兰女装入府，他之下诏罪己，称杨总监为"铁面御使"，他之讲"英雄与好色"，……使作者称他为"二十世纪的刘玄德"，我却疑心他是"戏迷"！

读欧阳予倩氏所作的《自我演戏以来》。果然有这么一段关于尹昌衡的记载：

"自从我们演过《热泪》以后，又有尹昌衡君组织一个阳春社要演《电术奇谈》也找我们加入……"

这难怪了，他在东京是阳春剧社的老板，回四川自然要演"英雄与美人"了。

（选自李霖编《郭沫若评传》第143卷，
1932年上海现代书局出版）

郭沫若的《反正前后》

傅润华

从"真美善"书局购了书出来，转拐便到了"现代书局"的门首，第一个映入眼帘的映象，便是郭沫若新出版的一本书——《反正前后》。

这本书的广告，是登了好久了，虽然这本书是最近八月十五才出来。我既早从广告上知道有这本书，近几天又从《民国日报》某君的诋骂中，知道这书已出版，所以为着自来爱读的观念，和正反宣传的趣味，使我不惜一元大洋的贵价，购了这一册薄薄一百零五篇的书回来。

用了一点多钟，一气读完过后，书中的所有，已得了一个概念，这个概念，不一定是好是坏，然而是有趣味，不一定对别人有趣味，然而对我至少是有；这趣味是：

一，郭先生是我不认识的熟人。这话的解释便是说：我与郭先生同是四川人，两月以前我还在他的故乡——乐山，住了许久，他的历史和身世，我早就清楚一些，虽是他多年不曾回川，我多年不曾出川，没有见过面，然而我的师友和亲戚，有的同他唱和过诗歌，有的同他在西湖消过夏，更有的和他在帝大同过学，从听他们的谈话，和读郭先生的作品中，熟悉了他的精神，更从家里所存的一张石室同学的照片中——那时郭先生还名开贞——熟识了他的相貌。熟人的作品，是始终爱读的；无论是他从前受多人捧场的时候，或现在受多人诋骂的时候。所以读了这本书，有一些亲切地感想要发抒！

二，书中所说的是我所知的熟事。我是四川人，这本书写的四川事，当然是平时所熟知的，以书中的地方说：薛涛井畔，孔明祠前，是我十年来游息之所；锡城与嘉定的途中，是我往来之地；以书中的人物说：蒲伯英罗纶固然是我所熟知，就以七十八页所举的魏嗣銮李劼人诸先生，我也是常见，虽则至今我尚不知李先生尚是一位国家主义者；以书中的事迹说：反正前后，我也正在成都，不特是旧历十月十八成都打"启发"等事我晓得，便是郭先生所说的辛亥革命的首功要数四川，四川发动最早的长寿革命同志的革命事迹，也晓得。还有郭先生书中忘记了名字的义侠男儿，那打尹昌衡一手枪的人，我也记得是傅华峰嵩秋先生。

因为这二者的关系，我觉得这本书格外亲切，格外有趣。"爱之深便责之备"，我管不了什么主观批评与客观批评，印象的批评与历史的批评……我要诚恳地写一点——"我的批评。"

这本书篇页不多，字数也不过四五万字，书局里拿来卖一元钱一本，在价钱上说实在太贵。

书分上下二编，是一个自传体的一篇小说，事实全取材于辛亥革命时四川的事件，辛亥革命四川人叫做"反正"，所以书的名称就叫做《反正前后》了。

《反正前后》里所叙的事迹，从郭先生他自己在嘉定中学校里被开除说起，说到上成都读分设中学，带着叙一些成都的风景和学生的生活，如打马游青羊宫"花会"之类，接着才写到川汉铁路的情形，国有商办的争端，保路同志会的成立，清廷的应付，和端午桥岑春煊的剿抚激起革命，直叙到反正后，赵尔丰的被杀，尹昌衡遇刺客才止。

事实便是这样的组成这一本书。近日有几个批评者，都很着重这书中的事实，结束总是说坏，有的说这"事实陈腐，不堪入文"，有的说书中"取材无味，令人讨厌"，有的说"琐琐私事，无一读必要"，恕我手边无那几篇文章，不能长徵博引，不过他们都以书中的取材和所叙的事物，批判他的全书，这是读者同我个人所见不同的。

他们各有见地，我不能说他错误，不过我个人以为读一本书，是作者的精神授与书，书的精神授与读者，所以我们批评一本书，不能只顾这媒介的书，而应顾到这作者的精神所在。

作者作这本书的主见和目的，我们在这本书的"发端"中是可以看出来的。他说"材料甚么都可以,形式甚么都可以,主要的在认识"。可见他作书的主见是重认识不重材料,作书的目的是发抒他的认识不是发抒材料的,所以要批评这本书,顶好着眼到——认识!和这发抒的艺术。

郭先生平时是一个什么思想,读者大概是清楚的。由他的思想来做这本书,所以他的认识的与常人不同的。常人认为辛亥革命是民族自觉的机捩,郭先生却认为是封建社会到资产社会的转纽,常人认为辛亥革命是民族革命或初步的国民革命,郭先生却认为资本阶级一个阶级的革命。他作这本书的本意,我觉得决不是考古,决不是自述,不过是借写那一个时代,来证明历史的经济观而已。

辛亥革命到底是不是一个阶级的革命!革命后是否变成资产社会?历史的经济观(法国有些经济家已举出许多反证),是否绝无错误?我觉这些问题,当留待经济专家解决,我们不用管它,因为郭先生在书首说"有的人太偏僻了,好象以为文笔一叙到身上来,便不是我们阵营的文字",既然他自己也认为不是经济教科书,而是我们阵营的"文学",那我们就文论文好了!

平心静气的说,这本书确还能够发抒他的认识,他在第一篇里随时于叙自己的私事中,夹写帝国主义的渐展,和封建社会的裂痕,都写得很精彩,令人觉得反正之来不是偶然。第二编里对反正的真象底论断,也有独到的眼光,他说,"真正的历史家,他用公平的眼光看来,他会知道辛亥革命,只是四川'保路同志会'的延长……九月九日的赵尔丰屠杀民众,于是各地'保路同志会',打各地的府县城池,九月十日清廷命端方剿四川……武汉方才乘机起事……辛亥革命与其说是双十纪念不如说是双九纪念"。

他把"保路同志会",当做资产阶级,又把革命的首功,让与"保路同志会",以证明辛亥革命——即是所谓反正——是资产阶级革命——做他底认识的终结。

一部《反正前后》,颇能畅所欲言地,发抒他这一种认识,所以在他自己本意方面看,或是在他著书意识方面看,这本书是成功的。

然而就文学的技巧方面说,即是就艺术方面说,发抒的方法方面说,他是失败了!这本书既不是一本经济教科书,又不是一部断代史,而是一册文学的小说，那么对于技巧艺术就至少不该忽视吧？

但是以结构说，无头无尾，起首是随便从自己在嘉定说起，末尾说到傅某回籍便不了自了。上下篇没有可分可合的线索，书中的地方，时间，人物，也没有联络或统一。以描写说，写青羊宫花会，不能状一点那百花生日春阳暖中士女如云里的风光，写孔明祠不能写一点古柏森森苔路斑驳中的庄严，写吊刀子进成都，写哥老会们堂口，写打"启发"抢东西，也引不起人心中一点恐怖的回响。以暗示说，除掉每段末尾一些论经济的话，使人觉得象听演讲而外，引不起人心的共鸣，即引起也是理知，没有情感。

郭先生对于他著这本书的标准是："葡萄酒，你不要太浓，然而也不要成为一杯白开水。"然而书里除掉一些四川的乡语方言如"打启发，唉，哦老实的，补人……"令外省人有点新奇而外，我们敢很诚恳的说："没有酒味"。

他的这一本书，是失败了！这失败不关于他的认识和所取的材料，而是发抒的艺术。这是以意害词？还是"三天不摸手艺生"呢？我们不得而知。

奇怪的是在书外的另一方面，这书大大的贡献了！这书大大的成功了！这种成绩不但为我们所赞成，而且应很诚挚地感谢他，这是甚么？便是他书外的文学主张。

在目前这漆黑一团的我们的文坛中，作品多量的都是恶化的欧化的京化的东西，窄狭浅薄到了极处。如象一本书不写肉欲不写性爱便不成文学，只描写古史的史诗历史小说便不成文学，平易通达雅俗共赏而不欧化的便不成文学。我们睁开眼睛看，如象陈铨的《天问》立意高尚的有几种？如东亚病夫的《孽海花》取材史实的又有几种？

然而郭先生如何？他在书外的"发端"里大声疾呼的说"假使空白地写一些无意识的文字出来，不特文字是白无意义，连写的本身也是一项罪恶！"他的文学主张是要有意义的。

他又因"近来直译的文章太多了"，所以毅然决然地，不计艺术巧拙，一洗从事欧化之风，全用四川本地文字来写成这本书，他的文学主张是要雅俗共赏的。

这一本书的取材，全取于近代史，他老实地将它写出，可见他的文学主张取材不避史料，范围是宏博的。

所以我说"在这书之外，我们不但要赞成他，而且还要诚挚的感谢他"，感谢的是：

> 他对优良作家辟了几条途径，
> 他对浅薄作家给了当头棒喝。

（选自李霖编《郭沫若评传》第151卷；1932年上海现代书局出版）

评郭沫若的《创造十年》

杨　凡

在今年九月里，由现代书局出版了一部《创造十年》。这部创作的作者，是谁都晓得的中国文坛的老将——郭沫若先生。现在为便利读者明了该书起见，兹将其内容简略而扼要地摄述如下：

"1928年的夏天，我由日本的第六高等学校毕了业，升进了九州帝国大学。一天中午，我很早吃了午饭，跑到松林里面去散步。忽然遇着了一高预科时的同学张资平。两人互谈了好一会，我就跟他到他的寓所里。等他的中饭吃过后，我们又重新走到海边上去，两人稍为谈了一些闲话，于是脱了衣服跳进海里去洗海水浴。浴后，我们谈了一些东西南北，无意中，资平忽然谈起了和我隔绝了三年的国内文化状况。谈了许久，我觉得我们有出一种纯粹文学杂志贡献给国内青年的必要，因此我就和资平商酌，资平也很赞成，结果决定访确了仿吾和达夫的消息后再策进行。这就是《创造社》最初的受胎期。

"自从这次的会谈以后，不久学校里也开课了。一天午后，突然来了几位客人来找我，我跑上楼去一看，除了仿吾和君哲外，还有一位是不认识的。后来仿吾搬来和我一套住，我就把月前和张资平拟议的事告诉他，他也很赞成，但他觉得人手不够，不能着急。不久，他又离开了福冈，回到东京继续求学去了。

"和我同住的陈氏父子，因为医治不好陈老先生的眼睛，不能不回到中国去。因此，我和我的老婆儿子也跟着搬了家。过后不久，'五四运动'的风潮便澎湃了起来。这时，我和几位同学在福冈组织了一个小团体，名叫夏社。这样一来，我便订阅了一份上海时事新报。第一次寄来的报纸，看了那些附刊上发表出来的白话诗，使我也鼓起勇气投寄了几首新诗到学灯上去。结果是成功了。因此我的创作欲立即爆发起来。由学灯的编辑宗白华的介绍，我认识了田寿昌，后来将我和他两人的通信合起来出了一本《三叶集》，一时很受国内青年的欢迎。

"1919年的夏天，我便零碎地在开始作《浮士德》的翻译，并写了许多诗歌。后来我把一份《浮士德》的译稿放在壁橱里，不幸被老鼠咬得粉碎，这使我受了一个很大的打击。

"1921年春，我想改进京都的文科大学，因仿吾的劝告我也就打消了这个念头，适值仿吾的同乡李凤亭在泰东书局任职，推荐仿吾为该书局担任文学主任，我也就跟着仿吾回到上海来了。因为泰东书局编辑部的改组完全的空话，弄得仿吾好象落进了一个骗局。过了几天，仿吾便邀我去西湖观光了一趟。

"仿吾在上海住了两三个礼拜，看见那书局情形没有容纳下我们两人的地位，他便决心回长沙，把上海的事情留给我办。这时，我一个人住在泰东书局的编译所，好象漂流到孤岛上的鲁滨逊一样了。我开始编纂我的诗集《女神》和改译了那本《茵梦湖》及改窜了一部《西厢》。后来得了书店老板赵南公的同意，允许我出一种纯文艺杂志，于是我便决定回日本去和朋友酌刊物的名称与办法。

"我回到福冈仅仅住了一天，第二天就往京都访伯奇，因伯奇的介绍，会见了旧同学李闪亭，张凤举，及当时在京大研究着的沈尹默先生，和穆木天。第三天我又搭车到了东京，在病院里找着了五年没有见面的达夫，谈了一些关于杂志的事情，他很赞成用《创造》这个名称，同时还说每期他可以担任一两万字的文章。过了一天，我便往郊外去找寿昌。回到达夫家里，会见了资平和何畏及徐祖正，他们都赞成用《创造》的名目，于是我们开了一个会，决定暂出季刊，这就是创造社最初成立的情形。

"在7月中旬我又跑回上海来了,那时,我开始翻译《少年维特之烦恼》。因为天气炎热,我便去游了一次金山。回上海来时,仍然还是住在马霍路的楼上。那时,我心里非常难过,一点东西写不出,过了三四个月,所谓纯文艺的杂志还是没有眉目,于是我便决意重回日本,叫达夫回上海来主持一切。

"达夫回来后,我便把所有的事务交给了达夫。刚刚回到福冈不久,第一次送来的上海报上,登载着《创造季刊》的预告。当时,我真佩服达夫的勇气。大约过了好些日子,第一期的季刊终于和人们会面了。但我因数次谢绝加入文学研究会和达夫暗射了他们"垄断文坛"的话,于是乎便和文学研究会诸公结了仇怨。他们便开始嘲骂我们。当我又回到上海来时,就不能不正式地和他们交缨。

"我回到福冈之后,迁进临海的'抱洋阁'去住。在那样广阔的房屋中,我译出了《鲁拜集》,做成了'孤竹君之二子'。

"1923年的春天,我算把大学弄毕业了,带着家眷仍然回到上海。那时创造季刊第二期已经出版了。仿吾住在厚民里,我回来后,他搬到亭子间里,前楼让给我们住。不久,达夫带着他的夫人和儿子等从安庆回到上海来。有一天我们聚集在民厚南里,商议的结果决定出一《创造周报》。在第一期里仿吾投了一个爆击弹'诗之防御战',引起文学研究会的一些大贤小贤的攻击。后来达夫由乡里回来,马上参加了这场混战。那个时候,适逢中华新报的主笔张季鸾请客,席间,他说要我们为该报每天编辑一项文艺副刊,后经仿吾达夫的同意,我也就答应了他。

"《创造日》出版后,达夫突然接着一封电报,要他去北大担任两个钟点的统计学。达夫走后,《创造日》当然是减色不少,不久也就在一零一号夭折了。……"

从上面简略的叙述看来,这部创作的结构,是自叙传式的描写。但,细检这部创作的内容,实在说不上是文艺作品,只能当作是郭先生个人的流水账。

本来文艺家的作品,唯一主要的任务,是要表现出主角的意识与环境的描写。假如某一个作家忽略了这一点，那他的作品是非文学的作品。普列哈诺夫曾经说过：文艺家应该描写，不应该议论。这是什么意思呢？毫无问题的是说：一个文艺作家，并不是一个政论家，他只能用他灵活的笔锋深刻地去描写周围的形象和主角的意识，而不能象一个政治家般大发挥他的议论。所以决定一个作品是不是文学作品，除了意识为先决问题外，其次要算描写。没有描写的作品不能算是文学作品，忽略了描写的作品也不能算是文学作品。

然而，在郭先生的《创造十年》里，从头至尾的看下去，虽然有少许地方是稍稍描写了点，但这些是不充分的。而且整篇的大部分，都是叙述他个人琐碎的事务。固然这些琐碎的事务是与"创造社"诞生有很大关系，但郭先生过于重视他个人的琐事而看轻为什么会产生"创造社"的时代背景终是事实。我们只要翻开郭先生的作品来看，不论在那一段，总是看见郭先生昨天由福冈跑到东京跑到上海，今天又由上海跑回东京跑回福冈，明天再由福冈跑来上海。仿佛"创造社"的产生完全是仗他个人的神力一手造成的。这点十足的表现出郭先生的"力拔山兮气盖世"的英雄主义的色彩，而忽略了当时的社会环境时代背景的描写。

当然，我们是不否认郭先生在"创造社"产生的过程中有相当伟大的意义，但"创造社"的产生绝对不能说是郭先生一手造成的。假如没有当时的中国社会环境——五四运动以后一般青年智识的要求与思想欲的要求及中国新兴资产阶级的抬头，作算郭先生一人有九牛二虎之力，"创造社"恐怕也不会产生的吧。

不单如此，郭先生这部作品失败的主要原因，就是郭先生完全是站在主观的立场去叙述"创造社"的诞生，而不是客观地站在第三者的地位去描写"十年"。这点是和郭先生的英雄主义有连带的关系的。

中国在这两年来，因为整个世界经济的危机和种种压迫的加紧，反映对一般作家的脑海里，感觉着没有出路的苦闷，于是除了写些已往的旧东西和回忆之外，实在没有什么东西可写。所以，在1932年一年中，接二连三的出版了许多自叙传式的作品。然而，在这些作品中，稍为比较象样一点的很少。

自叙传式的作品，同样和其他形式的作品一样需要描写，说亲切点，这种作品描写比任何作品还要重视。例如卢骚的《忏悔录》及其他许多类此的作品，无一不注重描写。可是，郭先生的作品怎么样呢？你说是文艺作品又不是文艺作品，你说是论文又不是论文，这种非驴非马的东西，只好名之曰骡形作品。

同时，郭先生写这部作品的动机，并不是为了要使中国的一般青年明了"创造社"产生时的社会背景和"创造社"在中国文学史上的意义，而是"……我是应该感谢鲁迅先生的，我读了他那篇《一瞥》，才决心来做这部'十年'。"这分明是说：郭先生原本是没有写这部作品的意思，因为受了鲁迅的刺激，才握起笔杆"决心"去写。这是不是郭先生愿意的呢？不是的，完全是被一种无形的愤怒驱使去写的。象这样为了"你打我一拳，我踢你一脚"报复式的心情去创作，毫无问题的会跑到主观的立场而失掉其本身的价值。

当然，鲁迅先生有意曲解历史和争夺中国文学史上的功绩是谁都晓得的事实，就是他现在在"转变"了挂上一个金字招牌仍然脱不了他那醉眼朦胧的一贯错误的观念，但郭先生并没有把握住他唯一的错误的中心，而只是用一种报复式的笔调去反攻他个人。这是不是对的呢？假如郭先生能够放冷静一点的头脑去沉思一下，恐怕也能够辨别出是不对的吧。

鲁迅是那一点错误呢？只要了解他过去的事实与现在的理论，即刻可以看出他完全是一个英雄主义者。他始终不承认过去的错误，他始终认为自己是天生下来的正统的文豪。虽然，他现在加入了"左联"，充当着"左联"的要角，但他对于普罗文学的认识，仍然没有抛弃他素来的态度。他一面承认革命文学，另一面又说着普罗文学是遵命文学。这种现象，毫无疑义的证明鲁迅先生不单是不能接受革命的意识，反而假借"左"的名字来发挥他小布乔亚的谬论。

然而郭先生始终不能把握住这一点，只是看了他的演讲"上海文艺之一瞥"，怒发冲冠，立即跳了起来高呼了几声口号：

革命的文学研究会万岁！
拥护文学的正统！
打倒一切反动的文学团体！

拥护我们文坛总司令鲁迅先生！
反对文学研究会的就是反革命！
反对鲁迅先生的就是反革命！

这是不是能够指出鲁迅先生的错误象一幅图画明显地摆在青年的面前呢？不，不，绝对的不。所以，我希望郭先生此后作理论战争，应该把握住历史的中心和对方的错误与理论的根据，很辩证地客观地用冷静的头脑去分析去批判，这样才不失掉批评的价值，才不失掉批评家的人格。

还有一点在此地应当提及的，就是郭先生批评王独清的诗歌说："似乎是惠特曼（whitman）派"。究竟那首诗"支那"是不是惠特曼派，我们不得而知。现在我们不去谈它，只来说说惠特曼的诗歌是代表那时代和在那个时代的作用。我想，学贯中西博览古今的诗歌是十九世纪时美国资本主义抬头时的作品。他主张无韵诗正适合当时美国资产阶级欲跃上政治舞台而把握到政权的叫喊。即郭先生自己的名著——曾经轰动过一时而郁达夫在出版后一周年召集纪念会的《女神》，何尝不是惠特曼派的东西呢？在《创造十年》第93页中，郭先生自己还说："我的短短的做诗的经过，本有三四段的变化。……第二段是惠特曼式，这段时期正在五四的高潮中，做的诗是崇尚豪放，粗暴，要算是我最可纪念的一段时期。……"那么，照这样看来，惠特曼式的诗歌不一定是坏的，只要它能够表现出当时的时代意识和民众的要求。

一个新文艺作家，对于创作的任务，最低限度须具有这几种要素：第一，在没有提起笔来去写作品之前，他必须把那篇想写出来的作品，从头至尾的计划一下，很客观地站在第三者的地位去描写篇中的主角及主角周围的形象。使整篇的结构，在一定的立场和正确的意识之下，好象影戏般一幕一幕地表演出来。同时，还要把主角的独特的地方——能够使读者的心弦跟着主角的举动而喜怒而感慨而惊叹而悲哀的地方，一点不遗漏的尽情地描写出来，使到想写出来的那部作品，能够影响到读者的心灵，深深地感觉出篇中的主角是值得人们的同情，哀悼，敬佩或愤激，无形中使读者的心灵多多少少被同化在篇中的意识里；第二，将整篇的结构和每段的意想要有很好的连络，使整篇的意识在一贯的连络与叙述中，象线条一样很鲜明地浅显地表现在纸上。同时，还要注意到篇中配角的穿插和配角周围的形象，很扼要地精粹地摄述到主角的前后来，使主角的意识在许多各色各样的形态下，更加显出和其他配角不同的特点来；第三，绝对不要象一个政治家写论文一样去描写作品，而应该应用文艺家不可缺少的手腕去描写作品。

因此，我最后很忠诚地劝告郭先生，希望郭先生此后少写一点这种骡形的作品，因为中国的青年现在所需要的东西，并不是充满了英雄主义的色彩和离开时代背景的文章，而是需要充满了新的意识新的生活和真正能够呼喊出大众的心声的作品。同时还希望郭先生好好的锻炼自己的意识，尽量放冷静自己的头脑，不要因某一个作家写了一篇批评的文章或被某一个作家冷嘲热讽一下，立即怒气重重跳起来大起干戈。假如是这样，那么，郭先生一辈子都会答复不完他人的指摘，反而会因此失掉在青年群众中已有的信仰。所以郭先生此后，应该更加把握住正确的人生，努力的跟着历史的轮齿下创造出一些能够令人钦仰的伟大的作品来，使到批评郭先生的指摘郭先生的人，在铁般的事实中去认识郭先生的真面目。假如不是如此，那么，时代的洪流是毫不客气的，象冲一条羽毛一样很快地把郭先生冲到无底的深渊，永远都无法翻身。

1932年12月26日

（原载1932年《微音》第二卷第9期第1—12页）

郭沫若的《黑猫》

冯乃超

看《黑猫》过后，我们能够联想到作者初期作品《三个叛逆的女性》，那就更有趣。为什么作者那样咒诅封建的家族制度，礼教与习惯而揭起自由恋爱万岁的旗帜呢？里面有这样辛酸的经验，因为理想中的白猫变成现实的黑猫。（但作者不要生气，这个谐谑里面没有恶意）。

这不是一篇很有趣的小说，而是一篇很有趣的记事。"过去种种"能够以现在的眼光去分析，——更能够用社会学者的态度去观察，我以为有趣的在这点。更因为这样，我说它是一篇记事，正如达尔文作考察生物的旅行一样，作者踏到"记忆"的国土里去，考察建筑在自然经济上面的中国封建制度的种种相貌。

本来这个样子的考察工作，有的只是好奇心，但是我们的作者依然没有失掉他青年的感情，还把它看成一出悲剧。我希望作者更客观地作为中国变革期中的镜子，把十多年来中国生活所含蓄的矛盾条件反映出来，那就更满足了。

有许多青年很大的期待等候作者的小说，但是他们当《我的幼年》及《反正前后》出来过后，表示失望。这因为他们还未达到相当的年龄理解这样的作品，也可以说他们没有达到批判人生的时期。我的几个朋友齐声地说，这是很有趣的作品，然而，青年们的要求当然是正当的。他们要求更强有力的东西。我可以把这个意思传达给作者吧。

（选自李霖编《郭沫若评传》第165-166页，上海现代书局1932年4月初版）

郭沫若小品序

阿 英

  郭沫若的《小品六章》最初在北京《晨报副刊》发表的时候，本来是有一篇序引的，里面有"我在日本时生活虽是赤贫，但时有牧歌的情绪袭来慰我孤寂的心地。我这几章小品便是随时随地把这样的情绪记录下来的东西。"我想，这"牧歌的情趣"五字是最足以说明郭沫若的小品的特色的；无论是《小品文章》也好，《卖书》等篇也好。所以富于这种情趣的原因，当然是由于郭沫若是诗人的原故。在他的作品之中，无论是属于文学的那一部门，但这种特色是流贯的，是显明的。他在作为主要的地位的诗人而外，要说他也是一个创作家，不如说他是一个散文小品的作者，来得是更为恰切的。他的小说实际上全都是些极流畅的散文。这里，是要把他作为小品文作家，来说几句话了。

  所谓"牧歌的情趣"的由来，当然是基于作者的牧歌似的生活。就从他的最主要的散文集《橄榄》去看他的生活的极端牧歌化，当然是指的过去的生活，也是足以证明的。在这一部书里面，牧歌的情调，传奇的意味，诗的气氛，是充塞着的。这里面，所展开了的，不只是对于自然的欢欣，也有生活上的苦恼，也有创作的生活的写真，也有花，也有爱，有那不幸的命运，也有愉快的高歌。这一切建筑在什么上面呢？无疑的是由于作者在日本那一时期的牧歌似的生活，作了它的根底。周作人有一部分小品文，是富于牧歌的情趣，但那一种的牧歌的情趣是一个饱经了世故，把天真的童年的心相当的丧蚀了的中年的较沉静的人的情怀。叶绍钧的一部分小品文，也是富有牧歌的情趣的，可是这一种情趣，却又是属于悠闲的，沉静的，冷眼观察的人所有。郭沫若的小品文，和他们是不同的，又是一种倾向；反映在他的小品文里的情趣，是在基点的牧歌的情趣而外，还加上一颗诗人的热烈奔进的心。是一种青年的热的诗的情趣。

　　为什么在他的生活里产生了一个牧歌时代，一个富于牧歌情趣的小品文时代呢？我想这是有理由可说的。同时，这是不能仅仅解释作者由于生活于大自然里的原因。他自己回国以后，生活上受了不少的打击，几至使他不能生存，对于都会生活的敌意，以及不能很好的突破困难的事实，加强了他对于自然的回忆，眷念和许多的玄想。从自然的怀抱里怀着许多理想走向都会的诗人，当一切的梦都破灭了的时候，他会更热烈的想起自然来，以一种更热情的心，再和它吻抱，那是必然的。郭沫若在当时，就是这样的一个作家。但由于都会生活与乡村生活的联系，他究竟是不能安然的停留于牧歌的生活。由于生活的要求，在他的小品文里，是可以使我们看到，经济的需要是怎样在时时的颠破他的"清梦"。回到大自然，大自然里并没有现成的煮熟了的等待他全家去吃的饭，这使诗人，小品文作家的郭沫若不能不刻苦的探索其间的道理。这探索的结果，就产生了他的后期的思想的根底。这是郭沫若所以然有一个牧歌的小品文时代的道理。

　　他所写的小品文，实际上是不多，而影响最大的，可说是《小品六章》,《芭蕉花》,《卖书》三篇，写田原诗人般的生活，写母爱的回忆，写生活上的苦恼，这些都是最足以引起青年读者共鸣的小品文。而这三篇以及其他各篇的内容，也都如他在《塔》的序引里所说，"无情的生活一天一天地把我逼到十字街头，像这样幻美的追寻，异乡的情趣，怀古的幽思，怕没有再来顾我的机会了。啊，青春哟！我过往的浪漫时期哟！我在这儿和你告别了！我悔我把握你得太迟，离别你得太速，但我现在也无法挽留你了。以后是炎炎的夏日当头"，是走向十字街头之前的作品，虽写作的时期也在生活的困难之中。这些小品，他的话，"幻美的追寻，异乡的情趣，怀古幽思"，是可以说尽内容的。他有了这样生活的底子，用着他如长大河一泻千里的流畅的笔写了出来，处处渲染着他所特具的丰富热烈的情感，遂成为一代的不朽之作，而激起小品文运动的大的狂浪，予以不少的推动力了。现在的青年读者未读郭沫若小品的人，大概是没有吧。其影响之大，是于此可以想见的。郭沫若往后定然是还要写小品文的，不过他的新作品的内容与形式定然和过去的不同，这是敢以断言的。

（选自阿英《现代六十家小品序》第308-400页；上海光明书局1935年3月初版，1937年2月3版）

中国新文学大系·小说三集导言（节录）

郑伯奇

郭沫若是以诗人著称的，但他写小说也很早。在创造社成立以前，他已经在《学灯》上发表过《鼠灾》，在《新中国》上发表过《牧羊哀话》。以后他还发表了十多篇短篇和一部中篇。他的小说可以分作两类：一类是寄托古人或异域的事情来发抒自己的情感的，可称寄托小说；一类是自己身边的随笔式的小说，就是身边小说。在后一类中也有用第三人称而比较客观化的，象《落叶》、《万引》、《叶罗提之墓》等，但依然是抒情的色彩很浓厚。这两类比较下来，寄托小说是更成功的，这里选了三篇：《牧羊哀话》、《函谷关》和《Lòbenicht 的塔》。《塔》和《函谷关》，作者也认为满意；《牧羊哀话》是他试作期的作品，他会感到意外罢。他自己曾经这样说过：

"概念的描写，科白式的对话，随处皆是：如今隔了五年来看当然是不能满足。"（见《沫若小说戏曲集》）

但是，如今，隔了十七八年了，编者却将它选入，这也有原故：第一，自然是因为"其中的情趣尚有令人难于割舍的地方"；第二，因为这是作者最初发表的小说，我们可以看出作者发展的足踪。身边小说和他的诗很相近，主观的燃烧强烈地吸引读者。这里只选了《歧路》来代表。其实，粗豪奔放要推《湖心亭》，恢奇诡异要推《喀尔美萝姑娘》；因为篇幅关系，未能收入，是编者觉得遗憾的。

选自《中国新文学大系·小说》三集，1935年上海良友图书印刷公司印行）

一切为了前线的胜利
——读郭老香港战斗时期的佚文

邓牛顿

郭沫若同志的一生，与中国人民的解放事业紧密相连。伟大的人民解放战争期间，当中国人民解放军浩浩荡荡地胜利进军的时候，郭老——我们思想文化战线上的伟大战士，是怎样为迎接新中国而战斗呢？特别是1947年底以后郭老转战香港的一年左右的情况，人们是较少知道的。已经出版的《沫若文集》，除收录了那个时期写的《抗战回忆录》(即《洪波曲》)等作品外，其他许多著作则极少收录。在建国三十周年大庆之际，我们怀着无比敬仰的心情，对郭老这一期间的战绩作了粗略的查考，发现了六十余篇集外佚文。现在以《迎接新中国》为题，汇集成册，作为《〈复旦学报〉(社会科学版)丛书》出版。

（一）

郭老是在人民解放战争由战略防御转入战略进攻，并取得节节胜利的大好形势下，按照党组织的安排，于1947年11月14日离开上海前往香港，并准备奔赴解放区的。离沪前夕，郭老曾作诗书怀：

　　成仁有志此其时，效死犹欣鬓未丝。
　　五十六年余骸骨，八千里路赴方旗。
　　讴歌土地翻身日，创造工农革命诗。

北极不移先导在，长风浩荡送征衣。

（《沫若文集》第2卷第117卷）

这首诗，表达了他对全国解放、人民翻身的欣喜，抒发了他对革命事业、对党、对毛泽东同志无比忠诚的感情。征程纵远，但是他奔赴光明、迎接胜利的决心坚不可摧！

到香港后，郭老不顾生活条件的艰苦，一家七口蛰居于九龙的乐家公寓。直至1948年11月23日离港奔赴解放区，在一年左右的时间里，他为支援人民解放战争，迎接新中国大造革命舆论。

努力宣传我党关于建设新中国的政治纲领，是郭老这一时期战斗的中心内容。毛泽东同志在为中国人民解放军总部所起草的政治宣言中号召："联合工农兵学商，各被压迫阶级、各人民团体、各民主党派、各少数民族、各地华侨和其他爱国分子，组成民族统一战线，打倒蒋介石独裁政府，成立民主联合政府。"（《毛泽东选集》第4卷第1133页）这就是人民解放军的，也是中国共产党的基本政策。

依据这个基本政策，郭老在香港以党领导的《华商报》、《群众》周刊为主要舆论阵地，通过发表文章、谈话和参加各种社会活动，广泛地宣传我党的方针政策，为建立革命统一战线，推翻帝国主义和反动派的统治，为迎接新中国而贡献自己的力量。

郭老在许多政论中反复宣传毛泽东同志的光辉著作《目前形势和我们的任务》，指出认清目前形势和我们的任务的极端重要性，应视之为"第一课本"，以指导我们的所有工作。1948年5月，我党在纪念"五一"国际劳动节的口号中，提出了"各民主党派，各人民团体，各社会贤达，迅速召开政治协商会议，讨论并实现召集人民代表大会，组织联合政府"的号召。郭老随即在5月5日和在港各界知名人士致电毛泽东同志表示响应，并发表《为新政协催生》、《脑力劳动者对"五一"号召应有的觉悟》等重要政论，从本质成分、任务等方面阐明了新旧政协的不同："旧政协是亲美的，新政协是反美的。旧政协是拥蒋的，新政协是反蒋的。旧政协是向帝国主义、封建主义、买办资本主义讲和的，新政协是向帝国主义、封建主义、买办资本主义宣战的。"郭老着重阐述了中国革命必须由无产阶级及其先锋队中国共产党来领导的革命理论，指出既要谈政协，谈革命统一战线，就不能回避共产党的领导，对共产党采取忌避的态度是错误的。他在详尽地解说了我党关于土地改革、工商业、民族资产阶级、开明绅士等方面的政策之后，批判了那种"倡导自由主义的路线或中间路线"的主张。郭老着眼于宣传群众，发动群众，特别是致力于做团结、教育、争取中间势力的工作，争取海外侨胞、民主人士、工商界以及一切赞成民主、同情革命的人，尽可能站到反对美蒋，支援人民解放战争的行列中来，在中国共产党的领导下，为建立新中国而共同出力。

（二）

但是，国内外反动派并不甘心退出历史舞台。他们在政治、军事上节节败退的情况下，竭力使用种种鬼蜮伎俩，妄图阻止人民革命力量的胜利进军。因此，坚决地揭露他们的种种反革命阴谋，就成了当时政治思想战线上非常急迫的战斗任务。郭老坚定勇敢地站到了斗争的第一线。

他积极地支持全国人民的反美、反蒋斗争，声援蒋管区人民反饥饿、反迫害的群众运动，参加反对美国扶植日本侵略势力的爱国斗争，坚持不懈地向全中国和全世界人民揭露美国反动派"袭用日本鬼子的'以华制华'的旧技，全力支持反动政府，想藉以镇压中国人民，把中国整个殖民地化"的罪行，唤醒人民认清内战是美蒋一手挑起的，对他们不能存任何幻想。

对美帝国主义、国民党反动派的臣仆与奴才在当时所掀起的所谓"自由主义"的逆流，郭老进行了针锋相对的斗争。"自由主义"产生在蒋家王朝遭到人民革命力量的沉重打击，他们的法西斯统治处于危殆之局的时候。胡适而外，其代表还有当时主持《大公报》和参加"中国社会经济研究会"的一批人。这些人的后台是反动的政学系官僚集团，甚或直是国民党的中坚分子。他们眼见人民解放军的革命进军即将在中国土地上彻底摧毁国民党反动独裁统治，所以赶忙跳出来，打着"自由主义"的破旗，以"中立"作伪装，以"走中间路线"相标榜，以走所谓"新路"和实现所谓"新中国建设的蓝图"为号召，实质上，则是千方百计地阻挡人民革命的洪流，反对人民解放战争，反对按照人民的意愿来建设新中国，妄图挽救濒临崩圮的反动王朝，将反革命势力保存下来，加固其法西斯营垒。郭老一针见血地指出，"自由主义者"完全是一伙由政治扒手纠合起来的反动集团，"这个扒手集团，是在美帝国主义授意之下组织起来的"，目的是"亲美拥蒋"，"反苏反共"。对胡适之流为美国主子的反动政策曲为辩护的罪恶行径，郭老作了有力的驳斥。他指出，胡适"近二三年来更复大肆狂妄，蒋介石独裁专擅，祸国殃民，而胡为之宣扬'宪法'粉饰'民主'，集李斯、赵高、刘歆、扬雄之丑德于一身而恬不知耻。更复蛊惑青年，媚外取宠，美国兽兵，强奸沈崇，竟多方为之开脱。平日蒙上'自由主义'者之假面具，高唱'理未易明，善未易察'之滥调，以乡愿贼德，毒害学生。近在报端见其发表致周鲠生教授之公开函，公开反苏媚美。美国反动派认敌作友，扶助日本复兴，亦不惜曲为辩护。昔之未易察未易明者，今则明之察之，亦何易易！揣其用意，盖在竞选副总统，故不惜揭去假面目，以图争取独夫蒋之同意，反动美之欢心。"寥寥数笔，就把胡适反共反人民的丑恶嘴脸，勾划得一清二楚。为了让人们、特别是一些小资产阶级知识分子之中自以为信奉"自由"的人们，清醒地认识"自由主义者"宣传的危害，郭老还特别用当时学生为反饥饿、反迫害而流血的惨痛事实，来揭露"自由主义者"的帮凶嘴脸："北平在流血，南京的乌鸦在噪晚晴，上海的一部分插着孔雀毛的'自由分子'在喊'不流血的革命'，广州的一批'大学教授'公然也要'寄澄清之望'于'行宪鼎新之会'。"通过对当时整个阶级斗争的态势的分析，帮助那些认识模糊的人们，警醒起来，鄙视和唾弃那一伙反动势力的奴才，从而站到人民革命力量的方面来。

（三）

写作回忆录，是郭老这一时期工作的重要方面。他一到香港，都有这方面的打算。果然，一年中，他不仅写了长篇回忆录《洪波曲》，而且还写了《涂家埠》、《流沙》、《神泉》、《南昌之一夜》等许多短篇。这次收在《迎接新中国》中的《谁领导了北伐和抗战》、《撕毁了的"黄金时代"》等,也是其中非常重要的篇章。郭老不仅自己写,而且还热情支持其他同志写。他为当时在《正报》上连载,以后复由新中国书局出版的《三年游击战争》一书题签,写作序言,高度地赞誉工农阶级子弟在革命战争年代所建树的丰功伟绩,极力地推崇该书作者尽了"历史创造者而兼历史纪录者"的光荣职责。

历史的回顾当然是为着现实的战斗。郭老通过他亲身经历过的北伐战争、抗日战争以及重庆谈判等战斗生活的回忆,证据确凿地揭露了蒋介石反革命卖国集团抢夺北伐战争、抗日战争的胜利果实,假抗日,真反共,不断破坏国共合作,破坏抗日民族统一战线,发动反革命内战的罪行;同时热情地歌颂了中国共产党人忠于民族解放事业,坚持抗日,坚持团结的革命精神;记述了他自己是怎样跟着党,在毛泽东、周恩来等同志的领导和具体帮助下,一步一步地走过来的革命行程。这些回忆录,历史回答了"领导了北伐和抗战的到底是谁?"等重大问题,指出,"领导者断断乎不是蒋介石!一万个不是蒋介石!一万万万个不是蒋介石!谁呢?——人民?人民的政党!人民的武力!"回忆录自始至终贯穿着反对帝国主义和国民党反动派的革命精神,用具体的史实作炮弹,轰击行将崩溃的蒋家王朝的统治。他从历史的经验中总结出:只有用革命战争的方式才能打倒法西斯!才能彻底地解决中国的问题!应该说,郭老自己也为我们树立了"以历史创造者而兼历史纪录者"的典范。

郭老对人民、对党、对革命领袖充满了深挚的革命感情。这是在长期的战斗中形成的一种崇高的革命情感,是每一个革命者最可珍贵的高尚感情。在回忆录中,我们可以看到,每当郭老回忆起那些历史转折的重大关头,我们的党、我们的领袖是怎样历尽艰辛,击风搏浪地奋斗过来,在他的笔下,不,是在他的心中,总是激荡着一种难以描述的炽热感情:

> 毛先生到了重庆,重庆市民欢欣鼓舞的情绪谁个有方法来形容呢?一些市井的无名英雄,擦皮鞋的小孩,补破袜的老妈子,茶馆酒店的杂谈,街头壁上的涂鸦,都把他当成了神机妙算的诸葛亮。不,比诸葛亮还要强呢!仿佛毛泽东一来,就把和平带来

了,毛泽东一来就把幸福带来了,毛泽东一来就把民主带来了。……

读着这样真实、质朴但又具有浓烈的感情色彩的文字,我们怎能不和郭老的心一起跳动,和郭老一起,和自己的人民一起,将蕴藏在心灵深处的爱戴与景仰的诗意感情,都奉献给我们光荣、伟大、正确的党,我们无产阶级的伟大代表呢!

(四)

郭老对当时文艺战线上的斗争极为关注。他领导了中国文艺协会香港分会的工作,指导文艺运动积极配合人民解放战争。他反复强调,解放区、蒋管区和香港这三个地方的文艺运动,都是要"在毛泽东先生的号召下努力建立人民文艺","当前的文艺应该为人民解放的革命行动服务",无论是文艺创作、文艺批评或是文艺教育,都应该"替目前有关人民生活的最大事件——解放战争,土地改革,反美帝,挖蒋根——忠实服务"。对反人民的文艺、象"茶色文艺"、"黄色文艺"、"无所谓的文艺"(即文艺上所谓"中间路线"的主张)、"通红的文艺"(即托派文艺)以及蓝、白、黑诸种替反动派效劳的文艺,则应该坚决地把它们消灭!

郭老特别关心解放区文艺事业的发展。当解放区文艺在当时受到某种"冷视"的情况下,他以极大的热忱,为新创作推荐、鼓吹,盛赞解放区在旧剧改革方面所取得的成就。香港当时曾有《白毛女》(建国剧艺社、中原剧艺社、新音乐社联合演出)、《小二黑结婚》(南方学院戏剧系演出)的演出,郭老不仅予以热烈赞助,亲自撰文加以彰扬,而且亲自为读者解答"白毛女何来白毛"这些的问题。他满腔热情地说:"喜儿翻了身,今天更是大规模的悲剧解放时代。已经有一万六千万位喜儿是从封建性的'把人变成鬼'的悲剧中解放了。虽然大半个中国仍然在悲惨的情绪之下笼罩着,仍然是少数恶霸黄世仁的天下,然而'枪毙黄世仁'!'刀砍黄世仁'!的声音,已经在四处呐喊了。"

郭老热情地致力于国际国内革命文化统一战线的建设,他对于诗歌、电影、戏剧、美术、文艺批评、艺术教育、新闻出版以及教育事业诸方面，都发表了许多指导性的意见，对学校的学生与青年文艺组织给予了热情的教诲和亲切的勉励。他还亲自领导了象中业学院这样的业余学校的工作。尤其值得述及的是，郭老非常关怀海外华侨和华侨文艺运动。他对华侨历来的爱国热忱给予高度的评价，对他们在新的历史条件下，给人民解放事业以更大的支持，怀着更为急切、热情的期待。此外，郭老还多次撰文赞扬苏联电影的成就，对反人民的、为帝国主义效劳的一些美国电影，则给予了严正的批判。

总之，一切为了前线的胜利，这就是郭老这一时期在香港战斗生活的概括。借用他当时自己的话来说，就是站在"攻心"的岗位上，坚守着"精神炮台"，在解放战争这个总体战的一个重要战场上，参与着埋葬敌人的革命冲锋。郭老为迎接新中国所建树的光辉的战斗业绩将长垂史册！

（选自《复旦学报（社会科学版）丛书》（一）：《迎接新
　　中国——郭沫若香港战斗时期佚文》第192-200页。
《复旦学报（社会科学版）》编辑部出版）

介绍外国文学作品的目的

茅 盾

"人尽可随一己的自由意志，去研究古今中外的一切文学作品，这是很明了的理论"，没有一个人不明白，而且不能不赞成。

"研究"既则然矣，介绍何独不然。人尽可随一己的自由意志，去介绍古今中外的一切文学作品；并且，人尽可随一己的自由意志，随个人所感得是切要的，对第三者说述，或竟宣传，他个人的"介绍外国文学作品"的"目的论"。

所以我现在想对大家说述我的介绍西洋文学作品观。

"翻译的动机"何在？郭沫若在7月17日《学灯》发表的《论文学的研究与介绍》里说："我们试问，翻译作品是不是要有创作的精神寓在里面？这，我恐怕无论是若何强辞夺理的人，对于这个问题，一定要答应一个'是'。那么我们又问，翻译家要他自己于翻译作品时候起创作的精神，是不是对于该作品应当有精深的研究，正确的理解，视该作品内的表现和内涵不啻如己出，乃从而为迫不得已的移译？这个我想，无论若何强辞夺理的人，也怕要说一个'是'。那么，翻译之于研究，到底还是一线的延长呢？还是截然划断，完完全全的两个事件呢？"郭君这段议论，解释主观一面的翻译动机，诚为详尽，但是我们再细细一想，就要问翻译的动机是否还有客观的一面？换句话说，我们翻译一件作品除主观的强烈爱好心而外，是否还有一个"适合一般人需要"，"足救时弊"等等观念做动机？有人专为个人强烈的爱好心而翻译，自是他个人的自由；有人专"为足救时弊"而翻译，也是他个人的自由。但翻译动机之不单限于主观的爱好心，岂不显然呢？况且一个人翻译一篇外国文学作品，于主观的爱好心而外，再加上一个"足救时弊"的观念，亦未始竟是不可能，不合理的事。

沫若君又据上述理由反诘"翻译之于研究"究竟是否完全不相同的两件事，驳我答万良濬君信中"个人研究与介绍给群众是完全不相同的两件事"一句话；我则以为沫若君于此不免稍稍疏忽，而生误解。就沫若君原文中"翻译的动机"一段议论看来（其实沫若君全篇议论是这样的），宁是解释一个人对于"某件"外国文学作品之翻译与研究的关系，——当然的，要翻译一件作品不能不有彻底的研究，尤其是世界名著——而非我所谓"个人研究"与"介绍给群众"之谓。以我想来，个人研究的作品，与介绍给群众的作品，可以不是同一的东西。个人研究或范围极广，而介绍或专注于一位作家，即如沫若君自己，所介绍者专注于歌德一人，难道沫若君研究亦止限于歌德一人么？一定不然！即以沫若君所主张的翻译动机为准则，按之于若沫若君自身的例，亦可证明个人所研究与所介绍不是完全相同的。我所谓"个人研究"，所谓"介绍给群众"，便是此意，并非对于某件作品的翻译与介绍而言。（我说："个人研究固惟真理是求"，这句话我承认有点语病，但似亦无碍于全体的论调。）

以上辨研究与介绍的关系，在本文中原是枝节；以下径直说我对于介绍外国文学作品的意见。再者：我上面说过，翻译外国文学作品，在理论上可有客观的动机；我以"足救时弊"等字简单地说明这客观的动机底一种——当然只不过是一种而已——性质。现在我请读者恕我前面因为行文上的关系，不能详说，不要执定此四字字面上的意义以概括我的全议论；请听我下面的话。

对于文学的使命的解释，各人可有各人的自由意见；而且前人，同时代人，已有过不少的争论。我是倾向人生派的。我觉得文学作品除能给人欣赏而外，至少还须含有永存的人性，和对于理想世界的憧憬。我觉得一时代的文学是一时代缺陷与腐败的抗议或纠正。我觉得创作者若非是全然和他的社会隔离的，若果也有社会的同情的，他的创作自然而然不能不对于社会的腐败抗议。我觉得翻译家如果深恶自身所居的社会的腐败，人心的死寂，而想借外国文学作品来抗议，来刺激将死的人心,也是极应该而有益的事。我觉得,翻译者如果本此见解而发表他自己的意见,反对与己不同的主张,也是正当而且合于"自由"的事。

  有些作家,尤其是空想的诗人,过富于超乎现实的精神,要与自然为伍,参鸿濛而究玄冥,扰攘的人事得失,视为蛮触之争,曾不值他的一顾。这种精神,我当然也很钦佩。但如果大部分的其余的人,对于扰攘的人事的失感着切身的痛苦,要求文学来做诅咒反抗的工具,我想谁也没有勇气去非笑他们。处中国现在这政局之下,这社会环境之内,我们有血的,但凡不曾闭了眼,聋了耳,怎能压住我们的血不沸腾?从自己热烈地憎恶现实的心境发出呼声,要求"血与泪"的文学,总该是正当而且合于"自由"的事。各人的性情容或有点不同;我是十二分的憎恶"猪一般的互相吞噬,而又怯弱昏迷,把自己千千万万的聪明人赶入桌子底下去"的人类,所以我最喜欢诅咒那些人类的作品,所以我极力主张译现代的写实主义作品。我们的社会里,难道不少"猪一般的互相吞噬,而又怯弱昏迷,听人赶到桌子底下去"的人么?我们随处可以遇到的人,都是不能忍兄弟般的规劝而反能忍受强暴者的辱骂的卑怯昏迷的人!平常两个人在路上无心的碰一下,往往彼此不能相谅,立刻互相辱骂殴打,然而他们低了头一声不响忍受军阀恶吏的敲剥;这种样的人生,正是国内极普遍的人生!这还算什么人生!我们无可奈何乃希望文学来唤醒这些人;我们迷信文学有伟大的力量,故敢作此奢望。我以为在现在我们这样的社会里,最大的急务是改造人们使他们象个人。社会里充满了不象人样的人,醒着而住在里面的作家却宁愿装作不见,梦想他理想中的幻美,这是我所不能了解的。

  翻译的效果如何?自然难言呀!但就处在这恶浊的社会里而又感情上不能自划于社会之外的我们而言,亦惟有这样做是我们心之所安而且力之所及的呢!

(原载1922年8月1日《时事新报》附刊《文学旬刊》45期,
本文选自《茅盾文艺杂论集》上集102—105页)

读郭沫若的《卷耳集》以后

梦 韶

《诗经》一书在中国文学史上占了很重要的位置。孔子编完了《诗经》之后，很得意地把它赞叹鼓奖一番，说道："小子何莫学夫诗！诗可以兴，可以观，可以群，可以怨；迩之事父，远之事君；多识于鸟兽草木之名。"他又说："兴于诗，立于礼，成于乐。"他曾对他的儿子伯鱼说道："不学诗，无以言！"于是他的儿子就快跑回自己的书舍里，把一部诗经拿来苦苦地研读了。一部包含国风、小雅、大雅，颂四种诗歌的《诗经》，国风一类已占其大半；而歌咏男女爱情的诗，又占了国风的大半；孔子怕后世的迂儒曲士读了这种国风的诗，会生了许多误会和讥訾的话，故他转地预先用着最真挚而且公平的话评断说："诗三百，一言以蔽之，曰，思无邪。"他曾经说道"食色性也"的话的，他对于这种两性间的真情流露的国风的诗，自然承认其为出乎情之正的。他只觉得这种诗歌是人类"真情之流"的表露，是纯粹艺术的产品；他并不感着有何猥亵邪淫的意念杂混在这种诗歌的里头。

然而，他虽极力把《诗经》称赞鼓奖，欲使后来的人都能用纯洁高尚的见解去鉴赏它，诵读它；而后来的，儒家如朱熹等，偏又故意地扳着假道学派的面孔去把一部《诗经》乱注起来，注的这首是私会的诗，那首是淫奔的诗；这首是讥刺某某王某某公，那首是赞美某某妃某某后。将一部纯粹描写爱情的《诗经》的原意糟蹋殆尽了！

谢无量先生著的《诗经之女性的研究》一书，力屏除向来注释家的谬见，把国风中的各诗，恢复到它的本来的原意上去。郭沫若先生的《卷耳集》择选国风中的四十首诗，用今语的白话文衍译出来，也颇能翻陈出新，独具慧眼以鉴赏诗中的原意。但是因为他太过于有意翻陈出新了，竟把许多描写极真挚，情感极浓郁，含蓄极深厚的国风作品，弄成枯燥无味而离原意更远的了。

他第一首译的《卷耳》一诗，竟不象是译诗，只不过是自写自的话而已。第二首《野有死麕》的末节："舒而脱脱兮！无感我帨兮！无使龙也吠！"三句，本可译成：

请你斯文些罢！
不要拉动了我的手巾呀！
不要惊动了我那密毛的犬儿来吠起咱们呀！

的三句同样的简单而含有浓情的口吻。而郭译竟将"无使龙也吠"一句，译成"我怕你那龙犬儿，不要使它咬了我呀！"他除把一字极响亮的"吠"字译成极笨拙的"咬"字外，还把全段画蛇添足地生出许多赞语。

《卷耳集》第三首，《静女》：

静女其姝！俟我于城隅；爱而不见，搔首踟蹰。
静女其娈！贻我彤管；彤管有炜，说怿女美。
自牧归荑，询美且异，匪女之为美，美人之贻。

本是描写一个生在书香家的女子，她有一个男性的爱人。一日她约她的爱人说要在城边等着他，但是后来不知为什么缘故——大抵是为着家庭的监视罢，她不能够如约来会，使得她的爱人眼巴巴地等了整天，终于闷闷地自回去了。她的爱人回到家里去，她自己想着失约的事，心里觉得不安，然又怕她的爱人对于她或许要生起疑惑之心，于是她就把一只赤管的毛笔（彤管）叫丫环持送她的爱人那里去。这种"彤管"是古代女史用以书功记过的；她用赤管的取义，是要表明一片赤心，忠诚无私的意思。这生在书香之家的少女，自少读了古人的书，对于这"彤管"的用意取义，应该是曾经听过了的。她想要对着她的爱人表示真诚而无贰心的忠爱。所以就将这赤管笔送给他做个保证。她的爱人接着她的赤管笔以后，由见着这赤管笔的赤新光泽，感到她的心情的美！由感到她的心情的美，联想到她的容貌的娇媚可爱。一日，——大抵是春节玩景之日，这少女跟着女伴到郊野（原文"牧"字，是郊野牧场之义）游春去，她因为常居闺中，罕出户外，一旦到山野草地去踏青尝景，见了一草一花，都觉得有特别的感情和玩好。她采集了许多茅草带了回来，叫丫环再持送到她的爱人那里去。她的爱人见了这些茅草很是柔嫩青翠，自己想着茅草虽并不是异卉珍葩，但因为是他的美人送给他的，也就象获得异卉珍葩般地爱惜起来了。这种静女的诗，依上边的意思讲解，在事理是处处可通的，而且是一首纯洁优美的恋爱情诗。但是朱熹偏要注上什么"此淫奔期会之诗也"的侮辱话。他既以淫奔期会的眼光视该诗，于是一件神圣纯洁的赠品——彤管，也就把它注上"未详何物"四个字了。

　　郭沫若先生不承认《静女》一诗是淫奔期会的诗，他的眼光固然是不错；但是他却又错看"静女"做"牧羊的女子"了。他因为错看静女做牧羊的女子之故，同时也就把"彤管"二字的本义换为"针筒"（我记得起初他译做手巾）解说了，——他以为牧羊的女子是一定没有这种所谓"彤管"的。其实即使静女可译为牧羊的女子，而彤管译为针筒或手巾，也觉得牵强不可通。牧羊的女子于针筒手巾何有？把和自己生活不相密切的一个无意味的针筒送给她的男性爱人，那有何趣？况且这"静女"二字亦断乎不能译为牧羊的女子的。"自牧归荑"一句，不是就是说一个"牧羊女子"从牧场带着茅草回来的意思；则使她从牧场回来，她未必便就是牧羊的女子了，正如我们往田野回来，也未必便就是农夫了一样。并且这静女如果真是个牧羊的女子，则山坡林蔽处处是他们幽会的自由场所，何至使她的情人终日在城隅等待着而终于没得会见呢？这是从事理来证明"静女"断不是"牧羊的女子。"若从"静女"一个称谓的名词看来，更绝对不会有用来称牧羊的女子的事。"静"字依古人注解是"周雅"的意思——至少也应做"闲静"的意思解。难道一个日与野羊为伍的林女，也会周详温雅，闲静少言么？诗人也会有不用别字而用"静"字来歌咏牧羊的女子的事么？

　　《卷耳》集的第五首《柏舟》，是描写一位女子未嫁而和她定婚的爱人早死了。她的母亲要她再嫁别人,她表示不事二夫的反抗。《诗经》中的"泛彼柏舟"句,都是用来兴叙女子的坚心守节,不愿浮沉于欲海的意思(参见邶风《柏舟》,也是妇人表示"我心匪石,不可转也;我心匪席,不可卷也"的一种节烈自守的坚决,故首句亦以"泛彼柏舟"自比,而咏起下文)。《柏舟》的第一节"在彼中河",是譬喻人当青春,情欲方炽,好比正在"爱河"的中流狂澜当中;但她仍誓作中流砥柱,不为欲胜。第二节"在彼河侧",是譬喻一旦青春老了,还要象青春时一样地守着松操,不改初心。故此,她接着说:"髧彼两髦,实维我仪",和"髧彼两髦,实维我特",都是她要誓守终身以事父母的一种优美心情。"之死矢靡他"和"之死矢靡慝"句,是她表示不愿再有第二个爱人的决心。但是她虽富有这种忠孝的,和纯洁的处女的心,而她的母亲偏不愿使她的女儿长过此枯寂的独身生活。她终于自己怨叹自己,并且恨恨地说她的恩爱同天一样深的母亲,竟不会体谅她的心情呀!这首诗的含蓄何等优美!何等浓厚!而郭沫若先生却把这首诗看做是一个女子定情于一位坐在河中(原文中河,河中与中河有别)船上的垂髫青年,不愿再嫁给别人的意思。其实我们凭着直观去看该诗原文,非但看不通会有这样的意思,则在事理,亦说不过去的。就假设"泛彼柏舟,在彼中河",是说她的爱人坐在一只浮于河的中心的柏木船上,她又何从观看那青年的容貌?又一个垂髫(郭译"髧彼两髦"做"发才齐眉的青年",似失原意。)的孩子,怎会有经验地浮着柏舟在河的中流的事?他一个髧彼两髦的黄口小儿,怎会使一个怀春少女生出"至死也誓不嫁他人,至死也誓不爱别人"的倾慕痴情来呢?郭译又把该诗末了第二句的"母也天只"的"天"字译做"父亲",假使"天"字,在这里可译为"父亲",那么诗人何不将"母"字也写做"地"字,而说"地也天只!"之为了当?又何不写做"天也地只!"之为得体?因为夫为妻纲,父应在母之上边才对的罢。

《卷耳集》第十首《大车》的译意,完全牵强不近情理!该诗原文如下:

大车槛槛,毳衣如菼。岂不尔思?畏子不敢!
大车啍啍,毳衣如璊。岂不尔思?畏子不奔!

> 谷则异室，死则同穴。谓予不信，有如皦日！

这首诗是一个女性对于她的得志的爱人和慕的心情。她看见她的爱人堂堂皇皇地驾着车来，想要奔往和他幽会，又恐招了她的爱人的疑惑，于是终于不敢了。但是她想：目前虽不能遂成我相思意，将来一定是要以身许他的。谷则异室，是说目前未过门时暂且忍受异居之苦；死则同穴，是说誓死必达到百年偕老的好梦！她并且指着天日和她的爱人作誓！我记得《元曲选》中有两段描写李千金看见她的爱人裴舍荣旋时的心情，恰恰可拿来做这首《大车》的解释。那两段曲是这样描写的：

> 兀那画桥西，猛听的玉骢嘶！便好道杏花一色红千里，和花掩映美容仪。他把乌靴挑宝镫，玉带束腰围。真乃是能骑高价马，会着及时衣！
>
> ——段一，《金盏儿》

> 休道是转星眸，上下窥。恨不的倚春腮，左右偎。便锦被翻红浪，罗裙作地席。即待要暗偷期，咱先有意，爱别人可舍了自己！
>
> ——段二，《后庭花》

这第一段《金盏儿》的曲，就是《大车》一诗首段的"大车槛槛，毳衣如菼"，和第二段"大车啍啍，毳衣如璊"的意思。第二段《后庭花》，就是"畏子不敢"、"畏子不奔"的意思。她并不是不想要暗偷期，并不是不先意爱，只恐怕她的爱人生起疑心，反要被人拒绝舍弃的呢！她只得暂自遏制情的冲动，等待着日后团圆百年偕老的幸福。

郭沫若先生据着古人的解释说是："女子怕乘大车的巡吏的峻严，不敢与其爱人相会，作此诗以誓志的话"来释该诗，固然大错。他虽是以后自觉得太牵强，但他又以为是一个有夫之妇看见她的爱人乘车来，又恐怕自己的丈夫的防闲，不敢奔往和他幽会。这种见解和古人的见解是一样的不可通。她如果是已有了丈夫的话呢，便不会有"死则同穴"的瞎誓！若果她真真觉得自己的丈夫不可与同居的时候，而又别有这样威风凛凛有权有势的"大车哼哼，毳衣如璊"的爱人，便可提出离婚，重求性爱的满足，又那里会有"谷则异室"的蠢想？色胆如天？情之所锺，死且不惜，彼走马看花的巡吏何足使一对誓死相守的情人惧怕而不敢相会呢？古人的见解固然呆差，而沫若先生的见解又太侮辱了诗中的女性的人格了。

郑风《山有扶苏》一诗，是一位女子对她爱人的爱的嘲谑。他们相悦相爱的浓热深情，是流露在言外的。原文：

山有扶苏，隰有荷华。不见子都，乃见狂且！
山有乔松，隰有游龙。不见子充，乃见狡童！

可直译为：

高旷的山野生着青翠的小木，
低湿的沼泽开着清香的荷花；
在这当儿，不遇见着美男子，
偏遇见着你这个狂放的泼皮！
＃　＃　＃　＃
高旷的山野长着高大的松树，
低湿的沼泽生着红艳的蔓丛；
在这当儿，不见遇着美丈夫，
偏遇见着你这个滑头的游冶郎！

"狂且"和"狡童"都是爱的谑骂。郑风的《狡童》一诗的狡童二字，这一个女性用的怨骂她所曾经爱过的男子的。这里的"狂且""狡童"，也同《狡童》一诗一样地含有爱中的怨的口吻。假如此诗是象沫若先生所说"女子有待而不遇"的话呢，她不遇着自己的爱人也就罢了，何必开口就骂她所不爱的人为狂且，为狡童，难道她所遇着的其他男子都敢来向她调笑侮辱吗？若其不然，则你自你，我自我，我遇着你，虽说不定就能爱你，然总不至于就骂你是荡妇，是泼妇。你遇着我,则使你不爱我,我也未敢越礼触犯着你,难道你就大骂特骂地说"遇着狂且了!遇着狡童了"么?我想这诗中的女子,断乎不是个象这么性格堕落了的女子罢。

沫若先生并且把狡童一诗的原意,也完全湮没了!他所译的不但不把该诗所含蓄的优美的苦郁道出,并且译成不近人情的话来了。狡童的原文:

彼狡童兮!不与我言兮!维子之故,使我不能餐兮!
彼狡童兮!不与我食兮!维子之故,使我不能息兮!

郭沫若先生译成:

他真是一个浪子,
他始终不和我说句深情话。
你怎晓得我正是为了你的缘故,
我食也不能甘味呢?
*　　*　　*　　*
他真是一个浪子,
他始终不喜欢我做的饮食。
你怎晓得我正是为了你的缘故,
我息也不能安枕呢?

他这样把"狡童"译成"浪子",而且这个浪子又是"始终"不和诗中的女子说过句深情话的人。这么看来,他们中间本自无爱情可言的;而且他们也自然是未曾发生恋爱过的了。一个不曾和她发生过爱情而且连一句深情话也不屑和她说过的"真是"的浪子,怎会使她食不甘味?不但始终不和她说句深情话,并且连她所做的饮食也始终不喜欢吃的,这就是所谓轻其人并轻其物了,你这个痴心的女性,你如果真象娼妇一般的没有志气,也断不至于为着那蔑视你至于此极的浪子而致于寝不能安枕的罢!

《卷耳集》里面,象此类者还有很多。译者若果有意要保存着原诗的真挚情感和本来面目，至少，对于《狡童》一诗也应译成如下边的样子：

你这个薄情郎啊！
你竟忍心地不和我说句知心话，
那知道我为了不能忘怀于你的缘故，
使得我连三餐也不能下咽呢！
＊　　＊　　＊　　＊
你这个薄情郎啊！
你竟忍心地不同我一块儿吃顿饭，
那知道我为了不能忘怀于你的缘故，
使得我连睡眠也睡不安枕！

　　人非木石，孰能无情？最痛苦的，是失恋的人的心扉！以一个与爱人沉醉在"同居的爱流中"的女性，一旦为人所背弃，爱又不能，不爱又不能——此时的心情，乃是最苦美的、最纯挚的情人的心情。《狡童》一诗乃表现这种心情的一首千古杰作。它为古人所误解，变成一首轻薄无情的淫妇自解嘲的口吻。又为今人所误解，变成一首不近人情的无病呻吟。

　　算了罢，我现在对于这集《卷耳集》也不愿再批评下去了。我只从第一首《卷耳》到这第十七首《狡童》的中间几首，略摘出与读者商榷。我觉得要译古人的诗，至少须要保留它的本来面目和原有的情感。我对于《卷耳集》所译的诗虽有许多不敢承教的，但也许多觉得译笔是很酣畅优美的。诗经是一部最能陶冶性情的中国文艺作品，它对于一般人们都有同样的感引力。我愿有心于文艺的青年学子，都要把它研读一下；用着"思无邪"的眼光，去鉴赏其优美的诗篇。我做这篇长文的出发点，也就是介绍这点的意思给读者而已。

1928，3，13晨。

（原载1928年7月《泰东月刊》第1卷第11期第1页）

评论文章目录索引

一、生平、思想及创作道路研究

宗白华、田汉、沫若通信
收入田寿昌、宗白华、郭沫若著《三叶集》，1920年5月上海亚东图书馆出版。

仿吾、李苦、沫若通信
载1922年11月创造社《创造季刊》第1卷第3期"杂录"部分，上海泰东书局出版。

读了张、成、郭、关诸位的批评以后（戈乐天）
载1923年5月24日《时事新报·学灯》第5册第5卷第24号。

给郭沫若的回信（郁达夫）
载1926年创造社《创造月刊》第1卷第1期。

瓶 附记（达夫）
收入上海创造社出版部《瓶》；1927年4月1日第1版。

创造社与文学研究会（成仿吾）
载1927年8月创造社《创造季刊》第1卷第4期，上海泰东书局出版。

沫若我要站在你的旗帜之下（信）（李翔梧）
载1929年12月洪水编辑部《洪水》第2卷合订本，创造社出版部出版。

给沫若（郁达夫）
收入郁达夫著《达夫全集·过去集》，1929年北新书局出版社第4版；又收入曾大蒙编《当代名人书简》，1948年10月永年书局新1版。

上海文艺之一瞥（鲁迅）
载1931年7月27日和8月3日《文艺新闻》第20和21期。

又收入《鲁迅全集·二心集》，1957年7月北京人民文学出版社第一版。

郭沫若略传
收入乐华图书公司编《当代小说读本》（上），1932年5月上海乐华图书公司出版（此书未注明版次——编者）。

郭沫若印象记（美蒂）
收入黄人影编《文坛印象记》，1932年上海乐华图书公司出版（此书未注明版次——编者）。

郭沫若（李素伯）
收入李素伯编《小品文研究》，1932年新中国书局初版。

创造社和中国文学运动（顾凤城）
收入黄人影编《创造社论》，1932年上海光华书局出版（此书未注明版次——编者）。

谈创造社（张资平）
收入黄人影编《创造社论》，1932年上海光华书局出版（此书未注明版次——编者）。

创造社我和它的始终与它的总帐（王独清）
收入黄人影编《创造社论》，1932年上海光华书局出版（此书未注明版次——编者）。

创造社访问记（徐祖正）
收入黄人影编《创造社论》；1932年上海光华书局出版（此书未注明版次——编者）。

郭沫若小传（凌海）
收入黄人影编《创造社论》；1932年上海光华书局出版（此书未注明版次——编者）。

马克斯那能进文庙呢！（陶其情）
收入陶其情编著《矛盾集》第1卷：孔马异同的辩论；1933年1月15日上海拂晓书室发行，新新印刷公司印刷（此书未注明版次——编者）。

马克斯到底能不能进文庙（陶其情）
收入陶其情编著《矛盾论》第1卷：孔马异同的辩论；1933年1月15日上海拂晓书室发行，新新印刷公司印刷（此书未注明版次——编者）。

讨论马克斯进文庙问题的始末（陶其情）
收入陶其情编著《矛盾论》第1卷：孔马异同的辩论；1933年1月15日上海拂晓书室发行，新新印刷公司印刷（此书未注明版次——编者）。

胡适与郭沫若（无畏）
1933年2月上海书报论衡社初版。

郭沫若（谭天）
收入无畏著《胡适与郭沫若》，1933年2月书报论衡社初版。

郁达夫致郭沫若等
收入高语罕编《现代名人书信》；1933年4月上海光华书局印行（此书未注明版次——编者）。

郁达夫致郭沫若、成仿吾
收入高语罕编《现代名人书信》；1933年4月上海光华书局印行（此书未注明版次——编者）。

成仿吾致郁达夫
收入高语罕编《现代名人书信》；1933年4月上海光华书局印行（此书未注明版次——编者）。

王独清致郭沫若
收入高语罕编《现代名人书信》，1933年4月光华书局出版（此书未注明版次——编者）。

郁达夫致郭沫若
收入高语罕编《现代名人书信》，1933年4月光华书局出版（此书未注明版次——编者）。

郭沫若评传
收入乐华编辑部编《当代中国作家论》，1933年6月乐华图书公司出版（此书未注明版次——编者）。

郭沫若论与郭沫若评价（洪钧）
收入谭天编《现代书报批判集·第一集》，1933年9月上海均益、利国联合印刷公司初版。

补胡适与郭沫若的关于胡适几个谬误（亦天）
收入谭天编《现代书报批判集·第一集》，1933年9月上海均益、利国联合印刷公司初版。

郭沫若投共记（杨甫）
载1933年10月5日和12日《上海周报》第二卷第19—20期。

郭沫若略传（乐华编辑部）
收入《当代中国小说评选》，1933年乐华图书公司再版。1932年5月出版。（当代文学读本第1种）

文艺新闻一束——郭沫若在日本（小言）
载1934年《文艺战线》第16—17期。

郭沫若印象记（筱林）
载1934年5月3日《社会新闻》第7卷第11期。

郭沫若东京讲演纠纷记
载 1935 年 10 月 24 日《时事新报》。

中国新文学大系小说三集·导言（郑伯奇）
收入赵家璧主编《中国新文学大系·第五集》1935 年 8 月良友图书公司初版。

在日本的郭沫若会见记——他的生活、创作、家庭（愚公）
载 1936 年 2 月 15 日《新人周刊》第 2 卷第 24 期。

记郭沫若（沈从文）
收入姚乃麟编《现代作家论》，1937 年 3 月上海万象书屋初版。

郭沫若访问记（《新民报》记者）
载 1937 年 8 月 1 日《新民报》。

欢迎郭沫若先生（傅尚果）
载 1937 年 8 月 5 日《中央日报》副刊。

郭沫若（黎君亮）
载 1937 年 10 月 4 日北平《晨报》。

郭沫若谈军中故事
收入郭沫若、谢冰莹著《上海抗战记》，1937 年上海抗战出版社出版（此书未注明版次——编者）。

郭沫若小传
1937 年 11 月《中国诗坛》编委会《中国诗坛》第 1 卷第 4 期。

郭沫若访问记（慧林）
载 1938 年 1 月 16 日《新华日报》。

病中的郭沫若先生（于立群）
载 1938 年 2 月 9 日至 11 日《救亡日报》。

武汉反侵略运动的妇女日（于立群）
载 1938 年 2 月 22 日《救亡日报》。

郭沫若回川省父（芳踪）
载 1938 年 2 月 5 日《上海人·新闻周报》第 6 期。

郭沫若小传
收入蒲风著《现代中国诗坛》；1938 年 3 月诗歌出版社初版。

郭沫若传（杨殷夫）
1938 年 6 月 1 日广州新中国出版社出版。

写给郭夫人安娜女士（殷君）
载 1939 年 4 月 20 日《鲁迅风》第 13 期。

苏联作家罗可托夫致郭沫若先生的信
载 1940 年 12 月 20 日《新华日报》。

苏联书刊艺文供应社致本刊编委郭沫若先生书
载 1941 年 4 月《中苏文化》第 8 卷第 3—4 合期。

苏联 P·巴甫连珂致郭沫若先生的一封信
载 1941 年 11 月 2 日《新华日报》。

郭沫若先生五十小传（臧运远）
载 1941 年 11 月 14 日重庆《大公报》。

郭沫若先生的革命性
载 1941 年 11 月 15 日《新华日报》。

又一个活的模范——祝郭沫若先生五十寿和创作廿五周年（张西曼）
载 1941 年 11 月 16 日《新华日报》纪念郭沫若先生创作生活二十五周年特刊。

诗学·史学·书徵气度——为纪念郭沫若先生创作活动廿五周年而作（潘梓年）
载 1941 年 11 月 16 日《新华日报》。

沫若先生创作廿五周年纪念（诗）（吴克坚）
载 1941 年 11 月 16 日《新华日报》纪念郭沫若先生创作生活二十五周年特刊。

火的诗者——祝郭沫若先生创作廿五周年（诗）（王亚平）
载 1941 年 11 月 16 日《新华日报》纪念郭沫若先生创作生活二十五周年特刊。

我们应该研究郭沫若先生的作品（欧阳凡海）
载 1941 年 11 月 16 日《新华日报》纪念郭沫若先生创作生活二十五周年特刊。

沈钧儒祝词（诗）
载 1941 年 11 月 16 日《新华日报》纪念郭沫若先生创作生活二十五周年特刊。

沫若先生五十大庆（诗）（董必武）
载 1941 年 11 月 16 日《新华日报》纪念郭沫若先生创作生活二十五周年特刊。

南山之什——为沫若兄五十寿辰而作（诗）（田汉）
载 1941 年 11 月 16 日《新华日报》纪念郭沫若先生创作生活二十五周年特刊。

沈尹默先生赠郭先生诗
载 1941 年 11 月 16 日《新华日报》纪念郭沫若先生创作生活二十五周年特刊。

徐冰、张晓梅、陈家康祝沫若先生五秩大庆
载 1941 年 11 月 16 日《新华日报》纪念郭沫若先生创作生活二十五周年特刊。

邓颖超为郭沫若先生创作廿五周年纪念与五秩之庆致祝
载 1941 年 11 月 16 日《新华日报》纪念郭沫若先生创作生活二十五周年特刊。

苏联友人贺郭沫若创作生活二十五周年
载 1941 年 11 月 16 日《新华日报》纪念郭沫若先生创作生活二十五周年特刊。

寿沫若先生廿五周年创作纪念（沈钧儒）
载 1941 年 11 月 16 日《新华日报》纪念郭沫若先生创作生活二十五周年特刊。

我要说的话（周恩来）
载 1941 年 11 月 16 日《新华日报》纪念郭沫若先生创作生活二十五周年特刊。
又载 1946 年 12 月 10 日《人物杂志》第 5、6 期合刊。

贺柬（（苏）米克拉舍夫斯基）
载 1941 年 11 月 16 日《新华日报》纪念郭沫若先生创作生活二十五周年特刊。

贺柬（（苏）费德连柯）
载 1941 年 11 月 16 日《新华日报》纪念郭沫若先生创作生活二十五周年特刊。

贺柬（（苏）凯缅诺夫）
载 1941 年 11 月 16 日《新华日报》。

贺柬（（苏）潘友新）
载 1941 年 11 月 16 日《新华日报》。

一个暴风雨时代的诗人——为郭沫若先生创作活动廿十五周年（（日）绿川英子）
载 1941 年 11 月 16 日《新华日报》。

郭沫若创作生活二十五周年
载 1941 年 11 月 16—17 日重庆《大公报》。

沫若先生永远是年青的（以群）
载 1941 年 11 月 16 日香港《大公报》文艺综合版第 1227 期。

郭先生与留东同学的文艺活动（林焕平）
载 1941 年 11 月 16 日香港《大公报》文艺综合版第 1227 期。

感谢郭沫若先生（于伶）
载 1941 年 11 月 16 日香港《大公报》文艺综合版第 1227 期。

中国历史研究的拓荒者（杜国庠）
载 1941 年 11 月 16 日香港《光明日报》。

为祖国珍重！——祝郭沫若先生五十生辰（茅盾）
载 1941 年 11 月 16 日《华商报》。

试笔灿烂的二十五周年——郭沫若先生创作生活二十五周年茶会记（杨赓）
载 1941 年 11 月 17 日《新华日报》。

文化战争与文化交流——为郭沫若先生创作活动廿五周年纪念而作（潇湘）
载 1941 年 11 月 17 日《新华日报》。

留港同人的贺词（夏衍 等）
载 1941 年 11 月 17 日《新华日报》。

延安文艺界集会庆祝郭沫若五十寿辰
载 1941 年 11 月 18 日《解放日报》。

庆祝郭沫若先生五十寿辰（肖三 等）
载 1941 年 11 月 18 日《解放日报》。

我对郭沫若先生的认识（李初梨）
载 1941 年 11 月 18 日《解放日报》。

庆贺郭沫若先生五十寿辰（陈伯达）
载 1941 年 11 月 18 日《解放日报》。

张一麐先生贺郭沫若先生诗
载 1941 年 11 月 20 日《新华日报》。

热烈欣欢——港文化界祝郭沫若寿（文芝）
载 1941 年 11 月 26 日《新华日报》。

祝贺郭沫若先生五十寿辰（艾思奇）
载 1941 年 11 月 27 日《新华日报》。

庆祝郭沫若先生五十寿辰（陈伯达）
载 1941 年 11 月 27 日《新华日报》。

祝沫若五十寿辰（成仿吾）
载 1941 年 12 月 3 日《解放日报》。

重庆文化界筹设沫若奖学金
载 1941 年 12 月 3 日《解放日报》。

郭沫若与其人生哲学（陈骥彤）
载 1941 年 3 月《国民杂志》第 1 卷第 3 期。

鲁迅与韩愈——就教于郭沫若先生（林辰）
载 1941 年 10 月 15 日《野草》第 3 卷第 2 期。

斗龙与割毒——祝颂郭先生的五十寿辰（何家槐）
载 1941 年 10 月 15 日《野草》第 3 卷第 2 期。

AB 对话——寿郭沫若先生五十之一（田汉）
载 1941 年 11 月 15 日《文艺生活》第 1 卷第 3 期。

向一个前驱者的祝颂（孟超）
载 1941 年 11 月 15 日《文艺生活》第 1 卷第 3 期。

我的祝颂（韦昌英）
载 1941 年 11 月 15 日《文艺生活》第 1 卷第 3 期。

像赞——赠郭沫若先生（王亚平）
载 1942 年 5 月 28 日《新华日报》。

发聩震聋的雷霆——纪念郭沫若先生二十五周年创作生活（冯乃超）
载 1942 年 6 月 15 日《抗战文艺》第 7 卷第 6 期。

我所认识的沫若先生（冶秋）
载 1942 年 6 月 15 日《抗战文艺》第 7 卷第 6 期。

我所认识的沫若先生（老舍）
载 1942 年 6 月 15 日《抗战文艺》第 7 卷第 6 期。

火之颂（潘子农）
载 1942 年 6 月 15 日《抗战文艺》第 7 卷第 6 期。

海与舟人（（日）鹿地亘）
载 1942 年 6 月 15 日《抗战文艺》第 7 卷第 6 期。

献给沫若先生（蓬子）
载 1942 年 6 月 15 日《抗战文艺》第 7 卷第 6 期。

创造社的几个人——天真的郭沫若（龚持平）
载 1943 年 7 月 25 日《风雨谈》第 4 期。

苏联作家卡尔曼给郭沫若的信
载 1943 年 12 月 30 日《新华日报》。

郭沫若（诸以）
收入杨之华编《文坛史料》，1944 年 1 月上海中华日报社出版。

追赋呈沫若亚子二先生（衡山）
载 1945 年 1 月 7 日《新华日报》。

函郭沫若先生（程荣梁）
载 1945 年 3 月 19 日《新华日报》。

再致郭沫若先生（颜公辰）
载 1945 年 3 月 19 日《新华日报》。

中国人民需要郭先生——在重庆各党派领袖和文化界人士欢宴文化战士郭沫若的盛会上的发言（王若飞）
载1945年4月9日《新华日报》。

慰问郭沫若先生
载1945年4月15日《新华日报》。
昆明文化界慰问郭沫若先生的信
载1945年5月14日《新华日报》。

响应郭沫若先生"国际文化联盟"的意见（博泉）
载1945年6月8日《新华日报》。

送郭沫若先生赴苏（亚子）
载1945年7月30日《新华日报》。

祝人民的文化战士健康
载1945年8月6日《新华日报》。

郭沫若归国秘记（殷尘）
1945年言行出版社出版。

苏联对外文化协会致郭沫若的信
载1946年3月18日《新华日报》。

郭沫若夫人的烦恼（霞）
载1946年5月12日《文汇报》。

二、一○血案代表郭沫若先生访问记（力扬）

载1946年2月《文联》第1卷第4期。

郭沫若论（郭丰）
载1946年7月沈延国主编《月刊》第2卷第1期。

郭沫若的另一面（鲁苏）
载1946年9月5日《人物杂志》（月刊）第2期。

郭沫若（赵景深）
收入赵景深《文人印象》，1946年4月上海北新书局出版。

郭沫若先生近况——愁城中的一篇访问记（仁子）
载1947年11月14日香港《华商报》。

吴晗笔下的闻一多与郭沫若
载1947年11月29日香港《华商报》。

访问两位文豪——郭沫若和茅盾先生（本报记者方旸）
载1947年12月19日香港《华商报》。

郭沫若与茅盾（秦牧）
载1949年2月7日香港《华商报》。

给郭沫若的一封信（（印）安纳德）
载1951年10月25日《文艺报》（月刊）第5卷第1期。

波兰科学院举行年会，郭沫若等被选为院士
载 1954 年 5 月 13 日《人民日报》。

郭沫若
载：（日）平凡社编《世界历史大事典》第 4 册第 37 卷，1955 年 5 月出版。

郭沫若的生平及其创作道路（郭兆儒）
载 1956 年 10 月河南师专附设河南省初级中等学校教务通讯站《语文教学通讯》第 4 期。

郭沫若先生五十年简谱（张静庐）
收入张静庐辑注《中国现代出版史料》丙编，1956 年上海中华书局第 1 版。

郭沫若先生二十五年著译编目（柳青）
收入张静庐辑注《中国现代出版史料》丙编，1956 年上海中华书局第 1 版。

五四以来坚强的革命文艺战士——郭沫若（陈鸿滨）
载 1957 年 1 月《辽宁文艺》第 1 期。

郭沫若
载 1957 年 6 月 12 日《读书月报》第 6 期。

赠郭沫若同志（陈毅）
载 1957 年 9 月 25 日《诗刊》9 月号。又载 1978 年 6 月 18 日《人民日报》。

郭沫若文艺思想发展的道路（杜伯毅）
载 1958 年 4 月 25 日《人文杂志》（月刊）第 2 期。

试论郭沫若前期思想的发展（艾扬）
载 1958 年 10 月《跃进文学研究丛刊》（半月刊）第 2 期，新文艺出版社出版。

郭沫若的生平和著作（李明）
载 1959 年 4 月 15 日《羊城晚报》。

郭沫若和郁达夫（郑伯奇）
载 1959 年 5 月 9 日《光明日报》。

郭沫若和他的笔名（王仰之）
载 1959 年 9 月 5 日《羊城晚报》。

郭沫若和鲁迅（王仰之）
载 1959 年 9 月 9 日《羊城晚报》。

略谈创造社的文学活动（郑伯奇）
载 1959 年 4 月 26 日《文艺报》（半月刊）第 8 期。

关于"五四"文学的历史评价问题（邵荃麟）
载 1959 年 5 月《人民文学》（月刊）第 5 期。

创造社三题（郑伯奇）
载 1959 年 5 月《文学知识》（月刊）第 5 期。

郭沫若五十寿诗（柳亚子）
收入柳无非、柳无垢选辑《柳亚子诗词选》，1959 年人民文学出版社出版。

送沫若赴苏联（柳亚子）
收入柳无非、柳无垢选辑《柳亚子诗词选》，1959 年人民文学出版社出版。

沫若五十生朝（柳亚子）
收入柳无非、柳无垢选辑《柳亚子诗词选》，1959 年人民文学出版社出版。

郭沫若同志访问延安记（张光）
载 1960 年 4 月 19 日《陕西日报》。

郭沫若（山东师院中文系）
收入《中国作家小传》，1960 年印，1961 年再版。

对黑田寿男谈郭沫若（毛泽东）
载 1961 年 10 月 8 日《人民日报》。

欣然命笔（林放）
载 1962 年 3 月 6 日《新民晚报》。

瞿秋白论创造社——关于他在 1935 年 5 月 28 日给郭沫若同志的一封信（沈鹏年）
载 1962 年 5 月 4 日《文汇报》。

作家与导演之间——记郭沫若与焦菊隐的密切合作（于文涛）
载 1962 年 8 月 8 日《北京日报》。

鲁迅与创造社交往的两点史实（沈鹏年）
载 1962 年 7 月 5 日《上海文学》（月刊）7 月号。

创造社后期的革命文学活动（郑伯奇）
收入上海文艺出版社编辑组《中国现代文艺资料丛刊》第二辑，1962 年出版。

关于郭沫若前期的世界观和创作方法的关系问题——评楼栖等同志的一个观点（谷辅林）
载 1963 年《曲阜师院学报》第 1 期。

对郭沫若前期思想发展的一些理解（宋耀宗）
载 1964 年 3 月《哈尔滨师院学报》第 1 期。

对于早期创造社文学主张的几点理解（蔡师圣）
载 1964 年 8 月《厦门大学学报》第 2 期。

郭沫若
载：（日）平凡社编《世界大百科事典》第 5 卷第 406c，1972 年 4 月 25 日第 1 版。

中国的知识分子
载：（日）平凡社编《世界大百科事典》第 2 卷第 562c，1972 年 4 月 25 日第 1 版。

现代文学
载：（日）平凡社编《世界大百科事典》第 20 卷第 318c，1972 年 4 月 25 日第 1 版。

创造社
载：（日）平凡社编《世界大百科事典》第 18 卷第 344c，1972 年 4 月 25 日第 1 版。

七律·和郭沫若同志（1961 年 11 月 17 日）（毛泽东）
收入《毛主席诗词》，1976 年北京人民文学出版社出版。

满江红·和郭沫若同志（1963 年 1 月 9 日）（毛泽东）
收入《毛主席诗词》，1976 年北京人民文学出版社出版。

诗谢郭老秋雨中来访（老舍）

载 1977 年 12 月 5 日《人民日报》。

郭沫若著译系年目录稿（（日）中岛碧）
载 1976 年《四天五寺女子大学纪要》第 9 号；
连载 1977 年《四天五寺女子大学纪要》第 10 号；
1978 年《四天五寺女子大学纪要》第 11 号。

为发展革命统一战线呕心沥血——纪念周总理诞辰八十周年（刘昂）
载 1978 年 3 月 2 日《光明日报》。

郭沫若的文学，对时代的诗人般的直观（（日）中岛绿）
载 1978 年 6 月 5 日（日）《朝日新闻》夕刊。
转引自吉林师范大学外研所日本文学研究室编《日本文学情况与研究·日本朋友悼念郭沫若》1978 年第 1 期。

生活在革命中的知识分子（（日）吉田实）
载 1978 年 6 月 13 日（日）《朝日新闻》夕刊。
转引自吉林师范大学外研所日本文学研究室编《日本文学情况与研究·日本朋友悼念郭沫若》1978 年第 1 期。

热情的流亡时代
载 1978 年 6 月 13 日（日）《每日新闻》

夕刊。
转引自吉林师范大学外研所日本文学研究室编《日本文学情况与研究·日本朋友悼念郭沫若》1978年第1期。

同京都有密切关系的郭沫若
载1978年6月13日（日）《京都新闻》。
转引自吉林师范大学外研所日本文学研究室编《日本文学情况与研究·日本朋友悼念郭沫若》1978年第1期。

连接日中的革命诗人——令人惋惜的郭沫若先生
载1978年6月13日（日）《读卖新闻》夕刊。
转引自吉林师范大学外研所日本文学研究室编《日本文学情况与研究·日本朋友悼念郭沫若》1978年第1期。

悼念郭沫若（（日）吉川幸次郎）
载1978年6月14日（日）《每日新闻》夕刊。
转引自吉林师范大学外研所日本文学研究室编《日本文学情况与研究·日本朋友悼念郭沫若》1978年第1期。

我国伟大的无产阶级文化战士郭沫若同志逝世（讣告）
载1978年6月15日《人民日报》。

郭沫若同志治丧委员会名单
载1978年6月15日《人民日报》。

悼念郭沫若的逝世（（日）中岛健藏）
载1978年6月15日（日）《东京新闻》夕刊。
转引自吉林师范大学外研所日本文学研究室编《日本文学情况与研究·日本朋友悼念郭沫若》1978年第1期。

不能忘怀的同窗恩谊和深厚友情——悼念中国科学院院长郭沫若（（日）宫川寅雄）
载1978年6月16日（日）《东京新闻》朝刊。
转引自吉林师范大学外研所日本文学研究室编《日本文学情况与研究·日本朋友悼念郭沫若》1978年第1期。

悼郭沫若先生（张向天）
载1978年6月16日香港《大公报》。

郭沫若的文学成就（林心涛）
载1978年6月16日香港《文汇报》。

追悼郭沫若氏（（日）京都大学名誉教授吉川幸次郎）
载1978年6月17日香港《大公报》。

日中文化的纽带郭沫若先生——回忆他和河上肇的交友以及对《汉语辞典》的恩惠（（日）竹内实）
载 1978 年 6 月 17 日（日）《读卖新闻》夕刊。
转引自吉林师范大学外研所日本文学研究室编《日本文学情况与研究·日本朋友悼念郭沫若》1978 年第 1 期。

新史学拓荒者郭沫若（闻华）
载 1978 年 6 月 17 日香港《文汇报》。

悲痛的怀念（周扬）
载 1978 年 6 月 18 日《人民日报》。

悼念郭沫若同志（诗）（傅钟）
载 1978 年 6 月 18 日《人民日报》。

郭沫若同志挽诗（赵朴初）
载 1978 年 6 月 18 日《人民日报》。

哀悼郭沫若同志——调寄踏莎行（郭绍虞）
载 1978 年 6 月 18 日《人民日报》。

金日成主席的唁电
载 1978 年 6 月 18 日《人民日报》。

缅甸总统吴奈温的唁电
载 1978 年 6 月 18 日《人民日报》。

罗马尼亚国务委员会的唁电
载 1978 年 6 月 18 日《人民日报》。

西班牙首相苏亚雷斯的唁电
载 1978 年 6 月 18 日《人民日报》。

西班牙国王胡安·卡洛斯的唁电
载 1978 年 6 月 18 日《人民日报》。

瑞士联邦主席里恰德的唁电
载 1978 年 6 月 18 日《人民日报》。

巴基斯坦总统乔德里的唁电
载 1978 年 6 月 18 日《人民日报》。

巴基斯坦政府首脑齐亚·哈克的唁电
载 1978 年 6 月 18 日《人民日报》。

日本首相福田纠夫的唁电
载 1978 年 6 月 18 日《人民日报》。

日本总议院议长保利茂的唁电
载 1978 年 6 月 18 日《人民日报》。

在郭沫若同志追悼会上邓小平同志致悼词
载 1978 年 6 月 19 日《人民日报》。

沉重悼念为共产主义事业奋斗终生的坚贞不渝的革命家，首都隆重举行郭沫若同志追悼大会。
载 1978 年 6 月 19 日《人民日报》。

郭沫若逃出日本，六十年朋友谈秘史
载 1978 年 6 月 19 日（日）《朝日新闻》。
转引自吉林师范大学外研所日本文学研究室编《日本文学情况与研究·日本朋友悼念郭沫若》1978 年第 1 期。

郭老活在我们的心里（曹禺）
载 1978 年 6 月 20 日《光明日报》。

敬悼郭老（诗）（赵丹）
载 1978 年 6 月 20 日《光明日报》。

怀念卓越的无产阶级文化战士郭沫若同志（于伶）
载 1978 年 6 月 20 日《文汇报》。

郭沫若同志和抗敌演剧队（吕复）
载 1978 年 6 月 20 日《解放日报》。

森罗万象难以拟——悼念郭沫若同志（刘白羽）
载 1978 年 6 月 20 日《解放军报》。

文化战士的深刻怀念（刘恬晨 等）
载 1978 年 6 月 20 日《解放军报》。

悼念郭老（郑伯奇）
载 1978 年 6 月 20 日《西安日报》。

郭沫若院长挽诗（苏步青）
载 1978 年 6 月 20 日《文汇报》。

悼念郭老（（社论））
载 1978 年 6 月 20 日香港《文汇报》。

深切的哀悼（（日）三好一）
载 1978 年 6 月 20 日《光明日报》。

重演文姬怀念郭老（朱琳）
载 1978 年 6 月 20 日《北京日报》。

郭老逝世敬制小诗以志哀思（端木蕻良）
载 1978 年 6 月 20 日《文汇报》。

千古不磨——记郭老的一幅速写像（附作品）（郁风）
载 1978 年 6 月 20 日《文汇报》。

德业难忘（吴仲超）
载 1978 年 6 月 20 日《光明日报》。

草木有今昔，人情无变迁（（日）土岐善麻吕）
载 1978 年 6 月 20 日（日）《朝日新闻》夕刊。
转引自吉林师范大学外研所日本文学研究室编《日本文学情况与研究·日本朋友悼念郭沫若》1978 年第 1 期。

沉痛悼念敬爱的郭沫若院长（周培源）
载 1978 年 6 月 21 日《光明日报》。

郭老永远和我们在一起（于兰）
载 1978 年 6 月 21 日《光明日报》。

郭老在港二三事（芳园）
载 1978 年 6 月 21 日香港《大公报》。

疾风知劲草——悼郭沫若同志（许涤新）
载 1978 年 6 月 22 日《人民日报》。

悼念卓越的无产阶级文化战士——郭沫若同志（胡愈之）
载 1978 年 6 月 22 日《人民日报》。

深切怀念老校长，努力办好新科大（中国科技大学）
载 1978 年 6 月 22 日《光明日报》。

悼郭老（马烽）
载 1978 年 6 月 22 日《山西日报》。

虎头泥土载英灵（大寨大队）
载 1978 年 6 月 22 日《山西日报》。

山水情浓忆故人——郭老在山西片断（李芮）
载 1978 年 6 月 22 日《山西日报》。

深情的怀念（本报副刊编者）
载 1978 年 6 月 22 日《山西日报》。

忆郭沫若访缅佳话（（缅甸华侨）赵宣扬）
载 1978 年 6 月 22 日香港《大公报》。

郭沫若捍卫鲁迅的一页战斗史（张向天）
载 1978 年 6 月 22 日香港《文汇报》。

伊朗巴列维国王悼念郭副委员长逝世
载 1978 年 6 月 22 日《人民日报》。

柬埔寨人大常委会农谢委员长的唁电
载 1978 年 6 月 22 日《人民日报》。

斯里兰卡共和国贾亚瓦德纳总统的唁电
载 1978 年 6 月 22 日《人民日报》。

菲律宾马科斯总理的唁电
载 1978 年 6 月 22 日《人民日报》。

法国国民议会沙邦—戴尔马议长的唁电
载 1978 年 6 月 22 日《人民日报》。

几内亚立法议会议长卡马拉的唁电
载 1978 年 6 月 22 日《人民日报》。

越南国会常务委员会长征主席的唁电
载 1978 年 6 月 22 日《人民日报》。

希腊议会议长帕帕斯皮鲁的唁电
载 1978 年 6 月 22 日《人民日报》。

南斯拉夫议会主席马尔科维奇的唁电
载 1978 年 6 月 22 日《人民日报》。

缅共中央唁电
载 1978 年 6 月 23 日《人民日报》。

印尼共中央代表团的唁函
载 1978 年 6 月 23 日《人民日报》。

日共（马列）安斋库治的唁电
载 1978 年 6 月 23 日《人民日报》。

意大利社会主义革命党卡洛唁函
载 1978 年 6 月 23 日《人民日报》。

西班牙劳动党中央的唁电
载 1978 年 6 月 23 日《人民日报》。

悼念郭沫若先生（（尼泊尔）郭宾德·帕塔）
载 1978 年 6 月 23 日《光明日报》。

惜别诗二首（悼郭老）（许德珩）
载 1978 年 6 月 23 日《光明日报》。

悼郭老（诗）（司今）
载 1978 年 6 月 23 日《解放日报》。

夏夜星空——悼郭沫若同志（杜宣）
载 1978 年 6 月 23 日《解放日报》。

革命精神永世长存（尹达）
载 1978 年 6 月 24 日《光明日报》。

悼念郭老（侯光炯）
载 1978 年 6 月 24 日《光明日报》。

悼念郭沫若同志（丁洪）
载 1978 年 6 月 24 日《旅大日报》。

为友好作出了不朽的贡献，日本人民的亲密朋友（日中友好协会全国本部）
载 1978 年 6 月 25 号（日）《日本和中国》。
转引自吉林师范大学外研所日本文学研究室编《日本文学情况与研究·日本朋友悼念郭沫若》1978 年第 1 期。

水调歌头——悼郭老（周舟）
载 1978 年 6 月 25 日《重庆日报》。

悼郭沫若同志（诗）（夏征农）
载 1978 年 6 月 25 日《文汇报》。

哀悼郭沫若院长（（日）宫川寅雄）
载 1978 年 6 月 25 日（日）《无产阶级》。
转引自吉林师范大学外研所日本文学研究室编《日本文学情况与研究·日本朋友悼念郭沫若》1978 年第 1 期。

悼郭老（诗一首）（毛錡）
载 1978 年 6 月 25 日《陕西日报》。

春城的怀念——悼卓越的无产阶级文化战士郭老（青叶）
载 1978 年 6 月 26 日《长春日报》。

怀念郭院长（诗）（吴学周）
载 1978 年 6 月 26 日《长春日报》。

忆郭老（外一首）（黄葆同）
载 1978 年 6 月 26 日《长春日报》。

悼郭老（诗）（张自成）
载 1978 年 6 月 26 日《长春日报》。

献上诗的花圈——悼郭老（诗）（向东）
载 1978 年 6 月 26 日《长春日报》。

太山之神永生——忆郭沫若同志（李门）
载 1978 年 6 月 26 日《广州日报》。

回忆与悼念（沙汀）
载 1978 年 6 月 26 日《光明日报》。

水调歌头——痛悼郭老逝世（王堃骋）
载 1978 年 6 月 26 日《辽宁日报》。

郭老对于甲骨学的重大贡献（胡厚宣）
载 1978 年 6 月 26 日《光明日报》。

哀挽郭沫若同志——调寄采桑子（二首）（魏传统）
载 1978 年 6 月 26 日《解放军报》。

永生的凤凰（纪学）
载 1978 年 6 月 26 日《解放军报》。

恸悼郭老（张澄寰）
载 1978 年 6 月 26 日《解放军报》。

永远激励我们前进的榜样——深切悼念敬爱的郭沫若同志（中国社会科学院历史研究所）
载 1978 年 6 月 27 日《人民日报》。

鲁迅郭沫若《日记》合读札记（张向天）
载 1978 年 6 月 26 日、27 日香港《文汇报》。

忆郭老二三事（林毅）
载 1978 年 6 月 27 日香港《大公报》。

海山增辉——怀念郭老对我们海岛战士的热爱（周成文）
载 1978 年 6 月 28 日《湘江日报》。

学郭老，学到老（马宁）
载 1978 年 6 月 28 日《福建日报》。

怀郭沫若同志（曹靖华）
载 1978 年 6 月 28 日《光明日报》。

深切怀念郭老（王应睐 等）
载 1978 年 6 月 28 日《光明日报》。

回忆和悼念（常书鸿）
载 1978 年 6 月 29 日《甘肃日报》。

利比里亚共和国托尔伯特总统的唁电
载 1978 年 6 月 29 日《人民日报》。

孟加拉人民共和国拉赫曼总统的唁电
载 1978 年 6 月 29 日《人民日报》。

奥地利共和国基希施莱格总统的唁电
载 1978 年 6 月 29 日《人民日报》。

意大利众议院议长英格拉奥的唁电
载 1978 年 6 月 29 日《人民日报》。

意大利共和国参议院副议长代议长卡太拉民的唁电
载 1978 年 6 月 29 日《人民日报》。

深切怀念郭沫若同志（甘肃省博物馆）
载 1978 年 6 月 29 日《甘肃日报》。

郭老和孩子剧团（陈模执笔）
载 1978 年 6 月 29 日《人民日报》。

深切怀念开辟新史学的伟大旗手（白寿彝）
载 1978 年 6 月 29 日《光明日报》。

悼郭老（诗）（蹇先艾）
载 1978 年 6 月 29 日《贵州日报》。

太岱巍然天下仰，文星没矣宇中悲——怀念郭沫若同志（夏鼐）
载 1978 年 6 月 30 日《人民日报》。

遗范长存——悼念郭沫若院长（中国科学院）
载 1978 年 6 月 30 日《人民日报》。

碧血梅花赋，红旗烈士风——缅怀郭老（空军政治部歌剧团）
载 1978 年 6 月 30 日《解放日报》。

回忆郭沫若先生——关于郭沫若文库（（日）坂本德松）
载 1978 年 7 月 1 日《劳农战报》。
转引自吉林师范大学外研所日本文学研究室编《日本文学情况与研究·日本朋友悼念郭沫若》1978 年第 1 期。

郭沫若同志永垂不朽（方之中）
载 1978 年 7 月 3 日《天津日报》。

继承郭老遗志，持续长征（志荪）
载 1978 年 7 月 3 日《天津日报》。

敬悼郭沫若同志（七律）（王达津）
载 1978 年 7 月 3 日《天津日报》。

演《蔡文姬》想郭老（天津市话剧团《蔡文姬》剧组）
载 1978 年 7 月 3 日《天津日报》。

化悲痛为力量（于立群）
载 1978 年 7 月 4 日《人民日报》。

泰山木和诗碑——访郭沫若的日本故居和故友（辛文芷）
载 1978 年 7 月 5 日香港《大公报》。

唁电（日本文化交流协会理事长中岛健藏）
原载 1978 年 7 月 5 日（日）《日中文化交流》。
转引自吉林师大外研所日本文学研究室编《日本文学情况与研究·日本朋友悼念郭沫若》1978 年第 1 期。

同"屈原"的荣幸相会（（日）河原崎长十郎）
载 1978 年 7 月 5 日（日）《日本和中国》。
转引自吉林师范大学外研所日本文学研究室编《日本文学情况与研究·日本朋友悼念郭沫若》1978 年第 1 期。

超过了死线的日子（长谷川敏三）
原载 1978 年 7 月 5 日（日）《日本和中国》。
转引自吉林师范大学外研所日本文学研究室编《日本文学情况与研究·日本朋友悼念郭沫若》1978 年第 1 期。

比斯塔首相、马雷议长和一些国家外长、科学院长等电唁郭沫若副委员长逝世
载 1978 年 7 月 6 日《人民日报》。

澳共（马列）主席希尔唁电
载 1978 年 7 月 7 日《人民日报》。

斯里兰卡共产党（马列）唁函
载 1978 年 7 月 7 日《人民日报》。

孟共（马列）主席杜哈的唁函
载 1978 年 7 月 7 日《人民日报》。

西班牙劳动者革命组织唁电
载 1978 年 7 月 7 日《人民日报》。

西德共产主义联盟的唁电
载 1978 年 7 月 7 日《人民日报》。

一些日本朋友发来唁电唁函，沉痛哀悼郭沫若副委员长逝世
载 1978 年 7 月 8 日《人民日报》。

回忆郭沫若先生（（日）河原崎长十郎）
载 1978 年 7 月 8 日（日）《中日文化交流》。
转引自吉林师范大学外研所日本文学研究室编《日本文学情况与研究·日本朋友悼念郭沫若》1978 年第 1 期。

中共中央办公厅公告

载 1978 年 7 月 9 日《人民日报》。

人大常委会办公厅公告
载 1978 年 7 月 9 日《人民日报》。

郭老为我校亲切题词（附手迹）（庞德治）
载 1978 年 7 月 9 日《济南日报》。

敬怀郭老（俞仲文）
载 1978 年 7 月 9 日《重庆日报》。

郭沫若论鲁迅墨迹
载 1978 年 7 月 9 日香港《文汇报》。

流风遗韵勉攀登——怀念郭老生前对我所的关怀（省茶叶研究所）
载 1978 年 7 月 10 日《湖南日报》。

悼念伟大的诗人郭沫若（芦荻）
载 1978 年 7 月 13 日香港《大公报》。

郭老热心文字改革的二三事（郑林曦）
载 1978 年 7 月 15 日《光明日报》。

永远向他学习——悼念郭沫若同志（巴金）
载 1978 年 7 月 15 日《文汇报》。
又载 1978 年 7 月《文艺报》第 1 期。

和郭老打赌（（日）西园寺公一）
载 1978 年 7 月 15 日（日）《日本和中国》。
转引自吉林师范大学外研所日本文学研究室编《日本文学情况与研究·日本朋友悼念郭沫若》1978 年第 1 期。

日本各界集会追悼郭沫若副委员长，表示要为早日缔结日中和平友好条约而继续努力
载 1978 年 7 月 16 日《人民日报》。

文物考古工作者的怀念（殷德明等）
载 1978 年 7 月 16 日《黑龙江日报》。

郭诗郁画（唐琼）
载 1978 年 7 月 16 日香港《大公报》。

失去至为珍贵的人（（日）中岛健藏）
原载 1978 年 7 月 18 日（日）《经济人》；
转引自吉林师范大学外研所日本文学研究室编《日本文学情况与研究·日本朋友悼念郭沫若》1978 年第 1 期。

敬爱的郭老啊！……（何光汉）
载 1978 年 7 月 21 日《宁夏日报》。

科学高峰可跻——亲切怀念郭老（骆敬）
载 1978 年 7 月 23 日《河南日报》。

火一样的生命——悼念郭老（傅钟）
载 1978 年 7 月 24 日香港《文汇报》。
又载 1978 年 7 月《解放军文艺》7 月号。

深切的怀念（诗）（殷泽纲）
载 1978 年 7 月 30 日《四川日报》。

祖国的骄傲——献给郭老的诗（杨山）
载 1978 年 7 月 30 日《四川日报》。

怀郭沫若大师（诗）（刘光策）
载 1978 年 7 月 30 日《四川日报》。

家乡人民的怀念——忆郭老（黄高彬）
载 1978 年 7 月 30 日《四川日报》。

悼郭老，并谈我和"二流堂"（唐瑜）
载 1978 年 7 月 31 日香港《文汇报》。

虚怀若谷的伟大学者——悼念敬爱的郭老（吕大中）
载 1978 年 8 月 2 日《新疆日报》。

学习郭老的治学精神（林梓宗）
载 1978 年 8 月 8 日《南方日报》。

悼念敬爱的郭老——舞剧《蝶恋花》的最初支持者（庞志阳）
载 1978 年 8 月 6 日《辽宁日报》。

白居易在日本——中日文化交流史话（刘德有）
载 1978 年 8 月 13 日《光明日报》。

郭君与日本（（日）岛田政雄）
载 1978 年 8 月 23 日（日）《人民新报》。转引自吉林师范大学外研所日本文学研究室编《日本文学情况与研究·日本朋友悼念郭沫若》1978 年第 1 期。

今日程阳桥（朱焱）
载 1978 年 8 月 29 日《广西日报》。

壮志必偿——访松村谦三先生家乡（回瑞宫）
载 1978 年 9 月 1 日《人民日报》。

敬悼郭老（诗）（李侠公）
载 1978 年 9 月 3 日《贵州日报》。

猛创神州的新异绩（刘海义）
载 1978 年 9 月 24 日《甘肃日报》。

中日友好的诗碑（刘德有）
载 1978 年 10 月 2 日《人民日报》。

斗士诚坚共抗流——鲁迅与郭沫若交往的二三事（聂建新）
载 1978 年 10 月 23 日《长江日报》。

文章自胸中流出（刘玉凯）
载 1978 年 12 月 10 日《河北日报》。

现代散文六十家札记（2）（林非）
载 1978 年 5 月《南开大学学报》（双月刊）第 3 期。

深切怀念郭沫若同志（诗）（徐州师院学报编辑部）
载 1978 年 6 月《徐州师院学报》（季刊）第 2 期。

悼念郭沫若同志（诗）（何绅如）
载 1978 年 6 月《徐州师院学报》（季刊）第 2 期。

敬悼郭老（诗）（寇立光）
载 1978 年 6 月《徐州师院学报》（季刊）第 2 期。

由郭老改诗想起的（艾克恩）
载 1978 年 6 月《诗刊》（月刊）6 月号。

悼念敬爱的郭沫若同志（文艺报编辑部）
载 1978 年 7 月《文艺报》（月刊）第 1 期。

郭老，我们的一代宗师（张瑞芳）
载 1978 年 7 月《文艺报》（月刊）第 1 期。

忆郭老在东京的一次讲演（王锦第）
载 1978 年《战地》第 1 期。

培育百花　奖掖后进——怀念郭沫若同志（常香玉）
载 1978 年《战地增刊》第 2 期。

悼郭老（社会科学战线编辑部）
载 1978 年 7 月《社会科学战线》（季刊）第 2 期。

深切怀念郭沫若同志（西藏文艺编辑部）
载 1978 年 7 月《西藏文艺》（季刊）第 3 期。

郭沫若同志速写像（1937 年）（画）（郁风）
载 1978 年 7 月《美术》（双月刊）第 4 期。

深切的怀念（关良）
载 1978 年 7 月《美术》（双月刊）第 4 期。

怀念郭沫若同志（七律二首）（蔡若虹）
载 1978 年 7 月《美术》（双月刊）第 4 期。

"能师大众者，敢作万夫雄"——记郭老和美术界的交往（郁风）
载 1978 年 7 月《美术》（双月刊）第 4 期。

"胸中激浪，笔底波澜"——忆郭老对美术事业的关怀（绍龙）
载 1978 年 7 月《美术》（双月刊）第 4 期。

文化战线上的光辉旗帜——忆郭沫若同志（李凌）
载 1978 年 7 月《人民音乐》（双月刊）第 4 期。

铁翼乘风逐太阳——回忆郭老二三事（赵沨）
载 1978 年 7 月《人民音乐》（双月刊）第 4 期。

敬爱的郭老，深切悼念您！（白杨）
载 1978 年 7 月《人民电影》（月刊）第 7 期。

青松图——为悼念郭老而作（赵丹）
载 1978 年 7 月《人民电影》（月刊）第 7 期。

"火种不断"（江西文艺编辑部）
载 1978 年 7 月《江西文艺》（双月刊）第 4 期。

忆郭老（石凌鹤）
载 1978 年《江西文艺》（双月刊）第 4 期。

郭老给予我们的教育（曹禺）
载 1978 年 7 月《人民戏剧》（月刊）第 7 期。

深切悼念郭沫若同志（侯外庐）
载 1978 年 7 月《历史研究》第 7 期。

我国文化战线上又一面光辉的旗帜（高擎州）
载 1978 年 7 月辽宁大学中文系编《语文教学参考》第 1 期。
又载 1978 年《辽宁大学学报》第 4 期。

言有尽分意无穷——悲痛怀念卓越的无产阶级文化战士郭老（于伶）
载 1978 年 7 月《人民戏剧》（月刊）第 7 期。

痛失郭老（金山）
载 1978 年 7 月《人民戏剧》（月刊）第 7 期。

化悲痛为力量（茅盾）
载 1978 年 7 月《人民文学》（月刊）第 7 期。

采桑子·哀悼郭沫若同志（傅钟）
载 1978 年 7 月《人民文学》（月刊）第 7 期。

知公此去无遗恨——痛悼郭沫若同志（夏衍）
载 1978 年 7 月《人民文学》（月刊）第 7 期。

雷电颂——怀念郭沫若同志（刘白羽）
载 1978 年 7 月《人民文学》（月刊）第 7 期。

悼郭老（冰心）
载 1978 年 7 月《人民文学》（月刊）第 7 期。

沉痛的追悼（曹禺）
载 1978 年 7 月《人民文学》（月刊）第 7 期。

深切的哀悼（郑伯奇）
载 1978 年 7 月《人民文学》（月刊）第 7 期。

做党的喇叭——忆郭老在日本二三事（林林）
载 1978 年 7 月《人民文学》（月刊）第 7 期。
又载 1979 年 2 月《新文学史料》（丛刊）第 2 卷。

悼念尊敬的郭沫若同志（徐迟）
载 1978 年 7 月《人民文学》（月刊）第 7 期。

哭郭老（诗）（臧克家）
载 1978 年 7 月《诗刊》（月刊）7 月号。

悼郭沫若同志（诗）（赵朴初）
载 1978 年 7 月《诗刊》（月刊）7 月号。

悼郭老（诗）（杜宣）
载 1978 年 7 月《诗刊》（月刊）7 月号。

忆秦娥——敬悼郭沫若同志（林林）
载 1978 年 7 月《诗刊》（月刊）7 月号。

高峰——悼念伟大的劳动者诗人郭老不幸与世长辞（田间）
载 1978 年 7 月《诗刊》（月刊）7 月号。

悼郭老（诗）（邓光）
载 1978 年 7 月《诗刊》（月刊）7 月号。

悼郭老（楼适夷）
载 1978 年 7 月《诗刊》（月刊）7 月号。

赖家桥畔（诗）（臧云远）
载 1978 年 7 月《诗刊》（月刊）7 月号。

深切的悼念（罗荪）
载 1978 年 7 月《诗刊》（月刊）7 月号。

赠郭沫若同志（诗）（王亚平）
载 1978 年 7 月《诗刊》（月刊）7 月号。

怀念郭沫若同志（调寄采桑子）（张爱萍）
载 1978 年 7 月《北京文艺》（月刊）第 7 期。

哀挽卓越的无产阶级文化战士郭沫若同志（诗）（魏传统）
载 1978 年 7 月《北京文艺》（月刊）第 7 期。

花园祭（诗）（田间）
载 1978 年 7 月《北京文艺》（月刊）第 7 期。

敬悼郭老（逯斐）
载 1978 年 7 月《北京文艺》（月刊）第 7 期。

敬悼郭沫若同志（诗）（果瑞卿）
载 1978 年 7 月《北京文艺》（月刊）第 7 期。

悼郭沫若同志（七律）（臧恺之）
载 1978 年 7 月《北京文艺》（月刊）第 7 期。

悼念您，文坛的光辉旗帜（陈满平 等）
载 1978 年 7 月《北京文艺》（月刊）第 7 期。

哀悼郭沫若同志诗三首（魏传统）
载 1978 年 7 月《解放军文艺》7 月号。

读《女神》——悼念郭老（李瑛）
载 1978 年 7 月《解放军文艺》（月刊）7 月号。

怀念郭沫若同志（附照片）（于伶）
载 1978 年 7 月《上海文艺》（月刊）7 月号。

遥寄郭老（诗）（臧云远）
载 1978 年 7 月《上海文艺》（月刊）7 月号。

忆郭老（杜宣）
载 1978 年 7 月《上海文艺》（月刊）7 月号。

你放下的笔，我们要勇敢地拿起来（艾芜）
载 1978 年《四川文艺》（月刊）第 7 期。

扬花飘洒寄哀思（关沫南）
载 1978 年 7 月《哈尔滨文艺》（月刊）第 7 期。

写在永久的怀念中（刘树声）
载 1978 年 7 月《哈尔滨文艺》（月刊）第 7 期。

怀念郭老（欧阳山）
载 1978 年 7 月《作品》（月刊）7 月号。

悼念大师郭老（高沐鸿）
载 1978 年 7 月《汾水》（月刊）第 7 期。

写在悼念郭老的挽联上（诗）（徐家麟）
载 1978 年 7 月《浙江文艺》（月刊）第 7 期。

缅怀郭老（赵焕明）
载 1978 年 7 月《浙江文艺》（月刊）第 7 期。

悼郭老（诗）（田间）
载 1978 年 7 月《河北文艺》（月刊）第 7 期。

悼郭老（诗）（李盘文）
载 1978 年 7 月《河北文艺》（月刊）第 7 期。

哀念声中遵榜样——痛悼郭沫若同志（康濯）
载 1978 年 7 月《湘江文艺》（月刊）第 7 期。

悼郭老（七律）（李准）
载 1978 年 7 月《湘江文艺》（月刊）7 月号。

悼郭沫若同志（七律）（郭味农）
载 1978 年 7 月《湘江文艺》（月刊）7 月号。

深切的怀念——悼敬爱的郭沫若同志（河南文艺编辑部）
载 1978 年 7 月《河南文艺》（月刊）第 7 期。

东风自孕胸怀里——悼念郭沫若同志（史实）
载 1978 年《鸭绿江》第 7 期。

墨香万里飘——感怀郭老为《内蒙古教育》题字（寒边）
载 1978 年《内蒙古教育》第 7 期。

东京初访郭老——回忆郭沫若同志之一（臧云远）
载 1978 年 7 月《文教资料简报》（月刊）第 7 期总第 79 期。

郭老抗战回国后第一次观看的话剧（绍昌供稿）
载 1978 年 7 月《文教资料简报》（月刊）第 7 期总第 79 期。

悼念郭老（孙望）
载 1978 年 7 月《文教资料简报》（月刊）第 7 期总第 79 期。

郭沫若光辉战斗的一生（陈震文）
载 1978 年辽宁大学中文系《语文教学参考》第 1 期。

敬悼郭沫若副委员长（张震泽）
载 1978 年辽宁大学中文系《语文教学参考》第 1 期。

永恒的怀念——悼郭沫若同志（唐弢）
载 1978 年 8 月《文学评论》（双月刊）

第4期。

郭老和东风剧团（河北省邯郸地区东风剧团）
载1978年8月《人民戏剧》（月刊）第8期。

我国文化战线的又一面光辉旗帜——悼念敬爱的郭沫若同志（中国社会科学院）
载1978年8月《红旗》（月刊）第8期。

诗人，卓越的无产阶级文化战士（唐弢）
载1978年8月《诗刊》（月刊）8月号。

红梅山茶忆郭老（陆万美）
载1978年8月《边疆文艺》（月刊）第8期。

丰功永存剧常新——敬悼郭老并谈《蔡文姬》（范启新）
载1978年8月《边疆文艺》（月刊）第5期。

敬吊郭沫若同志（诗）（殊冰）
载1978年8月《边疆文艺》（月刊）第5期。

献给心中的火山——悼念郭沫若同志（贾漫）
载1978年8月《草原》（月刊）第5期。

忆郭老在东京的一次讲演（王锦第）
载1978年8月《战地》（增刊）（季刊）第1期。

永不消逝的春天——悼念郭沫若同志（李俊民）
载1978年8月《上海文艺》（月刊）第8期。

忆郭老（戈宝权）
载1978年8月《上海文艺》（月刊）第8期。

挽郭沫若同志（骆文）
载1978年8月《长江文艺》（月刊）第5期。

怀念郭老（徐寿轩）
载1978年8月《吉林文艺》（月刊）第8期。

回忆郭老的一幅题字（谢枋）
载1978年8月《浙江文艺》（月刊）第8期。

海防儿女怀念你——怀念敬爱的郭老访问舟山群岛（唐锋）
载1978年8月《浙江文艺》（月刊）第8期。

诲人不倦的良师——悼念郭沫若同志（胡善美）
载1978年8月《福建文艺》（月刊）8月号。

永久的纪念（赵正）
载1978年8月《甘肃文艺》（月刊）8月号。

悼郭老（刘肖芜）
载1978年8月《新疆文艺》（月刊）8月号。

文艺战线上的光辉旗帜——悼郭老（诗）（欧阳秋）
载1978年8月《新疆文艺》（月刊）8月号。

郭沫若与鲁迅的革命友谊（吴泰昌）
载1978年8月《南开大学学报》（双月刊）第4—5期。

纪念卓越的无产阶级战士郭沫若同志（周谷城等）
载1978年《中华文史论丛》第8辑

回忆旅居日本时的父亲（和生）
载1978年《海燕》第1期。

不断探索，勇于创新——学习郭老的治学精神（田川久）
载1978年《辽宁师院学报》第2期。

郭沫若同志在重庆（苏光文）
载1978年《西南师院学报》第2期。

英名长留山水间（诗）（曾宪瑞）
载1978年《邕江文艺》第3—4期。

"我心中的剑"（散文）（柴立扬）
载1978年《邕江文艺》第3—4期。

悼念郭沫若同志（中国语文编辑部）
载1978年9月《中国语文》（双月刊）第3期。

嘉陵江畔的一段往事——回忆郭老与悲鸿（廖静文）
载1978年9月《文艺报》（月刊）第3期。

人文蔚耿光——学习郭老给我馆的题辞（林梓宗）
载1978年9月25日中国科学院《图书馆工作》第3期。

德业卓著，师风长存——沉痛悼念郭沫若院长（辛希孟）
载1978年9月25日中国科学院《图书馆工作》第3期。

卓越的无产阶级文艺战士——郭沫若同志的部分照片、文物和有关怀念文章摘编
载1978年9月《革命文物》（双月刊）

第 5 期。

在狱中致郭沫若的信（叶挺）
载 1978 年 9 月《革命文物》（双月刊）第 5 期。

回忆郭老二题（魏绍昌）
载 1978 年 9 月《破与立》（双月刊）第 6 期。

伟大的无产阶级文化战士郭沫若（侯枫）
载 1978 年 9 月《广西文艺》（月刊）第 6 期。

敬悼郭老（散文）（兰蔚）
载 1978 年 9 月《武汉文艺》（双月刊）第 5 期。

永远为自由而歌唱（龚啸岚）——忆四十年前郭老对湖北地方戏的教诲
载 1978 年 9 月《武汉文艺》（双月刊）第 5 期。

郭沫若的思想和创作（北师大中文系）
载 1978 年 9 月北京师大中文系《语文函授》第 26 期。

深切地怀念郭沫若同志（任白戈）
载 1978 年《四川文艺》（月刊）第 9 期。

悼郭老（诗）（余凯成）
载 1978 年《安徽文艺》（月刊）第 9 期。

郭沫若同志挽诗二首（章嘉乐）
载 1978 年《安徽文艺》（月刊）第 9 期。

沉痛的悼念（广州文联）
载 1978 年《广州文艺》（双月刊）第 5 期。

怀念郭沫若同志（孙席珍）
载 1978 年 10 月《文史哲》（双月刊）第 5 期。

文学大师与一字之师（刘福开）
载 1978 年 10 月《人民戏剧》（月刊）第 10 期。

我对郭老的点滴回忆（回忆杂感）（周钦岳）
载 1978 年 10 月《四川文艺》（月刊）第 10 期。

回想郭老关于马雅可夫斯基的诗和信（戈宝权）
载 1978 年 10 月《社会科学战线》（季刊）第 3 期。

郭沫若院长谈曹雪芹卒年问题（吴世昌）
载 1978 年 10 月《社会科学战线》（季刊）第 3 期。

忆郭老对文物博物馆事业的关怀（吉林省博物馆）
载 1978 年 10 月《社会科学战线》（季刊）第 3 期。

嵚崎此景城中孤——记郭沫若同志游览金华双龙洞冰壶洞（徐家麟）
载 1978 年《西湖》第 10 期。

生虽未相晤，青史同辉耀——追忆郭老 1962 年在绍兴鲁迅纪念馆（朱忞陈雯）
载 1978 年《西湖》第 10 期。

郭沫若的一个方面（一）（（日）九三升）
载 1978 年《朝日亚洲评论》第 9 卷第 3 期。

郭沫若的少年时代（二）（（日）九三升）
载 1978 年《朝日亚洲评论》第 9 卷第 3 期。

郭沫若的婚姻问题（三）（（日）九三升）
载 1978 年《朝日亚洲评论》第 9 卷第 3 期。

郭沫若逝世前后（四）（（日）九三升）
载 1978 年《朝日亚洲评论》第 9 卷第 3 期。

鲁迅与郭沫若（五）（（日）九三升）

载 1978 年《朝日亚洲评论》第 9 卷第 3 期。

郭沫若学生时代年谱（1892—1923 年）（李保均）
载 1978 年 11 月《四川大学学报》第 4 期。

怀念郭沫若同志（容庚）
载 1978 年 11 月《学术研究》（季刊）第 4 期。

当我从校场口走过——怀念郭老（杨山）
载 1978 年 11 月《四川文艺》（月刊）第 11 期。

郭沫若先生和《日本与中国》——日中友协二十八年史的一个侧面
载 1978 年 11 月 25 日和 12 月 5 日《日本与中国》。
转引自吉林师范大学外研所日本文学研究室编《日本文学情况与研究·日本朋友悼念郭沫若》1978 年第 1 期。

郭沫若历史著作年表（肖远强）
载 1978 年 12 月《社会科学战线》增刊第 1 卷。

忆郭老（于省吾）
载 1978 年 12 月《吉林大学学报》（季刊）第 4 期。

郭老与拉丁化新文字（杨之明）
载1978年《文字改革通讯》第6期。

永不能忘的纪念——悼念郭沫若院长（黄盛璋）
载1978年12月《社会科学战线》（增刊）。

郭沫若（中国文学家辞典编委会）
收入北京语言学院文学家辞典编委会《中国文学家辞典·现代第一分册》1978年9月版。

郭沫若（徐州师院中文系）
收入徐州师院《中国现代作家传略》1978年10月版。

郭沫若
收入山东师院、山东师院聊城分院《中国现代作家小传》1978年11月版。

毛泽东同志给郭沫若同志的信（1944年11月21日于延安）
载1979年1月1日《人民日报》。

亲切的教诲和激励（康务学）
载1979年2月18日《甘肃日报》。

别府行（林林）
载1979年4月28日《人民日报》。

未来的鲁迅与郭沫若必将在新时期诞生——"五四"节前访问老作家茅盾同志（舒展 顾志成）
载1979年5月5日《中国青年报》。

三次伟大的思想解放运动——在中国社会科学院召开的纪念五四运动六十周年学术讨论会上的报告（周扬）
载1979年5月7日《人民日报》。

天津市代表访郭老旧居（田家农）
载1979年6月6日《天津日报》。

郭老与《新华日报》（邱沛篁）
载1979年6月7日《成都日报》。

阳光弥六合 红星万古舟——忆郭老访问井冈山（张涛）
载1979年6月10日《江西日报》。

郭老在我们中间（成都市川剧院双江）
载1979年6月11日《成都日报》。

忆郭老（段可情）
载1979年6月11日《成都日报》。

千载永勿磨——记郭老为如东水利建设的三首题诗（孙怡新）
载1979年6月13日《解放日报》。

在郭老的关怀下（于真）
载1979年6月14日《北京日报》。

郭老学生时代在成都（李保均）
载 1979 年 6 月 14 日《成都日报》。

"写作的目的是服务大众"——忆郭老对我的教诲（吴明）
载 1979 年 6 月 16 日《中国青年报》。

采石矶头忆郭老（张振国）
载 1979 年 6 月 17 日《安庆日报》。

"为济苍生化霖雨"——记郭沫若同志 1964 年温州之行（叶大兵）
载 1979 年 6 月 17 日《浙江日报》。

"照书还喜一灯妍"——郭沫若同志与绿川英子二三事（龚佩康）
载 1979 年 6 月 17 日《四川日报》。

清夜忆郭老（诗）（罗培元）
载 1979 年 6 月 17 日香港《文汇报》。

湖山千载属诗人——怀念郭老的教益（林半觉）
载 1979 年 7 月 8 日《广西日报》。

郭沫若研究学术讨论会在乐山举行
载 1979 年 7 月 13 日《文汇报》。

郭沫若和科普工作（公盾）
载 1979 年 8 月 30 日《文汇报》。

珞珈山的怀念（罗高林）
载 1979 年 10 月 14 日《湖北日报》。

郭老与《救亡日报》（邱沛篁）
载 1979 年 11 月 15 日《成都日报》。

难忘的激动——追忆郭老对青年的关怀（李衡）
载 1979 年 12 月 9 日《云南日报》。

鲁迅和郭沫若书赠日本友人的题兰绝句（陈梦熊）
载 1979 年 1 月《破与立》（双月刊）第 1 期。

往日的诗情——献给郭老（常任侠）
载 1979 年 1 月《文教资料简报》第 1 期总第 85 期。

郭沫若小传
载 1979 年昭乌达蒙族师专函授教育处《函授辅导》第 1 期。

郭沫若前期思想发展研究中的几个问题（陈永志）
载 1979 年《上海师范学院学报》第 1 期。

郭沫若笔名考释（卢正言）
载 1979 年《上海师范学院学报》第 1 期。

惊悉郭沫若同志逝世终年八十有六挽诗二首（许惺盦）
载1979年《上海师范学院学报》第1期。

郭沫若著作在日本（戈宝权）
载1979年《文献丛刊》第1卷。

鲁迅与郭沫若（龚济民）
载1979年2月《上海师大学报》（双月刊）第1期。

记和郭老的一次见面（叶百泉）
载1979年《文艺百家》第1期。

日光岩下的怀念——忆郭老在厦门的日子（杨云）
载1979年《榕树文学丛刊》第1卷。

民主革命时期郭沫若的文艺思想（刘柏青）
载1979年《吉林大学社会科学论丛》（文学专辑）第1卷。

到乐山访郭老故里（六首）（楼适夷）
载1979年《沫水》创刊号；
又载1979年4月《四川文学》（月刊）第8期。

登乐山凌云阁怀郭老（高兰）
载1979年《沫水》创刊号；

又载1979年8月《四川文学》（月刊）第8期。

乐山行（五首）（戈宝权）
载1979年《沫水》创刊号。

敬录郭老《桃园花盛开》（题词）（孙席珍）
载1979年《沫水》创刊号。

沫水滔滔情意长（郭庶英）
载1979年《沫水》创刊号。

"一零一"纪念（郭平英）
载1979年《沫水》创刊号。

怀郭老（遍能）
载1979年《沫水》创刊号。

论郭沫若的泛神论思想（陈永志）
载1979年2月《文学评论丛刊》第2卷。

鼓励着先鞭——记郭沫若同志参观青田石雕工厂和石门洞（单泽阳）
载1979年2月《西湖》（月刊）第2期。

战士——怀念郭沫若同志（李瑛）
载1979年2月《四川文学》（月刊）第2期。

亲切的教诲——记1938年在延安毛主席接见时的谈话（臧云远）
载1979年2月《新文学史料》（丛刊）第2卷。

试论郭沫若的泛神论思想（邹水旺）
载1979年《江西师院学报》第2期。

郭沫若对鲁迅的评价（洪丝丝）
载1979年2月《新文学史料》（丛刊）第2卷。

回忆郭老的一些片断（赵沨）
载1979年2月《新文学史料》（丛刊）第2卷。

记一次难忘的亲切会见——忆郭老（方殷）
载1979年2月《新文学史料》（丛刊）第2卷。

忆郭老二三事（唐瑜）
载1979年2月《新文学史料》（丛刊）第2卷。

悼念·回忆·学习——忆郭老二三事（张悲鹭）
载1979年2月《新文学史料》（丛刊）第2卷。

深切的怀念，沉痛的哀悼——写于惊

闻郭沫若病逝之后（林焕平）
载1979年2月《新文学史料》（丛刊）第2卷。

日中的桥梁——沫若文库（吉林师大日本研究生供稿）
载1979年2月《新文学史料》（丛刊）第2卷。

周扬笑谈历史功过（赵浩生）
载1979年2月《新文学史料》（丛刊）第2卷。

有关1936年周扬等人的行动以及鲁迅提出"民族革命战争的大众文学"口号的经过（冯雪峰）
载1979年2月《新文学史料》第2卷。

郭老与鲁迅著作的注释工作（林辰）
载1979年2月《新华日报》（文摘版）2月号。

郭沫若鬻字例（魏绍昌）
载1979年2月《新文学史料》第2卷。

郭沫若的历史剧主张（方仁念 王训昭）
载1979年2月《上海师大学报》（双月刊）第1期。

回忆郭老访沈园（朱悫）
载1979年3月《西湖》（月刊）3月号。

怀郭老　话勾园（游记）（何一萍）
载 1979 年 3 月《广西文艺》（月刊）第 3 期。

"沫若"解及其他（丁扬）
载 1979 年 4 月《语言文学》（双月刊）第 2 期。

郭先生与日本（（日）岛田政雄作，林焕平译）
载 1979 年《青海湖》第 4 期。

风华尚在——记郭沫若同志在东北烈士纪念馆（门瑞瑜）
载 1979 年 4 月《学习与探索》（双月刊）第 1 期。

在 1978 年全国优秀短篇小说评选发奖大会上的讲话（茅盾）
载 1979 年 4 月《人民文学》（月刊）第 4 期。

有关郭沫若家世的资料（伍加伦　王锦厚）
载 1979 年 4 月南京师院编《文教资料简报》总第 88 期。

郭沫若早年所受的文学影响（伍加伦　王锦厚）
载 1979 年 4 月南京师院编《文教资料简报》总第 88 期。

郭沫若未完成的作品编目（初稿）（卢正言）
载 1979 年 4 月南京师院编《文教资料简报》总第 88 期。

我的丈夫郭沫若（佐藤富子）
载 1979 年 4 月南京师院编《文教资料简报》总第 88 期。

《沫若文集》部分作品系年考订（张秀华）
载 1979 年 5 月《郑州大学学报》第 2 期。

我国现代文学的奠基人——鲁迅与郭沫若（甘竞存）
载 1979 年 5 月《南京师院学报》第 2 期。

郭沫若前期思想的发展新探（顾炯）
载 1979 年 5 月《南京师院学报》第 2 期。

郭沫若与鲁迅（黄候兴）
载 1979 年 5 月山西师院中文系《语文教学通讯》第 3 期。

论郭沫若"五四"时期的思想和作品（李保均）
载 1979 年 5 月《社会科学研究》（双月刊）第 2 期。

五四新文化运动若干人物和期刊简介（德耀）
载1979年5月《山东师院学报》（双月刊）第3期。

"望将冥福裕后昆"——郭沫若和日本出版界友人田中庆太郎、岩波茂雄（吕元明）
载1979年《吉林师大学报》第3期。

沫若书话（蒲声）
载1979年山东师院《语文教学》第3期。

郭老访问厦门大学（李海谛）
载1979年5月《福建文艺》（月刊）第4—5期。

悼亡友于立群（胡絜青）
载1979年5月《收获》（双月刊）第5期总第19期。

读郭老的诗论（杨匡汉）
载1979年5月25日《奔流》第5期。

并行不悖 相得益彰——学习郭老有关"红与专"的论述（郭生祥）
载1979年6月《内蒙古教育》（月刊）第6期。

忆《谷风》（怀郭老 曹文彬）

载1979年6月《群众》（月刊）第6期。

郭老与电影（沈基宇）
载1979年6月《大众电影》（月刊）第6期。

忆《屈原》念郭老（炼虹）
载1979年6月《西湖》（月刊）第6期。

热情满腔唱《蓓蕾》——纪念郭老逝世一周年（尹世明）
载1979年6月《汾水》（月刊）第6期。

文学战线上的又一面光辉旗帜（刘一新）
载1979年6月杭州大学中文系《语文战线》第3期。

郭老与中国古代社会研究——纪念郭沫若同志逝世一周年（尹达）
载1979年《中国史研究》第2期。

音容宛在，遗教犹存——回忆郭老与北图二三事，纪念郭老逝世一周年（咸志芬）
载1979年6月30日中国图书馆学会《图书馆学通讯》（会刊）第1期。

回忆郭老对我省图书馆事业的关怀（王敬业）
载1979年7月《吉林省图书馆学会会

刊》第 1 期。

深情的怀念——敬读郭老题字（诗）
（梁岩海）
载 1979 年 7 月《吉林省图书馆学会会刊》第 1 期。

纪念郭老　学习郭老（曾悼）
载 1979 年 7 月《武汉文艺》（双月刊）第 4 期。

永恒的怀念——纪念郭沫若同志逝世一周年（钱远铎）
载 1979 年 7 月《武汉文艺》（双月刊）第 4 期。

郭沫若——中国新史学的开创者（上）
（卞哲）
载 1979 年 7 月《读书》（月刊）第 4 期。

郭老与"中华学艺社"（邓牛顿）
载 1979 年 7 月《复旦大学学报》（双月刊）第 4 期。

赴市川市参观郭老旧居代中国作家代表团为市长高桥国雄先生题册子
（姚雪垠）
载 1979 年 7 月《诗刊》（月刊）7 月号。

卓越的无产阶级文化战士郭沫若同志
（戎笙）

载 1979 年 7 月《历史教学》第 7 期。

记郭老的一封信（朱星）
载 1979 年 7 月《历史教学》第 7 期。

谈郭沫若与郁达夫的友谊（谢励武）
载 1979 年 8 月《开封师院学报》（双月刊）第 4 期。

试论郭沫若从探索到贯彻工农兵方向的贡献——兼及思想发展之一二问题
（马良春）
载 1979 年 8 月上海文艺出版社版《文艺论丛》第 7 辑。

《怀亡友》与敬文执（孙新世）
载 1979 年《北京文艺》第 7 期。

龚嘴口（楼适夷）
载 1979 年 8 月《四川文学》（月刊）第 8 期。

参加郭沫若学术讨论会有感（诗）（艾芜）
载 1979 年 8 月《四川文学》（月刊）第 8 期。

须和田行（林林）
载 1979 年 8 月《作品》（月刊）第 8 期。

昙华永念（丁正献）
载 1979 年 8 月《东海》第 8 期。

郭沫若——中国新史学的开创者（下）（卞哲）
载 1979 年 8 月《读书》（月刊）第 5 期。

沫若书简（王冶秋）
载 1979 年 9 月《战地》增刊第 5 期。

郭沫若泛神论思想的发展过程（陈永志）
载 1979 年 9 月《文艺论丛》第 8 辑。

关于两个文艺界联合宣言——学习周恩来同志《我要说的话》（丁景唐）
载 1979 年 9 月《学术月刊》第 9 期。

郭老研究开新章——记在四川省乐山市召开的郭沫若研究学术讨论会（葆荃）
载 1979 年 9 月《文艺报》（月刊）第 9 期。

怀念尊敬的郭老——《郁达夫诗词钞》付梓感言（于听）
载 1979 年 9 月《西湖》（月刊）第 9 期。

追记一九三九年郭老还乡（罗方）
载 1979 年 10 月《文学评论丛刊》第 4 辑，中国社会科学出版社出版。

回忆沫若早年在日本的学习生活（钱潮口述　盛巽昌记录整理）
载 1979 年 10 月《中国现代文艺资料丛刊》第 4 辑，上海文艺出版社出版。

试谈郭沫若世界观的转变——兼与楼栖同志商榷（谷辅林）
载 1979 年 10 月《文学评论丛刊》第 4 辑，中国社会科学出版社出版。

以文艺为帜志者——学习郭老条幅题句（臧克家）
载 1979 年 10 月《中国现代文艺资料丛刊》第 4 辑，上海文艺出版社出版。

郭沫若名、号、别名、笔名辑录（艾扬）
载 1979 年 10 月《中国现代文艺资料丛刊》第 4 辑，上海文艺出版社出版。

郭沫若著译书目（沈仍福　黄福初　王海诵）
载 1979 年 10 月《中国现代文艺资料丛刊》第 4 辑，上海文艺出版社出版。

郭沫若的笔名与别名（彭放）
载 1979 年 11 月 30 日《社会科学战线》（季刊）第 4 辑。

郭沫若和四川革命同志会（曾绍敏）
载 1979 年 11 月成都《社会科学研究》（双月刊）第 5 期。

复杂而紧张的生活、学习与斗争（下）回忆录（五）（茅盾）
载 1979 年 11 月《新文学史料》（丛刊）第 5 期。

郭老为什么弃医就文（陈辛）
载 1979 年 11 月《新文学史料》（丛刊）第 5 期。

关于郭老的两件事（黄裳）
载 1979 年 11 月《战地》（增刊）第 6 期。

在斗争中学习和坚持马克思主义——郭沫若前期思想发展的一条主线（阎焕东）
载 1979 年 12 月中国人民大学中国语言文学系《文学论集》第 2 辑。

郭沫若著译系年（苏川　倪波）
载 1979 年《吉林师大学报》增刊。

郁达夫与创造社（于昀）
载 1979 年 11 月《新文学史料》第 5 期。

郭沫若早年家书（黄高彬　唐明中）
载 1979 年 11 月《社会科学战线》第 4 期。

郭沫若与闻一多（何其芳）
收入《何其芳选集》第 2 卷，1979 年 11 月四川人民出版社第 1 版。

郭沫若（阎纯德　李润新等）
收入北京语言学院《中国文学家辞典》编委会编《中国文学家辞典》，1979 年

12 月四川人民出版社。

静嘉堂文库和东洋文库（葛正慧）
载 1979 年 12 月《书林》第 2 期。

郭老攻读《资本论》（陈福康）
载 1979 年 12 月《书林》第 2 期。

郭沫若（山东师范学院中文系）
收入《中国当代文学研究资料·中国当代作家小传》，1979 年版（此书未注明版次——编者）。

郭沫若研究资料
上海师范学院中文系资料室、图书馆

鲁迅与郭沫若（单演义　鲁歌编注）
1979 年徐州师范学院学报编辑部版。

领导、战友、知音——怀念周恩来与郭沫若（张颖）
载 1980 年 1 月 27 日《光明日报》。

郭沫若给一个习作者的回信（骆传伟）
载 1980 年 2 月 3 日《湖北日报》。

郭沫若论历史剧创作（王剑丛）
载 1980 年《中山大学学报》（季刊）第 2 期。

读郭沫若的《论诗》通信（孙玉石）

载1980年5月《新文学史料》（季刊）第2期。

屈原故乡和郭沫若（啸海）
载1980年6月8日《文汇报》。

郭老与我们船员在一起的时候（俞威声）
载1980年6月13日《长江日报》。

郭沫若同志和党的关系（吴奚如）
载1980年7月10日《羊城晚报》。

郭老的笔名（晓雷）
载1980年9月7日《人民铁道》。

大革命时期郭沫若同志在广东（林飞鸾、梅海）
载1980年9月9日《羊城晚报》。

秋日谈往——回忆同郭沫若、田汉青年时期的友谊（宗白华口述　邵士方、赵尊宪整理）
载1980年10月19日《北京日报》。

郭沫若泛神论思想探源（李保钧）
载1980年1月《文学评论丛刊》第1期。

郭沫若的日本之行（柳尚彭　卢正言）
载1980年1月《语文教学通讯》（双月刊）第1期。

"注意"郭沫若的"秘密"（王锦厚　伍加伦）
载1980年《山西师院学报》第1期。

郭沫若书话（连载之一）（韩立群）
载1980年2月《教学研究》（双月刊）第1期。

郭老和战地服务团（唐勋　计惜英）
载1980年2月《新文学史料》（季刊）第1期。

怀念——回忆傅抱石与郭老（罗时慧）
载1980年《群众论丛》（季刊）第2期。

鲁迅和郭沫若的两枚同名印章（正言）
载1980年《上海师院学报》（季刊）第2期。

郭沫若与河上肇及其《社会组织与社会革命》（朱受群）
载1980年《江西师院学报》（季刊）第2期。

从天宫府到赖家桥——记郭老领导下的重庆学术活动（臧云远）
载1980年《群众论丛》（季刊）第2期。

郭沫若和少年儿童（钟山）
载1980年《西湖》（月刊）第3期。

论郭沫若前期的文艺思想（陈明华）
载 1980 年 3 月哈尔滨师院《北方论丛》（双月刊）第 2 期。

读郭沫若论"国防文学"——兼评"两个口号"的论争（彭放）
载 1980 年 3 月哈尔滨师院《北方论丛》（双月刊）第 2 期。

访问郭老的故乡（适夷）
载 1980 年 3 月《当代》（季刊）第 2 期。

郭沫若与杜甫（韩培基 江汗青）
载 1980 年《宁夏大学学报》（季刊）第 3 期。

谈日本新出版的《郭沫若选集》（戈宝权）
载 1980 年 5 月《读书》（月刊）第 5 期。

郭沫若与苏东坡（王锦厚 伍加伦）
载 1980 年 5 月《武汉大学学报》（双月刊）第 3 期。

《沫若前集》和《郁达夫全集》——郭沫若给我的信（赵景深）
载 1980 年 5 月《新文学史料》（季刊）第 2 期。

郭沫若同志和党的关系（吴奚如）
载 1980 年 5 月《新文学史料》（季刊）第 2 期。

缅怀郭老（周而复）
载 1980 年 5 月《新文学史料》（季刊）第 2 期。

杂忆郭老在东京（陈北鸥）
载 1980 年 5 月《新文学史料》（季刊）第 2 期。

回忆郭老创作二十五周年纪念和五十寿辰的庆祝活动（阳翰笙）
载 1980 年 5 月《新文学史料》（季刊）第 2 期。

郭沫若书话（连载之二）（韩立群）
载 1980 年 5 月《教学研究》（双月刊）第 3 期。

郭沫若给南岳和尚的信（丘均元 吕芳文）
载 1980 年 5 月《革命文物》（双月刊）第 3 期。

郭沫若与 1936 年的"两个口号"论争（钟林斌）
载 1980 年《辽宁大学学报》（双月刊）第 5 期。

《郭沫若的笔名和别名的小补充》（陈福康）
载 1980 年中国人民大学书报资料社《郭沫若研究》第 6 期。

郭沫若与陈布雷（植耘）
载1980年7月《战地》第4期。

郭沫若名字略释（朱点）
载1980年8月《语文教学》（双月刊）第4期。

《郭沫若评传》出版（文君）
载1980年中国人民大学书报资料社《郭沫若研究》第7期。

郭老二事
载1980年《实践》第7期。

鲁迅和郭沫若（张毓茂）
载1980年8月《求是学刊》（季刊）第3期。

郭沫若选集
载1980年中国人民大学书报资料社《郭沫若研究》第10期。

第三厅——国统区抗日民族统一战线的一个战斗堡垒（一）（阳翰笙）
载1980年11月《新文学史料》（季刊）第4期。

重读郭老的一封信（马凌霜）
载1980年11月《战地》第5期。

郭沫若与鲁迅的革命友谊——从郭沫若步鲁迅诗韵写起的几首诗谈起（傅正乾）
载1980年《陕西师大学报》第4期。

论郭沫若倡导"革命文学"的功绩（钟林斌）
载1980年《社会科学季刊》第6期。

谈日本建立的四个郭沫若的诗碑（戈宝权）
载1980年《战地》增刊第6期。

亲切的墨迹，难忘的教诲（赵银棠）
载1980年《新疆文艺》第8期。

在春天抢着播种——郭老对儿童文学事业的贡献（邓牛顿）
收入邓牛顿、匡寿祥编《郭老与儿童文学》，1980年12月河南人民出版社第1版。

二、诗作研究

（一）诗歌研究总论

郭沫若的诗（题目为编者加——编者）（恩葊）
收入北社新诗年选编辑部《新诗年选》，1919年上海亚东图书馆出版。

复沫若（白华）
载1919年12月22日《时事新报·学灯》。

致郭沫若、田寿昌（石岭）
载 1920 年 7 月 12 日《时事新报·学灯》。

给宗白华的信（会员通讯）（李思纯）
载 1920 年《少年中国》第 2 卷第 3 期。

答沫若乃惠两先生（东荪）
载 1920 年 9 月 11 日《时事新报·学灯》。

致郭沫若函（胡怀琛）
载 1921 年 2 月 15 日《民铎》第 2 卷第 5 号。

致郭沫若（戈乐天）
载 1923 年 7 月 1 日《时事新报·学灯》。

通信一则（王独清）
载 1923 年 9 月 16 日《创造周报》第 19 号，泰东书局出版。

通信一则（梁实秋）
载 1923 年 12 月 16 日创造社《创造周报》第 32 号，泰东书局出版。

给郭沫若的信（胡怀琛）
收入胡怀琛著《诗学讨论集》，1934 年 7 月新文化书局第 3 版。

郭君沫若的诗（朱湘）
收入朱湘著《中书集》（创作文库十三），1934 年 10 月上海生活书店初版。

再论郭君沫若的诗（朱湘）
收入朱湘著《中书集》（创作文库十三），1934 年 10 月上海生活书店初版。

《中国新文学大系·诗集》《导言》（朱自清）
收入朱自清主编《中国新文学大系·诗集》，1935 年 10 月上海良友图书公司初版。

郭沫若的诗歌（穆木天）
载 1937 年 1 月 1 日《文学》第 8 卷第 1 期。

论郭沫若的诗（蒲风）
载 1937 年 11 月《中国诗坛》第 1 卷第 4 期。

革命的浪漫的诗人（欧阳山）
载 1941 年 11 月 27 日《新华日报》。

与沫若在诗歌上的关系（田汉）
载 1941 年 12 月《诗创作》第 6 期。

也是漫谈而已（茅盾）
载 1946 年 2 月《文联》第 1 卷第 4 期。

"五四"以来新诗发展的一个轮廓（臧克家）

载 1955 年 2 月《文艺学习》（月刊）第 2 期。

忆临潼华清池——读郭沫若先生诗有感（孙思白）

载 1956 年 12 月 25 日《文汇报》。

十月革命和郭沫若的诗（黎文）

载 1957 年 10 月 29 日《新民晚报》。

论郭沫若早期的诗（张光年）

载 1957 年 1 月《诗刊》（月刊）1 月号。

论郭沫若的诗（楼栖）

载 1957 年 6 月《文学研究》（季刊）第 2 期。

赠郭沫若同志（陈毅）

载 1957 年 9 月《诗刊》（月刊）9 月号。

谈谈郭沫若诗歌创作的发展——为迎接《沫若文集》出版而作（华忱之）

载 1957 年 9 月《草地》（月刊）9 月号。

关于香槟（万培德 等）

载 1958 年 5 月 9 日《文汇报》。

给郭沫若同志的信（张光年）

载 1958 年 4 月《文艺报》（半月刊）第 7 期。

论郭沫若的诗歌创作（（苏）Н·费达林柯著，王维良、陈基明、雄永陵译）

载 1958 年云南大学编《人文科学杂志》（双月刊）第 6 期。

郭沫若的诗集译成捷文

载 1959 年 1 月 19 日《文汇报》。

郭老自己也忘记了的诗（王金光）

载 1959 年 12 月 1 日《羊城晚报》。

五四新诗的伟大起点（臧克家）

载 1959 年 4 月《诗刊》（月刊）第 4 期。

关于"五四"文学的历史评价问题（邵荃麟）

载 1959 年 5 月《人民文学》（月刊）5 月号。

"五四"时期的新诗（方牧）

载 1959 年 5 月《文学青年》（月刊）第 5 期。

新诗话（八）（何其芳）

载 1959 年 6 月《文学知识》（月刊）第 6 期。

见《诗歌欣赏》，1963 年作家出版社出版。

读郭老写给孩子们的诗（黄季耕）
载 1959 年 6 月《安徽文学》（半月刊）第 11 期。

无产阶级革命诗歌的高潮——"新诗发展概况"之二（谢冕 等）
载 1959 年 7 月《诗刊》（月刊）7 月号。

学习郭诗（王明健）
载 1959 年 9 月《太原文艺》（月刊）第 9 期。

暴风雨的前奏——"新诗发展概况"之三（谢冕 等）
载 1959 年 10 月《诗刊》（月刊）10 月号。

民族抗战的号角——"新诗发展概况"之四（谢冕 等）
载 1959 年 12 月《诗刊》（月刊）12 月号。

五四新诗的历史评价（孙滕芳 刘剑涂）
载 1959 年 11 月《厦门大学学报》第 2 期（社会科学版）。

光景常新 松柏永茂——读郭沫若同志大跃进以来的诗歌（钟树梁）
载 1960 年 8 月 30 日《成都日报》。

读郭老《诗三首》补述（曹思彬）
载 1962 年 1 月 6 日《羊城晚报》。

喜读《郭老谈诗》（颜继全 等）

载 1962 年 4 月 13 日《羊城晚报》。

郭沫若留学日本初期的诗（海英）
收入上海文艺出版社《中国现代文艺资料丛刊》编辑组《中国现代文艺资料丛刊》第 3 辑，1963 年 11 月上海文艺出版社第 1 版。

繁花似锦 颂歌于云——读《沫若诗词选》（尹凌）
载 1978 年 6 月 15 日《重庆日报》。

日中友好的诗碑（刘德友）
载 1978 年 10 月 2 日《人民日报》。

驱赶暗夜的歌声（李秀忠）
载 1978 年 10 月 15 日《辽宁日报》。

重读郭沫若同志的一封信（王继初）
载 1978 年 12 月 6 日《湖南日报》。

由郭老改诗想起的（艾克恩）
载 1978 年 6 月《诗刊》（月刊）6 月号。

略论郭沫若早期的诗歌创作（林非）
载 1978 年 8 月《文学评论》（双月刊）第 4 期。

不朽的艺术生命——读郭老建国后的诗作（代一）
载 1978 年《鸭绿江》8 月号。

郭沫若早期诗歌的浪漫主义特色（刘正强）
载 1978 年 6 月《昆明师院学报》（内部发行）第 3 期。

试论郭沫若的早期思想和诗作（吴景和）
载 1978 年 9 月《延安大学学报》（季刊）第 3 期。

郭老——我国新诗的伟大奠基者（杜元明）
载 1978 年 9 月《河北文艺》（月刊）第 9 期。

论郭沫若辛亥革命至"五四"前的思想和创作（李保均）
载 1979 年 3 月《西北大学学报》（季刊）第 2 辑。

放声高唱新长征——读郭老粉碎四人帮以来发表的诗词（复吟）
载 1978 年 9 月山西师院中文系《语文教学通讯》编委会编《语文教学通讯》第 4—5 期。

郭沫若——现代第一诗人（冯健男）
载 1978 年 12 月《河北师大学报》第 3 期。

听凤凰鸣（李华飞）
载 1979 年 6 月 17 日《四川日报》。

避免讹传——关于郭沫若最早的诗（张义君）
载 1979 年 7 月 29 日《广西日报》。

书信探源——发现郭老的一封信之后（丘均元　吕芳文）
载 1979 年 11 月 11 日《湖南日报》。

《郭沫若闽游诗集》简介（林英）
载 1979 年 11 月 25 日《福建日报》。

论郭沫若的爱情诗（彭放）
载 1979 年 9 月 10 日黑龙江文学艺术研究所《文艺百家》编辑部《文艺百家》第 1 期。

壮心不已诵诗情　黄钟长鸣奏新声——读郭老解放后的诗歌（黄曼君）
收入文学评论编辑部《文学评论丛刊》第 2 辑，1979 年 2 月中国社会科学出版社第 1 版。

开一代诗风——论郭沫若《女神》的社会主义因素（邵愈强）
载 1979 年 3 月山西师院中文系《语文教学通讯》第 2 期。

五四运动与早期新诗（杜元明）
载 1979 年 5 月《诗刊》（月刊）5 月号。

论五四时期新诗的主流（廖子东）
载 1979 年 6 月《华南师院学报》（双月刊）第 3 期。

光辉的旗帜　战斗的诗篇——重温郭沫若同志访问井冈山的诗篇（张涛）
载1979年6月《星火》（月刊）第6期。

郭老的诗作和科学（公矛）
载1979年6月南京师院中文系《文教资料简报》总第90期。

科技要和光赛跑——漫谈郭沫若的诗作和科学（公盾）
载1979年7月《战地》增刊第4期。

追记《甲辰题画诗》（晓光）
载1979年7月《书法》（双月刊）第4期。

记郭老的一封信（朱星）
载1979年7月《历史教学》（月刊）第7期。

郭沫若的革命浪漫主义及其发展举隅（马韵政）
载1979年7月《辽宁师院学报》（双月刊）第4期。

郭老首次发表的新诗（范国华）
载1979年8月《社会科学战线》（季刊）第3期。

和新中国一起歌唱——建国三十年诗歌创作的简单回顾（谢冕）
载1979年8月《文学评论》（双月刊）第4期。

《郭沫若诗作谈》辑录附记（任文）
收入《中国现代文艺资料丛刊》第4辑，1979年11月上海文艺出版社第1版。

吮精去粕　破卷取神——学习郭老《读随园诗话札记》（张志烈）
载1979年11月《四川大学学报》（季刊）第4期。

郭老改诗（补旧）
载1979年11月《新文学史料》第5期。

郭沫若为《湖颖谱》的题诗（费在山）
载1979年11月《战地》增刊（双月刊）第6期。

（二）《女神》研究

批评郭沫若的处女诗集《女神》（郑伯奇）
载1921年8月21日、22日、23日《时事新报·学灯》。

致读《女神》者（资平）
载1922年4月《文学旬刊》第34期。

《女神》之生日（郁达夫）
载1922年8月2日《时事新报·学灯》。

《女神》之时代精神（闻一多）
载 1923 年 6 月 3 日《创造周报》第 4 号，泰东书局出版。
收入《闻一多诗文选集》，1955 年 3 月人民文学出版社出版。

《女神》的地方色彩（闻一多）
载 1923 年 6 月 10 日《创造周报》第 5 号，泰东书局出版。
收入《闻一多诗文选集》1955 年 3 月人民文学出版社。

新诗坛上的一颗炸弹（素数）
载 1923 年 7 月 9 日《时事新报·学灯》。

读了《女神》以后（谢康）
载 1929 年 3 月 25 日《创造季刊》第 1 卷第 2 期，上海泰东书局第 6 版。

图画中奏乐的女神——读《女神》的时候（诗）（袁家骅）
载 1933 年 2 月《创造日》（汇刊），上海光华书局第 4 版。

延安演奏"凤凰涅槃"之歌——庆祝郭沫若先生寿辰
载 1941 年 11 月 14 日《新华日报》。

郭沫若和他的《女神》（周扬）
载 1941 年 11 月 16 日《解放日报》。

《女神》的邂逅（绀弩）
载 1941 年 11 月《文艺生活》第 1 卷第 3 期。

"凤凰涅槃"十日献奏
载 1942 年 1 月 8 日《解放日报》。

"凤凰涅槃"和它的音乐（羲和）
载 1942 年 1 月 10 日《解放日报》。

反抗的、自由的、创造的《女神》（臧克家）
载 1953 年 12 月《文艺报》（半月刊）第 23 号。
收入臧克家著《在文艺学习的道路上》，1955 年上海新文艺出版社第 1 版。

郭沫若的《地球，我的母亲》（臧克家）
载 1954 年 4 月《文艺学习》（月刊）创刊号。
收入臧克家著《在文艺学习的道路上》，1955 年上海新文艺出版社第 1 版。

《鲁迅小说集》、《女神》和《子夜》（文东）
载 1954 年 7 月《中国青年》（半月刊）第 13 期。

郭沫若的《女神》（何善周）
载 1956 年 5 月《东北师大科学集刊》（语言、文学）第 2 期。

郭沫若的《女神》(陈秋帆)
载 1957 年 5 月华东师大中文系《语文教学》(月刊) 5 月号。

郭沫若的《凤凰涅槃》(孔源)
收入江西师院中国语言文学系现代文学教研组著《文学作品分析》, 1957 年江西人民出版社初版。

火中凤凰(斯矛)
载 1957 年 11 月 22 日《贵州日报》。

读女神(公兰谷)
收入公兰谷著《现代作品论集》, 1957 年 4 月北京中国青年出版社第 1 版。

《女神》三首(粟丰)
载 1957 年 12 月华东师大中文系《语文教学》(月刊) 12 月号。

郭沫若的《凤凰涅槃》(于源)
收入江西师院中国语言学系现代文学教研组著《文学作品分析》, 1957 年江西人民出版社出版。

《女神》五四时代诗歌的最强者(唐荣昆、缪俊杰)
载 1959 年 5 月 9 日《湖北日报》。

郭沫若的《凤凰涅槃》(吴敏之)
载 1959 年 4 月《文学知识》(月刊)第 2 期。

我读《女神》的时候(冯至)
载 1959 年 4 月《诗刊》(月刊) 4 月号。

《女神》和五四时代精神(严家炎)
载 1959 年 4 月《语文学习》(月刊)第 4 期。

《女神》赞(田间)
载 1959 年 4 月《文艺报》(半月刊)第 8 期。

《女神》的"五四"精神(北师大中文系)
载 1959 年 5 月《北京师范大学学报》(双月刊)第 3 期。

《女神》——革命浪漫主义的诗篇(赵潮钧)
载 1959 年 6 月 10 日《安徽诗歌》(双月刊)第 3 期。

"五四"革命风暴中的战斗号角——郭沫若《女神》散论(陈思)
载 1959 年 5 月华东师大中文系《语文教学》5 月号。

"五四"时代精神的号角——读郭沫若的诗集《女神》(黄曼君)
载 1959 年 5 月《长江文艺》(月刊) 5 月号。

《女神》"五四"时代的战斗号角（许在全执笔）
载 1959 年 5 月《热风》（月刊）5 月号。

"五四"时期的新诗——《女神》（方牧）
载 1959 年 5 月《文学青年》（月刊）第 5 期。

对《女神》的几点看法（刘泮溪）
载 1959 年《前哨》5 月号。

女神再生的时代——"新诗发展概况"之一（谢冕 等）
载 1959 年 6 月《诗刊》（月刊）6 月号。

谈谈《女神》（竹红）
载 1959 年 7 月《星星》（月刊）第 7 期。

谈《女神》的革命浪漫主义精神（韩瑞亭）
载 1961 年 5 月 27 日《文汇报》。

关于《女神》的浪漫主义（吴欢章）
载 1961 年 6 月 28 日《文汇报》。

"女神会"（瞿光熙）
载 1961 年 8 月 24 日《文汇报》。

郭老的一首新诗（瞿光熙）
载 1961 年 9 月 14 日《人民日报》。

女神

载：（日）平凡社编《世界名著大事典》第 4 卷，第 347a，1961 年 9 月初版。

"共工不死"及其他（张光年）
载 1962 年 7 月《文艺报》（月刊）第 7 期。

谈《地球，我的母亲！》（严家炎）
载 1963 年 2 月 15 日《工人日报》。

《女神》的浪漫主义管窥（刘正强）
载 1963 年 3 月 20 日《天津日报》。

怎样理解和欣赏郭沫若的《炉中煤》（严家炎）
收入中央人民广播电台文教科学编辑部编《阅读与欣赏》第二集，1963 年 5 月北京出版社第 1 版。

再论《女神》（楼栖）
载 1978 年 1 月 28 日《光明日报》。

郭沫若的早期杰作——《女神》（张毓茂）
载 1978 年 6 月 26 日《辽宁日报》。

《女神》的修改本（吴泰昌）
载 1978 年 6 月 29 日《人民日报》。

一代诗风的雄伟先声——重温郭沫若同志的《女神》（众一）
载 1978 年 7 月 9 日《大众日报》。

郭沫若的《女神》蔡宗隽
载 1978 年 7 月 9 日《吉林日报》。

鼓舞人们为光明而斗争的诗篇——读郭沫若早期诗作《凤凰涅槃》（建安）
载 1978 年 7 月 23 日《贵州日报》。

郭沫若的《女神》（李华章）
载 1978 年 7 月 24 日《长江日报》。

沫，若——沫若——《女神》（张秀熟）
载 1978 年 8 月 16 日《成都日报》。

《女神》——"五四"精神的号角（苏景昭）
载 1978 年 1 月《福建文艺》（双月刊）第 1 期。

论郭沫若的诗集《女神》（黄曼君）
载 1978 年 2 月 25 日《华中师院学报》第 1 期。

强烈的爱国激情　庄严的时代乐章——读《凤凰涅槃》（刘琼）
载 1978 年辽一师锦州分院《语文教学》第 2 期。

郭沫若和他的《女神》（刘凤艳）
载 1978 年辽一师锦州分院《语文教学》第 2 期。

论《女神》（邓牛顿）
载 1978 年 3 月《南开大学学报》（双月刊）第 2 期。

郭沫若《女神》集外佚文（邓牛顿　辑）
载 1978 年 3 月《南开大学学报》（双月刊）第 2 期。

五四时代的精神号角——《女神》（山木）
载 1978 年 5 月《革命接班人》第 5 期。

论《女神》（许毓峰）
载 1978 年 6 月《徐州师院学报》（季刊）第 2 期。

郭沫若早期杰作——《女神》（张毓茂）
载 1978 年 7 月辽宁大学中文系《语文教学参考》第 1 期。

重读郭沫若同志的《女神》（谷辅林）
载 1978 年 7 月《破与立》（双月刊）第 4 期。

读《女神》——悼念郭老（李瑛）
载 1978 年 7 月《解放军文艺》（月刊）7 月号。

一生三度感《湘累》（张秀熟）
载 1978 年 7 月《四川文艺》（月刊）第 7 期。

开一代诗风的《女神》（王明堂）
载 1978 年 8 月《南京大学学报》（季刊）第 3 期。

时代的号角——读《女神》（徐可）
载 1978 年 8 月内蒙古师院《语言文学》第 4 期。

开一代诗风的《女神》（刘中树）
载 1978 年 8 月《吉林文艺》（月刊）第 8 期。

凤凰高飞慰英灵——重读《凤凰涅槃》悼郭老（王堡）
载 1978 年 8 月《新疆文艺》（月刊）8 月号。

开一代诗风的《女神》（贾伊平）
载 1978 年《广西民族学院学报》第 3 期。

开创一代革命诗风的《女神》（曹仲陵）
载 1978 年 8 月《南京师院学报》（季刊）第 3 期。

中国新诗史上的第一个界碑——读郭老的早期诗集《女神》（唐长殿）
载 1978 年 10 月《山西师院学报》第 3 期。

划时代的光辉诗篇——《女神》（康平）

载 1978 年 9 月《辽宁第一师院学报》第 3 期。

《女神》的积极浪漫主义特征（吴天霖）
载 1978 年 9 月《吉林师大学报》（月刊）第 3 期。

郭沫若和他的《女神》（顾明道）
载 1978 年 9 月山西师院中文系《语文教学通讯》第 4—5 期。

烈火中的凤凰（诗）——献给尊敬的郭老（陈广斌）
载 1978 年 9 月《草原》（月刊）第 6 期。

在烈火中新生——学习郭老诗篇《凤凰涅槃》有感（谢本良）
载 1978 年 9 月《江西文艺》（月刊）第 5 期。

郭老及其《女神》（陈隄）
载 1978 年 9 月《哈尔滨文艺》（月刊）第 9 期。

我和《女神》——痛悼敬爱的郭沫若同志（章叶频）
载 1978 年 9 月《草原》（月刊）第 6 期。

《女神》——中国新诗的光辉起点（箭鸣）
载 1978 年 10 月《社会科学战线》（季刊）第 3 期。

《女神》与"五四"的科学民主精神（谭洛非）
载 1978 年 11 月《四川大学学报》（季刊）第 4 期。

关于《女神》初版和一九二八年的版本（杨芝明）
载 1978 年 11 月《安徽师大学报》（季刊）第 4 期。

对黑暗的诅咒　对光明的讴歌——读郭沫若的《女神》（艾扬）
载 1978 年 11 月《语文学习》（双月刊）第 6 期。

新中国预言诗人的歌唱——略论郭沫若《女神》的思想特色与独特贡献（钱理群　秦家伦）
载 1978 年 12 月《贵州文艺》（双月刊）第 6 期。

悲壮雄丽的《凤凰涅槃》（筠涛）
载 1978 年烟台师专《语文教学》第 6 期。

论《女神》（谢冕　吴泰昌）
收入《文艺论丛》第 3 辑，1978 年上海文艺出版社初版。

郭沫若和他的《女神》（刘元树）
收入 1978 年 8 月扬州师院南通分院《现代作家和作品》。

战斗的号角　壮丽的诗篇（邵鹏健）
载 1979 年 1 月 21 日《江西日报》。

"五四"时期的壮丽诗篇——郭沫若的《女神》简介（和谷）
载 1979 年 5 月 6 日《陕西日报》。

"五四"与《女神》（李保均）
载 1979 年 5 月 6 日《成都日报》。

《女神》絮语（韦启良）
载 1979 年 6 月 10 日《广西日报》。

听凤凰鸣（李华飞）
载 1979 年 6 月 17 日《四川日报》。

《女神》与浪漫主义（郑松生）
载 1979 年 9 月 22 日《福建日报》。

《女神》与泛神论（顾炯）
载 1979 年 2 月《文学评论》（双月刊）第 1 期。

表现"五四"精神　开创一代诗风（吴子敏）
载 1979 年 2 月《文学评论》第 2 期。

读《女神》随笔（孙玉石）
载 1979 年 2 月《文学评论》第 2 期。

又载 1979 年 6 月《新华日报》6 月号文摘版。

时代的号角　进军的战鼓——读郭沫若的《女神》（王锐铣）
载 1979 年《贵阳师院学报》（季刊）第 1 期。

浅谈《女神》的社会主义因素（王奇新）
载 1979 年邵阳师专《教与学》第 1 期。

撼山决岸见初心——略谈郭沫若早期新诗集《女神》（官晋东）
载 1979 年《广西民族学院学报》第 1 期。

略谈《女神》中的"自我"形象（稚榕）
载 1979 年《西南民族学院学报》第 1 期。

论《女神》的时代精神（孙绍振）
载 1979 年 3 月《福建师大学报》第 1 期。

人民革命的风雷颂——论《女神》的主题（韩立群）
载 1979 年 3 月《破与立》（双月刊）第 2 期。

略论《女神》的思想特色（赵明）
载 1979 年 4 月《开封师院学报》第 2 期。

读郭沫若的《女神之再生》（袁丰俊）
载 1979 年杭州大学中文系《语文战线》第 2 期。

《女神》的浪漫主义性质（严冰）
载 1979 年山东师院《语文教学》第 2 期。

五四文学主题答疑
载 1979 年山东师院《语文教学》第 2 期。

论郭沫若的早期诗作《女神》（李宁　秦兆基）
载 1979 年《扬州师院学报》第 2 期。

《郭沫若〈女神〉集外佚文》补正（豁然）
载 1979 年《上海师院学报》第 2 期。

中国新诗的奠基石——《女神》（易新鼎）
载 1979 年《北京师院学报》第 2 期。

开一代诗风——论郭沫若《女神》的社会主义因素（邵愈强）
载 1979 年山西师院中文系《语文教学通讯》第 2 期。

试论《女神》的个性解放思想（张毓茂）
载 1979 年 5 月《甘肃师大学报》第 2 期。

时代精神与诗人的创作个性——谈《女神》中的《湘累》(孙史恒)
载 1979 年 5 月《甘肃师大学报》第 2 期。

时代的号角,新诗的骄傲——重读郭沫若同志早期诗集《女神》(王家新)
载 1979 年 5 月《武汉文艺》(双月刊)第 3 期。

一曲时代的交响乐章——《凤凰涅槃》试析(田本相)
载 1979 年 5 月山西师院中文系《语文教学通讯》第 3 期。

"五四"时代精神的颂歌——读《女神》(付义正 王吉鹏)
载 1979 年 5 月《实践》第 5 期。

浅谈《女神》(李兵 沈永宝)
载 1979 年《北方文学》第 5 期。

试论《女神》(郭兆儒)
载 1979 年 6 月《郑州大学学报》第 2 期。

《女神》和泛神(魏竞江)
载 1979 年 6 月《湖南师院学报》第 2 期。

诅咒黑暗,追求光明——谈《凤凰涅槃》(付义正)
载 1979 年 6 月《语言文学》(双月刊)第 3 期。

论《凤凰涅槃》(方万勤)
载 1979 年《荆州师专学报》第 3 期。

读郭沫若的《凤凰涅槃》(吴凤祥)
载 1979 年江西师院《语文教学》第 3 期。

论《女神》的民族特色(钟林斌)
载 1979 年《辽宁大学学报》第 3 期。

郭沫若诗二首评析(《天狗》《女神之再生》)(公兰谷)
载 1979 年 7 月《河北师院学报》第 2 期。

从《女神》中两首诗的修改谈《女神》的研究(王维燊)
载 1979 年 7 月《破与立》(双月刊)第 4 期。

读《女神》(胥树人)
载 1979 年 7 月《哈尔滨文艺》(月刊)第 7 期。

狂飙突进 浩气长存——谈郭沫若的《凤凰涅槃》(陈焕新)
载 1979 年 8 月山东师院聊城分院中

文系《语文教学研究》第 3 期。

《女神》的感力（辛安亭）
载 1979 年 9 月《书林》第 1 期。

《女神》中最早的诗篇究竟写于何时？（艾扬）
载 1979 年 11 月《社会科学战线》（季刊）第 4 期。

谈谈《炉中煤》（陈永志）
载 1980 年 1 月《语文教学通讯》（双月刊）第 1 期。

《女神》的思想特色（王锡伦）
载 1980 年 3 月《北方论丛》（双月刊）第 2 期（哈尔滨师院）。

《女神》中最早的诗究竟写于何时（孙党伯）
载 1980 年 3 月《文学评论》第 2 期。

《女神》的艺术特色（王锡伦）
载 1980 年 4 月《西藏民族学院学报》第 3 期。

《凤凰涅槃》的艺术特征（陈永志）
载 1980 年 11 月 5 日《四川大学学报》（丛刊）第 8 辑。

略论《女神》泛神论思想的"自我"（邱文治）
载 1980 年《天津师院学报》第 5 期。

（三）其他诗歌研究

《郭沫若诗二首》的思想意义与创作特色——《诗的宣言》《我想起了陈涉吴广》（刘家骥）
载 1956 年 10 月河南师专附设河南省初级中等学校教务通讯站《语文教学通讯》第 5 期。

忆临潼华清池——读郭沫若先生诗有感（孙思白）
载 1956 年 12 月 25 日《文汇报》。

"长江大桥"（王象之）
载 1957 年 12 月河南省教育厅教学研究室《语文教学通讯》（半月刊）第 9 期。

读《天上的街市》（王明堂）
载 1957 年 12 月华东师大中文系《语文教学》（月刊）12 月号。

一堂诗——听《天上的街市》以后（李贻定）
载 1957 年 12 月华东师大中文系《语文教学》（月刊）12 月号。

郭沫若的《我想起了陈涉吴广》（徐聪彝）
载 1958 年 5 月内蒙师院《语言文学》第 2 期。

农村大跃进的彩色纪录片——郭老新作《遍地皆诗写不赢》读后感（陈锡南）
载 1958 年 9 月《诗刊》（月刊）9 月号。

谈《长江大桥》（俞元桂）
载 1958 年 10 月华东师大中文系《语文教学》（月刊）10 月号。

反对形色主义的作品分析——谈"谈'长江大桥'"的分析方法（周河冬）
载 1958 年 12 月华东师大中文系《语文教学》（月刊）12 月号。

郭沫若著《百花齐放》译成捷文
载 1959 年 2 月《读书》（半月刊）第 4 期。

为郭老的"百花齐放"诗集锦上添花（根据郭老诗创作剪纸）
载 1959 年 3 月 22 日《新文化报》。

《百花齐放》试论（王绍明）
载 1959 年 5 月《红岩》（月刊）第 5 期。

郭老诗四首注释（郝树候）
载 1959 年 7 月 19 日《山西日报》。

读《向地球开战》（沙金）
载 1959 年 8 月《语文教学》（月刊）第 8 期。

一首战斗的颂歌——读郭沫若《向地球开战》（王方）
载 1959 年 8 月《语文》（月刊）8 月号。

永恒的春天的战歌——评介郭沫若同志的《长春集》（车国成）
载 1959 年 8 月《读书》（半月刊）第 15 期。

试论郭沫若的《百花齐放》（邓铭谆）
载 1959 年 10 月《作品》（月刊）第 10 期。

别开生面的花草诗——读郭沫若诗集《百花齐放》（张定亚）
载 1959 年 12 月 20 日《陕西日报》。

一曲充满战斗激情的颂歌——读郭沫若的"长江大桥"（治芳）
载 1960 年 8 月《学语文》（刊）第 6 期。

一个"懂"字（欧外鸥）
载 1961 年 11 月 14 日《羊城晚报》。

湖笔（费在山）
载 1961 年 11 月 21 日《文汇报》。

郭沫若的"鸣蝉"
载 1961 年 12 月 24 日香港《文汇报》。

关于《盘中诗》的复原（唐兰等）

载 1962 年 4 月 5 日《光明日报》。

郭沫若先生岭南赋诗（江雁）
载 1962 年 4 月 6 日香港《文汇报》。

我对《娄山关》一词的理解——与郭老商榷（陈辽）
载 1962 年 5 月 18 日《羊城晚报》。

读毛主席《减字木兰花》札记——兼与郭老商榷（韩丹）
载 1962 年 6 月 14 日《黑龙江日报》。

山水贵虚心——读郭老的一首哲理诗（苏见）
载 1963 年 4 月 16 日《广西日报》。

郭老的中印友好诗（激扬）
载 1963 年 7 月 3 日香港《文汇报》。

和郭沫若同志《春节游广州花市》（朱德）
收入 1963 年北京人民文学出版社《朱德诗选集》。

郭沫若的诗集《前茅》和《恢复》与中国无产阶级革命文学（赵瑞蕻）
载 1963 年 12 月《南京大学学报》（半年刊）第 3—4 期。

读郭沫若的《东风集》

载 1964 年 7 月 26 日香港《文汇报》。

银河倾泻入冰壶（中新）
载 1965 年 3 月 19 日《羊城晚报》。

郭老步鲁迅原韵书怀（马国权）
载 1965 年 11 月 21 日香港《文汇报》。

《水调歌头·粉碎"四人帮"》浅说（辉途）
载 1977 年 2 月《语文战线》第 1 期。

铁帚除"四害"，衷心唱赞歌——读郭沫若同志词《水调歌头·粉碎"四人帮"》（徐州九中语文教研组）
载 1977 年 5 月《徐州师院学报》第 2 期。

欢庆伟大的历史性胜利——郭沫若《水调歌头·粉碎"四人帮"》分析（徐余　谷白）
载 1977 年 7 月扬州师院南通分院《教学与研究》第 2 期。

学习郭沫若同志的《满江红·怀念毛主席》（陶行）
载 1977 年烟台师专《语文教学》第 2、3 期。

《沫若诗词选》出版
载 1977 年 10 月 17 日《人民日报》。

郭沫若《诗二首》简析
载 1977 年 10 月北京师大中文系《语文函授》第 17 期。

陪朝鲜贵宾游华清池再和郭老苍字韵（董必武）
收入《董必武诗选》，1977 年 10 月北京人民文学出版社出版。

和郭沫若同志《登尔雅台怀人》（1944年）（朱德）
收入《朱德诗选集》，1977 年北京人民出版社出版。

教育革命的赞歌——喜读郭沫若同志 1963 年给我院的题词（兰少）
载 1978 年《广西师院学报》2 月号。

繁花似锦、颂歌于云——读《沫若诗词选》（严凌）
载 1978 年 6 月 15 日《重庆日报》。

东风有主壮诗情　兴会无前发浩歌——读《沫若诗词选》（王建国　蒋士枚）
载 1978 年 6 月《诗刊》（月刊）第 6 期。

新中国的壮丽诗史——《沫若诗词选》初探（戴绛）
载 1978 年新疆维吾尔自治区图书馆《图书评介》第 4 期。

花，歌颂东风遍海涯——学习《沫若诗词选》（黄易）
载 1978 年 8 月《语言文学》（双月刊）第 4 期。

"愈老愈是红彤彤"——悼念郭老，敬读《沫若诗词选》（黄曼君）
载 1978 年 8 月《长江文艺》（月刊）第 8 期。

亿万人民的共同心声——读郭老的《水调歌头·粉碎"四人帮"》（胡葆伟）
载 1978 年 8 月烟台师专中文系《语文教学》（双月刊）第 4 期。

蜂采花而酿蜜——读郭老给宁波市"文联"的题诗（吕萍）
载 1978 年 8 月 20 日《浙江日报》。

郭老的游桂林诗（张治）
载 1978 年 8 月 27 日《广西日报》。

丹心豪情谱新篇——读《沫若诗词选》（谢韵梅）
载 1978 年 9 月 15 日《华中师院学报》第 3 期。

"遍地皆诗写不赢"——读《沫若诗词选》（刘元树）
载 1978 年 9 月《安徽文艺》（月刊）9 月号。

邕漓情长迎您归——敬读郭老的《邕漓行》（王一桃）
载 1978 年 9 月《广西文艺》（月刊）第 6 期。

人是千里人，乐以天下乐——重读郭老的诗《颂大寨》（黄烈）
载 1978 年 10 月《社会科学战线》（季刊）第 3 期。

春色蕴意长存——郭沫若《东风第一枝》序（于立群）
载 1978 年 10 月 8 日《光明日报》。

关于郭老《满江红·怀念毛主席》首句"天柱初移"的解释（梅运生）
载 1978 年安徽师大《函授教学》8 月号。

一束迎东风而放的花枝（里遥）
载 1978 年 10 月 29 日《四川日报》。

宇宙红旗展　胜似大鹏游！——读郭老题李白楹联（欧小白）
载 1978 年 12 月 21 日《成都日报》

谁从渊默见机先？——谈郭老的集外佚诗《题〈寒梅栖雀〉》（白坚）
载 1978 年 12 月《徐州师院学报》第 4 期。

秉炬人归从北极（晓晨）
载 1979 年 1 月 7 日《文汇报》。

梅花树朝阳，铁骑千营迎曙——重读郭沫若诗文集《东风第一枝》（冬青）
载 1979 年 1 月 21 日香港《文汇报》。

郭老的天一阁题诗（王欣荣）
载 1979 年 1 月 21 日《解放日报》。

万花筒的启示（顾黄初）
载 1979 年 1 月《语文学习》（月刊）第 1 期。

大观楼"长槛"辨（张赓雅）
载 1979 年 2 月 6 日《云南日报》。

读郭沫若同志《祝中日恢复邦交》的词——"沁园春"（臧克家）
载 1979 年 2 月《星火》（月刊）第 1 期。

郭老留给我们的诗篇（刘志义）
载 1979 年《五指山文艺》第 3 期。

平生四海惯为家——读郭沫若同志一首未发表的七律（宋德金　丛佩远）
载 1979 年《社会科学》第 3 期。

西湖明如镜，钱江白如练——郭老的几首西湖诗词（吕禾）
载 1979 年 4 月《西湖》（月刊）4 月号。

铁的艺术（沐昌根）
载 1979 年 5 月 2 日《光明日报》。

文君井（罗俊林等）
载 1979 年 5 月 21 日《四川日报》。

郭老笔下风雷动——读郭沫若同志用鲁迅韵书怀三首（谢励武）
载 1979 年 6 月 5 日《郑州文艺》编辑部《郑州文艺》（双月刊）第 3 期。

谈郭沫若咏福建诗（柯文溥）
载 1979 年 6 月 7 日《福建日报》。

诗碑凝深情，友谊万古存——在日本国土上的郭沫若诗碑（马兴国）
载 1979 年 6 月 10 日《辽宁日报》。

千载永勿磨——记郭老为如东水利建设的三首题诗（孙怡新）
载 1979 年 6 月 13 日《新华日报》。

"哭吐精诚赋此诗"——读"归国杂吟"（刘元树）
载 1979 年 6 月 17 日《安徽日报》。

读郭沫若同志题《图书馆学通讯》遗诗简释（李长路）
载 1979 年 6 月 30 日《图书馆通讯》第 1 期。

"难甘共鱼烂 矢得一升腾"——介绍郭老流亡日本时的一首五律手迹（徐振韬 刘汝良）
载 1979 年 7 月《革命文物》（双月刊）第 4 期。

《怀亡友》与敬父执（孙新世）
载 1979 年 7 月《北京文艺》（月刊）第 7 期。

《题赠范政》注释（编者注：此条为郭沫若给范政的诗，编辑部加上注释。标题为编者所加）（编辑部）
载 1979 年 9 月 2 日《吉林日报》。

读郭沫若步鲁迅韵的两首诗（孙乃源）
载 1979 年 9 月 25 日《破与立》第 5 期。

芷湖吟（马曜）
载 1979 年 10 月《边疆文艺》（月刊）第 10 期。

读郭沫若同志的诗《蜀道奇》（邓星盈）
载 1979 年《四川师院学报》第 4 期。

关于郭老的第一首新诗（吴海发）
载 1979 年 12 月《学习与探索》（双月刊）第 5 期。

郭沫若用鲁迅原韵写的诗（韦启良）

载1979年12月8日《中国青年报》。

《郭沫若闽游诗集》后记（杨云）
收入《郭沫若闽游诗集》，1979年福建人民出版社出版。

诗情长共几曲回——喜读《郭沫若闽游诗集》（林英）
载1980年1月《福建文艺》第1期。

郭沫若题兰华谱诗考证（王尔岭）
载1980年2月《天津师范学院》（双月刊）第1期。

丹山碧水响芳音——喜读《郭沫若闽游诗集》（林英）
载1980年《世界图书》第5期。

读者、作者、编者（邵华）
载1980年4月30日《社会科学战线》（季刊）第2期。
载1980年5月《世界图书》第5期。

读郭沫若两首步鲁迅韵的诗（王吉鹏）
载1980年5月《教学研究》第3期。

浅谈郭沫若三步鲁迅诗韵（周健）
载1980年《人文杂志》第4期。

精湛的书法　可贵的诗篇——浅介郭老的《水牛赞》（骆超）
载1980年6月15日《长江日报》。

哭吐精诚赋比诗——读郭沫若《归国书怀》（彭放）
载1980年6月《黑龙江日报》。

《水调歌头·登采石矶太白楼》评注（箭鸣）
载1980年8月《语文战线》（月刊）8月号。

骆驼、诗意与新长征——从郭老的《骆驼》谈诗的意境（邓牛顿）
载1980年8月《语文教学通讯》（双月刊）第8期。

新中国的预言诗人的歌唱——读郭老《天上的街市》（江秀英）
载1980年武汉师院主办《中学语文》第4—5期。

立意、取材、造境——读《天上的街市》（秦元宗）
载1980年8月《语文教学通讯》编委会、山西省临汾市山西师院中文系编《语文教学通讯》（双月刊）第8期。

《天上的街市》的图画美和音乐美（箭鸣）
载1980年8月《语文学习》（月刊）第8期。

郭老的《反七步诗》(李万君)
载 1980 年 9 月 11 日《黑龙江日报》。

《天上的街市》(陈丙莹)
载 1980 年 9 月青海师院中文系编《中小学语文教学》第 6 期。

读《天上的街市》(陈冰原)
载 1980 年《语文战线》第 7 期。

"天外也还有乐园"(吕苏 朱争平)
载 1980 年 12 月 16 日《新华日报》。

三、剧作研究

（一）戏剧研究总论

今后的历史剧(顾仲彝)
收入 1928 年 4 月 10 日上海新月书店《新月》第 1 卷第 2 号。

郭沫若的戏剧(王以仁)
收入李霖编《郭沫若评传》，1932 年 4 月上海现代书局初版；
又收入乐华编辑部编《当代中国作家论》，1933 年 6 月乐华图书公司出版。

所谓历史剧(向培良)
收入李霖编《郭沫若评传》，1932 年 4 月上海现代书局初版。

我们应该研究郭沫若先生的作品(欧阳凡海)

载 1941 年 11 月 16 日《新华日报》。

重庆抗战剧运第五年(赵铭彝 白苓)
(注：指 1941 年 10 月—1942 年 5 月)
演出总批判
载 1943 年 1 月《戏剧月报》创刊号。

重庆演出的八出戏观后感(包时)
载 1943 年 5 月 20 日《文艺先锋》第 2 卷第 5—6 期。

与郭沫若论剧作题材(温雯)
载 1948 年 4 月《文艺先锋》第 12 卷第 3、4 期。

毛泽东同志看了《逼上梁山》以后写给延安评剧院的信(1944 年 1 月 9 日)
载 1950 年 4 月 1 日《人民戏剧》创刊号。

中国话剧运动的历史与党的领导(夏衍)
载 1957 年 10 月《戏剧报》第 20 期。

论郭沫若的历史剧(陈瘦竹)
载 1958 年 5 月《戏剧论丛》第 2 辑。

郭沫若谈戏剧创作(子英)
载 1958 年 6 月《剧本》(月刊) 6 月号。

论郭沫若的历史剧(王淑明)
载 1958 年 6 月《文学研究》(季刊)第 2 辑。

评王淑明《论郭沫若的历史剧》（唐育寿　刘献彪）
载 1959 年《山东师院学报》（现代文学版）第 3 期。

诗人的剧作——介绍《郭沫若文集》戏剧集（陈兆鸥）
收入文学评论丛刊编辑部编《文学书籍评论丛刊》第 5 期，1959 年 5 月人民文学出版社出版。

论郭沫若历史剧的古为今用（张仲浦）
载 1961 年 11 月《东海》（月刊）第 11 期。

历史剧的古为今用的方向和郭沫若历史剧中的"借古讽今"问题（杭州大学中文系）
载 1961 年 12 月《东海》（月刊）第 12 期。

略论郭沫若的历史剧（王尔龄）
载 1962 年 3 月《上海戏剧》（月刊）第 3 期。

古为今用　正气常新——读《郭沫若剧作选》（付中丁）
载 1978 年 8 月《语言文学》（双月刊）第 4 期。

郭沫若的历史剧（王尔龄）

收入扬州师院南通分院《现代作家和作品》，1978 年 8 月印。

"历史自有公论"——评郭沫若同志四十年代的历史剧（李鸿然）
载 1978 年 9 月 25 日《华中师院学报》第 3 期；
收入文学评论编辑部编《文学评论丛刊》第 4 辑，1979 年 10 月中国社会科学出版社第 1 版。

郭沫若的历史剧（吴功正）
载 1978 年 9 月《河南文艺》（月刊）第 9 期。

郭沫若的历史剧作（黎生）
收入 1978 年 10 月《文艺论丛》第 5 期，上海文艺出版社。

古为今用　大胆创新——谈郭沫若同志的历史剧（李培澄）
载 1978 年 12 月《河北师大学报》第 3 期。

论郭沫若同志的历史剧（黄侯兴）
载 1978 年 12 月《社会科学战线》（季刊）第 4 期。

轩昂壮烈耿千秋——学习郭沫若史剧创作札记（陈言）
载 1978 年《理论学习》第 4 期。

历史真实与艺术真实的统一——试论郭沫若历史剧的"反秦"问题（张毓茂）
载 1978 年 12 月《文学评论》（双月刊）第 6 期。

剧中有诗——《沫若剧作选》学习札记（陈瘦竹）
载 1978 年 12 月《雨花》（月刊）12 月号。

简论郭沫若历史剧中的妇女形象（谷辅林）
载 1979 年 1 月《破与立》（双月刊）第 1 期。

郭沫若、屈原和蔡文姬（徐迟）
载 1979 年 1 月《剧本》（月刊）1 月号。

试论郭沫若早期的三篇诗剧（骆寒超）
载 1979 年《钟山》文艺丛刊第 1 期。

郭老一生写了多少剧本（杨之明）
载 1979 年 3 月山西师院《语文教学通讯》第 2 期。

馨香百代，敬礼无涯——"沫若剧作选"读后（晏学 王永德）
载 1979 年 4 月《十月》（丛刊）第 1 期。

谈郭沫若的史剧原则和史剧创作（苏鸿昌）
载 1979 年 7 月《四川文学》（月刊）第 7 期。

郭沫若的革命浪漫主义及其发展举隅——略谈郭老解放前的剧作（马韵玫）
载 1979 年 7 月《辽宁师院学报》（双月刊）第 4 期。

"五四"时期郭沫若的戏剧创作（魏照风）
载 1979 年上海师大中文系《语文函授通讯》第 6 期。

围绕郭沫若同志历史剧创作与演出的斗争（方仁念 王训昭）
载 1979 年《徐州师院学报》第 4 期。

革命浪漫主义的奇花异果——论郭沫若历史剧的艺术特色（高国平）
载 1979 年 12 月《文艺论丛》第 9 辑。

郭沫若历史剧的时代精神（张韧 肖德生）
载 1979 年 12 月《文艺研究》（双月刊）第 4 期。

郭沫若剧作中两件道具（马信方）
载 1980 年 5 月 12 日《文汇报》。

老一辈革命家和郭沫若的历史剧（吴功正）
载 1980 年 4 月《西南师院学报》第 2 期。

谈郭沫若历史剧的"古为今用"(屈文泽)
载 1980 年 6 月《湖南师院学报》第 2 期。

史剧和现实——郭沫若历史剧研究之一（吴功正）
载 1980 年《南充师院学报》第 2 期。

略论郭沫若同志的历史剧（陈辽　路阳）
载 1980 年《陕西戏剧》第 5 期。

（二）《屈原》研究

读《屈原》剧本（孙伏园）
载 1942 年 2 月 7 日《中央日报》。

《屈原》四月三日上演
载 1942 年 3 月 31 日《新华日报》。

《屈原》昨晚在国泰上演
载 1942 年 4 月 4 日《新华日报》。

观屈原剧赋二绝句（董必武）
载 1942 年 4 月 13 日《新华日报》。

从剧作《屈原》想起（周务耕）
载 1942 年 4 月 15 日《文艺生活》第 2 卷第 2 期。

《屈原》观后（桂生）
载 1942 年 4 月 25 日《中央日报》。

评《屈原》的剧作与演出（刘遮然）

载 1942 年 5 月 17 日《中央日报》。

《屈原》（长之）
载 1942 年 5 月 25 日重庆《大公报》。

《屈原》和《野玫瑰》（江布）
载 1942 年 7 月 5 日《解放日报》。

《屈原》为什么"成问题"（金灿然）
载 1942 年 7 月 11 日《解放日报》。

"屈原之死"与《屈原》（柳涛）
载 1943 年 2 月 1 日《新华日报》。

谈《屈原》悲壮剧（柳涛）
载 1943 年 5 月 15 日《文艺生活》第 3 卷第 5 期。

论郭沫若之《屈原》（（苏）费德林）
载 1944 年 6 月《文艺创作》第 3 卷第 2 期。

一九四六年六月费德林将《屈原》译成俄文
载 1946 年 7 月 14 日香港《文汇报》。

郭沫若的《屈原》剧本（田易）
载 1953 年 5 月 4 日《新民晚报》。

史剧《屈原》剧本及其演出（未珉）
载 1953 年 6 月 17 日《大公报》。

莫斯科育摩洛戏剧院将演郭沫若的《屈原》
载 1953 年 6 月 21 日《新民报》晚刊。

历史诗剧《屈原》——中国青年艺术剧院演出
载 1953 年 9 月 13 日《北京日报》。

《屈原》演出献词
载 1953 年 9 月 13 日《北京日报》。
此文原载纪念屈原逝世二千二百三十周年中国青年艺术剧院演出专刊。

《屈原》五幕歌剧读后（穆易）
载 1953 年 9 月 25 日《天津日报》。

关于历史诗剧《屈原》（易声）
载 1953 年 9 月 29 日《光明日报》。

历史诗剧《屈原》（继良）
载 1953 年 10 月 14 日《新闻日报》。

《屈原》在日本的演出（（日）河原崎长十郎）
载 1953 年 10 月 13 日《光明日报》。

中国青年艺术剧院在京演出历史诗剧《屈原》
载 1953 年 10 月《剧本》（月刊）10 月号。

历史剧《屈原》在莫斯科上演
载 1954 年 2 月 17 日《大公报》。

评越剧《屈原》的演出（陶熊）
载 1954 年 6 月 10 日《新闻日报》。

论诗剧《屈原》的音乐（王云阶）
载 1954 年 2 月 18 日《人民音乐》（双月刊）第 1 期。

汉剧《屈原》的演出（晓雪）
载 1955 年 5 月 28 日《光明日报》。

《屈原》——浪漫主义的诗篇（吴戈）
载 1957 年《江淮文学》第 2 期。

《屈原》演出在捷克斯洛伐克舞台上（朱观海）
载 1957 年 8 月 11 日《新民晚报》。

给郭沫若先生的信（徐迟）
收入《沫若文集》第 3 卷，1958 年人民文学出版社。

《屈原》在罗马尼亚首次演出（（罗）伐伦汀·锡尔维斯特鲁）
载 1959 年 2 月 18 日《戏剧报》（半月刊）第 3 期。

郭沫若的历史剧《屈原》（文艺作品阅读辅导丛书）（张仲浦）
1959 年 10 月上海文艺出版社第 1 版。

我历史剧《屈原》在日本新泻市上演
载 1972 年 11 月 26 日《人民日报》。

抒情的壮美的战斗的《屈原》(刘元树)
载 1977 年 8 月《安徽师范大学学报》
(双月刊)第 4 期。

雾重庆的文艺斗争——怀念敬爱的周恩来同志(张颖)
载 1977 年 1 月 20 日《人民文学》
第 1 期。

从郭老主演《屈原》想到的(艾克恩)
载 1978 年 4 月 23 日《北京日报》
第 3 版。

漫话史剧《屈原》(程度)
载 1978 年 7 月 3 日《天津日报》。

郭老从未扮演屈原(金山)
载 1978 年 7 月 9 日《人民日报》。

郭老从未扮演屈原的一个证据(杨占升)
载 1978 年 7 月 25 日《北京日报》。

读郭老的《一字之师》有感(沙牛)
载 1978 年 7 月 30 日《天津日报》。

郭老和《屈原》(炘强)
载 1978 年 7 月 30 日《广州日报》。

崇高精神的生涯((日)河原崎长十郎)
载 1978 年 8 月 9 日(日)《人民新报》。
转引自吉林师范大学外研所日本文学研究室编《日本文学情况与研究·日本朋友悼念郭沫若》1978 年第 1 期。

历史剧《屈原》(离之)
载 1978 年 9 月 17 日《长江日报》。

浅谈郭沫若历史剧《屈原》的战斗主题(王建中)
载 1978 年 7 月 12 日辽宁大学中文系《语文教学参考》第 1 期。

《屈原》精神永存(张椿)
载 1978 年《山西大学学报》第 2 期。

精湛的艺术之花——《屈原》(王锡伦)
载 1978 年 7 月 20 日《哈尔滨师院学报》(季刊)第 3 期。

试论郭沫若的历史剧《屈原》(李逸涛)
载 1978 年《华中师院学报》第 3 期。

坚贞不屈的爱国者的颂歌——《屈原》
(言天)
载 1978 年 8 月 22 日《南京师院学报》
(季刊)第 3 期。

重读郭沫若同志的历史剧《屈原》(黄侯兴)

载 1978 年 8 月 10 日《北京文艺》第 8 期。

浅谈郭沫若的历史剧《屈原》(章晓苋)
载 1978 年 9 月《安徽大学学报》第 3 期。

霹雳·利剑——重读郭老的诗剧《屈原》(李振潼　冉忆桥)
载 1978 年 9 月 30 日山西师院《语文教学通讯》第 4—5 期。

奇特而深邃的哲理诗——关于《屈原》的《天问》(刘文英)
载 1978 年 10 月 25 日《文史剧》(双月刊) 第 5 期。

为真理斗争到尽头——重读郭沫若同志的历史剧《屈原》(华忱之)
载 1978 年 10 月《四川文艺》(月刊) 第 10 期。

文学大师与一字之师 (刘福开)
载 1978 年《人民戏剧》(月刊) 第 10 期。

四十年代的笑话，七十年代的更正——郭老《屈原》演出轶事 (魏绍昌)
载 1979 年 1 月《文教资料简报》总 85 期。

《屈原》(节选) 试析 (岳欣)
载 1979 年开封师院《中学语文》第 1 期。

人民的神力——风！雷！电！——重读郭老的《雷电颂》(谢振东)
载 1979 年《贵阳文艺》编辑部《贵阳文艺》第 1 期。

雷电的光辉——历史剧《屈原》首次演出前后 (黄中模)
载 1979 年 6 月《红岩》(文学季刊) 第 1 期。

我参加《屈原》演出的一点回忆 (白杨)
载 1979 年 6 月《红岩》(文学季刊) 第 1 期。

史实、结构、人物——史剧《屈原》读后札记 (郑富成)
载 1979 年 5 月《河北师大学报》第 1 期。

郭沫若、屈原和蔡文姬 (徐迟)
载 1979 年 2 月 18 日《剧本》(月刊) 第 1 期。

《屈原》在日本 ((日) 河原崎长十郎)
载 1979 年 2 月《新文学史料》(丛刊) 第 2 辑。

史剧的艺术珍宝——郭沫若的《屈原》选场简析（刘文田　岳耀钦）
载1979年4月《开封师院学报》（双月刊）第2期。

《屈原》的艺术构思——为纪念郭沫若同志逝世五周年而作（箭鸣）
载1979年《戏剧艺术》（季刊）第2期。

郭沫若与《屈原》（钟德慧）
载1979年7月《郭沫若研究专刊》——《四川大学学报》（丛刊）第2辑。

"馨香百代，敬礼无涯"——重读郭老历史话剧《屈原》（筠涛）
载1979年烟台师专《语文教学》第3期。

传历史之神，发时代之声——《屈原》简析（王光祖）
载1979年8月上海师大《语文函授通讯》。

郭老充当了剧本主角（陈辛）
载1979年11月《新文学史料》（丛刊）第5期。

日本上演《屈原》（新华社）
载1979年《新华月报》6月号。

郭老断笔写《屈原》（黄中模）
载1980年6月15日《重庆日报》。

犹闻"雷电颂"声高（王亚平）
载1980年《鸭绿江》（月刊）第3期。

给《人民日报》转郭老的信（丁力）
载1980年4月《山西大学学报》第2期。

《屈原》人物论（方仁念）
载1980年6月《戏剧艺术》第2期。

郭老笔下的两个《屈原》（陈思清）
载1980年8月《思想战线》（双月刊）第4期。

《屈原》的语言特色（谷辅林）
载1980年《齐鲁学刊》第5期。

（三）其他戏剧研究

创造二卷一号创作评（章克标）
载1923年6月17日《时事新报·学灯》

卓文君（成仿吾）
载1929年8月25日创造社《创造》第2卷第1号，泰东书局出版。
（注：此文原附在剧本《卓文君》后，无题目。此题目为编者加——编者）

王昭君（张继纯）
载1931年7月5日《北平晨报》（剧刊）第28期。

卓文君（完）（张继纯）

载 1931 年 8 月 9 日《北平晨报》剧刊第 33 期。

卓文君（未完）（张继纯）
载 1931 年 8 月 2 日《北平晨报》剧刊第 32 期。

《广寒宫》及其他（张继纯）
载 1931 年 9 月 27 日《北平晨报》（剧刊）第 40 期。

从《棠棣之花》谈到评历史剧（章罃）
载 1941 年 12 月 7 日《新华日报》。

论历史剧（欧阳凡海）
载 1941 年 12 月 7 日《新华日报》。

正义的赞诗，壮丽的画图（舜瑶）
载 1941 年 12 月 7 日《新华日报》。

观近演四大剧后（常任侠）
载 1941 年 12 月 14 日《中央日报》。

《棠棣之花》定二十日上演
载 1941 年 11 月 17 日《新华日报》。

《棠棣之花》明晚起上演
载 1941 年 11 月 19 日《新华日报》。

《棠棣之花》定明日起上演
载 1941 年 11 月 19 日重庆《大公报》。

论《棠棣之花》的剧评（堵述初）
载 1942 年 2 月 27 日《中央日报》。

文坛创刊号（堵述初）
载 1942 年 3 月 27 日《中央日报》第 4 版。

我们从此有了古装剧——《棠棣之花》和《屈原》观后（孙伏园）
载 1942 年 4 月 7 日《中央日报》。

《虎符》中之插曲，将由黎锦晖作谱
载 1942 年 10 月 25 日《新华日报》。

《虎符》重要演员已确定的报导
载 1942 年 10 月 25 日《新华日报》。

《虎符》史剧已确定饰角
载 1942 年 11 月 1 日《新华日报》。

《棠棣之花》（李长之）
载 1942 年 11 月 25 日《文艺先锋》第 1 卷第 4 期。

《虎符》（堵述初）
载 1942 年 11 月《文艺先锋》第 1 卷第 4 期。

关于《孔雀胆》（翦伯赞）
载 1942 年 12 月 31 日《新华日报》。

《孔雀胆》演出以后（徐飞）
载 1943 年 1 月 18 日《新华日报》。

《孔雀胆》在观众中的反响（陈淳耀）
载 1943 年 1 月 19 日《新华日报》。

《孔雀胆》修改剧本内容将作再度上演
载 1943 年 1 月 26 日《新华日报》。

《虎符》下月四日上演
载 1943 年 1 月 29 日《新华日报》。

《虎符》明晚上演
载 1943 年 2 月 3 日《新华日报》。

介绍《虎符》（赵虹）
载 1943 年 2 月 6 日《新华日报》。

看戏短评（老舍）
载 1943 年 3 月吴熙祖、周彦、徐昌霖主编《天下文章》创刊号，重庆天下文章出版社出版。

重庆演出的八出戏观后感（包时）
载 1943 年 6 月《文艺先锋》第 2 卷第 5、6 期。

《虎符》中的典型和主题（柳涛）
载 1943 年 6 月《中原》创刊号。

谈《金凤剪玉衣》——原名《南冠草》五幕史剧（金梓风）

载 1943 年 11 月 1 日《新华日报》。

评《金凤剪玉衣》的舞台装置（尤成美）
载 1943 年 11 月 29 日《新华日报》。

中华剧艺社由乐山到自贡，正式排演名剧《棠棣之花》
载 1944 年 7 月 11 日《新华日报》。

《孔雀胆》昆明准备上演
载 1944 年 8 月 27 日《新华日报》。

中华剧艺社已经回到成都，就要上演《棠棣之花》等剧
载 1944 年 8 月 29 日《新华日报》。

话剧《孔雀胆》（金同知）
载 1946 年 1 月 27 日《新华日报》。

光华剧院演出《孔雀胆》
载 1946 年 5 月 11 日《文汇报》。

戏宣九队六月初到汉，准备公演《孔雀胆》
载 1946 年 5 月 30 日《文汇报》。

香港"建国剧社"排演《孔雀胆》情况报导
载 1946 年 8 月 20 日《文汇报》。

忆《棠棣之花》（段青）
载 1947 年 2 月 25 日、26 日《文汇报》。

《棠棣之花》（明）
载 1947 年 4 月 1 日《文汇报》。

《棠棣之花》上演（虹）
载 1947 年 4 月 5 日《文汇报》。

热情的《棠棣之花》（赵涵）
载 1947 年 4 月 12 日《文汇报》。

《孔雀胆》的另一种看法（高寒）
收入高寒著《刁斗集》，1948 年 4 月交通书局印刷厂第 1 版，1947 年 9 月贵阳初版。

从《信陵君》的讨论谈起——关于历史剧的历史观点（马少波）
载 1951 年 6 月 10 日《人民戏剧》（月刊）第 3 卷第 2 期。

看了《虎符》的演出以后（雷雨）
载 1951 年 7 月 5 日《福建日报》。

谈《虎符》的历史人物（非明）
载 1951 年 7 月 8 日《福建日报》。

对于《虎符》的看法（言无咎）
载 1951 年 7 月 16 日《福建日报》。

信陵君是爱国主义者和国际主义者吗？（张谷曼）
载 1951 年 7 月 16 日《福建日报》。

和雷雨先生谈《虎符》（唐保尔）
载 1951 年 7 月 17 日《福建日报》。

谈谈几点显然的错误（劲军）
载 1951 年 7 月 20 日《福建日报》。

关于《虎符》讨论的意见（读者、作者、编者栏）
载 1951 年 7 月 20 日《福建日报》。

从历史观点谈"窃符救赵"（甘茂重）
载 1951 年 7 月 28 日《福建日报》。

对"信陵君"历史题材的商榷（董源）
载 1951 年 9 年 20 日《戏曲报》第 5 卷第 3 期。

郭沫若的历史剧《虎符》在日本演出
载 1954 年 7 月 30 日《光明日报》。

《虎符》排演小记（冬青）
载 1957 年 1 月 24 日《北京日报》。

《虎符》（简介）
载 1957 年 1 月 26 日《工人日报》。

秦始皇的形象及其他（唐亦白）
载 1957 年 2 月 6 日《中国青年报》。

《虎符》的排演场点滴（嘉居）
载 1957 年 2 月 11 日《戏剧报》（半月

刊)第3期。

大胆的尝试(集锦)
载1957年2月11日《戏剧报》(半月刊)第3期。

看史剧《棠棣之花》(落木)
载1957年2月24日《广西日报》。

《虎符》——人的赞歌最强音(王冬青)
载1957年2月19日《教师报》。

《虎符》——成功的演出——略谈关于学习戏曲表演的方法问题(阿甲)
载1957年3月2日《人民日报》。

本报编辑部举行《虎符》演出座谈会
载1957年4月11日《戏剧报》(半月刊)第7期。

脱离了生活真实(张柱)
载1957年4月11日《戏剧报》(半月刊)第7期。

舞台上的异彩(葛绳良)
载1957年4月11日《戏剧报》(半月刊)第7期。

学了戏曲动作——我演"虎符"里的侯嬴(郑榕)
载1957年4月11日《戏剧报》(半月

刊)第7期。

论《虎符》的主题思想(李诃)
载1957年4月12日《解放军文艺》(月刊)第4期。

《虎符》——雄伟悲壮的民族史诗(丘杨)
载1957年4月16日《新观察》(半月刊)第4期。

话剧要有鲜明的民族风格(田汉)
载1957年4月26日《戏剧报》(半月刊)第8期。

大胆学习民族戏曲传统(陈其通)
载1957年4月26日《戏剧报》(半月刊)第8期。

戏曲程式不是万能的(阿甲)
载1957年4月26日《戏剧报》(半月刊)第8期。

焦菊隐谈《虎符》的演出(孙世恺)
载1957年《文艺报》第3号。

《虎符》演出形式是不是一个方向？——话剧工作者展开热烈讨论
载1957年4月25日《光明日报》。

话剧演员练功有好处(晏甬)
载1957年4月26日《戏剧报》(半月

刊）第 8 期。

学传统也应有自己的创造（鲁亚农）
载 1957 年 4 月 26 日《戏剧报》（半月刊）第 8 期。

打开了一条路（严正）
载 1957 年 5 月 11 日《戏剧报》（半月刊）第 9 期。

我们的一些体会（胡导）
载 1957 年 5 月 11 日《戏剧报》（半月刊）第 9 期。

老艺人赞成这种尝试（张梦庚）
载 1957 年 5 月 11 日《戏剧报》（半月刊）第 9 期。

反对阻碍"百花齐放"的论调（张庚）
载 1957 年 5 月 11 日《戏剧报》（半月刊）第 9 期。

与乡人书——谈"虎符"演出的某几点（李健吾）
载 1957 年 5 月 28 日《人民日报》。

郭沫若的历史剧《虎符》在日本演出
载 1957 年 5 月 28 日《光明日报》。

《孔雀胆》的戏剧性（草文）
载 1957 年 5 月 15 日《杭州日报》。

看广西话剧团演《棠棣之花》（新珠等）
载 1957 年 7 月 8 日《南方日报》。

关于话剧吸取戏曲表演手法问题——历史剧《虎符》的排演体会（焦菊隐）
载 1957 年 8 月 27 日《戏剧论丛》（季刊）第 3 辑。

给郭沫若先生的信三封（杨亚宁）
收入 1957 年人民出版社《沫若文集》第 4 卷。

名剧《棠棣之花》（闻津）
载 1958 年 5 月 11 日《光明日报》。

《棠棣之花》在首都演出
载 1958 年 5 月 18 日《光明日报》。

向郭老学习——祝《棠棣之花》的演出（夏衍）
载 1958 年 5 月 26 日《北京晚报》。

郭沫若的新作《蔡文姬》（玉宇）
载 1959 年 3 月 3 日《羊城晚报》。

"文姬归汉"的新处理——郭沫若的《蔡文姬》脱稿（徐琮）
载 1959 年 3 月 5 日《北京日报》。

谈《蔡文姬》中曹操形象的真实性（戎笙）

载 1959 年 3 月 6 日《光明日报》。

郭沫若新作《蔡文姬》即将排演，曹操将第一次以正面人物出场
载 1959 年 3 月 6 日《光明日报》。

郭老新作历史剧《蔡文姬》
载 1959 年 3 月 19 日《新文化报》。

郭沫若同志谈《蔡文姬》的创作（朱青）
载 1959 年 3 月《戏剧报》（半月刊）第 6 期。

评价曹操的两种意见（刘凤鬻 等）
载 1959 年 5 月 6 日《光明日报》。

谈《蔡文姬》（中山大学中文系）
载 1959 年 5 月 9 日《羊城晚报》。

把曹操写得太好了——对历史剧《蔡文姬》的一些意见（方广陶）
载 1959 年 5 月 9 日《羊城晚报》。

雄伟、优美、新颖——《蔡文姬》点滴（禾土）
载 1959 年 5 月 17 日《中国青年报》。

《蔡文姬》是一个好剧本吗？（陈贤茂 陈汉文）
载 1959 年 5 月 18 日《羊城晚报》。

《蔡文姬》在京开始公演
载 1959 年 5 月 23 日《光明日报》。

话剧《蔡文姬》在京公演
载 1959 年 5 月 23 日《文汇报》。

从"贺圣朝"到"重睹芳华"——关于郭沫若剧作《蔡文姬》（欧阳山 等）
载 1959 年 5 月 24 日《文汇报》。

首都文艺界座谈《蔡文姬》
载 1959 年 5 月 28 日《北京晚报》。

首都剧人议论《蔡文姬》
载 1959 年 5 月 29 日《文汇报》。

郭沫若的新作《蔡文姬》（黎西）
载 1959 年 5 月 29 日《人民日报》。

"胡家悲愤重千古，喜剧传奇快一时"（梅阡）
载 1959 年 5 月 30 日《中国青年报》。

如何对待传统剧目中的曹操（戏剧报编者）
载 1959 年 5 月 30 日《戏剧报》（半月刊）第 10 期。

从哀伤到欢乐——演出成功的《蔡文姬》（李健吾）
载 1959 年 6 月 1 日《新观察》（半月

刊）第 11 期。

富有民族气派的演出——看话剧《蔡文姬》（风子）
载 1959 年 6 月 2 日《文汇报》。

从曹操的历史时代看曹操（杨荣国 李锦全）
载 1959 年 6 月 2 日《光明日报》。

《蔡文姬》排演琐记（李醒）
载 1959 年 6 月 2 日《文汇报》。

写在看话剧《蔡文姬》后（景孤血）
载 1959 年 6 月 2 日《文汇报》。

我演《蔡文姬》——创作手记片断（朱琳）
载 1959 年 6 月 3 日《光明日报》。

关于蔡琰的《胡笳十八拍》（刘大杰）
载 1959 年 6 月 7 日《光明日报》。
收入《胡笳十八拍讨论集》，1959 年 11 月中华书局第一次印刷。

谈谈"文姬归汉图"（沈从文）
载 1959 年 6 月 8 日《文物》（月刊）第 6 期。

一首激动人心的抒情诗——《蔡文姬》观后感（张锦才）

载 1959 年 6 月 15 日《戏剧报》（半月刊）第 11 期。

从《蔡文姬》的演出想到的（李健吾）
载 1959 年 6 月 15 日《戏剧报》（半月刊）第 11 期。

曹操——从生活素材到艺术形象（张真）
载 1959 年 6 月 15 日《戏剧报》（半月刊）第 11 期。

《孔雀胆》的上演（周元白）
载 1959 年 6 月 22 日《湖北日报》。

谈《蔡文姬》（张艾丁）
载 1959 年 6 月 23 日《北京文艺》（半月刊）第 12 期。

《蔡文姬》剧本不断完善
载 1959 年 6 月 23 日《羊城晚报》第 1 版。

动人心弦的历史剧——介绍《蔡文姬》（黄曼君）
载 1959 年 6 月 24 日《长江日报》。

话剧学习传统的新课题——喜看《孔雀胆》演出后的感想（江渊）
载 1959 年 6 月 25 日《长江日报》。

谈历史喜剧《蔡文姬》（颜振奋）

载 1959 年 7 月 3 日《剧本》(月刊)
7 月号。

有所师承　独创新格——略谈话剧
《蔡文姬》的演出（邱扬）
载 1959 年 7 月 4 日《羊城晚报》。

从《胡笳十八拍》谈到《蔡文姬》（王起）
载 1959 年 7 月 7 日《羊城晚报》。

有肩膀　定得住——略谈刁光覃同志
创造的曹操形象（邱扬）
载 1959 年 7 月 8 日《北京文艺》(月刊) 7 月号。

无尽与有尽——《蔡文姬》观摩札记
（邱扬）
载 1959 年 7 月 10 日《文汇报》。

诗情洋溢的《蔡文姬》（孟超）
载 1959 年 7 月 15 日《文艺报》(半月刊) 第 13 期。

《蔡文姬》的历史真实性（温凌）
载 1959 年 7 月 15 日《戏剧报》(半月刊) 第 13 期。

读郭著《蔡文姬》后（谭共骧）
载 1959 年 7 月 27 日《文汇报》。

真实还要够味儿——看《蔡文姬》演

出后随谈（阿甲）
载 1959 年 7 月 30 日《戏剧报》(半月刊) 第 14 期。

《蔡文姬》（草文）
载 1959 年 7 月《文学知识》(月刊)
7 月号。

我爱《蔡文姬》（石也）
载 1959 年 8 月 8 日《重庆日报》。

看《蔡文姬》后的感想（胡一民　等）
载 1959 年 8 月 8 日《北京文艺》(月刊) 8 月号。

也谈《蔡文姬》——与张艾丁同志商
榷（严家炎）
载 1959 年 8 月 8 日《北京文艺》(月刊) 8 月号。

看《蔡文姬》想到三首诗（徐天）
载 1959 年 8 月 16 日《成都日报》。

无源不流　无根不生（韦启玄）
载 1959 年 9 月 3 日《剧本》(月刊)
9 月号。

《蔡文姬》（焦菊隐）
载 1959 年 9 月《人民画报》(半月刊)
第 17 期。

创造性的美术设计——谈《蔡文姬》的舞台美术设计（刘露）
载 1959 年 9 月 25 日《戏剧研究》第 4 期。

两个不平凡的人物——谈话剧《蔡文姬》中的蔡文姬和左贤王（孙仲）
载 1959 年 10 月 8 日《贵阳日报》。

古色古香　瑰丽芬芳——排演《蔡文姬》散记（赵大民）
载 1959 年 10 月 10 日《天津日报》。

看两家《蔡文姬》的演出（书田）
载 1959 年《陕西戏剧》（月刊）10 月号。

关于《蔡文姬》及其演出（肖棠）
载 1959 年 11 月 16 日《中州评论》（半月刊）第 22 期。

从话剧到京剧的《蔡文姬》（王永远）
载 1960 年 1 月 1 日《百花》（月刊）第 1 期。

五州与《棠棣之花》（瞿光熙）
载 1960 年 5 月 30 日《新民晚报》。

谈《武则天》（吴晗）
载 1960 年 7 月 8 日《人民文学》7 月号。

喜读郭老的新作《武则天》（福建师院中文系 58 级文学研究小组）
载 1960 年 7 月《福建戏剧》第 7 期。

成功的史剧　精采的演出——山东省鲁剧院吕剧团演出《蔡文姬》观后感（付春和）
载 1960 年 10 月 23 日《旅大日报》。

省市文艺界热烈讨论话剧《武则天》（乐浪）
载 1961 年 3 月 29 日《云南日报》。

耳目为之一新——话剧《武则天》观后（鲜里）
载 1961 年 3 月 30 日《云南日报》。

向传统戏曲学习的一点体会——谈《蔡文姬》舞台设计过程中的学习心得（陈永祥）
载 1961 年 4 月 15 日《上海戏剧》（月刊）第 4 期。

谈"则天女皇"（苑士兴）
载 1961 年 7 月 4 日《辽宁日报》。

关于剧本《武则天》的争论（本报记者）
载 1961 年《边疆文艺》（月刊）第 4、5 期合刊。

史剧堂皇翻旧案，胡笳宛转发新声——欣赏北京人艺演出的《蔡文姬》（之江）

载 1961 年 10 月 23 日《新民晚报》。

《蔡文姬》的舞台语言（刘厚生）
载 1961 年 11 月 6 日《解放日报》。

情辞恳切 水乳交融——谈朱琳和她演出的蔡文姬（凌琯如）
载 1961 年 11 月 6 日《新民晚报》。

不谈曹操说曹丕——《蔡文姬》中一个角色的欣赏（禾土）
载 1961 年 11 月 23 日《新民日报》。

谈话剧《蔡文姬》的台词处理（禾土）
载 1961 年 11 月 29 日《文汇报》。

感情丰富 形象突出——看包头文工团演出的话剧《蔡文姬》（难杰）
载 1961 年 12 月 21 日《内蒙古日报》。

感情、节奏及其他——话剧《蔡文姬》观后（莫日根果娃）
载 1961 年 12 月 21 日《内蒙古日报》。

《蔡文姬》演出在继承戏曲传统中的创新精神（杨村彬）
载 1961 年 11 月 15 日《上海戏剧》（月刊）第 11 期。

三个演出，三种风格——学习札记之一（孙浩然）

载 1961 年 12 月 15 日《上海戏剧》（月刊）第 12 期。

漫话《孔雀胆》——看戏笔记（张程万）
载 1961 年 12 月 23 日《福建日报》。

童芷苓演的武则天（刘保绵）
载 1962 年 2 月 18 日《戏剧报》（月刊）第 2 期。

话剧《武则天》引起热烈讨论——首都文艺界人士举行座谈会
载 1962 年 7 月 14 日《文汇报》。

武则天的"史"与"剧"（景孤血）
载 1962 年 7 月 21 日《中国青年报》。

作家与导演之间——记郭沫若与焦菊隐的密切合作（于文涛）
载 1962 年 8 月 8 日《北京日报》。

话剧《武则天》里的衣饰（傅用霖）
载 1962 年 8 月 11 日《北京日报》。

《武则天》导演杂记（焦菊隐）
载 1962 年 8 月 11 日《文艺报》第 8 期—1962 年 9 月 11 日《文艺报》第 9 期。

郭沫若和武则天（石桑）
载 1962 年 8 月 13 日香港《文汇报》。

我演《武则天》的体会（朱琳）
载 1962 年 8 月 14 日《大公报》。

《武则天》的再创作（李超）
载 1962 年 8 月 17 日《光明日报》。

漫谈话剧《武则天》（张颖）
载 1962 年 8 月 23 日《戏剧报》（月刊）第 8 期。

话剧舞台上的《武则天》（风子）
载 1962 年 9 月 2 日《人民日报》。

性格冲突的悲剧——看长影演员剧团演出《孔雀胆》（贺照）
载 1962 年 9 月 5 日《河北日报》。

风格的多样性——谈话剧《武则天》的美术设计（龚和德）
载 1962 年 9 月 11 日《人民日报》。

观剧杂感（秋文）
载 1962 年 9 月 28 日《文汇报》。

漫谈《孔雀胆》的演出（常耕民）
载 1962 年 11 月 15 日《河南日报》。

见素雅于绚丽——谈《武则天》的景和服装（张正宇）
载 1962 年 11 月 18 日《戏剧报》（月刊）第 11 期。

《孔雀胆》的悲剧实质在哪里？（佘昂）
载 1962 年 11 月 29 日《河南日报》。

梅花、元宝和马——读《武则天》札记三则（李诞）
载 1962 年云南《学术研究》第 5 期。

为什么会有这样的悲剧——话剧《孔雀胆》观后（紫明）
载 1963 年 2 月 27 日《吉林日报》。

家庭讨论会（李亭）
载 1978 年 1 月 15 日《光明日报》。

北京人艺恢复排演《蔡文姬》
载 1978 年 5 月 18 日《北京日报》。

重睹芳华——看《蔡文姬》再度上演（长石）
载 1978 年 6 月 2 日《解放军报》。

重演《蔡文姬》的一点感想（朱琳）
载 1978 年 6 月 10 日《北京文艺》（月刊）第 6 期。

郭老笔下风雷动——记历史话剧《蔡文姬》重新上演（张慧贤）
载 1978 年 6 月 17 日《人民日报》。

重看话剧《蔡文姬》（诗）（马国征）
载 1978 年 6 月 26 日《解放日报》。

郭沫若创作的话剧《蔡文姬》手迹
载 1978 年 7 月 18 日《人民戏剧》第 7 期封三。

郭老名著《蔡文姬》将搬上银幕
载 1978 年 7 月 22 日《人民电影》第 7 期。

"蔡文姬就是我"（吕兆康）
载 1978 年 7 月 23 日《文汇报》。

丰功永存剧常新——敬悼郭老并谈《蔡文姬》（范启新）
载 1978 年 8 月 5 日《边疆文艺》第 8 期。

忆焦菊隐同志导演《蔡文姬》（苏民 刁光覃 兰天野）
载 1978 年 9 月 24 日、10 月 1 日、10 月 8 日《光明日报》。

历史剧《虎符》（剧照）
载 1978 年 12 月 30 日《社会科学战线》（季刊）第 4 期。

历史剧《蔡文姬》剧照
载 1978 年 12 月 30 日《社会科学战线》第 4 期。

论历史剧《蔡文姬》（魏照风）
载 1978 年《戏剧艺术》（季刊）第 4 期。

昆剧《蔡文姬》光彩照人
载 1979 年 1 月 2 日《解放日报》。

昆剧姓"昆"推陈出新——昆剧《蔡文姬》音乐唱腔创作体会（傅雪漪 辛清华）
载 1979 年 1 月 4 日《文汇报》。

共唱神州团结诗——喜看昆剧《蔡文姬》（张执之）
载 1979 年 1 月 31 日《解放日报》。

昆剧《蔡文姬》的导演艺术（胡伟民）
载 1979 年 2 月 28 日《上海戏剧》（双月刊）第 1 期。

《蔡文姬》下周公演——叶连璧改编并任导演
载 1979 年 3 月 24 香港《文汇报》。

昆剧《蔡文姬》的导演构思（杨村彬）
载 1979 年 3 月《戏剧艺术》第 1 期。

请来曹丞相批判"三突出"——谈话剧《蔡文姬》的人物形象（杨桂欣）
载 1979 年《山西师院学报》第 4 期。

阿瑟·密勒评《丹心谱》、《蔡文姬》、《彼岸》（董乐山译）
载 1979 年 5 月《读书》（月刊）第 2 期。

《南冠草》的演出本（肖斌如　丁言昭）
载1979年5月《战地》增刊第3期。

诗·戏剧·电影——谈谈影片《蔡文姬》（颜振奋）
载1979年5月《电影创作》第5期。

我爱"这一个"蔡文姬（简慧）
载1979年5月《电影创作》第5期。

摄影机前的《蔡文姬》及其他——电影导演兼摄影师朱今明答本刊记者问
载1979年5月《电影创作》第5期。

视郭老名剧《蔡文姬》上银幕（金紫光）
载1979年5月《电影创作》第5期。

周近、曹操、蔡文姬（谢万霖）
载1979年《北方文学》第5期。

民族友好的历史画卷——重读《蔡文姬》（陈连开）
载1979年6月《中央民族学院学报》（内部刊物）第1—2期。

《蔡文姬》在银幕上（朱琳）
载1979年6月《大众电影》（月刊）第6期。

昭君无怨——谈郭沫若和曹禺笔下的昭君形象（秋实）
载1979年6月10日香港《文汇报》。

妇女解放思想的艺术体现——评郭沫若的历史剧《三个叛逆的女性》（谢中征）
载1979年6月《华南师范学院学报》（季刊）第3期。

俄顷即无疆　月轮永不灭——郭老逝世周年，敬读《棠棣之花》（刘元树）
载1979年6月《安徽大学学报》（季刊）第2期。

重睹芳华——彩色舞台艺术片《蔡文姬》观后（谢楚发）
载1979年9月23日《湖北日报》。

郭老名剧垂千古——浅析《蔡文姬》的艺术特色（王云缦）
载1979年10月《文学评论丛刊》第4辑。

《棠棣之花》剧本释义（洱伶）
载1979年10月15日《语言文学》（双月刊）第5期。

谈郭沫若的《蔡文姬》（标题为编者加）（（美）米勒）
载1979年《七十年代》第5期。

情难容　理不该——对话剧《蔡文姬》处理古代民族关系问题的异议（查洪武）
载1980年《草原》（月刊）第1期。

感情和责任的巨大冲突——历史剧《蔡文姬》主题浅见（李蕙芳）

载1980年《草原》（月刊）第2期。

"让明天清早呈现出一片干净的世界"——读郭沫若的历史剧《孔雀胆》（高国平）

载1980年3月《河南师大学报》（月刊）第3期。

评郭沫若的史剧《蔡文姬》和《武则天》（张毓茂）

载1980年《辽宁大学学报》（双月刊）第3期。

回忆《孔雀胆》的首次演出（彭竹）

载1980年4月《南口戏剧》（双月刊）第1期。

《蔡文姬》的主题及其效果（何守中）

载1980年《草原》（月刊）第4期。

讨论不应忘记作品——也谈历史剧《蔡文姬》（任贵）

载1980年《草原》（月刊）第6期。

四、小说散文研究

《残春》的批评（成仿吾）

载1923年1月《创造季刊》第1卷，第4期；

收入李霖编《郭沫若评传》，1932年4月上海现代书局初版。

郭沫若的《反正前后》（傅素心）

载1929年11月16日《真善美》（月刊）第5卷第1号。（注：本文作者署名在目录中为傅润华，在文章后为傅素心——编者）

《橄榄》（焘）

收入李霖编《郭沫若评传》，1932年4月上海现代书局初版。

《我的幼年》（H·Y）

收入李霖编《郭沫若评传》，1932年4月上海现代书局初版。

郭沫若的《黑猫》（冯乃超）

收入李霖编《郭沫若评传》，1932年4月上海现代书局初版。

黑猫（黄伯钧）

收入李霖编《郭沫若评传》，1932年4月上海现代书局初版。

读《反正前后》（田汉）

收入李霖编《郭沫若评传》，1932年4月上海现代书局初版。

评郭沫若的"创造十年"（杨凡）

载1932年《微音》第7卷第9期。

评《创造十年》（殷乃）
载 1932 年 12 月 26 日《北平晨报学园》第 426 期。

评郭沫若的《水平线下》（华亚里）
载《文艺战线》第 2 卷第 23 期。

《歧路》介绍
收入乐华编辑部编《当代中国小说评选》（上册）（当代文学读本第一种），1933 年上海乐华图书公司再版，1932 年 5 月出版。

《炼狱》介绍
收入乐华编辑部编《当代中国小说评选》（上册）（当代文学读本第一种），1933 年上海乐华图书公司再版，1932 年 5 月出版。

《十字架》介绍
收入乐华编辑部编《当代中国小说评选》（上册）（当代文学读本第一种），1933 年上海乐华图书公司再版，1932 年 5 月出版。

答郭沫若的《卖淫妇的饶舌》（李苇甘）
收入陶其情编著《矛盾集》第 1 辑，1933 年 1 月拂晓书室发行，新新印刷公司印刷。

郭沫若小品序（阿英）
收入阿英编《现代六十家小品》，上海光明书局 1935 年 3 月初版。

《中国新文学大系·小说三集》《导言》（郑伯奇）
收入郑伯奇编《中国新文学大系·小说》三集，1935 年上海良友图书印刷公司印行。

创造十年（徐雄飞）
载 1935 年 8 月 15 日《清华周刊》第 38 卷第 12 期。

郭沫若的痛（圣陶）
载 1936 年 8 月《新少年》第 2 卷第 3 期。

郭沫若著创造十年（梁秉宪）
载 1945 年 6 月 2 日《图书评论》第 2 卷第 2 期。

今昔蒲剑（慈）
载 1947 年《时与文》第 22 期。

十批判之批判（上下）（丁山）
载 1947 年 4 月 9 日—16 日上海《东南日报·文史》第 37—38 期。

读《洪波曲》（齐放）
载 1959 年 8 月 10 日《天津日报》。

《洪波曲》、《夜读偶记》在日本出版（九仁）
载 1959 年 6 月 20 日《世界文学》（月刊）6 月号。

《歧路》分析（北大中文系）
收入北大中文系 56 级学生编《五四小说选讲》1959 年中国青年出版社第 1 版。

《月蚀》分析（北大中文系）
收入 1959 年中国青年出版社《五四小说选讲》。

《梦和现实》分析（北大中文系）
收入 1959 年中国青年出版社《五四小说选讲》。

郭沫若的《梦和现实》（六飞）
载 1960 年 1 月 15 日《语言文学》《双月刊》第 1 期。

创造十年
载：（日）平凡社编《世界名著大事典》第 5 卷，第 86a，1961 年 9 月初版。

若有其事的声明（晦庵）
载 1962 年 4 月 7 日《人民日报》（书话栏）。

学习郭沫若的一篇短文（曹述毅）
载 1962 年 1 月 3 日《新闻业务》（月刊）第 1 期。

读《黄钟与瓦釜》（于德才 等）
载 1977 年 12 月 5 日《人民日报》。

读《科学的春天》有感（王亚平）
载 1978 年 5 月 21 日《光明日报》。

日出江花红似火——读郭老《科学的春天》一得（刘明先）
载 1978 年 7 月 6 日《长江日报》。

重读郭老《科学的春天》感怀（韩百灵）
载 1978 年 7 月 24 日《黑龙江日报》。

关于"习习谷风"（赵国青 周金益）
载 1978 年 7 月 30 日《北京日报》。

重读郭沫若的一封信（王继放）
载 1978 年 12 月 6 日《湖南日报》。

《黄钟与瓦釜》浅析（刘振东）
载 1978 年《教学研究》第 1 期。

《黄钟与瓦釜》析（胡冠莹）
载 1978 年《教育革命》第 2 期。

"科学的春天"试析（张凤岭）
载 1978 年《河北师院学报》第 4 期。

坚定的信念、殷切的希望——读郭沫若的《科学的春天》（邓先正）
载1978年武汉师院编《中学语文》第4期。

繁花硕果满华园——读郭老《科学的春天》（黄日昌）
载1978年《广西文艺》（月刊）第4期。

读《科学的春天》（吴探林）
载1978年《昆明师院学报》第4期。

欢呼《科学的春天》读郭沫若《科学的春天》（靳公丁）
载1978年7月1日江西师院编《语文教学》第4期。

试论郭沫若小说的创作（张杰）
载1978年9月25日《破与立》（双月刊）第6期。

中国近代革命历史的风云的画卷——试论郭沫若的传记文学（张毓茂）
载1978年12月《辽宁大学学报》（双月刊）第6期。

读《科学的春天》（刘溶）
载1979年《开封师院学报》第1期。

《科学的春天》简析（贾锦福）
载1979年2月15日山东临沂师专中文系编《语文教学》第1期。

谆谆的教诲、热切的期望——"科学的春天"学习札记（刘惠康）
载1979年2月25日杭州大学编《语文战线》第1期。

识得黄忠在，岂容瓦釜雷——读郭老的《黄钟与瓦釜》（齐向欣）
载1979年《包头函授》（双月刊）第1期。

黄钟长鸣震环宇（江源）
载1979年3月2日山东师院聊城分院中文系编《语文教学研究》第1期。

知识分子的反抗和悲哀之歌——论郭沫若的小说（韩立群）
载1979年10月昌维师专编《教学研究》第2期。

试谈郭老的《牧羊哀话》（张杰）
载1979年10月昌维师专编《教学研究》第2期。

《科学的春天》试析（蒲声）
载1979年3月山西师院中文系编《语文教学通讯》第2期。

试论郭沫若的《牧羊哀话》（张毓茂）
载1979年《辽宁大学学报》第3期。

读郭沫若同志《〈毋忘台湾〉序》（林飞鸢）
载1979年《中山大学学报》（季刊）第3期。

独立不倚，傲岸毋折——读郭老的散文《银杏》（邓牛顿）
载1979年《语文学习》第8期。

"自然底追怀"辑录附记（洪静）
收入《中国现代文艺资料丛刊》第4辑，1979年10月上海文艺出版社第1版。

郭沫若小说创作初探（邹水旺）
载1979年《江西师院学报》（季刊）第4期。

一切为了前线的胜利——读郭老香港战斗的佚文（邓牛顿）
载《迎接新中国》1979年复旦学报（社会科学版）丛书（一）。

郭老的读书经验——介绍郭沫若同志的一篇佚文（肖斌如　杨律人）
载1980年5月7日《羊城晚报》第3版。

读郭沫若的《鲁迅诗稿序》（丁景泰）
载1980年5月《语文学习》（月刊）第5期。

试谈郭沫若散文的艺术特色（王东明）
载1980年6月《扬州师院学报》（季刊）第2期。

银杏漫议（程中原）
载1980年《淮阴师专学报》第2期。

"银杏"！我们赞美你！——重读郭老散文"银杏"（筠涛）
载1980年镇江师专主办《教学与进修》第3期。

读郭沫若的"银杏"（顾启　姜光斗）
载1980年南通师专编《教学与研究》第4期。

"银杏"试析（叶一苇）
载1980年平湖师专编《教学参考》第5期。

"银杏"的拟人（徐绍仲）
载1980年山东临沂师专编《语文教学》第5期。

独立不倚　傲岸毋折——读郭沫若的"银杏"（唐寿灿）
载1980年浙江师院编《教学与研究》第7期。

从《银杏》看咏物散文的写作（乔为）
载1980年8月《语文战线》8月号。

赞银杏，颂祖国——读郭沫若同志的《银杏》(方伯荣)
载 1980 年绍兴师专《教学参考资料》第 9 期。

《银杏》的象征意义和艺术特色(杨成章)
载 1980 年 10 月《重庆师范学院学报》(季刊)第 4 期。

谈《银杏》(鲍霁)
载 1980 年《中学语文教学》第 10 期。

寄托深隽　情采并发——谈郭老的散文《银杏》(屈宝贤、王晓晖)
载 1980 年《语文战线》第 7 期。

《银杏》漫议(程中原)
载 1980 年《淮阴师专学校》第 2 期。

读《银杏》(冯日乾)
载 1980 年《陕西教育》第 9 期。

五、其他问题研究

介绍外国文学作品的目的——兼答郭沫若君(雁冰)
载 1922 年 8 月 1 日《文学旬刊》。

译诗短伦与中国译诗评(下)(梦华)
载 1922 年 8 月 29 日《时事新报·学灯》第 1 版。

评郭沫若著《卷耳集》(梁纯祎)
载 1923 年 2 月 6 日、7 日《晨报》副刊。

评《卷耳集》的尾声(梁纯祎)
载 1924 年 2 月 27 日、28 日《晨报》副刊。

古文今译之管见(胡怀琛)
载 1924 年 1 月 29 日《时事新报·学灯》。

雪莱译诗的商榷(田楚侨)
载 1924 年 4 月 5 日创造社《创造周报》第 47 号，泰东书局发行。

评郭沫若译的《少年维特之烦恼》(梁俊青)
载 1924 年 5 月 12 日上海《时事新报副刊文学》。

谈谈摆伦纪念号所载之译诗(田楚侨)
载 1924 年 6 月 3 日《时事新报·学灯》第 3 版。

摆伦在文坛上之位置及其诗歌底评论(忆明译)
载 1925 年 8 月 11 日《时事新报·学灯》。

读郭译《争斗》后的几点商榷(魏肇基)
收入 1928 年 4 月 5 日《一般》第 4 卷 4 月号。

读郭沫若的《卷耳集》以后（梦韶）
载 1928 年 7 月 1 日《泰东月刊》第 1 卷第 11 期。

校茵梦湖谈到翻译（厚生）
载 1928 年 11 月 15 日《日出旬刊》第 2 期。

读郭沫若的《卷耳集》（砚山）
载 1929 年 6 月《莽巷社刊》第 2 卷第 1 号。

评郭沫若的中国古代社会研究（郭全知）
载 1931 年 2 月 6 日—8 日《河南民国日报》副刊。

评郭沫若的《中国古代社会研究》（李麦麦）
载 1932 年 6 月 1 日《读书杂志》第 2 卷第 6 期。

郭沫若的中国古代社会研究（程憬）
载 1932 年 10 月《图书评论》第 1 卷第 2 期。

评郭沫若译《战争与和平》（昧茗）
载 1934 年 3 月《文学》第 2 卷第 3 期。

周易的时代背景与精神生产（李星可）
载 1935 年 5 月《中法大学月刊》第 6 卷第 4 期。

屈原（何共若）
载 1935 年 8 月《人间世》第 33 期。

评郭沫若《屈原》（丁宵汉）
载 1935 年 11 月 10 日《文化建设》（月刊）第 2 卷第 2 期。

《先秦天道观》之进展（陈高佣）
载 1937 年 1 月 10 日《文化建设月刊》第 3 卷第 4 号。

屈原研究（中）
载 1937 年 3 月 1 日《国立中央图书馆馆刊》复刊第 1 号。

苏联书刊艺文供应社致本刊编委郭沫若先生书
载 1941 年 4 月 20 日中苏文化协会编《中苏文化》第 8 卷第 3、4 期合刊。

关于《墨子的思想》的讨论——一献郭沫若先生（筱藏群）
载 1941 年 11 月 31 日《群众》第 8 卷第 20—21 期。

中国历史研究的拓荒者（杜国庠）
载 1941 年 11 月 16 日香港《光明日报》。

新歌剧演出的尝试（堵述初）
载 1942 年 1 月 18 日《中央日报》。

如何研究墨子思想（谢道）
载 1944 年《大学》第 7 卷第 7—8 期。

"中医科学化"问题讨论——函郭沫若先生（程荣梁）
载 1945 年 3 月 19 日《新华日报》。

郭沫若先生与中国古代社会的研究（尹达）
载 1945 年 3 月 13 日《解放日报》。

释"乱"（附李嘉言与郭沫若先生来往二信）（张长弓）
载 1946 年 9 月 20 日《国文月刊》第 47 期。

《十批判书》（齐思和）
载 1946 年 6 月《燕京学报》第 30 期。

《十批判书》（朱自清）
载 1946 年 12 月 16 日天津《大公报》；收入《朱自清文集》；1953 年开明书店版。
（收入文集时题目为：《现代人眼中的古代——介绍郭沫若〈十批判书〉》内容亦有修改——编者）

郭沫若谈讲演（兰乔）
载 1948 年 9 月 22 日《大公报》。

读《甲申三百年祭》（周振甫）
载 1954 年 5 月 20 日《光明日报》。

对"关于宋玉"一文的意见（程仁卿）
载 1955 年 5 月 1 日《文史哲》（月刊）第 5 期。

关于《论曹植》（贾斯荣）
载 1955 年 6 月 1 日《文史哲》（月刊）第 6 期。

谈郭译"芳与泽其杂糅兮"（三一）
载 1955 年 9 月《文学遗产增刊》第 1 辑。

楚辞"乱曰"解（徐嘉瑞）
载 1955 年 9 月《文学遗产增刊》第 1 辑。

关于周颂噫嘻篇的解释（憩之）
载 1956 年 7 月 22 日《光明日报》。

一篇声明（钟子望）
载 1956 年 10 月 23 日《人民日报》。

读郭沫若先生《"太史公行年考"有问题》后（王达津）
载 1956 年《历史研究》（月刊）第 3 期。收入人民文学出版社编辑部编《中国古典散文研究论文集》，1959 年 2 月人民文学出版社第 1 版。

读郭沫若先生"屈原赋今译"（邓潭洲）
载1957年1月20日《光明日报》。

秦始皇的形象及其他（唐亦白）
载1957年2月6日《中国青年报》。

从重农抑商的传统谈到汉代政权的本质——试答郭沫若先生的质问之一（日知）
载1957年2月25日《人民日报》。

对郭沫若先生《汉代政权严重打击奴隶主》一文的商榷（蔡心林）
载1957年4月25日《光明日报》。

关于杨忱和杨刻《管子》的问题——读郭老《"管子集校"叙录》后记（朱理悜　黄明）
载1957年4月25日《光明日报》。

郭沫若先生《"管子集校"叙录》之商榷（王欣夫）
载1957年6月10日《学术月刊》第6期。

关于戟之演变（郭宝钧）
收入1957年人民文学出版社《沫若文集》第14卷。

不能把曹操抬得太高——对郭老《替曹操翻案》一文的意见（关文发）
载1959年5月29日《长江日报》。

从曹操问题谈起兼论《悲愤诗》、《胡笳十八拍的真伪》（张舜徽）
载1959年6月29日《长江日报》。

论曹操在历史上的作用（左行培　姚公骞）
载1959年6月30日《科学与教学》（双月刊）第3期。

蔡文姬的生平及其作品（谭其骧）
载1959年8月10日《学术月刊》8月号。
收入《文学遗产》编辑部编《胡笳十八拍讨论集》1959年11月中华书局第1次印刷。

关于曹植的几个问题（廖仲安）
载1959年《文学遗产增刊》第7辑。

再谈《胡笳十八拍》（刘大杰）
载1959年8月25日《文学评论》（双月刊）第4期。
收入《文学遗产》编辑部编《胡笳十八拍讨论集》，1959年11月中华书局第1次印刷。

《胡笳十八拍》是董庭兰作的吗？（肖涤非）
收入1959年11月中华书局《胡笳十

八拍讨论集》又收入《解放集》,1959年9月山东人民出版社。

关于《胡笳十八拍》作者的争论问题(胡念贻)
收入《文学遗产》编辑部编《胡笳十八拍讨论集》,1959年11月中华书局第1次印刷。

从诗韵的角度谈谈《胡笳十八拍》的年代问题(董诚一)
收入《文学遗产》编辑部编《胡笳十八拍讨论集》,1959年11月中华书局第1次印刷。

蔡文姬《胡笳十八拍》四论(叶玉华)
收入《文学遗产》编辑部编《胡笳十八拍讨论集》,1959年11月中华书局第1次印刷。

《胡笳十八拍》非蔡琰作说商榷(熊德基)
收入《文学遗产》编辑部编《胡笳十八拍讨论集》,1959年11月中华书局第1次印刷。

关于《胡笳十八拍》的一些问题(张德均)
收入《文学遗产》编辑部编《胡笳十八拍讨论集》,1959年11月中华书局第1次印刷。

关于蔡琰的《胡笳十八拍》(刘大杰)
收入《文学遗产》编辑部编《胡笳十八拍讨论集》,1959年11月中华书局第1次印刷。

谈《胡笳十八拍》非蔡文姬所作(刘盼遂)
收入《文学遗产》编辑部编《胡笳十八拍讨论集》,1959年11月中华书局第1次印刷。

关于《胡笳十八拍》的真伪问题(胡国瑞)
收入《文学遗产》编辑部编《胡笳十八拍讨论集》,1959年11月中华书局第1次印刷。

根据蔡琰历史论蔡琰作品真伪问题(王先进)
收入《文学遗产》编辑部编《胡笳十八拍讨论集》,1959年11月中华书局第1次印刷。

关于《胡笳十八拍》(祝本)
收入《文学遗产》编辑部编《胡笳十八拍讨论集》,1959年11月中华书局第1次印刷。

谈蔡琰作品的真伪问题(卞孝萱)
收入《文学遗产》编辑部编《胡笳十八拍讨论集》,1959年11月中华书局第 1 次印刷。

蔡文姬的生平及其作品（谭其骧）
收入《文学遗产》编辑部编《胡笳十八拍讨论集》，1959 年 11 月中华书局第 1 次印刷。

蔡文姬生平的一点小考证（王达津）
收入《文学遗产》编辑部编《胡笳十八拍讨论集》，1959 年 11 月中华书局第 1 次印刷。

关于蔡文姬及其作品（刘开扬）
收入《文学遗产》编辑部编《胡笳十八拍讨论集》，1959 年 11 月中华书局第 1 次印刷。

《胡笳十八拍》是蔡文姬作的吗？（李鼎文）
收入《文学遗产》编辑部编《胡笳十八拍讨论集》，1959 年 11 月中华书局第 1 次印刷。

《胡笳十八拍》非蔡琰作补证（王达津）
收入《文学遗产》编辑部编《胡笳十八拍讨论集》，1959 年 11 月中华书局第 1 次印刷。

蔡琰与《胡笳十八拍》（王运熙）
收入《文学遗产》编辑部编《胡笳十八拍讨论集》，1959 年 11 月中华书局

第 1 次印刷。

蔡文姬与《胡笳十八拍》（高亨）
收入《文学遗产》编辑部编《胡笳十八拍讨论集》，1959 年 11 月中华书局第 1 次印刷。

《胡笳十八拍》不是蔡庭兰作的吗？（王竹楼）
收入《文学遗产》编辑部编《胡笳十八拍讨论集》，1959 年 11 月中华书局第 1 次印刷。

关于蔡文姬故里的资料（李村人）
收入《文学遗产》编辑部编《胡笳十八拍讨论集》，1959 年 11 月中华书局第 1 次印刷。

沫若文集中的一个（？）号（王金光）
载 1959 年 10 月 8 日《羊城晚报》。

读郭沫若《甲申三百年祭》一文即题其后（柳亚子）
收入柳无非、柳无垢选辑《柳亚子诗词选》，1959 年人民文学出版社第 1 版。

对《再谈〈胡笳十八拍〉》的商兑（张德钧）
载 1960 年 2 月 25 日《文学评论》（双月刊）第 1 期。

关于曹操翻案问题（周齐）
载 1960 年 3 月《哈尔滨师范学院学报》第 1 期。

关于武则天评价的问题（缪钺）
载 1961 年 5 月 8 日《四川日报》。

也谈武则天的出生地和出身（陈振）
载 1961 年 5 月 24 日《光明日报》。

"则天女皇"演出前后（吴素秋）
载 1961 年 6 月 11 日《辽宁日报》。

关于评价武则天的几个问题（若思）
载 1961 年 6 月 21 日《光明日报》。

历史上的武则天和戏剧里的武则天（刘慧孙）
载 1961 年 6 月 25 日《福建日报》。

蔡文姬和焦尾琴（蒋星煜）
载 1961 年 10 月 26 日《新民晚报》。

对《东山》的看法——与郭沫若、余冠英同志商榷（华钟彦）
载 1960 年开封师院编《中国语文》第 7 期。

论石鼓乃秦德公时遗物及其他——读郭沫若同志《石鼓文研究》以后（段颺）
载 1961 年 9 月 1 日《学术月刊》9 月号。

中国古代社会研究
载：（日）平凡社编《世界名著大事典》第 6 卷，第 255a，1961 年 9 月初版。

《十批判书》
载：（日）平凡社编《世界名著大事典》第 3 卷第 241b，1961 年 9 月初版。

两周金文辞大系图录考释
载：（日）平凡社编《世界名著大事典》，第 8 卷，第 265a，1961 年 9 月初版。

卜辞通纂
载：（日）平凡社编《世界名著大事典》，第 7 卷第 510a，1961 年 9 月初版。

《鲁迅诗稿·序》中的两个字（周国仲 席滌尘）
载 1962 年 1 月 18 日《文汇报》。

"偷得半联"别解（熊融）
载 1962 年 2 月 22 日《人民日报》。

关于《山鬼》（李延陵）——和郭沫若、姜亮夫、马茂元三位先生商榷
载 1962 年 10 月 1 日《文史哲》（月刊）第 5 期。

"悬棺葬式"疏略——对郭老《读随园诗话札记》"石棺与虹桥"节的笺解（李瑾）

收入《读随园诗话札记》。1962 年作家出版社。

从晋砖文字说到《兰亭序》书法——为郭沫若《兰亭序》依托说做一些补充（阿英）
载 1965 年 10 月《文物》第 10 期。

学习和时局（毛泽东）
收入 1966 年 9 月人民出版社《毛泽东选集》第 3 卷。

木刻
载：（日）平凡社编《世界大百科事典》第 30 卷第 265b，1972 年 4 月 25 日第 1 版。

历史文学
载：（日）平凡社编《世界大百科事典》第 32 卷第 185a，1972 年 4 月 25 日第 1 版。

金石学
载：（日）平凡社编《世界大百科事典》第 8 卷第 149a，1972 年 4 月 25 日第 1 版。

蔡琰与《胡笳十八拍》（晴耶）
载 1978 年 6 月 20 日《北京日报》。

郭老对甲骨学的重大贡献（胡厚宣）
载 1978 年 6 月 26 日《光明日报》。

郭沫若的书法在广州（紫源）
载 1978 年 7 月 3 日香港《大公报》。

著绝艺于纨素　垂百代之殊观——学习郭沫若先生的书法艺术（孙宝发）
载 1978 年 8 月 13 日《天津日报》。

蜂采花而酿蜜——读郭老给宁波市"文联"的题诗（吕萍）
载 1978 年 8 月 20 日《浙江日报》。

郭沫若同志在古文字学和古史研究上的卓越贡献（斯雅）
载 1978 年 8 月 20 日《思想战线》（双月刊）第 4 期。

再谈《甲申三百年祭》敬悼郭老（吴调公）
载 1978 年 8 月 20 日《江苏文艺》第 8 期。

再读《甲申三百年祭》深切缅怀郭老风徽（吴调公）
载 1978 年 8 月 22 日《南京师院学报》（季刊）第 3 期。

郭沫若院长谈曹雪芹卒年问题（吴世昌）
载 1978 年 10 月 1 日《社会科学战线》（季刊）第 3 期。

回想郭老关于马雅可夫斯基的诗和信
（戈宝权）
载 1978 年 10 月 1 日《社会科学战线》
（季刊）第 3 期。

漫谈郭沫若同志与外国文学（楼适夷）
载《世界文学》1978 年 10 月 5 日
第 1 期。

试论郭沫若同志的早期古文字研究——
从郭老致容庚先生的信谈起（曾宪通
陈炜湛）
载 1978 年 11 月 20 日《学术研究》（双
月刊）4 月号。

郭老书法赞（莫文骅）
载 1978 年 11 月《战地》增刊第 2 期。

郭沫若历史著作年表（肖远强）
载 1978 年 12 月《社会科学战线》增刊。

画笔（潘狄）
载 1978 年 12 月 17 日《光明日报》。

谈郭老写与《十批判书》有关的几封
信（戈宝权）
载 1978 年 12 月《社会科学战线》增刊。

简谈郭老的书法艺术（茹桂）
载 1979 年 1 月 30 日《西安日报》。

中国古代史分期商榷（上）（金景芳）
载 1979 年 2 月 15 日《历史研究》（月
刊）第 2 期。

中国古代史分期商榷（下）（金景芳）
载 1979 年 3 月《历史研究》（月刊）
第 3 期。

"坎坎伐轮"辨（金韦）
载 1979 年 5 月 20 日《学术研究》（双
月刊）第 3 期。

对《李白与杜甫》中几个问题的管见
（张德鸿）
载 1979 年《昆明师院学报》第 3 期。

记郭沫若同志的一幅竹书（许士骐）
载 1979 年《书法》第 5 期。

中国已新生，方向更光明——郭沫若
同志亲书有关鲁迅的几件手迹（周
国伟）
载 1979 年《纪念与研究》6 月号。

关于《李白与杜甫》（肖涤非）
载 1979 年 6 月 25 日《文史哲》（双月
刊）第 3 期。

记郭老的一封信（朱星）
载 1979 年 7 月 20 日《历史教学》（月
刊）第 7 期。

郭沫若书贺韬奋图书馆（袁信之）
载 1979 年 7 月 22 日《文汇报》。

追记《甲辰题画诗》（晓光）
载 1979 年 7 月《书法》（双月刊）第 4 期。

吮精去粕　破卷取神——学习郭老《读随园诗话札记》（张志烈）
载 1979 年《四川大学学报》第 4 期。

《李白与杜甫》异议（缪志明）
载 1979 年 8 月 5 日《天津师院学报》（双月刊）第 1 期。

怎样理解郭沫若同志的古代分期学说——兼评金景芳先生的《中国古代史分期商榷》（侯绍庄）
载 1979 年 8 月 15 日《历史研究》（月刊）第 8 期。

郭沫若和科普工作（公盾）
载 1979 年 8 月 30 日《文汇报》。

重读《甲申三百年祭》（史明）
载 1979 年 9 月 4 日《天津日报》。

重读《甲申三百年祭》（晓春）
载 1979 年 9 月《新时期》第 1 期。

郭老在采石（姬默）
载 1979 年 9 月《采石》第 3 期。

对《李白与杜甫》的几点意见（刘世南）
载 1979 年 10 月 2 日《文史哲》（双月刊）第 5 期。

读《甲申三百年祭》有感（曾竹）
载 1979 年 10 月 18 日《南方日报》。

书信探源——发现郭老的一封信之后（丘均元　吕芳文）
载 1979 年 11 月 11 日《湖南日报》。

读《李白与杜甫》（肖文苑）
载 1979 年 11 月《西北大学学报》（季刊）第 4 期。

文章千古事　得失寸心知——就对《李白与杜甫》的批评同肖涤非等同志商榷（李保均）
载 1979 年 11 月 22 日《四川大学学报》（季刊）第 4 期。

四川积极收集郭沫若遗著文物
载 1979 年 12 月 3 日《文汇报》。

郭沫若译诗十题　整理后记（郭平英　郭庶英）
载 1980 年 1 月《战地》第 1 期。

《郭沫若遗墨》后记（郭庶英、郭平英、张澄寰）
载 1980 年 2 月 8 日《人民日报》。

郭老访国清寺（周荣初）
载 1980 年《文化与生活》第 2 期。

"人民诗人苏涣"之说质疑——评郭沫若《李白与杜甫》中的"杜甫与苏涣"一节（戴予篁）
载 1980 年 4 月《学术论坛》（季刊）第 2 期。

论李杜优劣之争——兼对《李白与杜甫》的一点意见（张步云）
载 1980 年《上海师院学报》（季刊）第 2 期。

郭沫若同志对青铜器研究的贡献（李学勤）
载 1980 年《考古与文物》第 2 期。

郭老考证"郑成功大元"的故事（曾之论）
载 1980 年《考古与文物》（季刊）第 2 期。

墨子从生产和"民利"出发的思想试论——兼谈对郭沫若贬墨观点的不同看法（阳正太）
载 1980 年《南充师院学报》第 2 期。

评郭沫若同志的武则天研究（黄永年）
载 1980 年《陕西师大学报》（季刊）第 3 期。

试论郭沫若的甲骨文和商史研究（王宇信）
载 1980 年《人文杂志》第 3 期。

"前事不忘后事师"——《甲申三百年祭》简介（邓牛顿）
载 1980 年 3 月 20 日《语文学习》（月刊）第 3 期。

对《李白与杜甫》的一些异议（王学太）
载 1980 年 3 月《读书》（月刊）第 3 期。

关于《李白与杜甫》中对杜甫评价的商榷（李汝伦）
载 1980 年《花城》第 3 期。

名家著作也可以讨论（陈师捷）
载 1980 年 4 月 16 日《光明日报》。

关于李、杜研究中的两个问题——重读《李白与杜甫》（陈昌渠）
载 1980 年 4 月《四川大学学报》第 2 期。

要坚持实事求是——《名家著作也可以讨论》读后（俞汲深）
载 1980 年 5 月 9 日《光明日报》。

评《李白与杜甫》（高建中）
载 1980 年 5 月《文学评论》第 3 期。

郭老治史的创新精神（黄烈）
载 1980 年 5 月 26 日《人民日报》。

对《李白与杜甫》的几点疑义（匡扶）
载 1980 年 6 月《文史哲》（双月刊）第 3 期。

《李白与杜甫》一书读后（蒋逸雪）
载 1980 年 6 月《扬州师院学报》（季刊）第 2 期。

珍贵的墨迹——日本发现郭老在三十年代写的日文书简（刘德有）
载 1980 年 6 月 2 日《人民日报》。

郭沫若与"101"（朱钧侃）
载 1980 年 6 月 6 日《文汇报》。

郭沫若少年时代的对联（雷风行）
载 1980 年 6 月 8 日《北京日报》。

《郭沫若遗墨》出版（新华社）
载 1980 年 6 月 12 日《光明日报》。

人老书亦老　遗墨见丹心一记《郭沫若遗墨》出版
载 1980 年 6 月 12 日《北京日报》。

郭沫若少年时代作对联趣闻（雷风行）
载 1980 年 6 月 23 日《长江日报》。

重读郭沫若对培养中小学生写好字的题词（魏绍昌）
载 1980 年 7 月《书法》（双月刊）第 4 期。

白云山上一韵事——郭沫若古大存妙句成联（王永华　黄锡林）
载 1980 年 7 月 17 日《羊城晚报》。

能用"尊儒反法"概括《十批判书》么？（邓牛顿）
载 1980 年 7 月 20 日《复旦大学学报》（双月刊）第 4 期。

郭院长关于新出铜器的考释及其意义——纪念郭沫若院长（黄盛璋）
载 1980 年 7 月 25 日《社会科学战线》（季刊）第 3 期。

亲切的墨迹　难忘的教诲——怀念郭沫若同志（赵银棠）
载 1980 年 8 月 5 日《新疆文艺》（月刊）第 8 期。

郭老与对联（张维元）
载 1980 年 9 月 2 日《羊城晚报》。

郭沫若与外国文学（夏定冠）
载《新疆大学学报》1979 年第 1、2 期。

郭沫若与《艾凡赫》（姜铮）
载 1980 年 9 月《外国文学研究》

第 2 期。

六、中国现代、当代文学史著作中有关郭沫若的章节

中国文学小史（赵景深 著）
三，（一），（三），（四）；
1928 年 1 月上海兴华书局初版。

中国文学进化史（谭正璧 编著）
一二：鸟瞰中的新文坛
作品与作家上
1929 年 9 月 20 日上海光明书局初版。

中国新文学运动史（王哲甫 著）
第四章，（四），（六），（七），（八）；
第五章，（一），乙；
（二），乙，（三）；
第七章；
第九章。
1933 年北京杰成印书局出版（未注明版次）。

现代中国文学史（钱基博 著）
下编（三）白话文
1933 年 9 月上海世界书局出版（未注明版次）。

中国小说史（郭箴一 著）
第八章，第二节，（三）；第三节；第四节；第五节，（二），（三）。

1939 年 5 月商务印书馆初版。

近二十年中国文艺思潮论（李何林 编著）
第一编，第四章，第三节；
第二编，第二章，第一节。
1939 年生活书店初版，1945 年 10 月生活书店第 1 版，1947 年 5 月生活书店第二版。

中国新文学史讲话（李一鸣 著）
第三章，（二），（四）；
第四章，（二）；
第五章，（四）；
第六章，（二）；
第七章，（一）；
第八章。
1947 年 10 月世界书局再版。

中国新文学史研究（新学术小丛书第四种）（李何林等 著）
第二编，第五章，第二节；
第三编，第七章，第六节；
第四编，第七章，第三节。
1951 年 7 月 1 日新建设杂志社初版。

中国新文学史稿（上下册）（王瑶）
第一编，第二章，二；
第三编，第十四章，四。
上册，1951 年 9 月开明书店初版，1951 年 12 月再版。

下册，1953年8月上海新文艺出版社第1版，1954年3月上海新文艺出版社第1次重印。

新文学史纲（第一卷）（张毕来）
第一编，第一章，第二节，贰，第二章，第三节，三、二。
1955年11月北京作家出版社第1版。

中国现代文学史略（丁易）
第一章，第三节，第二部分；
第七章，第一节；
第十章，第三节，第四部分。
1955年北京作家出版社第1版，1956年8月北京作家出版社第3次印刷。

关于中国现代文学（李何林 著）
《五四以来新文学发展的道路——社会主义现实主义》一文中第三节中的一部分。
1956年8月上海新文艺出版社第1版。

新文学史初稿（刘绶松）
第二编，第三章，第二、三节；第四章，第一节；第五章，第一节；
第三编，第六章，第二节。
1956年北京作家出版社第1版。

中国现代文学史（上卷）（东北师大函授讲义）（孙中田、何善周、思基、张芬、张泗洋 著）
第三章。
1957年9月吉林人民出版社第1版。

中国现代文学史（初稿）（北京师大中文系）
第一编，第一章，第四节；
第三章，第二节；
第二编，第三章。
1958年北京师大第1版。

中国现代文学史（吉林大学中文系中国现代文学史教材编写小组）
第三章。
1959年12月吉林人民出版社第1版。

中国现代文学讲义（华东师大函授教材）（王西彦、钱国荣、陈孝全、瞿同泰 编）
第三章。
1959年华东师大函授部印。

中国现代文学史（上册）（复旦大学中文系，现代文学组学生集体 编著）
第一编，第三章；
第二编，第一章，第二节。
1959年上海文艺出版社第一版。

中国现代文学史（内部教材）（杭州师院中文系 编）
第一编，第一章，第三节；第四章，

第四节；

第二编，第四章。

1960年8月初版。

中国现代文学史（初稿）（内部教材）

（山东师院中文系 编著）

第一编，第七章。

1960年印。

中国现代文学史简编（华东师大函授教材）

（华东师大中文系现代文学教研组、函授教学小组 编）

第九章。

1961年1月华东师大函授部印。

中国现代文学史（第一卷）（中山大学中文系 编著）

第七章。

1961年中山大学出版。

中国现代文学史讲义（初稿）（中国人民大学语言文学系文学史教研室 编著）

第一编，第六章。

1962年北京出版。

中国现代文学史（上、下册）（吉林大学中文系中国现代文学史教材编写小组）

第四章。

1962年长春吉林人民出版社第2版。

十年来的新中国文学（中国科学院文学研究所《十年来的新中国文学》编写组）

第三章和第四章中的一部分。

1963年11月北京作家出版社第1版。

中国现代文学史

山东大学、山东师院、曲阜师院、山东聊城分院的中文系现代文学教研室编著

第一章，第三节；

第六章，第三节。

1978年4月初版。

中国现代文学史（九院校教材编写组）

第一编，第三章。

第三编，第二章，第四节。

1979年8月江苏人民出版社第1版。

中国现代文学史纲要（八省（区）十七院校中文系现代文学教研室 编）

第一编，第五章；

第三编，第三章，第六节。

1978年8月出版。

中国现代文学（内部教材）（山东八师专现代文学组合 编）

第四章。

1978年9月临沂师专中文系印。

中国现代文学史（内部教材）

华南师院、华中师院、开封师院、暨南大学、武汉师院、广西师院、湖南师院的现代文学教研室协作 编写
第一编，第五章；
第三编，第二章，第二节。
1978年10月初版。

中国现代文学史（内部教材）
（吉林师范大学中文系中国现代文学教研室）
第三章；
第十一章，第三节。
1978年12月吉林师大印。

中国现代文学史（内部教材）（中山大学中文系现代文学教研室 编）
第三编，第三章。
1978年印。

中国现代文学史（田仲济、孙昌熙 主编）
第四章；
第十章。
1979年8月山东人民出版社第1版。

中国现代文学史
北京大学、南京大学、厦门大学、安徽师大、南京师院、扬州师院、徐州师院、延边大学、安徽大学。
第三章；
第十一章，第五节。
1979年8月江苏人民出版社第1版。

中国现代文学史（上、下）
（中国人民大学语言文学系，中国现代文学史教研室林志浩 主编）
第四章；
第二十章，第一节。
1979年9月中国人民大学出版社第1版。

中国现代文学史（中南七院校 编著）
第一编，第五章；
第三编，第二章，第二节。
1979年武汉长江文艺出版社第1版。

中国新文学史初稿（上、下册）（刘绶松 著）
第一编，第三章，一；
第二编，第三章，二；
第四编，第六章，二；
1979年北京人民文学出版社新1版。

中国现代文学史（一）（唐弢）
第三章；
第十三章，第四节。
1980年12月北京人民文学出版社第1版。

中国现代文学史（复旦大学中文系现代文学教研室）
第一编，第三章；
第三编，第三章，第三节。
1959年12月第1版；经修订1978年

上册重印，1980年下册重印。

中国现代文学作品分析
山东大学中文系中国现代文学教研室、广东师院中文系中国现代文学教研室　合编
郭沫若诗三首分析：
《凤凰涅槃》
《巨炮之教训》
《我想起了陈涉吴广》
1973年9月印。

中国现代文学作品选（1918—1949）
（南开大学中文系　编）
郭沫若诗研究：
《立在地球边上放号》
《匪徒颂》
《地球，我的母亲！》
《凤凰涅槃》
《炉中煤》
《天狗》
《上海的清晨》
《我想起了陈涉、吴广》
《诗的宣言》
《战声》
1977年3月印。

中国现代作家作品选（第一册）
华中师院中文系现代文学教研室、武汉教育处教学研究室　合编
郭沫若作品研究：

《凤凰涅槃》
《炉中煤》
《立在地球边上放号》
《地球，我的母亲！》
《黄浦江口》
《天上的市街》
《诗的宣言》
《我想起了陈涉吴广》
《屈原》
1978年6月武汉印。

中国现代文学作品选（上）（四川大学等十四所院校　编）
郭沫若诗研究：
《地球，我的母亲！》
《凤凰涅槃》
《太阳礼赞》
《巨炮之教训》
《炉中煤》
《我想起了陈涉、吴广》
《如火如荼的恐怖》
1979年6月印。

中国现代文学作品选读（《中国现代文学作品选读》选编组　编）
郭沫若作品研究：
《凤凰涅槃》
《天狗》
《炉中煤》
《匪徒颂》
《黄浦江口》

《屈原》（节选）

1978年7月上海教育出版社第1版。

现代文学作品选讲（广西民族师院中文系现代文学教研室 编）

郭沫若作品分析：

《凤凰涅槃》分析

1978年8月印。

现代文学作品选读（上册）（（山东省中学教师培训教材）山东临沂师专中文系 编）

郭沫若作品研究：

《天狗》

《地球，我的母亲！》

《匪徒颂》

《屈原》（节选）

1978年11月费县印刷厂印刷。

中国现代作家选讲（潘克明 编写）

郭沫若

1979年1月黄石师范学院中文系印刷。

中国现代作家作品选（上册）（中学教师进修教材）（张炳隅、孙光萱、王自立、赵孝思、陆大铿、陆惠芳 编）

郭沫若作品研究：

《女神之再生》

《凤凰涅槃》

《天狗》

《炉中煤》

《地球，我的母亲！》

《天上的街市》

《我想起了陈涉、吴广》

《梦与现实》

《歧路》

《杜鹃》

《由日本回来了》

《银杏》

《屈原》（节选）

1979年11月福建人民教育出版社第1版。

中国现代文学作品选讲（七省（区）十六院校中文系 编）

郭沫若作品研究：

《凤凰涅槃》分析

《地球，我的母亲！》分析

《我想起了陈涉、吴广》分析

1979年底印。

中国现代文学作品选（浙江师院等八院校现代文学教研组 编）

郭沫若

内部教材无印刷时间。

七、研究郭沫若的专集、专著和专刊

卷耳讨论集（曹聚仁）

1925年6月1日梁溪图书馆出版

目次：

引言（曹聚仁）
卷耳（原文）
周南卷耳（文译）（郭沫若）
葺芷缭室读诗杂记（俞平伯）
卷耳集的赞词（小民）
原载 1923 年 10 月 22 日《时事新报·学灯》。
读卷耳（曹聚仁）
我对于卷耳一诗的解释（郭沫若）
读卷耳（二）（曹聚仁）
说玄黄（郭沫若）
蓣华室诗见（施蛰存）
我对于卷耳的臆说（胡浩川）
原载 1923 年 12 月 10 日《时事新报·学灯》。
再论卷耳（俞平伯）
原载 1923 年 12 月 10 日《时事新报·学灯》。
我也来谈卷耳（蒋钟泽）
原载 1923 年 12 月 24 日《时事新报·学灯》。

郭沫若评传（李霖编）
1932 年 4 月上海现代书局出版，1936 年上海开明书店再版。
目次：
序（李霖）
郭沫若传（李霖）
诗人郭沫若（钱杏邨）
此文又收入乐华编辑部《当代中国作家论》

1933 年 6 月乐华图书公司出版。
又载 1936 年 2 月 15 日《新人周刊》第 2 卷第 28 期。

论郭沫若（沈从文）
此文又收入乐华编辑部《当代中国作家论》
1933 年 6 月乐华图书公司出版。
又收入姚乃麟编《现代作家论》1937 年 3 月。
上海万象书屋初版。

女神之时代精神（闻一多）
女神之地方色彩（闻一多）
读《星空》后的回想（焦尹孚）
读了郭沫若的《星空》以后（周开庆）
评郭沫若《女神》以后的诗（洪为法）
《瓶》附记（郁达夫）
郭沫若与王实甫（赵景深）
《残春》的批评（成仿吾）
《橄榄》（煮）
《我的幼年》（HY）
读《反正前后》（田汉）
郭沫若的《反正前后》（傅润华）
黑猫（黄伯钧）
郭沫若的"黑猫"（冯乃超）
沫若的戏剧（王以仁）
所谓历史剧（向培良）
读《卷耳集》（洪为法）
评郭沫若《中国古代社会研究》（文甫）
《中国古代社会研究》（出版月刊）

关于中国古代史研究法（王恂）
《莪默伽亚谟》的新研究（成仿吾）
读了《少年维特之烦恼》以后（熊裕芳）
论雪莱《Naples 湾畔悼伤书怀》的郭译（孙铭传）
答孙铭传君（郭沫若）
读《石炭王》（弱者）
《屠场》（李）
郭沫若先生著译书目（李霖）

郭沫若论（黄人影编）
1936年上海大光书局第4版。
目次：
郭沫若小传（凌海）
论郭沫若（沈从文）
郭沫若及其创作（钱杏邨）
郭沫若的戏剧（王以仁）
所谓历史剧（向培良）
《女神》之时代精神（闻一多）
《女神》之地方色彩（闻一多）
读沫若《女神》以后的诗（洪为法）
读了郭沫若的《星空》以后（周开庆）
读《星空》后片段的回想（焦尹孚）
《瓶》附记（郁达夫）
读《卷耳集》（洪为法）
读《我的幼年》（HY）
读了《少年维特之烦恼》以后（熊裕芳）
论雪莱《Naples 湾畔悼伤书怀》的郭译（孙铭传）
编后（黄人影）

抗战中的郭沫若（战时小丛书）（丁三编）
战时出版社出版（未写出版时间，亦未注明版次）。
其中研究郭沫若的文章有：
迎沫若（田汉）
欢迎会上的郭沫若先生（罗风）
欢迎郭沫若大会记祥（岳兰）
怀外子郭沫若先生（（日）郭佑藤富子）
关于郭沫若夫人（阿英）

关于《甲申三百年》及其他（叶青编）
1948年8月重庆独立出版社初版。
目次：
郭沫若《甲申三百年》平（评）议（叶青）
战败主义与思古幽情（黄义本）
国将兴，听于人——辟关于甲申的神话鬼话（荒民）
甲申史料小辑（越客）
甲申二贼传——李自成与张献忠（公孙佳）
附录：
纠正一种思想
1944年3月24日《中央日报》
论责任心
1944年4月13日《中央日报》
论赫尔的名言
1944年4月1日《商务日报》

呼唤春天的诗人
1979年2月四川人民出版社第1版。

目次：

化悲痛为力量（于立群）
文坛慧星——悼念郭沫若同志（茅盾）
悲痛的怀念（周扬）
永远向他学习——悼念郭沫若同志（巴金）
火一样的生命——悼念郭沫若同志（傅钟）
知公此去无遗恨——痛悼郭沫若同志（夏衍）
雷电颂——怀念郭沫若同志（刘白羽）
悼郭老（冰心）
沉痛的追悼（曹禺）
做党的喇叭——忆郭老在日本二三事（林林）
深切的哀悼（郑伯奇）
永恒的怀念——悼郭沫若同志（唐弢）
忆郭沫若同志（曹靖华）
深切的怀念郭沫若同志（任白戈）
东京初访郭老——回忆郭沫若同志（臧云远）
回忆与悼念（沙汀）
你放下的笔，我们要勇敢地拿起来（艾芜）
忆念郭沫若同志（于伶）
悼郭老（马烽）
悼念尊敬的郭沫若同志（徐迟）
怀念郭沫若同志（于伶）
痛失郭老（金山）
文化战线上的光辉旗帜——忆郭沫若同志（李凌）

铁翼乘风逐太阳——回忆郭老二三事（赵沨）
郭老永远和我们在一起（于兰）
郭老和孩子剧团（陈模执笔）
郭老，我们的一代宗师（张瑞芳）
《女神》的修改本（吴泰昌）
惜别诗二首（许德珩）
悼郭沫若同志（赵朴初）
哭郭老（臧克家）
哀挽郭沫若同志（二首）——调寄采桑子（魏传统）
培育百花 奖掖后进（常香玉）
郭沫若同志和抗敌演剧队（吕复）
泰山之神永生（李门）
郭老和孩子剧团（陈模 等）
文化战线上的光辉旗帜（李凌）
回忆郭老的一些片断（赵沨）
深切的怀念（关良）
"能师大众者 敢作万夫雄"（郁风）
嘉陵江畔的一段往事（廖静之）
永不消逝的春天（李俊民）
漫谈郭沫若同志与外国文学（楼适夷）
郭老与鲁迅著作的注释工作（林辰）
深切悼念郭沫若同志（侯外庐）
怀念郭老（周谷城）
缅怀郭沫若同志（商承祚）
郭沫若同志对于中国考古学的卓越贡献（夏鼐）
沉痛悼念敬爱的郭沫若院长（周培源）
挥泪悼郭老（华罗庚）
卓越的贡献，惊人的成就（茅以升）

德业难忘（吴仲超）

回忆和悼念（常书鸿）

忆郭老（于省吾）

怀念郭沫若同志（容庚）

沉痛悼念尊敬的郭沫若同志（胡厚宣）

郭老热心文字改革的二三事（郑林曦）

《女神》的修改本（吴泰昌）

回忆郭老二题（魏绍昌）

我对郭老的点滴回忆（周钦岳）

忆郭老在东京的一次讲演（王锦弟）

学郭老 学到老（马宁）

家乡人民的怀念（黄高彬）

惜别诗二首（许德珩）

悼郭沫若同志（夏征农）

郭沫若同志挽诗（赵朴初）

怀念郭沫若同志（张爱萍）

哀挽郭沫若同志（魏传统）

悼念郭沫若同志（傅钟）

郭沫若院长挽诗（苏步青）

哭郭老（臧克家）

高峰（田间）

悼郭老（李准）

赠郭沫若同志（王亚平）

怀念郭沫若同志（蔡若虹）

郭老逝世敬制小诗以志哀思(端木蕻良)

读《女神》（李瑛）

敬悼郭老（赵丹）

悼郭老（邓光）

敬悼郭老（逯斐）

化悲痛为力量（于立群）

郭沫若研究专刊

四川大学学报编辑部、四川大学郭沫若研究室《四川大学学报》（丛刊）第2辑；1979年7月四川人民出版社。

目录：

祝贺与希望——在郭沫若研究学术讨论会上的发言（吴伯箫）

关于编辑出版《郭沫若全集》的一些情况和问题（楼适夷）

光辉的一生 深切的怀念——在郭沫若研究学术讨论会上的发言（王廷芳）

回忆父亲（郭庶英、郭平英）

怀念郭老(乐山市文物管理所 黄高彬）

重读《女神》的几点体会（高兰）

（此文又载 1979 年 6 月《文史哲》第 3 期）

开一代诗风的《女神》（谭洛非）

赞《星空》（刘柏青）

"八千里路赴云旗"——读郭沫若同志《归国杂吟》及其他（华忱之）

《郭沫若少年诗稿》浅谈 乐山市文物管理所（康鉴、唐明中）

论郭沫若的历史剧（陈瘦竹）

郭沫若与《屈原》（钟德慧）

论郭沫若历史剧中光辉的妇女形象（陆文璧、朱南）

郭沫若——永远不灭的光辉——在郭沫若研究学术讨论会上的发言(孙席珍)

郭沫若是怎样走上文学道路的（王锦厚、伍加伦）

论郭沫若早期的思想和创作（李保均）
论郭沫若早期的浪漫主义诗歌主张（孙玉石）
论创造社时期郭沫若文艺观的发展（王剑丛）
论郭沫若"五四"时期的文艺思想（易明善）
郭沫若与泛神论（林恭寿）
性情必真——沫若诗论的核心见解（尹在勤）
谈郭沫若与外国文学的问题——在郭沫若研究学术讨论会上的发言（戈宝权）
郭沫若与外国文学（龚翰熊）
郭沫若与歌德（戴震）
郭沫若与惠特曼（伍加伦）
郭老对青铜器断代的伟大贡献（伍仕谦）
一部划时代的史学作品——读郭沫若同志的《中国古代社会研究》（李世平）
人民大众是埋葬清朝的原动力——读郭沫若的《反正前后》（隗瀛涛）
民人资尔张喉舌　万口为声声自遥——郭沫若同志抗战时期的报刊宣传活动（邱沛篁）
"更将条理化图书"——编纂郭沫若《著译书目》及《著译系年目录》的体会（肖斌如）
郭沫若研究学术讨论会在乐山举行
郭沫若研究会成立
郭老的女儿回故乡
忆郭老 1955 年来川大历史博物馆参观
编者的话

试论《女神》（陈永志　著）
1979 年 10 月上海文艺出版社第 1 版。
目次：
一、时代
二、世界观
三、学会写诗
四、生活实践
五、民族尊严
六、叛逆的女性
七、反军阀的怒火
八、新社会的赞歌
九、个性解放
十、社会主义因素
十一、创作方法
十二、独特风格
十三、典型形象
十四、写作技巧
十五、自由体
十六、开一代诗风
十七、历史的比较
十八、深远的影响
十九、版本

郭沫若评传（卜庆华　著）
1980 年 4 月湖南人民出版社第 1 版。
目次：
第一章　反正前后
一、动荡的少年时代

二、初出夔门
第二章 在"暴风突进"的"五四"时期
一、时代的号角——《女神》
二、从《女神》看诗人的早期思想
三、《女神》开一代诗风
第三章 创造社前期的革命文学活动
一、从《星空》到《前茅》
二、为妇女大众高歌奋斗之曲
三、初步转向马克思主义
第四章 在大革命的旋涡中
一、奔赴革命策源地广东
二、北伐征途
三、参加南昌起义
第五章 在反文化"围剿"的斗争中
一、无产阶级的战歌《恢复》
二、提倡无产阶级革命文学
三、与鲁迅并肩战斗的战友
第六章 海外十年
一、中国新史学的开拓者
二、史学研究的宝贵经验
三、旅日期间的文艺活动
第七章 在抗日斗争的洪波中
一、"今日归来入阵营"
二、"做党的喇叭"
三、参加民族形式问题论争
第八章 在"庞大集中营"里
一、党和人民给他以力量
二、雷电轰鸣的历史剧
三、有大益于中国人民的史论
第九章 站在民主运动的前列

一、疾风知劲草
二、为新的人民文艺而斗争
三、民主浪潮中的进行曲
第十章 永葆革命青春
一、为了新中国而奋斗
二、春的颂歌
三、新史剧中的奇葩
四、史学研究的新贡献
五、民主的学风
六、"一息尚存，永不止歇"
结束语——星光不灭
后记

郭沫若研究专刊（第二集）
四川大学学报编辑部、四川大学郭沫若研究室《四川大学学报》（丛刊）第8辑；1980年11月四川人民出版社。

目次：
郭沫若书信选登
记郭沫若同志的几篇佚作（华忱之）
屈子芳馨万古传——读郭沫若题傅抱石《屈子行吟图》（白坚）
郭沫若与民间文学（吴蓉章）
郭沫若在广州（易明善）
郭沫若和马克思主义政治经济学（陈福康）
郭沫若"五卅"运动前后的政治观——读《盲肠炎》札记（刘思久）
也谈郭沫若与泛神论——与林恭寿同志商榷（阎焕东）

《女神》版本的比较和研究（李保均）

《凤凰涅槃》的艺术特征（陈永志）

漫谈《棠棣之花》的"删改"（王锦厚 文武）

要实事求是地研究郭沫若早期文艺思想（佘宗其）

中国古代史分期的里程碑——读郭沫若同志的《十批判书》（彭静中）

郭老早期的报刊活动（邱沛篁）

别府行（内山完造著　戴星东 译）

忆念郭沫若先生（郭若愚）

在郭老周围的日子里（张肩重）

郭沫若与杨正宗（钟梁）

记郭老参观四川大学博物馆（成恩元）

敬悼郭老（赵丹）

他是一名战士——悼念郭老（李瑛）

悼郭老（七律）（李准）

郭沫若院长挽诗（苏步青）

郭老逝世敬制小诗以志哀思（端木蕻良）

悼念郭老（二首）调寄如梦令（尚弓）

遗范长存——悼念郭沫若院长（中国科学院）

永远激励我们前进的榜样——悼念郭沫若同志（中国社会科学院历史研究所）

悼念卓越的无产阶级文化战士——郭沫若同志（胡愈之）

沉痛悼念敬爱的郭沫若院长（周培源）

疾风知劲草——悼念沫若同志（许涤新）

革命精神永世长存（尹达）

卓越的贡献，惊人的成就（茅以升）

郭老对甲骨学的重大贡献（胡厚宣）

深切悼念郭沫若同志（侯外庐）

千古不磨——记郭老的一幅速写像（郁风）

家乡人民怀念——忆郭老（黄高彬）

访郭沫若故乡（王大敏）

虎头青松迎忠魂（山西日报记者）

虎头泥土载英灵（大寨大队）

悼念郭老（新华月报资料室编辑）
1979年5月生活、读书、新知三联书店第1版。

目次：

化悲痛为力量（茅盾）

悲痛的怀念（周扬）

悼念卓越的无产阶级文化战士——郭沫若同志（胡愈之）

知公此去无遗恨（夏衍）

永远向他学习（巴金）

怀念郭沫若同志（曹靖华）

雷电颂（刘白羽）

悼郭老（冰心）

怀念郭沫若同志（于伶）

沉痛的追悼（曹禺）

回忆与悼念（沙汀）

你放下的笔，我们要勇敢地拿起来（艾芜）

怀念郭老（欧阳山）

永恒的怀念（唐弢）

忆郭老（石凌鹤）

红梅山茶忆郭老（陆万美）
深切的悼念（罗荪）
悼念尊敬的郭沫若同志（徐迟）
哀念声中遵榜样（康濯）
悼郭老（马烽）
疾风知劲草（许涤新）
深切的哀悼（郑伯奇）
这是党喇叭的精神（林林）
深切的怀念　沉痛的哀悼（林焕平）
悼念·回忆·学习（张悲鹫）
夏夜星空（杜宣）
东京初访郭老（臧云远）
记一次难忘的亲切会见（方殷）
忆郭老二三事（唐谕）
痛失郭老（金山）
郭老，我们的一代宗师！（张瑞芳）
郭老永远和我们在一起（于兰）

郭沫若研究论集
1980年成都四川人民出版社
目次：
光辉的一生　深切的怀念（王廷芳）
回忆父亲（郭庶英　郭平英）
郭沫若——永远不灭的光辉（孙席珍）
郭沫若前期思想发展研究中的几个问题（陈永志）
郭沫若泛神论思想探源（李保均）
郭沫若是怎样走上文学道路的（王锦厚　伍加伦）
八千里路赴云旗——读郭沫若同志《归国杂吟》及其他（华忱之）
重读《女神》的几点体会（高兰）
《女神》的爱国主义精神（李昌陟）
论郭沫若早期的浪漫主义诗歌主张（孙玉石）
读郭沫若论诗的一封信（尹在勤）
论郭沫若的历史剧（陈瘦竹）
郭沫若历史剧试论（黄侯兴）
论郭沫若历史剧的战斗性和真实性（王大敏）
论郭沫若历史剧中光辉的妇女形象（谭洛非　陆文璧）
谈郭沫若与外国文学的问题（戈宝权）
郭沫若与外国文学（龚翰熊）
凌云山上的盛会——郭沫若研究学术讨论会侧记（邱沛篁）

郭沫若研究资料（下）

36

GUOMORUO YANJIUZILIAO

中国社会科学院
文学研究所 总纂

王训昭 卢正言
邵 华 肖斌如 林明华 编

中国文学史资料全编

现代卷

知识产权出版社

内容提要

郭沫若,原名郭开贞,我国现代著名的文学家、诗人、剧作家、考古学家、古文字学家、历史学家。本书分生平与创作活动自述,生平活动评论文章选辑,文学创作评论文章选辑,著译分类书目,著译系年五个部分,全面收集了关于郭沫若的研究资料。

责任编辑:马 岳		责任校对:董志英	
装帧设计:段维东		责任出版:卢运霞	

图书在版编目(CIP)数据

郭沫若研究资料 / 王训昭等编. —北京:知识产权出版社,2009.10
(中国文学史资料全编·现代卷)
ISBN 978-7-80247-789-6

Ⅰ.郭… Ⅱ.王… Ⅲ.① 郭沫若(1892~1978)—人物研究 ② 郭沫若—1892~1978—文学研究 Ⅳ.K825.6 I206.7

中国版本图书馆 CIP 数据核字(2009)第 178497 号

中国文学史资料全编·现代卷

郭沫若研究资料(下)

王训昭 卢正言 邵 华 肖斌如 林明华 编

出版发行:知识产权出版社

社　址:北京市海淀区马甸南村1号	邮　编:100088
网　址:http://www.ipph.cn	邮　箱:bjb@cnipr.com
发行电话:010-82000860 转 8101/8102	传　真:010-82005070/82000893
责编电话:010-82000860 转 8171	责编邮箱:mayue@cnipr.com
印　刷:北京市凯鑫印刷有限公司	经　销:新华书店及相关销售网点
开　本:720mm×960mm 1/16	印　张:102.25
版　次:2010 年 3 月第一版	印　次:2010 年 3 月第一次印刷
字　数:1553 千字	定　价:216.00 元(上、中、下)

ISBN 978-7-80247-789-6 / K·036(2637)

出版权专有　侵权必究
如有印装质量问题,本社负责调换。

目 录

郭沫若研究资料（上）

在郭沫若同志追悼会上的悼词（节录）（邓小平）……………………… 1
郭沫若传略（肖斌如　邵华）……………………………………………… 4
郭沫若年谱简编（卢正言）………………………………………………… 12
郭沫若名号别名笔名录（卢正言）………………………………………… 97
谈诗歌创作（通讯三则）（郭沫若）……………………………………… 106
论诗（通讯）（郭沫若）…………………………………………………… 111
《少年维特之烦恼》序引（郭沫若）……………………………………… 115
论国内的评坛及我对于创作上的态度（郭沫若）………………………… 122
《卷耳集》序（郭沫若）…………………………………………………… 126
批评与梦（郭沫若）………………………………………………………… 128
中国文化之传统精神（郭沫若）…………………………………………… 135
我们的文学新运动（郭沫若）……………………………………………… 141
中华全国艺术协会宣言（郭沫若）………………………………………… 144
太戈儿来华的我见（郭沫若）……………………………………………… 146
国家的与超国家的（郭沫若）……………………………………………… 151
印象与表现（郭沫若）
　　——在上海美专自由讲座演讲…………………………………………… 153
孤鸿（郭沫若）……………………………………………………………… 160

《文艺论集》序（郭沫若）……171
写在《三个叛逆的女性》后面（节录）（郭沫若）……173
革命与文学（郭沫若）……180
英雄树（麦克昂）……188
《水平线下》原版序引（郭沫若）……193
文艺战线上的封建余孽（杜荃）
　　——批评鲁迅的"我的态度气量和年纪"……195
文学革命之回顾（郭沫若）……202
郭沫若诗作谈（郭沫若谈　蒲风记）……212
在国防的旗帜下（郭沫若）……221
我的作诗的经过（郭沫若）……224
民族的杰作（郭沫若）
　　——纪念鲁迅先生……232
抗战与文化问题（郭沫若）……234
"民族形式"商兑（郭沫若）……238
我怎样写《棠棣之花》（郭沫若）……250
写完五幕剧《屈原》之后（郭沫若）……257
《虎符》写作缘起（节录）（郭沫若）……263
中国战时的文学与艺术（郭沫若）
　　——三十一年5月27日在中美文化协会演讲词……268
《高渐离》剧本写作的经过（郭沫若）……274
《孔雀胆》后记（郭沫若）……278
献给现实的蟠桃（郭沫若）
　　——为《虎符》演出而写……286
《南冠草》日记（郭沫若）……288
《凤凰》序（郭沫若）……291
抗战八年的历史剧（郭沫若讲　殷野记）……296
郭沫若讲历史剧
　　在上海市立戏剧学校演讲　周惜吾记录……302
谈解放区文艺创作（郭沫若）……305
人民至上主义的文艺（郭沫若）……307

《盲肠炎》题记（郭沫若）……311
斥反动文艺（郭沫若）……314
由《虎符》说到悲剧精神（郭沫若）……319
浪漫主义和现实主义（郭沫若）……324
《蔡文姬》序（郭沫若）……336
郭沫若同志答青年问……342
我怎样写《武则天》（郭沫若）……348
关于诗歌的民族化群众化问题（郭沫若）
　　——给《诗刊》的一封信……362
毛泽东同志谈《甲申三百年祭》……365
附：中央宣传部、总政治部通知……366
毛泽东同志给郭沫若同志的信……367
我要说的话（周恩来）……368
中国人民需要郭先生（王若飞）
　　——在重庆各党派领袖和文化界人士 欢宴文化战士郭沫若的
　　盛会上的发言……373
为郭沫若先生创作廿五周年 纪念与五秩之庆致祝（邓颖超）……374
为祖国珍重！（茅盾）
　　——祝郭若沫先生五十生辰……375
我所认识的沫若先生（老舍）……377
为郭沫若氏祝五十诞辰（郁达夫）……380
奔放的感情　缜密的头脑（云彬）
　　——祝郭沫若先生五十大寿……382
郭沫若印象记（节录）（美蒂）……385
在日本的郭沫若会见记（愚公）
　　——他的生活、创作、家庭……387
郭先生与留东同学的文艺活动（林焕平）……391
我所认识的沫若先生（冶秋）……395
记创造社（节录）（陶晶孙）……400
郭沫若先生访问记（力扬）……402
郭沫若（节录）（赵景深）……406

化悲痛为力量（节录）（于立群）……………………………… 408
难忘的往事（于立群）…………………………………………… 412
回忆父亲（节录）（郭庶英　郭平英）………………………… 416
回忆旅居日本时的父亲（和生）………………………………… 424
这是党喇叭的精神（林林）
　　——忆郭沫若同志…………………………………………… 429
郭老与鲁迅著作的注释工作（林辰）…………………………… 441
回忆沫若早年在日本的学习生活（节录）
　　（钱潮口述　盛巽昌整理）………………………………… 445
泰山木和诗碑（辛文芷）
　　——访郭沫若的日本故居和故友…………………………… 453
秋日谈往（节录）（宗白华口述　邹士方　赵尊党整理）
　　——回忆同郭沫若、田汉青年时期的友谊………………… 457
郭沫若是怎样走上文学道路的（王锦厚　伍加伦）…………… 459
光辉的一生　深切的怀念（节录）（王廷芳）
　　——在郭沫若研究学术讨论会上的发言…………………… 480

郭沫若研究资料（中）

试论郭沫若前期思想的发展（艾扬）…………………………… 489
对郭沫若前期思想发展的一些理解（宋耀宗）
　　——读《沫若文集》札记…………………………………… 510
郭沫若泛神论思想的发展过程（陈永志）……………………… 526
试谈郭沫若世界观的转变（谷辅林）
　　——兼与楼栖同志商榷……………………………………… 545
论郭沫若（沈从文）……………………………………………… 553
诗人郭沫若（钱杏邨）…………………………………………… 559
给郭沫若的信（节录）（田汉）………………………………… 578
给郭沫若的信（节录）（宗白华）……………………………… 579
郭沫若的诗（愚菴）……………………………………………… 581

郭君沫若的诗（朱湘）……………………………………582
论郭沫若的诗（朱自清）…………………………………588
论郭沫若的诗（蒲风）……………………………………589
郭沫若的诗歌（穆木天）…………………………………599
诗人，卓越的无产阶级文化战士（唐弢）………………620
批评郭沫若的处女诗集《女神》（郑伯奇）……………634
致读《女神》者（资平）…………………………………641
女神之生日（郁达夫）……………………………………644
"新诗坛上一颗炸弹"（素数）……………………………646
《女神》之时代精神（闻一多）…………………………650
《女神》之地方色彩（闻一多）…………………………657
读了《女神》以后（谢康）………………………………663
郭沫若和他的《女神》（周扬）…………………………669
反抗的、自由的、创造的《女神》（臧克家）…………676
评沫若《女神》以后的诗（洪为法）……………………684
读《星空》后片断的回想（焦尹孚）……………………693
读了郭沫若的《星空》以后（周开庆）…………………696
《瓶》附记（郁达夫）……………………………………700
论郭沫若的诗（节录）（楼栖）…………………………701
今后的历史剧（顾仲彝）…………………………………715
所谓历史剧（向培良）……………………………………722
剧中有诗（陈瘦竹）
　　——《沫若剧作选》学习札记……………………728
郭沫若、屈原和蔡文姬（徐迟）…………………………737
读《屈原》剧本（孙伏园）………………………………744
评《屈原》的剧作与演出（节录）（刘遽然）…………746
从剧作《屈原》想起（周务耕）…………………………749
谈《屈原》悲壮剧（柳涛）
　　——《屈原》——五幕史剧——郭沫若作…………752
郭沫若的《卓文君》（章克标）…………………………764
卓文君（张继纯）…………………………………………766

从《棠棣之花》谈到评历史剧（章婴）……769
《棠棣之花》（李长之）……774
看戏短评（节录）（老舍）……779
《虎符》（褚述初）
　　——郭沫若著重庆时事新报"青光"卅一年
　　三月廿五日起连载……780
《虎符》中的典型和主题（柳涛）……785
关于《孔雀胆》（翦伯赞）……794
《孔雀胆》演出以后（徐飞）……797
读《金凤剪玉衣》（金梓凡）
　　——原名《南冠草》，五幕史剧，郭沫若著，将由中央
　　青年剧社演出。……802
《残春》的批评（成仿吾）……805
读《反正前后》（田汉）……810
郭沫若的《反正前后》（傅润华）……814
评郭沫若的《创造十年》（杨凡）……819
郭沫若的《黑猫》（冯乃超）……826
郭沫若小品序（阿英）……827
中国新文学大系·小说三集导言（节录）（郑伯奇）……830
一切为了前线的胜利（邓牛顿）
　　——读郭老香港战斗时期的佚文……831
介绍外国文学作品的目的（茅盾）……838
读郭沫若的《卷耳集》以后（梦韶）……841
评论文章目录索引……849

郭沫若研究资料（下）

郭沫若著译分类书目（上海图书馆·1982年9月）……965
一、总类……971
二、著作部分……992

三、翻译部分……………………………………………………1119
四、合著书书目（选录）…………………………………………1152
五、增补书目………………………………………………………1168
郭沫若著译系年（上海图书馆编于1981年12月）……………1184

编后记………………………………………………………………1602

郭沫若著译分类书目

上海图书馆·1982年9月

目　次

一　总类

文集　选集

沫若自选集

郭沫若选集

沫若文集

沫若选集

郭沫若选集

二　著作部分

（一）诗词

女神

星空

瓶

前茅

恢复

沫若诗集

战声

凤凰

蜩螗集

新华颂

毛泽东的旗帜迎风飘扬

百花齐放

长春集

潮汐集

骆驼集

蜀道奇

东风集

邕漓行

先锋歌

沫若诗词选

东风第一枝

郭沫若少年诗稿

郭沫若闽游诗集

（二）戏剧　电影

聂嫈

三个叛逆的女性

甘愿做炮灰

屈原

棠棣之花

虎符

屈原——五幕史剧及其他

孔雀胆

南冠草

筑（高渐离）

蔡文姬

武则天

沫若剧作选

郑成功

（三）小说　小说戏曲合集

塔

落叶

橄榄

水平线下（后悔）

漂流三部曲

山中杂记及其他（山中杂记）

女神及叛逆的女性

沫若小说戏曲集

一只手

行路难

豕蹄

波

地下的笑声

（四）论文　散文　杂文

文艺论集

文艺论集续集

请看今日之蒋介石

沫若近著

抗战与觉悟

全面抗战的认识

沫若抗战文存

郭沫若先生最近言论

文艺与宣传

羽书集

蒲剑集

今昔集

盲肠炎

今昔蒲剑

历史人物

沸羹集

天地玄黄

创作的道路

抱箭集

中苏文化之交流

雄鸡集

文史论集

迎接新中国——郭老在香港战斗时期的佚文

（五）自传　日记　书信

我的幼年（幼年时代·童年时代）

反正前后（划时代的转变）

黑猫

创造十年

创造十年续编

沫若书信集

离沪之前

北伐

在轰炸中来去
前线归来
苏联纪行（苏联五十天）
归去来
南京印象
少年时代
革命春秋
抗战回忆录（洪波曲）
海涛
学生时代
樱花书简

（六）历史 考古
中国古代社会研究
甲骨文字研究二卷
汤盘孔鼎之扬榷 臣辰盉铭考释
殷周青铜器铭文研究
两周金文辞大系
金文丛考
金文馀释之馀
卜辞通纂附考释索引
古代铭刻汇考四种
古代铭刻汇考续编
两周金文辞大系图录
屈原
两周金文辞大系考释
先秦天道观之进展
殷契粹编附考释索引
石鼓文研究
周易的构成时代
"民族形式"商兑

屈原研究
甲申三百年祭（明末亡国史——甲申三百年祭）
孔墨底批判
青铜时代
先秦学说述林
十批判书
奴隶制时代
伟大的爱国诗人屈原
两周金文辞大系图录考释
李白与杜甫
出土文物二三事
十批判书（选编）

（七）古典文学今译 札记 改编
西厢
卷耳集
屈原赋今译
离骚今译
读《隋园诗话》札记
卷耳集·屈原赋今译

（八）手迹 谱曲
《屈原》插曲
雨后集
中国少年先锋队队歌
井岗山巡礼
郭沫若遗墨

（九）其他
西洋美术史提要

革命精神人类机巧自然
战时宣传工作
浮士德百三十图
关于文化教育工作的报告
在社会主义革命高潮中知识分子的使命
日本的汉字改革和文字机械化
郭老与儿童文学

三　翻译部分

（一）马恩著作
政治经济学批判
艺术作品之真实性（艺术的真实）
德意志意识形态

（二）诗歌
鲁拜集
雪莱诗选
德国诗选
浮士德
沫若译诗集
新俄诗选（我们的进行曲）
赫曼与窦绿苔

（三）戏剧
约翰沁孤的戏曲集
争斗
法网
银匣
华伦斯太（华伦斯坦）

（四）小说
茵梦湖
少年维特之烦恼
新时代
异端
石炭王
屠场
煤油
战争与和平
日本短篇小说集

（五）其他
社会组织与社会革命
查拉图司屈拉钞
美术考古学发现史（美术考古一世纪）
生命之科学
隋唐燕乐调研究
人类展望

四　合著书书目（选录）

新诗集第一编
三叶集
新诗年选
辛夷集
战痕——甲子苏祸记
卷耳讨论集
灰色的鸟
创造小说集
革命文学论
创造日汇刊
从文学革命到革命文学

文艺论集
中学生文学读本第二册　应用文集
当代小说读本上册
创造社论
当代散文读本
茅盾集
模范小品文读本
当代诗歌戏剧读本
抒情诗
现代名人书信
当代文艺书信
当代中国文艺论集
一九三二年度中国文艺年鉴
现代小品文选
湘累
现代十六家小品
现代百科文选
中国新文学大系第五集　小说三集
中国新文学大系第一集　建设理论集
中国新文学大系第二集　文学论争集
中国新文学大系第八集　诗集
中国新文学大系第十集　史料索引
现代中国戏剧选
一九三五年度中国文艺年鉴
中国新文学大系第六集　散文一集
现代作家书简
现代创作小说选　第1—3编
中国新文学大系第九集　戏剧集
国防文学论战
日本管窥
一九三六年度中国文艺年鉴

抗战歌声
鲁迅先生纪念集
鲁迅逝世周年纪念册
上海抗战记
前线归来
闸北孤军记
持久抗战与组织民众
抗战诗选
孩子剧团从上海到武汉
血战台儿庄
国际形势与抗战前途
抗战歌声第一集
抗战建国第一年
第一年
少年时事读本
八百孤军
抗战中的郭沫若
抗战歌曲选
第一年代续编
文汇年刊
抗战三周年
楚霸王　自杀
抗战四年
春草集
诗家（一）
文艺新论
佩剑集
当代作家书简
怎样自我学习
现代中国小说选
我们的读书生活

现代名剧精华
呼喊
春天的信号
救救青年
人民至上主义的文艺
跨着东海
我是中国人
陶行知先生纪念集
春日
渡江前夜
文艺的新方向
美国扶日亡华大阴谋
论新政协
保卫文化
学习毛泽东思想
人民音乐家冼星海
创作经验
戏剧甲选
牧羊哀话
论大众文艺
人民经与陶派诗
纪念屈原——逝世二千二百三十周年

中国人类化石的发现与研究
楚辞研究论文集
捍卫马克思列宁主义 反对资产阶级"社会科学"复辟第一辑
反对资产阶级社会科学复辟第二辑
大规模地收集全国民歌
向地球开战
胡笳十八拍讨论集
曹操论集
艾森豪威尔独白
周总理永远和我们在一起
兰亭论辨
无尽的怀念
科学的春天

五　增补书目

郭沫若全集　文学篇
郭沫若全集　历史篇
郭沫若全集　考古篇
郭沫若书简（致容庚）
英诗译稿（英汉对照）
石古文研究　诅楚文考释
生活的艺术记——在上海美专讲（评论）

一、总 类

文集　选集

沫若自选集
自选集丛书
1934年1月上海乐华图书公司初版
32开本，作者及其家属照片1帧，作者原稿1页，目录2页，序7页，正文共412页。
目录：
　　序　1933年8月26日。沫若
　　鸡　1933年9月26日
　　湘累　1920年12月27日
　　广寒宫　1922年4月2日
　　鹓鶵1923年6月22日
　　函谷关　1923年8月10日脱稿
　　王昭君　1923年7月12日夜脱稿
　　无抵抗主义者
　　歧路　1924年2月
　　行路难　1924年10月
　　湖心亭　1924年12月30日
　　聂嫈　1925年6月10日
　　马氏进文庙　1925年11月17日脱稿。

郭沫若选集
新文学选集
1951年7月北京开明书店初版
1952年1月2版
新文学选集第二辑
1952年6月乙种本初版
1952年11月再版
32开本，作者照片2帧、手迹、编辑凡例、自序和目次共15页，正文713页。
目次：
　　编辑凡例　1951年3月新文学选集编辑委员会
　　自序　1950年10月21日，北京。
　　诗选
　　凤凰涅槃　1920年1月20日初稿
　　1928年1月3日改削
　　炉中煤　1920年12月间作
　　地球，我的母亲！　1919年12月

末作

立在地球边上放号　1919年9、10月间作

夜步十里松原

洪水时代　1921年12月8日作

蜜桑索罗普之夜歌　1920年11月23日

霁月

晴朝

晨兴

苦味之杯

静夜

南风　1921年10月10日

新月　1921年10月14日

白云

雨后　1921年10月20日

天上的市街　1921年10月24日

黄浦江口　4月3日

冬景

大鹫

两个大星

留别日本　1923年4月1日

上海的清晨　1923年4月

励失业的友人　1923年5月1日

力的追求者　1923年5月27日

朋友们怆聚在囚牢里　1923年5月27日

怆恼的葡萄　1923年5月27日

歌笑在富儿们的园里　1923年5月27日

黑魆魆的文字窟中　1923年6月9日

我们在赤光之中相见　1923年12月5日

太阳没了　1924年1月25日

前进曲　1923年8月28日于上海

恢复　1928年5月1日

述怀　1928年5月1日

诗的宣言　1928年7月1日

对月　1928年7月1日

我想起了陈涉吴广　1928年7月1日

黄河与扬子江对话　1928年7月1日

如火如荼的恐怖　1928年7月1日

血的幻影　1928年10月1日

罪恶的金字塔　1940年6月17日

挽四八烈士歌　1946年4月23日

夜于重庆

诗歌国防　1936年11月11日

战声　1937年8月20日晨

站立在英雄城的彼岸　1945年7月作，抄自《苏联纪行》

红场观体育节　1945年8月12日

散文选

月蚀　1923年8月28日夜

歧路

路畔的蔷薇

夕暮

水墨画

山茶花

末日——行路难中飘流插曲第一章

三诗人之死
鸡雏
鸡之归去来　1933年9月26日
楚霸王自杀　1936年2月28日
司马迁发愤　1936年4月26日
银杏　1942年5月23日
丁东草（三章）
丁东　1942年10月30日
白鹭　1942年10月31日
石榴　1942年10月31日
金刚坡下　1945年7月2日夜
涂家埠　1948年6月5日于香港
南昌之一夜　1948年6月21日于香港
苏联游记
剧选
棠棣之花　1941年12月23日整理毕
屈原　1942年1月11日夜
虎符　1942年2月2日起稿，至11日写毕

沫若文集
1957年3月人民文学出版社北京第1版第1次印刷（第1卷）
32开本，作者照片1帧，《女神》初版封面1页，目录8页，正文381页。
第一卷说明：
本卷收入《女神》、《星空》、《瓶》、《前茅》、《恢复》等诗集中的作品及其他集外诗作，分为六辑。

《女神》是作者第一部诗集，初版于1921年。
《星空》是诗歌散文集，初版于1923年。这里只收入诗和诗剧，散文另编入散文部分。
《瓶》是1925年的作品，初版于1927年。
《前茅》是1921—1928年的作品，初版于1928年。
《恢复》是1928年的作品，初版于1928年。
《集外》（一）是1919—1923年的诗作中未编入《女神》、《星空》而后来收在《沫若文集》中的，现在经作者删去一首，另成一辑。
以上各集中的诗作，曾由作者分编在《沫若诗集》（1928年）、《凤凰》（1947年）及《郭沫若选集》（1951年）中。现在是根据初版本并经作者修订后编入的。
按：《沫若文集》十七卷分精装、平装两种，由人民文学出版社编辑部编辑。收辑郭沫若同志四十年创作生活中的文学著作，按照诗、戏剧、小说、自传、散文、文艺及学术论文等体裁和著作年代篇次。他的考古研究著作和翻译的外国作品，都不收在内。《文集》的全部作品绝大部分系根据已出版的单行本收录，其篇目在本书中已有反映，故十七卷之目录存目，为方便查阅者了解每卷收集之内容谨将每卷编辑说明逐卷抄录于后，以供参考。

沫若文集

1957年3月人民文学出版社北京第1版第1次印刷（第2卷）

32开本，作者照片1帧，《顶天立地的巨人》手稿1页，目录8页，正文450页。

第二卷说明：

本卷收入《战声集》、《蜩螗集》、《新华颂》、《卷耳集》、《屈原赋今译》等诗集及其他集外诗作，分为六辑。

《战声集》是1936—1937年的作品，初版于1938年。

《蜩螗集》是1939—1947年的作品，初版于1948年。此次编入，作者删去诗两首。

《新华颂》是1948—1952年的作品，初版于1953年。此次编入，作者删去诗三首、歌曲一首，并按照写作时间将《金环吟》、《舟行阻风》、《船泊石城岛畔杂成》、《渔翁吟》、《北上纪行》、《在莫斯科过五一节》、《题哈尔滨烈士馆》等七首编入《蜩螗集》。

《卷耳集》是《诗经》四十首的今译，初版于1923年。

《屈原赋今译》初版于1953年。

《集外》（二）是1945年至1957年1月所写而未编入集中的诗作。

以上各集中的诗作，是根据初版本并经作者修订后编入的。

沫若文集

1957年3月人民文学出版社北京第1版第1次印刷（第3卷）

32开本，作者照片1帧，《屈原》手稿1页，目录3页，正文465页。

第三卷说明：

本卷收入《卓文君》、《王昭君》、《棠棣之花》、《屈原》、《虎符》五个剧本及其附录。

《卓文君》是1923年的作品。

《王昭君》是1923年的作品，此剧和《卓文君》等曾收入1926年4月初版的《三个叛逆的女性》中，现在是根据初版本编入的。

《棠棣之花》是1941年的作品，初版于1942年，现在是根据1954年新文艺出版社版编入的。

《屈原》是1942年的作品，初版于1942年，现在是根据1952年人民文学出版社版修订编入的。

《虎符》是1942年的作品，初版于1942年，现在是根据1954年新文艺出版社版并经作者作了较大的修订编入的。

沫若文集

1957年3月人民文学出版社北京第1版第1次印刷（第4卷）

32开本，作者照片1帧，《孔雀胆》修订稿1页，目录2页，正文438页。

第四卷说明：

本卷收入《高渐离》、《孔雀胆》、《南冠草》三个剧本及其附录。

《高渐离》是1942年的作品，原名《筑》，初版于1946年，现在根据1954年新文艺出版社版，并经作者作了较大的修订，改成今名。

《孔雀胆》是1942年的作品，初版于1943年。

《南冠草》是1943年的作品，初版于1943年。此剧与《孔雀胆》，都是根据1954年新文艺出版社版并经作者作较大的修订编入的。

沫若文集

1957年4月人民文学出版社北京第1版第1次印刷（第5卷）

32开本，照片1帧，书影1页，目录2页，正文614页。

第五卷说明：

本卷收入作者从1918年至1947年间所作中短篇小说三十八篇。其中大部分曾分别收入《塔》、《水平线下》、《橄榄》等作品集中；《落叶》和《一只手》则刊印过单行本。

《塔》是小说戏剧集，初版于1926年。其中《鹓鶵》一篇后来改名为《漆园吏游梁》；《函谷关》一篇后来改名为《柱下史入关》；《Donna Karméla》一篇后来改名为《喀尔美萝姑娘》。

《落叶》是1925年作的中篇小说，初版于1926年。

《水平线下》是小说散文集，初版于1928年。其中《矛盾的调和》一篇，此次编入改名为《矛盾的统一》。

《橄榄》是小说散文集，初版于1928年。

以上各书的小说作品，后来都分别收入作者重新编定的、1947年出版的小说集《地下的笑声》和1948年出版的小说散文集《抱箭集》。现在即根据这两个作品集的初版本。

未收入《地下的笑声》和《抱箭集》的小说作品五篇，《一只手》根据1928年2月出版的《创造月刊》第一卷第九期；《未央》根据1928年出版的《沫若译著选》初版本；《圣者》根据1928年出版的《沫若创作集》初版本；《宾阳门外》和《双簧》两篇则根据1947年出版的《革命春秋》(《沫若自传》第二卷）初版本的附录。

本卷作品都是经过作者修订后编入的。编排次序大体上按照写作时间的先后，同时也结合内容略加分类，将历史小说另外编在一起，排在后面。

沫若文集

1958年8月人民文学出版社北京第1版第1次印刷（第6卷）

32开本，作者照片1帧，《少年时代》手稿1页，目录1页，正文346页。

第六卷说明：

本卷收入《沫若自传》第一卷——《少年时代》。其中，《我的童年》、《反正前后》和《黑猫》三篇，曾刊印过单行本。

《我的童年》是1928年的作品，初版

于1929年，原名《我的幼年》，后因国民党反动政府查禁，曾先后改名为《幼年时代》和《童年时代》。

《反正前后》是1929年的作品，初版于1929年，后因国民党反动政府查禁，曾改名为《划时代的转变》。

《黑猫》曾收入1930年出版的中短篇集《黑猫与塔》；单行本初版于1931年。

《初出夔门》是1936年的作品，曾收入1936年出版的短篇集《豕蹄》。

这四篇作品后来由作者重新编定，于1947年合为一册刊行，即《沫若自传》第一卷——《少年时代》。现在是根据《少年时代》的初版本，同时又经过了作者的修订。

沫若文集

1958年8月人民文学出版社北京第1版第1次印刷（第7卷）

32开本，照片1帧，目录2页，正文428页。

第七卷说明：

本卷收入《沫若自传》第二卷——《学生时代》。其中《创造十年》、《创造十年续编》，曾刊印过单行本。

《我的学生时代》是1942年的作品，原名《学生时代》。

《创造十年》是1932年的作品，初版于1932年。

《创造十年续编》是1937年的作品，初版于1938年。

《今津纪游》是1922年的作品。

《山中杂记》、《路畔的蔷薇》是1925年的作品。

《水平线下》初版于1928年。

《今津纪游》、《山中杂记》、《路畔的蔷薇》及《水平线下》中《百合与蕃茄》一篇，现系根据1954年《抱箭集》新版版本编入的，其中除已收入第五卷各篇外，余均属自传性的散文，故并编入本卷。未收入《抱箭集》的《到宜兴去》与《尚儒村》两篇，是根据《水平线下》初版本编入的。

《集外》五篇：《梦与现实》、《寄生树与细草》、《昧爽》，都是1923年至1924年的作品，曾收入1928年出版的《沫若创作集》；《孤山的梅花》写于1925年；《杜鹃》写于1936年。

本卷作品全部经过作者修订。

沫若文集

1958年9月人民文学出版社北京第1版第1次印刷（第8卷）

32开本，照片3帧，"曲江河畔"照片说明1页，《革命春秋》手稿1页，目录2页，正文523页。

第八卷说明：

本卷收入《沫若自传》——《革命春秋》。

《北伐途次》是1936年的作品，初版于1937年。

《请看今日之蒋介石》和它的续篇《脱离蒋介石以后》是1927年的作品，发表于1927年的武汉《中央日报》。《请看今日之蒋介石》曾刊印过单行本。

《海涛集》中所收七篇,《涂家埠》、《南昌之一夜》、《流沙》、《神泉》都是1948年的作品;《离沪之前》是1928年1月中旬至2月下旬的日记,曾于1936年刊印过单行本;《跨着东海》、《我是中国人》写于1947年。其中,除《离沪之前》一篇系根据散文集《归去来》1946年的版本编入外,余六篇都是根据1951年出版的《海涛》散文集编入的。

《归去来》包括十四篇作品。《鸡之归去来》、《浪花十日》、《东平的眉目》、《痈》、《大山朴》、《达夫的来访》与《断线风筝》等七篇是1933年至1937年的作品,根据《抱箭集》1948年的版本编入的。《由日本回来了》、《回到上海》、《到浦东去来》、《前线归来》、《希望不要下雨》、《在轰炸中来去》六篇都是1937年的作品,根据《归去来》1946年的版本编入的。《甘愿做炮灰》亦写于1937年,曾与《棠棣之花》合收成集,于1938年出版过单行本;这是一篇话剧形式的记录,故并编收于本卷。

各篇作品都经过作者校阅修订,其写作年代先后不一,在编排上,是结合自传内容排列先后的。

沫若文集

1959年9月人民文学出版社北京第1版第1次印刷(第9卷)

32开本,作者照片1帧,目录3页,正文580页。

第九卷说明:

本卷收入《沫若自传》第四卷——《洪波曲》。

《洪波曲》原名《抗战回忆录》,初稿写于1948年,曾在香港《华商报》副刊《茶亭》上连续发表;现系根据《人民文学》1958年7月号起连载的修订稿《洪波曲》编入。

《芍药及其他》一辑共收自传性散文十一篇,前九篇都是1942年的作品,后两篇《影子》与《下乡去》写于1944年和1945年。这一辑曾收入《抱箭集》。这里是根据1954年新文艺出版社《抱箭集》新版版本编入,并经过作者校阅。原辑中《十月十七日》一篇,现改名为《竹阴读画》。

《苏联纪行》是作者1945年6月至8月间的访苏日记,现根据1946年中苏文化协会研究委员会出版的再版单行本,经作者修订后编入。

《南京印象》初版于1946年,由群益出版社刊行;这次编入本卷,也曾经过作者校订。

沫若文集

1959年6月人民文学出版社北京第1版第1次印刷(第10卷)

32开本,作者照片1帧,目录4页,正

文444页。

第十卷说明：

本卷收入《文艺论集》、《文艺论集续集》、《盲肠炎》三个集子及其他文艺论文、杂感等六篇，分为四辑。

《文艺论集》初版于1925年，此次系根据1925年光华书局初版版本编入的，作者删去两篇，补充了1930年改版本所增加的两篇。

《文艺论集续集》出版于1931年，包括十一篇论文，现在已全部辑入本卷。

《盲肠炎》曾于1928年与《水平线下》合辑出版；1947年由群益出版社刊印单行本，原收作品十篇。现根据群益版本编入本卷，经作者删去一篇，共收九篇。

《集外》收辑了1922年至1926年的作品六篇。

以上作品全部经过作者修订。

沫若文集

1959年6月人民文学出版社北京第1版第1次印刷（第11卷）

32开本，作者照片2帧，目录5页，正文446页。

第十一卷说明：

本卷收入《断断集》、《羽书集》与其他集外作品，分为三辑。

《断断集》系作者根据1937年上海北新书局出版的《沫若近著》，修订后编为一辑收入本卷的；共十二篇，多属学术性著作。

《羽书集》曾刊印过两种版本，一种是1941年香港孟夏书店版，另一种是1945年重庆群益出版社版。现根据群益版删去三篇，余五十五篇按照写作年月先后，重新排次；集内最后四篇，是从孟夏版中抽出编入的。全部经过作者校阅。

《集外》辑收1935年至1936年作品十五篇，大都曾在《杂文》、《质文》、《东流》等刊物发表过；此次编入本卷，均经过作者校阅。

沫若文集

1959年6月人民文学出版社北京第1版第1次印刷（第12卷）

32开本，作者照片1帧，目录3页，正文567页。

第十二卷说明：

本卷收入《今昔蒲剑》和《历史人物》。

《蒲剑集》与《今昔集》的单行本刊印于1942年、1943年。《今昔蒲剑》的合集初版于1947年，海燕书店出版。这里是根据1953年新文艺出版社重印的《今昔蒲剑》第一版，经作者修订后编入本卷的。除已收入《文集》第三卷与第十一卷的七篇外，又删去一篇，其余三十二篇，重新排次。依照原出版先后，现将《蒲剑集》编排于《今昔集》之前，集内各篇亦按写作时间先后，顺序排列。

《历史人物》原辑九篇，其中《夏完淳》已收入《文集》第四卷，《屈原研究》中附录的《屈原今译》已收入《文集》第二卷，本卷不重编收；原书作为附录处理的《关于李岩》一文，经作者校阅后，另编成一篇，现全书仍包括九篇。本卷是根据新文艺出版社1956年的版本编入的。

沫若文集
1961年10月人民文学出版社北京第1版第1次印刷（第13卷）
32开本，作者照片1帧，目录7页，正文566页。
第十三卷说明：
本卷收入《沸羹集》、《天地玄黄》与集外的论文，评论等七篇。
《沸羹集》原辑杂文、随笔等七十六篇，除第一篇和第二篇作于1940年、1941年外，余七十四篇都是1942年至1945年的作品。《天地玄黄》原收七十五篇，写于1945年至1947年间。两集编入本卷，均系根据新文艺出版社1954年第一次重印本；经作者校阅后，自《沸羹集》删去九篇，《天地玄黄》删去三篇。原《天地玄黄》中《"格物"解》、《"考工记"的年代与国别》、《"诅楚文"考释》、《"行气铭"释文》等四篇学术性论文，则另编于《文集》第十六卷。集内各篇，已分别按照写作时间先后重新排次。

《集外》辑收的七篇，是1946年至1948年的作品；此次编入，亦经过作者校订。

沫若文集
1963年6月人民文学出版社北京第1版第1次印刷（第14卷）
32开本，作者照片1帧，目录3页，插图13页，正文678页。
第十四卷说明：
本卷收入《中国古代社会研究》；并收研究甲骨文，金文等论著十三篇，这些著作选自《甲骨文字研究》、《殷周青铜器铭文研究》和《金文丛考》。
《中国古代社会研究》初版于1930年，联合书店印行；1947年曾由群益出版社重印；1954年人民出版社改排出版；1960年科学出版社出新一版。现根据新一版1961年第二次印刷本编入。
《甲骨文字研究》著于1929年，1931年大东书局影印初版；1952年经作者整理后由人民出版社出版；本卷选收四篇。《殷周青铜器铭文研究》著于1930年，初版于1931年，亦由大东书局影印；1954年作者略作修订，人民出版社排印出版；1961年科学出版社又出新一版；现选收三篇。
《金文丛考》著于1932年，曾在日本文求堂印行；1952年作者改编后，1954年人民出版社出版；这里选收六篇及《重印弁言》。选自《殷周青铜器铭文研究》的三篇系根据科学出版社版本编入外,其余各篇均根据人民出版社版本编入。

本卷全部注释均系作者原注。

沫若文集

1961年11月人民文学出版社北京第1版第1次印刷(第15卷)

32开本,作者照片1帧,目录1页,正文498页。

第十五卷说明:

本卷收《十批判书》。这十篇论文是作者1943年至1945年的作品,1945年由群益出版社出版;现根据1954年人民出版社版本编入,惟删去《改版书后》一篇,该篇曾收在《奴隶制时代》中,将另编入《文集》第十七卷。

本卷全部注释均系作者原注。

沫若文集

1962年11月人民文学出版社北京第1版第1次印刷(第16卷)

32开本,作者照片1帧,目录2页,正文408页。

第十六卷说明:

本卷收入《青铜时代》与研究《石鼓文》的著作及其他学术论文共八篇。

《青铜时代》辑收研究先秦社会和学术思想的论文十二篇,四篇是1934年迄1937年的作品,余八篇作于1943年至1945年,曾于1945年由文治出版社出版(其中九篇并由东南出版社收入同年出版的《先秦新学说述林》);1954年人民出版社改排出版;1957年科学出版社出版一版。现在系根据科学出版社1961年第四次印刷本编入。

《"石鼓文"研究》一书,初版于1939年,商务印书馆印行;1955年人民出版社重印出版;这里根据人民出版社版本选收两篇及其《重印弁言》。《熹平石经"鲁诗"残石》一篇,选自1933年由日本文求堂印行的《古代铭刻汇考》。《"格物"解》、《"考工记"的年代与国别》、《"诅楚文"考释》、《"行气铭"释文》等四篇,系自《天地玄黄》中抽出,经作者校阅后编入本卷。

本卷全部注释均为作者原注。

沫若文集

1963年2月人民文学出版社北京第1版第1次印刷(第17卷)

32开本,作者照片1帧,目录4页,插图32页,正文625页。

第十七卷说明:

本卷收入《奴隶制时代》、《雄鸡集》与其他论文二十篇,分为三辑。

《奴隶制时代》收学术论文及文艺论文十六篇,作于1950年至1952年,1952年曾由新文艺出版社印行;1954年人民出版社改排出版;1956年科学出版社出版新1版,现根据1961年新1版第2次印刷本编入。

《雄鸡集》原收作者1949年迄1958年间

的报告、讲话、论文、短论等三十六篇，1959年北京出版社出版。现经作者修订，收入本卷。其中《简单地谈谈"诗经"》一篇，已编入《奴隶制时代》。

《集外》选收作者1953年至1959年研究历史、考古的著作二十篇。其中《"管子集校"叙录》与《序"盐铁论读本"》二文选自原书，余十八篇大都曾在《人民日报》、《历史研究》、《考古学报》、《文物》等报刊发表。

本卷全部注释均为作者原注。

沫若选集

1959年4月人民文学出版社北京第1版第1次印刷（第1卷）

32开本，出版说明2页，目录6页，正文304页。

1959年12月人民文学出版社北京第1版第1次印刷（第2卷）

32开本，目录2页，正文404页。

1960年1月人民文学出版社北京第1版第1次印刷（第3卷）

32开本，目录2页，正文521页。

1959年8月人民文学出版社北京第1版第1次印刷（第4卷）

32开本，目录3页，正文402页。

第一卷目录：

第一辑

  《女神》序诗　1921年5月26日

  女神之再生

  湘累　1920年12月27日

凤凰涅槃　1920年1月20日初稿1928年1月3日改削

天狗　1920年2月初作

心灯　1920年2月初作

炉中煤　1920年12月间作

无烟煤

日出　1920年3月间作

晨安　1920年1月间作

笔立山头展望　1920年6月间作

浴海　1919年9月间作

立在地球边上放号　1919年9、10月间作

三个泛神论者

电火光中　1919年年末初稿，1928年2月1日修改。

地球，我的母亲！1919年12月末作

雪朝　1919年12月作

登临

光海

梅花树下醉歌

演奏会上

夜步十里松原

我是个偶像崇拜者　1920年5、6月间作

太阳礼赞

沙上的脚印

新阳关三叠　1920年4、5月间作

金字塔　1920年6、7月间作

巨炮之教训　1920年4月初间作

匪徒颂　1919年年末作

胜利的死

Venus　1919年间作
别离　1919年3、4月间作
春愁　1919年3、4月间作
司健康的女神
新月与白云　1919年夏秋之间作
死的诱惑
火葬场
鹭鸶　1919年夏秋之间作
鸣蝉
晚步
春蚕
蜜桑索罗普之夜歌　1920年11月23日
雾月
晴朝
岸上
晨兴
春之胎动　2月26日
日暮的婚筵　2月28日
新生　1921年4月1日
海舟中望日出　4月3日
黄浦江口　4月3日
上海印象　4月4日
西湖纪游

第二辑

洪水时代　1921年12月8日作
苦味之杯
静夜
南风　1921年10月10日
白云
新月　1921年10月14日

雨后　1921年10月20日
天上的市街　1921年10月24日
大鹫
两个大星
瓶（第一首）　1925年2月18日晨
春莺曲（《瓶·第十六首》）3月3日
庚死的春兰　1923年8月间
失巢的瓦雀　1923年夏秋之间作
创造者　1921年10月8日
月下的故乡　1922年8月19日
留别日本　1929年4月1日
上海的清晨　1923,1,6
励失业的友人　1923,1,6
力的追求者　1923,6,27
朋友们怆聚在囚牢里　1923,6,27
怆恼的葡萄　1923,6,27
歌笑在富儿们的园里　1923,5,27
黑魆魆的文字窟中，1923,6,9
我们在赤光之中相见，1923,12,5
太阳没了　1924,1,25
前进曲　1923,8,28于上海
暴虎辞　1921年8月于日本
哀时古调　1922,9,19
述怀　1928年1月5日
黑夜和我对话　1928,1,6
诗的宣言　1928,1,7
对月　1928,1,7
我想起了陈涉吴广　1928,1,7

如火如荼的恐怖 1928，1，7

巫峡的回忆 1928，1，8

血的幻影 1928，1，10

战取 1928，1，16

诗歌国防 1936，11，11

战声 1937年8月20日晨

归国杂吟

罪恶的金字塔 1940，6，17

水牛赞 1942年春

颂苏联红军 1942年红军建军节

挽四八烈士歌 1946，4，23夜

咏史

"十月"感怀诗 1947年11月7日

渔翁吟

北上纪行 1949年1月作于沈阳

第三辑

新华颂 1949年9月20日

毛泽东的旗帜迎风飘扬 1952年6月11日

红场观体育节 1945年8月12日

中国少年先锋队队歌

玛娜娜 1954年6月14日写于黑海东岸加格拉

和平的音讯 1954年10月

青年与春天

郊原的青草 1956年5月31日

骆驼 1956年9月17日

五一节天安门之夜 1957年5月2日

长江大桥

月里嫦娥想回中国 1957年11月3日在莫斯科

在普希金铜像下 1957年11月23日在莫斯科

访埃杂吟十二首

迎春序曲 1958年3月12日

向地球开战 1958年3月23日

水仙花

芍药

打破碗花花

月光花

郁金香

吊金钟

紫荆花

丁香花

木笔

牵牛花

蜀葵花

太阳问答

颂十三陵水库

跨上火箭篇

歌颂中朝友谊

双倍的春天

举重

喜雪 1959年2月25日

再喜雪 1959年2月26日

第二卷目录

第四辑

棠棣之花 1941年12月23日整理毕

第一幕 聂母墓前

第二幕　濮阳桥畔

第三幕　东孟之会

第四幕　濮阳桥畔

第五幕　十字街头

附录

我怎样写《棠棣之花》　1949年12月9日

《棠棣之花》的故事

屈原　1942年1月11日夜

第一幕

第二幕

第三幕

第四幕

第五幕

附录：

我怎样写五幕史剧《屈原》　1942年1月20日夜

《屈原》与《釐雅王》1942年3月28日

瓦石劄记

一　一字之师　1942年5月30日

二　南后郑袖　1942年7月13日

校后记　1948年3月31日，九龙

新版后记　一　1953年1月4日写于莫斯科

二　1953年1月29日记于北京

虎符　1942年2月2日起稿，至11日写毕于重庆，1956年7月30日改定于北戴河海岸。

第一幕

第二幕

第三幕

第四幕

第五幕

附录：

写作缘起　1942年2月12日脱稿于重庆

《虎符》后话　1942年2月28日于重庆

校后记　1948年3月24日于香港

校后记之二　1956年7月30日于北戴河

蔡文姬　1959年2月9日脱稿于广州

1959年5月1日定稿于北京

第一幕

第二幕

第三幕

第四幕

第五幕

附录：

谈蔡文姬的《胡笳十八拍》1959年1月7日

再谈蔡文姬的《胡笳十八拍》1959年3月16日

谈《蔡文姬》中曹操形象的真实性戎笙

第三卷目录

第五辑

我的童年

前言　1928年12月12日

第一篇

第二篇

第三篇

　　后话　1929年1，12，校阅后记此

第六辑

　　北伐途次

　　请看今日之蒋介石

　　脱离蒋介石之后　1927年7月

第七辑

　　洪波曲

　　前记　1958年5月9日

　　第一章　南迁

　　第二章　动荡

　　第三章　再动荡

　　第四章　筹备

　　第五章　宣传周

　　第六章　低潮期

　　第七章　保卫大武汉

　　第八章　推进

　　第九章　反推进

　　第十章　战区行

　　第十一章　生活面面

　　第十二章　疾风知劲草

　　第十三章　撤守前后

　　第十四章　流亡

　　第十五章　长沙大火

　　第十六章　入幽谷

　　后记　1948年11月21日于香港

　　1950年10月3日于北京

第四卷目录

第八辑

　　牧羊哀话　1922年12月24日夜

志此

残春　1922年4月1日脱稿

月蚀　1923年8月28日夜

万引　1924年9月18日夜

歧路

三诗人之死

后悔　1926年2月22日夜

一只手　1927年10月9日脱稿

月光下　1941年7月29日

金刚坡下　1945年7月2日夜

漆园吏游梁　1923年6月22日

孟夫子出妻　1935年8月6日

楚霸王自杀　1936年2月28日

司马迁发愤　1936年4月26日

第九辑

芭蕉花

鸡雏

路畔的蔷薇

夕暮

水墨画

山茶花

杜鹃　1936年春

涂家埠　1948年6月5日

南昌之一夜　1948年6月21日

鸡之归去来　1933年9月26日

大山朴　1936年12月7日

银杏　1942年5月23日

丁东草（三章）

苏联游记

游列宁格勒

游斯大林格勒

乌兹别克纪行
游里加湖
游西安
第十辑
建设新中国的人民文艺　1949年7月
谈文学翻译工作　1954年8月
三点建议
斥胡风的反社会主义纲领　1955年4月
努力把自己改造成为无产阶级的文化工人
文化上的友谊竞赛
关于大规模收集民歌问题　1958年4月21日
浪漫主义和现实主义　1958年6月20日
就目前创作中的几个问题答《人民文学》编者问
当前诗歌中的主要问题
附录　坐地、巡天及其他　1959年2月22日
替曹操翻案　1959年3月14日

郭沫若选集
1979年8月四川人民出版社第1版第1次印刷第1卷（上、下册）
32开本，作者照片1帧，上册目录1页，正文396页；下册目录1页，正文344页。
1979年10月四川人民出版社第1次第1版印刷第2卷

32开本，作者手迹1页，目录11页，正文402页。
1979年12月四川人民出版社第1版第1次印刷第3卷（上、下）
32开本，照片1帧，上册目录2页，正文436页，下册目录2页，正文442页。
第一卷
上册目录
我的童年
反正前后
北伐途次
下册目录
请看今日之蒋介石
跨着东海　1947年上海
我是中国人　1947年上海
洪波曲
第二卷
目录
《女神》序诗　1921年5月26日
女神之再生
湘累　1920年12月27日
凤凰涅槃　1920年1月20日初稿
1928年1月3日改削
天狗　1920年2月初作
心灯　1920年2月初作
炉中煤　1920年12月间作
日出　1920年3月间作
晨安　1920年1月间作
笔立山头展望　1920年6月间作
浴海　1919年9月间作
立在地球边上放号　1919年9、10月间作

电火光中　1919年年末初稿
　　　　　1928年2月1日修改
地球，我的母亲！1919年12月末作
登临
光海
梅花树下醉歌
夜步十里松原
我是个偶像崇拜者　1920年5、6月间作
太阳礼赞
新阳关三叠　1920年4、5月间作
金字塔　1920年6、7月间作
巨炮之教训　1920年4月初间作
匪徒颂　1919年年末作
胜利的死
春愁　1919年3、4月间作
死的诱惑　这是我最早的诗，大概是1918年初夏作的。
鹭鸶　1919年夏秋之间作
鸣蝉
霁月
晴朝
春之胎动　2月26日
日暮的婚筵　2月28日
海舟中望日出　4月3日
黄浦江口　4月3日
上海印象　4月4日
西湖纪游
抱和儿浴博多湾中　1919，9，11
黎明　1919，11，14
《星空》献诗　1922年12月24日夜，星影初现时作此。

星空　1922年2月4日晨
洪水时代　1921年12月8日作
苦味之杯
静夜
天上的市街　1921年10月24日
黄海中的哀歌
吴淞堤上
春潮
新芽
大鹫
两个大星
《瓶》献诗　1925年3月9日夜
瓶（选六首）
庚死的春兰　1923年8月间
失巢的瓦雀　1923年夏秋之间作
创造者　1921年10月8日
月下的故乡　1922年8月19日
留别日本　1929年4月1日
上海的清晨　1923，1，6
力的追求者　1923，6，27
怆恼的葡萄　1923，6，27
歌笑在富儿们的园里　1923，5，27
黑魆魆的文字窟中　1923，6，9
我们在赤光之中相见　1923，12，5
太阳没了　1924，1，25
前进曲　1929，8，28于上海
恢复　1928年1月5日
述怀　1928年1月5日
怀亡友　1928，1，5
诗的宣言　1928，1，7
对月　1928，1，7

我想起了陈涉吴广　1928，1，7

黄河与扬子江对话　1928，1，7

如火如荼的恐怖　1928，1，7

梦醒

峨眉山上的白雪　1928，1，8

巫峡的回忆　1928，1，8

血的幻影　1928，1，10

战取　1928，1，16

诗歌国防　1936，11，11

战声　1937年8月20日晨

归国杂吟

罪恶的金字塔　1940，6，17

感时四首　1941年4月7日

水牛赞　1942年春

颂苏联红军　1942年红军建军节

祝《新华日报》五周年　1943年1月15日

挽四八烈士歌　1945年4月23日夜

寿朱德　1946年11月29日

咏史

祭李闻

北上纪行

新华颂　1949年9月20日

四川人，起来！　1949年9月24日

毛泽东的旗帜迎风飘扬　1952年6月11日

新中国的儿童

赠陈毅同志　1955年5月

访日杂咏（二首）　1955年12月

别须和田

吊千代松原

青年与春天

赞红岩　1956年5月28日于北京

骆驼　1956年9月17日

纪念"七七"　1957年7月7日

武汉长江大桥　1957年10月

百花齐放（选八首）

芍药

马蹄莲

十姐妹

杜鹃花

攀枝花

牵牛花

雁来红

菜子花

人民英雄碑　1958年4月23日

歌颂中朝友谊（选八首）

在新义州站上

参观板门店后

在欢送志愿军大会上

颂平壤市

颂朝鲜人民

题画赠朝鲜同志

游朴渊瀑布

金刚山道中

英雄树下花争放（选三首）

红花岗

访圭峰新会劳动大学

题赠新会葵扇工厂

喜雪　1959年2月25日

再喜雪　1959年2月26日

刘胡兰赞　1959年3月30日

十年建国增徽识（五首）　1959年9

月14日

大广场

大会堂

博物馆

民族宫

军事馆

重庆行（选七首）

飞过秦岭

看朝天门码头

题红岩村革命纪念馆

其一

其二

其三

参观曾家岩十八集团军办事处

题为重庆市川剧院

访杨家岭毛主席所住窑洞　1960年3月22日

喜闻攀上珠穆朗玛峰　1960年5月27日

游大理（选二首）　1961年9月9日

洱海月

负石观音

再出夔门（选五首）

宿万县

过瞿塘峡

过巫峡

过西陵峡（二首）

蜀道奇　1961年9月18日

题赠日中友好代表团　1961年10月7日

看《孙悟空三打白骨精》　1961年10月25日夜

郑成功光复台湾三百周年纪念　1962年1月18日

火中不灭凤凰侍　1962年秋

领袖颂

赞雷锋　1963年2月21日

邕漓行（选四首）

南宁见闻

在南宁看美协画展

柳州登立鱼峰

桂林游七星岩

天外人归　1963年7月23日

读毛主席诗词　1963年12月5日夜

黄山之歌

赞《东方红》　1964年10月14日

井冈山巡礼（选七首）

访大柏地　1965年6月25日

登郁孤台　1965年6月28日

黄洋界　1965年7月1日

访茅坪毛主席旧居　1965年7月3日

红军会师桥　1965年7月3日

雾中游鄱口偶成（二首）　1965年7月8日

访大邑收租院　1966年4月22日

西南建设　1966年4月23日

导弹核武器试验成功　1966年10月28日

考察须弥　1968年1月12日

西江月　1970年9月初

日中文化交流协会成立十五周年纪念　1971年2月

五十党庆　1971年6月27日

陪高棉战友访问西北（诗词三首）
浣溪沙　1971年9月13日作于东风公社
满江红　1971年9月15日作于石河子
七律　1971年9月16日作于天池
祝中日恢复邦交　1972年秋作于北京
毛主席永在（二首）　1976年9月18日
粉碎"四人帮"　1976年10月21日
怀念周总理（二首）
七律　1976年1月13日
念奴娇　1976年12月16日
怀念毛主席　1976年12月24日
迎接1977年　1976年12月29日
农业学大寨　1977年2月6日
歌剧《白毛女》重上舞台（二首）　1977年2月12日
其一
其二
工业学大庆　1977年2月26日
捧读《毛泽东选集》第五卷　1977年3月19日
怀念董老　1977年3月26日
纪念抗日战争四十周年　1977年3月27日
悼阿英同志　1977年6月28日
八一怀朱总　1977年7月6日
赠东风剧团　1977年7月9日
歌颂十届三中全会（二首）
满江红　1977年7月20日
五律　1977年7月27日
祝《望乡诗》演出成功　1977年10月2日
赠茅诚司先生　1977年10月6日

祝共青团中国科学院第五次代表大会开幕　1977年11月16日
题关良同志画鲁智深　1977年12月1日
纪念毛主席诞辰　1977年12月16日
桔生南国　1977年12月9日
纪念周总理八十诞辰　1978年2月
贺五届人大，五届政协胜利召开　1978年2—3月间
看舞剧《小刀会》剧照口占　1978年3月
第三卷
上册目录
卓文君　1923年2月28日夜脱稿
第一景
第二景
第三景
附录
后记
棠棣之花　1941年12月23日整理毕
第一幕　聂母墓前
第二幕　濮阳桥畔
第三幕　东孟之会
第四幕　濮阳桥畔
第五幕　十字街头
附录
我怎样写《棠棣之花》1941年12月9日
《棠棣之花》的故事
屈原　1942年1月11日夜
第一幕
第二幕
第三幕
第四幕

第五幕
附录
我怎样写五幕史剧《屈原》　1942年1月20日夜
《屈原》与《鳌雅王》　1942年3月28日瓦石劄记
校后记　1948年3月31日九龙
新版后记
一　1953年1月4日写于莫斯科
二　1953年1月29日记于北京
虎符　1942年2月2日起稿，至11日写毕于重庆，1956年7月30日改定于北戴河海岸。
第一幕
第二幕
第三幕
第四幕
第五幕
附录
写作缘起　1942年2月12日脱稿于重庆
《虎符》后记　1942年2月28日于重庆
校后记　1948年3月24日于香港
校后记之二　1956年7月30日于北戴河
下册目录
孔雀胆　1956年7月19日在北戴河海岸把这个剧本又作了一次改订。
第一幕　通济桥畔劳军
第二幕　梁王宫之后苑
第三幕　段平章之居室
第四幕　通济桥前行刺
附录
《孔雀胆》的故事　1942年9月10日

《孔雀胆》故事补遗　1942年11月28日昆明景物
《孔雀胆》后记　1942年9月30日
《孔雀胆》的润色　1943年1月23日
《孔雀胆》二三事　1944年8月9日在重庆
《孔雀胆》资料汇辑　1942年10月22日郭沫若记
蔡文姬　1959年2月9日脱稿于广州
1959年5月1日定稿于北京
第一幕
第二幕
第三幕
第四幕
第五幕
附录
谈蔡文姬的《胡笳十八拍》　1959年1月7日
再谈蔡文姬的《胡笳十八拍》　1959年3月16日
谈《蔡文姬》中曹操形象的真实性　戎笙
武则天　1960年1月10日初稿
1962年6月20日定稿
第一幕
第二幕
第三幕
第四幕
附录
我怎样写《武则天》　1960年8月16日
重要资料十四则
诗五首
武则天生在广元的根据　1961年5月25日

二、著作部分

（一）诗词

女神（剧曲诗歌集）
创造社丛书第一种
1921年8月5日上海泰东图书局发行
1922年11月5日3版
1923年8月5日4版
1927年7月6版
1928年2月7版
1928年10月8版
1929年9月9版
1930年7月10版
1935年4月12版
32开本，序诗2页，目录6页，正文238页。
1953年4月人民文学出版社北京第1版
1953年8月北京第2次印刷
1954年6月北京第4次印刷
1955年8月北京第7次印刷
32开本，目次5页，序诗2页，正文201页。

1958年6月北京第9次印刷
1977年12月北京第10次印刷
大32开本，目次3页，正文147页。
文学小丛书
1959年9月北京第1版
1978年11月湖北第3次印刷
32开本，前言2页，目次4页，正文162页。
目录：
序诗　1921年5月26日
第一辑
　　女神之再生（诗剧）
　　湘累　1920，12，27
　　棠棣之花　1920，9，23，脱稿
第二辑
　　凤凰涅槃之什
　　凤凰涅槃　1920，1，20．
　　天狗
　　心灯
　　炉中煤
　　无烟煤

日出	第三辑
晨安	爱神之什
笔立山头展望	Venus
浴海	别离
立在地球边上放号	春愁
泛神论者之什	司健康的女神
三个泛神论者	新月与白云
电火光中	死的诱惑
地球，我的母亲！	火葬场
雪朝	鹭鸶
登临	鸣蝉
光海	晚步
梅花树下醉歌	春蚕之什
演奏会上	春蚕
夜步十里松原	密桑索罗普之夜歌
我是个偶像崇拜者	霁月
太阳礼赞之什	晴朝
太阳礼赞	岸上三首
沙上的脚印	其一 1920，7，26.
新阳关三叠	其二 1920，7，27.
金字塔	其三 1920，7，29.
臣炮之教训	晨兴
匪徒颂	春之胎动 2月26日
胜利的死	日暮的婚筵 2月28日
其一 10月13日	归国吟
其二 10月22日	新生 1921年4月1日
其三 10月24日	海舟中望日出 4月3日
其四 10月27日	黄浦江口 4月3日
辍了课的第一点钟里	上海印象 4月4日
夜	西湖纪游
死	沪杭车中 4月8日

雷峰塔下　4月9日
赵公祠畔
三潭印月
雨中望湖　4月10日
　　司春的女神歌　4月11日
按：《女神》是郭沫若第一部诗集，全书共收五十七篇（包括《序诗》一篇），其中大部分作品均在报纸副刊和杂志上发表过，收入单行本"诗集"、"文集"时，作者对有些诗篇作了修改和删节，比如《地球，我的母亲！》、《匪徒颂》等首是其中改动较大者。个别诗篇在篇名上也作了改动，如原载上海《时事新报》副刊《学灯》的《岸》收入《女神》单行本时改名《沙上的脚印》。上海泰东图书局出版发行之《女神》虽曾多次重版，但均系1921年8月5日初版之重印版。1953年4月人民文学出版社北京第一版出版时，经作者作了若干修订，删去《夜》、《死》、《死的诱惑》三篇，并加上必要的注释。至1958年6月第二版重印时，又恢复至五十七篇。

星空
创造社丛书第六种
1923年10月上海泰东图书局初版
1924年版
1926年3月5版
1927年6月5版
1928年2月6版
1929年4月7版
1930年4月8版
32开本，198页。
目次：
献诗　12月24日夜，星影初现时作此。
第一辑
　　诗歌
　　星空　1922年2月4日晨
　　洪水时代　1921年12月8日作
　　月下的司芬克司——赠陶晶孙
　　苦味之杯
　　静夜
　　偶成
　　南风
　　白云
　　新月
　　雨后
　　天上的市街
　　黄海中的哀歌
　　仰望
　　江湾即景
　　吴淞堤上
　　赠友
　　夜别
　　海上
　　灯台
　　拘留在检疫所中
　　归来　9月20日清晨
　　好象是但丁来了
　　冬景
　　夕暮

暗夜

春潮

新芽

大鹫

地震

两个大星

石佛

第二辑

戏曲

孤竹君之二子　1922年11月23日脱稿

月光——此稿献于陈慎侯先生之灵　1922年8月19日夜

广寒宫　1922年4月2日脱稿

第三辑

散文

牧羊哀话

残春　1922年4月1日脱稿

今津纪游　1922年2月10日

月蚀　1923年8月28日夜

按：这是一本诗歌、散文集。收入作者1921年至1923年间的作品。其中《静夜吟》初载《学灯》，收入《星空》单行本时改名《静夜》。

瓶

1927年4月1日上海创造社出版部初版

创造社丛书第七种

1927年9月15日2版

创造社丛书第八种

1927年12月15日3版

1928年4月1日4版

1928年11月20日5版

创造社丛书第七种

1931年4月4日上海青年书店出版部6版

48开本，84页。

献诗　1925年3月9日作

诗四十二首

附记　1926年3月1日　达夫

按：《瓶》四十二首作于1925年，其第一首作于2月18日晨，最后一首作于3月30日。除第十六首另外题名《春莺曲》外，其他各首都按次排列，未曾另题篇名。

前茅

创造社丛书第二十二种

1928年2月10日上海创造社出版部初版

1928年11月15日2版

48开本，目次1页，序诗1页，正文55页。

目次：

前茅（序诗）　1928，1，11

黄河与扬子江对话　1922，12，12于日本

留别日本　1923，4，1

上海的清晨　1923，4

励失业的友人　1923，5

力的追求者　1923，5，27

朋友们怆聚在囚牢里

　　　1923，5，27

怆恼的葡萄　1923，5，27

歌笑在富儿们的园里

　　　1923，5，27

黑魆魆的文字窟中 1923，6，9
我们在赤光之中相见
　　　　　　　1923，12，5
太阳没了 1924，1，25
前进曲 1923，8，28 于上海
暴虎辞 1921，8，？于日本
哀时古调九首 1922，9，19
按：《前茅》中《前进曲》一首原名《孤军行》，载1922年9月15日《孤军》创刊号，代发刊词，是1922年8月28日所作，收入《前茅》时误改为1923年8月28日作，比《孤军》发表时间晚一年左右。

恢复
创造社丛书第二十三种
1928年3月25日上海创造社出版部初版
1929年3月5日再版
48开本，目次2页，正文78页。
目次：
RECONVALESOENCE 1928，1，5
述怀 1928，1，5
《关雎》的翻译 1928，1，5
HESTERIE 1928，1，5
怀亡友 1928，1，5
黑夜和我对话 1928，1，6
归来 1928，1，6
得了安息 1928，1，6
诗的宣言 1928，1，7
对月 1928，1，7

我想起了陈涉吴广 1928，1，7
黄河与扬子江对话（第二） 1928，1，7
传闻 1928，1，7
如火如荼的恐怖 1928，1，7
外国兵 1928，1，8
梦醒 1928，1，8
峨嵋山上的白雪 1928，1，8
巫峡的回忆 1928，1，8
诗与睡眠争夕 1928，1，9
电车复了工 1928，1，9
我看见那资本杀人 1928，1，9
金钱的魔力 1928，1，10
血的幻影 1928，1，10
战取 1928，1，16

沫若诗集
创造社丛书第二十一种
1928年6月10日上海创造社出版部初版
1929年3月1日再版
32开本，目录7页，正文301页。
1929年12月10日上海现代书局3版
32开本，目录7页，正文301页。
1930年8月10日4版 （改名《沫若诗全集》）
32开本，目录10页，正文474页。
1930年8月10日4版
1932年4月10日5版
1932年11月20日7版
32开本，目录7页，正文360页。

目录：

Ⅰ 女神三部曲（诗剧三篇）

1. 女神之再生　1920，12，20初稿
1928，1，30改削

2. 湘累　1920年12月27日

3. 棠棣之花　1920年9月23日脱稿

Ⅱ. 凤凰涅槃（诗一篇）　1920，1，20初稿
1928，1，3改削

Ⅲ.天狗（诗十篇）

1. 天狗　1920年2月初间作

2. 心灯　1920年2月初间作

3. 炉中煤　1920年12月间作

4. 日出　1920年3月间作

5. 晨安　1920年1月间作

6. 笔立山头展望　1920年6月间作

7. 地球，我的母亲！　1919年12月末作

8. 雪朝　1919年12月作

9. 立在地球边上放号　1919年9、10月间作

10. 浴海　1919年9月间作

Ⅳ 偶像崇拜（诗九篇）

1. 电火光中三首　1919年年末初稿
1928年2月1日修改

2. 演奏会上

3. 夜步十里松原

4. 我是个偶像崇拜者　1920年5、6月间作

5. 新阳关三叠　1920年4、5月间作

6. 金字塔　1920年6、7月间作

7. 巨炮之教训　1920年4月初间作

8. 匪徒颂　1919年年末作

9. 胜利的死
其一　10月13日
其二　10月22日
其三　10月24日
其四　10月27日

Ⅴ. 星空（诗十首）

1. 登临

2. 光海

3. 梅花树下醉歌

4. 创造者　1921年10月8日

5. 星空　1922年12月4日晨

6. 洪水时代　1921年2月8日作

7. 伯夷这样歌唱　1922年2月23日作
1928年2月3日修改

8. 月下的故乡　1922年8月19日

9. 夜　1919年间作

10. 死　1919年间作

Ⅵ. 春蚕（诗二十八篇童话剧一篇）

A. 爱神之什

1. Venus　1919年间作

2. 别离　1919年，3、4月间作

3. 春愁　1919年，3、4月间作

4. 司健康的女神

5. 新月与白云　1919年夏秋之间作

6. 死的诱惑（这是我最早的诗，大概是1918年初夏作的）

7. 火葬物

8. 鹭鸶　1919年夏秋之间作

9. 鸣蝉

10. 晚步

B. 春蚕

1. 春蚕
2. 蜜桑索罗普之夜歌　1920年11月23日
3. 霁月
4. 晴朝
5. 岸上三首

其一　1920年7月26日

其二　1920年7月27日

其三　1920年7月29日

6. 晨兴
7. 春之胎动　2月26日
8. 日暮的婚筵　2月28日

C. Sphinx 之什

1. 月下的 Sphinx
2. 苦味之杯
3. 静夜
4. 偶成
5. 南风　1921年10月10日
6. 新月　1921年10月14日
7. 白云
8. 雨后　1921年10月20日
9. 天上的市街　1921年10月24日
10. 新月与晴海　1919年初间作

D. 广寒宫　1922年4月2日

Ⅶ. 彷徨

A. 归国吟

1. 新生　1921年4月1日
2. 海舟中望日出　4月3日
3. 黄浦江口　4月3日

4. 上海印象　4月4日
5. 西湖纪游十首　4月8日—4月11日

B. 彷徨之什

1. 黄海中的哀歌
2. 仰望
3. 江湾即景
4. 吴淞堤上
5. 赠友
6. 夜别
7. 海上
8. 灯台
9. 拘留在检疫所中
10. 归来　9月20日晨

C. Paolo 之什

1. Paolo 之歌
2. 冬景
3. 夕暮
4. 暗夜
5. 春潮
6. 新芽
7. 大鹫
8. 地震
9. 两个大星
10. 石佛

D. 泪浪之什

1. 叹逝　1920年2月作
2. 泪浪　1921年10月5日
3. 夕阳时分　1921年10月4日
4. 白鸥　1922年7月2日
5. 哀歌　1922年9月23日
6. 星影初现时　1922年12月24日夜

7. 白玫瑰 1923年冬日作

8. 自然 1923年8月间

9. 瘐死的春兰 1923年8月间

10. 失巢的瓦雀 1923年夏秋之间作

Ⅷ. 瓶（诗四十二首）此篇只见上海现代书局四版、五版、七版。

（以下各篇只见上海现代书局四版，《沫若诗全集》）

Ⅸ. 前茅（诗十四首）

1. 黄河与扬子江对话 1922，12，12 于日本

2. 留别日本 1923，4，1

3. 上海的清晨 1923，4，1

4. 励失业友人 1923，4，1

5. 力的追求者 1923，5，27

6. 朋友们怆聚在囚牢里 1923，5，27

7. 怆恼的葡萄 1923，5，27

8. 歌笑在富儿们的园里 1923，5，27

9. 黑魆魆的文字窟中 1923，6，9

10. 我们在赤光之中相见 1923，12，5

11. 太阳没了 1924，1，25

12. 前进曲 1923，8，28 于上海

13. 暴虎辞 1921，8，9 于日本

14. 哀时古调 1922，9，19

Ⅹ. 恢复（诗二十四首）

1. RECONVALESCENCE 1928，1，5

2. 述怀 1928，1，5

3. 《关雎》的翻译 1928，1，5

4. HYSTERIE 1928，1，5

5. 怀亡友 1928，1，5

6. 黑夜和我对话 1928，1，6

7. 归来 1928，1，6

8. 得了安息 1928，1，6

9. 诗的宣言 1928，1，7

10. 对月 1928，1，7

11. 我想起了陈涉吴广 1928，1，7

12. 黄河与扬子江对话 1928，1，7

13. 传闻 1928，1，7

14. 如火如荼的恐怖 1928，1，7

15. 外国兵 1928，1，8

16. 梦醒 1928，1，8

17. 峨嵋山上的白雪 1928，1，8

18. 巫峡的回忆 1928，1，8

19. 诗和睡眠争夕 1928，1，9

20. 电车复了工 1928，1，9

21. 我看见那资本杀人 1928，1，9

22. 金钱的魔力 1928，1，10

23. 血的幻影 1928，1，10

24. 战取 1928，1，16

按：《沫若诗集》共有三种版本。创造社出版部的初版、再版与现代书局的三版为第一种版本，是将《女神》、《星空》及集外的诗作混合编成七个部分。其中删去《女神》单行本中的《序诗》、《无烟煤》、《三个泛神论者》、《太阳礼赞》、《沙上的脚印》、《辍了课的第一点钟里》、六首诗作和《星空》单行本第二辑中的戏曲《孤竹君之二子》（保留其中诗歌部分题名《伯夷这样歌唱》）、《月光》与第三辑散文部分。从1930年8月18日现代书局四版开始增加了《瓶》四

十二首是为第二种版本。同一时期另出一种第四版，题名《沫若诗全集》，又增加收入《前茅》与《恢复》是为第三种版本。此外上海复兴书局曾于1936年5月发行复兴第一次再版，版本与现代书局五版完全相同。《女神》中诗作收入《沫若诗集》的，不少诗都作了修改，其中有些作了较大的修改。在写作时间上也作了补充，如《女神》增加二十五首、《星空》增加四首，但也有把时间加错了的。同时在排印上对篇目、写作时间都有错排的现象。

战声
战时小丛书之三
1938年1月广州战时出版社初版
48开本，目次3页，正文69页。
目次：

　　　　们　1936年9月18日作
　　　　诗歌国防　1936年11月11日作
　　　　疯狗礼赞　1936年11月11日作
　　　　纪念高尔基　一、6月19日
　　　　　　　　　　二、6月22日
　　　　给CF　1936年5月23日作
　　　　悼聂耳
　　　　给澎澎　1936年3月9日作
　　　　前奏曲
　　　　中国妇女抗敌歌
　　　　民族复兴的喜炮　8月20日晨
　　　　抗战颂　8月21日晨
　　　　战声　8月20日晨
　　　　血肉的长城　8月22日夜
　　　　"铁的处女"　8月31日
　　　　只有靠着实验　9月4日
　　　　相见不远　9月4日
　　　　所应当关心的　9月17日
　　　　人类进化的驿程　10月5日
　　　　唯最懦怯者为最残忍　10月5日
　　　　题廖仲恺先生遗容　8月1日夜
附录：
归国杂咏　写于1937年10月24日
按：《归国杂咏》系著者题赠给钱杏邨的手迹　写于1937年10月24日。

凤凰（沫若诗前集）
1944年6月重庆明天出版社发行（土纸本）
32开本，目录8页，正文252页。
1947年3月上海群益出版社刊行
32开本，正文269页。
目录：
　　　序　1944年1月5日
I. 凤凰涅槃　1920，1，20初稿；1928，1，3改削
　　1. 序曲
　　2. 凤歌
　　3. 凰歌
　　4. 群鸟歌
　　a. 岩鹰
　　b. 孔雀
　　c. 鸱枭
　　d. 家鸽

e. 鹦鹉

f. 白鹤

5. 凤凰更生歌

a. 鸡鸣

b. 凤凰和鸣

Ⅱ. 天狗

1. 天狗　1920年2月初间作

2. 心灯　1920年2月初间作

3. 炉中煤　1920年12月间作

4. 日出　1920年3月间作

5. 晨安　1920年1月间作

6. 笔立山头展望　1920年6月间作

7. 地球，我的母亲　1919年12月末作

8. 雪朝　1919年12月作

9. 立在地球边上放号　1919年9、10月间作

10. 浴海　1919年9月间作

Ⅲ. 偶像崇拜

1. 电火光中　1919年末初稿 1928年2月1日改削

a. 怀古—Baikal 湖畔之苏子卿

b. 观画—Millet 的《牧羊少女》

c. 赞像—Beethoren 的肖像

2. 演奏会上

3. 夜步十里松原

4. 我是偶像崇拜者　1920年5、6月间作

5. 新阳关三叠　1920年4、5月间作

6. 金字塔　1920年6、7月间作

7. 胜利的死

其一　10月13日

其二　10月22日

其三　10月24日

其四　10月27日

Ⅳ. 星空

1. 登临

2. 光海

3. 梅花树下醉歌

4. 创造者　1921年10月8日

5. 星空　1922年2月4日晨

6. 洪水时代　1921年12月8日作

7. 月下的故乡　1922年8月19日

8. 夜　1919年间作

9. 死　1919年间作

Ⅴ. 春蚕

1. A. 爱神之什

a. Venus　1919年间作

b. 别离　1919年3、4月间作

c. 春愁　1919年3、4月间作

d. 司健康的女神

e. 新月与白云　1919年夏秋之间作

f. 死的诱惑　（这是我最早的诗，大概是1918年初夏作的）

g. 火葬场

h. 鹭鸶　1919年夏秋之间作

i. 鸣蝉

j. 晚步

2. B.春蚕之什

a. 春蚕

b. 蜜桑索罗普之夜歌　1920年11月23日

c. 霁月

d. 晴朝

e. 岸上

其一　1920年7月26日

其二　1920年7月27日

其三　1920年7月29日

f. 晨兴

g. 春之胎动　2月26日

h. 日暮的婚筵　2月28日

3. C.Sphinx 之什

a. 月下的 Sphinx

b. 苦味之杯

c. 静夜

d. 偶成

e. 南风　1921年10月10日

f. 新月　1921年10月14日

g. 白云

h. 雨后　1921年10月30日

i. 天上的市街　1921年10月24日

j. 新月与晴海　1919年初间作

VI. 彷徨

1. A.归国吟

a. 新生　1921年4月1日

b. 海舟中望日出　4月3日

c. 黄浦江口　4月3日

2. 西湖纪游

a. 沪杭车中　4月8日

b. 雷峰塔下　4月9日

c. 赵公祠畔

d. 三潭印月

e. 雨中望湖　4月10日

f. 司春的女神歌　4月11日

3. B.彷徨之什

a. 黄海中的哀歌

b. 仰望

c. 江湾即景

d. 赠友

e. 夜别

f. 海上

g. 灯台

h. 拘留在检疫所中

i. 归来　9月20日晨

4. C.Paolo 之什

a. Paolo 之歌

b. 冬景

c. 夕暮

d. 暗夜

e. 春潮

f. 新芽

g. 大鹫

h. 地震

i. 两个大星

j. 石佛

5. D.泪浪之什

a. 叹逝　1920年2月作

b. 泪浪　1921年10月5日

c. 夕阳时分　1921年10月4日

d. 白鸥　1922年7月2日

e. 哀歌　1922年9月23日

f. 星影初现时 1922年12月24日夜

g. 白玫瑰 1923年冬日作

h. 自然 1923年8月间

i. 瘐死的春兰 1923年8月间

j. 失巢的瓦雀 1923年夏秋之间作

Ⅶ．瓶

1. 献诗 1925年3月9日夜
2. 第一首 2月18日
3. 第二首 2月20日晨
4. 第三首 21日夜
5. 第四首 21日夜
6. 第五首 22日夜
7. 第六首 22日夜
8. 第七首 22日夜
9. 第八首 22日夜
10. 第九首 22日夜
11. 第十首 22日夜
12. 第十一首 2月24日夜
13. 第十二首 27日夜
14. 第十三首 3月1日
15. 第十四首 3月2日
16. 第十五首 3月2日
17. 第十六首 3月3日
18. 第十七首 3月4日夜
19. 第十八首 3月5日午
20. 第十九首 3月7日午刻
21. 第二十首 3月7日黄昏
22. 第二十一首 3月9日午
23. 第二十二首 3月9日午
24. 第二十三首 3月10日午后
25. 第二十四首 3月11日午后
26. 第二十五首 3月15日秋
27. 第二十六首 3月15日夜
28. 第二十七首 3月15日夜
29. 第二十八首 3月16日暮
30. 第二十九首 3月20日晨
31. 第三十首 3月20日午
32. 第三十一首 3月20日午
33. 第三十二首 3月20日晨
34. 第三十三首 3月20日晨
35. 第三十四首 3月20日午
36. 第三十五首 3月23日
37. 第三十六首 3月24日傍晚
38. 第三十七首 3月24日晚
39. 第三十八首 3月24日夜
40. 第三十九首 3月27日夜
41. 第四十首 3月28日夜
42. 第四十一首 3月25日
43. 第四十二首 3月30日晨

（以下几篇只见上海群益出版社3月版）

巨炮之教训 1920年4月初间作

匪徒颂 1919年年末作

伯夷这样歌唱 1922年2月23日作 1928年2月3日修改

上海印象 4月4日

吴淞堤上

按：上海群益出版社版除在最后部分比明天出版社版增加五篇作品外，在版本编排上完全一样，其中如《星空》、《蜜桑索罗普之夜歌》二首诗的写作时间的错排也相同。

蜩螗集　附《战声集》
1948年9月上海群益出版社第1版
32开本，作者诗稿5页，序1页，目次共6页，正文共181页。
序　1948年3月16日
蜩螗集
目次
　　春礼劳军歌
　　阵亡及殉职政工人员挽歌
　　迎西北摄影队凯歌
　　罪恶的金字塔　1940年6月17日
　　谢"园地"
　　第十八次"十廿三"　1942年10月18日
　　水牛赞
　　神明时代的展开
　　颂苏联红军
　　和平之光
　　——罗曼·罗兰挽歌——
　　进步赞
　　为多灾多难的人民而痛哭
　　　　　　　1945年4月15日
　　挽四八烈士歌　4月23日夜
　　民主家庭　1945年5月6日
　　断想四章
　　一恐怖
　　二骗
　　三慈悲
　　四诅咒

　　《礼魂》今译
　　《桔颂》今译
　　陶行知先生挽歌
　　祭陶行知先生
　　中国人的母亲
　　"双十"解　1946年10月9日
　　"一二一"纪念　1946年11月1日
　　寿朱德　1946年11月29日
　　蝶恋花　1940年7月1日
　　满江红
　　水龙吟　8月7日
　　烛影摇红　8月12日夜
　　咏史
　　题王晖棺刻画
　　松崖山市
　　题关山月画
　　题南天竹　1946年11月30日晨
　　董老行
　　沁园春
　　祭昆明四烈士文
　　司派狂
　　祭李闻
　　送茅盾赴苏联　12月21日
　　"十月"感怀诗　1947年11月7日
　　海上看日出
　　再用鲁迅韵书怀　1947年11月13日
战声集
　　们　1936年9月18日
　　诗歌国防　1936年11月11日
　　疯狗礼赞　1936年11月11日

纪念高尔基
一　6月19日
二　6月22日
给CF　1936年5月23日
悼聂耳
给澎澎　1936年3月9日
前奏曲
中国妇女抗敌歌
民族复兴的喜炮　8月20日晨
抗战颂　8月21日晨
战声　8月20日晨
血肉的长城　8月22日夜
"铁的处女"　8月31日
只有靠着实验　9月4日
相见不远　9月4日
所应当关心的　9月17日
人类进化的驿程　10月5日
唯最懦怯者为最残忍　10月5日
题廖仲恺先生遗容　8月1日夜
归国杂咏（七首）

按：《战声集》单行本初版于1938年1月。

新华颂

1953年3月人民文学出版社北京初版32开本，目次3页，正文115页。

目次：

新华颂　1949年9月20日
四川人，起来！　1949年9月24日
鲁迅先生笑了　1949年10月17日
我向你高呼万岁　1949年11月
斯大林万岁　1949年11月
史无先例的大事　1949年12月27日
光荣归于列宁　1950年1月21日
"六一"颂　1950年5月
突飞猛进一周年　1950年9月17日
火烧纸老虎　1951年2月
顶天立地的巨人　1951年6月28日
学文化　1951年1月26日
防治棉蚜歌　1951年8月29日
多谢　1951年11月8日，在维也纳参加和平理事会后，同志们提前为我做生日，作此致谢。
报告　1952年2月7日，在外交学会听古巴诗人纪廉与巴西小说家阿玛多作报告。
消灭细菌战　1952年3月中旬
光荣与使命　1952年4月7日
悼贝劳扬尼斯　1952年5月9日
在理智的光辉中　1952年6月
毛泽东的旗帜迎风飘扬　1952年6月11日
鸭绿江　1952年7月8日于柏林

附录：

金环吟
舟行阻风
船泊石城岛畔杂成
渔翁吟　1948年11月23日由香港乘轮赴东北，海上阻风，舟行十日，始抵安东，《金环吟》以下，均此时海舟中所作。
北上纪行　1949年1月作于沈阳

在莫斯科过五一节　1949年5月
题哈尔滨烈士馆　1949年5月
西伯利亚车中　1951年11月28日
亚太和会筹备期中有赠　1952年6月
庆亚太和会　1952年11月10日
记世界人民和平大会　1952年12月31日于莫斯科
和平鸽子歌（附曲）

毛泽东的旗帜迎风飘扬
文学初步读物
1953年3月人民文学出版社北京初版
1953年3月北京第2次印刷
48开本，目次1页，正文47页。
目次：

毛泽东的旗帜迎风飘扬　1952年6月11日
突飞猛进一周年　1950年9月17日
顶天立地的巨人　1951年6月28日
斯大林万岁　1949年11月
光荣归于列宁　1950年1月21日
史无先例的大事　1949年12月27日
鲁迅先生笑了　1949年10月17日
"六一"颂　1950年5月
消灭细菌战　1952年3月中旬
多谢　1951年11月8日，在维也纳参加和平理事会后，同志们提前为我做生日，作此致谢。

光荣与使命　1952年4月7日
学文化　1951年1月26日
防治棉蚜歌　1951年8月29日
按：本书由蒋兆和插图，共收插图五幅。

百花齐放
1958年7月人民日报出版社北京第1次印刷
32开本
1959年4月人民日报出版社第1版北京第1次印刷（精装本刻插图本）
20开本，郭沫若像1帧（刘岘木刻）蜀葵花原稿1页，正文103页，木刻101幅，（刘岘等插图）。
1959年4月江苏文艺出版社第1版南京第1次印刷(精装)
1959年8月上海文艺出版社第1版
1959年12月第2次印刷
1963年2月第3次印刷
20开本，郭沫若像1帧，水仙花原稿1页，正文209页（刘岘木刻插图101幅）
1959年9月江苏扬州人民出版社第1版第1次印刷（剪纸插图本）
1959年天津百花文艺出版社出版
1960年2月—12月北京荣宝斋新记出版（已出1—6、9辑）
目录：

牡丹（刘岘插图）
水仙花（沃渣插图）
仙客来（刘岘插图）
芍药（刘岘插图）

迎春花（李华插图）	桂花（马克插图）
西府海棠（黄永玉插图）	紫荆花（黄永玉插图）
蒲公英（力群插图）	紫薇花（李桦插图）
樱花（肖林插图）	杜鹃花（李桦插图）
十样锦（刘岘插图）	石楠花（黄永玉插图）
死不了（李桦插图）	丁香花（李桦插图）
打破碗花花（王琦插图）	榆叶梅（刘岘插图）
夹竹桃（李桦插图）	荼蘼（黄永玉插图）
梨花（李桦插图）	白兰花（李桦插图）
荷花（刘岘插图）	玉兰（刘岘插图）
睡莲（刘岘插图）	木笔（黄永玉插图）
月光花（刘岘插图）	大山朴（黄永玉插图）
马蹄莲（刘岘插图）	凌霄花（李桦插图）
荷包牡丹（王琦插图）	紫藤（玉琦插图）
十姐妹（刘岘插图）	洋槐（马克插图）
十里香（王琦插图）	石榴花（刘岘插图）
月季花（刘岘插图）	凤凰花（黄永玉插图）
玫瑰花（刘岘插图）	马缨花（黄永玉插图）
麝香豌豆（黄永玉插图）	含羞草（马克插图）
棠棣花（刘岘插图）	罂粟花（刘岘插图）
淡竹叶（刘岘插图）	向日葵（刘岘插图）
黄瓜花（李桦插图）	百合花（马克插图）
短日照菊（沃渣插图）	山丹丹（肖林插图）
郁金香（黄永玉插图）	木芙蓉（王琦插图）
吊金钟（刘岘插图）	铁干海棠（刘岘插图）
王簪花（王琦插图）	攀枝花（李桦插图）
晚香玉（李桦插图）	萱草（黄永玉插图）
夜来香（李桦插图）	石蒜（黄永玉插图）
决明（刘岘插图）	玉蝉花（王琦插图）
山茶花（李桦插图）	牵牛花（刘岘插图）
茶花（刘岘插图）	美人蕉（刘岘插图）

柳穿鱼（李桦插图）

鸡冠花（王琦插图）

扫帚梅（刘岘插图）

僧鞋菊（李桦插图）

绣球（王琦插图）

洋绣球（刘岘插图）

千叶石竹（刘岘插图）

雁来红（李桦插图）

桔梗花（肖林插图）

大丽花（王琦插图）

蜀葵花（刘岘插图）

栀子花（黄永玉插图）

腊梅花（李桦插图）

菜子花（王琦插图）

春兰（李桦插图）

二月蓝（力群插图）

凤仙花（力群插图）

虎刺（黄永玉插图）

南天竹（力群插图）

茉莉花（王琦插图）

紫茉莉（肖林插图）

桃花（力群插图）

李花（李桦插图）

杏花（力群插图）

一品红（李桦插图）

风信子（黄永玉插图）

柱顶红（刘岘插图）

三色堇（王琦插图）

单色堇（刘岘插图）

令箭荷花（刘岘插图）

昙花（刘岘插图）

天鹅蛋（黄永玉插图）

蒲包花（李桦插图）

梅花（刘岘插图）

其他一切花（刘岘插图）

后记

附注

按：本书1959年4月人民日报出版社版，版权页署刘岘等木刻插图，据目录反映除刘岘外尚署有沃渣等七人，而同年上海文艺出版社版书名页，版权页都只注刘岘木刻插图，同时在目次上也未反映其他人的署名。1959年4月江苏人民出版社版题名《百花齐放图集》系集体创作组剪纸，张吉根、芮金富、吴山、喻继高等集体创作。1959年9月江苏扬州人民出版社版题名《〈百花齐放〉剪纸》系张永寿剪纸，1960年12月第二次印刷时改为散页，精装套壳。

长春集

1959年4月人民日报出版社第1次印刷　32开本，目录5页，正文278页。

目录：

　　欢迎　1957年4月15日

　　五一节天安门之夜　1957年5月2日

　　纪念"七七"

　　赠陈毅同志　1955年5月

　　赠钱学森

　　赠北京中国画院

赠香港大公报

华清池

民族大花园　1957年9月12日

长江大桥

钱塘江大桥

一座山

西湖的女神

波与云

第一个人造地球卫星的讯号

歌颂十月革命

十月誓辞　1957年10月27日北京

月里嫦娥想回中国　1957年11月3日在莫斯科

两个人造卫星的对话　1957年11月7日于莫斯科

参拜列宁墓

和平的花朵

天堂已建立在人间　1957年11月10日在莫斯科

阿Q精神　1957年11月16日

在普希金铜像下　1957年11月23日于莫斯科

新年，欢迎你！　1957年11月30日于莫斯科

题毛主席在飞机中工作的摄影　1958年1月25日

题司马迁墓

访埃杂吟十二首

止戈为武之歌　1958年1月29日

蝶恋花

迎春序曲　1958年3月12日

欢迎志愿军凯旋　1958年3月11日

头上照耀着红星　1958年3月14日

题五位白毛女合影　1958年3月22日

向地球开战　1958年3月23日

红透专深　1958年3月25日

咒麻雀　1958年4月19日

人民英雄碑　1958年4月23日

毛主席在江峡轮上　1958年5月6日

农业机械的百花齐放　1958年5月12日参观农具展览会后题

遍地皆诗写不赢

把红旗插遍在地上和天上　1958年6月12日

太阳问答　1958年6月21日

颂十三陵水库

雄师百万挽狂澜　1958年7月1日在裁军大会上

为中苏会谈公报欢呼！　1958年8月4日

声声快　1958年8月19日

四害余生四海逃

体育战线插红旗　1958年8月27日

跨上火箭篇

斥美国战争狂人　1958年9月7日

长春行

庆武钢一号高炉出铁

把上甘岭搬到台湾去！

1958年9月9日
斥艾森豪威尔
再斥艾森豪威尔　1958年9月22日
湿死干活
额外的花
宇宙充盈歌颂声
志愿军战歌序幕诗　1958年10月14日于朝鲜仁平
志愿军凯歌　1958年10月28日
歌颂中朝友谊
掌握着旋乾转坤的权柄
双倍的春天
猪与石　1943年6月7日在重庆时旧作
钢、铁锭的一〇七〇万吨！
咏黄山灵芝草
举重
颂武汉
颂武钢
访武钢
赞向秀丽同志　1959年2月1日于广州
春暖花开　1959年2月4日于广州
英雄树下花争放
在广州游花市
游西湖
游孤山
登六和塔
虎跑泉
花港观鱼　1959年2月12日于杭州
颂上海　1959年2月13日上海

雨中登国际大厦　1959年2月16日夜
颂曲阜
游孔林
游孔庙
观大成殿
观孔府　1959年2月18日
齐鲁多文物　1959年2月19日于济南
喜雪　1959年2月25日
再喜雪　1959年2月26日
颂三八节　1959年3月3日于北京

潮汐集
1959年11月作家出版社北京第1版第1次印刷
1960年3月北京第2次印刷
32开本，出版说明1页，目次13页，正文488页。
目次：
出版说明　作家出版社编辑部1959年9月
潮集
庆贺建国十周年　1959年9月21日
三呼万岁　1959年9月19日
十年建国增徽识　1959年9月14日
和平火箭　1959年9月14日
为第一届全国运动会鼓吹
歌颂全运会　1959年9月13日
题气象馆　1959年9月7日

颂北京　1959年9月5日
题《图书馆学通讯》　1959年9月5日
题山东民间剪纸　1959年9月3日
刘胡兰赞　1959年8月14日
英雄史诗　1959年8月13日
北戴河素描　1959年8月12日
题济南李清照故居　1959年8月3日
游莫干山
《岛》的题词　1959年7月22日
豫秦晋纪游二十九首
经济交流　1959年7月
赞安业民烈士　1959年6月18日
访无锡四首
在克里姆林宫授予赫鲁晓夫同志列宁国际和平奖金会上
游攸苏博夫博物馆
游北欧诗四首
《光荣的中国人民志愿军》题辞　1959年3月30日
题《革命烈士诗抄》　1959年3月2日
电影　1959年3月
喜雪　1959年2月25日
再喜雪　1959年2月26日
齐鲁多文物　1959年2月19日于济南
游孔林
游孔庙

观大成殿　1959年2月18日曲阜
颂上海　1959年2月13日上海
雨中登国际大厦　1959年2月16日夜
游西湖
游孤山
登六和塔
虎跑泉
花港观鱼　1959年2月12日于杭州
英雄树下花争放
在广州游花市
访武钢
颂武汉
举重
双倍的春天
掌握着旋乾转坤的权柄
歌颂中朝友谊
志愿军凯歌　1958年10月28日
宇宙充盈歌颂声
庆武钢一号高炉出铁
迎接着永恒的东风　1958年9月15日
四颂　1958年9月7日回北京火车中
告别北戴河　1958年9月7日
声声快　1958年8月19日
在裁军大会上
雄师百万挽狂澜　1958年7月1日
颂十三陵水库

太阳问答

遍地皆诗写不赢

毛主席在江峡轮上　1958年5月6日

人民英雄碑　1958年4月23日

红透专深　1958年3月25日

向地球开战　1958年3月23日

头上照耀着红星　1958年3月14日

迎春序曲　1958年3月12日

蝶恋花

游埃及杂吟十二首

题司马迁墓　1958年2月1日

题毛主席在飞机中工作的摄影　1958年1月25日

参拜列宁墓

和平的花朵

天堂已建在人间　1957年11月10日在莫斯科

在普希金铜像下　1957年11月23日于莫斯科

新年，欢迎你！　1957年11月30日于莫斯科

月里嫦娥想回中国　1957年11月3日在莫斯科

歌颂十月革命

第一个人造地球卫星的讯号

钱塘江大桥

西湖的女神

波与云

长江大桥

纪念"七七"

五一节天安门之夜　1957年5月2日

欢迎　1957年4月15日

赠陈毅同志　1955年5月

赠钱学森

题北京中国画院

华清池

题西安人民大厦　1955年5月4日

访霍去病墓　1955年5月4日

赫尔辛基　1955年7月1日

咏武昌东湖梅花盆栽　1954年3月8日

游里加湖

汐集

赴解放区留别立群　1948年11月作于香港

苏联纪行五首

题书画册　1945年4月23日

忆樱桃树　1945年4月20日

和金静庵　1945年3月28日

泰山不让壤　1945年3月18日

贺友人在巴黎公社纪念日结婚　1945年3月18日

题画梅二首　1945年3月7日

咏梅　1945年3月7日

咏兰　1945年3月7日

赠国际友人　1945年2月19日

磐磐大器　1945年2月6日

访徐悲鸿醉题　1945年2月5日

赠张瑞芳　1944年12月26日

双十一　1944年12月25日

题水牛画册　1944年12月3日
题湘君与湘夫人二首　1944年11月22日
补题湘君与湘夫人二首　1944年11月23日
题柳浪图　1944年11月22日
题夏山图　1944年11月22日
题伯夷叔齐图　1944年11月19日
题傅抱石薰风曲图　1944年11月17日
喻仿石涛者　1944年11月17日
题刘伶醉酒图　1944年11月17日
咏虎二首　1944年11月15日
题彝器图象拓本
叠和亚子先生四首　1944年6月15日
观《两面人》　1944年5月21日
题打渔杀家图　1944年5月21日
题新莽权衡　1944年5月21日
题关良画凤阳花鼓　1944年5月21日
题天发神谶碑　1944年5月4日
拟屈原答渔父辞　1944年4月10日
忆嘉州　1944年4月6日
赠舒舍予　1944年4月1日
题画虎　1944年3月30日
题幼女图　1944年3月16日
咏秦良玉四首　1944年3月13日
帝子二绝　1944年2月24日

题赠董老画二绝　1944年1月1日
次田寿昌韵寄赠　1943年12月29日
题沈衡老像　1943年12月19日
题巫峡图　1943年12月18日
看《南冠草》演出后　1943年12月10日
题梅怪画梅残幅　1943年10月29日
吊姜爱林　1943年10月29日
题良庄图　1943年10月28日
原来寿母是同乡四首　1943年7月18日
反七步诗　1943年7月3日
灯台守　1943年6月18日
白杨来　1943年6月6日
孔丘　1943年6月6日
题风景画二首　1943年6月2日
和冰谷见赠却寄二首　1943年5月22日
寿柳亚子先生　1943年5月19日
题延光砖五首　1943年5月17日
题人物画二首　1943年4月23日
山容　1943年4月1日
咏水仙　1943年3月30日
题李可染画二首　1943年3月21日
游特园　1943年3月20日
铭张天虚墓　1943年3月14日
求仁得仁者　1943年3月12日
黄山探梅四首　1943年3月12日

题敦煌画展　1943年1月17日
祝新华日报五周年　1943年1月15日
咏王晖石棺　1942年12月14日
题王晖棺玄武像　1942年12月15日
丹娘魂　1942年12月12日
吊友　1942年12月9日
题峡船图　1942年12月9日
题画莲　1942年9月18日
崇德小学校歌　1942年9月19日
气朔篇　1942年9月1日
牧童与水牛唱和　1942年5月22日
题傅抱石画八首
感怀　1942年8月1日
和亚子　1942年7月7日
咏月八首　1943年6月29日
雨　1942年6月27日
钓鱼城怀古　1942年6月3日
有赠　1942年5月14日
夜和高鲁诗二绝　1942年5月7日
听唱《湘累曲》四首　1942年5月5日
赠朴园　1942年5月1日
和黄任老观《屈原》演出二首　1942年4月11日
赴壁山途中再和黄任老观《屈原》演出韵二首　1942年4月26日
三和黄任老观《屈原》演出后　1942年4月29日
平生多负气二首　1942年4月27日
题吴碧柳手稿　1942年4月23日
和无名氏观《屈原》演出后二首　1942年4月18日
赠《屈原》表演者二十一首　1942年4月16日
和李仙根观《屈原》演出一首　1942年4月13日
偶成　1942年4月1日
无题　1942年3月17日
倔强赞　1942年2月15日
题画翎毛花卉三首　1942年1月24日
题潘梓年　1941年12月17日
题傅抱石画山水小幅
和鸳湖老人二首　1941年12月5日
用原韵却酬柳亚子　1941年11月24日
步原韵却酬沈尹默　1941年11月19日
浓雾垂天　1941年10月24日
贺十月革命二十四周年　1941年10月16日
题天溟山水遗墨　1941年10月2日
文化工作委员会成立一周年　1941年9月30日
"九一八"十周年书感　1941年9月18日

抗日书怀四首　1941年9月12日
鸡公是号兵　1941年9月1日
回报马叔平用原韵　1941年8月28日
寄赠南洋吉打筹赈会　1941年8月26日
轰炸后　1941年8月21日
燕老鼠　1941年8月17日
燕老鼠的抗议　1941年8月21日
天鹅蛋　1941年7月21日
纪念日本人反战同盟一周年　1941年7月20日
秋风　1941年7月18日
赠谢冰心　1941年7月16日
和老舍原韵并赠三首　1941年7月16日
登尔雅台怀人　1947年7月10日
和沈衡老　1941年5月21日
为陈望道题画　1941年5月17日
题苏联妇女生活展　1941年5月10日
苏联友人歌　1941年5月4日
傅湘北大捷　1941年5月4日
百蝶图四首　1941年5月2日
奔涛　1941年5月1日
题《画云台山记图卷》　1941年4月27日
华禽吟　1941年4月20日

百虎图　1941年4月17日
感时四首　1941年4月7日
题李可染画二首　1941年4月5日
满天星　1941年4月4日
鞭石谣　1941年3月22日
建设行　1941年3月15日
送田寿昌赴桂林　1941年3月6日
闻新四军事件书愤二首　1941年1月
题慰劳前线书　1940年10月19日
解佩令　1940年10月9日
题饮马长城图　1940年9月19日
读方志敏自传　1940年9月19日
鹧鸪天四首　1940年9月4日
挽张曙诗四首　1940年9月1日
望海潮　1940年8月29日
夜会散后　1940年8月28日
水调歌头　1940年8月26日
司徒慧敏导演《白云故乡》题赠　1940年8月5日
和朱总司令韵四首　1940年7月15日
汉相　1940年
喜雨　1940年
题路工图　1940年
游北碚　1939年10月
石池　1939年10月15日

题花卉画二首　1939年9月23日
登乌尤山　1939年9月
别季弟　1939年9月
晨浴北碚温泉　1939年9月
喜雨书怀　1939年6月24日
题竹扇　1939年6月20日
有感　1939年6月19日
惨目吟　1939年5月12日
铭刀　1939年5月
舟游阳朔二首　1938年12月
登南岳　1938年11月末
在南岳避空袭寄怀立群桂林十首　1937年11月
长沙有感二首　1939年2月
陕北谣　1938年1月在广州
广州郊外　1937年12月在广州
南下书怀四首　1937年12月在香港
上海沦陷后吊于立忱墓　1937年11月在上海
看《梁红玉》　1937年11月在上海
题山水画小帧　1937年作
题画红绿梅二首
赠达夫　1936年12月16日在日本东京
断线风筝　1936年12月16日在日本东京
题渊明沽酒图　作于抗战前不久，在日本
信美非吾土　作于日本，时间约为抗战前两三年

悼德甫　1926年9月在武昌
过汨罗江感怀　1926年8月
采栗谣　1924年在日本作
春寒　1919年在日本福冈作
十里松原四首　1918年在日本福冈
夜哭　1916年作
寻死　1916年在日本岗山作
与成仿吾同游栗林园　1915年春作
新月　1915年作于日本岗山
即兴　1913年12月作于北京
休作异邦游　1913年5月作于成都茶溪

骆驼集（十年来的诗歌选）
1959年12月人民文学出版社北京第1版第1次印刷
32开本，目次4页，前记1页，正文223页。
目次：
前记　1959年10月25日
新华颂　1949年9月20日
消灭细菌战　1952年3月中旬
在理智的光辉中　1952年6月
毛泽东的旗帜迎风飘扬　1952年6月11日
和平鸽子歌
中国少年先锋队队歌
玛娜娜　1954年6月14日写于黑海东岸加格拉
和平的音讯　1954年10月

孩子们的衷心话　1955年5月18日
青年与春天
赞红岩　1956年5月28日于北京
郊原的青草　1956年5月31日
骆驼　1956年9月17日
埃及，我向你欢呼！　1956年9月18日
访日杂咏（十首）
试和毛主席韵（词三首）　1957年1月23日
水仙花
芍药
西府海棠
蒲公英
樱花
十样锦
死不了
打破碗花花
梨花
睡莲
马蹄莲
荷包牡丹
黄瓜花
郁金香
吊金钟
山茶花
杜鹃花
丁香花
木笔
紫藤
向日葵
百合花
玉蝉花
雁来红
蜀葵花
菜子花
春兰
桃花
一品红
欢迎　1957年4月15日
五一节天安门之夜　1957年5月2日
长江大桥
西湖的女神
波与云
歌颂十月革命
月里嫦娥想回中国　1957年11月3日在莫斯科
两个人造卫星的对话　1957年11月7日于莫斯科
参拜列宁墓
和平的花朵
天堂已建在人间　1957年11月10日在莫斯科
在普希金铜像下　1957年11月23日于莫斯科
新年，欢迎你！　1957年11月30日于莫斯科
题毛主席在飞机中工作的摄影　1958年1月25日
游埃及杂吟十二首
迎春序曲　1958年3月12日

头上照耀着红星　1958年3月14日

向地球开战　1958年3月23日

人民英雄碑　1958年4月23日

毛主席在江峡轮上　1958年5月6日

遍地皆诗写不赢（选三十一首）

把红旗插遍在地上和天上　1958年6月12日

太阳问答　1958年6月21日

颂十三陵水库

雄师百万挽狂澜　1958年7月1日

在裁军大会上

四害余生四海逃

跨上火箭篇

斥美国战争狂人　1958年9月7日

长春行（选五首）

宇宙充盈歌颂声

志愿军凯歌　1958年10月28日

歌颂中朝友谊（选四十三首）

双倍的春天

举重

英雄树下花争放（选四首）

在广州游花市

游西湖

游孤山

登六和塔

虎跑泉

花港观鱼　1959年2月12日于杭州

雨中登国际大厦　1959年2月16日

齐鲁多文物（六首）

喜雪　1959年2月25日

再喜雪　1959年2月26日

豫秦晋纪游二十九首

蜀道奇

1963年11月重庆人民出版社第1版第1次印刷

32开本，目录3页，正文57页。

1978年8月四川人民出版社第1版

32开本，作者生活照3帧，作者手迹《蜀道奇》2页，目录3页，正文75页。

目录：

峨嵋山上的白雪　1928年1月8日

巫峡的回忆　1928年1月8日

蝶恋花　1939年7月1日在重庆

罪恶的金字塔　1940年6月17日

感时四首　1941年4月7日

祝《新华日报》五周年　1943年1月15日

双十一　1944年12月25日

为多灾多难的人民而痛哭　1945年4月15日

哭若飞

哭博古

哭希夷

哭邓发

哭黄齐老

哭秀文姐
哭扬眉
挽四八烈士歌　1945年4月23日夜
进步赞
赞红岩　1956年5月28日于北京
毛主席在江峡轮上　1958年5月6日
把红旗插遍在地上和天上　1958年6月12日
赵一曼　1962年
火中不灭凤凰俦　1962年秋
咏邱少云烈士　1959年11月28日
重庆行（十六首）
飞过秦岭
咏重庆人民礼堂
看朝天门码头
游北泉公园
游南泉公园
泛舟花溪
题红岩村革命纪念馆
参观曾家岩十八集团军办事处
访天官府寄庐
黄山探梅
题赠重庆博物馆
题赠重庆市川剧院
看川剧《大红袍》
看川剧《孔雀胆》
再出夔门（七首）
宿万县
奉节阻沙
过瞿塘峡
过巫峡
巴东即事
过西陵峡（二首）
蜀道奇　1961年9月18日

东风集
1963年11月作家出版社出版北京第1版第1次印刷
32开本，目次7页，正文308页。
目次：
满江红（1963年元旦书怀）
纪念毛泽东主席《在延安文艺座谈会上的讲话》二十周年　1962年3月30日
在纪念会上　1962年5月23日
满江红（迎1963年春节）　1963年1月14日
纪念"二七"烈士　1963年1月30日
纪念孙诒让诞生一一五周年　1963年2月15日
满江红（赞雷锋）　1963年2月21日
题赠日本文化代表团　1962年2月26日
咏泉州
咏五里桥
看高甲剧团演《连升三级》　1963年春
广西纪游二十六首

访萝冈洞　1962年1月7日
题广州听雨轩　1962年1月10日
郑成功光复台湾三百周年纪念　1962年1月18日
咏黎族姑娘　1962年1月21日
南海劳军　1962年1月25日
东风吟　1962年1月30日（春节前6日）于海南岛崖县鹿回头
卜算子·咏梅　1962年1月30日
看渔民出海　1962年2月3日
咏椰子树
游崖县鳌山　1962年2月4日
海南岛西路纪行六首
重访那大学院　1962年2月9日
题海口东坡祠　1962年2月11日
儋耳行　1962年2月11日
访孙中山先生故乡
吟梅二绝有怀梅兰芳同志　1962年3月8日于广州
题《红色娘子军》　1962年春
挽涂长望同志
赠祝希娟同志　1962年春
玉兰和红杏　1962年4月8日
题为"赵一曼纪念馆"　1962年4月9日
闻广西博白有绿珠里　1962年4月12日
吃水不忘开井人　1962年6月23日晨
题《文姬归汉》
纪念"八一"建军节三十五周年　1962年7月17日
咏北戴河（二首）　1962年8月25日
题沈阳抗美援朝烈士纪念碑　1962年8月26日
题天福山抗战起义纪念碑二首　1962年8月26日
北戴河一夕即景　1962年9月6日
游鸽子窝　1962年9月10日
火中不灭凤凰俦　1962年秋
江海行
咏福建二十二首
把笑声响彻全宇宙　1962年12月20日
公社的前途光芒万丈　1962年12月24日
喜看电影《槐树庄》　1962年12月25日
途次上饶　1962年冬
访问古巴
昆明杂咏
挽杜国庠同志　1961年2月3日
校场口事件十五周年　1961年2月3日于北京
在归途中闻古巴解严　1961年2月5日
颂湛江
题为海南岛兴隆农场　1961年2月16日
海南纪行

访柳侯祠　1961年3月10日
浴从化温泉　1961年3月15日
回京途中　1961年3月18日于武汉
乒乓球开友谊花　1961年3月19日
亚非作家会议在东京开会　1961年3月20日
题郁曼陀画　1961年3月31日
大双喜　1961年4月18日
祝贺古巴胜利　1961年4月21日
肯尼迪自白　1961年4月23日
游览北京植物园　1961年4月25日
访泰山杂咏
颂党庆　1961年6月16日
题赠日本合唱团　1961年8月9日
日惹即事　1961年8月25日
曼德勒即事　1961年8月30日
昆明七首
游大理
再出夔门
蜀道奇　1961年9月18日
在邯郸二首　1961年9月20日
题赠日中友好代表团　1961年10月7日
看《孙悟空三打白骨精》　1961年10月25日夜
游上海豫园　1961年10月29日
游闵行　1961年10月30日
登锦江南楼十八阶　1961年10月30日
赠上海京昆实验剧团　1961年10月31日
溯钱塘江　1961年11月1日
访句山樵舍　1961年11月5日
流溪水电站即景　1961年11月9日
游凤院果树园　1961年11月10日
从化温泉　1961年11月13日
流溪河水库观鱼　1961年12月1日
观百丈瀑　1961年12月3日
远眺　1961年12月9日
看《牛郎织女》舞剧
游端州七星岩　1961年12月21日
题桂花轩　1961年12月22日
游鼎湖山　1961年12月22日
迎春　1960年1月26日
题为档案馆　1960年1月26日（春节前2日）
《淮海报》创刊二十周年题寄　1960年1月26日
重庆行十六首　1960年2月6日于北京
铁路运输歌
题赠日本前进座剧团　1960年2月18日

颂延安　1960年3月22日
访杨家岭毛主席所住窑洞　1960年3月22日
谒延安烈士陵园　1960年3月22日
在西安参观工厂　1960年3月24日
献给加勒比海的明珠　1960年4月20日于上海
"五一"颂　1960年4月30日
反帝斗争的连锁反应　1960年5月6日
"六亿神州尽舜尧"
寄日本人民　1960年5月13日
高举起毛泽东思想的红旗前进！1960年5月24日
喜闻攀上珠穆朗玛峰　1960年5月27日
献给"美术电影展览"　1960年5月29日
紫竹院观鱼　1960年6月8日
栽白皮松　1960年6月12日
斥岸信介与艾森豪威尔　1960年6月16日
艾森豪威尔独白
一定要解放台湾　1960年6月25日
亚洲风暴　1960年6月25日
劈山大渠歌　1960年9月7日
欢迎缅甸"胞波"　1960年9月27日

金田新貌　1960年秋
赠日本话剧团　1960年9月30日
中国的大地在呼唤　1960年11月30日
题《向农村大进军》　1960年12月9日
颂"三八"节　1959年3月3日
读好书　1959年9月25日
农业展览馆　1959年10月7日
全运会闭幕　1959年10月7日
人人学习杜凤瑞
歌颂群英大会　1959年10月24日
题为成都川剧学校　1959年10月28日
题湛江市西湖苏公亭　1959年11月13日

按：本市第1版第1次印刷分平装、精装二种。

邕漓行
1965年3月广西僮族自治区人民出版社第1版第1次印刷
32开本，作者手迹5页，目录2页，正文11页。
目录：
南宁见闻
满江红　在广西僮族自治区博物馆见大量铜鼓陈列
在南宁看美协画展

武鸣纪游二首
途次柳州
重访柳侯祠
在柳侯祠植树
柑香亭
柳州登立鱼峰
满江红　桂林游芦笛岩
满江红　桂林游七星岩
满江红　题芦笛岩七星岩
桂林登月牙楼
西江月　月牙楼再赋
桂林登榕树楼
西江月　雨中重登榕树楼即事
桂林登迭彩山仰止堂见瞿式耜张同敞浮雕像诗以赞之
春泛漓江
游阳朔舟中偶成四首
满江红　兴安观灵渠
兴安观秦始皇时史禄所凿灵渠

附录：
舟游阳朔二首　1938年12月
为《救亡日报》响应义卖作　1939年
望海潮　1939年12月
挽张曙诗二首
访柳侯祠　1961年2月
书后　沫若　1965年2月11日

先锋歌

1965年5月少年儿童出版社第1版第1次印刷

32开本，目录1页，插图4页，正文26页。

目录：

中国少年先锋队队歌
孩子们的衷心话　1955年5月18日
青年与春天
在张家口迎儿童节　1958年6月1日
赞安业民烈士　1959年6月18日
刘胡兰赞　1959年8月14日
人人学习杜凤瑞
玉苓和红杏　1962年4月8日
把笑声响彻全宇宙　1962年12月20日
雷锋式的红色少年　1963年6月11日于北京
红领巾的宣誓

按：本书由华三川绘图、装帧。

沫若诗词选

1977年9月人民文学出版社北京第1版第1次印刷

32开本，作者手迹1页，目录15页，正文423页。

目录：

新华颂　1949年9月20日
毛泽东的旗帜迎风飘扬　1952年6月11日
新中国的儿童
孩子们的衷心话　1955年5月18日

赠陈毅同志　1955年5月
访日杂咏
别须和田
吊千代松原　1955年12月
骆驼　1956年9月17日
试和毛主席韵
念奴娇
浪淘沙
水调歌头　1957年1月23日
纪念"七七"　1957年7月7日
武汉长江大桥　1957年10月
题毛主席在飞机中工作的摄影　1958年1月25日
参拜列宁墓
题五位白毛女合影　1958年3月22日
百花齐放
水仙花
蒲公英
打破碗花花
郁金香
向日葵
雁来红
菜子花
玉簪花
马蹄莲
牵牛花
人民英雄碑　1958年4月23日
毛主席在江峡轮上　1958年5月6日
参观农具展览会　1958年5月12日
遍地皆诗写不赢
西江月　1958年5月25日
访青年养猪场　1958年5月27日
颂劳模　1958年5月28日
南水泉　1958年5月28日
杨柳赞　1958年5月29日
愚公天下多　1958年5月29日
劈山大渠　1958年5月29日
水是宝贝　1958年5月29日
在张家口迎儿童节　1958年6月1日
石老汉与水母娘　1958年6月3日
七里山渠　1958年6月4日
冰洞与水洞　1958年6月4日
太阳问答
雄师百万挽狂澜　1958年7月1日
声声快　1958年8月19日
长春好　1958年9月2日
志愿军凯歌　1958年10月28日
颂十三陵水库
歌颂中朝友谊
在新义州站上
参观板门店后
赠朝鲜同志
在欢送志愿军大会上
洪命熹副首相陪游金刚山，赋诗见赠，步原韵奉酬

参观朝鲜解放斗争博物馆

颂平壤市

赠石吉英

在鸭绿江中弄舟

参观水丰发电站

参观工业展览馆

颂朝鲜人民

赠朝中友好协会

题画赠朝鲜同志

谢警卫战士

在新义州告别

双倍的春天

访武钢

颂武汉　1959年1月

游西湖　1959年2月12日

英雄树下花争放

红花岗

厓门　1959年2月19日

喜雪　1959年2月25日

再喜雪　1959年2月26日

《光荣的中国人民志愿军》题辞　1959年3月30日

赞安业民烈士　1959年6月18日

访花园口　1959年7月

英雄诗史　1959年8月13日

刘胡兰赞　1959年8月14日

十年建国增徽识

大广场

大会堂

博物馆

民族宫

军事馆

北京站　1959年9月14日

三呼万岁

总路线万岁！

大跃进万岁！

人民公社万岁！　1959年9月19日

庆祝建国十周年　1959年9月21日

全运会闭幕　1959年10月7日

人人学习杜凤瑞　1959年11月19日

歌颂群英大会　1959年10月24日

咏邱少云烈士　1959年11月28日

迎春　1960年1月26日

《淮海报》创刊二十周年题寄　1960年1月26日

重庆行

飞过秦岭

题红岩村革命纪念馆

参观曾家岩十八集团军办事处

访天官府寄庐

颂延安　1960年3月22日

访杨家岭毛主席所住窑洞　1960年3月22日

谒延安烈士陵园　1960年3月22日

在西安参观工厂　1960年3月

24日
"五一"颂　1960年4月30日
六亿神州尽舜尧　1960年5月
喜闻攀上珠穆朗玛峰　1960年5月27日
劈山大渠歌　1960年9月7日
十六字令三首　1960年9月6日
赠日本友人　1960年9月30日
游古巴松树河谷　1961年1月6日
颂湛江
堵海工程　1961年2月11日
港口　1961年2月11日
南海纪行
颂海南岛　1961年2月20日
访那大　1961年3月3日
回京途中　1961年3月18日于武汉
乒乓球开友谊花　1961年3月19日
访泰山杂咏
万松亭遇雨　1961年5月9日
访经石峪　1961年5月11日
颂党庆　1961年6月16日
游大理
洱海月
负石观音　1961年9月9日
宿楚雄
一　1961年9月6日
二　1961年9月9日
再出夔门

过瞿塘峡
过巫峡
过西陵峡
蜀道奇　1961年9月18日
谒晋冀鲁豫烈士陵园　1961年9月20日
题赠日中友好代表团　1961年10月7日
看《孙悟空三打白骨精》　1961年10月25日夜
游上海豫园　1961年10月29日
游闵行　1961年10月30日
登锦江南楼十八层　1961年10月30日
流溪水电站即景　1961年11月9日
远眺　1961年12月9日
题桂花轩　1961年12月22日
登阅江楼怀叶挺及独立团诸同志　1961年12月
郑成功光复台湾三百周年纪念　1962年1月18日
南海劳军　1962年1月25日
东风吟　1962年1月30日（春节前6日）于海南岛崖县鹿回头
咏梅　1962年1月30日
海南岛西路纪行
赴崖城道中　1962年2月7日
莺歌海　1962年2月7日
东方县途中口占　1962年2月9日

题海口东坡祠　1962年2月11日
访翠亨村　1962年3月7日
吃水不忘开井人　1962年6月23日晨
纪念"八一"建军节三十五周年　1962年7月17日
题沈阳抗美援朝烈士纪念碑　1962年8月26日
北戴河一夕即景　1962年9月6日
火中不灭凤凰俦　1962年秋
如梦令　1962年10月22日
途次上饶　1962年10月
咏福建
咏厦门高集海堤　1962年11月21日
访问厦门前线　1962年11月23日
金鸡水利工程歌
在黄岐
把笑声响彻全宇宙　1962年12月20日
领袖颂
迎春节　1963年1月14日
题新安江水电站
下乡去　1963年2月2日
"二七"罢工四十周年　1963年2月7日
赞雷锋　1963年2月21日
芦笛岩　1963年3月24日在桂林作
南宁见闻　1963年3月
再题月牙楼　1963年3月
赞南京路上好八连
红领巾的宣誓
读《关于国际共产主义运动总路线的建议》　1963年6月18日晨
天外人归　1963年7月23日
斥投降主义者　1963年7月31日
断手再植　1963年8月15日
读《关于斯大林问题》　1963年9月13日
抗议纳乌什基事件　1963年9月17日
日月对话　1963年10月9日
访韶山　1963年11月11日
二届人大四次会议开幕　1963年11月17日
读毛主席诗词　1963年12月5日夜
访鞍钢　1964年1月25日
访南京　1964年1月25日
莫愁湖　1964年
游黄山
黄山即景
杜鹃花
森罗万象
观人字瀑
别黄山　1964年5月下旬
黄山之歌

穆穆篇　1964年7月17日

下龙湾

舟游下龙湾

赞《东方红》　1964年10月14日

"三八"节之夜　1965年3月8日

寄题广西勾漏洞　1965年5月6日

看科学研究成绩展览　1965年5月6日

赶超任务　1965年5月6日

井冈山巡礼

访瑞金叶坪　1965年6月24日

访大柏地　1965年6月25日

赴赣州途中

登赣州城内八境台　1965年6月28日

登郁孤台　1965年6月28日

绿化歌

宿太和

过桐木岭　1965年6月30日

在茨坪迎"七一"

黄洋界　1965年7月1日

龙潭　1965年7月2日

访茅坪毛主席旧居　1965年7月3日

红军会师桥　1965年7月3日

宿永新　1965年7月4日

宿吉安　1965年7月4日

访南昌　1965年7月5日

别瓷都　1965年7月6日

登湖口石钟山　1965年7月7日

雾中游含鄱口偶成　1965年7月8日

乘民主轮赴武汉　1965年7月9日

题三江程阳桥　1965年10月

贺日本内山书店成立三十周年纪念

大寨行

参观刘胡兰纪念馆

访杏花村

访运城

运城烈士陵园植树

参观盐池

在太原参观大寨展览

宿阳泉市

过娘子关

颂大寨

题傅抱石画《延安画卷》八首　1965年春节前10日草此。

题卧蕉图　1966年2月6日

喜雪　1966年2月21日

参观大连港　1966年2月22日

赞焦裕禄　1966年3月15日

访大邑收租院　1966年4月22日

西南建设　1966年4月23日

看武汉第十一届横渡长江比赛　1966年7月16日

访鞍钢　1966年8月16日

上海百万人大游行庆祝文化大革命　1966年8月19日

读毛主席的第一张大字报《炮打

司令部》 1966年9月5日
文革 1966年9月9日
国庆 1966年10月1日
"长征红卫队" 1966年10月12日
导弹核武器试验成功 1966年10月28日
蔡永祥 1966年10月31日
大民主 1966年11月28日
新核爆 1966年12月29日
第一颗氢弹爆炸 1967年6月19日
纪念党的生日 1967年6月30日晨
忆延安大学 1967年8月20日
参观北京市聋哑治疗语言训练班 1967年8月22日
科大大联合 1967年9月21日
考察须弥 1968年1月12日
登采石矶太白楼 1968年2月14日
科技大学成立革命委员会 1968年3月3日
毛主席去安源 1968年9月28日
向工人阶级致敬 1968年9月28日
迎接1969年 1968年12月28日
满江红 1969年4月
庆祝"九大"开幕
歌颂"九大"路线
庆祝"九大"闭幕 1969年4月

西江月 1969年9月9日
赠日本松山芭蕾舞团 1970年5月10日 1972年4月30日
西江月 1970年9月初
日中文化交流协会成立十五周年纪念 1971年2月
五十党庆 1971年6月27日
陪高棉战友访问西北
浣溪沙 1971年9月13日作于东风公社
满江红 1971年9月15日作于石河子
七律 1971年9月16日作于天池
《屈原》在日本第三次演出 1971年12月11日
祝中日恢复邦交 1972年秋作于北京
《人民中国》日文版创刊二十周年 1973年春
悼念周总理 1976年1月13日
毛主席永在 1976年9月
粉碎"四人帮" 1976年10月21日
怀念周总理 1976年12月16日
怀念毛主席 1976年12月24日晨
迎接1977年 1976年12月29日
农业学大寨 1977年2月6日
歌剧《白毛女》重上舞台 1977年2月12日
工业学大庆 1977年2月26日
捧读《毛泽东选集》第五卷 1977

年3月19日

怀念董老　1977年3月26日

纪念抗日战争四十周年　1977年3月27日

按：本书出版时分精装、平装二种。平装又分大三十二开与小三十二开二种。

东风第一枝
1978年9月四川人民出版社第1版第1次印刷
32开本，照片6帧，作者手迹3页，目录3页，正文75页。
目录：

序　1978年8月21日　于立群

毛主席永在（二首）　1976年9月18日

粉碎"四人帮"　1976年10月21日

怀念周总理（二首）

怀念毛主席　1976年12月24日

迎接1977年　1976年12月29日

贺春节对联二副　1977年2月4日

农业学大寨　1977年2月6日

歌剧《白毛女》重上舞台　1977年2月12日

工业学大庆　1977年2月26日

捧读《毛泽东选集》第五卷　1977年3月19日

怀念董老　1977年3月26日

纪念抗日战争四十周年　1977年3月27日

悼阿英同志　1977年6月17日

八一怀朱总　1977年7月6日

赠东风剧团　1977年7月9日

歌颂十届三中全会（二首）

祝《望乡诗》演出成功　1977年10月2日

赠茅诚司先生　1977年10月6日

祝共青团中国科学院第五次代表大会开幕　1977年11月16日

题关良同志画鲁智深　1977年12月1日

纪念毛主席诞辰　1977年12月26日

桔生南国　1977年12月9日

为电视台拟春联一副　1978年1月23日

纪念周总理八十诞辰　1978年2月

贺五届人大、五届政协胜利召开　1978年2、3月间

看舞剧《小刀会》剧照口占　1978年3月

为党锄奸，为国除害，为民平愤　1976年10月12日

打碎"文艺黑线专政"论的精神枷锁　1977年12月31日

跋《寥寥集》　1978年1月26日

在理论工作上要有勇气　1978年2月22日

科学的春天　1978年3月31日
衷心的祝愿　1978年5月27日
习习谷风　1957年4月1日
寓言两则　1961年11月4日
黄钟与瓦釜　1963年9月11日
猴儿戏巧乎？　1964年10月23日

按：本书是从1976年10月粉碎"四人帮"后至1977年6月12日作者逝世一年零九个月的时间里所写的数十篇诗文。于立群同志在此书的序中指出"为了粉碎'四人帮'以后的第一个新年，郭老选用《东风第一枝》的词牌填了一首词。他说'词牌中有《东风第一枝》我爱此名，用之以迎接1977年胜利年。'现在就以郭老喜爱的这个词牌作为集子的名字罢。"

郭沫若少年诗稿
1979年10月四川人民出版社第1版第1次印刷
32开本，郭沫若照片1帧，诗稿手迹2页，目录2页，正文151页。
目录：
　郫居即景　1904年前后
　早起　1904年冬
　正月四日茶天岗扫墓中途遇雨口占一律　1905年春节期间
　苏溪弄筏口占　1906年或1907年初夏
　9月9日赏菊咏怀　1907年秋
　晨发嘉州返乡舟中赋此　1907年秋
　夜泊嘉州作　1907年秋
　咏佛手柑　1908年秋
　咏蜡梅　1909年冬
　泛舟谣　1910年2月
　澡室狂吟　1910年春初
　落红　1910年春
　3月14日暮同友人游怡园作　1910年春
　商业场竹枝词　三首　1910年初夏
　寄吴君尚之　二首　1910年
　和李大感怀　二首　1910年
　有怀　1910年
　咏秋海棠　1910年
　舟中闻雁哭吴君耦逊　八首　1911年年底
　舟中偶成　三首　1912年农历正月二十日
　咏绣毯　1912年初
　咏牡丹　1912年初夏
　述怀　和周二之作三首　1912年秋
　代友人答舅氏劝阻留学之作　次原韵1912年
　和王大9月9日登城之作　原韵二首1912年9月
　感时　八首　1912年冬
　感李大和鄙作感时八章赋诗以赠之　1912年底

锦里逢毛大醉后口号　叠韵四首　1912年

　　寄先夫愚　八首　1912年

　　无题　1912年

　　无题　五首　1912年

　〔附录〕

　　对联　二十副　1912年春

　　后记　康鉴　唐明中　1979年3月24日

按：本书由乐山文管所编。据"编者说明"中介绍，"本书收集了郭沫若1904年至1912年间，在乐山、成都两地读书时所作的诗歌，并附录了二十副对联"。在每一篇目后都由编者作了考订与注释。

郭沫若闽游诗集

1979年11月福建人民出版社第1版第1次印刷

32开本，作者照片10帧，作者手迹7页，目录3页，正文60页。

目录：

　　游武夷泛舟九曲　1962年11月1日

　　游武夷（二首）　1962年秋

　　咏南平（二首）　1962年秋

　　自南平至福州　1962年秋

　　游鼓山（二首）　1962年11月8日

　　为庆祝国庆而作　1962年9月27日

　　书为福州大学　1963年春

　　参观福建省博物馆　1962年11月6日

　　题福建省工艺美术展览会（二首）

　　题赠福州脱胎漆器厂　1962年11月

　　题赠福州工艺品展览会　1963年春

　　途次莆田

　　木兰陂诗碑（六首）　1963年国庆前2日应莆田县人委嘱书寄自北京

　　题东圳水库

　　咏泉州　1962年秋冬

　　咏五里桥　1962年秋冬

　　看高甲剧团演《连升三级》　1963年春

　　金鸡水利工程歌

　　登日光岩

　　郑成功光复台湾三百周年纪念　1962年2月1日

　　参观郑成功纪念馆

　　咏厦门高集海堤　1962年11月21日

　　访问厦门前线（二首）　1962年11月23日

　　题赠某炮艇　1962年11月23日

　　登云顶岩访问前线部队　1962年11月

　　题赠厦门大学　1962年11月23日

游南普陀

书赠厦门文物店　1962年11月30日

题赠布袋戏剧团

重游三都澳

在三都澳水警区（二首）

乘炮艇由三都澳赴黄岐

在黄岐

纪念林祥谦烈士　1962年2月7日

赞安业民烈士　1959年6月18日

人人都是杜凤瑞　1959年11月19日

雷锋式的红色少年　1963年6月11日于北京

日光岩下的怀念——忆郭老在厦门的日子　杨云

后记　编者

（二）戏剧　电影

聂嫈（二幕剧）
创造社丛书
1925年9月1日上海光华书局初版
48开本，登场人物2页，第一幕45页，第二幕50页。
创造社丛书
1926年7月广州创造社出版分部再版
48开本，登场人物2页，第一幕50页，第二幕58页，附录《棠棣之花》残稿49页。

按：广州版另附有残稿二幕；其一《别墓》原是刊载在1920年10月9日上海《时事新报·双十节增刊》上的《棠棣之花》第一幕第二场《聂母墓前》。其二《濮阳桥畔》是刊载在1922年5月1日《创造季刊》第一卷第一期上的《棠棣之花》第二幕，在内容上仅删去了聂嫈出场的一段。又据《中国现代出版史料》内编三一八页反映，本书另有四十八开单行本，上海美术学生会出版。

三个叛逆的女性
1926年4月上海光华书局发行
1927年6月再版
创造社丛书
1929年4月2版
32开本，261页（页数不连）。
目录：
　Ⅰ：写在《三个叛逆的女性》后面
　1926年3月7日
　Ⅱ：三个叛逆的女性
　　A. 聂嫈　1925年6月11日改作毕
　　B. 王昭君　1923年7月12日夜脱稿
　　C. 卓文君　1923年2月28日夜脱稿

甘愿做炮灰
文艺新刊
1938年1月上海北新书局初版
32开本，目次1页，人物表2页，正文173页。

目次：

　　甘愿做炮灰（四幕剧）1937年11月12日，脱稿于上海暂时成为绝岛的时候。

　　棠棣之花（五幕剧）1937年11月22日再改作毕。

屈原　五幕史剧
文学集丛
1942年3月重庆文林出版社初版
1943年2月重排版
32开本，正文221页。

群益历史剧丛之一
1945年1月群益出版社渝1版
1945年9月4版
32开本，正文187页。

群益历史剧丛之二
1946年1月群益出版社3版
1946年7月北平群益出版社1版
32开本，正文144页

沫若文集第一辑第五册
1946年7月群益出版社4版
32开本，正文187页。

1949年8月上海群益出版社4版
1949年12月5版
1951年8月新文艺出版社新1版
1952年9月人民文学出版社北京重印第1版
1952年11月第2版
25开本，目次1页，正文150页。
1953年5月人民文学出版社北京第1次印刷
1953年8月北京第3次印刷
1954年2月北京第6次印刷
1954年12月北京第7次印刷
1956年5月北京第8次印刷
32开本，著者照片1帧，目次2页，正文142页。

1960年1月中国戏剧出版社北京第12次印刷
32开本，目次1页，正文144页。

文学小丛书
1962年8月人民文学出版社北京第1版
32开本，前言4页，正文149页。

目次：
　　第一幕
　　第二幕
　　第三幕
　　第四幕
　　第五幕

附录：
　　我怎样写五幕史剧屈原　1942年1月20日夜
《屈原》与《鳌雅王》
蒲剑集后序　1942年4月12日
瓦石簃记
一、一字之师　5月30日
二、南后郑袖　7月13日
校后记　1948年3月31日九龙
新版后记
一、1953年1月4日写于莫斯科

二、1953年1月29日记于北京

按：此剧完成于1942年1月，据上海群益出版社版著者在校后记中指出："这个剧本，趁着改版的机会，我又校读了一遍。我把第四幕的末尾整个改了。前几年，我在重庆时也曾经修改过一次，……第五幕中也添改了几句重要的话，……"1953年1月著者参加世界人民和平大会闭幕后，由维也纳回莫斯科，接受《屈原》剧本俄文译者费德林的意见，在停滞莫斯科的几天中，对剧本又进行了修补（见新版后记）。本书各种版次，除文字上先后有过三次修改外，对"附录"中各篇有关著作的收编也有所不同。

棠棣之花
当代文学丛书
1942年7月重庆作家书屋初版
1943年10月再版
32开本，正文147页，附录一22页，附录二18页，曲谱15页。
沫若文集第一辑第四册
1946年8月群益出版社第1版
32开本，正文155页，曲谱15页。
1948年8月上海群益出版社第1版
1949年7月2版
28开本，正文126页，曲谱15页。
1951年7月上海新文艺出版社新1版
1954年1月上海第1次重印
1954年7月上海第2次重印

28开本，正文126页，曲谱15页。
1980年9月人民文学出版社北京第1版第1次印刷
32开本，作者照片1帧，目录1页，正文111页。

幕次：

  第一幕 聂母墓前
  第二幕 濮阳桥畔
  第三幕 东孟之会
  第四幕 濮阳桥畔
  第五幕 十字街头

附录一

  我怎样写《棠棣之花》 1941年12月9日
  由"墓地"走向"十字街头" 1941年12月19日

附录二

  《棠棣之花》导演的自白 凌鹤著 1942年1月棠棣之花第三次上演时于重庆天官府
  《棠棣之花》的故事
  曲谱十一首 张定和、明敏曲

按：上海新文艺出版社版是根据群益出版社1948年8月版纸型重印。人民文学出版社版是以《沫若文集》第三卷中《棠棣之花》旧型重印的，作者生前曾亲自校订过。

虎符（五幕史剧）
1942年10月重庆群益出版社初版（土纸本）

32开本，正文190页。
沫若文集第一辑第六册
1946年6月群益出版社2版
32开本，正文190页。
1949年8月上海群益出版社4版
1950年2月5版
25开本，目次1页，正文163页。
1951年7月上海新文艺出版社新1版
1954年1月上海第1次重印
五四以来话剧剧本选
1957年9月中国戏剧出版社北京第1版第1次印刷
1959年4月北京第2次印刷
1960年4月北京第3次印刷
32开本，目次1页，作者手迹1页，正文146页。
1980年9月人民文学出版社北京第1版第1次印刷
32开本，照片6帧，目录1页，正文135页。
目次：
  第一幕
  第二幕
  第三幕
  第四幕
  第五幕
附录
  写作缘起　1942年2月12日脱稿
  《虎符》后话　1942年2月28日
  校后记　1948年3月24日，香港。
  校后记之二　1956年7月30日于北戴河

按：此剧著者在1948年、1956年先后修改过三次。（见"校后记"和"校后记之二"）中国戏剧出版社版附作者于1956年12月所写之《为〈虎符〉的演出题几句》的手迹。人民文学出版社版是以《沫若文集》第三卷中《虎符》旧型重印的，作者生前曾亲自校订过。

屈原——五幕史剧及其他
1942年12月新华书店出版
32开本，目录1页，正文192页。
1946年3月新华书店晋察冀分店翻印
32开本，正文194页。
目录：
  屈原——五幕史剧
  屈原思想及其他
  写完五幕剧《屈原》之后　1942年1月20日夜
  蒲剑、龙船、鲤帜　1941年5月27日
  关于屈原　1940年5月3日
  革命诗人屈原　1940年6月7日作
  屈原考　余湛邦速记
  屈原的艺术与思想　1941年12月21日肖仲泉记
  屈原思想　1942年2月12日
  "深幸有一，不望有二"　1942年5月15日
  诗讯　1942年七七夜
按：本书较1942年3月重庆文林出版

社版《屈原》增加了作者所写有关屈原的一些短文，剧本内容是一致的。

孔雀胆（四幕悲剧）
1943年12月重庆群益出版社初版（土纸本）
1945年2月渝2版
32开本，目录1页，正文202页。
群益历史剧丛之五
1946年1月群益出版社3版
1946年8月3版
32开本，目录1页，正文202页。
沫若文集第一辑第八册
1946年5月4版
32开本，目录1页，正文202页。
1948年2月上海群益出版社1版
1949年10月2版
1950年2月3版
32开本，目次2页，正文212页。
1951年8月上海新文艺出版社新1版
1954年1月上海第1次印刷
1955年5月上海新1版第6次印刷
1979年9月人民文学出版社北京第1版
32开本，著者照片1帧，手迹1帧，目录1页，正文164页。
目录：
　　第一幕　通济桥畔劳军
　　第二幕　梁王宫之后苑
　　第三幕　段平章之私邸
　　第四幕　通济桥畔行刺

附录
　　《孔雀胆》后记
　　《孔雀胆》的润色
　　《孔雀胆》的故事
　　《孔雀胆》故事补遗
　　昆明景物（此据杨亚宁函示）
　　《孔雀胆》归宁（此篇只见上海群益出版社版）
　　（以下二篇见上海群益出版社版，人民文学出版社版）
　　《孔雀胆》二三事
　　《孔雀胆》资料汇辑（杨亚宁来函四件）

按：本书人民文学出版社版是根据《沫若文集》第四卷中《孔雀胆》旧型重印的，著者曾经亲自校订过。

南冠草
1943年初版
群益历史剧丛之三
1944年3月重庆群益出版社出版
1945年2月渝2版（土纸本）
群益历史剧丛之六
1946年2月群益出版社3版
32开本，正文197页。
沫若文集第一辑第九册
1946年9月4版
32开本，正文197页。
1948年8月上海群益出版社第1版
1949年7月2版
28开本，正文176页。

1951年8月上海新文艺出版社新1版

1954年1月上海第1次重印

1979年9月人民文学出版社北京第1版

32开本，作者照片1帧，作者手迹1页，目录1页，正文142页。

目次：

  第一幕

  第二幕

  第三幕

  第四幕

  第五幕

  尾声

附录

  一、夏完澄　1943年4月16日

  二、侯玄涵夏允彝传（此篇见1948年以后的版本）

按：本书1944年群益版，书名页题书名为《金凤剪玉衣》。1946年9月前的版本在剧本后附的"后记"至1948年以后的版本改名为《夏允彝》。1957年北京人民文学出版社收入《沫若文集》第四卷时根据1954年新文艺出版社版，由作者作了较大的修改，这里反映的1979年人民文学出版社版是《沫若文集》第四卷中《南冠草》旧型重印的。

筑

沫若文集第一辑第七册

1946年5月群益出版社第1版

32开本，正文188页。

1949年9月上海群益出版社2版

1949年12月3版

25开本，目次1页，正文154页。

1951年7月上海新文艺出版社新1版

1954年1月上海第1次重印

25开本，目次1页，正文156页。

1979年9月人民文学出版社北京第1版（改名《高渐离》）

32开本，作者照片1帧，作者手迹1页，目录1页，正文125页。

目次：

  第一幕

  第二幕

  第三幕

  第四幕

  第五幕

附录

  关于《筑》上　1942年6月16日

  　　　　　　下　1942年6月20日写

  《筑》的人物研究

  校后记之一　1948年3月28日香港

  校后记之二　1956年7月14日北京（此篇只见人民文学出版社版）

按：本书目次是根据上海群益社二版反映。1946年5月初版剧本前附有"序言"分上下篇，在二版中开始改名《关于〈筑〉》，至人民文学出版社版又将它改为两篇，上篇保持原名《关于〈筑〉》，下篇取名《剧本写作的经过》，并根据《沫若文集》第四卷将书名改为《高渐离》。群益社在二版时为要改版，著者把这个剧本大大地修改了一遍。特别是第五幕的落尾处得到比较满意的收获。1957年人民文学出版社将此剧收入《沫若文集》第四卷时，作者根据群益社二版把剧本又整个修改了一遍。新文艺版是根据群益社二版纸型重印的。

蔡文姬
1959年4月文物出版社第1版第1次印刷
16开本，目录1页，明人《胡笳十八拍》画18幅，原文18页，正文共132页。
1959年7月第2版第1次印刷
16开本，目录1页，明人《胡笳十八拍》画18幅，原文18页，正文共152页。
1959年11月中国戏剧出版社北京第1版第1次印刷
32开本，照片2帧，正文115页。
目录：
    序 1959年5月1日
    蔡文姬（五幕历史喜剧）
1959年2月9日脱稿于广州
1959年5月1日定稿于北京
    范晔《后汉书·董祀妻传》
    蔡琰《胡笳十八拍》 1959年1月7日
    谈蔡文姬的《胡笳十八拍》 1959年1月7日
    再谈蔡文姬的《胡笳十八拍》 1959年3月16日
    替曹操翻案 1959年3月14日
    谈《蔡文姬》中曹操形象的真实性
    明人《胡笳十八拍》画卷（南京博物院藏）
    跋《胡笳十八拍》画卷
按：本书文物出版社第二版增加作者所写的《三谈蔡文姬的〈胡笳十八拍〉》、《四谈蔡文姬的〈胡笳十八拍〉》和《五谈蔡文姬的〈胡笳十八拍〉》三篇文章。戏剧出版社只收剧本和作者所写之《蔡琰〈胡笳十八拍〉》，及增加《蔡文姬》剧中之插曲三十首。另有《蔡文姬》剧本铅印本，32开本，61页，未署出版单位。

武则天（四幕史剧）
1962年9月中国戏剧出版社北京第1版第1次印刷
32开本，彩色插图3页，目次2页，序2页，正文159页。
1979年10月人民文学出版社北京新1版第1次印刷
32开本，照片4帧，目次2页，序2页，正文159页。
目次：
    序 1962年6月20日
    第一幕
    第二幕
    第三幕
    第四幕

附录一：我怎样写《武则天》？
1960年8月16日

附录二：重要资料十四则

    关于武后七则

    关于上官昭容三则

    关于太子贤一则

    关于裴炎一则

    关于骆宾王二则

附录三：诗五首

    游乾陵三首

    吊章怀太子墓

    游顺陵

附录四：武则天生在广元的根据

    1961年5月25日

    插图：

    唐·张萱《唐后行从图》(俞明摹，原色，局部)

    傅抱石作彩色插图二幅

按：人民文学出版社版系中国戏剧出版社旧版之重印，删去原彩色图三页，增加照片四帧。

沫若剧作选

1978年4月人民文学出版社北京第1版山东第1次印刷

32开本，作者像1帧，作者手迹1页，目录2页，正文404页。

目录：

    棠棣之花　1941年12月23日整理毕

    第一幕　聂母墓前

    第二幕　濮阳桥畔

    第三幕　东孟之会

    第四幕　濮阳桥畔

    第五幕　十字街头

附录

我怎样写《棠棣之花》　1941年12月9日

《棠棣之花》的故事

屈原　1942年1月11日夜

    第一幕

    第二幕

    第三幕

    第四幕

    第五幕

附录

我怎样写五幕史剧《屈原》　1942年1月20日夜

《屈原》与《鳌雅王》　1942年3月28日

瓦石箚记

一　一字之师　1942年5月30日

二　南后郑袖　1942年7月13日

校后记　1948年3月31日，九龙

新版后记

一　1953年1月4日

二　1953年1月29日记于北京

虎符　1942年2月2日起稿，至11日写毕于重庆，1956年7月30日改定于北戴河海岸

第一幕
第二幕
第三幕
第四幕
第五幕

附录

写作缘起　1942年2月12日脱稿于重庆

《虎符》后记　1942年2月28日于重庆

校后记　1948年3月24日于香港

校后记之二　1956年7月30日于北戴河

蔡文姬　1959年2月9日脱稿于广州

1959年5月1日定稿于北京

第一幕
第二幕
第三幕
第四幕
第五幕

附录：

谈蔡文姬的《胡笳十八拍》　1959年1月7日

再谈蔡文姬的《胡笳十八拍》1959年3月16日

谈《蔡文姬》中曹操形象的真实性（戎笙）

按：本书出版时分精装、平装二种，其中所收篇目系根据1959年4月北京人民文学出版社第一版《沫若文集》第二卷重印，重印时个别地方作了更正。

郑成功（电影文学剧本）

1979年9月上海文艺出版社第1版第1次印刷

32开本，正文231页。

按：本书共分十章，正文前加序幕，并有作者所写之《郑成功之歌》四首。正文后加尾声。文艺出版社在编后中指出："……文化革命前，该剧本由《电影剧作》杂志发表后，我社徵得作者同意，准备出版《郑成功》单行本，可是由于种种原因，一直未能及时出版。今天，为了贯彻"百花齐放，百家争鸣"的方针，丰富电影艺术的创作题材，实现郭老生前的愿望，我社特出版该剧本的单行本。"

（三）小说　小说戏曲合集

塔

中华学艺社文艺丛书（1）

1926年1月上海商务印书馆初版

1927年1月再版

1930年12月4版（署名郭鼎堂）

32开本，木刻插图1幅，前言1页，目次1页，正文325页，精装。

中华学艺社文艺丛书（1）新中学文库

1947年4月第1版（署名郭鼎堂）

32开本，前言1页，目次1页，正文325页。

沫若小说戏曲集第一辑

1929年10月1日上海新兴书店出版

沫若小说戏曲集

1930年10月上海光华书局出版

1931年3月再版

1931年11月3版

1932年9月4版

1934年10月5版

32开本，目次1页，前言1页，正文138页。

前言　1925年2月11日夜书此

目次：

　　一、塔（小说七篇）

　　1．Löbenicht 的塔　1924年8月26日脱稿

　　2．鹓鶵　1923年6月22日

　　3．函谷关　1923年8月10日脱稿

　　4．叶罗提之墓　1924年10月16日

　　5．万引　1924年9月19日夜

　　6．阳春别　1924年8月15日

　　7．Donna Karméla

　　二、叛逆的女性　（戏剧三篇）

　　8．王昭君　1923年7月12日夜脱稿

　　9．卓文君　1923年2月28日夜脱稿

　　10．聂嫈　1925年6月11日改作

按：新兴书店版、光华书局版"戏剧三篇"未收。1947年商务书局版版权页将"中华学艺社文艺丛书（1）"排为"中华学艺社学艺丛书"。

落叶

落叶丛书第一种

1926年4月10日上海创造社出版部出版

1928年6月再版

1926年9月1日3版

1926年11月20日4版

1927年6月1日5版

创造社丛书

1927年9月1日6版

1928年2月20日7版

1928年4月20日8版

创作丛书

1929年2月20日上海乐华图书公司9版

1929年11月10日10版

1930年3月20日11版

48开本，154页。

沫若小说戏曲集第二辑

1929年11月1日上海新兴书店出版

1930年1月6日再版

沫若小说戏曲集

1930年10月上海光华书局出版

1931年3月再版

1931年11月3版

1932年10月5版

1934年10月6版

32开本，140页。

按：上海创造社出版部再版应是1936年6月，书上误印为1928年6月。上海乐华图书公司版系上海创

造社出版部版纸型的重印。上海新兴书店版与上海光华书局版也系同一版本。

橄榄
创造社丛书第三种
1926年9月1日上海创造社出版部出版
1927年4月1日2版
1927年9月15日3版
1927年10月30日4版
1928年3月20日5版
1928年5月10日6版
1929年2月1日7版
32开本，目录1页，正文245页。
1929年12月1日上海现代书局3版
1930年5月1日4版
1930年10月1日4版
1931年4月1日4版
1933年3月20日6版
1933年9月20日7版
32开本，目录1页，正文245页。
目录：
　著者肖像（仅见1926年9月1日上海创造社出版部版）
　漂流三部曲
　　歧路　2月17日
　　炼狱　3月7日夜
　　十字架
　行路难
　　行路难　10月15日夜脱稿
　　山中杂记
　　菩提树下　1924年6月8日晨，写于日本博多湾畔。
　　三诗人之死　1924年8月14日，写于日本博多湾畔。
　芭蕉花　1924年8月20日夜，写于福冈
　铁盔　1924年8月21日，写于博多湾上。
　鸡雏　1924年9月10日，写于博多湾畔。
　人力以上
　卖书　1924年10月17日夜侨居于日本九州佐贺县北一小山村中写此。
　曼陀罗华　10月17日脱稿
　红瓜
　路畔的蔷薇
　路畔的蔷薇　8月14日
　夕暮　8月17日，东京。
　水墨画　9月28日，东京。
　山茶（山茶花）　10月12日，东京。
　墓　1924，10月12日，东京。
　白发　1924，10月20日，东京。
按：《橄榄》上海现代书局版与上海创造社出版部版完全相同，但在写作时间上变化较大，上海创造社出版部初版至三版上大部分都明确标明，而其他版次中有的全部删去，有的部分删去，情况各不相同。上海现代书局版出现有三个"四版"，系同一纸型，原因不明。另有风行出版社版《橄榄》，版本也与创造社出版部版相同。

水平线下
创造社丛书第二十六种
1928年5月20日上海创造社出版部初版（一）
1929年3月5日再版
32开本，目次2页，序引3页，正文共290页。
1928年5月20日初版（二）
32开本，目次1页，正文200页。
沫若小说戏曲集第八辑
1929年12月15日上海新兴书店出版
32开本，目录1页，序引4页，正文188页。
1930年4月20日上海联合书店再版
1932年6月4版
32开本，序引3页，目次2页，正文共290页。
1930年4月20日上海现代书局再版
1931年10月20日3版
1932年6月4版
32开本，目次1页，正文200页。
沫若小说戏曲集
1930年10月上海光华书局初版（改名后悔）
1931年3月再版
1931年11月3版
1934年5月4版
32开本，序引4页，目次1页，正文188页。
目次：
　　序引　1928年2月4日上海（此篇未收入创造社初版（二）和现代书局版）
　　第一部　水平线下
　　到宜兴去
　　尚儒村　1925年4月14日
　　百合与番茄　1923年12月4日夜
　　亭子间中　1926年1月7日午后
　　后悔　1926年2月21日夜
　　湖心亭　1926年2月1日夜
　　矛盾的调和
　　（以下各篇只见上海创造社出版部初版（一）、再版和上海联合书店版）
　　第二部　盲肠炎
　　盲肠炎　1924年6月
　　一个伟大的教训　1925年4月26日夜半
　　五卅的反响
　　穷汉的穷谈　1925年10月19日
　　双声叠韵　1929年10月22日
　　马克思进文庙　1925年11月17日
　　不读书好求甚解　1925年12月20日
　　卖淫妇的饶舌　1925年3月9日
　　向自由王国的飞跃　1925年2月19日
按：此书1928年5月20日上海创造社出版部初版有两种，其一包括第一部《水平线下》与第二部《盲肠炎》两个内容，其二将《盲肠炎》部分删去。为区别二者之不同,现在版本后加注(一)、(二)。初版(二)之正文后附1928年8月出版者附言"本书初刊本,原有前后二卷,出版后因受时局影响,致读者无从购置;深为歉仄。现应大多数读者之要求,先将前卷单本印行;后卷当待续刊。事不得已,惟望作者及读者诸君谅之。"这里为两个同时出版的初版本作了解说。同时因"序引"内提及此书分第一部与第二部,所以原印入初版(二)目次中的"序引"用油墨涂去以志统一。至新兴书店版重新收入"序引",但在文后另加附注"第二部盲肠炎现另编入沫若论说集中"为此版本没有收入《盲肠炎》作了说明。另此版书名页注"沫若小说戏曲集"第八辑,而书脊注"沫若小说戏曲集"第七、八辑。上海光华书局出版此书时,将书名改为《后悔》。

漂流三部曲
沫若小说戏曲集第三辑
1929年12月1日上海新兴书店出版
沫若小说戏曲集
1930年10月上海光华书局初版
1931年3月再版
1931年11月3版
1934年4月4版
32开本,目次2页,正文共161页。
漂流三部曲
1. 歧路
2. 炼狱

3. 十字架
行路难
上篇
中篇　飘流插曲
第一章　末日
第二章　活的蚊蟊
第三章　流氓的情绪
下篇
按:此书的篇目与《橄榄》的第一、第二部分完全相同。

山中杂记及其他
沫若小说戏曲集第五、六、七辑
1929年12月15日上海新兴书店出版
32开本,目次3页,正文共194页。
沫若小说戏曲集
1930年10月上海光华书局初版(此版开始改名《山中杂记》)
1931年3月再版
1931年11月3版
32开本,目次3页,正文共194页。
山中杂记
1. 菩提树下
2. 三诗人之死
3. 芭蕉花
4. 铁盔
5. 鸡雏
6. 人力以上
7. 卖书
8. 曼陀罗花
9. 红瓜

路畔的蔷薇

1. 路畔的蔷薇

2. 夕暮

3. 水墨画

4. 山茶花

5. 墓

6. 白发　1924，10月，20日，东京

残春及其他

1. 牧羊哀话

2. 残春　1921年4月1日脱稿

3. 今津记游　1922年2月10日

4. 月蚀　1923年8月28日

女神及叛逆的女性

沫若小说戏曲集第九、十辑

1930年1月15日上海新兴书店出版

32开本，目次2页，正文共212页。

沫若小说戏曲集

1930年10月上海光华书局出版

1931年3月再版

1931年11月3版

32开本，目次2页，正文共212页。

女神

1. 女神之再生　1920，12，20初稿，1928，1，30，改削。

2. 湘累　1920年12月27日

3. 棠棣之花　1920年9月23日脱稿

4. 广寒宫　1922年4月2日脱稿

叛逆的女性

1. 王昭君　1923年7月12日夜脱稿

2. 卓文君　1923年2月28日夜脱稿

3. 聂嫈　1929年6月10日改作

按：《聂嫈》篇和收入1926年4月光华版《三个叛逆的女性》中的《聂嫈》在文字上又作了修改。

沫若小说戏曲集

1930年10月上海光华书局出版

1932年12月再版

32开本，目次9页，页数不连，共1038页。

精装

目次：

第一部……塔

1. Löbenicht 的塔　1924年8月26日脱稿

2. 鹓雏　1923年6月22日

3. 函谷关　1923年8月10日脱稿

4. 叶罗提的墓　1924年10月16日

5. 万引　1924年9月19日夜

6. 阳春别　1924年8月15日

7. 喀尔美萝姑娘

第二部……落叶

第三部……漂流三部曲

1. 歧路

2. 炼狱

3. 十字架

4. 行路难

第四部……后悔

1. 到宜兴去

2. 尚儒村　1925年4月14日

3. 百合与番茄 1923年12月4日夜
4. 亭子间中 1926年1月7日午后
5. 后悔 1926年2月21日夜
6. 湖心亭
7. 矛盾的调和

第五部……山中杂记
1. 菩提树下
2. 三诗人之死
3. 芭蕉花
4. 铁盔
5. 鸡雏
6. 人力以上
7. 卖书
8. 曼陀罗花
9. 红瓜
10. 路畔的蔷薇
11. 夕暮
12. 水墨画
13. 山茶花
14. 墓
15. 白发 1924，10月20日东京
16. 牧羊哀话
17. 残春 1922年4月1日脱稿
18. 今津记游 1922年2月10日
19. 月蚀 1923年8月28日夜

第六部……女神及叛逆的女性
1. 女神之再生 1920年，12，20，初稿
   1928年，1，30，改削
2. 湘累 1920年12月27日

3. 棠棣之花 1920年9月23日脱稿
4. 广寒宫 1922年4月2日脱稿
5. 王昭君 1923年7月12日夜脱稿
6. 卓文君 1923年2月28日夜脱稿
7. 聂嫈 1929年6月10日改作

一只手
1933年4月上海大光书店出版
48开本，正文98页。
按：此书初发表于1928年2月1日、3月1日、5月1日《创造月刊》第一卷第九至第十一期，署名麦克昂，并加副标题《献给新时代的小朋友》。

行路难
东方文库续编
1933年12月上海商务印书馆初版
48开本，正文111页。
目次：
上篇
中篇
漂流插曲
第一章 末日
第二章 活的蚊蚕
第三章 流氓的情绪
下篇
按：本书初载于1925年4月10日、4月25日《东方杂志》半月刊第二十二

卷第七、八期。

豕蹄

不二文学丛书

1936年10月上海不二书店初版

32开本，目次1页，序7页，献诗1页，正文127页，插画6页。

目次：

  序 1936年6月10日

  献诗 1936年5月23日

  孔夫子吃饭

  孟夫子出妻 1935年8月6日

  秦始皇将死 1935年9月24日

  楚霸王自杀 1936年2月28日

  司马迁发愤 1936年4月26日

  贾长沙痛哭 1936年5月3日

自叙传

  1. 初出夔门

  2. 幻灭的北征

  3. 北京城头的月

  4. 世间最难得者

  5. 乐园外的苹果

  后记 1936年9月5日，追记。

按：本书所收《孟夫子出妻》一篇在正文前附有："作者白"。

波

郭沫若文集之九

1945年9月重庆群益出版社初版（土纸本）

32开本，目次2页，正文158页。

沫若文集第一辑第十册

1946年7月上海群益出版社2版

32开本，目次2页，正文162页。

目次：

  一金刚坡下 1941年7月2日

  二小麻猫 1942年5月6日

  三雨 1942年7月8日

  四波 1942年7月14日

  五十月十七日

  六飞雪岩 1942年10月25日夜

  七小皮箧 1942年7月20日

  八月光下 1942年7月29日

  九丁东草

    丁东 1942年10月30日

    白鹭 1942年10月31日

    石榴 1942年

  十芍药及其他

    芍药 4月12日

    水石 4月12日

    石池 4月26日晨

    母爱 1942年4月30日晨

  十一银杏 1942年5月23日

  十二蚯蚓

  十三影子 1944年5月10日

  十四下乡去 1945年6月4日

按：本书1946年版误将《飞雪崖》的"补记"重复收入书内列为最后一篇，并编有页码号。

地下的笑声

1947年10月上海海燕书店第1版

1949年8月重印
1951年5月4版
1951年12月上海新文艺出版社新1版
1952年6月新2版
1953年2月新3版
1953年7月上海第2次重印
1953年9月上海第3次重印
1954年3月上海第4次重印
1954年10月上海新1版第11次印刷
1955年3月上海新1版第12次印刷
1955年8月上海新1版第13次印刷
1956年10月重印
1957年10月重印

28开本，序2页，目次4页，正文490页。

目次：

序 1947年9月2日。

第一辑 入关

 柱下史入关 1923年8月10日脱稿。

 漆园吏游梁 1923年6月22日。

 马克思进文庙 1925年11月17日。

 孔夫子吃饭 1935年6月3日草此。

 孟夫子出妻 1935年8月6日。

 秦始皇将死 1935年9月24日。

 楚霸王自杀 1936年2月28日。

 司马迁发愤 1936年4月26日。

 贾长沙痛哭 1936年5月3日。

 齐勇士比武 1936年3月4日。

第二辑：塔

 阳春别 1924年8月15日。

 Löbenicht 的塔 1924年8月26日脱稿。

 万引 1924年9月18日夜。

 叶罗提之墓 1924年10月16日。

 喀尔美萝姑娘

第三辑：漂流三部曲

 歧路

 炼狱

 十字架

第四辑：行路难

 上篇

 中篇 漂流插曲

 第一章 末日

 第二章 活的蚊虿

 第三章 流氓的情绪

 下篇

第五辑：落叶

 落叶

第六辑：骑士

 骑士

第七辑：地下的笑声

 金刚坡下 1945年，7月2日晚。

 波 1942年，7月14日。

 月光下 1941年，7月29日。

 地下的笑声 1947年1月23日。

按：本书上海新文艺出版社版是1947年10月海燕书店版纸型的重印。据已见的版本在1953年9月上海第三次重印版中删去第一辑中的《马克思进文庙》一篇，因此页码也减少十页。

（四）论文　散文　杂文

文艺论集
创造社丛书
1925年12月27日上海光华书局发行
1926年3月25日再版
1927年2月3版
1928年1月4版
32开本，文艺论集序3页，目录5页，正文344页。
1929年7月4版
32开本，目录3页，序4页，正文424页。
1930年8月5版　精装
1932年6月6版
1933年3月7版
32开本，374页，跋尾1页。
1979年9月人民文学出版社北京第1版
32开本，书影1页，目录3页，正文284页。
序　1925年11月29日，上海。
目录：（1925年12月27日版）
上卷
　　中国文化之传统精神　文后附成仿吾于1923年5月14日所作之译后附识
　　论中德文化书　5月20日夜书毕
　　读梁任公《墨子新社会之组织法》　6月13日
　　惠施的性格与思想　1923年12月10日
　　伟大的精神生活者王阳明　1921年6月17日脱稿
　　附论一　精神文明与物质文明
　　附论二　新旧与文白之争
　　附论三　王阳明的教育说
　　附论四　静坐的功夫
　　整理国故的评价　1924年1月9日
　　古书今译的问题　1924年1月10日
　　天才与教育　10月3日
　　国家的与超国家的　重九日对大杉荣氏之遗像草此
　　雅言与自力　11月29日晨
下卷
　　艺术家与革命家　9月4日夜
　　艺术的评价　11月23日
　　文艺之社会的使命　5月2日
　　生活的艺术化
　　自然与艺术
　　文艺上的节产
　　一个宣言
　　论国内的评坛及我对于创作上的态度
　　批评与梦　3月3日
　　未来派的诗约及其批评　8月27日夜半
　　瓦特裴德的批评论　11月1日夜
　　论文学的研究与介绍　7月21日
　　太戈儿来华的我见　10月11日

儿童文学之管见　1月11日

神话的世界　11月7日

波斯诗人莪默伽亚谟

一、读Rubaiyat后之感想

二、诗人莪默伽亚谟

《少年维特之烦恼》序引　1922年1月22—23日脱稿

《西厢》艺术上之批判与其作者之性格　1921年5月2日于上海

我对于《卷耳》一诗的解释

释玄黄

论诗

（一）1920年年末

（二）1920年1月18日

（三）1920年2月13日夜

目录：（1929年7月4版）

I：

1. 中国文化之传统精神　文后附成仿吾于1923年5月14日所作之译后附识

2. 论中德文化　5月20日夜书毕

3. 读《墨子新社会之组织法》1923年6月13日

4. 惠施的性格及其思想　1923年12月10日

5. 儒教精神之复活者王阳明　1924年6月17日脱稿

II：

1. 文学之本质　1925年7月8日草于上海

2. 论节奏

3．文艺之社会的使命　1923年5月2日

4．生活的艺术化　1923年4、5月间

5．自然与艺术　1923年8月21日夜

6．文艺上的节产　1923年9月4日夜

7．未来派的诗约及其批评　1923年8月27夜半

8．儿童文学之管见　1921年1月11日

9．神话的世界　1923年11月7日

10．论诗

（一）1920年1月18日

（二）1920，2，16夜

III：

1．批评与梦　1923年3月3日

2．瓦特裴德的批评论　1923年11月1日夜

3．艺术的评价　1923年11月23日

4．论国内的评坛及我对于创作上之态度　1922年8月间作

5．论文学之研究与介绍　1922年7月21日

6．由诗的韵律说到其他　1920年年末

7．太戈尔来华的我见　1923年10月11日

8. 艺术家与革命家　1923年9月4日夜

9. 一个宣言　1923年9、10月间作

IV：

1. 波斯诗人莪默伽亚谟　1922年9月间作

　a　读Rubaiyat后之感想

　b　诗人莪默伽亚谟

2.《少年维特之烦恼》序引　1922年1月22—23日脱稿

3.《西厢》之批判与其作者之性格　1921，5，2，于上海

V：

1. 整理国故的评价　1924年1月9日

2. 古书今译的问题　1924年1月10日

3. 我对于《卷耳》一诗解释　1923年夏

4. 释玄黄　1923年夏

VI：

1. 天才与教育　1923年10月3日

2. 国家的与超国家的　1923年10月18日对大杉荣氏之遗像草此

3. 雅言与自力　1923年12月29日晨

目录：（1930年8月5日版）

I：

1．文学的本质　1925年7月8日草于上海

2．论节奏

3．文艺之社会的使命　1923年5月2日

4．生活的艺术化　1923年4、5月间

5．自然与艺术　1923年8月21日夜

6．文艺上的节产　1923年9月4日夜

7．未来派的诗约及其批评　1923年8月27日夜半

8．儿童文学之管见　1921年1月11日

9．神话的世界　1923年11月7日

II：

1．批评与梦　1923年3月3日

2．瓦特裴德的批评论　1923年11月1日夜

3．艺术的评价　1923年11月23日

4．论国内的评坛及我对于创作上之态度　1922年8月间作

5．论文学之研究与介绍　1922年8月21日

6．由诗的韵律说到其他　1920年年末

7．太戈尔来华的我见　1923年10月11日

8．艺术家与革命家　1923年9月

4日夜

9. 一个宣言　1923年9、10月间作

III：

1. 波斯诗人莪默伽亚谟　1922年9月间作

　A. 读 Rubaiyat 后之感想

　B. 诗人莪默伽亚谟

2. "少年维特之烦恼"序引　1922年1月22—23日脱稿

3.《西厢》艺术上之批判与其作者的性格　1921，5，2，于上海。

附录：

1. 古书今译的问题　1924年1月10日

2. 我对于《卷耳》一诗的解释　1923年夏

3. 释玄黄　1923年夏

4. 论中德文化书　5月20日夜书毕

5. 读梁任公《墨子新社会之组织法》　1923年6月13日

6. 惠施的性格及其思想　1923年12月10日

7. 天才与教育　1923年10月3日

8. 雅言与自力　1923年11月29日晨

跋尾　1930年6月11日，著者。

按：《文艺论集》于1929年5月和1930年6月先后两次改版订正，目次更动较大，除前后程序调动外，并作了增删。如1929年5月订正，7月出版的四版，较初版增加《文学之本质》和《论节奏》二篇，并将《伟大精神生活者王阳明》一篇改名为《儒教精神复活者王阳明》，《论诗》一篇列为《论诗》和《由诗的韵律说到其他》二篇。在时间上也作了补充，把部分原来没有注写作时间的篇目加上了时间，没有标明年份的，加上了年份，个别篇目另注了写作时间。1930年6月订正，8月出版的五版，又删去了四版订正版中《论诗》、《整理国故的评价》、《中国文化之传统精神》、《国家的与超国家的》和《儒教精神复活者王阳明》五篇。作者在此版增加的《跋尾》中提出"有些议论太乖谬的，在本版中我删去了五篇。"本书收入《沫若文集》第十卷时根据初版本删去了《中国文化之传统精神》和《国家的与超国家的》两篇，增加了《文学的本质》和《论节奏》两篇以及1958年11月25日夜所作之《前记》。1979年9月人民文学出版社重新出版之单行本篇目与《沫若文集》相同，并增加其中的《集外》部分六篇。

文艺论集续集

1931年9月上海光华书局出版

32开本，正文191页。

1979年9月人民文学出版社北京第1版

32开本，书引1页，目录1页，正文110页。

目次：

我们的文学新运动　1923年5月18日

孤鸿——致仿吾的一封信　1924年8月9日夜

文艺家的觉悟　1926年3月2日夜

革命与文学　1926年4月13日

英雄树

桌子的跳舞　1928，1，19

留声机器的回音——文艺青年应取的态度的考察　1928，2，20

我们的文化

文学革命之回顾　1930年1月26日

关于文艺的不朽性　1930年4月3日

"眼中钉"

按：人民文学出版社版是根据1959年6月《沫若文集》第十卷版本刊印的单行本。

请看今日之蒋介石

1927年5月武汉《中央日报》附刊

16开本，8页

按：此单行本附于《中央日报》副刊内。

沫若近著

文艺新刊

1937年8月上海北新书局初版

32开本，目次1页，正文226页。

目次：

屈原时代

社会发展阶段之再认识

资本论中的王茂荫

答马伯乐先生

隋代大音乐家万宝常

中日文化的交流　裴琴记

西班牙的精神　1936年9月7日草

青年与文化　拓生记

旋乾转坤论　1936年12月7日作

王茂荫的生平及其官票宝钞章程四条（节录）　王璜

再谈官票宝钞

按：本书所收《中日文化之交流》后面尚有《举案齐眉》、《刺身》、《水与结晶的溶洽》三篇篇目，未在目次上反映。成都复兴书局曾将本书重新排版于1943年1月出版初版。

抗战与觉悟

1937年9月12日抗敌出版社出版

1938年1月4版

抗战小文库之一

1937年10月上海大时代出版社初版

1937年10月再版

1937年11月3版

32开本，代序1页，目录2页，正文84页。

目录：

代序　7月27日晨

我们为什么抗战　1937年8月17日草于上海飞机大炮的轰击中。
抗战与觉悟　9月11日
全面抗战的再认识　9月15日
理性与兽性之战　8月25日晨
忠告日本政治家　9月7日
由日本回来了　1937年8月1日脱稿
到浦东去来　8月25日晨
前线归来　9月13日
希望不要下雨　9月2日
不要怕死　8月30日晨
由"有感"说到气节
"侵略日本"的两种姿态　9月20日

按：本书所收作品是作者于1937年7月27日由日本回上海后至9月20日之间的作品。

全面抗战的认识

1938年1月广州北新书局初版

32开本，目次2页，正文102页。

目次：

我们为什么抗战　1937年8月17日草于上海飞机大炮的轰击中
告国际友人书　1937年8月21日起草
理性与兽性之战　8月25日晨
忠告日本政治家　9月7日
抗战与觉悟　9月11日
全面抗战的再认识　9月15日

关于华北战局所应有的认识　10月4日
惰力与革命　10月9日
持久抗战的必要条件　10月29日
由四行想到四川　10月30日晨
"后来者居上"　11月6日
日本的过去·现在·未来　11月9日，日本的飞机正轰炸南市的时候。
失掉的只是奴隶的镣铐　本报（救亡日报）在上海暂时停刊之前夜。
国难声中怀知堂　8月23日晨
由有感说到气节
不要怕死
关于敏子的信　"九一八"第六周年纪念日的清晨。
"侵略日本"的两种姿态　9月20日
日本的儿童　10月5日
"逢场作戏"　10月7日
一位广东兵的诗　11月3日晨

沫若抗战文存

1938年1月10日上海明明书局初版

32开本，小序1页，目次2页，正文109页。

小序　11月30日

目次：

我们为什么抗战　1937年8月17日草于上海飞机大炮的轰击中。
告国际友人书　1937年8月21日

理性与兽性之战 8月25日晨

到浦东去来 8月25日晨

由"有感"说到气节

不要怕死 8月30日晨

希望不要下雨 9月2日

忠告日本政治家 9月7日

抗战与觉悟 9月11日

前线归来 9月13日

全面抗战的再认识 9月15日

"侵略日本"的两种姿态 9月20日

关于华北战局所应有的认识 10月4日

持久抗战的必要条件 10月29日

日本的过去·现在·未来 11月9日日本的飞机正轰炸南市的时候。

附录：从日本回来了 1937年8月1日脱稿

郭沫若先生最近言论
熊琦编
1938年4月广州离骚出版社初版
32开本，目次2页，正文92页。
目次：
一、国际形势与抗战前途 1938年2月18日长沙
二、对于文化界人的希望 2月15日晨于长沙
三、日寇之史的清算 骆剑冰记
四、我们为什么抗战

五、日本的过去·现在·未来。

六、武装民众的必要

七、抗战与觉悟

八、纪念"一二·九"斗争的二周年

九、忠告日本政治家

十、饥饿就是力量 1937年12月29日晨

十一、克服三种悲观

十二、我们所失掉的只是奴隶的镣铐 救亡日报在上海暂时停刊之前夜

文艺与宣传
自由中国丛刊之一
1938年7月汉口生活书店出版
1938年8月广东生活书店出版
32开本，目录1页，正文66页。
目录：
文艺与宣传
鲁南胜利之外因 4月5日夜
日寇的残酷心理之解剖 1938年3月31日汉口
纪念台儿庄
把精神武装起来 5月3日
把有限的个体生命融化进无限的民族生命里去 5月8日
来他个"四面倭歌" 4月9日
抗战来日寇的损失
抗战与文化问题 1938年1月18日夜

按：本书版权页题"自由中国丛书之一"

羽书集

1941年11月香港孟夏书店初版

32开本，目次7页，序2页，正文411页。

1945年1月群益出版社渝1版（土纸本）

32开本，目次5页，序3页，正文258页。

沫若论文集之四

1947年3月上海群益出版社刊行

32开本，目次5页，序3页，正文258页。

目次：

序　1941年10月18日（孟夏版）

1944年11月15日（群益版）

第一辑

和平的武器与武器的和平　1939年5月21日于重庆

理性与兽性之战　1937年8月25日晨

巩固反侵略的战线　1939年2月12日于重庆

世界反侵略秩序的建设　1939年1月28日

日寇的残酷心理之解剖　1939年3月31日

武汉永远是我们的　1938年10月24日武汉准备撤退之前日于汉口

坚定信念与降低生活　1939年1月6日于重庆

饥饿就是力量　1937年12月29日晨

后方民众的责任　1938年9月

纪念台儿庄　1938年4月7日

鲁南胜利之外因　1938年4月5日夜

我们所失掉的只是奴隶的镣铐　1937年11月救亡日报在上海暂时停刊之前夜

再建我们的文化堡垒　1938年12月28日于广州

惰力与革命　1937年10月9日

关于华北战局所应有的认识　1937年10月4日

武装民众之必要　1937年12月20日

持久抗战的必要条件　1937年10月29日

全面抗战的再认识　1937年9月15日

告国际友人书　1938年8月21日沫若起草于上海

我们为什么抗战　1937年8月17日于上海飞机大炮的轰击中

抗战与觉悟　1947年8月20日

第二辑

今天创作底道路　1941年9月6日于重庆

活的模范　1941年6月18日

青年哟，人类的春天！　1941年5月3日

青年化，永远青年化　1939年5月3日

复兴民族的真谛　1938年12月23日于桂林

中苏文化之交流　1940年5月20日

文化与战争　1939年3月16日夜

纪念碑性的建国史诗之期待　1939年4月

文化人当前的急务　1938年11月5日于长沙

把精神武装起来　1938年5月3日

发挥大无畏的精神　1939年4月11日

纪念"一二八"剪辑　1939年1月27日

来他个"四面倭歌"　1938年4月7日

对于文化人的希望　1938年2月15日晨于长沙

抗战与文化问题　1938年1月18日夜

文艺与宣传　1938年4月

三年来的文化战　1940年7月7日

中国美术的展望

第三辑

日本的过去·现在·未来　1937年11月当敌机轰炸上海南市的时候。

忠告日本政治家　1937年9月7日

"侵略日本"的两种姿态　1937年9月20日

日本的儿童　1937年9月

汪精卫进了坟墓　1940年3月20日

绝妙的对照　1939年4月29日

争取最后五分钟　1939年4月23日于重庆

龙战与鸡鸣　7月27日

蒲剑·龙船·鲤帜　1941年5月27日

写在菜油灯下　1940年6月

告鞭尸者　1941年8月10日记

先乱后治的精神　1940年6月12日

成仁便是成功　1940年4月12日

"中国人的确是天才"　1939年4月10日为《一年间》的演出写此。

大人物与小朋友　6月6日为《抗战儿童》纪念"七七"三周年写此。

致华南的友人们　1938年8月19日于武昌

长沙哟，再见！　1938年2月28日在警报中草此。

一位广东兵的诗　1937年11月3日晨

后来者居上　1937年11月6日

逢场作戏　1937年10月7日

不要怕死　1937年10月

把有限的个体生命融化进无限的民族生命里去　1938年5月8日于汉口

由四行想到四川　1937年10月30日晨

由"有感"说到气节　1937年8月

关于敏子的信　1937年"九一八"第六周年纪念日的清晨

国难声中怀知堂　1937年8月23日晨

第四辑

庄子与鲁迅　1940，12，18。

"无条件反射"介　1939年6月29日

革命诗人屈原　1940年6月7日作

关于屈原　1940，5，3。

关于"戚继光斩子"的传说　1940年2月18日

续谈"戚继光斩子"　1940，12，14。

关于发现汉墓的经过　1940，4，27。

"民族形式"商兑　1940年5月31日

驳《说儒》　1937年5月19—24日

读《实庵字说》　1937年3月

按：本书群益书店版比孟夏书店版少收十七篇，另编入《今昔蒲剑》。

蒲剑集

1942年4月重庆文学书店初版32开本，目次2页，正文311页。

序　1942，4，12。

目次：

蒲剑·龙船·鲤帜　1941年5月27日

关于屈原　1940年5月3日

革命诗人屈原　1940年6月7日作

屈原考　余湛邦速记

屈原的艺术与思想　1941年12月21日　肖仲泉速记

屈原思想　1942年2月20日

写完五幕剧《屈原》以后　1942年1月20日夜

我怎样写《棠棣之花》　1941年12月9日

由"墓地"走到"十字街头"

庄子与鲁迅　1940年12月18日

活的模范　1941年6月18日

中苏文化之交流　1940年5月20日

中国美术的展望　1941年4月

青年哟，人类的春天　1941年5月3日

纪念碑性的建国史诗之期待　1939年4月

文化与战争　1939年3月16日夜

"民族形式"商兑　1940年5月31日

关于"戚继光斩子"的传说　1940年2月28日

续谈"戚继光斩子"　1940年12月14日

关于发现汉墓的经过　1940年4月27日
读《实庵字说》　1937年3月
驳《说儒》　1937,5,19—24日。
按：本书目次中《由〈墓地〉走到〈十字街头〉》应该是《由〈墓地〉走向〈十字街头〉》。

今昔集
东方文艺丛书之四
1943年10月重庆东方书社初版(土纸本)
32开本，序1页，目次2页，正文338页。
目录：
　　序　1942年10月23日
　　今天创作底道路
　　中国战时的文学与艺术　1942年5月27日在中美文化协会演讲词
　　写尔所知　1942年五四纪念日
　　关于接受文学遗产　1942年8月8日
　　致木刻工作者　1942,4,20。
　　再谈中苏文化之交流　1942年5月30日在中苏文化协会讲
　　笑早者，祸哉！　1942年6月20日
　　世界大战的归趋　1941年12月17日
　　日本民族发展概观　1942年2月27日
　　我的学生时代　1942年4月19日
　　《娜拉》的答案　1942年7月10日夜
　　由葛罗亚想到夏完淳　1942年4月30日
　　题画记　1942年8月6日
　　钓鱼城访古　1942年7月13日脱稿
　　《屈原》与《鳌雅王》
　　"深幸有一，不望有二"　1942年5月15日
　　屈原·招魂·天问·九歌
　　由诗剧说到奴隶制度
　　论古代社会
　　论儒家的发生
　　论古代文学
　　周易之制作时代　1935年3月10日
　　先秦天道观之进展
按：本书中《先秦天道观之进展》和《周易之制作时代》曾由商务印书馆于1936年、1940年分别单独出单行本。

盲肠炎
1947年6月上海群益出版社第1版
32开本，本书内容1页，《盲肠炎》题记7页，正文90页。
本书内容：
　　《盲肠炎》题记　1947年5月19日
　　盲肠炎　1924年6月
　　一个伟大的教训　1925年4月26日夜半

五卅的反响
穷汉的穷谈　1925年10月19日
双声叠韵　1925年10月22日
马克思进文庙　1925年11月17日
不读书好求甚解　1925年12月20日
卖淫妇的饶舌　1925年3月9日
向自由王国的飞跃　1925年2月19日。
按：本书原收入1928年5月20日上海创造社出版部《水平线下》(全集)初版第二部。

今昔蒲剑
1947年7月上海海燕书店第1版
1949年7月2版
1950年9月3版
1951年5月4版
1952年1月上海新文艺出版社新1版
1952年9月新2版
1953年5月新3版
1953年12月上海第1次重印
1954年4月重印
1955年2月上海新1版第10次印刷
28开本，总序2页，目次4页，正文377页。
目次：
总序　1947年6月21日（端午节前二日）
　今昔集
《今昔集》序　1942年10月23日
　今天创作底道路
　中国战时的文学与艺术　1942年5月27日在中美文化协会讲

写尔所知　1942年五四纪念日
关于"接受文学遗产"　1942年8月8日
致本刻工作者　1942年4月20日
再谈中苏文化之交流　1942年5月30日在中苏文化协会讲
笑早者　祸哉！　1942年6月20日
世界大战的归趋　1941年12月17日
日本民族发展概观　1942年2月27日
《娜拉》的答案　1942年7月10日晚
由葛录亚想到夏完淳　1942年4月30日
题画记　1942年8月6日
钓鱼城访古　1942年7月13日脱稿
《屈原》与《鳌雅王》
"深幸有一，不望有二"　1942年5月15日
屈原·招魂·天问·九歌
由诗剧说到奴隶制度
论古代社会
论儒家的发生
论古代文学
　蒲剑集
蒲剑·龙船·鲤帜　1941年5月27日

关于屈原　1940年5月3日
革命诗人屈原　1940年6月7日作
屈原考
屈原的艺术与思想　1941年12月21日在中华职业学校讲演
写完五幕剧《屈原》以后　1942年1月20日夜
我怎样写《棠棣之花》　1941年12月9日
由"墓地"走到"十字街头"　1941年12月19日
庄子与鲁迅　1940年12月18日
活的模范　1941年6月18日
中苏文化之交流　1940年5月20日
中国美术的展望　1941年4月
青年哟，人类的春天！　1941年5月3日
纪念碑性的建国史诗之期待　1939年4月
文化与战争　1939年3月16日夜
"民族形式"商兑　1940年5月31日
关于"戚继光斩子"的传说　1940年2月28日
续谈"戚继光斩子"　1940年12月14日
关于发见汉墓的经过　1940年4月27日
读《实庵字说》　1937年3月
《蒲剑集》后序　1942年4月12日

按：本书是由《今昔集》和《蒲剑集》合并成集，汇编时删去《我的学生时代》、《周易之制作时代》、《先秦天道观之进展》和《驳说儒》四篇。

历史人物
1947年8月上海海燕书店第1版
1948年5月2版
1949年7月3版
1950年3月4版
1951年2月5版
1951年6月上海新文艺出版社新1版
1951年12月新2版
1952年8月新3版
1952年11月新4版
1953年6月上海第1次重印
1953年12月上海第2次重印
1954年1月重印
1954年5月重印
1954年9月重印
1955年3月重印
1956年1月第11次印刷
1956年11月第12次印刷
28开本，序6页，目次1页，正文194页。
1979年9月人民文学出版社北京第1版
32开本，作者照片1帧，目录1页，正文243页。
目次：

序　1947年7月21日
论曹植　1942年7月7日脱稿
隋代大音乐家万宝常　1935年7月13日脱稿
王安石
王阳明　1921年6月17日脱稿
甲申三百年祭
附录：关于李岩　2月12日夜于重庆
夏完淳　1943年4月16日
王国维与鲁迅　1946年9月14日
论郁达夫　1946年3月6日
论闻一多做学问的态度　1947年8月7日

按：上海新文艺出版社版是1947年8月海燕书店版纸型的重印。人民文学出版社版是根据1959年6月《沫若文集》第十二卷版刊印，此版在1956年曾经著者校阅修订，删去《王阳明》、《夏完淳》二篇，增加一篇《屈原研究》，并把海燕版《甲申三百年祭》的附录《关于李岩》单独列为一篇，《王国维与鲁迅》篇改为《鲁迅与王国维》。

沸羹集

1947年12月上海大孚出版公司第1版
1950年3月上海群益出版社出版
1951年3月2版
1951年10月上海新文艺出版社新1版
1952年7月新2版
1953年7月上海第1次重印
1954年4月上海重印
1955年2月上海新1版第7次印刷
1956年9月重印
25开本，目次8页，序1页，正文295页
目次：
序　1947年11月9日
1940年
答《国际文学》编者　1940年11月3日
1941年
今日新文学运动所应取的路向　1941年6月30日于重庆
1942年
亦石真正死了吗？　1942年1月24日
怀董博士维键兄　1942年5月8日夜
历史·史剧·现实　1942年4月19日
怎样运用文学的语言？　1942年5月26日
瓦石簌记
一、"如含瓦石"
二、一字之师　5月30日
三、南后郑袖　7月13日
四、离骚一句　1942年10月20日
中国文艺界贺苏联抗战周年
诗讯　1942年七七夜。
鼠乎？象乎？　1942年10月23日
驴猪鹿马　1942年10月23日

赵高与黑辛　1942年10月24日
一样是伟大　1942年10月28日
赞天地之化育　1942年10月29日
"绿"　1942年10月30日
无题　1942年11月23日
追怀博多　1942年12月6日
文艺的本质　1942年12月12日
1943年
献给现实的蟠桃　1943年1月8日
序《念词与朗诵》　1943年1月15日
战士如何学习与创作　1943年1月28日
争取历史创造的主动　1943年2月1日
本质的文学　1943年2月1日
忆成都　1943年2月13日
死的拖着活的　1943年2月15日
人做诗与诗做人　1943年3月24日
序《祖国之恋》　1943年2月26日
论读经　1943年3月8日
新文艺的使命　1943年3月10日
抗战以来的文艺思潮　1943年3月11日
沿着进化的路向前进　1943年3月22日
才·力·命　1943年5月11日

正标点
——序程道清著《标点使用法》1943年8月29日
啼笑皆是　1943年10月30日
1944年
序我的诗　1944年1月5日
人乎，人乎，魂兮归来！——新版《浮士德》题辞　1944年2月8日
"五十以学"答问　1944年2月10日
戏剧与民众
两次哭先生　1944年3月25日
纪念张一麐先生　1939年1月1日作
如何研究诗歌与文艺　1944年3月28日
在民主主义的旗帜下　1944年4月5日
答费正清博士　1944年4月21日
序《不朽的人民》　1944年5月1日
答教育三问　1944年5月24日
悼江村　1944年5月25日
谢陈代新　1944年5月19日
为革命的民权而呼吁　1944年6月13日
契诃夫在东方　1944年6月14日作于重庆
劳动第一　1944年7月18日
猪　1944年9月2日

羊　1944年9月5日

孔雀胆归宁　1944年9月9日在重庆

"中医科学化"的拟议　1944年9月23日

复颜公辰先生　1944年10月31日

附：彦公辰《读中医科学化的拟议》后的商讨

申述关于中医科学化的问题

韬奋先生哀词　1944年10月1日

写在双十节　1944年10月10日

黑与白　1944年10月16日

分与合　1944年10月16日

囤与扒　1944年10月16日

学习歌颂不完的伟绩　1944年10月30日

奉行国父遗教，向苏联看齐1944年11月7日

1945年

宏大的轮船停泊到了安全的海港1945年1月8日

文艺与民主　1945年1月18日

文化界时局进言　1945年2月8日

苏联会参加东方战场吗？　1945年1月3日夜

人类的前卫　1945年2月23日

罗曼·罗兰悼辞　1945年3月21日

向人民大众学习　1945年4月12日

悼念A·托尔斯泰　1945年4月15日

人民的文艺　1945年4月20日

"五四"课题的重提　1945年4月27日

我如果再是青年　1945年5月28日

国际的文化联盟刍议　1945年5月30日

按：本书上海新文艺出版社版为1947年12月大孚出版公司纸型的重印。其中作品大部为第一次汇编入单行本。

天地玄黄

1947年12月上海大孚出版公司第1版

1950年3月2版

28开本，目次9页，序1页，正文298—651页（续沸羹集）

1948年9月大连大众书店初版

32开本，目次9页，正文353页。

1951年9月上海新文艺出版社新1版

1952年1月新2版

1953年6月上海第1次重印

1954年4月上海第2次重印

1954年8月上海新1版第9次印刷

1955年2月上海新1版第10次印刷

1957年10月重印

28开本，目次9页，序1页，正文

298—651页（续沸羹集）

目次：

序　1947年11月11日于上海

1945年

天地玄黄　1945年10月7日

历史的大转变　1945年12月15日

我建议　1945年12月17日

今屈原　1945年10月20日夜

苏联问题二三事：1945年11月4日

一、斯大林的健康

二、苏联是不是民主

三、形同感电

兵不管秀才　1945年12月27日

吊星海　1945年12月3日

相见以诚　1945年12月28日

走向世界和平的桥梁　1945年12月30日

1946年

民族解放的先锋　1946年1月25日

叶挺将军的诗　1946年3月4日

文艺与科学　1946年3月17日

《亚洲苏联》序　1946年3月27日

《联合三日刊》发刊词　1946年4月3日

文艺工作展望　1946年4月30日

我更懂得庄子　1946年4月23日

重庆值得留恋　1946年4月25日

学术工作展望　1946年5月6日于重庆

纪念第二届"五四"文艺节告全国文艺工作者书

一、纪念文艺节的意义

二、和平民主运动的重要

三、文艺工作在和平民主运动中的意义

四、今后的我们应该如何工作

屈原不会是弄臣　1946年5月7日

从诗人节说到屈原是否是弄臣　1946年5月24日

"不要把自己的作品偶像化"　1946年5月30日

教育与学习　1946年6月1日上海警管区制开始施行的一个值得纪念的日子

走向人民文艺　1946年6月8日于上海

诗歌与音乐　1946年6月9日于上海

毫不乐观　1946年6月10日

追慕高尔基　1946年6月19日

"七七"第一周年在武汉　1946年7月1日

皮杜尔与比基尼　1946年7月10日

摩登唐吉诃德的一种手法　1946年7月10日
让公朴永远抱着一个孩子　1946年7月15日
悼闻一多　1946年7月17日
等于打死了林肯和罗斯福　1946年7月17日
痛失人师　1946年7月26日
读了"陶先生最后一封信"　1946年7月30日
记不全的一首陶诗　1946年7月30日
反反常
《板话》及其他　1946年8月9日
司徒·司马·司空　1946年8月19日
关于非正式五人小组　1946年9月3日
读了《李家庄的变迁》　1946年9月17日
怎样使双十节更值得纪念　1946年9月26日夜
为美国人设想　1946年10月1日
鲁迅和我们同在　1946年10月18日
世界和平的柱石　1946年10月31日
人所豢畜者　1946年11月21日
狗·猫·猪·骆驼·兔·鸭·鸡公·鸡婆·鹅·牛·马·象·金鱼·蛔虫·蚕子·蜂·臭虫·跳蚤·虱子·其他
纪念邓择生先生　1946年11月24日
关于《美术考古一世纪》　1946年12月16日于上海
民主运动中的二三事　1946年12月20日
王安石的《明妃曲》　1946年12月20日夜
冷与甘　1946年12月21日
峨眉山下　1946年12月22日
路边谈话　1946年12月31日
一、序言
二、烽火台
三、义务广告
四、美满
五、司芬苦士
六、克莱武
七、甘薯
八、超级海派
九、黄豆咖啡
十、双料赵高
十一、嘴上有血
十二、毒与假
十三、正反合
十四、价值倒逆
十五、预言
1947年
新缪司九神礼赞　1947年1月5日

拙劣的犯罪　1947年1月25日

替胡适改诗　1947年2月5日

向普式庚看齐　1947年2月10日

序《苏德大战史》　1947年2月18日

序《白毛女》　1947年2月22日

春天的信号——文汇报副刊：《新思潮》解题——1947年2月25日

一、春天来了

二、我在故我思

三、"不尽长江滚滚来"

四、预防白浊式的点滴

五、理甚易明・善甚易察

六、歌颂人类的青春

人民至上主义的文艺　1947年3月1日。

青年・青年・青年　1947年3月8日。

消夏两则　1947年7月28日。

一、寻人

二、牛的教训

我并未见魏德迈　1947年8月16日

一封信的问题　1947年8月30日

国画中的民族意识　1947年9月6日

序《民主化的机关管理》　1947年9月16日

再谈郁达夫　1947年10月18日

读了《俄罗斯问题》　1947年10月30日

全世界心境光明的人都表示由衷的庆贺　1947年11月7日

序《黄河大合唱》　1947年3月10日

"格物"解　1947年5月8日

《考工记》的年代与国别　1947年6月30日

《诅楚文》考释　1947年7月11日

一、前言

二、版本的推究

三、关于原文的年代

四、全文的考释

《行气铭》释文　1947年7月12日

《浮士德》简论　1947年8月28日

按：本书上海新文艺出版社版是1947年12月大孚出版公司纸型的重印。大连大众书店版在开本上虽然比大孚出版公司版面小些，但在排版上除页码重编外，其他也完全一致的。

创作的道路

1947年12月重庆文光书店出版32开本，目次2页，正文186页。

目次：

创作的道路

写尔所知　1942年"五四"纪念日

关于"接受文学遗产" 1942年8月8日

致木刻工作者 1942年4月20日

再谈中苏文化之交流

日本民族发展概观 1942年2月27日

我的学生时代 1942年4月19日

《娜拉》的答案 1942年7月10日晚

由葛录亚想到夏完淳 1942年4月30日

题画记 1942年8月6日

钓鱼城访古 1942年7月13日脱稿

屈原与鳖雅王——这是回答徐迟先生的一封信。原信附后

"深幸有一，不望有二" 1942年5月15日

屈原·招魂·天问·九歌

由诗剧说到奴隶制度

抱箭集
1948年9月上海海燕书店第1版
1949年7月2版
1950年3月3版
28开本，目次5页，正文354页。
1951年11月上海新文艺出版社新1版
1952年6月新2版
1953年5月上海第1次重印

1954年4月重印
1954年9月上海新1版第8次印刷
1955年8月上海新1版第9次印刷
25开本，目次5页，正文286页。
目次：
第一辑：残春及其他
　　今津纪游 1922年2月10日
　　残春 1922年4月1日脱稿
　　牧羊哀话
　　月蚀 1923年8月28日夜
第二辑：山中杂记
　　菩提树下
　　三诗人之死
　　芭蕉花
　　铁盔
　　鸡雏
　　人力以上
　　卖书
　　曼陀罗花
　　红瓜
第三辑：路畔的蔷薇
　　路畔的蔷薇
　　夕暮
　　水墨画
　　山茶花
　　墓
　　白发 1924年10月20日，东京。
第四辑：水平线下
　　原版序引 1928年2月4日上海
　　百合与蕃茄 1923年12月4日夜
　　亭子间中 1926年1月7日午后

后悔　1926年2月22日夜

湖心亭

矛盾的调和

第五辑：归去来

鸡之归去来　1933年9月26日

浪花十日

东平的眉目　1935年11月17日

痈　1936年6月2日负痈草

太山朴　1936年12月7日

达夫的来访　1937年1月8日

断线风筝　1937年6月1日，园子里的太山朴，又开了一朵白花的清晨。

第六辑：芍药及其他

芍药及其他

芍药、水石、石池、母爱

银杏　1942年5月23日

蚯蚓

小麻猫　1942年5月6日

雨　1942年7月8日

小皮箧　1942年7月20日

10月17日

丁东草（三章）

丁东·白鹭·石榴

飞雪崖　1942年10月25日夜

附：补记　1942年12月13日

影子　1944年5月10日

下乡去　1945年6月4日

一、卡车追逐

二、林园访友

三、白果树下

四、塞翁之马

五、离合欢悲

六、夜来风雨

七、新的果实

按：本书上海新文艺出版社版是1948年9月海燕书店版纸型的重印，但删去其中第五辑《归去来》。

中苏文化之交流

1949年6月上海三联书店初版

32开本，序2页，目次2页，正文157页。

目次：

序　1948年9月1日于香港

中苏文化之交流　1940年5月20日

再谈中苏文化之交流——1942年5月30日在中苏文化协会讲

答《国际文学》编者　1940年11月3日

活的模范　1941年6月18日

追慕高尔基　1946年6月19日

契诃夫在东方　1944年6月14日作于重庆，为纪念契诃夫逝世四十周年

悼念 A.托尔斯泰　1945年4月15日

向普希金看齐　1947年2月10日

序《不朽的人民》　1944年5月1日

《亚洲苏联》序　1946年3月27日

序《苏德大战史》　1947年2月18日

读了《俄罗斯问题》　1947年10月30日

看了《侵略》5月15日

出了笼的飞鸟

学习歌颂不完的伟绩　1944年10月30日

奉行国父遗教，向苏联看齐　1944年11月7日

苏联问题二三事　1945年11月4日

世界和平的柱石　1946年10月31日

驳胡适《国际形势里的两个问题》1948年2月23日香港

附录一　历史要重演吗？（周鲠生）

附录二　国际形势里的两个问题（胡适）1938，1，21夜

雄鸡集

1959年1月北京出版社第1版第1次印刷

32开本，目录2页，正文229页。

目录：

浪漫主义和现实主义　1958年6月20日

三点建议

斥胡风的反社会主义纲领　1955年4月

努力把自己改造成为无产阶级的文化工人

建设新中国的人民文艺　1949年7月

团结一心，创作竞赛　1953年9月

团结、工作、批评　1950年5月28日

研究民间文学的目的　1950年3月

谈诗歌问题　1956年12月

谈文学翻译工作　1954年8月

文化上的友谊竞赛

人类前途有无限的光明

学习关汉卿，并超过关汉卿　1958年6月28日

体现自我牺牲的精神

悼念法捷耶夫同志　1956年5月16日

献身精神的榜样　1958年8月16日

燎原的星火　1958年8月21日

关于发展学术与文艺问题　1956年12月

答《边疆文艺》编辑部问　1957年3月13日

文学与社会　1956年9月12日

答《文化1957》问　1957年4月13日

青年的明天　1957年4月15日

北京

文化繁荣的高潮必然到来　1958年1月31日

关于文风问题答《新观察》　1958年3月21日

关于大规模收集民歌问题　1958年4月21日

为今天的新国风、明天的新楚辞欢呼　1958年4月16日

简单地谈谈《诗经》　1951年1月

读了《关于周颂噫嘻篇的解释》1956年8月

释"凫雁丑"　1957年元旦

伟大的爱国诗人——屈原　1953年6月

关于宋玉　1954年12月18日

关于白乐天　1955年11月24日

《红楼梦》第二十五回的一种解释　1956年1月19日

序《志愿军一日》　1956年6月22日于北京

《大跃进之歌》序　1958年6月16日

"一唱雄鸡天下白"　1958年3月26日

文史论集

1961年1月人民出版社第1版北京第1次印刷

32开本，目录4页，正文356页，插图39页。

目录：

关于目前历史研究中的几个问题　1959年3月21日

关于厚今薄古问题　1958年5月16日

给北京大学学生的一封信　3月30日

坚持文物事业的正确方向

开展历史研究，迎接文化建设高潮　1954年1月2日

讨论红与专　1958年2月2日

关于红专问题及其他

学习毛主席

演奏出雄壮的交响曲

乌云消散，太阳更加光芒万丈

就目前创作中的几个问题答《人民文学》编者问

就当前诗歌中的主要问题答《诗刊》社问

进一步开展"百花齐放，百家争鸣"

坐地、巡天及其他　1959年2月22日

给《史学》编辑部的一封信　1957年4月25日

希望有更多的古代铁器出土

——关于古代分期问题的一个关键

汉代政权严重打击奴隶主

——古代史分期争论中的又一关键性问题　1956年12月2日

略论汉代政权的本质

——答复日知先生　1957年2月

27日
关于中国古史研究中的两个问题
《侈靡篇》的研究 1954年5月5日写毕
《太史公行年考》有问题 1955年10月28日
关于司马迁之死
替曹操翻案 1959年3月14日
中国农民起义的历史发展过程——序《蔡文姬》 1959年5月1日
谈蔡文姬的《胡笳十八拍》 1959年1月7日
再谈蔡文姬的《胡笳十八拍》 1959年3月16日
三谈蔡文姬的《胡笳十八拍》 1959年6月2日
四谈蔡文姬的《胡笳十八拍》 1959年6月15日
〔附〕林景熙的《蔡琰归汉图》 1958年8月25日
五谈蔡文姬的《胡笳十八拍》 1959年6月23日
六谈蔡文姬的《胡笳十八拍》
为"拍"字进一解 1960年1月14日
跋《胡笳十八拍》画卷 1959年3月11日
《管子集校》叙录 1954年9月26日
序《〈盐铁论〉读本》 1956年3月20日
影印《永乐大典》序 1959年8月31日
《秋瑾史迹》序 1958年9月12日
《柳亚子诗词选》序 1959年4月6日
关于晚周帛画的考察 1953年9月1日
〔附〕关于晚周帛画的补充说明
由寿县蔡器论到蔡墓的年代 1955年10月3日初稿
1956年1月4日改正
1956年2月12日再改正
信阳墓的年代与国别 1957年10月29日
《矢殷》铭考释 1956年1月29日初稿
1956年2月14日改正
盠器铭考释 1957年3月4日初稿
《保卣》铭释文
《者汈钟》铭考释 1958年2月21日
《辅师嫠簋》考释 1958年4月24日
关于《鄂君启节》的研究 1958年3月8日
由周初四德器的考释谈到殷代已在进行文字简化 1958年6月10日
《弭叔簋》及《訇簋》考释 1959年12月31日
安阳圆坑墓中鼎铭考释 1960

年1月12日

插图目录：

图版1　晚周帛画

图版2　彩色漆画奁

图版3　蔡侯镈

图版4　蔡侯编钟一

图版5　蔡侯编钟二

图版6　1、2、蔡侯编钟八　3、编钟三　4、编钟四

图版7　1、鼎残文　2、3、蔡侯簠　4、蔡侯戈

图版8　蔡侯卢及铭文

图版9　吴王光鉴

图版10　吴王光鉴铭文

图版11，12　䉒筥编钟及铭文

图版13　1、马形盉尊　2、盉尊

图版14　1、马形盉尊盖铭文　2、马形盉尊第一器纹饰

图版15　1、马形盉尊铭文　2、马形盉尊第二器盖铭文

图版16　盉尊铭文

图版17　1、盉方彝甲　2、盉方彝乙

图版18　盉方彝甲正面纹饰

图版19　盉方彝甲铭文

图版20　盉方彝甲盖铭文

图版21　盉方彝乙铭文

图版22　盉方彝乙盖铭文

图版23　保卣

图版24　保卣铭文

图版25　辅师嫠簋

图版26　1、辅师嫠簋口下花纹环带　2、辅师嫠簋铭文

图版27　鄂君启节（甲、乙）

图版28　方鼎

图版29　1、大鼎　2、方鼎铭文　3、大鼎铭文

图版30　1、叔德殷铭文　2、德殷铭文

图版31　1、德殷　2、叔德殷

图版32　弭叔鬲及铭文

图版33　弭叔簠及铭文

图版34　1、弭叔盨　2、铜壶　3、弭叔盨铭文

图版35　匋簋及铭文

图版36　1、安阳后冈的圆坑墓　2、安阳后冈圆坑墓中出土铜鼎

图版37　安阳后冈圆坑墓中出土铜鼎铭文

图版38　安阳后冈圆坑墓出土铜器（1. 铜卣　2. 铜镞　3. 铜刀）

图版39　安阳后冈圆坑墓出土铜器（1. 2. 铜戈）

迎接新中国——郭老在香港战斗时期的佚文

复旦学报（社会科学版）丛书（一）

1979年复旦学报（社会科学版）编辑部出版

32开本，书影2页，目录3页，正文200页。

目录：
纪念邓择生先生
要有力量赢得战争，然后才能赢得和平
尾巴主义发凡
关于"尾巴主义"答某先生
自力更生的真谛
一年来中国文艺运动及其趋向
费译屈原研究序
我为什么离开上海
对九龙城事件之意见
迎接批评时代的一个基本问题
当前的文艺诸问题
开拓新诗歌的路
斥帝国臣仆兼及胡适
"十载一来复"
天天过新年
还要警惕着不流血的"二·二八"
文艺活动的总方向
——在文生社港社文艺月会上的报告
当前的文艺教育
——纪念生活教育社二十一周年
提防政治扒手！
屈原·苏武·阴庆
为美帝扶日向爱国侨胞呼吁
"自由主义"亲美拥蒋，"和平攻势"配合美援
《行知诗歌集》校后记
打破美帝的扶日奴华计划
隔海问答

申述"马华化"问题的意见
美术节展望新美术
4月8日
浪与岩头
历史是进化的
谁个能够不奋发
我再提议改订文艺节
蔡贤初五七寿辰
庆祝"五四"光复
"三无主义"疏证
屈原的幸与不幸
《白毛女》何来白毛
为新政协催生
关于历史剧
悲剧的解放
——为《白毛女》演出而作
脑力劳动者对"五一"号召应有的觉悟
屈原假使生在今天
关于青铜时代和黄帝造指南针
美帝扶植日阀，恢复侵略势力
谁领导了北伐和抗战
我怎样开始了文艺生活
少年爱国诗人夏完淳
我的读书经验
日本投降三周年的感想
论文六绝
祝《文汇报》复刊
《三年游击战争》序言
《波罗的海代表》
撕毁了"黄金时代"

双十节的三大教训
《万家灯火》
世界文化战的呼应
苏联电影是为人民服务的，美国电影却走向反人民路线
讲革命掌故
继续走鲁迅的路
岁末杂感
一切为了前线的胜利　邓牛顿
——读郭老香港战斗时期的佚文

按：本书由上海图书馆、复旦大学分校中文系编。

（五）自传　日记　书信

我的幼年
1929年4月上海光华书局发行
1929年6月再版
1930年5月3版
32开本，前言2页，正文267页，后话2页。
1933年3月（改名《幼年时代》）
32开本，改版说明1页，前言2页，正文267页，后话2页。
1942年8月重庆作家书屋初版（改名《童年时代》）
32开本，正文266页。
前言　1928年12月12日
后话　1929年1月12日校阅后记此。
按：《我的幼年》出版后，因为国民党查禁，在1933年3月版中，将二十六页内中间一段及《后话》内之最后两句删去，并改名《幼年时代》。光华版《幼年时代》尚有另一版本，封面设计为一儿童头像、无版年。重庆作家书屋初版为"郭沫若先生创作生活廿五周年纪念版"取名《童年时代》，不仅删去正文内第20页中间一段，还删掉了《前言》、《后话》，并改横排版为直排版，个别句子也作了修改。及收入《沫若文集》第六卷时改名《我的童年》。另有1929年4月上海文艺书局版的《童年时代》和1936年10月初版、1937年8月、1939年2月两次再版的合众书店版，1947年四月上海全球书店初版都是直排版，主要删改的地方和1933年3月光华书店版相同。

反正前后
1929年8月15日上海现代书局出版
32开本，《发端》6页，正文211页。
1931年（改名《划时代的转变》）
32开本，改版说明1页，《发端》6页，正文213页。
1943年4月重庆作家书屋初版（附《黑猫》）
32开本，《发端》4页，正文共228页。
按：《反正前后》1929年出版后，因国民党查禁停版两年，1931年版已将内容作了修改，换名《划时代的转变》，1931年现代书局另一版本封面题名《反正前后》，书名页改题《划时代的

转变》，其他与前面一版相同，1943年4月重庆作家书屋初版改为直排版，书名仍取《反正前后》，正文后面附有《黑猫》。另有1936年10月上海复兴书局复兴第一次再版的《划时代的转变》，版本和1929年8月15日的现代书局版相同。又1946年4月上海现代书屋版《划时代的转变》和1939年3月立社出版部版《反正前后》版本相同。

黑猫

1931年12月上海现代书局初版

1932年4月再版

1932年10月3版

1933年3月4版

1934年4月5版

32开本，正文69页。

按：此书在1941年8月由香港强华书局重排印行，书名改为《我的结婚》，1947年1月上海强华书店再版发行。另有1947年1月上海新益书店再版也以《我的结婚》命名。

创造十年

1932年9月20日上海现代书局初版

1933年1月20日再版

1933年11月1日3版

32开本，272页。

1943年7月作家书屋渝1版（土纸本）

32开本，正文209页。

（以下两篇见现代书局版）

发端

作者附白　1932年9月11日校后志此

创造十年续编

创作新刊

1938年1月上海北新书局初版

48开本，正文204页。

沫若书信集

复兴第一种

1933年9月上海泰东图书局出版

32开本，目次1页，序3页，正文178页。

1937年6月出版

32开本，目次1页，序3页，正文178页。

目次：

序　1933年8月25日

与宗白华书　1920年1月18日

致田汉书　1920年2月15日

与宗白华书　1920年2月16日夜

与宗白华书　1920年2月15日

与田汉书　1920年2月25日夜

与田汉书　1920年3月6日

与宗白华书　1920年3月3日

与田汉书　18日

与郁达夫书　1921年10月6日

与郁达夫书　1921年11月6日

与郁达夫书　双十节

与郁达夫书　9月12日

与宗白华书　5月20日夜书毕
与成仿吾书　4月18日夜
与成仿吾书

按：本书最后一封信《与成仿吾书》写于1924年8月9日，后题名《孤鸿》，收入《从文学革命到革命文学》、《孤鸿》等单行本中。1937年6月版书名页和版权页题"上海华东书局印行"。

离沪之前

创作丛刊

1936年5月9日上海今代书店发行

32开本，正文65页。

北伐

创作丛书

1937年6月上海北雁出版社初版　精装

1937年7月再版

32开本，目录1页，作者的笔迹1页，照片1帧，正文209页。

目录：

曲江河畔（作者照片的说明）1937年4月29日

北伐途次

宾阳门外

双簧　1936年6月4日夜追记

插图二幅（文前）

一、本书作者的笔迹

二、北伐时代的本书作者的照片

按：上海潮锋出版社选录了本书中《北伐途次》一节于1937年1月出版，4月增订，并以《北伐途次》命名。著者在本书《北伐途次》的"后记"（1937年2月15日记）中提到："这篇回忆录在《宇宙风》上分期登载了十五次，算登完了。……本篇在发表的'中途'上海有一家幽灵出版社，把前二十五节盗取了，去作为《北伐途次——第一集》而'出卖'了。"又在本书前的"作者笔迹"（1937年4月29日写）中指出："我的《北伐》前委托北雁出版部出版。坊间有一种《北伐途次》第一辑，乃妄人任意偷版。这种侵犯版权的行为，现亦托北雁代表清查，遇必要时自可提出诉讼。此证。"

在轰炸中来去

抗战文艺小丛书

1937年11月1日上海抗战出版部初版

32开本，著者画像1帧，正文64页。

附录：中国文化界告国际友人书

1937年8月21日起草

按：著者画像为郁风所画，画像上有郭沫若亲笔题诗。

前线归来

1938年2月15日汉口星星出版社初版

32开本，目录1页，正文70页。

目录：

在轰炸中来去

到浦东去来　8月25日晨

前线归来　9月13日

苏联纪行
中苏文化协会研究委员会研究丛书第三种
1946年3月上海中外出版社初版
32开本，正文216页。
1946年10月再版
32开本，正文204页。
1946年4月北平中外出版社初版
32开本，正文216页。
1946年8月太岳新华书店出版（土纸本）
32开本，正文149页。
1946年11月裕民印刷厂出版（土纸本）
32开本，正文163页。
1949年8月大连新中国书店东北初版（改名《苏联五十天》）
按：1949年版改排时作了删节。大连新中国书店即三联书店。本书已知的尚有大连中苏友好协会版和香港中国出版社版，都缺版年。

归去来
文艺新刊
1946年5月上海北新书局出版
32开本，目次2页，正文256页。
目次：
 离沪之前
 鸡之归去来　1933年9月26日
 浪花十日
 东平的眉目　1935年11月17日
 痈　1936年6月2日
 太山朴　1936年12月7日
 达夫的来访　1937年1月8日
 断线风筝
 从日本回来了　1937年8月1日
 脱稿
 到浦东去来　8月26日晨
 前线归来
 希望不要下雨　9月2日
 在轰炸中来去

南京印象
1946年11月上海群益出版社第1版
32开本，目录2页，正文109页。
目录：
 一、初访蓝家庄
 二、漫游鸡鸣寺
 三、拜码头
 四、梅园新村之行
 五、"国民大会"场一席谈
 六、以文会友
 七、二十四小时了
 八、谒陵
 九、失悔不是军人
 十、疑在马尼剌
 十一、游湖
 十二、慰问人民代表
 十三、假如我是法西斯蒂
 十四、秦淮河畔
 十五、失掉了一枝笔
 十六、慰问记者
 十七、南京哟，再见！

少年时代（沫若自传·第一卷）
1947年4月上海海燕书店第1版
1948年9月2版
1949年9月3版
1951年5月7版
1951年11月上海新文艺出版社新1版
1952年6月新2版
1953年4月新3版
1954年1月上海第1次重印
1954年2月上海第2次重印
1954年6月上海第3次重印
1955年3月重印
1955年8月重印
1956年9月第9次印刷
1957年10月第10次印刷

28开本，作者照片1帧，序2页，目次1页，正文402页。

1979年3月人民文学出版社北京第1版

32开本，作者照片1帧，目录1页，序2页，正文346页。

目次：

　序　1947年3月13日
　我的童年
　反正前后
　黑猫
　初出夔门

按：本书上海新文艺出版社版是根据海燕书店1947年4月纸型重印的。1958年5月人民文学出版社收入《沫若文集》第六卷时，全文经过作者修订。

这里反映的1979年人民文学出版社版是根据《沫若文集》的版本刊印的。

革命春秋（沫若自传·第二卷）
1947年5月上海海燕书店第1版
1949年7月重印
1950年2月3版
1951年4月4版
1951年6月上海新文艺出版社新1版
1951年11月新2版
1952年6月新3版
1953年4月新4版
1953年10月上海第2次重印
1954年5月重印
1954年9月重印
1955年3月重印
1955年8月重印
1956年9月第10次印刷
1957年10月第11次印刷

25开本，照片1帧，序2页，目次1页，正文437页。

目次：

　序　1947年5月8日
　学生时代　1942年4月19日
　创造十年
　创造十年续篇
　北伐途次
　后记　1937年2月15日记
　宾阳门外（附录一）
　双簧（附录二）　1936年6月4日夜追记。

按：本书新文艺出版社版是根据1947年5月海燕书店纸型重印的。1979年3月人民文学出版社出版的北京第一版《革命春秋》篇目和海燕版出入较大，除《北伐途次》一篇还保留外，全书和1958年9月人民文学出版社《沫若文集》第八卷的篇目相同，是它的重印版。

抗战回忆录
1949年上海群益出版社版
1959年4月天津百花文艺出版社第1版第1次印刷
1959年5月第2次印刷
32开本，前记2页，目录6页，正文234页。
1979年3月人民文学出版社北京第1版第1次印刷
32开本，作者照片2帧，目录3页，正文580页
目录（百花文艺出版社版）

第一章　南迁
　　一　脱离孤岛
　　二　遥望宋皇台
　　三　街头遇敌人
　　四　辗转反侧
　　五　碰壁之余
　　六　"拍拖"
第二章　动荡
　　一　到了武汉
　　二　"委屈"
　　三　"一道去挤"
　　四　傀儡的试探
　　五　2月6日
　　六　逃走
第三章　再动荡
　　一　在长沙
　　二　五伦之一
　　三　留芳岭
　　四　不平衡的天秤
　　五　使酒骂座
　　六　入地狱
第四章　筹备
　　一　约法三章
　　二　人事和计划
　　三　昙花林
　　四　孩子剧团
　　五　鹿地亘夫妇
　　六　典型作风
第五章　宣传周
　　一　起死回生
　　二　洪钧运转
　　三　"四面倭歌"
　　四　阻碍横生
　　五　审查
　　六　假警报
第六章　低潮期
　　一　邓演达再世
　　二　李公朴被扣
　　三　竞争者出现
　　四　徐寿轩辞职
　　五　一桩大笑话

六　胡愈之上台
第七章　保卫大武汉
　　　一　计划"七七纪念"
　　　二　特别召见
　　　三　"奉旨出朝"
　　　四　纪念大会
　　　五　国民参政会
　　　六　献金狂潮
第八章　推进
　　　一　文化的触角
　　　二　慰劳工作
　　　三　战斗文化服务
　　　四　抗剧九队
　　　五　抗宣四队及其他
　　　六　衡山先遣队
第九章　反推进
　　　一　部内的人事波动
　　　二　申斥与召见
　　　三　解散民众团体
　　　四　也在"动员"
　　　五　利用托派
　　　六　诱叛与活埋
第十章　战区行
　　　一　到宋埠
　　　二　到浠水
　　　三　到阳新
　　　四　在阳新
　　　五　到武宁
　　　六　回武汉
第十一章　生活面面
　　　一　物外桃源

　　　二　随风吹散
　　　三　看起了西园寺
　　　四　坐朝论道
　　　五　御前会议
　　　六　妇女工作
第十二章　疾风知劲草
　　　一　到歧亭去
　　　二　坐冷板凳
　　　三　两件珍品
　　　四　文艺活动
　　　五　等待爆炸
　　　六　飞将军自天而降
第十三章　撤守前后
　　　一　"正义之剑"
　　　二　四巨头会议
　　　三　昧着良心
　　　四　西崮典型
　　　五　朝鲜义勇队
　　　六　报应昭彰
第十四章　流亡
　　　一　在沙市
　　　二　惨目的光景
　　　三　惹得人憔悴
　　　四　长沙种种
　　　五　一幕滑稽插剧
　　　六　纷乱如麻
第十五章　长沙大火
　　　一　撤退——再撤退
　　　二　"风平浪静"
　　　三　良心的苛责
　　　四　第三次狼狈

五　收容和整顿
　　六　长沙善后
第十六章　入幽谷
　　一　近卫声明
　　二　流连南岳
　　三　桂林种种
　　四　舟游阳朔
　　五　张曙父女之死
　　六　弓与弦
后记　1948年11月21日于香港
1950年10月3日于北京
目录（人民文学出版社版）
洪波曲
前记　1958年5月9日
第一章　南迁
第二章　动荡
第三章　再动荡
第四章　筹备
第五章　宣传周
第六章　低潮期
第七章　保卫大武汉
第八章　推进
第九章　反推进
第十章　战区行
第十一章　生活面面
第十二章　疾风知劲草
第十三章　撤守前后
第十四章　流亡
第十五章　长沙大火
第十六章　入幽谷
后记　1948年11月21日于香港

1950年10月3日于北京
芍药及其他
　芍药　4月12日
　水石　4月12日
　石池　4月26日晨
　母爱　1942年4月30日晨
　银杏　1942年5月23日
　蚯蚓
　小麻猫　1942年5月6日
　雨　1942年7月8日
　小皮箧　1942年7月20日
　竹阴读画
丁东草（三章）
　丁东　1942年10月30日
　白鹭　1942年10月31日
　石榴　1942年10月31日
　飞雪崖　1942年10月25日夜
　附：补记　1942年12月13日
　影子　1944年5月10日
　下乡去　1945年6月4日
苏联纪行
前记
日记
南京印象
　一　初访蓝家庄
　二　漫游鸡鸣寺
　三　拜码头
　四　梅园新村之行
　五　"国民大会"场一席谈
　六　以文会友
　七　二十四小时了

八　谒陵
九　失悔不是军人
一〇　疑在马尼剌
一一　游湖
一二　慰问人民代表
一三　假如我是法西斯蒂
一四　秦淮河畔
一五　失掉了一枝笔
一六　慰问记者
一七　南京哟，再见！

按：本书初载于1948年8月25日至12月4日香港《华商报》副刊《茶亭》，题名《抗战回忆录》，群益版未公开发行。百花文艺出版社版作了修订并改名《洪波曲》。人民文学出版社版系根据该社1959年9月第一版《沫若文集》第九卷的版本刊印的。

海涛
1951年8月上海新文艺出版社第1版
1951年12月第2版（增补版）
1952年8月第3版
1953年4月第4版
1954年2月上海第1次重印
1954年5月上海第2次重印
1954年9月上海第1版第7次印刷
1955年2月上海第1版第8次印刷
1956年10月第9次印刷
1957年12月第10次印刷
32开本，目录1页，正文194页。
目录：

涂家埠　1948年6月5日
南昌之一夜　1948年6月21日
流沙　1948年7月15日
神泉　1948年8月9日写于香港
跨着东海
我是中国人
鸡之归去来　1933年9月26日
浪花十日
广陵散　1937年1月8日
由日本回来了　1937年8月1日脱稿

学生时代
1979年3月人民文学出版社北京第1版第1次印刷
32开本，作者照片2帧，目录2页，正文428页。
目录：

序　1947年5月8日稿
我的学生时代　1942年4月19日
创造十年
创造十年续篇
今津纪游　1922年2月10日
山中杂记
菩提树下
芭蕉花
铁盔
鸡雏
卖书
路畔的蔷薇
路畔的蔷薇

夕暮

水墨画

山茶花

墓

白发　1925年10月20日

水平线下

到宜兴去　1927，11，20，作者补记

尚儒村　1925年4月14日

百合与番茄　1923年12月4日夜

原版序引　1928年2月4日，上海

集外

梦与现实　1923年冬，在上海

寄生树与细草　1924年，在上海

昧爽　1924年，在上海

孤山的梅花　1925年正月30日

杜鹃　1936年春

按：本书系根据1958年8月北京人民文学出版社第一版《沫若文集》第七卷重印。作者所写之《序》《我的学生时代》《创造十年》《创造十年续编》四篇原收入1947年5月上海海燕书店版《革命春秋》。

樱花书简

1981年8月四川人民出版社第1版

32开本，照片2帧，手稿2页，目录1页，正文181页。

目录：

书信

初出夔门三封〔1913〕

东京和第一高等学校二十七封〔1914—1915.8〕

冈山第六高等学校二十七封〔1915.9—1918.7〕

福冈帝国医太九封〔1918.8—1923〕

编后　唐明中　黄高斌

按：本书选编了郭沫若学生时代（1913—1923）的十年家书，共六十六封，由唐明中、黄高斌搜集、整理，并将每封信作了简要的说明。其中十四封曾发表于1979年11月30日《社会科学战线》第4期，题名《郭沫若早年家书》，由黄高斌，唐明中编注。

（六）历史　考古

中国古代社会研究

1930年3月20日上海联合书店初版

28开本，目次2页，序6页，解题2页，正文共335页。

1930年4月20日2版

28开本，目次3页，序6页，解题2页，正文共334页。

1930年5月20日3版

1931年9月20日上海现代书局4版

1932年10月10日5版

28开本，目次4页，序6页，解题2页，正文共365页。

1947年4月上海群益出版社刊行

1950年6月第2版

1950年9月第3版

1951年4月第4版

25开本，目次6页，自序6页，解题2页，正文共357页。

1951年11月上海新文艺出版社新1版

1952年7月新2版

1954年9月人民出版社第1版北京第1次印刷

1960年2月科学出版社新1版

1961年新1版第2次印刷

1964年10月新2版

1977年12月人民出版社北京第1次印刷（精装）

1977年12月人民出版社北京第3次印刷

25开本，目录6页，新版引言2页，自序5页，解题2页，正文345页。

目次：（联合书店初版）

自序　1929年9月20日夜

解题　1929年9月21日

导论　中国社会之历史的发展阶段

第一篇　周易的时代背景与精神生产

上篇　周易时代的社会生活

第一章　生活的基础

第二章　社会的结构

第三章　精神的生产

下篇　易传中辩证的观念之展开

Ⅰ　辩证的宇宙观

Ⅱ　辩证观的转化

Ⅲ　折衷主义的伦理

结论

第二篇　诗书时代的社会变革与其思想上的反映

第一期　由原始共产制向奴隶制的推移

第二期　由奴隶制向封建制的推移

第三篇　卜辞中之古代社会

序说

本论Ⅰ　社会基础的生产状况

本论Ⅱ　上层建筑的社会组织

结语

第四篇　周金中的社会史观

序说

1. 周代是青铜器时代
2. 周金中的奴隶制度
3. 周金中无井田制的痕迹
4. 周金中无五服五等之制
5. 古金中殷周的时代性

余论

追论及补遗

1. 殷墟之发掘
2. 由矢彝考释论到其他
3. 附庸土地之另一解

追记

目次：（联合书店二版）

自序　1929年9月20日夜

解题　1929年9月21日

导论：中国社会之历史的发展阶段

1. 社会发展之一般
2. 殷代——中国历史之开幕时期
3. 周代——铁的出发时期——奴隶制
4. 周代以来至最近时代之概观
5. 中国社会之概览

第一篇　周易的时代背景与精神生产发端

上篇　周易时代的社会生活

1．生活的基础

2．社会的结构

3．精神的生产

下篇　易传中辩证的观念之展开

1．辩证的宇宙观

2．辩证观的转化

3．折衷主义的伦理

4．大学中庸与易传的参证

结语

第二篇　诗书时代的社会变革与其思想上之反映

序说

第一期　由原始共产制向奴隶制的推移

1．原始共产社会的反映

2．奴隶制的完成

3．宗教思想的确立

第二期　由奴隶制向封建的推移

1．宗教思想的动摇

2．社会关系的动摇

3．产业的发达

第三篇　卜辞中之古代社会

序说　卜辞出土之历史

本论Ⅰ：社会基础的生产状况

小引

1．渔猎

2．牧畜

3．农业

4．工艺

5．贸易

6．本章的结论

本论Ⅱ：上层建筑的社会组织

引子

氏族社会的痕迹

1．彭那鲁亚制

2．母权中心

3．氏族会议及联带行动

氏族社会的崩溃

1．私有财产的发生

2．阶级制度的萌芽

本章的结论

附白二则

第四篇　周金中的社会史观

序说

第一　周代是青铜器时代

第二　周金中的奴隶制

第三　周金中无井田制度的痕迹

第四　周金中无五服五等之制

第五　古金中殷周的时代性

余论

追论及补遗

Ⅰ．殷墟之发掘

Ⅱ．由矢彝释论到其他

Ⅲ．附庸土田之另一解

再版书后

Ⅰ．矢令殷之考释

Ⅱ．明保之又一证

Ⅲ．古金中有称男之二例

Ⅳ．古代用牲之最高纪录

Ⅴ. 殷墟仍无铁的发现

Ⅵ. 夏禹的问题

目次：（群益版）

第一版自序　1929年9月20日夜

解题　1929年9月21日

导论　中国社会之历史的发展阶段

第一章　社会发展之一般

第二章　殷代——中国历史之开幕时期

第三章　周代——铁的出发时期——奴隶制

第四章　周代以来至最近时代之概观

第五章　中国社会之概览

第一篇　卜辞中之古代社会

序说　卜辞出土之历史

第一章　社会基础的生产状况

第一节　渔猎

第二节　畜牧

第三节　农业

第四节　工艺

第五节　贸易

第二章　上层建筑的社会组织

第一节　氏族社会的痕迹

（一）彭那鲁亚制

（二）母权中心

（三）氏族会议及联带行动

第二节　氏族社会的崩溃

（一）私有财产的发生

（二）阶级制度的萌芽

第二篇　周金中的社会史观

序说

第一章　周代是青铜器时代

第二章　周金中的奴隶制度

第三章　周金中无井田制的痕迹

第四章　周金中无五服五等之制

第五章　古金中殷周的时代性

第三篇　诗书时代的社会变革与其思想上之反映

序说

第一章　由原始共产制向奴隶制的推移

第一节　原始共产社会的反映

第二节　奴隶制的完成

第三节　宗教思想的确立

第二章　由奴隶制向封建制的推移

第一节　宗教思想的动摇

第二节　社会关系的动摇

（一）阶级意识的觉醒

（二）旧家贵族的破产

（三）新有产者的勃兴

第三节　产业的发展

刑罚的买卖

爵禄的买卖

工商业的发达

农业的发达

第四篇　周易时代的社会生活

发端

第一章　周易时代的社会生活

第一节　生活的基础

（一）渔猎

（二）牧畜

（三）商旅（交通）

（四）耕种

（五）工艺（器用）

第二节　社会的结构

（一）家族关系

（二）政治组织

（三）行政事项

第三节　精神的生产

（一）宗教

（二）艺术

（三）思想（辩证的观念）

第二章　易传中辩证的观念之展开

第一节　辩证的宇宙观

第二节　辩证观的转化

第三节　折衷主义的伦理

第四节　大学中庸与易传的参证

附录

追论及补遗

一、殷墟之发掘

二、由矢彝考释论到其他

三、附庸土田之另一解

四、矢令簋考释

五、明保之又一证

六、古金中有称男之二例

七、古代用牲之最高纪录

八、殷墟无铁的发现

九、夏禹的问题

十、"旧玉亿有百万"

新订正版后记　1947年4月10日

目录：（1954年9月人民出版社版）

新版引言　1953年11月18日

自序　1929年9月20日夜

解题　1929年9月21日

导论　中国社会之历史的发展阶段

一、社会发展之一般

二、殷代——中国历史之开幕时期

三、周代——铁的出现时期——奴隶制

四、周代以来至最近时代之概观

五、中国社会之概览

第一篇　周易时代的社会生活

发端

第一章　周易时代的社会生活

第一节　生活的基础

一　渔猎　二　牧畜　三　商旅（交通）　四　耕种　五　工艺（器用）

第二节　社会的结构

一　家族关系　二　政治组织

三　行政事项　四　阶级

第三节　精神的生产

一宗教　二　艺术　三　思想

第二章　易传中辩证的观念之展开

第一节　辩证的宇宙观

第二节　辩证观的转化

第三节　折衷主义的伦理

第四节　大学中庸与易传的参证

第二篇　诗书时代的社会变革与其思想上之反映

序说

第一章　由原始公社制向奴隶制的推移

第一节　原始公社社会的反映

第二节　奴隶制的完成

第三节　宗教思想的确立

第二章　由奴隶制向封建制的推移

第一节　宗教思想的动摇
第二节　社会关系的动摇
一　阶级意识的觉醒　二　旧家贵族的破产　三　新有产者的勃兴
第三节　产业的发展
一　刑罚的买卖　二　爵禄的买卖
三　工商业的发达
四　农业的发达
第三篇　卜辞中的古代社会
序说　卜辞出土之历史
第一章　社会基础的生产状况
第一节　渔猎
第二节　牧畜
第三节　农业
第四节　工艺
第五节　贸易
第六节　结论
第二章　上层建筑的社会组织
楔子
第一节　民族社会的痕迹
一　彭那鲁亚制　二　母权中心
三　民族会议及联带行动
第二节　氏族社会的崩溃
一　私有财产的发生　二　阶级制度的萌芽
本章的结语
第四篇　周代彝铭中的社会史观
一　序说
二　周代是青铜器时代
三　周代彝铭中的奴隶制度
四　周代彝铭中无井田制的痕迹

五　周代彝铭中无五服五等之制
六　彝铭中殷周的时代性
七　余论
附录　追论及补遗
一　殷墟之发掘
二　由矢彝考释论到其他
三　附庸土地之另一解
四　矢令簋考释
五　明保之又一证
六　古金中有称男之二例
七　古代用牲之最高纪录
八　殷墟中无铁的发现
九　夏禹的问题
十　"旧玉亿有百万"
后记　1947年4月10日

按：此书在联合书店初版发行后，作者花了两天时间，作了一次最后的校订。（一）对初版中的错误都作了改正，（二）在卷首加了一个较为详尽的目录，（三）将新得的材料和意见，附加了六项在后面。以上三点原拟作为《再版书后》，后因时间没赶及，只能改成《三版书后》。但在联合再版中已完成第（一）、（二）两项。　因此联合再版可作为此书第二种版本。1947年4月群益出版社版作者在后记中提到"整个把板样改了，以前是横排的，如今改成竖排。篇目次第也改了，……但内容除少数字句略有修正删削之外没有什么大的改动"。1954年9月人民出版社北京第一版的目次主要是根据

1930年5月20日联合书店三版排成的，作者在1953年11月18日所写之《新版引言》中提到"感谢出版社的同志们，费了很大的功夫从事整理核对引文，校勘全著，订正了不少文字上的错误。我自己趁这个机会也仔细校阅了一遍，又在相当大的范围内，加添了好些改正，首先是我把篇目改还了原样。"这是第四种版本。1960年2月科学出版社新一版系根据1954年人民出版社版重印，只校订了个别文字。1964年10月科学出版社新二版仍沿用人民出版社版重排并校改了个别字，又将竖排版改为横排，1977年12月又由人民出版社出版为1964年科学出版社之重印版。本书曾根据1961年科学出版社新一版第二次印刷，编入1963年6月人民文学出版社北京第一版《沫若文集》第十卷。联合初版，再版之月份都印错了，在三版时给以更正。由于本书的改动主要反映在目次的增补和变动上，所以将不同版本的目次都列举出来。除上述已提到的版本外，尚有1930年5月20日上海新新书店三版和上海中亚书局版（版年缺）都是按联合书店三版排版的。

甲骨文字研究二卷
1931年5月上海大东书局景印本，初版，线装，上下册。
1952年9月人民出版社北京第一次印刷

1962年11月北京科学出版社新一版精装
16开本，336页，附图1页。
目录：
1. 释祖妣
2. 释臣宰
3. 释寇
4. 释攻
5. 释作
6. 释封
7. 释挈
8. 释版
9. 释耤
10. 释朋
11. 释五十
12. 释穌言
13. 释南
14. 释鬃
15. 释蚀
16. 释岁
上第一卷
17. 释支干
一、支干表
二、十日
三、十二辰
四、何谓辰？
五、十二辰古说
六、十二辰与十二宫
七、岁名之真伪
八、十二次
九、余论

上第二卷
附录
〔前附〕序及序录
序 1929年8月1日辍笔。
序录 1929年8月1日作者识。
〔后附〕 一年以后之跋辞
一年以后之跋辞 1930年8月10日
一年以后之自跋 1930年9月1日
后记 10月7日补志
（下篇见人民出版社版，科学出版社版）
重印弁言 1952年8月30日记于北京
按：《甲骨文字研究》在1952年人民出版社印行的改订本中，著者删去了《释宼》《释攻》《释作》《释封》《释挈》、《释版》《释南》《释龖》《释蚀》九篇，增加了1934年写的《释勿勿》一篇。此外把原有的序文和两篇后叙都删去了。保留下来的几篇在文字和引证上也略有些改削和补充。1962年科学出版社版只就改订校改了个别字，有几处著者加了眉批。大东书局版"序"篇末原署"1919年8月1日辍笔"系误笔。

汤盘孔鼎之扬榷·臣辰盉铭考释
署名郭鼎堂著
1931年6月北平燕京大学出版
16开本，12页。
汤盘孔鼎之扬榷 1931年2月15日夜作
臣辰盉铭考释 1930年9月19日作

附录一 9月23日补记
附录二 1931年1月14日补记
按：此为燕京学报第九期抽印本。

殷周青铜器铭文研究
1931年6月上海大东书局景印本初版
线装，上下册，正文共238页。
1954年8月人民出版社第1次印刷
线装一册
1961年10月科学出版社新1版 精装
16开本，226页。
序 1930年7月29日，沫若
追记四则 1930年11月26日记。
目录：
I：
一、殷彝中图形文字之一解
1930年7月5日夜草就。
二、戊辰彝考释
三、大丰殷韵读 1930年7月7日。
四、令彝令殷与其他诸器物之综合研究
1930年7月12日脱稿。
Ⅰ. 令彝释文
Ⅱ. 令殷释文
Ⅲ. 明保考
Ⅳ. 余论
五、公伐郤钟之鉴别与其时代 1930年7月13日。
六、鲁侯敦释文 1930年7月13日作
Ⅱ：
一、新郑古器之一二考核 1930年4月5日初稿，7月16日改作。

二、者氵监钟韵读　1930年7月14日作。

三、晋邦盦韵读　1930年7月17日作。

四、秦公殷韵读　1930年7月17日作。

五、国差𫷷韵读　1930年7月20日完稿。

六、齐侯壶释文　1930年7月19日毕。

七、释丹柹　1930年7月22日，草毕。

八、戈珊㦽骰必彤沙说　1930年7月24日作毕。

九、说戟　1930年7月28日脱稿。

十、跋丁卯斧　1930年7月29日脱稿。（以下只见人民出版社版和科学出版社版）

重印弁言　1954年3月26日。

附录一：关于新郑古物补记　1930年11月26日记。

附录二：关于乾戟之演变　1952年9月6日郭宝钧。

附录三：新郑古器中"莲鹤方壶"的平反　1952年10月26日于北京。

按：1954年人民出版社重新排印《殷周青铜器铭文研究》时，著者曾略作删削，并加上附录。如："旧有考证《公伐郂钟》一篇，因该钟铭文乃伪刻，已被剔除，而仅存其关于林钟、句鑃、钲、铎，诸说，即其显著的一项。其余则仅在附注中略加后案，以揭示其错误而已。"（见《重印弁言》）而科学出版社版"文字部仍沿用人民出版社版，又作了个别字句的勘定。图录，拓本，多重为制版，并略事增补，以求明晰。摹本则保存原墨。"（见"出版说明"）《追记四则》经删改收入人民出版社、科学出版社改名《附录一：关于新郑古物补记》。

两周金文辞大系

1932年1月10日日本东京文求堂书店景印本初版　精装

16开本，图像16页，序10页，解题4页，目录及图版目次6页，正文276页，索引29页。

目录：

　　序文　1931年9月9日全书录成后序此。

　　解题　1931年9月9日　著者识

　　上编　宗周文　凡百三十七器

　　下编　列国文　凡百一十四器

　　索引　全书分目及著录出处1931年9月8日

图版目次：

　　第一图　A. 令彝盖，B. 令彝器，C. 令尊。

　　第二图　小臣谏殷；A. 盖，B. 器。

　　第三图　御殷

　　第四图　小臣宅殷

　　第五图　𩰫鼎

　　第六图　小盂鼎

　　第七图　竞卣：A. 盖，B. 器。

　　第八图　𦥑壶

　　第九图　周公殷

　　第十图　𩰫从盨

　　第十一图　召伯虎殷

第十二图　沈子也殷
第十三图　庠壶

金文丛考

1932年8月1日日本东京文求堂书店景印本初版

线装4页，目次2页，正文274页，跋尾2页，追记4页。

1954年6月人民出版社北京第1版

线装3页，重印弁言5页，目次4页，正文420页。

一、周彝铭中之传统思想考

二、金文所无考

三、周官质疑

四、汤盘孔鼎之扬榷　1931年2月15日夜作

五、谥法之起源

六、讳不始于周人辨

七、彝铭名字解诂

八、毛公鼎之年代

九、金文馀释

释鞞鞦

释黄

释朱旂旐金荮二铃

释吕

释缪

释窒

释矞

释昭

释贲

释鼙易

释白

释坙

释爽

释鼙

释中𩰬虘𦌴

释干卤

十、新出四器铭考释

沈子簋铭考释

臣辰盉铭考释

小臣𧻚簋铭考释

𪚥羌钟铭考释

十一、金文韵读补遗

跋尾　1932年6月6日夜全书录成后记于海东之鸿台

（下篇见人民出版社版）

重印弁言　1952年10月27日记于北京

按：人民出版社版是1952年的改编版。著者在"重印弁言"中指出"这儿所呈献出的金文丛考是把原有的金文丛考，金文馀释之馀、古代铭刻汇考和续编中的金文部分汇集起来的、略略有些删改和补充，但是在骨干上大体仍旧。"

金文馀释之馀

1932年11月6日日本东京文求堂书店景印本发行

线装1页，目次1页。

目次：

金文馀释之馀

释嫞

释库

释须句

释孔

释瞢

释共

释贲屯

释撲

释曩

释朱

释盥鬻鬻鬻

释覃

释䵼

释弋

释㡿

释底鱼

释叔

释∞

释㠯氏

周公殷释文

壴卣释文

丘圆之釜考释

附录

答《两周金文辞大系商兑》

卜辞通纂附考释索引

1933年5月10日日本东京文求堂书店景印本发行

线装4册，目次1页，序6页，后记7页，述例4页，索引13页。

目次：

卜辞通纂

一、干支　自第一片至第八片

二、数字　自第九片至第三六片

三、世系　自第三七片至第三六二片

四、天象　自第三六三片至第四三六片

五、食货　自第四三七片至第四七四片

六、征伐　自第四七五片至第六一四片

七、畋游　自第六一五片至第七五一片

八、杂纂　自第七五二片至第八〇〇片

别录之一

一、中央研究院藏大龟四版拓片

二、同新获卜辞拓片二十二片

三、何遂氏藏甲骨拓片十六片

别录之二

日本所藏甲骨择尤　计大龟二版，巨兽骨一枚，其他另碎甲骨共七十七片。

序文　1933年1月11日全书录成后序于江户川畔之鸿台。

后记　2月8日夜补记

述例　1933年1月16日

索引

古代铭刻汇考四种

1933年12月10日日本东京文求堂书店景印本发行

线装3册　序1页，目次2页。

序　1933年11月25日全书行将印成时序此。

目次：

一、殷契馀论

殷奭拾遗

申论芎甲

断片缀合八例
残辞互足二例
缺刻横画二例
易日解
镘龟解
释图向
宰丰骨刻辞
附录：周代彝铭进化观
二、金文续考
矢令殷追记
师旅鼎
献彝
盠卣
命殷
鬻殷
季嘼殷
国叵戭殷
公克敦
坠騂壶
嗣子壶
新郑古器
上郡戈
三、石鼓文研究
古拓二种之比较
古拓之年代
石鼓之年代
原文之复原及其考释
注释
馀论
附图五种共十四页
四、汉代刻石二种

熹平石经鲁诗残石
　其一　邶风　匏有苦叶　习习谷风
　其二　大雅　韩奕　公刘
龟兹刻石

古代铭刻汇考续编
1934年5月20日日本东京文求堂书店
景印本初版
线装1册
目次：
一、骨臼刻辞之一考察
二、释七十——殷文纪数之一新例
三、释亢黄——佩玉续考
四、释勹勿——殷代用觲用笏之证
五、释非余——裂鼎铭与傅卣铭之比较研究
六、秋氏壶年代与国别之考察
七、厵氏鐘补遗、论及所谓"秦式"器
八、寿县所出楚器之年代
九、再论石鼓文之年代
图版
古佩玉全形
厵氏之镜二具
寿县所书楚器之一部分
楚王畬肯鼎铭三种
曾姬无卹壶与新郑堂之对照
十鼓斋先锋本石鼓文　而师石三版
十鼓斋中坚本石鼓文　同石三版

两周金文辞大系图录
1935年3月5日日本东京文求堂书店

景印本发行

线装 5 册

序　1934年3月　唐兰作

引言　1934年11月20日　作者识

总目：

一、诸家著录目

二、目录表

三、列国标准器年代表

四、图编序说——彝器形象学试探

五、图编

六、录编

七、补遗

按：1957年12月科学出版社北京新一版《两周金文辞大系图录考释》，是将本书和1935年8月20日日本东京文求堂书店发行的《两周金文辞大系考释》汇集而成八册一函的增订版。著者在1956年10月所写的《增订序记》中提到"此次增订，拓本多经选择更易，务求鲜明，摹本刻本，凡能觅得拓本者均已改换。器形图照亦略有增补，而于著录书目则增补尤详。""新出重器若干种本拟增入，但以变动过大，成书不易，终于作罢，故原书大抵一任旧贯。"（见《两周金文辞大系图录考释》）

屈原

1935年4月上海开明书店初版

1936年3月再版

32开本，序2页，目次2页，正文122页。

序　1935年沪难三周年纪念日

目次：

一、屈原的存在

甲、屈原传

乙、近人对于屈原传的怀疑

丙、怀疑说的批判

丁、屈原传以前的文献

戊、楚辞秦作说之批判

己、屈原的生卒年月日

庚、屈原的家世

二、屈原的作品

甲、总说

乙、分论

A、离骚（作于晚年）

B、九歌（作于初年）

C、天问（作于五十以后）

D、九章（时期不一）

E、远游·卜居·渔父（非屈原所作）

F、招魂（为吊楚怀王而作）

丙、结论——作品的三个时期

三、屈原的艺术与思想

甲、屈原以前的南方文化

乙、屈原艺术的特异性——白话入诗

丙、诗体的大解放

丁、着想的特异性

戊、怀疑的态度

己、儒家的影响

庚、言行一致的爱国诗人

附：离骚今言译

两周金文辞大系考释

1935年8月20日日本东京文求堂书店景印本发行

线装3册，插图4页，解题总目1页，序文5页，正文共256页，补录2页。

解题　1935年4月22日　笔者识

总目：

一、序文　1931年9月9日初版录成时所序

二、本文

上编　宗周文一百六十二器

下编　列国文一百六十一器

三、补录

赵王钟　越王矛　楚王畲感盘

插图六种

按：本书的《序文》著者在1934年9月9日写的附汉识中指出：1931年9月9日初版录成时所序。其后三年为增订版重录之，凡于国名次第及器铭数目有所更改外，余均仍旧。"其中初版录成时是指《两周金文辞大系》录成后，增订版是指本书。

先秦天道观之进展

署名郭鼎堂著

1936年5月上海商务印书馆初版

28开本，目次1页，正文78页。

目次：

一、天的观念之起源

二、天的观念之利用

三、天的观念之转换

四、天的观念之归宿

追记　1935年12月23日记

殷契粹编附考释索引

1937年5月29日日本东京文求堂书店景印本发行

线装5册，正文共367页。

序　1937年4月15日

述例

追记二则

索引

石鼓文研究

孔德研究所丛刊之一

1939年7月长沙商务印书馆景印本初版

1951年8月上海商务印书馆第3版

线装，上下册，目次1页，沈序3页，自序1页。

1955年7月人民出版社北京第1次印刷

线装，正文共136页。

石鼓文研究

一、古拓二种之比较

二、古拓之年代

三、石鼓之年代

四、原文之复原及其考释

五、注释

六、馀论

附图

一、汧沔石之近况及其拓墨

二、作原石之近况及其拓墨

三、顾氏石鼓砚之正背二面

四、十鼓斋后劲本四页

五、十鼓斋中权本四页

再论石鼓文之年代

一、导言

二、东迁时歧豐之归属

三、西畤地望及西垂之解释

四、而师石之再检讨

五、汧水之深浅与廊之地望

六、馀论

附图

一、明锡山安氏旧藏后劲本而师石三枚

二、同中权本同石三枚

十鼓斋先锋本

先锋本夺字补

书后

附中权后劲二本诸题跋缩影

（下篇见人民出版社版）

重印弁言　1954年11月30日

按：本书人民出版社版是商务印书馆影印版的翻印，其中第二十二页、二十五页、二十九页、三十一页共增加五条"补注"，第二十七页稍有改动及以"重印弁言"替代原有"自序"外，版面完全相同。

周易的构成时代

孔德研究所丛刊之二

1940年3月长沙商务印书馆初版

28开本，目次2页，正文共133页。

目次：

一、序说

二、八卦是既成文字的诱导物

三、周易非文王所作

四、孔子与易并无关系

五、易之构成时代

六、易之作者当是馯臂子弓

七、易传之构成时代

八、象传与荀子之比较

九、繋辞传的思想系统

十、文言传与象传之一致

十一、易传多出自荀门

十二、馀论

附录：陈梦家：郭沫若周易的构成时代书后

按：本书是中法文对照版。

"民族形式"商兑

南方文艺丛刊之三

1940年8月桂林南方出版社初版

32开本，目录1页，正文73页。

目录：

"民族形式"商兑　1940年5月31日

关于"戚继光斩子"的传说　1940年2月28日

文化与战争　1940年3月16日

关于发现汉墓的经过　1940年4月27日

关于屈原　1940年5月30日

革命诗人屈原　1940年6月7日

中苏文艺交流之促进　1940年6月18日

三年来的文化战　1940年7月7日

屈原研究

1943年7月重庆群益出版社初版（土纸本）

32开本，目次1页，正文196页。

沫若文集第一辑第三册

1946年7月群益出版社第2版

1950年8月第3版

32开本，目次1页，正文196页。

1951年7月上海新文艺出版社新1版

1952年1月新2版

32开本，目次1页，正文194页。

1953年4月上海新文艺出版社第1次印刷

32开本，目次1页，正文145页。

目次：

  一、屈原身世及其作品

  二、屈原时代

  三、屈原思想　1942年2月20日

  四、离骚今译　1942年5月16日

  五、跋　1942年5月5日

按：1953年4月版是根据《历史人物》新4版重印的，为大32开本。本书所收作品第一篇《屈原身世及其作品》曾以《屈原》书名由开明书店出版单行本，第四篇《离骚》附于其后。第二篇《屈原时代》曾收入《沫若近著》，第三篇《屈原思想》收入《蒲剑集》。以上四篇汇编成本书时都经著者作了改削。

甲申三百年祭

1944年5月　缺版权页（土纸本）

32开本，出版者的话2页，正文36页。

1944年9月15日苏中出版社出版

32开本，中央宣传部总政治部通知1页，前记2页，正文27页。

1944年10月胶东新华书店初版

32开本，中央宣传部总政治部通知1页，编者的话2页，正文22页。

1945年10月上海野草出版社初版

1945年11月上海再版（改名《明末亡国史》）

32开本，目录1页，正文34页，附录10页。

1945年11月新华书店晋察冀分店翻印

32开本，出版者的话3页，正文38页。

1946年1月1日通化日报社出版

32开本，正文23页。

1946年宁安印刷厂翻印

32开本，编者按2页，正文21页。

1949年3月人民出版社出版

32开本，正文31页。

无版年，新潮出版社印行

32开本，正文26页。

1954年3月人民出版社北京第1版

1954年4月北京第1次印刷

1972年2月第2版

32开本，正文32页。

目录：

  前言　1945年10月华按

  甲申三百年祭

  注释

  附录

甲申事变（明末亡国的历史）

三百年前　宗　顾著

在情理之上（读史笔记）舒　芜著

按：此书所列目录主要依据野草出版社版，其他各种版本都没有这一项目。各版收编的情况也不一致，如1944年5月版正文前的"出版者的话"在苏中出版社版中改名为"前记"而野草出版社版所收的"前言"在文字上和上一版又不完全相同，其中个别字的改动使整个句子变成完全相反的意思。又如苏中出版社版和胶东新华书店版收有"中央宣传部总政治部通知"，而其他版本都没有收入，这又与当时环境有关，在国统区出版的就不可能反映共产党的"通知"。野草出版社初版封面加副标题"明末亡国史实"，至再版时书名改为《明末亡国史》。

孔墨底批判

1945年3月8日重庆群众周刊社《群众》第10卷3、4期合刊附册

32开本，正文56页。

一、论孔墨的基本立场

二、孔子的思想体系

三、墨子的思想体系

青铜时代

1945年3月重庆文治出版社初版（土纸本）

28开本，目次2页，序2页，正文279页。

沫若文集第一辑第一册

1946年上海群益出版社第1版

28开本，300页。

1947年4月第2版

28开本，目次2页，序2页，正文287页。

1951年10月上海新文艺出版社新1版

1952年8月新2版

28开本，序2页，目次2页，正文346页。

1954年6月人民出版社北京第1版

1957年9月科学出版社北京新1版

28开本，序2页，目录2页，正文334页。

目次：

序　1945年2月11日

先秦天道观之进展

周易之制作时代

由周代农事诗论到周代社会

驳《说儒》

墨子思想　1943年8月6日

公孙尼子与其音乐理论　9月5日

述吴起　9月11日

老聃关尹环渊　1934年12月25日

宋钘尹文遗著考　1944年8月29日

《初见秦》篇发微

秦初之际的儒者　1943年8月29日

青铜器时代　1945年2月10日

附录：

两周金文辞大系序说

周代彝铭进化观

彝器形象学试探

后叙（此篇文治出版社未收）1946年6月3日

按：本书科学出版社版是用人民出版社版原纸型重印的。

先秦学说述林

大学学术丛书

1945年4月永安东南出版社初版

28开本，372页。

目录：

周易之制作时代　1935年3月10日

先秦天道观之进展

驳说儒　1937年5月19—24日

庄子与鲁迅　1940年12月18日

屈原思想　1942年2月20日

古代社会研究答客难　1942年10月27日草此

墨子的思想　1943年8月6日

公孙尼子与其音乐理论　1943年9月5日脱稿

秦楚之际的儒者　1943年8月29日

述吴起　1943年9月11日

吕氏春秋与秦代政治　1943年10月3日夜脱稿

韩非《初见秦》篇发微　1943年12月8日

韩非子的思想　1944年1月20日

由周代农事诗论到周代社会　1944年2月17日

后叙

十批判书

文化研究院丛书之一

1945年9月重庆群益出版社初版

郭沫若文集第一辑第二册

1946年群益出版社第2版

28开本，目录2页，正文431页。

1947年4月上海群益出版社第3版

1948年2月第4版

1949年12月第5版

28开本，目录2页，正文431页。

1950年3月第5版

28开本，目录2页，正文507页。

沫若文集第一辑第二册

1947年10月群益出版社东北版

32开本，目录2页，正文490页。

1951年8月上海新文艺出版社新1版

1952年1月新2版

1952年8月新3版

25开本，目录2页，正文507页。

1954年6月人民出版社北京第1版

1976年10月北京第2次印刷

32开本，目录1页，正文438页。

1956年10月科学出版社北京新1版

25开本，目录2页，正文495页。

1976年7月甘肃人民出版社第1版

第1次印刷　节选本

32开本，目录1页，正文84页。

目录：

一、古代研究的自我批判

二、孔墨的批判

三、儒家八派的批判

四、稷下黄老学派的批判

五、庄子的批判

六、荀子的批判

七、名辩思潮的批判

八、前期法家的批判

九、韩非子的批判　1944年1月20日

十、吕不韦与秦王政的批判　1943年10月3日夜脱稿

后记

我怎样写《青铜时代》和《十批判书》1945年5月5日

后记之后

一、1945年6月2日

二、1945年9月28日

改版书后　1950年2月17日记于北京

按：群益版于1950年3月改排，著者乘改版的机会对本书作了些补充和修改。"后记之后"在1945年初版中已投入书内，但目录上并未反映，至1950年3月改订版时才列入目录中。1976年7月版删去《稷下黄老学派的批判》和《后记之后》两篇。

奴隶制时代

1952年6月上海新文艺出版社第1版

1952年8月第2版

32开本，目次3页，图版4页，释文1页，正文188页。

1954年4月人民出版社第1版

1973年5月第2版北京第2次印刷

1977年11月北京第3次印刷

32开本，图版7页，释文2页，目录2页，正文291页。

1956年11月科学出版社新1版第1次印刷

1961年第2次印刷

1962年第3次印刷

1966年2月第4次印刷

32开本，目录3页，图版4页，释文3页，正文181页。

目次：（新文艺出版社版）

奴隶制时代　1952年2月17日

蜥蜴的残梦　1950年2月17日记于北京

读了《记殷周殉人之史实》　1950年3月19日

申述一下关于殷代殉人的问题　1950年6月24日

关于周代社会的商讨　1951年6月17日

关于奴隶与农奴的纠葛　7月14日

墨家节葬不非殉　1951年8月20日

发掘中所见的周代殉葬情形　1951年8月25日

吴王寿梦之戈　1950年6月4日

简单地谈谈诗经

人民诗人屈原　1950年6月19日

评《离骚底作者》　1951年5月5日

评《离骚以外的屈赋》　1951年5月14日

序俄文译本史剧《屈原》　1950年10月22日于北京

由《虎符》说到悲剧精神　1951年7月25日

几封讨论古代研究的信

后记　1952年2月18日记于北京

图版

一、殷陵人殉情记

甲　武官村大墓模型

乙　武官排葬坑之一的无头人架放置情形

二、周代臣鬲第一例

三、周代臣鬲第二例

四、曶鼎铭

目录（人民出版社第二、三次印刷）

中国古代史的分期问题

——代序

奴隶制时代　1952年2月17日

蜥蜴的残梦　1950年2月17日记于北京

读了《记殷周殉人之史实》　1950年3月19日

申述一下关于殷代殉人的问题　1950年6月24日

关于周代社会的商讨　1951年6月17日

关于奴隶与农奴的纠葛　7月14日

墨家节葬不非殉　1951年8月20日

发掘中所见的周代殉葬情形　1951年8月25日

《侈靡篇》的研究　1954年5月5日写毕

希望有更多的古代铁器出土

——关于古代分期问题的一个关键　1956年9月

汉代政权严重打击奴隶主

——古代史分期争论中的又一关键性问题　1956年12月2日

略论汉代政权的本质

——答复日知先生　1957年2月27日

关于中国古代研究中的两个问题

古代文字之辩证的发展

驳《实庵字说》　1937年3月

后记　1952年2月18日记于北京

改版书后　1953年10月20日

图版

一　殷陵人殉情况　武官村大墓模型

二　殷陵人殉情况　武官村排葬坑之一的无头人架放置情形

三　周代臣鬲第一例——矢令簋铭

四　周代臣鬲第二例——大盂鼎铭

五　曶鼎铭

六　河南辉县发掘出土的战国铁农具

七　热河（今河北）兴隆县寿王坟发掘出土的战国铁范

按：本书由上海新文艺出版社于1952

年6月出版第1版，1954年人民出版社新1版改排出版，并增加了一篇《再版书后》，1956年科学出版社沿用改排版，对个别字句作了校改，至1973年人民出版社第2次印刷重新改编，作了较大的改动，删去原书中文艺论文等八篇，增加了八篇有关中国古代社会性质和分期问题的论文和二页图版，并经作者校阅，在文字上作了若干订正。

伟大的爱国诗人屈原
1953年10月18日北京图书馆编印
32开本，正文23页。
按：本书封面注"中国科学院郭沫若院长主讲"。

两周金文辞大系图录考释
考古学专刊　甲种第三号
1957年12月科学出版社新1版第1次印刷线装8册，增订序记2页。
增订序记　1956年10月30日
两周金文辞大系图录
引言和总目1页，正文292页，附录和补遗3页。
引言　1934年11月20日
总目：
一、诸家箸录目，著录目补
二、目录表
三、列国标准器年代表
四、图编序说——彝器形象学试探
五、图编
六、录编
七、补遗
两周金文辞大系考释
序文5页，解题和总目1页，插图4页，正文252页，补录2页。
总目：
一、序文　1931年9月9日初版录成时所序
二、本文
上编　宗周文　一百六十二器
下编　列国文　一百六十一器
三、补录
越王钟　越王矛　越王舍感盘
插图六种
按：本书系由《两周金文辞大系图录》与《两周金文辞大系考释》二书汇集而成。

李白与杜甫
1971年10月人民文学出版社北京第1版第1次印刷（精装）
32开本，目录2页，正文429页。
1971年11月人民文学出版社北京第1版第1次印刷
1972年1月北京第2次印刷
1972年5月江苏第1次印刷
32开本，目录2页，正文279页。
目录：
一、关于李白
李白出生于中亚碎叶

李白的家室索隐
李白在政治活动中的第一次大失败
——待诏翰林与赐金还山
李白在政治活动中的第二次大失败
——安禄山叛变与永王璘东巡
李白在长流夜郎前后
李白的道教迷信及其觉醒
李白与杜甫在诗歌上的交往
二、关于杜甫
杜甫的阶级意识
杜甫的门阀观念
杜甫的功名欲望
杜甫的地主生活
杜甫的宗教信仰
杜甫嗜酒终身
杜甫与严武
杜甫与岑参
杜甫与苏涣
三、李白杜甫年表

出土文物二三事
1972年8月人民出版社第 1 版北京第1次印刷
32开本，目录1页，正文48页，插图15页。
目录：
卜天寿《论语》抄本后的诗词杂录
1971年12月11日追记　1972年4月30日
《坎曼尔诗签》试探
1971年12月19日追记　1972年4月30日

安阳新出土的牛胛骨及其刻辞
1972年2月9日
出土文物二三事
一、日本银币《和同开宝》的定年
1972年2月15日
二、新出土侯马盟书释文
1972年2月20日
三、扶桑木与广寒宫
1972年2月29日

十批判书（选编）
无版年，中共云南省委宣传部资料组编印
32开本，目录1页，正文178页。
目录：
孔墨的批判
前期法家的批判
韩非子的批判　1944年1月20日
吕不韦与秦王政的批判　1943年10月3日夜脱稿

（七）古典文学今译札记改编

西厢
（元）王实甫著　郭沫若改编
名曲丛刊第一种
1921年9月1日上海泰东图书局发行
1928年2月5版
1935年4月7版
32 开本，改编本书之主旨、本书之体例2页，《西厢艺术上之批判与其作者之性格》11页，正文306页。

1921年9月上海新文艺书社初版
1931年7月11版
32开本，目次1页，《西厢艺术上之批判与作者之性格》11页，改编本书之主旨、本书之体例2页，正文306页。

目次：

西厢艺术上之批判与其作者之性格　1921年5月2日于上海

第一出　惊艳

第二出　借厢

第三出　酬韵

第四出　闹斋

第五出　寺警

第六出　请宴

第七出　赖婚

第八出　琴心

第九出　前候

第十出　闹简

第十一出　赖简

第十二出　后候

第十三出　酬简

第十四出　拷艳

第十五出　哭宴

第十六出　惊梦

卷耳集

创造社辛夷小丛书第二种

1923年8月上海泰东图书局初版

1923年10月再版

1924年5月3版

1927年10月3版

1929年1月5版

1929年10月6版

1932年10月14版

1935年5月16版

48开本，序6页，目录6页，正文146页，《自跋》2页。

目录：

序1922年8月14日沫若志于沪上

译诗

第一首　卷耳

第二首　野有死麕

第三首　静女

第四首　新台

第五首　柏舟

第六首　蟋蟀

第七首　伯兮

第八首　君子于役

第九首　采葛

第十首　大车

第十一首　将仲子

第十二首　遵大路

第十三首　女曰鸡鸣

第十四首　有女同车

第十五首　山有扶苏

第十六首　蘀兮

第十七首　狡童

第十八首　褰裳

第十九首　丰

第二十首　东门之墠

第二十一首　风雨

第二十二首　子衿

第二十三首　扬之水

第二十四首　溱洧

第二十五首　鸡鸣

第二十六首　东方之日

第二十七首　十亩之间

第二十八首　扬之水

第二十九首　绸缪

第三十首　葛生

第三十一首　蒹葭

第三十二首　宛丘

第三十三首　东门之枌

第三十四首　衡门

第三十五首　东门之池

第三十六首　东门之杨

第三十七首　墓门

第三十八首　防有鹊巢

第三十九首　月出

第四十首　泽陂

原诗（附注解）

自跋　1923年7月23日校后志此，沫若。

按：郭沫若选译之《诗经·国风》四十首，初版封面注"编者郭沫若"，十四版十六版书名页注"创造社编"，版权页注"著作者郭沫若"。（从那一版开始改注，因所见版本不全，无从查改）

屈原赋今译

1953年6月人民文学出版社北京第1版第1次印刷

1953年9月北京第2次印刷

1954年3月北京第4次印刷

1955年3月北京第7次印刷

1957年1月北京第9次印刷

32开本，目次1页，正文211页。

目次：

　　屈原简述　1953年2月21日

　　九歌

　　招魂

　　天问

　　离骚

　　九章

　　卜居

　　渔父

后记　1953年3月11日记于莫斯科苏维埃大旅馆二〇五室。

按：本书第九次印刷本署作家出版社出版，开本版面与第一次印刷相同，由于编者所见版本不齐全，从那次印刷改换出版单位，尚无从查考。

离骚今译

（楚）屈原著　郭沫若著译

文学小丛书

1958年10月人民文学出版社北京第1版第1次印刷

1978年11月湖北第2次印刷

32开本，正文69页。

读《随园诗话》札记

1962年9月作家出版社北京第1版第1次印刷

32开本,目录4页,序1页,正文112页。
目录:
  序 1961年12月12日于从化温泉
  一 性情与格律
  二 批评与创作
  三 风骨与辣语
  四 评白居易
  五 剪彩花
  六 谈林黛玉
  七 抹杀音乐天才
  八 论秦始皇
  九 "泰山鸿毛之别"
  十 才、学、识
  十一 解"歌永言"
  十二 释"采采"
  十三 唐太宗与武则天
  十四 "见鬼莫怕,但与之打!"
  十五 以诬证诬
  十六 "累于画"
  十七 哭父母
  十八 月口星心
  十九 风不读分
  二十 糟汉粕宋
  二一 诗人正考父
  二二 由合金说到诗文
  二三 古剌水
  二四 瓦缶不容轻视
  二五 咏棉花诗
  二六 "神鸦"
  二七 百尺粉墙
  二八 断线风筝
  二九 "潭冷不生鱼"
  三十 返老还童
  三一 泰山
  三二 群盲评瞽
  三三 谈改诗
  三四 评曹操
  三五 评王安石
  三六 丝、蜜、奶、漆
  三七 "佳士轩"
  三八 关心农家疾苦
  三九 败石瓦砾
  四十 饕餮和尚
  四一 金陵山川之气
  四二 椰珠
  四三 家常语入诗
  四四 草本与鹰犬
  四五 石棺与虹桥
  四六 甘苦刚柔
  四七 "一戎衣"解
  四八 "撒羹"与"麻姑刺"
  四九 太低与太高
  五十 马粪与秧歌
  五一 枫叶飘丹
  五二 脉望与牡丹
  五三 "五云多处是京华"
  五四 所谓"诗谶"
  五五 "诗佛"之自我宣传
  五六 同声相应
  五七 猫有权辩冤
  五八 状元红之蜜汁
  五九 天分与学力

六十　黄巢与李自成
六一　不佞佛者如是
六二　二童子放风筝
六三　马夫赴县考
六四　咏梧桐
六五　蜘蛛不会领情
六六　奸猾哉，袁子才！
六七　青衣之诗
六八　如皋紫牡丹
六九　言诗
七十　讼堂养猪
七一　"全家诛产禄"
七二　地主与农民
七三　诗人无常识
七四　九天玄女
七五　紫姑神
七六　两个梦
七七　考据家与蠹鱼
后记　1962年6月28日

附录
　一　关于袁枚的生年（张德钧）
　二　古刺水（马坚）
　三　从《栽竹诗》说起（黄诚一）
　四　关于"椰珠"（韩槐准）
　五　"悬官葬式"疏略（李瑾）

卷耳集·屈原赋今译
1981年3月人民文学出版社北京
第1版第1次印刷
32开本，目录3页，正文186页。
目录：

卷耳集
序　1922年8月14日沫若志于沪上
周南卷耳
召南野有死麕
邶风静女
邶风新台
鄘风柏舟
鄘风蝃蝀
卫风伯兮
王风君子于役
王风采葛
王风大车
郑风将仲子
郑风遵大路
郑风女曰鸡鸣
郑风有女同车
郑风山有扶苏
郑风蘀兮
郑风狡童
郑风褰裳
郑风丰
郑风东门之墠
郑风风雨
郑风子衿
郑风扬之水
郑风溱洧
齐风鸡鸣
齐风东方之日
魏风十亩之间
唐风扬之水

唐风绸缪

唐风葛生

秦风蒹葭

陈风宛丘

陈风东门之枌

陈风衡门

陈风东门之池

陈风东门之杨

陈风墓门

陈风防有鹊巢

陈风月出

陈风泽陂

自跋　1923年7月23日校后志此

《屈原赋》今译

屈原简述　1953年2月11日

九歌

招魂

天问

离骚　1942年5月16日

九章

卜居

渔父

后记　1953年3月11日记于莫斯科苏维埃大旅馆205室

按：本书系《卷耳集》和《屈原赋》今译二书的合辑。

（八）手迹　谱曲

《屈原》插曲

郭沫若　刘雪厂编著

无版年　重庆中国书店

32开本，正文共14页。

礼魂　（离骚）刘雪厂

惜诵

橘颂歌

附录：

我怎样写《屈原》

雨后集

郭沫若作词　马思聪作曲

1951年2月开明书店初版

16开本，目录1页，正文22页。

目录

雨后

月下的SPHINX

霁雨

日暮的婚筵

苦味之杯

海上

按：本书所收诗作均系五线谱谱曲。

中国少年先锋队队歌

郭沫若词　马思聪曲

1964年5月音乐出版社第1版第1次印刷

16开本，正文2页。

按：本书系五线谱谱曲。

井冈山巡礼

1979年9月上海书画出版社第1版第1次印刷

8开本，作者照片1帧，目录2页，正

文30页，释文4页。

目录：

  七律　访瑞金叶坪　1965年10月11日夜

  七律　访大柏地　6月25日作

  七绝　颂瑞金（四首）　6月26日作

  律诗　赴赣州途中（二首）　6月27日作

  五律　登赣州城内八境台　6月28日作

  菩萨蛮　登郁孤台　6月28日作

  七古　绿化歌　6月29日作

  五律　宿太和　6月29日作

  五律　过桐木岭　6月31日作

  念奴娇　在茨坪迎"七一"　7月1日作

  七律　黄洋界　7月1日作

  七律　龙潭　7月2日作

  七律　访茅坪毛主席旧居　7月3日作

  五律　红军会师桥　7月3日作

  七律　宿永新　7月4日作

  五律　宿吉安　7月4日作

  七律　访南昌　7月5日作

  七律　访景德镇（二首）　7月6日作

  西江月　别瓷都　7月6日作

  五律　登湖口石钟山　7月7日作

  五律　雾中游含鄱口偶成（二首）　7月8日作

  七律　宿庐山美庐　7月8日作

  五律　乘民主轮赴武汉　7月9日作

蜀道奇

1979年9月成都四川人民出版社

8开本，13张。

按：此书系郭沫若手迹。

郭沫若遗墨

1980年5月河北人民出版社第1版第1次印刷

8开本，68页，郭沫若照片1帧，目录2页，手迹67页，编后记1页。

目录：

  录《论语·泰伯·士不可以不弘毅》

  诗《归国杂吟》之三

  诗《相对一尊酒》

  于立群联语

  东坡句集联（书为黄苗子）

  节石鼓文集联（书为杨作权）

  题词《书为臧克家》

  诗《登雅尔台怀人》

  题词（书为徐淡庐）

  诗《题路工图》

  诗《沁园春·和毛主席韵》之二

  诗《田寿昌五十初度》

  诗《再用鲁迅韵书怀》

  诗《和夷老二首》之二

  诗《北上纪行》之六

  六言联语（书为侯外庐）

五言联语（书为李可染）
七言联语（书为李初梨）
八言联语
题词（书为王亚平）
诗《游别府》
《〈资本论〉法文译本序言》语录
诗《游里加湖》
唐人诗句集联
诗《在上埃及洛克沙市夜游尼罗河》
诗《〈光荣的中国人民志愿军〉题辞》
诗《南水泉即事》
诗《返京车中》
八言联语（书为傅钟）
诗《题紫竹院食堂》
诗《观大成殿》
毛泽东词《浪淘沙·北戴河》
诗《过西陵峡》之一
诗《访柳侯祠》
诗《咏普照寺六朝松》
诗《登阅江楼怀叶挺及独立团诸同志》
诗《赠侯宝林》
诗一首
诗《赠朱琳》
诗《东方县途中口占》
学书执笔八字要诀
临兮甲盘
诗《盘中粒粒皆辛苦》
诗《天生桥》

诗《题顺德清晖园》 词《卜算子》
诗《咏北戴河》之一
诗《北戴河一夕即景》
诗《木兰陂诗碑》之五
诗《赠武衡》
诗《东风吟》之三
四言联语（同于立群合书）
诗《自南平至福州》
时代精神（书为钟灵）
诗《树珍嫂夫人七十大庆》
八言联语（书为力力食堂）
题词（书为程茂兰）
诗《题傅抱石画〈初春〉》
毛泽东词《满江红·和郭沫若同志》
词句集联（书为陈毅）
毛泽东语录
自力更生奋发图强
毛泽东诗《七律·答友人》
五言联语（书为于立群）
诗《题廖仲恺先生遗容》
散曲《狲狲散带过破葫芦》
毛泽东诗句
词《满江红·读毛主席诗词》
诗《龙潭》
诗《过娘子关》
毛泽东词《卜算子·咏梅》
题徐悲鸿画册
叶挺诗《囚歌》
诗《水调歌头·粉碎四人帮》
诗《悼念周总理》

词《满江红·怀念毛主席》上半阕《贺春节对联》其一

按：本书由郭庶英、郭平英、张澄寰编，封面书名由宋庆龄题。

（九）其他

西洋美术史提要

百科小丛书第一百十八种

1926年7月上海商务印书馆初版

48开本，目次1页，序12页，正文59页，书后2页。

序

目次：

  绪论

  第一章　滥觞时代

  第二章　古典美术

  第三章　中世美术

  第四章　文艺复兴期之美术

  第五章　十七八世纪之美术

  第六章　近代美术

  书后

按：本书内的"序"，作者在附白中指出："此序取材于（日）矢代幸雄氏《西洋美术史讲话》中第一篇之总说，矢代氏书甚详赡，附图甚多，能读日文者最好以此书为参考。"

革命精神人类机巧自然

1928年上海开明书店发行

32开本，目录2页，正文186页，插图5幅。

目次：

  第一章　征服的起始

  第二章　最初的器具

  第三章　驯养野兽及人类的助手

  第四章　人类如何获得可食的植物

  第五章　人类衣服的故事

  第六章　矿物界供给什么

  第七章　人类的仆役——机器

  第八章　商业兴起对于文明进步的影响

  第九章　金钱——贸易的工具

  第十章　最大的征服

  第十一章　何以白种能征服自然

  第十二章　将来的征服

附图：

征服空中的开始

人类发现最初的军器

纺麻

人类发明帆船

收橡树胶

战时宣传工作

1938年7月25日国民政府军事委员会政治部初版　重庆

1939年3月重庆青年书店再版

1940年2月3版

1940年7月4版

32开本，编辑例言2页，目次8页，正文156页。

目次：

总论　理论与方法
一、绪言
　　（一）战时宣传工作的意义与任务
　　（二）宣传与教育
　　（三）宣传与组织
　　（四）宣传与行动
　　（五）宣传与文化工作
　　（六）宣传大众化问题
　　（七）宣传的组织
二、抗战建国纲领之阐扬
　　（一）纲领的产生与成就
　　（二）一面抗战一面建国
　　（三）抗战建国的总则
　　（四）对于目前任务的宣传解释
　　（五）从决议到工作
三、宣传工作者之修养
　　（一）宣传工作者必备的条件
　　（二）宣传工作之基本技巧
四、言论的宣传
　　（一）论口号
　　（二）口头宣传的各种方式
　　（三）文字宣传的各种方式
五、艺术的宣传
　　（一）戏剧
　　（二）电影
　　（三）歌咏
　　（四）弹词说书
　　（五）化装演讲或化装游行
　　（六）图画
　　（七）摄影照片
　　（八）文艺
　　（九）关于利用旧形式问题
六、其他特种宣传方式
　　（一）宣传列车与宣传卡车
　　（二）展览会
　　（三）演习
　　（四）书报流通与供应
　　（五）普及教育
　　（六）旧习惯的利用
　　（七）武装宣传
　　（八）飞机散发宣传品
　　（九）群众大会和示威游行
分论　应用与实习
一、对民众的宣传
　　（一）对一般民众
　　（二）对农民
　　（三）对工人
　　（四）对商人
　　（五）对学生
　　（六）对妇女与儿童
　　（七）对难民
　　（八）对战区民众
　　（九）对沦陷区域的民众
　　（十）对少数民族
　　（十一）对华侨
　　（十二）对其他民众
二、对士兵的宣传
　　（一）对士兵宣传的任务
　　（二）对前线士兵
　　（三）对后方士兵
　　（四）对新兵

（五）对伤兵
（六）对军队中的宣传工作
三、对敌人的宣传
（一）对敌人士兵
（二）对伪军
（三）对敌国民众
四、对国际的宣传
（一）国际宣传的意义
（二）国际宣传的任务
（三）国际宣传的对象
（四）揭破敌人的无耻宣传
五、结语

浮士德百三十图
Franz·Staffen 绘　郭沫若编述
1947年12月上海群益出版社刊行
28开本，《浮士德》简论22页，正文269页。
《浮士德》简论　1947年8月28日

关于文化教育工作的报告
1950年6月人民出版社第1版
1950年7月山东新华书店重印
32开本，正文16页。
按：此系1950年6月17日郭沫若在人民政协全国委员会第二次会议上的报告。

在社会主义革命高潮中知识分子的使命
1956年2月人民出版社第1版上海第1次印刷
32开本，正文17页。

按：此系作者于1956年1月31日，在中国人民政治协商会议第二届全国委员会第二次全体会议上的报告。

日本的汉字改革和文字机械化
1964年8月人民出版社第1版北京第1次印刷
32开本，正文33页。

郭老与儿童文学
1980年12月河南人民出版社第1版第1次印刷
32开本，作者木刻像1帧，书影1页，目录4页，正文242页。
目录：
在春天抢着播种
——郭老对儿童文学事业的贡献
邓牛顿　1979年12月
新月与晴海　1919年初间作
抱和儿浴博多湾中
两对儿女
黎明
光海
孤寂的儿　8月24日作
儿童文学之管见　1921年1月11日
新月　1921年10月14日
天上的街市　1921年10月24日
暗夜
两个大星
广寒宫　1922年4月2日脱稿

自然　1923年8月间
一只手　1927年10月4日脱稿
双鲤鱼
日本的儿童　1937年9月
在八路军办事处欢迎孩子剧团会上的讲话
题赠"孩子剧团"　1938年1月29日
我们大人们　学学孩子吧！1938年2月15日晨于长沙
为《少年先锋》题词　1938年3月9日
惨目吟　1939年5月12日
大人物与小朋友　1939年6月6日为《抗战儿童》纪念"七七"三周年写此
七七幼稚园歌
满天星　1941年4月4日
燕老鼠　1941年8月17日
鸡公是号兵　1941年9月1日
致木刻工作者　1942年4月20日
由葛录亚想到夏完淳　1942年4月30日
牧童与水牛唱和　1942年5月22日
崇德小学校歌　1942年9月19日
本质的文学　1943年2月1日
题幼女图　1944年3月16日
哭扬眉　1946年4月15日

少年爱国诗人夏完淳　8月5日于香港
黄热病的故事
中国少年儿童队队歌
"六一"颂　1950年5月
为小朋友写作
爱祖国爱人民的诗人屈原　1950年6月5日
向儿童献花　1951年5月
献给儿童节的礼物
爱护新鲜的生命
中国少年先锋队队歌
给少年先锋队员们的一封信
玛娜娜　1954年6月14日写于黑海东岸加格拉
青年与春天
孩子们的衷心话　1955年5月18日
爱护新生代的嫩苗
请为少年儿童写作
永远的春天
红旗迎风飘　1956年6月
有生命的宝贝　1956年12月11日
在张家口迎儿童节　1958年6月1日
小时好　1958年儿童节
读了《孩子的诗》　1958年12月18日夜
小朋友，你们好！
赞安业民烈士　1959年6月18日

刘胡兰赞　1959年8月14日
《科学家谈21世纪》题辞　1959年8月31日
读好书　1959年9月25日
人人学习杜凤瑞
诗歌的萌芽
为庆祝"六一"国际儿童节给全国少年的题词　1960年5月28日
玉兰和红杏　1962年4月8日
为《人民教育》题词
把笑声响彻全宇宙　1962年12月20日
长远保持儿童时代的精神　1963年4月29日
红领巾的祈愿　1963年5月28日
雷锋式的红色少年　1963年6月11日于北京
红领巾的宣誓

后记　邓牛顿　匡寿祥　1980年6月1日

按：本书由邓牛顿、匡寿祥编。

三、翻译部分

（一）马恩著作

政治经济学批判

（德）卡尔·马克思 （K. Marx）原作

1931年12月上海神州国光社初版

1932年7月再版

32开本，目录2页，序言7页，正文共270页。

1939年5月言行出版社出版

32开本，目录2页，序言7页，正文294页。

沫若译文集之四

1947年3月上海群益出版社刊行

1949年4月第2版

1950年3月第3版

1950年7月第4版

1950年10月第5版

1951年4月第6版

32开本，目录2页，序6页，序言7页，正文294页。

目录：

序 1947年2月20 于上海郭沫若（此篇只见1947年3月群益版）

序言 1859年1月，于伦敦。卡尔·马克思

资本一般

第一章 商品

 A. 商品分析之史的考释

第二章 货币或单纯流通

 1. 价值之尺度

 B. 货币尺度说之种种

 2. 流通工具

 a. 商品之蜕变

 b. 货币之循环

 c. 铸货价值符号

 3. 货币

 a. 宝藏

 b. 清付工具

 c. 世界货币

 4. 贵金属

 C. 关于流通工具与货币之学说史

政治经济学批判导论

按：《政治经济学批判》神州国光社出版后，为国民党查禁，书商改用"政治经济学会名义出版"改题书名为《经济学批判》。又此书在被禁后，书商将原封面撕去，掉换封面，伪托为"李季泽"。

艺术作品之真实性

（德）卡尔·马克思（K.Marx）原作

文艺理论丛书1

1936年5月25日东京质文社发行

1936年11月15日再版

32开本，前言3页，目录1页，正文60页。

沫若译文集之六

1947年3月上海群益出版社刊行（改名《艺术的真实》以下各版同此）

文艺理论译丛

1949年7月沪2版

文艺理论丛书

1950年2月沪3版

32开本，前言3页，目录1页，正文60页。

前言　1936年2月15日

目录：

一、抽象与具体性

二、思辨的方法之虚伪的自由

三、思辨的文艺批评之畸形的一例

四、苏泽里加大师之舞蹈观

五、布尔乔治的典型之理想化

六、文学中的典型及社会关系歪曲之实例

七、布尔乔治浪漫主义文学之肯定的典型之暴露

八、被揭发了的"立场"之秘密

附注：1936年2月15日译毕

按：群益社和质文社的各种版年都是同一种版本。1947年3月开始的群益社版，书名改为《艺术的真实》。质文社初版发行时注"卡尔著"，至1947年3月群益社版改注"马克思著"，而1949年、1950年版又改注"马克思、恩格斯合著"。

德意志意识形态

（德）马克思、恩格斯（Marx, Engels）原作

1938年11月言行出版社初版

32开本，马克思、恩格斯像各1帧，目次2页，译者弁言7页，正文152页。

沫若译文集之五

1947年3月上海群益出版社出版

32开本，目录2页，序1页，译者弁言7页，正文152页。

1949年4月2版

1950年7月3版

1950年9月4版

32开本，目次2页，译者弁言7页，正文152页。

目次：

序　1947年2月18日（此篇见1947年3月版）

译者弁言　译毕后志此——沫若
编者导言　李亚山诺夫（D.Riazanov）

费尔巴哈论纲

马克思所著《德意志观念体系》序文之初稿

费尔巴哈——唯物论与唯心论的见解之对立

　　A. 观念体系一般，特别是德意志的

　　1. 观念体系一般，特别是德意志的哲学

　　国家之起源与国家对于有产者社会之关系

　　B. 唯物观中之经济，社会，个人及其历史

　　C. 国家与法律对于财产之关系

　　1. 分工与财产诸形态

按：此书原名《德意志观念体系论》。"目次"中《编者弁言》系《译者弁言》之误。

（二）诗歌

鲁拜集

（波斯）莪默·伽亚谟（Omar Khayyam）原作

创造社辛夷小丛书第四种

1924年1月1日上海泰东图书局出版

1926年7月3版

48开本，目录1页，导言26页，正文112页。

1928年5月4版

48开本，目录1页，导言26页，正文112页。

创造社丛书　辛夷小丛书第四种

1932年10月13版

48开本，目录1页，导言26页，正文112页。

1937年3月重版

32开本，目录1页，导言26页，正文112页。

世界名著选第七种

1927年11月10日上海创造社出版部初版

48开本，正文90页。

1930年12月上海光华书局再版

1933年5月3版

48开本，正文90页。

1936年10月上海大光书局3版

48开本，正文90页。

1958年12月人民文学出版社北京第1次印刷

1978年5月北京第3次印刷

32开本，《小引》7页，正文109页。

目录：

　　上篇　导言

　　　　1. 读了《鲁拜集》后之感想

　　　　2. 诗人莪默·伽亚谟略传

　　下篇　鲁拜集

　　　　1. 诗百零一首

　　　　2. 注释

按：译诗百零一首系根据（英）

Fitzgerald 英译的第四版重译成汉文。泰东图书局版刊有英汉对照。1937年3月重版在书名页上注为上海新光书局印行。1936年10月上海大光书局三版封面页署"上海光华书局"。除上述版本外，已见者尚有1931年上海仙岛书店版和1947年上海国华书局版。

雪莱诗选

（英）雪莱（P.B.Shelley）原作
1926年3月上海泰东图书局出版
1928年3月10日3版
创造社丛书辛夷小丛书第五种
1932年10月17版
64开本，目次1页，正文75页。
1928年创造出版部出版
目次：

  小序 12月4日暴风之夜 郭沫若
  西风歌 1819年之秋
  欢乐的精灵 1820年作于 Pisa
  拿波里湾畔书怀 1818年12月
  招"不幸"辞 作于1818年
  转徙 1816年所作
  死 早年所作
  云鸟曲 1820年作
  哀歌 1月23日，仿吾译。
  雪莱年谱

按：《雪莱诗选》初刊载于1923年2月上旬《创造季刊》第一卷第四期。泰东书局出版单行本后，1926年5月12日、19日《A₁₁》第三期、第四期上登载了《郭沫若为雪莱诗选启事》一则，全文为"最近泰东书局出版的'雪莱诗选'，完全未得本人同意，乃该书局私自剪集创造季刊雪莱纪念号而成。书中排错多处，固不具论，而该书局任意假借名义，实属不成事体，幸爱读创造社丛书者勿为所愚！"但此译书于1928年改由创造社出版部出版时仍沿用泰东版之原纸型。译诗后所署时间系原作者之写作时间。

德国诗选

（德）歌德（Goethe）等原作 郭沫若、成仿吾合译
世界名著选第六种
1927年10月15日上海创造社出版部初版
1928年3月15日2版
48开本，目录2页，正文68页。
目录：

  I. 歌德诗十四章
    湖上
    五月歌
    牧羊者的哀歌
    放浪者的夜歌
    对月
    艺术家的夕暮之歌
    迷娘歌
    弹竖琴者 仿吾译
    渔夫
    屠勒国王

掘宝者
少年与磨坊的小溪　仿吾译
《浮斯德》选译
（1）献诗
（2）暮色
"维特"序诗
Ⅱ．席勒诗一章
　渔歌
Ⅲ．海涅诗四章
　幻景　仿吾译
　悄静的海滨
　《归乡集》第十六首
　《SERAPHINE》第十六首
Ⅳ．施笃谟诗一章
　秋　仿吾译
Ⅴ．列瑙诗一章
　秋的哀词　仿吾译
Ⅵ．希莱诗一章
　森林之声

按：译诗中的《湖上》与《牧羊者的哀歌》沫若、仿吾各译一首。初版中《〈浮斯德〉选译》包括《献诗》一首、《暮色》一首，至二版时仅保留《暮色》。另增加海涅诗一章《打渔的姑娘》。又初版中《"维特"序诗》至二版时改名《维特与绿蒂》。

浮士德
（德）歌德（Goethe）原作
世界名著选第八种
1928年2月1日上海创造社出版部初版

1928年4月10日2版　精装
32开本，作者像1帧，目次2页，正文402页，注释21页，译后6页。
1929年11月10日上海现代书局3版
1930年5月10日4版
1934年8月1日6版
32开本，作者像2帧（六版仅有作者铜像照1帧），目次2页，正文402页，注释21页，译后6页。
世界文学名著
1944年4月福建永安东南出版社初版
32开本，新序2页，目次2页，正文360页，注释19页，译后6页。
沫若译文集之三
1947年3月上海群益出版社出版
32开本，插画2幅，目次2页，新序2页，正文254页（上卷），注释14页，译后5页。
1947年11月
1949年11月
大32开本，目次7页，《浮士德》简论22页，正文第1部248页，第2部365页，译者题记12页。
1952年1月上海新文艺出版社新1版（插图本）
1953年8月上海第1次重印（插图本）
1954年3月上海第1次重印（插图本）
1954年7月上海第2次重印（插图本）
1955年8月人民文学出版社北京第1版
1957年10月北京第2次印刷

1978年12月北京第3次印刷

大32开本，上下册，目次4页，《重印小引》1页，《浮士德》简论13页，正文共638页。

目次：

献词　1797年6月24日作

舞台上的序幕

天上序曲

悲壮剧之第一部

夜

城门之前

书斋

书斋

莱普齐市的欧北和酒吧

魔女之厨

街坊

夕暮

散策

邻妇之家

街道

花园

园亭

林窟

甘泪卿之居室

马尔特之花园

井畔

城边

夜——甘泪卿门前之街道

寺院

瓦普几司之夜

瓦普几司之夜梦

晦暝之日

夜……旷野

牢狱

附录：

注释

译后　1928年11月30日改译竣1929年1月10日校读后志此

（以下目次见1947年11月、1949年11月上海群益出版社版及1953年后各种重印版）

序

《浮士德》简论　1947年8月28日

悲剧第二部

　　第一幕

　　　　风光明媚的地方

　　　　紫禁城

　　　　旁通百室的广廷

　　　　上林苑

　　　　阴暗的走廊

　　　　灯火辉煌的大殿

　　　　骑士厅

　　第二幕

　　　　峨特式的居室·狭隘·屋顶

　　　　穹窿

　　　　中世纪的实验室

　　第三幕

　　　　古典的瓦普几斯之夜

　　　　比纳渥斯河

　　　　比纳渥斯河上游

　　　　斯巴达梅纳劳斯宫前

　　第四幕

高山

前山之上

伪帝的天幕

第五幕

旷原

宫殿

深夜

子夜

宫中广大的前庭

埋葬

山谷、森林、岩石、邃境

译者题记

题第一部新版　1944年2月8日于重庆

第二部译后记　1947年5月25日晨于上海

1947年5月31日夜于上海

（下篇见人民文学出版社版）

重印小引　1954年9月30日

按：1947年3月以前各版都是《浮士德》悲剧第一部，所列目次至1947年11月群益版发行时稍有改动，至1955年8月人民文学出版社改版重印时又作了些修改，其中"悲剧第二部"内，第三幕前面三个细目列入第二幕，并补充了群益版中遗漏的《爱琴海的岩湾》。文字修饰方面译者在1954年9月30日所作《重印小引》中提到在改版重印时"有些地方核过原文，改正了错误。"《第一部译后记》和《第二部译后记》都有二篇，故有两个写作时间。除上面已列各版外，已知的尚有1936年10月上海中亚书店的再版和1939年5月上海己午书社版。

沫若译诗集

（印度）伽里达若（kalidasa）等原作

创造社世界名著选第十种

1928年5月25日上海创造社出版部初版

32开本，目录4页，正文130页。

1929年11月5日上海乐华图书公司再版

1931年4月20日上海文艺书局出版

32开本，目录4页，正文130页。

1947年9月上海建文书店初版

32开本，目次9页，小序2页，正文398页。

1947年上海南国出版社出版

1953年6月上海新文艺出版社根据建文版纸型第1次重印。

1954年2月上海新文艺出版社根据建文版纸型第1次重印。

1954年7月第2次重印

1954年11月上海新1版第5次印刷

1955年4月上海新1版第6次印刷

1955年8月上海新1版第7次印刷

1956年7月人民文学出版社北京第1版

1957年10月第2次印刷

32开本，正文159页。

目录：

伽里达若 KAL1DASA 一首
　　秋　根据 A.W.Ryder 英译重译
　　1923年中秋节
克罗普遂妥克　KLOPFSTOCK 一首
　　春祭颂歌
歌德　GOETHE 十二首
　　湖上
　　五月歌
　　牧羊者的哀歌
　　放浪者的夜歌一
　　放浪者的夜歌二
　　对月
　　艺术家的夕暮之歌
　　迷娘歌
　　渔夫
　　掘宝者
　　暮色
　　维特与绿蒂
席勒　SCH1LLER 一首
　　渔歌
海涅　HE1NE 四首
　　悄静的海滨
　　归乡集第十六首
　　SERAPH1NE 第十六首
　　打渔的姑娘
施笃谟　STORM 三首
　　今朝
　　林中
　　"我的妈妈所主张"
赛得尔　SEIDEL 一首

　　白玫瑰
希莱　HILLE 一首
　　森林之声
维尔莱尼　VERLAINE 一首
　　月明
都布罗柳波夫　DOBROLIUBOFF 一首
　　"死殇不足伤我神"
屠格涅夫　TURGENIEFF 五首
　　睡眠
　　即兴
　　齐尔西时
　　爱之歌
　　遗言
道生　DAWSON 一首
　　无限的悲哀
葛雷　GRAY 一首
　　墓畔哀歌
（以下各篇只见上海建文书店初版）
　　小序　1947年8月28日
　　雪莱诗选
雪莱 Shelley 八首
　　小序　1922年12月4日暴风之夜
　　西风歌
　　欢乐的精灵
　　拿波里湾书怀
　　招不幸辞
　　转徙二首
　　死
　　云鸟曲

哀歌 1月23日，仿吾译

雪莱年谱

雪莱世系

鲁拜集

莪默·伽亚谟 Omar Khayyam 百
〇一首

　　导言

　　注释

　　新俄诗选

小序　沫若，1929年2月25日

布洛克 Blok 一首

　　西叙亚人

柏里 Bely 一首

　　摘录自《基督起来了：23》

叶贤林 Yesenin 一首

　　变形：第三部

马林霍夫 Marienhof 二首

　　"强暴的游牧人"

　　十月

爱莲堡 Ehrenburg 一首

　　我们的子孙之子孙

佛洛辛 Voloshin 一首

　　航行

阿克马托瓦 Akhmatova 二首

　　"完全卖了，完全失了"

　　"而且他是正真的……"

伊凡诺夫 Ivanov 一首

　　冬曲：第三部

阿里辛 Oreshin 二首

　　不是由手创

　　缝衣人

嘉斯特夫 Gastev 二首

　　我们长自铁中

　　工厂汽笛

吉拉西摩夫 Gerasimov 一首

　　第一球的转动（选自《电歌》）

白德宜 Bedny 三首

　　新林

　　NEPMEN

　　无人知道

马亚柯夫斯基 Mayakovsky 三首

　　我们的进行曲

　　巴尔芬如何知道法律是保护
工人的一段故事

　　非常的冒险

柏撒门斯基 Bezymensky 一首

　　农村与工厂

喀辛 kazin 二首

　　砌砖人

　　木匠的刨子

按：1947年9月上海建文书店版是汇集1925年5月25日上海创造社初版《沫若译诗集》和《雪莱诗选》、《鲁拜集》、《新俄诗选》四书合编而成。该书目录及正文中将《白玫瑰》、《森林之声》、《月明》、《"死殇不足伤我神"》之作者都列错了。1956年7月人民文学出版社北京第一版时作了更正，并增加歌德诗一首《唱歌者》，席勒诗一首《恋歌》，其他目次排列前后略有更动，同时删去了《新俄诗选》部分。

新俄诗选

（俄）布洛克等原作　L.郭沫若译

新俄丛书

1929年10月上海光华书局发行

1930年4月再版

32开本，目次3页，小序2页，正文86页。

1936年7月上海大光书局再版（改名《我们的进行曲》）

32开本，目次3页，小序2页，正文86页。

小序　25，Ⅱ，1929。

一、布洛克

　　西叙亚人

二、柏里

　　　摘录自《基督起来了：23》

三、叶贤林

　　　变形：第三部

四、马林霍夫

　　　"强暴的游牧人"

　　　十月

五、爱莲堡

　　　"我们的子孙之子孙"

六、佛洛辛

　　　航行

七、阿克马托瓦

　　　"完全卖了，完全失了"

　　　"而且他是公正的……"

八、伊凡诺夫

　　　冬曲：第三部（Sonnet）

九、阿里辛

　　不是由手创造的

　　缝衣人

十、嘉斯特夫

　　我们长自铁中

　　工厂汽笛

十一、吉拉西摩夫

　　　第一球的转动

十二、白德宜

　　　新林

　　　Nepmen

　　　无人知道

十三、马亚柯夫斯基

　　　我们的进行曲

　　　巴尔芬如何知道法律是保护工人的一段故事

　　　非常的冒险

十四、柏撒门斯基

　　　农村与工厂

十五、喀辛

　　　砌砖人

　　　木匠的刨子

附录：

作者评传略

按：1936年7月上海大光书局版改名《我们的进行曲》。L.即李一氓同志，本书原由他译编，经郭沫若同志改润，但如柏里的一首，叶贤林的一首，以及《缝衣人》《工厂汽笛》《Nepmen》《农村与工厂》《砌砖人》《木匠的刨子》等篇差不多一字都没有改易。

赫曼与窦绿苔

（德）歌德（Goethe）原作

文学集丛

1942年4月重庆文林出版社初版（土纸本）

32开本，正文183页

1948年1月上海群益出版社第1版

1952年2月上海新文艺出版社新1版

1954年7月上海第1次重印

32开本，插画2帧，正文166页

1955年12月人民文学出版社北京第1版

1958年5月北京第2次印刷

1959年9月北京第3次印刷

32开本，目次1页，正文94页。

目次：

克略培（一）

　　命运与同情

特普西科勒（三）

　　赫曼

它丽雅（四）

　　市民

欧特培（六）

　　母与子

婆里欹尼亚（八）

　　和事老

克里娥（十一）

　　时代

奕拉妥（十九）

　　窦绿苔

美尔坡美涅（二十一）

　　赫曼与窦绿苔

乌拉尼亚（二十二）

　　展望

译者书后　20夜沫若识

按：本书人民文学出版社改版印行，译者核对了原文，有所修改。

（三）戏剧

约翰沁孤的戏曲集

（爱尔兰）约翰沁孤（John Millington Syngel）原作

1926年2月上海商务印书馆初版　精装

32开本，目录1页，译后4页，正文340页。

译后　1925年5月26日志于上海

目录：

　　一、悲哀之戴黛儿（Deirdre of the Sorrows）

　　二、西域的健儿（The Playboy of the Western World）

　　三、补锅匠的婚礼（The Tinker's Weddins）

　　四、圣泉（The Well of the Saints）

　　五、骑马下海的人（Riders to the Sea）

　　六、谷中的暗影（The Shadow of the Glen）

按：本书改版为平装本后署名郭鼎堂译述。

争斗

（英）戈斯华士（John Galsworthy）原作

1926年6月上海商务印书馆初版

32开本，序2页，目次1页，正文150页。

序　1926年1月28日郭沫若序于上海。

目次：

　　第一幕　工场长家中之食堂

　　第二幕

　　　第一场　工场旁罗伯池茅屋中之厨

　　　第二场　工场外之空地

　　第三幕　工场长家中之客厅

法网（四幕剧）

（英）高尔斯华绥（John Galsworthy）原作

世界名著选

1927年7月1日上海联合书店初版

1929年9月1日3版

32开本，作者像1幅，剧中人物与分幕2页，正文138页。

世界名著选第四种

1927年8月15日上海创造社出版部初版

1927年11月15日2版

32开本，剧中人物与分幕2页，正文138页。

1927年上海光华书局出版

1930年再版

1929年7月1日上海现代书局初版

1931年10月1日3版

1933年5月20日4版

32开本，剧中人物与分幕2页，正文138页。

银匣

（英）高尔斯华绥（John Galsworthy）原作

世界名著选第三种

1927年7月1日上海创造社出版部初版

32开本，作者画像1幅，人物与分幕2页，正文110页。

世界名著选

1929年9月1日上海联合书店再版

32开本，作者像1帧，人物与分幕2页，正文110页。

1931年10月1日上海现代书局3版

1933年5月20日4版

32开本，人物与分幕2页，正文110页。

华伦斯太

（德）席勒（F.Z.Schiller）原作

世界文库

1936年9月上海生活书店初版　精装

1947年4月胜利后第1版

28开本，目次1页，作者像1帧，正文220页。

1955年4月人民文学出版社北京第1次印刷　精装（改译书名为《华伦斯坦》

1955年5月人民文学出版社北京第2次印刷

32开本，正文477页。

目次：

　　第一部　华伦斯太之阵营

　　第二部　皮柯乐米尼父子

第三部　华伦斯太之死
译完了华伦斯太之后　1936年8月15日作
（下篇见人民文学出版社版）
改版书后　1954年11月5日
按：本书自人民文学出版社出版后，把书名《华伦斯太》改译为《华伦斯坦》，并将译文作了修改，译者在改版书后中提到："费了十天功夫把译文和原文校对了一遍，进行了一些相当大的修改，原剧是诗剧，我的译文采用了韵文。初版是贯行直排的，现在为了保存原貌，仍然采取了分行的形式。"

（四）小说

茵梦湖
（德）史笃姆（Storm）原作　郭沫若　钱君胥合译
创造社丛书　世界名家小说
1921年7月1日上海泰东图书局初版
1921年8月1日再版
32开本，原作者小传1页，正文72页。
世界名家小说
1923年10月重排6版
1927年6月重排9版
1928年3月10版
32开本，原作者小传1页，6版改版的序1页，正文58页。
创造社丛书之一
1929年5月12版
1931年11月14版
48开本，目录1页，原著作者像1帧，原作者小传1页，茵梦湖的序引22页，正文77页，插画2幅。
1935年4月3版
32开本，原作者小传1页，正文72页。
创造社世界名著选第五种
1927年9月20日上海创造社出版部初版48开本，目录1页，原作者小传1页，正文75页，插画5幅。
世界名著选
1930年7月上海光华书局再版
1932年7月5版
1933年5月6版
48开本，原作者小传1页，目次1页，正文75页。
沫若译文集之一
1946年11月上海群海社版
48开本，目录1页，作者小传2页，茵梦湖的序引23页，正文86页。
目录：
　　第1章　老人
　　第2章　两小
　　第3章　林中
　　第4章　圣诞节
　　第5章　归乡
　　第6章　惊耗
　　第7章　茵梦湖
　　第8章　睡莲
　　第9章　以丽沙白
　　第10章　老人
六版改版的序　1923年8月23日

茵梦湖的序引　郁达夫　1921年7月21日午后书于日本东京之函馆旅馆。

按：《茵梦湖》初稿系钱君胥翻译，钱为郭沫若在日本时的同学，又名钱潮，因对新体文缺乏经验，将原著译成解说的体裁，失掉了小说的风格，后由郭沫若重译。1921年7月1日由上海泰东书局发行初版，1923年10月重排六版时作了校改。嗣后所见各版均以之为蓝本，也有另加润色的，唯1935年4月之三版，仍为1921年7月初版本之重印版。

少年维特之烦恼
（德）歌德　（Goethe）原作
世界名家小说第二种
1922年4月10日上海泰东图书局初版
1923年8月10日4版
1924年8月10日8版
32开本，序14页，注释22页，正文156页。
1927年11月9版
1928年3月25日10版
1928年9月25日11版
1929年4月10日12版
1930年8月15版（乙种）
32开本，作者扉语1页，序引15页，正文共212页。
创造社丛书第十种
1932年10月15版（乙种）
32开本，作者扉语1页，序引15页，正文共212页。
创造社丛书　世界名作选
1926年6月10日上海创造社出版部出版
1926年10月20日再版　作者照片1帧，插画2幅
32开本，序引15页，正文190页，后序4页，注释19页。
世界名著选第一种
1927年5月20日3版　精装　插画9幅
1927年10月15日4版
1928年3月15日5版　插画1幅
1928年5月20日6版
32开本　作者照片1帧，序引15页，后序4页，正文190页，注释19页。
1930年5月1日上海联合书店7版
32开本，作者照片1帧，插画1幅，引序15页，后序4页，正文190页，注释19页。
1932年10月1日上海现代书局10版
1934年4月20日11版
32开本，歌德遗像1帧，引序15页，正文190页，注释19页，后序4页，插图2幅。
1942年11月重庆群益出版社出版（土纸本）
1944年3月渝2版（土纸本）
1945年9月四版
32开本，重印感言1页，作者扉语1页，正文共195页。

沫若译文集之二
1947年3月上海群益出版社出版
1948年4月第1版
32开本，目录1页，作者弁语1页，正文共195页。
1949年4月群益出版社
28开本，少年歌德木刻照片1帧，目录1页，重印感言1页，序引11页，作者弁语1页，正文150页，（附：《春祭颂歌》）。
1951年10月上海新文艺出版社新1版
1952年2月新2版
1952年7月新3版
1953年5月新4版
1954年4月上海第1次重印
1954年12月上海新1版——第8次印刷
1955年5月上海新1版——第9次印刷
25开本，少年歌德木刻照片1帧，重印感言1页，序引11页，目次1页，作者弁语1页，正文152页（附：《春祭颂歌》）。
1955年10月人民文学出版社北京第1版
1957年8月北京第3次印刷
1959年9月北京人民文学出版社第1版 精装
32开本，目次1页，小引3页，作者弁语1页，正文137页。

序 1922年1月22—23日脱稿 郭沫若序于福冈。
后序 1926年6月4日译者郭沫若志于广大宿舍

目录：
重印感言 1942年7月13日，重庆。
小引 1955年5月9日于北京
作者弁语
第一篇
第二篇
编者致告读者
注释

按：上海泰东图书局版于1927年11月出版九版时重排订正，其中译者序误改为1922年1月22日脱稿。上海创造社出版部于1926年6月10日出版增订本，译者在《后序》中提到由于对初译版之错印及装潢有所不满，所以"费了一两礼拜的功夫，我又把旧译来重新校正了一遍。""又加以全平替我细心校对，灵凤替我刻意装帧，我想从前的丑态，一定可以从此一扫了。"联合书店版与现代书局版将译者新作之《序引》误排为《引序》。1954年12月、1955年5月上海新一版系根据群益出版社1948年4月纸型重印。除上述各种版本外，已见者尚有1936年6月上海复兴书局的第一次再版，1948年6月的天下书店版及1949年4月的激流书店版。

新时代
（俄）屠格湟浦（Turgeniegg）原作
1925年6月上海商务印书馆初版

1927年5月再版

32开本，上下册，序4页，解题1页，正文560页。

世界文学名著

1934年10月国难后第1版（署名郭鼎堂译）

32开本，上下册，序4页，解题1页，正文560页。

序　1925年4月6日　补序于沪上

解题　1924年8月12日　译者

异端

（德）霍甫特曼（Gerhart Hauptmann）原作

1926年5月上海商务印书馆初版

32开本，译者序3页，正文134页。

新中学文库　世界文学名著

1933年6月第1版（本版起署名郭鼎堂译）

1947年2月第3版

1947年12月第4版

32开本，译者序3页，正文134页。

译者序　1925年9月14日郭沫若序于上海

按：本版初版时署名郭沫若译，所附的《译者序》写作时间注"民国十四年9月14日郭沫若序于上海"收入"新中学文库"于1933年6月第一版发行时译者改署为"郭鼎堂译"。正文前的《译者序》也改为"民国十四年9月14日郭鼎堂序于上海"，这样"郭鼎堂"的笔名变成1925年已经使用了，这与史实是不符的。

石炭王

（美）辛克莱（U.Sinclair）原作　署名坎人译

1928年11月30日上海乐群书店出版

1929年3月9日再版

1929年5月30日3版　精装

1930年5月20日4版　精装

1928年11月上海现代书局初版

1932年4月10日5版

1941年4月10日上海海燕出版社再版

32开本，516页。

1947年8月上海群益出版社刊行（改署郭沫若译）

32开本，目录1页，正文516页。

目录：

　　第一篇　石炭王的领土

　　第二篇　石炭王的家奴

　　第三篇　石炭王的臣仆

　　第四篇　石炭王的意志

按：群益版署名郭沫若译。美国 Irwin D.Hoffman 作图，封面题名：《抽烟卷的矿夫》,封底题名：《石头人与人力》。现代书局版封面及版权页都署"易坎人译"，书名页题"坎人译"。

屠场

（美）莘克莱　U.Sinclair 原作　署名易坎人译

1929年8月30日上海南强书局出版

1930年2月15日再版
1930年5月15日3版
32开本，正文402页，译后2页。
附：
译后　1929年7月30日译毕
按：1932年2月15日南强书局出版此书改名《血路》。另有1946年上海译文社版，书名仍取《屠场》，译者署名改为郭沫若。

煤油
（美）辛克莱（U.Sinclair）原作　署名易坎人译
1930年6月上海光华书局出版
32开本，上下册，写在《煤油》前面5页，目次1页，正文共929页。
写在"煤油"前面　1930年5月7日译者。
目次：

　　第一章　驰驱
　　第二章　租地
　　第三章　捣井
　　第四章　牧场
　　第五章　天启
　　第六章　野猫
　　第七章　罢工
　　第八章　战争
　　第九章　胜利
　　第十章　大学
　　第十一章　叛徒
　　第十二章　赛仑号
　　第十三章　修道院
　　第十四章　明星
　　第十五章　暇期
　　第十六章　财喜
　　第十七章　曝露
　　第十八章　遁逃
　　第十九章　责罚
　　第二十章　献身
　　第廿一章　蜜月

按：上海国民书店将此书重新排版于1939年6月16日出版，译者署名改为郭沫若。本书又名《牧场》系翻版。

战争与和平
（俄）托尔斯泰（Leo Tolstoi）原作
1931年8月5日上海文艺书局出版局
第一分册上
1932年1月15日出版　第一分册下
1932年10月10日3版　第一分册（上下合）
1934年2月10日4版　第一分册
1932年9月25日出版　第二分册
1934年2月10日再版
1933年3月15日出版　第三分册
1934年2月10日再版
1935年10月上海光明书局新刊
32开本，托尔斯泰肖像1帧，第一分册——第三分册共1028页。
1939年8月上海中华书局发行
32开本，托尔斯泰像1帧，第一分册——第三分册共1028页。

按：《战争与和平》一书郭沫若并未译完，1939年11月由高地译完全文后写信给郭沫若提出"……因为本书前部有很多的地方用了先生的译文，甚至可以说是试验的校补，所以我很愿意和先生以合译的名义出版，……"这就是署名以郭沫若、高地合译的《战争与和平》，郭沫若还为该译书作了序。本书已见到的郭译本尚有1942年11月重庆五十代出版社的三版和1947年1月上海骆驼书店初版、1948年8月三版。

日本短篇小说集
（日）芥川龙之介等原作 署名高汝鸿选译
万有文库第二集第548种
1935年3月上海商务印书馆初版
32开本，上中下三册，序3页，目次2页，正文共331页。
世界文学名著
1935年12月上海商务印书馆初版
32开本，序3页，目次2页，正文331页。
人人文库1105—1106
1969，〔2〕台北台湾商务版
17.5公分 正文331页。
序 1934年12月7日，译者识。
目次：
　　南京之基督 芥川龙之介 1920年7月

蜜柑 芥川龙之介 1919年4月
真鹤 志贺直哉 1920年8月
正义派 志贺直哉 1912年8月
雪的夜话 里见弴
马粪石 葛西善芷 1919年6月
工人之子 丰岛兴志雄
一位体操教员之死 藤森成吉 1922年6月
阳伞 藤森成吉 1920年11月
"替市民"！小林多喜二 1930年5月17日
"抹杀"不了的情景 德永直 1928年6月28日
贞淑的妻 贵司山治 1930年4月改作
色彩 武田麟太郎 1929年10月25日晨
铁窗之花 林房雄 1927年3月
小儿病 片钢铁兵 1927年12月
顽童 井伏鳟二
冰结的跳舞场 中河与一 1925年5月·新潮
现眼的虱子 横光利一
拿破仑与疥癣 横光利一
按：作品后所注的时间是原作者的写作时间。

（五）其他

社会组织与社会革命
（日）河上肇原作

1925年5月上海商务印书馆初版　精装 28开本，原序2页，目次6页，正文288页。

1951年4月第1版

1951年7月第2版

28开本，序3页，原序2页，目次4页，正文263页。

1932年5月嘉陵书店5版

28开本，原序2页，目次6页，正文294页。

原序　1923年初冬　河上肇

序　1950年7月25日（此篇只见1951年商务版）

目次：

上篇　关于资本主义的若干之考察

第一章　在资本主义的生产组织下的生产力之分配及其所含的矛盾之进增

第一节　资本主义下的生产力之分配

第二节　生活必要品的生产制限

第三节　贫富悬隔所萦致的祸灾

第四节　资本主义与机械的生产之矛盾

第五节　资本主义与资本增殖之矛盾

第二章　资本堆积之必然的停窒

第一节　福田博士新说之要领——与图甘旧说之相符合

第二节　批评之第一段——生产手段之本质

第三节　批评之第二段——奴隶经济与资本经济之本质的差异

第四节　批评之第三段——图甘数字表之讨核

第五节　批评之第四段——图甘立脚点之讨核

第六节　关于资本复生产的马克斯之表式——其一，单纯复生产之表式

第七节　关于资本复生产的马克斯之表式——其二，扩张复生产之表式

第八节　剩余价值实现化之一条件的各种生产业之比例的关系

第九节　剩余价值实现化之一条件的社会之消费力

第十节　扩张复生产之必须条件的资本主义组织外之贩路

第十一节　先资本主义的外围之重要

第十二节　资本主义发展的史实之佐证

第十三节　资本主义的生产之必然的停窒

第十四节　结论

第三章　资本积聚之必然的

倾向

第一节　资本之积聚集中与堆积

第二节　所谓结合生产费之理论

第三节　固定资本之使用与生产费之结合

第四节　一般工业与结合生产费之关系

中篇　社会组织与个人之生活

第一章　奴隶制与雇佣劳动制

第一节　奴隶与雇佣劳动者之异同

第二节　自由劳动者之所谓自由

第二章　劳动之痛苦与社会组织

第一节　生产的劳动之筋肉的劳动

第二节　劳动何以是痛苦

第三节　资本主义组织下的劳动

第四节　伴随活动自身的肉体的痛苦与快乐

第五节　劳动之继续时间与其痛苦

第六节　劳动所伴随的精神的愉乐与痛苦

第三章　社会主义制与个人主义的自由

第一节　个人主义制下的自由——其一，企业之自由

第二节　个人主义制下的自由——其二，免受国家的强制之自由

第三节　社会主义制之特征——生产及分配之国家的管理

第四节　社会主义制下劳动者之义务

第四章　社会主义制下的个人之生活

第一节　对于社会主义的生产之非难

第二节　对于社会主义之非难的答辩

第三节　社会主义之未来国

下篇　关于社会革命的若干之考察

第一章　从资本主义向社会主义推移之过程（马克斯之理想及其实现之过程）

第一节　从资本主义向共产主义之过渡期

第二节　共产主义之半成期

第三节　共产主义之完成期

第二章　社会革命与政治革命

第一节　问题之所在——马克斯学说中之所谓二个的交流

第二节　戎巴达与豚涅司之解释

第三节　社会革命与政治革命之区别

第四节　社会革命与政治革命之关系

第五节　政治革命之必要——平和的革命之可能

第三章　社会革命与社会政策

第一节　共产宣言中所含的社会政策

第二节　奕斐尔特纲领与社会政策

第三节　社会革命之要素的政治革命

第四节　社会政策论者与革命家之同异

第四章　时机尚早的社会革命之企图

第一节　时机尚早的社会革命招致生产力之减退

第二节　时机尚早的社会革命终归于失败

第五章　俄国革命与社会主义革命

第一节　政治革命与经济革命

第二节　社会主义革命史之三时期

第三节　今日之俄罗斯还不是社会主义国家

第四节　政治战斗（征服有产者）之时期

第五节　政治革命与暴力

第六节　反革命之镇压与暴力

第七节　精神的准备（宣传思想）期与无产者之执权

第八节　经济的经营（产业经营）期与社会主义革命之成就

第六章　政治革命后俄罗斯之经济的地位

第一节　序言

第二节　现时俄国经济层之种种

第三节　德意志的国家资本主义

第四节　国家资本主义是走向社会主义之通路

第五节　农业税与"军国共产主义"

第六节　利权割让政策

第七节　合作的资本主义

第八节　向社会主义之推移

按：商务印书馆初版《原序》中作者指出："本书是由1921年3月至1922年10月，将近两年间隔时所发表过的论文纂集成的。"序文后署"1922年初冬河上肇"，但在嘉陵书店版中改为"本书是由1925年3月至1926年10月，……"序文后也改署为1926年初冬　河上肇"。而商务印书馆于1925年5月已发行初版，可见嘉陵书店版在《原序》中作了错误的改动。又1951年商务版改版，由吴泽炎校改，并增加译者序一篇。

查拉图司屈拉钞

（德）尼采（Nietzsche）原作

世界名著选第十一种

1928年6月15日上海创造社出版部初版

32开本，目次2页，正文115页。

目次：

  三种的变形

  道德之讲坛

  遁世者流

  肉体之侮蔑者

  快乐与热狂

  苍白的犯罪者

  读书与著作

  山上树

  死之说教者

  战争与战士

  新偶像

  市蝇

  贞操

  朋友

  千有一个的目标

  邻人爱

  创造者之路

  老妇与少女

  蝮蛇之齧

  儿女与结婚

  自由的死

  赠贻的道德

按：《查拉司屈拉钞》是尼采所作《查拉图司屈拉》的第一部共二十二节，其中第二部郭沫若只译了《持镜的小孩》、《幸福的岛上》、《博爱家》、《僧侣》四节，先后发表在《创造周报》上，后面各节没有继续译下去，也未另外发行单行本。

美术考古学发现史

（德）米海里斯（A.Michaelis）原作

1929年7月5日上海乐群书店出版精装

28开本，原序4页，插图目次1页，插图15页，目次4页，正文462页。

1931年9月1日上海湖风书局再版

28开本，译者序9页，原序4页，目次4页，插图14页，正文462页。

群益艺丛第六种

1948年8月群益出版社出版（改名《美术考古一世纪》以下各版同此）

28开本，目次、插图说明9页，插图12页，原序3页，译者前言6页，正文377页。

1951年9月上海新文艺出版社新1版

1952年10月新2版

28开本，插图12页，原序3页，译者前言6页，目次、插图说明9页，正文377页。

目次：

  原序　1908年2月于市堡　亚多尔夫、米海里斯

  第一章　至十八世纪末所有关于古代美术品的吾人之知识

  第二章　拿破仑时代

  第三章　希腊国土回复

第四章　弈屈鲁里亚墓地与古代绘画

第五章　东方的各种诸发见

第六章　希腊的神域

第七章　古代都市

第八章　先史时代研究希腊太古

第九章　古典诸国的单独发见

第十章　外方诸国的单独发见

第十一章　发见与学术

插图目次：

查尔斯·牛通氏肖像（牛通夫人笔）

罗马 Mont Cavallo 丘马像古图（郎洽尼氏著书）

Parthenon 祠东破风马首雕刻

Parthenon 祠乘马浮雕带

Meros 岛发见 Aphrodithe 神像（Louvre 博物馆藏）

伊太利丘纪发见佛郎梭亚古瓶

希腊雅典发见季丕隆式陶器

安息国宁牟鲁德遗址人兽像运搬图（赖雅德氏著书）

布拉克亚特列士作赫尔美士像（布龙摄）

希腊巴菲沃发见黄金坯模样（充它士氏著书）

希腊克雷特岛发见各种陶器图

埃及沙加拉地方发见"村长"木像

达修尔古坟发见宝饰（都摩尔刚氏发掘）

波斯培尔司坡里司发见武士陶釉浮雕（鲁渥尔博物馆藏）

波里曷诺妥士式陶画

罗马泛神祠堂（华尔大斯氏著书）

译者序　1930年12月12日（此篇见上海湖风书局再版）

译者前言　1946年12月16日于上海（此篇见群益版、新文艺版）

插图说明（见群益版、新文艺版）

1. 素沙王宫墙壁装饰　波斯
2. 村长之像　开罗博物馆
3. 女乐三人　特培墓壁画
4. 爱几拿祠破风雕刻（复原图）缪痕
5. 海神波赛东与其战车　鲁渥尔
6. 巴尔特侬物
7. 马头　大英博物馆
8. 骑士行列　大英博物馆
9. 赫尔美士　（布拉西特列士作）
10. 米罗的阿佛罗李特　鲁渥尔
11. 培尔瓜蒙祭坛浮雕
12. 和平祭坛浮雕　梵缔冈

按：1948年8月之群益版系经译者校改后之重版，改译书名为《美术考古一世纪》。1951年9月、1952年10月新文艺版是群益版的重印。

生命之科学

（英）威尔士　（H.G.Wells）原作　署名石沱译

1934年10月上海商务印书馆初版　第一册

24开本，译者弁言2页，目次6页，图版

目次1页，正文605页。彩色图版9页，有插图。

1935年11月初版　第二册

24开本，目次8页，彩色图版12页，正文942页。有插图。

1949年11月初版　第三册（上下册）

28开本，序1页，目次6页，彩色图版10页，正文657页，有插图。

译者弁言　1931年3月12日

第一册　目次：

　　序论：生物之范围、性质、与研究

　　1．本书之起源与目的

　　2．生命是甚么意义

　　3．生命在空间之界限

　　4．地球以外有无生命

　　5．生命之主观的方面

　　6．生物形态之预备的考察

　　7．生物学的知识之进步

　第一编　活体

　　第一章　肉体是一架机器

　　1．两种生物之基本的日课

　　2．肉体何以谓之机器

　　第二章　绵密的肉体机器及其运转

　　1．关于肉体上之普通知识

　　2．论细胞；吾人生命中之小生命

　　3．血液

　　4．血液循环

5．呼吸

6．肾脏与别的排泄器官

7．我们的食物如何成为血液

8．对于传染与伤风之不断的斗争

第三章　肉体机器之和谐与管理

1．调节之研究

2．化学的传令者

3．作为个体上之人与鼠

4．统制系统

5．感觉与感官

6．神经作用与脑

第四章　机器之耗损及其再生产

1．年老与衰颓

2．生殖与受精

3．胎儿之成长与发育

4．性潮与分娩

5．幼年，少年，壮年

第二编　生命之主要形态

第一章　第一大门脊椎动物

1．分类

2．何谓"门"

3．脊椎动物门之各纲

a．哺乳类

b．鸟类

c．更先进的爬虫类

d．连锁形的两栖类

e．鱼类

f．圆口类：一种退化了的古董

g. 半脊椎动物

第二章　第二大门节足动物

1. 节足动物与脊椎动物之对照
2. 节足动物之结构方式

　a. 小虾蟹水虱及巴蚋壳

　b. 蜘蛛蝇蚤

　c. 昆虫

　d. 蜈蚣及马陆

　e. 钩虫

第三章　个性明瞭的动物生活之其他种种模样

1. 动物界之其他的诸门
2. 软体动物
3. 棘皮动物自然界之五角形的实验
4. 环体动物
5. 圆体动物
6. 扁体动物
7. 弈提舍特拉（其他种切）

第四章　个体性不完备的各种动物

1. 关于个性的叙说
2. 沃贝里亚
3. 水螅、海蜇鱼、莞葵希、珊瑚
4. 海绵

第五章　植物性的生命

1. 茎叶根
2. 植物中之个体性
3. 花与种子
4. 显花植物

5. 羊齿与苔藓

第六章　下等微生物

1. 亚美巴
2. 最微渺的动物
3. 植物样的动物及海藻
4. 黴蕈酵母
5. 地衣类
6. 粘菌
7. 细菌
8. 最小的生物

第七章　我们关于生命形态的知识是完备了吗？

1　海大蛇与活恐龙

第三篇　进化之铁证

第一章　待证之事实

1. 进化与造化
2. 证据之性质

第二章　岩石上之证据

1. 岩石上的纪录之性质与规模
2. 纪录之缺佚与幸遇
3. 生命史中之一模范的例证：马之进化
4. 由海胆所表示着的进化之联续性
5. "连环的脱扣"

第三章　动植物之结构上的证据

1. 结构上的方案：可见者与不可见者
2. 废迹：无用物之证明
3. 胎体之证据

第四章　由生物之变异与分布而来的证据
1. 生物之变异
2. 种是什么
3. 生物之分布
4. 论证之综结

第五章　人之进化
1. 人者脊椎动物也　哺乳类也　灵长类也
2. 化石人
3. 人体：一座进化博物院
4. 人在时间中之位置

图版目次：

生命学识之管键

枢要的机能之精确的研究

头部之透视

偶蹄类哺乳兽之一种

几种珍奇的生命花样

自然界中之打家劫寨者

马种进化中之一福情境

变异与淘汰之手工品

内安德特尔人——这种人现已绝灭

第二册　目次：

第四编　发育与进化之方法与原因

第一章　关于进化上的论争之提要
1. 主要的进化学说
2. 处理问题的方法

第二章　个体是怎样发生的
1. 生命能够自发地生出吗

2. 原始的方法，无性生殖
3. 性是生殖之复杂化
4. 介媒子即交合细胞
5. 有性生殖之规避与替换
6. 人工生殖
7. 关于失去了的体部之再生
8. 移接与珍无类
9. 何谓胚形质？

第三章　遗传之机轴
1. 我们的细胞如何地增殖
2. 介媒子是怎样形成的？
3. 受精
4. 染色体之功用
5. 植物中的染色体

第四章　遗传学底 ABC
1. 种种不同类的变异
2. 僧侣门德尔之发现
3. 门德尔底两条遗传定律
4. 门德尔定律之数字的证明
5. 机元及其对于人的性格上之影响
6. 美洲的皮色机元是复合机元之一例
7. 染色体之与图
8. 植物栽培——某种实际上的应用
9. 内配是可忌避的吗？
10. 向祖先形态之返本
11. 门德尔定律之适用范围
12. 关于遗传上的一些普通的迷信

第五章　个体之成长
1. 正常的与怪异的发育
2. 新的个体安顿于发育
3. 器官之以使用而改形
4. 蝌蚪之禅变
5. 机元之职分
6. 成长之限制与统筹
7. 年龄，衰老与还童
8. 人底还童是有益的吗？

第六章　决定性别的是什么？
1. 性别之正常的起因
2. 两性之比率
3. 有法左右儿女之性别否？
4. 伴性遗传与示性性质
5. 奇难得
6. 性的内分泌质
7. 性之转换
8. 衷性

第七章　种之变异
1. 尚待解决的变异之问题
2. 突变：胚形质之实验工作
3. 突变中有前进的飞跃吗？
4. 获得形质可以遗传吗？
5. 人工诱发的突变
6. 蛾类与煤烟
7. 性别之意义
8. 植物中之变异

第八章　进化中之淘汰作用
1. 达尔文说之证明
2. 自然淘汰是一种保守的势力
3. 变化着的条件下之自然淘汰

4. 于种属无用的性质之淘汰
5. 离索有造出新种之作用
6. 交配可以产生新种
7. 变异之缺如与绝灭

第九章　神秘的进化冲动之有无
1. 直线进化
2. 种族会衰老吗？
3. 生之跃进与生命力
4. 进化中有无目的

彩色图版
门德尔底发现
在卵中发育着的鸟类
几个雌雄嵌合体之蝴蝶
雌雄淘汰所产生的装饰

第五编　生命之历史与冒险
第一章　序曲
1. 宇宙之规模
2. 舞台之装置
3. 生命之起源
4. 地上背景之转变

第二章　化石以前的生命
1. 最初的生命
2. 团结是力量：植物体之构成
3. 体细胞与生殖细胞之分化：高等动物底起源
4. 最初的脑髓
5. 进化上的一个阶段——血液：体腔动物之出现

第三章　爬行与游泳底时代：水中底进行

1. 开幕时：始生代与原生代
2. 泰古的生命之时期：古生代
3. 寒武纪：三叶虫底时代
4. 海蝎的时代
5. 棘皮动物：永不会产出地上形态的一门
6. 软体动物之古代史
7. 最早的鱼类

第四章　生命克服了翰地
1. 初期的世界之不毛的陆地
2. 陆上植物与其种子之珍奇的历史
3. 古代世界底植物
4. 煤炭
5. 脊椎动物之出水
6. 夹炭期的森林
7. 死底时代

第五章　陆地之完全的征服
1. 爬虫类的冒险者
2. 关于适应的放射之检点
3. "退回水去"的运动
4. 空气之征服
5. 恐龙类
6. 昆虫之增殖随伴着植物之发展
7. 巨怪与侏儒之斗争

第六章　现代纪
1. 现代的生命
2. 新生代之受难的地球
3. 哺乳类之发生与繁荣
4. 错综的进化之葛藤

5. 进化中有进步之意义乎？

第七章　地球上的人类之破晓
1. 我们为什么说"人类破晓"？
2. 人类之远祖
3. 洪积纪与最近代的气候之略史
4. 在洪积纪中及其前的人类遗迹
5. 近代人之出现

彩色图版

古生代的海中之生命
软体动物进化之成果
爬虫时代之末期
相互的适应
先史时代人底艺术

第六编　生命之景象
第一章　居域
1. 生命之世界与其形式
2. 居域与其居民
3. 过活底方法
4. 居民对于居域之协调

第二章　海中之生命
1. 海中之生命
2. 海洋之表面生命
3. 深海
4. 深海之底面
5. 海岸的生命
6. 珊瑚礁与珊瑚岛
7. 海中生活之偏僻处

第三章　淡水中与陆地上的生命

1. 淡水生命
2. 流水中的生命
3. 止水中的生命
4. 陆上居域
5. 沙漠
6. 热带的森林
7. 岩石冰雪之领域
8. 岛屿之生物
9. 洞窟生物
10. 例外的生活法

第四章　生命之种种相
1. 共济生活与寄生生活
2. 生物之体重
3. 生物之色彩与纹样

第五章　生态之科学
1. 生态学是生物的经济学
2. 生命之化学的轮回
3. 生物社会之类似与歧异
4. 生物社会之成长与发展
5. 生物社会之层段化
6. 食饵连锁与寄生连锁
7. 生殖与死亡与暴风

第六章　统治下的生命
1. 自然之平衡
2. 祸害生物与生物学上的统制
3. 应用生物学之端绪
4. 生态学的预测

彩色图版
旷海中的生命
自然中的变装
非洲的一种食饵连锁

第三册　目次：

第七编　健康与疾病
第一章　传染性的与流行性的疾病
1. 人是特别地不健康的吗？
2. 微生物
3. 微生物运搬者之昆虫
4. 免疫性
5. 微生物之预防与歼灭

第二章　身体之营养
1. 乌有先生就餐
2. 六种的维它命
3. 若干应有的毒物
4. 药剂，其用法与危险

第三章　新鲜的空气与日光
1. 城市空气与乡村空气
2. 密闭的室内之空气
3. 作为强健剂的日光

第四章　人类目前之健康状态
1. 传染病之预防
2. 心脏与肺脏
3. 癌
4. 结核
5. 乌有先生及抗病斗争

彩色图版
嗜眠症病源虫
人力毁坏自己的环境

第八编　行动感情与思索
第一章　行动之基蒂
1. 行动之三要素
2. 感受性

3. 反应性

4. 联关性：神经系统之起源

5. 植物之行动

6. 本能的与学能的行动

7. 草履虫之行动

8. 动物所生活着的世界之悬异

第二章　昆虫类及其他无脊椎动物之行动

1. 认为本能之极致的节足动物之心神

2. 本能之解剖

3. 孤独性的胡蜂

4. 昆虫社会

5. 蚁类生活之诸方式

6. 蚁类群体之寄生虫

7. 白蚁

8. 蜜蜂

第三章　脊椎动物中的行为之进化

1. 脊椎动物的神经系统

2. 鱼类之心神

3. 两栖动物之心神

4. 爬虫类·鸟类·哺乳类之脑

5. 动物之求爱行为

6. 哺乳类智能之进展

7. 动物之教育

8. 游戏

9. 猿猴类之行为

第四章　意识

1. 客观与主观

2. 意识是受动的还是主动的？

3. 意识的范围如何？

4. 身心一如

第五章　登峰造极的脑

1. 大脑皮质之扩充

第六章　活动着的大脑皮质

1. 鲍乐甫

2. 何谓条件反射？

3. 作为人之模型的狗

4. 抑制与统制

5. 狗之世界

6. 倦怠·警惕·睡眠

7. 狗被催眠

8. 狗之气质

第七章　人的行为与人的心神

1. 人的行动主义

2. 精神乃有知识的物质

3. 情绪与激动

4. 催眠术

5. 无意识界

6. 自我之分裂：多重人格

7. 歇斯迭里

8. 精神亢扬

9. 自动现象与灵子术

10. 神经衰弱

11. 禁压与错综性

12. 精神分析

13. 出轨的入轨的心

14. 心之差异

第八章　关于行为之近代的概念

1. 生活行为

2. 我们这行为着的自我是什么？

3. 第一义的生物学的义务

4. 自我认识与趣致

5. 平康正直

6. 克制与均衡

7. 逃避·懒惰·恐怖

第九章　科学之边境与人格不灭问题

1. 身·心·灵之理论

2. 梦的先兆与播灵

3. 千里眼·乩仙·灵飞术

4. 物质化与灵质

5. 未来的生命之神话

6. 死后的人格之留存

彩色图版

毒蛙

昆虫社会中之生活

辟鹇之求爱

黑猩猩之茶会

被催眠了的龙虾

主要的几种人种

第九编　人类生物学

第一章　现人类之特异性

1. 火·工具·言语·经济

2. 现人类之起源

3. 人类生活之原始的异型

4. 人类交互作用之发展

第二章　人类集团之现阶段

1. 宗教的传统

2. 传统主义之过世

3. 战争之废止

4. 教育之本质上的变化

5. 人类改良问题

6. 人类之过剩势力

7. 全一集体的人类精神意志之可能性

8. 统制下的生命

彩色图版

非洲之邪术与魔术

闹市

隋唐燕乐调研究

（日）林谦三原作

1936年11月上海商务印书馆初版精装

28开本，序2页，原作者序1页，页首插图5页，目次3页，正文208页。

序　1936年3月3日　郭沫若

原作者序　1936年2月19日　林谦三

卷首插图

隋唐前后诸律尺黄钟表

辽东陵壁画之一部分

唐制螺钿紫檀阮咸　日本奈良正仓院藏

正仓院藏紫檀琵琶

正仓院藏木画琵琶头部

目次：

前言

第一章　隋代前后的调的意义之变迁

第二章　隋代之龟兹乐调

隋代之胡俗乐调

苏祇婆七调
苏祇婆七调之原调
苏祇婆五旦之新释
苏祇婆七调名之原语
苏祇婆调即龟兹调乃唐代燕乐调之源
苏祇婆调与伊兰乐调的关系之有无
第三章　龟兹乐调的影响之片影
中国乐调观念之变更
郑译琵琶八十四调
应声与勾字
第四章　唐代之燕乐
狭义的燕乐
法曲
清商
道调
立坐部伎
散乐
第五章　燕乐二十八调
第六章　燕乐调之律
唐之五律
骠国乐调之律
古律
俗律（燕律）
黄钟宫与正宫
正律（小尺律）
清商律
燕乐与五律之关系
唐燕乐二十八调图
第七章　唐乐调之后继者

燕乐二十八调之流转
日本所传的唐乐调
第八章　燕乐调与琵琶之关系
第九章　结论
附论：
一、唐燕乐调之调式
二、唐代律尺质疑
三、龟兹部之乐器乐曲
四、骠国乐器之律
五、述唐会要天宝乐曲
六、日本十二律
七、正仓院藏阮咸及近代中国琵琶之柱制比较
八、日本所传琵琶调弦法
九、乐调比毕之律
十、日本乐调之实例
附录：
印度古乐用语（梵语）解

人类展望
（英）韦尔斯（H.G.Wells）原作
开明青年丛书
1937年3月上海开明书店初版
32开本，目次2页，正文86页。
目次：
一、火・工具・言语・经济
二、现人类之起源
三、人类生活之原始的异型
四、人类交互作用之发展
五、宗教的传统
六、传统主义之过世

七、战争之废止

八、教育之本质上的变化

九、人种改良问题

十、人类之过剩势力

十一、全一集体的人类精神意志
　　　　之可能性

十二、统制下的生命

书后　1936年10月8日译者识

按：据译者在"书后"中提到："本书乃由韦尔斯父子（H.G.Wells与G.P.Wells）及鸠良·赫胥黎（Jnlian Huxley）三氏所合著的《生命之科学》（The Science of life）的第九编之抄译，原题为"Biology of the Human Race"（人种之生物学），因题目过硬及其行文笔调不甚相符，故改为今名。"

四、合著书书目（选录）

新诗集第一编
新诗社编辑部编辑
1920年1月上海新诗社出版部初版
28开本，正文110页。
本书收郭著译二篇
辍了课的第一点钟里
从那滚滚大洋的群众里 W.Whitman 原作

三叶集
田寿昌、宗白华、郭沫若合著
1920年5月上海亚东图书馆初版
32开本，正文166页。
本书收郭序1篇，书信七封
致宗白华信四封
致田寿昌信三封

新诗年选
北社编
1922年8月上海亚东图书馆初版
本书收郭著四篇
三个泛神论者

天狗
死的诱惑
雪朝

辛夷集
创造社编辑
创造社辛夷小丛书第一种
1923年4月上海泰东图书局初版
64开本，正文90页。
本书收郭著八篇
小引
鹭鸶
岸上
"蜜桑索罗普"之夜歌
霁月
夕阳
夜步十里松原
牧羊少女

战痕——甲子苏祸记
孤军杂志社编辑

1925年4月上海孤军杂志社出版

32开本，正文166页。

本书收郭著一篇。

一位军神

卷耳讨论集

曹聚仁编纂

一角丛书之二

1925年6月上海梁溪图书馆出版

32开本，正文49页。

本书收郭著译三篇

周南卷耳

我对于《卷耳》一诗的解释

说玄黄——答曹聚仁先生

灰色的鸟

成仿吾等合著

创造社丛书第五种

1926年6月1日上海创造社出版部初版

48开本，页数不连

本书收郭著一篇

Dona Carméla（喀尔美萝姑娘）

创造小说集

郭沫若等著

1926年创造社出版部

32开本，正文134页。

本书收郭著一篇

叶罗提之墓

革命文学论

丁丁编

1927年1月泰东图书局出版

32开本，正文150页。

本书收郭著四篇

文艺之社会的使命——在上海大学讲

文艺家的觉悟

革命与文学

艺术家与革命家

创造日汇刊

创造社编

1927年3月上海光华书局初版

1937年4月上海大光书局五版

32开本，正文507页。

本书收郭著十篇

背着两个十字架（代卷头语）

怆恼的葡萄

无限的悲哀（英）道生原作

五月歌（德）歌德原作

歌德的诗

答孙铭传君

森林之声（德）希莱原作

白玫瑰

屠勒国王（德）歌德原作

创造日停刊布告

从文学革命到革命文学

成仿吾　郭沫若合著

创造社丛书第二十四种

1928年4月20日上海创造社出版部初版

32开本，正文145页

本书收郭著六篇
我们的文学新运动
艺术家与革命家
文艺之社会的使命——在上海大学讲
孤鸿——致仿吾的一封信
文艺家的觉悟
革命与文学

文艺论集
郭沫若等著
1929年5月上海创造社出版
32开本，正文118页。
本书收郭著五篇
献诗
文艺之社会的使命——在上海大学讲
文艺家的觉悟
艺术家与革命家
革命与文学

中学生文学读本第二册　应用文集
洪超编
1931年8月上海中学生书局出版
32开本，页数不连。
本书收郭著二篇
与宗白华书
《少年维特之烦恼》序引

当代小说读本上册（封面题：《当代中国小说选》）
郭沫若等著　乐华编辑部编
1932年5月上海乐华图书公司出版

32开本，正文482页。
本书收郭著三篇
歧路
炼狱
十字架

创造社论
黄人影编
1932年12月上海光华书店出版
32开本，正文154页。
本书收郭著三篇
创造社的自我批判
《创造十年》发端
眼中钉

当代散文读本
郭沫若等著　乐华编辑部编
当代文学读本第三种
1932年12月上海乐华图书公司出版
32开本，正文472页。
本书收郭著四篇
卖书
小品六章
菊子夫人
新生活日记

茅盾集
陶其情编著
1933年1月15日拂晓书室出版
32开本，页数不连。
本书收郭著三篇

讨论《马克思进文庙》
1. 楔子　郭沫若著
2. 马克思那能进文庙呢？陶其情著
3. 我的答复　郭沫若著
我的再答　郭沫若著

模范小品文读本
林荫南编
1933年1月上海光华书局出版
1937年5月上海大光书局再版
32开本，正文431页。
本书收郭著五篇
小品六章
新生活日记
夜别
天上的市街
奔流

当代诗歌戏剧读本
郭沫若等著　乐华编辑部编
当代文学读本　第四种
1933年3月上海乐华图书公司出版
32开本，正文394页。
本书收郭著二篇
女神
聂嫈（《棠棣之花》改作）

抒情诗
朱剑芒　陈霭麓编辑
1933年3月上海世界书局初版
28开本，正文138页。

本书收郭著三篇
月下的故乡
怀古——Baikal湖畔之苏子卿
黄海中的哀歌

现代名人书信
高语罕编
1933年4月上海光华书局出版
32开本，正文387页。
本书收郭著二篇
郭沫若致芳坞
郭沫若致宗白华

现代文艺书信
维恒编
1933年6月上海乐华图书公司出版
32开本，正文265页。
本书收郭著二篇
与宗白华书
几片落叶

当代中国文艺论集
郭沫若等著　乐华编辑部编
当代文学读本　第五种
1933年7月上海乐华图书公司出版
32开本，正文352页。
本书收郭著四篇
文艺之社会的使命
文艺家的觉悟
我们的文学新运动
关于文艺的不朽性

1932年度中国文艺年鉴
中国文艺年鉴社编辑
1933年8月10日上海现代书局初版
32开本，正文693页。
本书收郭著一篇
牧歌

现代小品文选
郭沫若等著　赵景深选
1933年11月上海北新书局出版
32开本，正文460页。
本书收郭著二篇
卖书
小品六章

湘累
郭沫若等著　韩振业编
当代名作选（中国文学）　第一辑第七种
1934年6月上海天马书店初版
48开本，正文82页。
本书收郭著一篇
湘累

现代十六家小品
阿　英编校
1935年3月上海光明书局初版
28开本，正文488页。
本书收郭著六篇
英雄树
三诗人之死

芭蕉花
卖书
小品六章
新生活日记

现代百科文选
王子坚编辑
1935年3月上海经纬书局出版
32开本，上下册。
本书收郭著二篇
5月30日
新生活日记

中国新文学大系第五集　小说三集
郑伯奇编选
1935年8月30日上海良友图书印刷公司初版
24开本，正文476页。
本书收郭著四篇
牧羊哀话
函谷关
Löbenicht 的塔
歧路

中国新文学大系第一集　建设理论集
胡适编选
1935年10月15日上海良友图书印刷公司初版
24开本，正文392页。精装
本书收郭著一篇
论诗通信

中国新文学大系第二集　文学论争集
郑振铎编选
1935年10月15日上海良友图书印刷公司初版
24开本，正文441页。精装
本书收郭著一篇
我们的文学新运动

中国新文学大系第八集　诗集
朱自清编选
1935年10月15日上海良友图书印刷公司初版
24开本，正文374页。精装
本书收郭著一篇
郭沫若二十五首

中国新文学大系第十集　史料索引
阿　英编选
1936年2月15日上海良友图书印刷公司初版
24开本，正文513+105页，精装
本书收郭著四篇
创造者
我们的花园
创世工程之第七日
创造日停刊布告

现代中国戏剧选
罗芳洲编
文学基本丛书之九
1936年3月10日上海中国文化服务社

五版
32开本，正文382页。
本书收郭著一篇
聂嫈（二幕剧）

1935年度中国文艺年鉴
杨晋豪编
1936年5月上海北新书局初版
32开本，正文864页。
本书收郭著一篇
幻灭的北征（海外十年之二）

中国新文学大系第六集　散文一集
周作人编选
1936年5月2日上海良友图书印刷公司三版
24开本，正文450页。
本书收郭著七篇
卖书
百合与番茄
月蚀
今津纪游
神话的世界
艺术家与革命家
致成仿吾书

现代作家书简
孔另境编
1936年5月上海生活书店初版
32开本，正文321页。
本书收郭书简十通

致叶灵风函十通

现代创作小说选　第1—3编
徐逸如选辑
1936年6—7月上海文林书局出版
32开本，3册。
本书收郭著五篇
今津纪游
人力以上
鹓雏
函谷关
歧路

中国新文学大系第九集　戏剧集
洪深编选
1936年8月15日上海良友图书印刷公司三版
24开本，正文326页。
本书收郭著一篇
卓文君

国防文学论战
新潮出版社编辑
救亡文化丛书
1936年10月上海新潮出版社初版
32开本，正文612页。
本书收郭著四篇
国防，污池，炼狱
对于国防文学的意见
我对于国防文学的意见
蒐苗的检阅

日本管窥
傅仲涛等著
宇宙丛书之二
1936年12月上海宇宙风社初版
32开本，正文266页。
本书收郭著一篇
关于日本人对于中国人的态度

1936年度中国文艺年鉴
杨晋豪编
1937年6月上海北新书局初版
32开本，正文782页。
本书收郭著二作
蒐苗的检阅
宾阳门外

抗战歌声
救亡出版社编
1937年9月新中国书店出版
32开本，正文60页。
本书收郭著一篇
中国妇女抗敌歌　麦新曲

鲁迅先生纪念集
鲁迅先生纪念委员会编
1937年10月19日上海文化生活出版社初版
28开本，页数不连。有表
本书收郭著三篇
民族的杰作——纪念鲁迅先生
不灭的光辉

挽联

鲁迅逝世周年纪念册
汪馥泉编
1937年10月25日上海抗战出版部出版
32开本，正文58页。
本书收郭著一篇
鲁迅并没有死

上海抗战记
郭沫若　谢冰莹等著
1937年10月28日上海杂志公司汉口总店初版
32开本，正文86页。
本书收郭著二篇
到浦东去来
前线归来

前线归来
郭沫若等著　自强出版社编辑
抗敌小丛书
1937年11月10日上海自强出版社出版
32开本，正文60页。
本书收郭著一篇
前线归来

闸北孤军记
郭沫若　徐迟等著　叶兆舟编
1937年上海战时读物编译社出版
32开本，正文59页。

本书收郭著一篇
由四行想到四川

持久抗战与组织民众
郭沫若等著　何秋萍编
救亡小丛书之一
1938年1月28日救亡出版社初版
32开本，正文77页。
本书收郭著一篇
持久抗战的必要条件

抗战诗选
金重子编
战时文化丛书之四
1938年2月汉口战时文化出版社初版
32开本，正文110页。
本书收郭著七篇
抗战颂
血肉的长城
只有靠着实验
所应当关心的
相见不远
归国志感
满江红

孩子剧团从上海到武汉
孩子剧团编
1938年4月汉口大路书店初版
32开本，正文147页。
本书收郭著二篇
学学孩子吧

为孩子剧团题辞

血战台儿庄
郭沫若等著
1938年4月民族出版社初版
32开本，正文86页。
本书收郭著一篇
鲁南胜利之外因

国际形势与抗战前途
郭沫若、金仲华等著　王汉宜编
1938年4月汉口自强出版社出版
32开本，正文110页。
本书收郭著一篇
国际形势与抗战前途

抗战歌声第一集
朱绛编
1938年6月浙江丽水会文图书社出版
32开本，正文180页。
本书收郭著二篇
中国妇女抗敌歌
妇女文化歌

抗战建国第一年
寸　喁编著
1938年8月重庆七七书局初版
32开本，正文230页
本书收郭著一篇
抗战一年来的文化动态

第一年
谊　社编选
1938年9月30日未名书店初版
32开本，正文468页。
本书收郭著一篇
人类进化的驿程

少年时事读本
郭沫若等著　时代读物社编辑
导报小丛书
1938年11月7日上海英商导报馆出版
32开本，第一集第九册。
本书收郭著一篇
节约献金竞赛歌

八百孤军
田汉等著
战时小丛刊之二
缺版权页　战时出版社出版
32开本，正文99页。
本书收郭著一篇
由四行想到四川

抗战中的郭沫若
丁　三编
战时小丛刊
缺版年　战时出版社刊行
32开本，正文123页
本书收郭著九篇
国际形势与抗战前途
饥饿就是力量

日寇残酷心理之介剖

鲁南胜利之外因

再建我们的文化堡垒

纪念张一麐先生

在天空中写的壮快的诗篇

把精神武装起来

把有限的个体生命融化进无限的民族生命里去——吊王故师长广播辞

抗战歌曲选

阙仲瑶编

1939年2月抗建出版社初版

32开本，正文180页。

本书收郭著三篇

来他个"四面倭歌"——扩大宣传周

广场歌咏会上致辞

中家妇女抗敌歌

妇女文化歌

第一年代续编

野风等编选

1939年5月15日香港美商未名书店初版

32开本，正文314页。

本书收郭著二篇

一位广东兵的诗

由"有感"说到气节

文汇年刊

文汇年刊编辑委员会编辑

1939年5月英国文汇有限公司出版部初版

16开本，页数不连，精装。

本书收郭著一篇

节约与抗战

抗战三周年

浙江省动员委员会，战时教育文化事业委员会徵编组编纂

1940年9月浙江省动员委员会战时教育文化事业委员会征编组初版

32开本，正文218页

本书收郭著二篇

三年来的文化战

三年来日本社会的危机

楚霸王自杀

郭沫若等著

1940年11月昆明新流书店出版

32开本，正文124页。

本书收郭著二篇

楚霸王自杀

由日本回来了

抗战四年

军事委员会政治部编印

1941年8月13日出版

16开本，正文160页，有表图。

本书收郭著一篇

四年来之文化抗战与抗战文化

春草集

诗歌丛刊一

1942年5月重庆文林出版社初版

32开本，正文130页。

本书收郭译一篇

给迷娘（德）歌德原作

诗家（一）

诗家丛刊编委会编著

诗家丛刊第一集

1942年9月重庆戏剧文学出版社出版

32开本，正文137页。

本书收郭著一篇

易水寒（《高渐离》插曲）

文艺新论

郭沫若　茅　盾等著　柳　倩编辑

莽原文丛一辑之一

1943年1月成都莽原出版社出版

32开本，正文235页。

本书收郭著二篇

告鞭尸者

由"墓地"走向"十字街头"

佩剑集

谭　锋编

战时文艺丛刊一

1943年2月文林书店初版

32开本，正文142页。

本书收郭著一篇

写尔所知

当代作家书简

郭沫若等著　卫　明编

1943年7月桂林普及出版社初版

32开本，正文139页。

本书收郭著三篇

关于诗与音乐底个体

祝与献

创作长假可以满期了

怎样自我学习

郭沫若　夏　衍等著　《青年生活》主编

1945年2月重庆青年生活社初版

32开本，正文186页。

本书收郭著一篇

如何研究诗歌与文艺

现代中国小说选

赵景深　孙席珍等编辑

1946年11月上海百新书店出版

32开本，2册。

本书收郭著一篇

叶罗提之墓

我们的读书生活

郭沫若等著　王礼锡编

新青年修养丛书

1947年2月上海神州国光社出版

缺版权页　言行社再版

32开本，正文226页。

本书收郭著一篇

幼年时代

现代名剧精华
魏如晦编选
1947年4月上海潮锋出版社出版
32开本，正文255页。
本书收郭著一篇
苏武与李陵（楔子）

呼喊
郭沫若等著　美洲华侨青年文艺社编
五四文丛
1947年5月华侨知识社初版
32开本，正文110页。
本书收郭著一篇
青年哟，人类的春天（节录）

春天的信号
郭沫若等著
文汇丛刊第一辑
1947年9月上海文汇报馆初版
28开本，正文64页。
本书收郭著一篇
春天的信号

救救青年
平　心等著
1947年9月上海文汇报馆初版
32开本，正文55页。
文汇丛刊第二辑
本书收郭著一篇
青年、青年、青年

人民至上主义的文艺
郭沫若等著
1947年9月上海文汇报馆初版
32开本，正文56页。
文汇丛刊第四辑
本书收郭著二篇
人民至上主义的文艺
论中国新木刻

跨着东海
郭沫若等著　孔另境主编
今文学丛刊第一本
1947年10月30日上海春明书店初版
32开本，正文154页。
本书收郭著一篇
跨着东海（长篇连载，待续）

我是中国人
郭沫若著　孔另境主编
今文学丛刊第二本
1947年11月30日上海春明书店初版
32开本，正文108页。
本书收郭著一篇
我是中国人（《跨着东海》的第二章）

陶行知先生纪念集
陶行知先生纪念委员会编
1947年陶行知先生纪念委员会编印
32开本，正文687页。
本书收郭著二篇
痛失人师

祭陶行知先生诗

春日
绀　弩等著
野草文丛第八集
1948年2月14日香港野草出版社出版
32开本，正文57页。
本书收郭著一篇
"十载一来复"

渡江前夜
林参天等著
自由丛刊第十二种
1948年3月1日香港自由世界出版社出版
32开本，正文51页。
本书收郭著一篇
斥帝国臣仆兼及胡适——复泗水文化服务社张德修先生函

文艺的新方向
荃麟　乃超等著
大众文艺丛刊第一辑
1948年3月1日大众文艺丛刊社出版
28开本，正文111页。
本书收郭著一篇
斥反动文艺

美国扶日亡华大阴谋
郭沫若等著
自由丛刊第十三种
1948年4月5日香港自由世界出版社出版
32开本，正文51页。
本书收郭著一篇
为美帝扶日向爱国侨胞呼吁

论新政协
郭沫若等著
自由丛刊第十五种
1948年6月5日香港自由世界出版社出版
32开本，正文67页。
本书收郭著一种
为新政协催生

保卫文化
郭沫若等著
新文化丛刊第二种
1948年10月香港生活书店出版
32开本，正文78页。
本书收郭著一篇
世界文化战的呼应

学习毛泽东思想
郭沫若等著　白　丁编辑
改造丛书之一
1949年7月上海改造生活出版社
32开本，正文48页。
本书收郭著一篇
青年的基本任务是学习

人民音乐家冼星海
1949年8月上海新华书店出版
32开本，正文94页。
本书收郭著一篇
吊星海

创作经验
郭沫若等著　司马文森编
文艺生活选集之四
1949年11月香港智源书局出版
32开本，正文45页。
本书收郭著一篇
我怎样开始了文艺生活

戏剧甲选
郭沫若等著　谢燕子编辑
缺版权页　戏剧改进社出版
28开本，正文562页。
本书收郭著一篇
卓文君

牧羊哀话
郭沫若等著
缺版权页　三联出版社出版
28开本，正文238页。
本书收郭著一篇
牧羊哀话

论大众文艺
郭沫若　茅盾　周扬　老舍等著　王亚平编

大众文艺丛书
1950年10月天下图书公司出版
32开本，正文114页。
本书收郭著二篇
论诗二题（一）关于诗歌的一些意见（二）论写旧诗词

人民经与陶派诗
郭沫若　袁水拍著　生活教育社主编
1951年4月新北京出版社
32开本，正文40页。
本书收郭著一篇
人民经（行知诗歌集校后记）

纪念屈原——逝世二千二百三十周年
1953年北京
32开本，正文194页。
本书收郭著二篇
屈原简述
离骚今译

中国人类化石的发现与研究
郭沫若等著　中国科学院古脊椎动物研究室编辑
1955年9月科学出版社第1版第1次印刷
32开本，正文104页。
本书收郭报告一篇
在中国猿人第一个头盖骨发现二十五周年纪念会上的报告

1165

楚辞研究论文集
作家出版社编辑部编
1957年7月作家出版社北京第1版第1次印刷
32开本，正文463页。
本书收郭著四篇
伟大的爱国诗人——屈原
关于宋玉
评《离骚底作者》
评《离骚以外的〈屈赋〉》

捍卫马克思列宁主义 反对资产阶级"社会科学"复辟第一辑
科学出版社编辑部编
1957年9月科学出版社第1版第1次印刷
32开本，正文50页。
本书收郭发言一篇
驳斥一个反社会主义的科学纲领（郭沫若在全国人民代表大会第四次会议上的发言）

反对资产阶级社会科学复辟第二辑
科学出版社编辑部编
1958年1月科学出版社第2版第1次印刷
32开本，正文789页。
本书收郭讲话二篇
社会科学界反右派斗争必须进一步深入（在9月18日座谈会上的讲话）
更高地举起马克思列宁主义的旗帜（在9月23日会议上的总结发言记录）

大规模地收集全国民歌
中国民间文艺研究会编
民间文学论丛之一
1958年7月作家出版社北京第1版第1次印刷
32开本，正文138页。
本书收郭著二篇
为今天的新国风，明天的新楚辞欢呼（代序）
关于大规模收集民歌问题——郭沫若答"民间文学"编辑部问

向地球开战
农垦出版社丛书编辑室编
1958年10月农垦出版社第1版第1次印刷
32开本，正文102页。
本书收郭著一篇
向地球开战（代序）

胡笳十八拍讨论集
文学遗产编辑部编
1959年11月中华书局第1版第1次印刷
32开本，正文272页。
本书收郭著六篇
谈蔡文姬的《胡笳十八拍》
再谈蔡文姬的《胡笳十八拍》
三谈蔡文姬的《胡笳十八拍》

四谈蔡文姬的《胡笳十八拍》
五谈蔡文姬的《胡笳十八拍》
六谈蔡文姬的《胡笳十八拍》

曹操论集
三联书店编辑部编
1960年1月三联书店第1版第1次印刷
32开本，正文440页。
本书收郭著三篇
谈蔡文姬的《胡笳十八拍》
替曹操翻案
中国农民起义的历史发展过程——序《蔡文姬》

艾森豪威尔独白（注音本）
郭沫若等著
1960年10月中国戏剧出版社第1版第1次印刷
32开本，43页。
本书收郭著一篇
艾森豪威尔独白（唱词）

敬爱的周总理永远和我们在一起
1977年3月人民文学出版社北京第1版
32开本，正文507页。
本书收郭著一篇
怀念周总理二首　念奴娇　七律

兰亭论辩

文物出版社编辑
1977年10月文物出版社第1版第1次印刷
16开本，上编120页，下编25页，插图共65幅。
本书收郭著四篇
新疆新出土的晋人写本《三国志》残卷
由王谢墓志的出土论到兰亭序的真伪
《驳议》的商讨
《兰亭序》与老庄思想

无尽的怀念
1978年7月宁夏人民出版社第1版第1次印刷
32开本，正文207页。
本书收郭著二篇
毛主席永在（二首）　选自《沫若诗词选》
怀念毛主席　满江红　选自《沫若诗词选》

科学的春天
郭沫若　徐迟等著
1979年8月百花文艺出版社第1版第1次印刷
32开本，正文283页。
本书收郭讲话一篇
科学的春天——在全国科学大会闭幕式上的讲话

五、增补书目

郭沫若全集（文学篇）
1982年10月人民文学出版社北京第1版第1次印刷（第一卷）
32开本，照片及书影等6页，目录7页，正文409页。
1982年10月人民文学出版社北京第1版第1次印刷
32开本，照片及手稿等4页，目录11页，正文436页。
目录：（第一卷）
女神
  序诗　1921年5月26日
第一辑
  女神之再生　1920年12月27日
  湘累
  棠棣之花　1920年9月23日
第二辑
  凤凰涅槃
  天狗　1920年2月初作
  心灯　1920年2月初作
  炉中煤　1920年1—2月间作

无烟煤
日出　1920年3月间作
晨安　1920年1月间作
笔立山头展望　1920年6月间作
浴海　1919年9月间作
立在地球边上放号　1919年9—10月间作
三个泛神论者
电火光中　1919年年末初稿，1928年2月1日修改
地球，我的母亲！　1919年12月末作
雪朝　1919年12月作
登临
光海
梅花树下醉歌
演奏会上
夜步十里松原
我是个偶像崇拜者　1920年5—6月间作
太阳礼赞

沙上的脚印
新阳关三叠 1920年4、5月间作
金字塔 1920年6—7月间作
巨炮之教训 1920年4月初作
匪徒颂 1919年年末作
胜利的死
辍了课的第一点钟里
夜 1919年间作
死 1919年间作

第三辑
Venus 1919年间作
别离 1919年3—4月间作
春愁 1919年3—4月间作
司健康的女神
新月与白云 1919年夏秋之间作
死的诱惑
火葬场
鹭鸶 1919年夏秋之间作
鸣蝉
晚步
春蚕
蜜桑索罗普之夜歌 1920年11月23日
霁月
晴朝
岸上
晨兴
春之胎动 2月26日
日暮的婚筵 2月28日
新生 1921年4月1日
海舟中望日出 4月3日

黄埔江口 4月3日
上海印象 4月4日
西湖纪游
星空
献诗 1922年12月24日夜,星影初现时作此。
星空 1922年2月4日晨
洪水时代 1921年12月8日作
月下的司芬克司
苦味之杯
静夜
偶成
南风 1921年10月10日
白云
新月 1921年10月14日
雨后 1921年10月20日
天上的市街 1921年10月24日
黄海中的哀歌
仰望
江湾即景
吴淞堤上
赠友
夜别
海上
灯台
拘留在检疫所中
归来 9月20日清晨
Paolo之歌
冬景
夕幕
暗夜

春潮

新芽

大鹜

地震

两个大星

石佛

孤竹君之二子　1922年11月23日脱稿

广寒宫　1922年4月2日脱稿

瓶

献诗　1925年3月9日夜

第一首—第四十二首

附记（郁达夫）　1926年3月10日

前茅

序诗　1928年1月11日

黄河与扬子江对话　1922年11月12日于日本

留别日本　1923年4月1日

上海的清晨　1923年4月？日

励失业的友人　1923年5月？日

力的追求者　1923年5月27日

朋友们怆聚在囚牢里　1923年5月27日

怆恼的葡萄　1923年5月27日

歌笑在富儿们的园里　1923年5月27日

黑魆魆的文字窟中　1923年6月9日

我们在赤光之中相见　1923年12月5日

太阳没了　1924年1月25日

前进曲　1922年8月28日于上海

暴虎辞　1921年8月于日本

哀时古调　1922年9月19日

恢复

恢复　1928年1月5日

述怀　1928年1月5日

《关雎》的翻译　1928年1月5日

歇斯迭里　1928年1月5日

怀亡友　1928年1月5日

黑夜和我对话　1928年1月6日

归来　1928年1月6日

得了安息　1928年1月6日

诗的宣言　1928年1月7日

对月　1928年1月7日

我想起了陈涉、吴广　1928年1月7日

黄河与扬子江对话（第二）1928年1月7日

传闻　1928年1月7日

如火如荼的恐怖　1928年1月7日

外国兵　1928年1月8日

梦醒

峨嵋山上的白雪　1928年1月8日

巫峡的回忆　1928年1月8日

诗和睡眠争夕　1928年1月8日

电车复了工　1928年1月9日

我看见那资本家杀了人　1928年1月9日

金钱的魔力　1928年1月10日

血的幻影　1928年1月10日

战取　1928年1月16日

目录：（第二卷）

战声集

们　1936年9月18日

诗歌国防　1936年11月11日

疯狗礼赞　1936年11月11日

纪念高尔基　1936年6月22日夜

给C.F.　1936年5月23日

悼聂耳　1935年9月18日

给澎澎　1936年3月9日

前奏曲　1937年8月在上海

中国妇女抗敌歌　1937年8月在上海

民族再生的喜炮　1937年8月20日晨

抗战颂　1937年8月21日晨

战声　1937年8月20日晨

血肉的长城　1937年8月22日夜

"铁的处女"　1937年8月31日

只有靠着实验　1937年9月4日

相见不远　1937年9月4日

所应当关心的　1937年9月17日

人类进化的驿程　1937年10月5日

唯最怯懦者为最残忍　1937年10月5日

题廖仲恺先生遗容　1937年8月1日夜

归国杂吟

蜩螗集

序　1948年3月16日

迎西北摄影队凯旋

罪恶的金字塔　1940年6月17日

谢"园地"　1941年11月7日

团结一致　1942年10月18日

水牛赞　1942年春

神明时代的展开　1942年3月8日

颂苏联红军　1943年红军建军节

和平之光　1945年2月

进步赞

为多灾多难的人民而痛哭　1946年4月15日

挽四八烈士歌　1946年4月13日夜

民主家庭　1945年5月6日

断想四章　1946年夏在上海

《礼魂》今译

《桔颂》今译

陶行知挽歌　1946年7月在上海

祭陶行知　1946年7月26日宣读于上海殡仪馆

中国人的母亲　1946年7月在上海

"双十"解　1946年10月在上海

"一二·一"纪念　1946年11月1日

寿朱德　1946年11月29日
蝶恋花　1939年7月1日在重庆
满江红　1942年在重庆
水龙吟　8月7日
烛影摇红　8月12日夜
咏史
松崖山市
题关山月画
题《南天竹》　1946年11月30日晨
董老行
沁园春
祭昆明四烈士
司派狂　1946年3月
祭李闻
送茅盾赴苏联　1946年12月21日
猫哭老鼠　1947年2月
"十月"感怀诗　1947年11月7日
海上看日出　1947年11月
再用鲁迅韵书怀　1947年11月13日离沪之前夕作
金环吟
舟行阻风
船泊石城岛畔杂成
渔翁吟
北上纪行　1949年1月作于沈阳
在莫斯科过五一节　1949年5月
题哈尔滨烈士馆　1949年5月

汐集

赴解放区留别立群　1948年11月作于香港
苏联纪行五首
题书画册　1945年4月23日
忆樱桃树　1945年4月20日
和金静庵　1945年3月28日
泰山不让壤　1945年3月18日
贺友人在巴黎公社纪念日结婚　1945年3月18日
题画梅二首　1945年3月7日
咏梅　1945年3月7日
咏兰　1945年3月7日
赠国际友人　1945年2月19日
磐磐大器　1945年2月6日
访徐悲鸿醉题　1945年2月5日
赠张瑞芳　1944年12月26日
双十一　1944年12月25日
题水牛画册　1944年12月3日
题湘君与湘君夫人二首　1944年11月22日
补题湘君与湘君夫人二首　1944年11月23日
题柳浪图　1944年11月22日
题夏山图　1944年11月22日
题傅抱石薰风曲图　1944年11月17日
题伯夷叔齐图　1944年11月17日
喻仿石涛者　1944年11月17日
题刘伶醉酒图　1944年11月17日
咏虎二首　1944年11月15日

叠和亚子先生四首　1944年6月15日
观《两面人》　1944年5月21日
题打渔杀家图　1944年5月21日
题关良画二首　1944年5月21日
拟屈原答渔父辞　1944年4月10日
忆嘉州　1944年4月6日
赠舒舍予　1944年4月1日
题画虎　1944年3月30日
题幼女图　1944年3月16日
咏秦良玉四首　1944年3月13日
帝子二绝　1944年2月24日
题赠董老画二绝　1944年1月1日
次田寿昌韵寄赠　1943年12月29日
题沈衡老像　1943年12月19日
题巫峡图　1943年12月18日
看《南冠草》演出后　1943年12月10日
题梅怪画梅残幅　1943年10月29日
吊姜爱林　1943年10月29日
题良庄图　1943年10月28日
原来寿母是同乡四首　1943年7月18日
反七步诗　1943年7月3日
灯台守　1943年6月18日
白杨来　1943年6月6日
孔丘　1943年6月6日

题风景画二首　1943年6月2日
和冰谷见赠却寄二首　1943年5月23日
寿柳亚子先生　1943年5月19日
题人物画二首　1943年4月25日
山容　1943年4月1日
咏水仙　1943年3月30日
题李可染画二首　1943年3月21日
游特园　1943年3月20日
铭张天虚墓　1943年3月14日
求仁得仁者　1943年3月12日
黄山探梅四首　1943年3月12日
咏怀　1943年1月20日
题敦煌画展　1943年1月17日
祝新华日报五周年　1943年1月15日
丹娘魂　1942年12月12日
吊友　1942年12月9日
题峡船图　1942年12月9日
题画莲　1942年9月18日
崇德小学校歌　1942年9月19日
气塑篇　1942年9月1日
牧童与水牛唱和　1942年8月22日
题傅抱石画八首
感怀　1942年8月1日

和亚子　1942年7月7日

咏月八首　1942年6月29日

雨　1942年6月27日

钓鱼城怀古　1942年6月3日

有赠　1942年5月14日

夜和高鲁诗二绝　1942年5月7日

听唱《湘累曲》四首　1942年5月5日

赠朴园　1942年5月1日

和黄任老观《屈原》演出二首　1942年4月11日

赴璧山途中再和黄任老观《屈原》演出韵二首　1942年4月26日

三和黄任老观《屈原》演出后　1942年4月29日

平生多负气二首　1942年4月27日

题吴碧柳手稿　1942年4月23日

以韵赠答真如二首　1942年4月18日

赠《屈原》表演者十六首　1942年4月16日

和李仙根观《屈原》演出一首　1942年4月13日

偶成　1942年4月1日

无题　1942年3月17日

倔强赞　1942年2月15日

题画翎毛花卉三首　1942年1月24日

赠潘梓年　1941年12月17日

题傅抱石画山水小幅

和鸳湖老人二首　1941年12月5日

用原韵却酬柳亚子　1941年11月24日

步原韵却酬沈伊默　1941年11月10日

浓雾垂天　1941年10月24日

为陈望道题画　1941年10月17日

贺十月革命二十四周年　1941年10月16日

题苏联妇女生活展　1941年10月10日

苏联友人歌　1941年10月4日

传湘北大捷　1941年10月4日

题天滇山水遗墨　1941年10月2日

文化工作委员会成立一周年　1941年9月30日

题《画云台山记图卷》　1941年9月27日

"九·一八"十周年书感　1941年9月18日

抗日书怀四首　1941年9月12日

鸡公是号兵　1941年9月1日

回报马叔平用原韵　1941年8月28日

寄赠南洋吉打筹赈会　1941年8月26日

轰炸后　1941年8月21日
燕老鼠的抗议　1941年8月21日
燕老鼠　1941年8月17日
天鹅蛋　1941年7月21日
纪念日本人反战同盟一周年　1941年7月20日
秋风　1941年7月18日
赠谢冰心　1941年7月16日
和老舍原韵并赠三首　1941年7月16日
和沈衡老　1941年5月21日
百蝶图四首　1941年5月2日
奔涛　1941年5月1日
华禽吟　1941年4月20日
百虎图　1941年4月17日
感时四首　1941年4月7日
题李可染画二首　1941年4月5日
满天星　1941年4月4日
鞭石谣　1941年3月22日
建设行　1941年3月15日
送田寿昌赴桂林　1941年3月6日
闻新四军事件书愤二首　1941年1月
题慰劳前线书　1940年10月19日
解佩令　1940年10月9日
题饮马长城图　1940年9月19日
读方志敏自传　1940年9月19日

鹧鸪天四首　1940年9月4日
挽张曙诗两首　1940年9月1日
望海潮　1940年8月29日
夜会散后　1940年8月28日
水调歌头　1940年8月26日
司徒慧敏导演《白云故乡》题赠　1940年8月5日
和朱总司令韵四首　1940年7月15日
汉相　1940年
喜雨　1940年
题路工图　1940年
游北碚　1939年10月
石池　1939年10月15日
题花卉画二首　1939年9月23日
登乌尤山　1939年9月
别季弟　1939年9月
晨浴北碚温泉　1939年9月
喜雨书怀　1939年6月24日
题竹扇　1939年6月20日
有感　1939年6月19日
惨目吟　1939年5月12日
铭刀　1939年5月
登尔雅台怀人　1939年
舟游阳朔二首　1938年12月
登南岳　1938年11月末
在南岳避空袭寄怀立群桂林十首　1938年11月末
长沙有感二首　1938年2月
陕北谣　1938年1月在广州

广州郊外　1937年12月在广州

南下书怀四首　1937年12月在香港

上海沦陷后吊于立忱墓　1937年11月在上海

看《梁红玉》　1937年11月在上海

题山水画小帧　1937年作

题画红绿梅二首

赠达夫　1936年12月16日在日本东京

断线风筝　1936年12月16日在日本东京

题渊明沽酒图　作于抗战前不久，在日本

信美非吾土　作于日本，时间约为抗战前两三年

悼德甫　1926年9月在武昌

过汨罗江感怀　1926年8月

采栗谣　1924年在日本作

春寒　1919年在日本福冈作

十里松原四首　1918年在日本福冈

夜哭　1916年作

寻死　1916年在日本冈山作

与成仿吾同游栗林园　1916年春作

新月　1915年作于日本冈山

即兴　1913年12月作于北京

休作异邦游　1913年5月作于成都

茶溪

郭沫若全集　历史篇

1982年9月人民出版社北京第1版第1次印刷（第一卷）

32开本，照片4帧，书影及书稿2页，目录3页，正文618页。

1982年9月人民出版社北京第1版第1次印刷（第二卷）

32开本，照片2帧，手稿及校样稿2页，目录1页，正文491页。

1982年9月人民出版社北京第1版第1次印刷（第四卷）

32开本，照片2帧，手稿2页，目录2页，正文522页。

目录：（第一卷）

中国古代社会研究

　　1954年新版引言　1953年11月18日

　　自序　1929年9月20日夜

　　解题　1929年9月21日

　　导论　中国社会之历史的发展阶段

　　　一、社会发展之一般

　　　二、殷代——中国历史之开幕时期

　　　三、周代——铁的出现时期——奴隶制

　　　四、周代以来至最近时代之概观

　　　五、中国社会之概览

第一篇《周易》时代的社会生活

　　发端

　　第一章《周易》时代的社会生活

　　第二章《易传》中辩证的观念之

展开

第二篇 《诗》《书》时代的社会变革与其思想上之反映

　　序说

　　第一章　由原始公社制向奴隶制的推移

　　第二章　由奴隶制向封建制的推移

　　第三篇　卜辞中的古代社会

　　序说　卜辞出土之历史

　　第一章　社会基础的生产状况

　　第二章　上层建筑的社会组织

第四篇　周代彝铭中的社会史观

　　一、序说

　　二、周代是青铜器时代

　　三、周代彝铭中的奴隶制度

　　四、周代彝铭中无井田制的痕迹

　　五、周代彝铭中无五服五等之制

　　六、彝铭中殷周的时代性

　　七、余论

附录　追论及补遗

　　一、殷墟之发掘

　　二、由《矢彝考释》论到其他

　　三、附庸土田之另一解

　　四、《矢令簋》考释

　　五、明保之又一证

　　六、古金中有称男之二例

　　七、古代用牲之最高纪录

　　八、殷墟中无铁的发现

　　九、夏禹的问题

　　十、"旧玉亿有百万"

　　后记　1947年4月10日

青铜时代

　　序　1945年2月11日

　　先秦天道观之进展　1935年12月23日记

　　《周易》之制作时代　1935年3月10日

　　由周代农事诗论到周代社会　1944年2月17日

　　驳《说儒》

　　墨子的思想　1943年8月6日

　　公孙尼子与其音乐理论　1943年9月5日

　　述吴起　1943年9月11日

　　老聃、关尹、环渊　1934年12月25日

　　宋钘尹文遗著考　1944年8月29日

　　《韩非子·初见秦篇》发微　1943年12月18日

　　秦楚之际的儒者　1943年8月29日

　　青铜器时代　1945年2月10日

　　后记　1944年2月20日重庆

目录：（第二卷）

十批判书

　　古代研究的自我批判　1944年7月18日

　　孔墨的批判　1944年8月1日

　　儒家八派的批判　1944年9月11日

　　稷下黄老学派的批判　1944年9月19日

　　庄子的批判　1944年9月26日

荀子的批判　1944年10月31日
名辩思潮的批判　1945年1月
前期法家的批判　1945年2月18日
韩非子的批判　1944年1月20日
吕不韦与秦王政的批判　1943年10月3日夜脱稿
后记
——我怎样写《青铜时代》和《十批判书》　1945年5月5日
后记之后　一、1945年6月2日
　　　　　二、1945年9月28日

目录：（第四卷）
历史人物
序　1947年7月21日
屈原研究　1942年2月20日
论曹植　1943年7月7日脱稿
隋代大音乐家万宝常　1935年7月13日脱稿
王安石　1947年7月3日记
甲申三百年祭　1944年3月10日脱稿
关于李岩　1946年2月12日夜于重庆
李白与杜甫
一、关于李白
李白出生于中亚碎叶
李白的家室索隐
李白在政治活动中的第一次大失败
　　——待诏翰林与赐金还山
李白在政治活动中的第二次大失败
　　——安禄山叛变与永王璘东巡

李白在长流夜郎前后
李白的道教迷信及其觉醒
李白与杜甫在诗歌上的交往
二、关于杜甫
杜甫的阶级意识
杜甫的门阀观念
杜甫的功名欲望
杜甫的地主生活
杜甫的宗教信仰
杜甫嗜酒终身
杜甫与严武
杜甫与岑参
杜甫与苏涣
三、李白杜甫年表

郭沫若全集　考古篇
1982年9月科学出版社北京第1版第1次印刷（第一卷）
16开本，照片及手稿4页，目录3页，正文462页。
1983年6月科学出版社北京第1版第1次印刷（第二卷）
16开本，照片2页，目录2页，正文626页，索引19页，（每页二面）
1982年9月科学出版社北京第1版第1次印刷（第九卷）
16开本，照片2帧，目录2页，正文342页。
目录：（第一卷）
甲骨文字研究
重印弁言　1952年8月30日

目录

序录　1929年8月1日

释祖妣

释臣宰　附土方考

释耤

释勿勿

释和言

释朋

释五十

释岁

释支干

殷契余论

殷夬拾遗

申论芍甲

断片缀合八例

残辞互足二例

缺刻横画二例

易日解

馒黾解

释畐向

宰丰骨刻辞

骨臼刻辞之一考察

释七十——殷文纪数之一新例

安阳新出土的牛胛骨及其刻辞

目录：（第二卷）

目次

序　1933年1月11日

后记　2月8日夜补记

述例　1933年1月16日

卜辞通纂

别录之一

别录之二

摹本

卜辞通纂考释

别录之一考释

别录之二考释

书后

索引

目录：（第九卷）

石鼓文研究

三版小引　1959年11月28日

重印弁言　1954年11月30日

石鼓文研究

再论石鼓文之年代

十鼓斋先锋本

先锋本夺字补

明锡山安氏十鼓斋先锋本石鼓文

书后　1936年8月26日

沫若识

沈序　1939年2月7日，沈尹默

诅楚文考释

一、前言

二、版本的推究

三、关于原文的年代

四、全文考释

郭沫若书简（致容庚）

1981年5月广东人民出版社第1版第1次印刷

32开本，照片1帧，手迹8页，目录5页，正文177页。

目录：

怀念郭沫若同志（代序）容庚　1979年5月于中山大学

1929年

8月27日

9月19日

10日3日

附一　释㲎（附释稽）

附二　释五十

　　10月31日

　　11月16日

　　12月4日

　　12月13日

　　12月24日

　　12月29日

　　1930年

　　2月1日

　　2月6日（上）

　　2月6日（下）

　　2月16日

　　4月6日

　　5日29日

附三　挽邓太夫人联

　　6月3日

　　6月16日（上）

　　6月16日（下）

　　7月20日

　　8月18日

　　8月26日

　　9月6日

　　9月8日

　　9月26日

9月27日

附四　克鼎

附五　拍盘

9月29日

9月30日

10月2日

11月25日

12月4日

12月24日

1931年

1月14日

2月16日

3月20日

4月19日

5月27日

6月25日

7月17日

8月14日

8月24日

9月9日

9月27日

1932年

7月15日

附六　梅原末治复函

12月12日

1933年

1月30日

2月13日

2月17日

1934年

5月21日

6月12日
8月12日
11月21日
1935年
1月2日
9月1日
11月1日
11月15日
11月28日
1957年
5月14日
1962年
2月14日
2月24日
3月1日

附录
试论郭沫若同志的早期古文字研究
——从郭老致容庚先生的信谈起
曾宪通　陈炜湛
郭老海外十年古文字著作系年
按：本书由曾宪通编注。

英诗译稿（英汉对照）
1981年5月上海译文出版社第1版第1次印刷
32开本，译者照片1帧，译文手迹2页，目录7页，序2页，正文147页。
目录：
　序　成仿吾　1980年4月
　春之女神着素装（罗伯特·布里季）
　春（妥默斯·讷徐）
　春（威廉·布来克）
　生命之川（妥默司·康沫尔）
　今昔吟（妥默司·胡德）
　咏黄水仙花（罗伯特·赫里克）
　黄水仙花（威廉·瓦慈渥斯）
　红玫瑰（罗伯特·彭斯）
　真的美（托默斯·加鲁）
　风中蔷薇花（吉姆司·斯提芬司）
　虹（威廉·瓦慈渥斯）
　出阵前告别鲁加斯达（里却德·腊吾勒斯）
　懊恼（马利·冯）
　多浮海岸（马修·安诺德）
　树（菊叶斯·基尔默）
　山岳是沉默的好汉（哈牟林·格朗德）
　月神的奶头（吉姆司·斯提芬司）
　时辰，你吉卜西老人（拉尔夫·赫吉生）
　东尼的琴师（威廉·伯特勒·叶慈）
　摇篮歌（培德来克·戈隆）
　像大麦那样（沙拉·迪斯德尔）
　偶成（雪莱）
　冬月（伊吾琳·司科特）
　歌（威廉·莎士比亚）
　月（威廉·H.戴维士）
　牧羊的女儿（阿里斯·美讷尔）
　交响的绿坪（威廉·布来克）
　灵魂（约翰·格斯瓦西）
　悼阵亡将士（劳伦斯·宾雍）

一条伦敦的大马路　午前二时
（阿米·罗韦尔）

伦敦贫民区怀德洽陪尔（力却德·沃丁东）

支考哥（卡尔·桑德堡）

给人生（托马斯·哈代）

俳句（阿米·罗韦尔）

林（N.A.克劳福特）

热带的月（伊吾琳·司科特）

窗（卡尔·桑德堡）

夜（麦克司·威伯）

冥冥（艾·野）

庄严（艾·野）

默想（罗素·葛林）

吃惊（F.S.弗林特）

老虎（威廉·布来克）

割麦女（威廉·瓦慈渥斯）

露西（威廉·瓦慈渥斯）

荷思林登之战（妥默司·康沫尔）

爵士约翰·摩尔在科龙纳的埋葬（查理·渥尔夫）

喷泉（吉姆司·罗素·洛威尔）

八哥与画眉（A.P.格雷夫斯）

爱情残忍爱情甜（妥默司·麦克东那）

整理后记　郭庶英　郭平英
1980年8月

石鼓文研究　沮楚文考释
1982年10月科学出版社北京第1版第1次印刷

16开本，正文342页。

三版小引　1959年11月28日

重印弁言　1954年11月30日

石鼓文研究目次：

　　石鼓文研究

　　一、古拓二种之比较

　　二、古拓之年代

　　三、石鼓文之年代

　　四、原文之复原及其考释

　　五、注释

　　六、馀论

附图

　　一、汧沔石之近况及其拓墨

　　二、作原石之近况及其拓墨

　　三、顾氏石鼓砚之正背二面

　　四、十鼓斋后劲本四页

　　五、十鼓斋中权本四页

再论石鼓文之年代

　　一、导言

　　二、东迁时歧丰之归属

　　三、西時地望及西垂之解释

　　四、而师石之再检讨

　　五、汧水之深浅及廊之地望

　　六、馀论

附图

　　一、明锡山安氏旧藏后劲本而师石三枚

　　二、同中权本同石三枚

十鼓斋先锋本

先锋本夺字补

明锡山安氏十鼓斋先锋本石鼓文书后

附中权后劲二本诸题跋缩影　1936年8月26日

沈序　1939年2月7日

诅楚文考释目次：

诅楚文考释

　　一、前言

　　二、版本的推究

　　三、关于原文的年代

　　四、全文的考释

中吴本诅楚文

湫渊

亚驼

巫咸

秦祀巫咸神文（欧阳修）

诅楚文诗（苏轼）

诅楚文辞（王柏）

诅楚文音释（周伯琦）

生活的艺术化——在上海美专讲（评论）

1925年4月讲　柳亚藩等记

载1925年4月12日上海《时事新报·艺术》第98期；

初收1925年12月上海光华书局初版《文艺论集》；

又收1959年6月人民文学出版社北京第1版《沫若文集》第10卷。

文艺之社会的使命——在上海大学讲（评论）

1925年5月2日讲　李伯昌　孟超合记

载1925年5月18日《民国日报·文学》第3期；

初收1925年12月上海光华书局初版《文艺论集》；

又收1959年6月人民文学出版社北京第1版《沫若文集》第10卷。

按：此篇收入1929年7月《文艺论集》四版时，写作时间署"12年5月2日"即公元1923年5月2日；收入《沫若文集》时署1924年5月2日。据《上海大学一览》"弁言"中反映《上海大学》于1923年9月秋季开学，又1924年4月郭沫若赴日本接家眷，至11月回上海，故郭沫若在上海大学演讲系1925年5月2日之事。

郭沫若著译系年

上海图书馆编于1981年12月

1904 年

邮居即景（五律）
初收 1979 年 10 月四川人民出版社第 1 版《郭沫若少年诗稿》。

早起（七绝）
1904 年冬作；
初收 1979 年 10 月四川人民出版社第 1 版《郭沫若少年诗稿》。

茶溪（五绝）
初收 1959 年 11 月北京作家出版社第 1 版《潮汐集·汐集》。

1905 年

正月四日茶天岗扫墓途中遇雨口占一律（五律）
1905 年 2 月 7 日作；
初收 1979 年 10 月四川人民出版社第 1 版《郭沫若少年诗稿》。

1906 年

苏溪弄筏口占（五律）
初夏之作；
初收 1979 年 10 月四川人民出版社第 1 版《郭沫若少年诗稿》。
注：原书注"此诗是 1906 年或 1907 年初夏之作"，现列入本年。

1907 年

九月九日赏菊咏怀（五律）
1907 年 10 月 15 日作；
初收 1979 年 10 月四川人民出版社第 1 版《郭沫若少年诗稿》。

晨发嘉州返乡舟中赋此（七律）
1907 年秋季作；
初收 1979 年 10 月四川人民出版社第 1 版《郭沫若少年诗稿》。

夜泊嘉州作（七律）

1907年秋作；

初收1979年10月四川人民出版社第1版《郭沫若少年诗稿》。

1908年

咏佛手柑（七律）

1908年秋作；

初收1979年10月四川人民出版社第1版《郭沫若少年诗稿》。

1909年

咏腊梅（七律）

1909年冬寒假期中作；

初收1979年10月四川人民出版社第1版《郭沫若少年诗稿》。

1910年

泛舟谣（五言诗）

1910年2月作；

初收1979年10月四川人民出版社第1版《郭沫若少年诗稿》。

澡室狂吟（七言诗）

1910年春初作；

初收1979年10月四川人民出版社第1版《郭沫若少年诗稿》。

落红（七律）

1910年春作；

初收1979年10月四川人民出版社第1版《郭沫若少年诗稿》。

3月14日暮同友人游怡园作（七律）

1910年3月14日暮作；

初收1979年10月四川人民出版社第1版《郭沫若少年诗稿》。

商业场竹枝词　三首（七绝）

1910年初夏作；

初收1979年10月四川人民出版社第1版《郭沫若少年诗稿》。

寄吴君尚之　二首（七律）

1910年作；

初收1979年10月四川人民出版社第1版《郭沫若少年诗稿》。

注：吴尚之系与郭沫若一起考进乐山高等小学堂之同学。

和李大感怀　二首（七律）

1910年作；

初收1979年10月四川人民出版社第1版《郭沫若少年诗稿》。

注：李大系郭沫若在嘉定府中学堂之同学，一说李大即李鹄人。

有怀（七律）

1910年作；

初收1979年10月四川人民出版社第1版《郭沫若少年诗稿》。

咏秋海棠（七律）

1910年作；

初收1979年10月四川人民出版社第1

版《郭沫若少年诗稿》。

1911年

舟中闻雁哭吴君耦逖　八首（五律）
1911年底作；
初收 1979 年 10 月四川人民出版社第 1 版《郭沫若少年诗稿》。
注：吴君耦逖系郭沫若之同学，笃友，本家的亲戚。

1912年

舟中偶成　三首（五律）
1912年3月8日作；
初收 1979 年 10 月四川人民出版社第 1 版《郭沫若少年诗稿》。
注：《舟中偶成》之第2首初见于1924年3月18日所作之《十字架》中题名《休作异邦游》。后收入1959年11月北京作家出版社第1版《潮汐集·汐集》，写作时间误署1913年5月作于成都。

咏绣毯（七绝）
1912年初作；
初收 1979 年 10 月四川人民出版社第 1 版《郭沫若少年诗稿》。

对联二十副
1912年春作于乐山市沙湾故里；
初收 1979 年 10 月四川人民出版社第 1 版《郭沫若少年诗稿》。

咏牡丹（七绝）
1912年初夏作；
初收 1979 年 10 月四川人民出版社第 1 版《郭沫若少年诗稿》。

述怀　和周二之作三首（五绝）
1912年秋作；
初收 1979 年 10 月四川人民出版社第 1 版《郭沫若少年诗稿》。
注：周二系郭沫若在成都府中学堂之同学。

代友人答舅氏劝阻留学之作　次原韵（五言诗）
1912年作；
初收 1979 年 10 月四川人民出版社第 1 版《郭沫若少年诗稿》。

和王大登城之作　原韵二首（五律）
1912年9月9日作；
初收 1979 年 10 月四川人民出版社第 1 版《郭沫若少年诗稿》。
注：王大即王维新，号伯恒，系郭沫若在乐山高等小学堂之同学。

感时　八首（七律）
1912年冬作；
初收 1979 年 10 月四川人民出版社第 1 版《郭沫若少年诗稿》。

感李大和鄙作感时八章赋诗以赠之（七律）

1912年底作；
初收1979年10月四川人民出版社第1版《郭沫若少年诗稿》。

锦里逢毛大醉后口号叠韵四首（七绝）
1912年作；
初收1979年10月四川人民出版社第1版《郭沫若少年诗稿》。
注：毛大即毛常典，号慎吾。系郭沫若在乐山中小学时之同学。

寄先夫愚 八首（七律）
1912年作于成都；
初收1979年10月四川人民出版社第1版《郭沫若少年诗稿》。
注：先夫愚又名先玉泽。系郭沫若在乐山高等小学堂时之同学。

无题（七律）
1912年作；
初收1979年10月四川人民出版社第1版《郭沫若少年诗稿》。

无题 五首（七律）
1912年作于成都；
初收1979年10月四川人民出版社第1版《郭沫若少年诗稿》。

1913年

给父母亲的家信
1913年10月17日作；
见1979年11月30日《社会科学战线》第4期黄高斌、唐明中编注《郭沫若早年家书》；
初收1981年8月四川人民出版社第1版唐明中、黄高斌编注《樱花书简》，署名开贞。

给父母亲的家信
1913年11月3日作；
见1979年11月30日《社会科学战线》第4期黄高斌、唐明中编注《郭沫若早年家书》；
初收1981年8月四川人民出版社第1版唐明中、黄高斌编注《樱花书简》。

给父母亲的家信
1913年11月6日作；
见1979年11月30日《社会科学战线》第4期黄高斌、唐明中编注《郭沫若早年家书》；署名开贞；
初收1981年8月四川人民出版社第1版唐明中、黄高斌编注《樱花书简》。
注：此信之前半部残缺。

即兴（五言诗）
1913年12月作于北京；
初收1959年11月作家出版社北京第1版《潮汐集·汐集》。
注：此诗初见于《离沪之前》中。

1914年

给父母亲的家信
1914年2月作；

见 1979 年 11 月 30 日《社会科学战线》第 4 期黄高斌、唐明中编注《郭沫若早年家书》；

初收 1981 年 8 月四川人民出版社第 1 版唐明中、黄高斌编注《樱花书简》，署名开贞。

给父母亲的家信
1914 年 3 月 14 日作；
见 1979 年 11 月 30 日《社会科学战线》第 4 期黄高斌、唐明中编注《郭沫若早年家书》；
初收 1981 年 8 月四川人民出版社第 1 版唐明中、黄高斌编注《樱花书简》，署名开贞。

给父母亲的家信
1914 年 6 月 6 日作；
见 1979 年 11 月 30 日《社会科学战线》第 4 期黄高斌、唐明中编注《郭沫若早年家书》；
初收 1981 年 8 月四川人民出版社第一版唐明中、黄高斌编注《樱花书简》，署名开贞。

给父母亲的家信
1914 年 6 月 21 日作；
见 1979 年 11 月 30 日《社会科学战线》第 4 期黄高斌、唐明中编注《郭沫若早年家书》；
初收 1981 年 8 月四川人民出版社第 1 版唐明中、黄高斌编注《樱花书简》，署名开贞。

给父母亲的家信
1914 年 7 月 28 日作；
初收 1981 年 8 月四川人民出版社第 1 版唐明中、黄高斌编注《樱花书简》，署名开贞。

房州海滨（五绝）
1914 年夏作于日本；
见 1963 年 11 月《中国现代文艺资料丛刊》第 3 卷海英作《郭沫若留学日本初期的诗》。
注：此诗初见于作者 1933 年 11 月 30 日所作之《自然底追怀》。篇名系编者题。

镜浦　三首（五绝）
1914 年夏作于房州；
见 1963 年 11 月《中国现代文艺资料丛刊》第 3 卷海英作《郭沫若留学日本初期的诗》。
注：此诗初见于作者 1933 年 11 月 30 日所作之《自然底追怀》。篇名系编者题。

给父母亲的家信
1914 年 8 月 1 日作；
初收 1981 年 8 月四川人民出版社第 1 版唐明中、黄高斌编注《樱花书简》，署名开贞。

给父母亲的家信
1914年8月29日作；
见1979年11月30日《社会科学战线》第4期黄高斌、唐明中编注《郭沫若早年家书》；
初收1981年8月四川人民出版社第1版唐明中、黄高斌编注《樱花书简》，署名开贞。

给父母亲的家信
1914年9月6日作；
初收1981年8月四川人民出版社第1版唐明中、黄高斌编注《樱花书简》，署名开贞。

给少仪三哥的家信
1914年9月29日作；
初收1981年8月四川人民出版社第1版唐明中、黄高斌编注《樱花书简》，署名开贞。
注：少仪，即郭开成，郭沫若之堂兄。

给父母亲的家信
1914年9月29日作；
初收1981年8月四川人民出版社第1版唐明中、黄高斌编注《樱花书简》，署名开贞。

给郭翊新的家信
1914年10月22日作；
见1979年11月30日《社会科学战线》第4期黄高斌、唐明中编注《郭沫若早年家书》；
初收1981年8月四川人民出版社第1版唐明中、黄高斌编注《樱花书简》，署名开贞。
注：郭翊新，即郭开佐，郭沫若之五哥。

给父母亲的家信
1914年10月28日作；
见1979年11月30日《社会科学战线》第4期黄高斌、唐明中编注《郭沫若早年家书》；
初收1981年8月四川人民出版社第1版唐明中、黄高斌编注《樱花书简》，署名开贞。

海岸（五绝）
1914年秋作；
见1963年11月《中国现代文艺资料丛刊》第3卷海英作《郭沫若留学日本初期的诗》。
注：此诗初见于作者1933年11月30日所作之《自然底追怀》。篇名系编者题。

给父母亲的家信
1914年11月16日作；
初收1981年8月四川人民出版社第1版唐明中、黄高斌编注《樱花书简》，署名开贞。

给父母亲的家信
1914年11月27日作；
见1979年11月30日《社会科学战线》

第4期黄高斌、唐明中编注《郭沫若早年家书》；
初收1981年8月四川人民出版社第1版唐明中、黄高斌编注《樱花书简》，署名开贞。

给父母亲的家信
1914年12月2日作；
见1979年11月30日《社会科学战线》第4期黄高斌、唐明中编注《郭沫若早年家书》；
初收1981年8月四川人民出版社第1版唐明中、黄高斌编注《樱花书简》，署名开贞。

给父母亲的家信
1914年12月24日作；
见1979年11月30日《社会科学战线》第4期黄高斌、唐明中编注《郭沫若早年家书》；
初收1981年8月四川人民出版社第1版唐明中、黄高斌编注《樱花书简》，署名开贞。

1915年

给父母亲的家信
1915年3月3日作；
初收1981年8月四川人民出版社第1版唐明中、黄高斌编注《樱花书简》，署名开贞。

给父母亲的家信
1915年3月17日作；
初收1981年8月四川人民出版社第1版唐明中、黄高斌编注《樱花书简》，署名开贞。

给父母亲的家信
1915年4月12日作；
初收1981年8月四川人民出版社第1版唐明中、黄高斌编注《樱花书简》，署名开贞。

给父母亲的家信
1915年5月5日作；
初收1981年8月四川人民出版社第1版唐明中、黄高斌编注《樱花书简》，署名开贞。

给父母亲的家信
1915年5月作；
初收1981年8月四川人民出版社第1版唐明中、黄高斌编注《樱花书简》，署名开贞。

给父母亲的家信
1915年6月1日作；
初收1981年8月四川人民出版社第1版唐明中、黄高斌编注《樱花书简》，署名开贞。

给父母亲的家信
1915年6月25日作；
初收1981年8月四川人民出版社第1版唐明中、黄高斌编注《樱花书简》，署名开贞。

给元弟的家信
1915年7月5日作；
初收1981年8月四川人民出版社第1版唐明中、黄高斌编注《樱花书简》，署名贞。
注：元弟，行十一，名开运，翊昌，因行居老幺，所以也称季昌。

给父母亲的家信
1915年7月20日作；
初收1981年8月四川人民出版社第1版唐明中、黄高斌编注《樱花书简》，署名开贞。

给季昌弟的家信
1915年7月20日；
初收1981年8月四川人民出版社第1版唐明中、黄高斌编注《樱花书简》，署名贞。

给父母亲的家信
1915年8月11日作；
初收1981年8月四川人民出版社第1版唐明中、黄高斌编注《樱花书简》，署名开贞。

注：此信书写时间原署七月初一日。

给父母亲的家信
1915年9月7日作；
初收1981年8月四川人民出版社第1版唐明中、黄高斌编注《樱花书简》，署名开贞。

给父母亲的家信
1915年10月21日作；
初收1981年8月四川人民出版社第1版唐明中、黄高斌编注《樱花书简》，署名开贞。

给父母亲的家信
1915年12月10日作；
初收1981年8月四川人民出版社第1版唐明中、黄高斌编注《樱花书简》，署名开贞。

新月（五绝）
1915年作于日本冈山；
收入1959年11月作家出版社北京第1版《潮汐集·汐集》。
注：此诗初见于1921年1月11日脱稿之《儿童文学之管见》。

晚眺（五绝）
1915年作；
见1963年11月《中国现代文艺资料丛刊》第3卷海英作《郭沫若留学日本初期的诗》。

注：此诗初见于作者1933年11月30日所作之《自然底追怀》。篇名系编者题。

《归乡集》第十六首（（德）海涅 Heine 原作）（译诗）
1915年译；
初收1927年10月上海创造社出版部初版《德国诗选》；
注：海涅（1797—1856）德国诗人和政论家。生于犹太小商人家庭。他的作品被译成多种文字，并有一部分由著名音乐家谱成歌曲。
此译诗初见于1920年3月30日《致宗白华书》。信中提到此系五年前旧译，故排列于此处。

1916年

给父母亲的家信
1916年2月作；
初收1981年8月四川人民出版社第1版唐明中、黄高斌编注《樱花书简》，署名开贞。

给父母亲的家信
1916年2月11日作；
初收1981年8月四川人民出版社第1版唐明中、黄高斌编注《樱花书简》，署名开贞。
注：此信书写时间原署正月九日。

给父母亲的家信
1916年2月19日作；

初收1981年8月四川人民出版社第1版唐明中、黄高斌编注《樱花书简》，署名开贞。
注：此信书写时间原署2月19日，阴正月十六日，据阴阳历对照2月19日系阴正月十七日。

与成仿吾同游栗林园（五言诗）
1916年春假作；
初收1959年11月作家出版社北京第1版《潮汐集·汐集》。
注：此诗初见于《离沪之前》中。据作者自称"这是1916年的春假同成仿吾游日本四国的栗林园后作的"。写作时间《潮汐集·汐集》署1915年春。

给父母亲的家信
1916年4月30日作；
初收1981年8月四川人民出版社第1版唐明中、黄高斌编注《樱花书简》，署名开贞。

凭吊朱舜水先生墓址（五绝）
1916年暑假作；
见1963年11月《中国现代文艺资料丛刊》第3卷海英作《郭沫若留学日本初期的诗》。
注：此诗初见于作者1933年11月30日所作之《自然底追怀》。
篇名系编者题。

给父母亲的家信
1916年9月16日作；
初收1981年8月四川人民出版社第1版唐明中、黄高斌编注《樱花书简》，署名开贞。

给父母亲的家信
1916年10月14日作；
初收1981年8月四川人民出版社第1版唐明中、黄高斌编注《樱花书简》，署名开贞。

游操山（五言诗）
1916年10月作于日本；
见1963年11月《中国现代文艺资料丛刊》第3卷海英作《郭沫若留学日本初期的诗》。
注：此诗初见于作者1933年11月30日所作之《自然底追怀》。篇名系编者题。

给父母亲的家信
1916年11月19日作；
初收1981年8月四川人民出版社第1版唐明中、黄高斌编注《樱花书简》，署名开贞。

给父母亲的家信
1916年12月23日作；
初收1981年8月四川人民出版社第1版唐明中、黄高斌编注《樱花书简》，署名开贞。

给父母亲的家信
1916年12月27日作；
初收1981年8月四川人民出版社第1版唐明中、黄高斌编注《樱花书简》，署名开贞。

寻死（五言诗）
1916年在日本冈山作；
初收1959年11月作家出版社北京第1版《朝汐集·汐集》。
注：此诗初见于1920年1月18日《致宗白华书》。

1917年

给父母亲的家信
1917年1月12日作；
初收1981年8月四川人民出版社第1版唐明中、黄高斌编注《樱花书简》，署名开贞。

给父母亲的家信
1917年1月15日作；
初收1981年8月四川人民出版社第1版唐明中、黄高斌编注《樱花书简》，署名开贞。

给父母亲的家信
1917年1月19日作；
初收1981年8月四川人民出版社第1版唐明中、黄高斌编注《樱花书简》，署名开贞。

给父母亲的家信
1917年2月24日作；
初收1981年8月四川人民出版社第1版唐明中、黄高斌编注《樱花书简》，署名开贞。

别离（诗）
1917年春作；
载1920年1月7日上海《时事新报·学灯》，署名沫若；
初收1921年8月5日上海泰东图书局初版《女神》；
又收《沫若文集》第1卷。
注：据1966年3月25日所作之《五十年简谱》反映，此诗系1916年的作品，题名《残月黄金梳》。又据《沫若诗集》、《沫若文集》等书反映，《别离》乃1919年3月和三四间之作品。另据作者在1958年11月接见北京师范学院同学时谈到《别离》等诗系他在1918年作的新诗。此篇作品写好后，又经作者改写，不仅使用过二个篇名，同时写作时间也有所不同。而其内容系送别情人后的怀念。据此本诗可能为作者送安娜去学医后所作，（安娜于1917年3月份左右去学医）初写时间放在1917年春较妥。1921年8月泰东版《女神》所收作品，在收入1928年6月上海创造社出版部初版《沫若诗集》时，有些作品作者作了较大的修改。

给父母亲的家信
1917年4月11日作；
初收1981年8月四川人民出版社第1版唐明中、黄高斌编注《樱花书简》，署名开贞。

给父母亲的家信
1917年5月作；
初收1981年8月四川人民出版社第1版唐明中、黄高斌编注《樱花书简》，署名开贞。

给父母亲的家信
1917年5月23日；
初收1981年8月四川人民出版社第1版唐明中、黄高斌编注《樱花书简》，署名贞。

给父母亲的家信
1917年6月12日作；
初收1981年8月四川人民出版社第1版唐明中、黄高斌编注《樱花书简》，署名开贞。

给父母亲的家信
1917年6月23日作；
初收1981年8月四川人民出版社第1版唐明中、黄高斌编注《樱花书简》，署名开贞。

给父母亲的家信
1917年7月16日作；

初收 1981 年 8 月四川人民出版社第 1 版唐明中、黄高斌编注《樱花书简》，署名贞。

给父母亲的家信
1917 年 8 月 14 日作
初收 1981 年 8 月四川人民出版社第 1 版唐明中、黄高斌编注《樱花书简》，署名贞。

给父母亲的家信
1917 年 11 月 7 日夜作；
初收 1981 年 8 月四川人民出版社第 1 版唐明中、黄高斌编注《樱花书简》，署名贞。

夜哭（五言诗）
1917 年作；
初收 1959 年 11 月作家出版社北京第 1 版《潮汐集·汐集》。
注：此诗初见于 1920 年 1 月 18 日《致宗白华》书。写作时间《潮汐集·汐集》署 1916 年作，但据《致宗白华书》内反映系三年前旧作，诗中又有"有子才一龄"之句，可确知本诗不是 1916 年之作。

1918 年

给济苍的家信
1918 年正月十九日作；
初收 1981 年 8 月四川人民出版社第 1 版唐明中、黄高斌编注《樱花书简》，署名贞。
注：济苍即元弟、郭翊昌。

给父母亲的家信
1918 年 3 月 31 日作；
初收 1981 年 8 月四川人民出版社第 1 版唐明中、黄高斌编注《樱花书简》，署名开贞。
注：本年郭沫若给父母亲的家信尚有 5 月 25 日、7 月 2 日夜、8 月 24 日三封，其中 7 月 2 日夜一封署名"贞"。

死的诱惑（诗）
1918 年初夏作；
载 1919 年 9 月 29 日上海《时事新报·学灯》，署名沫若；
初收 1921 年 8 月 5 日上海泰东图书局初版《女神》；
又收《沫若文集》第 1 卷。
注：此诗据《五十年简谱》反映系 1916 年的作品，但在收入《沫若诗集》、《沫若文集》等书时，诗后有作者附白："这是我最早的诗，大概是 1918 年初夏的作品。"

给父母亲的家信
1918 年 5 月 25 日作；
初收 1981 年 8 月四川人民出版社第 1 版唐明中、黄高斌编注《樱花书简》，署名开贞。

给父母亲的家信
1918年7月2日夜作；
初收1981年8月四川人民出版社第1版唐明中、黄高斌编注《樱花书简》，署名贞。

给父母亲的家信
1918年8月24日作；
初收1981年8月四川人民出版社第1版唐明中、黄高斌编注《樱花书简》，署名开贞。

给济苍弟的家信
1918年11月27日作；
初收1981年8月四川人民出版社第1版唐明中、黄高斌编注《樱花书简》，署名贞。
注：据《樱花书简》编者注"这封信写作的确切年代，尚待继续查考佐证，这里暂编入1918年之作……"。

春节纪实（七绝）
1918年12月12日作；
载1979年4月《文教资料简报》总第88期王锦厚、伍加伦作《郭沫若早年所受的文学影响》。
注：《郭沫若早年所受的文学影响》一文引用此诗时诗末注正月初二和儿满岁。和儿系郭沫若之长子，生于1917年12月。故和儿满岁应是1918年12月。

十里松原 四首（七绝）
1918年除夕在日本福冈作；
初收1959年11月作家出版社北京第1版《潮汐集·汐集》。
注：此诗初见于1932年9月上海现代书局初版《创造十年》。

悄静的海滨（（德）海涅 Heine 原作（译诗））
1918年作；
初收1927年10月上海创造社出版部初版《德国诗选》；
注：此译诗初见于1920年3月30日《致宗白华书》中，据书信反映系二年前的旧译，故排列于此。

咏博多湾（古体诗）
1918年作；
见1963年11月《中国现代文艺资料丛刊》第3辑海英作《郭沫若留学日本初期的诗》。
注：此诗初见于作者1933年11月30日所作之《自然底追怀》。篇名系编者题。

1919年

给父母亲的家信
1919年正月初二作；
初收1981年8月四川人民出版社第1版唐明中、黄高斌编注《樱花书简》，署名贞。
注：此信之前半部尚待发现。

新月与晴海（诗）

1919年初作；

初收1928年6月上海创造社出版部初版《沫若诗集》；

又收《沫若文集》第1卷。

注：此诗初见于1920年2月16日《致宗白华书》。

谢芳邻　二首（七绝）

1919年1月作于日本。

注：此篇目见自成都市图书馆编印之《郭沫若著译及研究资料》第2册。原件存乐山文管所。

牧羊哀话（小说）

1919年二三月间作；

载1919年11月15日《新中国》月刊第1卷第7期，署名沫若；

初收1923年10月上海泰东图书局初版《星空》；

又收《沫若文集》第5卷。

注：此篇收入《星空》时，文后附作者在1922年12月24日夜写的后记，其中指出："这篇小说是民国七年二三月间做的，在那年的《新中国》杂志第七期上发表过……"经核对，该杂志第七期系1919年11月15日出版，故将此篇作品按期刊出版年列入1919年。

牧羊少女（小说）

1919年二三月间作；

初收1923年4月上海泰东图书局初版《辛夷集》。

注：此篇节录自《牧羊哀话》。

牧羊女（小说）

1919年二三月间作；

初收1934年1月15日上海乐华图书公司《新文学自修读本》上册。

注：此篇摘自《牧羊哀话》。

春愁（五言诗）

1919年三四月间作；

初收1921年8月5日上海泰东图书局初版《女神》；

又收《沫若文集》第1卷。

鹭鸶（诗）

1919年夏秋之间作；

载1919年9月11日上海《时事新报·学灯》，署名沫若；

初收1921年8月5日上海泰东图书局初版《女神》；

又收《沫若文集》第1卷。

新月与白云（诗）

1919年夏秋之间作；

载1919年10月2日上海《时事新报·学灯》，署名沫若；

初收1921年8月5日上海泰东图书局初版《女神》；

又收《沫若文集》第1卷。

注：此篇载《时事新报·学灯》时《新月》、《白云》分列为二首。

箱崎吊古（诗）
1919年8月25日作；
载1920年1月《黑潮》月刊第1卷第3期，署名沫若。
注：箱崎在日本九州福冈市外。写作时间系参考诗中"今天不是旧历的闰七月初一日么？"一句推算而得的。

抱和儿浴博多湾中（诗）
载1919年9月11日上海《时事新报·学灯》，署名沫若。

浴海（诗）
1919年9月间作；
载1919年10月24日上海《时事新报·学灯》，署名沫若；
初收1921年8月5日上海泰东图书局初版（女神）；
又收《沫若文集》第1卷。

立在地球边上放号（诗）
1919年九十月间作；
载1920年1月5日上海《时事新报·学灯》，署名沫若；
初收1921年8月5日上海泰东图书局初版《女神》；
又收《沫若文集》第1卷。

Faust 钞译 （德）歌德 Goethe 原作
载1919年10月10日上海《时事新报·学灯》，署名沫若译；
注：歌德（1749—1832）德国诗人，剧作家，思想家。生于法兰克福富裕市民家庭，学过法律。所作抒情诗很优美，是德国诗歌的瑰宝；在自然科学方面也很有贡献。

两对儿女（诗）
载1919年10月18日上海《时事新报·学灯》，署名沫若。

某礼拜日（诗）
载1919年10月20日上海《时事新报·学灯》，署名沫若。

梦（诗）
载1919年10月22日上海《时事新报·学灯》，署名沫若。

火葬场（诗）
载1919年10月23日上海《时事新报·学灯》，署名沫若；
初收1921年8月5日上海泰东图书局初版《女神》；
又收《沫若文集》第1卷。

晚步（诗）
载1919年10月23日上海《时事新报·学灯》，署名沫若；

初收 1921 年 8 月 5 日上海泰东图书局初版《女神》；
又收《沫若文集》第 1 卷。

同文同种辩（论文）
载 1919 年 10 月《黑潮》月刊第 1 卷第 2 期，署名郭开贞。

抵制日货之究竟（论文）
载 1919 年 10 月《黑潮》月刊第 1 卷第 2 期，署名夏社。
注：据《创造十年》反映，郭沫若在"五四"风潮澎湃起来的那年 6 月与福冈的几个同学组织过一个小团体叫"夏社"。"……这个团体结成以后，同学的人都不会做文章，只让我和陈君哲两人去担任。君哲只做了一篇东西……我在暑假中也发过好几次稿，都是自己做……"根据以上记载，故将署名夏社之文章列入郭沫若系年著作中，仅供参考。

风（诗）
载 1919 年 10 月《黑潮》月刊第 1 卷第 2 期，署名开贞。

一个破了的玻璃茶杯（诗）
1919 年 11 月 6 日作；
载 1920 年 2 月 4 日上海《时事新报·学灯》，署名沫若。

给父母亲的家信
1919 年 11 月 9 日作；
初收 1981 年 8 月四川人民出版社第 1 版唐明中、黄高斌编注《樱花书简》，署名开贞。

致陆友白书
1919 年 11 月 9 日作；
载 1920 年 1 月《黑潮》第 1 卷第 3 期通讯栏。

黎明（儿童诗剧）
载 1919 年 11 月 14 日上海《时事新报·学灯》，署名沫若。

辍了课的第一点钟里（诗）
载 1919 年 11 月 24 日上海《时事新报·学灯》，署名沫若；
初收 1920 年 1 月上海新诗社出版部初版《新诗集》；
又收《沫若文集》第 1 卷。

从那滚滚大洋的群众里　（美）惠特曼　W.Whitman 原作（译诗）
载 1919 年 12 月 3 日上海《时事新报·学灯》，署名沫若译；
收入 1920 年 1 月上海新诗社出版部初版《新诗集》。
注：惠特曼（1819—1892）美国记者、诗人。

夜步十里松原（诗）

载1919年12月20日上海《时事新报·学灯》，署名沫若；

初收1921年8月5日上海泰东图书局初版《女神》；

又收《沫若文集》第1卷。

夜（诗）

1919年间作；

载1920年1月13日上海《时事新报·学灯》，署名沫若；

初收1921年8月5日上海泰东图书局初版《女神》；

又收《沫若文集》第1卷。

死（诗）

1919年间作；

载1920年1月13日上海《时事新报·学灯》，署名沫若；

初收1921年8月5日上海泰东图书局初版《女神》；

又收《沫若文集》第1卷。

Venus（诗）

1919年间作；

初收1921年8月5日上海泰东图书局初版《女神》；

又收《沫若文集》第1卷。

注：Venus是罗马神话中的司美与恋爱之女神。

雪朝——读 Carlyle：The hero as poet 的时候（诗）

1919年12月作；

初收1921年8月5日上海泰东图书局初版《女神》；

又收《沫若文集》第1卷。

注：卡莱尔（1795—1881）英国十九世纪的散文作家、历史学家和杂文作家。《The hero as poet》是他的一篇论文。

地球，我的母亲！（诗）

1919年12月末作；

载1920年1月6日上海《时事新报·学灯》，署名沫若；

初收1921年8月5日上海泰东图书局初版《女神》；

又收《沫若文集》第1卷。

匪徒颂（诗）

1919年末作；

载1920年1月23日上海《时事新报·学灯》，署名沫若；

初收1921年8月5日上海泰东图书局初版《女神》；

又收《沫若文集》第1卷。

电火光中（诗）

1919年末作；

1. 怀古——Baikal 湖畔之苏子卿，

2. 观画——Millet 的《牧羊少女》，

3. 赞像——Beethoven 的肖像，

载1920年4月26日上海《时事新报·学灯》，署名沫若；
初收1921年8月5日上海泰东图书局初版《女神》；
又收《沫若文集》第1卷。
注：此篇于1928年2月1日修改后收入1928年6月10日上海创造社出版部初版《沫若诗集》。苏子卿即苏武（？—公元前60）西汉杜陵人，天汉元年，奉命赴匈奴被扣，坚持十九年不屈，后被遣回朝。Millet（弥勒1814—1875）法国名画家。大部分作品描写农民生活，充满对劳动的赞美。Beethoven（贝多芬1770—1827）德国伟大的音乐家，家贫，幼年以善弹钢琴著名。三十岁以后耳渐聋。他一生创作了许多名曲，对后来的音乐界影响很大。

春寒（五言诗）
1919年作于日本福冈；
初收1959年11月作家出版社北京第1版《潮汐集·汐集》
注：本诗初见于1920年1月18日《致宗白华书》。

游太宰府二首（七绝）
1919年作
见1963年11月《中国现代文艺资料丛刊》第3卷海英作《郭沫若留学日本初期的诗》
注：此诗初见于作者1933年11月30日所作之《自然底追怀》。篇名系编者题。

1920年

晨安（诗）
载1920年1月4日上海《时事新报·学灯》，署名沫若；
初收1921年8月5日上海泰东图书局初版《女神》；
又收《沫若文集》第1卷。

三个 Pantheist（诗）
载1920年1月5日上海《时事新报·学灯》；署名沫若；
初收1921年8月5日上海泰东图书局初版《女神》；
又收《沫若文集》第1卷。
注：《女神》、《沫若文集》篇名题《三个泛神论者》。

他（小说）
1920年1月6日作；
载1920年1月24日上海《时事新报·学灯》，署名沫若。

鼠灾（小说）
1920年1月10日作；
载1920年1月26日上海《时事新报·学灯》，署名沫若。

致宗白华书
1920年1月18日作；

载1920年2月1日上海《时事新报·学灯》；初收1920年5月上海亚东图书馆初版《三叶集》；
又收《沫若文集》第10卷。
注：此篇经删节收入1925年12月27日光华书局初版《文艺论集·论诗（二）》，又见《沫若文集》第10卷《论诗三札（二）》。

凤凰涅槃（一名菲尼克司的科美体）（诗）
1920年1月20日初稿；
载1920年1月30—31日上海《时事新报·学灯》，署名沫若；
初收1921年8月5日上海泰东图书局初版《女神》；
又收《沫若文集》第1卷。
注：此诗于1928年1月3日改削收入1928年6月上海创造社出版部初版《沫若诗集》。

解剖室中（诗）
载1920年1月22日上海《时事新报·学灯》，署名沫若。

心灯（诗）
1920年1月25日作；
载1920年2月2日上海《时事新报·学灯》，署名沫若；
初收1921年8月5日上海泰东图书局初版《女神》；

又收《沫若文集》第1卷。
注：写作时间《沫若文集》参照1928年版《沫若诗集》误署1920年2月初作。

致宗白华书
1920年1月26日作；
载1920年2月4日上海《时事新报·学灯》，署名沫若。

芬陀利华（白莲花）（诗）
1920年1月29日作；
载1920年2月5日上海《时事新报·学灯》，署名沫若。

天狗（诗）
1920年1月30日作；
载1920年2月7日上海《时事新报·学灯》，署名沫若；
初收1921年8月5日上海泰东图书局初版《女神》；
又收《沫若文集》第1卷。
注：写作时间《沫若文集》误署1920年2月初作，也系参照1928年版《沫若诗集》所致。

岸（诗）
1920年1月30日作；
载1920年2月7日上海《时事新报·学灯》，署名沫若；
初收1921年8月5日上海泰东图书局初版《女神》；

又收《沫若文集》第1卷。
注：此诗收入《女神》、《沫若文集》改篇名为《沙上的脚印》。

炉中煤——眷念祖国的情绪（诗）
1920年一二月间作；
载1920年2月3日上海《时事新报·学灯》，署名沫若；
初收1921年8月5日上海泰东图书东局初版《女神》；
又收《沫若文集》第1卷。
注：写作时间《沫若文集》署1920年12月间作，系1920年一二月间之误。

登临——一名《独游太宰府》（诗）
1920年1月末作；
载1920年3月6日上海《时事新报·学灯》，署名沫若；
初收1921年8月5日上海泰东图书局初版《女神》；
又收《沫若文集》第1卷。
注：此诗初见于1920年2月25日《致田寿昌书》，收入1920年5月亚东图书馆初版《三叶集》。排列时间系参考信中作者提出："前面的一首诗（指登临）是我前月末独游太宰府的时候做的。"按四川的习惯"前月"一般系指"上月"而言，故将写作时间列为1920年1月末。

仿吾流浪的人（诗）
1920年2月6日作；

初收1931年上海月华书局版《新文学批判》。
注：此篇目见自成都市图书馆编印之《郭沫若著译及研究资料》第一册。

叹逝（诗）
1920年2月作；
载1920年2月26日上海《时事新报·学灯》，署名沫若；
初收1928年6月10日上海创造社出版部初版《沫若诗集》；
又收《沫若文集》第1卷。
注：此诗初见于1920年2月15日《致宗白华书》。

献诗　（德）歌德 Goethe 原作　（译诗）
初收1927年10月上海创造社出版部初版《德国诗选》。
注：此诗作于1797年6月24日，列于诗剧《浮士德》序幕之前。《德国诗选》篇名题《〈浮士德〉选译（1）献诗》。初见于1920年2月15日《致宗白华书》。

致宗白华书
1920年2月15日作；
初收1920年5月上海亚东图书馆初版《三叶集》，署名沫若。

致田寿昌书
1920年2月15日作；

初收1920年5月上海亚东图书馆初版《三叶集》。

致宗白华书
1920年2月16日作；
载1920年2月24日上海《时事新报·学灯》，署名沫若；
初收1920年5月上海亚东图书馆初版《三叶集》；
又收《沫若文集》第10卷。
注：此篇经删节收入1925年12月上海光华书局初版《文艺论集·论诗（三）》，又见《沫若文集》第10卷《论诗三札（三）》。

生命底文学（论文）
载1920年2月23日上海《时事新报·学灯》，署名沫若。

致田寿昌书
1920年2月25日作；
收入1920年5月上海亚东图书馆初版《三叶集》，署名沫若。

日出（诗）
1920年2月29日作；
载1920年3月7日上海《时事新报·学灯》，署名沫若。
初收1921年8月5日上海泰东图书局初版《女神》；
又收《沫若文集》第1卷。

注：写作时间在1928年版《沫若诗集》中误署为1920年3月间作？至收入《沫若文集》改署为1920年3月间作，仍系误注。

《歌德诗中所表现的思想》附白（札记）
载1920年3月15日《少年中国》月刊第1卷第9期"诗学研究号"《歌德诗中所表现的思想》，署名沫若。
注：《歌德诗中所表现的思想》系监釜Shokana原作《歌德诗的研究》之一章，田汉译于1920年3月4日午后一时，文中引录歌德的诗歌，大部系郭沫若代译。此篇排列时间参考田汉译文的时间。

艺术家的夕暮之歌（德）歌德 Goethe 原作（译诗）
初收1927年10月15日上海创造社出版部初版《德国诗选》。
注：此译诗初见于《歌德诗中所表现的思想》，排列时间参考上篇，下二篇同此。

掘宝者 （德）歌德 Goethe 原作（译诗）
初收1927年10月15日上海创造社出版部初版《德国诗选》。

暮色（德）歌德 Goethe 原作（译诗）
初收1927年10月15日上海创造社出

版部初版《德国诗选》。

致田寿昌书
1920年3月6日作；
收入1920年5月上海亚东图书馆初版《三叶集》，署名沫若。

给父母亲的家信
1920年3月15日夜；
初收1981年8月四川人民出版社第1版唐明中、黄高斌编注《樱花书简》，署名贞。
注：此信之书写时间原署"阴历正月二十五日夜灯下"。

光海（诗）
载1920年3月19日上海《时事新报·学灯》，署名沫若；
初收1921年8月5日上海泰东图书局初版《女神》；
又收《沫若文集》第1卷。

风光明媚的地方——浮士德悲壮剧中第二部之第一幕　（德）歌德Goethe原作（译诗.）
载1920年3月20日上海《时事新报·学灯》，署名沫若译。

梅花树下醉歌——偕田寿昌兄再游太宰府（诗）
1920年3月22日作；

初收1921年8月5日上海泰东图书局初版《女神》；
又收《沫若文集》第1卷。
注：此诗初见于1920年3月30日《致宗白华书》，系郭沫若陪田汉游太宰府时所作。写作时间在1920年3月23日田汉致宗白华书中提到："昨天同郭沫若去游了太宰府……"，又在1920年3月30日郭沫若致宗白华书中也提到的是"昨天游了一天的山，今晨（廿四）寿昌兄起来，说午后要回东京去……"，根据二个当事人不同记载，此诗可定为1920年3月22日写，也可定为1920年3月23日写。

致宗白华书
1920年3月30日作；
收入1920年5月上海亚东图书馆初版《三叶集》，署名沫若。
注：此书在《三叶集》中具1920年3月3日作（九，三，三。），但作者在信中提到"今晨（廿四）寿昌兄起来，说午后要回东京去。"
"寿昌兄已到了六日……"，因此其写作时间应为1920年3月30日。

云鸟曲（英）雪莱Shelley原作（译诗）
载1923年2月上旬《创造季刊》第1卷第4期；
初收1926年3月上海泰东图书局初版《雪莱诗选》；

注：雪莱（1792—1822）伟大的英国诗人，革命的浪漫主义者。

此诗作于1820年。此译诗初见于1920年3月30日《致宗白华书》。1923年2月上旬之《创造季刊》第1卷第4期及《雪莱诗选》等处载收的译诗已经译者改润，并将收入《三叶集》中，标点、字句错乱的加以改正。

巨炮之教训（诗）
1920年4月18日作于福冈；
载1920年4月27日上海《时事新报·学灯》，署名沫若；
初收1921年8月5日上海泰东图书局初版《女神》；
又收《沫若文集》第1卷。
注：写作时间《沫若文集》依据1928年上海创造社出版部版《沫若诗集》改署为1920年4月初间作。

新阳关三叠——宗白华兄砚右（诗）
1920年四五月间作；
载1920年7月11日上海《时事新报·学灯》，署名沫若；
初收1921年8月5日上海泰东图书局初版《女神》；
又收《沫若文集》第1卷。

《三叶集》序（德）歌德Goethe原作（译诗）
初收1920年5月上海亚东图书馆初版《三叶集》，署名沫若。

注：此诗选译自《浮士德》，收入《三叶集》以之代序。

我是个偶像崇拜者（诗）
1920年五六月间作；
载1921年2月14日上海《时事新报·学灯》；
初收1921年8月5日上海泰东图书局初版《女神》；
又收《沫若文集》第1卷。

笔立山头展望（诗）
1920年6月间作；
载1920年7月11日上海《时事新报·学灯》，署名沫若；
初收1921年8月5日上海泰东图书局初版《女神》；
又收《沫若文集》第1卷。
注：笔文山在日本门司市西。

金字塔——白华自佛朗克府惠赐金字塔画片两张，赋此二诗以鸣谢（诗）
1920年六七月间作；
载1921年2月13日上海《时事新报·学灯》；
初收1921年8月5日上海泰东图书局初版《女神》；
又收《沫若文集》第1卷。

无烟煤（诗）
载1920年7月11日上海《时事新报·学灯》，署名沫若；

初收1921年8月5日上海泰东图书局初版《女神》；
又收《沫若文集》第1卷。

论诗
1920年7月26日作；
载1920年9月10日《新的小说》月刊第2卷第1期通讯栏。
注：此篇系给建雷的信，信中附译Faust歌词一首，《春蚕》诗一首。

春蚕（诗）
载1920年9月10日《新的小说》月刊第2卷第1期通讯栏《论诗》；
初收1921年8月5日上海泰东图书局初版《女神》；
又收《沫若文集》第1卷。
注：此诗排列时间系参考上篇。原诗收入《女神》、《沫若文集》时有所改削。

岸上三首（诗）
其一　1920年7月26日作；
其二　1920年7月27日作；
其三　1920年7月29日作；
载1920年8月28日上海《时事新报·学灯》，署名沫若；
初收1921年8月5日上海泰东图书局初版《女神》；
又收《沫若文集》第1卷。

宇宙革命底狂歌（诗）
1920年8月23日作于上海；
收入1921年9月上海泰东图书局初版《革命哲学》。

论诗
1920年8月24日作；
载1920年10月1日《新的小说》月刊第2卷第2期通讯栏《给建雷的信》。

雷雨（诗）
载1920年9月7日上海《时事新报·学灯》，署名沫若。

霁月（诗）
载1920年9月7日上海《时事新报·学灯》，署名沫若；
初收1921年8月5日上海泰东图书局初版《女神》；
又收《沫若文集》第1卷。

晴朝（诗）
载1920年9月7日上海《时事新报·学灯》；署名沫若；
初收1921年8月5日上海泰东图书局初版《女神》；
又收《沫若文集》第1卷。

香午（诗）
载1920年9月7日上海《时事新报·学灯》，署名沫若。

致东荪、颂华、新城的信
载1920年9月11日上海《时事新报·学灯》。
注：此系致张东荪、程颂华、舒新城的信。

棠棣之花第一幕第二场　聂母墓前（剧本）
1920年9月23日脱稿；
载1920年10月9日上海《时事新报·双十节增刊》；
初收1921年8月5日上海泰东图书局初版《女神》；
又收《沫若文集》第1卷。
注：剧本后有作者附白。

葬鸡（诗）
1920年9月30日作；
载1920年10月16日上海《时事新报·学灯》，署名沫；
初收1921年8月5日上海泰东图书局初版《女神》；
又收《沫若文集》第1卷。

鸣蝉（诗）
1920年10月2日作；
载1920年10月17日上海《时事新报·学灯》，署名沫；
初收1921年8月5日上海泰东图书局初版《女神》；
又收《沫若文集》第1卷。

狼群中一只白羊（诗）
1920年10月10日作；
载1920年10月20日上海《时事新报·学灯》。

《狼群中的一只白羊》序
1920年10月10日作；
载1920年10月20日上海《时事新报·学灯》。

胜利的死　四首（诗）
其一　1920年10月13日作；
其二　1920年10月22日作；
其三　1920年10月24日作；
其四　1920年10月27日作；
载1920年11月4日上海《时事新报·学灯》；
初收1921年8月5日上海泰东图书局初版《女神》；
又收《沫若文集》第1卷。

《胜利的死》书后（札记）
载1920年11月4日上海《时事新报·学灯》；
初收1921年8月5日上海泰东图书局初版《女神》；
又收《沫若文集》第1卷。
注：时间排列参考上篇。

司健康的女神（诗）
载1920年10月17日上海《时事新

报·学灯》；
初收 1921 年 8 月 5 日上海泰东图书局初版《女神》；
又收《沫若文集》第 1 卷。

蜜桑索罗普之夜歌——此诗呈 Salome 之作者与寿昌
1920 年 11 月 23 日作；
载 1921 年 3 月 15 日《少年中国》季刊第 2 卷第 9 期田汉所译《沙乐美》之译文前；
初收 1921 年 8 月 5 日上海泰东图书局初版《女神》；
又收《沫若文集》第 1 卷。

冬（诗）
载 1920 年 12 月 20 日上海《时事新报·学灯》。
注：此诗系《我的散文诗》之一。

她与他（诗）
载 1920 年 12 月 20 日上海《时事新报·学灯》。
注：此诗系《我的散文诗》之二。

女尸（诗）
载 1920 年 12 月 20 日上海《时事新报·学灯》。
注：此诗系《我的散文诗》之三。

大地的号（诗）
载 1920 年 12 月 20 日上海《时事新报·学灯》。
注：此诗系《我的散文诗》之四。

给李石岑的信
1920 年 12 月 20 日作；
1921 年 1 月 15 日上海《时事新报·学灯》；
初收 1925 年 12 月上海光华书局初版《文艺论集》；
又收《沫若文集》第 10 卷。
注：此篇初见于《学灯》通讯栏。收入上海光华书局初版《文艺论集》时题名为《论诗》（一）。至 1929 年 7 月 4 版改名为《由诗的韵律说到其他》。又收入《沫若文集》中，篇名题《论诗三札》（一）。另见 1943 年 7 月桂林普及出版社初版《当代作家书简》题名为《关于诗与音乐底个体》。写作时间《文艺论集》注 1920 年末，《沫若文集》署 1921 年秋，但该信在《学灯》发表时第一段中提到："今天才草就《女神之再生》。"《女神之再生》于 1920 年 12 月 20 日完成草稿，故应列入此处。

湘累（诗剧）
1920 年 12 月 27 日作；
载 1921 年 4 月 1 日《学艺》月刊第 2 卷第 10 期；
初收 1921 年 8 月 5 日上海泰东图书局初版《女神》；

又收《沫若文集》第1卷。

湘累（歌曲）

初收1935年9月现代歌舞研究社版《现代名歌三百选》。

注：此歌原为诗剧《湘累》中之一首诗，电影《生之哀歌》收录为插曲。排列时间参考上篇。

未央（小说）

载1922年12月上旬《创造季刊》第1卷第3期；

收入《沫若文集》第5卷。

注：此小说原系一部长篇的序幕，草稿完成于1920年下半年。1922年9月改作为短篇。排列时间参考草稿完成的时间。

1921年

儿童文学的管见（论文）

1921年1月11日脱稿；

载1921年1月15日《民铎》月刊第2卷第4期；

初收1925年12月上海光华书局初版《文艺论集》；

又收《沫若文集》第10卷。

注：此篇收入《文艺论集》、《沫若文集》篇名题《儿童文学之管见》。写作时间《沫若文集》误署为1922年1月11日，晚于初发表的时间。

致田寿昌书

1921年1月18日作；

载1930年3月20日《南国月刊》第2卷第1期；

初收1933年9月上海泰东图书局初版《沫若书信集》。

复张资平

1921年1月24日作；

载1921年4月1月《学艺》月刊第2卷第10期通讯栏。

注：原刊载篇名题《郭沫若先生来函》（给资平兄·）。

屠尔格涅浦之散文诗（论文）

1921年1月29日作；

载1921年2月16日上海《时事新报·学灯》。

注：屠尔格涅甫 Turgenieff（1818—1883）俄国作家，生于贵族家庭，早期写诗，后写小说，此外还有剧本和散文诗等。他现在通用的译名是"屠格涅夫"，过去还用过"都介涅夫"的译名。

自然（俄）屠尔格涅甫 Turgenieff 原作（译诗）

载1921年2月16日上海《时事新报·学灯》。

注：此译诗原载于《屠尔格涅甫之散文诗》后。排列时间参考上篇。

女神之再生（诗剧）
1921年1月30日脱稿；
载1921年2月15日《民铎》月刊第2卷第5期；
初收1921年8月5日上海泰东图书局初版《女神》；
又收《沫若文集》第1卷。
注：附书后。此剧草稿完成于1920年12月20日，又于1928年1月30日改削后收入1928年6月上海创造社出版部初版《沫若诗集》。

太阳礼赞（诗）
载1921年2月1日上海《时事新报·学灯》；
初收1921年8月5日上海泰东图书局初版《女神》；
又收《沫若文集》第1卷。

艺术之象征（论文）
1921年2月25日夜半作；
载1921年5月30日《学艺》月刊第3卷第1期。

春之胎动（诗）
1921年2月26日作；
初收1921年8月5日上海泰东图书局初版《女神》；
又收《沫若文集》第1卷。

日暮的婚筵（诗）
1921年2月28日作；
初收1921年8月5日上海泰东图书局初版《女神》；
又收《沫若文集》第1卷。

新生（诗）
1921年4月1日作；
载1921年4月23日上海《时事新报·学灯》；
初收1921年8月5日上海泰东图书局初版《女神》；
又收《沫若文集》第1卷。
注：此诗在《学灯》中写作时间误排为1920年4月1日。

海舟中望日出（诗）
1921年4月3日作；
载1921年4月24日上海《时事新报·学灯》；
初收1921年8月5日上海泰东图书局初版《女神》；
又收《沫若文集》第1卷。

黄浦江口（诗）
1921年4月3日作；
载1921年4月24日上海《时事新报·学灯》；
初收1921年8月5日上海泰东图书局初版《女神》；
又收《沫若文集》第1卷。

上海印象（诗）
1921年4月4日作；

载1921年4月24日上海《时事新报·学灯》；
初收1921年8月5日上海泰东图书局初版《女神》；
又收《沫若文集》第1卷。

西湖纪游　沪杭车中四首（诗）
1921年4月8日作；
载1921年4月25—26日上海《时事新报·学灯》；
初收1921年8月5日上海泰东图书局初版《女神》；
又收《沫若文集》第1卷。

西湖纪游　雷锋塔下二首（诗）
1921年4月9日作；
载1921年4月26日、28日上海《时事新报·学灯》；
初收1921年8月5日上海泰东图书局初版《女神》；
又收《沫若文集》第1卷。

西湖纪游　赵公祠畔（诗）
载1921年4月28日上海《时事新报·学灯》；
初收1921年3月5日上海泰东图书局初版《女神》；
又收《沫若文集》第1卷。
注：排列时间参考上篇。

西湖纪游　三潭印月（诗）

1921年4月10日作；
载1921年4月30日上海《时事新报·学灯》；
初收1921年8月5日上海泰东图书局初版《女神》；
又收《沫若文集》第1卷。

西湖纪游　雨中望湖——湖畔公园小御碑亭上（诗）
1921年4月10日作；
载1921年4月30日上海《时事新报·学灯》；
初收1921年8月5日上海泰东图书局初版《女神》；
又收《沫若文集》第1卷。

西湖纪游　司春的女神歌（诗）
1921年4月11日作；
载1921年5月2日上海《时事新报·学灯》；
初收1921年8月5日上海泰东图书局初版《女神》；
又收《沫若文集》第1卷。

日本之煤铁问题（论文）
载1921年4月《少年中国》月刊日本号增刊。

西厢艺术上之批判与其作者之性格（论文）
1921年5月2日作；

初收1921年9月上海新文艺书社初版《西厢》；
又收《沫若文集》第10卷。

《女神》序诗（诗）
1921年5月26日作；
载1921年8月26日上海《时事新报·学灯》；
初收1921年8月5日上海泰东图书局初版《女神》；
又收《沫若文集》第1卷。

我国思想史上之澎湃城（论文）
载1921年5月30日《学艺》月刊第3卷第1期。
注：此篇系未完稿。

致郑西谛先生的信
1921年6月14日作；
载1921年6月30日上海《时事新报·文学旬刊》第6号。
注：郑西谛即郑振铎。

史的悲剧苏武与李陵
载1921年6月30日《学艺》月刊第3卷第2期；
初收1947年4月上海潮锋出版社版《现代名剧精华》。
注：此篇乃序幕，系未完稿。

茵梦湖（Immensee）（德）施笃谟 Storm 原作　郭沫若、钱君胥合译（小说）
见1921年7月1日上海泰东图书局初版。
注：施笃谟（1817—1888）德国诗人，小说家。关于《茵梦湖》的翻译时间郭沫若在《创造十年》中提到"我开始编纂了我的诗集《女神》，其次是改译了那本《茵梦湖》。"以之推算，译著时间应在1921年，又在《五十年简谱》中介绍《茵梦湖》译于1921年。但据《中国现代文艺资料丛刊》第四辑中《回忆沫若早年在日本的学习生活》一文介绍"在日本初期，沫若已留下许多激昂慷慨的诗篇，但他从事翻译，却始于1919年的《茵梦湖》译作。""书译好了，沫若给我看了，但他不愿出版……直到沫若返国，游览杭州，举世嗜名的西湖凝静、浓艳自然美、为他扩大眼界，就此，又将《茵梦湖》文字作了加工。"由此可见《茵梦湖》最早的译稿应在1919年，而1921年出版之单行本系已作了加工的定稿。

《茵梦湖》原作者小传
初收1921年7月1日上海泰东图书局初版《茵梦湖》。

林中　（德）施笃谟 Storm 原作（译诗）
初收1928年5月上海创造社出版部初版《沫若译诗集》；
注：此译诗初见于《茵梦湖》。排列时间参考上篇，以下二篇同此。

今朝 （德）施笃谟 Storm 原作（译诗）
初收 1928 年 5 月上海创造社出版部初版《沫若译诗集》；
注：此译诗初见于《茵梦湖》。

我的妈妈所主张 （德）施笃谟 Storm 原作 （译诗）
初收 1928 年 5 月上海创造社出版部初版《沫若译诗集》；
注：此译诗初见于《茵梦湖》。

启事
1921 年 7 月 2 日作；
载 1921 年 7 月 3 日、4 日上海《时事新报·学灯》；
注：启事内容为"沫若从事文学的述作两年于兹，所有一切稿件，均署本名，不曾另用别名，今后亦永远抱此宗旨不改。恐有疑拟之处，特此先行申明，有昭已责。"报载篇名题《郭沫若启事》。

女神（剧曲诗歌集）
见 1921 年 8 月 5 日上海泰东图书局初版。

演奏会上（诗）
初收 1921 年 8 月 5 日上海泰东图书局初版《女神》；
又收《沫若文集》第 1 卷。

晨兴（诗）
初收 1921 年 8 月 5 日上海泰东图书局初版《女神》；
又收《沫若文集》第 1 卷。

孤寂的儿（儿歌）
1921 年 8 月 24 日作；
载 1921 年 8 月 28 日上海《时事新报·学灯》。

暴虎辞（诗）
1921 年 8 月于日本作；
初收 1928 年 2 月上海创造社出版部初版《前茅》；
又收《沫若文集》第 1 卷。
注：诗前有作者于 1928 年 1 月 11 日写的附白。

西厢（剧本） （元）王实甫原作
见 1921 年 9 月 1 日上海新文艺书社初版。
注：王实甫，元代戏曲作家。

夕阳时分（诗）
1921 年 10 月 4 日作；
初收 1928 年 6 月上海创造社出版部初版《沫若诗集》；
又收《沫若文集》第 1 卷。
注：此诗初见于 1921 年 10 月 6 日《海外归鸿》第一信。

泪浪（诗）

1921年10月5日作；

初收1928年6月上海创造社出版部初版《沫若诗集》；

又收《沫若文集》第1卷。

注：此诗初见于1921年10月6日《海外归鸿》第一信，其写作时间根据信中提到"我昨天才写了一首诗《重过旧居》寄给寿昌。"《重过旧居》即《泪浪》。

《海外归鸿》第一信

1921年10月6日作；

载1922年5月1日《创造季刊》第1卷第1期；

初收1933年9月上海泰东图书局初版《沫若书信集》。

注：此篇收入《沫若书信集》，题名《与郁达夫书》。

放浪者的夜歌（二）（德）歌德 Goethe 原作（译诗）

初收1927年10月上海创造社出版部初版《德国诗选》；

注：此译诗初见于1921年10月6日《海外归鸿》第一信。排列时间参考上篇，以下二篇同此。

夕阳（散文）

收入1923年4月上海泰东图书局初版《辛夷集》。

注：此篇初见于1921年10月6日《海外归鸿》第一信。

Seraphine 第十六首（译诗）（德）海涅 Heine 原作

初收1927年10月上海创造社出版部初版《德国诗选》；

注：此译诗初见于1921年10月6日《海外归鸿》第一信，又见于《辛夷集·夕阳》。

创造者（诗）

1921年10月8日作；

载1922年5月1日《创造季刊》第1卷第1期；

初收1928年6月上海创造社出版部初版《沫若诗集》；

又收《沫若文集》第1卷。

注：此诗代《创造季刊》发刊词。

《海外归鸿》第三信

1921年10月10日作；

载1922年5月1日《创造季刊》第1卷第1期；

初收1933年9月上海泰东图书局初版《沫若书信集》。

注：此篇收入《沫若书信集》题名《与郁达夫书》。

南风（诗）

1921年10月10日作；

载1922年5月1日《创造季刊》第1卷第1期；
初收1923年10月上海泰东图书局初版《星空》；
又收《沫若文集》第1卷。
注：此诗系《诗五首》之一。

白云（诗）
1921年10月13日作；
载1922年5月1日《创造季刊》第1卷第1期；
初收1923年10月上海泰东图书局初版《星空》；
又收《沫若文集》第1卷。
注：此诗系《诗五首》之二。

新月（诗）
1921年10月14日作；
载1922年5月1日《创造季刊》第1卷第1期；
初收1923年10月上海泰东图书局初版《星空》；
又收《沫若文集》第1卷。
注：此诗系《诗五首》之三。

雨后（诗）
1921年10月20日作；
载1922年5月1日《创造季刊》第1卷第1期；
初收1923年10月上海泰东图书局初版《星空》；
又收《沫若文集》第1卷。
注：此诗系《诗五首》之四。

天上的市街（诗）
1921年10月24日作；
载1922年5月1日《创造季刊》第1卷第1期；
初收1923年10月上海泰东图书局初版《星空》；
又收《沫若文集》第1卷；
注：此诗系《诗五首》之五。

对月　（德）歌德 Goethe 原作（译诗）
1921年11月5日译；
初收1927年10月上海创造社出版部初版《德国诗选》。
注：此译诗初见于1921年11月6日《海外归鸿》第二信。翻译时间系参考信中提到"还有一首是《对月》我昨晚在睡之前，把它译了。"

《海外归鸿》第二信
1921年11月6日作；
载1922年5月1日《创造季刊》第1卷第1期；
初收1933年9月上海泰东图书局初版《沫若书信集》。
注：此篇收入《沫若书信集》题名《与郁达夫书》。

放浪者的夜歌（一）（德）歌德 Goethe 原作（译诗）
初收1927年10月上海创造社出版部

初版《德国诗选》；

注：此译诗初见于1921年11月6日《海外归鸿》第二信。排列时间参考上篇。

好像是但丁来了（诗）

载1923年2月上旬《创造季刊》第1卷第4期；

初收1923年10月上海泰东图书局初版《星空》；

又收《沫若文集》第1卷。

注：此诗系《好像是但丁来了》（诗十首）之一，收入《沫若文集》易名《Paolo之歌》。

暗夜（诗）

载1923年2月上旬《创造季刊》第1卷第4期；

初收1923年10月上海泰东图书局初版《星空》；

又收《沫若文集》第1卷。

注：此诗系《好像是但丁来了》（诗十首）之二。

冬景（诗）

载1923年2月上旬《创造季刊》第1卷第4期；

初收1923年10月上海泰东图书局初版《星空》；

又收《沫若文集》第1卷。

注：此诗系《好像是但丁来了》（诗十首）之三。

夕暮（诗）

载1923年2月上旬《创造季刊》第1卷第4期；

初收1923年10月上海泰东图书局初版《星空》；

又收《沫若文集》第1卷。

注：此诗系《好像是但丁来了》（诗十首）之四。

春潮（诗）

载1923年2月上旬《创造季刊》第1卷第4期；

初收1923年10月上海泰东图书局初版《星空》；

又收《沫若文集》第1卷。

注：此诗系《好像是但丁来了》（诗十首）之五。

新芽（诗）

载1923年2月上旬《创造季刊》第1卷第4期；

初收1923年10月上海泰东图书局初版《星空》；

又收《沫若文集》第1卷。

注：此诗系《好像是但丁来了》（诗十首）之六。

大鹫（诗）

载1923年2月上旬《创造季刊》第1卷第4期；

初收1923年10月上海泰东图书局初

版《星空》；
又收《沫若文集》第1卷。
注：此诗系《好像是但丁来了》（诗十首）之七。

地震（诗）
载1923年2月上旬《创造季刊》第1卷第4期；
初收1923年10月上海泰东图书局初版《星空》；
又收《沫若文集》第1卷。
注：此诗系《好像是但丁来了》（诗十首）之八。

两个大星（诗）
载1923年2月上旬《创造季刊》第1卷第4期；
初收1923年10月上海泰东图书局初版《星空》；
又收《沫若文集》第1卷。
注：此诗系《好像是但丁来了》（诗十首）之九。

石佛（诗）
载1923年2月上旬《创造季刊》第1卷第4期；
初收1923年10月上海泰东图书局初版《星空》；
又收《沫若文集》第1卷。
注：此诗系《好像是但丁来了》（诗十首）之十。《创造季刊》刊载之"诗十首"篇末有作者于1922年12月8日所作之附注，内容为"这些诗是去年冬天和今年春夏之交的时候做的，全体本没有什么连络，只是我自己的心泉随着时间的潮流闪动过的波迹罢了"。

夕暮（歌曲） 郭沫若诗 邓尔敬曲
初收1939年6月出版《林钟》。
注：系五线谱谱曲，排列时间参考上篇。

洪水时代（诗）
1921年12月8日作；
载1922年1月30日《学艺》月刊第3卷第8期；
初收1923年10月上海泰东图书局初版《星空》；
又收《沫若文集》第1卷。
注：诗后附注。

给父母亲的家信
1921年12月15日作；
初收1981年8月四川人民出版社第1版唐明中、黄高斌编注《樱花书简》，署名开贞。

谈诗歌创作
载1978年8月《四川文艺》第八期。
注：此篇摘录自1921年12月15日《给父母亲的家信》。《四川文艺》发表时题名《郭沫若同志青年时期谈诗歌创作》。

棠棣之花第二幕（剧本）
载1922年5月1日《创造季刊》第1卷第1期；
初收1926年7月创造社广州出版分部再版《聂嫈》附录。
注：剧本前，作者在附白中提到"另一篇《聂母墓前》是去年作品……"而《聂母墓前》于1920年9月23日脱稿，以之推算本剧应完成于1921年，故排列于此。

1922年

给父母亲的家信
1922年正月11日作；
初收1981年8月四川人民出版社第1版唐明中、黄高斌编注《樱花书简》，署名贞。

维特致友人书　（德）歌德Goethe原作
初收1932年8月上海群众图书公司初版《学生文艺读本·书信甲选》。
注：此篇系摘录《少年维特》书中6月16日、19日之书信。排列时间参考《〈少年维特之烦恼〉序引》。

春祭颂歌　（德）克罗普遂妥克Klopfstock原作（译诗）
初收1928年5月上海创造社出版部初版《沫若译诗集》。
注：克罗普遂妥克（1724—1803）德国诗人。此译诗初见于1922年4月上海泰东图书局初版《少年维特之烦恼》注释。排列时间参考《〈少年维特之烦恼〉序引》。

"维特"序诗　（德）歌德Goethe原作（译诗）
初收1927年10月上海创造社出版部初版《德国诗选》。
注：收入1928年3月《德国诗选》二版篇名题《维特与绿蒂》。此译诗初见于1922年1月22—23日脱稿之《〈少年维特之烦恼〉序引》。排列时间参考下篇。

《少年维特之烦恼》序引
1922年1月22—23日脱稿于福冈；
载1922年5月1日《创造季刊》第1卷第1期；
收入1922年4月10日上海泰东图书局初版《少年维特之烦恼》；
又收《沫若文集》第10卷。

星空（诗）
1922年2月4日作；
载1922年9月上旬《创造季刊》第1卷第2期；
初收1923年10月上海泰东图书局初版《星空》；
又收《沫若文集》第1卷。

题《一个流浪人的新年》（诗）
1922年2月6日作；
载1922年5月1日《创造季刊》第1卷

第1期。
注：《一个流浪人的新年》作者成仿吾。篇名系编者题。

今津纪游（散文）
1922年2月10日作；
载1922年9月上旬《创造季刊》第1卷第2期；
初收1923年10月上海泰东图书局初版《星空》；
又收《沫若文集》第7卷。

歌德对于自然科学之贡献（论文）
1922年3月10日作于福冈；
载1922年3月23日上海《时事新报·学灯》"歌德纪念号"。

残春（散文）
1922年4月1日脱稿；
载1922年9月上旬《创造季刊》第1卷第2期；
初收1923年10月上海泰东图书局初版《星空》；
又收《沫若文集》第5卷。

广寒宫（童话剧）
1922年4月2日脱稿；
载1922年9月上旬《创造季刊》第1卷第2期；
初收1923年10月上海泰东图书局初版《星空》；

又收《沫若文集》第1卷。

少年维特之烦恼　The Sorrows of Young Werther（德）歌德 Goethe 原作　附注释（小说）
见1922年4月10日上海泰东图书局初版。

墓畔哀歌　（英）葛雷 Gray 原作　附注释（译诗）
1922年4月中旬译；
载1924年2月下旬《创造季刊》第2卷第2期；
初收1928年5月上海创造社出版部初版《沫若译诗集》；
注：葛雷（1716—1771）英国抒情诗人。此诗翻译时间系参考译者于1923年12月4日所写的小引中提到的"以下的译诗（指《墓畔哀歌》）是我前年4月中旬的原稿……。"

批判《意门湖》译本及其他（论文）
1922年6月24日作；
载1922年9月上旬《创造季刊》第1卷第2期。
注：《意门湖》（德）施笃谟原作　唐性天译，系郭沫若、钱君胥合译之《茵梦湖》另一译本。

白鸥（诗）
1922年7月2日作；

初收1928年6月上海创造社出版部初版《沫若诗集》；
又收《沫若文集》第1卷。
注：此诗初见于1922年7月10日《致成仿吾书》载1922年9月上旬《创造季刊》第1卷第2期。

《辛夷集》小引（札记）
1922年7月3日作；
初收1923年4月上海泰东图书局初版《辛夷集》。

编辑余谈
1922年7月6日作；
载1922年5月1日《创造季刊》第1卷第1期。
注：此篇内容系补充郁达夫1922年2月13日写的《编辑余谈》。

致成仿吾书
1922年7月10日；
载1922年9月上旬《创造季刊》第1卷第2期。
注：此篇附于1921年10月13日成仿吾作《诗二首》之后。

编辑余谈
1922年7月11日作；
载1922年9月上旬《创造季刊》第1卷第2期。

复王独清书
1922年7月20日作；
载1922年10月上旬《创造季刊》第1卷第3期。
注：此书附于1922年7月3日郑伯奇《致王独清书》之后。

论文学的研究与介绍（论文）
1922年7月21日作；
载1922年7月27日上海《时事新报·学灯》；
初收1925年12月上海光华书局初版《文艺论集》；
又收《沫若文集》第10卷。

论国内的评坛及我对于创作上的态度（论文）
1922年8月2日作；
载1922年8月4日上海《时事新报·学灯》；
初收1925年12月上海光华书局初版《文艺论集》；
又收《沫若文集》第10卷。

卷耳《诗经·国风·周南》（译诗）
载1923年9月5日上海《中华新报·创造日》；
初收1923年8月上海泰东图书局初版《卷耳集》；
又收《沫若文集》第2卷。
注：此诗排列时间系参考1922年8月

14日所作之《〈卷耳集〉序》,以下各篇与之同。

野有死麕《诗经·国风·召南》(译诗)
初收1923年8月上海泰东图书局初版《卷耳集》;
又收《沫若文集》第2卷。

静女《诗经·国风·邶风》(译诗)
载1923年9月6日上海《中华新报·创造日》;
初收1923年8月上海泰东图书局初版《卷耳集》;
又收《沫若文集》第2卷。

新台《诗经·国风·卫风》(译诗)
载1923年9月7日上海《中华新报·创造日》;
初收1923年8月上海泰东图书局初版《卷耳集》;
又收《沫若文集》第2卷。

柏舟《诗经·国风·鄘风》(译诗)
载1923年9月8日上海《中华新报·创造日》;
初收1923年8月上海泰东图书局初版《卷耳集》;
又收《沫若文集》第2卷。

螮蝀《诗经·国风·鄘风》(译诗)
初收1923年8月上海泰东图书局初版《卷耳集》;
又收《沫若文集》第2卷。

伯兮《诗经·国风·卫风》(译诗)
初收1923年8月上海泰东图书局初版《卷耳集》;
又收《沫若文集》第2卷。

君子于役《诗经·国风·王风》(译诗)
初收1923年8月上海泰东图书局初版《卷耳集》;
又收《沫若文集》第2卷。

采葛《诗经·国风·王风》(译诗)
初收1923年8月上海泰东图书局初版《卷耳集》;
又收《沫若文集》第2卷。

大车《诗经·国风·王风》(译诗)
初收1923年8月上海泰东图书局初版《卷耳集》;
又收《沫若文集》第2卷。

将仲子《诗经·国风·郑风》(译诗)
初收1923年8月上海泰东图书局初版《卷耳集》;
又收《沫若文集》第2卷。

遵大路《诗经·国风·郑风》(译诗)
初收1923年8月上海泰东图书局初版《卷耳集》;

又收《沫若文集》第2卷。

女曰鸡鸣《诗经·国风·郑风》(译诗)
载1923年9月9日上海《中华新报·创造日》；
初收1923年8月上海泰东图书局初版《卷耳集》；
又收《沫若文集》第2卷。

有女同车《诗经·国风·郑风》(译诗)
初收1923年8月上海泰东图书局初版《卷耳集》；
又收《沫若文集》第2卷。

山有扶苏《诗经·国风·郑风》(译诗)
载1923年9月11日上海《中华新报·创造日》；
初收1923年8月上海泰东图书局初版《卷耳集》；
又收《沫若文集》第2卷。

萚兮《诗经·国风·郑风》(译诗)
初收1923年8月上海泰东图书局初版《卷耳集》；
又收《沫若文集》第2卷。

狡童《诗经·国风·郑风》(译诗)
载1923年9月12日上海《中华新报·创造日》；
初收1923年8月上海泰东图书局初版《卷耳集》；

又收《沫若文集》第2卷。

褰裳《诗经·国风·郑风》(译诗)
初收1923年8月上海泰东图书局初版《卷耳集》；
又收《沫若文集》第2卷。

丰《诗经·国风·郑风》(译诗)
载1923年9月13日上海《中华新报·创造日》；
初收1923年8月上海泰东图书局初版《卷耳集》；
又收《沫若文集》第2卷。

东门之墠《诗经·国风·郑风》(译诗)
初收1923年8月上海泰东图书局初版《卷耳集》；
又收《沫若文集》第2卷。

风雨《诗经·国风·郑风》(译诗)
初收1923年8月上海泰东图书局初版《卷耳集》；
又收《沫若文集》第2卷。

子衿《诗经·国风·郑风》(译诗)
载1923年9月14日上海《中华新报·创造日》；
初收1923年8月上海泰东图书局初版《卷耳集》；
又收《沫若文集》第2卷。

扬之水《诗经·国风·郑风》(译诗)
初收1923年8月上海泰东图书局初版《卷耳集》；
又收《沫若文集》第2卷。

溱洧《诗经·国风·郑风》(译诗)
载1923年9月15日上海《中华新报·创造日》；
初收1923年8月上海泰东图书局初版《卷耳集》；
又收《沫若文集》第2卷。

鸡鸣《诗经·国风·齐风》(译诗)
载1923年9月16日上海《中华新报·创造日》；
初收1923年8月上海泰东图书局初版《卷耳集》；
又收《沫若文集》第2卷。

东方之日《诗经·国风·齐风》(译诗)
载1923年9月17日上海《中华新报·创造日》；
初收1923年8月上海泰东图书局初版《卷耳集》；
又收《沫若文集》第2卷。

十亩之间《诗经·国风·魏风》(译诗)
载1923年9月17日上海《中华新报·创造日》；
初收1923年8月上海泰东图书局初版《卷耳集》；
又收《沫若文集》第2卷。

扬之水《诗经·国风·唐风》(译诗)
载1923年9月18日上海《中华新报·创造日》；
初收1923年8月上海泰东图书局初版《卷耳集》；
又收《沫若文集》第2卷。

绸缪《诗经·国风·唐风》(译诗)
载1923年9月19日上海《中华新报·创造日》；
初收1923年8月上海泰东图书局初版《卷耳集》；
又收《沫若文集》第2卷。

葛生《诗经·国风·唐风》(译诗)
载1923年9月20日上海《中华新报·创造日》；
初收1923年8月上海泰东图书局初版《卷耳集》；
又收《沫若文集》第2卷。

蒹葭《诗经·国风·秦风》(译诗)
载1923年9月21日上海《中华新报·创造日》；
初收1923年8月上海泰东图书局初版《卷耳集》；
又收《沫若文集》第2卷。

宛丘《诗经·国风·陈风》(译诗)
载1923年9月22日上海《中华新报·创造日》；

初收1923年8月上海泰东图书局初版《卷耳集》；

又收《沫若文集》第2卷。

东门之枌《诗经·国风·陈风》（译诗）
初收1923年8月上海泰东图书局初版《卷耳集》；
又收《沫若文集》第2卷。

衡门《诗经·国风·陈风》（译诗）
初收1923年8月上海泰东图书局初版《卷耳集》；
又收《沫若文集》第2卷。

东门之池《诗经·国风·陈风》（译诗）
载1923年9月23日上海《中华新报·创造日》；
初收1923年8月上海泰东图书局初版《卷耳集》；
又收《沫若文集》第2卷。

东门之杨《诗经·国风·陈风》（译诗）
载1923年9月23日上海《中华新报·创造日》；
初收1923年8月上海泰东图书局初版《卷耳集》；
又收《沫若文集》第2卷。

墓门《诗经·国风·陈风》（译诗）
载1923年9月24日上海《中华新报·创造日》；

初收1923年8月上海泰东图书局初版《卷耳集》；
又收《沫若文集》第2卷。

防有鹊巢《诗经·国风·陈风》（译诗）
载1923年9月25日上海《中华新报·创造日》；
初收1923年8月上海泰东图书局初版《卷耳集》；
又收《沫若文集》第2卷。

月出《诗经·国风·陈风》（译诗）
初收1923年8月上海泰东图书局初版《卷耳集》；
又收《沫若文集》第2卷。

泽陂《诗经·国风·陈风》（译诗）
载1923年9月26日上海《中华新报·创造日》；
初收1923年8月上海泰东图书局初版《卷耳集》；
又收《沫若文集》第2卷。

注：此诗排列时间系参考1922年8月14日所作之《〈卷耳集〉序》，以下各篇与之同。

野有死麕《诗经·国风·召南》（译诗）
初收1923年8月上海泰东图书局初版《卷耳集》；
又收《沫若文集》第2卷。

静女《诗经·国风·邶风》(译诗)
载1923年9月6日上海《中华新报·创造日》；
初收1923年8月上海泰东图书局初版《卷耳集》；
又收《沫若文集》第2卷。

新台《诗经·国风·卫风》(译诗)
载1923年9月7日上海《中华新报·创造日》；
初收1923年8月上海泰东图书局初版《卷耳集》；
又收《沫若文集》第2卷。

柏舟《诗经·国风·鄘风》(译诗)
载1923年9月8日上海《中华新报·创造日》；
初收1923年8月上海泰东图书局初版《卷耳集》；
又收《沫若文集》第2卷。

蝃蝀《诗经·国风·鄘风》(译诗)
初收1923年8月上海泰东图书局初版《卷耳集》；
又收《沫若文集》第2卷。

伯兮《诗经·国风·卫风》(译诗)
初收1923年8月上海泰东图书局初版《卷耳集》；
又收《沫若文集》第2卷。

君子于役《诗经·国风·王风》(译诗)
初收1923年8月上海泰东图书局初版《卷耳集》；
又收《沫若文集》第2卷。

采葛《诗经·国风·王风》(译诗)
初收1923年8月上海泰东图书局初版《卷耳集》；
又收《沫若文集》第2卷。

大车《诗经·国风·王风》(译诗)
初收1923年8月上海泰东图书局初版《卷耳集》；
又收《沫若文集》第2卷。

将仲子《诗经·国风·郑风》(译诗)
初收1923年8月上海泰东图书局初版《卷耳集》；
又收《沫若文集》第2卷。

遵大路《诗经·国风·郑风》(译诗)
初收1923年8月上海泰东图书局初版《卷耳集》；
又收《沫若文集》第2卷。

女曰鸡鸣《诗经·国风·郑风》(译诗)
载1923年9月9日上海《中华新报·创造日》；
初收1923年8月上海泰东图书局初版《卷耳集》；
又收《沫若文集》第2卷。

有女同车《诗经·国风·郑风》(译诗)
初收1923年8月上海泰东图书局初版《卷耳集》；
又收《沫若文集》第2卷。

山有扶苏《诗经·国风·郑风》(译诗)
载1923年9月11日上海《中华新报·创造日》；
初收1923年8月上海泰东图书局初版《卷耳集》；
又收《沫若文集》第2卷。

蓱兮《诗经·国风·郑风》(译诗)
初收1923年8月上海泰东图书局初版《卷耳集》；
又收《沫若文集》第2卷。

狡童《诗经·国风·郑风》(译诗)
载1923年9月12日上海《中华新报·创造日》；
初收1923年8月上海泰东图书局初版《卷耳集》；
又收《沫若文集》第2卷。

褰裳《诗经·国风·郑风》(译诗)
初收1923年8月上海泰东图书局初版《卷耳集》；
又收《沫若文集》第2卷。

丰《诗经·国风·郑风》(译诗)
载1923年9月13日上海《中华新报·创造日》；
初收1923年8月上海泰东图书局初版《卷耳集》；
又收《沫若文集》第2卷。

东门之墠《诗经·国风·郑风》(译诗)
初收1923年8月上海泰东图书局初版《卷耳集》；
又收《沫若文集》第2卷。

风雨《诗经·国风·郑风》(译诗)
初收1923年8月上海泰东图书局初版《卷耳集》；
又收《沫若文集》第2卷。

子衿《诗经·国风·郑风》(译诗)
载1923年9月14日上海《中华新报·创造日》；
初收1923年8月上海泰东图书局初版《卷耳集》；
又收《沫若文集》第2卷。

扬之水《诗经·国风·郑风》(译诗)
初收1923年8月上海泰东图书局初版《卷耳集》；
又收《沫若文集》第2卷。

溱洧《诗经·国风·郑风》(译诗)
载1923年9月15日上海《中华新报·创造日》；
初收1923年8月上海泰东图书局初版

《卷耳集》；
又收《沫若文集》第2卷。

鸡鸣《诗经·国风·齐风》（译诗）
载1923年9月16日上海《中华新报·创造日》；
初收1923年8月上海泰东图书局初版《卷耳集》；
又收《沫若文集》第2卷。

东方之日《诗经·国风·齐风》（译诗）
载1923年9月17日上海《中华新报·创造日》；
初收1923年8月上海泰东图书局初版《卷耳集》；
又收《沫若文集》第2卷。

十亩之间《诗经·国风·魏风》（译诗）
载1923年9月17日上海《中华新报·创造日》；
初收1923年8月上海泰东图书局初版《卷耳集》；
又收《沫若文集》第2卷。

扬之水《诗经·国风·唐风》（译诗）
载1923年9月18日上海《中华新报·创造日》；
初收1923年8月上海泰东图书局初版《卷耳集》；
又收《沫若文集》第2卷。

绸缪《诗经·国风·唐风》（译诗）
载1923年9月19日上海《中华新报·创造日》；
初收1923年8月上海泰东图书局初版《卷耳集》；
又收《沫若文集》第2卷。

葛生《诗经·国风·唐风》（译诗）
载1923年9月20日上海《中华新报·创造日》；
初收1923年8月上海泰东图书局初版《卷耳集》；
又收《沫若文集》第2卷。

蒹葭《诗经·国风·秦风》（译诗）
载1923年9月21日上海《中华新报·创造日》；
初收1923年8月上海泰东图书局初版《卷耳集》；
又收《沫若文集》第2卷。

宛丘《诗经·国风·陈风》（译诗）
载1923年9月22日上海《中华新报·创造日》；
初收1923年8月上海泰东图书局初版《卷耳集》；
又收《沫若文集》第2卷。

东门之枌《诗经·国风·陈风》（译诗）
初收1923年8月上海泰东图书局初版《卷耳集》；

又收《沫若文集》第2卷。

衡门《诗经·国风·陈风》(译诗)
初收1923年8月上海泰东图书局初版《卷耳集》；
又收《沫若文集》第2卷。

东门之池《诗经·国风·陈风》(译诗)
载1923年9月23日上海《中华新报·创造日》；
初收1923年8月上海泰东图书局初版《卷耳集》；
又收《沫若文集》第2卷。

东门之杨《诗经·国风·陈风》(译诗)
载1923年9月23日上海《中华新报·创造日》；
初收1923年8月上海泰东图书局初版《卷耳集》；
又收《沫若文集》第2卷。

墓门《诗经·国风·陈风》(译诗)
载1923年9月24日上海《中华新报·创造日》；
初收1923年8月上海泰东图书局初版《卷耳集》；
又收《沫若文集》第2卷。

防有鹊巢《诗经·国风·陈风》(译诗)
载1923年9月25日上海《中华新报·创造日》；
初收1923年8月上海泰东图书局初版《卷耳集》；
又收《沫若文集》第2卷。

月出《诗经·国风·陈风》(译诗)
初收1923年8月上海泰东图书局初版《卷耳集》；
又收《沫若文集》第2卷。

泽陂《诗经·国风·陈风》(译诗)
载1923年9月26日上海《中华新报·创造日》；
初收1923年8月上海泰东图书局初版《卷耳集》；
又收《沫若文集》第2卷。

《卷耳集》序
1922年8月14日作于上海；
载1923年9月4日上海《中华新报·创造日》；
初收1923年8月上海泰东图书局初版《卷耳集》；
又收《沫若文集》第2卷。

月下的Sphinx——赠陶晶孙(诗)
载1922年8月18日上海《时事新报·学灯》；
初收1923年10月上海泰东图书局初版《星空》；
又收《沫若文集》第1卷。

苦味之杯（诗）

载1922年8月18日上海《时事新报·学灯》；

初收1923年10月上海泰东图书局初版《星空》；

又收《沫若文集》第1卷。

注：此诗后收入昆明出版社版《五月之歌》，由马思聪谱曲。

静夜吟（诗）

载1922年8月18日上海《时事新报·学灯》；

初收1923年10月上海泰东图书局初版《星空》；

又收《沫若文集》第1卷。

注：此诗收入《星空》、《沫若文集》中篇名改为《静夜》。

偶成（诗）

载1922年8月18日上海《时事新报·学灯》；

初收1923年10月上海泰东图书局初版《星空》；

又收《沫若文集》第1卷。

月光——此稿献于陈慎侯先生之灵（剧本）

1922年8月19日作；

载1922年10月1日上海《学艺》月刊第4卷第4期；

初收1923年10月上海泰东图书局初版《星空》。

月下的故乡（诗）

1922年8月19日作；

初收1928年6月上海创造社出版部初版《沫若诗集》；

又收《沫若文集》第1卷。

孤军行（诗）

1922年8月28日作；

载1922年9月15日《孤军》月刊创刊号；

初收1928年2月上海创造社出版部初版《前茅》；

又收《沫若文集》第1卷。

注：此诗代《孤军》发刊词。收入《前茅》、《沫若文集》中篇名改题《前进曲》。《沫若文集》内容增加一节，写作时间误署1923年8月28日于上海，较初发表时间晚了一年。

与郁达夫书

1922年9月12日；

载1922年12月上旬《创造季刊》第1卷第3期；

初收1933年9月上海泰东图书局初版《沫若书信集》。

哀时古调　九首（诗）

1922年9月19日作；

载1922年11月15日《孤军》月刊第1卷第3期；

初收1928年2月上海创造社出版部初版《前茅》；

又收《沫若文集》第1卷。

黄海中的哀歌（诗）

载1922年12月上旬《创造季刊》第1卷第3期；

初收1923年10月上海泰东图书局初版《星空》；

又收《沫若文集》第1卷。

注：此诗系《徬徨诗十首》之一。

仰望（诗）

载1922年12月上旬《创造季刊》第1卷第3期；

初收1923年10月上海泰东图书局初版《星空》；

又收《沫若文集》第1卷。

注：此诗系《徬徨诗十首》之二。

江湾即景（诗）

载1922年12月上旬《创造季刊》第1卷第3期；

初收1923年10月上海泰东图书局初版《星空》；

又收《沫若文集》第1卷。

注：此诗系《徬徨诗十首》之三。

吴淞堤上（诗）

载1922年12月上旬《创造季刊》第1卷第3期；

初收1923年10月上海泰东图书局出版《星空》；

又收《沫若文集》第1卷。

注：此诗系《徬徨诗十首》之四。

赠友（诗）

载1922年12月上旬《创造季刊》第1卷第3期；

初收1923年10月上海泰东图书局初版《星空》；

又收《沫若文集》第1卷。

注：此诗系《徬徨诗十首》之五。

夜别（诗）

载1922年12月上旬《创造季刊》第1卷第3期；

初收1923年10月上海泰东图书局初版《星空》；

又收《沫若文集》第1卷。

注：此诗系《徬徨诗十首》之六。

海上（诗）

载1922年12月上旬《创造季刊》第1卷第3期；

初收1923年10月上海泰东图书局初版《星空》；

又收《沫若文集》第1卷。

注：此诗系《徬徨诗十首》之七。

灯台（诗）

载1922年12月上旬《创造季刊》第1卷

第3期；
初收1923年10月上海泰东图书局初版《星空》；
又收《沫若文集》第1卷。
注：此诗系《徬徨诗十首》之八。

拘留在检疫所中（诗）
载1922年12月上旬《创造季刊》第1卷第3期；
初收1923年10月上海泰东图书局初版《星空》；
又收《沫若文集》第1卷。
注：此诗系《徬徨诗十首》之九。

归来（诗）
1922年9月20日作；
载1922年12月上旬《创造季刊》第1卷第3期；
初收1923年10月上海泰东图书局初版《星空》；
又收《沫若文集》第1卷。
注：此诗系《徬徨诗十首》之十。以上九首均未署写作时间，排列程序乃以此诗所署之时间为参考。

《木犀》附白（札记）
1922年9月20日作于福冈；
载1922年12月上旬《创造季刊》第1卷第3期；
初收1926年上海创造社出版部初版《创造小说集》。

注：《木犀》系陶晶孙所作之短篇小说，原作系日文，载"Green"第二期，原名《Croire en destin ée》（相信命运），后改译成中文。

哀歌（诗）
1922年9月23日作；
初收1928年6月上海创造社出版部初版《沫若诗集》。

波斯诗人莪默伽亚谟
1922年9月30日完稿；
载1922年12月上旬《创造季刊》第1卷第3期；
初收1924年1月1日上海泰东图书局初版《鲁拜集》；
又收《沫若文集》第10卷。
注：莪默伽亚谟 Omar khay yám（1025？—1123），波斯诗人及天文学家。此篇内容包括《诗人莪默伽亚谟略传》、《读了鲁拜集后之感想》及译诗《诗人莪默伽亚谟百零一首》三个部分。出版《鲁拜集》时加附注释。《沫若文集》第10卷仅收前二部分。

反响之反响（一）答《努力周报》
载1922年12月上旬《创造季刊》第1卷第3期；
初收《沫若文集》第10卷。

反响之反响（二）答《文学旬刊》
载1922年12月上旬《创造季刊》第1卷第3期；
初收《沫若文集》第10卷。

反响之反响（三） 答一位未知的台湾青年
载1922年12月上旬《创造季刊》第1卷第3期；
初收《沫若文集》第10卷。

反响之反响（四） 答程宪钊君
1922年10月3日作；
载1922年12月上旬《创造季刊》第1卷第3期；
注：前三信之排列系参考此信末所具之时间。

《可怜的少女》附白（札记）
1922年11月11日作；
载1923年2月上旬《创造季刊》第1卷第4期。
注：《可怜的少女》作者系赵邦杰。

黄河与扬子江对话（诗）
1922年11月12日作于日本；
载1923年1月1日《孤军》月刊第1卷第4、5期合刊"推倒军阀号"；
初收1928年2月10日上海创造社出版部初版《前茅》；
又收《沫若文集》第1卷。

注：此篇写作时间《前茅》署1922年12月12日作；《沫若文集》署1922年7月12日于日本。

孤竹君之二子（戏剧）
1922年11月23日脱稿；
载1923年2月上旬《创造季刊》第1卷第4期；
初收1923年10月上海泰东图书局初版《星空》；
又收《沫若文集》第1卷。

《孤竹君之二子》幕前序话
载1923年2月上旬《创造季刊》第1卷第4期；
初收1923年10月上海泰东图书局初版《星空》。
注：排列时间参照上篇。以下二篇同。

《孤竹君之二子》附白（札记）
载1923年2月上旬《创造季刊》第1卷第4期；
初收1923年10月上海泰东图书局初版《星空》。

伯夷这样歌唱（诗）
初收1928年6月上海创造社出版部初版《沫若诗集》。
注：此诗初见于1922年11月23日《孤竹君之二子》中伯夷《放歌》。1928年2月3日修改后收入《沫若诗集》，写作

时间署1922年2月23日作。

西风歌 （英）雪莱 Shelley 原作（译诗）
载1923年2月上旬《创造季刊》第1卷第4期；
初收1926年3月上海泰东图书局初版《雪莱诗选》；
注：此诗排列时间参考译者于1922年12月4日所写之《〈雪莱的诗〉小序》，以下五篇译诗及《雪莱年谱》等均同此。

欢乐的精灵 （英）雪莱 Shelley 原作 （译诗）
载1923年2月上旬《创造季刊》第1卷第4期；
初收1926年3月上海泰东图书局初版《雪莱诗选》。

拿波里湾畔书怀 （英）雪莱 Shelley 原作 （译诗）
载1923年2月上旬《创造季刊》第1卷第4期；
初收1926年3月上海泰东图书局初版《雪莱诗选》。

招"不幸"辞 （英）雪莱 Shelley 原作 （译诗）
载1923年2月上旬《创造季刊》第1卷第4期；
初收1926年3月上海泰东图书局初版《雪莱诗选》。

注：此诗作于1818年。

转徒二首 （英）雪莱 Shelley 原作（译诗）
载1923年2月上旬《创造季刊》第1卷第4期；
初收1926年3月上海泰东图书局初版《雪莱诗选》。
注：本篇译诗二首其一作于1816年，其二作于1821年。

死 （英）雪莱 Shelley 原作 （译诗）
载1923年2月上旬《创造季刊》第1卷第4期；
又收1926年3月上海泰东图书局初版《雪莱诗选》。

雪莱年谱
载1923年2月上旬《创造季刊》第1卷第4期；
初收1926年3月上海泰东图书局初版《雪莱诗选》。

《雪莱年谱》附白（札记）
载1923年2月上旬《创造季刊》第1卷第4期。

《雪莱的诗》小序
1922年12月4日作；
载1923年2月上旬《创造季刊》第1卷第4期；

初收1926年3月上海泰东图书局初版《雪莱诗选》。

《星空》献诗
1922年12月24日星影初现时作此；
初收1923年10月上海泰东图书局初版《星空》；
又收《沫若文集》第1卷。
注：此诗于1928年6月收入《沫若诗集》后篇名改题《星影初现时》。

《牧羊哀话》后记
1922年12月24日作；
初收1923年10月上海泰东图书局初版《星空》；
又收《沫若文集》第1卷。

中国文化之传统精神　仿吾节译（论文）
1922年末作；
载1923年5月20日《创造周报》第2号；
初收1925年12月上海光华书局初版《文艺论集》。
注：此篇系应日本大阪《朝日新闻》之新年特号而作。文后并有仿吾写于1923年5月14日的"译后附识"。写作时间系参考"附识"。

1923年

给父母亲的家信
1923年1月17日；

初收1981年8月四川人民出版社第1版唐明中、黄高斌编注《樱花书简》，署名开贞。

致草堂文学研究会的一封信
1923年1月19日作；
载1923年5月5日《草堂》第3期通讯栏，署名沫若。

给父母亲的家信
1923年1月22日作；
初收1981年8月四川人民出版社第1版唐明中、黄高斌编注《樱花书简》，署名贞。

《曼衍言》七则
载1923年2月上旬《创造季刊》第1卷第4期。

我们的花园
1923年2月19日作；
载1923年5月上旬《创造季刊》第2卷第1期；
初收1936年2月上海良友图书印刷公司初版《中国新文学大系》第10集《史料索引集》。
注：此诗系《创造季刊》发刊词之二。

卓文君（三幕历史剧）
1923年2月28日夜脱稿；
载1923年5月上旬《创造季刊》第2卷

第1期；
初收1926年4月上海光华书局初版《三个叛逆的女性》；
又收《沫若文集》第3卷。
注：此剧收编入《沫若文集》附后记，系摘录自1926年7月3日《写在〈三个叛逆的女性〉后面》，该文收入1926年4月上海光华书局初版《三个叛逆的女性》。

《卓文君》附白（札记）
载1923年5月上旬《创造季刊》第2卷第1期。
注：排列时间参考上篇。

月光娘娘（歌词）
载1947年3月20日《音乐学习》第5、6期合刊。
注：此篇系话剧《卓文君》插曲，由施正镐用五线谱谱曲。排列时间参考上篇。

批评与梦（论文）
1923年3月3日作；
载1923年5月上旬《创造季刊》第2卷第1期；
初收1925年12月上海光华书局初版《文艺论集》；
又收《沫若文集》第10卷。

留别日本（诗）
1923年4月1日作；
载1923年5月9日《孤军》月刊第1卷第8、9期合刊"五九纪念号"；
初收1928年2月上海创造社出版部初版《前茅》；
又收《沫若文集》第1卷。
注：此诗发表在《孤军》上，写作时间署4月1日，收入《前茅》署Ⅰ，Ⅳ，1923，这是按西方的写法，年份在后，月份在中间，以罗马体数字代表，即1923年4月1日。但收入《沫若文集》第1卷时，改署为1929年4月1日作。从作品的命名看，这是作者在离开日本时所作，诗篇的首句"十年的有期徒刑已满"一句，明确地点出了郭沫若在异国已经十年，即将返回故土的愿望。据查考作者的生平活动，1913年12月28日，他在长兄橙坞先生的鼓励和资助下，由北京赴日本求学，1923年3月在日本九州帝国医院大学毕业，于四月初一返回上海。所以《留别日本》应是写于1923年4月1日。

讨论注译运动及其他（论文）
1923年4月12日作于上海；
载1923年5月上旬《创造季刊》第2卷第1期；
初收《沫若文集》第10卷。

复闻一多书
1923年4月15日作；

载1923年5月上旬《创造季刊》第2卷第1期。
注：此信载同刊闻一多作《莪默伽亚谟之绝句》一文之后。

与成仿吾书
1923年4月18日作；
初收1933年9月上海泰东图书局初版《沫若书信集》。

上海的清晨（诗）
1923年4月？日作；
载1923年5月20日《创造周报》第2号；
初收1928年2月上海创造社出版部初版《前茅》；
又收《沫若文集》第1卷。
注：此诗发表在《创造周报》第二号上未署写作时间，收入《前茅》时注，Ⅳ，1923年，即为1923年4月？日，但在收入《沫若文集》中改为1923年1月6日作，这是不确切的。郭沫若系在1923年4月1日回上海的，原诗中有"兄弟们哟，我相信就在这静安寺的马道中央，终会有剧烈的火山爆喷"之句，说明作此诗时，作者已在上海静安寺的马道上，而1923年1月6日他还在日本。

生活的艺术化——在上海美专讲（论文）
1923年四五月间讲，柳亚藩等记；

载1925年4月12日上海《时事新报·艺术》第98期；
初收1925年12月上海光华书局初版《文艺论集》；
又收《沫若文集》第10卷。

创世工程之第七日（诗）
1923年5月1日纪念日作；
载1923年5月13日《创造周报》第1号；
初收1936年2月上海良友图书印刷公司初版《中国新文学大系》第10集《史料索引集》。
注：此诗系《创造周报》发刊词。

《查拉图司屈拉》译者附言
1923年5月1日作；
载1923年5月13日《创造周报》第1号。

三种的变形　（德）尼采 Nietzsche 原作　（译文）
1923年5月1日起译；
载1923年5月13日《创造周报》第1号；
初收1928年6月上海创造社出版部初版《查拉图司屈拉钞》。
注：尼采（1844—1900）德国唯心主义哲学家唯意志论者。此篇系尼采所作《查拉图司屈拉钞》之第1节，《创造周报》篇名题《查拉图司屈拉之狮之吼》，

下列小标题《三种的变形》。以下各节在《创造周报》每期载一节，排列时间参考《创造周报》版年。全书自5月1日劳动节起译，第一部译完后，第二部只译了四节，下面没译下去。

文艺之社会的使命——在上海大学讲（论文）
1923年5月2日讲，李伯昌　孟超合记；
载1925年5月18日《民国日报·文学》第3期；
初收1925年12月上海光华书局初版《文艺论集》；
又收《沫若文集》第10卷。
注：此篇系郭沫若于1923年5月2日在上海大学的讲演记录稿，收入《沫若文集》中署为1924年5月2日是不确的。1924年4月初郭沫若赴日本接家眷，至11月始回上海，不可能在5月2日去上海大学讲演。

迷娘歌　（德）歌德 Goethe 原作（译诗）
1923年5月3日译；
载1923年5月13日《创造周报》第1号；
初收1927年10月上海创造社出版部初版《德国诗选》；
又收《沫若译诗集》。
注：此篇载《创造周报》译诗后有译者附言。

曼衍言十一则
载1923年5月上旬《创造季刊》第2卷第1期。

复胡适信
1923年5月17日作；
收入1979年5月中华书局《胡适往来书信选》上。

我们的文学新运动（论文）
1923年5月18日译；
载1923年5月27日《创造周报》第3号；
初收1928年4月上海创造社出版部初版《从文学革命到革命文学》；
又收《沫若文集》第10卷。
注：文后有作者附白"日本的大阪每日新闻在本月25要出一次英文的《支那介绍专号》，……我得仿吾的帮助做了一篇'Our New Movement in Literature'的短论寄去。我现在把他自译成中文，把初稿中意有未尽处稍补正以发表于此……"。

道德之讲坛——《查拉图司屈拉》第1部第2节　（德）尼采 Nietzsche 原作（译文）
载1923年5月20日《创造周报》第2号；
初收1928年6月上海创造社出版部初版《查拉图司屈拉钞》。

五月歌（德）歌德 Goethe 原作（译诗）
1923年5月20日译；
载1923年7月26日上海《中华新报·创造日》；
初收1927年3月上海光华书局初版《创造日汇刊》。

论中德文化书（论文）
1923年5月20日夜书毕；
载1923年6月10日《创造周报》第5号；
初收1925年12月上海光华书局初版《文艺论集》；
又收《沫若文集》第10卷。
注：此篇原系《致宗白华书》。

致戈乐天书
1923年5月25日作；
载1923年5月30日上海《时事新报·学灯》。

遁世者流——《查拉图司屈拉》第1部第3节 （德）尼采 Nietzsche 原作（译文）
载1923年5月27日《创造周报》第3号；
初收1928年6月上海创造社出版部初版《查拉图司屈拉钞》。

力的追求者（诗）
1923年5月27日作；

载1923年6月3日《创造周报》第4号；
初收1928年2月上海创造社出版部初版《前茅》；
又收《沫若文集》第1卷。
注：写作时间《沫若文集》署1923年6月27日。

朋友们怆聚在囚牢里（诗）
1923年5月27日作；
载1923年6月30日《创造周报》第8号；
初收1928年2月上海创造社出版部初版《前茅》；
又收《沫若文集》第1卷。
注：写作时间《沫若文集》署1923年6月27日。

怆恼的葡萄（诗）
1923年5月27日作；
载1923年7月23日上海《中华新报·创造日》；
初收1927年3月上海光华书局初版《创造日汇刊》；
又收《沫若文集》第1卷。
注：写作时间《沫若文集》署1923年6月27日。

歌笑在富儿们的园里（诗）
1923年5月27日作；
初收1928年2月上海创造社出版部初版《前茅》；

又收《沫若文集》第1卷。

励失业的友人（诗）
1923年5月？日作；
载1923年5月27日《创造周报》第3号；
初收1928年2月上海创造社出版部初版《前茅》；
又收《沫若文集》第1卷。
注：写作时间《前茅》原署：？.V.1923，《沫若文集》改署1923年1月6日。

肉体之侮蔑者——《查拉图司屈拉》第1部第4节　（德）尼采 Nietzsche 原作（译文）
载1923年6月3日《创造周报》第4号；
初收1928年6月上海创造社出版部初版《查拉图司屈拉钞》。

致钱蔚华书
1923年6月5日作；
载1923年6月9日上海《时事新报·学灯》。
注：此篇系驳钱蔚华替戈乐天所作《批评翻译的批评》一文辩护。报载篇名题《郭沫若致钱蔚华》。

论翻译的标准（杂感）
1923年6月8日作；
载1923年7月14日《创造周报》第10号。

黑魆魆的文字窟中（诗）
1923年6月9日作；
载1923年6月16日《创造周报》第6号；
初收1928年2月上海创造社出版部初版《前茅》；
又收《沫若文集》第1卷。

快乐与热狂——《查拉图司屈拉》第1部第5节　（德）尼采 Nietzsche 原作（译文）
载1923年6月10日《创造周报》第5号；
初收1928年6月上海创造社出版部初版《查拉图司屈拉钞》。

《唯一人者与其所有》序　（德）斯迭纳 Max Stirner 原作
1923年6月11日译；
载1923年6月16日《创造周报》第6号；
注：斯迭纳（1806—1856）德国哲学家。Stirner 是绰号，本名叫 Johann Kaspar Schmidt。此译文原载郁达夫所作《Max Stirner 的生涯及其哲学》之后，篇名题《我的分内事不放在甚么上面》。然据《德意志意识形态》译者弁言中提及"只是关于斯迭纳的大略，在从前的创造周报上，郁达夫有一篇文字介绍过（题名我已经记不得了）。那篇文章后面有斯迭纳之主著《唯一

人者与其所有》序文之翻译，那本是我的手笔……"。

读梁任公《墨子新社会之组织法》（论文）
1923年6月13日作；
载1923年6月23日《创造周报》第7号；
初收1925年12月上海光华书局初版《文艺论集》；
又收《沫若文集》第10卷。

苍白的犯罪者——《查拉图司屈拉》第1部第6节 （德）尼采 Nietzs-che 原作（译文）
载1923年6月16日《创造周报》第6号；
初收1928年6月上海创造社出版部初版《查拉图司屈拉钞》。

暗无天日的世界——答复王从周
1923年6月16日作；
载1923年6月23日《创造周报》第7号；
初收《沫若文集》第10卷。
注：文后有作者附记："查'王从周'实无此人，有时事新报社的同志告诉我：那篇文章是张东荪捏造的。"

鹓雏（历史小说）
1923年6月22日作；
载1923年7月7日《创造周报》第9号；
初收1926年1月上海商务印书馆初版《塔》；
又收《沫若文集》第5卷。
注：本篇曾收入1936年9月创造书社版《历史小品》题名《庄周去宋》，又收入《沫若文集》、《地下的笑声》中题名《漆园吏游梁》。

《关于各列果良历之计算》附白
1923年6月24日作；
载1923年7月7日《创造周报》第9号。
注：《关于各列果良历之计算》一文系张资平所作。

论道德与良心（论文）
1923年7月3日作；
载1923年7月7日《创造周报》第9号。

寄生树与细草（寓言）
1923年7月3日作；
载1923年7月14日《创造周报》第10号；
初收1928年上海创造社出版部版《沫若创作集》；
又收《沫若文集》第7卷。
注：本篇载《创造周报》写作时间署"日三七月"系"七月三日"之误，至收入《沫若文集》错改为1924年在上海，变为换年的作品了。

王昭君（三幕历史剧）
1923年7月12日脱稿；
载1924年2月下旬《创造季刊》第2卷第2期；
初收1926年4月上海光华书局初版《三个叛逆的女性》；
又收《沫若文集》第3卷。
注：此剧收入《沫若文集》中附后记，系摘录自1926年3月《写在〈三个叛逆的女性〉后面》，该文收入《三个叛逆的女性》。

读书与著作——《查拉图司屈拉》第1部第7节 （德）尼采Nietzsche原作（译文）
载1923年7月22日《创造周报》第11号；
初收1928年6月上海创造社出版部初版《查拉图司屈拉钞》。

牧羊者的哀歌 （德）歌德Goethe原作（译诗）
1923年7月22日译；
载1923年7月24日上海《中华新报·创造日》；
初收1928年5月25日上海创造社出版部初版《沫若译诗集》；
注：《牧羊者的哀歌》初为成仿吾所作的一篇散文的篇名，文中介绍了他与郭沫若都译了歌德的一首诗《牧羊者的哀歌》。

《卷耳集》自跋
1923年7月23日校后作；
初收1923年8月上海泰东图书局初版《卷耳集》；
又收《沫若文集》第2卷。

山上树——《查拉图司屈拉》第1部第8节 （德）尼采Nietzsche原作（译文）
载1923年7月29日《创造周报》第12号；
初收1928年6月上海创造社出版部初版《查拉图司屈拉钞》。

无限的悲哀 （英）道生Dawson原作（译诗）
载1923年7月30日上海《中华新报·创造日》；
初收1927年3月上海光华书局初版《创造日汇刊》；
注：道生（1867—1900）英国抒情诗人。

湖上 （德）歌德Goethe原作（译诗）
载1923年7月31日上海《中华新报·创造日》；
初收1927年3月上海光华书局初版《创造日汇刊》；
注：此译诗初载《创造日》时篇名题《歌德的诗》，小标题为《湖上》，郭沫若与成仿吾各译一首。

失巢的瓦雀（诗）
1923年夏秋之间作；
初收1928年6月上海创造社出版部初版《沫若诗集》；
又收《沫若文集》第1卷。

死之说教者——《查拉图司屈拉》第1部第9节 （德）尼采 Nietzsche原作（译文）
载1923年8月5日《创造周报》第13号；
初收1928年6月上海创造社出版部初版《查拉图司屈拉钞》。

函谷关（历史小说）
1923年8月10日脱稿；
载1923年8月19日《创造周报》第15号；
初收1926年1月上海商务印书馆初版《塔》；
又收《沫若文集》第5卷。
注：此篇曾收入1936年9月创造书社版《历史小品》题名《老聃入关》，又上海海燕书店版《地下的笑声》及《沫若文集》题名《柱下史入关》。

自然（诗）
载1923年8月12日《创造周报》第14号；
初收1928年6月上海创造社出版部初版《沫若诗集》；
又收《沫若文集》第1卷。

瘦死的春兰（诗）
载1923年8月12日《创造周报》第14号；
初收1928年6月上海创造社出版部初版《沫若诗集》；
又收《沫若文集》第1卷。
注：《自然》、《瘦死的春兰》载《创造周报》时篇名题《诗二首》。

战争与战士——《查拉图司屈拉》第1部第10节 （德）尼采 Nietzsche原作（译文）
载1923年8月12日《创造周报》第14号；
初收1928年6月上海创造社出版部初版《查拉图司屈拉钞》。

自然与艺术——对于表现派的共感（论文）
1923年8月21日作；
载1923年8月26日《创造周报》第16号；
初收1925年12月上海光华书局初版《文艺论集》；
又收《沫若文集》第10卷。

《茵梦湖》六版改版的序
1923年8月23日作；
初收1923年10月上海泰东图书局重排6版《茵梦湖》。

森林之声　（德）希莱 Hille 原作（译诗）
1923年8月24日译；
载1923年9月4日上海《中华新报·创造日》；
初收1927年3月上海光华书局初版《创造日汇刊》；
注：希莱（1854—1904），德国诗人、小说家、戏剧家。

新偶像——《查拉图司屈拉》第1部第11节　（德）尼采 Nietzsche 原作（译文）
载1923年8月26日《创造周报》第16号；
初收1928年6月上海创造社出版部初版《查拉图司屈拉钞》。

答孙铭传君
1923年8月26日作；
载1923年8月31日上海《中华新报·创造日》；
初收1927年3月上海光华书局初版《创造日汇刊》。
注：此篇文后附有作者附识。

未来派的诗约及其批评（论文）
1923年8月27日夜半作；
载1923年9月2日《创造周报》第17号；
初收1925年12月上海光华书局初版《文艺论集》；
又收《沫若文集》第10卷。

月蚀（散文）
1923年8月28日夜作；
载1923年9月2日、9日《创造周报》第17-18号；
初收1923年10月上海泰东图书局初版《星空》；
又收《沫若文集》第5卷。

乡愁与乡梦（散文）
1923年8月28日作；
初收1937年3月上海中华书局有限公司版《名家游记》。
注：此篇摘录自《月蚀》。

卷耳集（古诗今译）
见1923年8月上海泰东图书局初版。

市蝇——《查拉图司屈拉》第1部第12节　（德）尼采 Nietzsche 原作（译文）
载1923年9月2日《创造周报》第17号；
初收1928年6月上海创造社出版部初版《查拉图司屈拉钞》。

月明　（法）维尔莱尼 Verlaine 原作（译诗）
载1923年9月9日《创造周报》第18号；
初收1928年5月25日上海创造社出版部初版《沫若译诗集》。
注：维尔莱尼（1844—1896），法国抒情诗人。此译诗初见于1923年9月3日

成仿吾作的《论译诗》，排列时间以之为参考。

艺术家与革命家（论文）
1923年9月4日夜作；
载1923年9月9日《创造周报》第18号；
初收1925年12月上海光华书局初版《文艺论集》；
又收《沫若文集》第10卷。
注：写作时间《沫若文集》误署1924年9月4日夜，较初发表时间晚了一年。

贞操——《查拉图司屈拉》第1部第13节
（德）尼采Nietzsche原作（译文）
载1923年9月9日《创造周报》第18号；
初收1928年6月上海创造社出版部初版《查拉图司屈拉钞》。

文艺上的节产（论文）
1923年9月12日晨作；
载1923年9月16日《创造周报》第19号；
初收1925年12月上海光华书局初版《文艺论集》；
又收《沫若文集》第10卷。
注：写作时间《文艺论集》4版署1923年9月4日，又《沫若文集》篇名改题《文艺的生产过程》，未署写作时间。

朋友——《查拉图司屈拉》第1部第14节
（德）尼采Nietzsche原作（译文）
载1923年9月16日《创造周报》第19号；
初收1928年6月上海创造社出版部初版《查拉图司屈拉钞》。

昧爽（杂文）
1923年9月24日作；
载1923年9月30日《创造周报》第21号；
初收1928年上海创造社版《沫若创作集》；
又收《沫若文集》第7卷。
注：写作时间《创造周报》原署中秋节前一日，《沫若文集》误署1924年在上海。按农历与公元对照，1924年中秋节前一日应是1924年9月12日，当时郭沫若正在日本，所以此文应作于1923年中秋节前一日，即公元1923年9月24日。

秋（印度）伽里达若Kalidasa原作（译诗）
1923年9月25日译；
初收1928年5月上海创造社出版部初版《沫若译诗集》；
注：伽里达若（约公元四至五世纪之间）伟大的印度诗人、戏剧家。此译诗初见于成仿吾作《秋的介绍》载1923年9月30日上海创造社《创造周报》第21号。由A. W. Ryder英译重译。

原注翻译时间为中秋节。译诗前并附有作者介绍。

北门《诗经·国风·邶风》（译诗）
1923年9月26日译；
载1923年10月12日上海《中华新报·创造日》。

千有一个的目标——《查拉图司屈拉》第1部第15节 （德）尼采Nietzsche原作（译文）
载1923年9月30日《创造周报》第21号；
初收1928年6月上海创造社出版部初版《查拉图司屈拉钞》。

中华全国艺术协会宣言
1923年九十月间作；
载1923年10月7日《创造周报》第22号；
初收1925年12月上海光华书局初版《文艺论集》；
又收《沫若文集》第10卷。
注：此篇收入《文艺论集》、《沫若文集》题名《一个宣言——为中华全国艺术协会作》。初载于《创造周报》时，文后附有沫若附识，内容为"这篇宣言是朋友们托我们做的，虽然已在报章上发表过几次，但仍不免有错落，现在把它改正了转录于此"。

天才与教育（论文）
1923年10月3日作；
载1923年10月7日《创造周报》第22号；
初收1925年12月上海光华书局初版《文艺论集》；
又收《沫若文集》第10卷。
注：写作时间《沫若文集》误署1924年10月3日，也晚于初发表时间一年。

邻人爱——《查拉图司屈拉》第1部第16节 （德）尼采Nietzsche原作（译文）
载1923年10月7日《创造周报》第22号；
初收1928年6月上海创造社出版部初版《查拉图司屈拉钞》。

背着两个十字架（散文）
1923年10月9日作；
载1923年10月10日上海《中华新报·创造日》；
初收1927年3月上海光华书局初版《创造日汇刊》。
注：此篇收入《创造日汇刊》代卷头语。

太戈儿来华的我见（散文）
1923年10月11日作；
载1923年10月14日《创造周报》第23号；
初收1925年12月上海光华书局初版《文艺论集》；
又收《沫若文集》第10卷。

注：太戈儿（1861—1941）印度作家，诗人和社会活动家。此篇最初发表在《创造周报》第23号上，写作时间署10月11日，及收入1929年7月上海光华书局4版《文艺论集》中，标明为1923年10月11日作，而《沫若文集》误改为1922年10月11日作。印度诗人太戈儿原定在1923年8月来华访问，后因故推迟至1924年4月，郭沫若写此文的时间应在太戈儿决定来华的消息再次发表以后。因为文中有"如今印度的诗人太戈儿先生听说不久又要来华"之句，如果《太戈儿来华的我见》写于1922年10月11日，则应是"太戈儿即将来华"而不存在"又要来华"的提法了。

创造者之路——《查拉图司屈拉》第1部第17节　（德）尼采Nietzsche原作（译文）

载1923年10月14日《创造周报》第23号；

初收1928年6月上海创造社出版部初版《查拉图司屈拉钞》。

启事

载1923年10月14日《创造周报》第23号。

注：此篇内容为"赠我《告赈日灾者》一文的朋友，我深表同感，能来寓一谈否？"

国家的与超国家的（论文）

1923年10月18日作；

载1923年10月20日《创造周报》第24号；

初收1925年12月上海光华书局初版《文艺论集》。

注：写作时间原署重九日对大杉荣氏之遗像草此。大杉荣系日本无政府主义者代表人物。

老妇与少女——《查拉图司屈拉》第1部第18节　（德）尼采Nietzsche原作（译文）

载1923年10月20日《创造周报》第24号；

初收1928年6月上海创造社出版部初版《查拉图司屈拉钞》。

白玫瑰（诗）

1923年冬日作；

载1923年10月20日上海《中华新报·创造日》；

初收1927年3月上海光华书局初版《创造日汇刊》；

又收《沫若文集》第1卷。

屠勒国王　（德）歌德Goethe原作（译诗）

载1923年10月23日上海《中华新报·创造日》；

初收1927年3月上海光华书局初版《创造日汇刊》。

批评——欣赏——检察（论文）
1923年10月24日夜作；
载1923年10月28日《创造周报》第25号；
初收《沫若文集》第10卷。
注：写作时间《沫若文集》署1923年秋。

蝮蛇之誓——《查拉图司屈拉》第1部第19节 （德）尼采 Nietzsche 原作（译诗）
载1923年10月28日《创造周报》第25号；
初收1928年6月上海创造社出版部初版《查拉图司屈拉钞》。

我对于《卷耳》一诗的解释（论文）
1923年10月30日作；
载1923年11月1日上海《民国日报·觉悟》；
初收1925年6月上海梁溪图书馆版《卷耳讨论集》；
又收《沫若文集》第10卷。
注：此文系针对1923年10月3日《觉悟》上刊登的曹聚仁撰写的《读卷耳二则二训诂杂考——读卷耳集——》一文的答辩，写作时间《文艺论集》署1923年夏，《沫若文集》署1921年都是不确切的，因为作者不可能在曹的文章尚未发表时，就写文进行答辩了。

《创造日》停刊布告
1923年10月31日作；

载1923年11月2日上海《中华新报·创造日》；
初收1927年3月上海光华书局初版《创造日汇刊》。

星空（诗集）
见1923年10月上海泰东图书局初版。

瓦特·裴德的批评论（论文）
1923年11月1日夜作；
载1923年11月4日《创造周报》第26号；
初收1925年12月上海光华书局初版《文艺论集》；
又收《沫若文集》第10卷。
注：瓦特裴德 Walter pater（1839—1894）英国文艺批评家。

儿女与结婚——《查拉图司屈拉》第1部第20节 （德）尼采 Nietzsche 原作（译文）
载1923年11月4日《创造周报》第26号；
初收1928年6月上海创造社出版部初版《查拉图司屈拉钞》。

渔夫 （德）歌德 Goethe 原作（译诗）
初收1927年10月上海创造社出版部初版《德国诗选》；
注：此译诗初见于《神话的世界》，排列时间参考之下篇同此。

渔歌　（德）席勒 Schiller 原作（译诗）
初收 1927 年 10 月上海创造社出版部初版《德国诗选》；
注：席勒（1759—1805）伟大的德国诗人、戏剧家。

神话的世界（论文）
1923 年 11 月 7 日作；
载 1923 年 11 月 11 日《创造周报》第 27 号；
初收 1925 年 12 月上海光华书局初版《文艺论集》；
又收《沫若文集》第 10 卷。
注：写作时间《沫若文集》署 1922 年 11 月 7 日。

说玄黄——答曹聚仁先生（论文）
1923 年 11 月 9 日作；
载 1923 年 11 月 11 日上海《民国日报·觉悟》；
初收 1925 年 6 月上海梁溪图书馆初版《卷耳讨论集》；
又收《沫若文集》第 10 卷。
注：1923 年 11 月 9 日《觉悟》上发表了曹聚仁所写的《读卷耳（二）——答沫若先生》，再次对《卷耳集》的翻译提出了不同意见，郭沫若乃于同年 11 月 9 日撰写本文，作第二次答辩，《文艺论集》和《沫若文集》将写作时间分别署为 1923 年夏和 1921 年也是不确切的，它与《我对于〈卷耳〉一诗的介释》一文相同，作者不可能在曹的文章尚未发表前就已写答辩文了。《沫若文集》篇名题《释玄黄——答曹聚仁》。

自由的死——《查拉图司屈拉》第 1 部第 21 节　（德）尼采 Nietzsche 原作（译文）
载 1923 年 11 月 11 日《创造周报》第 27 号；
初收 1928 年 6 月上海创造社出版部初版《查拉图司屈拉钞》。

赠贻的道德——《查拉图司屈拉》第 1 部第 22 节　（德）尼采 Nietzsche 原作（译文）
载 1923 年 11 月 18 日《创造周报》第 28 号；
初收 1928 年 6 月上海创造社出版部初版《查拉图司屈拉钞》。

艺术的评价（论文）
1923 年 11 月 23 日作；
载 1923 年 11 月 25 日《创造周报》第 29 号；
初收 1925 年 12 月上海光华书局初版《文艺论集》；
又收《沫若文集》第 10 卷。
注：写作时间《沫若文集》误署 1924 年 11 月 23 日，错加了一年。原文后有附白为："本篇所依据的《艺术论》系 Aylmer Maude 的英译《What is Art?》"。该文

系（俄）列夫·托尔斯太所作。

雅言与自力——告我爱读《查拉图司屈拉》的友人（论文）
1923年11月29日晨作；
载1923年12月2日《创造周报》第30号；
初收1925年12月上海光华书局初版《文艺论集》；
又收《沫若文集》第10卷。
注：写作时间《沫若文集》误署1924年11月29日，晚于初发表时间一年。

百合与蕃茄（杂记）
1923年12月4日夜脱稿；
载1923年12月2日、12月9日、12月16日《创造周报》第30～32号；
初收1928年5月上海创造社出版部初版《水平线下》；
又收《沫若文集》第7卷。

美国诗人葛雷的《墓畔哀歌》小引
1923年12月4日作；
载1924年2月下旬《创造季刊》第2卷第2期；
初收1928年5月上海创造社出版部初版《沫若译诗集》。

我们在赤光之中相见（诗）
1923年12月5日作；
载1923年12月《孤军》月刊第2卷第1期；
初收1928年2月10日上海创造社出版部初版《前茅》；
又收《沫若文集》第1卷。

持镜的小孩——《查拉图司屈拉》第2部第1节　（德）尼采Nietzsche原作（译文）
载1923年12月9日《创造周报》第31号。

惠施的性格与思想（论文）
1923年12月10日作；
载1923年12月16日《创造周报》第32号；
初收1925年12月上海光华书局初版《文艺论集》；
又收《沫若文集》第10卷。

通信一则
1923年12月13日作；
载1923年12月16日《创造周报》第32号。
注：此系复梁实秋书。

梦与现实（杂文）
1923年12月18日作；
载1923年12月23日《创造周报》第33号；
初收1928年上海创造社出版部版《沫若创作集》；

又收《沫若文集》第7卷。
注：写作时间《沫若文集》注1923年冬。

幸福的岛上——《查拉图司屈拉》第2部第2节 （德）尼采 Nietzsche 原作（译文）
载1923年12月23日《创造周报》第33号。

印象与表现——在上海美专自由讲座演讲
载1923年12月30日上海《时事新报·艺术》。

博爱家——《查拉图司屈拉》第2部第3节 （德）尼采 Nietzsche 原作（译文）
载1923年12月30日《创造周报》第34号。

1924年

鲁拜集 Rubaiy at of Omar Khayyam（波斯）莪默·伽亚谟 Omar Khayyam 原作 由英译本 Fitzgerald 转译（诗集）
见1924年1月1日上海泰东图书局初版。

编辑余谈
1924年1月4日作；
载1924年2月下旬《创造季刊》第2卷第2期。
注：作者在此文最后提到"本期本仍是仿吾苦心孤虑编纂出来的，只因他又在做周报上的文章，所以我代笔作几句余谈如此"。

整理国故的评价（论文）
1924年1月9日作；
载1924年1月13日《创造周报》第36号；
初收1925年12月上海光华书局初版《文艺论集》；
又收《沫若文集》第10卷。

古书今译的问题（论文）
1924年1月10日作；
载1924年1月20日（Δ）❶《创造周报》第37号；
初收1925年12月上海光华书局初版《文艺论集》；
又收《沫若文集》第10卷。

《〈乌鸦〉译诗的赘言》附白（札记）
载1924年1月20日（Δ）《创造周报》第37号。
注：《〈乌鸦〉译诗的赘言》作者张伯符，该文写于1923年12月26日。

太阳没了——闻列宁死耗作此（诗）
1924年1月25日作；
载1924年1月27日（Δ）《创造周报》

---

❶ （Δ）表明时间系推算而得，作参考用。

第38号；
初收1928年2月上海创造社出版部初版《前茅》；
又收《沫若文集》第1卷。

僧侣——《查拉图司屈拉》第2部第4节 （德）尼采 Nietzsche 原作（译文）
载1924年2月13日（Δ）《创造周报》第39号。

歧路（小说）
1924年2月17日作；
载1924年2月24日《创造周报》第41号；
初收1926年9月1日上海创造社出版部初版《橄榄》；
又收《沫若文集》第5卷。
注：此篇系《漂流三部曲》之第一部。

医学有什么
初收1936年5月上海现实出版社初版《新少年文学拔萃读本》（第1册）。
注：此篇节录自《歧路》，排列时间参考上篇。

《乌鸦》译诗的讨论
1924年2月17日作；
载1924年3月24日（Δ）《创造周报》第45号。
注：此篇系复露明女士的信，露明女士即赵景深先生的笔名。

圣者（小说）
1924年2月22日作；
载1924年3月2日（Δ）《创造周报》第42号；
初收1928年上海创造社版《沫若创作集》；
又收《沫若文集》第5卷。

致田楚侨信
1924年2月25日作；
载1924年4月5日《创造周报》第47号。
注：此信系对田楚侨所作《雪莱译诗之商榷》一文之答复。篇名系编者题。

杂感二则
载1924年2月下旬《创造季刊》第2卷第2期。
注：篇名系编者题。

偶像和行人的对话
载1924年2月下旬《创造季刊》第2卷第2期。

炼狱（小说）
1924年3月7日作；
载1924年3月16日《创造周报》第44号；
初收1926年9月1日上海创造社出版部初版《橄榄》；
又收《沫若文集》第5卷。

注：此篇系《漂流三部曲》之第二部。

十字架（小说）
1924年3月18日作；
载1924年4月5日《创造周报》第47号；
初收1926年9月1日上海创造社出版部初版《橄榄》；
又收《沫若文集》第5卷。
注：此篇系《漂流三部曲》之第三部。

通信二则——致施蛰存、王瑞麟
1924年3月20日作；
载1924年3月28日《创造周报》第46号。

通信一则
1924年4月18日作；
载1924年5月19日（△）《创造周报》第52号，署名爱牟；
初收1933年9月上海泰东图书局初版《沫若书信集》。
注：此信收入《沫若书信集》篇名题《致成仿吾书》。

与梁俊青书
1924年5月30日在日本福冈作；
载1924年6月9日上海《时事新报·文学》。
注：此篇载《时事新报·文学》篇名原题《郭沫若与梁俊青》。

菩提树下（散文）
1924年6月8日写于日本；
载1925年4月12日北京《晨报副刊》第81号；
初收1926年9月1日上海创造社出版部初版《橄榄》；
又收《沫若文集》第7卷。

伟大的精神生活者王阳明（评论）
1924年6月17日脱稿；
初收1925年1月15日上海泰东图书局初版《阳明全集》；
又收《沫若文集》第10卷。
注：本篇初未署写作时间，收入1925年12月《文艺论集》初版署以1921年6月17日脱稿，及1929年7月上海光华书局订正4版《文艺论集》改名《儒家精神之复活者王阳明》，写作时间改署1924年6月17日脱稿。又收入《沫若文集》题名《王阳明礼赞》，写作时间署1925年6月17日脱稿。

盲肠炎与资本主义（评论）
1924年6月作；
载1924年8月20日《洪水》周刊第1期；
初收1928年5月20日上海创造社出版部初版《水平线下》（全集）；
又收《沫若文集》第10卷。
注：1925年10月1日复刊之《洪水》半月刊第1卷第2期也载有此文。此篇

收入《水平线下》(全集)、《沫若文集》改名《盲肠炎》。

无抵抗主义者
1924年上半年作；
载1926年3月1日《洪水》半月刊第1卷第12期；
初收1934年1月上海乐华图书公司初版《沫若自选集》；
又收《沫若文集》第10卷。
注：写作时间参考1925年2月24日所作附记，其中指出："这篇东西本是前年上半年戏作了的……"，收入《沫若文集》其中附记误署为1924年2月24日作。

社会革命与政治革命 （日）河上肇原作
载1924年8月31日《学艺》月刊第6卷第4期；
初收1925年5月上海商务印书馆初版《社会组织与社会革命》。
注：河上肇（1879—1946）日本经济学家。日本马克思主义的先驱者，社会主义运动家。京都帝国大学教授。此篇系《社会组织与社会革命》下篇中之第2章。排列时间参考译者于1924年7月1日所作之附白，下面一篇同此。

社会革命与社会政策 （日）河上肇原作
载1924年12月《学艺》月刊第6卷第6期；
初收1925年5月上海商务印书馆初版《社会组织与社会革命》。
注：此篇系《社会组织与社会革命》下篇中之第3章。

《社会组织与社会革命》附白（札记）
1924年7月1日夜校改后作；
初收1925年5月上海商务印书馆初版《社会组织与社会革命》。

致《文学》编辑的信
1924年7月2日作；
载1924年7月21日上海《时事新报·文学》。
注：此篇载《时事新报·文学》篇名题名《郭沫若致〈文学〉编辑的信》。

孤鸿
1924年8月9日夜作；
载1926年4月16日上海创造社《创造月刊》第1卷第2期；
初收1928年4月上海创造社出版部初版《从文学革命到革命文学》；
又收《沫若文集》第10卷。
注：此篇收入《从文学革命到革命文学》等集子中加副标题《致仿吾的一封信》。1933年9月上海泰东图书局版《沫若书信集》收编此信时，题名《致成仿吾书》。

《新时代》解题
1924年8月12日作；
初收1925年6月上海商务印书馆初版《新时代》。
注：《新时代》现通译名为《处女地》，原作者（俄）屠格涅甫。

三诗人之死（散文）
1924年8月14日作于日本博多湾；
载1925年3月4—6日北京《晨报副刊》；
初收1926年9月1日上海创造社出版部初版《橄榄》；
又收《沫若文集》第5卷。

路畔的蔷薇（散文）
1924年8月14日作；
载1924年12月28日北京《晨报副刊》；
初收1926年9月1日上海创造社出版部初版《橄榄》；
又收《沫若文集》第7卷。
注：此篇在《晨报副刊》篇名题《小品六章（一）·路畔的蔷薇》。

阳春别（小说）
1924年8月15日作；
载1925年《孤军》月刊第2卷第8期；
初收1926年1月上海商务印书馆初版《塔》；
又收1957《沫若文集》第5卷。

夕暮（散文）
1924年8月17日作于东京；
载1924年12月29日北京《晨报副刊》；
初收1926年9月1日上海创造社出版部初版《橄榄》；
又收《沫若文集》第7卷。
注：此篇《晨报副刊》题名《小品六章（二）·夕暮》

喀尔美萝姑娘（小说）
1924年8月18日作；
载1925年2月25日《东方杂志》月刊第22卷第4期；
初收1926年1月上海商务印书馆初版《塔》；
又收《沫若文集》第5卷。
注：此篇又题名《Donna Caméla》。

芭蕉花（散文）
1924年8月20日作于福冈；
载1925年4月1日北京《晨报副刊》第72号；
初收1926年9月1日上海创造社出版部初版《橄榄》；
又收《沫若文集》第7卷。

铁盏（杂文）
1924年8月21日作于博多湾上；
载1925年3月1日北京《晨报副刊》；
初收1926年9月1日上海创造社出版部初版《橄榄》；

又收《沫若文集》第7卷。

Löbenicht 的塔（小说）
1924年8月26日脱稿；
载1924年11月30日上海《学艺》月刊第6卷第5期；
初收1926年1月上海商务印书馆初版《塔》；
又收《沫若文集》第5卷。
注：此篇系为纪念德国哲学家康德诞生二百年而作。

鸡雏（散文）
1924年9月10日作于博多湾畔；
载1925年7月12日北京《晨报副刊》；
初收1926年9月1日上海创造社出版部初版《橄榄》；
又收《沫若文集》第7卷。

人力以上（散文）
1924年9月12日作于古汤温泉场；
载1925年4月27日、28日北京《晨报副刊》；
初收1926年9月1日上海创造社出版部初版《橄榄》；
又收《沫若文集》第5卷。

万引（小说）
1924年9月19日夜作；
载1925年1月31日《学艺》月刊第6卷第7期；

初收1926年1月上海商务印书馆初版《塔》；
又收《沫若文集》第5卷。
注：写作时间《沫若文集》署1924年9月18日夜。

水墨画（散文）
1924年9月28日作于东京；
载1924年12月30日北京《晨报副刊》；
初收1926年9月1日上海创造社出版部初版《橄榄》；
又收《沫若文集》第7卷。
注：此篇《晨报副刊》题名《小品六章（三）·水墨画》。

山茶花（散文）
1924年10月12日作于东京；
载1924年12月31日北京《晨报副刊》；
初收1926年9月1日上海创造社出版部初版《橄榄》；
又收《沫若文集》第7卷。
注：此篇《晨报副刊》题名《小品六章（四）·山茶花》。

墓（散文）
1924年10月12日作于东京；
载1925年1月6日北京《晨报副刊》；
初收1926年9月1日上海创造社出版部初版《橄榄》；
又收《沫若文集》第7卷。
注：此篇《晨报副刊》题名《小品六

章（五）·墓》。

行路难（小说）
1924年10月15日夜脱稿；
载1925年4月10日、4月25日《东方杂志》半月刊第22卷第7、8期；
初收1926年9月1日上海创造社出版部初版《橄榄》；
又收《沫若文集》第5卷。
注：此篇分上中下三篇，1933年12月由上海商务印书馆出版单行本。

流氓的情绪（散文）
初收1933年10月20日光明书局3版《小品文讲话》。
注：此篇摘录自《行路难》中篇《漂流插曲》之第三章，排列顺序参考上篇。

新生活日记（散文）
初收1932年12月上海乐华图书公司版《当代散文读本》。
注：此篇摘录自《行路难》下篇。排列顺序同上篇。

奔流（散文）
初收1933年1月上海光华书局初版《模范小品文读本》。
注：此篇摘录自《行路难》最后一段。排列顺序同上篇。

叶罗提之墓（小说）
1924年10月16日作；
初收1926年1月上海商务印书馆初版《塔》；
又收《沫若文集》第5卷。

曼陀罗华（小说）
1924年10月17日脱稿；
载1926年6月16日《创造月刊》第1卷第4期；
初收1926年9月1日上海创造社出版部初版《橄榄》；
又收《沫若文集》第5卷。

卖书（散文）
1924年10月17日作于日本九州佐贺县北一小山村中；
载1925年3月20日北京《晨报副刊》；
初收1926年9月1日上海创造社出版部初版《橄榄》；
又收《沫若文集》第7卷。

白发（散文）
1924年10月20日作于东京；
载1925年1月7日北京《晨报副刊》；
初收1926年9月1日上海创造社出版部初版《橄榄》；
又收《沫若文集》第7卷。
注：此篇载《晨报副刊》题名《小品六章（六）·白发》。写作时间《沫若文集》误署1925年10月20日，晚于在

报刊上发表的时间。

《小品六章》序引
1924年12月20日作；
载1924年12月28日北京《晨报副刊》；
初收1933年6月上海南强书局初版《中国新文坛秘录》。

采栗谣（诗）
1924年作于日本；
初收1959年11月作家出版社北京第1版《潮汐集·汐集》。

1925年

亭子间中的文士（小说）
1925年1月7日作；
载1925年1月31日《现代评论》周刊第1卷第8期；
初收1928年5月20日上海创造社出版部初版《水平线下》；
又收《沫若文集》第5卷。
注：写作时间《水平线下》、《沫若文集》误署1926年1月7日，较初发表时间晚一年，并将篇名改题为《亭子间中》。

湖心亭（小说）
1925年2月1日夜脱稿；
载1925年8月15日《学艺》月刊第7卷第1期；
初收1928年5月20日上海创造社出版部初版《水平线下》；

又收《沫若文集》第5卷。
注：此篇收入《水平线下》写作时间署1926年2月1日，较初发表时间晚半年。又收入1934年1月上海乐华图书公司初版《沫若自选集》，写作时间署1924年12月30日。

《塔》前言（札记）
1925年2月11日作；
初收1926年1月上海商务印书馆初版《塔》。
注：篇名系编者题。

通讯
1925年2月13日作；
载1925年2月28日北京《晨报副刊》。
注：此系《致勉己的信》。

瓶（诗）
1925年2月18日—3月30日作；
载1926年4月16日《创造月刊》第1卷第2期；
见1927年4月1日上海创造社出版部初版；
收入《沫若文集》第1卷。
注：《瓶》的写作年份是参考郁达夫于1926年3月10日所写的附记中提出的："这抒情诗四十二首，还是去年的作品。"

春莺曲（诗）
1925年3月3日作；

初收1932年9月《中学生文学读本》第6册诗歌戏曲集。

注：此诗为《瓶》四十二首中之第十六首。

《瓶》献诗

1925年3月9日作；

载1926年4月16日《创造月刊》第1卷第2期；

初收1927年4月1日上海创造社出版部初版《瓶》；

又收《沫若文集》第1卷。

哀感（散文）

1925年3月13日上午9时作；

载1925年3月28日《现代评论》周刊第1卷第16期；

收入《沫若文集》第10卷。

注：此篇是得到孙中山先生的死耗时所写的短文。

孤山的梅花（散文）

1925年3月18日追记；

载1925年4月3日、4日、7日北京《晨报副刊》；

收入《沫若文集》第7卷。

注：此文收入《沫若文集》中结尾改动较大。写作日期《沫若文集》署1925年正月三十日。而1925年4月2日《晨报副刊》载作者写于同年3月28日之《笑脱牙齿》一文中提及"《孤山的梅花》在一礼拜前早已草就。"按此推算与1925年3月18日追记之时间相吻合，故此文之写作时间以追记之时间为准。

笑脱牙齿

1925年3月28日作；

载1925年4月2日北京《晨报副刊》。

注：此系作者《致勉己的信》。

一位军神（散文）

1925年4月1日作；

载1925年4月《孤军》第2卷临时增刊《战痕——甲子苏祸记》；

初收1928年5月上海创造社出版部初版《水平线下》；

又收《沫若文集》第7卷。

注：此篇收入《水平线下》、《沫若文集》后改名《尚儒村》。写作时间署1925年4月14日。

落叶（小说）

载1925年9月25日至11月10日《东方杂志》月刊第22卷第18~21期；

见1926年4月上海创造社出版部初版；

收入《沫若文集》第5卷。

注：此篇写作时间据《创造十年续编》及《五十年简谱》介绍系1924年的作品，此处系参考《落叶》前言排列。

菊子夫人（小说）

收入1932年上海乐华图书公司版《当代散文读本》。

注：本篇摘自《落叶》，排列时间参考《落叶》前言，以下二篇同此。

菊子的信（六封）
收入 1933 年 5 月上海蓓蕾出版部版《现代情书选集》。
注：本篇摘自《落叶》。

几片落叶（小说）
收入 1933 年 6 月上海乐华图书公司初版《现代文艺书信》。
注：本篇摘自《落叶》。

《落叶》前言（札记）
1925 年 4 月 2 日作；
载 1925 年 9 月 25 日至 11 月 10 日《东方杂志》月刊第 22 卷第 18～21 期；
见 1926 年 4 月 10 日上海创造社出版部初版《落叶》；
初收《沫若文集》第 5 卷。

《新时代》序
1925 年 4 月 6 日补序；
初收 1925 年 6 月上海商务印书馆初版《新时代》。

一个伟大的教训（札记）
1925 年 4 月 26 日作；
载 1925 年 5 月 1 日北京《晨报副刊》"劳动节纪念号"；
初收 1928 年 5 月 20 日上海创造社出版部初版《水平线下》（全集）；
又收《沫若文集》第 10 卷。

《一个伟大的教训》附白（札记）
载 1925 年 5 月 1 日北京《晨报副刊》"劳动节纪念号"。
注：排列时间参考上篇。

关于创造周报的消息
1925 年 5 月 2 日作；
载 1925 年 5 月 12 日北京《晨报副刊》。
注：此篇是给 LT 的信，信后有作者附白。

悲哀之戴黛儿　（爱尔兰）约翰沁孤 J.M.Synge 原作
初收 1926 年 2 月上海商务印书馆初版《约翰沁孤的戏曲集》。
注：约翰沁孤（1871—1909）爱尔兰作家。时间排列系参考译者于 1925 年 5 月 26 日所写之《译后》。以下各篇同。

西域的健儿　（爱尔兰）约翰沁孤 J.M.Synge 原作
初收 1926 年 2 月上海商务印书馆初版《约翰沁孤的戏曲集》。

补锅匠的婚礼（爱尔兰）约翰沁孤 J.M.Synge 原作
初收 1926 年 2 月上海商务印书馆初版《约翰沁孤的戏曲集》。

圣泉　（爱尔兰）约翰沁孤　J.M.Synge 原作
初收 1926 年 2 月上海商务印书馆初版

《约翰沁孤的戏曲集》。

骑马下海的人　（爱尔兰）约翰沁孤
J.M.Synge 原作
初收 1926 年 2 月上海商务印书馆初版
《约翰沁孤的戏曲集》。

谷中的暗影　（爱尔兰）约翰沁孤
J.M.Synge 原作
初收 1926 年 2 月上海商务印书馆初版
《约翰沁孤的戏曲集》。

《约翰沁孤的戏曲集》译后（札记）
1925 年 5 月 26 日作于上海；
初收 1926 年 2 月上海商务印书馆初版
《约翰沁孤的戏曲集》。

社会组织与社会革命　（日）河上肇
原作
见 1925 年 5 月上海商务印书馆初版。

聂嫈（二幕剧）
1925 年 6 月 11 日改作毕；
见 1925 年 9 月 1 日上海光华书局初版。
注：此剧为纪念"五卅"惨案而作。
收入 1930 年 10 月上海光华书局初版《女神及叛逆的女性》系 1929 年 6 月 10 日之改作，后又收入 1957 年 3 月《沫若文集》第 5 卷为五幕历史剧《棠棣之花》之第四幕、第五幕。

四川旅沪学界同志会五卅案宣言
1925 年 6 月 16 日作；
载 1925 年 7 月 13 日北京《晨报副刊》；
初收 1928 年 5 月 10 日上海创造社出版部初版《水平线下》（全集）；
又收《沫若文集》第 10 卷。
注：此篇收入《水平线下》题名《五卅的反响》。《沫若文集》题名为《为"五卅"惨案怒吼》。

《新时代》　（俄）屠格涅甫 Turgenieff
原作（小说）
见 1925 年 6 月上海商务印书馆初版。本书 1934 年 10 月上海商务印书馆发行国难后第 1 版，译者署名改题郭鼎堂。

文学的本质（论文）
1925 年 7 月 8 日草于上海；
载 1925 年 8 月 15 日《学艺》月刊第 7 卷第 1 期；
初收 1929 年 7 月上海光华书局第 4 版《文艺论集》；
又收《沫若文集》第 10 卷。

论节奏（论文）
1925 年 7 月中旬作于上海；
载 1926 年 3 月 16 日《创造月刊》第 1 卷第 1 期；
初收 1929 年 7 月上海光华书局第 4 版《文艺论集》；
又收《沫若文集》第 10 卷。

白玫瑰 （德）赛德尔 Seidel 原作（译诗）
初收 1928 年 5 月上海创造社出版部初版《沫若译诗集》；
注：赛德尔（1885—？）德国女诗人、小说家。此译诗初见于 1925 年 7 月中旬《论节奏》。排列时间参考上篇。

到宜兴去（小说）
载 1925 年 8 月 20 日、9 月 25 日、10 月 25 日《孤军》月刊第 3 卷第 3—5 期；
初收 1928 年 5 月 20 日上海创造社出版部初版《水平线下》；
又收《沫若文集》第 7 卷。
注：此篇载《孤军》中，附作者于 1925 年 10 月 6 日所作的附注。收入《水平线下》《沫若文集》时文后附 1927 年 11 月 20 日作者补记。排列时间参考《国家资本主义的提倡》。

早晨（散文）
初收 1934 年 1 月 15 日上海乐华图书公司版《新文学自修读本》（上册）。
注：此篇节录自《到宜兴去》，排列时间参考上篇。下篇同此。

消闲别墅（散文）
初收 1934 年 1 月 15 日上海乐华图书公司版《新文学自修读本》（上册）。

国家资本主义的提倡
1925 年 7 月 30 日；
载 1925 年 8 月 20 日《孤军》月刊第 3 卷第 3 期。
注：此文系记者根据《到宜兴去》一文归纳摘录成文。

《经济侵略下之中国》序
1925 年 7 月 30 日作于上海；
初收 1925 年 10 月 10 日上海独立青年杂志社初版《经济侵略下之中国》。
注：《经济侵略下之中国》的作者漆树芬。

洋之水 （德）海涅 Heine 原作（译诗）
初收 1925 年 7 月上海大东书局版《恋歌》。
注：《恋歌》为《我们的情侣》中之一册，全书共四册。

国际阶级斗争之序幕
1925 年 8 月 15 日讲；肖韵记。
载 1925 年 8 月 23 日、24 日上海《民国日报·觉悟》。
注：此篇为在美专的讲演稿，时间系参考记录者所写之附记推算出的。

《异端》译者序
1925 年 9 月 14 日作于上海；
初收 1926 年 5 月上海商务印书馆初版《异端》。
注：《异端》原作者霍甫特曼 Hauptmann（1862—1946）德国剧作家。

弹琴者之歌　（德）歌德 Goethe 原作（译诗）
载1925年10月16日《洪水》半月刊第1卷第3期。
注：此译诗节译自歌德的"Welhlm Meister"。

穷汉的穷谈（论文）
1925年10月19日作；
载1925年11月1日《洪水》半月刊第1卷第4期；
初收1928年5月20日上海创造社出版部初版《水平线下》（全集）；
又收《沫若文集》第10卷。

共产与共管（论文）
1925年10月22日作；
载1925年11月16日《洪水》半月刊第1卷第5期；
初收1928年5月20日上海创造社出版部初版《水平线下》（全集）；
又收《沫若文集》第10卷。
注：此篇收入《水平线下》、《沫若文集》题名《双声叠韵》。

马克思进文庙（论文）
1925年11月17日脱稿；
载1925年12月16日《洪水》半月刊第1卷第7期；
初收1928年5月20日上海创造社出版部初版《水平线下》（全集）；

注：此篇收入1934年1月上海乐华图书公司初版《沫若自选集》题名《马氏进文庙》。

《文艺论集》序
1925年11月29日作于上海；
载1925年12月16日《洪水》半月刊第1卷第7期；
初收1925年12月27日上海光华书局初版《文艺论集》；
又收《沫若文集》第10卷。

新国家的创造（论文）
1925年12月20日作；
载1926年1月1日《洪水》半月刊第1卷第8期；
初收1928年5月20日上海创造社出版部初版《水平线下》（全集）；
又收《沫若文集》第10卷。
注：此篇收入《水平线下》、《沫若文集》题名《不读书好求甚解》。

讨论马克思进文庙——我的答复
1925年12月22日作；
载1926年1月16日《洪水》半月刊第1卷第9期；
初收1933年拂晓书室版《矛盾集》。
注：写作时间初发表时题："冬至日"。

文艺论集（论文集）
见1925年12月27日上海光华书局初版。

1926年

为廖仲恺被害题词（手迹）
载1926年1月1日《济难月刊》创刊号。
注：题词原文为《舍生取义》。篇名系编者题。

社会革命的时机（论文）
1926年1月19日作；
载1926年2月5日《洪水》半月刊第1卷第10、11期合刊；
初收1928年5月20日上海创造社出版部初版《水平线下》（全集）；
又收《沫若文集》第10卷。
注：此篇收入《水平线下》、《沫若文集》题名《向自由王国飞跃》。内容为批驳灵光的《读了〈穷汉的穷谈〉并〈共产与共管〉即〈双声叠韵〉以后质沫若先生并质共产党人》而作。文中提到的《穷汉的穷谈》和《共产与共管》分别写于1925年10月19日和10月22日，因此本文写作时间《水平线下》署1925年2月19日是不确的，另《沫若文集》署1926年2月19日作，晚于初发表的时间，也是不对的。

《争斗》序
1926年1月28日作；
初收1926年6月上海商务印书馆初版《争斗》。
注：《争斗》原作者戈斯华士Galsworthy（1867—？）另一译名为"高尔斯华绥"，英国作家，在文学上活动范围甚广，诗—小说戏剧均所擅长。

塔（小说戏剧集）
见1926年1月上海商务印书馆初版。
注：此书已见到的1930年12月四版著者署名改郭鼎堂。

后悔（小说）
1926年2月21日夜作；
载1927年2月1日《创造月刊》第1卷第6期；
初收1928年5月20日上海创造社出版部初版《水平线下》；
又收《沫若文集》第5卷。
注：此篇写作时间《沫若文集》署1926年2月22日夜。

约翰沁孤的戏曲集（爱尔兰）约翰沁孤 J.M.Synge 原作
见1926年2月上海商务印书馆初版。

文艺家的觉悟（论文）
1926年3月2日作；
载1926年5月1日《洪水》半月刊第2卷第16期；
初收1927年1月上海泰东图书局版《革命文学论》；
又收《沫若文集》第10卷。

写在《三个叛逆的女性》后面（札记）
1926年3月7日作；
初收1926年4月上海光华书局初版《三个叛逆的女性》。
注：此篇收入《沫若文集》第3卷摘录其中片段，题名《王昭君》后记，《卓文君》后记。

五月三十日（散文）
初收1935年3月上海经纬书局初版《现代百科文选》（上）。
注：此篇摘录自《写在〈三个叛逆的女性〉后面》。排列时间参考上篇。

致陶其情书
1926年3月9日作；
载1926年4月2日《洪水》半月刊第2卷第14期；
初收1933年1月拂晓书店版《矛盾集》。
注：此篇收入陶其情编的《矛盾集》改名《我的再答》，原文是附于陶其情所作《马克思到底不能进文庙》一文后的一封信。篇名系编者题。

卖淫妇的饶舌（论文）
1926年3月9日作；
载1926年4月1日《洪水》半月刊第2卷第14期；
初收1928年5月20日上海创造社出版部初版《水平线下》（全集）；
又收《沫若文集》第10卷。
注：此篇收入《水平线下》写作时间注1925年3月9日。作者在文章中提到："最近郭心松先生也做了篇文章叫着《马克思主义与国家》（《独立青年》第三期），评我的《不读书好求甚解》。"《不读书好求甚解》原名《新国家的创造》，作于1925年12月20日，据此可确知本文应作于1926年3月9日。

着了火的枯原（诗）
1926年3月20日作；
载1926年12月1日《洪水》周年增刊。

在广东大学作的讲演
1926年3月30日讲；
收入1926年8月广东大学秘书处出版部《国立广东大学讲演录（第二集）》上。
注：篇名系编者题

雪莱诗选　（英）雪莱 P.B.Shelley 原作
见1926年3月上海泰东图书局出版。

落叶（小说集）
见1926年4月10日上海创造社出版部初版。

革命与文学（论文）
1926年4月13日作；
载1926年5月16日《创造月刊》第1卷第3期；
初收1927年1月上海泰东图书局版《革命文学论》；
又收《沫若文集》第10卷。

由经济斗争到政治斗争（论文）
1926年4月22日草于广大；
载1982年3月20日《学术研究》双月刊第2期，署名沫若。

三个叛逆的女性（戏剧集）
见1926年4月上海光华书局初版。

为《学艺》丛刊题词
收入1926年5月1日广东大学秘书处出版部《学艺》第2期；
注：题词内容为"含英咀华"，题于《学艺》第2期扉页上。篇名系编者题。

"五四"纪念日在广东大学的讲演
收入1926年8月广东大学秘书处出版部《国立广东大学演讲录（第二集）》上。
注：此篇由甘家馨笔述，篇名系编者题。

在广东大学高师部十五年毕业典礼会上的讲演
1926年5月10日讲，王昌潘笔记；
收入1926年8月广东大学秘书处出版部《国立广东大学演讲录（第二集）》上。
注：篇名系编者题。

为雪莱诗选启事
载1926年5月12日、5月19日《A11》（旬刊）第3、4期。
注：原篇名题《郭沫若为雪莱诗选启事》。全文为："最近泰东书局出版的《雪莱诗选》，完全未得本人同意，乃该书局私自剪集创造季刊"雪莱纪念号"而成。书中排错多处，固不具论，而该书局任意假借名义，实属不成事体。辜爱读创造社丛书者勿为所愚！"

异端　（Der Ketzer Von Soana）（德）霍普特曼 Hauptmann 原作（小说）
见1926年5月上海商务印书馆初版。
注：本书后收入新中学文库于1933年6月第1版发行时，译者署名改为郭鼎堂。

周秦从前古代思想之蠡测（论文）
初收1926年5月上海商务印书馆初版《国故论丛》。

红瓜（小说）
载1926年6月1日《洪水》半月刊第2卷第18期；
初收1926年9月1日上海创造社出版部初版《橄榄》；
又收《沫若文集》第5卷。

四川革命同志会成立大会宣言
载1926年6月1日《鹃血》旬刊第1期。

《少年维特之烦恼》增订版后序
1926年6月4日作；
载1926年7月1日《洪水》半月刊第2卷第20期。
初收1926年7月上海创造社出版部增订初版《少年维特之烦恼》。

《毋忘台湾》序
1926年6月25日作于广州；
初收1926年6月28日广州丁卜图书馆版卷首《毋忘台湾》；
见1979年《中山大学学报》第3期；
注：此篇原为《一个台湾人告诉中国同胞》一文而作。作者明心，本名张秀哲（又名张月澄）。此文后与杨成志所作《看了〈一个台湾人告诉中国同胞书〉以后》合编成册，题名《毋忘台湾》，乃改作为该书之序。

争斗（英）戈斯华士 Galsworthy 原作（剧本）
见1926年6月上海商务印书馆初版。
注：戈斯华士现通用译名为高尔斯华绥。

革命势力之普及与集中（论文）
1926年7月5日作于广州；
载1926年8月1日《鹃血》半月刊第4期。

革命的欢迎欢送大会
1926年7月20日讲于广大法科学院；
载1926年8月1日《鹃血》半月刊第4期。
注：此篇是在四川革命同志会欢迎吕汉群至广州并欢送郭沫若同志等北伐大会上的讲演稿。

西洋美术史提要
见1926年7月上海商务印书馆初版。
注：本书系以（日）板垣鹰穗所著《西洋美术史概说》为蓝本。

《西洋美术史提要》序
初收1926年7月上海商务印书馆初版《西洋美术史提要》。
注：序后有附白。

《西洋美术史提要》书后（札记）
初收1926年7月上海商务印书馆初版《西洋美术史提要》。

过汨罗江感怀（五律）
1926年8月作；
初收1959年11月作家出版社北京第1版《潮汐集·汐集》。
注：此诗初见于《北伐》。

橄榄（小说散文集）
见1926年9月1日上海创造社出版部初版。

悼德甫（七绝）
1926年9月在武昌作；
初收1959年11月作家出版社北京第1版《潮汐集·汐集》。
注：此诗初见于《北伐》。纪德甫，共产党员，早年留学苏联，大革命中在武昌城下牺牲。临终时说"我不要紧，请你们留心着敌人"。

矛盾的调和（散文）
载1926年12月1日《洪水》周年增刊；
初收1928年5月20日上海创造社出版部初版《水平线下》；
又收《沫若文集》第5卷。
注：此篇收入《沫若文集》题名《矛盾的统一》。

题刘海粟山水画（诗）
1926年作；
见1978年7月25日上海人民美术出版社《美术》双月刊第4期绍龙作《胸中激浪笔底波澜——忆郭老对美术事业的关怀》。

1927年

请看今日之蒋介石（论文）
1927年3月31日作于南昌；
载1927年武汉《中央日报》副刊；
初收《沫若文集》第8卷。

瓶（诗集）
见1927年4月1日上海创造社出版部初版。

脱离蒋介石以后（散文）
1927年5月作；
载1927年5月7日、9日、11日、14日、17日、23日武汉《中央日报》副刊；
初收《沫若文集》第8卷。
注：写作时间《沫若文集》误署1927年7月。

银匣 （The Silvev Box）（英）高尔斯华绥 Galsworthy 原作（剧本）
见1927年7月1日上海创造社出版部初版。
注：高尔斯华绥前译为戈斯华士。

法网 （Justice）（英）高尔斯华绥 Galsworthy 原作（剧本）
见1927年7月1日上海联合书店初版。

一个重要的更正（书信）
1927年7月8日作；
载1927年7月11日武汉《中央日报·中央副刊》。
注：此篇系致孙伏园函。

红军进了汕头市
载1927年秋汕头岭东《民国日报》。
注：此篇系根据1979年2月《新文学史料》第二辑《忆郭老二三事》一文反映，原文未见。

一只手——献给新时代的小朋友（小说）
1927年10月4日脱稿；
载1928年2月1日、3月1日、5月1日《创造月刊》第1卷第9～11期，署名麦克昂；
见1933年4月上海大光书店初版；
初收《沫若文集》第5卷。

注：此篇写作时间《沫若文集》署1927年10月9日脱稿。

德国诗选 （德）歌德 J.W.Goethe 等作 郭沫若 成仿吾合译
见1927年10月15日上海创造社出版部初版。

打渔的姑娘 （德）海涅Heine 原作（译诗）
初收1927年10月15日上海创造社出版部初版《德国诗选》。

《到宜兴去》补记（札记）
1927年11月20日作；
初收1928年5月20日上海创造社出版部初版《水平线下》；
又收《沫若文集》第7卷。

蒋先云的诗（杂文）
载1927年武汉《革命军副刊》第10期。
注：1927年5月28日蒋先云牺牲于第二次北伐战争之中原战场上。此篇目见自1979年《革命文物》第4期《短促而壮丽的一生》。

1928年

英雄树（论文）
载1928年1月1日《创造月刊》第1卷第8期；署名麦克昂；
初收1931年9月上海光华书局版《文化论集续集》；
又收《沫若文集》第10卷。

Reconvalessence（诗）
1928年1月5日作；
初收1928年3月25日上海创造社出版部初版《恢复》；
又收《沫若文集》第1卷。
注：此篇收入《沫若文集》译名为《恢复》。

述怀（诗）
1928年1月5日作；
初收1928年3月25日上海创造社出版部初版《恢复》；
又收《沫若文集》第1卷。

《关雎》的翻译（古诗今译）
1928年1月5日译；
初收1928年3月25日上海创造社出版部初版《恢复》；
又收《沫若文集》第1卷。

Hysterie（诗）
1928年1月5日作；
初收1928年3月25日上海创造社出版部初版《恢复》；
又收《沫若文集》第1卷。
注：此篇收入《沫若文集》篇名题为《歇司迭里》。

怀亡友（诗）
1928年1月5日作；

初收1928年3月25日上海创造社出版部初版《恢复》；
又收《沫若文集》第1卷。

黑夜和我对话（诗）
1928年1月6日作；
初收1928年3月25日上海创造社出版部初版《恢复》；
又收《沫若文集》第1卷。

归来（诗）
1928年1月6日作；
初收1928年3月25日上海创造社出版部初版《恢复》；
又收《沫若文集》第1卷。

得了安息（诗）
1928年1月6日作；
初收1928年3月25日上海创造社出版部初版《恢复》；
又收《沫若文集》第1卷。

诗的宣言（诗）
1928年1月7日作；
初收1928年3月25日上海创造社出版部初版《恢复》；
又收《沫若文集》第1卷。

对月（诗）
1928年1月7日作；
初收1928年3月25日上海创造社出版部初版《恢复》；
又收《沫若文集》第1卷。

我想起了陈涉吴广（诗）
1928年1月7日作；
初收1928年3月25日上海创造社出版部初版《恢复》；
又收《沫若文集》第1卷。

黄河与扬子江对话（第二）（诗）
1928年1月7日作；
初收1928年3月25日上海创造社出版部初版《恢复》；
又收《沫若文集》第1卷。

传闻（诗）
1928年1月7日作；
初收1928年3月25日上海创造社出版部初版《恢复》
又收《沫若文集》第1卷。

如火如荼的恐怖（诗）
1928年1月7日作；
初收1928年3月25日上海创造社出版部初版《恢复》；
又收《沫若文集》第1卷。

外国兵（诗）
1928年1月8日作；
初收1928年3月25日上海创造社出版部初版《恢复》；

又收《沫若文集》第1卷。

梦醒（诗）
1928年1月8日作；
初收1928年3月25日上海创造社出版部初版《恢复》；
又收《沫若文集》第1卷。

峨眉山上的白雪（诗）
1928年1月8日作；
初收1928年3月25日上海创造社出版部初版《恢复》；
又收《沫若文集》第1卷。

巫峡的回忆（诗）
1928年1月8日作；
初收1928年3月25日上海创造社出版部初版《恢复》；
又收《沫若文集》第1卷。

诗和睡眠争夕（诗）
1928年1月9日作；
初收1928年3月25日上海创造社出版部初版《恢复》；
又收《沫若文集》第1卷。
注：此诗写作时间《沫若文集》署1928年1月8日作。

电车复了工（诗）
1928年1月9日作；
初收1928年3月25日上海创造社出版部初版《恢复》；
又收《沫若文集》第1卷。

我看见那资本杀人（诗）
1928年1月9日作；
初收1928年3月25日上海创造社出版部初版《恢复》；
又收《沫若文集》第1卷。

金钱的魔力（诗）
1928年1月10日作；
初收1928年3月25日上海创造社出版部初版《恢复》；
又收《沫若文集》第1卷。

血的幻影（诗）
1928年1月10日作；
初收1928年3月25日上海创造社出版部初版《恢复》；
又收《沫若文集》第1卷。

桌子的跳舞（论文）
1928年1月10日、1月18日、1月19日作；
载1928年5月1日《创造月刊》第1卷第11期，署名麦克昂；
初收1931年9月上海光华书局版《文艺论集续集》；
又收《沫若文集》第10卷。

《暴虎辞》附白（札记）
1928年1月11日作；

初收 1928 年 2 月 10 日上海创造社出版部初版《前茅》；
又收《沫若文集》第 1 卷。
注：篇名系编者题。

《前茅》序诗（诗）
1928 年 1 月 11 日作；
初收 1928 年 2 月 10 日上海创造社出版部初版《前茅》；
又收《沫若文集》第 1 卷。

离沪之前（日记）
1928 年 1 月 15 日至 2 月 23 日；
载 1933 年 11 月 1 日、12 月 1 日、1934 年 1 月 1 日《现代》月刊第 4 卷第 1 期至第 3 期；
见 1936 年 5 月上海今代书店初版《离沪之前》；
初收《沫若文集》第 8 卷。
注：文前有作者于 1933 年 9 月 24 日写的前言。

战取（诗）
1928 年 1 月 16 日作；
初收 1928 年 3 月 25 日上海创造社出版部初版《恢复》；
又收《沫若文集》第 1 卷。

牧歌（诗）
1928 年 1 月 28 日作；
载 1932 年 11 月《现代》月刊第 2 卷第 1 期；
初收 1933 年 8 月上海现代书局初版（1932 年度）《中国文艺年鉴》。

浮士德　（德）歌德 Goethe 原作（诗剧）
见 1928 年 2 月 1 日上海创造社出版部初版。
注：此处系第 1 部，其第 2 部于 1947 年 5 月 3 日译毕。

《浮士德》注释
初收 1928 年 2 月 1 日上海创造社出版部初版《浮士德》。

《水平线下》序引
1928 年 2 月 4 日作于上海；
初收 1928 年 5 月 20 日上海创造社出版部初版《水平线下》；
又收《沫若文集》第 7 卷。
注：此篇收入《沫若文集》题名《原版序引》。

前茅（诗集）
见 1928 年 2 月 10 日上海创造社出版部初版。

留声机器的回音——文艺青年应取的态度的考察（论文）
1928 年 2 月 20 日作；
载 1928 年 3 月 15 日《文艺批判》月刊第 3 期，署名麦克昂；

初收1931年9月上海光华书局版《文艺论集续集》；
又收《沫若文集》第10卷。

恢复（诗集）
见1928年3月25日上海创造社出版部初版。

水平线下
见1928年5月20日上海创造社出版部初版。

沫若译诗集 （印度）伽里达若Kalidasa等作
见1928年5月25日上海创造社出版部初版。

"死殇不足伤我神" （俄）杜勃罗留波夫Dobroliuboff原作（译诗）
初收1928年5月25日上海创造社出版部初版《沫若译诗集》；
注：杜勃罗留波夫（1836—1861）俄国革命民主主义者，哲学家和文学批评家。

睡眠 （俄）屠格涅夫Turgenieff原作（译诗）
初收1928年5月25日上海创造社出版部初版《沫若译诗集》；

即兴 （俄）屠格涅夫Turgenieff原作（译诗）
初收1928年5月25日上海创造社出版部初版《沫若译诗集》。

齐尔西时 （俄）屠格涅夫Turgenieff原作（译诗）
初收1928年5月25日上海创造社出版部初版《沫若译诗集》。

爱之歌 （俄）屠格涅夫Turgenieff原作（译诗）
初收1928年5月25日上海创造社出版部初版《沫若译诗集》。

遗言 （俄）屠格涅夫Turgenieff原作（译诗）
初收1928年5月25日上海创造社出版部初版《沫若译诗集》。

文艺战线上的封建余孽——批评鲁迅的《我的态度气量和年纪》（论文）
1928年6月1日作；
载1928年8月10日《创造月刊》第2卷第1期，署名杜荃。

沫若诗集
见1928年6月10日上海创造社出版部初版。

查拉图司屈拉钞 （德）尼采Nietzsche原作
见1928年6月15日上海创造社出版部

初版。

周易的时代背景与精神生产
1928年8月1日脱稿；
载1928年11月10日、11月25日《东方杂志》半月刊第25卷第21～22期，署名杜衎；
初收1930年3月20日上海联合书店初版《中国古代社会研究》；
又收《沫若文集》第14卷。
注：此篇脱稿时间《中国古代社会研究》中误印1917年8月7日，《沫若文集》改署1927年8月7日。又《沫若文集》题名《〈周易〉时代的社会生活》。

诗书时代的社会变革与其思想上的反映
1928年8月25日初稿，1928年10月25日改作；
载1929年4月25日、5月10日、6月10日、6月25日《东方杂志》半月刊第26卷第8～9期、第11～12期，署名杜衎；
初收1930年3月20日上海联合书店初版《中国古代社会研究》；
又收《沫若文集》第14卷。

关于古文字研究给容庚的信
1928年8月27日作；
载1978年11月20日《学术研究》双月刊第4期。

中国社会之历史的发展阶段（论文）
1928年10月28日作；
载1928年《思想月刊》第4期，署名杜顽庶；
初收1930年3月20日上海联合书店初版《中国古代社会研究》；
又收《沫若文集》第14卷。

《浮士德》译后
1928年11月30日改译竣后作；
初收1928年2月1日上海创造社出版部初版《浮士德》。
注：此篇写作时间与收入原书的时间有矛盾，但系照录原书，未便更改，另文后附1929年1月10日校读后志。

石炭王　（美）辛克莱 Sinclair 原作（小说）
见1928年11月30日上海乐群书店初版，署名坎人译。
注：辛克莱（1878—1968）美国小说家，"社会丑事揭发派"作家。

我的小学与中学（自传）
初收1941年8月上海力行文学研究社初版《学生时代》。
注：此篇摘录自《我的幼年》。排列时间参考前言。

《我的幼年》前言（札记）
1928年12月12日作；

初收1929年4月上海光华书局初版《我的幼年》；

又收《沫若文集》第6卷。

革命精神人类机巧自然

见1928年上海开明书店版。

1929年

《我的幼年》后话（札记）

1929年1月12日作；

初收1929年4月上海光华书局版《我的幼年》；

又收《沫若文集》第6卷。

注：此篇收入《沫若文集》题名《〈我的童年〉原版后话》。

西叙亚人 （俄）布洛克 A.A.Blok 原作（译诗）L.郭沫若译

初收1929年10月上海光华书局初版《新俄诗选》。

注：布洛克（1880—1921）苏联诗人。L即李一氓同志。排列时间参考郭沫若同志于2月25日所作之小序，以下各篇译诗同此。

"强暴的游牧人" （俄）马林霍夫 A.B.Marienhof 原作（译诗）L.郭沫若译

初收1929年10月上海光华书局初版《新俄诗选》。

注：马林霍夫（1897—？）苏联青年诗人。

十月 （俄）马林霍夫 A.B.Marienhof 原作（译诗）L.郭沫若译

初收1929年10月上海光华书局初版《新俄诗选》。

"我们的子孙之子孙" （俄）爱莲堡 I.G.Ehrenburg 原作（译诗）L.郭沫若译

初收1929年10月上海光华书局初版《新俄诗选》。

注：爱莲堡（1891—1967）苏联作家。现通译名爱伦堡。

航行 （俄）佛洛辛 M.A.VoLoshin 原作（译诗）L.郭沫若译

初收1929年10月上海光华书局初版《新俄诗选》。

注：佛洛辛（1887—？）俄国青年诗人，画家，现代主义者。

"完全卖了，完全失了" （俄）阿克马托瓦 A.A.Akhmatova 原作（译诗）L.郭沫若译

初收1929年10月上海光华书局初版《新俄诗选》。

注：阿克马托瓦（1889—？）俄国女诗人。现通译名为阿赫马托娃。

"而且他是公正的……" （俄）阿克马托瓦 A.A.Akhmatova 原作（译诗）L.郭沫若译

初收1929年10月上海光华书局初版

《新俄诗选》。

冬曲：第三部 （俄）伊凡诺夫 V.I.Ivanov 原作（译诗）L.郭沫若译
初收 1929 年 10 月上海光华书局初版《新俄诗选》。
注：伊凡诺夫（1866—？）俄国教授，象征主义诗人。

不是由手创造的 （俄）阿里辛 P.V.Oreshin 原作（译诗）L.郭沫若译 初收 1929 年 10 月上海光华书局初版《新俄诗选》。
注：阿里辛（1887—？）俄国农民派诗人，作家。

我们长自铁中 （俄）嘉斯特夫 A.K.Gastev 原作（译诗）L.郭沫若译 初收 1929 年 10 月上海光华书局初版《新俄诗选》。
注：嘉斯特夫（1882—？）俄国诗人。

第一球的转动 （俄）吉拉西摩夫 M.D.Gerasimov 原作（译诗）L.郭沫若译
初收 1929 年 10 月上海光华书局初版《新俄诗选》。
注：吉拉西摩夫（1889—？）俄国革命者，无产阶级诗人。此译诗选自《电歌》。

新林 （俄）白德宜 D.Bedny 原作（译诗）L.郭沫若译

初收 1929 年 10 月上海光华书局初版《新俄诗选》。
注：白德宜（1883—？）苏联诗人。现通译名为白德纳依。

无人知道 （俄）白德宜 D.Bedny 原作（译诗）L.郭沫若译
初收 1929 年 10 月上海光华书局初版《新俄诗选》。

我们的进行曲 （俄）马亚柯夫斯基 V.V.Mayakovsky 原作（译诗）L.郭沫若译
初收 1929 年 10 月上海光华书局初版《新俄诗选》。
注：马亚柯夫斯基（1893—1930）苏联诗人。

巴尔芬如何知道法律是保护工人的一段故事 （俄）马亚柯夫斯基 V.V.Mayakovsky 原作（译诗）L.郭沫若译
初收 1929 年 10 月上海光华书局初版《新俄诗选》。

非常的冒险 （俄）马亚柯夫斯基 V.V.Mayakovsky 原作（译诗）L.郭沫若译
初收 1929 年 10 月上海光华书局初版《新俄诗选》。

《新俄诗选》小序
1929 年 2 月 25 日作；

初收1929年10月上海光华书局初版《新俄诗选》。
注：《新俄诗选》书后附作者评传略。

我的幼年（自传）
见1929年4月上海光华书局初版。
初收1947年4月上海海燕书店版《少年时代》；
又收《沫若文集》第6卷。
注：该书曾因国民党反动政府查禁，先后改名为《幼年时代》、《童年时代》。收入《沫若文集》题名《我的童年》。

读《中国封建社会史》（论文）
1929年5月2日在XYZ；
载1930年1月20日《新思潮》月刊第2、3期合刊，署名杜荃。

美术考古学发现史 （德）米海里司 Michaelis 原作
见1929年7月5日上海乐群书店初版。
注：米海里司（1835—1910）德国考古学家。此书于1948年8月改由上海群益出版社出版书名题《美术考古一世纪》。1931年由湖风书局再版时附1930年12月12日《译者序》。群益版则附1946年12月16日所作之《译者前言》。

《屠场》译后（札记）
1929年7月30日作；
初收1929年8月30日上海南强书局初版《屠场》，署名易坎人。
注：《屠场》作者（美）辛克莱Sinc1airo。

甲骨文字研究二卷
1929年8月1日全书脱稿；
见1931年5月上海大东书局景印本初版；
初收《沫若文集》第14卷。
注：原书由17篇考释所集成，1952年9月人民文学出版社北京版剔去其中九篇，收入《沫若文集》时又剔去4篇，原有的序文与两篇后叙也都删除。

《甲骨文字研究》序
1929年8月1日作；
初收1931年5月上海大东书局景印本初版《甲骨文字研究》。
注：此序由作者手录。原署1919年8月1日辍笔，系作者笔误。

《甲骨文字研究》序录（札记）
1929年8月1日作；
初收1931年5月上海大东书局景印本初版《甲骨文字研究》。

反正前后（自传）
见1929年8月15日上海现代书局初版；
初收《沫若文集》第6卷。
注：此书因国民党反动政府查禁曾改

名《划时代的转变》。

《反正前后》发端
初收 1929 年 8 月 15 日上海现代书局初版《反正前后》；
又收《沫若文集》第 6 卷。

关于古文字研究给容庚的信
1929 年 9 月 19 日作；
载 1978 年 11 月 20 日《学术研究》双月刊第 4 期。

屠场　（美）辛克莱 Sinclair 原作（小说）
见 1929 年 8 月 30 日上海南强书局初版，署名易坎人译。

《中国古代社会研究》序
1929 年 9 月 20 日作；
初收 1930 年 3 月 20 日上海联合书店初版《中国古代社会研究》；
又收《沫若文集》第 14 卷。

卜辞中的古代社会（论文）
1929 年 9 月 20 日脱稿；
初收 1930 年 3 月 20 日上海联合书店初版《中国古代社会研究》；
又收《沫若文集》第 14 卷。

《中国古代社会研究》解题
1929 年 9 月 21 日作；
初收 1930 年 3 月 20 日上海联合书店初版《中国古代社会研究》；
又收《沫若文集》第 14 卷。

关于古文字研究给容庚的信
1929 年 10 月 3 日作；
载 1978 年 11 月 20 日《学术研究》双月刊第 4 期。

黑猫（自传）
载 1929 年 10 月 15 日、11 月 15 日《现代小说》月刊第 3 卷第 1～2 期；
见 1931 年 12 月上海现代书局初版；
初收《沫若文集》第 6 卷。

关于古文字研究给容庚的信
1929 年 10 月 31 日作；
载 1978 年 11 月 20 日《学术研究》双月刊第 4 期。

新俄诗选　（俄）布洛克 Blok 等作 L. 郭沫若合译
见 1929 年 10 月上海光华书局初版。
注：此书又名《我们的进行曲》。

周金中的社会史观（论文）
1929 年 11 月 7 日作；
初收 1930 年 3 月上海联合书店初版《中国古代社会研究》；
又收《沫若文集》第 14 卷。
注：写作时间联合版误署 11 月 10 日，

收入《沫若文集》篇名题《周代彝铭中的社会史观》。

关于古文字研究给容庚的信
1929年11月16日作；
载1978年11月20日《学术研究》双月刊第4期。

漂流三部曲（小说集）
见1929年12月1日上海新兴书店初版。

山中杂记及其他（小说集）
见1929年12月15日上海新兴书店初版。

新兴大众文艺的认识（论文）
1929年12月20日作；
载1930年3月1日《大众文艺》月刊第2卷第3期"新兴文学专号"上册。

关于古文字研究给容庚的信
1929年12月29日作；
载1978年11月20日《学术研究》双月刊第4期。

1930年

普罗文艺的大众化（论文）
1930年1月12日作；
载1930年3月《艺术》月刊创刊号，署名麦克昂。

女神及叛逆的女性（诗歌·戏剧集）

见1930年1月15日上海新兴书店初版。

文学革命之回顾（论文）
1930年1月26日作；
初收1930年4月10日上海神州国光社初版《文艺讲座》第1册，署名麦克昂；又收《沫若文集》第10卷。

附庸土地之另一解（史论）
1930年2月1日补记；
初收1930年3月20日上海联合书店初版《中国古代社会研究·追论及补遗》；又收《沫若文集》第14卷。

关于古文字研究给容庚的信
1930年2月1日作；
载1978年11月20日《学术研究》双月刊第4期。

《中国古代社会研究》再追记（札记）
1930年2月4日作；
初收1930年3月20日上海联合书店初版《中国古代社会研究》。

关于古文字研究给容庚的信
1930年2月6日作；
载1978年11月20日《学术研究》双月刊第4期。

《中国古代社会研究》三版书后
1930年2月7日作；

初收 1930 年 5 月 20 日上海联合书店三版。

注：此篇作者又于页码注上加 1930 年 4 月 10 日所作之按语，内容为"这本是《再版书后》，因寄回国时没赶及，只好改成《三版书后》了"。

夏禹的问题（史论）
1930 年 2 月 7 日作；
初收 1930 年 5 月 20 日上海联合书店三版《中国古代社会研究·再版书后》；
又收《沫若文集》第 14 卷。

我们的文化（论文）
载 1930 年 2 月 10 日《拓荒者》月刊第 1 卷第 2 期；
初收 1931 年 9 月上海光华书局初版《文艺论集续集》；
又收《沫若文集》第 10 卷。

关于古文字研究给容庚的信
1930 年 2 月 16 日作；
载 1978 年 11 月 20 日《学术研究》双月刊第 4 期，署名石沱生。
注：此信附有原件手迹。

中国古代社会研究（史论集）
见 1930 年 3 月 20 日上海联合书店初版。

殷虚之发掘（史论）
初收 1930 年 3 月 20 日上海联合书店初版《中国古代社会研究·追论及补遗》；
又收《沫若文集》第 14 卷。

由矢彝考释论到其他（论文）
初收 1930 年 3 月 20 日上海联合书店初版《中国古代社会研究·追论及补遗》；
又收《沫若文集》第 14 卷。

关于文艺的不朽性（论文）
1930 年 4 月 3 日作；
初收 1931 年 9 月上海光华书局版《文艺论集续集》；
又收《沫若文集》第 10 卷。

注：此篇曾收入本年上海天光书店版《弧鸿》。写作时间《文艺论集续集》署"3IV1930"，收入《沫若文集》时将"月"和"日"倒排，误署为 3 月 4 日了。

新郑古器之一二考核（史论）
1930 年 4 月 5 日初稿，1930 年 7 月 16 日改作；
初收 1931 年 6 月上海大东书局初版《殷周青铜器铭文研究》；
又收《沫若文集》第 14 卷。

关于古文字研究给容庚的信
1930 年 4 月 6 日作；
载 1978 年 11 月 20 日《学术研究》双月刊第 4 期。

矢令簋考释 附追记（论文）
1930年4月23日补志；
初收1930年5月20日上海联合书店三版《中国古代社会研究·再版书后》；
又收《沫若文集》第14卷。

我希望于《大众文艺》的（杂文）
载1930年5月1日《大众文艺》月刊第2卷第4期"新兴文学专号"（下册）。

煤油 （美）辛克莱Sinolair原作（小说）
1930年5月7日译毕；
见1930年6月上海光华书局初版，署名易坎人译。
注：本书后被翻版出版改名《牧场》。

写在《煤油》前面（札记）
1930年5月7日作；
初收1930年6月上海光华书局初版《煤油》，署名易坎人译。

"眼中钉"（论文）
载1930年5月10日《海燕》月刊第4、5期合刊；
初收1931年9月上海光华书局初版《文艺论集续集》；
又收《沫若文集》第10卷。
注：此篇系对鲁迅先生的《我和〈语丝〉的始终》一文中"关于创造社……将语丝派……看作眼中钉"一节的答辩，文中还记叙了1927年末，创造社打算和鲁迅先生合作，恢复《创造周报》，后来因郭沫若生病及其他原因而没有实现的事情。

"旧玉亿有百万"（论文）
1930年5月17日补记；
初收1930年5月20日上海联合书店三版《中国古代社会研究》；
又收《沫若文集》第14卷。

明保之又一证（论著）
初收1930年5月20日上海联合书店三版《中国古代社会研究·再版书后》；
又收《沫若文集》第14卷。

古金中有称男之二例（论文）
初收1930年5月20日上海联合书店三版《中国古代社会研究·再版书后》；
又收《沫若文集》第14卷。

古代用牲之最高纪录（论文）
初收1930年5月20日上海联合书店三版《中国古代社会研究·再版书后》；
又收《沫若文集》第14卷。

殷虚中无铁的发现（论著）
初收1930年5月20日上海联合书店三版《中国古代社会研究·再版书后》；
又收《沫若文集》第14卷

《文艺论集》跋尾（札记）
1930年6月11日作；

初收1930年8月上海光华书局5版《文艺论集》。

殷彝中图形文字之一解（论文）
1930年7月5日夜草就；
初收1931年6月上海大东书局初版《殷周青铜器铭文研究》。

《戊辰彝》考察（论文）
1930年7月7日作；
初收1931年6月上海大东书局初版《殷周青铜器铭文研究》。

令彝令殷与其它诸器物之综合研究（论文）
1930年7月12日脱稿；
初收1931年6月上海大东书局初版《殷周青铜器铭文研究》；
又收《沫若文集》第14卷。

公伐郤钟之鉴别与其时代（论文）
1930年7月13日作；
初收1931年6月上海大东书局初版《殷周青铜器铭文研究》。
注：此篇经删改后收入1954年8月北京人民出版社版，题名《杂说林钟·句鑃·鉦·铎》。

鲁侯甗释文（论文）
1930年7月13日作；
初收1931年6月上海大东书局初版《殷周青铜器铭文研究》。

者氵盨钟韵读（论文）
1930年7月14日作；
初收1931年6月上海大东书局初版《殷周青铜器铭文研究》。

晋邦盦韵读（论文）
1930年7月17日作；
初收1931年6月上海大东书局初版《殷周青铜器铭文研究》。

秦公殷韵读（论文）
1930年7月17日作；
初收1931年6月上海大东书局初版《殷周青铜器铭文研究》。

齐侯壶释文（论文）
1930年7月19日作；
初收1931年6月上海大东书局初版《殷周青铜器铭文研究》。

国差罎韵读（论文）
1930年7月20日完稿；
初收1931年6月上海大东书局初版《殷周青铜器铭文研究》。

释丹析（论文）
1930年7月22日草毕；
初收1931年6月上海大东书局初版《殷周青铜器铭文研究》。

戈珊𢦒𢦒必彤沙说（论文）

1930年7月24日作毕；

初收1931年6月上海大东书局初版《殷周青铜器铭文研究》。

说戟（论文）

1930年7月28日脱稿；

初收1931年6月上海大东书局初版《殷周青铜器铭文研究》。

又收《沫若文集》第1卷。

跋丁卯斧（论文）

1930年7月29日作；

初收1931年6月上海大东书局初版《殷周青铜器铭文研究》。

大丰𣪘韵读（论文）

初收1931年6月上海大东书局初版《殷周青铜器铭文研究》。

注：此篇排列时间参考下篇《序》。

《殷周青铜器铭文研究》序

1930年7月29日作；

初收1931年6月上海大东书局初版《殷周青铜器铭文研究》。

沫若诗全集

见1930年8月10日上海现代书局4版。

一年以后之自跋（札记）

1930年8月10日作；

初收1931年5月上海大东书局初版《甲骨文字研究》。

一年以后之自跋（札记）

1930年9月1日作；

初收1931年5月上海大东书局初版《甲骨文字研究》。

臣辰盉铭考释

1930年9月19日作；

载1931年6月《燕京学报》第9期，署名郭鼎堂；

初收1932年8月东京文求堂书店景印本《金文丛考》。

《臣辰盉铭考释》（补记）（一）

1930年9月23日作；

载1931年6月《燕京学报》第9期附录（一），署名郭鼎堂。

关于古文字研究给容庚的信

1930年9月26日作；

载1978年11月20日《学术研究》双月刊第4期。

《金文韵读补遗》序

1930年9月27日初稿，1932年3月30日写定；

初收1932年8月日本东京文求堂景印本《金文丛考》。

谥法之起源（论文）
1930年10月1日作；
载1932年1月日本《支那学》第6卷第1号。

《甲骨文字研究》后记
1930年10月7日作；
初收1931年5月上海大东书局初版《甲骨文字研究》。

沫若小说戏曲集
见1930年10月上海光华书局版。

后悔（小说论文集）
见1930年10月上海光华书局版。
注：此书原名《水平线下》。

山中杂记
见1930年10月上海光华书局初版。

毛公鼎之年代（论文）
1930年11月25日脱稿，1931年3月14日校改。
载1931年7月10日《东方杂志》月刊第28卷第13期，署名鼎堂；
初收1932年8月1日东京文求堂书店景印本《金文丛考》；
又收《沫若文集》第14卷。

《殷周青铜器铭文研究》追记四则（论文）
1930年11月26日作；

初收1931年6月上海大东书局初版《殷周青铜器铭文研究》；
又收《沫若文集》第14卷。
注：此篇收入《沫若文集》题名《关于新郑古物补记》。

《美术考古学发现史》译者序
1930年12月12日作；
初收1931年9月上海湖风书局再版《美术考古学发现史》。

克拉凡左的骑士（小说）
1930年作；
载1936年10月10日、11月10日《质文》月刊第2卷第1—2期；
初收1947年上海海燕书店版《地下的笑声》；
又收《沫若文集》第5卷。
注：此篇系未完稿。时间排列参考作者于1936年8月1日所作文前小引。收入《地下的笑声》、《沫若文集》时篇名改题《骑士》。又收入1946年11月全球书店版《沫若代表作》题名《武汉时代》。

政治经济学批判 （德）马克思Marx原作
1930年译；
见1931年12月上海神州国光社初版。
注：马克思（1818—1883）马克思主义的创始人，全世界无产阶级的导师和领袖。翻译时间系参考郭沫若所作

之《五十年简谱》。

1931年

《臣辰盉铭考释》补记（二）
1931年1月14日作；
载1931年6月《燕京学报》第9期附录（二），署名郭鼎堂。

汤盘孔鼎之扬榷
1931年2月15日作；
载1931年6月《燕京学报》第9期，署名郭鼎堂；
初收1932年8月日本东京文求堂书店景印本《金文丛考》。

《生命之科学》译者弁言
1931年3月12日作；
初收1934年10月上海商务印书馆初版《生命之科学》，署名石沱。
注：《生命之科学》作者威尔斯H.G.Wells（1866—1946）英国小说家、社会学家、历史学家、空想主义者。

夜半（诗）
1931年4月29日作；
载1932年11月《现代》月刊第2卷第1期（第2卷汇订本）。

甲骨文字研究（考古）
见1931年5月上海大东书局景印本初版。

汤盘孔鼎之扬榷　臣辰盉铭考释
见1931年6月北平燕京大学出版，署名郭鼎堂。
注：此书系燕京学报第九期油印本。

殷周青铜器铭文研究
见1931年6月上海大东书局景印本。

关于古文字研究给容庚的信
1931年7月17日作；
载1978年11月20日《学术研究》双月刊第4期。

战争与和平　（俄）托尔斯泰 L.Tolstol 原作（小说）见上海文艺书局版
注：L.托尔斯泰（1828—1910）俄国作家。根据郭沫若所作之《五十年简谱》，本书译于1931年，其第1分册见于本年8月5日，第二分册见于1932年9月25日，第三分册见于1933年3月15日，均由上海文艺书局出版。此书未译完。

《毛公鼎之研究》追记
载1931年8月25日《东方杂志》月刊第28卷第16期，署名鼎堂。

两周金文辞大系（考古）
1931年9月9日全书录成；
见1932年1月日本东京文求堂书店景印本（精装）。

《两周金文辞大系》序
1931年9月9日作，1934年9月9日更改；
初收1932年1月10日日本东京文求堂书店景印本《两周金文辞大系》；
又收《沫若文集》第16卷。
注：此篇经作者更改后曾分别收入1935年8月日本东京文求堂书店景印本《两周金文辞大系考释》和1946年5月重庆文治出版社初版《青铜时代》附录。

《两周金文辞大系》介题
1931年9月9日作；
初收1932年1月日本东京文求堂书店景印本《两周金文辞大系》。

关于古文字研究给容庚的信
1931年9月27日作；
载1978年11月20日《学术研究》双月刊第4期。

文艺论集续集（论文集）
见1931年9月上海光华书局出版。

黑猫（自传）
见1931年12月上海现代书局初版。

政治经济学批判 （德）马克思Marx原作
见1931年12月上海神州国光社初版。

周代彝铭进化观
1931年作；
初收1933年12月日本东京文求堂书店景印本《古代铭刻汇考》；
又收《沫若文集》第16卷。
注：本篇写作时间参考作者于1933年9月15日附白中指出："此文乃1931年纂集《两周金文辞大系》时所拟序说之一节……"。

德意志意识形态 （德）马克思 恩格斯原作
见1938年11月言行出版社初版。
注：此书原名《德意志观念体系论》。据译者所作之《〈沫若自选集〉序》中之年表指出此书译于1931年，又据1947年3月上海群益出版社版《德意志意识形态》译者序提及此书乃二十年前旧译。

《德意志意识形态》译者弁言
初收1938年11月言行出版社初版《德意志意识形态》。
注：排列时间参考上篇。

划时代的转变（自传）
见1931年上海现代书局版。
注：此书原名《反正前后》因国民党政府查禁改名，此处系1929年8月15日上海现代书局版之改版。

1932年

通信（二）
1932年1月6日作；
初收1932年7月1日上海榴花社《榴花诗刊》第二号，署名沫若。
注：此篇系郭沫若致榴花社编辑的信。

两周金文辞大系
见1932年1月10日日本东京文求堂书店景印本（精装）。

致原田淑人先生——日本发现郭老在三十年代写的日本书简
1932年2月6日作于日本；
见1980年6月2日《人民日报》刘德有作《珍贵的墨迹》。
注：原信没有写作年份。据原田淑人先生的儿子原田正巳说"从《卜辞通纂》出版于1933年这一点来看，估计这封信是1932年写的"。

金文丛考（考古）
1932年5月集成；
见1932年8月日本东京文求堂书店景印本；
初收《沫若文集》第14卷。
注：原书共11篇，收入《沫若文集》中删去5篇。

《金文丛考》跋尾
1932年6月6日作；
初收1932年8月日本东京文求堂书店景印本《金文丛考》。

《金文丛考》追记（札记）
1932年6月23日作；
初收1932年8月日本东京文求堂书店景印本《金文丛考》。

《金文丛考》追记之二（札记）
1932年7月21日作；
初收1932年8月日本东京文求堂书店景印本《金文丛考》。

致叶灵凤函
1932年7月22日作；
初收1936年5月上海生活书店初版《现代作家书简》。

致叶灵凤函
1932年7月23日作；
初收1936年5月上海生活书店初版《现代作家书简》。

致叶灵凤函
1932年8月29日作；
初收1936年5月上海生活书店初版《现代作家书简》。

《创造十年》发端
初收1932年9月上海现代书局初版《创造十年》；

又收《沫若文集》第7卷。
注：此篇排列时间参考9月11日《作者附白》。

《创造十年》作者附白（札记）
1932年9月11日作；
初收1932年9月上海现代书局初版《创造十年》。

创造十年（自传）
见1932年9月20日上海现代书局初版；收入《沫若文集》第7卷。

致叶灵凤函
1932年9月25日作；
初收1936年5月上海生活书店初版《现代作家书简》。

《金文余释之余》小引
1932年10月手书；
初收1932年11月日本东京文求堂书店景印本《金文余释之余》。
注：篇名系编者自题。

金文余释之余（考古）
见1932年11月6日日本东京文求堂书店景印本。

创造社的自我批判（论文）
初收1932年12月上海光华书店版《创造社论》。

1933年

《卜辞通纂》序
1933年1月11日作于江户川畔之鸿台；
初收1933年5月10日日本东京文求堂书店景印本《卜辞通纂》。

《卜辞通纂》述例
1933年1月16日作；
初收1933年5月日本东京文求堂书店景印本《卜辞通纂》。

《卜辞通纂》后记（札记）
1933年2月8日夜补记；
初收1933年5月日本东京文求堂书店景印本《卜辞通纂》。

致叶灵凤函
1933年3月2日作；
初收1936年5月上海生活书店初版《现代作家书简》。

《卜辞通纂考释》书后（札记）
1933年3月17日补记；
初收1933年5月日本东京文求堂书店景印本《卜辞通纂考释》。

《卜辞通纂考释》书后（札记）
1933年3月29日补记；
初收1933年5月日本东京文求堂书店景印本《卜辞通纂考释》。

幼年时代（自传）
见1933年3月上海光华书局版。
注：此书原名《我的幼年》，因国民党查禁故改名。

致叶灵凤函
1933年4月3日作；
初收1936年5月上海生活书店初版《现代作家书简》。

致叶灵凤函
1933年4月19日；
初收1936年5月上海生活书店初版《现代作家书简》。

一只手（小说）
见1933年4月上海大光书店初版。

卜辞通纂附考释索引（考古）
见1933年5月10日日本东京文求堂书店景印本。

石鼓文研究（考古）
1933年夏间作；
见1939年7月长沙商务印书馆初版；
收入《沫若文集》第16卷。
注：本书写作时间系参考1978年12月《社会科学战线》增刊号。

《沫若书信集》序
1933年8月25日作；
初收1933年9月上海泰东图书局版《沫若书信集》。

《沫若自选集》序
1933年8月26日作；
初收1934年1月上海乐华图书公司初版《沫若自选集》。
注：序后附《民国三年以来我自己的年表》。

致叶灵凤函
1933年9月9日作；
初收1936年5月上海生活书店初版《现代作家书简》。

《周代彝铭进化观》附白（札记）
1933年9月15日作；
见1933年12月10日日本东京文求堂书店景印本《周代彝铭进化观》。
注：此篇附白作者于1945年2月11日重写，收入《沫若文集》第16卷《周代彝铭进化观》。

致叶灵凤函
1933年9月25日作；
初收1936年5月上海生活书店初版《现代作家书简》。
注：此信后又刊载于1945年12月15日《文艺春秋》月刊第2卷第1期，题名《手迹一则》。未具收信人姓名。

鸡（散文）
1933年9月26日作；
初收1934年1月上海乐华图书公司初版《沫若自选集》；
又收《沫若文集》第8卷。
注：本篇收入《沫若文集》题名《鸡之归去来》。

沫若书信集
见1933年9月上海泰东图书局版。

《古代铭刻汇考》序
1933年11月25日作；
初收1933年12月日本东京文求堂书店景印本《古代铭刻汇考》。

自然底追怀（散文）
1933年11月30日作；
载1934年3月4日上海《时事新报·星期学灯》第70期。
注：此篇又分别刊载于1934年4月1日《现代》月刊第4卷第6期，题名《自然之追怀》（济民译），1936年10月20日《西北风》月刊第10期，题名《我在日本生活》。

古代铭刻汇考（考古）
见1933年12月10日日本东京文求堂书店景印本。

行路难（小说集）
见1933年12月上海商务印书馆初版。

北伐途次（散文）
载1936年1月至1937年4月《宇宙风》半月刊第2集、第3集合订本；
初收1937年6月上海北雁出版社初版《北伐》；
又收《沫若文集》第8卷。
注：此篇排列时间系参考郭沫若《五十年简谱》。据正文前小引提及本文系叙述1926年北伐军进攻武昌时的事情，回顾起来已经六七年了……

《北伐途次》小引（札记）
载1937年4月《宇宙风》半月刊第2集合订本；
初收1937年6月上海北雁出版社初版《北伐》；
又收《沫若文集》第8卷。
注：排列时间参考文中内容。

1934年

致杜衡、施蛰存
1934年1月10日作；
见1981年5月22日《新文学史料》季刊，第5期 施蛰存作《〈现代〉杂忆》（二）。

《信号》序
1934年1月21日作；
初收1934年3月20日上海中外书店版《信号》。
注：《信号》作者张白衣。

沫若自选集
见1934年1月上海乐华图书公司初版。

昭君出塞曲
载1934年5月20日《光芒》旬刊第1卷第1期。

古代铭刻汇考续编
见1934年5月20日日本东京文求堂书店景印本。

致于省悟的信（手迹）
1934年6月28日作于日本；
载1978年7月20日《理论学习》第4期于省悟作《忆郭老》。

浪花十日（日记）
1934年7月31日至8月9日作；
载1935年7月《文学》月刊第5卷第1期；
初收1946年5月上海北新书局版《归去来》；
又收《沫若文集》第8卷。
注：本篇正文前附作者于1935年6月4日所作之引文。

生命之科学 （英）威尔斯Wells原作
见1934年10月上海商务印书馆初版（第1册），署名石沱译。
注：此书共3册，其第2册初版于1935年11月，第3册初版于1949年11月。

历史和历史（短论）
1934年11月9日作；
载1934年12月5日《太白》半月刊第1卷第6期，署名谷人。

《两周金文辞大系图录》引言（札记）
1934年11月20日作；
初收1935年3月5日日本东京文求堂书店景印本《两周金文辞大系图录》。

彝器形象学试探（论文）
1934年11月25日作；
初收1935年3月5日日本东京文求堂书店景印本《两周金文辞大系图录》。
注：此篇并曾分别收入《青铜时代》附录和《沫若文集》第16卷。

《两周金文辞大系图录》附录
1934年12月6日作；
初收1935年3月5日日本东京文求堂书店景印本《两周金文辞大系图录》；

南京之基督 （日）芥川龙之介原作
初收1935年3月上海商务印书馆初版《日本短篇小说集》，署名高汝鸿选译。
注：芥川龙之介（1892—1927）日本小说家。此篇排列时间参考译者1934

年12月7日所作《日本短篇小说集》序。以下各篇相同。

蜜柑　（日）芥川龙之介原作
初收1935年3月上海商务印书馆初版《日本短篇小说集》，署名高汝鸿选译。

真鹤　（日）志贺直哉原作
初收1935年3月上海商务印书馆初版《日本短篇小说集》，署名高汝鸿选译。
注：志贺直哉（1883—1971）日本小说家。

正义派　（日）志贺直哉原作
初收1935年3月上海商务印书馆初版《日本短篇小说集》，署名高汝鸿选译。

雪的夜话　（日）里见弴原作
初收1935年3月上海商务印书馆初版《日本短篇小说集》，署名高汝鸿选译。

《雪的夜话》译者案与注
初收1935年3月上海商务印书馆初版《日本短篇小说集》，署名高汝鸿。

马粪石　（日）葛西善藏原作
初收1935年3月上海商务印书馆初版《日本短篇小说集》，署名高鸿汝选译。
注：葛西善藏（1887—1928）日本著名小说家。

工人之子　（日）丰岛与志雄原作
初收1935年3月上海商务印书馆初版《日本短篇小说集》，署名高汝鸿选译。

一位体操教员之死　（日）藤森成吉原作
初收1935年3月上海商务印书馆初版《日本短篇小说集》，署名高汝鸿选译。
注：藤森成吉（1892—1977）日本无产阶级文学的代表作家。

《一位体操教员之死》译者按
初收1935年3月上海商务印书馆初版《日本短篇小说集》，署名高汝鸿。

阳伞　（日）藤森吉成原作
初收1935年3月上海商务印书馆初版《日本短篇小说集》，署名高汝鸿选译。

"替市民"！　（日）小林多喜二原作
初收1935年3月上海商务印书馆初版《日本短篇小说集》，署名高汝鸿选译。
注：小林多喜二（1903—1933）日本革命作家。

"抹杀"不了的情景　（日）德永直原作
初收1935年3月上海商务印书馆初版《日本短篇小说集》，署名高汝鸿选译。
注：德永直（1899—1958）日本作家。

贞淑的妻　（日）贵司山治原作
初收1935年3月上海商务印书馆初版

《日本短篇小说集》，署名高汝鸿选译。

色彩　（日）武田麟太郎原作
初收 1935 年 3 月上海商务印书馆初版《日本短篇小说集》，署名高汝鸿选译。
注：武田麟太郎日本无产阶级文学的代表作家。

铁窗之花　（日）林房雄原作
初收 1935 年 3 月上海商务印书馆初版《日本短篇小说集》，署名高汝鸿选译。
注：林房雄日本小说家。

小儿病　（日）片钢铁兵原作
初收 1935 年 3 月上海商务印书馆初版《日本短篇小说集》，署名高汝鸿选译。
注：片钢铁兵，日本小说家。

顽童　（日）井伏鳟二原作
初收 1935 年 3 月上海商务印书馆初版《日本短篇小说集》，署名高汝鸿选译。

冰结的跳舞场　（日）中河与一原作
初收 1935 年 3 月上海商务印书馆初版《日本短篇小说集》，署名高汝鸿选译。
注：中河与一，日本二十世纪初新感觉派的代表作家之一。

现眼的虱子　（日）横光利一原作
初收 1935 年 3 月上海商务印书馆初版《日本短篇小说集》，署名高汝鸿选译。
注：横光利一（1896—1947）日本小说家。

拿破仑与疥癣　（日）横光利一原作
初收 1935 年 3 月上海商务印书馆初版《日本短篇小说集》，署名高汝鸿选译。

《日本短篇小说集》序
1934 年 12 月 7 日作；
见 1935 年 3 月上海商务印书馆初版《日本短篇小说集》，署名高汝鸿。

正考父鼎铭辨伪（论文）
1934 年 12 月 15 日作；
载 1935 年 3 月 1 日《东方杂志》月刊第 32 卷第 5 期，署名郭鼎堂。

致于省吾的信（手迹）
1934 年 12 月 24 日作于日本；
见 1978 年 7 月 20 日《理论学习》第 4 期于省吾作《忆郭老》。

老聃、关尹、环渊（论文）
1934 年 12 月 25 日作；
载 1935 年 4 月 10 日《新文学》月刊第 1 卷第 1 期；
初收 1945 年 3 月重庆文治出版社初版《青铜时代》；
又收《沫若文集》第 16 卷。
注：此篇收入《青铜时代》附作者于 1945 年 2 月 19 日所写之追记。

1935年

鲁迅传中的误谬
1935年1月1日作；
载1935年2月1日《台湾文艺》第2卷第2期。

《离骚》今言译附注
1935年1月15日译竣，1942年5月16日修改于重庆；
初收1935年4月上海开明书店初版《屈原》；
又收《沫若文集》第2卷。
注：《沫若文集》篇名题《离骚》，未附原文，系采用1953年6月人民文学出版社《屈原赋今译》的版本。

屈原（论文）
1935年1月24日作；
载1935年5月《中学生》月刊第55期；
初收1935年4月上海开明书店初版《屈原》。
注：屈原（约公元前340—约公元前278）战国楚人，我国最早的大诗人。此篇系1935年4月上海开明书店版《屈原》一书中的第一部分《屈原的存在》，后收入《屈原研究》为该书的第一章，篇名改《屈原身世及其作品》。

《屈原》序
1935年1月28日作（沪难三周纪念日）；

初收1935年4月上海开明书店初版《屈原》；
又收《沫若文集》第12卷。
注：1942年5月15日作者所写之《深幸有一，不望有二》一文中将此《序》之全文收入该作品中。

《〈离骚〉今言译》附白（札记）
1935年2月15日补志；
初收1935年4月上海开明书店初版《屈原》。

暮鼓东皋寺（五绝）
1935年春作于日本；
见1979年8月10日《东海》月刊第8期丁正献作《昙华永念》。

两周金文辞大系图录（考古）
见1935年3月5日日本东京文求堂书店景印本。

周易的构成时代（论文）
1935年3月10日作；
见1940年3月长沙商务印书馆初版；
初收1943年10月重庆东方书社初版《今昔集》；
又收《沫若文集》第16卷。
注：此篇收入《今昔集》、《沫若文集》题名《周易之制作时代》。

阿洛乐脱儿（杂文）
1935年3月31日作；
载1935年5月15日《杂文》月刊第1期，署名谷人。
注：阿洛乐脱儿是北美墨西哥洲热带地方的两栖类。

日本短篇小说集　（日）芥川龙之介等作
见1935年3月上海商务印书馆初版，署名高汝鸿选译。

屈原（史论集）
见1935年4月上海开明书店初版。

信美非吾士（五律）
1935年夏作于日本东京江户川畔；
初收1959年11月作家出版社北京第1版《潮汐集·汐集》。
注：写作时间《潮汐集·汐集》署"作于日本，时间约为抗战前二三年。此处系参考1979年7月《革命文物》第4期《难甘共鱼烂，天得一升腾》。该文并介绍此诗系作者在东京写给刘任侠先生的一首五律。又据1938年，广州战时出版社《抗战中的郭沫若》所收《关于郭沫若夫人》一文介绍（作者阿英），此诗于1937年11月20日在作者寓所见到，诗后附跋云：此四年前流寓日本时所作……。

《两周金文辞大系考释》解题
1935年4月22日作；
初收1935年8月日本东京文求堂书店景印本《两周金文辞大系考释》。

为《都市的冬》封面题字
见1935年6月1日中国印刷社初版《都市的冬》。
注：《都市的冬》作者王亚平。

孔夫子吃饭（小说）
1935年6月3日作；
载1935年7月15日《杂文》月刊第2期；
初收1936年10月上海不二书店初版《豕蹄》；
又收《沫若文集》第5卷。

老生常谈（杂文）
1935年6月8日作；
载1935年6月12日、6月19日《留东新闻》周刊创刊号、第2期。

宾阳门外（散文）
载1936年8月10日《光明》半月刊第1卷第5期；
初收1937年6月上海北雁出版社初版《北伐》；
又收《沫若文集》第5卷。
注：此篇排列时间参考作者于1936年7月19日小引，文中指出"原稿留在上海友人处已历年余……"故排入此处。

隋代大音乐家——万宝常（论文）
1935年7月13日脱稿；
载1935年9月1日《文学》月刊第5卷第3期；
初收1937年8月上海北新书局初版《沫若近著》；
又收《沫若文集》第12卷。

孟夫子出妻（小说）
1935年8月6日作；
载1935年9月20日《杂文》月刊第3期；
初收1936年10月上海不二书店初版《豕蹄》；
又收《沫若文集》第5卷。
注：此篇载《杂文》月刊及收入《豕蹄》时文前有作者附白。

关于诗的问题（通讯）
1935年8月10日作；
载1935年9月20日《杂文》月刊第3期。
注：此篇系致子鹄信二则，写作时间见于第2信。

两周金文辞大系考释（考古）
见1935年8月20日日本东京文求堂书店景印本。

初出夔门（海外十年之一）（自传）
载1935年9月16日《宇宙风》半月刊第1期，署名鼎堂；
初收1936年10月上海不二书店初版《豕蹄》；
又收《沫若文集》第6卷。

悼聂耳（诗）
1935年9月18日作；
载1935年10月10日《诗歌》月刊第1卷第4期"聂耳纪念特辑"。
初收1938年1月广州战时出版社初版《战声》；
又收《沫若文集》第2卷。
注：写作时间《沫若文集》误署1936年夏在日本，晚于《诗歌》上发表的时间。此诗又收入1938年12月新潮出版社版《新诗》中篇名改《悼》。

致叶灵凤函
1935年9月20日作；
初收1936年5月上海生活书店初版《现代作家书简》。

秦始皇将死（小说）
1935年9月24日作；
载1935年12月15日《质文》月刊第4期；
初收1936年10月上海不二书店初版《豕蹄》；
又收《沫若文集》第5卷。

中日文化之交流（杂文）
1935年10月5日讲；

载 1935 年 10 月 28 日《国闻周报》
第 12 卷第 42 期，马皓记；
初收 1937 年 8 月上海北新书局初版
《沫若近著》，斐琴记；
又收《沫若文集》第 11 卷。
注：此篇系在东京中华基督教育年会
演讲记录稿。由马皓、斐琴分别记录。
发表在《国闻周报》上的曾经作者校
阅过，收入《沫若近著》、《沫若文集》
题名《中日文化的交流》。又载 1935
年 10 月 16 日上海《立报·言林》，系
秦汉寄自日本的报导，其中提到演讲
题为《中日文化的交涉》。

举案齐眉（杂文）
初收 1937 年 8 月上海北新书局初版
《沫若近著》；
又收《沫若文集》第 11 卷。
注：此篇内容系对前一篇内容之说明
与补充故排列于此。

幻灭的北征（海外十年之二）（自传）
载 1935 年 10 月 16 日《宇宙风》半月
刊第 3 期，署名鼎堂；
初收 1936 年 5 月上海北新书局初版
《1935 年度〈中国文艺年鉴〉》；
又收《沫若文集》第 6 卷。

斥流氓（诗二句）
1935 年 10 月作于日本；
见 1978 年 8 月《战地》第 1 期王锦作
《忆郭老在东京的一次讲演》。

雁来红
载 1935 年 10 月《剧场艺术》创刊号。
注：此篇篇目见自 1935 年 9 月 10 日《质
文》第 3 期广告栏。《剧场艺术》由日
本东京剧场艺术社出版。

北京城头的月（海外十年之三）（自传）
载 1935 年 11 月 1 日《宇宙风》半月刊
第 4 期，署名鼎堂；
初收 1936 年 10 月上海不二书店初版
《豕蹄》；
又收《沫若文集》第 6 卷。

七请（杂文）
1935 年 11 月 3 日作；
载 1935 年 12 月 15 日《质文》月刊
第 4 期；
收入《沫若文集》第 11 卷。

与其敏、淑明论诗
1935 年 11 月 13 日作；
载 1935 年 11 月 23 日上海《时事新报》；
注：此篇是书信体形式的论说文。

世间最难得者（海外十年之四）（自传）
载 1935 年 11 月 16 日《宇宙风》半月刊
第 5 期，署名鼎堂；
初收 1936 年 10 月上海不二书店初版
《豕蹄》；

又收《沫若文集》第6卷。

东平的眉目（散文）
1935年11月17日作；
载1935年《东流》月刊第2卷第2期；
初收1946年5月上海北新书局版《归去来》；
又收《沫若文集》第8卷。
注：东平即邱东平系我国现代革命作家。

应该学习的地方——给YT君的一封信
1935年11月20日作；
载1935年12月1日《知识》半月刊第1卷第1期。
注：此篇又载1937年6月15日《作品》月刊创刊号篇名改题《给〈威廉迈斯达〉译者》，另又载1940年10月15日《说文月刊》第2卷第6、7期合刊，篇名又改题《序〈威廉迈斯达〉》。

乐园外的苹果（海外十年之五）（自传）
载1935年12月1日《宇宙风》半月刊第6期，署名鼎堂；
初收1936年10月上海不二书店初版《豕蹄》；
又收《沫若文集》第6卷。

请大家学习新文字（论文）
1935年12月10日作；
载1935年12月20日《留东新闻》周刊第13期；
收入《沫若文集》第11卷。

《红痣》序
1935年12月10日作；
1936年3月5日《诗歌生活》月刊创刊号。
注：《红痣》作者甦夫。

《先秦天道观之进展》追记（札记）
1935年12月23日作；
初收1936年5月上海商务印书馆初版《先秦天道观之进展》；
又收《沫若文集》第16卷。

1936年

释丙子（论文）
载1936年1月1日《书道杂志》第5卷第1期。
注：此篇原文系日文发表于《书道杂志》，后由殷尘译成中文，载《说文月刊》第1卷第10、11期合刊。

答马伯乐先生（论文）
1936年1月15日作；
载1936年5月《文学年报》第2期；
初收1937年8月上海北新书局初版《沫若近著》；
又收《沫若文集》第11卷。
注：此篇收入《沫若文集》题名《答马伯乐教授》。

论幽默——序天虚《铁轮》(论文)
1936年1月18日作；
载1936年2月4日上海《时事新报》；
初收1936年12月东京文艺刊行社版《铁轮》。
注：天虚即张天虚，云南人，留日学生。此篇收入东京文艺刊行社版《铁轮》题名《〈铁轮〉序》。

关于《雷雨》(论文)
1936年1月23日作于鸿台；
载1936年4月1日《东流》月刊第2卷第4期；
初收《沫若文集》第11卷。
注：此篇收入《沫若文集》题名《关于曹禺的〈雷雨〉》。

为《孤帆的诗》书名题字
见1936年1月诗歌出版社初版《孤帆的诗》。

屈原时代 (论文)
载1936年2月1日《文学》月刊第6卷第2期；
初收1937年8月上海北新书局初版《沫若近著》；
又收《沫若文集》第11卷。

刺身 (杂文)
1936年2月2日作；
初收1937年8月上海北新书局初版《沫若近著》；
又收《沫若文集》第11卷。

水与结晶的溶洽 (书信)
1936年2月4日作；
载1936年11月10日《质文》第2卷第2期；
初收1937年8月上海北新书局初版《沫若近著》；
又收《沫若文集》第11卷。
注：根据文前10月14日作者所写之小引，此篇系致孙席珍的一封未写完的信。

艺术作品之真实性 附注 (德) 马克思 Marx 原作
1936年2月15日译毕；
见1936年5月25日日本东京质文社初版。
注：1947年3月上海群益出版社出版本书改名为《艺术的真实》。

《艺术作品之真实性》前言 (札记)
1936年2月15日作；
初收1936年5月25日日本东京质文社初版《艺术作品之真实性》。

楚霸王自杀 (小说)
1936年2月28日作；
载1936年6月15日《质文》月刊第5、6期合刊；
初收1936年10月上海不二书店初版

《豕蹄》；
又收《沫若文集》第5卷。

《隋唐燕乐调研究》序
1936年3月3日作；
初收1936年11月上海商务印书馆初版《隋唐燕乐调研究》。

中国的勇士（小说）
1936年3月4日作；
载1936年4月15日《文学丛报》月刊诞生号；
初收1936年7月上海长江书店初版《历史小品集》；
又收《沫若文集》第5卷。
注：此篇又收入1947年10月上海海燕书店版《地下的笑声》时题名《齐勇士比武》，《沫若文集》乃沿用此名。

给澎澎（诗）
1936年3月9日作；
载1936年6月15日《质文》月刊第5、6期合刊；
初收1938年1月广州战时出版社初版《战声》；
又收《沫若文集》第2卷。
注：此篇收入《战声》、《沫若文集》题名《给澎澎》。

与林谦三合影照片之说明（手迹）
1936年3月13日作；

载1937年4月《宇宙风》第3集合订本。
注：此篇原载《宇宙风》系一帧照片，题名《郭沫若同志近影》。照片后附手迹，介绍照片中之作者与林谦三君。篇名系编者题。

致赵景深的信
1936年3月15日作于日本；
载1980年5月22日《新文学史料》第2期。
注：赵景深同志当时担任北新书局的编辑。

武昌城下（散文）
初载1936年3月16日、4月1日《人间世》半月刊第1—2期，续刊1936年5月1日至7月16日《西北风》半月刊第1~6期；
见1936年8月9日上海晓明书店初版。
注：文前小引与1933年《北伐途次》小引同。

《夜行集》序
1936年3月21日作；
载1936年5月1日《文学丛报》月刊第2期；
收入1936年6月上海文学丛报社初版《夜行集》。
注：《夜行集》作者周而复。

天亮黑一黑
1936年3月作；

载1936年6月15日《质文》月刊第5、6期合刊，署名安娜。
注：原文写作时题1936年樱花初放时节。篇名《质文》误刊《亮天黑一黑》。

致赵景深的信
1936年4月3日作于日本；
载1980年5月22日《新文学史料》第2期。

诗作谈（杂文）
1936年4月4日讲，蒲风记；4月10日整理；
载1936年8月16日《现世界》半月刊创刊号。
注：篇名原题《郭沫若诗作谈》。

致赵景深的信
1936年4月11日作于日本；
载1980年5月22日《新文学史料》第2期。

鼎（杂文）
1936年4月13日作；
载1936年6月15日《质文》月刊第5、6期合刊；
初收《沫若文集》第11卷。

司马迁发愤（小说）
1936年4月26日作；
载1936年6月5日《文学界》月刊创刊号；
初收1936年10月上海不二书店初版《豕蹄》；
又收《沫若文集》第5卷。

我的母国、作为日本文学课题（论文）
1936年5月1日作；
载1936年7月1日《文学丛报》月刊第4期。
注：此篇原文用日文撰写，载《日本文艺》六月号，此处由菲戈译成中文并经作者添校，有些被发表时就删去了之处，也予以补上。

贾长沙痛哭（小说）
1936年5月3日作；
载1936年7月10日《东流》月刊第3卷第1期；
收入1936年10月上海不二书店初版《豕蹄》；
又收《沫若文集》第5卷。

离沪之前
见1936年5月9日上海今代书店发行。

评章太炎先生给金祖同的甲骨文论书（论文）
1936年5月22日作；（手迹）
载1937年7月1日《书苑》第1卷第5号。
注：此篇原为日文，译成中文后载《说文

月刊》第2卷第6、7期合刊，题名《〈甲骨文辨证〉序》，又收入1941年11月金祖同编《甲骨文辨证》，题名《甲骨文辨证》。

献诗——给C.F.——（诗）
1936年5月23日作；
初收1936年10月上海不二书店初版《豕蹄》；
又收《沫若文集》第2卷。
注：此诗收入1938年1月战时出版社初版《战声》时，题名《给C.F.——〈豕蹄〉献诗》。又收入《沫若文集》篇名同《战声》。

先秦天道观之进展（论文）
见1936年5月上海商务印书馆初版；
收入《沫若文集》第16卷。

从典型说起——豕蹄的序文
1936年6月1日作；
载1936年10月10日《质文》月刊第2卷第1期；
初收1936年10月上海不二书店初版《豕蹄》。
注：写作时间《质文》署1936年6月1日，收入《豕蹄》时改成"一九三六、六、一〇"，系将"一日"误为"一〇"了。

癫（散文）
1936年6月2日作；
载1936年6月25日《光明》半月刊

第1卷第2期；
初收1946年5月上海北新书局初版《归去来》；
又收《沫若文集》第8卷。

双簧（小说）
1936年6月4日夜追记；
载1936年6月25日《东方文艺》月刊第1卷第3期；
初收1936年10月1日联合出版社版《双簧》；
又收《沫若文集》第5卷。

在国防的旗帜下（杂文）
载1936年7月1日《文学丛报》月刊第4期。
注：此篇排列时间系参考作者于6月16日所写之《追记》中提到的是一个星期前写的。

国防、污池、炼狱（杂文）
1936年6月14日作；
载1936年7月10日《文学界》月刊第1卷第2期；
初收1936年10月上海新潮出版社初版《国防文学论战》；
又收《沫若文集》第11卷。

黑格尔式的思辨之秘密　（德）马克思　Marx 原作
载1936年6月15日《质文》月刊第5、

6期合刊。

《在国防的旗帜下》追记（札记）
1936年6月16日作；
载1936年7月1日《文学丛报》月刊第4期。

细沙一粒（诗）
1936年6月17日、6月19日作；
载1936年6月19日、6月26日《留东新闻》周刊第38～39期。
注：此篇内容包括诗三首：1.《为亚比西利亚》；2.《为一个讲礼义廉耻的国家》（17日作）；3.《为高尔基逝世》（19日作）。其中第三首《为高尔基逝世》即《纪念高尔基》之第1首。

纪念高尔基（诗二首）
1936年6月19日、6月22日作；
初收上海天马书店版世界文学连丛苏联文学（1）《高尔基》；
又收《沫若文集》第2卷。

题渊明沽酒图（诗）
作于抗战前不久，在日本；
初收1959年11月作家出版社北京第1版《潮汐集·汐集》。
注：《渊明沽酒图》系傅抱石所画。

人文界的日蚀——纪念高尔基（论文）
1936年7月2日作；
载1936年10月10日《质文》月刊第2卷第1期；
初收《沫若文集》第11卷。

高尔基的死
载1936年7月25日《东方文艺》月刊第1卷第4期。
注：此系记者采访记录稿，其中提到"在前几天，已经写过一篇文章叫做《人文界的日蚀》，故排列时间以之为参考"。

对于国防文学的意见（论文）
1936年7月6日作；
载1936年7月25日《东方文艺》月刊第1卷第4期；
初收1936年10月上海新潮出版社初版《国防文学论战》；
又收《沫若文集》第11卷。
注：此篇收入《沫若文集》题名《我对于国防文学的意见》。

国防文学集读——我的自述（论文）
1936年7月13日作；
载1936年10月《质文》月刊第2卷第1期；
初收1936年10月15日文艺科学研究会版《现阶段的文学论战》。
注：此篇在收入《现阶段的文学论战》时，取题为《国防文学谈》。

《国防文学集谈》小引（札记）
1936年7月13日作；
载1936年10月10日《质文》月刊第2卷第1期；
注：写作时间系参考文中内容。

《宾阳门外》小引（札记）
1936年7月19日作；
载1936年8月10日《光明》半月刊第1卷第5期；
初收1937年6月上海北雁出版社初版《北伐》。

社会发展阶段的新认识——主于论究所谓亚细亚的生产方式（论文）
载1936年7月《文物月刊》第1卷第2期；
初收1937年8月上海北新书局初版《沫若近著》；
又收《沫若文集》第11卷。
注：此篇收入《沫若近著》、《沫若文集》题名《社会发展级段之再认识》。

《克拉凡左的骑士》小引（札记）
1936年8月1日作；
载1936年10月《质文》月刊第2卷第1期；
初收1947年10月上海海燕书店版《地下的笑声》。
注：篇名系编者题。此篇作者于1937年4月20日重写后载《绸缪月刊》第3卷第9期。

华伦斯太　（德）席勒Schiller原作（诗剧）
1936年8月13日夜译毕；
见1936年9月上海生活书店初版。

译完了《华伦斯太》之后（札记）
1936年8月15日作；
初收1936年9月上海生活书店初版《华伦斯太》。

戏答陈子展（诗）
1936年8月22日寄自日本；
载1936年9月2日上海《立报·言林》。

《石鼓文》书后（札记）
1936年8月26日作；
初收1939年7月长沙商务印书馆初版《石鼓文研究》；
注：篇名原书题《明锡山安氏十鼓斋先铎本石鼓文书后》附《中权》《后劲》二本诸题跋缩影。

蒐苗的检阅（论文）
1936年8月30日作；
载1936年9月6日《文学界》月刊第1卷第4期；
初收1936年10月上海新潮出版社初版《国防文学论战》；
又收《沫若文集》第11卷。

戏论鲁迅茅盾联（手迹）
1936年9月2日作；
载1936年9月20日《今代文艺》月刊第1卷第3期。

我的作诗的经过（论文）
1936年9月4日作；
载1936年11月10日《质文》月刊第2卷第2期；
收入《沫若文集》第11卷。

青年们，把文学领导起来！（论文）
载1936年9月5日《文学大众》月刊第1卷第1期；
初收1937年2月上海金城书局版《名家近作集》。

《豕蹄》后记（札记）
1936年9月5日作；
初收1936年10月上海不二书店初版《豕蹄》。

西班牙的精神（评论）
1936年9月7日草；
载1936年10月1日《女子月刊》第4卷第10期；
初收1937年2月上海金城书局版《名家近作集》；
又收《沫若文集》第11卷。
注：此篇《沫若文集》题名《斗牛国的牛》。

致赵景深的信
1936年9月14日作于日本；
载1980年5月22日《新文学史料》第2期。

关于日本人对于中国人的态度（杂文）
载1936年9月16日《宇宙风》半月刊第25期；
初收1936年12月上海宇宙风社初版《日本管窥》。

君子国（杂文）
1936年9月17日作；
载1937年3月10日《希望》半月刊第1卷第1期。
收入《沫若文集》第11卷。

们（诗）
1936年9月18日作；
载1936年10月25日《光明》半月刊第1卷第10期；
初收1937年2月上海金城书局版《名家近作集》；
又收《沫若文集》第2卷。

给若英信
1936年9月19日作（手迹）；
载1936年12月21日上海《大晚报》，署名石沱。

人类展望（Biology of the Human Race）
（英）韦尔斯 Wells 原作
1936年9月24日译毕；

见1937年3月上海开明书店初版。
注：本书系《生命之科学》的第九篇第一、二章。

人类的起源　（英）韦尔斯Wells原作
载1937年1月上海开明书店《中学生》月刊第71期。
注：此篇系《人类展望》中之第1—3节。时间排列参考上篇，以下二篇同此。

人类的传统　（英）韦尔斯Wells原作
载1937年2月上海开明书店《中学生》月刊第72期。
注：此篇系《人类展望》中之第4—6节。

人类的教养　（英）韦尔斯Wells原作
载1937年3月上海开明书店《中学生》月刊第73期。
注：此篇系《人类展望》中之第7—9节。

《人类展望》书后（札记）
1936年10月8日作；
初收1937年3月上海开明书店初版《人类展望》。

侠情和友谊的纪念——高尔基《文学论》序
载1936年10月10日《光明》半月刊第1卷第9期；
收入《沫若文集》第11卷。
注：高尔基《文学论》译者杨帆。

民族的杰作——纪念鲁迅先生（论文）
1936年10月19日作；
载1936年11月10日《质文》月刊第2卷第2期；
初收1937年10月19日上海文化生活出版社初版《鲁迅先生纪念集》第三辑；
又收《沫若文集》第11卷。
注：此篇收入《沫若文集》题名《民族的杰作——悼唁鲁迅先生》。

资本论中的王茂荫（论文）
1936年10月19日作；
载1936年12月25日《光明》半月刊第2卷第2期；
初收1937年8月上海北新书局初版《沫若近著》；
又收《沫若文集》第11卷。

坠落了一个巨星（散文）
1936年10月22日作；
载1936年11月16日《现世界》半月刊第1卷第7期；
初收1936年11月上海全球书店初版《鲁迅的盖棺论定》。
注：此篇原系日文，载日本东京《帝大新闻》，后由北鸥翻译并经原作者亲自修改。

挽鲁迅先生（挽联）
1936年10月24日寄自日本；
载1936年11月1日上海《立报·言林》；

初收1937年10月19日上海文化生活出版社初版《鲁迅先生纪念集》。
注：挽联内容为"方悬四月，叠坠双星，东亚西欧同殒泪，钦诵二心，憾无一面，南北天地遍招魂。"

豕蹄（小说集）
见1936年10月上海不二书店初版。

不灭的光辉（杂文）
1936年11月1日作；
载1936年11月25日《光明》半月刊第1卷第12期；
初收1937年10月19日上海文化生活出版社初版《鲁迅先生纪念集》第3辑；
又收《沫若文集》第11卷。
注：此篇为悼念鲁迅先生逝世而作。

青年与文化（杂文）
1936年11月7日讲，拓生记。
载1937年2月10日《光明》半月刊第2卷第5期；
初收1937年8月上海北新书局初版《沫若近著》；
又收《沫若文集》第11卷。
注：此篇是在明治大学之演讲稿。文后附作者于11月10日所写之补记。
又载1937年4月10日《学术界》月刊第2卷第2、3期合刊，为段莲荣所记。

悼鲁迅（挽联）
载1936年11月10日《质文》月刊第2卷第2期。
注：篇名原题此挽联"郭沫若先生手书"。下款具名质文社同人。内容为"平生功业尤拉化，旷代文章数阿Q。"

《青年与文化》补记（札记）
1936年11月10日作；
载1937年2月10日《光明》半月刊第2卷第5期；
初收1937年8月上海北新书局初版《沫若近著》；
又收《沫若文集》第11卷。

疯狗礼赞（诗）
1936年11月11日作；
初收1937年8月上海诗歌丛刊社初版《开拓者》；
又收《沫若文集》第2卷。

诗歌国防（诗）
1936年11月11日作；
初收1938年1月战时出版社初版《战声》；
又收《沫若文集》第2卷。

赠达夫（诗）
1936年11月中旬作；
初收1959年11月作家出版社北京第1版《潮汐集·汐集》。
注：此诗初见于《郁达夫的来访》。写

作时间《潮汐集·汐集》误署1936年12月16日。

在留日学生各团体追悼鲁迅大会上的演说
1936年11月17日讲；
载1936年11月18日上海《文化报》；
初收1937年10月19日上海文化生活出版社初版《鲁迅先生纪念集》卷首"逝世消息"栏。
注：篇名系编者题。

赫曼与窦绿苔（德）歌德Goethe原作（诗歌剧）
1936年11月20日译毕；
载1937年1月1日、2月1日《文学》月刊第8卷第1～2期；
见1942年4月重庆文林出版社初版。

《赫曼与窦绿苔》书后（札记）
1936年11月20日作；
载1937年2月1日《文学》月刊第8卷第2期；
初收1942年4月重庆文林出版社初版《赫曼与窦绿苔》。

隋唐燕乐调研究　（日）林谦三原作
见1936年11月上海商务印书馆初版。
注：林谦三，日本雕刻家，并擅长音乐。

旋乾转坤论——由贤妻良母说到贤夫良父（论文）
1936年12月7日作；
载1937年1月16日《妇女生活》半月刊第4卷第1期；
初收1937年8月上海北新书局初版《沫若近著》；
又收《沫若文集》第11卷。

太山朴（散文）
1936年12月7日寄自日本市川市；
载1936年12月15日上海《立报·言林》；
初收1946年5月上海北新书局初版《归去来》；
又收《沫若文集》第8卷。
注：《沫若文集》将此篇篇名改为《大山朴》。

漫话"明星"（杂文）
1936年12月9日作；
载1936年12月18日上海《大晚报·火炬》；
初收1939年11月25日上海秋鸣社版《秋窗集》。

断线风筝（诗）
1936年12月16日作于日本；
初收1959年11月作家出版社北京第1版《潮汐集·汐集》。
注：此诗初见于1937年6月1日《断线风筝》（散文）中。

沃尔眸（杂文）
1936年12月27日作；
载1937年1月5日上海《立报·言林》。
注：沃尔眸是一种两栖动物的名称。

题画红绿梅二首（诗）
1936年冬作；
初收1959年11月作家出版社北京第1版《潮汐集·汐集》。

1937年

达夫的来访（散文）
1937年1月8日作；
载1937年2月16日《宇宙风》月刊第35期；
初收1946年5月上海北新书局版《归去来》；
又收《沫若文集》第8卷。
注：此篇又收入1951年8月上海新文艺出版社第1版《海涛》，改名《广陵散》。

杜鹃（散文）
1937年1月13日作；
载1937年1月20日上海《立报·言林》；
收入《沫若文集》第7卷。
注：写作时间《沫若文集》误署1936年春。

致《中流》杂志社函
1937年正月15日作；
载1937年2月5日《中流》半月刊第1卷第10期。
注：篇名系编者题，原刊题名《来函照登》。内容系对《中流》第1卷第8期刊载君度作《苏鲁支语录》一文中涉及郭译《查拉图司屈拉钞》内译文的意见。郭沫若在此函中予以答复。

答田军先生
1937年1月19日作；
载1937年1月25日上海《大晚报·火炬》。

妇协歌（诗）
1937年1月25日作；
载1937年2月2日上海《立报·言林》。
注：此诗为留东妇女协会作。

《北伐途次》后记（札记）
1937年2月15日作；
初收1937年6月上海北雁出版社初版《北伐》；
又收《沫若文集》第8卷。

人类展望（英）韦尔斯Wells原作
见1937年3月上海开明书店初版。

读《实庵字说》（论文）
1937年3月作；
初收1942年4月重庆文学书店初版《蒲剑集》；
又收《沫若文集》第11卷。

注：此篇收入《沫若文集》题名《驳〈实庵字说〉》。实庵即陈独秀。

创造十年续编（自传）
载1937年4月1日至8月12日上海《大晚报》（未完）；
见1938年1月上海北新书局初版；
收入《沫若文集》第7卷。

殷契粹编附考释索引（考古）
1937年4月完稿；
见1937年5月29日日本东京文求堂书店景印本。

《殷契粹编》序
1937年4月15日作；
初收1937年5月29日日本东京文求堂书店景印本《殷契粹编》。

《殷契粹编》述例
初收1937年5月29日日本东京文求堂书店景印本《殷契粹编》；
注：时间排列参考原书及《序》。

《殷契粹编考释》追记二则
初收1937年5月29日日本东京文求堂书店景印本《殷契粹编》；
注：时间排列参考原书及《序》。

《克拉凡左的骑士》小引（札记）
1937年4月20日作；

载1937年6月1日《绸缪》月刊第3卷第9期。
注：此篇系专为《绸缪》刊载《克拉凡左的骑士》而作，与1936年8月1日所写之《小引》内容不同。

致北雁出版社的信（手迹）
1937年4月29日作；
初收1937年6月上海北雁出版社初版《北伐》。
注：此信内容为委托北雁出版部查究版权问题。篇名系编者题。原题名《本书作者的笔迹》。

曲江河畔（札记）
1937年4月29日作；
初收1937年6月上海北雁出版社初版《北伐》。
注：此篇系作者对北伐时代一张照片的说明。（照片附于文前）

题兰（七绝）
1937年新夏作；
见1979年1月25日《破与立》双月号第1期陈梦熊作《鲁迅和郭沫若书赠日本友人的题兰绝句》。
注：作者于题诗后附言"小原荣次郎君作兰华谱索题赋此以应之"。1980年2月15日《天津师院学报》第1期《郭沫若题兰华谱诗考证》一文中，对此诗也作了介绍。

借问胡适——由当前的文化动态说到儒家（论文）
1937年5月19日至24日作；
载1937年7月《中华公论》月刊第1卷第1期；
初收1942年4月重庆文学书店初版《蒲剑集》；
又收《沫若文集》第16卷。
注：此篇收入《蒲剑集》、《沫若文集》题名《驳〈说儒〉》。

替鲁迅先生说几句话（论文）
初收1937年9月前导书局版《新文选》。
注：此篇系《借问胡适——由当前的文化动态说到儒家》中之第一节，原题《替鲁迅说几句话》。排列时间参考上篇。

论胡适的态度（论文）
初收1937年9月前导书局版《新文选》。
注：此篇系《借问胡适——由当前的文化动态说到儒家》中之第2节。排列时间参考上篇。

断线风筝——纪念于立忱女士（散文）
1937年6月1日作；
载1937年6月16日《妇女生活》半月刊第4卷第11期；
初收1946年5月上海北新书局版《归去来》；
又收《沫若文集》第8卷。

为《渔家》书名页题字
见1937年6月5日中国诗歌社初版《渔家》。
注：诗集《渔家》作者宋寒衣。

中国左拉之待望（杂文）
1937年6月7日作；
载1937年6月15日《中国文艺》月刊第1卷第2期。

再谈官票宝钞（附图）（杂文）
载1937年6月10日《光明》半月刊第3卷第1期；
初收1937年8月上海北新书局初版《沫若近著》；
又收《沫若文集》第11卷。

古代社会的经济 （苏）诺瓦略夫原作
载1937年6月15日《认识月刊》创刊号"思想文化问题特辑"。

自由并不是中立（论文）
1937年6月22日作；
载1937年7月15日《作品》半月刊第1卷第2期。

北伐（自传）
见1937年6月上海北雁出版社初版。

双鲤鱼（书信）

1937年7月1日作；

载1937年7月15日《中国文艺》月刊第1卷第3期。

注：此篇内收有书信两封，一为川东达县小学师生致郭沫若之来信，另一为郭沫若之复信。作者应达县小学师生来信之请，在复信中为该校作校歌二首。

复达县县小同学书——郭氏回国前的一封信。

1937年7月1日作；

载1937年10月11日《国闻周报》第14卷"战时特刊"（合订本下）。

注：此篇即《双鲤鱼》中之第二信。

写给横滨友人（五律）

1937年7月14日作；

载1937年8月4日上海《大晚报》。

初收1938年1月广州战时出版社初版《战声》；

又收《沫若文集》第2卷。

注：此诗初见于《由日本回来了》，系《归国杂吟》之一，写作时间见7月26日之日记。报载篇名原题《郭沫若题诗》。《归国杂吟》共七首，系郭沫若由日本回国前后所作，1937年10月24日晨，作者重新书写后赠钱杏邨同志。

题词（七律）

1937年7月24日作；

载1938年5月10日《杂志》半月刊创刊号；

初收1937年10月上海大时代出版社初版《抗战与觉悟》；

又收《沫若文集》第2卷。

注：此诗收入《抗战与觉悟》代序，系作者手迹，书写于7月27日，为《归国杂吟》之二。

古代社会之没落 （苏）诺瓦略夫原作

载1937年7月25日《认识月刊》第1卷第2期"中国经济性质特辑"。

我从日本回来了（日记）

1937年7月25—27日作

载1940年1月20日《战时中学生》月刊第2卷第1期。

注：本篇系摘录自《由日本回来了》。

黄海舟中（七绝）

1937年7月27日晨作；

载1937年8月10日《光明》半月刊第3卷第5期；

初收1937年10月上海大时代出版社初版《抗战与觉悟》；

又收《沫若文集》第2卷。

注：此诗为《归国杂吟》之三，收入《抗战与觉悟》代序，系作者手迹。

由日本回来了（散文）

1937年8月1日脱稿；

载1937年8月16日《宇宙风》半月刊第47期；
初收1937年10月上海大时代出版社初版《抗战与觉悟》；
又收《沫若文集》第8卷。
注：《宇宙风》载有作者7月25日日记手稿。

题廖仲恺先生遗容（诗）
1937年8月1日夜作；
载1937年8月20日上海《立报·言林》；
初收1938年1月广州战时出版社初版《战声》；
又收《沫若文集》第2卷。
注：此诗载《立报·言林》系作者手迹，篇名题《郭沫若题词》。

一·二八的炮手（散文）
1937年8月3日作；
载1937年9月1日《光明》战时号外第1号；
初收1938年战时出版社版《战时小说选》。

依然要保卫芦沟桥（诗）
1937年8月4日作；
载1937年8月7日《社会日报》"保卫芦沟桥公演特辑。"
注：此诗系为上海剧作者集体创作的话剧《保卫芦沟桥》的演出而作。原词为"芦沟桥已经失掉了，我们依然要保卫芦沟桥。芦沟桥它是不应失掉，在我们精神中的芦沟桥，即永远是我们的墓表。芦沟桥虽然失掉了，我们依然要保卫芦沟桥。"
又载1937年8月7日上海《大晚报》，篇名为《郭沫若题词》。

有感（七律）
1937年8月7日作；
载1937年8月25日上海《救亡日报》；
初收1938年1月广州战时出版社初版《战声》；
又收《沫若文集》第2卷。
注：此诗为《归国杂吟》之四。

在文化界救亡会欢迎会上的演说
1937年8月8日作；
载1937年8月10日《社会日报》。
注：此篇系记录稿（摘要）

我们为什么抗战？（论文）
1937年8月17日作；
载1937年8月23日《抗战三日刊》第2期；
初收1937年10月上海大时代出版社初版《抗战与觉悟》。
注：此篇曾收入1938年1月上海一心书店版《中国为什么抗战》，题名《中国为什么抗战》。

抗战颂（诗）
载1937年8月19日《抗战三日刊》

第1期；
初收1938年1月广州战时出版社初版《战声》；
又收《沫若文集》第2卷。
注：此篇收入《战声》和《沫若文集》时将写作时间分别误署为8月21日晨与1937年8月21日晨，比初发表之时间还晚二日。

战声（诗）
1937年8月20日晨作；
初收1938年1月广州战时出版社初版《战声》；
又收《沫若文集》第2卷。

民族复兴的喜炮（诗）
1937年8月20日晨作；
初收1938年1月广州战时出版社初版《战声》；
又收《沫若文集》第2卷。
注：此篇收入《沫若文集》题名《民族再生的喜炮》。

中国文化界告国际友人书（杂文）
1937年8月21日作；
载1937年8月24日至25日上海《救亡日报》；
初收1937年11月1日上海抗战出版部版《在轰炸中来去》附录；
又收《沫若文集》第11卷。
注：此篇收入《沫若文集》题名《告国际友人书》。

血肉的长城（诗）
1937年8月22日夜作；
载1937年8月24日上海《救亡日报》；
初收1938年1月广州战时出版社初版《战声》；
又收《沫若文集》第2卷。

国难声中怀知堂（杂文）
1937年8月23日晨作；
载1937年8月30日《逸经》《宇宙风》《西风》非常时期联合旬刊第1期；
初收1938年1月广州北新书局驻粤办事处初版《全面抗战的认识》。
注：知堂即周作人。此篇又收入1941年11月香港孟夏书店初版《羽书集》，该书后收编入《沫若文集》第11卷时，此篇被删去。

为《救亡日报》报名题字
见1937年8月24日上海《救亡日报》第1号。

到浦东去来（上下）（散文）
1937年8月25日晨作；
载1937年8月26日、27日上海《救亡日报》；
初收1937年10月上海大时代出版社初版《抗战与觉悟》；
又收《沫若文集》第8卷。

张发奎将军（散文）
收入1938年广州战时出版社版《抗战将领访问记》。
注：此篇摘录自《到浦东去来》第二、三节。排列顺序参考上篇。

理性与兽性之战（论文）
1937年8月25日晨作；
载1937年9月1日《文化战线》旬刊创刊号；
初收1937年10月上海大时代出版社初版《抗战与觉悟》；
又收《沫若文集》第11卷。
按：本篇收入1938年1月上海一心书店版《我们为甚么抗战》改名《理性与兽性》。

中国妇女抗敌歌（歌词）
1937年8月作，麦新曲；
载1937年8月28日上海《立报·言林》；
初收1937年9月上海新中国书店版《抗战歌声》；
又收《沫若文集》第2卷。

由"有感"说到气节（杂文）
1937年8月作；
载1937年8日30日上海《救亡日报》；
初收1937年10月上海大时代出版社初版《抗战与觉悟》；
又收《沫若文集》第11卷。

不要怕死（杂文）
1937年8月30日作；
载1937年9月10日上海《救亡日报》；
初收1937年10月上海大时代出版社初版《抗战与觉悟》；
又收《沫若文集》第11卷。
注：写作时间《沫若文集》误注1937年10月，比初发表时还晚20天。

"铁的处女"（诗）
1937年8月31日作；
载1937年9月5日《高射炮》第2期；
初收1938年1月广州战时出版社初版《战声》；
又收《沫若文集》第2卷。

前奏曲（诗）
1937年8月作于上海；
初收1938年1月广州战时出版社初版《战声》；
又收《沫若文集》第2卷。

沫若近著（论文集）
见1937年8月上海北新书局初版。

希望不要下雨（散文）
1937年9月2日作；
载1937年9月7日上海《救亡日报》；
初收1937年10月上海大时代出版社初版《抗战与觉悟》；
又收《沫若文集》第8卷。

只有靠着实验（诗）
1937年9月4日作；
载1937年9月8日《光明》战时号外第2期；
初收1938年1月广州战时出版社初版《战声》；
又收《沫若文集》第2卷。

忠告日本政治家（杂文）
1937年9月7日作；
载1937年9月9日上海《救亡日报》；
初收1937年10月上海大时代出版社初版《抗战与觉悟》；
又收《沫若文集》第11卷。

抗战与觉悟（杂文）
1937年9月11日作；
载1937年10月16日《抗战半月刊》第1、2期合刊；
初收1937年10月上海大时代出版社初版《抗战与觉悟》；
又收《沫若文集》第11卷。
注：此篇收入1941年11月孟夏书店初版时，写作时间改署1937年8月20日，及收编入《沫若文集》时，即以之为参考。但作者在文章一开始就提到"自从芦沟桥事变发生以来，我们在华北对于日本的抗战，已经两个月了。自从虹桥事变发生以来，我们对于日本的抗战也已经一个月了。"可见其写作时间改为1937年8月20日，与文中内容不相符合。又本文收入1938年1月上海一心书店版《我们为甚么抗战》题名《抗战必胜论——抗战与觉悟》。

前线归来（散文）
1937年9月13日脱稿；
载1937年9月12—14日上海《救亡日报》；
初收1937年10月上海大时代出版社初版《抗战与觉悟》；
又收《沫若文集》第8卷。
注：此篇收入1946年5月北新书局版《归去来》又增加四节，写作时间《沫若文集》署1937年9月中旬。

戎机零什（散文）
载1938年9月21日、25日《战时妇女》旬刊第4、5期。
注：此篇摘自《前线归来》第八~十节，排列程序参考上篇，下篇同此。

归途（散文）
载1937年9月18日《光明》战时号外第3期。
注：此篇摘录自《前线归来》第十节。

今年的"九·一八"相见不远（诗）
1937年9月15日作；
载1937年9月18日《战线》5日刊第2期；
初收1938年1月广州战时出版社初版

《战声》；
又收《沫若文集》第2卷。
注：写作时间《战声》、《沫若文集》署9月4日与1937年9月4日，篇名改《相见不远》。

全面抗战的再认识（评论）
1937年9月15日作；
载1937年11月1日《抗战半月刊》第3期；
初收1937年10月上海大时代出版社初版《抗战与觉悟》；
又收《沫若文集》第11卷。

归国杂吟之六（五律）
1937年9月中作；
初收1938年1月广州战时出版社初版《战声》；
又收《沫若文集》第2卷。
注：此篇写作时间乃参考华忱之作《八千里路赴云旗——读郭沫若同志归国杂吟及其他》，载1979年《四川大学学报丛刊》第二辑。

回到上海（散文）
初收1946年5月上海北新书局版《归去来》；
收入《沫若文集》第8卷。
注：此篇由四篇短文组成，从内容看，前三篇写于1937年8月，其最后一篇写于9月中旬，排列时间系以之为参考。《沫若文集》署写作时间为1937年8月。

所应当关心的（诗）
1937年9月17日作；
初收1938年1月广州战时出版社初版《战声》；
又收《沫若文集》第2卷。

九·一八的国庆纪念化（论述）
载1937年9月18日上海《救亡日报》。

关于敏子的信（杂文）
1937年9月18日作；
载1937年9月19日上海《救亡日报》；
初收1938年1月广州北新书局驻粤办事处版《全面抗战的认识》；
又收《沫若文集》第11卷。
注：此篇初发表时写作时间署"九·一八"第六周年纪念日的清晨。

"侵略日本"的两种姿态（杂文）
1937年9月20日作；
载1937年9月28日《文摘战时旬刊》第1期；
初收10月上海大时代出版社初版《抗战与觉悟》；
又收《沫若文集》第11卷。

我们的抗日已经获得胜利
1937年9月21日作；

见1982年《抗战文艺研究》第1辑曾健戎《抗日战争期间郭沫若活动记略》。

在轰炸中来去（自传）
1937年9月下旬作；
见1937年11月1日上海抗战出版部初版；
初收1938年2月15日汉口星星出版社初版《前线归来》；
又收《沫若文集》第8卷。

谒见蒋委员长（散文）
载1937年9月下旬上海《申报》；
收入广州战时出版社版《抗战将领访问记》；
注：此篇系《在轰炸中来去》之第十节，收入《抗战将领访问记》题名《蒋委员长会见记》。

为《中日战争预测》书名题字
见1937年10月1日上海文化出版社版《中日战争预测》。
注：《中日战争预测》编者汪馥泉。

关于华北战局所应有的认识（杂文）
1937年10月4日作；
初收1938年1月上海明明书局初版《沫若抗战文存》；
又收《沫若文集》第11卷。
注：此篇收入1938年1月上海一心书店版题名《抗战中之新发见——华北战局所应有的认识》。

唯最怯懦者为最残忍（诗）
1937年10月5日作；
载1937年10月7日上海《救亡日报》；
初收1938年1月广州战时出版社初版《战声》；
又收《沫若文集》第2卷。

日本的儿童（杂文）
1937年10月5日作；
载1937年10月8日《文摘战时旬刊》第2号；
初收1938年1月广州北新书局驻粤办事处初版《全面抗战的认识》；
又收《沫若文集》第11卷。
注：此篇收入1941年11月香港孟夏书店初版《羽书集》，写作时间署1937年9月，《沫若文集》与之同。

人类进化的驿程（诗）
1937年10月5日作；
载1937年10月10日上海《救亡日报》；
初收1938年1月广州战时出版社初版《战声》；
又收《沫若文集》第2卷。

逢场作戏（杂文）
1937年10月7日作；
载1937年11月4日上海《救亡日报》；
初收1938年1月广州北新书局驻粤办

事处初版《全面抗战的认识》；
又收《沫若文集》第11卷。

归国杂吟之七（七绝）
1937年10月7日作；
载1937年10月10日上海《立报·言林》。
收入1938年1月广州战时出版社初版《战声》。
又收《沫若文集》第2卷。
注：报载篇名为《郭沫若先生近作》。系为上海《立报·言林》题词。

惰力与革命——为纪念二十六年国庆而作（论文）
1937年10月9日作；
初收1938年1月广州北新书局驻粤办事处初版《全面抗战的认识》；
又收《沫若文集》第11卷。

题词——"救亡日报国庆慰劳将士特刊"
见1937年10月10日上海《救亡日报》。

鲁迅并没有死（散文）
1937年10月17日作；
载1937年10月19日上海《救亡日报》；
初收1937年10月25日抗战出版部版《鲁迅逝世周年纪念册》。

在上海鲁迅逝世周年纪念会上作的赞诗
1937年10月19日作于上海；

载1978年7月《四川文艺》月刊第7期艾芜作《你放下的笔我们要勇敢地拿起来》。
注：篇名系编者题。

题词——"鲁迅先生逝世周年纪念特辑"
见1937年10月19日上海《救亡日报》。

归国杂吟之五（七绝）
初收1938年1月广州战时出版社初版《战声》；
又收《沫若文集》第2卷。
注：此篇因写作时间不详，参考作者于10月24日赠钱杏邨之手迹，列入此处。

赠尤青将军（七绝）
1937年10月25日作；
载1937年10月30日上海《救亡日报》。
注：尤青即罗卓英。原诗为"报国精忠古岳飞　满江红浪泛新诗　一心运用君诚妙　狂寇已如累卵危。"篇名系编者题。

悼郝军长（七绝）
1937年10月26日题词（手迹）；
载1937年10月30日上海《救亡日报》。
注：郝军长即郝锡九又名郝梦龄，原文为"一死真如泰山重　襄扬明令出元戎　并闻面谕传优渥　既得成仁又建功"。

1319

持久抗战的必要条件（评论）
1937年10月29日作；
载1937年10月30日上海《救亡日报》；
初收1938年1月10日上海明明书局初版《沫若抗战文存》；
又收《沫若文集》第11卷。

题词——"郝梦龄军长追悼特刊"
见1937年10月30日上海《救亡日报》。

题黄定慧所作《山居图》二首（五律、七绝）
载1937年10月30日《战时大学》周刊第1卷第1号。
注：篇名原题《近作两首　题黄定慧所作〈山居图〉》。原诗为"一，小隐堪宜此，山居即是诗，禅心来远岫，逸兴发疏篱。有酒还当醉，无鱼不足悲，天伦常乐叙，回首羡康时。民二十六年夏，日本寇我平津，余别妇抛雏，只身返国，从事救亡运动。对此图画，与余往日生活，有相仿佛之处，不禁有感，故末句云尔。二，临波处，有人家，古木森森山径斜。对此无端归思动，祗因磅礴似三巴。民二十六年十月客寓沪上，日日在敌机大炮中讨生活。骤对此种图画，不觉意远。所谓坐游，盖如此耳。郭沫若"。

由四行想到四川（杂文）
1937年10月30日晨作；
载1937年10月31日上海《救亡日报》；

初收1938年1月广州北新书局驻粤办事处初版《全面抗战的认识》。
注：此篇收入1941年11月香港孟夏书店初版《羽书集》时，文后附有1941年8月15日作者所作之后记。该书编入《沫若文集》中本文被删去。

为《民族呼声》周刊题字
见1937年10月上海民族呼声社《民族呼声》。
注：此材料引自1979年2月《新文学史料》第二辑《郭老二三事》一文。

抗战与觉悟
见1937年10月上海大时代出版社初版。

沫若自赞（诗）
1937年10月作；
初收1937年11月1日上海抗战出版部初版《在轰炸中来去》。
注：此诗题于郁风为作者所作之画像上。

一位广东兵的诗（杂文）
1937年11月3日晨作；
载1937年11月6日上海《救亡日报》；
初收1938年1月广州北新书局驻粤办事处初版《全面抗战的认识》；
又收《沫若文集》第11卷。

后来者居上（社论）
1937年11月6日作；

载 1937 年 11 月 7 日上海《救亡日报》；
初收 1938 年 1 月广州北新书局驻粤办事处初版《全面抗战的认识》；
又收《沫若文集》第 11 卷。
注：此篇系为纪念苏联十月革命二十周年纪念而作。

日本的过去·现在·未来（杂文）
1937 年 11 月 9 日作于日本的飞机正轰炸南市的时候；
载 1937 年 11 月 11 日上海《救亡日报》；
初收 1938 年 1 月上海明明书局初版《沫若抗战文存》；
又收《沫若文集》第 11 卷。
注：此篇收入 1945 年 1 月重庆群益出版社初版《羽书集》，写作时间改署 1937 年 11 月 10 日敌机狂炸上海南市的时候，《沫若文集》所署时间与之同。然据 1937 年 11 月 10 日上海《申报》的消息报导，日本飞机于 1937 年 11 月 9 日轰炸南市，11 月 10 日是报纸报导日本飞机轰炸上海南市的时间，不是本文的写作时间。又本文收入 1938 年 1 月上海一心书店版《我们为什么抗战》篇名改题《"友邦"的过去、现在与未来》。

甘愿做炮灰（四幕剧）
1937 年 11 月 12 日脱稿；
初收 1938 年 1 月上海北新书局初版《甘愿做炮灰》；

又收《沫若文集》第 8 卷。
注：写作时间原署"1937 年 11 月 12 日，脱稿于上海暂时成为绝岛的时候"。《沫若文集》改为"1937 年 11 月 12 日，脱稿于上海暂时成为孤岛的时候"。

为《军中随笔》书名题字
见 1937 年 11 月 15 日抗战出版部版《军中随笔》。
注：《军中随笔》作者谢冰莹。

看《梁红玉》（诗）
载 1937 年 11 月 18 日上海《救亡日报》；
初收 1959 年 11 月作家出版社北京第 1 版《潮汐集·汐集》。
注：京剧《梁红玉》，作者欧阳予倩。

遥寄安娜（诗）
1937 年 11 月 19 日作；
载 1938 年 5 月 10 日《杂志》月刊创刊号。
注：此篇写作时间系参考 1938 年广州战时出版社版《抗战中的郭沫若》中阿英所作《关于郭沫若夫人》。

失掉的只是奴隶的镣铐——暂向上海同胞告别——（评论）
1937 年 11 月 21 日夜作《救亡日报在上海暂时停刊之前夜》；
初收 1938 年 1 月广州北新书局驻粤办事处初版《全面抗战的认识》；
又收《沫若文集》第 11 卷。

注：此篇收入1938年4月广州离骚出版社初版《郭沫若先生最近言论集》改名《我们所失掉的只是奴隶的镣铐》，又收入《羽书集》、《沫若文集》篇名与之同。

棠棣之花（五幕史剧）
1937年11月22日再改作毕；
初收1938年1月上海北新书局初版《甘愿做炮灰》。

《沫若抗战文存》小序
1937年11月30日作；
初收1938年1月上海明明书局初版《沫若抗战文存》。

题山水画小帧（诗）
1937年作；
初收1959年11月作家出版社北京第1版《潮汐集·汐集》。
注：时间排列参考《潮汐集·汐集》。

上海沦陷后吊于立忱墓（诗）
1937年11月作于上海；
初收1959年11月作家出版社北京第1版《潮汐集·汐集》。

为《中国诗坛》封面题词
1937年12月8日晨题（手迹）；
见1937年12月15日《中国诗坛》月刊第1卷第5期。

纪念"一二·九"斗争的二周年
1937年12月9日讲；
初收1938年4月广州离骚出版社初版《郭沫若先生最近言论集》。
注：此篇系在广州学生纪念大会上的演讲词。

克服三种悲观——在港沪文化界联欢会上演讲
1937年12月讲；
初收1938年4月广州离骚出版社初版《郭沫若先生最近言论集》。
注：此篇排列时间参考讲词中提到"自抗战以来，已将近五个月了……"郭沫若同志于1937年11月27日离沪至港，又于同年12月离港赴广州。

南下书怀四首（诗）
1937年12月在香港作；
初收1959年11月作家出版社第1版《潮汐集·汐集》。
注：此篇三四两首见《沫若文集》第9卷《洪波曲》。排列时间参见上篇注释。

武装民众之必要
1937年12月20日讲；
初收1938年4月广州离骚出版社初版《郭沫若先生最近言论集》；
又收《沫若文集》第11卷。
注：此篇系在广州的播音演讲词。

悼词

1937年12月24日作（手迹）；

载1938年1月15日《中国诗坛》月刊第1卷第6期。

注：此篇为悼念诗人温流而作，温原名梁启佑，后改梁惜芳。悼词内容为"你的早逝，不仅是中国诗坛的损失，同时是中国抗敌战线上的损失。抗敌的军号缺少了你这位优秀的吹手，使我们感觉着寂寞"。

再建我们的文化堡垒——《救亡日报》复刊致辞（杂文）

1937年12月28日作于广州；

载1938年1月1日广州《救亡日报》；

初收1938年战时出版社版《抗战中的郭沫若》；

又收《沫若文集》第11卷。

注：此篇收入1945年1月群益出版社渝1版《羽书集》和《沫若文集》第11卷，写作时间误署1938年4月5日，较初发表时间晚4个月。同时《救亡日报》于1938年1月1日在广州复刊，作者为《救亡日报》复刊致辞，如写于1938年4月5日与当时实际情况也不相符合的。

饥饿就是力量（评论）

1937年12月29日晨作；

载1938年1月2日广州《救亡日报》；

初收1938年4月广州离骚出版社初版《郭沫若先生最近言论集》；

又收《沫若文集》第11卷。

广州郊外（诗）

1937年12月在广州；

初收1959年11月作家出版社北京第1版《潮汐集·汐集》。

我们有战胜日本的把握——在救亡呼声社讲

1937年讲，江坚笔记；

初收1938年广州战时出版社版《抗战中的郭沫若》。

注：此篇时间排列系参考文中提到"日本所用的枪炮已经用到由昭和五年到昭和十一年七月制造的，即是说：已经用到去年秋天所制造出来的。"以之推算应为本年所作之演讲词。

1938年

纪念张一麐先生（杂文）

1938年1月1日夜作；

载1938年1月3日广州《救亡日报》；

初收1938年广州战时出版社版《抗战中的郭沫若》。

注：此篇于1947年12月收入大孚出版公司版《沸羹集》时，写作时间误署1939年1月1日，较初发表时间晚一年左右。另在文后附有作者于1939年5月10日所作之跋语，指出"仲仁（即张一麐）先生之死本系误传，我这篇

文章要算是等于'生祭'了……"。

何用惜金钱（五绝）
1938年初作于广州；
见1979年11月15日《成都日报》邱沛篁作《郭老与〈救亡日报〉》。
注：篇名系编者题。

为新华日报创刊题词
1938年1月9日题（手迹）；
载1938年1月14日汉口《新华日报》。

致华南的朋友们（杂文）
1938年1月12日作于汉口；
载1938年1月15日广州《救亡日报》；
初收本年广州战时出版社版《抗战中的郭沫若》。

题字——"恢复十年前的精神保卫大武汉"
1938年1月13日题；
载1938年1月16日汉口《新华日报》。
注：报载篇名题《郭沫若亲笔题字》，附于《郭沫若访问记后》。

抗战与文化（论文）
1938年1月18日作；
载1938年6月20日《自由中国》月刊第3期；
初收1938年8月广东生活书店版《文艺与宣传》；

又收《沫若文集》第11卷。
注：此篇收入《文艺与宣传》、《沫若文集》等书中，题名《抗战与文化问题》。

郭沫若谈抗战形势
载1938年1月25日汉口《新华日报》。
注：此篇系记者访问郭沫若之记录稿。

挽刘湘将军（挽联）
1938年1月24日作；
载1938年2月3日广州《救亡日报》。
注：此挽联报载篇名题《郭沫若陈铭枢挽刘湘将军》。内容为"治蜀是韦皋以后一人，功高德懋，细谨不捐，更觉良工心独苦。征倭出夔门而东千里志决身歼，大星忽坠，长使英雄泪满襟"。

为《孩子剧团》题词
1938年1月29日题；
初收1938年4月汉口大路书店初版《孩子剧团从上海到武汉》。

陕北谣（诗）
1938年1月在广州作；
载1959年11月作家出版社北京第1版《潮汐集·汐集》。
注：于立群同志有志赴陕北，作者以此赠之，时同在广州。

赠某女士（五律）
1938年1月作；

见 1982 年 5 月《郭沫若研究专刊》第 3 集易明善、刘思久《郭沫若抗战时期简谱》。

题《五光图》（七绝）
1938 年 1 月作；
见 1982 年 5 月《郭沫若研究专刊》第 3 集易明善、刘思久《郭沫若抗战时期简谱》。
注：篇名系编者题。

甘愿做炮灰（剧本）
见 1938 年 1 月上海北新书局初版。

战声（诗集）
见 1938 年 1 月战时出版社初版。

全面抗战的认识
见 1938 年 1 月广州北新书局初版。

日寇之史的清算——在武昌"广西学生军营"讲演　骆剑冰记
载 1938 年 2 月 4 日广州《救亡日报》；
初收 1938 年 4 月广州离骚出版社初版《郭沫若先生最近言论集》。
注：此篇是郭沫若由日本回国半年后的演讲稿。

为"反侵略国际宣传周妇女日特刊"题词
1938 年 2 月 7 日题；

载 1938 年 2 月 7 日汉口《新华日报》。

在孩子剧团欢迎会上的讲话
见 1938 年 2 月 10 日武汉《新华日报·孩子剧团欢迎会上》；
又见 1938 年 4 月汉口大路书店初版《孩子剧团从上海到武汉·孩子剧团欢迎会上》。
注：原文系记者慧琳记录稿。此篇又载 1938 年 7 月 17 日《译报》，篇名题《郭沫若先生的演说——在汉口八路军办事处欢迎上海的〈孩子剧团〉会上》。

对于文化人的希望（杂文）
1938 年 2 月 15 日晨作于长沙；
载 1938 年 2 月 19 日广州《救亡日报》；
初收 1938 年 4 月广州离骚出版社初版《郭沫若先生最近言论集》；
又收《沫若文集》第 11 卷。
注：此篇系在长沙文抗会演词追记。

学学孩子吧（杂文）
1938 年 2 月 15 日晨作于长沙；
初收 1938 年 4 月汉口大路书店初版《孩子剧团从上海到武汉》；
注：此篇摘录自《对于文化人的希望》。

前线归来
见 1938 年 2 月 15 日汉口星星出版社初版。

为《战时妇女》题词
载1938年2月18日《湖南通俗日报》。
注：题词内容为"平时妇女是和平的天使，战时的妇女应该是战神的火焰"。篇名系编者题。

国际形势与抗战前途（评论）
1938年2月18日作；
载1938年2月27日、28日广州《救亡日报》；
初版1938年4月汉口自强出版社版《国际形势与抗战前途》。

在天空写的壮快的诗篇（诗）
1938年2月24日作；
载1938年3月2日广州《救亡日报》；
初收1938年广州战时出版社版《抗战中的郭沫若》。
注：写作时间系参考诗中内容，诗中有"隔了五日后的昨天，二月二十三日……"之句。

长沙哟！再见！（杂文）
1938年2月28日作；
载1938年3月16日广州《救亡日报》；
初收1938年广州战时出版社版《抗战中的郭沫若》；
又收《沫若文集》第11卷。

满江红（词）
初收1938年2月汉口战时文化出版社初版《抗战诗选》。
注：原词内容为"怒气冲天，推窗望，战时变色，伏牖下，壹腔孤愤，奋飞无翼，大好山河拼焦土，几餐膏血凭饕餮，莫黄昏，犹在睡乡中，嗟何及？庚子耻，犹未雪，芦沟辱，何时灭？恨老天沉醉，平津陷敌；壮士饥餐鹰虎肉，笑谈渴饮倭奴血！待明朝重整金瓯完无缺。"

为《战时初中国文》书名题字
1938年3月4日题；
见1982年《抗战文艺研究》第1辑曾健戎《抗日战争期间郭沫若活动记略》。
注：《战时初中国文》编者汪馥泉。篇名系编者题。

为《自由中国》创刊题词
1938年3月9日题；
载1938年4月1日《自由中国》月刊创刊号。
注：题词内容为"要建设自由的中国，须得每一个中国人牺牲却自己的自由，每一个中国人把自己的一切贡献给祖国的解放，中国得到自由，则每一个中国人也就得到自由了。"

为《少年先锋》题词
1938年3月9日题；
载1938年4月5日《少年先锋》第4期。

为中山先生逝世十三周年纪念题词
1938年3月12日题；
载1938年3月12日汉口《新华日报》。

送别郭翼之（诗）
载1938年3月16日成都《新新新闻》。
注：此诗作于汉口，报载篇名题《郭沫若题诗送别郭翼之》。内容为"山河破碎不须忧，收复一京赖我侪，此去江南风景好，相逢应得在扬州。"

为《抗战戏剧》刊名题字
见1938年3月16日《抗战戏剧》半月刊第1卷第8期。

政治工作之先决条件——为《战地半月》题词
1938年3月16日题；
载1938年4月10日《战地半月》创刊号。
注：题词内容为"在军队中做政治工作者，应刻苦耐劳，以身作则与士兵同甘苦；尤须抱定大无畏之精神，遇必要时，随时随地，均可为国家民族而牺牲。此乃政治工作之先决条件，必须具有此种精神，然后一切工作方能有效。"

为"黄花岗七十二烈士殉国27周年纪念"题词
1938年3月25日题于汉口；
载1938年3月29日广州《救亡日报》。
注：篇名系编者题。原词为"建国大业须以头颅为砖块，热血为水门汀，像垒砌金字塔一样，垒砌起去。七十二烈士替我们做就了面基底的事业，现在，在建设途径上的国家正需要多量的砖块和水门汀，我们时时刻刻供备用的准备"。

女子是人类美好的一半——三月二十五日在汉口女青年会讲话
1938年3月25日讲；
载1938年4月10日《弹花文艺》半月刊第2期。

统一文艺战线（祝词）
载1938年3月26日《文艺战线》旬刊第2卷第1期。
注：祝词内容为"统一文艺战线，巩固精神国防，中华全国文艺界抗敌协会成立纪念。"又载1938年3月27日汉口《新华日报》篇名题《中华全国文艺界抗敌协会特刊》题词。

文艺与宣传（论文）
载1938年3月27日重庆《大公报》；
初收1938年7月汉口独立出版社初版《抗战与宣传》；
又收《沫若文集》第11卷。
注：此篇系为庆祝《中华全国文艺界抗敌协会》成立而作，为1938年3月27日大公报星期论文。又收入 1941年11月

香港孟夏书店初版《羽书集》和《沫若文集》时写作时间误署1938年4月，较初发表时间还晚几天。

日寇的残酷心理之解剖（杂文）
1938年3月31日作；
载1938年4月2日汉口《新华日报》；
初收1938年7月汉口生活书店版《文艺与宣传》；
又收《沫若文集》第11卷。
注：此篇载1938年4月5日《救亡日报》与收入战时出版社版《抗战中的郭沫若》题名《日寇残酷心理之解剖》。

鲁南胜利之外因（评论）
1938年4月5日作；
载1938年4月7日汉口《新华日报》；
初收1938年4月民族出版社版《血战台儿庄》；
又收《沫若文集》第11卷。

纪念台儿庄（杂文）
1938年4月7日作；
载1938年5月10日《自由中国》月刊第2期；
初收1938年7月汉口生活书店版《文艺与宣传》；
又收《沫若文集》第11卷。

来他个"四面倭歌"——扩大宣传周广场歌咏会上致辞（杂文）
1938年4月9日讲；
初收1938年7月汉口生活书店版《文艺与宣传》；
又收《沫若文集》第11卷。
注：此篇收入《沫若文集》写作时间署1938年4月7日。

题词
1938年4月24日题于汉口；
载1938年5月24日汉口《救亡日报》。
注：报载篇名题《郭沫若先生题词》。内容系对5月的歌颂与纪念。写作时间文前注4月24日题于汉口，篇末具1938年4月20日郭沫若书于汉口。

郭沫若先生最近言论　熊琦编
见1938年4月广州离骚出版社初版。

书赠《新民报》（诗）
1938年春作于武汉；
初收1979年6月中华书局第1版《文史资料选辑》第63辑陈铭德、邓季惺作《〈新民报〉廿年》。

把精神武装起来（杂文）
1938年5月3日作；
载1938年5月12日广州《救亡日报》；
初收1938年7月汉口生活书店版《文艺与宣传》；
又收《沫若文集》第11卷。

《政治工作的实施》序
1938年5月5日作（手迹）；
初收1938年6月武汉拔提书店初版《政治工作的实施》。
注：《政治工作的实施》编者郑传益。原文为"在工作中教育对象，在工作中尤须教育自己。古人云'修辞立其诚'，必自己先有诚信，然后工作方能握动。本书作者于此曾三致意焉。希望本书之读者勿得鱼而忘荃也"。

把有限的个体生命融化进无限的民族生命里去（杂文）
1938年5月8日于汉口；
载1938年5月9日汉口《新华日报》；
初收1938年7月汉口生活书店版《文艺与宣传》；
又收《沫若文集》第11卷。
注：报载篇名题《郭沫若厅长吊王〔铭章〕故师长广播辞（附照片）——把有限的个体生命融化进无限的民族生命里去》。

弹八百壮士大鼓词书付潜修（诗）
载1938年5月8日广州《救亡日报》。
注：鼓词内容："枯肠搜索费沉吟，响遏行云弹雨音，词与健儿同壮烈，自拟身亦在枪林"。

抗战以来文艺的展望（杂文）
载1938年5月10日《自由中国》月刊第2期。
注：此为座谈会上的发言，会上尚有老舍、夏衍、郁达夫等人的发言。

答儿童救国募金队的小朋友们（杂文）
1938年5月13日作；
载1938年5月22日广州《救亡日报》。

为欢迎世界学联代表团题词
1938年5月25日题；
载1938年5月26日汉口《新华日报》。
注：篇名系编者题。

纪念高尔基（论文）
1938年6月3日作；
载1938年6月20日《自由中国》月刊第3期"高尔基逝世二周年特辑"。

战时宣传工作
1938年6月15日完稿；
见1938年7月25日国民政府军事委员会政治部初版。
注：此书署名郭沫若著，实系郭沫若主编。

高尔基万岁（诗）
1938年6月17日作；
载1938年6月18日汉口《新华日报》。
注：诗后注高尔基逝世二周年前一日作。

抗战以来日寇损失概观（杂文）
1938年6月22日讲；
载1938年6月23日、24日汉口《新华日报》；
初收1938年7月汉口生活书店版《文艺与宣传》。
注：此篇据报社报导"中央广播事业管理处，汉口广播电台及汉口市广播电台于昨晚（22日）晚八时起敦请政治部第三厅厅长沫若，广播演讲题为《抗战以来日寇损失概观》"，报纸题名《抗战来日寇的损失——郭厅长沫若昨晚广播》。收入《文艺与宣传》题名《抗战来日寇的损失》。

一年消耗战的成绩——郭沫若先生广播演讲词（杂文）
1938年6月22日讲；
初收1938年10月上海英商导报馆版《少年时事读本》第1集第4册。
注：此篇系摘录自《抗战以来日寇损失概观》。

《外人目睹中之日军暴行》序
1938年6月23日作；
初收1938年7月汉口国民出版社初版《外人目睹中之日军暴行》。
注：《外人目睹中之日军暴行》系（英）田伯烈编著，杨明译郭沫若作序并为书名题字。

告四川青年书
1938年6月28日作于武昌城下；
载1938年7月2日成都《新新新闻》。

双七节挽歌
1938年7月7日作；
载1938年7月25日《半月文摘》第3卷第1期。
初收1939年10月浙江丽水会文图书社初版《抗战歌声》第3集。
注：此篇收入《抗战歌声》由张曙谱曲。又载1938年8月16日重庆《文艺月刊·战时特刊》第2卷第1期，题名《挽歌》。

抗战一年来的文化动态（杂文）
载1938年7月8日《武汉日报》；
初收1938年8月重庆七七书局初版《抗战建国第一年》。

《明末民族艺人传》序
1938年7月9日作于乐山（手迹）；
初收1939年长沙商务印书馆版《明末民族艺人传》。
注：《明末民族艺人传》系傅抱石编译，写作时间原署"民国廿七年，抗战建国周年后二日乐山"。

送王一平女士（诗）
1938年夏作于汉口。
注：此篇目见自成都市图书馆编印之

《郭沫若著译及研究资料》第1册。原诗为"同是四川人，四川人有四川人的精神，四川人的精神是什么？威武不能屈，贫贱不能移，富贵不能淫"。

节约与抗战（杂文）
1938年8月3日在汉口广播；
载1938年8月5日汉口《新华日报》；
初收1936年5月英商文汇有限公司出版部初版上海文汇年刊编辑委员会《一九三九年文汇年刊》。
注：报载篇名题《郭厅长沫若昨讲演〈节约与抗战〉》。

为《救亡日报》纪念"八·一三"题词（手迹）
载1938年8月13日广州《救亡日报》。
注：报载篇名题《郭沫若先生题字》。内容为"'八·一三'东战场上的烽火是民族解放的浩荡的凯歌扫荡狂寇，收复一切的失地，保卫文化争取世界和平。不屈不挠，再接再励，有我无敌，有敌无我"。

纪念"八·一三"保卫大武汉（杂文）
1938年8月15日讲；
载1938年8月17日汉口《新华日报》。
注：此系广播演讲词。

致华南的友人们（杂文）
1938年8月19日作于武昌；
初收1941年11月香港孟夏书店初版《羽书集》；
又收《沫若文集》第11卷。

谈抗战（杂文）
1938年8月31日于汉口；
载1938年9月1日成都《新新新闻》。
注：此篇系在各国记者招待会上发表的重要谈话。报载题名《郭沫若在汉谈抗战》。

文艺与宣传
见1938年8月生活书店粤版。

为纪念国际青年节题词
1938年9月3日题；
载1938年9月4日汉口《新华日报》。

笔的三阶段（杂文）
1938年9月4日青年节作；
载1938年10月22日《华美》周刊第1卷第2期。

中国会成为法西斯蒂国家吗？（杂文）
载1938年9月10日《反侵略周刊》第1卷第2期。

后方民众的责任（杂文）
1938年9月24日讲；
载1938年9月25日汉口《新华日报》；
初收1938年11月上海译报图书馆《思想家的鲁迅》；

又收《沫若文集》第11卷。
注：报载篇名题《郭厅长广播〈后方民众的责任〉》。此篇又收入1941年11月香港孟夏书店初版《羽书集》写作时间署1938年9月，《沫若文集》与之同。

为"苏联国庆纪念特刊"题词
1938年10月13日题；
见1982年《抗战文艺研究》第1辑曾健戎《抗日战争期间郭沫若活动记略》。
注：篇名系编者题。

节约献金竞赛歌
载1938年10月14日成都《新新新闻》；
初收1938年11月7日上海英商导报馆版《少年时事读本》第1集第9册。
注：此歌发表于《新新新闻》系摘录自阳春作《郭沫若的献金歌》。

持久抗战中纪念鲁迅（杂文）
1938年10月18日作；
载1938年10月19日汉口《新华日报》。
注：此篇为纪念鲁迅逝世二周年而作。

在鲁迅逝世二周年纪念会上讲话
1938年10月19日讲；
载1938年10月20日汉口《新华日报》。

武汉永远是我们的（杂文）
1938年10月24日武汉准备撤退之前

日于汉口；
载1938年10月25日汉口《扫荡报》；
初收1941年11月香港孟夏书店初版《羽书集》；
又收《沫若文集》第11卷。

文化人当前的急务（杂文）
1938年11月5日作于长沙；
初收1941年11月香港孟夏书店初版《羽书集》；
又收《沫若文集》第11卷。

德意志意识形态　（德）马克思　恩格斯原作
见1938年11月言行出版社初版。

铁佛披金色相黄（七律）
1938年11月作于长沙。
注：此诗目见自成都市图书馆编印之《郭沫若著译及研究资料》第1册。原件存四川省乐山文管所。

登南岳（诗）
1938年12月1日作；
初收1959年11月北京作家出版社第1版《潮汐集·汐集》。

在南岳避空袭寄怀立群桂林十首（诗）
1938年12月1日作；
初收1959年11月作家出版社北京第1版《潮汐集·汐集》。

注：《潮汐集·汐集》写作时间误署1937年11月。郭沫若于1937年11月27日离沪赴港，几经辗转，至1938年10月才由武汉到达长沙，因此不可能于1937年11月在南岳作诗。

复兴民族的真谛（论文）
1938年12月23日作于桂林；
初收1941年11月香港孟夏书店初版《羽书集》；
又收《沫若文集》第11卷。

舟游阳朔二首（诗）
1938年12月作；
载1959年11月北京作家出版社第1版《潮汐集·汐集》。

1939年

坚定信念与降低生活（杂文）
1939年1月6日作于重庆；
载1939年2月5日《十日文萃》第1卷第7期；
初收1941年11月香港孟夏书店初版《羽书集》；
又收《沫若文集》第11卷。

暴敌无出路——在青记协会演讲（杂文）
1939年1月7日讲；
载1939年1月8日重庆《大公报》。
注：此篇由记者摘要刊登了三段讲演。

为《商务日报》题词
1939年1月8日题；
见1982年《抗战文艺研究》第1辑曾健戎《抗日战争期间郭沫若活动记略》。

日本帝国崩溃的前奏（杂文）
1939年1月11日讲；
载1939年1月12日重庆《新华日报》。
注：此篇系在招待各国记者席上之演词。

过桂杂咏（七律）
载1939年1月12日《十日文萃》第1卷第6期。

文化人到乡村去，到敌人后方去！（杂文）
1939年1月17日讲；
载1939年1月18日重庆《新华日报》。
注：此篇又载2月1日《中苏文化》半月刊第3卷第6期"抗战特刊"，题名《战时文化工作——在文化座谈会上讲话》系洛克之记录稿。

纪念"一·二八"剪辑（杂文）
1939年1月27日作；
载1939年1月28日重庆《大公报》；
初收1941年11月香港孟夏书店初版《羽书集》；
又收《沫若文集》第11卷。

和平须建立在正义的基础上——郭厅长在重庆各界纪念"一·二八"暨响应国际反侵略动员大会演词（评论）

1939年1月28日讲，余惠霖记录；
载1939年7月1日《反侵略周刊》第10期；
初收1941年11月香港孟夏书店初版《羽书集》；
又收《沫若文集》第11卷。
注：此篇收入《羽书集》、《沫若文集》题名《世界反侵略秩序的建设——纪念"一·二八"》。

妇女文化歌　吕骥曲
初收1939年1月浙江丽水会文图书社修正3版《抗战歌声》。

巩固反侵略的战线——2月12日晚七时半广播演讲（论文）
1939年2月12日讲于重庆；
载1939年2月14日重庆《新华日报》；
初收1941年11月香港孟夏书店初版《羽书集》；
又收《沫若文集》第11卷。
注：此篇收入1945年1月群益出版社初版《羽书集》和《沫若文集》第11卷，写作时间改署1939年2月13日于重庆。

题词
1939年2月18日题（手迹）；
载1939年3月6日成都《新新新闻》。
注：此篇内容为"四川号称复兴民族根据地，四川人要担负起这种重大的使命，应该人人都要有当兵的侠心和勇气"。

长沙有感　二首（诗）
1939年2月作；
初收1959年11月作家出版社北京第1版《潮汐集·汐集》。

题赠蓉芳侄媳（五绝）
1939年春作；
见1981年《常德师专教学与研究》第4期冯乐堂、谭崇明作《郭老故乡访问记》，署名沫若。
注：蓉芳姓魏，郭沫若第三侄郭宗益的夫人。郭翌昌为魏作画，郭沫若于画上题此诗。写作时间原署"1939夏历春正"。篇名系编者题。

文稿一则
1939年3月9日作；
见1981年《常德师专教学与研究》第4期冯乐堂、谭崇明作《郭老故乡访问记》。

文化与战争（杂文）
1939年3月16夜作；
载1939年3月19日重庆《大公报》；
初收1940年8月桂林南方出版社版《民族形式商兑》；
又收《沫若文集》第12卷。
注：此篇后载本年4月《艺术文献》第1册，作者署名白圭。收入《民族形式商兑》时写作时间误署1940年3月

16日作，较初发表的时间晚了一年。

作家书简
载1939年3月16日《宇宙风乙刊》半月刊第2期。
注：此篇包括作者给出版单位的复信五封，其中提到预备续写《海外十年》等。

登尔雅台怀人（七律）
1939年3月；
初收1959年11月作家出版社北京第1版《潮汐集·汐集》。
注：此诗收入《潮汐集·汐集》写作时间误署1941年7月10日。

纪念碑性的建国史诗之期待——庆祝文艺界抗敌协会周年纪念（论文）
载1939年4月9日重庆《大公报》；
初收1942年4月重庆文学书店初版《蒲剑集》；
又收《沫若文集》第12卷。
注：此篇写作时间《蒲剑集》、《沫若文集》署1939年4月。

《石鼓文研究》序
1939年4月10日作；
初收1939年7月长沙商务印书馆初版《石鼓文研究》；
又收《沫若文集》第16卷。

"中国人的确是天才"（杂文）
1939年4月10日作；
载1939年4月30日桂林《救亡日报》；
初收1941年11月香港孟夏书店初版《羽书集》；
又收《沫若文集》第11卷。
注：此篇系为夏衍剧作《一年间》的演出而作。

发挥大无畏的精神——论文艺作家在精神总动员中的任务（论文）
1939年4月11日作；
初收1941年11月香港孟夏书店初版《羽书集》；
又收《沫若文集》第11卷。

戏剧界精诚团结（杂文）
1939年4月12日作；
载1939年4月30日桂林《救亡日报》"一年间演出特刊"。

争取最后五分钟——对于失败主义的批判（杂文）
1939年4月23日作；
载1939年4月23日桂林《救亡日报》；
初收1941年11月香港孟夏书店初版《羽书集》；
又收《沫若文集》第11卷。

绝妙的对照——请看希特勒替我们痛骂汪精卫（杂文）
1939年4月29日作；

初收 1941 年 11 月香港孟夏书店初版《羽书集》；
又收《沫若文集》第 11 卷。

青年化永远青年化（杂文）
1939 年 5 月 3 日作；
初收 1941 年 11 月香港孟夏书店初版《羽书集》；
又收《沫若文集》第 11 卷。

惨目吟（五言诗）
1939 年 5 月 12 日作；
初收 1959 年 11 月作家出版社北京第 1 版《潮汐集·汐集》。

和平的武器与武器的和平——国际反侵略运动中国分会第二次年会宣言（杂文）
1939 年 5 月 21 日作于重庆；
初收 1941 年 11 月香港孟夏书店初版《羽书集》；
又收《沫若文集》第 11 卷。

铭刀（五绝）
1939 年 5 月作；
初收 1959 年 11 月作家出版社北京第 1 版《潮汐集·汐集》。

大人物与小朋友（杂文）
1939 年 6 月 6 日作；
载 1939 年 7 月《抗战儿童》；

初收 1941 年 11 月香港孟夏书店初版《羽书集》；
又收《沫若文集》第 11 卷。

为"高尔基逝世三周年纪念"题词
载 1939 年 6 月 18 日《群众》周刊第 3 卷第 5 期。
注：题词内容为"朗诵海燕歌；就好象和高尔基见了面。纪念高尔基，最好是成为他所歌颂的海燕，不怕暴风雨，在黑暗当中确信着光明就在眼前！"

有感（七律）
1939 年 6 月 19 日作；
初收 1959 年 11 月作家出版社北京第 1 版《潮汐集·汐集》。
注：1937 年 8 月 7 日作者曾作有《有感》（七律）一首，内容与此有别。

题竹扇（五绝）
1939 年 6 月 20 日作；
初收 1959 年 11 月作家出版社北京第 1 版《潮汐集·汐集》。

喜雨书怀（诗）
1939 年 6 月 24 日作；
初收 1959 年 11 月作家出版社北京第 1 版《潮汐集·汐集》。

"无条件反射"解（杂文）
1939 年 6 月 29 日作；

载1940年9月15日《文学月报》第2卷第1、2期合刊；
初收1941年11月香港孟夏书店初版《羽书集》；
又收《沫若文集》第11卷。
注：此篇收入《羽书集》附作者于1940年6月27日所作之后记。

石鼓文研究（考古）
见1939年7月长沙商务印书馆初版。

两年来敌国的社会状况与反战潮流（论文）
载1939年8月16日《改进》半月刊第1卷第9、10期合刊。
注：本篇摘自《中国青年》。

题花卉画　二首（五绝）
一，题海棠与紫白丁香
二，题野菊与茄花
1939年9月23日作；
初收1959年11月作家出版社北京第1版《潮汐集·汐集》。

祭父文
1939年9月作于乐山；
见1979年11月《社会科学战线》季刊第四期王大敏辑《郭老的〈祭父文〉（摘要）》。

题苏子楼（七言诗寺字韵）
1939年9月作于四川乐山；
载1980年5月12日《武汉大学学报》（社科版）第3期。
注：苏子楼在乐山大佛寺。郭沫若曾先后以此诗题赠家人和好友，1940年夏季和1940年9月5日分别以之题赠朱执桓和张肩重，并附加跋语。

晨浴北碚温泉（五律）
1939年9月作；
初收1959年11月作家出版社北京第1版《潮汐集·汐集》。

别季弟（七律）
1939年9月作；
初收1959年11月作家出版社北京第1版《潮汐集·汐集》。

登乌龙山（七言诗用寺字韵）
1939年9月作；
初收1959年11月作家出版社北京第1版《潮汐集·汐集》。
注：乌龙山在乐山县城外，其上有乌龙寺。

题荷花（七绝）
1939年秋；
见1982年5月四川大学编辑部《郭沫若研究专刊》第3集郭琦作《八爸给我的题诗》。

题兰草（七绝）
1939年秋；
见1982年5月四川大学编辑部《郭沫若研究专刊》第3集郭琦《八爸给我的题诗》。

石池 四首（五绝）
1939年10月15日作；
初收1959年11月作家出版社北京第1版《潮汐集·汐集》。

游北碚（五律）
1939年10月作；
初收1959年11月作家出版社北京第1版《潮汐集·汐集》。

重游大佛寺（七言诗）
1939年10月作；
见1982年5月《郭沫若研究专刊》第3集易明善、刘思久《郭沫若抗战时期简谱》。

为"《中苏文化》纪念十月革命二十二周年特刊"题词
1939年11月1日题；
见1982年《抗战文艺研究》第1辑曾健戎《抗日战争期间郭沫若活动记略》。

题橙坞先生诗文手稿（诗、跋）
1939年12月2日作；
见1979年4月《文教资料简报》第88期

《郭沫若早年所受的文学影响》王锦厚、伍加伦作于1979年4月21日。
注：原文写作时间署夏历10月22日。

为《救亡日报》响应义卖作诗
1939年作；
初收1965年广西僮族自治区人民出版社版《邕漓行》。

1940年

为《新华日报》二周年纪念题词（手迹）
载1940年1月11日重庆《新华日报》。报纸发表时篇名题《郭沫若为新华日报二周年纪念题词》。

日记应该怎样写（杂文）
载1940年1月20日《战时中学生》月刊第2卷第1期。

序《战争与和平》
1940年1月23日作于重庆；
载1940年2月15日《文学月报》第1卷第2期；
初收1941年重庆五十年代出版社版《战争与和平》。
注：托尔斯泰的《战争与和平》郭沫若未全部译完，高地在译该书时参考郭译本，译峻后书郭沫若，建议与郭以合译名义出版。郭乃作此《序》以说明之。

致李小缘信
1940年1月31日；
见1982年《文教资料简报》第3、4期合刊；
注：郭沫若致李小缘信共二封，另一封为7月31日所作，因未署年份故未列目，按《文教资料简报》排列顺序该信应作于1940年之前。

春节劳军与军民合作（杂文）
1940年2月3日在中央广播电台演讲；
载1940年2月9日桂林《救亡日报》。

春礼劳军歌　郭沫若词　刘雪庵曲
载1940年4月20日《慰劳》半月刊第12期；初收1948年9月上海群益出版社版《蜩螗集》。
注：此篇收入《蜩螗集》未附曲谱。排列时间参考诗中内容。

为"中国青年新闻记者学会"二周年题字
1940年2月19日题；
载1940年4月"中国青年新闻记者学会二周年纪念特刊"。
注：原文为"永远以青年的精神，促进文化应不断的青年化"。

关于"戚继光斩子"的传说（杂文）
1940年2月28日作；
载1940年3月2日重庆《大公报》；
初收1940年8月桂林南方出版社初版《"民族形式"商兑》；
又收《沫若文集》第11卷。

写作的经验（杂文）
1940年3月17日作；
载1940年6月7日《星岛日报·星座》第610号。
注：此文系在重庆青年记者学会上的讲演记录。

游击队儿女（歌词）
1940年3月20日作；
见1982年《抗战文艺研究》第1辑曾健戎《抗日战争期间郭沫若活动记略》。

汪精卫进了坟墓（杂文）
1940年3月21日作；
载1940年3月22日重庆《新华日报》；
初收1941年11月香港孟夏书店初版《羽书集》；
又收《沫若文集》第11卷。
注：此篇原为广播演讲稿，初发表时报社标题用《郭沫若广播演讲　汪逆愧偏是自进坟墓》，演讲词题名《汪精卫进了坟墓》。

周易的构成时代
见1940年3月长沙商务印书馆初版。

为《抗战儿童》刊名题字
见1940年4月1日《抗战儿童》创刊号。

中国万岁剧团之歌（歌词）
1940年4月7日作；
见1982年《抗战文艺研究》第1辑曾健戎《抗日战争期间郭沫若活动记略》。

成仁便是成功（杂文）
1940年4月12日作；
初收1941年11月香港孟夏书店初版《羽书集》；
又收《沫若文集》第11卷。

阵亡及殉职政工人员挽歌（诗）
初收1948年9月上海群益出版社版《蜩螗集》。
注：此诗内容与《成仁便是成功》相似，排列时间乃以之为参考。

关于发现汉墓的经过（杂文）
1940年4月27日作；
载1940年4月28—29日重庆《大公报》；初收1940年8月桂林南方出版社初版《"民族形式"商兑》；
又收《沫若文集》第11卷。

题延光四年砖其一（五言诗）
1940年春；
见1982年5月四川大学编辑部《郭沫若研究专刊》第3集郭琦《八爸给我的信》署名沫若。

螃蟹的憔悴——纪念邢桐华君
1940年5月17日作；
载1940年7月14日《星岛日报·星座》第645号。
注：邢桐华河北人，日本早稻田大学俄罗斯文学科学生，30年代留日学生"杂文社"、《文学周报》主要成员之一，抗战初期在三厅工作，不幸早殁。

题延光砖　五首（七绝）
1940年5月17日作；
初收1959年11月作家出版社北京第1版《潮汐集·汐集》。
注：郭沫若于1940年4月发现汉墓得延光砖，《潮汐集·汐集》收入此诗时，写作时间误署"1943年5月17日"。

中苏文艺交流之促进（杂文）
1940年5月20日作；
载1940年6月18日《中苏文化》半月刊第6卷第5期"文艺专号"；初收1940年8月桂林南方出版社初版《"民族形式"商兑》；
又收《沫若文集》第12卷。
注：此篇收入《沫若文集》题名《中苏文化之交流》。又收入《"民族形式"商兑》时，将《中苏文化》第6卷第5期发行的时间误作为写作时间。

关于屈原（论文）
1940年5月30日作；

载1940年6月9日重庆《大公报·战线》；初收1940年8月桂林南方出版社初版《"民族形式"商兑》；
又收《沫若文集》第12卷。
注：此篇初发表时写作时间署"二九、五、三〇"即1940年5月30日，及收入1942年4月重庆文学书店初版《蒲剑集》时改署为"一九二九年五月三日作"即1940年5月3日，系将原署"三〇"误印成"三日"，收入《沫若文集》12卷中也误署为"1940年5月3日。"

（抗战三年来）日本社会的危机（评论）
载1940年7月20日、7月30日《十日文萃》新1卷第2—3期；
初收1940年9月浙江省战时教育文化事业委员会书刊发行部版《抗战三周年》。
注：此篇收入《抗战三周年》题名《三年来日本社会的危机》。篇末署1940年5月28日哈瓦斯社东京电讯，排列时间乃以之为参考。

"民族形式"商兑（杂文）
1940年5月31日作；
载1940年6月9—10日重庆《大公报》；
初收1940年8月桂林南方出版社初版《"民族形式"商兑》；
又收《沫若文集》第12卷。

粉碎敌寇的政治攻势（杂文）
1940年6月5日作；

载1940年7月《时事类编》特刊第54期。

革命诗人屈原（论文）
1940年6月7日作；
载1940年6月10日重庆《新华日报》；
初收1940年8月桂林南方出版社初版《"民族形式"商兑》；
又收《沫若文集》第12卷。

先乱后治的精神（杂文）
1940年6月12日作；
载1940年7月《现代读物》月刊第5卷第7期"抗战三周年纪念、四川专号"；
初收1945年1月重庆群益出版社1版《羽书集》；
又收《沫若文集》第11卷。

罪恶的金字塔（诗）
1940年6月17日作；
载1941年9月18日《诗创作》月刊第3、4期合刊；
初收1948年9月上海群益出版社版《蜩螗集》；
又收《沫若文集》第2卷。

《"无条件反射"解》后记（札记）
1940年6月27日作；
初收1945年1月重庆群益出版社1版《羽书集》。
注：《"无条件反射"解》一文收入《沫

若文集》第11卷时，此后记被删去。

三年来对敌宣传工作
载1940年《反侵略》半月刊第3卷第10期。
注：此篇目摘自1940年8月30日大公报第一版，排列时间系参考该刊于1940年6月15日出版之第3卷第9期。

短简
1940年7月1日作；
载1940年11月《自由中国》月刊新1卷第1期；
初收1948年9月上海群益出版社版《蜩螗集》；
又收《沫若文集》第2卷。
注：此系致孙陵书，书内附《蝶恋花》词一首，书尾署写作时间二九年七月一日，按初发表于《自由中国》及后收入《蜩螗集》中作者提到"杜老夫人由潮汕步行至香港……于今日抵此余昨曾草《蝶恋花》一词赠之，录出以供一笑"。据其意《蝶恋花》词作于6月30日，杜老夫人于7月1日到重庆后，录词赠之。但收入《沫若文集》时此处改为"杜老夫人由潮汕步行至香港……于今日抵此。草《蝶恋花》一词赠之"。其意就变成7月1日杜老夫人抵重庆后作者作《蝶恋花》词以赠，该词写作日就变为7月1日了。这里提到的杜老是社守素即杜国庠，是

郭日本留学时代的老同学兼三厅的老同事，系我国早期的马克思主义理论的介绍者之一，曾用林伯修笔名译介过不少有关马克思主义的理论著作，是创造社成员，后来从事中国古代思想史研究，又是用马克思主义观点对我国古代思想史研究的成绩卓著的学者之一。

我们向前走（歌词）
1940年7月5日作；
见1982年《抗战文艺研究》第1辑曾健戎《抗日战争期间郭沫若活动记略》。

三年来的文化战（评论）
1940年7月7日作；
载1940年7月16日、17日重庆《大公报》；
初收1940年8月桂林南方出版社初版《"民族形式"商兑》；
又收《沫若文集》第11卷。

和朱德诗
1940年7月15日作；
载1940年7月24日重庆《新华日报》；
初收1959年11月作家出版社北京第1版《潮汐集·汐集》。
注：报载篇名题《郭沫若和朱德诗》原诗七首，经作者修改收入《潮汐集·汐集》成4首，题名《和朱总司令韵四首》。

在鲁迅六十诞辰纪念会上的讲话
载1940年8月4日重庆《新华日报》。
注：报载篇名题《行都文化界纪念鲁迅六十诞辰》。

司徒慧敏导演《白云故乡》题赠（诗）
1940年8月5日作；
初收1959年11月作家出版社北京第1版《潮汐集·汐集》。

水调歌头（赠广东艺人）（诗）
1940年8月26日作；
初收1959年11月作家出版社北京第1版《潮汐集·汐集》。

夜会散后（诗）
1940年8月28日作；
初收1959年11月作家出版社北京第1版《潮汐集·汐集》。

望海潮（挽张曙）（诗）
1940年8月29日作；
初收1959年11月作家出版社北京第1版《潮汐集·汐集》。
注：张曙为进步的音乐家和歌唱家，日机轰炸重庆时和女儿一起遇难。

"民族形式"商兑
见1940年8月桂林南方出版社初版。

书为丁正献联语
1940年秋作于重庆；

见1979年8月《东海》月刊第8期丁正献作《昙华永念》。

挽张曙二首（诗）
1940年9月1日作；
初收1959年11月作家出版社北京第1版《潮汐集·汐集》。

鹧鸪天四首——吊杨二妹（诗）
1940年9月4日作；
初收1959年11月作家出版社北京第1版《潮汐集·汐集》。

读方志敏自传（次叶剑英韵）（诗）
1940年9月19日作；
初收1959年11月作家出版社北京第1版《潮汐集·汐集》。

题饮马长城图（诗）
1940年9月19日作；
初收1959年11月作家出版社北京第1版《潮汐集·汐集》。

解佩令（贺友人结婚）（诗）
1940年10月9日作；
初收1959年11月作家出版社北京第1版《潮汐集·汐集》。

关于"无条件反射"的更正
1940年10月10日作；
载1940年12月15日《文学月报》第2卷第5期。

注：此篇是以书信体形式发表的。

写在菜油灯下（杂文）
1940年10月12日作；
载1940年12月1日《抗战文艺》月刊第6卷第4期"鲁迅先生逝世四周年纪念特辑"；
初收1941年11月香港孟夏书店初版《羽书集》；
又收《沫若文集》第11卷。
注：此篇为纪念鲁迅逝世四周年而作。收入《羽书集》、《沫若文集》写作时间都署1940年6月，但在此文的末尾作者有"现在鲁迅离开我们已经四年了"之句，鲁迅逝世于1936年10月19日，本文之写作时间当以1940年10月12日较为确切。

题慰劳前线书（诗）
1940年10月19日作；
初收1959年11月作家出版社北京第1版《潮汐集·汐集》。

在鲁迅逝世四周年纪念会上讲话
1940年10月19日讲，记者记；
载1940年12月1日《抗战文艺》月刊第6卷第4期"鲁迅先生逝世四周年纪念特辑"。
注：原载篇名题《记"鲁迅纪念会"和"鲁迅晚会"》。

告鞭尸者（杂文）
1940年10月20日作；
载1941年9月17日重庆《新蜀报·七天文艺》第23期；
初收1941年11月香港孟夏书店初版《羽书集》；
又收《沫若文集》第11卷。
注：此篇写作时间参考文后作者于1941年8月10日所作之《附记》中提到的"这是一篇未写完的稿子，是去年鲁迅逝世四周年纪念的第二天写了的……"。

中苏美应合作制日
1940年10月25日作；
见1982年《抗战文艺研究》第1辑曾健戎《抗日战争期间郭沫若活动记略》。

反战战友出征之际的欢送辞
载1940年10月号《真理的斗争》。
注：此篇原文为日文，由吕元明译。《真理的斗争》系日本在华反战同盟机关刊物。

迎西北摄影队凯旋（诗）
1940年10月；
初收1948年9月上海群益出版社版《蜩螗集》。
注：本篇所署写作时间，系参考1982年5月24日《文汇报》周伯勋之《延安之行》。

书简
载1940年11月1日《自由中国》月刊新1卷第1期。
注：此篇内容系关于出版单行本《赫曼与窦绿苔》事致××同志之信。原题《作家书简〈赫曼与窦绿苔〉》。

在戏剧的民族形式座谈会上的讲话
1940年11月2日讲，田汉记；
载1941年7月《戏剧春秋》月刊第1卷第4期。

谈中国古代音乐
1940年11月2日作；
见1982年《抗战文艺研究》第1辑曾健戎《抗日战争期间郭沫若活动记略》。

致罗科妥夫的信（中国作家致苏联人民书选载）
1940年11月3日作；
载1941年1月1日《中苏文化》"文艺特刊"；
初收1947年12月上海大孚出版公司版《沸羹集》；
又收《沫若文集》第13卷。
注：罗科妥夫通用译名为罗果夫，曾在中国从事苏联文化和出版工作。此篇载《中苏文化》原名题《郭沫若致罗科妥夫的信》(中国作家致苏联人民书选载)，收入《沸羹集》、《沫若文集》题名《答〈国际文学〉编者》。

日本外交（论文）
1940年11月8日作；
载1940年12月17日《战时日本》月刊第4卷第21期。

1941年文学趋向的展望
1940年11月23日讲；
载1941年1月1日《抗战文艺》月刊第7卷第1期。
注：此篇乃座谈会的报导，郭沫若的讲话系记录稿中的一部分。

中国美术的展望（论文）
1940年12月4日作；
载1941年1月1日《中苏文化》"文艺特刊"；
初收1942年4月重庆文学书店初版《蒲剑集》；
又收《沫若文集》第12卷。
注：此篇收入《蒲剑集》、《沫若文集》写作时间误署1941年4月，较初发表时间晚4个月左右。

续谈"戚继光斩子"（论文）
1940年12月14日作；
初收1941年11月香港孟夏书店初版《羽书集》；
又收《沫若文集》第11卷。

给暮茄先生的信
1940年12月14日书于重庆；

见1979年11月11日《湖南日报》丘钧之、吕芳文作《书信探源——发现郭老的一封信之后》。
注：暮笳原名郭兴缢，法名慧旦和尚，系《狮子吼》月刊主编。解放前曾在湖南宁乡密印寺和南岳祝圣寺等为僧。此篇内容又于1980年《革命文物》第3期由丘均元、吕芳文作文介绍，题名《郭沫若给南岳和尚的信》。

庄子与鲁迅（论文）
1940年12月18日作；
载1941年4月20日《中苏文化》半月刊第8卷第3、4期合刊；
初收1942年4月重庆文学书店初版《蒲剑集》；
又收《沫若文集》第12卷。
注：此篇收入1943年6月重庆新生图书公司初版《鲁迅小说选（附评）》题名《鲁迅与庄子》。收入《蒲剑集》、《沫若文集》等书时附补遗，系作者于1941年7月11日所作之补记。

化花园为芋圃
1940年12月21日作；
见1982年《抗战文艺研究》第1辑曾健戎《抗日战争期间郭沫若活动记略》。

用锋刃之笔坚持抗战（杂文）
1940年12月28日讲；
载1940年12月29日重庆《新华日报》。

注：报载附副标题"文艺界举行大检阅　作家分作一年总结报告"。此系会议报导文中扼要的记载了郭沫若的致辞，并介绍了郭沫若在会上作《一年来抗战文艺的回顾与前瞻》（原文未见）。

为节储进一解（杂文）
载1940年12月31日重庆《新华日报》。

题路工图（诗）
1940年作；
初收1959年11月作家出版社北京第1版《潮汐集·汐集》。

喜雨（诗）
1940年作；
初收1959年11月作家出版社北京第1版《潮汐集·汐集》。

汉相（诗）
1940年作；
初收1959年11月作家出版社北京第1版《潮汐集·汐集》。

为楚剧演员徐小哈追悼会写的祭轴
1940年书于重庆；
见1978年5月《武汉文艺》龚啸岚作《永远为自由而歌唱》。
注：祭轴内容"楚些招魂"。

题《香港新文字学会会报》（题辞）
1940年（？）书于重庆；
载1941年香港《新文字学会会报》。
注：此篇目见自成都市图书馆编印之《郭沫若著译及研究资料》第2册。

1941年

展开全面的文化反攻
1941年1月3日作；
见1982年《抗战文艺研究》第1辑曾健戎《抗日战争期间郭沫若活动记略》。

诗寿冯将军六十大庆（七律）
载1941年1月13日重庆《新华日报》。

出钱劳军歌（歌词）贺绿汀谱曲
1941年1月18日作；
载1941年1月31日重庆《新华日报》。
注：《新华日报》发表此歌时只载歌词。

这一千日——为反侵略分会三周年作（杂文）
载1941年1月23日重庆《新华日报》。

闻新四军事件书愤二首（七律）
1941年1月作；
初收1959年11月作家出版社北京第1版《潮汐集·汐集》。

出钱劳军是军民合作的桥梁
见1982年《抗战文艺研究》第1辑曾健戎《抗日战争期间郭沫若活动记略》。
注：此篇发表于1941年2月10日，排列程序以之为参考。

题六骏图——为田寿昌获六骏图拓本题识（七绝）
1941年3月6日作；
载1941年10月10日《戏剧春秋》月刊第1卷第5期。

完成神圣的任务
见1982年《抗战文艺研究》第1辑曾健戎《抗日战争期间郭沫若活动记略》。
注：此篇发表于1941年3月6日，排列程序以之为参考。

送田寿昌赴桂林（七绝）
1941年3月6日作；
初收1959年11月作家出版社北京第1版《潮汐集·汐集》。

建设行（七言诗）
1941年3月15日作；
初收1959年11月作家出版社北京第1版《潮汐集·汐集》。

敬吊寒水先生
见1982年《抗战文艺研究》第1辑曾健戎《抗日战争期间郭沫若活动记略》。
注：此篇发表于1941年3月16日，排列程序以之为参考。

鞭石谣（五言诗）
1941年3月22日作；
初收1959年11月作家出版社北京第1版《潮汐集·汐集》。

向着乐园前进
1941年3月23日作；
见1982年《抗战文艺研究》第1辑曾健戎《抗日战争期间郭沫若活动记略》。

为《孩子剧团》题词
1941年3月题；
见1982年5月《郭沫若研究专刊》第3集易明善、刘思久《郭沫若抗战时期简谱》。

满天星（儿歌）
1941年4月4日作；
初收1959年11月作家出版社北京第1版《潮汐集·汐集》。

题李可染画二首（律诗）
1. 题水牛图（五律）
2. 题峡里行舟图（七律）
1941年4月5日作；
初收1959年11月作家出版社北京第1版《潮汐集·汐集》。

感时四首（七律）
1941年4月7日作；
初收1959年11月作家出版社北京第1版《潮汐集·汐集》。

百虎图（七言诗）
1941年4月17日作；
初收1959年11月作家出版社北京第1版《潮汐集·汐集》。

华禽吟（诗）
1941年4月20日作；
初收1959年11月作家出版社北京第1版《潮汐集·汐集》。

关于《题百八虎图卷》
1941年4月24日作；
见1982年《抗战文艺研究》第1辑曾健戎《抗日战争期间郭沫若活动记略》。

题《画云台山记图卷》（七绝）
1941年4月27日作；
初收1959年11月作家出版社北京第1版《潮汐集·汐集》。

诗歌底创作（论文）
1941年4月27日在抗建堂讲演；
载1944年10月，11月《文学》月刊第2卷第3、4期。
注：此篇附注内容为：有作者卅年四月廿七日曾在抗建堂讲此题。今根据当时的记录把它整出，以供初学写诗者参考。"

为《战时的英国》书名页题字
见1941年4月重庆欧亚文化月刊社版《战时的英国》。
注：《战时的英国》作者叶南、彦实甫。

奔涛（七律）
1941年5月1日作；
初收1959年11月作家出版社北京第1版《潮汐集·汐集》。

百蝶图四首（七绝）
1941年5月2日作；
初收1959年11月作家出版社北京第1版《潮汐集·汐集》。

青年哟，人类的春天（论文）
1941年5月3日作；
载1941年5月4日重庆《新华日报》；
初收1942年4月重庆文学书店初版《蒲剑集》；
又收《沫若文集》第12卷。
注：此篇系为纪念"五四"二十二周年而作，作者曾摘录部分内容收入1947年5月华侨知识社版《呼喊》，文前并附有作者1947年3月8日于上海所作的前言，其中提到"我现在把那要紧一点的话摘录了下来，仍然保存了这个题目"。

题苏联妇女生活展（诗）
1941年5月10日作；
初收1959年11月作家出版社北京第1版《潮汐集·汐集》。

为陈望道题画（七律）
1941年5月17日作；
初收1959年11月作家出版社北京第1版《潮汐集·汐集》。

和沈衡老（五律）
1941年5月21日作；
初收1959年11月作家出版社北京第1版《潮汐集·汐集》。
注：沈衡老即沈钧儒。此诗前作者附副题《衡老梦为营长，以诗见示，踵韵和之》。

蒲剑·龙船·鲤帜（杂文）
1941年5月27日作；
载1941年5月30日重庆《新华日报》；
初收1942年4月重庆文学书店初版《蒲剑集》；
又收《沫若文集》第12卷。

舞
1941年6月1日作；
见1982年《抗战文艺研究》第1辑曾健戎《抗日战争期间郭沫若活动记略》。

活的模范（纪念高尔基逝世五周年讲稿）（论文）
1941年6月18日讲；

载 1941 年 6 月 22 日重庆《新华日报》；
初收 1942 年 4 月重庆文学书店初版《蒲剑集》；
又收《沫若文集》第 12 卷。
注；此篇于 1941 年 6 月 25 日又载《中苏文化》"文艺专号"第 8 卷第 6 期，题名《写在高尔基逝世五周年的一天》，文字略有改动。

诔辞
1941 年 6 月 20 日作；
初收 1948 年 7 月 9 日张上将自忠纪念委员会版《张上将自忠纪念集》。
注：此篇为悼念张自忠而作。

今日新文字运动所应取的路向（论文）
1941 年 6 月 30 日作于重庆；
初收 1947 年 12 月上海大孚出版公司版《沸羹集》；
又收《沫若文集》第 13 卷。

世界反法西斯大战中迎接抗战第五年
1941 年 7 月 1 日作；
初收 1940 年 9 月第三战区司令长官司令部政治部编《胜利的四年》。
注：此篇系为"'七七'四周年纪念特刊"而作。

金刚坡下（小说）
1941 年 7 月 2 日夜作；
载 1941 年 7 月 7 日重庆《新华日报》；
初收 1945 年 9 月重庆群益出版社初版《波》；
又收《沫若文集》第 5 卷。
注：此篇又收入 1947 年 10 月上海海燕书店版《地下的笑声》，写作时间误改为 1945 年 7 月 2 日，与初发表时间相差 4 年，《沫若文集》所署时间与之同。

抗战艺术的新任务
1941 年 7 月 8 日作；
见 1982 年《抗战文艺研究》第 1 辑曾健戎《抗日战争期间郭沫若活动记略》。

四年来之文化抗战与抗战文化（论文）
1941 年 7 月 8 日作；
初收 1941 年 8 月 13 日军事委员会政治部编印之《抗战四年》。
注：此系纪念"'七七'四周年的讲演稿，《新华日报》报导时题名《让我们结成一座新的长城——四年来文化抗战上的总检讨》由记者归纳成文。

和老舍原韵并赠三首（七律）
1941 年 7 月 16 日作；
初收 1959 年 11 月作家出版社北京第 1 版《潮汐集·汐集》。

赠谢冰心（五律）
1941 年 7 月 16 日作；
初收 1959 年 11 月作家出版社北京第 1 版《潮汐集·汐集》。

秋风（五律）
1941年7月18日作；
初收1959年11月作家出版社北京第1版《潮汐集·汐集》。

纪念日本人反战同盟一周年（七律）
1941年7月20日作；
初收1959年11月作家出版社北京第1版《潮汐集·汐集》。

天鹅蛋（七律）
1941年7月21日作；
初收1959年11月作家出版社北京第1版《潮汐集·汐集》。

龙战与鸡鸣（杂文）
1941年7月27日作；
载1941年9月16日《笔谈》半月刊第2期；
初收1941年11月香港孟夏书店初版《羽书集》；
又收《沫若文集》第11卷。

《告鞭尸者》附记（札记）
1941年8月10日作；
初收1943年1月成都莽原出版社初版《文艺新论》；
又收《沫若文集》第11卷。

《由四行想到四川》附记（札记）
1941年8月15日作；
初收1941年11月香港孟夏书店初版《羽书集》。

燕老鼠（儿歌）
1941年8月17日作；
初收1959年11月作家出版社北京第1版《潮汐集·汐集》。

致孙望书（手迹）
1941年8月19日作；
见1978年7月《文教资料简报》第79期《怀念郭老》。

蝙蝠的抗议（诗）
1941年8月21日作；
载1941年10月15日《文艺生活》月刊第1卷第2期；
初收1959年11月作家出版社北京第1版《潮汐集·汐集》。
注：《潮汐集·汐集》篇名题《燕老鼠的抗议》。

轰炸后（诗）
1941年8月21日作；
载1941年10月15日《文艺生活》月刊第1卷第2期；
初收1959年11月作家出版社北京第1版《潮汐集·汐集》。

寄赠南洋吉打筹赈会（七律）
1941年8月26日作；
初收1959年11月作家出版社北京第1

版《潮汐集·汐集》。

回报马叔平用原韵（七律）
1941年8月28日作；
初收1959年11月作家出版社北京第1版《潮汐集·汐集》。

鸡公是号兵（儿歌）
1941年9月1日作；
初收1959年11月作家出版社北京第1版《潮汐集·汐集》。

今天创作底道路（论文）
1941年9月6日作于重庆；
载1942年3月15日《创作月刊》第1卷第1期；
初收1943年10月重庆东方书社初版《今昔集》；
又收《沫若文集》第12卷。

《世界政治论坛》发刊词
载1941年9月9日重庆《扫荡报》。
注：篇名系编者题。

抗日书怀四首（七律）
1941年9月12日作；
初收1959年11月作家出版社北京第1版《潮汐集·汐集》。

新诗的语言问题（杂文）
1941年9月14日作；

载1941年10月7日重庆《新蜀报·七天文艺》第27期。
注：此篇系军事委员会政治部文化工作委员会第4次文学座谈会简记；会上郭沫若发言谈及楚辞问题。参加会议的尚有张铁强、安娥、石凌鹤等共12人。

"九一八"十周年书感（四言诗）
1941年9月18日作；
初收1959年11月作家出版社北京第1版《潮汐集·汐集》。

五十年简谱
1941年9月25日作；
载1941年11月《中苏文化》半月刊第9卷第2、3期合刊。

文化工作委员会成立一周年（五绝）
1941年9月30日作；
初收1959年11月作家出版社北京第1版《潮汐集·汐集》。

戏剧运动的展开（评论）
1941年9月30日作；
载1941年10月11日重庆《新蜀报·蜀道》第509期"中国剧艺社成立特刊"。

题京剧人物画卷
1941年9月30日；题于金刚坡下；
见1979年4月《文教资料简报》总第

88期鲁真辑《郭沫若为关良题画辑拾》。

题天溟山水遗墨（七绝）
1941年10月2日作；
初收1959年11月作家出版社北京第1版《潮汐集·汐集》。

苏联友人歌（诗）
1941年10月3日作于湘北大捷声中；
载1941年11月7日《中苏文化》半月刊第9卷第4、5期合刊；
初收1959年11月作家出版社北京第1版《潮汐集·汐集》。
注：此篇收入《潮汐集·汐集》写作时间改署1941年5月4日，据1941年10月3日重庆《新华日报》报导"湘北会战又创胜利，犯长沙之敌败退"而1941年5月份报纸并无此项消息报导，可见本诗实写于1941年10月3日而非5月4日。

传湘北大捷（五律）
初收1959年11月作家出版社北京第1版《潮汐集·汐集》。
注：按此篇之名题应作于湘北大捷之后，湘北大捷系1941年10月初，但此篇收入《潮汐集·汐集》写作时间署1941年5月4日，与史实不符，同时参考上篇所注及诗中有"秋收俘满载"之句，可见写作时间应是1941年10月初，故排列于此。

短简（给××先生的信）
载1941年10月10日《戏剧春秋》月刊第1卷第5期。
注：此信内容涉及拟将"戚继光斩子"改成剧本的问题及谢辞为作者祝寿。

母爱（诗）
载1941年10月15日《文艺生活》第1卷第2期。
注：此诗内容与1939年5月12日所作《惨目吟》相似。至1942年4月30日作者又改写为杂文，篇名仍题《母爱》，收入《芍药及其他》中。

贺十月革命二十四周年（七律）
1941年10月16日作；
初收1959年11月作家出版社北京第1版《潮汐集·汐集》。

总是不能忘记
1941年10月16日作；
见1982年《抗战文艺研究》第1辑曾健戎《抗日战争期间郭沫若活动记略》。

OE（集外集中的人物）索隐（杂文）
1941年10月16日作；
载1941年10月19日重庆《新华日报》。
注：此篇为纪念鲁迅逝世五周年而作。

《羽书集》序
1941年10月18日作；

初收 1941 年 11 月香港孟夏书店初版《羽书集》；
又收《沫若文集》第 11 卷。
注：此篇收入《沫若文集》时题名《第一序》（香港版）。

浓雾垂天——贺友人结婚（七律）
1941 年 10 月 24 日作（先旧历重九三日）；
初收 1959 年 11 月作家出版社北京第 1 版《潮汐集·汐集》。

警报（诗）
载 1941 年 11 月 4 日重庆《新蜀报·七天文艺》第 31 期。

不准进攻苏联（诗）
1941 年 11 月 6 日作；
载 1941 年 11 月 8 日重庆《新华日报》。
注：写作时间原题"1941 年苏联十月革命纪念之前夜"。

谢《园地》（诗）
1941 年 11 月 7 日作；
初收 1948 年 9 月上海群益出版社版《蜩螗集》；
又收《沫若文集》第 2 卷。
注：《园地》作者佘心清。

纪念孙中山先生的两大任务——加强国际与国内的团结
1941 年 11 月 8 日作；

载 1941 年 11 月 12 日重庆《新华日报》、"纪念孙中山先生诞辰特刊"。

永在的荣光——为纪念国父诞辰而作
载 1941 年 11 月 12 日《中央日报》。

庆祝焕章先生六十大寿（五律）
载 1941 年 11 月 14 日重庆《新华日报》。
注：焕章即冯玉祥。原诗未题篇名。

步原韵谢沈先生（诗）
载 1941 年 11 月 16 日重庆《新华日报》；
初收 1959 年 11 月作家出版社北京第 1 版《潮汐集·汐集》。
注：此诗收入《潮汐集·汐集》篇名题《步原韵却酬沈尹默》，写作时间误署 11 月 19 日，较发表时间晚三日。

赠绿川英子（诗）
1941 年 11 月 16 日作；
见 1979 年 6 月《四川日报》龚佩康作《照书还喜一灯妍——郭沫若同志与绿川英子二三事》。
注：绿川英子原名长谷川照子，国际主义战士、日本女世界语者。篇名系编者题。

电谢港延文化界
载 1941 年 11 月 21 日延安《解放日报》。
注：原电为"五十之年，毫无建树，犹蒙纪念，弥深惭愧，然一息尚存，

誓为文化革命奋斗，尚祈时赐鞭挞"。

文化之平衡的发展（书信）
1941年11月25日作；
载1942年4月《戏剧春秋》月刊第1卷第6期。
注：此篇系致田寿昌书。

和亚子诗
1941年11月25日作；
载1941年12月2日重庆《新华日报》；
初收1959年11月作家出版社北京第1版《潮汐集·汐集》。
注：此诗收入《潮汐集·汐集》篇名题《用原韵却酬柳亚子》。
写作时间改署11月24日。

题伍蠡甫先生山田图（五言诗）
载1941年11月29日重庆《新蜀报·蜀道》第538期。

为"中国青年反法西斯大会特刊"题词
载1941年11月30日重庆《新华日报》"中国青年反法西斯大会特刊"。

羽书集
见1941年11月香港孟夏书店初版。

和鸳湖老人二首（七绝）
1941年12月5日作；
初收1959年11月作家出版社北京第1版《潮汐集·汐集》。

我怎样写《棠棣之花》（散文）
1941年12月9日作；
载1941年12月14日重庆《新华日报》；
初收1942年4月重庆文学书店初版《蒲剑集》；
又收《沫若文集》第3卷。

致瘦舟先生信
1941年12月15日作于重庆；
见1979年12月成都图书馆编印《郭沫若著译研究资料》第一册。
注：原件存成都王建墓。

世界大战的归趋（杂文）
1941年12月17日作；
初收1943年10月重庆东方书社初版《今昔集》；
又收《沫若文集》第12卷。
注：此篇系1941年12月23日之广播稿。

反侵略歌（歌词）
1941年12月18日作；
见1982年《抗战文艺研究》第1辑曾健戎《抗日战争期间郭沫若活动记略》。

由"墓地"走向"十字街头"（杂文）
1941年12月19日作；
初收1942年4月重庆文学书店初版《蒲剑集》；

又收《沫若文集》第12卷。

屈原考（论文）
初收 1942 年 4 月重庆文学书店初版《蒲剑集》；
又收《沫若文集》第12卷。
注：此篇系演讲稿。由余湛邦速记，排列时间系参考《屈原的艺术与思想》。

屈原的艺术与思想（论文）
1941 年 12 月 21 日讲，肖仲泉记；
载 1942 年 1 月 8—9 日《中央日报》；
初收 1942 年 4 月重庆文学书店初版《蒲剑集》；
又收《沫若文集》第12卷。
注：此篇为《屈原研究》下篇，系在中华职业学校之讲演稿，由肖仲泉速记后，作者修改定稿。《沫若文集》注此篇为《屈原考》下篇。

棠棣之花（五幕史剧）
1941 年 12 月 23 日整理毕；
见 1942 年 7 月重庆作家书屋初版；
初收《沫若文集》第3卷。
注：此整理本在第三幕增加一场。

《棠棣之花》的故事
初收 1942 年 7 月重庆作家书屋初版《棠棣之花》；
又收《沫若文集》第3卷。
注：排列时间参考上篇。

《棠棣之花》曲谱十一首
初收 1942 年 7 月重庆作家书屋初版《棠棣之花》；
又收《沫若文集》第3卷。
注：排列时间参考上篇。

把全人类由恶魔的血手中救起
1941 年 12 月 30 日作；
见 1982 年《抗战文艺研究》第1辑曾健戎《抗日战争期间郭沫若活动记略》。

由诗剧说到奴隶制度（杂文）
1941 年 12 月 31 日作；
载 1942 年 2 月 20 日《诗创作》月刊第 8 期；
初收 1943 年 10 月重庆东方书社初版《今昔集》；
又收《沫若文集》第12卷。
注：此系致危舟的信。又收入 1947 年 7 月上海海燕书店版《今昔蒲剑》写作时间署 1941 年 12 月，《沫若文集》与之同。

题傅抱石画山水小幅（七言诗）
初收 1959 年 11 月作家出版社北京第 1 版《潮汐集·汐集》。
注：排列时间参考《潮汐集·汐集》。

题《无题》（诗）
1941 年冬日题于陪都七星岗下；
见 1979 年 4 月《文教资料简报》总第 88 期鲁真辑《郭沫若为关良题画辑拾》。

题《翠屏山》(诗)
1941年冬日作;
见1978年5月25日《美术》双月刊第4期关良作《深切的怀念》。

题良公画《宋江与阎婆惜》(诗)
1941年冬日作;
见1978年5月25日《美术》双月刊第4期关良作《深切的怀念》。

题良公画《黄金台》(诗)
1941年冬日作;
见1979年4月《文教资料简报》总第88期鲁真辑《郭沫若为关良题画辑拾》。

题良公画《拾玉镯》(诗)
1941年冬日作;
见1979年4月《文教资料简报》总第88期鲁真辑《郭沫若为关良题画辑拾》。

题画(诗)
1941年冬日作;
见1979年4月《文教资料简报》总第88期鲁真辑《郭沫若为关良题画辑拾》。

司派狂(诗)
载1946年4月1日重庆《新华日报》;
初收1948年9月上海群益出版社版《蜩螗集》;
又收《沫若文集》第2卷。
注:诗前作者于1946年3月作附言云:"四五年前闻有误入司派圈中而致神经错乱者。曾为此诗以志之。人执无良。乌可返?"写作时间以之参考,排列于此。

1942年

屈原(五幕史剧)
1942年1月2—11日夜完稿;
载1942年1月24日、25日、27日、28日、30日、31日,2月4—7日《中央日报》;
见1942年3月重庆文林出版社初版;
初收《沫若文集》第3卷。

《屈原》插曲 刘雪庵谱曲
1. 橘颂
2. 惜诵
3. 礼魂歌
见1942年重庆中国书店版。
注:排列时间参考《屈原》。

奉祝梓年兄大衍之庆(七律)
1942年1月11日作;
载1942年1月18日重庆《新华日报》;
初收1959年11月作家出版社北京第1版《潮汐集·汐集》。
注:此篇为祝潘梓年生日而作,潘生日为1月11日,诗中最后一句为"年年今日庆新华"可见《新华日报》所注的时间是正确的,但在收入《潮汐集·汐集》时诗尾署为1941年12月17日作。又潘梓年为《新华日报》社社长,郭之"年

年今日庆新华"可能系一双关语，借庆潘寿而庆党的喉舌——《新华日报》。

写完《屈原》之后（札记）
1942年1月20日作；
载1942年2月8日《中央日报》；
初收1942年3月重庆文林出版社初版《屈原》；
又收《沫若文集》第3卷。
注：此篇《沫若文集》题名《我怎样写五幕史剧〈屈原〉》，此篇又曾以《写完五幕剧〈屈原〉之后》、《写完五幕剧〈屈原〉以后》、《我怎样写〈屈原〉》之篇名分别收入《蒲剑集》、《今昔蒲剑》、《屈原插曲》等书中。

亦石是真正死了吗？（杂文）
1942年1月24日作；
载1月27日重庆《新蜀报·十日国际》第12期"钱亦石先生逝世四周年纪念特刊"。
初收1947年12月上海大孚出版公司版《沸羹集》；
又收《沫若文集》第13卷。
注：亦石即钱亦石先生，系国际问题权威。此篇收入《沸羹集》、《沫若文集》题名《亦石真正死了吗？》。

题画翎毛花卉三首（七绝一首，五律二首）
1942年1月24日作；

初收1959年11月作家出版社北京第1版《潮汐集·汐集》。

再致瘦舟先生的信
1942年1月26作；
见1979年12月成都市图书馆编印《郭沫若著译及研究资料》第一册。
注：原件存成都王建墓。

虎符（五幕史剧）
1942年2月2日起稿，至11日写毕；
见1942年10月重庆群益出版社初版；
初收《沫若文集》第3卷。

《虎符》缘起（札记）
1942年2月12日脱稿；
初收1942年10月重庆群益出版社初版《虎符》；
又收《沫若文集》第3卷。
注：此篇收入《沫若文集》题名《写作缘起》。

夷门矴（虎符插曲）梁华曲
载1948年6月16日《综艺》半月刊第1卷第12期。
注：排列时间参考上篇。

倔强赞（诗）
1942年2月15日作；
初收1959年11月作家出版社北京第1版《潮汐集·汐集》。

给翦伯赞同志的信
1942年2月17日作；
见1978年《北京大学学报》（哲学社会科学版）第3期《郭沫若同志给翦伯赞同志的信和诗》。

屈原思想（论文）
1942年2月20日作；
载1942年3月10日重庆《新华日报》；
初收1942年4月重庆文学书店初版《蒲剑集》；
又收《沫若文集》第12卷。
注：此篇收入《沫若文集》时系《屈原研究》篇中第三节，小标题为《屈原的思想》。

日本民族发展概况（杂文）
1942年2月27日作；
载1942年3月3日重庆《新华日报》；
初收1943年10月重庆东方书社初版《今昔集》；
又收《沫若文集》第12卷。
注：1942年3月4日，3月7日《新华日报》内载作者之更正，其内容主要纠正个别文字上的误印。收入《今昔集》，《沫若文集》篇题名《日本民族发展概观》。

《虎符》后话（札记）
1942年2月28日作于重庆；
初收1942年10月重庆群益出版社初版《虎符》；
又收《沫若文集》第3卷。

神明时代的展开（诗）
载1942年3月8日重庆《新华日报》；
初收1948年9月上海群益出版社版《蜩螗集》；
又收《沫若文集》第2卷。

无题（七绝）
1942年3月17日作；
初收1959年11月作家出版社北京第1版《潮汐集·汐集》。

《屈原》与《鳌雅王》（论文）
1942年3月18日作；
载1942年4月3日重庆《新华日报》"《屈原》公演特刊"；
初收1943年2月重庆文林出版社重排版《屈原》；
又收《沫若文集》第3卷。
注：此篇系答徐迟先生之来信，原信附文后。

偶成（七律）
1942年4月1日作；
初收1959年11月作家出版社北京第1版《潮汐集·汐集》。

殷周是奴隶社会考（论文）
载1942年4月10日《学习生活》月刊第3卷第1期。

《屈原》唱和（七绝）

1942年4月11日作；

载1942年4月13日重庆《新华日报》；

初收1959年11月作家出版社北京第1版《潮汐集·汐集》。

注：报载副题为"郭沫若先生和诗（有序）"，收入《潮汐集·汐集》篇名题《和黄任老观〈屈原〉演出二首》。黄任老即黄炎培。

《蒲剑集》序

1942年4月12日作；

初收1942年4月重庆文学书店初版《蒲剑集》；

又收《沫若文集》第12卷。

注：此篇又收入1947年7月上海海燕书店版《今昔蒲剑》题名《〈蒲剑集〉后序》，《沫若文集》与之同。

芍药及其他（散文）

芍药　1942年4月12日作；

水石　1942年4月12日作；

石池　1942年4月26日作；

母爱　1942年4月30日作；

载1942年8月20日《笔阵》半月刊新4期；

初收1945年9月重庆群益出版社初版《波》；

又收《沫若文集》第9卷。

和韵（五律）

1942年4月13日作；

载1942年6月《半月文萃》第1卷第2期；

初收1959年11月作家出版社北京第1版《潮汐集·汐集》。

注：此篇收入《潮汐集·汐集》题名《和李仙根观〈屈原〉演出一首》，李仙根原诗篇名题《金山力演沫若成功作》。

十四绝赠演员诸友（七绝）

1942年4月16日作；

载1942年4月27日重庆《新蜀报·七天文艺》第59期；

初收1959年11月作家出版社北京第1版《潮汐集·汐集》。

注：此篇收入《潮汐集·汐集》题名《赠〈屈原〉表演者二十一首》，内容较《新蜀报》增加《饰渔父者》一首，共题赠演员十五人，诗十六首（其中白杨二首）。

次韵赋答真如（七绝）

1942年4月18日作；

载1942年6月20日《半月文萃》第2期；

初收1959年11月作家出版社北京第1版《潮汐集·汐集》。

注：此诗收入《潮汐集·汐集》题名《和无名氏观〈屈原〉演出后二首》，所指无名氏系陈枢铭。

我的学生时代（自传）

1942年4月19日作；

载1942年6月15日《野草》月刊第4卷第3期；

初收1943年10月重庆东方书社初版《今昔集》；

又收《沫若文集》第7卷。

注：此篇又收入1947年5月上海海燕书店版《革命春秋》题名《学生时代》。

历史·史剧·现实（论文）

1942年4月19日作；

载1943年4月《戏剧月报》第1卷第4期；

初收1947年12月上海大孚公司版《沸羹集》；

又收《沫若文集》第13卷。

敬致木刻工作者（书信）

1942年4月20日作；

载1943年12月30日《木刻艺术》月刊第2期；

初收1943年10月重庆东方书社初版《今昔集》；

又收《沫若文集》第12卷。

注：此篇收入《今昔集》，《沫若文集》题名《致木刻工作者》。

题吴碧柳手稿（五律）

1942年4月23日作；

初收1959年11月作家出版社北京第1版《潮汐集·汐集》。

《屈原》唱和

1942年4月26日作；

载1942年5月7日重庆《新华日报》；

初收1959年11月作家出版社北京第1版《潮汐集·汐集》。

注：报载副题为《郭沫若先生答和诗》。收入《潮汐集·汐集》题名《赴壁山途中再和黄任老观〈屈原〉演出韵二首》。

平生多负气 二首（五律）

1942年4月27日作；

初收1959年11月作家出版社北京第1版《潮汐集·汐集》。

注：诗前有附记。

致田寿昌书

1942年4月28日作；

载1942年7月25日《戏剧春秋》月刊第2卷第2期。

三和黄任老观《屈原》演出后（七律）

1942年4月29日作；

载1942年6月《半月文萃》第1卷第3期；

初收1959年11月作家出版社北京第1版《潮汐集·汐集》。

由葛录亚想到夏完淳（论文）

1942年4月30日作；

载1942年5月5日重庆《新华日报》；
初收1943年10月重庆东方书社初版《今昔集》；
又收《沫若文集》第12卷。

赫曼与窦绿苔（Herman and Dorothea）
（德）歌德 Goethe 原作（诗歌剧）
见1942年4月重庆文林出版社初版。

作剧经验（论文）
1942年春作于重庆；
载1979年4月《十月》双月号第1期。
注：此系辑录，附于晏学、王永德作《馨香百代敬礼无涯——〈沫若创作选〉读后》之后。

赠朴园（七绝）
1942年5月1日作；
初收1959年11月作家出版社北京第1版《潮汐集·汐集》。

写尔所知（论文）
1942年5月4日作；
载1946年6月1日《现代文献》月刊第1卷第2期；
初收1943年2月文林书店初版《佩剑集》；
注：此篇又收入1943年10月重庆东方书社初版《今昔集》，该集收入《沫若文集》第12卷时删去本文。

听唱《湘累曲》四首（五绝）
1942年5月5日作；
初收1959年11月作家出版社北京第1版《潮汐集·汐集》。

《屈原研究》跋
1942年5月5日作；
初收1943年7月重庆群益出版社初版《屈原研究》。

小麻猫的归去来（散文）
1942年5月6日作；
载1942年6月25日《文化杂志》月刊第2卷第4期；
初收1945年9月重庆群益出版社初版《波》；
又收《沫若文集》第9卷。
注：此篇收入《波》，《沫若文集》题名《小麻猫》。

给翦伯赞同志的信
1942年5月7日作；
见1978年《北京大学学报》（哲学社会科学版）第3期《郭沫若同志给翦伯赞同志的信和诗》。

夜和高鲁诗二首（七绝）
1942年5月7日作；
初收1959年11月作家出版社北京第1版《潮汐集·汐集》。

怀董博士维键兄（杂感）
1942年5月8日作；
载1942年5月14日重庆《新华日报》；
初收1947年12月上海大孚出版公司版《沸羹集》；
又收《沫若文集》第13卷。
注：此篇收入《沫若文集》题名《怀董维键》。

题诗
载1942年5月11日重庆《新华日报》。
注：冯玉祥为柳非杞作骑驴图并题诗于画，郭沫若为冯玉祥作赠图赠诗事题诗，报载篇名题《郭沫若先生题诗》。

致孙望书
1942年5月11日作（手迹）；
载1978年7月《文教资料简报》第79期。

水牛赞（诗）
1942年5月14日作；
载1942年5月15日重庆《新华日报》；
初收1948年9月上海群益出版社版《蜩螗集》；
又收《沫若文集》第2卷。
注：此篇又转载于1947年7月1日《大学月刊》第6卷第2期，诗后附作者注"此旧作最为陶行知先生所激赏录此以补白"。收入《沫若文集》写作时间署1942年春。

有赠（五言诗）
1942年5月14日作；
初收1959年11月作家出版社北京第1版《潮汐集·汐集》。

"深幸有一，不望有二"（诗人节纪念屈原）
1942年5月15日作；
载1942年6月18日重庆《新华日报》；
初收1942年12月新华书店版《屈原——五幕史剧及其他》；
又收《沫若文集》第12卷。

陕西新出土器铭考释（论文）
载1942年5月15日《说文月刊》第3卷第10期。

银杏（散文）
1942年5月23日作；
载1942年5月29日重庆《新华日报》；
初收1945年9月重庆群益出版社初版《波》；
又收《沫若文集》第9卷。

略论文学的语言（论文）
1942年5月26日作；
载1943年4月30日《文坛》月刊第2卷第1期；
初收1947年12月上海大孚出版公司版《沸羹集》；
又收《沫若文集》第13卷。

注：此篇收入《沸羹集》、《沫若文集》题名《怎样运用文学的语言？》。

中国战时的文学与艺术——三十一年五月二十七日在中美文化协会演讲词（论文）
1942年5月27日讲；
载1942年5月28、29日重庆《新华日报》；
初收1943年10月重庆东方书社初版《今昔集》；
又收《沫若文集》第12卷。

札记四则（杂文）
1. 如今瓦石；
2. 一字之师　1942年5月30日作；
载1943年1月15日《文学创作》月刊第1卷第4期；
初收1947年12月上海大孚出版公司版《沸羹集》；
又收《沫若文集》第3卷。
注：札记四则之一，《如今瓦石》未署著作年月，现根据《一字之师》之写作时间排列于此，以资参考，该文未收入《沫若文集》。《一字之师》收入《沸羹集》，《沫若文集》中之《瓦石札记》。

再谈中苏文化之交流——三十一年五月三十日在中苏文化协会讲
1942年5月30日讲；
载1942年5月31日重庆《新华日报》；
初收1943年10月重庆东方书社初版《今昔集》；
又收《沫若文集》第12卷。
注：此篇载《新华日报》题名《中苏文化交流》系摘录部分内容之报导。

给迷娘　（德）歌德 Goeteh 原作（译诗）
初收1942年5月重庆文林出版社初版《春草集》。

钓鱼城怀古（七律）
1942年6月3日作；
载1942年6月18日重庆《新蜀报·七天文艺》第63期；
初收1959年11月作家出版社北京第1版《潮汐集·汐集》。
注：此篇写作时间《新蜀报·七天文艺》注1942年6月6日，然按《钓鱼城访古》一文内容看，系作于1942年6月3日。

致李芳远书
1942年6月8日；
初收1944年9月中日文化协会上海分会《弘一大师年谱》。

《筑》序言
上篇　1942年6月16日作；
下篇　1942年6月20日作；
载1942年6月29日重庆《新华日报》；
初收1946年5月上海群益出版社版《筑》；

又收《沫若文集》第4卷。
注：此篇收入1946年5月群益版《筑》时作为序言列于剧本之前，及收入1949年9月群益版《筑》中改题为《关于〈筑〉》。至收入《沫若文集》其上篇题名《关于筑》，下篇题名《剧本写作的经过》。

高渐离（五幕史剧）
1942年6月17日脱稿；
载1942年10月30日《戏剧春秋》月刊第2卷第4期；
见1946年5月上海群益出版社版《筑》；
初收《沫若文集》第4卷。
注：1946年群益出版社刊行单行本，题书名为《筑》。1949年9月上海群益出版社出版之单行本《筑》，附1948年3月28日作者于香港所书之校后记。此剧又名《琅琊台》，收入《沫若文集》，仍题名《高渐离》。

白渠水（诗歌）
载1942年8月10日《诗星》月刊第3卷第1期。
注：此系《高渐离》插曲之一，排列时间参考《高渐离》。

易水寒（七律）
初收1942年9月重庆戏剧文学出版社版《诗家》。

注：此系《高渐离》之插曲，排列时间参考《高渐离》。

《高渐离》人物研究
载1942年9月10日《戏剧春秋》月刊第2卷第3期；
初收1946年5月群益出版社版《筑》；
又收《沫若文集》第4卷。
注：本文未署写作时间，此处排列系参考《高渐离》。

序《情虚集》
1942年6月25日作；
初收1943年2月重庆东方书社初版《情虚集》。
注：《情虚集》作者田仲济。

雨（七绝）
1942年6月27日作；
初收1959年11月作家出版社北京第1版《潮汐集·汐集》。
注：此诗摘录自同名散文《雨》。

咏月　八首（五绝）
1942年6月29日作；
初收1959年11月作家出版社北京第1版《潮汐集·汐集》。
注：写作时间《潮汐集·汐集》注1943年6月29日，按该书排列程序，其前后篇均为1942年作品，故本篇应系1942年6月29日所作。

笑早哉·祸哉！（杂文）
1942年6月20日作；
载1942年6月22日重庆《新华日报》；
初收1943年10月重庆东方书社初版《今昔集》；
又收《沫若文集》第12卷。

中国文艺界为苏联抗战周年致斯大林先生及全体苏联战士书（杂文）
1942年6月作；
载1942年6月22日重庆《新华日报》；
初收1947年12月上海大孚出版公司版《沸羹集》；
又收《沫若文集》第13卷。
注：本篇收入《沸羹集》、《沫若文集》题名《中国文艺界贺苏联抗战周年》。

致寿昌、浅哉（书信）
1942年7月6日作；
载1942年10月30日《戏剧春秋》月刊第2卷第4期《丰收与屈原》栏。
注：书信内容系谈及《屈原》剧本中个别字句之修改问题。寿昌即田汉、浅哉是洪深笔名。

为《"七七"抗战五周年纪念》题词
载1942年7月7日重庆《新华日报》。

诗讯（杂文）
1942年7月7日作；
载1942年7月15日重庆《新华日报》；

初收1942年12月新华书店版《屈原——五幕史剧及其他》；
又收《沫若文集》第13卷。
注：1959年11月作家出版社北京第1版《潮汐集·汐集》收录文中作者和诗三首，篇名题《和亚子》。

雨（散文）
1942年7月8日作；
载1942年7月12日重庆《大公报》；
初收1945年9月重庆群益出版社初版《波》；
又收《沫若文集》第9卷。

《娜拉》的答案（杂文）
1942年7月10日作；
载1942年7月19日重庆《新华日报》；
初收1943年10月重庆东方书社初版《今昔集》；
又收《沫若文集》第12卷。
注：此篇为纪念秋瑾而作。《新华日报》附编者小言。

札记四则（杂文）
3. 南后郑袖
1942年7月13日作；
载1943年1月15日《文学创作》月刊第1卷第4期；
初收1947年12月上海大孚出版公司版《沸羹集》；
又收《沫若文集》第3卷。

注：此篇收入《沸羹集》、《沫若文集》题名《瓦石札记》。

《少年维特之烦恼》重印感言
1942年7月13日作；
初收1942年11月重庆群益出版社版《少年维特之烦恼》。

钓鱼城访古（散文）
1942年7月13日作；
载1942年8月15日《说文月刊》第3卷第7期；
初收1943年10月重庆东方书社初版《今昔集》；
又收《沫若文集》第12卷。
注：此篇收入1947年7月上海海燕书店版《今昔蒲剑》文后附作者于1947年6月3日所作之追记，《沫若文集》与之同。

给翦伯赞同志的信
1942年7月14日作；
见1978年《北京大学学报》（哲学社会科学版）第3期《郭沫若同志给翦伯赞同志的信和诗》。

波（小说）
1942年7月14日作；
载1942年7月17日重庆《新华日报》；
初收1945年9月重庆群益出版社初版《波》；

又收《沫若文集》第5卷。

致亚子（书信）
1942年7月18日作；
载1942年10月30日《戏剧春秋》月刊第2卷第4期《丰收与屈原》栏。

致寿昌（书信）
1942年7月18日作；
载1942年10月30日《戏剧春秋》月刊第2卷第4期《丰收与屈原》栏。

论儒家的发生（论文）
载1942年7月20日《学习生活》月刊第3卷第2期；
初收1943年10月重庆东方书社初版《今昔集》；
又收《沫若文集》第12卷。

小皮箧（散文）
1942年7月20日作；
载1942年8月2日重庆《大公报》；
初收1945年9月重庆群益出版社初版《波》；
又收《沫若文集》第9卷。

给翦伯赞同志的信
1942年7月22日作；
见1978年《北京大学学报》（哲学社会科学版）第3期《郭沫若同志给翦伯赞同志的信和诗》。

月光下（小说）
1942年7月29日作；
载1942年10月15日《人世间》月刊第1卷第1期；
初收1945年9月重庆群益出版社初版《波》；
又收《沫若文集》第5卷。
注：此篇初发表时写作时间署三十一年七月二十九日，即1942年7月29日，及收入1947年10月上海海燕书店版《地下的笑声》和《沫若文集》第5卷时改署为1941年7月29日作，系将原三十一年（民国）改为公元时少加一年所致。

给翦伯赞同志的信
1942年7月30日作；
见1978年《北京大学学报》（哲学社会科学版）第3期《郭沫若同志给翦伯赞同志的信和诗》。
注：本篇附有作者手迹。

致李芳远书
1942年7月31日；
初收1944年9月中日文化协会上海分会《弘一大师年谱》。

棠棣之花（五幕史剧）
见1942年7月重庆作家书屋初版。
注：作者于1942年12月23日将《棠棣之花》重新整理毕后，由作家书屋另行出版单行本。

题汉瓦琢砚（五言诗）
1942年7—8月间作；
见1981年《文物天地》双月号第1期葛尘《郭沫若题汉瓦琢砚手迹》。
注：此诗系赠李白瑜，原件现存陕西省西乡县文化馆。写作时间原题为1942年农历六月，当为阳历七八月间。

感怀（七律）
1942年8月1日作；
初收1959年11月作家出版社北京第1版《潮汐集·汐集》。

中国有诗人（五言诗）
1942年8月3日作；
载1942年10月11日重庆《新蜀报·蜀道》第812期；
初收1959年11月作家出版社北京第1版《潮汐集·汐集》。
注：此诗系《潮汐集·汐集》中《题傅抱石画八首》之二，写作时间署8月2日。此诗列于此处的时间系按《题画记》一文中所提及的为准，以下四首所列时间同此。

题抱石屈原巨帧（五言诗）
1942年8月4日作；
载1942年10月11日重庆《新蜀报·蜀道》第812期；
初收1959年11月作家出版社北京第1版《潮汐集·汐集》。

注：此诗系《潮汐集·汐集》中《题傅抱石画八首》之一，写作时间署8月2日。此篇篇名又题《题屈原画像》。

题陶渊明沽酒图（五言诗）
1942年8月4日作；
载1942年10月11日重庆《新蜀报·蜀道》第812期；
初收1959年11月作家出版社北京第1版《潮汐集·汐集》。
注：此诗系《潮汐集·汐集》中《题傅抱石画八首》之三，写作时间署8月2日。

抱石写张鹤野石涛诗意 极为沉痛即为鹤野原韵反其意以勖之（七绝）
1942年8月5日作；
载1942年10月11日重庆《新蜀报·蜀道》第812期；
初收1959年11月作家出版社北京第1版《潮汐集·汐集》。
注：此诗系《潮汐集·汐集》中《题傅抱石画八首》之四，写作时间署8月4日。此篇篇名又题《题〈张鹤野诗画意〉》二首（用鹤野原韵）。

抱石写龚半千与费密游诗即步半千韵题之（五律）
1942年8月5日作；
载1942年10月11日重庆《新蜀报·蜀道》第812期；

初收1959年11月作家出版社北京第1版《潮汐集·汐集》。
注：此诗系《潮汐集·汐集》中《题傅抱石画八首》之五，写作时间署8月4日。此篇篇名又题《题〈与尔倾杯酒〉》三首（用野遗原韵）。

题画记（散文）
1942年8月6日作；
初收1943年10月重庆东方书社初版《今昔集》；
又收《沫若文集》第12卷。

关于"接受文学遗产"（论文）
1942年8月8日作；
载1943年1月15日《抗战文艺》月刊第8卷第3期；
初收1943年10月重庆东方书社初版《今昔集》；
又收《沫若文集》第12卷。

水龙吟（诗）
1942年8月7日作；
初收1948年9月上海群益出版社版《蜩螗集》；
又收《沫若文集》第2卷。
注：此诗系题赠沈钧儒。写作年份不详，现根据《蜩螗集》之编序，本诗前篇之《满江红》与后篇之《烛影摇红》均为1942年之作品，乃以之为参考。

烛影摇红（词）
1942年8月12日作；
初收1948年9月上海群益出版社版《蜩螗集》；
又收《沫若文集》第2卷。

风雨归牧（西江月）
1942年8月22日作；
载1946年4月1日《文选》月刊第2期；
初收1959年11月作家出版社北京第1版《潮汐集·汐集》。
注：此诗系题李可染所作之《风雨归牧图》，《潮汐集·汐集》篇名题《牧童与水牛唱和》，写作时间署1942年5月22日。

关于歌德
1942年8月28日讲，爱兰记录；
载1942年11月25日《诗创作》月刊第16期。
注：此篇系在"歌德晚会"上的演讲词。记录者在附记中指出："本文是八月二十八日的夜，在重庆一个宽敞的石灰地的院子里，所举行的'歌德晚会'上郭先生的演讲辞，其间恕我遗漏了好些很重要的话。"

论古代社会（论文）
1942年8月作；
初收1943年10月重庆东方书社初版《今昔集》；

又收《沫若文集》第12卷。

童年时代（自传）
见1942年8月重庆作家书屋版。
注：本书原名《我的幼年》。

气朔篇（七言诗）
1942年9月1日作；
初收1959年11月作家出版社北京第1版《潮汐集·汐集》。

孔雀胆（四幕五场历史剧）
1942年9月3日至8日作；
载1943年4月1日《文学创作》月刊第1卷第6期；
见1943年12月重庆群益出版社初版；
初收《沫若文集》第4卷。

孔雀胆的故事（散文）
1942年9月10日作；
载1942年9月28日重庆《新华日报》；
初收1943年12月重庆群益出版社初版《孔雀胆》；
又收《沫若文集》第4卷。

祝与献（书信）
1942年9月11日作；
初收1943年7月桂林普及出版社初版《当代作家书简》。
注：此系《致张煌书简（一）》。

蚯蚓（散文）

载 1942 年 9 月 18 日重庆《新华日报》；

初收 1945 年 9 月重庆群益出版社初版《波》；

又收《沫若文集》第 9 卷。

题画莲（七绝）

1942 年 9 月 18 日作；

初收 1959 年 11 月作家出版社北京第 1 版《潮汐集·汐集》。

崇德小学校歌（诗）

1942 年 9 月 19 日作；

初收 1959 年 11 月作家出版社北京第 1 版《潮汐集·汐集》。

论古代文学（论文）

载 1942 年 9 月 20 日《学习生活》月刊第 3 卷第 4 期；

初收 1943 年 10 月重庆东方文艺社初版《今昔集》；

又收《沫若文集》第 12 卷。

注：此篇原系讲演稿。

《孔雀胆》后记（札记）

1942 年 9 月 30 日作；

载 1943 年 3 月 1 日《野草》月刊第 5 卷第 3 期；

初收 1943 年 12 月重庆群益出版社初版《孔雀胆》；

又收《沫若文集》第 4 卷。

创作长假可以满期了

1942 年 10 月 6 日作；

初收 1943 年 7 月桂林普及出版社初版《当代作家书简》。

注：此系《致张煌书简（二）》。

为杨亚宁所藏鲁迅石膏浮雕像作联语

1942 年 10 月上旬作于重庆；

初收 1948 年 2 月上海群益书店版《孔雀胆资料汇辑》；

注：篇名系编者题。

《孔雀胆》故事补遗（散文）

1942 年 10 月 14 日补记；

载 1942 年 10 月 20 日重庆《新华日报》；

初收 1943 年 12 月重庆群益出版社初版《孔雀胆》；

又收《沫若文集》第 4 卷。

注：此篇收入《孔雀胆》、《沫若文集》写作时间署 1942 年 11 月 28 日，比报纸发表时间晚一个多月，内容较报载有增补。

第十八次"十二三"（诗）

1942 年 10 月 18 日作；

载 1942 年 10 月 23 日重庆《新华日报》；

初收 1948 年 9 月上海群益出版社版《蜩螗集》；

又收《沫若文集》第 2 卷。

注：此篇收入《沫若文集》题名《团结一致——纪念第十八次"十二三"》。

有钱最好买公债（论文）
载1942年10月19日重庆《新华日报》。

札记四则（杂文）·离骚一句
1942年10月20日作；
载1943年1月15日《文学创作》月刊第1卷第4期；
初收1947年12月上海大孚出版公司版《沸羹集》；
又收《沫若文集》第3卷。
注：此篇收入《沸羹集》，《沫若文集》题名《瓦石札记》。

题杨亚宁来件（七绝）
1942年10月21日作于重庆；
初收1948年2月上海群益出版社版《孔雀胆资料汇辑》；
注：篇名系编者题。

《孔雀胆》资料汇辑——昆明杨亚宁先生所提供之函件
1942年10月22日记；
初收1948年2月上海群益出版社版《孔雀胆》；
又收《沫若文集》第4卷。
注：附杨亚宁来信四封。

驴猪鹿马（杂文）
1942年10月23日作；
载1942年10月28日重庆《新华日报》；
初收1947年12月上海大孚出版公司版《沸羹集》；
又收《沫若文集》第13卷。

鼠乎？象乎？（杂文）
1942年10月23日作；
载1942年10月29日重庆《新华日报》；
初收1947年12月上海大孚出版公司版《沸羹集》；
又收《沫若文集》第13卷。

《今昔集》序
1942年10月23日作；
初收1943年10月重庆东方书社初版《今昔集》；
又收《沫若文集》第12卷。

赵高与黑辛（杂文）
1942年10月24日作；
载1942年10月31日重庆《新华日报》；
初收1947年12月上海大孚出版公司版《沸羹集》；
又收《沫若文集》第13卷。
注：此篇收入《沸羹集》、《沫若文集》附1947年8月14日作者所作之按语。

飞雪崖（散文）
1942年10月25日夜作；
载1942年11月29日重庆《大公报·战线》；
初收1945年9月重庆群益出版社初版《波》；

又收《沫若文集》第9卷。

关于古代社会研究答客难（论文）
1942年10月27日作；
载1943年1月10日《文化杂志》月刊第3卷第3期；
初收1945年4月福建永安东南出版社初版《先秦学说述林》。
注：此篇收入《先秦学说述林》题名《古代社会研究答客难》。

一样是伟大（杂文）
1942年10月28日作；
载1942年11月4日重庆《新华日报》；
初收1947年12月上海大孚出版公司版《沸羹集》；
又收《沫若文集》第13卷。

赞天地之化育——纪念中华助产士协会成立一周年（杂文）
1942年10月29日作；
初收1947年12月上海大孚出版公司版《沸羹集》；
又收《沫若文集》第13卷。

"绿"（杂文）
1942年10月30日作；
载1942年11月6日重庆《新华日报》；
初收1947年12月上海大孚出版公司版《沸羹集》；
又收《沫若文集》第13卷。

丁东草（三章）（散文）
1. 丁东　1942年10月30日作；
2. 白鹭　1942年10月31日作；
3. 石榴　1942年10月31日作；
载1943年2月15日《文艺生活》月刊第3卷第4期；
初收1945年9月重庆群益出版社初版《波》；
又收《沫若文集》第9卷。

杜鹃与道学——读梁任公《王安石评传》有感（杂文）
1942年11月4日作；
载1943年1月1日《学习生活》月刊第4卷第1期。

给翦伯赞同志的信
1942年11月19日作；
见1978年《北京大学学报》（哲学社会科学版）第3期《郭沫若同志给翦伯赞同志的信和诗》。

无题（杂文）
1942年11月23日作；
初收1947年12月上海大孚出版公司版《沸羹集》；
又收《沫若文集》第13卷。

《少年维特之烦恼》译者扉语
见1942年11月重庆群益出版社版《少年维特之烦恼》。

给翦伯赞同志的信
1942年12月5日作；
见1978年《北京大学学报》（哲学社会科学版）第3期《郭沫若同志给翦伯赞同志的信和诗》。

屈原・招魂・天问・九歌（论文）
载1942年12月5日、6日重庆《新华日报》；
初收1943年10月重庆东方书社初版《今昔集》；
又收《沫若文集》第12卷。

追怀博多（杂文）
1942年12月6日作；
初收1947年12月上海大孚出版公司版《沸羹集》；
又收《沫若文集》第13卷。

题峡船图（五律）
1942年12月9日作；
初收1959年11月作家出版社北京第1版《潮汐集・汐集》。

吊友（五言诗）
1942年12月9日作；
初收1959年11月作家出版社北京第1版《潮汐集・汐集》。

丹娘魂（诗）
1942年12月12日作；

初收1959年11月作家出版社北京第1版《潮汐集・汐集》。

文艺的本质（论文）
1942年12月12日作；
载1943年5月《艺丛》月刊创刊号；
初收1947年12月上海大孚出版公司版《沸羹集》；
又收《沫若文集》第13卷。

《飞雷崖》补记（札记）
1942年12月13日作；
初收1945年9月重庆群益出版社初版《波》；
又收《沫若文集》第9卷。
注：1946年7月上海群益出版社版《波》第63页至66页收录此文，书末第159页至162页又重复收录此文。

题王晖棺玄武像（诗）
1942年12月15日作；
初收1959年11月作家出版社北京第1版《潮汐集・汐集》。

王晖石棺题咏之一（七言诗）
1942年12月15日作；
载1946年4月10日上海《大晚报・剪影》；
初收1959年11月作家出版社北京第1版《潮汐集・汐集》。
注：此篇收入《潮汐集・汐集》题名《咏

王晖石棺》。写作时间署1942年12月14日，按《潮汐集·汐集》时间顺序排列，其前一首作于1943年1月15日，后一首作于1942年12月15日，本诗应系1942年12月15日所作。

洪深先生五十寿（贺词）
1942年12月31日作；
载1942年12月31日重庆《新华日报》。

满江红（词）
1942年在重庆作；
初收1948年9月上海群益出版社版《蜩螗集》；
又收《沫若文集》第2卷。

屈原——五幕史剧及其他
见1942年12月新华书店版。

新年献词
1942年底作（手迹）；
载1943年1月15日《文学创作》月刊第1卷第4期。

题《白水滩》（诗）
1942年冬日作；
见1979年4月《文教资料简报》总第88期鲁真辑《郭沫若为关良题画辑拾》。

关良艺术论（论文）
载《中央日报》副刊。

注：此文之写作时间不明，据1978年《美术》第4期关良作《深切的怀念》一文中提到1941年郭沫若为关良戏曲故事画题了词，后来还写了一篇《关良艺术论》，故暂列此处。《中央日报》副刊之时间也未查明，仅见于1947年1月29日《文汇报》转载。

1943年

人类解放的曙光（诗）
载1943年1月6日重庆《新华日报》。

献给现实的蟠桃——为《虎符》演出而写（杂文）
1943年1月8日作；
初收1947年12月上海大孚出版公司版《沸羹集》；
又收《沫若文集》第13卷。

祝新华五周年（七律）
1943年1月15日夜作；
载1943年1月18日重庆《新华日报》；
初收1959年11月作家出版社北京第1版《潮汐集·汐集》。
注：此诗收入《潮汐集·汐集》题名《祝新华日报五周年》。

序洪深著《戏的念词与诗的朗诵》
1943年1月15日作；
载1943年8月10日重庆《新华日报》；
初收1947年12月上海大孚出版公司

版《沸羹集》。
又收《沫若文集》第13卷。
注：此篇收入《沸羹集》、《沫若文集》题名《序〈念词与朗诵〉》。此篇又载1947年2月1日诗音丛刊第1集《民歌》，题名《序〈戏的念词与诗的朗诵〉》。

题敦煌画展（五言诗）
1943年1月17日作；
初收1959年11月作家出版社北京第1版《潮汐集·汐集》。

《孔雀胆》的润色（论文）
1月23日作；
载1943年2月11日重庆《新华日报》；
初收1943年12月重庆群益出版社初版《孔雀胆》；
又收《沫若文集》第4卷。

战士如何学习与创作（论文）
1943年1月28日作；
初收1947年12月上海大孚出版公司版《沸羹集》；
又收《沫若文集》第13卷。

争取历史创造的主动（杂文）
1943年2月1日作；
载1943年2月5日重庆《新华日报》；
初收1947年12月上海大孚出版公司版《沸羹集》；
又收《沫若文集》第13卷。

本质的文学（论文）
1943年2月1日作；
初收1947年12月上海大孚出版公司版《沸羹集》；
又收《沫若文集》第13卷。

忆成都（杂文）
1943年2月13日作；
初收1947年12月上海大孚出版公司版《沸羹集》；
又收《沫若文集》第13卷。

死的拖着活的——关于汤肇虞教授被讼案（杂文）
1943年2月15日作；
载1943年2月19日重庆《新华日报》；
初收1947年12月上海大孚出版公司版《沸羹集》；
又收《沫若文集》第13卷。

颂苏联红军（诗）
载1943年2月23日重庆《新华日报》；
初收1948年9月上海群益出版社版《蜩螗集》；
又收《沫若文集》第2卷。
注：《沫若文集》写作时间署1942年红军建军节。红军建军节为1918年2月23日，此诗内有"人类的历史在二十五年前开始了新的篇章""……今后九个月的军事计划在大体上已见分晓。要在1943年内先消灭纳粹，再消灭东

条……"之句，可见此诗作于1943年非1942年。

人做诗与诗做人（杂文）
1943年2月24日作；
载1943年2月26日重庆《新华日报》；
初收1947年12月上海大孚出版公司版《沸羹集》；
又收《沫若文集》第13卷。
注：此篇内有改写的贺于伶三十七岁诞辰诗一首。

序《祖国之恋》
1943年2月26日作；
载1943年10月17日重庆《大公报·战线》；
初收1943年9月重庆当今出版社初版《祖国之恋》；
又收《沫若文集》第13卷。
注：此序于1944年1月载《天下文章》第2卷第1期，篇名题《专家态度》。《祖国之恋》系史东山所作之电影剧本。1946年元旦上海明华出版社重印初版，书名改《还我故乡》。

论读经（论文）
1943年3月8日作；
载1943年5月1日重庆学习生活社《学习生活》月刊第4卷第5期；
初收1947年12月上海大孚出版公司版《沸羹集》；
又收《沫若文集》第13卷。

新文艺的使命——纪念文协五周年（论文）
1943年3月10日作；
载1943年3月27日重庆《新华日报》；
初收1947年12月上海大孚出版公司版《沸羹集》；
又收《沫若文集》第13卷。

抗战以来的文艺思潮——纪念"文协"成立五周年（论文）
1943年3月11日作；
载1943年3月27日《抗战文艺》"'文协'成立五周年纪念特刊"；
初收1947年12月上海大孚出版公司版《沸羹集》；
又收《沫若文集》第13卷。

黄山探梅四首（七绝）
1943年3月12日作；
初收1959年11月作家出版社北京第1版《潮汐集·汐集》。

求仁得仁者（五言诗）
1943年3月12日作；
初收1959年11月作家出版社北京第1版《潮汐集·汐集》。

铭张天虚墓（五律）
1943年3月14日作；

初收 1959 年 11 月作家出版社北京第 1 版《潮汐集·汐集》。

游特园（七绝）

1943 年 3 月 20 日作；

初收 1959 年 11 月作家出版社北京第 1 版《潮汐集·汐集》。

题李可染画 二首

1. 东坡游赤壁图（五言诗）
2. 村景（五律）

1943 年 3 月 21 日作；

初收 1959 年 11 月作家出版社北京第 1 版《潮汐集·汐集》。

沿着进化的路向前进——纪念文协五周年（杂文）

1943 年 3 月 22 日作；

初收 1947 年 12 月上海大孚出版公司版《沸羹集》；

又收《沫若文集》第 13 卷。

咏水仙（五律）

1943 年 3 月 30 日作；

初收 1959 年 11 月作家出版社北京第 1 版《潮汐集·汐集》。

山容（五言诗）

1943 年 4 月 1 日作；

初收 1959 年 11 月作家出版社北京第 1 版《潮汐集·汐集》。

致函《新华日报》

载 1943 年 4 月 13 日重庆《新华日报》。

注：报载题名"来函照登"。

夏完淳之家庭师友及其殉国前后（论文）

1943 年 4 月 16 日作；

载 1943 年 9 月《中原》月刊第 1 卷第 2 期；

初收 1944 年 3 月重庆群益出版社初版《南冠草》；

又收《沫若文集》第 4 卷。

注：此篇收入《南冠草》题名《〈南冠草〉后记》，收入《沫若文集》题名《夏完淳》。

题人物画二首

1. 司马相如对卓文君弹琴图（五绝）
2. 仿刘松年群仙图（七绝）

1943 年 4 月 23 日作；

初收 1959 年 11 月作家出版社北京第 1 版《潮汐集·汐集》。

南冠草（五幕历史悲剧）

1943 年 4 月完稿；

见 1944 年 3 月重庆群益出版社初版；

收入《沫若文集》第 4 卷。

注：此剧剧名重庆群益出版社初版书名页题《金风剪玉衣》。

编者的话（札记）

1943 年 5 月 8 日作；

载1943年6月《中原》月刊创刊号。

才·力·命（杂文）
1943年5月11日作；
载1943年5月13日重庆《新华日报》；
初收1947年12月上海大孚出版公司版《沸羹集》；
又收《沫若文集》第13卷。

亚子先生五十晋七诗以寿之（七绝）
1943月5月19日作；
载1943年5月28日重庆《新华日报》；
初收1959年11月作家出版社北京第1版《潮汐集。汐集》。
注：此篇收入《潮汐集·汐集》题名《寿柳亚子先生》。

和冰谷见赠却寄二首（七律）
1943年5月22日作；
初收1959年11月作家出版社北京第1版《潮汐集·汐集》。

纪念张上将荩忱殉国三周年（挽诗）
1943年5月作；
初收1948年7月9日张上将自忠纪念委员会版《张上将自忠纪念集》。
注：张荩忱即张自忠，于1940年5月16日战死，此篇写作时间系以之为参考。

为《蜀道散记》书名题字
见1943年5月重庆商务印书馆初版《蜀道散记》。
注：《蜀道散记》作者梁乙真。

题风景画 二首（七绝）
1943年6月2日作；
初收1959年11月作家出版社北京第1版《潮汐集·汐集》。

孔丘（七言诗）
1943年6月6日作；
初收1959年11月作家出版社北京第1版《潮汐集·汐集》。

白杨来（诗）
1943年6月6日作；
初收1959年11月作家出版社北京第1版《潮汐集·汐集》。

鞋袜劳军（诗）
载1943年6月7日重庆《新华日报》。

猪与石二首（诗）
1943年6月7日作于重庆；
载1958年11月《诗刊》月刊第11期。
注：本篇包括《猪颂》、《石颂》二首。

灯台守（七绝）
1943年6月18日作；
初收1959年11月作家出版社北京第1版《潮汐集·汐集》。

由人类血型说到战后世界（杂文）
1943 年 6 月 29 日作；
载 1943 年 8 月 15 日《东方杂志》月刊第 39 卷第 11 期。

反七步诗（五言诗）
1943 年 7 月 3 日作；
初收 1959 年 11 月作家出版社北京第 1 版《潮汐集·汐集》。

论曹植（论文）
1943 年 7 月 7 日脱稿；
载 1944 年 3 月《中原》月刊第 1 卷第 3 期；
初收 1947 年 8 月上海海燕书店版《历史人物》；
又收《沫若文集》第 12 卷。

原来寿母是同乡　四首（七绝）
1943 年 7 月 18 日作；
初收 1959 年 11 月作家出版社北京第 1 版《潮汐集·汐集》。

屈原研究
见 1943 年 7 月重庆群益出版社初版（土纸本）。

墨子的思想（论文）
1943 年 8 月 6 日脱稿；
载 1943 年 9 月 16 日《群众》周刊第 8 卷第 15 期；

初收 1945 年 4 月福建永安东南出版社初版《先秦学说述林》；
又收《沫若文集》第 16 卷。

关于吴起（杂文）
1943 年 8 月 14 日作；
载 1943 年 9 月 23 日重庆《新蜀报·七天文艺》第 104 期。

给翦伯赞同志的信
1943 年 8 月 20 日作；
见 1978 年《北京大学学报》（哲学社会科学版）第 3 期《郭沫若同志给翦伯赞同志的信和诗》。

大家来做伤兵之友（论文）
载 1943 年 8 月 22 日重庆《新华日报》。

秦楚之际的儒者（论文）
1943 年 8 月 29 日午后脱稿；
载 1944 年 2 月《中苏文化》月刊第 15 卷第 2 期；
初收 1945 年 4 月福建永安东南出版社初版《先秦学说述林》；
又收《沫若文集》第 16 卷。

正标点——序程道清著《标点使用法》（杂文）
1943 年 8 月 29 日作；
初收 1947 年 12 月上海大孚出版公司版《沸羹集》；

又收《沫若文集》第13卷。

给翦伯赞同志的信
1943年9月2日作；
见1978年《北京大学学报》（哲学社会科学版）第3期《郭沫若同志给翦伯赞同志的信和诗》。

公孙尼子龙与其音乐理论（论文）
1943年9月5日脱稿；
载1943年10月16日《群众》周刊第8卷第17期；
初收1945年4月福建永安东南出版社初版《先秦学说述林》；
又收《沫若文集》第16卷。

《公孙尼子龙与其音乐理论》追记
1943年9月8日作；
载1943年10月16日《群众》周刊第8卷第17期；
初收1945年4月福建永安东南出版社初版《先秦学说述林》；
又收《沫若文集》第16卷。

述吴起（论文）
1943年9月11日作；
载1944年1月15日《东方杂志》月刊第40卷第1期；
初收1945年4月福建永安东南出版社初版《先秦学说述林》；
又收《沫若文集》第16卷。

注：此篇之写作时间据作者1945年5月5日所写之《我怎样写〈青铜时代〉和〈十批判书〉》一文介绍系1943年8月20日开始写稿至21日午后4时顷完成。

吕不韦与秦代政治（论文）
1943年10月3日夜脱稿；
载1943年12月1日、16日《群众》周刊第8卷第20日、21期合刊，第22期；
初收1945年4月福建永安东南出版社初版《先秦学说述林》；
又收《沫若文集》第15卷。
注：此篇收入《先秦学说述林》题名《吕氏春秋与秦代政治》；
文后附作者于1945年9月28日所作之追记。又收入1945年9月重庆群益书店初版《十批判书》，题名《吕不韦与秦王政的批判》，《沫若文集》与之同。

题良庄图（七言诗）
1943年10月28日作；
初收1959年11月作家出版社北京第1版《潮汐集·汐集》。

吊姜爱林（七言诗）
1943年10月29日作；
初收1959年11月作家出版社北京第1版《潮汐集·汐集》。

题梅怪画梅残幅（七律）
1943年10月29日作；

初收 1959 年 11 月作家出版社北京第 1 版《潮汐集·汐集》。

啼笑皆是（杂文）
1943 年 10 月 30 日作；
载 1943 年 11 月 2 日重庆《新华日报》；
初收 1947 年 12 月上海大孚出版公司版《沸羹集》；
又收《沫若文集》第 13 卷。

今昔集
见 1943 年 10 月重庆东方书社初版（土纸本）。

给翦伯赞同志的信
1943 年 11 月 8 日作；
见 1978 年《北京大学学报》（哲学社会科学版）第 3 期《郭沫若同志给翦伯赞同志的信和诗》。

《南冠草》日记
1943 年 11 月 12 日晨整理；
载 1943 年 11 月 15 日重庆《新华日报》。

奸雄的歌唱完了（诗）
1943 年 12 月 6 日作；
载 1944 年 2 月 6 日重庆《大公报·文艺》。

看《南冠草》演出后（五律）
1943 年 12 月 10 日作；

初收 1959 年 11 月作家出版社北京第 1 版《潮汐集·汐集》。

《韩非子·初见秦篇》发微（论文）
1943 年 12 月 18 日作；
载 1944 年 5 月《说文月刊》合订本"吴稚辉先生八十大寿纪念专号"。
初收 1945 年 4 月福建永安东南出版社初版《先秦学说述林》；
又收《沫若文集》第 16 卷。
注：此篇收入《沫若文集》、《先秦学说述林》写作时间署 1943 年 12 月 8 日。又收入《先秦学说述林》题名《韩非〈初见秦〉发微》。

题巫峡图（七律）
1943 年 12 月 18 日作；
初收 1959 年 11 月作家出版社北京第 1 版《潮汐集·汐集》。

题沈衡老像（五律）
1943 年 12 月 19 日作；
初收 1959 年 11 月作家出版社北京第 1 版《潮汐集·汐集》。

题赠张可源（五律）
1943 年 12 月 27 日作；
见 1981 年《常德师专教学与研究》第 4 期冯乐堂、谭崇明作《郭老故乡访问记》。
注：张可源字百川，系郭开文次女孔

鸾之子。篇名系编者题。

次田寿昌韵寄赠（七律）
1943年12月29日作；
初收1959年11月作家出版社北京第1版《潮汐集·汐集》。

题吹号手（诗）
1943年冬作于重庆；
载1943年12月《图讯》旬刊第355期。
注：此篇目见自1979年成都市图书馆编印之《郭沫若著译及研究资料》第1册。

孔雀胆（四幕五场剧）
见1943年12月重庆群益出版社初版（土纸本）。

元旦献辞
1943年12月作；
载1944年1月1日《当代文艺》月刊第1卷第1期。

题《特园》（七言诗）
1943年作于重庆；
见1979年1月14日香港《大公报》鲜继根作《敬爱的周总理在重庆〈特园〉》。
注：本篇篇名系编者题，内容为"嘉陵江头有一叟；银髯可长一尺九。其氏为鲜其名英，全力为民事奔足。以

国为家家为国，家集人民之战友。反对封建反法西斯，打倒独裁打走狗。有堂专为民主开，有酒专为民主寿。如见民主见曙光，民主之家永不朽。"

为《乐山一中四十周年纪念》题词
1943年作。
注：原文为"圣人生于急学，学问之道良不可惑已。唯学贵因时，方今之世，国家民族之所企待者，实以科学为首要。愿同学辈都能奋勉"。篇名系编者题。

题赠李门
1943年作于重庆；
见1979年5月三联书店版《悼念郭老》中李门作《泰山之神永生——忆郭沫若同志》。李门现在广东文联工作。

1944年

题赠董老画二绝（七绝）
1944年1月1日作；
初收1959年11月作家出版社北京第1版《潮汐集·汐集》。

董老行——祝董老六十寿辰（七言诗）
载1944年1月5日重庆《新华日报》；
初收1948年9月上海群益出版社版《蜩螗集》；
又收《沫若文集》第2卷。

《凤凰》序
1944年1月5日作；
初收1944年6月重庆明天出版社版《凤凰》；
又收《沫若文集》第13卷。
注：此诗收入《沫若文集》题名《序我的诗——有人要把以前的诗集来翻印，我便写了这样的一篇序》。

给戈宝权同志的信
1944年1月11日作；
见1978年8月20日《上海文艺》第8期戈宝权作《忆郭老》。

韩非子的批判（论文）
1944年1月20日脱稿；
载1945年11月16日至1946年2月16日《新文化》半月刊第1卷第3期至第9期；
初收1945年4月福建永安东南出版社初版《先秦学说述林》；
又收《沫若文集》第15卷。
注：此篇收入《先秦学说述林》题名《韩非子的思想》。

人乎·人乎·魂兮归来！——题《浮士德》新版（论文）
1944年2月8日作；
载1944年4月8日《联合周报》；
初收1947年3月上海群益出版社版《浮士德》上卷；
又收《沫若文集》第13卷。

给翦伯赞同志的信
1944年2月8日作；
见1978年《北京大学学报》（哲学社会科学版）第3期《郭沫若同志给翦伯赞同志的信和诗》。

"五十以学"答问（杂文）
1944年2月10日作；
载1944年2月13日重庆《新华日报》；
初收1947年12月上海大孚出版公司版《沸羹集》；
又收《沫若文集》第13卷。

戏剧与民众（论文）
1944年2月12日作；
载1944年2月15日重庆《新华日报》；
初收1947年12月上海大孚出版公司版《沸羹集》；
又收《沫若文集》第13卷。
注：此篇收入《沸羹集》时残缺，文后附作者于1947年10月22日所作之补白，内云："这篇文章因第一次承印的印刷所发生问题，被毁版，而下半原稿亦遗失，无法补出，就任它残阙吧。但此文原系发表于《新华日报》副刊，将来或许有查出的机会。"又收入《沫若文集》作者于篇末稍作补充，仍未将下半原稿补入。

由周代农事诗论到周代社会（论文）
1944年2月17日脱稿；
载1944年9月《中原》月刊第1卷第4期；
初收1945年4月福建永安东南出版社初版《先秦学说述林》；
又收《沫若文集》第16卷。
注：此篇据作者《我怎样写〈青铜时代〉和〈十批判书〉》一文介绍是1944年1月30日开始写的，断断续续写了一个礼拜，如以之推算，应脱稿于2月7日左右。

《先秦学说述林》后叙（札记）
1944年2月20日作；
初收1945年4月福建永安东南出版社初版《先秦学说述林》；
又收《沫若文集》第16卷。
注：此篇收入《青铜时代》改为《后记》并在作者1946年6月3日所作《追记》中指示："这篇后序本是附录在东南版《先秦学说述林》后面的，现在把它移录在这儿，当作我研究过程中的一项注脚。"

帝子二绝（七绝）
1944年2月24日作；
初收1959年11月作家出版社北京第1版《潮汐集·汐集》。

给戈宝权的信
1944年3月3日作；
见1978年12月《社会科学战线》增刊戈宝权作《谈郭老写的〈十批判书〉有关的几封信》。
注：篇名系编者题。

甲申三百年祭（论文）
1944年3月10日脱稿；
载1944年3月19日至22日重庆《新华日报》；
见1944年9月15日苏中出版社版；
初收《沫若文集》第12卷。
注：苏中出版社版附1944年6月7日中央宣传部总政治部通知。上海野草出版社于1945年10月发行单行本初版，封面加副题《明末亡国史实》，至11月再版发行改书名为《明末亡国史》副题为《甲申三百年祭》。

咏秦良玉 四首（七绝）
1944年3月13日作；
初收1959年11月作家出版社北京第1版《潮汐集·汐集》。

题幼女图（七绝）
1944年3月16日作；
初收1959年11月作家出版社北京第1版《潮汐集·汐集》。

两次哭先生（悼词）
1944年3月25日作；

载 1944 年 4 月 18 日重庆《新华日报》；
初收 1947 年 12 月上海大孚出版公司版《沸羹集》；
注：本篇系悼张一麐先生。编纂《沫若文集》时删去。

如何研究诗歌与文艺（论文）
1944 年 3 月 28 日作；
载 1944 年 4 月 16 日重庆《新华日报》；
初收 1945 年 2 月重庆青年生活社初版《怎样自我学习》；
又收《沫若文集》第 13 卷。
注：此篇又载 1948 年 1 月 15 日《文化通讯》第 3 期题名《怎样研究诗歌与文艺》。

题画虎（七言诗）
1944 年 3 月 30 日作；
初收 1959 年 11 月作家出版社北京第 1 版《潮汐集·汐集》。

为臧克家所书条幅题句
1944 年 3 月 30 日作；
见 1979 年 11 月《中国现代文艺资料丛刊》第 4 卷臧克家作《以文艺为帜志者——学习郭老条幅题句》。

南冠草（五幕剧）
见 1944 年 3 月重庆群益出版社初版。

《老子其人与老子其书》编者按后案（札记）

载 1944 年 3 月《中原》半月刊第 1 卷第 3 期。
注：《老子其人与老子其书》作者陈贵兼。

赠舒舍予（五言诗）
1944 年 4 月 1 日作；
初收 1959 年 11 月作家出版社北京第 1 版《潮汐集·汐集》。

在民主主义的旗帜下（杂文）
1944 年 4 月 5 日作；
初收 1947 年 12 月上海大孚出版公司版《沸羹集》。
注：编纂《沫若文集》时，此篇被删去。

忆嘉州（七绝）
1944 年 4 月 6 日作；
初收 1959 年 11 月作家出版社北京第 1 版《潮汐集·汐集》。

拟屈原答渔父辞（五言诗）
1944 年 4 月 10 日作；
初收 1959 年 11 月作家出版社北京第 1 版《潮汐集·汐集》。

文章入冠——祝老舍先生创作生活廿年（诗）
载 1944 年 4 月 17 日重庆《新华日报》。

给翦伯赞同志的信
1944 年 4 月 21 日作；

见 1978 年《北京大学学报》（哲学社会科学版）第 3 期《郭沫若同志给翦伯赞同志的信和诗》。

题富贵砖拓墨（五言诗）
1944 年 4 月 21 日作；
见 1979 年 7 月 31 日《社会科学辑刊》第 3 期宋丛作《郭沫若题富贵砖拓墨诗》。

答国际友人的一封信
1944 年 4 月 21 日作于重庆；
载 1944 年 7 月 5 日重庆《新华日报》；
初收 1947 年 12 月上海大孚出版公司版《沸羹集》；
又收《沫若文集》第 13 卷。
注：此篇收入《沸羹集》、《沫若文集》题名《答费正清博士》。

给翦伯赞同志的信
1944 年 4 月（？）作；
见 1978 年《北京大学学报》（哲学社会科学版）第 3 期《郭沫若同志给翦伯赞同志的信和诗》。

序《不朽的人民》
1944 年 5 月 1 日作；
载 1944 年 5 月 8 日重庆《新华日报》；
初收 1945 年 12 月上海正风出版社初版《不朽的人民》；
又收《沫若文集》第 13 卷。
注：《不朽的人民》（苏）葛罗士曼著，朱海观译。

题天发神谶碑（七律）
1944 年 5 月 4 日作；
初收 1959 年 11 月作家出版社北京第 1 版《潮汐集·汐集》。

影子（散文）
1944 年 5 月 10 日作；
载 1944 年 5 月 28 日重庆《新华日报》；
初收 1945 年 9 月重庆群益出版社初版《波》；
又收《沫若文集》第 9 卷。

题关良画凤阳花鼓（七绝）
1944 年 5 月 21 日作；
初收 1959 年 11 月作家出版社北京第 1 版《潮汐集·汐集》。

题新莽权衡（六言诗）
1944 年 5 月 21 日作；
初收 1959 年 11 月作家出版社北京第 1 版《潮汐集·汐集》。

题打渔杀家（诗）
1944 年 5 月 21 日作；
初收 1959 年 11 月作家出版社北京第 1 版《潮汐集·汐集》。
注：1979 年 4 月《文教资料简报》总第 88 期鲁真辑《郭沫若为关良题画辑拾》，写作时间署 1942 年冬。

观《两面人》（七绝）
1944年5月21日作；
载1944年5月23日重庆《新华日报》；
初收1959年11月作家出版社北京第1版《潮汐集·汐集》。
注：《两面人》作者阳翰笙。

答教育三问（杂文）
1944年5月24日作；
初收1947年12月上海大孚出版公司版《沸羹集》；
又收《沫若文集》第13卷。

悼江村（杂文）
1944年5月25日作；
初收1947年12月上海大孚出版公司版《沸羹集》；
又收《沫若文集》第13卷。

谢陈代新（论文）
1944年5月29日作；
载1944年9月30日《群众》半月刊第9卷第18期；
初收1947年12月上海大孚出版公司版《沸羹集》；
又收《沫若文集》第13卷。
注：此篇收入《沸羹集》、《沫若文集》写作时间署1944年5月19日。

题《春秋配》（诗）
1944年5月作；
见1979年4月《文教资料简报》总第88期鲁真辑《郭沫若为关良题画辑拾》。

题《情探》
1944年夏日作；
见1979年4月《文教资料简报》总第88期鲁真辑《郭沫若为关良题画辑拾》。

为革命的民权而呼吁（杂文）
1944年6月13日作；
初收1947年12月上海大孚出版公司版《沸羹集》；
又收《沫若文集》第13卷。

契诃夫在东方（杂文）
1944年6月14日作于重庆；
载1944年7月15日重庆《新华日报》；
初收1947年12月上海大孚出版公司版《沸羹集》；
又收《沫若文集》第13卷。
注：此篇系为纪念契诃夫逝世四十周年而作。

叠和亚子先生四首（七律）
1944年6月15日作；
初收1959年11月作家出版社北京第1版《潮汐集·汐集》。

题彝器图像拓本（七绝）
1944年作；
初收1959年11月作家出版社北京第1

版《潮汐集·汐集》。
注：此诗写作时间与排列顺序系参考上篇。

凤凰（沫若诗前集）
见1944年6月重庆明天出版社初版（土纸本）。

给翦伯赞同志的信
1944年7月10日作；
见1978年《北京大学学报》哲学社会科学版第3期《郭沫若同志给翦伯赞同志的信和诗》。

古代研究的自我批判（论文）
1944年7月18日脱稿；
载1944年10月31日《群众》半月刊第9卷第20期；
初收1945年9月重庆群益出版社初版《十批判书》；
又收《沫若文集》第15卷。
注：此篇写作时间参考作者之《我怎样写〈青铜时代〉和〈十批判书〉》。

劳动第一（杂文）
1944年7月18日作；
初收1947年12月上海大孚出版公司版《沸羹集》；
又收《沫若文集》第13卷。

为《诗前哨》刊名题字
见1944年7月重庆五十年代出版社《诗前哨》第1辑。

为沈叔羊《捣药图》题诗（儿歌）
1944年秋作；
见1981年4月《中国现代文艺资料丛刊》第6辑丁言昭作《郭沫若作儿歌》。
注：篇名系编者题。写作时间原署"甲申秋日"。

孔墨底批判（论文）
1944年8月1日脱稿；
见1945年3月8日《群众》第3、4期合刊附册；
初收1945年9月重庆群众出版社初版《十批判书》；
又收《沫若文集》第15卷。
注：本篇又载1945年《学府》创刊号，题名《论孔墨》。

孔雀胆二三事（散文）
1944年8月9日作于重庆；
初收1947年12月上海大孚出版公司版《沸羹集》；
又收《沫若文集》第4卷。

宋钘尹文遗著考（论文）
1944年8月29日；
载1944年10月15日《东方杂志》月刊第40卷第19期；
初收1945年3月重庆文治出版社初版《青铜时代》；

又收《沫若文集》第16卷。
注：此篇写作时间据作者在《我怎样写〈十批判书〉和〈青铜时代〉》文中提到"这是在8月26日开始写作的，28日完成"，此时间较发表时所注的早1日。

猪（杂文）
1944年9月2日作；
初收1947年12月上海大孚出版公司版《沸羹集》；
又收《沫若文集》第13卷。

羊（杂文）
1944年9月5日作；
初收1947年12月上海大孚出版公司版《沸羹集》；
又收《沫若文集》第13卷。

孔雀胆归宁（散文）
1944年9月9日作于重庆；
初收1947年12月上海大孚出版公司版《沸羹集》。

儒家八派的检讨（论文）
1944年9月11日脱稿；
载1945年3月《中原》月刊第2卷第1期；
初收1945年9月重庆群益出版社初版《十批判书》；
又收《沫若文集》第15卷。

注：此篇收入《十批判书》、《沫若文集》题名《儒家八派的批判》。写作时间参见作者所作之《我怎样写〈青铜时代〉和〈十批判书〉》。

稷下黄老学派的批判（论文）
1944年9月19日脱稿；
载1944年12月25日《群众》半月刊第9卷第23、24期合刊；
初收1945年9月重庆群益出版社初版《十批判书》；
又收《沫若文集》第15卷。

注：此篇写作时间参见作者的《我怎样写〈青铜时代〉和〈十批判书〉》。

"中医科学化"的拟议（杂文）
1944年9月23日作；
载1944年10月2日重庆《新华日报》；
初收1947年12月上海大孚出版公司版《沸羹集》。

注：此篇在编纂《沫若文集》时删去。

庄子的批判（论文）
1944年9月26日脱稿；
载1945年3月、6月《大学》月刊第4卷第1、2期合刊、第3期；
初收1945年9月重庆群益出版社初版《十批判书》；
又收《沫若文集》第15卷。

注：此篇写作时间参见作者《我怎样写〈青铜时代〉和〈十批判书〉》一文。

申述关于中医科学化的问题（杂文）
载1945年3月19日重庆《新华日报》；
初收1947年12月上海大孚出版公司版《沸羹集》；
注：此篇在编纂《沫若文集》时删去，其写作时间系参考《沸羹集》中篇日顺序。

韬奋先生哀词——在追悼会上讲演稿
1944年10月1日讲；
载1944年10月2日重庆《新华日报》；
初收1947年12月上海大孚出版公司版《沸羹集》；
又收《沫若文集》第13卷。
注：此篇《沫若文集》题名《一枝真正的钢笔——在邹韬奋先生追悼会上的讲演辞》。

给翦伯赞同志的信
1944年10月1日作；
见1978年《北京大学学报》（哲学社会科学版）第3期《郭沫若同志给翦伯赞同志的信和诗》。

给翦伯赞同志的信
1944年10月8日作；
见1978年《北京大学学报》（哲学社会科学版）第3期《郭沫若同志给翦伯赞同志的信和诗》。

写在双十节（杂文）
1944年10月10日作；
初收1947年12月上海大孚出版公司版《沸羹集》；
又收《沫若文集》第13卷。

黑与白（杂文）
1944年10月16日作；
初收1947年12月上海大孚出版公司版《沸羹集》，
又收《沫若文集》第13卷。

分与合（杂文）
1944年10月16日作；
初收1947年12月上海大孚出版公司版《沸羹集》；
又收《沫若文集》第13卷。

囤与扒（杂文）
1944年10月16日作；
初收1947年12月上海大孚出版公司版《沸羹集》；
又收《沫若文集》第13卷。

学习歌颂不完的伟绩——为纪念"十月革命"而作（杂文）
1944年10月30日作；
载11月7日重庆《新华日报》；
初收1947年12月上海大孚出版公司版《沸羹集》；
又收《沫若文集》第13卷。

荀子的批判（论文）
1944年10月31日脱稿；
载1945年3月《抗战文艺》月刊第10卷第1期。
初收1945年9月重庆群益出版社初版《十批判书》；
又收《沫若文集》第15卷。
注：此篇写作时间参见作者《我怎样写〈青铜时代〉和〈十批判书〉》一文。

复颜公辰先生
1944年10月31日作；
载1945年3月17日重庆《新华日报》；
初收1947年12月上海大孚出版公司版《沸羹集》；
注：此篇系关于中医科学化问题讨论的复信，在编纂《沫若文集》时删去。

迎潮（诗）
载1944年11月1日《经纬副刊》第1卷第2期。
注：此诗为题迎潮图而作。

奉行孙中山遗教，向苏联看齐！（杂文）
1944年11月7日讲于重庆青年馆；
载1944年11月10日重庆《新华日报》；
初收1947年12月上海大孚出版公司版《沸羹集》；
又收《沫若文集》第13卷。
注：此篇收入《沸羹集》题名《奉行国父遗教，向苏联看齐！》，又收入《沫若文集》题名《向苏联看齐》，副标题都用"在中苏文化协会举办的《十月革命》二十七周年庆祝会上的演说词"。
又载1944年11月《中苏文化》第15卷第10、11期合刊"苏联十月革命二十七周年纪念特辑"，题名《苏联10月革命二十七周年纪念大会演词》。又收入《沸羹集》、《沫若文集》作者在文后加有按语。

给戈宝权同志的信
1944年11月11日作；
见1978年8月《上海文艺》月刊第8期戈宝权作《忆郭老》。
注：此信之手迹载1978年12月《社会科学战线》增刊戈宝权作《谈郭老写的〈十批判书〉有关的几封信》。

序《羽书集》
1944年11月15日作；
载1944年11月22日重庆《新华日报》；
初收1945年1月重庆群益出版社第1版《羽书集》；
又收《沫若文集》第11卷；
注：此篇收入《沫若文集》题名《第二序》。

咏虎 二首（五绝、七绝各一首）
1944年11月15日作；
初收1959年11月作家出版社北京第1版《潮汐集·汐集》。

题刘伶醉酒图（古体诗）
1944年11月17日作；
初收1959年11月作家出版社北京第1版《潮汐集·汐集》。

喻仿石涛者（五言诗）
1944年11月17日作；
初收1959年11月作家出版社北京第1版《潮汐集·汐集》。

题傅抱石薰风曲图（七绝）
1944年11月17日作；
初收1959年11月作家出版社北京第1版《潮汐集·汐集》。

题伯夷叔齐图（五言诗）
1944年11月19日作；
初收1959年11月作家出版社北京第1版《潮汐集·汐集》。

题夏山图（七绝）
1944年11月22日作；
初收1959年11月作家出版社北京第1版《潮汐集·汐集》。

题柳浪图（七绝）
1944年11月22日作；
初收1959年11月作家出版社北京第1版《潮汐集·汐集》。

题湘君与湘夫人　二首（七绝）
1944年11月22日作；
初收1959年11月作家出版社北京第1版《潮汐集·汐集》。

补题湘君与湘夫人　二首（七绝）
1944年11月23日作；
初收1959年11月作家出版社北京第1版《潮汐集·汐集》。

题水牛画册（五绝）
1944年12月3日作；
初收1959年11月作家出版社北京第1版《潮汐集·汐集》。

衡老以双十一追忆诗见示·步韵却酬·兼呈亚子先生（诗）
1944年12月25日作；
载1945年1月7日重庆《新华日报》；
初收1959年11月作家出版社北京第1版《潮汐集·汐集》。
注：此篇收入《潮汐集·汐集》题名《双十一》。

赠张瑞芳（七绝）
1944年12月26日作；
初收1959年11月作家出版社北京第1版《潮汐集·汐集》。

欧洲的教训（论文）
1944年12月28日作；
载1945年1月1日重庆《新华日报》。

争取今天
载1944年12月《高原》月刊第2期"郑伯奇先生文坛生活廿周年纪念特辑"。

题关山月画 其一（七绝）
1944年岁暮作（手迹）；
载1945年1月13日重庆《新华日报》；
初收1948年8月广州市立艺术专科学校《关山月纪游画集·第一辑西南西北旅行写生选》；
又收《沫若文集》第2卷。

题关山月画 其二（跋）
1944年岁暮作（手迹）；
载1945年1月13日重庆《新华日报》；
初收1948年8月广州市立艺术专科学校《关山月纪念画集·第一辑西南西北旅行写生选》；
又收《沫若文集》第2卷。

10月17日（散文）
1944年作；
初收1945年9月重庆群益出版社初版《波》；
又收《沫若文集》第9卷。
注：此篇收入《沫若文集》题名《竹阴读画》。

1945年

苏联会参加东方战场吗?（杂文）
1945年1月3日作；
初收1947年12月上海大孚出版公司版《沸羹集》；
又收《沫若文集》第13卷。

宏大的轮船停泊到了安全的海港（杂文）
1945年1月8日作；
载1945年1月20日《文学新报》月刊第1卷第3期；
初收1947年12月上海大孚出版公司版《沸羹集》；
又收《沫若文集》第13卷。
注：此篇收入《沫若文集》题名《宏大的轮船停泊到安全的海港》。

名辨思潮的批判（论文）
1945年1月中旬脱稿；
载1945年2月16日、3月16日《中华论坛》月刊第2—3期；
初收1945年9月重庆群益出版社初版《十批判书》；
又收《沫若文集》第15卷。
注：此篇之写作时间系参考作者所作之《〈我怎样写青铜时代〉和〈十批判书〉》，按该文介绍作者系从1944年11月29日开始写稿，至1945年1月中旬完成。

文艺与民主（论文）
1945年1月18日作；
载1945年2月15日《青年文艺》双月刊新1卷第6期；

初收1947年12月上海大孚出版公司版《沸羹集》；
又收《沫若文集》第13卷。

伟大的战士，安息吧！——悼念罗曼罗兰
1945年1月18日作；
载1945年5月25日《文艺杂志》月刊第1卷第1期。
注：本篇在悼念罗曼罗兰的同时，还哀悼了敬隐渔的逝世。

访徐悲鸿醉题（七绝）
1945年2月5日作；
初收1959年11月作家出版社北京第1版《潮汐集·汐集》。

磬磬大器（七绝）
1945年2月6日作；
初收1959年11月作家出版社北京第1版《潮汐集·汐集》。

文化界时局进言（杂文）
1945年2月8日作；
载1945年2月22日重庆《新华日报》；
初收1947年12月上海大孚出版公司版《沸羹集》；
又收《沫若文集》第13卷。
注：此篇由郭沫若起草，载《新华日报》题名《文化界发表时局进言要求召开临时紧急会议》，又于1945年4月6日载《解放日报》，题名《重庆文化界发表时局进言》。文后有300名左右著名人士签名。

青铜器时代（论文）
1945年2月8日—2月10日作；
初收1945年3月重庆文治出版社初版《青铜时代》；
又收《沫若文集》第16卷。

《青铜时代》序
1945年2月11日作；
初收1945年3月重庆文治出版社初版《青铜时代》；
又收《沫若文集》第16卷。

给戈宝权同志的信
1945年2月13日作；
载1979年《四川大学学报丛刊》第2卷《郭沫若研究专刊》。

前期法家的批判（论文）
1945年1月30日—2月18日作；
初收1945年9月重庆群益出版社初版《十批判书》；
又收《沫若文集》第15卷。
注：此篇写作时间系参见作者所写之《我怎样写〈青铜时代〉和〈十批判书〉》。

《老聃·关尹·环渊》追记（札记）
1945年2月19日作；

初收 1945 年 3 月重庆文治出版社初版《青铜时代》；
又收《沫若文集》第 16 卷。

赠国际友人（五言诗）
1945 年 2 月 19 日作；
初收 1959 年 11 月作家出版社北京第 1 版《潮汐集·汐集》。

人类的前卫——纪念第二十七届红军节（论文）
1945 年 2 月 23 日作；
载 1945 年 2 月 24 日重庆《新华日报》；
初收 1947 年 12 月上海大孚出版公司版《沸羹集》；
又收《沫若文集》第 13 卷。

和平之光——罗曼罗兰挽歌（诗）
1945 年 2 月作；
载 1945 年 3 月 25 日重庆《新华日报》；
初收 1948 年 9 月上海群益出版社版《蜩螗集》；
又收《沫若文集》第 2 卷。
注：此诗又载 1945 年 3 月《音乐艺术》第 2 卷第 1 期由马思聪谱曲。

咏兰（五律）
1945 年 3 月 7 日作；
初收 1959 年 11 月作家出版社北京第 1 版《潮汐集·汐集》。

咏梅（七律）
1945 年 3 月 7 日作；
初收 1959 年 11 月作家出版社北京第 1 版《潮汐集·汐集》。

题画梅 二首（七绝）
1945 年 3 月 7 日作；
初收 1959 年 11 月作家出版社北京第 1 版《潮汐集·汐集》。

孔墨底批判
见 1945 年 3 月 8 日重庆群众周刊社版《群众》第 10 卷第 3、4 期合刊附册。

神明时代（杂文）
载 1945 年 3 月 15 日《文艺春秋丛刊之三·春雷》。
注：此篇包括内容有三：《关于自由》、《关于歌德》、《神明时代》。其中《关于歌德》见于 1942 年 8 月 28 日。《神明时代》见于 1942 年 3 月 8 日《新华日报》，题名《神明时代的展开》。《关于自由》写作时间不明，此处按期刊发表时间为序。

贺友人在巴黎公社纪念日结婚（七律）
1945 年 3 月 18 日；
初收 1959 年 11 月作家出版社北京第 1 版《潮汐集·汐集》。

泰山不让壤（五律）
1945 年 3 月 18 日作；

初收1959年11月作家出版社北京第1版《潮汐集·汐集》。

罗曼罗兰悼辞
1945年3月21日作；
初收1947年12月上海大孚出版公司版《沸羹集》；
又收《沫若文集》第13卷。

青铜时代
见1945年2月重庆文治出版社初版（土纸本）。

关于中国音乐（论文）
载1945年3月《音乐艺术》第2卷第1期。
注：此篇节录自《民族精神的体验与发扬》，但原文未查到。

昙华林纪念（题辞）
1945年4月1日题于重庆；
见1979年8月《东海》第8期丁正献作《昙华永念》。

和金静庵（七律）
1945年4月2日作；
初收1959年11月作家出版社北京第1版《潮汐集·汐集》。
注：1979年7月31日《社会科学辑刊》第3期宋德金、丛佩远作《平生四海惯为家——记郭沫若同志一首未发表的七律》中介绍了郭的一首七律，按该文介绍"金毓黻在3月28日日记中写道'沫若送和余赠诗来'并录下郭老的原诗……过了几天郭老因对原诗不甚满意，遂又进行了修改，这就是本文开头所引的那首，于诗下署名䂊䃬（音石驼，鼎之别名）"。文中所指的"那首"除个别文字修改外，即系收入《潮汐集·汐集》的一首，写作时间署3月28日。金毓黻即金静庵。

向人民大众学习（杂文）
1945年4月12日作；
载1945年5月4日《文哨》月刊第1卷第1期五四文艺节创刊号；
初收1947年12月上海大孚出版公司版《沸羹集》；
又收《沫若文集》第13卷。

悼念A.托尔斯泰（杂文）
1945年4月15日作；
初收1947年12月上海大孚出版公司版《沸羹集》；
又收《沫若文集》第13卷。

人民的文艺（论文）
1945年4月20日作；
载1945年4月29日重庆《大公报》；
初收1947年12月上海大孚出版公司版《沸羹集》；

又收《沫若文集》第13卷。
注：此篇又载1946年1月1日《文艺生活》光复版第1期代发刊词。

忆樱桃树（七绝）
1945年4月20日作；
初收1959年11月作家出版社北京第1版《潮汐集·汐集》。

题书画册（七绝）
1945年4月23日作；
初收1959年11月作家出版社北京第1版《潮汐集·汐集》。

五四课题的重提（杂文）
1945年4月27日作；
载1945年5月15日《群众》月刊第10卷第9期；
初收1947年12月上海大孚出版公司版《沸羹集》；
又收《沫若文集》第13卷。

为《岳飞》书名题字
见汉口新快报印刷所版《岳飞》。
注：该书系龚啸岚编著，无出版年月，排列时间参考书内编者于1945年4月25日所作之序。

我们需要怎样的文艺（论文）
1945年4月28日讲，R、L记录整理；
载1945年5月8日重庆《新华日报》。

注：此系郭沫若为沙坪坝学生公社作的讲演记录。

先秦学说述林
见1945年4月福建永安东南出版社初版；

校后记
载1945年4月《中原》月刊第2卷第2期，署名编者。

我怎样写《青铜时代》和《十批判书》（散文）
1945年5月5日作；
载1946年1月1日、8日《文萃》周刊第13、14期；
初收1945年9月重庆群益出版社初版《十批判书》。
又收《沫若文集》第15卷。
注：此篇收入《十批判书》、《沫若文集》题名《后记——我怎样写〈青铜时代〉和〈十批判书〉》。

民主家庭（诗）
1945年5月6日作；
初收1948年9月上海群益出版社版《蜩螗集》；
又收《沫若文集》第12卷。
注：此诗收入《蜩螗集》附作者注。《沫若文集》加副标题《贺友人结婚》。

兔进文艺的新潮（论文）
1945年5月8日作；
载1945年7月5日《文哨》月刊第1卷第2期。

如果我再是青年（杂文）
1945年5月28日作；
载1945年7月《青年知识》半月刊创刊号；
初收1947年12月上海大孚出版公司版《沸羹集》；
又收《沫若文集》第13卷。
注：此篇收入《沸羹集》、《沫若文集》题名《我如果再是青年》。

国际的文化联盟刍议（杂文）
1945年5月30日作；
载1945年6月3日重庆《新华日报》；
初收1947年12月上海大孚出版公司版《沸羹集》；
又收《沫若文集》第13卷。

《十批判书》后记之后（札记）
1. 1945年6月2日作；
2. 1945年9月28日作；
初收1945年9月重庆群益出版社初版《十批判书》；
又收《沫若文集》第15卷。

下乡去（散文）
1945年6月4日作；

初收1945年9月重庆群益出版社初版《波》；
又收《沫若文集》第9卷。

《高尔基》序
1945年6月4日作；
初收1948年北门出版社连初版《高尔基》。
注：《高尔基》（苏）A.罗斯金原作，葛一虹、茅盾等译。

苏联纪行（日记）
1945年6月9日—8月16日作；
载1945年10月11日—1946年1月22日重庆《新华日报》；
见1946年3月上海中外出版社初版；
初收《沫若文集》第9卷。
注：此篇曾刊载于1945年10月19日—23日《建国日报》晚刊；内容未连载完。《潮汐集·汐集》收入文中诗五首，篇名题《苏联纪行五首》。

战时中国的文艺活动
1945年7月7日作；
见1982年5月《郭沫若研究专刊》第3集，易明善、刘思久《郭沫若抗战时期简谱》。
注：此篇系对苏联文艺界讲演的讲稿。

为尹瘦石画柳亚子全家图象题字
1945年秋。

注：尹瘦石为柳亚子全家作画，柳亚子乃作《鸥萝园图记》，郭沫若在柳之文前题"鸥萝园图"四字。篇名系编者题，书写时间原题乙酉秋。原件为一长轴。

贺徐悲鸿、廖静文婚礼（七绝）
1945年秋作；
见1982年7月25日《收获》双月刊第4期廖静文作《往事依依——忆徐悲鸿》。
注：篇名系编者题。

为郁达夫《题画梅诗》题字
1945年秋作于重庆；
见1979年9月《西湖》第9期于听作《怀念尊敬的郭老》。
注：篇名系编者题。

战时中国历史研究（论文）
1945年8月3日讲，文雄译；
载1946年8月1日《中国学术》季刊创刊号。
注：本篇附译者注"本文为郭先生于去年8月3日在莫斯科苏联对外文化协会历史哲学组所作之讲演词，此处系根据去年12月号苏联《历史问题》杂志所刊载之节略稿译出"。

颂体育节（诗）
1945年8月12日作；
载1946年6月15日《白山》月刊第3期；初收《沫若文集》第2卷。
注：此诗摘自《苏联纪行》8月12日日记。《白山》月刊转载《胶东大众》，写作时间误记1945年8月13日于莫斯科。《沫若文集》篇名题《红场观体育节》。

畅谈旅苏印象（专访）
教1945年8月21日重庆《新华日报》。
注：此篇发表时题名《郭沫若先生返渝，畅谈旅苏印象》，系《新华日报》记者专访之记录稿。

十批判书（论文集）
见1945年9月重庆群益出版社初版（土纸本）。

波（小说集）
见1945年9月重庆群益出版社初版（土纸本）。

千载一时的建国机会（论文）
1945年10月2日作于重庆；
载1945年10月11日上海《建国日报》（晚刊）。

天地玄黄（杂文）
1945年10月7日作于重庆；
载1945年10月27日《周报》第8期；
初收1947年12月上海大孚出版公司版《天地玄黄》；
又收《沫若文集》第13卷。

《苏联纪行》前记（札记）
载1945年10月10日重庆《新华日报》；
初收1946年3月上海中外出版社初版《苏联纪行》；
又收《沫若文集》第9卷。

致唐弢、柯灵书
1945年10月12日作；
载1945年10月27日《周报》第8期。

人民世纪的文艺（论文）
载1945年10月15日上海《建国日报·春风》第6期。

我建议（杂文）
1945年10月17日作；
载1945年10月19日重庆《新华日报》；
初收1947年12月上海大孚出版公司版《天地玄黄》；
又收《沫若文集》第13卷。
注：此篇为纪念鲁迅逝世九周年而作。内容系要求设立鲁迅博物馆。收入《天地玄黄》、《沫若文集》写作时间误署12月17日，较发表时间晚2个月左右。

今屈原（杂文）
1945年10月20日夜作；
载1945年10月25日重庆《新华日报》"柳诗尹画联展特刊"；
初收1947年12月上海大孚出版公司版《天地玄黄》；

又收《沫若文集》第13卷。
注："柳诗尹画"即柳亚子的诗、尹瘦石的画。

为"文协"联谊晚会题诗
1945年10月21日作；
载1945年10月22日重庆《新华日报》。
注：此诗摘自《新华日报》报导"文协昨开联谊晚会，周恩来应邀讲延安文艺活动，郭沫若联诗一首，老舍讲相声故事"中。

苏联妇女漫谈（杂文）
1945年10月21日讲；
载1945年11月7日《中苏文化》月刊第16卷第11期"苏联十月革命二十八周年纪念特刊"。
注：此篇系在中苏文协妇委会上的讲演稿，1945年10月22日《新华日报》曾予以报导。

应有的结论（杂文）
1945年10月29日作；
载1945年11月7日《中苏文化》月刊第16卷第11期"苏联十月革命第二十八周年纪念特刊"。

王安石（论文）
载1945年10月《青年知识》半月刊第1卷第3期；
初收1947年8月上海海燕书店版《历

史人物》；
又收《沫若文集》第12卷。
注：此篇文后附作者于1947年7月3日所作之后记。

沁园春　二首　和毛主席韵（词）
1945年冬作；
载1945年12月25日《联合增刊》第6号合订本；
初收1948年9月上海群益出版社版《蜩螗集》；
又收《沫若文集》第2卷。
注：此系题赠翦伯赞同志的词，1978年《北京大学学报》（哲学社会科学版）第3期《郭沫若同志给翦伯赞同志的信和诗》中重新作了介绍。其中第二首又载1945年12月29日《客观》第8期，篇名题《毛词和章（四）》。

在鲁迅逝世九周年纪念会上讲话
载1945年11月3日《周报》第9期。
注：原载篇名题《记重庆鲁迅逝世九周年纪念会》，由力扬记录。

苏联问题二三事（杂文）
1. 斯大林的健康
2. 苏联是不是民主
3. 形同感电
1945年11月4日作；
载1945年11月7日重庆《新华日报》；
初收1947年12月上海大孚出版公司版《天地玄黄》；
又收《沫若文集》第13卷。

苏联观念
1945年11月4日讲；
载1945年11月5日重庆《新华日报》。
注：此系在中大学生自治会上的讲演由报社予以归纳成文。

为徐文烈题条幅
1945年11月作；
见1980年7月《随笔》第九集徐文烈作《柳亚子与郭沫若的友情》。

吊星海（杂文）
1945年12月3日脱稿；
载1946年1月4日上海《文汇报》；
初收1947年12月上海大孚出版公司版《天地玄黄》；
又收《沫若文集》第13卷。

祭昆明四烈士文
1945年12月9日作；
初收1948年9月上海群益出版社版《蜩螗集》；
又收《沫若文集》第2卷。

历史在大转变（论文）
1945年12月15日脱稿；
载1946年1月1日上海《文汇报》；
初收1946年11月《一二·一民主运动

纪念集》；
又收《沫若文集》第13卷。
注：此篇收入《一二·一民主运动纪念集》作为序，篇名题《序〈历史的大转变〉》。

一切为了人民（论文）
1945年12月17日作；
载1946年5月4日《抗战文艺》月刊第10卷第6期；

进步赞（诗）
载1945年12月25日《文萃》周刊第12期；
初收1946年11月于冉先生纪念委员会编《一二·一民主运动纪念集》；
又收《沫若文集》第2卷。
注：此诗又收《新华日报》标题为《陪都各界昨日悲愤集会追悼昆明死难师生》。

兵不管秀才（杂文）
1945年12月27日作；
载1946年1月24日《文萃》周刊第10期；
初收1947年12月上海大孚出版公司版《天地玄黄》；
又收《沫若文集》第13卷。

相见以诚（杂文）
1945年12月28日作；

初收1947年12月上海大孚出版公司版《天地玄黄》；
又收《沫若文集》第13卷。

走向世界和平的桥梁（杂文）
1945年12月30日作；
初收1947年12月上海大孚出版公司版《天地玄黄》；
又收《沫若文集》第13卷。

咏史（诗）
初收1948年9月上海群益出版社版《蜩螗集》；
又收《沫若文集》第2卷。
注：写作时间不详，现根据作者于1948年3月16日作《〈蜩螗集〉序》内指出：《蜩螗集》大率写于抗战后期，……"故排列于本年内，下篇与之同。

松崖山寺（诗）
初收1948年9月上海群益出版社版《蜩螗集》；
又收《沫若文集》第2卷。
注：诗前附作者注。

1946年

巩固和平（论文）
1946年1月14日作；
载1946年1月15日重庆《新华日报》。

民族解放的先锋——纪念"一二八"第十四周年（杂文）
1946年1月25日作；
载1946年1月28日重庆《新华日报》；
初收1947年12月上海大孚出版公司版《天地玄黄》。
注：本篇在编纂沫若《文集》时删去。

书赠《新民报》陈铭德五十寿辰（五律）
1946年春作于重庆；
见1979年6月中华书局第1版《文史资料选辑》第63辑陈铭德、邓季惺作《新民报廿年》。

红军为什么那样英勇？（诗）
1946年2月17日作；
载1946年2月23日《中苏文化》（沪版）"庆祝苏联红军第二十八周年纪念特刊"。

红军英勇的源泉（论文）
1946年2月23日作；
载1946年2月25日重庆《新华日报》。

书贺严开民，张思学结婚
1946年2月书于重庆；
见1980年4月重庆市图书馆编印《郭沫若著译研究资料》第二辑。
注：此篇原件为手迹，现存严竿路处。

叶挺将军的诗（散文）
1946年3月4日作；

载1946年4月6日《唯民周刊》第1卷第1期；
初收1947年12月上海大孚出版公司版《天地玄黄》；
又收《沫若文集》第13卷。

论郁达夫（论文）
1946年3月6日作；
载1946年9月30日《人物杂志》第3期；
初收1947年8月上海海燕书店版《历史人物》；
又收《沫若文集》第12卷。

为长谷川敏三题字
1946年3月8日题；
见1978年12月20日《日本文学情况与研究》第1期《日本朋友悼念郭沫若》中长谷川敏三作《超过了死线的日子》。
注：长谷川敏三原日中友好协会事务局长。题字内容为"超过了死线获得光辉的新生"。《超过了死线的日子》译自1978年7月5日《日本和中国》。

关于李岩（论文）
1946年3月12日夜作于重庆；
载1946年5月1日《清明》月刊创刊号；
初收1947年8月上海海燕书店版《历史人物》中《甲申三百年祭》附录；
又收《沫若文集》第12卷。
注：此篇写作时间《历史人物》、《沫

若文集》署1946年2月12日。

致唐弢的信
1946年3月17日作于重庆（手迹）；
见1979年10月上海文艺出版社版唐弢著《回忆·书简·散记》插页。

文艺与科学（论文）
1946年3月27日作；
载1946年5月15日《中原》《希望》《文艺杂志》《文哨》联合特刊第1卷第5期；
初收1947年12月上海大孚出版公司版《天地玄黄》；
又收《沫若文集》第13卷。
注：此篇收入《天地玄黄》、《沫若文集》中写作时间署1946年3月17日。

《亚洲苏联》序
1946年3月27日作；
载1946年4月29日重庆《新华日报》；
初收1946年上海耕耘出版社版《亚洲苏联》；又收《沫若文集》第13卷。
注：《亚洲苏联》系（美）戴威士、史蒂格合著，朱海观译。

如何学习写作（论文）
1946年3月31日作；
载1946年6月20日《书报精华》第18期。
注：此篇系在重庆职业妇女第四次学术讲座会上的讲演。初载《职业妇女》（原刊未见），又载1946年4月5日上海《大晚报·剪影》题名《怎样写作》内容较简略，为壬自渝记的一篇报导。

苏联纪行（自传）
见1946年3月中外出版社初版。

为《青年学习》刊名题字
见1946年4月1日《青年学习》月刊第1卷第1、2期合刊。

《联合三日刊》发刊词
1946年4月3日作；
初收1947年12月上海大孚出版公司版《天地玄黄》；
又收《沫若文集》第13卷。
注：此篇收入《天地玄黄》写作日误印1936年4月3日作。

抗战八年的历史剧（杂文）
1946年4月3日讲，殷野记；
载1946年5月22日重庆《新华日报》。
注：此篇系在戏剧工作者协会第一次学术演讲会上的演讲。

致唐弢的信（手迹）
1946年4月8日作于重庆；
收入1979年10月上海文艺出版社版唐弢作《回忆·书简·散记》插页。

挽歌——献给若飞、希夷、博古、邓发及其他烈士（诗）
1946年4月13日夜作；
载1946年4月15日重庆《新华日报》；
初收1948年9月上海群益出版社版《蜩螗集》；
又收《沫若文集》第2卷。
注：此诗收入《蜩螗集》、《沫若文集》时题名为《挽四八烈士歌——献给若飞、希夷、博古、邓发及其他诸位烈士》。1946年4月8日王若飞等同志由重庆返延安途中不幸飞机失事遇难，作者于4月13日作诗悼念。《蜩螗集》将写作时间署为4月23日夜，又收入《沫若文集》改署为1945年4月23日夜作，都是与史实不相吻合的。

为多灾多难的人民而痛哭（诗）
1946年4月15日作；
载1946年4月17日重庆《新华日报》；
初收1946年10月中共代表团编《"四八"被难烈士纪念册》；
又收《沫若文集》第2卷。
注：此诗也系悼念王若飞等同志而作，在收入1948年9月《蜩螗集》与《沫若文集》第2卷时写作时间都误署为1945年4月15日，其时王若飞同志等尚未遇难。

英雄们向暴风雨飞去——挽歌（歌曲）
夏白曲

载1946年4月17日重庆《新华日报》。

我更懂得庄子（杂文）
1946年4月23日作；
载1946年5月26日延安《解放日报》；
初收1947年12月上海大孚出版公司版《天地玄黄》；
又收《沫若文集》第13卷。
注：此篇收入《天地玄黄》写作时间误印1936年4月23日。

重庆值得留恋（杂文）
1946年4月25日作；
载1946年5月4日重庆《新华日报》；
初收1947年12月上海大孚出版公司版《天地玄黄》；
又收《沫若文集》第13卷。

由实验室走向街头（杂文）
1946年4月28日作；
载1946年6月《科学与生活》月刊第5、6期合刊。

文艺工作展望（论文）
1946年4月30日作；
载1946年9月22日重庆《群众》周刊第12卷第9期；
初收1947年12月上海大孚出版公司版《天地玄黄》；
又收《沫若文集》第13卷。
注：此篇载《群众》写作时间署4月3

日，收入《天地玄黄》与《沫若文集》改署1946年4月30日。文后附作者于1946年9月18日所写之后记中指出这篇东西是四个半月以前为北平准备创刊的一种文艺杂志写的。"按之推算，应为1946年4月30日之作品。

为《苏联纪行》书名题字
见1946年4月北平中外出版社初版《苏联纪行》。

题辐送杨子辉
1946年春作；
见1982年5月四川大学编辑部《郭沫若研究专刊》第3集郭平英《〈郭沫若遗墨〉中的佚作及其他》。
注：杨子辉即杨作权。篇名系编者题。

纪念第二届"五四"文艺节告全国文艺工作者书（杂文）
1946年5月2日作；
初收1947年12月上海大孚出版公司版《天地玄黄》；
又收《沫若文集》第13卷。

"科学"与"民主"争取五四课题的实现
1946年5月4日讲，黄裳记；
载1946年5月9日上海《文汇报》。
注：此篇为郭沫若在重庆文艺节的演说词，系报导性质，附有作者钢笔题词："不能作为人民以上或以外的任何存在"。

学术工作展望（论文）
1946年5月6日作于重庆；
载1946年8月1日《中国学术季刊》创刊号；
初收1947年12月上海大孚出版公司版《天地玄黄》；
又收《沫若文集》第13卷。

屈原不会是弄臣（杂文）
1946年5月7日作；
载1946年5月、6月《诗歌月刊》第3、4期；
初收1947年12月上海大孚出版公司版《天地玄黄》；
又收《沫若文集》第13卷。

为《消息半周刊》题词
1946年5月9日作；
载1946年5月20日《消息半周刊》第11期。
注：题词内容为"保持冷静的头脑，辨别事实的真相、真理所在，以全生命趋赴之"。

题赠于伶（诗）
1946年5月上旬书于上海；
见1979年5月三联书店版《悼念郭老》中于伶作《怀念郭沫若同志》。
注：原诗八句现仅存前后四句。

诗一首（五言诗）
1946年5月13日作；
载1946年5月14日上海《文汇报》。
注：报载原题名《郭沫若先生近作》，系在三和楼席上作的诗。内容为"适从山里来，上海今依旧　喧嚣声振耳　内战复何有　可怜满街人　茫如丧家狗"。

反对战争
载1946年5月18日《人民世纪》周刊第12期。
注：此系隆真定记录稿。

挽杨潮（挽联）
1946年5月19日作；
见1980年8月《新闻研究资料》第4期。
注：1946年5月19日上海各界人士举行杨潮追悼会，由郭沫若主持大会，会场上挂有郭的这付挽联。

在"改良平剧座谈会"上的发言
1946年5月23日下午3时讲；
载1946年7月10日《月刊》第2卷第1期。
注：此篇又载1946年8月30日《解放日报》题名《在上海改良平剧座谈会上的发言》。

由诗人节说到屈原是否弄臣（论文）
1946年5月24日作；

载1946年6月7日重庆《新华日报》；
初收1947年12月上海大孚出版公司版《天地玄黄》；
又收《沫若文集》第13卷。
注：此篇收入《天地玄黄》、《沫若文集》题名《从诗人节说到屈原是否是弄臣》。

苏联的建设
载1946年5月27日上海《文汇报》。
注：此篇系对学生所作的一次讲演，由蓝依记录。

"不要把自己作品偶像化"（杂文）
1946年5月30日作；
载1946年6月16日上海《群众》周刊第11卷第7期；
初收1947年12月上海大孚出版公司版《天地玄黄》；
又收《沫若文集》第13卷。

青年与文艺（杂文）
1946年5月31日讲，古人记录；
载1946年6月4—6日上海《文汇报》。
注：此篇系在圣约翰大学文艺欣赏会上的演讲稿。

筑（五幕剧）
见1946年5月群益出版社初版。

归去来（自传）
见1946年5月上海北新书局版。

教育与学习（杂文）
1946年6月1日作；
初收1947年12月上海大孚出版公司版《天地玄黄》；
又收《沫若文集》第13卷。

致金沙的信
1946年6月7日作；
见1980年2月22日《新文学史料》第1期"轶闻轶事栏"《郭老谈诗的一封信》。
注：篇名系编者题。

走向人民文艺（论文）
1946年6月8日作于上海；
载1946年6月22日上海《文汇报》；
初收1946年11月太岳新华书店版《走向人民文艺》；
又收《沫若文集》第13卷。

诗歌与音乐（杂文）
1946年6月9日作于上海；
载1946年6月15日《联合日报·晚刊》；
初收1946年10月太岳新华书店版《走向人民文艺》；
又收《沫若文集》第13卷。
注：此篇原载《诗歌与音乐》周刊创刊号，代发刊词。

十五天后能和平吗？（杂文）
1946年6月10日作；
载1946年6月15日《周报》第41期；
初收1947年12月上海大孚出版公司版《天地玄黄》；
又收《沫若文集》第13卷。
注：此篇篇名原为《周报》所辟之专栏，收入《天地玄黄》改题为《毫不乐观》，又收入《沫若文集》改题《玩火者必自焚》。

科学与文艺
载1946年6月12—13日上海《文汇报》。
注：此篇系讲演记录稿，由俞辰记录，并对当时情况作了介绍，其中提到"几天以前'上海文艺青年联谊会，假育才公学礼堂请郭沫若先生讲《科学与文艺》。……"

答"民主周刊社时局六问题"
载1946年6月15日《民主》周刊第35期特大号。
注：此篇篇名原题《郭沫若、马叙伦、郑振铎、景宋先生答本刊时局六问题》。

追慕高尔基
1946年6月16日讲；
载1946年6月18日上海《联合日报·晚刊》；
初收1946年11月太岳新华书店版《走向人民文艺》；
又收《沫若文集》第13卷。

注：此篇系在上海中苏文化协会等八个文化团体纪念高尔基逝世十周年大会上的演讲词。1946年7月28日《解放日报》及1946年太岳新华书店版《走向人民文艺》，题名《坚持人民本位的人民文艺》。写作时间按1946年7月12日《解放日报》所载《上海文艺界的两个盛会》中介绍纪念会于6月16日开，郭在会上讲话。然据《走向人民文艺》收入此篇时间署1946年6月19日，显系误注，因较1946年6月18日《联合日报·晚刊》已发表此文时间还晚一天。

战时战后文艺检讨座谈会
1946年6月17日讲；
载1946年7月1日《上海文化》月刊第6期；
注：此系记录稿未经本人审阅修改。

反内战
载1946年6月25日《民言》半月刊创刊号。

创造新的民族形式与参加民主斗争（论文）
载1946年6月25日《中原》、《希望》、《文艺杂志》、《文哨》联合特刊第1卷第6期。

读历史剧（杂文）
载1946年6月26日、28日上海《文汇报》。
注：此篇系在上海市立戏剧学校演讲的记录稿，由周惜吾记录。报载标题《郭沫若讲历史剧》，篇名由编者题。

《考工记》的年代与国别（论文）
1946年6月30日作；
初收1947年3月开明书店初版《开明书店二十周年纪念文集》；
又收《沫若文集》第16卷。
注：此篇收入《开明书店二十周年纪念文集》时文前附有作者所写之引言，又收入1947年12月上海大孚出版公司版《天地玄黄》中误将写作日改为1947年6月30日，较开明书店初版时间晚3个月，《沫若文集》与之同。

"七七"第一周年在武汉（杂文）
1946年7月1日作；
载1946年7月6日《民主》周刊第38期；
初收1947年12月上海大孚出版公司版《天地玄黄》；
又收《沫若文集》第13卷。

《橘颂》今译（楚）屈原原作
载1946年7月5日上海《文汇报》；
初收1948年9月上海群益出版社版《蜩螗集》；
又收《沫若文集》第2卷。

题词
载1946年7月7日上海《文汇报》。
注:《文汇报》以"迎胜利后的第一个'七七'"为总标题发表了茅盾等的短文,郭沫若为此专栏题词,内容为"以十倍抗战的精神从事和平建设。"

寄日本文化工作者(杂文)
1946年7月7日卢沟桥事件爆发后第九周年作;
载1946年8月15日《日本论坛》月刊创刊号。

南京印象(散文)
载1946年7月7日、11日、14日、28日、8月1日、4日、8日、11日、15日、18日、22日、25日上海《文汇报》;
见1946年11月上海群益出版社版;
初收《沫若文集》第9卷。

《礼魂》今译(楚)屈原原作
载1946年7月9日上海《文汇报》;
初收1948年9月上海群益出版社版《蜩螗集》;
又收《沫若文集》第2卷。

国共的前途怎样(杂文)
载1946年7月10日《民言》半月刊第2期。
注:此篇篇名下尚有茅盾、陶行知等人之短文。

皮杜尔与比基尼(杂文)
1946年7月10日作;
载1946年7月20日《周报》第46期;
初收1947年12月上海大孚出版公司版《天地玄黄》;
又收《沫若文集》第13卷。
注:此篇收入《沫若文集》题名《比基尼岛上的试验》,又载1946年7月27日《风下》第34期题名《皮杜尔与比基尼的原子弹》。

摩登唐吉珂德的一种手法——评王芸生《我对中国历史的一种看法》(论文)
1946年7月10日作;
载1946年7月20日《周报》第46期;
初收1947年12月上海大孚出版公司版《天地玄黄》;
又收《沫若文集》第13卷。
注:此篇收入《天地玄黄》、《沫若文集》时删去副标题。

对"召开国大"的意见
载1946年7月13日《民主》周刊第39期。
注:此系记者专访,刊载时题名《沈钧儒、郭沫若、章伯钧三先生对"召开国大"的意见》。

文艺的新旧内容和形式(论文)
载1946年7月15日《文艺春秋》月刊第3卷第1期;

初收入《沫若文集》第13卷。

断想四章（诗）
1. 恐怖
2. 骗
3. 慈悲
4. 诅咒

1946年夏作于上海；
载1946年7月15日上海《文汇报》；
初收1948年9月上海群益出版社版《蜩螗集》；
又收《沫若文集》第2卷。

让公朴永远抱着一个孩子（杂文）
1946年7月15日作；
载1946年7月21日上海《群众》周刊第11卷第12期；
初收1947年12月上海大孚出版公司版《天地玄黄》；
又收《沫若文集》第13卷。

悼闻一多（杂文）
1946年7月17日作；
载1946年7月20日《民主》周刊第40期；
初收1947年12月上海大孚出版公司版《天地玄黄》；
又收《沫若文集》第13卷。

等于打死了林肯和罗斯福（杂文）
1946年7月17日作；
载1946年7月21日上海《群众》周刊第11卷第12期；
初收1947年12月上海大孚出版公司版《天地玄黄》；
又收《沫若文集》第13卷。

注：1946年7月28日《新华日报》辟"李公朴，闻一多先生追悼特刊"专栏转载本文，题名《等于打死了林肯罗斯福》。

祭陶行知先生（诗）
1946年7月26日宣读于上海殡仪馆；
载1946年7月28日上海《群众》周刊第12卷第1期；
初收陶行知先生纪念委员会编《陶行知先生纪念集》；
又收《沫若文集》第2卷。

注：此篇收入《沫若文集》题名《祭陶行知》。

痛失人师（散文）
1946年7月26日作；
初收陶行知先生纪念委员会编《陶行知先生纪念集》；
又收《沫若文集》第13卷。

读陶先生的最后一封信（杂文）
1946年7月30日作；
载1946年8月2日上海《文汇报》；
初收1947年12月上海大孚出版公司版《天地玄黄》；
又收《沫若文集》第13卷。

注：此篇收入《天地玄黄》、《沫若文集》文后附有作者于1947年3月15日所作之《后记》。又《天地玄黄》题名《读了陶先生最后一封信》，《沫若文集》题名《读了陶行知最后一封信》。

陶行知先生最值得学习的地方（杂文）
1946年7月30日作；
载1946年8月15日《读书与出版》月刊第5期。

记不全的一首陶诗（杂文）
1946年7月30日作；
载1946年8月3日《民主》周刊第42期；
初收1947年12月上海大孚出版公司版《天地玄黄》；
又收《沫若文集》第13卷。
注：此篇收入《天地玄黄》、《沫若文集》文后附有作者于1947年3月13日所作之《后记》。

挽歌
1946年7月作于上海；
载1946年8月1日《文萃》周刊第41期；
初收1948年9月上海群益出版社版《蜩螗集》；
又收《沫若文集》第2卷。
注：本诗载《文萃》由沙梅谱曲。收入《蜩螗集》题名《陶行知先生挽歌》，又收入《沫若文集》改题《陶行知挽歌》。

中国人的母亲（诗）
1946年7月作于上海；
初收1948年9月上海群益出版社版《蜩螗集》；
又收《沫若文集》第2卷。

反反常（杂文）
1946年8月2日作；
初收1947年12月上海大孚出版公司版《天地玄黄》；
又收《沫若文集》第13卷。

《板话》及其他（杂文）
1946年8月9日作；
载1946年8月16日上海《文汇报》；
初收1947年7月朝城冀鲁豫书店初版《论赵树理的创作》；
又收《沫若文集》第13卷。

谈解放区文艺创作（杂文）
1. 向北方的朋友们致敬
2. 致陆定一信
1946年8月10日作；
载1946年8月24日上海《群众》周刊第12卷第4、5期合刊；
初收1947年7月朝城冀鲁豫书店初版《论赵树理的创作》。

《人民英烈李公朴、闻一多先生遇刺记实》序
1946年8月13日作；

初收李闻二烈士纪念委员会编辑《人民英烈李公朴、闻一多先生遇刺纪实》。
注：封面书名由郭沫若题字。

自由在我——为纪念《周报》休刊而作（杂文）
1946年8月15日作；
载1946年8月24日《周报》第49、50期合刊（休刊号）。

司徒·司马·司空（杂文）
1946年8月19日作；
初收1947年12月上海大孚出版公司版《天地玄黄》；
又收《沫若文集》第13卷。

从灾难中像巨人一样崛起（杂文）
1946年8月作于上海；
载1946年10月15日《清明》月刊第4期。

致沈凝华先生信
1946年9月1日作。
注：沈凝华即沈鹏年，本函原件现存沈处，内容为"我所说的'鲁迅是一个伟大的完成'是说一个伟大人格的完成，就是他已经完成了一个不屈不挠的韧性战士'鲁迅'，请从这方面去体会吧，著作未完或天年苦短，都是小节。"

《司徒·司马·司空》补白（札记）
1946年9月2日补记；

初收1947年12月上海大孚出版公司版《天地玄黄》；
又收《沫若文集》第13卷。

关于非正式五人小组（论文）
1946年9月3日作；
初收1947年12月上海大孚出版公司版《天地玄黄》；
又收《沫若文集》第13卷。

鲁迅与王国维（论文）
1946年9月14日作；
载1946年10月1日《文艺复兴》月刊第2卷第3期；
初收1947年8月上海海燕书店版《历史人物》；
又收《沫若文集》第12卷。

读了《李家庄的变迁》（论文）
1946年9月17日作；
载1946年9月26日《文萃》周刊第49期；
初收1947年7月朝城冀鲁豫书店初版《论赵树理的创作》；
又收《沫若文集》第13卷。

《文艺工作展望》后记（札记）
1946年9月18日作；
载1946年9月22日上海《群众》周刊第12卷第9期；
初收1947年12月上海大孚出版公司版《天地玄黄》；

又收《沫若文集》第13卷。

批判美对华政策
1946年9月26日讲；
载1946年9月27日上海《文汇报》。
注：此篇系在文化教育界座谈会上的讲话。报载附副题《文化教育界昨举行座谈》。

怎样使双十节更值得庆幸（杂文）
1946年9月26日作；
载1946年10月10日《民主》周刊第2卷第1、2期合刊；
初收1947年12月上海大孚出版公司版《天地玄黄》；
又收《沫若文集》第13卷。
注：此篇收入《天地玄黄》、《沫若文集》题名《怎样使双十节更值得纪念》。

替美国人设想（杂文）
1946年10月1日作；
载1946年10月2日上海《文汇报》；
初收本年华北新华书店版《美国反动派走上了希特勒的道路》。
注：此篇又收入1947年12月上海大孚出版公司版《天地玄黄》，写作时间误印1945年10月1日，题名《为美国人设想》，编辑《沫若文集》时删去本文。

祭李闻
1946年10月4日作；

初收1948年9月上海群益出版社版《蜩螗集》；
又收《沫若文集》第2卷。
注：祭文前作者加有附言。另1946年10月5日上海《文汇报》曾报导此消息，题名《李闻二氏之死》，文内概括介绍了郭沫若在会上讲话内容。

"双十"解（诗）
1946年10月9日作；
载1946年12月19日《文萃》周刊第2年第11期；
初收1948年9月上海群益出版社版《蜩螗集》；
又收《沫若文集》第2卷。

双十节纪念（杂文）
载1946年10月10日《文萃》周刊第2年第1期。

鲁迅和我们同在（杂文）
1946年10月18日作；
载1946年10月20日上海《文汇报·世纪风》；
初收1947年12月上海大孚出版公司版《天地玄黄》；
又收《沫若文集》第13卷。
注：此篇为纪念鲁迅逝世十周年而作。

本着鲁迅指示的方向，赶跑所有的帝国主义

1946年10月19日讲；
载1946年10月21日重庆《新华日报》。
注：此系在纪念鲁迅逝世十周年文协总会第12团体举行庄严盛大纪念会上的讲话。

青铜器的波动
载1946年10月22日上海《文汇报》。
注：此文系郭沫若于生活教育社社员进修班中演讲的笔记。

世界和平的柱石（杂文）
1946年10月31日作；
初收1947年12月上海大孚出版公司版《天地玄黄》；
又收《沫若文集》第13卷。

为《"四八"被难烈士纪念册》书名题字
见1946年10月中共代表团编《"四八"被难烈士纪念册》。
注：篇名系编者题。

"一二一"纪念（诗）
1946年11月1日作；
载1946年12月19日《文萃》周刊第2年第11期；
初收1948年9月上海群益出版社版《蜩螗集》；
又收《沫若文集》第2卷。

为苏联革命廿九周年题词（手迹）

载1946年11月7日上海《时代日报》。

致孔另境信
1946年11月12日作；
见1981年《百花洲》第1期孔海珠辑注《作家书简——郭沫若书信十二封》。

为普希金纪念日题辞
1946年11月18日作于上海；
见1979年《四川大学学报丛刊》第2辑《郭沫若研究专刊》。

人所豢养者（杂文）
1946年11月21日作；
载1946年11月28日《文萃》周刊第2年第8期；
初收1947年12月上海大孚出版公司版《天地玄黄》；
又收《沫若文集》第13卷。

纪念邓择生先生（散文）
1946年11月24日作；
载1946年12月16日《中华论坛》半月刊第2卷第7、8期合刊。
初收1947年12月上海大孚出版公司版《天地玄黄》。
注：邓择生即邓演达（1895—1931）广东惠阳人，保定军官军校毕业。1927年蒋介石、汪精卫背叛革命后，曾流亡苏、德等国，1930年回国，正式成立"中国国民党临时行动委

员会"（中国农工民主党前身），进行反对蒋介石集团的斗争。1931年8月在上海被捕，11月被蒋介石秘密杀害于南京。此篇编纂《沫若文集》时删去。

在苏领馆欢送茅盾即席赋诗（七绝）
1946年11月25日作；
载1946年11月28日上海《立报》。
注：篇名系编者题。1946年12月2日重庆《新华日报》转载此诗，篇名题《送茅盾夫妇出国》。原诗为"不辞美酒几千杯　顿觉心头带怒开　今日天涯人尽醉　澄清总得赖奇才"。

寿朱德（诗）
1946年11月29日作；
初收1948年9月上海群益出版社版《蜩螗集》；
又收《沫若文集》第2卷。

题《南天竹》（七言诗）
其一　1946年11月29日作；
其二　1946年11月30日晨作；
初收1948年9月上海群益出版社版《蜩螗集》；
又收《沫若文集》第2卷。
注：二诗后作者均加有附白。《南天竹》二首，其一之写作时间系参考后一首之作者附白。

庆祝朱总司令六十大寿贺辞
1946年11月29日作；
载1946年12月9日上海《群众》周刊第13卷第8期。
注：贺辞内容为"武力与人民结合，八年坚持敌后抗战，解放国土五分之三，为民主为和平，百折不回，群伦共仰，六十如日中天！"

请来玩（儿歌）
载1946年11月《儿童世界》半月刊第2卷第3期。
注：此篇系为第一儿童阅览室作。

为《还乡一月随笔》题词（手迹）
初收1946年11月镜泉文化基金委员会版《还乡一月随笔》。
注：《还乡一月随笔》作者谢步生。

临别赠言（七绝）
1946年12月5日作；
载1946年12月15日《文艺春秋》月刊第3卷第6期。
注：写作时间系从《送茅盾赴苏联》一诗之作者附言中反映。此诗原文为"乘风万里廓心胸　祖国灵魂待铸中　明年鸿雁来宾日　预卜九洲已大同"。

编印郁达夫全集—答向蜀光先生
载1946年12月10日《人物杂志》月刊第5、6期合刊。

关于《美术考古一世纪》
1946年12月16日作于上海；
载1947年1月1日《唯民周刊》；
初收1947年12月上海大孚出版公司版《天地玄黄》；
又收《沫若文集》第13卷。
注：此篇于1948年8月收入上海群益出版社版，题名《〈美术考古一世纪〉译者前言》，又《沫若文集》题名《序〈美术考古一世纪〉》。

民主运动中的二三事（杂文）
1946年12月20日作；
载1947年1月11日《风下》周刊第57期；
初收1947年12月上海大孚出版公司版《天地玄黄》；
又收《沫若文集》第13卷。

王安石的《明妃曲》（杂文）
1946年12月20日作；
载1946年12月28日《评论报》旬刊第8号；
初收1947年12月上海大孚出版公司版《天地玄黄》；
又收《沫若文集》第13卷。

冷与甘（杂文）
1946年12月21日作；
载1947年1月1日《文萃》周刊第2年第12、13期合刊；

初收1947年12月上海大孚出版公司版《天地玄黄》；
又收《沫若文集》第13卷。

送茅盾赴苏联（七律）
1946年12月21日作；
初收1948年9月上海群益出版社版《蜩螗集》；
又收《沫若文集》第2卷。

峨眉山下（散文）
1946年12月22日作；
载1946年12月《文艺春秋》月刊第3卷第6期；
初收1947年12月上海大孚出版公司版《天地玄黄》；
又收《沫若文集》第13卷。

苏联的集体农场与中国的土地改革
载1946年12月23日、30日上海《文汇报》。
注：此篇系演讲记录稿，由江慧星、胡嘉谷笔记。

路边谈话（杂文）
1946年12月31日作；
载1947年1月16日重庆《新华日报》；
初收1947年12月上海大孚出版公司版《天地玄黄》；
又收《沫若文集》第13卷。

1947年

新缪司九神礼赞（杂文）
1947年1月5日作；
载1947年1月9日《文萃》周刊第2年第14期；
初收1947年12月上海大孚出版公司版《天地玄黄》；
又收《沫若文集》第13卷。

调人高升面面观（论文）
1947年1月9日讲，陈尚藩记录；
载1947年1月12日上海《文汇报》。
注：此篇系在《文汇报》第54次星期座谈会上发言的记录稿。

为《新华日报》九周年题词
载1947年1月11日重庆《新华日报》。

给翦伯赞同志的信
1947年1月（？）16日作；
见1978年《北京大学学报》（哲学社会科学版）第3期《郭沫若同志给翦伯赞同志的信和诗》。

论斗争（论文）
载1947年1月20日重庆《新华日报》。

地下的笑声（小说）
1947年1月23日作；
载1947年1月30日《文萃》周刊第2年第17期；
初收1947年10月上海海燕书店版《地下的笑声》；
又收《沫若文集》第5卷。

续《狐狸篇》
1947年1月24日作；
载1947年2月8日上海《评论报》周刊第13期，署名牛何之。

拙劣的犯罪（杂文）
1947年1月25日作；
载1947年1月27日上海《文汇报》；
初收1947年12月上海大孚出版公司版《天地玄黄》；
又收《沫若文集》第13卷。

替胡适改诗（杂文）
1947年2月5日作；
初收1947年12月上海大孚出版公司版《天地玄黄》；
又收《沫若文集》第13卷。

历史与人生
1947年2月8日讲，胡深、碧依合记；
载1947年2月12日、13日上海《文汇报》。
注：此系在暨南大学学术演讲时的记录稿。

慰问爱国的受难者（诗）
1947年2月9日作；

载1947年2月10日上海《文汇报》。

向普式庚看齐（杂文）
1947年2月10日作；
载1947年2月11日上海《文汇报》；
初收1947年12月上海大孚出版公司版《天地玄黄》；
又收《沫若文集》第13卷。
注：本篇又收入1949年6月上海生活　新知　读书联合初版《中苏文化之交流》题名《向普希金看齐》，收入《沫若文集》篇名与之同。本篇为纪念普希金逝世110周年而作。

较场口（散文）
载1947年2月12日重庆《新华日报》。

《德意志意识形态》序
1947年2月18日作；
初收1947年3月上海群益出版社版《德意志意识形态》。

《苏德战史》序
1947年2月18日作于上海；
初收1947年3月上海光明书局版《苏德战史》；
又收《沫若文集》第13卷。
注：《苏德战史》作者焦敏之。此篇又收入《中苏文化之交流》题名《序〈苏德大战史〉》，收入《沫若文集》篇名与之同。

序《王贵与李香香》
1947年2月18日作；
载1947年3月12日香港《华商报·热风》第134号；
初收太岳新华书店版《王贵与李香香》。
注：《王贵与李香香》作者李季。

《政治经济学批判》序
1947年2月20日作于上海；
初收1947年3月上海群益出版社版《政治经济学批判》。
注：《政治经济学批判》作者（德）卡尔·马克思。

序《白毛女》
1947年2月22日作；
载1947年2月27日上海《文萃》周刊第2年第21期。
初收1947年2月上海黄河出版社版《白毛女》；
又收《沫若文集》第13卷。
注：歌剧《白毛女》作者贺敬之等。

这个就叫最民主（诗）
载1947年2月23日上海《群众》周刊第14卷第8期，署名羊易之；
收入《沫若文集》第2卷。
注：此篇收入《沫若文集》题名《猫哭老鼠》。

春天的信号《新思潮》解题（杂文）

1947年2月25日作；
载1947年3月1日上海《文汇报》；
初收1947年9月上海文汇报馆文汇丛刊第1辑《春天的信号》；
又收《沫若文集》第13卷。

不尽长江滚滚来（杂文）
1947年2月25日作；
载1947年2月28日《文汇报》。
注：此篇摘录自《春天的信号》。

歌颂人类的青春（杂文）
载1949年7月19日《郑州日报》。
注：此篇摘录自《春天的信号》，排列时间参考上篇。

偶对（对联）
载1947年2月27日《文萃》周刊第2年第21期。
注：对联内容为"郝鹏，郝鹏举，幸好多此一举，陈诚，陈诚武，真正止戈为武。"作者并附有说明。

挽歌——悼梁仁达烈士
1947年2月作词，孙慎曲。
注：此系16开单张油印本。

疾风知劲草（诗）
1947年2月作于上海；
见1978年3月2日北京《光明日报》刘昂作《为发展革命统一战线呕心沥血——纪念周总理诞辰八十周年》。
注：此诗系赠周总理，作于中共代表团撤回延安之际。篇名系编者题。

人民至上主义的文艺（杂文）
1947年3月1日作；
载1947年3月3日上海《文汇报》；
初收1947年9月上海文汇报馆文汇丛刊第4辑《人民至上主义的文艺》；
又收《沫若文集》第13卷。
注：此篇系为《文汇报》副刊所作的发刊词。

论中国新木刻
1947年3月4日作于上海；
载1947年4月28日上海《文汇报》；
初收1947年5月高原书店初版《北方木刻》。
注：写作时间《北方木刻》署1947年4月4日于上海，题名《〈北方木刻〉序》。

青年·青年·青年（杂文）
1947年3月8日作；
载1947年3月12日上海《文汇报》；
初收1947年9月上海文汇报馆文汇丛刊第2辑《救救青年》；
又收《沫若文集》第13卷。

《青年哟，人类的春天！》序言
1947年3月8日作；
初收1947年5月华侨知识社初版《呼喊》。

《行知诗歌集》校后记（札记）
1947年3月10日晨作；
载1948年3月15日香港《华商报》；
初收1947年4月1日上海大孚出版公司初版《行知诗歌集》。
注：此篇又收入1951年4月新北京出版社版《人民经与陶派诗》，题名《人民经》。

怀冼星海
1947年3月10日作；
载1947年4月1日香港《华商报》；
初收1947年12月上海大孚出版公司版《天地玄黄》；
又收《沫若文集》第13卷。
注：此篇收入《天地玄黄》、《沫若文集》题名《序〈黄河大合唱〉》。

先驱者田汉
1947年3月11日作；
载1947年3月13日上海《文汇报》。

为田汉同志五十寿辰兼创作三十周年写的贺词（手迹）
1947年3月12日作于上海；
见1979年10月北京人民文学出版社《戏剧艺术论丛》第1辑朱琳、赵元、田野作《愿将忧国泪，来演丽人行》。

寿昌五十题诗以赠（五律）
1947年3月12日作于上海；

见1979年9月《当代》第2期田海南作《父亲的诗》。

《记不全的一首陶诗》后记（札记）
1947年3月13日作；
初收1947年12月上海大孚出版公司版《天地玄黄》；
又收《沫若文集》第13卷。

《少年时代》序
1947年3月13日作；
初收1947年4月上海海燕书店版《少年时代》；
又收《沫若文集》第6卷。

《读了陶行知先生最后一封信》后记（札记）
1947年3月15日作；
初收1947年12月上海大孚出版公司版《天地玄黄》；
又收《沫若文集》第13卷。

想起了砍樱桃的故事（杂文）
1947年3月18日作；
载1947年3月24日上海《文汇报》；
初收《沫若文集》第13卷。

《中国社会之历史的发展阶段》后案（札记）
1947年3月22日作；
初收1947年4月上海群益出版社版

《中国古代社会研究》；
又收《沫若文集》第14卷。

覆田楚侨先生——论《明妃曲》（书信）
1947年3月22日作；
载1947年5月10日《书简杂志》半月刊第12期。

还命于民
载1947年3月26日上海《文汇报》副刊《新社会》第4期"人权保障特刊"。

艺术的真实（德）马克思Marx原作
见1947年3月上海群益出版社版，
注：此书原题名《艺术作品之真实性》。

《中国古代社会研究》后记（札记）
1947年4月10日作；
载1947年4月12日《文萃丛刊》第3期《人权之歌》；
初收1947年4月上海群益出版社版《中国古代社会研究》；
又收《沫若文集》第14卷。

卷起亚细亚的星云——联合晚报之歌（诗）
载1947年4月15日《联合晚报》。

为郁华烈士作铭文
1947年4月作；
见1979年5月《战地》增刊第3期赵树帆作《记一位以身殉职的法官——纪念郁华烈士被害四十周年》。
注：郁华字曼陀，系郁达夫之兄。

少年时代（自传）
见1947年4月上海海燕书店版；
收入《沫若文集》第6卷。

五四感言（杂文）
1947年5月2日作于上海；
载1947年5月4日上海《文汇报》。

中国的浮士德不会死——《浮士德》第二部译后记（札记）
1947年5月3日，5月25日，5月31日作；
载1947年6月5日《文萃丛刊》第7期《烽火东北》；
初收1947年11月上海群益出版社版《浮士德》。
注：此文共分二篇，第1篇前一半写于5月3日，后一半写于5月25日。第2篇写于5月31日。收入《浮士德》篇名改《〈浮士德〉第二部译后记》。

谈人权
1947年5月7日讲，王坪记；
载1947年5月8日上海《文汇报》。
注：此系《文汇报》记者采访记录稿。题名《郭沫若谈人权》。

《革命春秋》序
1947年5月8日作；

初收 1947 年 5 月上海海燕书店版《革命春秋》；
又收《沫若文集》第 7 卷。
注：此序收入《沫若文集》时，篇目改名《〈学生时代〉序》。

"格物"解（论文）
1947 年 5 月 8 日作；
载 1947 年 7 月 1 日《大学月刊》第 6 卷第 2 期；
初收 12 月上海大孚出版公司版《天地玄黄》；
又收《沫若文集》第 16 卷。

《"格物"解》后记（札记）
1947 年 5 月 9 日作；
载 1947 年 7 月 1 日《大学月刊》第 6 卷第 2 期；
初收 1947 年 12 月上海大孚出版公司版《天地玄黄》；
又收《若沫文集》第 16 卷。

人民文艺（代发刊词）
1947 年 5 月 12 日作；
载 1947 年 6 月《新文艺》创刊号。

《大众科学丛书》序
1947 年 5 月 17 日作于上海；
载 1947 年 8 月 2 日上海《时代日报》；
初收 8 月上海中苏文化研究委员会初版《宇宙的构造》（大众科学丛书之一）。

《盲肠炎》题记（序跋）
1947 年 5 月 19 日作；
载 1947 年 6 月 1 日《创世纪》月刊创刊号；
初收 1947 年 6 月上海群益出版社版《盲肠炎》；
又收《沫若文集》第 10 卷。

《浮士德》第二部（德）歌德 Goethe 原作
1947 年 5 月 25 日译完；
见 1947 年 11 月上海群益出版社版。

学潮问答（杂文）
载 1947 年 5 月 27 日《文萃丛刊》第 6 期《论纸老虎》。

给翦伯赞同志的信
1947 年 5 月 28 日作；
见 1978 年《北京大学学报》(哲学社会科学版) 第 3 期《郭沫若同志给翦伯赞同志的信和诗》。

革命春秋（自传）
见 1947 年 5 月上海海燕书店版。
注：此书收入《沫若文集》时子目有改动，书名题《学生时代》。

《钓鱼城访古》追记（札记）
1947 年 6 月 3 日补志；
初收 1947 年月上海海燕书店版《今昔蒲剑》；

又收《沫若文集》第12卷。

《今昔蒲剑》总序
1947年6月21日作；
初收1947年7月上海海燕书店版《今昔蒲剑》；
又收《沫若文集》第12卷。

闻一多万岁（诗）
1947年6月28日作；
载1947年7月20日《人世间》月刊第5期。
注：此篇为闻一多先生殉难一周年而作。

韬奋先生印象（散文）
1947年6月30日作；
载1947年7月《世界知识》月刊第16卷第2期；

盲肠炎（论文集）
见1947年6月上海群益出版社版。

《王安石》后记（札记）
1947年7月3日作；
初收1947年8月上海海燕书店版《历史人物》；
又收《沫若文集》第12卷。

《诅楚文》考释（论文）
1947年7月11日作；
载1947年9月《中国建设》月刊第4卷第6期；
初收1947年12月上海大孚出版公司版《天地玄黄》；
又收《若沫文集》第16卷。

《行气铭》释文（论文）
1947年7月12日作；
载1947年8月1日《中国建设》月刊第4卷第5期；
初收1947年12月上海大孚出版公司版《天地玄黄》；
又收《沫若文集》第16卷。

不会说不敢说不必说（杂文）
载1947年7月13日《国讯周刊》第421期。
注：此篇系在中华工商专科学校演讲之记录稿。由沈鹤如记录，篇名、内容均未经郭沫若过目。

我的历史研究——序《历史人物》
1947年7月21日作；
载1947年8月15日《骆驼文丛》月刊新1卷第1期；
初收1947年8月上海海燕书店版《历史人物》；
又收《沫若文集》第12卷。

消夏二则（杂文）
1. 寻人
2. 牛的教训

1947年7月28日作；
初收1947年12月上海大孚出版公司版《天地玄黄》；
又收《沫若文集》第13卷。

题赠黄裳先生（七绝）
1947年7月作于上海，（手迹）；
见1979年11月《战地》增刊第6期黄裳作《关于郭老两件事》；
注：篇名系编者题。

今昔蒲剑
见1947年7月上海海燕书店版。

论闻一多做学问的态度
1947年8月7日作；
载1947年8月20日《大学月刊》第6卷第3、4期合刊；
初收1947年8月上海海燕书店版《历史人物》；
又收《沫若文集》第12卷。
注：此篇收入1948年8月上海开明书店初版《闻一多全集》，题名《〈闻一多全集〉序》。

《龟卜》序
1947年8月13日作，（手迹）；
初收1948年1月北平脩绠堂等出版之《龟卜》。

闻一多的治学精神（杂文）
载1947年8月15日《骆驼文丛》月刊新1卷第1期。
注：此篇未署写作时间，但在文中提到"闻一多先生遇难很快也就一周年了，"闻一多于1946年7月15日为国民党暗杀，据此，本文应写于1947年7月15日之前，现仍按期刊发表之时间为参考；排列于此。

我并未见魏德迈（杂文）
1947年8月16日作；
初收1947年12月上海大孚出版公司版《天地玄黄》；
又收《沫若文集》第13卷。

敬礼呀！小学教师（杂文）
1947年8月22日作；
载1947年8月27日上海《时代日报》。

怀谢六逸先生（杂文）
1947年8月22日作；
载1947年9月15月《文讯》月刊第7卷第3期。

《骑士》后记（札记）
1947年8月23日作；
初收1947年10月上海海燕书店版《地下的笑声》；
又收《沫若文集》第5卷。

《沫若译诗集》小序

1947年8月28日作；
初收1947年9月上海建文书店初版《沫若译诗集》。

《浮士德》简论（论文）
1947年8月28日作；
载1947年10月1日《中国作家》月刊创刊号；
初收1947年11月上海群益出版社版《浮士德》；
又收《沫若文集》第13卷。

一封信的问题（散文）
1947年8月30日作；
载1947年10月1日《人世间》月刊第2卷第1期；
初收1947年12月上海大孚出版公司版《天地玄黄》；
又收《沫若文集》第13卷。

历史人物
见1947年8月上海燕书店版。

《地下的笑声》序
1947年9月2日作；
初收1947年10月上海海燕书店版《地下的笑声》。

国画中的民族意识（杂文）
1947年9月6日作；
初收1947年12月上海大孚出版公司版《天地玄黄》；

又收《沫若文集》第13卷。

为《文艺青年》题词
1947年9月12日作；
载1947年10月8日《文艺青年》半月刊第16期。
注：此篇发表时题名《郭沫若先生为本刊题字》，内容为"在人民之前须无我，在反人民者之前须有我，做文艺工作者尤当如是，以献身精神为人民服务，以献身精神向反人民的一切倾向作斗争。"

火山复活的日本（论文）
载1947年9月15日《创世》半月刊创刊号。

《民主化的机关管理》序
1947年9月16日作；
初收1947年9月上海商务印书馆增订第1版《民主化的机关管理》；
又收《沫若文集》第13卷。
注：《民主化的机关管理》作者黄任之即黄炎培。

书赠林放的一幅立轴（题词）
1947年9月29日作，（手迹）；
见1980年4月13日上海《文汇报》林放作《郭老谈庄子》。
注：原题词时间写于1947年中秋节。

海上观日出（诗）
载1947年10月.1日香港《华商报》；
初收1948年9月上海群益出版社版《蜩螗集》；
又收《沫若文集》第2卷。
注：此诗收入《蜩螗集》、《沫若文集》题名《海上看日出》。
写作时间《沫若文集》署1947年11月，比发表的时间晚一个月。

再谈郁达夫（杂文）
1947年10月18日作于上海；
载1947年11月15日《文讯》月刊第7卷第5期；
初收1947年12月上海大孚出版公司版《天地玄黄》；
又收《沫若文集》第13卷。

勖抱石——为傅抱石画展作（杂文）
1947年10月20日作；
载1947年10月23日《大公报·大公园》。

读了《俄罗斯问题》（杂文）
1947年10月30日作；
载1947年12月6日香港《华商报》；
初收1947年12月上海大孚出版公司版《天地玄黄》；
又收《沫若文集》第13卷。
注：苏联剧本《俄罗斯问题》作者（苏）西蒙诺夫。

跨着东海（自传）
初收1947年10月30日上海春明书店初版《跨着东海》。
注：此为第一章，续写第二章篇名取《我是中国人》。

地下的笑声
见1947年10月上海海燕书店版。

全世界心地光明的人民都表示由衷的庆贺
1947年11月7日作；
初收1947年12月上海大孚出版公司版《天地玄黄》；
又收《沫若文集》第13卷。
注：此篇系庆祝苏联十月革命三十周年的电文稿。

"十月"感怀诗（七绝）
1947年11月7日作；
初收1948年9月上海群益出版社版《蜩螗集》；
又收《沫若文集》第2卷。

《沸羹集》序
1947年11月9日作；
初收1947年12月上海大孚出版公司版《沸羹集》；
又收《沫若文集》第13卷。

《天地玄黄》序
1947年11月11日作于上海；

初收1947年12月上海大孚出版公司版《天地玄黄》；

又收《沫若文集》第13卷。

再用鲁迅韵书怀（诗）

1947年11月13日离沪之前夕作；

初收1948年9月上海群益出版社版《蜩螗集》；

又收《沫若文集》第2卷。

纪念邓择生先生（杂文）

载1947年11月29日香港《华商报》。

注：此篇为纪念邓择生逝世16周年而作，11月29日系邓择生之忌日。

我是中国人（自传）

初收1947年11月30日上海春明书店初版《我是中国人》。

注：此系《跨着东海》之第2章。

给戈宝权同志的信

1947年12月5日作；

见1979年《四川大学学报丛刊》第2辑《郭沫若研究专刊》，署名鼎堂。

创作的道路（论文集）

见1947年12月重庆文光书店出版。

关于尾巴主义的讨论

1947年12月作；

载1948年1月3日《国讯》周刊新1卷第6期。

注：此篇收入郭沫若与金烽讨论之书信四封，其中金烽来信二封，时间为12月4日与21日。郭沫若复信二封，第一封未署时间，载1948年1月1日香港民主出版社《自由丛刊》月刊第10辑，题名《关于尾巴主义答某先生》，第二封复信作于12月23日。

浮士德百三十图 Franz staffen 绘

见1947年12月上海群益出版社版。

注：此书由郭沫若按图编述。

沸羹集

见1947年12月上海大孚出版公司版。

天地玄黄

见1947年12月上海大孚出版公司版。

1948年

尾巴主义发凡（杂文）

载1948年1月1日《野草丛刊》月刊第7辑。

自力更生的真谛（杂文）

载1948年1月1日香港《华商报》。

注：此篇又载1948年1月1日上海《时代日报》，题名《自力更生》。

要有力量赢得战争，然后才能赢得和平！（论文）

载1948年1月1日《自由丛刊》月刊第10辑《欺骗必须揭穿》。

一年来中国文艺运动及其倾向（论文）
1948年1月3日讲，日照记；
载1948年1月7日香港《华商报》。
注：此系1948年1月3日与中大师生在新年团拜中的讲话。报载篇名题《郭沫若论一年来中国文艺运动及其趋向》。

费译屈原研究序
1948年1月3日作于香港；
载1948年1月11月香港《华商报》。
注：《屈原研究》俄译本译者苏联费德林。

我为什么离开上海（散文）
载1948年1月8日香港《华商报》。

论反对新文字的人（论文）
载1948年1月14日上海《时代日报》。

复苏净先生（代邮）
载1948年1月20日香港《华商报》。

对九龙事件之意见（杂文）
载1948年1月20日香港《华商报》。
注：报载篇名题《中国各民主党派领袖对九龙事件之意见》。

迎接批评时代的一个基本问题《杂文》
1948年1月20日作；
载1948年1月29日《群众》周刊第2卷第3期。

当前的文艺诸问题（论文）
1948年1月26日作；
载1948年2月《文艺生活》海外版第1期。

开拓新诗歌的路（论文）
1948年1月31日作；
载1948年3月15日《中国诗坛》第1期《最前哨》。

斥反动文艺（论文）
1948年2月10日作；
载1948年3月1日《大众文艺丛刊》第1辑《文艺的新方向》；
初收《沫若文集》第13卷。

斥帝国主义臣朴兼及胡适——复泗水文化服务社张德修先生函
1948年2月12日作；
载1948年3月1日《自由丛刊》第12种《渡江前夜》。

"十载一来复"（散文）
载1948年2月14日《野草文丛》第八集《春日》。
注：本文内包括作者五绝二首，其一为1937年底作于香港，其二为1947年11月13日作于上海，二诗的第一句都是"十载一来复"。

天天过新作（杂文）
载1948年2月17日《正报》第76、77期春节合刊。

说"公"（论文）
1948年2月17日作于香港；
载1948年3月1日《公论》季刊第2期。

还要警惕着不流血的"二二八"！（杂文）
1948年2月17日作；
载1948年2月28日香港《华商报》。

驳胡适《国际形势里的两个问题》（杂文）
1948年2月23日作于香港；
载1948年3月1日《光明报》半月刊新1卷第1期；
收入《沫若文集》第13卷。

文艺活动的总方向（杂文）
1948年2月28日讲，陈雅记；
载1948年3月《文艺生活》副刊海外版第2期；
注：此系在文艺生活社香港分社所办的第一次"文艺月会"上的报告记录稿。

"自由主义"亲美拥蒋"和平攻势"配合美援（论文）
1948年3月3日讲；
载1948年3月14日香港《华商报》。
注：此篇为记录稿是《蒋美"和谈"阴谋与"自由主义"运动》座谈记录中之一篇，另有邵荃麟、邓初民、沈钧儒等人的发言。

当前的文艺教育——纪念生活教育社廿一周年（杂文）
1948年3月7日作；
载1948年3月14日香港《华商报》。
注：此篇又载1948年3月15日《生活教育丛刊》第1辑，该刊目录页题名《当前的文艺教育》，但在刊内此文题名改为《当前的艺术教育》。

提防政治扒手！（杂文）
1948年3月9日作；
载1948年3月15日香港《华商报》。
注：此为《"社经研究会"的批判》中之第1篇。另有茅盾、翦伯赞、曾昭伦等人的文章。

屈原、苏武、阴庆（杂文）
1948年3月10日作；
载1948年3月15日《光明报》半月刊第1卷第2期。

为美帝扶日向爱国侨胞呼吁（论文）
1948年3月12日作于香港；
载1948年4月5日《自由丛刊》第13种《美国扶日亡华大阴谋》。

打破美帝的扶日奴华计划《杂文》
1948年3月15日作；

载1948年3月20日《现代华侨》半月刊第1卷第9期。

《蜩螗集》序
1948年3月16日作；
初收1948年9月上海群益出版社版《蜩螗集》；
又收《沫若文集》第2卷。

隔海问答（论文）
1948年3月17日作；
载1948年4月10日《野草文丛》第9集《论白俄》。
注：本篇系对王芸生所作《自由主义的信念》一文的批判，该文载1948年1月8日《大公报》。

《虎符》校后记（札记）
1948年3月24日作于香港；
初收1948年上海群益出版社版《虎符》。

申述"马华化"问题的意见（杂文）
载1948年3月25日《文艺生活》海外版第2期。

《筑》校后记（札记）
1948年3月28日作于香港；
初收1949年9月上海群益出版社版《筑》；
又收《沫若文集》第4卷。
注：此篇收入《沫若文集》改题为《〈高渐离〉校后记之一》。

浪与岩头（杂文）
载1948年4月1日香港《华商报》。

美术节展望新美术（杂文）
载1948年4月1日《综艺》半月刊第1卷第7期。
注：此篇系专题讨论，同时发表的尚有其他一些作家、画家的文章和手稿。

4月8日（杂文）
载1948年4月8日香港《华商报》。
注：此篇系为纪念"四八"烈士牺牲二周年而作。

历史是进化的（论文）
载1948年4月17日《光明报》半月刊新1卷第4期。

谁个能够不奋发（杂文）
1948年4月17日作；
载1948年4月19日香港《华商报》。
注：此为"声援反饥饿反迫害运动"专栏中之一篇，另有邓初民等同志的文章。

历史的路只有一条（杂文）
载1948年4月20日《国讯》周刊第456期。

我再提议改订文艺节（杂文）
1948年4月21日作；

载1948年5月4日香港《华商报》。

为蔡贤初五七寿辰题诗（七绝）
1948年4月27日作；
载1948年6月1日《自由》月刊新7号。
注：蔡贤初即蔡廷锴。原诗为"岁次壬辰本属龙，忝在同庚君是兄；不愿在天愿在田，天土而今尽属农。"

致冯玉祥将军书
1948年4月作；
1948年5月《自由》月刊新6号。

庆祝"五四"光复（杂文）
1948年5月1日作；
载1948年5月4日香港《华商报》。

关于历史剧（论文）
1948年5月5日作；
载1948年5月22日《风下》周刊第127期。

"三无主义"疏证（杂文）
1948年5月10日作；
载1948年5月14日香港《华商报》。

屈原的幸与不幸（杂文）
1948年5月14日作；
载1948年6月15日《中国诗坛》第2期《黑奴船》。

看了《侵略》（杂文）
1948年5月15日作；
载1948年5月20日《群众》周刊第2卷第19期；
初收1949年6月上海生活　读书　新知联合发行所初版《中苏文化之交流》；
又收《沫若文集》第13卷。
注：《侵略》原系苏联季昂诺夫所写之剧本，后改为电影。

白毛女何来白毛——答读者黄国贤
1948年5月19日作；
载1948年5月21日香港《华商报》。

为新政协催生（论文）
1948年5月20日作；
载1948年6月5日《自由丛刊》第15种《论新政协》。

悲剧的解放（杂文）
载1948年5月23日香港《华商报》。
注：此系为《白毛女》演出而作。

脑力劳动者对"五一"号召应有的觉悟（论文）
1948年5月28日作；
载1948年6月3日香港《群众》周刊第2卷第21期。

涂家埠（散文）
1948年6月5日作；

载1948年7月《小说》月刊第1卷第1期；
初收1951年8月上海新文艺出版社第1版《海涛》；
又收《沫若文集》第8卷。

屈原假使生在今天（杂文）
载1948年6月10日香港《华侨日报》。

关于青铜时代和黄帝造指南针（论文）
1948年6月17日作；
载1948年6月26日香港《华商报》。

南昌之一夜（散文）
1948年6月21日作；
初收1951年8月上海新文艺出版社第1版《海涛》；
又收《沫若文集》第8卷。

美帝扶植日阀，恢复侵略势力（论文）
1948年6月28日讲；
载1948年7月7日香港《华商报》。"七七抗战十一周年纪念特刊"。
注：此系在《华商报》召开之座谈会上的发言。

谁领导了北伐抗战（论文）
1948年7月3日作；
载1948年7月7日香港《华商报》。

出了笼的飞鸟——看了《江湖奇侠》后（杂文）

1948年7月3日作；
载1948年7月24日《正报》第2年第49期；
初收1949年6月上海生活　读书　新知书店版《中苏文化之交流》；
又收《沫若文集》第13卷。
注：《江湖奇侠》为苏联电影，收入《沫若文集》中写作时间误署1948年春。因本文系作者看了电影后撰写的作品，写作的时间不可能与发表的时间相隔太久。

流沙（散文）
1948年7月15日作；
载1948年8月《小说》月刊第1卷第2期；
初收1951年8月上海文艺出版社第1版《海涛》；
又收《沫若文集》第8卷。

为林林书写的条幅（七律）
1948年7月间作；
见1979年2月《新文学史料》第2辑林林作《这是党喇叭的精神——忆郭沫若同志》。
注：本篇篇名由编者题。

我怎样开始了文艺生活（散文）
1948年8月5日作；
载1948年9月15日《文艺生活》海外版第6期；

初收1949年11月香港智源书局版《创作经验》。

少年爱国诗人《夏完淳》（论文）
1948年8月5日作；
载1948年9月1日《青年知识》半月刊第37期。

神泉（散文）
1948年8月9日作于香港；
载1948年9月《小说》月刊第1卷第3期；
初收1951年8月上海文艺出版社第1版《海涛》；
又收《沫若文集》第8卷。

我的读书经验（散文）
1948年8月9日作于香港；
载1948年8月19日香港《华侨日报》。

日本投降三周年的感想（杂文）
1948年8月10日作；
载1948年8月11日香港《华商报》。
注：此系笔谈中之一篇，尚有章乃器等人之短文。

"新政协"和"旧政协"在成份上有些什么不同
载1948年8月12日上海《交大生活》第38期。

抗战回忆录（自传）

载1948年8月25日至12月4日香港《华商报》；
见1949年上海群益出版社版；
收入《沫若文集》第9卷。
注：此篇收入《沫若文集》题名《洪波曲》，曾于1959年4月由天津百花文艺出版社出版单行本。

文学和科学（杂文）
初收1948年8月太岳新华书店翻印版《中等国文》第二册。
注：此篇初发表处待查。

美术考古一世纪（德）米海里司（A.Michaəlis）原作
见1948年8月上海群益出版社版
注：本书原名《美术考古学发现史》。

祝《文汇报》复刊（手迹）
载1948年9月5日香港《华商报》。
注：本篇内容为"文汇报是人民喉舌，我们应爱护我们的喉舌，让它发出更宏壮的声音"。

《三年游击战争》序言
1948年9月10日作于香港；
载1948年10月30日《正报》第3年第13期；
初收1949年4月东北新中国书局初版《三年游击战争》。
注：《三年游击战争》作者野草，单行

本封面，书名由郭沫若题。

《波罗的海代表》（杂文）
1948年9月12日作；
载1948年9月18日《正报》第3年第7期。
注：《波罗的海代表》系苏联电影。

论文六绝（七绝）
载1948年9月20日《公论》季刊第4期。

撕毁了"黄金时代"（杂文）
1948年9月28日作；
载1948年10月10日香港《华商报》。

双十节的三大教训（论文）
1948年9月29日作；
载1948年10月7日香港《群众》周刊第2卷第39期。

《万家灯火》（杂文）
载1948年9月30日香港《华商报》。
注：此篇内容系推荐电影《万家灯火》。

题王晖棺刻画（七言诗）
初收1948年9月上海群益出版社版《蜩螗集》；
又收《沫若文集》第2卷。

《中苏文化之交流》序
1948年9月作于香港；
初收1949年6月上海三联书店初版《中苏文化之交流》。

抱箭集
见1948年9月上海海燕书店版。

蜩螗集（附《战声集》）
见1948年9月上海群益出版社版。

世界文化战的呼应（论文）
1948年10月7日作；
载1948年10月《新文化丛刊》第2种《保卫文化》。

革命掌故（杂文）
1948年10月10日讲，丘岳记；
载1948年10月16日香港《华商报》。
注：此系1948年10月10日《华商报》同人举行旅行野餐，请郭沫若讲话的记录稿。

继续走鲁迅的路——记鲁迅先生十二周年祭
1948年10月19日讲，如茹记；
载1948年10月20日香港《华商报》。
注：此系在文协分会举行鲁迅先生逝世十二周年纪念茶会上的讲话记录稿。

永远活在人民的心头（杂文）
1948年10月31日夜作；

初收中国国民党革命委员会编印《冯玉祥将军纪念册》。

为上海韬奋图书馆成立题词（对联）
1948年10月题，（手迹）。
注：对联内容系"韬略终须建新国，奋飞还得读良书。"原件存韬奋纪念馆。

苏联电影是为人民服务的，美国电影却走向反人民路线——漫谈美国电影与苏联电影（杂文）
载1948年10月《新文化丛刊》第2种《保卫文化》。
注：此系在《新文化丛刊》编辑部召开的座谈会上的发言稿，由黎舫记录。

告读者——《抗战回忆录》后记（札记）
1948年11月21日作；
载1948年12月5日香港《华商报》。
初收《沫若文集》第9卷。
注：此篇收入《沫若文集》题为《〈洪波曲〉后记之一》。

岁末杂感（杂文）
1948年11月22日作；
载1948年12月25日《文艺生活》海外版第9期。

赴解放区留别立群（五言诗）
1948年11月作于香港；
初收1959年11月作家出版社北京第1版《潮汐集·汐集》。

给云大《附中报》题词
1948年作于香港；
见1979年7月《滇池》第3期王郚生作《追忆郭老给云大〈附中报〉题词》。

咏金鱼（五绝）
1948年11月23日作于香港。
见1979年6月10日北京《光明日报·沫若佚诗廿五首》。
注：此为《沫若佚诗二十五首》中之第一首《光明日报》发表时附编者按："《沫若佚诗二十五首》是作者于建国前夕，从香港经东北赴北平途中所作，表达了诗人对解放区的向往和对人民解放战争胜利的喜悦。"这组佚诗由郭平英、郭建英、张澄寰、王廷芳辑录、整理，并作了简要的说明或注释。题目除《题木偶半身像》、《吊冯裕芳》为原有外，其余均由辑录者所附。

金环吟（五言诗）
收入《沫若文集》第2卷。
注：此诗收入《沫若文集》加作者附注"1948年11月23日由香港乘轮赴东北，海上阻风，舟行10日，始抵安东。《金环吟》以下，均此时海舟中所作。"

舟行阻风（七绝）
收入《沫若文集》第2卷。

注：排列时间参考上篇，下二篇同此。

船泊石城岛畔杂成（七绝）
收入《沫若文集》第2卷。

渔翁吟（五言诗）
收入《沫若文集》第2卷。

和夷老二首（五律）
1948年11月26日作于从香港北上途中；
见1979年6月10日北京《光明日报·沫若佚诗廿五首》。
注：夷老即马叙伦先生。

和丘映芙二首（七绝）
1948年11月29日作于从香港北上途中；
见1979年6月10日北京《光明日报·沫若佚诗廿五首》。
注：丘映芙即丘哲。

送翦伯赞（五律）
1948年12月4日作于由香港北上途中。
见1978年《北京大学学报》（哲学社会科学版）第3期《郭沫若同志给翦伯赞同志的信和诗》。

和阎宝航（七律）
1948年12月6日作于沈阳；
见1979年6月10日北京《光明日报·沫若佚诗廿五首》。

为刘澜波题手册（七绝）
1948年12月8日作；
见1979年6月10日北京《光明日报·沫若佚诗廿五首》。

书赠侯外庐同志（联语）
1948年冬作于沈阳；
收入1979年5月上海三联书店版《悼念郭老》中侯外庐作《深切悼念郭沫若同志》。

1949年

鲜明的对比
载1949年1月20日北平《人民日报》。

寄立群（五律）
1949年1月21日作于沈阳；
见1979年6月10日北京《光明日报·沫若佚诗廿五首》。

书为李一氓联语
1949年1月22日作于沈阳；
见1979年6月10日北京《光明日报·沫若佚诗廿五首》。

题灯罩诗三首（五律）
1949年1月22日作于沈阳；
见1979年6月10日北京《光明日报·沫若佚诗廿五首》。

题木偶半身像（五律）
1949年1月22日作于沈阳；

见1979年6月10日北京《光明日报·沫若佚诗廿五首》。

为周铁衡题印草第二集（五律）
1949年1月25日作于沈阳；
见1979年6月10日北京《光明日报·沫若佚诗廿五首》。

吊冯裕芳（五言诗）
1949年1月29日作于沈阳；
见1979年6月10日北京《光明日报·沫若佚诗廿五首》。

为李初梨题画二首
题芭蕉图1948年1月29日作；（七绝）
题梅花图1948年1月30日作；（五言诗）
见1979年6月10日北京《光明日报·沫若佚诗廿五首》。

北上纪行（五律）
1949年1月作于沈阳；
载1949年5月1日《华北文艺》月刊第4期。
收入《沫若文集》第2卷。

题赠徐寿轩同志（七绝）
1949年1月作于沈阳；
见1978年《吉林文艺》第8期《忆念郭老》。

为东北图书馆题诗撰联

1949年1月作；
载1979年9月《图书馆学刊》第1期。

题《樱花》（七绝）
1949年春作；
见1978年《北京大学学报》（哲学社会科学版）第3期《郭沫若同志给翦伯赞同志的信和诗》。

为谭平山题画马（五律）
1949年2月3日作于沈阳；
见1979年6月10日北京《光明日报·沫若佚诗廿五首》。

龙凤喜瓶（七绝）
1949年2月5日作于沈阳；
见1979年6月10日北京《光明日报·沫若佚诗廿五首》。

题画（七言诗）
1949年2月10日作于沈阳；
见1979年6月10日北京《光明日报·沫若佚诗廿五首》。

赠中国医科大学（七律）
1949年2月21日作于沈阳；
见1979年6月10日北京《光明日报·沫若佚诗廿五首》。

抵北平感怀（五绝）
1949年2月25日作于北平；

见1979年6月10日北京《光明日报·沫若佚诗廿五首》。

在北平欢迎民主人士大会上的讲话
1949年2月26日讲；
载1949年3月1日北平《人民日报》。

书为李可染（五言联语）
1949年2月作；
见1982年5月四川大学编辑部《郭沫若研究专刊》第3集郭平英《〈郭沫若遗墨〉中的佚作及其他》。

在毛泽东旗帜下（杂文）
1949年3月5日作于北平；
载1949年3月30日《中国青年》月刊第5期。

青年的基本任务是学习
初收1949年7月上海改造生活出版社版《学习毛泽东思想》。
注：本篇系摘录自《在毛泽东旗帜下》，排列时间参考上篇。

在北大学生自治会学艺部的演讲
1949年3月讲于北平；
载1949年3月12日北平《人民日报》。

要把人民的光荣扩展到华南，华西，海南岛，台湾！把毛泽东的旗帜插遍全中国！
1949年3月16日讲；

载1949年3月25日《新华日报》专刊。
注：此篇系郭沫若在北平欢迎会上的演讲。

谈文物保管使用，痛斥国民党盗运文物（杂文）
1949年3月作于北平；
载1949年3月17日北平《人民日报》。
注：此篇目参考成都市图书馆编印之《郭沫若著译及研究资料》第一册。

《人民科学丛书》序
1949年夏作于北平；
载1949年5月4日北平《人民日报》。
注：此篇目参考成都市图书馆编印之《郭沫若著译及研究资料》第一册。

在哈市欢迎会上演讲词
1949年5月15日讲；
载1949年5月22日北平《人民日报》。
注：此篇系郭沫若出席"世界拥护和平大会"返国后在哈尔滨市欢迎大会上的演讲词。报载题名《郭沫若在哈市欢迎会上演讲词》。
1949年5月26日《群众》第3卷第22期刊载此文时，题名《中国人民的胜利与世界和平》。

在莫斯科过"五一节"（七绝）
1949年5月作；
载1949年5月27日北平《人民日报》；

收入《沫若文集》第2卷。

咏杨靖宇将军（七绝）
1949年5月作，（手迹）；
见1979年《学习与探索》第1期门瑞瑜作《风华常在——记郭沫若在东北烈士纪念馆》。

为《东北烈士纪念馆》题诗二首（五绝，七绝各一首）
1949年5月书于哈尔滨；
见1979年《学习与探索》第1期门瑞瑜作《风华常在——记郭沫若在东北烈士纪念馆》。
注：此篇之第2首收入1957年3月北京人民文学出版社第1版《沫若文集》第2卷，篇名为《题哈尔滨烈士馆》。

在新政协筹备会开幕式上的讲词
1949年6月15日讲；
载1949年6月23日香港《群众》周刊第3卷第26期。

接见《人民日报》访问时的谈话
载1949年6月20日北平《人民日报》。
注：篇名系编者题，报载题名《访问新政协筹备会代表》。

向军事战线看齐（杂文）
1949年6月25日作；
载1949年7月2日北平《人民日报》；

初收1950年北京新华书店版《中华全国文学艺术工作者代表大会纪念文集》。

文代大会的主要目的与任务
载1949年6月28日北平《人民日报》；
注：此篇报载题名《文代大会开幕前夕，郭沫若先生发表谈话说明大会的主要目的与任务》。

中苏文化之交流
见1949年6月上海生活　读书　新知联合发行所初版。

在北平"七一"廿八周年大会上的讲词
1949年7月1日讲；
载1949年7月3日北平《人民日报》。
注：此篇报载题名《郭沫若先生讲词》。

全国文代大会开幕词
1949年7月2日讲；
载1949年7月3日北平《人民日报》。
注：此篇报载题名《郭沫若先生开幕词》。

为建设新中国的人民文艺而奋斗——在中华全国文学艺术工作者代表大会上的总报告
1949年7月3日讲；
载1949年7月4日北平《人民日报》；
初收1950年北京新华书店版《中华全国文学艺术工作者代表大会纪念文集》；
又收《沫若文集》第17卷。
注：此篇收入《沫若文集》题名《建

设新中国的人民文艺——在中华全国文学艺术工作者代表大会上的报告》。

实现日本的民主化（杂文）
1949年7月5日讲；
载1949年7月6日北平《人民日报》。
注：此篇系在北平新华广播电台演讲稿，报载题名《郭沫若先生播讲实现日本的民主化》。

在北平"七七"纪念大会上的讲词
1949年7月7日讲；
载1949年7月9日北平《人民日报》。
注：此篇报载题名《在北平"七七"大会上致辞》。

在社会科学工作者代表会发起人会上的开幕词
1949年7月14日讲；
载1949年7月15—16日北平《人民日报》。
注：此篇报载题名《郭沫若在社会科学工作者代表会发起人会上的开幕词》。

在中苏友好协会筹委会上致开幕词
1949年7月16日讲；
载1949年7月17日北平《人民日报》。
注：报载题名《在中苏友协发起人大会上郭沫若致开幕词》。

在文代大会闭幕会上的结束报告
1949年7月19日讲；

载1949年7月20日北平《人民日报》；初收1950年北京新华书店版《中华全国文学艺术工作者代表大会纪念文集》。
注：此篇报载题名《郭沫若的大会结束报告》。

中苏同盟四周年
1949年8月13日讲；
载1949年8月14日北平《人民日报》。
注：此篇系中苏友好同盟条约四周年纪念日，在北平新华广播电台对全国的广播词。

为纪念"八·一五"发表谈话
1949年8月14日讲；
载1949年8月15日北平《人民日报》。
注：篇名系编者题。

努力建设新中国，答谢苏联友谊（杂文）
1949年8月14日作；
载1949年8月15日北平《人民日报》。
注：此篇目参考成都市图书馆编印之《郭沫若著译及研究资料》第一册。

为谴责美帝白皮书的讲话
1949年8月16日讲；
载1949年8月17日北平《人民日报》。
注：篇名系编者题。

苏联五十天（自传）
见1949年8月大连新中国书店东北初版。

《新儿女英雄传》序
1949年9月8日作；
载1949年9月18日北平《人民日报》；
初收1949年9月上海海燕书店初版《新儿女英雄传》。
注：此篇又收入1950年6月上海海燕书店初版《新儿女英雄传评论集》，题名《读了〈新儿女英雄传〉》。

第三条道路是没有的
载1949年9月17日《新华周报》第3卷第1期。

新华颂（诗）
1949年9月20日作；
载1949年10月1日北京《人民日报》；
初收《沫若文集》第2卷。

拥护三大文件（杂文）
1949年9月24日作；
载1949年9月25日北平《人民日报》。

四川人，起来！（诗）
1949年9月24日作；
载1940年10月2日北京《人民日报》。
注：此篇收入1953年3月人民文学出版社版《新华颂》，至编辑《沫若文集》时删去。

黄热病的故事（杂文）
载1949年9月25日《中国儿童》创刊号。

在人民政协会议第一届全体会议第五日会议上的发言
1949年9月25日讲；
载1949年9月26日北平《人民日报》。
注：此篇报载题名《无党派民主人士首席代表郭沫若发言》。

1949年

在欢迎苏联文化艺术科学工作者代表团会上的讲话
1949年10月1日作；
载1949年10月2日《人民日报》。

为粉碎新的侵略战争阴谋而斗争——在中国保卫世界和平成立大会上的报告
1949年10月2日作；
载1949年10月3日《人民日报》。

庆贺中苏建立新邦交
载1949年10月5日《人民日报》。

继续发扬韧性的战斗精神——为纪念鲁迅逝世13周年而作
1949年10月13日作；
载1949年10月25日《文艺报》第1卷第3期。

为《河北教育》创刊题词
1949年10月14日题；
载1979年10月《河北教育》第10期。

鲁迅先生笑了（诗）
1949年10月17日作；
载1949年10月19日《人民日报》；
初收《沫若文集》第2卷。

在首都纪念鲁迅会上致词
1949年10月19日作；
载1949年10月20日《人民日报》。

抗议美帝无耻迫害美共领袖
载1949年10月20日《人民日报》。

为"首都体育大会"题词
1949年10月20日题；
载1949年10月22日《人民日报》。

在文化教育委员会正式成立会上号召文化教育委员会全体委员迎接新中国文化建设高潮
1949年10月21日作；
载1949年10月22日《人民日报》。

再见！——欢送苏联文化代表团
载1949年10月28日《人民日报》。

在欢送苏联文化代表团离京返苏会上致词
1949年10月29日作；
载1949年10月30日《人民日报》。

电影是很好的教育工具（短论）
载1949年10月30日《人民日报》。

十月革命，普天同庆（论文）
1949年11月3日作；
载1949年11月7日《人民日报》。

关于诗歌的一些意见（论文）
1949年11月6日作；
载1949年《大众诗歌》第1卷第1期；
初收1950年10月天下图书公司出版《论大众文艺》。
（王亚平编）

在中苏友协总会集会庆祝十月革命三十二周年会上致词
1949年11月7日作；
载1949年11月8日《人民日报》。

复张篯梅先生的信
1949年11月16日作；
载1980年《革命文物》第1期。

复电全印职工大会表示感谢
1949年11月21日作；
载1949年11月23日《人民日报》。

致电全印和平大会表示祝贺
1949年11月21日作；
载1949年11月23日《人民日报》。

斯大林万岁（诗）

1949年11月作；
载1949年12月13日《人民日报》；
初收1953年人民文学出版社出版《新华颂》。

光荣属于胜利的负担者——维护发行人民胜利折实公债
1949年12月4日作；
载1949年12月5日《人民日报》。

在亚洲妇女代表大会开幕会上的祝词
1949年12月10日作；
载1949年12月11日《人民日报》。

我向你高呼万岁（诗）
1949年12月21日作；
载1950年《新华月报》第1卷第3期。
注：此篇为祝贺斯大林七十诞辰而作，收入《沫若文集》时，删去首尾两句，并改题为《集体力量的结晶》写作时间亦误作11月作。

史无前例的大事（诗）
1949年12月27日作；
载1950年1月1日《人民日报》；
初收1953年人民文学出版社出版《新华颂》；
又收《沫若文集》第2卷。

学习斯大林（杂文）——为祝斯大林七十寿辰而作

1949年12月作；
载1949年《文艺报》第1卷第7期。

"灵魂工程"的工程师——为祝斯大林七十寿辰而作（散文）
1949年12月作；
载1949年12月18日《人民日报》。

1950年

题《说说唱唱》（题词）
1950年1月4日题；
载1950年《说说唱唱》创刊号。

题《人民戏剧》（题词）
1950年1月4日题；
载1950年《人民戏剧》创刊号。

向毛主席拜年（诗）
1950年1月5日作；
载1950年1月8日《人民日报》。

在教育部会同各团体集会追悼女教育家俞庆棠会上的讲话
1950年1月15日作；
载1950年1月17日《人民日报》。

在华北区卫生干部会议上的讲话
1950年1月15日作；
载1950年1月16日《人民日报》。

光荣归于列宁（诗）

1950年1月21日作；
载1950年1月21日《人民日报》；
初收1953年人民文学出版社出版《新华颂》；
又收《沫若文集》第2卷。

为纪念"反对殖民制度斗争日"致电殖民地半殖民地青年和学生
1950年2月5日作；
载1950年2月6日《人民日报》。

在北京区自然科学十二个学会联合年会闭幕会上的讲话
1950年2月11日作；
载1950年2月13日《人民日报》。

就《中苏友好同盟互助条约》及其他两项协定签订发表谈话
1950年2月15日作；
载1950年2月16日《人民日报》。

蜥蜴的残梦——《十批判书》改版书后（论文）
1950年2月17日作；
初收1952年新文艺出版让出版《奴隶制时代》；
又收《沫若文集》第17卷。

人民的前卫——纪念苏联第三十二届建军节
载1950年2月23日《人民日报》。

万岁！亲爱的钢（歌词）
载1950年《民主歌声》第3集。

政协代表对于《新建设》读者要说的最重要的一两句话
载1950年《新建设》第1卷第3期。

就美帝拒绝世界维护和平大会代表团入境发表声明
1950年3月6日作；
载1950年3月7日《人民日报》。

在中国保卫世界和平大会委员会会议和欢送肖三赴瑞典参加世界和平大会常设委员会会议上的讲话
1950年3月8日作；
载1950年3月9日《人民日报》。

在中国人民政协全国委员会和各民主党派为欢宴毛主席、周总理归国晚会上致词
1950年3月11日作；
载1950年3月12日《人民日报》。

复青年学生吴明的信
1950年3月14日作；
载1979年6月16日《中国青年报》。

读了《记殷周殉人之史实》（论文）
1950年3月19日作；
载1950年3月21日《光明日报》；

初收入 1952 年新文艺出版社出版《奴隶制时代》；
又收入《沫若文集》第 17 卷。

电贺居里五十寿辰
1950 年 3 月 19 日作；
载 1950 年 3 月 20 日《人民日报》。

为《人民教育》题词
1950 年 3 月 27 日题；
载 1950 年《人民教育》创刊号。

在中国民间文艺研究会成立大会上的讲话
1950 年 3 月 29 日作；
载 1950 年 4 月 9 日《人民日报》；
初收入 1959 年北京出版社出版《雄鸡集》；
又收入《沫若文集》第 17 卷。

《人民日报》"保卫世界和平专刊"发刊词
载 1950 年 4 月 13 日《人民日报》。

对花冈矿山大惨案的声明
载 1950 年 4 月 14 日《人民日报》。

论写旧诗词（书信）
1950 年 4 月 19 日作；
载 1950 年 5 月《文艺报》第 2 卷第 4 期；
初收入 1950 年 10 月天下图书公司出版《论大众文艺》（王亚平编）。

与章伯钧等人祝贺登陆海南岛（讲话）
载 1950 年 4 月 24 日《人民日报》。

中国奴隶社会（论文）
1950 年 4 月 26 日作；
载 1950 年 6 月 10 日《文汇报》。
注：本文为郭沫若在北京大学理学院讲演记录。

《科学通报》发刊词
1950 年 4 月 28 日作；
载 1950 年《科学通报》第 1 卷第 1 期。

在春天抢着来播种——在第一次全国少年儿童工作干部会议上的讲话
1950 年 4 月作；
载 1950 年《中国青年》第 40 期。
注：摘要载 1950 年 6 月 1 日《人民日报》改名为《为小朋友写作》初收入 1950 年《少年儿童工作参考资料》（3）（青年团西南工作委员会编）。

中国少年儿童队队歌（歌词）
1950 年 4 月作；
收入《沫若文集》第 2 卷。
注：马思聪谱曲。

巩固革命胜利与保卫持久和平——在中央人民广播电台广播词
1950 年 5 月 13 日作；
载 1950 年 5 月 14 日《人民日报》。

在北京保卫世界和平签名运动大会上的讲话
1950年5月14日作；
载1950年5月15日《人民日报》。

在北京市文艺工作者代表大会开幕典礼上的讲话
1950年5月28日作；
初收入1959年北京出版社出版《雄鸡集》；
又收入《沫若文集》第17卷。

"六一"颂（诗）
1950年5月底作；
载1950年6月2日《人民日报》；
初收入1953年人民文学出版社出版《新华颂》；
又收入《沫若文集》第2卷。

吴王寿梦之戈（论文）
1950年6月4日作；
载1950年6月7日《光明日报》；
初收入1952年新文艺出版社出版《奴隶制时代》；
又收入《沫若文集》第17卷。

关于文教工作的报告——在人民政协全国委员会第二次会议上的报告
1959年6月17日作；
载1950年6月21日《新华日报》。

人民诗人屈原（论文）
1950年6月19日作；
载1950年《中国青年》第42期；
初收入1952年新文艺出版社出版《奴隶制时代》；
又收入《沫若文集》第17卷。

电复美"反法西斯流亡者联合委员会"执行秘书海兰·布里安
1950年6月22日作；
载1950年6月23日《人民日报》。

申述一下关于殷代殉人的问题（论文）
1950年6月24日作；
载1950年7月5日《光明日报》；
收入《沫若文集》第17卷。

关于文化教育工作的报告
人民出版社1950年6月第1版。
注：此系1950年6月17日郭沫若同志在人民政协全国委员会第二次会议上的报告。

由美帝国主义的侵略罪行说到和平宣言签名运动——在中央人民广播电台广播词
1950年7月1日作；
载1950年7月3日《人民日报》。

在首都纪念"七七"大会上致词
1950年7月7日作；

载1950年7月8日《人民日报》。

比傀儡更丑（杂文）
1950年7月中旬作；
载1950年《文艺报》第2卷第9期。
注：本文为郭沫若在反对美帝侵略台湾、朝鲜会上的发言稿。

予侵略者以迎头痛击（政论）
1950年7月22日作；
载1950年7月29日《文汇报》。

《社会组织与社会革命》序
1950年7月25日作；
初收1951年4月上海商务印书馆出版《社会组织与社会革命》。

发扬武装的革命（政论）
1950年7月30日作；
载1950年8月1日《人民日报》。

鬼脸骇不了人（杂文）
1950年7月作；
载1950年《人民文学》第2卷第4期。

在北京各界庆祝"八一"大会上的讲演词
1950年8月1日作；
载1950年8月2日《人民日报》。

保卫和平歌（歌曲）
载1950年8月3日《人民日报》；

注：〔苏〕肖斯塔柯维奇曲。

与李立三联名致电联合国安理会主席马立克及联合国秘书长赖伊要求制止侵朝美军暴行
1950年8月28日作；
载1950年8月29日《人民日报》。

就美机侵犯我领空发表谈话
1950年8月28日作；
载1950年8月29日《人民日报》。

在中央人民电台作关于我人民代表团赴朝经过的报告（演说）
1950年8月29日作；
载1950年8月30日《人民日报》。

一年来的文教工作（报告）
1950年9月2日作；
载1950年10月1日《人民日报》。

这倒是"美国问题"（短论）
1950年9月8日作；
载1950年9月17日《人民日报》。

访问朝鲜（散文）
1950年9月16日作；
载1950年《人民文学》第2卷第6期。

一个清晨，一个世纪（短论）
载1950年《中国青年》第48期。

突飞猛进一周年（诗）
1950年9月17日作；
载1950年10月1日《人民日报》；
初收入1953年人民文学出版社出版《新华颂》；
又收入《沫若文集》第2卷。

就美国无理拘捕钱学森、赵忠尧的暴行致电世界和大主席居里博士
1950年9月25日作；
载1950年9月27日《人民日报》。

为全国戏剧工作会议题词
1950年9月27日题；
载1950年《戏剧报》第3卷第8、9合刊。

太阳要永远上升（诗）
1950年9月底作；
载1950年《人民画报》第10月号。

《洪波曲》后记
1950年10月3日作；
载1958年《人民文学》第12月号。

历史剧《屈原》的俄文译本
1950年10月22日作；
载1952年5月28日《人民日报》；
初收入《奴隶制时代》；
又收入《沫若文集》第17卷。

就英政府阻挠世界维护和平大会在英召开发表声明
1950年10月22日作；
载1950年10月23日《人民日报》。

《郭沫若选集》自序
1950年10月27日作；
初收入1951年7月开明书店出版《郭沫若选集》。

关于诗歌的一些意见
1950年11月6日作；
载1950年《大众诗歌》第1卷第1期。

在布拉格电台发表广播演说
1950年11月12日作；
载1950年11月14日《人民日报》。

在第二届世界保卫和平大会上的演说
1950年11月18日作；
载1950年11月23日《人民日报》。

在首都各界欢迎出席第二届世界保卫和平大会的中国代表团归来的仪式上的答词
1950年12月21日作；
载1950年12月22日《人民日报》。

第二届世界保卫和平大会的经过、成就和我们今后的任务——在中央人民政府委员会第十次会议上的报告
1950年12月26日作；

载1950年12月27日《人民日报》。

关于处理接受美国津贴的文化教育、救济机关及宗教团体的方针——在政务院第六十五次政务会上的报告
1950年12月29日作；
载1950年12月30日《人民日报》。

在欢迎出席联合国安理会代表归来会上致欢迎词
1950年12月30日作；
载1950年12月31日《人民日报》。

题李宗超、魏文伯两同志的书法（联语）
1950年作；
载1979年《书法》第4期；
见《追记〈甲辰题画诗〉》一文。

1951年

光荣属于科学研究者
1951年1月7日作；
载1951年《科学通报》第2卷第1期。

致电日本首相吉田茂抗议借口"松川事件"迫害日本工人
1951年1月10日作；
载1951年1月12日《人民日报》。

学文化（诗）
1951年1月26日作；
载1951年《学文化》创刊号；

初收入1953年人民文学出版社出版《新华颂》；
又收入《沫若文集》第2卷。

《人民经与陶派诗》书前题辞
1951年初题；
初收入1951年北京出版社出版《人民经与陶派诗》。

简单地谈谈《诗经》（论文）
1951年1月作；
载1951年《文艺报》第3卷第7期；
初收入1959年北京出版社出版《雄鸡集》；
又收入《沫若文集》第17卷。

火烧纸老虎（灯影剧）
1951年2月作；
初收入1953年人民文学出版社出版《新华颂》；
又收入《沫若文集》第2卷。

中国科学院1950年工作总结和1951年工作计划要点——在政务院第七十次政务会议上的报告
1951年2月2日作；
载1951年《新华月报》第4卷第1期。

制止美帝和日本在侵略行为上的勾结（政论）
载1951年2月4日《人民日报》。

在中国文字改革研究委员会成立会上的讲话
1951年2月5日作；
载1951年7月《中国语文》创刊号。

警告美日帝国主义者——纪念中苏友好同盟互助条约缔结一周年
载1951年2月14日《人民日报》。

率领出席世界和平理事会的中国代表团抵柏林时向欢迎者致答词
1951年2月19日作；
载1951年2月21日《人民日报》。

在世界和平理事会讨论法奇报告的会议上发表演说
1951年2月22日作；
载1951年2月25日《人民日报》。

雨后集
开明书店1951年2月初版；
注：本书所收诗作均系五线谱谱曲。
郭沫若作词，马思聪作曲

在莫斯科就世界和平理事会成就向《消息报》记者发表谈话
1951年3月4日作；
载1951年3月6日《人民日报》。

率出席和平理事会的代表团回京时在机场上致答词
1951年3月7日作；
载1951年3月8日《人民日报》。

为《敦煌文物展览会》题词
1951年3月8日题；
载1979年《中国历史博物馆馆刊》第1期；
见《今日回思志倍坚》一文。

第一届世界和平理事会的成就——在首都各界欢迎中国出席世界和平理事会代表团回国大会上的报告
1951年3月14日作；
载1951年3月16日《人民日报》。

在第一次全国中等教育会议上的讲话
1951年3月19日作；
载1951年3月20日《人民日报》。

在处理接受美国津贴的基督教团体会议上的讲话
1951年4月19日作；
载1951年4月21日《人民日报》。

为全国篮排球比赛大会题词
1951年4月21日题；
载1951年5月4日《人民日报》。

复茅冥家先生信
1951年4月22日作；
初收入1952年上海文艺出版社出版

《奴隶制时代》；
又收入《沫若文集》第17卷；
见《几封讨论古代研究的信》一文。

站在反抗侵略、保卫和平的最前线——
在中央人民广播电台发表的广播演讲
1951年4月23日作；
载1951年4月24日《人民日报》。

给翦伯赞的信
1951年4月25日作；
载1978年《北京大学学报》（社科版）
第3期。

向中国人民志愿军致敬——在中央人
民广播电台广播词
1951年5月1日作；
载1951年5月3日《人民日报》。

评《离骚底作者》
1951年5月5日；
载1951年5月26日《光明日报》；
初收入1952年新文艺出版社出版《奴
隶制时代》；
又收入《沫若文集》第17卷。

给开封中国新史学研究分会的信
1951年5月10日作；
初收入1952年新文艺出版社出版《奴
隶制时代》；
又收入《沫若文集》第17卷；

见《几封讨论古代研究的信》一文。

评《离骚以外的屈赋》
1951年5月14日作；
载1951年5月26日《人民日报》；
初收入1952年新文艺出版社出版《奴
隶制时代》；
又收入《沫若文集》第17卷。

复陶大镛信
1951年5月21日作；
初收入1952年新文艺出版社出版《奴
隶制时代》；
又收入《沫若文集》第17卷。

在新捷克斯洛伐克展览会在京揭幕会
上致词
1951年5月28日作；
载1951年5月29日《光明日报》。

在迎接中国人民赴朝慰问团返京的欢
迎仪式上致词
1951年5月29日作；
载1951年5月30日《人民日报》。

在首都各界人民欢迎中国人民赴朝慰
问团大会上致欢迎词
1951年5月30日作；
载1951年5月31日《人民日报》。

复张汝舟先生的信

1951年5月31日作；
初收入1952年新文艺出版社出版《奴隶制时代》；
又收入《沫若文集》第17卷；
见《几封讨论古代研究的信》一文。

献给儿童节的礼物——在中央人民广播电台广播词
1951年5月31日作；
载1951年5月31日《光明日报》。

向儿童献花（诗）
1951年5月作；
初收入《沫若文集》第2卷。

"六一"国际儿童节歌（歌词）
1951年5月作；
载1951年5月31日《人民日报》。
注：吕骥曲。

题崔承喜的舞蹈艺术
1951年5月题；
载1951年《时事画报》第42号。

书为王亚平（题词）
1951年5月题；
初收入1980年5月河北人民出版社出版《郭沫若遗墨》。

联系着武训批判的自我检讨
1951年6月1日作；
载1951年6月7日《人民日报》。

在首都各界人民追悼赴朝慰问团牺牲四烈士大会上的讲话
1951年6月4日作；
载1951年6月5日《人民日报》。

在北京祝"德中友好月"将在柏林揭幕的酒会上致词
1951年6月5日作；
载1951上年6月6日《人民日报》。

关于周代社会的商讨（论文）
1951年6月17日作；
载1951年《新建设》第4卷第4期；
初收入1952年新文艺出版社出版《奴隶制时代》；
又收入《沫若文集》第17卷。

补记——关于"生产工具"的说明
1951年6月20日作；
载1951年《新建设》第4卷第4期。

与廖承志等往车站欢迎以元东根为首的朝鲜人民访华代表团并致欢迎词
1951年6月21日作；
载1951年6月22日《人民日报》。

禹鼎跋
1951年6月21日作；
载1951年7月7日《光明日报》。

朝鲜抗美一周年（政论）
1951年6月24日作；
载1951年6月25日《人民日报》。

在朝鲜解放战争周年展览揭幕典礼上的讲话
1951年6月25日作；
载1951年6月26日《人民日报》。

顶天立地的巨人——纪念中国共产党建党三十周年（诗）
1951年6月28日作；
载1951年6月30日《人民日报》；
初收入《沫若文集》第2卷。

复王惠生信
1951年7月1日作；
初收入1952年新文艺出版社出版《奴隶制时代》；
又收入《沫若文集》第17卷；
见《几封讨论古代研究的信》一文。

关于奴隶与农奴的纠葛（论文）
1951年7月8日作；
载1951年《新建设》第4卷第5期；
初收入1952年新文艺出版社出版《奴隶制时代》；
又收入《沫若文集》第17卷。

在苏联大使馆举行的影片《中国人民的胜利》、《解放了的中国》授奖典礼

会上的演说
1951年7月13日作；
载1951年7月14日《人民日报》。

《〈关于奴隶与农奴的纠葛〉补记："黑劳士"与莫里司》
1951年7月14日作；
载1951年《新建设》第4卷第5期；
初收入1952年新文艺出版社出版《奴隶制时代》；
又收入《沫若文集》第17卷。

由《虎符》说到悲剧精神（论文）
1951年7月25日作；
载1951年8月4日《福建日报》；
初收入1952年文艺出版社出版《奴隶制时代》；
又收入《沫若文集》第17卷。

在中国史学会成立大会上致词
1951年7月28日作；
载1951年7月29日《光明日报》。

庆祝"八一"建军节——在中央人民广播电台的广播词
1951年7月作；
载1951年7月31日《人民日报》。

郭沫若选集
开明书店1951年7月初版。

在纪念抗日战争胜利日六周年庆祝会
上致词
1951年8月2日作；
载1951年9月3日《光明日报》。

读《武训历史调查记》
载1951年8月4日《人民日报》。

墨家节葬不非殉（论文）
1951年8月20日作；
载1951年《新建设》第4卷第6期；
初收入1952年新文艺出版社出版《奴
隶制时代》；
又收入《沫若文集》第17卷。

写在信的后面（论文）
1951年8月25日作；
载1951年9月1日《光明日报》；
初收入1952年新文艺出版社出版《奴
隶制时代》；
又收入《沫若文集》第17卷；
注：收入《沫若文集》时，改题为"发
掘中所见的周代殉葬情形"。

防治棉蚜歌
1951年8月29日作；
载1951年8月31日《人民日报》；
初收入1953年人民文学出版社出版
《新华颂》；
又收入《沫若文集》第2卷。

海涛
新文艺出版社　1951年8月第1版。

一封给日本人民的公开信
载1951年9月4日《人民日报》。

人民的领袖万万岁（歌词）
载1951年9月16日《人民日报》。
注：贺绿汀曲。

在宋庆龄接受"加强国际和平"斯大
林国际奖金典礼大会上致词
1951年9月18日作；
载1951年9月19日《人民日报》。

给法斯特的复信
1951年9月25日作；
载1951年10月5日《人民日报》。

在欢宴各国人民观礼代表团会上致欢
迎词
1951年9月29日作；
载1951年9月30日《人民日报》。

伟大的抗美援朝运动（论文）
载1951年10月1日《人民日报》。

关于中国人民保卫世界和平运动的报告
1951年10月3日作；
载1951年10月4日《光明日报》。

在中苏友好协会总会二届年会和第一
次全国代表大会开幕典礼上的讲话
1951年10月5日作；
载1951年10月6日《光明日报》。

在第一次全国民族教育会议开幕会上
的讲话
载1951年10月6日《人民日报》。

在纪念鲁迅逝世十五周年大会上致开
幕词
1951年10月19日作；
载1951年10月20日《人民日报》。

在首都各界庆祝抗美援朝一周年纪念
会上的讲话
1951年10月25日作；
载1951年10月26日《光明日报》。

在维也纳机场应《奥地利人民之声报》
记者之请讲话
1951年10月30日作；
载1951年11月2日《人民日报》。

我们坚决地相信：和平一定战胜战争！
——在世界和平理事会第二届会议上
的发言
1951年11月5日作；
载1951年11月7日《人民日报》。

多谢（诗）
1951年11月8日作；

初收入1953年人民文学出版社出版
《新华颂》；
又收入《沫若文集》第2卷。

西伯利亚车中（诗）
1951年11月28日作；
初收入1953年人民文学出版社出版
《新华颂》；
又收入《沫若文集》第2卷。

世界和平理事会第二次会议的成就
（报告）
载1951年12月13日《人民日报》。

在北京科学研究工作者开展思想改造
运动动员会上的讲话
1951年12月18日作；
载1951年12月30日《人民日报》。

为荣获斯大林国际和平奖金在北京发
表书面谈话
1951年12月23日作；
载1951年12月24日《人民日报》。

为纪录片《抗美援朝》题词
载1951年12月28日《光明日报》。

1952年

在欢迎以李雪三为首的中国人民志愿
军归国代表团和以洪淳哲为首的朝鲜
人民访华代表团的会上致欢迎词
1952年1月18日作；

载1952年1月19—20日《人民日报》。

报告（诗）
1952年2月7日作；
初收入1953年人民文学出版社出版《新华颂》；
又收入《沫若文集》第2卷。
注：本诗为郭沫若2月7日在外交学会听古巴诗人纪廉与巴西小说家亚马多作报告而作。

伟大同盟二周年（短论）
1952年2月13日作；
载1952年2月14日《人民日报》。

奴隶制时代（论文）
1952年2月17日作；
初收入1952年新文艺出版社出版《奴隶制时代》；
又收入《沫若文集》第17卷。

《奴隶制时代》后记
1952年2月18日作；
初收入1954年4月人民出版社出版《奴隶制时代》。

制止侵朝美军撒布细菌的罪行
1952年2月24日作；
载1952年2月25日《人民日报》。

致电世界和平理事会控诉侵朝美军进行细菌战
1952年2月25日作；
载1952年3月5日《人民日报》。

招魂（古诗今译）
1952年2月作；
初收入1953年人民文学出版社出版《屈原赋今译》；
又收入《沫若文集》第2卷。

聂耳墓志铭
1952年2月作；
载1980年《滇池》第3期。

与茅盾联名致电纪念果戈理逝世一百周年
1952年3月3日作；
载1952年3月4日《人民日报》。

再电约里奥·居里要求制止美国细菌战（电文）
1952年3月10日作；
载1952年3月11日《人民日报》。

复电世界和平理事会秘书长拉斐德
1952年3月13日作；
载1952年3月14日《人民日报》。

消灭细菌战（歌词）
载1952年3月26日《人民日报》；
初收入1953年人民文学出版社出版

《新华颂》。
注：卢肃曲。

《历史人物》改版说明（札记）
1952年3月20日作；
初收入1953年新文艺出版社出版《历史人物》。

在世界和平理事会执行局会议上作关于美帝国主义细菌战罪行的报告
1952年3月29日作；
载1952年4月3日《人民日报》。

在世界和平理事会执行局会议举行的记者招待会上就美国进行细菌战的罪行作报告
1952年4月1日作；
载1952年4月4日《人民日报》。

光荣与使命（诗）
1952年4月9日作；
载1952年《文艺报》第8号；
初收《沫若文集》第2卷，1952年4月7日。

在接受"加强国际和平"斯大林国际奖金典礼上致答词
1952年4月9日作；
载1952年《新华月报》第5月号。

复细菌学专家魏曦信
1952年4月15日作；
载1952年5月19日《人民日报》。

复法国《人道报》总编辑加香信
1952年4月20日作；
载1952年5月6日《人民日报》。

在祁建华创造"速成识字法"颁奖典礼会上的讲话
1952年4月23日作；
载1952年4月25日《人民日报》。

为了和平民主与进步事业（报告）——纪念阿维森纳，达·芬奇，雨果，果戈理
1952年5月4日作；
载1952年5月5日《人民日报》。

悼贝劳扬尼斯（诗）
1952年5月9日作；
初收入1953年人民文学出版社出版《新华颂》；
又收入《沫若文集》第2卷。

致电巴基斯坦和平大会
1952年5月18日作；
载1952年5月19日《人民日报》。

在毛泽东旗帜下长远做一名文化尖兵（论文）
载1952年5月23日《人民日报》。

在纪念毛主席《在延安文艺座谈会上的讲话》十周年会上的讲话
载1952年5月25日香港《大公报》。

爱护新鲜的生命（论文）
载1952年5月31日《人民日报》。

在亚洲及太平洋区域和平会议筹备会上的祝贺词
1952年6月3日作；
载1952年6月4日《人民日报》。

在抗议法政府逮捕杜克洛的暴行的大会上讲话
1952年6月7日作；
载1952年6月8日《人民日报》。

致电祝贺杜波依斯八十四岁寿辰
1952年6月9日作；
载1952年6月10日《人民日报》。

亚太和会筹备期中有赠（五绝二首）
1952年6月上旬作；
初收入1953年人民文学出版社出版《新华颂》；
又收入《沫若文集》第2卷。

毛泽东的旗帜迎风飘扬（诗）
1952年6月11日作；
初收入1953年人民文学出版社出版《新华颂》；

又收入《沫若文集》第2卷。

关于季洛姆的入狱（散文）
载1952年6月16日《人民日报》。

工农兵歌唱"七·一"（歌词）
载1952年6月27日《人民日报》；
注：贺绿汀曲。

在理智的光辉中（诗）
1952年6月作；
初收入1953年人民文学出版社出版《新华颂》；
又收入《沫若文集》第2卷。

奴隶制时代
新文艺出版社　1952年6月第1版。

朝鲜问题的一般导言——在世界和理会特别会议上的报告
1952年7月3日作；
载1952年7月6日《人民日报》。

鸭绿江（诗）
1952年7月8日作；
初收入1953年人民文学出版社出版《新华颂》；
又收入《沫若文集》第2卷。

在政协全国委员会双周座谈会和中国人民保卫世界和平委员会上的报告

1952年7月24日作；
载1952年7月25日《人民日报》。

动员世界人民使协商精神战胜武力解决——在首都各界人民欢迎出席世界和平理事会特别会议的我国代表团返回大会上的讲话
1952年7月26日作；
载1952年7月28日《人民日报》。

在中国文字改革研究委员会成立会上的讲话
载1952年《中国语文》第7月号。

在中国人民解放军"八一"建军节二十五周年体育运动大会开幕典礼上的讲话
1952年8月1日作；
载1952年8月2日《人民日报》。

致电全印和平理事会秘书处秘书、亚洲及太平洋区域和平会议筹备委员会副秘书长罗米西·钱德拉
1952年8月2日作；
载1952年8月4日《人民日报》。

致电巴基斯坦时报，祝贺巴基斯坦独立五周年
1952年8月13日作；
载1952年8月14日《人民日报》。

致电朝鲜拥护和平全国民族委员会祝

贺朝鲜解放七周年
1952年8月15日作；
载1952年8月16日《人民日报》。

复胡庆钧信
1952年8月25日作；
载1980年《文献》丛刊一辑。

《释五十》补记（札记）
1952年8月28日作；
初收1962年科学出版社出版《甲骨文字研究》。

《甲骨文字研究》重印弁言
1952年8月30日作；
初收1952年9月人民出版社出版《甲骨文字研究》。

《释支干·十日》追记二则（札记）
1952年8月作；
初收1952年人民出版社出版《释支干》（线装版）；
又收入《沫若文集》第14卷。

为亚洲及太平洋区域和平会议召开，第二次给日本人民一封公开信
1952年9月5日作；
载1952年9月7日《人民日报》。

《晋邦盦韵读》后记（札记）
1952年9月10日作；

初收1961年科学出版社出版《殷周青铜器铭文研究》。

致电日本人民和平会议抗议日政府阻止和平代表来北京出席亚洲及太平洋区域和平会议
1952年9月27日作；
载1952年9月28日香港《大公报》。

对真理报记者杰柳辛发表谈话
1952年9月29日作；
载1952年9月30日《人民日报》。

为"苏联影片周"题词
1952年10月2日题；
载1952年11月5日《人民日报》。

团结一心，保卫和平——在亚洲及太平洋区域和平会议上的报告
1952年10月3日作；
载1952年10月4日《人民日报》。

十六亿人民的大团结——庆祝亚洲及太平洋区域和平会议胜利成功
1952年10月20日作；
载1952年《解放军画报》第11月号。

致电约里奥·居里报告和平联络委员会成立
1952年10月21日作；
载1952年10月31日《人民日报》。

新郑古器中"莲鹤方壶"的平反
1952年10月26日作；
初收入1954年人民出版社出版《殷周青铜器铭文研究》。

《金文丛考》题词
1952年10月27日作；
初收入1954年人民出版社出版《金文丛考》。

《金文丛考》重印弁言
1952年10月27日作；
初收入1954年人民出版社出版《金文丛考》。

关于亚洲及太平洋区域和平会议的报告
1952年11月1日作；
载1952年11月5日《人民日报》。

在欢迎以吉洪诺夫为首的苏联艺术科学工作者代表团和苏军红旗歌舞团的仪式上致欢迎词
1952年11月2日作；
载1952年11月3日《人民日报》。

在中苏友协总会举行的欢迎苏联艺术科学工作者代表团和红军红旗歌舞团的宴会上致词
1952年11月5日作；
载1952年11月6日《人民日报》。

庆亚太和会（诗）
1952年11月10日作；
初收入1953年人民文学出版社出版《新华颂》；
又收入《沫若文集》第2卷。

《中国古代思想家》序
1952年11月17日作；
载1979年《文献》第1期。
见《郭沫若的著作在日本》一文

电贺苏联第四届拥护和平大会开幕
1952年11月30日作；
载1952年12月1日《人民日报》。

停止现有战争——在世界人民和平大会上的发言
1952年12月16日作；
载1952年12月19日《人民日报》。

记世界人民和平大会（诗）——用陈叔老原韵
1952年12月31日作；
初收入1953年人民文学出版社出版《新华颂》；
又收入《沫若文集》第2卷。

给常香玉题字
1952年12月题；
载1978年《战地》增刊第2期。

1953年

《屈原》新版后记（一）
1953年1月4日作；
初收入《沫若文集》第3卷。

就世界人民和平大会对亚洲的重要关系问题答新华社记者问
1953年1月25日作；
载1953年1月26日《人民日报》。

在中国人民保卫世界和平委员会扩大常委会上作报告
1953年1月26日作；
载1953年1月27日《人民日报》。

《屈原》新版后记（二）
1953年1月29日作；
初收入《沫若文集》第3卷。

作关于世界人民和平大会的经过和成就的报告
1953年2月4日作；
载1953年2月7日《人民日报》。

屈原简述
1953年2月11日作；
载1953年《人民文学》第6月号；
初收入《沫若文集》第2卷。

《九章》解题

1953年2月16日作；
载1953年《人民文学》第4月号；
初收入1953年人民文学出版社出版《屈原赋今译》；
又收入《沫若文集》第2卷。

《九歌》解题
1953年2月23日作；
初收入1953年人民文学出版社出版《屈原赋今译》；
又收入《沫若文集》第2卷。

电斯大林慰问病情
1953年3月5日作；
载1953年3月6日《光明日报》。

《天问》解题
1953年3月6日作；
载1953年《人民文学》第5月号；
初收入《沫若文集》第2卷。

《"屈原赋"今译》后记
1953年3月11日作；
初收入《沫若文集》第2卷。

《离骚》解题
1953年3月31日作；
初收入1953年人民文学出版社出版《屈原赋今译》；
又收入《沫若文集》第2卷。

致电法国和平理事会哀悼法奇逝世
1953年3月31日作；
载1953年4月1日《人民日报》。

毛泽东的旗帜迎风飘扬
人民文学出版社　1953年3月初版。

新华颂
人民文学出版社　1953年3月初版。

就周恩来总理关于朝鲜停战谈判问题的声明发表谈话
1953年4月1日作；
载1953年4月2日《人民日报》。

在中国第二次妇代大会上的致词
1953年4月15日作；
载1953年4月16日《人民日报》。

为成都杜甫草堂书（联语）
1953年4月作；
载1978年《四川文艺》第7期。

在欢宴芬兰文化代表团招待会上的讲话
1953年6月5日作；
载1953年6月6日《人民日报》。

在全国教育工作会议开幕式上的讲话
1953年6月5日作；
载1953年6月6日《人民日报》。

伟大的爱国诗人——屈原
1953年6月15日作；
载1953年6月16日《人民日报》。

朝鲜停战及和平解决远东问题——在世界和平理事会15日会议上的发言
1953年6月15日作；
载1953年6月17日《人民日报》。

向匈牙利全国和平理事会献礼并致词
1953年6月18日作；
载1953年6月20日《人民日报》。

在接受匈牙利科学院授予的名誉院士学位仪式上致词
1953年6月19日作；
载1953年6月21日《人民日报》。

纪念英雄的朝鲜人民军反美侵略战争三周年
1953年作；
载1953年《解放军画报》第6月号。

屈原赋今译
人民文学出版社　1953年6月第1版。

在中国人民保卫世界和平委员会举行的报告会上作报告
1953年7月16日作；
载1953年7月18日《人民日报》。

在首都各界庆祝朝鲜停战协定签字大会上的讲话
1953年7月29日作；
载1953年7月30日《人民日报》。

欢迎彭德怀司令员胜利归国大会上的欢迎词
1953年8月11日作；
载1953年8月12日《人民日报》。

关于晚周帛画的考察（论文）
1953年9月1日脱稿；
载1953年《人民文学》第11月号；
初收入1961年人民出版社出版《文史论集》；
又收入《沫若文集》第17卷。

四年来的文化教育工作和今后的任务——在中央人民政府委员会举行的二十七次会议上关于文教工作的报告
1953年9月16日作；
载1953年10月1日《人民日报》。

团结一心　创作竞赛——中国文学艺术工作者第二次代表大会开幕词
1953年9月23日作；
载1953年9月24日《光明日报》；
初收入1959年北京出版社出版《雄鸡集》；
又收入《沫若文集》第17卷。

在机场欢迎日本公众领袖大山郁夫及其夫人的仪式上致词
1953年9月24日作；
载1953年9月25日《人民日报》。

争取世界和平的胜利与人民文化的繁荣——在北京纪念四位世界文化名人大会上的报告
1953年9月27日作；
载1953年9月28日《人民日报》。

在欢迎来华参加世界四位文化名人纪念大会的波、法、古等国代表的宴会上致词
1953年9月29日作；
载1953年9月30日《人民日报》。

复丁力信
1953年9月29日作；
载1979年《文艺报》第5期。

在欢送中国人民第三届赴朝慰问团的会上致词
1953年10月4日作；
载1953年10月5日《人民日报》。

在招待民主德国、罗马尼亚、捷克斯洛伐克、波兰等国文化代表团的宴会上致词
1953年10月9日作；
载1953年10月10日《人民日报》。

《奴隶制时代》改版书后
1953年10月20日作；
初收入1954年4月人民出版社出版《奴隶制时代》；
又收入《沫若文集》第17卷。

十月革命与中国（诗）
1953年10月23日作；
载1953年11月6日《文汇报》；
初收《沫若文集》第2卷。
注：收入《沫若文集》时，时间作10月28日。

胜利必属于和平——在首都纪念中国人民志愿军出国作战三周年大会上的讲话
1953年10月25日作；
载1953年10月26日《人民日报》。

在接见日议员促进日中贸易联盟代表团时就日中关系问题发表讲话
1953年10月29日作；
载1953年10月30日《人民日报》。

在保加利亚科学院授予名誉院士学位仪式上的答词
载1953年11月2日《人民日报》。

请加以爱护我们的新生一代（短论）
载1953年11月3日《人民日报》。

加强中苏团结，巩固世界和平（短论）
载1953年11月7日《人民日报》。

《中国古代社会研究》新版引言
1953年11月18日作；
初收入1954年人民出版社出版《中国古代社会研究》；
又收入《沫若文集》第14卷。

纪念徐悲鸿先生
1953年11月24日作；
载1953年12月11日《人民日报》。

就美国捏造朝中部队对战俘施以"暴行"的阴谋答新华社记者问
1953年12月4日作；
载1953年12月5日《人民日报》。

电贺斯大林国际和平奖金获得者
1953年12月26日作；
载1953年12月27日《人民日报》。

关于"晚周帛画"的补充说明
载1953年《人民文学》第12月号；
初收入《沫若文集》第17卷。

和平鸽子歌（诗）
初收入1953年人民文学出版社出版《新华颂》。

1954年

开展历史研究，迎接文化建设高潮——为《历史研究》发刊而作
1954年1月2日作；

载1954年《历史研究》创刊号；
初收入1961年人民出版社出版《文史论集》；
又收入《沫若文集》第17卷。

看了《抗美援朝》第二部（诗）
1954年1月17日作；
载1954年《大众电影》第2期；
初收入《沫若文集》第2卷。

致电祝贺加拿大全国拥护通过协商谋求和平大会
1954年1月26日作；
载1954年1月31日《人民日报》。

关于中国科学院基本情况和今后工作任务的报告
1954年1月28日作；
载1954年3月26日《人民日报》。

一个宣誓——为纪念《中苏友好同盟互助条约》签订四周年而作
载1954年2月14日《人民日报》。

在首都各界人民集会欢送慰问解放军代表团会上致欢送词
1954年2月16日作；
载1954年2月17日《人民日报》。

参加斯大林葬礼的回忆（散文）
载1954年3月5日《人民日报》。

咏武昌东湖梅花盆栽（诗）
1954年3月8日作；
初收入1959年作家出版社出版《潮汐集》。

在全国文教工作会议上的开幕词
1954年3月12日作；
载1954年3月14日《人民日报》。

在首都各界欢迎朝鲜人民访华代表团会上致词
1954年3月16日作；
载1954年3月17日《人民日报》。

在全国文教工作会议闭幕会上的总结报告
1954年3月23日作；
载1954年3月25日《人民日报》。

《殷周青铜器铭文研究》重印弁言
1954年3月26日作；
初收入1961年10月科学出版社出版《殷周青铜器铭文研究》。

中国科学工作者循着斯大林指示的道路前进
载1954年《科学通报》第3月号。

在中国科学院成立秘书处和筹设学部的会议上的讲话
1954年4月8日作；
载1954年4月9日《人民日报》。

在首都各界人民庆祝世界和平运动五周年大会上的报告
1954年4月20日作；
载1954年4月21日《人民日报》。

在中苏友协总会为该会赴苏参加"五一"节观礼代表团举行的茶会上致欢送词
1954年4月26日作；
载1954年4月27日《人民日报》。

《侈靡篇》的研究（论文）
1954年5月5日作；
载1954年《历史研究》第3期；
初收入1954年4月人民出版社出版《奴隶制时代》；
又收入《沫若文集》第17卷。

为全国基本建设工程中出土文物展览会题字
1954年5月12日；
载1954年《文物参考资料》第9期。

在世界和平理事会柏林特别会议上致词
1954年5月24日作；
载1954年5月26日《人民日报》。

为巩固亚洲和平与安全，进一步缓和国际紧张局势而努力
1954年5月26日作；
载1954年5月28日《人民日报》。

为已故烈士郁华题诗（七绝）
1954年5月作；
载1979年《新文学史料》第5辑。
注：见《三叔达夫》一文。

游里加湖·前五绝十首，游里加湖·后五绝十首，游里加湖·归途五绝二首
1954年6月12—13日；
载1956年《新观察》第18期；
初收入1959年11月作家出版社出版《潮汐集》；
注：诗见其中《游里加湖（日记抄）》一文。

游里加湖（日记抄）
1954年6月12—13日作；
载1956年《新观察》第18期。

玛娜娜（诗）
1954年6月14日作；
载1955年《人民文学》第1期；
初收入1959年人民文学出版社出版《骆驼集》；
又收入《沫若文集》第2卷。

在首都各界人士拥护缓和国际局势会议上的传达报告
1954年7月13日作；
载1954年7月14日《人民日报》。

祝贺印度支那问题达成协议发表谈话
载1954年7月25日《人民日报》。

巩固朝鲜和平、争取朝鲜问题的和平解决——纪念朝鲜停战协定签订一周年
载1954年7月27日《人民日报》。

和茅盾等三十八人抗议美国政府迫害丹尼斯和其他政治犯
1954年8月1日作；
载1954年8月8日《人民日报》。

在政协全国委员会欢迎英国工党访华代表团会上的讲话
1954年8月18日作；
载1954年8月19日《人民日报》。

谈文学翻译工作
1954年8月18日作；
载1954年8月29日《人民日报》；
初收入1959年北京出版社出版《雄鸡集》；
又收入《沫若文集》第17卷。

拥护周总理兼外长的外交报告的谈话
载1954年8月21日《人民日报》。

解放台湾是中国人民的神圣任务（评论）
载1954年8月22日《人民日报》。

给翦伯赞的信
1954年夏作；
载1978年《北京大学学报》（社科版）第3期。

在第一届全国人民代表大会第一次会
议上的发言
1954年9月23日作；
载1954年9月24日《人民日报》。

《管子集校》叙录
1954年9月26日作；
初收入1956年科学出版社出版《管子
集校》；
又收入《沫若文集》第17卷。

《浮士德》小引
1954年9月30日作；
初收入1955年8月人民文学出版社出
版《浮士德》。

在中国科学院为欢迎英国约翰、贝尔
纳教授举行的茶会上致词
1954年10月6日作；
载1954年10月7日《人民日报》。

与茅盾等人函复英国文艺科学界
1954年10月10日作；
载1954年10月14日《人民日报》。

就中苏会谈公报对光明日报记者发表
感想
载1954年10月14日《光明日报》。

在欢送苏联文化代表团的招待会上讲话
1954年10月28日作；

载1954年10月29日《人民日报》。

电贺哥伦比亚大学建校二百周年
1954年10月28日作；
载1954年10月29日《人民日报》。

和平的音讯（诗）
1954年10月作；
初收入《沫若文集》第2卷。

新中国的科学研究工作——纪念新中国
成立五周年，为《苏联科学院通报》而写
载1954年《科学通报》第10月号。

《华伦斯坦》改版书后
1954年11月5日作；
初收入1955年4月人民文学出版社出
版《华伦斯坦》关于文化学术界应开
展反对资产阶级思想的斗争对《光明
日报》记者谈话；
载1954年11月8日《光明日报》；
初收入1955年3月三联书店出版《胡
适思想批判》。
注：本文收入时进行了修改。

电唁维辛斯基逝世
1954年11月23日作；
载1954年11月24日《人民日报》。

致电澳大利亚全国和平理事会祝贺
"澳亚友好月"

1954年11月26日作；
载1954年11月27日《人民日报》。

《"石鼓文"研究》重印弁言（札记）
1954年11月30日作；
初收入1955年人民文学出版社出版《石鼓文研究》；
又收入《沫若文集》第16卷。

怎样促进中日关系正常化？（政论）
答《世界知识》记者问；
载1954年《世界知识》第22期。

三点建议——在中国文学艺术界联合会主席团、中国作家协会主席团扩大联席会议上的发言
1954年12月8日作；
载1954年12月9日《人民日报》；
收入《沫若文集》第17卷。

就美蒋"共同防御条约"问题对光明日报记者发表谈话
1954年12月8日作；
载1954年12月9日《人民日报》。

电贺全苏第二次作家代表大会召开
载1954年12月15日《人民日报》；

关于宋玉（论文）
1954年12月18日作；
载1955年《新建设》第2月号；

初收入1959年北京出版社出版《雄鸡集》；
又收入《沫若文集》第17卷。

在中国政治协商会议第二届第一次全体会议上的发言
1954年12月24日作；
载1954年12月25日《人民日报》。

在中国猿人第一个头盖骨发现二十五周年纪念会上的报告
1954年12月27日作；
载1954年12月28日《人民日报》。

在波兰科学院授予院士学位仪式上致答词
1954年12月28日作；
载1954年12月30日《人民日报》。

电贺斯大林国际和平奖金得奖人
1954年12月28日作；
载1954年12月29日《人民日报》。

给全印争取和平和亚洲团结大会的贺电
1954年12月29日作；
载1954年12月30日《人民日报》。

在年青祖国的创造气氛中（短论）
载1954年《中国青年》第18期。

1955年

在世界和平理事会常委会扩大会议上
关于反对原子战争问题的发言
1955年1月19日作；
载1955年1月24日《人民日报》。

加强和平力量，粉碎原子战争的威胁
——在政协常委会和中国人民保卫世界
和平常委会联席扩大会议上的报告
1955年2月12日作；
载1955年2月13日《人民日报》。

让原子狂人们发抖吧！——在首都科
学工作者反对使用原子武器签名大会
上的讲话
1955年2月17日作；
载1955年2月20日《人民日报》。

在中苏友谊塔奠基典礼上讲话
1955年2月23日作；
载1955年2月24日《人民日报》。

长甶盉铭释文（考释）
1955年作；
载1955年《文物参考资料》第2期。

复骆传伟信
1955年3月2日作；
载1980年2月3日《湖北日报》；
见《郭老给一个习作者的回信》一文。

在中国文联组织的学习辩证唯物主义
和历史唯物主义讲座开幕式上致词
1955年3月4日作；
载1955年3月6日《人民日报》。

给缅甸保卫世界和平委员会的贺电
1955年3月17日作；
载1955年3月23日《人民日报》。

致电祝贺缅甸德钦哥都迈在仰光接受
斯大林和平奖金
1955年3月17日作；
载1955年3月26日《人民日报》。

反社会主义的胡风纲领
载1955年4月1日《人民日报》；
初收入《沫若文集》第17卷。
注：收入《沫若文集》时，改题为《斥
胡风的反社会主义纲领》。

在亚洲国家会议开幕式上发言
1955年4月6日作；
载1955年4月8日《人民日报》。

亚洲人民团结起来为实现和平共处而
斗争——在亚洲国家会议上的发言
1955年4月7日作；
载1955年4月9日《人民日报》。

在德里市民为庆祝亚洲国家会议闭幕
集会上发言

1955年4月10日作；
载1955年4月12日《人民日报》。

为四川大学历史系博物馆题词
1955年4月29日；
载1979年《四川大学学报丛刊》第2辑"郭沫若研究专刊"；
见《忆郭老一九五五年来川大历史博物馆参观》一文。

在文殊院和昭觉寺题诗（七绝）
1955年4月作；
载1979年《中国书画》第1期。

游西安（散文）
1955年5月1—4日作；
载1957年《旅行家》第1期。

访霍去病墓（七律）
1955年5月4日作；
初收入1959年11月作家出版社出版《潮汐集》。

访华清池
1955年5月4日作；
载1955年11月19日《文汇报》；
初收入1959年11月作家出版社出版《潮汐集》。
注：收入《潮汐集》时，改题为《华清池》，文字亦有改动。

题西安人民大厦（联语）
1955年5月4日题；
载1957年《旅行家》第1期；
初收入1959年11月作家出版社出版《潮汐集》。

就亚非会议的成果向《人民日报》记者发表谈话
1955年5月7日作；
载1955年5月8日《人民日报》。

《少年维特之烦恼》小引
1955年5月9日作；
初收入1957年人民文学出版社出版《少年维特之烦恼》。

孩子们的衷心话（诗）
1955年5月18日作；
载1958年《山东教育》第5月号；
初收入1959年12月人民文学出版社出版《骆驼集》；
又收入《沫若文集》第2卷。

严厉镇压胡风反革命集团——在中国文联主席团和中国作家协会主席团联席扩大会议上的发言
1955年5月25日作；
载1955年《文艺报》第11月号。

请依法处理胡风（杂文）
载1955年5月26日《人民日报》。

赠陈毅同志（七律）
1955年5月作；
载1957年《诗刊》第9期；
初收入1977年9月人民文学出版社出版《沫若诗词选》。

在中国科学院学部成立大会上致开幕词
1955年6月1日作；
载1955年6月2日《人民日报》。

在中国科学院学部成立大会上的报告
1955年6月2日作；
载1955年6月12日《人民日报》。

在中国科学院学部成立大会闭幕式上致闭幕词
1955年6月10日作；
载1955年6月11日《人民日报》。

就胡风问题对《光明日报》记者发表的谈话
载1955年6月11日《光明日报》。

为消除新战争的威胁而奋斗——在世界和平大会全体会议上的演说
1955年6月23日作；
载1955年6月25日《人民日报》。

在我国出席世界和平大会代表团同日本代表团联欢的宴会上讲话
1955年6月24日作；

载1955年6月26日《人民日报》。

赫尔辛基（诗）
1955年7月1日作；
初收入1959年11月作家出版社出版《潮汐集》。

在第一届全国人民代表大会第二次会议上的发言
1955年7月21日作；
载1955年7月22日《人民日报》。

在首都各界人民为拥护世界和平大会宣言和建议举行的盛大集会上致词
1955年7月27日作；
载1955年7月28日《人民日报》。

致第五届世界青年学生和平友谊联欢节信
1955年7月29日作；
载1955年7月30日《人民日报》。

爱护新生代的嫩苗（短论）
载1955年8月9日《人民日报》。

为历史剧《屈原》、《虎符》的日文译者须田祯一书写长条幅
1955年8月作；
初收入日本东京讲谈社1972年出版《郭沫若历史剧全集》第1卷；见《郭沫若的著作在日本》一文。

请为少年儿童写作
载1955年9月16日《人民日报》。

由寿县蔡器论到蔡墓的年代（论文）
1955年10月3日作；
载1956年《考古学报》第1期；
初收入《沫若文集》第17卷。

为中国文字的根本改革铺平道路——
在全国文字改革会议上的讲话
1955年10月15日作；
载1955年10月25日《人民日报》。

《太史公行年考》有问题
1955年10月28日作；
载1955年《历史研究》第6期；
初收入1961年人民出版社出版《文史论集》；
又收入《沫若文集》第17卷。

与李四光致电祝贺米丘林诞生一百周年
1955年10月28日作；
载1955年10月29日《人民日报》。

在首都举行的米丘林诞生一百周年纪念会开幕式上致词
1955年10月28日作；
载1955年10月29日《人民日报》。

电贺日本亚洲团结委员会正式成立
1955年10月30日作；

载1955年10月31日《人民日报》。

寄志愿军战士（散文）
载1955年《解放军文艺》第10月号。

致《故事新编》注释组林辰的信
1955年11月9日作；
载1979年三联出版社出版的《悼念郭老》；
见《郭老与鲁迅著作的注释工作》一文。

《管子集校》校毕书后（札记）
1955年11月17日作；
初收入1956年科学出版社出版《管子集校》；
又收入《沫若文集》第17卷。

鲁迅礼赞——为日本岩波版《鲁迅选集》的题词
1955年11月20日作；
载1956年《文艺报》第4号。

关于白乐天（论文）
1955年11月24日作；
载1955年12月《文艺报》第23号；
初收入《沫若文集》第17卷。

在东京机场向日本报界发表声明
1955年12月1日作；
载1955年12月3日《人民日报》。

在日本学术会举行的欢迎午餐会上致词
1955年12月3日作；
载1955年12月5日《人民日报》。

题赠东京大学图书馆
1955年12月3日题；
载1979年6月13日《文汇报》；
见《沫若佚诗二十首》。

箱银即景（五绝）
1955年12月4日作；
载1956年2月9日《北京日报》；
见《访日杂咏十首》；
初收入1959年人民文学出版社出版《骆驼集》。

吊岩波茂雄墓（七绝）
1955年12月4日作；
载1979年6月13日《文汇报》；
见《沫若佚诗二十首》。

无题三首（五绝）
1955年12月5日作；
载1979年6月13日《文汇报》；
见《沫若佚诗二十首》。

访须和田故居（五律）
1955年12月5日作；
载1956年2月29日《北京日报》；
初收入《沫若文集》第2卷，见《访日杂咏》。

别须和田（五言诗）
1955年12月5日作；
载1956年2月29日《北京日报》；
见《访日杂咏十首》；
初收入1959年人民文学出版社出版《骆驼集》；
又收入《沫若文集》第2卷。

在日本文化人会议、日中友好协会等八个团体联合举行的欢迎会上致答词
1955年12月7日作；
载1955年12月9日《人民日报》。

在日本立命馆大学的讲演会上演讲
1955年12月10日作；
载1955年12月13日《人民日报》。

在东京、京都地区访问时致词
1955年12月8—11日作；
载1955年12月13日《人民日报》。

在大坂演讲
1955年12月12日作；
载1955年12月15日香港《大公报》。

拜鉴真上人像（五绝）
1955年12月13日作；
载1979年6月13日《文汇报》；
见《沫若佚诗二十首》。

偶感（七绝）
1955年12月13日作；
载1979年6月13日《文汇报》；
见《沫若佚诗二十首》。

赠清水多荣
1955年12月14日作；
载1979年6月13日《文汇报》；
见《沫若佚诗二十首》
注：诗手迹载1960年4月24日日本《冈山大众新闻周刊》。

赠田中文男（五绝）
1955年12月14日作；
载1979年6月13日《文汇报》；
见《沫若佚诗二十首》。
注：诗手迹载1960年4月24日日本《冈山大众新闻周刊》。

舟游旭川二首（五绝、四言诗各一首）
1955年12月15日作；
载1979年6月13日《文汇报》；
见《沫若佚诗二十首》。

宫岛即景三首（五绝）
1955年12月16日作；
其中二首载1956年2月29日《北京日报》；
见《访日杂咏十首》；
初收入1959年人民文学出版社出版《骆驼集》。

暖意孕春风（五绝）
1955年12月16日作；
载1979年6月13日《文汇报》；
见《沫若佚诗二十首》。

访广岛二首（五绝）
1955年12月16日作；
载1979年6月13日《文汇报》；
见《沫若佚诗二十首》。

吊千代松原（七律）
1955年12月17日作；
载1956年2月29日《北京日报》；
见《访日杂咏十首》；
初收入《沫若文集》第2卷。

访福冈五首（七绝）
1955年12月17日作；
载1979年6月13日《文汇报》；
见《沫若佚诗二十首》。

宿春帆楼（七绝）
1955年12月23日作；
载1956年2月29日《北京日报》；
见《访日杂咏十首》；
初收入《沫若文集》第2卷。

游别府（五律）
1955年12月25日作；
载1956年2月29日《北京日报》；
见《访日杂咏十首》；

初收入1959年人民文学出版社出版《骆驼集》。
注：又载1979年2月《新华月报》时，改题为《与伯赞同游别府》，时间为12月26日。

船入长江口（五律）
1955年12月28日作；
载1956年2月29日《北京日报》；
见《访日杂咏十首》；
初收入1959年人民文学出版社出版《骆驼集》。

致电祝贺皮克八十寿辰
1955年12月31日作；
载1956年1月4日《人民日报》。

中国已新生，方向更光明——为上海鲁迅纪念馆题词
1955年冬作；
载1979年6月上海鲁迅纪念馆出版的《纪念与研究》。

赠东京华侨总会会长甘文芳先生（七律）
1955年12月作；
载1978年10月2日《人民日报》；
见《中日友好的诗碑》一文。

归途在东海道车中（七律）
1955年12月作；
载1956年2月29日《北京日报》；

见《访日杂咏十首》。

题赠冈山后乐园（五绝）
1955年12月作；
载1979年6月10日《辽宁日报》；
见《诗碑凝深情，友谊万古存》一文。

《楚文物展览图录》（题名）
1955年作；
载1979年《中国历史博物馆馆刊》第1期；
见《今日回想志倍坚》一文。

1956年

由寿县蔡器论到蔡墓的年代（论文）
1956年1月4日改正；
载1956年《考古学报》第1期。

赠别府大学生物学研究室（五律）
1956年1月8日作；
载1979年4月28日《人民日报》；
见《别府行》一文。

《矢殷》铭考释（论文）
1956年1月9日作；
载1956年3月《考古学报》第1期；
初收入1961年人民出版社出版《文史论集》。

访日之行（访问记）
载1956年1月13日《人民日报》。

《红楼梦》第二十五回的一种解释（论文）
1956年1月19日作；
载1957年《文艺月报》第3月号；
初收入1959年北京出版社出版《雄鸡集》；
又收入《沫若文集》第17卷。

《金属学报》创刊词
1956年1月24日作；
载1956年《金属学报》第1卷第1期。

在社会主义革命高潮中知识分子的使命——在中国人民政治协商会议第二届全国委员会第二次全体会议上的报告
1956年1月31日作；
载1956年2月1日《人民日报》。

给二宫谆一郎的信
1956年1月作；
载1979年4月28日《人民日报》；
见《别府行》一文。

应记者采访谈青年文学创作者的任务
载1956年2月10日《光明日报》。

由寿县蔡器论到蔡墓的年代（论文）
1956年2月12日再改正；
载1956年《考古学报》第1期。

《由寿县蔡器论到蔡墓的年代》的《附记》
1956年2月13日作；

载1956年《考古学报》第1期；
初收入1961年人民出版社出版《文史论集》；
又收入《沫若文集》第17卷。

《矢殷》铭考释（论文）
1956年2月14日改正；
载1956年《考古学报》第1期；
初收入1961年人民出版社出版《文史论集》。

交流经验，提高考古工作的水平——在考古工作会议上的讲话
1956年2月21日作；
载1956年2月28日《人民日报》。

题李时珍墓的碑文（题词）
1956年2月题；
载1979年《长江》第2期。

在社会主义革命高潮中知识分子的使命
人民出版社　1956年2月第1版。
注：此系作者于1956年1月31日在中国人民政治协商会议第二届全国委员会第二次全体会议上的报告。

希望拼音方案早日试用（发言）
1956年3月5日作；
载1956年3月14日《光明日报》。

香港《大公报》复刊八周年纪念题词
1956年3月6日作；
载1956年3月15日香港《大公报》。

向青年作家致词
1956年3月15日作；
载1956年《文艺学习》第3期。

就关于恢复中日邦交问题发表广播演说
1956年3月16日；
载1956年3月17日《人民日报》。

台尔曼同志永垂不朽（影评）
1956年3月17日作；
载1956年《大众电影》第7期。

序《"盐铁论"读本》
1956年3月20日作；
载1956年《新建设》第4月号；
初收1957年科学出版社出版《盐铁论读本》；
又收入《沫若文集》第17卷。

学科学（诗）
1956年3月24日作；
初收《沫若文集》第2卷。

"万隆精神"万岁（杂文）
1956年春作；
载1956年4月《人民画报》第2号。

先进生产者颂（诗）

1956年4月5日作；
载1956年4月24日《劳动报》；
初收《沫若文集》第2卷。

给石门二中师生们的复信
1956年4月12日作；
载1978年12月6日《湖南日报》。

给翦伯赞同志的信
1956年4月12日作；
载1978年《北京大学学报》（社科版）第3期。

愿六亿人民都成先进（诗）
1956年4月14日作；
载1956年5月1日香港《大公报》；
初收《沫若文集》第2卷。

访"毛泽东号"机车（诗）
1956年4月30日作；
载1956年5月6日《人民日报》；
初收《沫若文集》第2卷。

关于司马迁之死（论文）
载1956年《历史研究》第4期；
初收1961年人民出版社出版《文史论集》；
又收入《沫若文集》第17卷。

向科学技术进军——在全国先进生产者代表会议上的讲话
1956年5月4日作；

载1956年5月5日《人民日报》。

青年与春天（诗）
1956年5月5日作；
初收《沫若文集》第2卷。

青年是人类的春天（政论）
1956年5月5日作；
载1979年5月8日《中国青年报》。

向无线电科学进军（散文）
载1956年《广播爱好者》第5月号。

悼念法捷耶夫同志（散文）
1956年5月16日作；
载1956年《人民文学》第6期；
初收1959年北京出版社出版《雄鸡集》；
又收入《沫若文集》第17卷。

赞红岩（诗）
1956年5月28日作；
载1956年《红岩》第1期；
初收《沫若文集》第2卷。

郊原的青草（诗）
1956年5月31日作；
载1956年7月《草地》创刊号；
初收《沫若文集》第2卷。

乌云散后——中日友谊之歌（歌词）
1956年5月31日作；

载1956年《歌曲》第31期；
初收《沫若文集》第2卷。

永远的春天（诗）——为1956年"六一"国际儿童节而作
初收《沫若文集》第2卷；

红旗迎风飘（诗）——少年运动员之歌
1956年6月作；
初收《沫若文集》第2卷。

给许惺庵的信
1956年6月2日作；
载1979年《上海师院学报》（社科版）第1期。

在中苏朝越四国渔业研究会议上的祝词
1956年6月12日作；
载1956年6月13日《人民日报》。

在第一届全国人大第三次会议上的发言
1956年6月18日作；
载1956年6月19日《人民日报》。

序《志愿军一日》
1956年6月22日作；
载1956年7月10日《人民日报》；
初收1959年北京出版社出版《雄鸡集》；
又收入《沫若文集》第17卷。

演奏出雄壮的交响曲（散文）
载1956年7月1日《人民日报》；
初收1961年1月人民出版社出版《文史论集》。

《高渐离》校后记之二（札记）
1956年7月14日作；
初收《沫若文集》第4卷。

正确地理解全面发展（评论）
载1956年《中国青年》第14期。

发辫的争论（杂文）
载1956年7月18日《人民日报》署名：龙子。

《虎符》校后记之二
1956年7月30日作；
初收《沫若文集》第3卷。

乌鸦的独白（杂文）
载1956年8月4日《人民日报》署名：克拉克。

读了"关于周颂噫嘻篇的解释"
1956年8月作；
载1956年8月12日《光明日报》；
初收入1959年北京出版社出版《雄鸡集》；
又收入《沫若文集》第17卷。

题雪舟画册
载1956年8月23日《人民日报》。

"百家争鸣"万岁（论文）
1956年8月作；
载1956年8月26日《大公报》。

"百家争鸣"可以推广（短论）
载1956年9月6日《工人日报》。

希望有更多的古代铁器出土——关于古代分期问题的一个关键
载1956年9月8日《人民日报》；
初收入1961年人民出版社出版《文史论集》；
又收入《沫若文集》第17卷。

给清华大学任健同志的信
1956年9月11日作；
载1962年《中国青年》第15—16期。

文学与社会——答墨西哥文学杂志社问
1956年9月12日作；
载1956年10月1日《文汇报》；
初收入1959年北京出版社出版《雄鸡集》；
又收入《沫若文集》第17卷。

骆驼（诗）
1956年9月17日作；
载1956年10月14日《北京日报》；

初收入《沫若文集》第2卷。

埃及，我向你欢呼！（诗）
1956年9月18日作；
载1956年9月21日《人民日报》；
初收入《沫若文集》第2卷。

百家争鸣共同进步百花齐放迎接高潮
载1956年10月1日香港《大公报》。

《游里加湖》说明（札记）
1956年10月4日作；
载1979年《河北文艺》第5期。

为《星火》杂志题刊名并作短诗一首
1956年10月16日作；
载1978年《江西文艺》第4期。

在首都的鲁迅逝世二十周年纪念会上致开幕词
1956年10月19日作；
载1956年10月20日《人民日报》；
初收入1959年北京出版社出版《雄鸡集》；
又收入《沫若文集》第17卷；
注：收入《沫若文集》时，题为"体现自我牺牲的精神"。

送选手到墨尔本出席奥林匹克运动会（诗）
1956年10月25日作；
载1956年《新体育》第21期。

几个书名的解答
载1956年《文艺学习》第10期。

卜算子
初收入《沫若文集》第2卷。

湘累（歌词）
载1956年《歌曲》第38期。

纪念孙中山先生（七律四首）
1956年10月30日作；
载1956年11月2日《人民日报》；
初收入《沫若文集》第2卷。

《两周金文辞大系图录考释》增订序记
1956年10月30日作；
初收入1957年12月科学出版社出版《两周金文辞大系图录考释》。

贺张元济老先生九十寿辰（五律）
载1956年11月1日《文汇报》。

中国工人（诗）
1956年11月2日作；
载1956年《中国工人》第1期；
初收入《沫若文集》第2卷。

在首都各界人民支援埃及反抗英法侵略大会上的讲话
1956年11月3日作；
载1956年11月4日《人民日报》。

在北京庆祝十月革命三十九周年大会上发表讲话
1956年11月6日作；
载1956年11月7日《人民日报》。

致电埃及科学界支持反侵略斗争
1956年11月13日作；
载1956年11月14日《人民日报》。

电贺全印和平大会
1956年11月14日；
载1956年11月15日《人民日报》。

汉代政权严重打击奴隶主——古代史分期争论中的又一关键性问题
1956年12月2日作；
载1956年12月6日《人民日报》；
初收入1961年人民出版社出版《文史论集》；
又收入《沫若文集》第17卷。

有生命的宝贝（诗）
1956年12月11日作；
初收入《沫若文集》第2卷。

富兰克林、居里夫妇纪念会开幕词
1956年12月12日作；
载1956年12月13日《人民日报》。

谈诗歌问题
1956年12月作；
载1956年12月15日《光明日报》；

初收入1959年北京出版社出版《雄鸡集》；
又收入《沫若文集》第17卷。

关于发展学术与文艺的问题——答保加利亚《我们的祖国》杂志总编
1956年12月作；
载1956年12月18日《人民日报》；
初收入1959年北京出版社出版《雄鸡集》；
又收入《沫若文集》第17卷。

题洞头县烈士墓
1956年冬作；
载1956年12月24日《文汇报》。

书赠钱潮的条幅
初收入1979年11月上海文艺出版社出版《中国现代文艺资料丛刊》，(四)；
见《回忆沫若早年在日本的学习生活》一文。

为成都四中书写的对联
载1979年1月26日《成都日报》；
见《求实务虚，抓好体育》一文。

牡丹（诗）
载1958年4月3日《人民日报》；
见《诗三首》；
初收入1958年7月人民日报出版社出版《百花齐放》。

芍药（诗）
载 1958 年 4 月 10 日《人民日报》；
见《诗四首》；
初收入 1958 年 7 月人民日报出版社出版《百花齐放》。

春兰（诗）
载 1958 年 4 月 17 日《人民日报》；
见《诗五首》；
初收入 1958 年 7 月人民日报出版社出版《百花齐放》。

为"虎符"的演出题几句
1956 年 12 月作；
载 1957 年 1 月 24 日《北京日报》。

1957 年

释"兔雁丑"（论文）
1957 年 1 月 1 日作；
载 1957 年 1 月 5 日《人民日报》；
初收入 1959 年北京出版社出版《雄鸡集》；
又收入《沫若文集》第 17 卷。

赠钱学森（七律）
载 1957 年 1 月 3 日《文汇报》；
初收入 1959 年 4 月人民日报出版社出版《长春集》。

念奴娇·小汤山
1957 年 1 月 23 日作；

载 1957 年 2 月 4 日《人民日报》；
见《试和毛主席韵》；
初收入 1958 年作家出版社出版《诗选》。

浪淘沙·看溜冰
1957 年 1 月 23 日作；
载 1957 年 2 月 4 日《人民日报》；
见《试和毛主席韵》；
初收入 1958 年作家出版社出版《诗选》。

水调歌头·归途
1957 年 1 月 23 日作；
载 1957 年 2 月 4 日《人民日报》；
见《试和毛主席韵》；
初收入 1958 年作家出版社出版《诗选》。

给黄盛章的信（手迹）
1957 年 2 月 13 日作；
载 1978 年《社会科学战线》增刊。

略论汉代政权的本质（论文）——答复日知先生
1957 年 2 月 27 日作；
载 1957 年 3 月 5 日《人民日报》；
初收入 1961 年人民出版社出版《文史论集》；
又收入《沫若文集》第 17 卷。

盠器铭考释（论文）
1957 年 3 月 4 日作；
载 1957 年《考古学报》第 2 期；

初收入1961年人民出版社出版《文史论集》；
又收入《沫若文集》第17卷。

为《清·周璕画屈原九歌图册》题词（手迹）
1957年3月作；
载1978年《武汉文艺》第5期。

一个更正
载1957年3月6日《人民日报》。

科学家的荣誉（散文）
载1957年《人民画报》第3月号。

为《边疆文艺》题词（手迹）
1957年3月13日作；
载1978年《边疆文艺》第5期。

答《边疆文艺》编辑问
1957年3月13日作；
载1978年《边疆文艺》第8期；
初收入1959年北京出版社出版《雄鸡集》；
又收入《沫若文集》第17卷。

关于科学研究的协调工作——在政协第二届全国委员会第三次全体会议上讲话
1957年3月19日作；
载1957年3月20日《人民日报》。

赠叶恭绰（五律）
载1957年3月26日《文汇报》。

答叶恭绰（七律）
载1957年3月26日《文汇报》。

沫若文集（第一卷至第四卷）
人民文学出版社　1957年3月第1版。

习习谷风（发刊词）
1957年4月1日作；
载1957年5月南京大学文学社《谷风》创刊号；
初收入1978年四川人民出版社出版《东风第一枝》。

给北京大学学生的一封信
载1957年4月6日《北京日报》；
初收入1961年人民出版社出版《文史论集》。

答《文化1957》问
1957年4月13日作；
载1957年《文艺报》第3期；
初收入1959年北京出版社出版《雄鸡集》；
又收入《沫若文集》第17卷。

青年的明天——答《莫斯科青年时代》主编卡达耶夫
1957年4月15日作；
载1957年5月4日《中国青年报》；

初收入1959年北京出版社出版《雄鸡集》；
又收入《沫若文集》第17卷。

欢迎（诗）——献给伏罗希洛夫主席
1957年4月15日作；
载1957年4月16日《人民日报》；
初收入1959年4月人民日报出版社出版《长春集》。

给上海中学×××的信（其一）
1957年4月17日作；
载1962年《中国青年》第15、16期，见《给青年的几封信》一文。

纪念列宁，学习列宁——为纪念列宁诞展八十七周年而作
载1957年4月22日《文汇报》。

给《史学》编辑部的一封信
1957年4月25日作；
载1957年5月9日《光明日报》；
初收入1961年人民出版社出版《文史论集》；
又收入《沫若文集》第17卷。

沫若文集（第五卷）
人民文学出版社　1957年4月第1版。

五一节天安门之夜（诗）
1957年5月2日作；
载1957年5月4日《人民日报》；
初收入1959年4月人民日报出版社出版《长春集》。

游西安
1957年5月2—4日；
载1957年《旅行家》第1月号。

改变科学院高高在上的领导作风，要从四面八方来折墙
载1957年5月9日《光明日报》。

《傅抱石画集》序
1957年5月10日作；
初收入1958年12月人民美术出版社出版《傅抱石画集》。

为北京中国画院成立题词
载1957年5月15日《人民日报》。

抗议英政府试验氢弹
1957年5月19日作；
载1957年5月20日《人民日报》。

在中国科学院学部委员会第二次全体会议上致开幕词
载1957年5月24日《人民日报》。

在中国科学院学部委员会第二次全体会议上致闭幕词
载1957年5月31日《人民日报》。

为短诗《死的诱惑》再版附白
1957年夏作；
初收入1979年5月三联书店出版《悼念郭老》，见《漫谈郭沫若同志与外国文学》一文。

在首都各界集会支持世界和平理事会科伦坡会议上讲话
1957年6月1日作；
载1957年6月2日《人民日报》。

人民的力量远远超过原子能的力量——在世界和平理事会上痛斥殖民主义
1957年6月11日作；
载1957年6月13日《人民日报》。

拨开云雾见青天——向《光明日报》记者谈反右问题
1957年6月27日作；
载1957年6月28日《光明日报》。

"荷花"题词
载1978年《人民电影》第7期，见：《敬爱的郭老，深切悼念您》一文。

驳斥一个反社会主义的科学纲领——在第一届全国人民代表大会第四次会议上发言
1957年7月5日作；
载1957年7月6日《人民日报》。

纪念"七七"（诗二首）
载1957年7月7日《人民日报》；
初收入1959年4月人民日报出版社出版《长春集》。

彻底反击右派——答《文艺报》记者问
载1957年7月16日《中国青年报》；
初收入1957年新文艺出版社出版《为保卫社会主义文艺路线而斗争》。

祝青年联欢节（散文）
载1957年7月28日《人民日报》。

向中国人民解放军看齐（散文）——纪念中国人民解放军建军三十周年
载1957年7月31日《人民日报》。

文字改革答问
1957年8月作；
载1957年10月9日《人民日报》。
注：载1957年《文字改革》第9号时改题为"汉字必须加以改革"，载1957年《新华月报》第11月号时改题为"答《文字改革》问"。

在中国妇女第三次全国代表大会上致词
1957年9月9日作；
载1957年9月10日《人民日报》。

民族大花园（诗）
1957年9月12日作；

载1957年《民族团结》第1期；
初收入1959年4月人民日报出版社出版《长春集》。

给上海中学×××的信（其二）
1957年9月14日作；
载1962年《中国青年》第15、16期，见《给青年的几封信》。

我们坚持文物事业的正确方向——在文物界反右座谈会上讲话
1957年9月16日作；
载1957年9月30日《人民日报》；
初收入1961年人民出版社出版《文史论集》。

努力把自己改造成为无产阶级的文化工人——在中国作家协会党组扩大会议上讲话
1957年9月17日作；
载1957年9月28日《人民日报》；
初收入1957年新文艺出版社出版《为保卫社会主义文艺路线的斗争》；
又收入《沫若文集》第17卷。

社会科学界反右派斗争必须进一步深入——在中国科学院召开的座谈会上的讲话
1957年9月18日作；
载1957年9月19日《人民日报》。

文艺界对丁陈反党集团的斗争获得巨大胜利——郭沫若等人在总结大会上讲话
载1957年9月27日《人民日报》。

为北京天文馆题诗
载1979年《天文爱好者》第3期。

悼念国画家齐白石（题词）
1957年9月作；
载1957年9月22日《人民日报》。

一座山（诗）——赠印度友人
1957年9月作；
载1957年10月6日《人民日报》，见《诗五首》；
初收入1959年4月人民日报出版社出版《长春集》。

长江大桥（诗）
1957年9月作；
载1957年10月6日《人民日报》，见《诗五首》；
初收入1959年4月人民日报出版社出版《长春集》。

钱塘江大桥（诗）
1957年10月作；
载1957年10月6日《人民日报》，见《诗五首》；
初收入1959年4月人民日报出版社出版《长春集》。

西湖的女神（诗）
1957年10月作；
载1957年10月6日《人民日报》，见《诗五首》；
初收入1959年4月人民日报出版社出版《长春集》。

波与云（诗）
1957年10月作；
载1957年10月6日《人民日报》，见《诗五首》；
初收入1959年4月人民日报出版社出版《长春集》。

歌颂十月革命（诗）
初收入1959年4月人民日报出版社出版《长春集》。

第一个人造地球卫星的讯号（诗）
1957年10月作；
载1957年10月25日《人民日报》；
初收入1959年4月人民日报出版社出版《长春集》。

和平和幸福的献礼（散文）
载1957年10月7日《人民日报》。

电贺苏联发射人造地球卫星
1957年10月6日作；
载1957年10月7日《人民日报》。

永远的纪念——庆祝长江大桥通车
载1957年10月16日《文汇报》。

始终怀抱着学习的心情（散文）
1957年10月24日作；
载1957年10月25日《人民日报》。

在全国政协常委扩大会议上说明汉语拼音修正草案
1957年10月24日作；
载1957年10月25日《文汇报》。

十月誓词（诗）
1957年10月27日作；
载1957年11月6日《广州日报》；
初收入1959年4月人民日报出版社出版《长春集》。

信阳墓的年代与国别
1957年10月29日作；
载1958年《文物参考资料》第1期；
初收入1961年人民出版社出版《文史论集》；
又收入《沫若文集》第17卷。

我们必须向苏联科学家看齐——首都科学界庆祝十月革命四十周年大会的开幕词
1957年11月2日作；
载1957年11月3日《光明日报》。

月里嫦娥想回中国（诗）
1957年11月3日作；
载1957年《诗刊》第11期；
初收入1959年4月人民日报出版社出版《长春集》。

庆祝十月革命四十周年致吉洪诺夫电
1957年11月4日作；
载1957年11月6日《人民日报》。

两个人造卫星对话（诗）
1957年11月7日作；
初收入1959年4月人民日报出版社出版《长春集》。

参拜列宁墓（诗）
1957年11月10日作；
载1957年11月24日《人民日报》，见《诗三首》；
初收入1959年4月人民日报出版社出版《长春集》。

和平的花朵（诗）
1957年11月10日作；
载1957年11月24日《人民日报》，见《诗三首》；
初收入1959年4月人民日报出版社出版《长春集》。

天堂已建在人间（诗）
1957年11月10日作；

载1957年11月24日《人民日报》，见《诗三首》；
初收入1959年4月人民日报出版社出版的《长春集》。

阿Q精神（诗）
1957年11月16日作；
载1957年11月28日《人民日报》；
初收入1959年4月人民日报出版社出版《长春集》。

在普希金铜像下（诗）
1957年11月23日作；
载1957年12月4日《人民日报》；
初收入1959年4月人民日报出版社出版《长春集》。

新年，欢迎你！（诗）
1957年11月30日作；
载1958年《人民文学》第1月号；
初收入1959年4月人民日报出版社出版《长春集》。

向苏联文艺看齐——为十月革命四十年纪念答《文艺报》记者问
载1957年《文艺报》第30号；
初收入1959年北京出版社出版《雄鸡集》。

在首都各界集会热烈支持亚非团结大会上发表讲话

1957年12月14日作；
载1957年12月15日《人民日报》。

朋友们的斗争就是我们的斗争——在亚非人民团结大会上的发言
1957年12月31日作；
载1958年1月3日《人民日报》。

初到飞机场受隆重欢迎（五律）
1957年12月作；
载1958年1月27日《人民日报》，见《访埃杂吟二首》。

离飞机场赴开罗市（五律）
1957年12月作；
载1958年1月27日《人民日报》，见《访埃杂吟十二首》。

宿开罗市Semiramis旅馆（五律）
1957年12月作；
载1958年1月27日《人民日报》，见《访埃杂吟十二首》。

在塞得港参加胜利节（五律）
1957年12月23日作；
载1958年1月27日《人民日报》，见《访埃杂吟十二首》。

亚非人民团结大会团长会议上（五律）
1957年12月作；
载1958年1月27日《人民日报》，见《访

埃杂吟十二首》；
初收入1959年4月人民日报出版社出版《长春集》。

亚非人民团结大会开幕（五律）
1957年12月作；
载1958年1月27日《人民日报》，见《访埃杂吟十二首》；
初收入1959年4月人民日报出版社出版《长春集》。

亚非人民团结大会闭幕（五律）
1957年12月作；
载1958年1月27日《人民日报》，见《访埃杂吟十二首》；
初收入1959年4月人民日报出版社出版《长春集》。

游Giza金字塔（五律）
1957年12月作；
载1958年1月27日《人民日报》，见《访埃杂吟十二首》；
初收入1959年4月人民日报出版社出版《长春集》。

弄舟尼罗河上（五律）
1957年12月作；
载1958年1月27日《人民日报》，见《访埃杂吟十二首》；
初收入1959年4月人民日报出版社出版《长春集》。

游亚历山大行宫（五律）
1957年12月作；
载1958年1月27日《人民日报》，见《访埃杂吟十二首》；
初收入1959年4月人民日报出版社出版《长春集》。

夜游亚历山大港回开罗市（五律）
1957年12月作；
载1958年1月16日《人民日报》，见《访埃杂吟十二首》；
初收入1959年4月人民日报出版社出版《长春集》。

在上埃及洛克沙市夜游尼罗河（五律）
1957年12月作；
载1958年1月16日《人民日报》；
初收入1959年4月人民日报出版社出版《长春集》，见《访埃杂吟十二首》。

两周金文辞大系图录考释
科学出版社　1957年12月第1版。
注：本书系由《两周金文辞大系图录》与《两周金文辞大系考释》二书汇集而成。

1958年

鼓足干劲，赶上国际水平（杂文）
1958年1月18日作；
载1958年《人民画报》第3月号。

给单演义同志的复信（手迹）
1958年1月22日作；
载1979年《徐州师院学报》增刊"鲁迅与郭沫若"。

"毛主席在飞机中工作"题诗
1958年1月25日作；
载1958年《中国青年》第4期；
初收入1959年4月人民日报出版社出版《长春集》。

止戈为武之歌（诗）——纪念苏军建军四十周年
1958年1月29日作；
载1958年2月23日《人民日报》；
初收入1959年4月人民日报出版社出版《长春集》。

文化繁荣的高潮必然到来——答阿尔巴尼亚劳动党中央机关报《人民之声报》所提三个问题
1958年1月31日作；
初收入《沫若文集》第17卷。

题司马迁墓（五律）
1958年2月1日作；
载1958年2月4日《北京日报》；
初收入1959年4月人民日报出版社出版《长春集》。

讨论红与专——答青年同学们的一封公开信

1958年2月2日作；
载1958年2月10日《中国青年报》；
初收入1961年人民出版社出版《文史论集》。

希望大国首脑协商禁止核军备——答意大利《团结报》问
载1958年2月4日《人民日报》。

使东风进一步压倒西风——亚非人民团结大会的经过和成就
载1958年2月10日《人民日报》。

具有历史性的纪念（散文）
载1958年2月14日《文汇报》。

《耆冘钟》铭考释（论文）
1958年2月21日作；
载1958年《考古学报》第1期；
初收入1961年人民出版社出版《文史论集》。

《保卣》铭释文（论文）
1958年2月21日作；
载1958年《考古学报》第1期；
初收入1961年人民出版社出版《文史论集》。

电贺杜波依斯九十寿辰
1958年2月22日作；
载1958年2月23日《人民日报》。

为《科学通报》题词
1958年2月25日作；
载1958年《科学通报》第6期。

参观京郊西红门乡曙光农业生产合作社即席视词
1958年2月25日作；
载1958年2月26日《人民日报》。

蝶恋花·颂1958年"三八"妇女节
载1958年3月7日《光明日报》；
初收入1959年4月人民日报出版社出版《长春集》。

关于《鄂君启节》的研究（论文）
1958年3月8日作；
载1958年《文物参考资料》第4期；
初收入1961年人民出版社出版《文史论集》；
又收入《沫若文集》第17卷。

欢迎志愿军凯旋（诗）
1958年3月11日作；
载1958年3月14日《人民日报》；
初收入1959年4月人民日报出版社出版《长春集》。

迎春序曲（诗）
1958年3月12日作；
载1958年《人民文学》第4月号；
初收入1959年4月人民日报出版社出

版《长春集》。

在程砚秋公祭仪式上的悼词
1958年3月13日作；
载1958年3月14日《光明日报》。

头上照耀着红星（诗）
1958年3月14日作；
载1958年《诗刊》第4月号；
初收入1959年4月人民日报出版社出版《长春集》。

在《历史教学》月刊第4期上的题词（手迹）
1958年3月16日作；
载1958年《历史教学》第4期。

答《文艺报》问
1958年3月16日作；
载1958年《文艺报》第7期。

努力实现科学发展的大跃进（论文）
载1958年3月17日《人民日报》。

给上海民主人士举行的自我改造促进大会题词祝贺
1958年3月18日作；
载1958年3月20日《文汇报》。

给张光年的信
1958年3月20日作；

载1958年《文艺报》第7期。

关于文风问题答《新观察》记者问
1958年3月21日作；
载1958年《新观察》第7期；
初收入《沫若文集》第17卷。

题五位白毛女合影（诗）
1958年3月22日作；
载1958年《戏剧报》第6期；
初收入1959年4月人民日报出版社出版《长春集》。

向地球开战（诗）
1958年3月23日作；
载1958年4月8日《人民日报》；
初收入1959年4月人民日报出版社出版《长春集》。

红透专深（词）
1958年3月25日作；
载1958年3月29日《人民日报》；
初收入1959年4月人民日报出版社出版《长春集》。

"一唱雄鸡天下白"（评论）
1958年3月26日作；
载1958年《文艺报》第11期；
初收入1959年北京出版社出版的《雄鸡集》；
又收入《沫若文集》第17卷。

在首都各界人民声援阿尔及利亚人民争取民族独立斗争大会上致词
1958年3月30日作；
载1958年3月31日《人民日报》。

《百花齐放》小序
1958年3月30日作；
载1958年4月3日《人民日报》。

百花齐放（诗）
1958年3月30日—4月8日作；
载1958年4月—6月《人民日报》；
初收入1958年7月人民日报出版社出版《百花齐放》；
目次：
《牡丹》、《水仙花》、《仙客来》（以上载1958年4月3日《人民日报》）；
《芍药》、《迎春花》、《西府海棠》、《蒲公英》（以上载1958年4月10日《人民日报》）；
《樱花》、《十样锦》、《死不了》、《打破碗花花》、《夹竹桃》（以上载1958年4月12日《人民日报》）；
《春兰》、《二月兰》、《凤仙花》、《虎刺》、《南天竹》（以上载1958年4月17日《人民日报》）；
《茉莉花》、《紫茉莉》、《桃花》、《李花》、《杏花》（以上载1958年4月21日《人民日报》）；
《令箭荷花》、《昙花》、《天鹅蛋》、《蒲包花》、《菜子花》（以上载1958年4月25日《人民日报》）；
《一品红》、《风信子》、《桂头花》、《三色堇》、《紫云英》（以上载1958年5月3日《人民日报》）；
《荷包牡丹》、《郁金香》、《玉簪花》、《鸡冠花》、《雁来红》、《马蹄莲》（以上载1958年5月9日《人民日报》）；
《牵牛花》、《月光花》、《十里香》、《十姊妹》、《月季花》、《玫瑰花》（以上载1958年5月13日《人民日报》）；
《麝香豌豆》、《棠棣花》、《淡竹叶》、《黄瓜花》、《短日照菊》、《吊金钟》（以上载1958年5月19日《人民日报》）；
《晚香玉》、《夜来香》、《决明》、《荷花》、《睡莲》（以上载1958年5月23日《人民日报》）；
《梨花》、《山茶花》、《茶花》、《桂花》、《紫荆花》、《紫薇花》（以上载1958年5月30日《人民日报》）；
《杜鹃花》、《石楠花》、《丁香花》、《榆叶梅》、《茶藨》（以上载1958年6月5日《人民日报》）；
《白兰花》、《玉兰》、《木笔》、《大山朴》、《凌霄花》、《朱藤》、《洋槐》（以上载1958年6月13日《人民日报》）；
《石榴花》、《凤凰花》、《马缨花》、《含羞草》、《罂粟花》、《向日葵》、《百合花》、《山丹花》、《木芙蓉》（以上载1958年6月18日《人民日报》）；
《铁干海棠》、《攀枝花》、《萱草》、《石

蒜》、《玉蝉花》(以上载1958年6月21日《人民日报》);
《美人蕉》、《柳穿鱼》、《扫帚梅》、《僧鞋菊》、《绣球》、《洋绣球》、《千叶石竹》、《桔梗花》、《大丽花》(以上载1958年6月24日《人民日报》);
《蜀葵花》、《栀子花》、《腊梅花》、《梅花》、《其他一切的花》(以上载1958年6月27日《人民日报》);
注:以上101首诗,除《牡丹》、《芍药》、《春兰》作于1956年外,其他均作于1958年3月30日至4月8日。

等于又一个人造卫星上天——就苏联停止核武器试验发表谈话
1958年4月1日作;
载1958年4月2日《人民日报》。

向匈牙利人民致敬(散文)
载1958年4月4日《人民日报》。

《柳亚子诗词选》序
1958年4月6日作;
初收入1959年人民文学出版社出版《柳亚子诗词选》。

《百花齐放》后记
1958年4月9日作;
初收入1958年7月人民日报出版社出版《百花齐放》。

《百花齐放》附注(三十条)
1958年4月作;
初收入1959年7月人民日报出版社出版《百花齐放》。

《殷契粹编》序(手迹)
1958年4月15日作;
初收入1965年1月科学出版社出版《殷契粹编》。

为考古工作者题词
1958年4月15日作;
载1958年《考古学报》第2期。

为今天的新"国风",明天的新"楚辞"欢呼(短论)
1958年4月16日作;
载1958年4月17日《中国青年报》;
初收入《沫若文集》第17卷。

关于大规模收集民歌问题——答《民间文学》编辑部问
1958年4月21日作;
初收入1958年7月作家出版社出版《大规模地收集全国民歌》;
又收入《沫若文集》第17卷。

人民英雄碑(诗)
1958年4月23日作;
载1958年4月30日《人民日报》;
初收入1958年北京出版社出版《北京

的诗》。
（注：收入《北京的诗》时，改题为《人民英雄纪念碑》）

《辅师嫠簋》考释（论文）
1958年4月24日作；
载1958年《考古学报》第2期；
初收入1961年人民出版社出版《文史论集》。

胜利属于马列主义者（诗）
1958年4月26日作；
载1958年5月4日《中国青年报》。

关于"关汉卿"的通信
1958年5月2日作；
载1958年《剧本》第6月号。

毛主席在江峡轮上（诗）
1958年5月6日作；
载1958年5月18日《中国青年报》；
初收入1959年4月人民日报出版社出版《长春集》。

在首都各界人民欢迎朝鲜人民访华代表团大会上讲话
载1958年5月7日《人民日报》。

在朝鲜大使的招待会上讲话
1958年5月7日作；
载1958年5月8日《人民日报》。

《洪波曲》前记
1958年5月9日作；
初收入《沫若文集》第3卷。

农业机械的百花齐放（诗）
1958年5月12日作；
载1958年5月22日《人民日报》；
初收入1959年4月人民日报出版社出版《长春集》。

民歌要不要改（论文）
载1958年5月12日《文汇报》。

关于厚今薄古问题——答北京大学历史系师生的一封信
1958年5月16日作；
载1958年6月10日《光明日报》；
初收入1961年人民出版社出版《文史论集》；
又收入《沫若文集》第17卷。

遍地皆诗写不赢（诗三十五首）
1958年5月24日—6月7日作；
载1958年《诗刊》第6月号；
初收入1959年4月人民日报出版社出版《长春集》。
目次：
一、怀来县八首：
《花园乡颂》（1958年5月24日作）；
《西江月·南水泉即事》（1958年5月25日作）；

《参观官厅水库》、《莫道姑娘年纪小》（1958年5月26日作）；
《访西榆林社》、《访青年养猪场》（1958年5月27日作）；
《晨来南水泉》、《你是一座山》（1958年5月28日作）；
二、涿鹿县八首：
《杨柳赞》、《愚公天下多》、《黄羊山》、《雄心比天大》、《劈山大渠》、《水是宝贝》（1958年5月29日作）；
《访胡庄硫磺厂》（1958年5月30日作）；
《访涿鹿西关农业社》（1958年5月31日作）；
三、张家口市十首：
《在张家口迎儿童节》（1958年6月1日作）；
《山歌早已过江南——读张家口地委宣传部编〈大跃进民歌选〉》、《吊革命烈士纪念塔》、《盲童模范》、《访探矿机械厂》、《咏口蘑》（1958年6月2日作）；
《石老汉与水母娘》（1958年6月3日作）；
《七里山渠》、《冰洞与水洞》（1958年6月4日作）；
《拜我良师兼益友》（1958年6月5日作）；
四、《草原行》八首（1958年6月5日作）；
五、丰沙线上一首：
《返京车中》（1958年6月7日作）。
小时好（儿歌）
1958年6月1日作；

载1958年《中国妇女》第6月号；
初收1980年12月河南人民出版社出版《郭老与儿童文学》。

关于红专问题及其他
1958年8月6日作；
载1958年6月9日《河北日报》；
初收入1961年人民出版社出版《文史论集》。

给翦伯赞同志的信
1958年6月9日作；
载1978年《北京大学学报》（社科版）第3期。

遍地皆诗写不赢（札记）
1958年6月9日作；
载1958年《诗刊》第6月号；
初收入1959年4月人民日报出版社出版《长春集》。

由周初四德器的考释谈到殷代已在进行文字简化
1958年6月10日作；
载1959年《文物》第7期；
初收入《沫若文集》第17卷。

把红旗插遍在地上和天上（诗）——看了四川省革命残废军人演出
1958年6月12日作；
载1958年6月14日《人民日报》；

初收入1959年4月人民日报出版社出版《长春集》。

《大跃进之歌》序
1958年6月16日作；
载1958年《诗刊》第7月号；
初收入1959年北京出版社出版《雄鸡集》；
又收入《沫若文集》第17卷。

浪漫主义和现实主义（论文）
1958年6月20日作；
载1958年《红旗》第3期；
初收入1959年北京出版社出版《雄鸡集》；
又收入《沫若文集》第17卷。

太阳问答（诗）
1958年6月21日作；
载1958年7月4日《人民日报》；
初收入1959年4月人民日报出版社出版《长春集》。

学习关汉卿，并超过关汉卿
1958年6月28日作；
载1958年《戏剧报》第12期；
初收入1959年北京出版社出版《雄鸡集》；
又收入《沫若文集》第17卷。

颂十三陵水库（诗二首）

载1958年7月1日《红旗》第3期；
初收入1959年4月人民日报出版社出版《长春集》。

雄师百万挽狂澜（八首）——"七一"参加十三陵水库落成典礼书怀
1958年7月1日作；
载1958年7月2日《人民日报》；
初收入1959年4月人民日报出版社出版《长春集》。

洪波曲——抗日战争回忆录
载1958年《人民文学》第7月号、第8月号、第9月号、第10月号。

和平运动是预防和治疗战争瘟疫的运动——在裁军和国际合作大会上的发言
1958年7月18日作；
载1958年7月20日《人民日报》。

为傅钟同志题词
载1978年《解放军文艺》第7月号。

中国跨进了原子能的时代——答《世界知识》记者问
载1958年7月20日《世界知识》第14期。

在裁军大会上（七律二首）
载1958年7月31日《人民日报》；
初收入1959年4月人民日报出版社出版《长春集》。

百花齐放
人民日报出版社1958年7月初版。

为中苏会谈公报欢呼（诗）
1958年8月4日作；
载1958年8月5日《人民日报》；
初收入1959年4月人民日报出版社出版《长春集》。

一次收获最大的世界和平大会——在北京各界人民庆祝裁军和国际合作大会成功及支持第四届禁止原子弹氢弹和争取裁军世界大会会议上的报告
1958年8月6日作；
载1958年8月7日《人民日报》。

伟大的和平战士永垂不朽——致电世界和平理事会吊唁约里奥——居里逝世
1958年8月15日作；
载1958年8月16日《人民日报》。

献身精神的榜样（评论）
1958年8月16日作；
载1958年8月18日《人民日报》；
初收入1959年北京出版社出版《雄鸡集》；
又收入《沫若文集》第17卷。

声声快（词）
1958年8月19日作；
载1958年8月23日《人民日报》；
初收入1959年4月人民日报出版社出版《长春集》。

燎原的星火——读了《光荣的中国人民解放军》第一卷第一集《星火燎原》
1958年8月21日作；
载1958年10月21日《人民日报》；
初收入1959年北京出版社出版《雄鸡集》；
又收入《沫若文集》第17卷。

对亚非作家会议的希望——答苏联《现代东方》杂志问
1958年8月27日作；
载1958年《文艺报》第17期；
初收入1959年作家出版社出版《塔什干精神万岁》。

体育战线插红旗（诗）
1958年8月27日作；
载1958年9月1日《体育报》；
初收入1959年4月人民日报出版社出版《长春集》。

给《星星》编辑部的信
1958年8月29日作；
载1958年《星星》第10月号。

题光学精密机械仪器研究所
1958年8月31日作；
载1958年9月1日《吉林日报》。

苍蝇逃向英国（诗）
1958年8月作；
载1958年8月31日《人民日报》，见《四害余生四海逃》；
初收入1959年4月人民日报出版社出版《长春集》。

麻雀逃向美国（诗）
1958年8月作；
载1958年8月31日《人民日报》，见《四害余生四海逃》；
初收入1959年4月人民日报出版社出版《长春集》。

蚊子逃向日本（诗）
1958年8月作；
载1958年8月31日《人民日报》，见《四害余生四海逃》；
初收入1959年4月人民日报出版社出版《长春集》。

老鼠逃向西德（诗）
1958年8月作；
载1958年8月31日《人民日报》，见《四害余生四海逃》；
初收入1959年4月人民日报出版社出版《长春集》。

沫若文集（第六卷至第七卷）
人民文学出版社1958年8月第1版。

精密仪器插红旗（诗）
1958年9月1日作；
载1958年《诗刊》第9号，见《长春行》；
初收入1959年4月人民日报出版社出版《长春集》。

跨上火箭篇（诗）
载1958年9月2日《人民日报》；
初收入1959年4月人民日报出版社出版《长春集》。

长春好（诗）
1958年9月2日作；
载1958年《诗刊》第9号；
初收入1959年4月人民日报出版社出版《长春集》。

谴责大脑皮质（诗）
1958年9月3日作；
载1958年《诗刊》第9号，见《长春行》；
初收入1959年4月人民日报出版社出版《长春集》。

献诗告别当握手（诗）
1958年9月4日作；
载1958年《诗刊》第9号，见《长春行》；
初收入1959年4月人民日报出版社出版《长春集》。

笔和现实
1958年9月4日作；
载1958年9月9日《人民日报》。

颂一穷（诗）
1958年9月7日作；
载1958年《诗刊》第9月号，见《四颂》；
初收入1959年4月人民日报出版社出版《长春集》。

颂二白（诗）
1958年9月7日作；
载1958年《诗刊》第9月号，见《四颂》；
初收入1959年4月人民日报出版社出版《长春集》。

颂公社（诗）
1958年9月7日作；
载1958年《诗刊》第9月号，见《四颂》；
初收入1959年4月人民日报出版社出版《长春集》。

颂钢铁（诗）
1958年9月7日作；
载1958年《诗刊》第9月号，见《四颂》；
初收入1959年4月人民日报出版社出版《长春集》。

斥美国战争狂人（诗）
1958年9月7日作；
载1958年9月8日《人民日报》；
初收入1959年4月人民日报出版社出版《长春集》。

告别北戴河（诗）
1958年9月7日作；
载1958年《诗刊》第9月号；
初收入1959年11月作家出版社出版《潮汐集》。

《长春行》小序
1958年9月8日作；
载1958年《诗刊》第9月号；
初收入1959年4月人民日报出版社出版《长春集》。

把上甘岭搬到台湾去（诗）
1958年9月9日作；
载1958年9月11日《光明日报》；
初收入1959年4月人民日报出版社出版《长春集》。

《秋瑾史迹》序
1958年9月12日作；
初收入1958年中华书局出版社出版《秋瑾史迹》。

庆武钢一号高炉出铁（词）
载1958年9月14日《人民日报》；
初收入1959年4月人民日报出版社出版《长春集》。

1503

迎着永恒的东风——中国科学技术大学校歌
1958年9月15日作；
载1977年《人民教育》第1期；
初收入1959年11月作家出版社出版《潮汐集》。

在欢庆国际学联第五届代表大会胜利闭幕的酒会上讲话
1958年9月15日作；
载1958年9月16日《中国青年报》。

斥艾森豪威尔（诗）
载1958年9月16日《人民日报》；
初收入1959年4月人民日报出版社出版《长春集》。

再斥艾森豪威尔（诗）
1958年9月22日作；
载1958年9月24日《人民日报》；
初收入1959年4月人民日报出版社出版《长春集》。

歌颂中朝友谊（诗48首）
1958年9月28日—10月26日作；
载1958年11月3—6日《人民日报》；
初收入1959年4月人民日报出版社出版《长春集》；
诗48首目次：
在新义州站上（七律）
参观彭总所住岩洞后（七律）
参观板门店后（七律）
赠朝鲜同志（七律）
在欢送志愿军大会上（七律）
洪命熹副首相陪游金刚山，赋诗见赠，步原韵奉酬（七律）
参观朝鲜解放斗争博物馆（七绝）
颂平壤市（七绝）
以上发表在1958年11月3日《人民日报》；
登乙密台（七绝）
赠石吉英（七绝）
参观熙川地下机械工厂（七绝）
在赴熙川道上乡人纷纷以物产馈赠（七绝）
在鸭绿江中弄舟（七绝）
参观水丰发电站（七绝）
参观工业展览馆（七绝）
颂中国人民志愿军（七绝）
颂朝鲜人民（七绝）
赠朝中友好协会（七绝）
题画赠朝鲜同志（七绝）
以上载1958年11月4日《人民日报》
题善竹桥（五律）
游朴渊瀑布（五律）
过铁岭（五律）
游九龙渊瀑布八首（五律）
以上载1958年11月5日《人民日报》；
过末辉里（五律）
过温井岭（五律）
金刚山道中（五律）
游万物相（五律）

在寒霞里（五律）
谢警卫战士（五律）
游三日浦三首（五律）
告别金刚山，乘汽车遵东海而北，赴元山市，途中书所闻所见七首（五律）
回长寿园（五律）
在新义州告别（五律）
以上载1958年11月6日《人民日报》。

在平壤群众欢迎大会上的讲话
1958年9月29日作；
载1958年9月30日《人民日报》。

在平壤庆祝我国国庆九周年和"朝中友好月"开幕大会上的讲话
1958年9月30日作；
载1958年10月1日《人民日报》。

宇宙充盈歌颂声（诗）——庆祝1958年国庆
1958年9月作；
载1958年10月1日《人民日报》；
初收入1959年4月人民日报出版社出版《长春集》。

沫若文集（第八卷）
人民文学出版社1958年9月第1版。

在平壤朝中友好协会成立大会上的讲话
1958年10月3日作；
载1958年10月5日《人民日报》。

警告美帝国主义
载1958年10月11日《人民日报》。

志愿军战歌序幕诗
1958年10月14日作；
载1958年10月22日《解放军报》；
初收入1959年4月人民日报出版社出版《长春集》。

在中国驻朝鲜大使乔晓光为中国人民代表团访问朝鲜的招待会上的讲话
1958年10月25日作；
载1958年10月26日《人民日报》。

中国人民代表团离朝回国，郭沫若向朝鲜人民致告别词并电谢金日成
1958年10月26日作；
载1958年10月27日《人民日报》。

志愿军凯歌（七律）
1958年10月28日作；
载1958年10月30日《人民日报》；
初收入1959年4月人民日报出版社出版《长春集》。

离骚今译
人民文学出版社1958年10月第1版。

掌握着旋乾转坤的权柄（诗）——纪念莫斯科宣言一周年
1958年11月作；

载1958年11月19日《人民日报》；
初收入1959年4月人民日报出版社出版《长春集》。

悼郑振铎同志（七律）
1958年11月2日作；
载1958年《考古学报》第4期。

双倍的春天（诗）
1958年11月22日作；
载1958年11月23日《人民日报》；
初收入1959年4月人民日报出版社出版《长春集》。

《沫若文集》第十卷"前记"
1958年11月25日作；
初收入《沫若文集》第10卷。

难忘的访问，永恒的友谊
载1958年11月26日《人民日报》。

答青年问
1958年11月27日作；
载1959年《文学知识》第5期。

《羽书集》改编小引
1958年11月30日作；
初收入《沫若文集》第11卷。

《断断集》小引
1958年12月1日作；

初收入《沫若文集》第11卷。

三门峡出土铜器二三事（论文）
1958年12月9日作；
载1958年《文物》第1期。

钢，铁定的1070万吨！（诗）
1958年12月作；
载1958年12月22日《人民日报》；
初收入1959年4月人民日报出版社出版《长春集》。

咏黄山灵芝草（诗）
1958年12月作；
载1958年12月28日《人民日报》；
初收入1959年4月人民日报出版社出版《长春集》。

读了"孩子的诗"（评论）
1958年12月18日作；
载1958年12月20日《人民日报》；
初收入1980年12月河南人民出版社出版《郭老与儿童文学》。

《鲁拜集》小引
1958年12月作。
初收入1958年12月人民文学出版社出版《鲁拜集》。

《罙叔簋》及《訇簋》考释
1958年12月31日作；

载1959年《文物》第2期；
初收入1961年人民出版社出版《文史论集》。

蔡琰《胡笳十八拍》（札记）
1958年12月31日作；
初收入1959年文物出版社出版《蔡文姬》。

1959年

1959年的东风（短论）
载1959年1月1日《人民日报》。

学习毛主席（感想）
载1959年1月3日《中国青年报》；
初收入1961年1月人民出版社出版《文史论集》。

欢呼巨型宇宙火箭上天（贺词）
1959年1月3日作；
载1959年1月4日《人民日报》。

贺电——苏联卫星上天
1959年1月4日作；
载1959年1月5日《光明日报》。

宇宙火箭与人造卫星对话（散文）
1959年1月4日作；
载1959年1月5日《人民日报》。

给赛诗会的信
载1959年1月7日《新文化报》。

谈蔡文姬的《胡笳十八拍》
1959年1月7日作；
载《文学遗产》第245期；
初收入1959年7月文物出版社出版《蔡文姬》。

《红旗歌谣》编者的话
1959年1月8日作；
载1959年《红旗》第18期；
初收入1960年6月作家出版社出版《红旗歌谣》。

就目前创作中的几个问题答《人民文学》编者问
载1959年《人民文学》第1期。

俗到家时自入神——郭老谈画片记
载1959年1月12日《文汇报》。

给新年赛诗广播大会的祝词
载1959年《蜜蜂》第2期。

参观上海鲁迅纪念馆题词
1959年1月21日作；
载1979年6月上海鲁迅纪念馆印行的《纪念与研究》。

颂武钢（七律）
1959年1月25日作；
载1959年3月11日《人民日报》；
初收入1959年4月人民日报出版社出

版《长春集》。

访武钢（诗）
1959年1月作；
载1959年1月27日《长江日报》；
初收入1959年11月作家出版社出版《潮汐集》。

红花岗（七律）
1959年1月作；
载1959年《作品》第4期，见《英雄树下花争放》；
初收入1959年4月人民日报出版社出版《长春集》。

迎宾馆（七律）
1959年1月作；
载1959年《作品》第4期，见《英雄树下花争放》；
初收入1959年4月人民日报出版社出版《长春集》。

厓门（七律）
1959年1月作；
载1959年《作品》第4期，见《英雄树下花争放》；
初收入1959年4月人民日报出版社出版《长春集》。

新会（七律）
1959年1月作；

载1959年《作品》第4期，见《英雄树下花争放》；
初收入1959年4月人民日报出版社出版《长春集》。

六榕寺（五律）
1959年1月作；
载1959年《作品》第4期，见《英雄树下花争放》；
初收入1959年4月人民日报出版社出版《长春集》。

访圭峰新会劳动大学（七绝）
1959年1月作；
载1959年《作品》第4期，见《英雄树下花争放》；
初收入1959年4月人民日报出版社出版《长春集》。

题赠新会葵扇工厂
1959年1月30日题；
载1959年《作品》第4期，见《英雄树下花争放》；
初收入1959年4月人民日报出版社出版《长春集》。

题赠石湾美术陶瓷厂（五言诗）
1959年1月31日作；
载1959年《作品》第4期，见《英雄树下花争放》；
初收入1959年4月人民日报出版社出

版《长春集》。

雄鸡集
北京出版社1959年1月第1版。

题赠新㵲人民公社
1959年2月1日题；
载1959年《作品》第4期，见《英雄树下花争放》；
初收入1959年4月人民日报出版社出版《长春集》。

赞向秀丽同志（诗）
1959年2月1日作；
载1959年2月12日《中国青年报》；
初收入1959年4月人民日报出版社出版《长春集》。

春暖花开（诗）
1959年2月4日作；
载1959年2月12日《人民日报》；
初收入1959年4月人民日报出版社出版《长春集》。

蔡文姬（五幕历史喜剧）
1959年2月9日脱稿，5月1日定稿；
载1959年《收获》第3期；
初收入1959年文物出版社出版《蔡文姬》。

就当前诗歌中的主要问题答《诗刊》社记者问
1959年2月上旬作；
载1959年《诗刊》第1期；
初收入1959年作家出版社出版《新诗歌的发展问题》。

题蒲松龄故居的楹联
1959年2月中旬题；
载1979年《东海》第2期。

游西湖（五律）
1959年2月12日作；
载1979年《西湖》第4期；
初收入1959年4月人民日报出版社出版《长春集》。

游孤山（七律）
1959年2月12日作；
载1959年2月13日《浙江日报》；
初收入1959年4月人民日报出版社出版《长春集》。

登六和塔（七律）
1959年2月12日作；
载1959年2月13日《浙江日报》；
初收入1959年4月人民日报出版社出版《长春集》。
（注：载1979年《西湖》第4期时，改题为《登钱塘江·六和塔》）

虎跑泉（五律）
1959年2月12日作；
载1959年2月13日《浙江日报》；
初收入1959年4月人民日报出版社出版《长春集》。

花港观鱼（五律）
1959年2月12日作；
载1959年2月13日《浙江日报》；
初收入1959年4月人民日报出版社出版《长春集》。

颂上海（七律）
1959年2月13日作；
初收入1959年4月人民日报出版社出版《长春集》。

雨中登国际大厦（七绝）
1959年2月16日作；
载1959年2月17日《解放日报》；
初收入1959年4月人民日报出版社出版《长春集》。

颂曲阜（七律）
1958年2月18日作；
载1959年2月21日《大众日报》；
初收入1959年4月人民日报出版社出版《长春集》。

观孔府（七律）
1959年2月18日作；

载1959年2月21日《大众日报》；
初收入1959年4月人民日报出版社出版《长春集》。

观大成殿（七律）
1959年2月18日作；
载1959年2月21日《大众日报》；
初收入1959年4月人民日报出版社出版《长春集》。

游孔林（七律）
1959年2月18日作；
载1959年2月21日《大众日报》；
初收入1959年4月人民日报出版社出版《长春集》。

游孔庙（七律）
1959年2月18日作；
载1959年2月21日《大众日报》；
初收入1959年4月人民日报出版社出版的《长春集》。

大明湖（七律）
1959年2月19日作；
载1959年2月21日《大众日报》，见《齐鲁多文物诗六首》；
初收入1959年4月人民日报出版社出版《长春集》。

登历山（七绝）
1959年2月19日作；

载1959年2月21日《大众日报》，见《齐鲁多文物诗六首》；
初收入1959年4月人民日报出版社出版《长春集》。

看《借亲》赠吕剧团（七绝）
1959年2月19日作；
载1959年2月21日《大众日报》，见《齐鲁多文物诗六首》；
初收入1959年4月人民日报出版社出版《长春集》。

参观山东博物馆（五律）
1959年2月19日作；
载1959年2日21日《大众日报》，见《齐鲁多文物诗六首》；
初收入1959年4月人民日报出版社出版《长春集》。

趵突泉（五律）
1959年2月19日作；
载1959年2月21日《大众日报》，见《齐鲁多文物诗六首》；
初收入1959年4月人民日报出版社出版《长春集》。

溪亭泉（七绝）
1959年2月19日作；
载1959年2月21日《大众日报》，见《齐鲁多文物诗六首》；
初收入1959年4月人民日报出版社出

版《长春集》。

坐地、巡天及其他（短论）
1959年2月22日作；
载1959年3月4日《人民日报》；
初收入1959年作家出版社出版《新诗歌的发展问题》。

为杜波依斯博士九十一岁大庆题词
1959年2月23日作；
载1959年2月23日《人民日报》。

喜雪（七律）
1959年2月25日作；
载1959年2月26日《人民日报》；
初收入1959年4月人民日报出版社出版《长春集》。

再喜雪（七律）
1959年2月26日作；
载1959年2月27日《人民日报》；
初收入1959年4月人民日报出版社出版《长春集》。

谈《蔡文姬》的创作（评论）
1959年2月27日作；
载1959年《戏剧报》第6期。

为如东水利工程题诗三首
1959年2月作；
载1979年6月13日《新华日报》，见《千载永勿磨》一文。

题《革命烈士诗抄》(七律)
1959年3月2日作；
载1959年3月31日《人民日报》；
初收入1959年作家出版社出版的《革命烈士诗抄》。

颂"三八"节(七律)
1959年3月3日作；
载1959年3月8日《人民日报》；
初收入1963年11月作家出版社出版《东风集》。

在广州游花市(诗)
载1959年《文艺月报》第3月号；
初收入1959年4月人民日报出版社出版《长春集》。

跋《胡笳十八拍》画卷
1959年3月11日作；
载1959年3月29日《光明日报》；
初收入1959年文物出版社出版《蔡文姬》。

替曹操翻案(论文)
1959年3月14日作；
载1959年3月23日《人民日报》；
初收入1959年文物出版社出版《蔡文姬》。

再谈蔡文姬的《胡笳十八拍》

1959年3月16日作；
载1959年3月20日《光明日报》；
初收入1959年文物出版社出版《蔡文姬》。

关于目前历史研究中的几个问题——答《新建设》编辑部问
1959年3月21日作；
载1959年《新建设》第4月号；
初收入1961年人民出版社出版《文史论丛》；
又收入《沫若文集》第17卷。

话剧要增加些浪漫主义(评论)
1959年3月28日作；
载1959年《戏剧报》第5期；
见"戏剧座谈会讨论话剧发展"一版。

为江苏文艺出版社出版《百花齐放图集》题书名并七绝一首
1959年3月28日作；
初收入1959年4月江苏文艺出版社出版《百花齐放图集》。

《光荣的中国人民志愿军》题辞(诗)
1959年3月30日作；
初收入1959年11月作家出版社出版《潮汐集》。

电影(七律)
1959年3月作；
初收入1959年11月作家出版社出版

《潮汐集》。

关于中国古史研究中的两个问题
1959年3月作；
载1959年《历史研究》第6期；
初收入1961年人民出版社出版《文史论集》；
又收入《沫若文集》第17卷。

曹操年表
载1959年《历史研究》第3月号，署名：江耦；
初收入1974年中华书局出版《曹操集》。

题赠北京中国画院（诗）
初收入1959年4月人民日报出版社出版《长春集》。

华清池（诗）
初收入1959年4月人民日报出版社出版《长春集》。

北大西洋集团十年来加紧备战，成为威胁和平的新战争策源地（广播演说）
1959年4月4日作；
载1959年4月5日《人民日报》。

《柳亚子诗词选》序
1959年4月6日作；
初收入1959年人民文学出版社出版《柳亚子诗词选》。

在落实的基础上，争取科学的更大跃进
1959年4月7日作；
载1959年5月《科学通报》第9期。

在首都纪念万隆会议大会上的讲话
1959年4月23日作；
载1959年4月25日《人民日报》。

长春集
人民日报出版社　1959年4月初版。

沫若选集
人民文学出版社　1959年4月初版。

蔡文姬
文物出版社　1959年4月第1版。

洪波曲
天津百花文艺出版社　1959年4月第1版。

百花齐放图集
江苏文艺出版社　1959年4月第1版。

重睹芳华（诗）
1959年5月1日作；
载1959年《收获》第3期；
见五幕历史喜剧《蔡文姬》。

中国农民起义的历史发展过程——序《蔡文姬》
1959年5月1日作；
载1959年5月16日《人民日报》；
初收入1959年文物出版社出版《蔡文姬》。

在首都纪念"五四"四十周年大会上的开幕词
1959年5月3日作；
载1959年5月4日《人民日报》。

给科大的题词
1959年5月4日题；
载1978年6月22日《光明日报》；
见《深切怀念老校长，努力办好新科大》一文。

给常香玉的信
1959年5月作；
载1978年《战地》增刊第2期；
见《培育百花　奖掖后进》一文。

在瑞典首都游米列士园（七律）
1959年5月作；
载1959年5月23日《人民日报》，见《游北欧诗四首》；
初收入1959年11月作家出版社《潮汐集》。

游海（七律）
1959年5月作；
载1959年5月23日《人民日报》，见《游北欧诗四首》；
初收入1959年11月作家出版社出版《潮汐集》。

在丹麦首都为使馆题字补壁（七律）
1959年5月；
载1959年5月23日《人民日报》，见《游北欧诗四首》；
初收入1959年11月作家出版社出版《潮汐集》。

使馆宿舍即景（七律）
1959年5月作；
载1959年5月23日《人民日报》，见《游北欧诗四首》；
初收入1959年11月作家出版社出版《潮汐集》。

在授予赫鲁晓夫"加强国际和平"列宁国际奖金授奖大会上的讲话
1959年5月16日作；
载1959年《新华月报》第11号。

给苏联第三次作家代表大会的贺电
1959年5月16日作；
载1959年《文艺报》第11期。

在克里姆林宫授予赫鲁晓夫同志列宁国际和平奖金会上

载1959年5月28日《人民日报》,见《访莫斯科近作二首》;
初收入1959年11月作家出版社出版《潮汐集》。

游攸苏坡夫博物馆
载1959年5月28日《人民日报》,见《访莫斯科近作二首》;
初收入1959年11月作家出版社出版《潮汐集》。

小朋友,你们好!(诗)
1959年5月作;
载1959年6月1日《人民日报》;
初收入1980年12月河南人民出版社出版《郭老与儿童文学》。

中国科技大学(散文)
1959年夏作;
载1959年《人民画报》第12期。

三谈蔡文姬的《胡笳十八拍》(论文)
1959年6月2日作;
载1959年6月8日《光明日报》;
初收入1959年文物出版社出版《蔡文姬》。

题徐悲鸿《万马奔腾》图(六言诗)
1959年6月7日作;
载1979年《湖南群众文艺》第10期。

蠡园唱答二首(诗)
载1959年6月11日《人民日报》,见《访无锡四首》;
初收入1959年11月作家出版社出版《潮汐集》。

游鼋头渚(诗)
载1959年6月11日《人民日报》,见《访无锡四首》;
初收入1959年11月作家出版社出版《潮汐集》。

访惠山泥人厂
载1959年6月11日《人民日报》,见《访无锡四首》;
初收入1959年11月作家出版社出版《潮汐集》。

四谈蔡文姬的《胡笳十八拍》
1959年6月15日作;
载1959年6月21日《光明日报》;
初收入1959年文物出版社出版《蔡文姬》。

赞安业民烈士(诗)
1959年6月18日作;
载1959年6月22日《人民日报》;
初收入1959年11月作家出版社出版《潮汐集》。

美军撤出南朝鲜(诗)
1959年6月22日作;

载1959年6月25日《人民日报》。

五谈蔡文姬的《胡笳十八拍》（论文）
1959年6月23日作；
初收入1959年文物出版社出版《蔡文姬》。

向朝鲜中央通讯社记者发表的谈话
1959年6月23日作；
载1959年6月25日《人民日报》。

朝鲜锦绣河山必将统一，美国侵略阴谋定遭惨败——在首都各界大会上的讲话
1959年6月24日作；
载1959年6月25日《人民日报》。

豫秦晋纪游二十九首（诗）
1959年6月29日—7月11日作；
载1959年7月18日《光明日报》；
初收入1959年11月作家出版社出版《潮汐集》。
目次：
　　访安阳殷墟
　　观园形殉葬坑
　　登袁世凯墓
　　颂郑州
　　访花园口
　　颂洛阳二首
　　观龙门石窟斥美帝摧毁盗窃文物二首
　　访奉先寺石窟

　　访白马寺
　　参观洛阳敬事街小学留题
　　访三门峡（八首）
　　访半坡遗址（四首）
　　重游华清宫读董老和诗因再用旧韵奉酬
　　颂太原
　　游晋祠
　　看三槽出钢
　　访窦大夫祠

沫若文集（第十卷至第十二卷）
人民文学出版社　1959年6月第1版；

颂三门峡水库工程（七绝八首）
1959年7月5日作；
载1959年7月8日《河南日报》。

向全人类的良心呼吁——援救希腊民族英雄曼诺里斯·格列索斯和其他爱国者
1959年7月10日作；
载1959年7月11日《人民日报》。

访龙门三首
载1959年7月13日《河南日报》。

在首都庆祝伊拉克共和国成立一周年大会上的讲话
1959年7月15日作；
载1959年7月16日《人民日报》。

六谈蔡文姬的《胡笳十八拍》(论文)
1959年7月17日作；
载1959年8月4日《光明日报》；
初收入1959年文物出版社出版《蔡文姬》。

在首都各界支持越南和平统一大会上的讲话
1959年7月20日作；
载1959年7月21日《人民日报》。

《岛》的题词
1959年7月22日作；
载1959年《戏剧报》第15期。

经济交流（诗）
1959年7月作；
初收入1959年11月作家出版社出版《潮汐集》。

游莫干山（二首）
1959年7月作；
载1959年9月3日《文汇报》；
初收入1959年11月作家出版社出版《潮汐集》。

对联两付
（李清照纪念堂联　辛弃疾纪念祠联）
1959年8月初；
载1959年9月2日《光明日报》。

北戴河素描（诗）
1959年8月12日作；
初收入1959年11月作家出版社出版《潮汐集》。

英雄诗史（《志愿军诗一百首》代序）
1959年8月13日作；
初收入1959年解放军文艺出版社出版《志愿军诗一百首》。

刘胡兰赞（诗）
1959年8月14日作；
载1959年9月6日《人民日报》；
初收入1959年11月作家出版社出版《潮汐集》。

为"东风剧团"题字
1959年8月19日题；
载1978年《人民戏剧》第8期，见《郭老和东风剧团》一文。

林景熙的《蔡琰归汉图》(论文)
1959年8月25日作；
初收入1959年文物出版社出版《蔡文姬》。

喜讯，又一个喜讯！（诗）
1959年8月26日作；
载1959年8月28日《人民日报》。

影印《永乐大典》序

1959年8月31日作；
载1959年9月8日《光明日报》；
初收入1960年9月中华书局影印出版《永乐大典》。

人民公社万岁（七律）
1959年9月2日作；
载1959年《诗刊》"国庆十周年专号"。
（注：又载1959年9月30日《人民日报》，为《三呼万岁》重新发表时有修改）

题山东民间剪纸（七律）
1959年9月3日作；
初收入1959年11月作家出版社出版《潮汐集》。

题《图书馆学通迅》（七律）
1959年9月5日作；
载1959年《图书馆学通讯》第10期；
初收入1959年11月作家出版社出版《潮汐集》。

颂北京（诗）
1959年9月5日作；
载1979年《旅游》第1期（手迹）；
初收入1959年11月作家出版社出版《潮汐集》。

题气象馆（七律）
1959年9月7日作；
初收入1959年11月作家出版社出版

《潮汐集》。

勤奋学习，红专并进（短论）
1959年9月8日作；
载1959年9月18日《光明日报》。

为第一届全国运动会鼓吹（诗）
初收入1959年11月作家出版社出版《潮汐集》。

题福建省工艺美术展览会（五绝）
1959年9月12日作；
初收入1979年福建人民出版社出版《郭沫若闽游诗集》。

歌颂全运会（诗）
载1959年9月13日《人民日报》；
初收入1959年11月作家出版社出版《潮汐集》。

和平火箭（诗）
1959年9月14日作；
载1959年9月15日《人民日报》。

大广场（七律）
1959年9月14日作；
载1959年《人民文学》第10期，见《十年建国增徽识》；
初收入1959年11月作家出版社出版《潮汐集》。

大会堂（七律）

1959年9月14日作；

载1959年《人民文学》第10期，见《十年建国增徽识》；

初收入1959年11月作家出版社出版《潮汐集》。

博物馆（七律）

1959年9月14日作；

载1959年《人民文学》第10期，见《十年建国增徽识》；

初收入1959年11月作家出版社出版《潮汐集》。

民族宫（七律）

1959年9月14日作；

载1959年《人民文学》第10期，见《十年建国增徽识》；

初收入1959年11月作家出版社出版《潮汐集》。

军事馆（七律）

1959年9月14日作；

载1959年《人民文学》第10期，见《十年建国增徽识》；

初收入1959年11月作家出版社出版《潮汐集》。

北京站（七律）

1959年9月14日作；

载1959年《人民文学》第10期，见《十年建国增徽识》；

初收入1959年11月作家出版社出版《潮汐集》。

长安街（七律）

1959年9月14日作；

载1959年《人民文学》第10期，见《十年建国增徽识》；

初收入1959年11月作家出版社出版《潮汐集》。

颐和园（七律）

1959年9月14日作；

载1959年《人民文学》第10期，见《十年建国增徽识》；

初收入1959年11月作家出版社出版《潮汐集》。

总路线万岁！（七律）

1959年9月19日作；

载1959年9月30日《人民日报》，见《三呼万岁》（诗三首）；

初收入1959年11月作家出版社出版《潮汐集》。

大跃进万岁！（七律）

1959年9月19日作；

载1959年9月30日《人民日报》，见《三呼万岁》（诗三首）；

初收入1959年11月作家出版社出版《潮汐集》。

人民公社万岁！（七律）
1959年9月19日改；
载1959年9月30日《人民日报》，见《三呼万岁》（诗三首）；
初收入1959年11月作家出版社出版《潮汐集》。

庆祝建国十周年（七律）
1959年9月21日作；
初收入1959年11月作家出版社出版《潮汐集》。

读好书（诗）
1959年9月25日作；
载1959年10月10日《光明日报》；
初收入1963年11月作家出版社出版《东风集》。

进一步展开"百家齐放，百家争鸣"
1959年9月26日作；
载1959年《文艺报》第18期；
初收入1961年人民出版社出版《文史论集》。

科学战线上的巨大胜利（论文）
载1959年9月29日《人民日报》；
初收入1959年人民出版社出版《中华人民共和国成立十周年纪念文集》。

沫若文集（第九卷）
人民文学出版社　1959年9月第1版；

《百花齐放》剪纸
江苏扬州人民出版社　1959年9月第1版；

农业展览馆（七律）
1959年10月7日作；
初收入1963年11月作家出版社出版《东风集》。

全运会闭幕（七律）
1959年10月7日作；
初收入1963年11月作家出版社出版《东风集》。

序《郁达夫诗词抄》
1959年10月17日作；
载1962年8月4日《光明日报》，见《望远镜中看故人》一文；
初收入1981年1月浙江人民出版社出版《郁达夫诗词抄》。

歌颂群英大会（诗）
1959年10月24日作；
载1959年10月26日《人民日报》；
初收入1963年11月作家出版社出版《东风集》。

《骆驼集》前记
1959年10月25日作；
初收入1959年人民文学出版社出版《骆驼集》。

题为成都川剧学校（七律）
1959年10月28日作；
初收入1963年11月作家出版社出版《东风集》。

向往莫斯科（散文）
1959年10月29日作；
载1959年11月7日《人民日报》。

题湛江市西湖苏公亭（诗）
1959年11月13日作；
初收入1963年11月作家出版社出版《东风集》。

人人学习杜凤瑞（诗）
1959年11月19日作；
载1959年11月30日《解放军报》；
初收入1963年11月作家出版社出版《东风集》。

咏邱少云烈士（七律）
1959年11月28日作；
初收入1978年8月四川人民出版社出版《蜀道奇》。

潮汐集
作家出版社1959年11月第1版。

郭老自己也忘记了的诗
载1959年12月1日《羊城晚报》；
初收入《韩山革命歌谣集》。

《羿叔簋及訇簋考释》（论文）
1959年12月31日作；
载1960年《文物》第2期。

中国少年先锋队队歌（歌词）
初收入1959年12月人民文学出版社出版《骆驼集》。

《关于上官昭容三则》按语
1959年作；
初收入1962年9月中国戏剧出版社出版《武则天》附录之二。

《关于武后七则》按语
1959年作；
初收入1962年9月中国戏剧出版社出版《武则天》附录之二。

《关于骆宾王二则》按语
1959年作；
初收入1962年9月中国戏剧出版社出版《武则天》附录之二。

《关于太子贤一则》按语
1959年作；
初收入1962年9月中国戏剧出版社出版《武则天》附录之二。

《关于裴炎一则》按语
1959年作；
初收入1962年9月中国戏剧出版社出

版《武则天》附录之二。

自嘲兼励科大同学（五绝）
1959年作；
载1979年6月13日《新华日报》，见《千载永勿磨》一文。

骆驼集
人民文学出版社1959年12月第1版。

1960年

武则天（四幕历史剧）
1960年1月10日初稿，2月24日修改完毕；
载1960年《人民文学》5月号；
初收入1962年10月中国戏剧出版社出版《武则天》。

释应监甗（论文）
1960年1月12日作；
载1960年3月《考古学报》第1期。

安阳园坑墓中鼎铭考释（论文）
1960年1月12日作；
载1960年3月《考古学报》第1期；
初收入1961年1月人民出版社出版《文史论集》。

为"拍"字进一解（论文）
1960年1月14日作；
载1960年《文学评论》第1期；

初收入1961年1月人民出版社出版《文史论集》。

致电苏联科学院院长，祝贺苏联发射弹道火箭成功
1960年1月21日作；
载1960年1月23日《人民日报》。

就日本和美国签订"共同合作和安全条约"致日本人民的公开信
1960年1月22日作；
载1960年1月23日《人民日报》。

在首都各界反对日美军事同盟大会上的讲话
1960年1月23日作；
载1960年1月24日《人民日报》。

普天同庆三首
1960年1月24日作；
载1960年1月28日《人民日报》。

迎春（五律）
1960年1月26日作；
初收入1963年11月作家出版社出版《东风集》。

题为档案馆（七律）
1960年1月26日作；
初收入1963年11月作家出版社出版《东风集》。

《淮海报》创刊二十周年题寄（七律）
1960年1月26日作；
初收入1963年11月作家出版社出版《东风集》。

重庆行十六首
1960年1月底—2月6日作；
载1960年《诗刊》2月号；
初收入1963年11月作家出版社出版《东风集》。
目次：
飞过秦岭（五律）
咏重庆人民礼堂（五律）
看朝天门码头（五律）
游北泉公园（五律）
游南泉公园（七律）
泛舟花溪（七律）
题红岩村革命纪念馆三首（五律）
参观曾家岩十八集团军办事处（五律）
访天官府寄庐（五律）
黄山探梅（五律）
题为重庆博物馆（五律）
题为重庆市川剧院（七律）
看川剧《大红袍》（七律）
看川剧《孔雀胆》（七律）

铁路运输歌（诗）
1960年2月作；
载1960年2月5日《工人日报》；
初收入1963年11月作家出版社出版《东风集》。

给翦伯赞的信
1960年2月10日作；
载1978年《北京大学学报》（社科版）第3期。

题赠日本前进座剧团——在北京庆祝建团三十周年（七绝二首）
1960年2月18日作；
初收入1963年11月作家出版社出版《东风集》。

戴着"和平"面具的强盗
载1960年2月5日《光明日报》。

中国人民和拉丁美洲人民的友谊万岁——在首都支援拉丁美洲人民及庆祝中国拉丁美洲友协成立大会上的报告
1960年3月19日作；
载1960年3月20日《人民日报》。

颂延安（七律）
1960年3月22日作；
载1960年《诗刊》4月号，见《陕西纪行十首》；
初收入1963年11月作家出版社出版《东风集》。

访杨家岭毛主席所住窑洞（七律）
1960年3月22日作；
载1960年《诗刊》4月号；

1523

初收入 1963 年 11 月作家出版社出版《东风集》。

谒延安烈士陵园（七律）
1960 年 3 月 22 日作；
载 1960 年《诗刊》4 月号；
初收入 1963 年 11 月作家出版社出版《东风集》。

咏乾陵三首（七律）
1960 年 3 月 23 日作；
载 1960 年《诗刊》4 月号。

咏顺陵（七律）
1960 年 3 月 23 日作；
载 1960 年《诗刊》4 月号。

雨中游华清池（七律）
1960 年 3 月 23 日作；
载 1960 年《诗刊》4 月号。

在西安参观工厂（七律）
1960 年 3 月 24 日作；
载 1960 年《诗刊》4 月号；
初收入 1963 年 11 月作家出版社出版《东风集》。

吊章怀太子墓（七律）
1960 年 3 月 24 日作；
载 1960 年《诗刊》4 月号；
初收入 1962 年中国戏剧出版社出版《武则天》，见《武则天》附录三：《诗五首》之四。

诗一首——纪念毛主席《在延安文艺座谈会上的讲话》二十周年
1960 年 3 月 30 日作；
载 1962 年《诗刊》第 3 期。

就南非人民反对"通行证法"的斗争发表谈话
1960 年 3 月 30 日作；
载 1960 年 4 月 2 日《人民日报》。

为城市人民公社欢呼（诗）
1960 年 4 月 8 日作；
载 1960 年 4 月 10 日《北京日报》。

给翦伯赞的信
1960 年 4 月 15 日作；
载 1978 年《北京大学学报》（社科版）第 3 期。

在首都各界人民纪念万隆会议五周年及庆祝中非人民友好协会成立大会上的讲话
1960 年 4 月 17 日作；
载 1960 年 4 月 18 日《人民日报》。

高举毛泽东思想红旗，更快地攀登科学高峰——在中国科学院学部委员会第三次会议上的报告
1960 年 4 月 19 日作；
载 1960 年 5 月 13 日《文汇报》。

献给加勒比海的明珠（诗）
1960年4月20日作；
载1960年4月21日《解放日报》；
初收入1963年11月作家出版社出版《东风集》。

"五一"颂（诗）
1960年4月30日作；
载1960年5月1日《北京日报》；
初收入1963年11月作家出版社出版《东风集》。

开足马力奋勇前进（诗）
载1960年《北京文艺》4月号。

小人能做大事（歌词）
载1960年5月《诗刊》第5期。

反帝斗争的连锁反应（诗）
1960年5月6日作；
载1960年5月10日《人民日报》；
初收入1963年11月作家出版社出版《东风集》。

《鲁迅诗稿》序（手迹）
1960年5月8日作；
载1961年《上海文学》9月号；
初收入1961年9月上海人民美术出版社出版《鲁迅诗稿》。

在首都各界人民支援日本人民反对日美军事同盟条约大会上的讲话
1960年5月9日讲；
载1960年5月10日《人民日报》。

寄日本人民（七律四首）
1960年5月13日作；
载1960年5月15日《人民日报》；
初收入1963年11月作家出版社出版《东风集》。

为巨型的卫星飞船欢呼（诗）
1960年5月15日作；
载1960年5月16日《人民日报》。

电贺苏联成功发射卫星式宇宙飞船
1960年5月16日作；
载1960年5月17日《人民日报》。

诗歌的萌芽（短论）
载1960年5月18日《人民日报》。

在首都各界人民支持苏联正义立场，反对美国破坏四国首脑会议的大会上的讲话
1960年5月20日作；
载1960年5月21日《人民日报》。

争取胜利的明天——给日本朋友们的信
1960年5月24日作；
载1960年5月25日《人民日报》。

高举起毛泽东思想的红旗前进——献给全国文教群英大会（诗）
1960年5月24日作；
载1960年6月1日《人民日报》；
初收入1963年11月作家出版社出版《东风集》。

喜闻攀上珠穆朗玛峰（七律）
1960年5月27日作；
载1960年5月28日《人民日报》；
初收入1963年11月作家出版社出版《东风集》。

为庆祝"六一"国际儿童节，给全国少年的题词
1960年5月28日作；
载1960年5月30日《中国少年报》；
初收入1980年12月河南人民出版社出版《郭老与儿童文学》。

献给"美术电影展览"（诗）
1960年5月29日作；
载1960年5月31日《解放日报》；
初收入1963年11月作家出版社出版《东风集》。

为上海美术片厂主办的制作展览会开幕题词
1960年6月1日作；
初收入1979年5月三联书店出版《悼念郭老》；

见《能师大众者，敢作万夫雄》一文。

新生的太阳比火红（诗）
1960年6月7日作；
载1960年7月《解放军画报》第13期。

紫竹院观鱼（五言诗）
1960年6月8日作；
载1960年《诗刊》7月号；
初收入1963年11月作家出版社出版《东风集》。

题紫竹院食堂（七律）
1960年6月8日作；
载1960年《诗刊》7月号；
初收入1963年11月作家出版社出版《东风集》。

美帝末路走下坡（诗六首）
1960年6月12日作；
载1960年6月13日《北京日报》（署名江藕）；
初收入1963年11月作家出版社出版《东风集》。

栽白皮松（诗）
1960年6月12日作；
初收入1963年11月作家出版社出版《东风集》。

艾森豪威尔独白（诗）

1960年6月15—6月21日作；
载1960年6月18日、6月20日、
6月23日《人民日报》；
初收入1963年11月作家出版社出版
《东风集》。

怒斥岸信介与艾森豪威尔（七律二首）
1960年6月16日作；
载1960年6月17日《光明日报》；
初收入1963年11月作家出版社出版
《东风集》。

一定要解放台湾（诗）
1960年6月25日作；
载1960年6月27日《人民日报》；
初收入1963年11月作家出版社出版
《东风集》。

亚洲风暴（七律）
1960年6月25日作；
初收入1963年11月作家出版社出版
《东风集》。

在首都各界人民支持朝鲜和平统一反
对美国侵略大会上的讲话
1960年6月25日作；
载1960年6月26日《人民日报》。

新民歌的新动向（短论）
载1960年7月12日《中国青年报》。

为争取我国社会主义文艺事业的更大
跃进而奋斗——中国文学艺术工作者
第三次代表大会开幕词
1960年7月22日作；
载1960年7月23日《人民日报》；
初收入1960年9月人民文学出版社出
版《中国文学艺术工作者第三次代表
大会文件》。

致楼适夷的信
1960年8月4日作；
载1980年《新文学史料》第2期。

高唱东风压倒西风的凯歌，创造更多
的革命英雄形象——中国文学艺术工
作者第三次代表大会上的闭幕词
1960年8月13日作；
载1960年8月14日《人民日报》；
初收入1960年9月人民文学出版社出
版《中国文学艺术工作者第三次代表
大会文件》。

我怎样写《武则天》（论文）
1960年8月16日作；
载1962年7月8日《光明日报》；
初收入1962年10月中国戏剧出版社
出版《武则天》。

"现代诗中应有铁"——《"狱中日记"
诗抄》读后感
1960年8月19日作；

载1960年《文艺报》第15—16期。

电贺苏联发射第二个宇宙飞船成功
1960年8月20日作；
载1960年8月21日《人民日报》。

给东风剧团的信
1960年8月作；
载1978年《人民戏剧》第8期，见《郭老和东风剧团》一文。

题赠东风剧团建团一周年（诗）
1960年8月作；
载1978年《人民戏剧》第8期，见《郭老和东风剧团》一文。

题《园林植物栽培》（蝶恋花）
1960年9月4日作；
载1960年《诗刊》9月号。

题国画插图版《百花齐放》（十六字令三首）
1960年9月6日作；
载1960年《诗刊》9月号；
初收入1977年9月人民文学出版社出版《沫若诗词选》。

劈山大渠歌（诗）
1960年9月7日作；
载1960年9月17日《河北日报》；
初收入1963年11月作家出版社出版

《东风集》。

《忠王李秀成自述校补本》序
1960年9月10日作；
初收入1961年广西人民出版社出版《忠王李秀成自述校补本》。

邢燕子歌（诗）
1960年9月12日作；
载1966年9月17日《中国青年报》。

欢迎缅甸"胞波"（诗）
1960年9月27日作；
载1960年9月29日《人民日报》；
初收入1963年11月作家出版社出版《东风集》。

金田新貌（七言诗）
载1960年《诗刊》9月号；
初收入1963年11月作家出版社出版《东风集》。

读忠王李秀成自述二首（七绝）
1960年秋作；
载1960年《诗刊》9月号。

赠日本话剧团（诗六首）
1960年9月30日作；
载1960年10月5日《人民日报》；
初收入1963年11月作家出版社出版《东风集》。

注：又收入1977年9月人民文学出版社出版的《沫若诗词选》改题为《赠日本友人》。

赠日本话剧团团长村山知义（七律）
1960年9月30日作；
载1960年10月5日《人民日报》，见《赠日本话剧团》六首；
初收入1963年11月作家出版社出版《东风集》。

夕鹤（五律）
1960年9月30日作；
载1960年10月5日《人民日报》，见《赠日本话剧团》六首；
初收入1963年11月作家出版社出版《东风集》。

死海（五律）
1960年9月30日作；
载1960年10月5日《人民日报》；
初收入1963年11月作家出版社出版《东风集》。

女人的一生（七律）
1960年9月30日作；
载1960年10月5日《人民日报》，见《赠日本话剧团》六首；
初收入1963年11月作家出版社出版《东风集》。

朗诵剧三种（七律）
1960年9月30日作；
载1960年10月5日《人民日报》，见《赠日本话剧团》六首；
初收入1963年11月作家出版社出版《东风集》。

《养猪印谱》序诗（诗）
1960年10月8日作；
载1978年《破与立》第6期；
初收入《养猪印谱》卷首；

在首都各界纪念中国人民志愿军抗美援朝十周年大会上的讲话——中朝人民打败了共同敌人——美帝国主义，扑灭了侵略战火拯救了亚洲和世界和平
1960年10月25日作；
载1960年10月26日《人民日报》。

中国的大地在呼唤——欢送支援农业生产第一线的同志们（诗）
1960年11月30日作；
载1960年12月3日《人民日报》；
初收入1963年11月作家出版社出版《东风集》。

电贺苏联发射第三个宇宙飞船成功
1960年12月2日作；
载1960年12月3日《人民日报》。

题《向农村大进军》（七律二首）

1960年12月9日作；
初收入1963年11月作家出版社出版《东风集》。

向古巴人民发表新年祝词
1960年12月31日作；
载1961年1月2日《人民日报》。

在古巴多尔蒂科斯总统欢迎中国访问古巴友好代表团的午餐会上发表讲话
1960年12月31日作；
载1961年1月2日《人民日报》。

1961年

何塞·马蒂在欢呼——古巴革命二周年纪念会素描（诗）
1961年1月3日作；
载1961年1月8日《人民日报》。

哈瓦那郊外即景（七律）
1961年1月6日作；
载1961年2月6日《人民日报》，见《访问古巴（诗五首）》；
初收入1963年11月作家出版社出版《东风集》。

游松树河谷有怀（七律）
1961年1月6日作；
载1961年2月6日《人民日报》，见《访问古巴（诗五首）》；

初收入1963年11月作家出版社出版《东风集》。

游马汤热斯省所见（七律）
1961年1月7日作；
载1961年2月6日《人民日报》，见《访问古巴（诗五首）》；
初收入1963年11月作家出版社出版《东风集》。

飞渡大西洋（诗）
1961年1月19日作；
载1963年2月6日《人民日报》，见《访问古巴（诗五首）》；
初收入1963年11月作家出版社出版《东风集》。

古美绝交前后所见（七律）
1961年1月27日作；
载1963年2月6日《人民日报》，见《访问古巴（诗五首）》；
初收入1963年11月作家出版社出版《东风集》。

游黑龙潭（七律）
1961年1月23日作；
载1961年《诗刊》第1期，见《昆明杂咏（诗九首）》；
初收入1963年11月作家出版社出版《东风集》。

游安宁温泉（七律）

1961年1月25日作；

载1961年《诗刊》第1期，见《昆明杂咏（诗九首）》；

初收入1963年11月作家出版社出版《东风集》。

题翠湖宾馆（七律）

1961年1月25日作；

载1961年《诗刊》第1期，见《昆明杂咏（诗九首）》；

初收入1963年11月作家出版社出版《东风集》。

咏茶花（七绝四首）

1961年1月25日作；

载1961年《诗刊》第1期，见《昆明杂咏（诗九首）》；

初收入1963年11月作家出版社出版《东风集》。

登大观楼（五律）

1961年1月25日作；

载1961年《诗刊》第1期，见《昆明杂咏（诗九首）》；

初收入1963年11月作家出版社出版《东风集》。

游鸣凤岭（五律）

1961年1月25日作；

载1961年《诗刊》第1期，见《昆明

杂咏（诗九首）》；

初收入1963年11月作家出版社出版《东风集》。

英雄的古巴人民一定胜利——在首都各界人民欢迎访问古巴友好代表团归来大会上的讲话

1961年1月31日作；

载1961年2月1日《人民日报》。

为《边疆文艺》题词

1961年1月作；

载1961年《边疆文艺》第3期。

文史论集

人民出版社　1961年1月第1版。

挽杜国庠同志二首（七律）

1961年2月3日作；

初收入1963年11月作家出版社出版《东风集》。

校场口事件十五周年（七绝四首）

1961年2月3日作；

载1961年2月10日《重庆日报》；

初收入1963年11月作家出版社出版《东风集》。

给翦伯赞同志的信

1961年2月5日作；

载1978年《北京大学学报》（社科版）

第3期。

在归途中闻古巴解严（七律）
1961年2月5日作；
载1961年2月11日《人民日报》；
初收入1963年11月作家出版社出版《东风集》。

给翦伯赞的信
1961年2月8日作；
载1978年《北京大学学报》（社科版）第3期。

堵海工程（七律）
1961年2月11日作；
载1961年3月30日《光明日报》，见《颂湛江（诗四首）》；
初收入1963年11月作家出版社出版《东风集》。

港口（七律）
1961年2月11日作；
载1961年3月30日《光明日报》，见《颂湛江（诗四首）》；
初收入1963年11月作家出版社出版《东风集》。

雷州青年运河（七律）
1961年2月12日作；
载1961年3月30日《光明日报》，见《颂湛江（诗四首）》；

初收入1963年11月作家出版社出版《东风集》。

看演《寸金桥》（七律）
1961年2月12日作；
载1961年3月30日《光明日报》，见《颂湛江（诗四首）》；
初收入1963年11月作家出版社出版《东风集》。

游湖光崖（五律）
1961年2月13日作；
初收入1963年11月作家出版社出版《东风集》。

题为海南岛兴隆农场（七律）
1961年2月16日作；
初收入1963年11月作家出版社出版《东风集》。

咏油棕（七律）
1961年2月17日作；
载1961年4月1日《人民日报》，见《海南纪行（诗八首）》；
初收入1963年11月作家出版社出版《东风集》。

鹿回头（五律）
1961年2月17日作；
载1961年4月1日《人民日报》，见《海南纪行（诗八首）》；

初收入 1963 年 11 月作家出版社出版《东风集》。

游天涯海角（五律）
1961 年 2 月 19 日作；
载 1961 年 4 月 1 日《人民日报》，见《海南纪行（诗八首）》；
初收入 1963 年 11 月作家出版社出版《东风集》。

颂海南岛（七律）
1961 年 2 月 20 日作；
载 1961 年 4 月 1 日《人民日报》，见《海南纪行（诗八首）》；
初收入 1963 年 11 月作家出版社出版《东风集》。

赠崖县歌舞团（七律）
1961 年 2 月 27 日作；
载 1961 年 4 月 1 日《人民日报》，见《海南纪行（诗八首）》；
初收入 1963 年 11 月作家出版社出版《东风集》。

咏五指山（七律）
1961 年 2 月 27 日作；
载 1961 年 4 月 1 日《人民日报》，见《海南纪行（诗八首）》。

访海瑞墓（七言诗）
1961 年 3 月 2 日作；

载 1961 年 4 月 1 日《人民日报》，见《海南纪行（诗八首）》；
初收入 1963 年 11 月作家出版社出版《东风集》。

访那大
1961 年 3 月 3 日作；
载 1961 年 4 月 1 日《人民日报》，见《海南纪行（诗八首）》；
初收入 1963 年 11 月作家出版社出版《东风集》。

访柳侯祠（七律）
1961 年 3 月 10 日作；
载 1961 年 4 月 11 日《北京日报》；
初收入 1963 年 11 月作家出版社出版《东风集》。
注：写作日期《光明日报》、《广西日报》均载 2 月 10 日。

浴从化温泉（七律）
1961 年 3 月 15 日作；
载 1961 年 4 月 11 日《北京日报》；
初收入 1963 年 11 月作家出版社出版《东风集》。

诗二首（七律）
1961 年 3 月 18 日作；
载 1961 年 3 月 21 日《光明日报》；
初收入 1963 年 11 月作家出版社出版《东风集》。

注：收入《东风集》时，改题为《回京途中》二首

又注：其中一首据1979年《武汉文艺》第7期曾题为《书为湖北省交际处》。

乒乓球开友谊花（诗）

1961年3月19日作；

初收入1963年11月作家出版社出版《东风集》。

给翦伯赞的信

1961年3月19日作；

载1978年《北京大学学报》（社科版）第3期。

赋诗祝贺亚非作家会议成功

1961年3月20日作；

载1961年3月28日《人民日报》；

初收入1963年11月作家出版社出版《东风集》。

给×××同志的信

1961年3月23日作；

载1962年《中国青年》第15—16期。

给翦伯赞同志的信

1961年3月23日作；

载1978年《北京大学学报》（社科版）第3期。

献给第二十六届乒乓球锦标赛（七律）

1961年3月27日作；

载1961年《新体育》第7期。

题郁曼陀画（七绝二首）

1961年3月31日作；

初收入1963年11月作家出版社出版《东风集》。

《飞渡大西洋》小跋

1961年4月1日作；

载1979年三联书店出版《悼念郭老》，见《回忆郭老的一些片段》一文。

使自己成为胜任的时代歌手——关于诗歌创作的一封信

1961年4月8日作；

载1979年《文艺研究》第4期。

歌颂东方号（诗）

1961年4月12日作；

载1961年4月13日《人民日报》。

再歌颂"东方号"（诗）

1961年4月14日作；

载1961年4月15日《光明日报》。

大双喜（七律）

1961年4月18日作；

初收入1963年11月作家出版社出版《东风集》。

打断侵略古巴的魔手（散文）
1961年4月19日作；
载1961年4月20日《人民日报》。

祝贺古巴人民取得重大胜利，预祝古巴人民取得更大胜利——在首都各界人民支持古巴人民正义斗争大会上的讲话
1961年4月21日作；
载1961年4月23日《人民日报》。

祝贺古巴胜利（七律）——闻美帝雇佣军队侵入古巴，已被击溃
1961年4月21日作；
载1961年4月22日《人民日报》；
初收入1961年11月作家出版社出版《东风集》。

肯尼迪自白（诗）
1961年4月23日作；
载1961年4月25日《光明日报》；
初收入1963年11月作家出版社出版《东风集》。

游览北京植物园（五律）
1961年4月25日作；
载1961年4月29日《光明日报》；
初收入1963年11月作家出版社出版《东风集》。

为仙台鲁迅纪念碑落成揭幕致贺词
1961年4月5日作；
载《世界知识》1961年10月号。

咏普照寺六朝松（七律）
1961年5月7日作；
载1961年5月14日《大众日报》，见《访泰山杂咏（诗六首）》；
初收入1963年11月作家出版社出版《东风集》。

在岱庙望泰山（五律）
1961年5月8日作；
载1961年5月14日《大众日报》，见《访泰山杂咏（诗六首）》；
初收入1963年11月作家出版社出版《东风集》。

万松亭遇雨（五律）
1961年5月9日作；
载1965年5月14日《大众日报》，见《访泰山杂咏（诗六首）》；
初收入1963年11月作家出版社出版《东风集》。

登上泰上极顶（五律）
1961年5月9日作；
载1965年5月14日《大众日报》，见《访泰山杂咏（诗六首）》；
初收入1963年11月作家出版社出版《东风集》。

在极顶观日出未遂（五律）
1961年5月10日作；
载1961年5月14日《大众日报》，见《访泰山杂咏（诗六首）》；
初收入1963年11月作家出版社出版《东风集》。

访经石峪（五律）
1961年5月11日作；
载1961年5月14日《大众日报》，见《访泰山杂咏（诗六首）》；
初收入1963年11月作家出版社出版《东风集》。

武则天生在广元的根据（论文）
1961年5月25日作；
载1961年5月28日《光明日报》；
初收入1962年10月中国戏剧出版社出版的《武则天》。

咏泰山（五律）
1961年5月作；
初收入1962年作家出版社出版《读随园诗话札记》。

再谈《再生缘》的作者陈端生（论文）
1961年6月4日作；
载1961年6月8日《光明日报》。

颂党庆二首（五律）
1961年6月16日作；

载1961年7月1日《人民日报》；
初收入1963年11月作家出版社出版《东风集》。

陈云贞"寄外书"之谜（论文）
1961年6月24日作；
载1961年6月29日《光明日报》。

题福建省工艺美术展览会（四言诗）
1961年7月16日作；
初收入1979年11月福建人民出版社出版《郭沫若闽游诗集》。

给翦伯赞同志的信
1961年7月24日作；
载1978年《北京大学学报》（社科版）第3期。

中国人民永远是古巴人民最忠实的战友——在首都庆祝古巴革命节大会上的讲话
1961年7月25日作；
载1961年7月26日《人民日报》。

序《再生缘》前十七卷校订本
1961年7月29日作；
载1961年8月7日《光明日报》。

电贺苏联发射载人宇宙飞船成功
1961年8月6日作；
载1961年8月7日《光明日报》。

《再生缘》附录——陈端生年谱
载1961年8月7日《光明日报》。

《再生缘》附录二——关于范荩充军伊犁的经过
载1961年8月7日《光明日报》。

电贺苏联"东方二号"发射成功（电文）
1961年8月7日作；
载1961年8月8日《光明日报》。

致电第七届禁止原子弹、氢弹世界大会和争取全面裁军世界大会
1961年8月8日作；
载1961年8月10日《人民日报》。

在梅兰芳同志长眠榻畔的一刹那（散文）
1961年8月9日作；
载1961年8月10日《人民日报》。

题赠日本合唱团（七绝）
1961年8月9日作；
初收入1963年11月作家出版社出版《东风集》。

在会见印尼和平人士希达雅特夫人时的讲话
1961年8月15日作；
载1961年8月17日《人民日报》。

在印尼合作国会议长阿里芬举行的欢迎招待会上的讲话
1961年8月16日讲；
载1961年8月18日《人民日报》。

电贺古巴第一届作家艺术家代表大会召开
1961年8月17日作；
载1961年8月18日《人民日报》。

日惹即事（七绝）
1961年8月25日作；
初收入1963年11月作家出版社出版《东风集》。

在印度尼西亚广播电台发表讲话
1961年8月27日作；
载1961年8月29日《人民日报》。

在中国驻缅甸大使李一氓为我人大代表团举行的招待会上的讲话
1961年8月29日作；
载1961年8月31日《人民日报》。

曼德勒即事（七律）
1961年8月30日作；
初收入1963年11月作家出版社出版《东风集》。

宿楚雄（七律第一首）
1961年9月6日作；
载1961年10月25日《人民日报》，见

《昆明七首》；

初收入 1963 年 11 月作家出版社出版《东风集》。

回昆明（七绝）

1961 年 9 月 7 日作；

载 1961 年 10 月 25 日《人民日报》，见《昆明七首》；

初收入 1963 年 11 月作家出版社出版《东风集》。

在昆明看演话剧《武则天》（七律）

1961 年 9 月 7 日作；

载 1961 年 10 月 25 日《人民日报》，见《昆明七首》；

初收入 1963 年 11 月作家出版社出版《东风集》。

大理石厂（五律）

1961 年 9 月 7 日作；

载 1961 年 11 月 9 日《人民日报》，见《游大理十首》；

初收入 1963 年 11 月作家出版社出版《东风集》。

万人塚（七律）

1961 年 9 月 7 日作；

载 1961 年 11 月 9 日《人民日报》，见《游大理十首》；

初收入 1963 年 11 月作家出版社出版《东风集》。

天生桥（七律）

1961 年 9 月 7 日作；

载 1961 年 11 月 9 日《人民日报》，见《游大理十首》；

初收入 1963 年 11 月作家出版社出版《东风集》。

大理温泉（七律）

1961 年 9 月 7 日作；

载 1961 年 11 月 9 日《人民日报》，见《游大理十首》；

初收入 1963 年 11 月作家出版社出版《东风集》。

洱海月（五绝）

1961 年 9 月 8 日作；

载 1961 年 11 月 19 日《人民日报》，见《游大理十首》；

初收入 1963 年 11 月作家出版社出版《东风集》。

望夫云（五绝）

1961 年 9 月 8 日作；

载 1961 年 11 月 19 日《人民日报》，见《游大理十首》；

初收入 1963 年 11 月作家出版社出版《东风集》。

蝴蝶泉（七言诗）

1961 年 9 月 8 日作；

载 1961 年 11 月 9 日《人民日报》，见《游大理十首》；
初收入1963年11月作家出版社出版《东风集》。

朝珠花（七言诗）
1961年9月9日作；
载1961年11月9日《人民日报》，见《游大理十首》；
初收入1963年11月作家出版社出版《东风集》。

负石观音（诗）
1961年9月9日作；
载1961年11月9日《人民日报》，见《游大理十首》；
初收入1963年11月作家出版社出版《东风集》。

天子庙坡（诗）
1961年9月9日作；
载1961年11月9日《人民日报》，见《游大理十首》；
初收入1963年11月作家出版社出版《东风集》。

宿楚雄（七律第二首）
1961年9月9日作；
载1961年10月25日《人民日报》，见《昆明七首》；
初收入1963年11月作家出版社出版《东风集》。

赠关肃霜同志（七律）
1961年9月12日作；
载1961年10月25日《人民日报》，见《昆明七首》；
初收入1963年11月作家出版社出版《东风集》。

题为云南省农业展览馆二首（七律）
1961年9月12日作；
载1961年10月25日《人民日报》，见《昆明七首》；
初收入1963年11月作家出版社出版《东风集》。

宿万县（七律）
1961年9月14日作；
载1961年10月14日《人民日报》，见《再出夔门（诗七首）》；
初收入1963年11月作家出版社出版《东风集》。

奉节阻沙（五言诗）
1961年9月15日作；
载1961年10月14日《人民日报》，见《再出夔门（诗七首）》；
初收入1963年11月作家出版社出版《东风集》。

过瞿塘峡（五律）
1961年9月16日作；
载1961年10月14日《人民日报》，见

《再出夔门（诗七首）》；
初收入 1963 年 11 月作家出版社出版《东风集》。

过巫峡（五律）
1961 年 9 月 16 日作；
载 1961 年 10 月 14 日《人民日报》，见《再出夔门（诗七首）》；
初收入 1963 年 11 月作家出版社出版《东风集》。

巴东即事（五律）
1961 年 9 月 16 日作；
载 1961 年 10 月 14 日《人民日报》，见《再出夔门（诗七首）》；
初收入 1963 年 11 月作家出版社出版《东风集》。

过西陵峡二首（诗）
1961 年 9 月 18 日作；
载 1961 年 10 月 14 日《人民日报》，见《再出夔门（诗七首）》；
初收入 1963 年 11 月作家出版社出版《东风集》。

蜀道奇（诗）
1961 年 9 月 18 日作；
载 1961 年 9 月 28 日《人民日报》，
初收入 1963 年 11 月作家出版社出版《东风集》。

谒晋冀鲁豫烈士陵园（西江月）
1961 年 9 月 20 日作；
载 1961 年《诗刊》第 6 期，见《在邯郸二首》；
初收入 1963 年 11 月作家出版社出版《东风集》。

登赵武灵王丛台（七律）
1961 年 9 月 20 日作；
载 1961 年《诗刊》第 6 期，见《在邯郸二首》；
初收入 1963 年 11 月作家出版社出版《东风集》。

在首都隆重纪念鲁迅八十诞辰大会上讲话——继续发扬鲁迅的精神和本领
1961 年 9 月 25 日作；
载 1961 年《文艺报》第 9 期。

有关陈端生的讨论二三事（论文）
1961 年 9 月 26 日作；
载 1961 年 10 月 5 日《光明日报》。

在招待华侨观光团酒会上的欢迎词
1961 年 10 月作；
载 1961 年《侨务报》第 5 期。

题赠日中友好代表团（七律）
1961 年 10 月 7 日作；
初收入 1963 年 11 月作家出版社出版《东风集》。

关于陈云贞"寄外书"的一项新资料（论文）
1961年10月10日作；
载1961年10月22日《光明日报》。

全国人民代表大会代表团访问印度尼西亚和缅甸的报告——1961年10月10日在第二届全国人代会常务委员会第44次会议上
1961年10月10日作；
载1961年10月11日《人民日报》。

书法篆刻艺术（题字）
1961年秋作；
载1961年10月29日《人民日报》。

看《孙悟空三打白骨精》书赠浙江省绍剧团（七律）
1961年10月25日作；
载1961年11月1日《人民日报》；
初收入1963年11月作家出版社出版《东风集》。
注：收入《东风集》时，改题为看《孙悟空三打白骨精》。

游上海豫园（七律）
1961年10月29日作；
初收入1963年11月作家出版社出版《东风集》。

游闵行（七律）
1961年10月30日作；
初收入1963年11月作家出版社出版《东风集》。

登锦江南楼十八阶（五律）
1961年10月30日作；
初收入1963年11月作家出版社出版《东风集》。

赠上海京昆实验剧团（七律）
1961年10月31日作；
载1961年11月5日《解放日报》；
初收入1963年11月作家出版社出版《东风集》。

沫若文集（第十三卷）
人民文学出版社　1961年10月第1版。

溯钱塘江（五律）
1961年11月1日作；
载1961年11月8日《浙江日报》；
初收入1963年11月作家出版社出版《东风集》。

访严子陵钓台（七律）
1961年11月1日作；
载1961年11月8日《浙江日报》，见《溯钱塘江三首》；
初收入1963年11月作家出版社出版《东风集》。

登桐君山（七绝）
1961年11月1日作；
载1961年11月8日《浙江日报》，见《溯钱塘江三首》；
初收入1963年11月作家出版社出版《东风集》。

翻译鲁迅的诗
1961年11月3日作；
载1961年11月10日《人民日报》。

访句山樵舍（五律）
1961年11月5日作；
初收入1963年11月作家出版社出版《东风集》。
注：句山樵舍在杭州西湖柳浪闻莺，乃陈兆仑之旧居。《再生缘》作者陈端生，陈兆仑女孙，生于此。

流溪水电站即景（五律）
1961年11月9日作；
载1961年11月17日《羊城晚报》；
初收入1963年11月作家出版社出版《东风集》。

游凤院果树园（五律）
1961年11月10日作；
载1961年11月17日《羊城晚报》；
初收入1963年11月作家出版社出版《东风集》。

序《杜国庠文集》
1961年11月11日作；
载1962年《学术研究》（双月刊）第1期；
初收入1962年人民文学出版社出版《杜国庠文集》。

从化温泉（七律）
1961年11月13日作；
载1961年11月17日《羊城晚报》；
初收入1963年11月作家出版社出版《东风集》。

为王一品斋笔庄成立二百二十周年题诗（七律）
载1961年11月21日《文汇报》。

沫若文集（第十五卷）
人民文学出版社　1961年11月第1版。

流溪河水库观鱼二首（五律）
1901年12月1日作；
载1961年12月22日《人民日报》；
初收入1963年11月作家出版社出版《东风集》。

观百丈瀑二首（五律）
1961年11月3日作；
载1961年12月22日《人民日报》；
初收入1963年11月作家出版社出版

《东风集》。

远眺（五律）
1961年12月9日作；
初收入1963年11月作家出版社出版《东风集》。

读《随园诗话》札记
1961年作，12月12日全部脱稿；
载1962年2月28日、3月2日、3月14日、3月21日、4月4日、4月10日、4月18日、5月9日、6月10日、7月1日、7月8日、7月22日《人民日报》；
初收入1962年9月作家出版社出版《读〈随园诗话〉札记》。
目次：

  性情与格律

  批评与创作

  风骨与辣语

  评白居易

  剪彩花

  谈林黛玉

  抹杀音乐天才

  论秦始皇

  "泰山鸿毛之别"

  才、学、识

  解"歌永言"

  释"采采"

  唐太宗与武则天

  "见鬼莫怕，但与之打！"

  以诬证诬

  "累于画"

  哭父母

  月口星心

  风不读分

  糟汉粕宋

以上均载1962年2月28日《人民日报》；

  诗人正考父

  由合金说到诗文

  古刺水

以上均载1962年3月2日《人民日报》；

  瓦缶不容轻视

  咏棉花诗

  "神鸦"

  百尺粉墙

  断线风筝

  "潭冷不生鱼"

  返老还童

以上均载1962年3月14日《人民日报》；

  泰山

  群盲评瞽

  谈改诗

  评曹操

以上均载1962年3月21日《人民日报》；

  评王安石

  丝、蜜、奶、漆

  "佳士轩"

  关心农家疾苦

以上均载1962年4月4日《人民日报》；

败石瓦砾
　　饕餮和尚
　　金陵山川之气
　　椰、珠
　　家常语入诗
以上均载 1962 年 4 月 10 日《人民日报》；
　　草木与鹰犬
　　石棺与虹桥
　　甘苦刚柔
　　"一戎衣"解
　　"撒糞"与"麻姑刺"
以上均载 1962 年 4 月 18 日《人民日报》；
　　太低与太高
　　马粪与秧歌
　　枫叶飘丹
　　脉望与牡丹
　　"五云多处是京华"
　　所谓"诗评"
　　"诗佛"之自我宣传
以上均载 1962 年 5 月 9 日《人民日报》；
　　同声相应
　　猫有权辩冤
　　状元红之蜜汁
　　天分与学力
　　黄巢与李自成
　　不佞佛者如是
　　二童子放风筝
　　马夫赴县考
以上均载 1962 年 6 月 10 日《人民日报》；
　　咏梧桐
　　蜘蛛不会领情
　　奸猾哉，袁子才！
　　青衣之诗
　　如皋紫牡丹
　　言诗
以上均载 1962 年 7 月 1 日《人民日报》；
　　讼堂养猪
　　"全家诛产禄"
　　地主与农民
　　诗人无常识
　　九天玄女
以上均载 1962 年 7 月 8 日《人民日报》；
　　紫姑神
　　两个梦
　　考据家与蠹鱼
以上均载 1962 年 7 月 22 日《人民日报》。

看《牛郎织女》舞剧（诗）
1961 年 12 月 17 日作；
载 1961 年 12 月 31 日《南方日报》；
初收入 1963 年 11 月作家出版社出版《东风集》。

登阅风岩（五律）
1961 年 12 月 21 日作；
载 1962 年 1 月 6 日《羊城晚报》，见《游端州七星岩四首》；
初收入 1963 年 11 月作家出版社出版《东风集》。

游水月宫（五律）

1961年12月21日作；

载1962年1月6日《羊城晚报》，见《游端州七星岩四首》；

初收入1963年11月作家出版社出版《东风集》。

游碧霞洞（五律）

1961年12月21日作；

载1962年1月6日《羊城晚报》；

初收入1963年11月作家出版社出版《东风集》。

宿天柱岩（五律）

1961年12月21日作；

载1962年1月6日《羊城晚报》；

初收入1963年11月作家出版社出版《东风集》。

游鼎湖山（七律）

1961年12月22日作；

载1961年12月31日《羊城晚报》，见《诗三首》；

初收入1963年11月作家出版社出版《东风集》。

题桂花轩（七律）

1961年12月22日作；

载1961年12月31日《羊城晚报》，见《诗三首》；

初收入1977年9月人民文学出版社出版《沫若诗词选》。

登阅江楼怀叶挺及独立团诸同志（诗）

载1961年12月31日《羊城晚报》，见《诗三首》；

初收入1977年9月人民文学出版社出版《沫若诗词选》。

读了《绘声阁续编》与《雕菰楼集》

1961年12月26日作；

载1962年1月2日《羊城晚报》。

题赠广东省图书馆（五绝）

1961年12月28日作；

载1978年8月5日《南方日报》，见《学习郭老的治学精神》一文。

为宁波市文联题诗

1961年冬作；

载1978年8月20日《浙江日报》；

手迹载1978年《浙江文艺》8月号，见《蜂采花而酿蜜》一文。

《古巴谚语印谱》题签书名

1961年作；

初收入1964年10月人民美术出版社出版《古巴谚语印谱》。

1962年

与广东史学界人士交换关于学术工作的意见

载1962年1月7日《文汇报》。

孺子牛的变质（短论）
1962年1月7日作；
载1962年1月16日《人民日报》。

访萝冈洞四首（五律）
1962年1月7日作；
载1962年1月9日《南方日报》；
初收入1963年11月作家出版社出版
《东风集》。

题广州听雨轩（七律）
1962年1月10作；
初收入1963年11月作家出版社出版
《东风集》。

我的故乡——乐山（散文）
1962年1月11日作；
载1962年1月16日《羊城晚报》。

题地委招待所（七律）
载1962年1月14日《南方日报》；
见《游佛山诗三首》。

游祖庙公园后访佛山民间艺术研究社
留题（七绝）
载1962年1月14日《南方日报》，
见《游佛山诗三首》。

参观石湾窑（五律）
载1962年1月14日《南方日报》，见《游佛山诗三首》。

天涯海角（散文）
1962年1月12日作；
载1962年2月20日《羊城晚报》。

郑成功光复台湾三百周年纪念（七律）
1962年1月18日作；
载1962年2月1日《南方日报》；
初收入1963年11月作家出版社出版
《东风集》。

咏黎族姑娘（七律）
1962年1月21日作；
载1962年2月22日《人民日报》，见《咏海南诗四首》；
初收入1963年11月作家出版社出版
《东风集》。

南海劳军（七律）
1962年1月25日作；
载1962年2月22日《人民日报》，见《咏海南诗四首》；
初收入1963年11月作家出版社出版
《东风集》。

致阳翰笙信
1962年1月25日作；
载1980年《新文学史料》第2期。

东风吟
1962年1月30日作；
载1962年2月8日《羊城晚报》；

初收入 1963 年 11 月作家出版社出版
《东风集》。

卜算子·咏梅
1962 年 1 月 30 日作；
初收入 1963 年 11 月作家出版社出版
《东风集》。

《崖州志》按语二十九则（札记）
1962 年 1 月下旬作；
初收入 1963 年广东人民印刷厂印刷出版《崖州志》。

咏椰子树（七律）
1962 年 1 月底作；
载 1962 年 2 月 1 日《南方日报》；
初收入 1963 年 11 月作家出版社出版
《东风集》。

序重印《崖州志》
1962 年 2 月 2 日作；
初收入 1963 年广东人民印刷厂印刷出版《崖州志》第 1 卷卷首。

看渔民出海（七律）
1962 年 2 月 3 日作；
载 1962 年 2 月 22 日《人民日报》，见《咏海南诗四首》；
初收入 1963 年 11 月作家出版社出版
《东风集》。

为《羊城晚报花地附刊》题辞（手迹）
载 1962 年 2 月 4 日《羊城晚报》。

游崖县鳌山六首（五律）
1962 年 2 月 4 日作；
载 1962 年 2 月 25 日《南方日报》；
初收入 1963 年 11 月作家出版社出版
《东风集》。

诗歌漫谈（论文）
1962 年 2 月 5 日作；
载 1962 年《作品》新 1 卷第 3 期。

赴崖城道中（七绝）
1962 年 2 月 7 日作；
载 1962 年 2 月 18 日《南方日报》，见《海南岛西路纪行六首》；
初收入 1963 年 11 月作家出版社出版
《东风集》。

莺歌海（七律）
1962 年 2 月 7 日作
载 1962 年 2 月 18 日《南方日报》，见《海南岛西路纪行六首》；
初收入 1963 年 11 月作家出版社出版
《东风集》。

马伏波井三首（七绝）
1962 年 2 月 8 日作；
载 1962 年 2 月 18 日《南方日报》，见《海南岛西路纪行六首》；

初收入 1963 年 11 月作家出版社出版
《东风集》。

东方县途中口占（五绝）
1962 年 2 月 9 日作；
载 1962 年 2 月 18 日《南方日报》，见《海南岛西路纪行六首》；
初收入 1963 年 11 月作家出版社出版《东风集》。

石碌（五律）
1962 年 2 月 9 日作；
载 1962 年 2 月 18 日《南方日报》，见《海南岛西路纪行六首》；
初收入 1963 年 11 月作家出版社出版《东风集》。

重访那大学院（五律）
1962 年 2 月 9 日作；
载 1962 年 2 月 25 日《南方日报》，见《诗三首》；
初收入 1963 年 11 月作家出版社出版《东风集》。

白马井港
1962 年 2 月 10 日作；
载 1962 年 2 月 18 日《南方日报》，见《海南岛西路纪行六首》；
初收入 1963 年 11 月作家出版社出版《东风集》。

致吴晗
1962 年 2 月 10 日作；
载 1980 年《新文学史料》第 2 期，见《关于话剧〈武则天〉的书简》一文。

致阳翰笙
1962 年 2 月 11 日作；
载 1980 年《新文学史料》第 2 期，见《关于话剧〈武则天〉的书简》一文。

儋耳行（七言诗）
1962 年 2 月 11 日作；
载 1962 年 3 月 10《人民日报》；
初收入 1963 年 11 月作家出版社出版《东风集》。

题海口东坡祠（七律）
1962 年 2 月 11 日作；
载 1962 年 2 月 25 日《南方日报》；
初收入 1963 年 11 月作家出版社出版《东风集》。

长安县张家坡铜器群铭文汇释（论文）
1962 年 2 月 17 日作；
载 1962 年 7 月《考古学报》第 1 期。

李德裕在海南岛上（论文）
1962 年 2 月 24 日作；
载 1962 年 3 月 16 日《光明日报》。

题品石轩（诗）
载 1962 年 2 月 24 日《羊城晚报》。

七律二首
载1962年2月24日《羊城晚报》。

给北京师范大学团委会、学生会的信
1962年2月24日作；
载1962年8月《中国青年》第15—16期。

为羊城音乐会题词（手迹）
1962年2月26日作；
载1962年3月3日《羊城晚报》。

说儋耳（杂文）
1962年2月28日作；
载1962年4月11日《人民日报》。

西樵白云洞（散文）
1962年3月3日作；
载1962年3月9日《羊城晚报》。

《中国史稿》前言
1962年3月6日作；
初收入1962年6月人民出版社出版《中国史稿》。

致阳翰笙
1962年3月6日作；
载1980年《新文学史料》第2期，见《关于话剧〈武则天〉的书简》。

再访萝冈洞（散文）
1962年3月6日作；

载1962年3月11日《南方日报》。

致邵荃麟
1962年3月7日作；
载1980年《新文学史料》第2期，见《关于话剧〈武则天〉的书简》。

谈诗（论文）
1962年3月7日作；
载1962年3月15日《羊城晚报》，见《郭老谈诗》一文。

题顺德清晖园（七律）
1962年3月7日作；
载1962年3月30日《人民日报》，见《访孙中山先生故乡》；
初收入1963年11月作家出版社出版《东风集》。

在顺德遇"三八"节（五律）
1962年3月8日作；
载1962年3月30日《人民日报》，见《访孙中山先生故乡》；
初收入1963年11月作家出版社出版《东风集》。

卜算子（词）
1962年3月8日作；
载1962年3月30日《人民日报》，见《访孙中山先生故乡》；
初收入1963年11月作家出版社出版

《东风集》。

访翠亨村二首（七律）
1962年3月8日作；
载1962年3月30日《人民日报》，见《访孙中山先生故乡》；
初收入1963年11月作家出版社出版《东风集》。

咏梅二绝有怀梅兰芳同志（七绝二首）
——题传记纪录片《梅兰芳》
1962年3月8日作；
载1962年8月7日《人民日报》。

拟《盘中诗》的原状（杂文）
1960年3月20日作；
载1962年3月24日《光明日报》。

师克盨铭考释（论文）
1962年3月22日作；
载1962年《文物》第6期。

诗一首——纪念毛主席《在延安文艺座谈会上的讲话》发表二十周年（七律）
1960年3月30日作；
载1962年5月22日《光明日报》；
（注：一作1962年5月19日作）
初收入1962年11月作家出版社出版《东风集》。

题为西泠印社六十周年（七律）
1962年3月30日作；
载1979年《西泠艺丛》第1期。

赠祝希娟同志（七绝）
1962年春作；
初收1963年11月作家出版社出版《东风集》。

学书执笔八字要诀（书付汉英）
1962年春作；
初收1980年5月河北人民出版社出版《郭沫若遗墨》。

题百花奖赠最佳电影故事片《红色娘子军》（诗）
1962年春作；
载1962年《大众电影》第5、6期合刊；
初收入1963年11月作家出版社出版《东风集》。

再谈《盘中诗》（论文）
载1962年4月7日《光明日报》。

玉兰和红杏（诗）
1962年4月8日作；
载1962年4月20日《人民日报》；
初收入1963年11月作家出版社出版《东风集》。

题赠范政（七绝）
1962年4月9日作；

载1979年9月2日《吉林日报》。

题为"赵一曼纪念馆"（七律）
1962年4月9日作；
载1977年《学习与探索》第1期；
初收入1963年11月作家出版社出版《东风集》。

闻博白有缘珠里次韵奉方子同志（七律）
1962年4月12日作；
载1962年6月26日《广西日报》；
初收入1963年11月作家出版社出版《东风集》。
（注：收入《东风集》时，改题为《闻广西博白有缘珠里》）

题为《解放军画报社》（手迹）——为纪念《毛主席在延安文艺座谈会上的讲话》发表二十周年而作（七律）
载1978年《解放军画报》第8期。

诗歌史中的双子星座——纪念杜甫诞生1250周年会上开幕词
1962年4月17日作；
载1962年6月9日《光明日报》；
初收入1963年9月中华书局出版《杜甫研究论文集》第3辑。

关于历史剧问题给石竹的一封信
1962年4月20日作；
载1980年《战地》第5期，见《重读郭老的一封信》一文。

喜读毛主席的"词六首"（论文）
1962年5月1日作；
载1962年5月12日《光明日报》。

书赠电影百花奖最佳电影配角奖获得者陈强同志
1962年5月16日作；
载1962年《大众电影》第5、6期合刊。

给出版社的一封信
1962年5月16日作；
初收入1963年9月人民出版社出版《朱德诗选集》。

凯歌百代（散文）
1962年5月21日作；
载1962年6月29日《人民日报》。

"枯木朽株"解（短论）
1962年5月23日作；
载1962年6月8日《人民日报》。

实践·理论·实践（论文）
1962年5月23日作；
载1962年《剧本》7月号。

在纪念会上（诗）
1962年5月23日作；
初收入1963年11月作家出版社出版

《东风集》。

天才与勤奋（论文）
1962年5月下旬作；
载1962年《中国青年》第12期。

书赠百花奖最佳电影导演奖获得者谢晋同志
1962年夏作；
载1962年《大众电影》第5、6合期。

题《五朵红云》（七绝）
1962年夏作；
载1978年《舞蹈》第6期插页。

题《湖颖谱》（四言诗）
1962年夏作；
载1962年9月20日《光明日报》。

"温故而知新"（短论）
1962年6月18日作；
载1962年7月12日《人民日报》。

挽涂长望同志（七律）
载1962年6月19日《人民日报》；
初收入1963年11月作家出版社出版《东风集》。

《武则天》序
1960年6月20日作；
载1962年7月8日《光明日报》；

初收入1962年10月中国戏剧出版社出版《武则天》。

吃水不忘开井人（诗）
1962年6月23日作；
载1962年6月28日《中国青年报》；
初收入1963年11月作家出版社出版《东风集》。

《读〈随园诗话〉札记》后记
1962年6月28日作；
载1962年7月22日《人民日报》；
初收入1962年作家出版社出版《读〈随园诗话〉札记》。

致焦菊隐
1962年7月7日作；
载1980年《新文学史料》第2期，见《关于话剧〈武则天〉书简》。

题《文姬归汉》（五言诗）
1962年7月8日作；
载1962年7月12日《光明日报》；
初收入1963年11月作家出版社出版《东风集》。

在首都庆祝中朝友好合作互助条约签订一周年大会上的讲话
1962年7月10日作；
载1962年7月11日《人民日报》。

纪念"八一"建军节三十五周年（七律）
1962年7月17日作；
载1978年6月20日《解放军报》；
初收入1963年11月作家出版社出版《东风集》。

在首都各界支持越南人民反美爱国斗争大会上的讲话
1962年7月19日作；
载1962年7月20日《人民日报》。

电致第八届禁止原子弹氢弹世界大会
1962年7月31日作；
载1962年8月1日《人民日报》。

关于秦良玉的问题（通信）
1962年7月31日作；
载1962年8月26日《四川日报》。

关于中小学生写字问题的题词
1962年8月20日作；
载1962年9月19日《光明日报》。

给青年的几封信
1962年8月作；
载1962年《中国青年》第15、16期合刊。

咏北戴河（七律二首）
1962年8月25日作；
初收入1963年11月作家出版社出版《东风集》。

题天福山抗战起义纪念碑二首（七律）
1962年8月26日作；
载1962年9月20日《光明日报》；
初收入1963年11月作家出版社出版《东风集》。

题沈阳抗美援朝烈士纪念碑（七律）
1962年8月26日作；
载1962年9月20日《光明日报》；
初收入1963年11月作家出版社出版《东风集》。

为《人民教育》题词
载1962年9月《人民教育》。

北戴河一夕即景（七绝）
1962年9月6日作；
初收入1963年11月作家出版社出版《东风集》。

游鸽子窝（七绝）
1962年9月10日作；
初收入1963年11月作家出版社出版《东风集》。

魔高十尺，道高千丈（杂文）
1962年9月13日作；
载1962年9月14日《人民日报》。

在首都各界庆祝我军击落U-2飞机，反对美帝国主义战争挑衅大会上的讲话

1962年9月15日作；
载1962年9月16日《人民日报》。

关于武则天的两个问题（论文）
1962年9月20日作；
载1962年9月26日《光明日报》。

火中不灭凤凰俦——黄继光、邱少云二烈士逝世十周年（诗）
1962年秋作；
载1962年9月20日《光明日报》；
初收入1963年11月作家出版社出版《东风集》。

欢迎越南南方民族解放阵线代表团到京——在首都机场上的讲话
1962年9月23日作；
载1962年9月24日《人民日报》。

为黄山风景摄影展览题诗（六言诗）
1962年9月25日作；
载1962年《中国摄影》第6期。

在首都各界欢迎越南南方民族解放阵线代表团大会上的讲话
1962年9月26日作；
载1962年9月27日《人民日报》。

三面红旗更灿然——为庆祝国庆而作（七律）
1962年9月27日作；

载1962年10月1日《人民日报》；
初收入1979年11月福建人民出版社出版《郭沫若闽游诗集》。

在越南驻华大使为越南南方民族解放阵线代表团访华举行的招待会上的讲话
1962年9月29日作；
载1962年9月30日《人民日报》。

题为"洛阳营"（七律）
1962年秋作；
载1978年6月28日《浙江日报》，见《海山增辉》一文。

武则天（四幕史剧）
中国戏剧出版社1962年9月第1版。

读随园诗话札记
作家出版社1962年9月第1版。

在三都澳水警区（二首）（七律、五律各一）
1962年秋冬作；
初收入1979年11月福建人民出版社出版《郭沫若闽游诗集》。

题为集美归来堂（联语）（手迹）
1962年初冬作；
初收入1979年11月福建人民出版社出版《郭沫若闽游诗集》。

重游三都澳（七律）
1962年冬作；
初收入1979年11月福建人民出版社出版《郭沫若闽游诗集》。

乘炮艇由三都澳赴黄岐（五律）
1962年冬作；
初收入1979年11月福建人民出版社出版《郭沫若闽游诗集》。

题赠布袋戏剧团（西江月）
1962年冬作；
初收入1979年11月福建人民出版社出版《郭沫若闽游诗集》。

学习，再学习——与青年剧作者的一次谈话
1962年冬作；
载1963年《剧本》第1期。

途次莆田
1962年初冬作；
载1962年12月16日《福建日报》；
初收入1963年11月作家出版社出版《东风集》。

给黄怀庆同学的复信
1962年10月1日作；
载1980年《集邮》第2期，见《郭老与集邮爱好者》一文。

题黄怀庆同学收藏邮票《李时珍》
1962年10月1日作；
载1980年《集邮》第2期，见《郭老与集邮爱好者》一文。

国庆节大游行速写（诗）
1962年10月1日作；
载1962年10月2日《人民日报》。

致电祝贺古巴和各国人民友好协会成立两周年
1962年10月6日作；
载1962年10月7日《人民日报》。

给翦伯赞的信
1962年10月16日作；
载1978年《北京大学学报》（社科版）第3期。

题上海延安饭店（七律）
1962年10月19日作；
载1963年1月12日《光明日报》，见《江海行八首》；
初收入1963年11月作家出版社出版《东风集》。

如梦令（二首）
1962年10月22日作；
载1963年1月12日《光明日报》，见《江海行八首》；
初收入1963年11月作家出版社出版

《东风集》。

看舟山集艺越剧团演《双阳公主》（七律）
1962年10月23日作；
载1963年1月12日《光明日报》，见《江海行八首》；
初收入1963年11月作家出版社出版《东风集》。

访普陀山（七律）
1962年10月25日作；
载1963年1月12日《光明日报》，见《江海行八首》；
初收入1963年11月作家出版社出版《东风集》。

访宁波天一阁（七律）
1962年10月27日作；
载1963年1月12日《光明日报》，见《江海行八首》；
初收入1963年11月作家出版社出版《东风集》。

题绍兴鲁迅纪念馆（七律）
1962年10月28日作；
载1963年1月12日《光明日报》，见《江海行八首》；
初收入1963年11月作家出版社出版《东风集》。

登钱塘六和塔（七律）
1962年10月29日作；
载1963年1月12日《光明日报》，见《江海行八首》；
初收入1963年11月作家出版社出版《东风集》。

访沈园（散文）
载1962年12月9日《解放日报》。

《钗头凤》（词）
1962年10月29日作；
载1962年12月9日《解放日报》，见《访沈园》一文。

途次上饶
1962年10月作；
载1978年6月20日《解放军报》；
初收入1963年11月作家出版社出版《东风集》。

乐山的风物和变迁
载1962年《人民画报》第10期。

游武夷泛舟九曲（七律）
1962年11月1日作；
载1962年12月16日《福建日报》，见《咏福建二十二首》；
初收入1979年11月福建人民出版社出版《郭沫若闽游诗集》。

一位牧羊人（寓言）
1962年11月4日作；
载1978年6月18日《人民日报》，见《寓言两则》；
初收入1978年四川人民出版社出版《东风第一枝》。

大象与苍蝇（寓言）
1962年11月4日作；
载1978年6月18日《人民日报》，见《寓言两则》；
初收入1978年四川人民出版社出版《东风第一枝》。

如梦令——参观福州博物馆
1962年11月6日作；
载1962年12月16日《福建日报》，见《咏福建二十二首》；
初收入1963年11月作家出版社出版《东风集》。

游武夷二首（五律）
载1962年12月16日《福建日报》，见《咏福建二十二首》；
初收入1963年11月作家出版社出版《东风集》。
注：原写1962年秋作。

咏南平两首（五律）
1962年11月8日作；
载1962年12月16日《福建日报》，见《咏福建二十二首》；
初收入1963年11月作家出版社出版《东风集》。

自南平至福州（五律）
1962年11月8日作；
载1962年12月16日《福建日报》；
初收入1963年11月作家出版社出版《东风集》。

游鼓山（五律二首）
1962年11月8日作；
载1962年12月16日《福建日报》；
初收入1963年11月作家出版社出版《东风集》。

参观郑成功纪念馆（五绝）
1962年11月16日作；
载1979年《榕树文学》第1期，见《日光岩下的怀念》一文；
初收入1979年11月福建人民出版社出版《郭沫若闽游诗集》。

书为"郑成功纪念馆"（联语）
1962年11月17日作；
载1979年《榕树文学》第1期，见《日光岩下的怀念》一文。

木兰陂（七绝六首）
1962年11月21日作；
载1962年12月16日《福建日报》，见《咏福建二十二首》；
初收入1963年11月作家出版社出版

《东风集》。

注：又收入1979年11月福建人民出版社出版的《郭沫若闽游诗集》，改题为《木兰陂诗碑》。

咏厦门高集海堤（五律）

1962年11月21日作；

载1962年12月16日《福建日报》，见《咏福建二十二首》；

初收入1963年11月作家出版社出版《东风集》。

题赠厦门大学（西江月）

1962年11月23日作；

载1979年《福建文艺》第4、5合期，见《郭老访问厦门大学》一文；

初收入1979年11月福建人民出版社出版《郭沫若闽游诗集》。

题赠某炮艇（七律）

1962年11月23日作；

初收入1979年11月福建人民出版社出版《郭沫若闽游诗集》。

访问厦门前线二首（七律）

1962年11月23日作；

载1962年12月16日《福建日报》，见《咏福建二十二首》；

初收入1979年11月福建人民出版社出版《郭沫若闽游诗集》。

登日光岩（七律）

1962年11月23日作；

载1962年12月16日《福建日报》，见《咏福建二十二首》；

初收入1963年11月作家出版社出版《东风集》。

游南普陀（五律）

1962年11月24日作；

初收入1979年11月福建人民出版社出版《郭沫若闽游诗集》。

书赠厦门文物店（七律）

1962年11月30日作；

初收入1979年11月福建人民出版社出版《郭沫若闽游诗集》。

登云顶岩访问前线部队（七律）

1962年11月下旬作；

载1979年《榕树文学丛刊》第1期；

注：见《日光岩下的怀念》，改题为《为驻守云顶岩哨所的战士题诗》。

初收入1979年11月福建人民出版社出版《郭沫若闽游诗集》。

金鸡水利工程歌（诗）

1962年11月作；

载1962年12月16日《福建日报》，见《咏福建二十二首》；

初收入1963年11月作家出版社出版《东风集》。

在黄岐（七律）
1962年11月作；
载1962年12月16日《福建日报》，见《咏福建二十二首》；
初收入1963年11月作家出版社出版《东风集》。

题东圳水库（七律）
1962年11月作；
载1979年6月7日《福建日报》，见《谈郭沫若咏福建诗》一文；
初收入1979年11月福建人民出版社出版《郭沫若闽游诗集》。

题赠福州脱胎漆器厂（五言诗）
1962年11月作；
初收入1979年11月福建人民出版社出版《郭沫若闽游诗集》。

沫若文集（第十六卷）
人民文学出版社1962年11月第1版。

咏五里桥（七律）
1962年秋冬；
初收入1963年11月作家出版社出版《东风集》。

咏泉州
1962年11月作；
初收入1963年11月作家出版社出版《东风集》。

把笑声响彻全宇宙（诗四首）
1962年12月20日作；
初收入1963年11月作家出版社出版《东风集》。

公社的前途光芒万丈——看了电影《槐树庄》（七律）
1962年12月24日作；
初收入1963年11月作家出版社出版《东风集》。

由郑成功银币的发现说到郑氏经济政策的转变（论文）
1962年12月25日作（1963年1月6日及2月1日作补记）；
载1963年《历史研究》第1期。

喜看电影《槐树庄》（七律）
1962年12月25日作；
初收入1963年11月作家出版社出版《东风集》。

在首都人民支援朝鲜人民反对美帝国主义导演《韩日会谈》大会上的讲话
1962年12月28日作；
载1962年12月29日《人民日报》。

慰劳国防战士（七律）
1962年底作；
载1978年《解放军画报》第8期。

盘中粒粒皆辛苦
1962年作;
初收入1980年5月河北人民出版社出版《郭沫若遗墨》。

1963年

满江红——1963年元旦书怀
1963年1月1日作;
载1963年1月1日《光明日报》;
初收入1963年11月作家出版社出版《东风集》。

《由郑成功银币的发现到郑氏经济政策的转变》补记
1963年1月6日作;
载1963年《历史研究》第1期。

满江红——迎1963年春节
1963年1月14日作;
初收入1963年11月作家出版社出版《东风集》。

书赠周而复（七绝）
1963年春节作;
载1980年《新文学史料》第2期，见《缅怀郭老》一文。

电贺杜波依斯九十五寿辰
1963年1月22日作;
载1963年2月23日《人民日报》。

纪念"二七"烈士（诗）
1963年1月30日作;
载1963年2月7日《人民日报》;
初收入1963年11月作家出版社出版《东风集》。
注：又收入1979年11月福建人民出版社出版的《郭沫若闽游诗集》时改题为《纪念林祥谦烈士》，时间亦改为1962年2月7日作。

《由郑成功银币的发现说到郑氏经济政策的转变》的再补记
1963年2月1日作;
载1963年《历史研究》第1期。

"二七"罢工四十周年（满江红）
1963年2月7日作;
初收入1977年9月人民文学出版社出版《沫若诗词选》。

纪念孙诒让诞生一一五周年（满江红）
1963年2月15日作;
初收入1963年11月作家出版社出版《东风集》。

一把劈断昆仑的宝剑（诗）
1963年2月20日作;
载1963年《中国青年》第5、6合期。

给崖县县委的复信
1963年2月20日作;

初收入1963年广东人民印刷厂印刷出版《崖州志》第1册。

满江红——赞雷锋
1963年2月21日作；
载1963年2月23日《中国青年报》；
初收入1963年11月作家出版社出版《东风集》。
注：又收入1977年9月人民文学出版社出版的《沫若诗词选》，改题为《赞雷锋》（满江红）。

与廖承志等电贺中岛健藏六十寿辰（电文）
1963年2月21日作；
载1963年2月22日《人民日报》。

题赠日本文化代表团（诗四首）
1963年2月26日作；
载1963年2月26日《光明日报》；
初收入1963年11月作家出版社出版《东风集》。

书为中岛健藏
1963年2月作；
载1978年7月18日（日本）《经济人》，见《失去至为珍贵的人》一文。
初收入1978年12月吉林师大外文研究所日本文学研究室编译的1978年《日本文学情况与研究》第1期。

给康务学同志的信
1963年2月作；
载1979年2月18日《甘肃日报》，见《亲切的教诲和激励》一文。

沫若文集（第十七卷）
人民文学出版社1963年2月第1版。

书为福州大学（诗）
1963年春作；
初收入1979年11月福建人民出版社出版《郭沫若闽游诗集》。

题赠福州工艺品展览会（诗二首）
1963年春作；
初收入1979年11月福建人民出版社出版《郭沫若闽游诗集》。

看高甲剧团演《连升三级》
1963年春作；
初收入1979年11月福建人民出版社出版《郭沫若闽游诗集》。

郑成功（电影文学剧本）
载1963年《电影剧作》第2—3期。

题《玉押》
1963年3月8日作；
载1979年《中国历史博物馆馆刊》创刊号。

再谈有关郑成功银币的一些问题(论文)
1963年3月8日作；
载1963年《历史研究》第2期。

南宁参观美协画展(七绝)
1963年3月18日作；
载1963年《广西文艺》5月号。

谈历史工作者的任务——在广西壮族自治区历史学会成立大会开幕会上的讲话
1963年3月18日讲；
载1963年3月26日《广西日报》。

咏芦笛岩(满江红)
1963年3月24日作；
载1963年4月2日《广西日报》；
注：又载1963年12月21日《光明日报》，改题为《满江红——桂林游芦笛岩》。
收入1963年11月作家出版社出版的《东风集》；
总题为《广西纪游二十六首》。

七星岩(满江红)
1963年3月24日作；
载1963年4月2日《广西日报》；
注：又载1963年12月21日《光明日报》，改题为《满江红——桂林游七星岩》。
初收入1963年11月作家出版社出版《东风集》；
总题为《广西纪游二十六首》。

电贺美洲大陆声援古巴代表大会
1963年3月27日作；
载1963年3月28日《人民日报》。

兴安观秦始皇时史禄所凿灵渠(七律)
1963年3月28日作；
载1963年4月5日《广西日报》；
初收入1963年11月作家出版社出版《东风集》；
注：收入《东风集》时改题为《灵渠》，总题为《广西纪游二十六首》。

满江红
1963年3月28日作；
载1963年4月5日《广西日报》；
初收入1963年11月作家出版社出版《东风集》；总题为《广西纪游二十六首》。

给广西师范学院建校十周年题词
1963年3月28日作；
载1963年12月24日《光明日报》。

途次柳州(七律)
1963年3月作；
载1963年3月30日《广西日报》，见《柳州即事五首》；
初收入1963年11月作家出版社出版《东风集》；总题为《广西纪游二十六首》。

重访柳侯祠(七律)
1963年3月作；

载1963年3月30日《广西日报》,见《柳州即事五首》;
初收入1963年11月作家出版社出版《东风集》;
总题为《广西纪游二十六首》。

在柳侯祠植树（七律）
1963年3月作;
载1963年3月30日《广西日报》,见《柳州即事五首》;
初收入1963年11月作家出版社出版《东风集》;
总题为《广西纪游二十六首》。

柑香亭（七绝）
1963年3月作;
载1963年3月30日《广西日报》,见《柳州即事五首》;
初收入1963年11月作家出版社出版《东风集》;
总题为《广西纪游二十六首》。

立鱼峰（七绝）
1963年3月作;
载1963年3月30日《广西日报》,见《柳州即事五首》;
初收入1963年11月作家出版社出版《东风集》;
总题为《广西纪游二十六首》。

南宁见闻（七律）
1963年3月作;

载1963年3月21日《广西日报》,见《南宁见闻二首》;
初收入1963年11月作家出版社出版《东风集》;
总题为《广西纪游二十六首》。

满江红——在广西僮族自治区博物馆见大量铜鼓陈列
1963年3月作;
载1963年3月21日《广西日报》;
初收入1963年11月作家出版社出版《东风集》;
总题为《广西纪游二十六首》。

武鸣纪游二首（五律）
1963年3月作;
载1963年3月20日《广西日报》;
初收入1963年11月作家出版社出版《东风集》;
总题为《广西纪游二十六首》。

榕树楼（七律）
1963年3月作;
载1963年4月2日《广西日报》;
初收入1963年11月作家出版社出版《东风集》;
总题为《广西纪游二十六首》。
注：又收入1965年3月广西僮族自治区人民出版社出版的《邕漓行》,改题为《桂林登榕树楼》。

西江月——雨中重登榕树楼即事
1963年3月作；
载1963年4月2日《广西日报》；
初收入1963年11月作家出版社出版《东风集》；
总题为《广西纪游二十六首》。

赞瞿式耜（五律）
1963年3月作；
载1963年4月2日《广西日报》；
初收入1963年11月作家出版社出版《东风集》；
总题为《广西纪游二十六首》。
注：又收入1965年3月广西僮族自治区人民出版社出版的《邕漓行》，改题为《桂林登迭彩山仰止堂见瞿式耜、张同敞浮雕像诗以赞之》。

赞张同敞（五律）
1963年3月作；
载1963年4月2日《广西日报》；
初收入1963年11月作家出版社出版《东风集》；
总题为《广西纪游二十六首》。
注：又收入1965年3月广西僮族自治区人民出版社出版的《邕漓行》，改题为《桂林登迭彩山仰止堂见瞿式耜、张同敞浮雕像诗以赞之》。

月牙楼（七绝）
1963年3月作；

载1963年4月21日《广西日报》；
初收入1963年11月作家出版社出版《东风集》；
注：收入《东风集》时题为《题〈月牙楼〉》
总题为《广西纪游二十六首》；又收入1965年广西僮族自治区人民出版社出版《邕漓行》，改题为《桂林登月牙楼》。

西江月——月牙楼
1963年3月作；
载1963年4月2日《广西日报》；
初收入1963年11月作家出版社出版《东风集》；
注：收入《东风集》时题为西江月——再题月牙楼。
总题为《广西纪游二十六首》；又收入1965年3月广西僮族自治区人民出版社出版《邕漓行》，改题为《西江月·月牙楼再赋》。

满江红（词）
1963年3月作；
载1963年4月2日《广西日报》；
初收入1963年11月作家出版社出版《东风集》。

春泛漓江（七律）
1963年3月作；
载1963年4月4日《广西日报》；
初收入1963年11月作家出版社出版《东风集》；

总题为《广西纪游二十六首》。

游阳朔舟中偶成（七绝四首）
1963年3月作；
载1963年4月4日《广西日报》；
初收入1963年11月作家出版社出版《东风集》；
总题为《广西纪游二十六首》。

给翦伯赞同志的信
1963年4月3日作；
载1978年《北京大学学报》（社科版）第3期。

满江红——赞南京路上好八连
1963年4月6日作；
载1963年《北京文艺》第6期；
初收入1977年9月人民出版社出版《沫若诗词选》。

在首都各界人民声援古巴和拉丁美洲人民大会上的讲话
1963年4月17日作；
载1963年4月18日《人民日报》。

题最佳故事片《李双双》
1963年5月4日作；
载1963年《大众电影》第5、6合期。

题最佳女演员张瑞芳（七绝）
1963年5月4日作；

载1963年《大众电影》第5、6合期。

题《槐树庄》获最佳导演奖（七绝）
1963年5月4日作；
载1963年《大众电影》第5、6合期。

给北师大附属女子中学举行庆祝会题词
1963年5月5日作；
载1963年5月6日《人民日报》。

再谈有关郑成功银币的一些问题（论文）
载1963年《历史研究》第2期。

关于诗歌的民族化群众化问题——给《诗刊》的一封信
1963年5月22日作；
载1963年《诗刊》7月号。

给戈宝权的信
1963年5月27日作；
载1978年《社会科学战线》第3期，见《回想郭老关于马雅可夫斯基的诗和信》。

红领巾的祈愿（诗）
1963年5月28日作；
载1963年6月7日《人民日报》。
注：收入1977年9月人民文学出版社出版的《沫若诗词选》，改题为《红领巾的宣誓——为〈儿童时代〉创刊十五周年作》。

长远保持儿童时代的精神（散文）
载1963年5月31日《文汇报》；
初收入1980年河南人民出版社出版《郭老与儿童文学》。

生活在毛泽东时代是十分光荣的——在欢迎来京观光华侨和港澳同胞酒会上的讲话
1963年5月作；
载1963年6月《侨务报》。

书为力力食堂（八言联语）
1963年夏作；
初收入1980年5月河北人民出版社出版《郭沫若遗墨》。

时代精神（书为钟灵）
1963年初夏作；
初收入1980年5月河北人民出版社出版《郭沫若遗墨》。

《钗头凤》以及跋文（手迹）
1963年6月1日作；
载1979年《西湖》第3期。

雷锋式的红色少年——张高谦
1963年6月11日作；
载1963年7月27日《福建日报》；
初收入1965年5月少年儿童出版社出版《先锋歌》。
注：又收入1980年河南人民出版社出版的《郭老与儿童文学》题为《雷锋式的红色少年》。

挽沈衡山先生（七律）
载1963年6月13日《人民日报》。
注：参看6月16日《人民日报》6版更正。

满江红——读《关于国际共产主义运动总路线的建议》
1963年6月18日作；
初收入1977年9月人民文学出版社出版《沫若诗词选》。

纪念番薯传入中国三百七十周年（杂文）
1963年6月18日作；
载1963年6月25日《光明日报》。

满江红
1963年6月18日作；
载1963年6月25日《光明日报》，见《纪念番薯传入中国三百七十周年》一文。

纪念抗美援朝十三年（诗）
1963年6月22日作；
载1963年6月25日《人民日报》。

关于《新俄诗选》给戈宝权的一封信
1963年6月25日作；
载1978年《社会科学战线》第3期，见《回想郭老关于马雅可夫斯基的诗和信》一文。

沫若文集（第十四卷）
人民文学出版社1963年6月第1版。

给曾三同志的信
1963年7月4日作；
载1980年《档案工作》第3期。

题"新影"建厂十周年
1963年7月7日作；
载1963年《大众电影》第7期。

在首都各界人民庆祝中朝友好条约签订两周年大会上的讲话
1963年7月11日作；
载1963年7月12日《人民日报》。

树珍嫂夫人七十大庆（诗）
1963年夏作；
初收入1980年5月河北人民出版社出版《郭沫若遗墨》。

在首都各界人民反对美帝国主义侵略越南南方，支持越南人民和平统一祖国斗争大会上的讲话
1963年7月15日作；
载1963年7月16日《人民日报》。

刘少奇主席访问四国（散文）
1963年7月16日作；
载1963年《大众电影》第7期。

天外人归（满江红）
1963年7月23日作；
初收入1977年9月人民文学出版社出版《沫若诗词选》。

谈曹雪芹卒年问题的一封信
1963年7月25日作；
载1978年《社会科学战线》第3期，见《郭沫若院长谈曹雪芹卒年问题》一文。

在首都各界人民庆祝古巴"七·二六"革命节十周年大会上的讲话
1963年7月25日作；
载1963年7月26日《人民日报》。

在首都各界纪念朝鲜祖国解放战斗胜利十周年大会上的讲话
1963年7月26日作；
载1963年7月27日《人民日报》。

满江红——斥投降主义者
1963年7月31日作；
初收入1977年9月人民文学出版社出版《沫若诗词选》。

为东风剧团建团四周年题词
1963年8月作；
载1978年8月《人民戏剧》第8期，见《郭老和东风剧团》一文。

电致第九届禁止原子弹氢弹世界大会
1963年8月5日作；
载1963年8月7日《人民日报》。

满江红——断手再植
载1963年8月17日《人民日报》；
初收入1977年9月人民文学出版社出版《沫若诗词选》。

和杜波依斯博士问答（诗）
1963年8月29日作；
载1963年9月8日《人民日报》。

永远创造青春
1963年9月5日作；
载1963年9月16日《体育报》。

在中国科学院赠予艾地同志名誉学部委员称号仪式上的讲话
1963年9月6日讲；
载1963年9月7日《人民日报》。

黄钟与瓦釜（杂文）
1963年9月11日作；
载1977年10月26日《人民日报》；
初收入1978年9月四川人民出版社出版的《东风第一枝》。

满江红·读《关于斯大林问题》
1963年9月13日作；
初收入1977年9月人民文学出版社出版《沫若诗词选》。

看周霖同志画展题赠（七绝）
1963年9月16日作；
载1963年《边疆文艺》11月号。

满江红·抗议纳乌什基事件
1963年9月17日作；
初收入1977年9月人民文学出版社出版《沫若诗词选》。

满江红——1963年国庆献词
载1963年10月1日《光明日报》。

为武汉大学建校五十周年题词
1963年秋作；
载1978年8月27日《长江日报》。

在中日友协成立大会上的讲话
1963年10月4日作；
载1963年10月5日《人民日报》。

国庆节之夜月亮与太阳对话——调寄《满江红》
1963年10月9日作；
载1963年10月13日《人民日报》；
初收入1977年9月人民文学出版社出版《沫若诗词选》。

洛阳汉墓壁画试探（论文）
1963年10月21日作；

载1964年《考古学报》第2期；
初收入1964年文物出版社出版《文物精华》第3册。

为东风剧团题词
1963年10月25日作；
载1978年《人民戏剧》第8期，见《郭老和东风剧团》一文。

为新安江水力发电站题诗（五律）
1963年11月4日作；
载1963年11月17日《浙江日报》。

满江红二首
1963年11月11日作；
社1964年1月5日《人民日报》；
初收入1977年9月人民文学出版社出版《沫若诗词选》。
注：收入《沫若诗词选》，改题为《访韶山》（满江红）。

二届人大四次会议开幕（满江红）
1963年11月17日作；
初收入1977年9月人民文学出版社出版《沫若诗词选》。

新运会凯歌（满江红）
1963年11月作；
载1963年11月23日《体育报》。

东风集
作家出版社1963年11月第1版。

蜀道奇
重庆人民出版社1963年11月第1版。

在首都各界庆祝越南南方民族解放阵线成立三周年，支持越南南方工人和人民反美爱国斗争大会上的开会词
1963年12月20日作；
载1963年12月21日《人民日报》。

在首都各界人民庆祝古巴解放五周年大会上的讲话
1963年12月30日作；
载1963年12月31日《人民日报》。

书赠山东省博物馆
1963年作；
载1978年7月9日《大众日报》。

为如东水利工程题诗（五言诗）
1963年作；
载1979年6月13日《新华日报》，见《千载永勿磨》一文。

对联三副
1963年底作；
载1964年1月1日《光明日报》。

"百万雄师过大江"——读毛主席新发表的诗词之一
载1964年1月4日《人民日报》。

回春颂（调寄《满江红》）
1963年12月作；
载1964年1月1日《人民日报》。

书为程茂兰（题词）
1963年冬作；
初收入1980年5月河北人民出版社出版《郭沫若遗墨》。

1964年

巴拿马的风暴（诗）
载1964年1月13日《人民日报》。

在首都各界人民支持巴拿马人民反对美帝国主义侵略的斗争大会上的讲话
1964年1月13日讲；
载1964年1月14日《人民日报》。

访鞍钢（七律）
1964年1月25日作；
初收入1977年9月人民文学出版社出版《沫若诗词选》。

日本人民在怒吼（散文）
1964年1月28日作；
载1964年1月29日《人民日报》。

"桃花源里可耕田"——读毛主席新发表的诗词《七律·登庐山》
载1964年2月2日《人民日报》。

下乡去（词）
1964年2月2日作；
载1964年2月13日《人民日报》；
初收入1977年9月人民文学出版社出版《沫若诗词选》。

"敢叫日月换新天"——读毛主席新发表的诗词《七律·到韶山》
载1964年2月8日《人民日报》。

"寥廓江天万里霜"（杂文）
载1964年2月12日《光明日报》。

向解放军学习（词）
载1964年2月13日《人民日报》，见《满江红》四首。

比学赶帮（词）
载1964年2月13日《人民日报》，见《满江红》四首。

颂石油自给（词）
载1964年2月13日《人民日报》，见《满江红》四首。

给彭加木同志的题词（满江红）
1964年春作；

载1964年4月6日《解放日报》。

"无限风光在险峰"——读毛主席《七绝·为李进同志题所摄庐山仙人洞照》（评论）
1964年春作；
载1964年4月11日《人民日报》。

"不爱红装爱武装"（评论）
1964年春作；
载1964年4月25日《人民日报》。

"玉宇澄清万里埃"（评论）——读毛主席有关《孙悟空三打白骨精》的一首七律
1964年春作；
载1964年5月30日《人民日报》。

"待到山花烂漫时"——读毛主席新发表的诗词《卜算子·咏梅》
1964年春作；
载1964年3月15日《人民日报》。

题傅抱石画《初春》（诗）
1964年春作；
初收入1980年1月河北人民出版社出版《郭沫若遗墨》。

关于《资本论》一处译文的信
1964年3月19日作；
载1964年《历史研究》第3期。

毛主席诗词集句对联二十六副
载1964年3月21日《光明日报》。

在首都各界人民支持古巴和拉丁美洲斗争大会上的讲话
1964年4月17日作；
载1964年4月18日《人民日报》。

给吉林省博物馆负责同志的信
1964年4月20日作；
载1978年《社会科学战线》第3期。

日本的汉字改革和文字机械化（论文）
载1964年5月3日《人民日报》。

采石诗（五言诗）
1964年5月5日作；
载1979年《采石》第1期。

题国清寺（五绝）
1964年5月12日作；
载1979年3月18日《浙江日报》。

"芙蓉国里尽朝晖"——读毛主席新发表的诗词《七律·答友人》（评论）
载1964年5月16日《人民日报》。

题青田石雕厂（五言诗）
1964年5月17日作；
载1979年《西湖》第2期。

题石门瀑布（五绝，手迹）
1964年5月17日作；
载1979年《西湖》第2期。

杜鹃花（七绝）
1964年5月下旬作；
载1964年《安徽文学》第7期；
初收入1977年9月人民文学出版社出版《沫若诗词选》，见《游黄山》五首。

黄山即景（五绝）
1964年5月下旬作；
载1964年《安徽文学》第7期；
初收入1977年9月人民文学出版社出版《沫若诗词选》，见《游黄山》五首。

森罗万象（七绝）
1964年5月下旬作；
载1964年《安徽文学》第7期；
初收入1977年9月人民文学出版社出版《沫若诗词选》，见《游黄山》五首。

观人字瀑（七绝）
1964年5月下旬作；
载1964年《安徽文学》第7期；
初收入1977年9月人民文学出版社出版《沫若诗词选》，见《游黄山》五首。

别黄山（五律）
1964年5月下旬作；
载1964年《安徽文学》第7期；

初收入1977年9月人民文学出版社出版《沫若诗词选》，见《游黄山》五首。

题为玉海楼（联语）
1964年5月作；
载1979年6月17日《浙江日报》，见《为济苍生化霖雨》一文。

游南湖诗三首之一（七绝）
1964年5月作；
载1979年《东海》第7期。

游温州（五言诗）
1964年5月作；
载1979年6月17日《浙江日报》，见《为济苍生化霖雨》一文。

游雁荡（七绝）
1964年5月作；
载1979年6月17日《浙江日报》，见《为济苍生化霖雨》一文。

为芜湖工艺美术厂题词
1964年5月作；
载1979年5月2日《光明日报》。

游金华北山为冰壶洞作（七律）
1964年5月作；
载1965年3月19日《羊城晚报》，见《银河倾泻入冰壶》一文。

中国少年先锋队队歌（歌词）
音乐出版社1964年5月第1版。
注：马思聪曲。

黄山之歌（诗）
1964年5—6月作；
载1964年6月14日《人民日报》；
初收入1977年9月人民文学出版社出版《沫若诗词选》。

谈金人张瑀的《文姬归汉图》（论文）
1964年6月6日作；
载1964年《文物》第7期。

《中国古代服饰资料选辑》序
1964年6月24日作；
载1979年《中国历史博物馆刊》第1期，见《今日回思志倍坚》一文。

对临夏遗迹合葬墓的一点说明（短论）
1964年6月25日作；
载1964年《考古》第8期。

穆穆篇（五言诗）
1964年7月17日作；
载1964年8月12日《人民日报》；
初收入1977年9月人民文学出版社出版《沫若诗词选》。

在河内欢迎国际友人集会上的讲话
1964年7月18日讲；

载1964年7月19日《人民日报》。

身游下龙湾（诗）
1964年7月20日作；
载1964年《诗刊》9月号，见《访越诗抄》四首；
初收入1977年9月人民文学出版社出版《沫若诗词选》。

热与累（诗）
1964年7月下旬作；
载1964年《诗刊》9月号，见《访越诗抄》四首。

鱼和花（诗）
1964年7月下旬作；
载1964年《诗刊》9月号，见《访越诗抄》四首。

赴海防途中（诗）
1964年7月29日作；
载1964年《诗刊》9月号，见《访越诗抄》四首。

下龙湾水味如茶（七律）
1964年7月21日作；
初收入1977年9月人民文学出版社出版《沫若诗词选》；
总题为《下龙湾》八首。

游艇巡回数小时（七律）
1964年7月21日作；
初收入1977年9月人民文学出版社出版《沫若诗词选》；
总题为《下龙湾》八首。

忘却南帮是火维（七律）
1964年7月22日作；
初收入1977年9月人民文学出版社出版《沫若诗词选》；
总题为《下龙湾》八首。

仙女三千尽害羞（七律）
1964年7月22日作；
初收入1977年9月人民文学出版社出版《沫若诗词选》；
总题为《下龙湾》八首。

兴来一苇渡鸿基（七律）
1964年7月23日作；
初收入1977年9月人民文学出版社出版《沫若诗词选》；
总题为《下龙湾》八首。

凌晓乘风破浪行（七律）
1964年7月23日作；
初收入1977年9月人民文学出版社出版《沫若诗词选》；
总题为《下龙湾》八首。

舟行掠过白腾江（七律）
1964年7月23日作；

初收入1977年9月人民文学出版社出版《沫若诗词选》；
总题为《下龙湾》八首。

三日勾留意兴浓
1964年7月23日作；
初收入1977年9月人民文学出版社出版《沫若诗词选》；
总题为《下龙湾》八首。

书为广州"白云山听涛亭"
1964年7月24日作；
载1980年7月17日《羊城晚报》，见《郭沫若古大存妙句成联》一文。

题赠东风剧团建团五周年（题词）
1964年8月作；
载1978年《人民戏剧》第8期，见《郭老和东风剧团》一文。

警告侵略者（诗）
1964年8月6日作；
载1964年8月7日《人民日报》。

西贡终久要变成奠边府（诗）
1964年8月6日作；
载1964年8月7日《人民日报》。

在首都人民支持越南人民反对美帝国主义武装侵略大会上的讲话
1964年8月9日讲；
载1964年8月10日《人民日报》。

曾子斿鼎、无者俞钲及其他（论文）
1964年8月10日作；
载1964年《文物》第9期。

致电罗马尼亚保卫和平全国委员会主席米哈伊尔·拉列亚院士逝世表示哀悼
1964年8月20日作；
载1964年8月21日《人民日报》。

在北京1964年科学讨论会上的欢迎词
1964年8月21日作；
载1964年8月22日《人民日报》。

日本的汉字改革和文字机械化
人民出版社1964年8月第1版。

在欢迎越南南方民族解放阵线驻华代表团到京宴会上的讲话
1964年9月18日讲；
载1964年9月19日《人民日报》。

在欢迎越南南方民族解放阵线驻华代表团招待会上的讲话
1964年9月23日讲；
载1964年9月24日《人民日报》。

黄浦江上（诗）
1964年9月26日作；
载1964年10月1日《解放日报》。

自力更生，奋发图强——为第十五届国庆纪念书（题词）
1964年秋作；
初收入1980年5月河北人民出版社出版《郭沫若遗墨》。

赞《东方红》（诗）
1964年10月14日作于北京；
初收入1977年9月人民文学出版社出版《沫若诗词选》。

给舍予的信
1964年10月23日作；
载1978年《新文学史料》第1辑。

七律一首
1964年10月23日作；
载1978年《新文学史料》第1辑。

猢狲散带过破葫芦（散曲）
1964年10月23日作；
载1978年6月23日《光明日报》署名鼎堂；
初收1978年9月四川人民出版社出版《东风第一枝》。

敬礼，毛主席的文艺子弟兵！（诗）——祝贺全国少数民族群众业余艺术观摩演出会开幕
1964年11月24日作；
载1964年11月26日《人民日报》。

在首都各界支持刚果（利）人民反对
美、比帝国主义武装侵略斗争大会上
的讲话
1964年11月29日讲；
载1964年11月30日《人民日报》。
"要卢蒙巴，不要美国佬！"（诗）
载1964年12月1日《人民日报》。

在热烈庆祝越南南方民族解放阵线成
立四周年大会的开会词
1964年12月16日作；
载1964年12月17日《人民日报》。

在中国人民政治协商会议第三届全国
委员会常务委员会作的工作报告
1964年12月20日作；
载1965年1月1日《人民日报》。

在首都各界隆重庆祝古巴解放六周年
的集会上的讲话
1964年12月31日讲；
载1965年1月1日《人民日报》。

为聂耳题字（手迹）
1964年作；
载1974年《边疆文艺》第8期。

莫愁湖（六言诗）
1964年作；
初收入1977年9月人民文学出版社出
版《沫若诗词选》。

1965年

题傅抱石画《延安画卷》八首
1965年春节前10日草成；
载1965年1月30日《光明日报》；
初收入1977年9月人民文学出版社出
版《沫若诗词选》。

"红旗跃进汀江"（评论）
1965年1月27日作；
载1965年2月1日《光明日报》。

《邕漓行》书后
1965年2月11日作；
初收入1965年3月广西僮族自治区人
民出版社出版《邕漓行》。

痛斥美国强盗（诗）
1965年2月12日作；
载1965年2月13日《人民日报》。

在首都庆祝中苏友好同盟互助条约签
订十五周年大会上的讲话
1965年2月13日讲；
载1965年2月14日《人民日报》。

水调歌头，参观大连港
1965年2月22日作；
载1966年2月23日《旅大日报》；
初收入1977年9月人民文学出版社出
版《沫若诗词选》。

爱克斯万岁！（诗）
载1965年2月24日《人民日报》。

请以"三八"作风迎"三八"节（诗）
1965年2月26日作；
载1965年3月6日《体育报》。

武威"五杖十简"商兑（论文）
1965年春作；
载1965年《考古学报》第2期。

看了《赤道战鼓》
1965年3月4日作；
载1965年3月6日《人民日报》。

观话剧《女飞行员》后题词
1965年3月5日作；
载1978年6月20日《解放军报》。

"鸟还哺母"石刻的补充考释
1965年3月7日作；
载1965年《文物》第4期。

五言联语（书为于立群）
1965年3月8日作；
初收入1980年5月河北人民出版社出版《郭沫若遗墨》。

由王谢墓志的出土论到兰亭序的真伪（论文）
1965年3月31日作；

载1965年《文物》第6期；
初收入1977年10月文物出版社出版《兰亭论辨》。

邕漓行
广西僮族自治区人民出版社1965年3月第1版。

英雄民族不怕鬼（诗）
载1965年4月15日《人民日报》。

题潮安县是革命历史文物陈列馆（七律手迹）
1965年初夏作；
载1979年《解放军画报》第8期。

赠周铁衡先生（七绝）
1965年初夏作；
载1978年《鸭绿江》第7期。

赶超任务（七律）
1965年5月6日作；
初收入1977年9月人民文学出版社出版《沫若诗词选》。

看科学研究成绩展览（七律）
1965年5月6日作；
载1965年5月6日《光明日报》，见《诗六首》；
初收入1977年9月人民文学出版社出版《沫若诗词选》。

当仁不让（七律）
1965年5月6日作；
载1965年5月6日《光明日报》，见《诗六首》；
初收入1977年9月人民文学出版社出版《沫若诗词选》。

寄题广西勾漏洞（七律）
1965年5月初作；
载1965年5月6日《光明日报》，见《诗六首》；
初收入1977年9月人民文学出版社出版《沫若诗词选》。

献给日本话剧团（诗）
1965年5月9日作；
载1965年《戏剧报》第5期。

在庆祝反法西斯战争胜利和德捷人民解放二十周年大会上的讲话
1965年5月9日讲；
载1965年5月10日《人民日报》。

看《江姐》（五律）
1965年5月作；
载1965年5月6日《光明日报》，见《诗六首》。

看《战洪图》（五律）
1965年5月作；
载1965年5月6日《光明日报》，见《诗六首》。

"三八"节之夜（七律）
载1965年5月6日《光明日报》，见《诗六首》；
初收入1977年9月人民文学出版社出版《沫若诗词选》。

美国佬，滚回去！（诗）
1965年5月11日作；
载1965年5月13日《光明日报》。

《由王谢墓志的出土论到兰亭序的真伪》再书后
1965年5月22日作；
载1965年《文物》第6期。

先锋歌
少年儿童出版社1965年5月第1版。

红领巾的宣誓——为《儿童时代》创刊十五周年作
载1965年《儿童时代》第7期；
收入1965年少年儿童出版社出版的《先锋歌》。

在海丰（诗）
1965年6月16日作；
载1965年7月3日《广州日报》。

为《广州日报》副刊创刊题词
1965年6月17日作；
载1965年7月1日《广州日报》。

题普宁革命纪念馆（诗）
1965年6月17日作；
载1965年7月3日《广州日报》。

雨中游岩石（诗）
1965年6月17日作；
载1965年7月3日《广州日报》。

外砂桥上（诗）
1965年6月18日作；
载1965年7月3日《广州日报》。

在潮安（诗）
1965年6月20日作；
载1965年7月3日《广州日报》。

访瑞金叶坪（七律）
1965年6月24日作；
载1965年《红旗》第8期，见《诗词十首》；
初收入1977年9月人民文学出版社出版《沫若诗词选》；
总题为《井冈山巡礼二十二首》。

访瑞金大柏地（七律）
1965年6月25日作；
载1965年《红旗》第8期，见《诗词十首》；
初收入1977年9月人民文学出版社出版《沫若诗词选》；
总题为《井冈山巡礼二十二首》。

颂瑞金（四首）（七绝）
1965年6月26日作；
载1965年8月7日《光明日报》，见《诗词十九首》；
初收入1977年9月人民文学出版社出版《沫若诗词选》；
总题为《井冈山巡礼二十二首》。

赴赣州途中二首（七律、五律各一首）
1965年6月27日作；
载1965年8月7日《光明日报》，见《诗词十九首》；
初收入1977年9月人民文学出版社出版《沫若诗词选》；
总题为《井冈山巡礼二十二首》。

登八境台（五律）
1965年6月28日作；
载1965年8月7日《光明日报》，见《诗词十九首》；
初收入1977年9月人民文学出版社出版《沫若诗词选》；
总题为《井冈山巡礼二十二首》。

登郁孤台（菩萨蛮）
1965年6月28日作；
载1965年8月7日《光明日报》，见《诗词十九首》；
初收入1977年9月人民文学出版社出版《沫若诗词选》；
总题为《井冈山巡礼二十二首》。

绿化歌（诗）
1965年6月29日作；
载1965年8月7日《光明日报》，见《诗词十九首》；
初收入1977年9月人民文学出版社出版《沫若诗词选》；
总题为《井冈山巡礼二十二首》。

宿太和（五律）
1965年6月29日作；
载1965年8月7日《光明日报》，见《诗词十九首》；
初收入1977年9月人民文学出版社出版《沫若诗词选》；
总题为《井冈山巡礼二十二首》。

桐木岭（五律）
1965年6月30日作；
载1965年《红旗》第8期，见《诗词十首》；
初收入1977年9月人民文学出版社出版《沫若诗词选》；
总题为《井冈山巡礼二十二首》。

在茨坪迎"七一"（调寄《念奴娇》）
1965年7月1日作；
载1965年《红旗》第8期，见《诗词十首》；
初收入1977年9月人民文学出版社出版《沫若诗词选》；
总题为《井冈山巡礼二十二首》。

黄洋界（七律）
1965年7月1日作；
载1965年《红旗》第8期，见《诗词十首》；
初收入1977年9月人民文学出版社出版《沫若诗词选》；
总题为《井冈山巡礼二十二首》。

龙潭（七律）
1965年7月2日作；
载1965年《红旗》第8期，见《诗词十首》；
初收入1977年9月人民文学出版社出版《沫若诗词选》；
总题为《井冈山巡礼二十二首》。

访茅坪毛主席旧居（七律）
1965年7月3日作；
载1965年《红旗》第8期，见《诗词十首》；
初收入1977年9月人民文学出版社出版《沫若诗词选》；
总题为《井冈山巡礼二十二首》。

红军会师桥（五律）
1965年7月3日作；
载1965年《红旗》第8期，见《诗词十首》；
初收入1977年9月人民文学出版社出版《沫若诗词选》；
总题为《井冈山巡礼二十二首》。

宿永新（七律）
1965年7月4日作；
载1965年《红旗》第8期，见《诗词十首》；
初收入1977年9月人民文学出版社出版《沫若诗词选》；
总题为《井冈山巡礼二十二首》。

宿吉安（五律）
1965年7月4日作；
载1965年8月7日《光明日报》，见《诗词十九首》；
初收入1977年9月人民文学出版社出版《沫若诗词选》；
总题为《井冈山巡礼二十二首》。

访南昌（七律）
1965年7月5日作；
载1965年《红旗》第8期，见《诗词十首》；
初收入1977年9月人民文学出版社出版《沫若诗词选》；
总题为《井冈山巡礼二十二首》。

别瓷都（调寄西江月）
1965年7月6日作；
载1965年8月7日《光明日报》，见《访景德镇》三首。

访景德镇二首（七律）
1965年7月6日作；

载1965年8月7日《光明日报》，见《诗词十九首》。

登湖口石钟山（五律）
1965年7月7日作。
载1965年8月7日《光明日报》，见《诗词十九首》；
初收入1977年9月人民文学出版社出版《沫若诗词选》；
总题为《井冈山巡礼二十二首》。

雾中游含波口偶成二首（五绝）
1965年7月8日作；
载1965年8月7日《光明日报》，见《诗词十九首》；
初收入1977年9月人民文学出版社出版《沫若诗词选》；
总题为《井冈山巡礼二十二首》。

宿美庐（七律）
1965年7月8日作；
载1965年8月7日《光明日报》，见《诗词十九首》。

乘民主轮赴武汉（五律）
1965年7月9日作；
载1965年8月7日《光明日报》，见《诗词十九首》；
初收入1977年9月人民文学出版社出版《沫若诗词选》；
总题为《井冈山巡礼二十二首》。

电贺禁止核弹世界大会开幕
1965年7月25日作；
载1965年7月28日《人民日报》。

"红军不怕远征难"（评论）
载1965年7月31日《光明日报》。

《诗词十九首》序
1965年7月30日作；
载1965年8月7日《光明日报》。

《兰亭序》与老庄思想（论文）
1965年8月7日作；
载1965年8月24日《光明日报》。
初收入1979年10月文物出版社出版《兰亭论辨》。

《驳议》的商讨（论文）
1965年8月12日作；
载1965年《文物》第9期；
初收入1977年10月文物出版社出版《兰亭论辨》。

书为许士骐（题词）
1965年10月作；
载1979年《书法》第5期，见《记郭沫若同志的一幅行书》。

祝罗素先生解放（诗）
1965年10月16日作；
载1965年10月17日《光明日报》。

题三江程阳桥（七律）
1965年10月20日作；
载1978年8月29日《广西日报》，见《今日程阳桥》一文；
初收入1977年9月人民文学出版社出版《沫若诗词选》。

十五年（诗）
1965年10月24日作；
载1965年10月25日《人民日报》。

在首都各界人民纪念中国人民志愿军赴朝作战十五周年大会上的讲话
1965年10月25日讲；
载1965年10月26日《人民日报》。

题《吕氏砖》
1965年秋作；
载1979年《中国历史博物馆馆刊》创刊号。

重到晋祠（七律）
1965年11月19—12月7日间作；
载1966年1月1日《光明日报》，见《大寨行》。

访太原乳牛场（七律）
1965年11月19—12月7日间作；
载1966年1月1日《光明日报》，见《大寨行》。

访天龙寺石窟（七律）
1965年11月19—12月7日间作；
载1966年1月1日《光明日报》，见《大寨行》。

访贾家庄（七律）
1965年11月19—12月7日间作；
载1966年1月1日《光明日报》，见《大寨行》。

访杏花村（七律）
1965年11月19—12月7日间作；
载1966年1月1日《光明日报》，见《大寨行》；
初收入1977年9月人民文学出版社出版《沫若诗词选》。

参观刘胡兰纪念馆（七律）
1965年11月19—12月7日间作；
载1966年1月1日《光明日报》，见《大寨行》；
初收入1977年9月人民文学出版社出版《沫若诗词选》。

访运城（七律）
1965年11月19—12月7日间作；
载1966年1月1日《光明日报》，见《大寨行》；
初收入1977年9月人民文学出版社出版《沫若诗词选》。

运城烈士陵园植树（七律）
1965年11月19—12月7日间作；
载1966年1月1日《光明日报》，见《大寨行》；
初收入1977年9月人民文学出版社出版《沫若诗词选》。

访原王庄（七律）
1965年11月19—12月7日间作；
载1966年1月1日《光明日报》，见《大寨行》。

访西元（七律）
1965年11月19—12月7日间作；
载1966年1月1日《光明日报》，见《大寨行》。

访界村（七律）
1965年11月19—12月7日间作；
载1966年1月1日《光明日报》，见《大寨行》。

参观盐池（七律）
1965年11月17—12月7日间作；
载1966年1月1日《光明日报》，见《大寨行》；
初收入1977年9月人民文学出版社出版《沫若诗词选》。

看晋剧种种（七律）
1965年11月17—12月7日作；

载1966年1月1日《光明日报》,见《大寨行》。

留别社教队同志（七律）
1965年11月17—12月7日间作；
载1966年1月1日《光明日报》,见《大寨行》。

在太原参观大寨展览（七律）
1965年11月17—12月7日间作；
载1966年1月1日《光明日报》,见《大寨行》。

宿阳泉市（七律）
1965年11月17—12月7日间作；
载1966年1月1日《光明日报》,见《大寨行》。
初收入1977年9月人民文学出版社出版《沫若诗词选》。

过娘子关（七律）
1965年11月17—12月7日间作；
载1966年1月1日《光明日报》,见《大寨行》；
初收入1977年9月人民文学出版社出版《沫若诗词选》。

颂大寨（五律）
1965年11月17—12月7日间作；
载1966年1月1日《光明日报》,见《大寨行》；

初收入1977年9月人民文学出版社出版《沫若诗词选》。

贺日本内山书店成立三十周年纪念（诗）
1965年作；
初收入1977年9月人民文学出版社出版《沫若诗词选》。

1966年

到中流击水，浪遏飞舟（评论）
1966年1月14日作；
载1966年1月20日《光明日报》。

给常香玉同志的信
1966年1月28日作；
载1978年《战地》增刊第2期,见《培育百花,奖掖后进》一文。

《侯马盟书》试探（论文）
1966年2月4日作；
载1966年《文物》第2期。

题卧蕉图（水调歌头）
1966年2月6日作；
初收入1977年9月人民文学出版社出版《沫若诗词选》。

喜雪（水调歌头）
1966年2月21日作；
初收入1977年9月人民文学出版社出

版《沫若诗词选》。

参观大连港（诗）
1966年2月22日作；
初收入1977年9月人民文学出版社出版《沫若诗词选》。

致电日本"3月1日比基尼日全国大会"支持日本人民反对美国核战争计划
1966年2月27日作；
载1966年2月28日《人民日报》。

赞焦裕禄同志《水调歌头》
1966年3月15日作；
载1966年《人民文学》第4期；
初收入1977年9月人民文学出版社出版《沫若诗词选》。

在首都各界纪念越南全国反美斗争日和"声援越南人民周"大会上的讲话
1966年3月18日作；
载1966年3月19日《人民日报》。

《井冈山巡礼》后记
1966年3月21日作；
初入收1979年9月上海书画出版社出版《井岗山巡礼》。

有关《易经》的信
1966年3月31日作；
载1979年3月《中国史研究》第1期。

向工农兵群众学习，为工农兵群众服务——在人大常委会第三十次会议上的发言
1966年4月14日讲；
载1966年4月28日《光明日报》。

访大邑收租院（水调歌头）
1966年4月22日作；
初收入1977年9月人民文学出版社出版《沫若诗词选》。

毛泽东时代的英雄史诗——就《欧阳海之歌》答《文艺报》编者问
载1966年4月23日《光明日报》。

西南建设（水调歌头）
1966年4月23日作；
初收入1977年9月人民文学出版社出版《沫若诗词选》。

为中共会理县委会题词（水调歌头手迹）
1966年4月25日作；
载1978年《四川文艺》10月号。

火热斗争地（水调歌头）
载1979年《攀枝花》（双月刊）第1期。

赵小寿之歌（诗）
1966年5月1日作；
载1966年5月8日《解放军报》。

题成都武侯祠（西江月）
1966年5月2日作。
（注：题迹现存成都武侯祠）

读《欧阳海之歌》（水调歌头）
载1966年5月17日《解放军报》。

亚非作家团结反帝的历史使命——在亚非作家紧急会议上的发言
1966年7月4日作；
载1966年7月5日《人民日报》。

在亚非作家紧急会议闭幕式上的讲话
1966年7月9日讲；
载1966年7月10日《人民日报》。

在首都愤怒声讨美帝轰炸河内海防扩大侵略越南战争的滔天罪行，坚决支援越南人民抗美救国战争大会上的讲话
1966年7月10日作；
载1966年7月11日《人民日报》。

看武汉第十一届横渡长江比赛（水调歌头）
1966年7月16日作；
初收入1977年9月人民文学出版社出版《沫若诗词选》。

在北京科学讨论会1966年暑期物理讨论会闭幕式上的讲话
1966年7月31日讲；

载1966年8月1日《人民日报》。

在上海欢送亚非作家代表的群众大会上的讲话
1966年8月2日作；
载1966年8月3日《人民日报》。

在首都各界人民反对美帝，支持美国黑人反对种族歧视斗争大会上的讲话
1966年8月8日讲；
载1966年8月9日《人民日报》。

访鞍钢（水调歌头）
1966年8月16日作；
初收入1977年9月人民文学出版社出版《沫若诗词选》。

在上海庆祝无产阶级文化大革命群众大会上的讲话
1966年8月19日作；
载1966年8月20日《人民日报》。

上海百万人大游行庆祝文化大革命（水调歌头）
1966年8月19日作；
初收入1977年9月人民文学出版社出版《沫若诗词选》。

读毛主席的第一张大字报《炮打司令部》（水调歌头）
1966年9月5日作；

初收入1977年9月人民文学出版社出版《沫若诗词选》。

文革（水调歌头）
1966年9月9日作；
初收入1977年9月人民文学出版社出版《沫若诗词选》。

国庆（水调歌头）
1966年10月1日作；
初收入1977年9月人民文学出版社出版《沫若诗词选》。

在庆祝中日友协成立三周年招待会上的讲话
1966年10月3日作；
载1966年10月4日《人民日报》。

"长征红卫队"（水调歌头）
1966年10月12日作；
初收入1977年9月人民文学出版社出版《沫若诗词选》。

导弹核武器试验成功（水调歌头）
1966年10月28日作；
初收入1977年9月人民文学出版社出版《沫若诗词选》。

蔡永祥（水调歌头）
1966年10月31日作；
初收入1977年9月人民文学出版社出版《沫若诗词选》。

纪念鲁迅的造反精神（评论）
1966年10月31日作；
载1966年11月1日《人民日报》。

在文联欢送亚非作家常设局秘书长森纳那亚克率亚非作家常设局友好代表团访亚非国家会议上的讲话
1966年11月14日讲；
载1966年11月15日《人民日报》。

大民主（水调歌头）
1966年11月28日作；
初收入1977年9月人民文学出版社出版《沫若诗词选》。

在首都各界人民声讨美帝轰炸越南首都河内，庆祝越南南方民族解放阵线成立六周年大会上的开会词
1966年12月18日讲；
载1966年12月19日《人民日报》。

新核爆（水调歌头）
1966年12月29日作；
初收入1977年9月人民文学出版社出版《沫若诗词选》。

1967年

做一辈子毛主席的好学生——在亚非作家常设局举行的纪念毛主席《讲话》二十五周年讨论会闭幕式上的闭幕词
1967年6月5日作；

载1967年6月6日《人民日报》。

给新北大《毛主席诗词》编写同志的信（一）
1967年6月13日作；
初收入1978年7月湘潭师专中文科编选《郭沫若同志谈毛主席诗词》。

第一颗氢弹爆炸（水调歌头）
1967年6月19日作；
初收入1977年9月人民文学出版社出版《沫若诗词选》。

纪念党的生日（沁园春）
1967年6月30日作；
初收入1977年9月人民文学出版社出版《沫若诗词选》。

给新北大《毛主席诗词》编写同志的信（二）
1967年7月2日作；
初收入1978年7月湘潭师专中文科编选《郭沫若同志谈毛主席诗词》。

忆延安大学（念奴娇）
1967年8月20日作；
初收入1977年9月人民文学出版社出版《沫若诗词选》。

参观北京市聋哑治疗语言训练班（念奴娇）
1967年8月22日作；

初收入1977年9月人民文学出版社出版《沫若诗词选》。

科大大联合（满江红）
1967年9月21日作；
初收入1977年9月人民文学出版社出版《沫若诗词选》。

关于毛主席诗词解释中疑难问题给北师大《毛主席诗词试解》编写同志的信
1967—1968年间作；
初收入1978年7月湘潭师专中文科编选《郭沫若同志谈毛主席诗词》。

新北大《毛主席诗词注释》打印稿上的批注
1967—1968年间作；
初收入1978年7月湘潭师专中文科编选《郭沫若同志谈毛主席诗词》。

和《毛主席诗词》朝鲜文版翻译组部分同志的谈话
1967—1968年间作；
初收入1978年7月湘潭师专中文科编选《郭沫若同志谈毛主席诗词》。

1968年

谈关于毛主席诗词的若干注释问题——答海军指挥学校毛主席诗词小组问
1968年作；
初收入1978年7月湘潭师专中文科编选《郭沫若同志谈毛主席诗词》。

考察须弥（沁园春）
1968年1月12日作；
初收入1977年9月人民文学出版社出版《沫若诗词选》。

登采石矶太白楼（水调歌头）
1968年2月14日作；
初收入1977年9月人民文学出版社出版《沫若诗词选》。

科技大学成立革命委员会（沁园春）
1968年3月3日作；
初收入1977年9月人民文学出版社出版《沫若诗词选》。

对《毛主席诗词》民族文字版翻译中的几个疑难问题的答复
1968年4月2日作；
初收入1978年7月湘潭师专中文科编选《郭沫若同志谈毛主席诗词》。

对福建师院《毛主席诗词笺释》编写同志提出的几个问题的解答（摘要）
1968年6月30日作；
初收入1978年7月湘潭师专中文科编选《郭沫若同志谈毛主席诗词》。

毛主席去安源（满江红）
1968年9月28日作；
初收入1977年9月人民文学出版社出版《沫若诗词选》。

向工人阶级致敬（满江红）
1968年9月28日作；
初收入1977年9月人民文学出版社出版《沫若诗词选》。

迎接1969年（沁园春）
1968年12月28日作；
初收入1977年9月人民文学出版社出版《沫若诗词选》。

1969年

春之女神着素装（英国）罗伯特·布里季作
1969年3—5月间译；
载1980年《战地》第1期，见"郭沫若译诗十首"。

春（英国）妥默斯·讷徐作
1969年3—5月间译；
载1980年《战地》第1期，见"郭沫若译诗十首"。

月神的奶头（英国）吉姆斯·斯提芬斯作
1969年3—5月间译；
载1980年《战地》第1期，见"郭沫若译诗十首"。

偶成（英国）雪莱作
1969年3—5月间译；
载1980年《战地》第1期，见"郭沫

若译诗十首"。

交响的绿坪（英国）威廉·布来克作
1969年3—5月间译；
载1980年《战地》第1期，见"郭沫若译诗十首"。

灵魂（英国）约翰·格斯华西作
1969年3—5月间译；
载1980年《战地》第1期，见"郭沫若译诗十首"。

林（英国）涅尔逊·安特利姆·克洛弗特作
1969年3—5月间译；
载1980年《战地》第1期，见"郭沫若译诗十首"。

默想（英国）罗素·葛林作
1969年3—5月间译；
载1980年《战地》第1期，见"郭沫若译诗十首"。

喷泉（英国）吉姆司·罗素·洛威尔作
1969年3—5月间译；
载1980年《战地》第1期，见"郭沫若译诗十首"。

八哥与画眉（英国）艾尔弗雷德·珀西瓦尔·格雷夫斯作
1969年3—5月间译；
载1980年《战地》第1期，见"郭沫

若译诗十首"。

庆祝"九大"开幕（满江红）
1969年4月作；
初收入1977年9月人民文学出版社出版《沫若诗词选》。

歌颂"九大"路线（满江红）
1969年4月作；
初收入1977年9月人民文学出版社出版《沫若诗词选》。

庆祝"九大"闭幕（满江红）
1969年4月作；
初收入1977年9月人民文学出版社出版《沫若诗词选》。

西江月（二首）——献给地震预报战线上的同志们
1969年9月9日作；
初收入1977年9月人民文学出版社出版《沫若诗词选》。

1970年

在尼中友协欢迎我国友好代表团集会上的讲话
1970年3月7日讲；
载1970年3月9日《人民日报》。

在尼泊尔外交大臣欢宴我国友好代表团会上的讲话
1970年3月7日讲；

载1970年3月9日《人民日报》。

在巴基斯坦财政部长欢迎我国友好代表团宴会上的讲话
1970年3月11日讲；
载1970年3月13日《人民日报》。

在巴基斯坦驻中国大使举行国庆招待会上的讲话
1970年3月23日讲；
载1970年3月24日《人民日报》。

在向美国进步作家安娜·路易斯·斯特朗女士遗像、骨灰告别仪式上的悼词
1970年4月2日讲；
载1970年4月3日《人民日报》。

在欢迎日本友好贸易七团体代表团访华宴会上的讲话
1970年4月6日讲；
载1970年4月7日《人民日报》。

赠日本松山芭蕾舞团（七绝）
1970年5月10日作；
初收入1977年9月人民文学出版社出版《沫若诗词选》。

在庆祝越南南方共和临时革命政府成立一周年招待会上的讲话
1970年6月5日讲；
载1970年6月6日《人民日报》。

西江月
1970年9月初作；
初收入1977年9月人民文学出版社出版《沫若诗词选》。

在为越南民族、民主及和平力量联盟代表团访华举行的宴会上的讲话
1970年9月8日讲；
载1970年9月9日《人民日报》。

在首都各界人民纪念日本社会党前委员长浅沼稻次郎先生遇害十周年大会上的讲话
1970年10月12日讲；
载1970年10月13日《人民日报》。

在欢迎成田知己率领日本社会党访华团宴会上的讲话
1970年10月24日讲；
载1970年10月25日《人民日报》。

1971年

在欢迎阿联友好团宴会上的讲话
1971年1月27日作；
载1971年1月28日《人民日报》。

在欢迎藤山爱一郎和日中备忘录贸易谈判代表团宴会上的讲话
1971年2月21日讲；
载1971年2月22日《文汇报》。

日中文化交流协会成立十五周年纪念
（七律）
1971年2月作；
初收入1977年9月人民文学出版社出版《沫若诗词选》。

在欢迎尼泊尔全国评议会友好代表团宴会上的讲话
1971年3月21日讲；
载1971年3月22日《人民日报》。

在"坚决支持巴勒斯坦和阿拉伯人民反对美帝和以色列犹太复国主义斗争大会"上的讲话
1971年5月3日讲；
载1971年5月4日《人民日报》。

在阿富汗驻华大使庆祝阿富汗独立五十三周年招待会上的讲话
1971年5月27日讲；
载1971年5月28日《文汇报》。

在尼泊尔大使庆祝马亨德拉国王五十一诞辰招待会上的讲话
1971年6月11日讲；
载1971年6月12日《人民日报》。

在首都纪念朝鲜祖国解放战争二十一周年大会上的讲话
1971年6月25日讲；
载1971年6月26日《人民日报》。

五十党庆（七律）
1971年6月27日作；
初收入1977年9月人民文学出版社出版《沫若诗词选》。

修改"故宫简介"
1971年6月28日作；
收入1979年5月三联书店出版社出版的《悼念郭老》，见《德业难忘》一文。

关于《考古学报》、《文物》、《考古》复刊报告
1971年7月22日作；
载1978年《文物》第7期。

和廖承志就松村谦三逝世致其家属的唁电
1971年8月22日作；
载1971年8月23日《人民日报》。

悼诗——悼松村谦三先生
1971年秋作；
载1978年9月1日《人民日报》，见《壮志必偿》一文。

在庆祝朝鲜民主主义人民共和国成立二十三周年招待会上的祝酒词
1971年9月8日作；
载1971年9月9日《人民日报》。

浣溪沙
1971年9月13日作；
初收入1977年9月人民文学出版社出版《沫若诗词选》；
总题为《陪高棉战友访问西北》。

满江红
1971年9月15日作；
初收入1977年9月人民文学出版社出版《沫若诗词选》；
总题为《陪高棉战友访问西北》。

七律
1971年9月16日作；
初收入1977年9月人民文学出版社出版《沫若诗词选》；
总题为《陪高棉战友访问西北》。

满江红（手迹）
1971年9月18日作；
载1977年7月17日《光明日报》。

李白与杜甫
人民文学出版社1971年10月第1版。

卜天寿《论语》抄本后的诗词杂录
1971年12月11日作；
载1972年《考古》第1期；
初收入1972年8月人民出版社出版《出土文物二三事》。

《屈原》在日本第三次演出（七绝）
1971年12月11日作；
初收入1977年9月人民文学出版社出版《沫若诗词选》。

《坎曼尔诗签》试探
1971年12月19日作；
载1972年《文物》第2期；
初收入1972年8月人民出版社出版《出土文物二三事》。

1972年

古代文字之辩证的发展（论文）
载1972年《考古学报》第1期；

安阳新出土的牛胛骨及其刻辞（论文）
1972年1月13日作；
载1972年《考古》第2期；
初收入1972年8月人民出版社出版《出土文物二三事》。

在欢迎法国国民议会外交委员会官方代表团宴会上的讲话
1972年1月20日讲；
载1972年1月21日《人民日报》。

《安阳新出土的牛胛骨及其刻辞》追记
1972年2月9日作；
载1972年《考古》第2期；
初收入1972年8月人民出版社出版《出土文物二三事》。

日本银币《和同开宝》的定年（论文）
1972年2月15日作；
载1972年《文物》第3期，见《出土文物二三事》；
初收入1972年8月人民出版社出版《出土文物二三事》。

新出侯马盟书释文（论文）
1972年2月20日作；
载1972年《文物》第3期，见《出土文物二三事》；
初收入1972年8月人民出版社出版《出土文物二三事》。

扶桑木与广寒宫（论文）
1972年2月29日作；
载1972年《文物》第3期，见《出土文物二三事》；
初收入1972年8月人民出版社出版《出土文物二三事》。

怎样看待群众中新流行的简化字？（通讯）
1972年3月23日作；
载1972年《红旗》第4期。

赠日本松山芭蕾舞团（七律）
1972年4月30日作；
初收入1977年9月人民文学出版社出版《沫若诗词选》。

卜天寿《论语》抄本后的诗词杂录追记
1972年4月30日作；
初收入1972年8月人民出版社出版《出土文物二三事》。

《坎曼尔诗笺试探》追记
1972年4月30日作；
初收入1972年8月人民出版社出版《出土文物二三事》。

中国古代史的分期问题（论文）
1972年上半年作；
载1972年《红旗》第7期。

关于眉县大鼎铭辞考释（论文）
载1972年《文物》第7期。

新疆新出土的晋人写本《三国志》残卷（论文）
1972年8月17日作；
载1972年《文物》第8期；
初收入1977年10月文物出版社出版《兰亭论辩》。

致唐弢的信
1972年8月30日作；
收入1979年10月上海文艺出版社出版的《回忆·书简·散记》。

书赠唐弢同志（七绝）
1972年秋作；

收入1979年10月上海文艺出版社出版的《回忆·书简·散记》。

出土文物二三事
人民出版社1972年8月第1版。

《驳〈实庵字说〉》追记
1972年9月10日作；
初收入1973年5月北京人民出版社出版《奴隶制时代》。

《班簋》的再发现（论文）
载1972年《文物》第9期。

祝中日恢复邦交（沁园春）
1972年秋作；
初收入1977年9月人民文学出版社出版《沫若诗词选》。

给方国瑜先生的信
1972年12月22日作；
载1980年《云南画报》第1号。

《屖敖簋铭》考释（论文）
1972年12月30日作；
载1973年《考古》第2期。

1973年

桃都、女娲、加陵（论文）
1973年1月作；
载1973年《文物》第1期。

《人民中国》日文版创刊二十周年（诗）
1973年春作；
初收入1977年9月人民文学出版社出版《沫若诗词选》。

释青铜《永盂》铭文
1973年春作；
初收入1979年三联出版社出版《悼念郭老》，见《德业难忘》一文。

《屖敖簋铭考释》补记
1973年1月5日作；
载1973年《考古》第2期。

为中国出土文物展览和河南省画像石碑刻拓片展览的题词（七绝）
1973年4月11日作；
载1973年《文物》第6期。

参观河南登封少林寺照公和尚塔铭题词（七绝）
1973年4月17日作；
载1973年《文物》第6期。

书赠有山兼孝先生（七绝、手迹）
1973年4月17日作；
载1979年《书法》第3期。

会见日本神户经济界访华代表团的谈话
1973年4月26日作；
载1973年4月27日《人民日报》。

电唁石桥湛山先生逝世
1973年4月27日作；
载1973年4月29日《人民日报》。

电唁大谷莹润先生逝世
1973年5月24日作；
载1973年5月25日《人民日报》。

题长沙楚墓帛画（西江月）
1973年6月2日作；
载1973年《文物》第7期。

在澳大利亚议会代表团举行答谢宴会上的祝酒词
1973年6月21日作；
载1973年6月22日《人民日报》。

在章士钊先生追悼会上的悼词
1973年7月12日作；
载1973年7月13日《解放军报》。

1974年

题赠日本《狮子座》剧团（西江月）
1974年10月作；
初收入1979年三联出版社出版《悼念郭老》，见《这是党喇叭的精神》一文。

1975年

赠日中友协——祝贺日中友协建立二十五周年（七绝）
载1978年11月25日（日本）《日本与中国》；
初收入1978年12月内部出版的吉林师大外研所日本文学研究室编译的1978年《日本文学情况与研究》第1期，见《郭沫若先生》和《日本与中国》一文。

1976年

怀念周总理（七律）
1976年1月13日作；
载1977年《文物》第1期；
初收入1977年3月人民文学出版社出版《周总理永远和我们在一起》。
注：又收入1977年9月人民文学出版社出版的《沫若诗词选》，改题为《悼念周总理》。

赠日本中国文化协会——祝贺"日中文化交流协会"创立二十周年
载1976年4月1日香港《文汇报》。

水调歌头——庆祝无产阶级文化大革命十周年
1976年5月12日作；
载1976年《诗刊》第6期。

十批判书（节选本）
甘肃人民出版社1976年7月第1版。

悼念毛主席（七律二首）
1976年9月18日作；

载1976年《人民文学》第7期；
初收入1977年9月人民文学出版社出版《沫若诗词选》。
注：收入《沫若诗词选》和收入1978年9月四川人民出版社出版《东风第一枝》，改题为《毛主席永在》。

为党锄奸、为国除害、为民平愤（散文）
1976年10月12日作；
初收入1978年9月四川人民出版社出版《东风第一枝》。

粉碎"四人帮"（水调歌头）
1976年10月21日作；
载1976年11月1日《解放军报》；
初收入1977年9月人民文学出版社出版《沫若诗词选》。

怀念周总理（念奴娇）
1976年12月16日作；
初收入1977年3月人民文学出版社出版《周总理永远和我们在一起》；
又收入1977年9月人民文学出版社出版《沫若诗词选》。

怀念毛主席（满江红）
1976年12月24日作；
载1976年12月26日《人民日报》；
初收入1977年9月人民文学出版社出版《沫若诗词选》。

迎接1977年（东风第一枝）
1976年12月29日作；
载1976年12月31日《解放军报》；
初收入1977年9月人民文学出版社出版《沫若诗词选》。

1977年

贺春节对联二副
1977年2月4日作；
初收入1978年9月四川人民出版社出版《东风第一枝》。

农业学大寨（望海潮）
1977年2月6日作；
载1977年4月13日《光明日报》；
初收入1977年9月人民文学出版社出版《沫若诗词选》。

歌剧《白毛女》重上舞台（忆秦娥二首）
1977年2月12日作；
载1977年《人民戏剧》第2期；
初收入1977年9月人民文学出版社出版《沫若诗词选》。

给常香玉的信
1977年2月25日作；
载1978年《战地》增刊第2期，见《培养百花，奖掖后进》一文。

工业学大庆（水调歌头）
1977年2月26日作；

载1977年《诗刊》第5期；
初收入1977年9月人民文学出版社出版《沫若诗词选》。

给东风剧团的信
1977年2月27日作；
载1978年《人民戏剧》第8期，见《郭老和东风剧团》一文中。

捧读《毛泽东选集》第五卷（沁园春）
1977年3月19日作；
载1977年4月18日《人民日报》；
初收入1978年9月四川人民出版社出版《东风第一枝》。

怀念董老（七律）
1977年3月26日作；
初收入1977年9月人民文学出版社出版《沫若诗词选》。

纪念抗日战争四十周年（浣溪沙）
1977年3月27日作；
初收入1977年9月人民文学出版社出版《沫若诗词选》。

给常香玉的信
1977年4月8日作；
载1978年《战场》增刊第2期，见《培养百花，奖掖后进》一文。

会见藤山爱一郎
1977年4月17日；

载1977年4月19日《人民日报》。

悼阿英同志（五言诗）
1977年6月17日作；
初收入1978年9月四川人民出版社出版《东风第一枝》。

八一怀朱总（七律）
1977年7月6日作；
初收入1978年四川人民出版社出版《东风第一枝》。

赠东风剧团（七绝）
1977年7月9日作；
载1978年《人民戏剧》第8期，见《郭老和东风剧团》一文；
初收入1978年四川人民出版社出版《东风第一枝》。

给柘植秀臣先生的信
1977年7月14日作；
载1979年《文献》（丛刊）第1期。

歌颂十届三中全会（调寄满江红）
1977年7月20日作；
载1977年《诗刊》第8期；
初收入1978年9月四川人民出版社出版《东风第一枝》。

歌颂十届三中全会《五律》
1977年7月27日作；
初收入1978年9月四川人民出版社出

版《东风第一枝》。

《黄钟与瓦釜》附记
1977年9月19日作；
初收入1978年9月四川人民出版社出版《东风第一枝》。

沫若诗词选
人民文学出版社1977年9月第1版。

祝《望乡诗》演出成功（七绝）
1977年10月2日作。
初收入1978年9月四川人民出版社出版《东风第一枝》。

赠茅诚司先生（五绝）
1977年10月6日作；
初收入1978年9月四川人民出版社出版《东风第一枝》。

祝共青团中国科学院第五次代表大会开幕（清平乐）
1977年11月16日作；
载1978年《科学实验》第2期；
初收入1978年9月四川人民出版社出版《东风第一枝》。

题关良同志画鲁智深（诗）
1977年12月1日作；
载1978年《美术》第4期；
初收入1978年9月四川人民出版社出

版《东风第一枝》。

桔生南国（四言诗）
1977年12月9日作；
初收入1978年9月四川人民出版社出版《东风第一枝》。

纪念毛主席诞辰（七律）
1977年12月26日作；
载1977年12月27日《人民日报》；
初收入1978年9月四川人民出版社出版《东风第一枝》。

打碎"文艺黑线专政"论的精神枷锁——在北京文学工作者座谈会上的书面讲话
1977年12月31日作；
载1978年《人民文学》第1期；
初收入1978年9月四川人民出版社出版《东风第一枝》。

《寓言两则》附记
1977年12月作；
初收入1978年9月四川人民出版社出版《东风第一枝》。

1978年

为电视台拟春联一副
1978年1月23日作；
初收入1978年9月四川人民出版社出版《东风第一枝》。

跋《寥寥集》
1978年1月25日作；
初收入1978年三联书店出版《寥寥集》。

在理论工作上要有勇气——在中国社会科学院座谈会上的书面讲话
1978年2月22日作；
初收入1978年9月四川人民出版社出版《东风第一枝》。

纪念周总理八十诞辰（四言诗）
1978年2月作；
初收入1978年9月四川人民出版社出版《东风第一枝》。

贺五届人大、五届政协胜利召开（水调歌头）
1978年2—3月间作；
载1978年6月21日《解放军报》；
初收入1978年9月四川人民出版社出版《东风第一枝》。

看舞剧《小刀会》剧照口占（四言诗）
1978年3月作；
初收入1978年9月四川人民出版社出版《东风第一枝》。

科学的春天——在全国科学大会闭幕式上的讲话
1978年3月31日讲；
载1978年4月1日《人民日报》；

初收入1978年9月四川人民出版社出版《东风第一枝》。

沫若剧作选
人民文学出版社1978年4月第1版。

衷心的祝愿——在中国文学艺术界联合会第三届全国委员会第三次扩大会议上的书面讲话
1978年5月27日作；
载1978年6月6日《人民日报》；
初收入1978年9月四川人民出版社出版《东风第一枝》。

东风第一枝
四川人民出版社1978年9月第1版。

1979年

学生时代
人民文学出版社1979年3月第1版。

沫若诗词选读
内蒙古师院中文系出版1979年6月初版。

郭沫若同志论鲁迅
浙江绍兴师范专科学校出版1979年6月初版。

郭沫若选集
四川人民出版社1979年8月第1版。

井冈山巡礼（郭沫若诗词墨迹）
上海书画出版社 1979 年 9 月第 1 版。

蜀道奇（郭沫若同志手迹）
四川人民出版社 1979 年 9 月初版。

郑成功（电影文学剧本）
上海文艺出版社 1979 年 9 月第 1 版。

郭沫若少年诗稿
四川人民出版社 1979 年 10 月第 1 版。

郭沫若闽游诗集
福建人民出版社 1979 年 11 月第 1 版。

迎接新中国——郭老在香港战斗时期的佚文
上海复旦学报编辑部 1979 年初版。

1980 年

郭沫若遗墨
河北人民出版社 1980 年 5 月第 1 版。

郭沫若著译书目
上海文艺出版社 1980 年 8 月第 1 版。

郭老与儿童文学
河南人民出版社 1980 年 12 月第 1 版。

编 后 记

郭沫若是我国杰出的作家、诗人和戏剧家，也是我国现代文学的开拓者之一。他是继鲁迅之后我国文化战线上的又一员主将，是为共产主义事业奋斗终生的坚贞不渝的革命家和无产阶级战士。

本书系中国社会科学院文学研究所主持的《中国现代文学史资料汇编》丛书之一。它着重选录能够反映作家一生主要的文学活动以及作家文艺思想和创作经验的文章资料。为了保持历史原貌，我们力求选用最早文本，除对其中个别明显的错别字作校正外，一律按原资料照录。

本书的"郭沫若著译分类书目"比较全面地收编了作家一生的著译书目。考虑到资料的准确性，个别书目如果原书残缺，或经查实系伪托本，或明显是翻版书，均暂不收编入目。至于版本，绝大部分均根据原书。有些版本的原书一时查阅不到，乃参考有关资料加以弥补；无从查考者，只能暂缺。在编辑中编者对部分不同版本的书目进行了校勘，其中内容、章节增删改动较大的，具体加按语说明。

"郭沫若著译系年目录"共收篇目四千五百余条，其中新中国成立前部分有些篇名、著译时间、笔名等变化较多，为便于读者查阅，编者对这些问题作了考证并加注说明。对公开发表的著译作品而署以笔名的，除已被确认、分别收编入目外，个别未有定论的也暂不入目。

"郭沫若文学创作的评论"的文章以新中国成立前发表的为主。为了体现不同观点，这部分也适当选录一些新中国成立后发表的评论文章。评论文章选录以及著译系年目录均以1980年12月为限。国外评论文章因条件限制，暂不收录。

在编排上，本书除"郭沫若传略"和"年谱简编"外，"郭沫若名号别名笔名录"按名、号、别名、学名、化名、笔名为序排列。"郭沫若自述"和"郭沫若著译系年目录"以写作和翻译的日期先后编排。如原作品未署时间又无法查考的，则参考该文在报刊杂志上发表的时间或收入集子的出版时间。"郭沫若著译分类书目"和"郭沫若文学创作的评论"均先依照内容分门别类排列,在各门类中再按时间顺序编列。

本书由三个单位的有关同志合作编辑而成,并曾作了明确的分工:郭沫若生平与文学活动部分由上海师范学院卢正言负责;郭沫若自述、新中国成立后著译系年目录以及郭沫若文学创作的评论分别由华东师范大学林明华和王训昭负责,原华东师范大学陈锡岳同志曾一度参加这部分的资料收集;郭沫若传略、著译分类书目和新中国成立前著译系年目录由上海图书馆肖斌如、邵华在文献组全体同志参加收集资料的基础上负责补充、编校定稿。

郭沫若一生给后人留下了数以千万字计的著译作品,其中除部分已收入《沫若文集》十七卷外,还有不少散见于新中国成立前后的报刊书籍中。因时间久远,加之署以各种笔名,难以确认,给学习和研究郭沫若带来不少困难。我们编辑这套书便是力图能较全面、系统地向读者介绍、推荐这方面的有关资料,为读者提供方便。由于我们经验不足,人手少,加上时间仓促,涉猎有限,资料难免缺漏,甚至可能有错误之处,还望读者提出宝贵意见,有待我们今后进一步补充和修改。

我们在编辑这套资料的过程中,得到了各自所在单位领导的支持,并得到郭沫若全集编辑出版委员会同志的指导。一些高等院校、省市图书馆,一些研究郭沫若的专家以及郭沫若同志的亲属、战友、生前工作人员等都给予我们热情的帮助。谨在此一并表示衷心的感谢。

全书编者的署名,是以姓氏笔画为序的。

编者 1982年12月

《中国文学史资料全编·现代卷》总目

1	冰心研究资料	范伯群　编
2	沙汀研究资料	黄曼君　马光裕　编
3	王西彦研究资料	艾以　等编
4	草明研究资料	余仁凯编
5	葛琴研究资料	张伟　马莉　邹勤南　编
6	荒煤研究资料	严平　编
7	绿原研究资料	张如法　编
8	李季研究资料	赵明　王文金　李小为　编
9	郑伯奇研究资料	王延晞　王利　编
10	张恨水研究资料	张占国　魏守忠　编
11	欧阳予倩研究资料	苏关鑫　编
12	王统照研究资料	冯光廉　刘增人　编
13	宋之的研究资料	宋时　编
14	师陀研究资料	刘增杰　编
15	徐懋庸研究资料	王韦　编
16	唐弢研究资料	傅小北　杨幼生　编
17	丁西林研究资料	孙庆升　编
18	夏衍研究资料	会林　陈坚　绍武　编
19	罗淑研究资料	艾以　等编
20	罗洪研究资料	艾以　等编
21	舒群研究资料	董兴泉　编
22	蒋光慈研究资料	方铭　编
23	王鲁彦研究资料	曾华鹏　蒋明玳　编
24	路翎研究资料	杨义　等编
25	郁达夫研究资料	王自立　陈子善　编
26	刘大白研究资料	萧斌如　编
27	李克异研究资料	李士非　等编

28	林纾研究资料	薛绥之　张俊才　编
29	赵树理研究资料	黄修己　编
30	叶紫研究资料	叶雪芬　编
31	冯文炳研究资料	陈振国　编
32	叶圣陶研究资料	刘增人　冯光廉　编
33	臧克家研究资料	冯光廉　刘增人　编
34	李广田研究资料	李岫　编
35	钱钟书 杨绛研究资料集	田蕙兰　马光裕　陈珂玉　编
36	郭沫若研究资料	王训诏　等编
37	俞平伯研究资料	孙玉蓉　编
38	六十年来鲁迅研究论文选	李宗英　张梦阳　编
39	茅盾研究资料	孙中田　查国华　编
40	王礼锡研究资料	潘颂德　编
41	周立波研究资料	李华盛　胡光凡　编
42	胡适研究资料	陈金淦　编
43	张天翼研究资料	沈承宽　黄侯兴　吴福辉　编
44	巴金研究资料	李存光　编
45	阳翰笙研究资料	潘光武　编
46	"两个口号"论争资料选编	中国社会科学院文学研究所现代文学研究室　编
47	"革命文学"论争资料选编	中国社会科学院文学研究所现代文学研究室　编
48	创造社资料	饶鸿竞　等编
49	文学研究会资料	苏兴良　等编
50	鸳鸯蝴蝶派文学资料	芮和师　等编
51	左联回忆录	中国社会科学院文学研究所《左联回忆录》编辑组编
52	中国现代文学总书目·散文卷	俞元桂　等编
53	中国现代文学总书目·诗歌卷	刘福春　徐丽松　编
54	中国现代文学总书目·小说卷	甘振虎　等编
55	中国现代文学总书目·戏剧卷	萧凌　邵华　编

56	中国现代文学总书目·翻译文学卷	贾植芳 等编
57	中国现代文学期刊目录汇编	唐沅 等编
58	抗日战争时期延安及各抗日民主根据地文学运动资料	刘增杰 等编
59	老舍研究资料	曾广灿 吴怀斌 编
60	文学的"民族形式"讨论资料	徐廼翔 编
61	陈大悲研究资料	韩日新 编
62	刘半农研究资料	鲍晶 编
63	曹禺研究资料	田本相 胡叔和 编
64	成仿吾研究资料	史若平 编
65	戴平万研究	饶芃子 黄仲文 编
66	丁玲研究资料	袁良骏 编
67	冯乃超研究资料	李伟江 编
68	柯仲平研究资料	刘锦满 王琳 编
69	李辉英研究资料	马蹄疾 编
70	梁山丁研究资料	陈隄 等编
71	马烽 西戎研究资料	高捷 等编
72	邵子南研究资料	陈厚诚 编
73	沈从文研究资料	邵华强 编
74	司马文森研究资料	杨益群 司马小莘 陈乃刚 编
75	闻一多研究资料	许毓峰 等编
76	萧乾研究资料	鲍霁 等编
77	徐志摩研究资料	邵华强 编
78	袁水拍研究资料	韩丽梅 编
79	周瘦鹃研究资料	王智毅 编
80	苏区文艺运动资料	江木兰 邓家琪 编
81	文艺大众化问题讨论资料	文振庭 编